厦门市图书馆馆藏旧报刊资料丛书
编委会

顾　　问：洪碧玲　叶重耕
主　　任：张　萍
副 主 任：林进川　林朝晖　林聪明　林书春
　　　　　罗才福　封斌林　李云丽　叶细致
委　　员：闫纪榕　汪金铭　黄天福　洪卜仁
　　　　　林丽萍

《厦门教育资料选编(1909—1949)》
编辑组

主　　编：洪卜仁
副 主 编：林丽萍
编　　辑：付　虹　陈　峰　叶雅云　池莲香　李　冰
　　　　　张元基　马小勇　吴辉煌　杨心宁　杨白璇
　　　　　孟海雯　黄燕妮　柳丽莎　洪毅玲　曾淑惠
　　　　　方卫东　孔文群　宋俏梅　黄　纯　李　茜
　　　　　唐梅霞　林荔芳　张　萍

上 册

厦门教育资料选编

【1909—1949】

洪卜仁 ◎ 主编
厦门市图书馆 ◎ 编

厦门大学出版社 国家一级出版社
XIAMEN UNIVERSITY PRESS
全国百佳图书出版单位

图书在版编目(CIP)数据

厦门教育资料选编:1909~1949/洪卜仁主编.—厦门:厦门大学出版社,2016.12
(厦门市图书馆馆藏旧报刊资料丛书)
ISBN 978-7-5615-4944-5

Ⅰ.①厦… Ⅱ.①洪… Ⅲ.①地方教育-教育史-史料-汇编-厦门市-1909~1949
Ⅳ.①G527.573

中国版本图书馆 CIP 数据核字(2015)第 310702 号

出版人	蒋东明
责任编辑	薛鹏志
封面设计	蒋卓群
责任印制	朱 楷

出版发行 厦门大学出版社

社　　址	厦门市软件园二期望海路 39 路
邮政编码	361008
总编办	0592-2182177　0592-2181406(传真)
营销中心	0592-2184458　0592-2181365
网　　址	http://www.xmupress.com
邮　　箱	xmupress@126.com
印　　刷	厦门集大印刷厂

开本	720mm×1000mm　1/16
印张	60
插页	4
字数	900 千字
印数	1~2 000 册
版次	2016 年 12 月第 1 版
印次	2016 年 12 月第 1 次印刷
定价	198.00 元(上、下册)

本书如有印装质量问题请直接寄承印厂调换

厦门大学出版社
微信二维码

厦门大学出版社
微博二维码

总　序

厦门碧海环抱，人杰地灵，自唐代中叶开始有文献记载的历史以来，英才辈出，享有"海滨邹鲁"之誉，文化积淀深厚。近代，厦门是最早对外开放的五个通商口岸之一，中外文化交融，是中国最早有报纸的城市之一。

厦门第一份报纸，是1872年传教士创办的《厦门航运报道》，随后传教士又在厦门创办了《厦门钞报》《厦门新报》《鹭江报》等。

清末，厦门地方爱国人士和海外爱国华侨，出版了《鹭江日报》《福建日日新闻》《福建日报》《厦门日报》《南声日报》等，反映了要求发展工商业和提高国民素质的社会思潮。辛亥革命后，厦门市面上相继出现《民钟日报》《江声报》《厦声日报》《思明日报》等。1921年起，厦门的新兴报刊不断涌现，到1925年达到极盛。《厦门商报》《时潮日报》《厦门晚报》《厦门晨报》等，你方唱罢我登场。1929年爆发第一次资本主义世界经济危机，许多闽南籍华侨回国，投资工商业、房地产和报业。至1935年，《华侨日报》《星光日报》等相继创刊。《江声报》和《星光日报》是新中国成立前厦门发行量、影响力较大的两份报纸。

昨天的新闻，就是今天的历史。

厦门历史上的这些报纸，记载了当年这座城市经济、社会的变化，记录了这座岛上的人民生活、奋斗、抗争、进取的重大事件，是我们认识先辈思想观念、生活方式的一条时光隧道。

习近平总书记在福建工作期间曾说过：要了解一个地方的重要情况，就要了解它的历史。了解一个地方的山川地貌、乡情民俗、名流商贾、桑麻农事，可以从中把握很多带有规律性的东西。只有加深对历史的掌握和理解，才能"以古为鉴，鉴古知今"，不重复历史上的错误。

"治天下者以史为鉴，治郡国者以志为鉴。"为地方治理提供经验和智慧，是方志文献"存史、育人、资政"重要作用的具体表现。历史上的地方报刊资料，因为它的材料丰富、涵盖面广，是地方史志的重要组成部分。

据《人民日报(海外版)》(2015年10月26日第7版)报道,习近平总书记过去在地方任职期间,就十分重视方志文献的作用。1985年6月,即将任职厦门市副市长的习近平,通过同学向时任厦门市方志办副主任洪卜仁借阅地方志,以了解厦门的历史和民俗风情。2006年,在中共浙江省委书记任上的习近平,赴温州苍南考察台风"桑美"灾后重建工作时,调阅了《苍南县志》,并在与当地领导座谈时大段朗读书中关于台风的记载,告诫地方干部要以史为戒,科学决策。他在担任中共上海市委书记期间,还专门要求报送《上海通志》,以备查阅。

厦门市图书馆成立于1919年,有近百年的历史,馆藏大量旧报刊。日军侵略厦门时,一炬成灰。后经过几代人的搜集、整理,目前厦门市图书馆收藏的旧报刊,有清末的《鹭江报》《厦门日报》,抗战前的《江声报》《民钟日报》,抗战胜利后的《江声报》《星光日报》《立人日报》等,以及厦门出版的一些杂志。开发整理旧报刊资料,不仅可以为地方修志提供基础资料,也可为厦门经济建设和文化发展提供有益的借鉴。

但是,因年代久远,旧报刊已经纸质发黄,字迹模糊,如不及时抢救整理,不仅不利于保存,也不利于研究、利用,为现实服务。

为此,厦门市图书馆请来福建文史馆馆员洪卜仁,由老先生主持,带领馆内的同志,对这部分旧报刊资料进行抢救性整理。历时5年,他们从旧报刊中辑录有关近代厦门地区经济、教育、文化、华侨、外事、城市建设、社情等方面的相关新闻报道和文章,分册选编,计划出版《厦门市图书馆馆藏旧报刊资料丛书》,公诸社会。

编纂系统化的厦门近代旧报刊资料,工作量巨大,费时耗力。如今成果已现,可喜可贺。厦门市图书馆的同志在此丛书出版之际,索序于我,本人仅将所知一二,略述于此,权作序言。希望地方文史工作者像李克强总理要求的那样:力学笃行,直笔著信史,彰善引风气,为当代提供资政辅治之参考,为后世留下堪存堪鉴之记述。

让我们一起努力!

中共厦门市委常委、宣传部长　**叶重耕**

2016年9月

前　言

百年大计,教育为本。教育,关系到社会的发展,一个国家有没有发展潜力看的是教育,这个国家富不富强看的也是教育。

厦门近代新式学校产生以前,厦门岛内教育可以追溯到明朝;清朝初期,玉屏、紫阳等书院颇具规模,盛极一时;清朝后期,又开办了禾山、衡文、鹭津等书院。1898年戊戌变法之后,在西方思想文化的影响下,各种新风尚、新思潮兴起,本地政府开始创办新式学堂。厦门有识之士热衷教育事业,兴办新式学校。1906年4月开学的厦门中学堂,是政府利用玉屏书院旧址(今厦门市第五中学)创办的厦门第一所新式中学。与此同时,厦门出现许多富有声誉的公、私立小学,如大同、紫阳、竞存、民立等。

1840年鸦片战争以后,外国教会势力入侵厦门,从传经布道到开办学校,均具有文化渗透的性质,而西方传教士认为兴办学校是文化渗透最有力的辅助手段。因此,教会所到之处,往往也同时办学。从1870年开始,外国教会在厦门先后开办毓德、怀仁等女校,英华、寻源等书院,福民、养元等小学。此外,还有中国人出资,美国人办学的同文书院。

华侨兴办学校是厦门教育事业的特色,据统计,厦门近一半的私立学校或由华侨创办,或由归侨、侨眷资助。1921年4月,陈嘉庚先生创办了厦门第一所大学——厦门大学,名扬海内外。此外,还有黄奕住、庄希泉、胡文虎等侨界巨子和许多热心的华侨或捐办学校,或捐赠办学经费。

据旧报刊资料记载,1932年12月,厦门市区、禾山和鼓浪屿私塾共有73所,塾师91名,学生2100余人。1935年,厦门有公私立中等学校13所,学生2570人,教职员296人;公私立小学50所,学生11626人,教职员600人;私立幼儿园10所,学生821人。1946年12月,厦门全市小学48所,教员411人,学生总数1.5万余人;中学10所,学生总数3561人。1947年9月,厦门大学本年度录取新生正取生368名,备取生64名。可见,近代厦门是中国教育发达地区之一。

— 1 —

近代厦门,中外文化交融,曾兴起一股办报刊之风,出现不少较有影响的报刊,刊载内容涉及厦门教育的资料甚多。本书从馆藏旧报刊物选取教育相关的报道和论述,为广大读者提供研究近代厦门教育发展的史料,并为今后的教育发展提供借鉴。

编　者

2016 年 9 月

编辑说明

一、本书辑录的资料,选自厦门市图书馆收藏的旧报刊,时间起自1909年,止于1949年厦门解放前夕。

二、本书辑录的资料,先按专题分类,后各类内容再按原报纸报道先后顺序编排。

三、本书辑录的资料,一般以一篇报道或文章为一标题,标题基本上原文照录。

四、竖排文中之"左"、"左列"字样,均作"下"、"下列"字样注明。

五、为保存历史原貌,收入的资料一般原文照录,资料中的汉字数字一般予以改用阿拉伯数字。

六、民国纪年原使用汉字,统一予以采用阿拉伯数字。缺省"民国"两字的,予以补加"(民国)"字样。

七、凡有残缺不全、字迹不明者,用□取代,大段残文以"(下缺)"字样注明。原文中有错别文字,由编者径予改正,或用[ ]符号表示,并将正字置其中。脱漏文字经考证后以[ ]表示,并将考证的字置其中。原文不分段、无标点者,编者一律进行分段、标点。书中存疑之处以(?)表示。

目 录

第一章	教育概况	1
第二章	教育管理	59
	一、教职员任用待遇	59
	二、教育经费	101
	三、招生	136
	四、学费	149
	五、考试	161
	六、毕业就业	180
第三章	学校教育	189
	一、学堂私塾	189
	二、幼儿园	194
	三、小学教育	195
	四、中学教育	309
	五、大学教育	427
	六、职业学校	654
第四章	社会教育	726
	一、民众学校	726
	二、职工教育	736
	三、夜校	739
	四、扫盲	753
第五章	捐资办学	763
第六章	教育社团组织	773

  一、教师社团组织 …………………………………… 773
  二、学生社团组织 …………………………………… 786
  三、民间社团组织 …………………………………… 793
第七章 反帝抗日运动 …………………………………… 809
第八章 学运学潮 ………………………………………… 832
第九章 其他资料 ………………………………………… 892
  一、考察交流与领导视察 …………………………… 892
  二、儿童节 …………………………………………… 923
  三、童子军 …………………………………………… 931
  四、青年军 …………………………………………… 938
  五、祭圣活动与教师节 ……………………………… 939

后 记 ……………………………………………………… 945

第一章

教育概况

市处核定厦禾鼓学区

厦四区禾三区鼓为第八区　详细区界待绘图公布

　　市中学校代表叶清华、私立小学代表黄傍桂、市立小学代表陈玉琮等,联名呈市政筹备处,请划定学区。其呈文云:呈为呈请核定学区事,查前思明县教育局,于(民国)21年5月,颁布分配学区,系属临时性质,未臻完善。现本地方业经废县为市,所有全市学区,自应重新划定,当经8月7日,各学校代表联席会议,提出讨论。议决于原有市区内,依照警区分为第一区、第二区、第三区、第四区等四学区,鼓浪屿为第五学区,禾山暂定为第六区,并呈请市政筹备处,察核施行等词各在案,理合具文呈请钧处察核。该项议决,是否有当,伏乞指示祗遵,实感德便。昨市政筹备处教育科,覆令该代表叶清华等云:呈悉,关于本市学区,业经本处核定市区内就原有警区,编为第一至第四等四区,禾山编为第五至第七三区,鼓浪屿编为第八区,合厦禾鼓为八个学区。其详细区界,俟绘印简图,再行分发,仰即知照云。

《江声报》1933年9月22日

本市去年学生数　男8000余　女3000余

　　本市各警区学校人口,据市局户籍所统计,去年度一分局辖内,公私立30校,管理及教职员男女328人,男学生3468人,女学生1849人;二分局辖内11校,男女教职员82人,男生1348人,女生439人;三分局辖内15校,男女教职员221人,男生2903人,女生720人;四分局辖内8校,男女教职员165人,男生1195人,女生256人。全市统计64校,男教职员638人,女教职员158人,男学生8914人,女学生3264人。而全市识字人数为86247人,不识字人数为69113人。

《江声报》1933年12月28日

厦市学区依旧分为八区

禾山鼓浪屿属厦市是否有当再呈教厅指令

教育会筹委会曾以禾山鼓屿区域属于厦市抑系思明县辖,呈请市处解释,并请划分学区。前日市处已指令该会,略谓,查本市学区,业经许前处长任内核定,市区内就原有警区编为第一至第四等四区,禾山编为第五至第七三区,鼓屿编为第八区,合厦禾鼓为八个学区在案。再禾山鼓屿,在本处长兼县长期内,仍属本处管辖。兹据前情,除呈转教育厅□俟奉□指令,再□令知外,仰即知照云云。该会奉令后,已定日内召开第六次筹委会讨论云。

《江声报》1934年4月15日

厦禾鼓学区拟分为七区　教局函征各校意见

教育局昨召集图书馆及各校代表开会,讨论本县学区之划分,出席者孙印川、余超、叶清华、庄奎章、陈宗英、李绣伊等八人,由郑永祥主席,讨论:一、本县学区,议决:甲、原则:(一)学龄儿童数。(二)交通便利。(三)参考现定自治区。乙、根据以上原则,假定本县学区如下:(一)厦门市根据户口调查,推算学龄儿童数,分为四区,其区域与自治区类似。(二)禾山根据户口及交通,分为二区,其界线如何,俟详细勘察再定。(三)鼓浪屿以交通入口关系,定为一学区。二、上分学区,应否征求各方意见案,议决将第一条案,由教育局分函各校,征求意见。如有意见,尽于二星期以内函复教局,以资参考。

《江声报》1934 年 6 月 19 日

本市学区候规划呈省　核准后颁布

市教育会□理办事处,迭呈市府,请划定厦门学区,并拟照一、二、三、四各分局警区,划全市为四大学区。昨市府指令该处,文云:呈悉,关于本市学区之划分,经饬本府第二科慎重规划,仰候提交市政会议通过,呈请省府核准后颁布可也。

《江声报》1935 年 6 月 14 日

就自治区域划定学区　鼓屿归在本市

关于划定本市学区,前经教育会呈请市政府,提早执行,已志本报。查此事于去年中,曾由县教育局召集各关系方面,会商一次,并函征各方面意见,惟当时以厦门县市之存废及辖区问题,尚未决定,故事乃暂寝。近市府第二科,以厦门市区范围,业经中央明令规定,鼓浪屿亦经归并在内,乃拟定划区计划,呈请市长王固磐察核。现此事经于前日市政会议通过,不日即可由第二科进行办理。查该科所拟划区计划,系按照各地就自治区划分办法,惟本市自治区已撤,改为保甲区,而各保甲区又以各分局辖区为范围,故乃决定就各分局区界,划为四个学区。此外鼓浪屿亦划为一区,合计全市共五个学区。

《江声报》1935 年 6 月 23 日

小学科目每周时数　市府酌定　通令遵照

市府昨令本市中小学各校长,谓中小学课程标准,酌按实情,遵照中央规定,略加变更,制定小学科目,及各学期每周各科教学时数,并规定其实施办法,着即遵照。其办法如下:(一)(民国)25 年度起,小学一律遵照新修正之科目,及每周教学时间数表办理,惟小学中年级常识科,原用自然及社会教科书者,仍得沿用原教科书,至初级毕业时为止。(二)25年度初高中学之第一二年级,应自第一学期起一律遵照新修之初高中教学科目,及各学期每周教学时数表办法。但初高中二年级公民,仍照旧标准教学。(三)25年度初级高级中学第三年级,仍适用旧教学科目及时数表,至毕业时止。至因教学时数变更之各科目,其课程内容,自须分别修正。

《江声报》1936年4月3日

二年来厦门教育的检讨

郑永祥

(一)前 言

国势日衰,强邻逼境,生死存亡,危在旦夕。举国上下,咸以改造现阶段不合时代与环境的教育,认为救亡图存的急务。因此,北平学联会有非常时期教育草案,国立中山大学教育研究所有战时教育工作计划,中国教育学会有非常时期教育方案,上海文化界救国会有国难教育方案,中华职教社复兴民族教育方案,教育部则一再集议草拟国难教育方案,各抒所见,要皆以救国家民族为鹄的。

吾国自光绪二十四年(1898)兴学校,废八股,一直到现在,已垂三十余年,所得的结果,只有民困国危。究其症结,实因教育不适时代和环境而致。中国国民党第三次全国代表大会宣言,有说:"一学校滥,二办学之人滥,三师资滥,四教材滥,五招生滥,六升学滥。由此六滥,更生四恶。学校往往成为个人制造势力之工具,一恶也。教员与学生,虽有天才,亦遭其戕贼,二恶也。不能养成一般青年之学问品格与技能,只足增高青年放浪之精神与物质欲望,三恶也。为社会增加分利失业之徒,为国家斫丧民族托命之根,四恶也。综此四恶,即成三害,一曰害个人,二曰害社会,三曰害国家。举此三害,即知教育上所种之恶因,乃直接予中国以民族危亡之恶果。"按上所言,确系现阶段教育的病态。我们为挽救危亡,复兴国家民族计,对于现阶段的教育实有改造的必要。

厦门市区虽小,地位却极重要,勿论政治、经济、军事与教育,都应力求振作,方克有济。本人忝司教政,几及三年,目击时艰,惶恐无似!用敢检讨过去,以资策励。愿我教界同仁,予以明教,共图改造,这是我万分的盼望。

(二)教育行政
历史的叙述

本市原为思明县,在县治时期,地方教育行政机关,最初为劝学所,以孙印川充所长,月给经费小洋四十元,组织简单,权力低微,所有教育行政事项,类多由县教育会代庖的。民国14年(1925),教育厅令改劝学所为教育局。16年,当道先后委任陈椿、郑江涛为局长,组织与事权,较前扩大。17年,省库短绌,实行减缩政策,教育局因而裁撤,改由县政府设置教育科,全科只有科长一人,科员二人,组织复变简单。18年,陈柏庐教育厅长,明令废科复局,以林德曜为局长。22年,思明县政府改为思明市政筹备处,又裁局改科,黄至元、李伯端相继任科长,组织复行缩小。23年,废市改县,教局复活。24年3月,县治复废,改设厦门市,原有思明县教育局,又并入市政府改设第二科,迄今未易。总之,本市过去教育行政机关,时科时局,更易频繁,不值一一稽考。现在,且把最近二年来的概要,略述如次:

甲、设局时期(民国23年5月—24年3月)

民国22年(1933)冬,闽变暴发,教厅长郑心南先生等不愿附逆,离职赴京,举省骚然!可喜时仅匝月,乱平,陈公侠先生入主闽政,郑心南先生复任原职,以地方教育,极关重要,非有独立行政机关不可。唯时省库奇绌,只以闽侯、思明、龙溪、莆田、晋江、建瓯等六县设立教育局,其余各县,一律暂行设科。不佞承乏思明教局,经即择定局址,并遵照本省暂行县教育局规程,组织成立。全局设课长一人,课员三人,书记三人,与课并行者,有督学二人,指导员一人。以言职务,约可分为二部。

(1)课之下,分设文书、会计、庶务、统计、编辑、登记等股,办理局内一切公文上,事务上之工作。

(2)督学指导员之下,合共组织教育指导委员会,负责督促,指导各项教育改进事宜。谨将教局组织大纲、系统表、员额与预算表及职员一览表分列于后。

〈1〉思明县教育局组织大纲

第一条　本局依照修正福建省暂行县教育局规程组织之。

第二条　局长之下设课长一人,督学二人,指导员一人,课员三人。

第三条　局长之职务及权限如左[下]。

1. 局长综理全局事务,指挥局员办理各该管事务。

2. 课长承局长之命,主管本课事务,并负督率本课人员之责。

3. 课员承长官之命,办理课内各项事务。

4. 督学承局长之命,督察全县教育事件。

5. 指导员承局长之命,指导全县教育事件。

6. 书记承长官之命,缮写文件及校对。

第四条　本局设一课,其职掌之事务如左[下]。

1. 关于机要事项。

2. 关于收发并保管公文事项。

3. 典守印信。

4. 办理会计庶务事项。

5. 编制并核稽预算决算事项。

6. 编制统计图表及报告事项。

7. 编制事项。

8. 本局会议事项。

9. 关于三民主义教育设施事项。

10. 关于学校教育事项。

11. 关于社会教育事项。

12. 关于民众教育事项。

13. 关于私塾改良事项。

14. 关于教育经费分配事项。

15. 关于其他教育事项。

第五条　课之下分设会计、庶务、统计、编辑、登记六股,各股事务由局员分任办理之。

第六条　全体局员组织局务会议,商议及处理全县教育事宜,其规程另定之。

第七条　由督学指导员组织教育指导委员会,商议学务之视察及指导事宜,其规程另定之。

第八条　本大纲如有未尽事宜,由局长随时修改之。

第九条　本大纲应呈报教厅备案。

〈2〉思明县教育局组织系统表

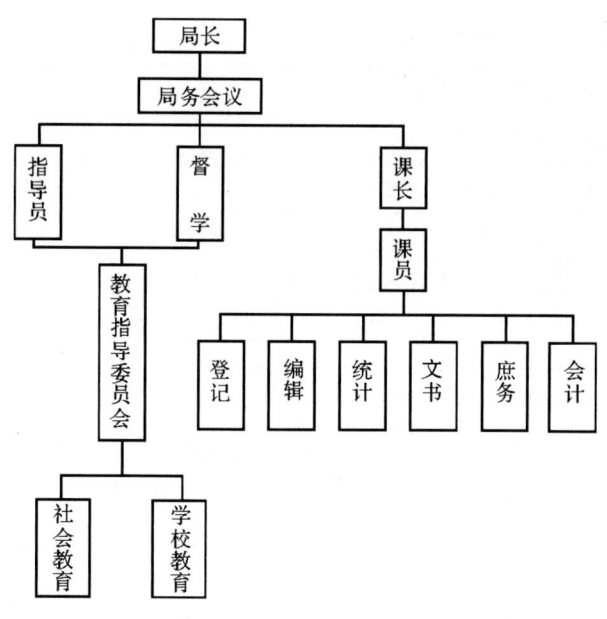

〈3〉思明县教育局组织员额及预算表

职别	员额	每人月薪	附注
局长	1	140元	
课长	1	80元	
督学	2	60元	
指导员	1	50元	
课员	3	40元	
书记	2	30元	
办公费		80元	
视导费		40元	督学指导员视察费
局租		60元	因无公共场所,故另租房为局所,每月租金60元
总计		750元	

〈4〉思明县教育局职员久暂一览表

姓名	性别	籍贯	职务	备注
郑永祥	男	福建永定	局长	
黄邦桢	男	福建思明	课长	
吴昆仑	男	福建云霄	督学	民国23年5月到局
陈景苏	男	福建漳平	督学	民国23年5月1日到局,7月间辞职他适,遗缺由赖风薰继任
赖风薰	男	福建汀州	督学	民国33年7月到局
夏贞兰	女	浙江金华	指导员	民国33年5月1日到局,8月间辞职他适,遗缺由郑秉德继任
郑秉德	男	福建永春	指导员	民国33年8月到局
洪学琛	男	福建同安	课员	民国33年5月8日辞职他适,遗缺由黄大伦继任
严铁民	女	福建闽侯	课员	民国33年5月到局,翌年春辞职他适,遗缺由赖仰明继任
郑伯本	男	福建福清	课员	民国23年5月到局
黄大伦	男	福建闽侯	课员	民国23年8月到局
赖仰明	男	福建永定	课员	民国24年春到局
简国衡	男	福建永定	书记	民国33年5月到局
赖润辉	男	福建永定	书记	民国33年5月到局,翌年春辞职他适,遗缺改由郑天筹继任
郑天筹	男	福建永定	书记	民国24年春到局

乙、改科时期(民国24年4月—25年7月)

民国24年3月间,省府明令废思明县,改设厦门市,并呈荐中央简任王静庵先生为市长。4月1日,市政府正式成立,思明县教育局奉令裁撤,并入市政府改设第二科。科之组织,依照厦门市政府组织规则之规定,科长一人,荐任。主任一人,督学一人至二人,科员二人至四人,委任。雇员若干人。其实际情形,除科长、主任,依照市政府组织规则任用外,只有督学一人,科员三人,书记三人,以视教局时代,人员虽稍减少,而地位与待遇则已一律提高,似有进步。不过科之本身不能对外,固非独立机关可比拟。兹将该科办事细则,人员一览,分别表列,以资比较。

厦门市政府第二科办事细则

第一条　本细则依据厦门市政府组织规则第21条订定之。

第二条 本科依据厦门市政府组织规则第 17 条之规定,掌理全市教育行政事宜。

第三条 本科处理一切事物除法令别有规定外,概依本细则之规定。

第四条 本科科长秉承市长之命总理本科事务,并指导监督所属职员。

第五条 本科掌理左[下]列各项事务。

(一)关于教育法令之执行事项。

(二)关于教育计划之订定及实施事项。

(三)关于学区之划分事项。

(四)关于教育经费标准之订定事项。

(五)关于学校教育之管理改进事项。

(六)关于社会教育及义务教育之计划实施事项。

(七)关于师资之训练事项。

(八)关于教职员之考核事项。

(九)关于私塾之取缔改良事项。

(十)关于教育事业之调查统计事项。

(十一)关于文书处理事项。

(十二)其他关于教育及文化事项。

第六条 本科设主任科员一人,秉承科长之命,襄理本科事务。

第七条 本科督学秉承科长办理左[下]列各项事务。

(一)关于教育法令之推行事项。

(二)关于视察方针及目标之拟定事项。

(三)关于各级学校成绩之考查事项。

(四)关于各级及其他教育机关经费之考核事项。

(五)关于各级学校及其他教育机关所发生纠纷事件之调解或处理事项。

(六)关于社会教育义务教育之指导改进事项。

(七)关于私塾之取缔改良事项。

(八)关于各种教育统计材料之搜集事项。

(九)关于主管长官委办事项。

(十)关于其他视导事项。

第八条 本科科员秉承长官之命,办理稿件及制作图表及其他主管长官委办事务。

第九条 本科同级职员之职务得互相兼理,于必要时得以高级职员兼任低级,或以低级职员代理高级职务。

第十条 本科内部处理各项事务,得另订单行办法,由科长核准施行。

第十一条 本科办公时间遵照市政府之规定,遇有繁要公务,得酌量提前或延长之。

第十二条 本科职员请假照市政府职员给假细则办理之。

第十三条 本科处理公文手续依市政府处理公文办法之规定。

第十四条 本科于办公时间及例假日应指定值日人员驻科办理临时发生事项。

第十五条 本科每日应将经办事务择要编造报告表,送秘书长转呈市长核阅。

第十六条 本细则如有未尽事宜,得随时提议修正之。

第十七条 本细则自市政府公布之日施行。

厦门市政府第二科人员一览(24年4月—25年7月)

姓名	职别	预算月俸	附 注
郑永祥	科长	200元	24年4月到差
吴昆仑	主任	120元	同右[上]
赖风薰	督学	80元	同右[上]
郑秉德	科员	60元	24年4月到差,11月辞职他适,遗缺改由郑岳云继任
李少白	科员	60元	24年4月到差
赖仰明	科员	60元	同右[上]
郑岳云	科员	60元	24年11月到差,25年3月辞职他适
陈国鎏	科员	80元	25年2月到差
简国衡	事务员	30元	24年4月到差
郑天筹	事务员	30元	24年4月到差,11月辞职他适
陈应年	事务员	30元	24年7月到差
郑秉常	事务员	30元	24年11月到差

工作的剖视

前段曾经说过教育行政制度时常更改，既乏一贯政策，自无工作可言。所幸过去二年的教育行政机关负责人员，未随制度而更易，施政方针和一切计划，尚能联络衔接，努力进行。兹谨择其重要的工作，分别叙述如下：

1. 关于健康教育方面

在过去二年中，本市教育行政机关，对于健康教育，确极重视，且有显著的工作。

(一)民国23年9月间，(在思明县时)本人曾率全县选手150余人前往福州参加23年全省运动大会。各种项目都有选手，比赛结果，凯旋而归，博了人们不少的赞许。

(二)同年12月间，举行全县小学运动大会。参加选手，计达七百余人，盛极一时，得未曾有。

(三)民国24年5月起至7月止，在本市分别举行王市长杯和贞文杯排球比赛，市长杯系民众业余运动，贞文杯系本市中等学校教职员业余运动，性质虽殊，要皆以强身强国为主旨。比赛结果，市长杯男子组冠军为健群队所夺，女子组为毓德队所夺。贞文杯冠军为中华中学，亚军为厦大附中，殿军为养元小学。在比赛期内，熙攘了二个月左右，的确引起了市民对于体育的兴趣。兹将参加单位，表列明之。

杯别	队名	日期
贞文杯	1.中华队 2.厦大附中队 3.养元队 4.厦大实小队 5.双十队 6.慈勤队 7.同文队 8.普育队 9.树人队 10.福民队 11.大同队	5月25日起至7月15日止
市长杯	1.双十队 2.鼓精武 3.海红队 4.海白队 5.健群队 6.慈勤队 7.厦教队 8.厦生队 9.同文队 10.英华队	

(四)同年9月11日至14日，主办24年全省运动大会，事前省府分别函令市长王固磐等17人为筹备员，筹备一切，如期竣事。参加单位，计

有厦门、龙溪、闽侯、晋江、建瓯、永春、德化、同安、莆田、海澄、漳浦、长泰、金门、南安、诏安、仙游、福清等十七市县。职员选手744人,打破过去历届纪录。在会期内,秩序极佳,各市县选手的运动道德和技能,都见进步,轰轰烈烈,实树民族复兴之先机。

(五)25年5月间,本人复领全市选手赴泉州参加第三绥靖区军民联合运动会,时历5日,选手一百余人,均极奋勇与赛。结果,男女两组本市均获总优胜。

(六)25年儿童节,举行儿童健康比赛。参加者,计有儿童432人,经由医师陈绍宗等17人分部检查。受检资格,勿论男女,均以4岁至15岁止,分为12组。每组各取健康儿童2名,并从24名健康儿童中,再取总优胜健康儿童1名。影响所及,确唤起了社会人士注重儿童健康,并鼓励了儿童重视自身健康。兹将健康比赛办法,儿童发育标准,检查纪录表,受检查儿童年龄统计表,暨优胜健康儿童一览表,分别附表如左[下]。

A.厦门市儿童健康比赛办法

第一条　本会以唤起社会人士注意儿童健康并鼓励儿童重视自身健康为目的。

第二条　本会一切进行事宜,由"厦门市儿童节扩大庆祝筹备委员会"办理之。

第三条　本会比赛日期定4月5日起。

第四条　本会比赛地点假通俗教育社及助产学校。

第五条　凡男女儿童在实足年龄4岁以上16岁以下均得报名参加比赛。

第六条　参加比赛儿童应于4月2日以前将本会所规定报名表填就,向厦门市政府第二科报名。

第七条　比赛时由医士检查并诊察各儿童之体格和体力,其标准另定之。

第八条　比赛成绩由检查之医生担任核算。

第九条　在每一年儿童中成绩最优者各取2名当选为该年岁之健康儿童,并在各年岁健康儿童中复选一名为总健康儿童。

第十条　健康儿童选出后,由会给予奖品并摄影,以示鼓励。

第十一条　本会所需经费由本市儿童实施委员会呈请市府,就义务教育经费项下拨给之。

第十二条　本办法如有未尽事宜，得由筹备会随时修改之。

B. 儿童发育标准

以基罗及米达计量（以公斤及公分计量）

附新旧度衡折算表：1公斤即26.6两，2.2磅。1公分即3.3分。

年龄	身长 cm		体重 kg		胸围 cm	
	男	女	男	女	男	女
4	94.7	93.6	14.27	13.73	51.1	49.4
5	100.3	99.5	15.65	15.21	52.9	50.7
6	105.6	104.6	17.05	16.56	53.9	52.0
7	110.4	109.8	18.70	18.05	55.1	53.4
8	115.3	116.9	20.65	19.85	57.1	55.1
9	120.1	118.6	22.65	21.00	59.1	57.3
10	124.6	123.3	24.80	24.10	61.0	59.2
11	129.0	128.4	27.15	26.70	63.0	61.0
12	133.3	133.7	29.65	29.90	65.0	63.5
13	138.2	138.9	33.00	33.95	67.6	66.7
14	143.4	142.5	36.85	37.55	70.6	69.6
15	146.6	143.8	39.75	39.60	72.8	71.6
16	147.7	144.1	40.80	40.40	73.6	72.3

C. 厦门市儿童健康比赛会检查记录表

第　组　　　　　　　第　号

姓名		性别		年龄 民国　年　月　日生	
籍贯		住址		校别	
身长 cm				体重　　kg	
胸围	常时　　　cm		视力	左	
	盈　　　　cm			右	
	虚　　　　cm		眼疾		
	盈虚之差　cm		脊柱	正　左弯　右弯　前屈　后屈	
牙齿				耳疾	

听力		备考	录取
营养	（甲）（乙）（丙）		组别
其他疾病			应得分数
			中华民国年 月 日

D. 受检儿童年龄统计表

年龄	4	5	6	7	8	9	10	11	12	13	14	15	总计
人数	25	34	41	41	54	56	52	41	42	23	26	4	439

E. 厦门市儿童健康比赛优胜健康儿童一览表

岁别	名次	姓名	性别	出生年月	校名
4	1	江素菲	女	21年1月	鼎玉
	2	张灵犀	女	20年9月	桃源
5	1	洪秀琴	女	20年10月	大同
	2	李 润	女	20年4月	竞存
6	1	章兆英	女	18年11月	单级
	2	余 宝	男	19年6月	崇实
7	1	张仁杰	女	18年4月	大同
	2	陈雪娇	女	18年8月	大同
8	1	耿宝宝	女	17年9月	玉紫
	2	杨锡煌	男	17年4月	竞存
9	1	许心圆	女	16年1月	群惠
	2	卢人杰	男	16年1月	厦实
10	1	林素珠	女	15年4月	大同
	2	姜奉梅	女	15年	群惠
11	1	傅国璋	男	14年4月	大同
	2	许元智	男	14年4月	崇实

12	1	江越生	男	13年11月	玉紫
	2	孙贵贞	女	13年3月	玉紫
13	1	王秀美	女	12年4月	玉紫
	2	林雪云	女	12年3月	竞存
14	1	翁清渊	男	11年9月	大同
	2	陈民志	男	11年	厦中
15	1	杨玉刚	男	10年5月	玉紫
	2	李淑明	女	10年6月	玉紫
总优胜		翁清渊	男	11年9月	大同

2. 关于语文教育方面

语文教育范围至广,勿论在教育行政机关,或实施教育场所,日常的活动,多与语文教育有关。本市过去二年中,语文教育的实施情况,固难毕述。兹就性质重要而活动显著的,分说一二。

(一)在教育局时代举行全市小学生作文竞赛会,分高中年级为二组,一名甲组,一名乙组。事前,由局通令各校选派一人至二人,准时到场与赛。参加比赛的学生,计达180人,作文题目,由本人拟就20题,当场以抽签法,各组决定一题,时间以二点钟为限。逾时,以不及格论。考场内,除考生与主考监考外,无论何人,不许出入。考生既进场,非缴卷后不得外出;既出场后,不得复入。规则极严,殊难作弊,至评阅方面,由局函请厦大教授杜佐周、余謇、吴家镇、毛常及厦大附中教员曾郭棠诸先生担任,极为公正。比赛优胜者,均予奖品,以示鼓励。其他详情,除表列如左[下]外,请参阅思明县小学作文竞赛优胜作品之丛书。

作文竞赛优胜者一览表

(甲)个人优胜

甲组

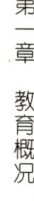

名次	姓名	性别	校名
1	陈彩云	女	县立大同
2	傅明德	女	私立群惠
2	杜周府	男	私立集友
3	林英富	女	私立群惠
4	傅俊德	女	私立群惠
5	王秀良	女	私立群惠
6	杨建农	男	县立大同
7	梁雪云	女	私立集友
8	吴继悦	男	县立大同
9	陈绮琴	女	私立群惠
10	林晶兰	女	私立群惠
10	骆复成	男	私立延陵

乙组

名次	姓名	性别	校名
1	王金发	男	私立福民
2	沈晋辉	男	县立大同
3	黄弈欢	男	县立普育
3	陈秀霞	女	私立群惠
4	黄月兰	女	私立群惠
5	黄玉珍	女	私立群惠
6	林启凤	男	私立全民
7	孙大煦	女	私立群惠
7	邱巧英	女	县立玉紫
8	谢茂荣	男	县立大同
9	姜缉熙	女	私立怀仁
10	苏祖珍	男	私立福民

(乙)团体优胜

甲组		乙组	
名次	校名	名次	校名
1	私立群惠小学	1	私立群惠小学
2	县立大同小学	2	私立福民小学
3	私立集友小学	3	县立大同小学

(二)24年10月21日起至28日止,举行义教识教宣传周,凡属本市中小学校,均应组织宣传队,利用课余时间,每日下午4时起,出发指定地点宣传。中学每校五队,小学每校三队,每队10人,一面由本人巡视宣传情形,分别奖励。

(三)25年儿童节举行儿童国语演讲比赛会,参加儿童,数达152人,分为高中年级二组,假通俗教育社青年会分别举行。当时,两处听众合计不下三千人,其中尤为儿童占最多数,盛况为前所未有。比赛结果,表列如左[下]。

组别	名次	姓名	性别	年龄	讲题	学校	分数
高年组	1	吕宝治	女	14	新儿童与儿童节	普育	85.20
	2	马南通	男	13	我们要认识自己	大同	84.50
	3	张彩玉	女	14	我们对于儿童节应有的认识	群惠	83.50
	4	赵金龙	男	13	好儿童的六大要素	竞存	82.70
	4	陈宗英	女	16	儿童节的希望	群惠	82.70
	5	柳振琼	男	12	孩子们的要求	大同	82.30
	6	何振爵	男	13	为幸福圈外的儿童请命	维正	80.17
	7	叶佩珍	女	13	我们的幸福	慈勤	80.15
	7	张根梦	男	12	为什么要有儿童节	大中	80.15
	8	卢欢生	女	12	我对于儿童节的希望	玉紫	80.12
	9	洪偕静	男	14	知耻可以救中国	竞存	80.10
	10	叶恩涵	男	14	新儿童与民族复兴	福民	80.00

续表

组别	名次	姓名	性别	年龄	讲题	学校	分数
中年组	1	龚楚楚	女	10	我对于儿童节的希望	慈勤	92.42
	2	罗俊勋	男	11	为街头浪儿说话	群惠	91.00
	3	魏当当	女	10	我对于儿童节的希望	群惠	88.28
	4	罗巧英	女	10	我不认输人家	崇德	88.00
	5	陈阿红	女	9	儿童的地位和责任	玉紫	87.71
	6	石慧珍	女	11	今后儿童应有的觉悟	玉紫	87.40
	7	陈炳煌	男	12	儿童节的我感	大中	87.14
	7	洪瑞玉	女	12	国难当中的儿童节	怀仁	87.14
	8	吕钦	男	10	我们应该学学	竞存	86.42
	9	陈景荣	男	10	我们应做的事情	全民	86.00
	10	卢人杰	男	10	我们小朋友的新希望	厦大实小	84.28
	10	叶泽流	男	12	我对童年的感想	福民	84.28

（四）举办塾师训练班，本市私塾计有 40 余所，塾师资历，多数不是学校出身，对于教育原理及教学法，诸多不谙，难期获收实效。市府为改良私塾，增进教育效率计，特于 25 年春举办塾师训练班，以本人为主任，并延聘吴家镇、茅乐楠、陈联芬、陈式锐、翁礼瑛、吴昆仑、伍远资等任讲师，分别讲授各种学科。一面择定本市教育会为班址，并由市府拨用经费 100 元，强迫本市塾师或有志充任塾师者，入班受训。时经 1 月，即告结束，受训毕业者，计有 41 人，准予设塾。

（五）举行全市小学生写字测验，本人以为小学生写字数学，亟待研究，爰定期测验，在同一时间举行。全市小学生计有 12000 余人，每人写寸楷 1 张，所写的字及用纸由市府拟定印发，并令派各校校长互调监写，无甚流弊。现将测验成绩，延请专家评阅，准备制成一部写字量表。兹将写字测验所写的字录后：

小朋友如能努力求学实行新生活，立志做好人，那末我们中国一定可以强盛了。

（六）举行短期小学学生成绩总测验。事前，由本人和赖督学拟就测验试题,自行监印,一面令知各校遵照,候派人员到校举行。测验结果,成绩均不甚佳,直接予我们以改进的途径。兹将测验结果表列如下。

短期小学成绩总测验分数表

校别	分数										合计人数
	5～10	10～20	20～30	30～40	40～50	50～60	60～70	70～80	80～90	90～100	
第一短小	21	3	3	5	1	4	2	7	19	5	70
第二短小	41	7	1	3	4	1	7	7	3	3	77
第三短小	12	17	9	6	3	4	2	1	7	2	63
第四短小	14	12	4	5	2	2	2	1	1	1	44
第五短小	6	14	7	7	6	7	7	14	9	4	81
第六短小	17	10	9	4	8	5	5	7	2	1	68
第七短小	15	9	2	6	1	1	3	5	3	1	46
第八短小	10	3	8	7	12	3	12	6	5	8	74
第十短小	47	7	4	3	4	3	4	2	1	1	76
十一短小	7	10	10	10	13	10	3	3	1	0	67
十二短小	29	4	4	4	3	7	10	5	2	0	68
十三短小	21	1	1	2	0	1	2	0	0	0	28
十四短小	11	1	8	9	5	9	9	7	5	6	70
十五短小	31	3	2	1	1	0	1	3	3	1	46
十六短小	11	7	7	6	3	2	12	4	3	7	62
十七短小	16	8	8	4	4	0	3	3	8	3	57
十八短小	5	2	3	2	4	6	6	9	15	17	69
十九短小	8	5	7	6	7	7	7	12	6	3	68
二十短小	18	8	5	11	7	5	4	8	7	1	74
合计	340	131	101	98	87	87	93	107	100	64	1208

附注:第九短小因系夜班,故另订期测验。

3. 关于公民教育方面

在国防教育思潮日形高涨的当儿,公民教育的实施,自然来得需要而迫切。我们在过去二年中,举凡公民的基本训练,集团生活的训练,以及民族精神的培养,莫不因势利导,努力实施。兹举数端,一一分说。

(一)推行新生活运动。本市中小学校童子军,曾组劳动服务团,每逢假日或课余时间,每校拨1中队分布各街道,轮流担任纠察与劝导的工作,周而复始。第1周厦中、双十、粤侨、集友等校,第2周大同中学、中华、玉紫等校,第3周同文、大同小学、吉祥等校,第4周崇实、龙山、东村等校。虽说推行以来,感受许多困难,然而不良风气,实多因而丕变。

(二)检阅全市童子军。中国国民党总章,规定中国童子军训练之目的,在发展儿童作事能力,养成自立互助,爱民族爱人类及勇敢牺牲等习惯,使其人格高尚。常识丰富,体魄健全,俾能切实作三民主义革命的继续者,以实现民治民有民享的国家,渐臻于世界大同。足见童子军使命重大,无须赘言。我们为明悉各校平时训练成绩起见,特地于24、25两年的元旦举行大检阅。受检阅者:中学计有大同、双十、中华、同文、英华、闽南职中,小学校计有大同、吉祥、崇实、玉紫、粤侨等校,共2000余人。检阅结果,各团队步伐整齐,精神饱满,实属难能可贵。

(三)征募学生号飞机捐。25年4月13日,举行征募学生号机宣传大会,计到中小学生4000余人,盛极一时。同日晚,中央委员王泉笙、李市长、陈特派员和本人在同文中学播音台宣传,对于航空救国的真义,阐发无遗。至征募办法,大学生每人5元,中学生每人3元,小学生每人5角。如家境贫寒,无力缴纳者,得向亲友凑募捐足。总计已报缴者8000余元,其详细情形,请参阅本刊教育消息便悉。

4.关于休闲教育方面

本市过去二年中休闲教育的实施,规模较大者,约有下述数端。

(一)举行公私立小学员生联合游艺大会。本市中小学校,个别举行游艺,时有所闻,然联合游艺,从未之见。本人为比较观摩大众同乐起见,特地订期三天在南星乐园举行联合游艺,同时并借此机会,发售门票,充作教费。熙熙攘攘,盛况空前,所得票资,计有5000余元,悉数充作教费,一举二得,诚属难能可贵。

(二)放映教育影片。24年冬,周财政局长天放先生与本人,商请教育厅派员携带教育影片莅厦放映,一连五日夜,亦获相当收获。

(三)举行儿童音乐会。25年元旦日,适逢儿童年期内,本人为利用时机,陶冶儿童身心计,特邀本市儿童年实施委员会委员举办儿童音乐会。参加表演的儿童,极其踊跃,听众亦多,歌舞并奏,诸多可取。

个己的意见

总上所言,虽未详尽,然其大要,不外如斯而已。如果我们小心检讨一下,实难予人以满意。原来教育行政,非徒为监督行政,并为助长行政。假如教育行政人员,勿论中央或地方,只重监督行政,忽视助长行政,必使教育行政的特质,永无辨[办]法表现。像本市过去的教育局或教育科,组织这样简单,人员这样有限,莫说助长行政,不能办到,就是监督行政,固亦难期周全。所以它的工作,极少有积极的指导和研究,这是无怪其然的。为今后计,我以为:本市教育行政机关,在经济力可能范围内,组织应予扩大而严密,视导人员应予增多,这样才能增进教育行政的效率。其次,教育本为国家事务,而非地方自治本分事务,中央教育行政机关,根据国家政策,发令施教,以维国家的长治久安。地方教育行政机关,则秉承中央意旨,执行其委任事务。这种集权制,乃是世界各国最近的趋势。在这国难严重的现状下,我们为要整齐步伐,统一阵线,自非采用集权制不可。可是中央委任事务,地方行政人员,须视地方的需要,分别缓急而举办,势必广征地方的意见,集中地方的人力与财力,参酌地方的实际情形,才能收事半功倍之效。所以地方教育的咨询与辅导机关,仍得设置的。本市过去的教育局或教育科,从未设有这种机关,确系一大缺点。这是我以为应该改进的。复次,本市过去的教育行政机关,忽而设局,忽而改科,对于行政效率,虽未敢说因而减低,然最少限度,蒙受变动的影响,无法向前增进。固然局科的设置,各有利弊,谁亦不敢偏袒。可是我们要试行或实行一种制度,事先必须考虑周详,然后颁布试行或实行。试行或实行要预定相当期限,在限期内,不要随时变更。这是值得我们注意的。

(三)教育经费

本市过去的教育经费,实感困难,尤以23年度和24年度上半年为最。本人于23年5月恢复教育局,刚刚上台,就遭受了一番索薪教潮的打击。因为过去教费,一向不敷,日积月累,到我接事的那一天止,足足欠发了4个多月,不下3万元。教界同仁为了生活关系,不得不作此合理的要求。我为解决整个教费问题计,一方面接受教界同仁的意见,权将玉紫禾学产押借12000元,并举行游艺募捐凑成16000元,补发旧欠3个月。

一方面节省开支,姑将小学每级经费80元,减为70元,按月省下五百余元,以作摊还借款。又承前教费管理处主席林东山之臂助,征得商会同意,举办商铺乐输捐,以事抵补。讵教费稍趋稳定,收支勉可相抵之际,恰逢省府实行废除苛杂,本市教费项下的杉木柴炭补助费,奉令撤消。同时,地租、筵席捐等项,在社会不景气的境况下,收入锐减,因此教费又陷于贫乏状态,寅吃卯粮,时虞不继。结果,积欠教费,又达4个多月,真是困难极了！24年7月,市府裁撤教费管理处,所有教费,归由市财政局接管,并统筹救济。那时,王静庵市长,周天放局长,对于教费,虽曾一再设法整理与宽筹,稍见起色。但是破落户,亏空太多,杯水车薪,无济于事。到了12月,王市长调升首都警察厅长,余幼庚先生继主市政。好在穷年送罢,否极泰来,余市长竭力筹补,一面呈奉省令准将王前市长任内节余款项八千余元,补充教费,从25年1月份起,按月发清,以前旧欠,概行截止。一面呈请拨用本市全部地租充为教费,冀图根本解决。自是以后,按月得沾实惠。及3月间,余市长因病辞职,中央任命李海霞先生继任,重申前请,呈准省府月拨地租2300元,复由周财政局长另行设筹补足。同时,李市长以教界同仁生活清苦,特地设法筹募三千余元,凑以积存学费,补发了以前旧欠全部的二成二,久悬未决的教费问题,到此时,庆幸综告解决。这是我们教界同仁应该永矢勿谖的。至私立学校经费,大半仰给于侨商方面校董的捐助。最近,南洋商景不佳,直接予华侨以一个大打击。致破产返国的华侨,不知多少。因此,他们向日捐助各学校的款项,都不能照给。同时,学生方面,因整个地方经济崩溃,家庭无力负担巨额学费,学校收入,又形锐减,以视往昔,真有天渊之别。好像本市私立群惠学校,往年校费极其充裕,及至最近二年,因受上说的种种影响,故亦变为困难。这是一个明显的例证。好在私人兴学之风,还是同样兴盛,整个看来,全市的私校经费,还算不少。这许是本市教育上的特点。现在,且就政府拨用部分和私人捐助部分,分别检讨如次。

甲　政府公款部分

收入的检讨

前曾说过,本市教费,因受社会不景气的侵袭,和政府废除苛杂的影响,23年度全年和24年度上半年的收入状况,均见锐减。不过减少的数额,稍有不同罢了。兹特表列说明,以资比较。

(民国)23、24年度教费收入概算表

项别	年度			
	23年度		24年度	
	上半年	下半年	上半年	下半年
鸡鸭捐	7200元	7200元	7200元	7200元
屠宰教育附加捐	6300元	6300元	4800元	4800元
市立小学学费	3600元	3600元	7843元	7843元
玉紫禾学产租息	4800元	4800元	4800元	4800元
契税附加捐	3600元	3600元	1400元	2000元
省库苛杂抵补费	2800元	2800元	无	无
商铺乐辅[输]捐	1200元	1200元	无	无
水仙花教育捐	500元	500元	500元	500元
筵席捐	1920元	1920元	1020元	1020元
红料教育捐	1200元	1200元	420元	420元
省库小学补助	793元	793元	793元	793元
地租	2400元	2400元	2400元	13800元
租牙捐	240元	240元	240元	240元
本地途冥纸捐	240元	240元	无	无
省库义教辅助	无	无	3588元	3588元
中央义教辅助	无	无	90元	90元
合计	36793元	36793元	35094元	47094元

看了上表,我以为至少可得下列四种的发现:(一)全市的教费,收入奇微,比较全国任何一市,都来得少。(二)捐税繁苛,难免影响平民生计,亟应化零为整,以救民生。(三)小学生的学费,列为收入的大宗款目,实属不当。我们为普及国民教育计,应把这笔学费豁免,至少亦应把征收数额,尽量减少。(四)从23年度起至24年度止,各项收入,虽有增减,然在24年度下半年,收入激增,这是应该归功于财政当局的。总之,本市教费有限,自应增筹,不过增筹的方法,应以数量大宗和负担公平为原则。这样,才能利民福国。

支出的检讨

本市过去二年教费支出的概算,向以量入为出为原则。以学理言,教育事业,日新月异,为适环境与时代的需要,固然,教费的预算,不能量入为出的。可是在地方经济几濒破产的情状下,我们为了顾全现实,不能不丢掉学理。现据调查所得,本市教费支出部分,计分教育行政费、学校教育费、社会教育费、义务教育费、临时费、债务费等项。23年度,总计岁出88704元。24年度,除增义教经费一项外,其他项目,与前相同,总计岁出105960元,比较上半年增加了17256元。可见教育事业,已有增进。这是一种良好的动向。现在,且把支出详情,列表说明。

(民国)23、24年度教费支出一览表

项 别	年 度	
	23年度	24年度
教育行政费	9000元	9000元
学校教育费	59340元	66372元
社会教育费	9456元	10548元
义务教育费	无	10200元
教费管理处经费	1200元	无
临时费	2400元	2400元
债务费	7308元	7440元
总 计	88704元	105960元
说 明	(一)23年度与24年度两相比较,除行政费、临时费相同外,其余均有增加,总计增加17256元。 (二)债务费系前思明县时,教育处借款12000元,按月摊还数额。	

我们看了上列的收支情形,足知收入不敷支出,所以亏空极多,无法弥补,前言一笔积欠,即因此而致,这是很明显的结果。

发放的方法

本市过去二年教费的保管,因县市政制不同,故可划为二个时期。

(一)在思明县时,保管教费的机关是思明县教费管理处,内设委员5

人,以县政府代表1人,教育局代表2人,学校或社教机关代表2人充任之。计分主席、收支、保管、稽核、催收等股,除主席由教育局呈荐教厅委任外,其余各股,由各委员互选充任。那时,教费管理处的委员,赖凤薰为主席,吴昆仑任收支,余少文任保管,沈文德任催收,陈维纯任稽核。兹将该处组织规程,附录如后。

思明县教育经费管理处组织规程

第一条　本县设县教育经费管理处,管理全县教育经费,以谋教育经费之公开及独立为宗旨。

第二条　管理处用委员制,由下列人员组织之。

一、县政府代表1人,由县长选定之。

二、教育局代表2人,由教育局选定之。

三、县立各学校代表1人,由各学校各推1人互选之。

四、县教育会代表1人,由教育会执行委员互选之。在教育会未成立地方,暂由前项一二三各代表推举本地热心教育,素有声望者充之。

第三条　管理处设主席1人,主持处务。由教育局长就委员中推举1人,呈荐教育厅委任之。

第四条　管理处办理事项如左[下]。

一、县教育经费之管理。

二、县教育经费之调查及整理。

三、县教育经费预算决算之审查。

四、讨论县教育经费之增筹方法。

前项第二款,会同教育局办理。第三款审查预算,以有无超过教育之款为限。第四款讨论结果,呈请县政府督同教育局查核办理。

第五条　管理处设催收、保管、稽查、收支四股,各设主任一人,由主席就委员中推定之。关于第四条第二、第四款事项,遇必要时得组织临时委员会处理之。

第六条　管理处经收之款,由主席出具正式收据,送交原发款机关,一面函知教育局,并即日将款存储殷实银行或钱庄。

第七条　管理处支付各款,应由教育局依照每月预算数目,填写领款凭单,送交管理处查核,由处向银行或钱庄支付转发各校及各机关。

第八条　管理处应按月编造收支一览表,呈报教育厅、县政府,函送教育局并公布之。

第九条　管理处会议，由主席召集之。

第十条　管理处委员概为无给职,任期1年但得连任二次。

第十一条　管理处得酌设雇员,但至多不得过二人。

第十二条　管理处经费由县政府核定,就教育经费项下支给之。

第十三条　管理处办事细则,由会议订定之。

第十四条　本规程自呈准公布日施行。

(二)在市政府时代,教费管理处,业已裁撤,所有教费,统由财政局接管,发给教费时,由市政府第二科(教育科)向财政局具领转发,极为便利。

支配的情形

本市教费的支配,在县治时期,全权属于教育局;市府时期,则由第二科计划呈请市长核定施行。兹将23、24两年度教费支配之百分比,表列明之。

(民国)23、24年度教费支配百分比一览表

项　别	年　度	
	23年度	24年度
教育行政费	10.2%	8.4%
初等教育费	66.2%	62.1%
中学教育费	0.7%	0.7%
社会教育费	10.7%	9.9%
义务教育费	无	9.6%
教费管理处经费	1.3%	无
临时费	2.7%	2.2%
债务费	8.2%	7.1%
总　计	100%	100%

依照省令规定:初等教育费应占60%～70%,社会教育费应占10%～20%。核与本市所支配的,出入无几,可算合法。不过,以全市教费总收入而言,教费仅占12%强,似嫌太少。

(民国)24年度下学期厦门市公私立中等学校概况一览表

校名	校长	学级		学生数	教职员数	全年经费	校址	备考
		高中	初中					
省立厦门中学	庄奎章	2	6	377	28	24995元	民国路	
私立同文中学	陈瑞清	6	6	209	38	30000元	望高石	
私立双十中学	黄其华	2	9	510	32	24000元	箭场仔	
私立中华中学	王连元	4	6	202	28	16000元	虎头山	
私立厦大附属中学	薛永黍	5	0	95	23	19200元	厦港演武亭	
私立英华中学	沈省愚	3	8	317	31	5418元	鼓浪屿龙坑井	
私立毓德女子中学	邵庆元	3	4	232	19	18000元	鼓浪屿东山顶	
私立慈勤女子中学	林崇智	2	3	98	16	18900元	鼓浪屿三丘田	
私立怀仁女子初级中学	王淑禧	1	3	76	15	12246元	鼓浪屿乌埭中	
私立大同初级中学	杨景文	1	6	285	23	53848元	同安内	
私立侨南女子初级中学	黄宝玉	0	3	46	20	6960元	四季花园	
私立闽南职业中学	叶谷虚	0	3	81	10	4000元	鼓浪屿和记崎	
私立怀德幼稚师范	陈淑华	0	2	42	13	8072元	鼓浪屿乌埭中	
合计		29	59	2570	296	241639元		

立别	市立	市立	市立	市立	市立	市立	市立	市立
校名	大同小学	玉紫小学	崇实小学	普育小学	竞存小学	吉祥小学	蒙泉小学	紫阳小学
校长姓名	伍远资	陈志伦	杨昌国	郑洪凯	李禧	陈维纯	傅晓村	陈玉琮

教职员	性别	男	17	9	17	9	12	7	9	11
		女	7	9	2	5	3	3	3	2
		共计	24	18	19	14	15	10	12	13
	资格	师范毕业	20	12	7	9	5	4	3	3
		中学毕业	2	3	7	4	10	4	4	8
		其他	2	3	5	1		2	5	2
		共计	24	18	19	14	15	10	12	13
编制		单式	14	4	4	8	6	6	4	4
		复式		4	4		1		1	2
		单级								
		共计	14	8	8	8	7	6	5	6
学生		男	683	326	312	256	203	144	175	153
		女	189	174	119	58	64	58	62	62
		共计	872	500	431	314	267	202	237	215
经费年额			13720元	7320元	7200元	6720元	5952元	5328元	4392元	5040元
校址			浮屿街	靖山头	相公宫	鼓浪屿岩仔脚	高井栏	皇帝殿	碧山路	厦港紫阳街
备考										

立别	市立	私立	私立	私立	私立	私立	私立	私立
校名	单级小学	厦大实小	群惠小学	全民小学	鳌岗小学	集友小学	大中小学	慈勤小学
校长姓名	章晃	茅乐楠	林士麟	陈景苏	林志林	吴万镇	邱策湖	林崇智

教职员	性别	男	1	10	14	10	6	7	10	6
		女	1	2	10	5	3	2	4	8
		共计	2	12	24	15	9	9	14	14
	资格	师范毕业	2	6	14	5	5	1	2	4
		中学毕业		2	6	7	2	7	10	7
		其他		4	4	3	2	1	2	3
		共计	2	12	24	15	9	9	14	14
编制		单式		6	12	5	4		7	6
		复式				1	2	4		
		单级	1							
		共计	1	6	12	6	6	4	7	6
学生		男	50	182	387	215	194	109	180	75
		女	12	70	365	97	50	45	63	192
		共计	62	252	752	312	244	154	243	267
	经费年额		996元	6348元	800元	5988元	7624元	2400元	2300元	2670元
	校址		顶大人	厦港大桥头	青墓口	钟楼下	思明东路	模范村	内水仙	鼓浪屿三丘田
	备考									

	立别		私立	私立	私立	私立	私立	私立	私立	私立
	校名		树人小学	新民小学	渔民小学	世德小学	侨南小学	龙山小学	连茂小学	明道小学
	校长姓名		杨清江	邱觐光	张荣昌	吴淞波	黄宝玉	曾少峰	洪荣光	庄英才
教职员	性别	男	8	6	7	9	1	11	5	4
		女	3	6	5		11	3	2	5
		共计	11	12	12	9	12	14	7	9
	资格	师范毕业	3	2	5		2	5	1	
		中学毕业	5	8	5	8	8	8	5	8
		其他	3	2	2	1	2	1	1	1
		共计	11	12	12	9	12	14	7	9

编制		单式	3	2	5	4	9	2	1	
		复式	2	5	4		2		2	4
		单级								
		共计	5	5	6	5	6	9	4	5
学生		男	164	90	128	97	74	229	140	54
		女	98	39	21	25	54	85	38	56
		共计	262	129	149	122	128	314	178	110
经费年额			2880元	2424元	3600元	1632元	6960元	3600元	1632元	2400元
校址			溪岸河	石狮王	鱼行口	霞溪仔	四季花园	后厅衙	内武庙	菜妈街
备考										

立别			私立	私立	私立	私立	私立	私立	私立	私立
校名			桃源小学	怀仁小学	厦南小学	宗文小学	鼎玉小学	雅化小学	民立小学	培育小学
校长姓名			陈崇礼	王淑禧	廖秋史	施佩蓉	陈龙生	李怜悯	叶思忠	高选峰
教职员	性别	男	8	1	7	2	4	8	4	4
		女	4	11	4	9	4	2	6	2
		共计	12	12	11	11	8	10	10	6
	资格	师范毕业	2	6	2	7		3	2	4
		中学毕业	6	2	8	1	5		6	1
		其他	4	4	1	3	3	7	2	1
		共计	12	12	11	11	8	10	10	6
编制		单式	8	6	1	4	6	1	2	
		复式			5	2		5	3	3
		单级								
		共计	8	6	6	6	6	6	5	3

学生	男	245		115	119	54	92	116	71
	女	99	232	67	76	57	127	92	21
	共计	344	232	182	195	111	219	208	92
经费年额		6672元	6000元	4416元	3540元	2800元	3060元	2400元	1440元
校址		小走马路	鼓浪屿乌埭中	草仔坡	竹树脚	溪岸街	思明东路	大中路	太平殿
备考									

立别			私立	私立	私立	私立	私立	私立	私立	私立
校名			思明义务小学	道立小学	励志小学	毓英小学	闽海小学	崇德小学	人道小学	清河小学
校长姓名			吴克坚	黄梅生	陈桂琛	许哉华	陈一元	孙印川	陈彬森	张伯炘
教职员	性别	男	11	2	11	2	5	8	5	4
		女	2	5	2	4	3	5	1	4
		共计	13	7	13	6	8	13	6	8
	资格	师范毕业	3	2	3	1	1	1		
		中学毕业	8	4	5	5	4	6	2	6
		其他	2	1	5		3	6	4	2
		共计	13	7	13	6	8	13	6	8
编制	单式		6	4		3		4		1
	复式				3	1	3	2	3	2
	单级									
	共计		6	4	3	4	3	6	3	3
学生	男		230	107	43	97	54	78	52	15
	女		50	70	28	80	32	102	16	26
	共计		280	177	71	177	86	180	68	41
经费年额			3600元	1800元	960元	1440元	1800元	3360元	960元	600元

			思明东路	刣狗墓	靖山头	顶释仔	吴厝巷	霞溪路	土堆	轿巷街
校址										
备考										
立别			私立	私立	私立	私立	私立	私立	私立	私立
校名			浔江小学	福民小学	海滨小学	英华小学	毓德小学	维正小学	养元小学	光华小学
校长姓名			吴在桥	叶谷虚	刘尊光	沈省愚	邵庆元	蔡建芳	朱质	张步云
教职员	性别	男	9	17	8	14	1	7	6	2
		女		5	4		17	6	5	3
		共计	9	22	12	14	18	13	11	5
	资格	师范毕业		3	5	1	4	7	2	1
		中学毕业	7	16	3	11	12	5	7	4
		其他	2	3	4	2	2	1	2	
		共计	9	22	12	14	18	13	11	5
编制		单式		10	2	7	11	2	7	1
		复式	3		2			4		2
		单级								
		共计	3	10	4	7	11	6	7	3
学生		男	80	459	90	302		94	177	64
		女	29		42		314	65	16	30
		共计	109	459	132	302	314	159	193	94
经费年额			1800元	9000元	3192元	8400元	5400元	4080元	4632元	1200元
校址			打铁路头	鼓浪屿	鼓浪屿四枞松	鼓浪屿龙坑井	鼓浪屿田尾	鼓浪屿鹿耳礁	鼓浪屿鹿耳礁	鼓浪屿内厝澳
备考										

			私立	私立	私立	私立	私立	私立	私立	私立
	校名		同文小学	双十小学	英华校友初级小学	粤侨初级小学	陇西初级小学	东村初级小学	城内初级小学	育群初级小学
	校长姓名		陈瑞清	黄其华	陈兆麟	徐缉寰	李景隆	柯华榕	韩梅声	黄晓修
教职员	性别	男	17	10	5	5	2	6	4	8
		女		4	10	5		3	3	3
		共计	17	14	15	10	2	9	7	11
	资格	师范毕业		3	9	4	1	1		1
		中学毕业	13	6	5	3	1	8	5	9
		其他	4	5	1	3			2	1
		共计	17	14	15	10	2	9	7	11
编制	单式			9	11	2	2	5		3
	复式		3			2		1	4	2
	单级									
	共计		3	9	11	4	2	6	4	5
学生	男		49	337	418	55	49	199	104	131
	女			102	19	30	22	81	39	71
	共计		49	439	437	85	71	280	143	202
经费年额			3400元	6400元	10392元	3000元	636元	2880元	1440元	2760元
校址			望高石	箭场仔	鼓浪屿安海路	小走马路	碧山村	模范村	民国路	龙船河
备考										

		立别	私立	私立	总计	市立	市立	市立	私立	私立
		校名	明德初级小学	华南初级小学		鸿麓幼稚园	大同小学附设幼稚园	玉紫小学附设幼稚园	群惠小学附设幼稚园	慈勤小学附设幼稚园
		校长姓名	马钦杰	陈宝欣		陈淑谦	伍远资	陈志伦	林士麟	林崇智
教职员	性别	男	4	9	426	1				
		女	4	1	245	3	2	1	1	1
		共计	8	10	671	4	2	1	1	1
	资格	师范毕业	1	1	201	3	2	1	1	1
		中学毕业		8	337					
		其他	7	1	133	1				
		共计	8	10	671	4	2	1	1	1
编制		单式			234	2	1	1	1	1
		复式	3	3	99					
		单级								
		共计	3	3	334	2	1	1	1	1
学生		男	136	46	8893	38	41	28	26	21
		女	30	22	4183	22	13	32	12	22
		共计	166	68	13081	60	54	60	38	43
	经费年额		1800元	1956元	227142元	2160元	960元	840元		
	校址		布袋街	双莲池		普佑殿	浮屿街	靖山头	思明东路	鼓浪屿三丘田
	备考				以上58校					

	立别	私立	私立	私立	私立	私立	
	校名	培英幼稚园	鼎玉小学附设幼稚园	维正小学附设幼稚园	道立小学附设幼稚园	怀德幼稚园	合计
	校长姓名	施佩蓉	陈龙生	蔡建芳	黄梅生	陈淑华	
教职员	性别 男					2	3
	性别 女	5	1	1	1	8	24
	性别 共计	5	1	1	1	10	27
	资格 师范毕业	3	1	1	1	9	23
	资格 中学毕业						
	资格 其他	2				1	4
	资格 共计	5	1	1	1	10	27
编制	单式	3	1	1	2	6	19
	复式						
	单级						
	共计	3	1	1	2	6	19
学生	男	82	10	15	35	197	493
	女	37	8	8	21	151	326
	共计	119	18	23	56	348	819
	经费年额						
	校址	竹树脚	溪岸街	鼓浪屿鹿耳礁	刣狗墓	鼓浪屿乌埭中	
	备考	宗文小学附设私立					

说明：(一)缺填浔源幼稚园一所。

(二)私立各园经费多并在小学部计算。

(民国)24年度下学期厦门市市立短期小学校概况一览表

校名		市立第一短期小学校	市立第二短期小学校	市立第三短期小学校	市立第四短期小学校	市立第五短期小学校	市立第六短期小学校	市立第七短期小学校	市立第八短期小学校	市立第九短期小学校	市立第十短期小学校
校长姓名		吴万镇	杨清江	李怜悯	卢授吾	杨天培	林光华	许幼芳	许启珍	吴景东	钟青海
学级数	上午	1	1	1	1	1	1	1	1	夜	1
	下午	1	1	1	1	1	1	1	1	夜	1
	全日										
	合计	2	2	2	2	2	2	2	2	2	2
学生数	男	33	58	18	50	44	29	51	49	40	40
	女	47	42	75	45	36	50	39	31	25	40
	合计	80	100	93	95	80	79	90	80	65	80
全年经费		480元	480元	480元	480元	480元	480元	480元	480元	480元	480元
校址		模范村	溪岸路	思明东路	中华路	中山公园	思明南路	下澳仔社	南溪仔墘	寿山岩	打石市街
备考											

(民国)24年度下学期厦门市市立短期小学校概况一览表(续)

校名	市立第十一短期小学校	市立第十二短期小学校	市立第十三短期小学校	市立第十四短期小学校	市立第十五短期小学校	市立第十六短期小学校	市立第十七短期小学校	市立第十八短期小学校	市立第十九短期小学校	市立第二十短期小学校	合计
校长姓名	蒋启传	沈晖	陈永垂	林曼丽	杨俊泽	许哲匹	江济云	刘尊光	苏德鸿	孙家璧	
学级数 上午	1	1	1	1	1	1	1	1	夜	1	20
学级数 下午	1	1	1	1	1	1	1	1	夜	1	20
学级数 全日		1									1
学级数 合计	2	3	2	2	2	2	2	2	2	2	41
学生数 男	41	18	44	27	52	50	18	37	32	53	784
学生数 女	35	48	36	51	28	27	48	43	43	27	816
学生数 合计	76	66	80	78	80	77	66	80	75	80	1600
全年经费	480元	480元	480元	480元	480元	480元	480元	480元	480元	480元	9600元
校址	大学路	和凤街	大沟墘	苏厝街	张后保	夹舨寮	梧桐埕	鼓浪屿	鼓浪屿	鼓浪屿	
备考											

《厦门教育》1936，Vol.1，No.1

教科长报告厦市教育现况

中小28校150级　学生4000教员100

市府昨纪念周,教育科郑科长报告,本市自九三以来,一切已入战时状态。教育方面,为欲与军事、政治、经济、外交等等的配合,自有多少变更。兹扼要报告:(一)学校概况。据查本市中等学校,除厦中奉令暂停,双十迁移平和,尚有中华、同文、英华、毓德、慈勤、怀仁、大同、闽南等9校,照常开课。计高中14级,初中31级,合为45级。学生1018人,教职员129人,每级平均学生23人弱。小学计市立8校,私立11校,共19校。高级34级,初级71级,共105级。学生2810人,教职员182人,每级平均学生数26人强。义教方面:最近举办市立简小20校,短小12校,共计64级。以校数言,固较往昔减少。但究其实际,学生多迁入内地就读,是不过空间之转移,并非教育停顿。(二)教育人员。本科为联合市内现有教育人员于有组织有计划之行动下,教导儿童,训练民众,特组教育人员战时工作团,经签奉市长核准在案。现该团已开始工作,精神奋发,谅有相当成绩表现。(三)劝募寒衣及慰劳品。本科为使市民明了有钱出钱,有力出力,有物出物,特发动全市中小学员生,组织劝募队50队,先经一度宣传,然后出发劝募。当劝募之际,敌机队虽来骚扰,而仍本其后方服务与牺牲勇敢之精神,继续进行,卒使市民感奋,踊跃输捐。结果计有药品2箱,罐头16箱,肥皂1箱,饼干2箱,茶叶□箱,手电筒及电土1箱,火柴1袋,竹筷1袋,毛巾及蚊香1袋,用饭具1袋,食物2箱,杂物2箱,棉被13袋,寒衣42袋,鞋靴4袋,总计90大件,交由新运会运省转赠前线。(四)征集教育界捐赠棉背心,计已缴交市抗敌会运省者,1600余件,尚有一部分学校,因工料关系,仍未制就,正在催缴中。(五)募集公债。本市教费,自入战时以来、勿论公私立学校,均极支绌。因此现设教育人员,月薪奇微,但为购买救国公债,极形踊跃,截至本日止,数达2000余元。(六)举办民众问事代笔处。本科为便利民众询事及书写计,特于10月间举办民众问事代笔处。核其一月来之工作,计问事669人,代笔390人,颇觉忙碌。

《江声报》1937年12月7日

部颁 31 年度新教育计划之特质与 7 年来福建省教育设施之检讨

潘懋鼎

最近教部颁布 31 年度各省教育行政计划及教育文化费概算原则,计包括高等教育中等教育、国民教育、社会教育及蒙、藏教育五大部,内容该博,而实际之新特质尤多,足供研究。国立厦门大学教育学会执事诸君,关心全国教育设施,特辑是刊,以为讨论。猥承索稿,实渐谫陋,无所贡献,兹谨就部颁计划之特质及其与本省 7 年来教育设施之实况,谬为检讨,以客观态度求知本省过去 7 年中教育设施较诸教部新颁计划所已达到之阶段及其尚待努力之项目,亦观往期来之微意。但以本人离开福建教育界已半载,且手边材料有限,匆急捉刀,诸多不逮,务望明达不吝赐教!至其所见不周或未当之处,仍望本省教育当局不弃愚鄙,加以纠正,无限幸甚!

本文拟挈教部 30 年度新行政计划之特质为纲,以本省 7 年来教育设施实况排比之,再抒个人意见,以为论列,最后则归纳而检讨之。

(一)高等教育之部

(1)各省市设有专科以上学校者应注意增筹经费,充实设备,提高教职员待遇。

按福建有省立之专科以上学校,始于民 26 省立医专。该校 28 年改办为医学院。同年开班省立音专及省研究所。29 年开办省立农学院,省研究所改办为研究院,并设立中等学校师资养成所。30 年,该所改办为省立师范专科学校。目前省设专科以上学校计共 5 院校,经费自 26 年以来年有增加,设备亦在力谋充实中。员生待遇:教员支薪标准较一般国立学校之低者为高,学生则普遍给予待遇,其间有较国立大学为优者。惟省办高等教育,数校同时积极并举,整个预算庞大,实非易也。

(二)中等教育之部

(1)中等教育之量的扩充,增校与增班并顾,以设置完全双轨为适度。按本省中等学校增校增班兼顾之原则已办到,双轨制求之于县立,亦达半数具备之程度。

(2)尽先扩充师范教育

师范教育关于普通师范学校,自 25 年度以后,为集中办理之计划所限,未见尽先扩充。简易师范,则已分区设立。

(3)中等教育费占教育文化费至少 50% 以上。

本省中等教育经费在教育文化费中所占之比例,据 27 年度统计,为 40%。近年来,若将国教经费并入计算,则恐不能到达此标准。

(4)中等教育经费之分配,应按中学占总数 40%,师范占 25%,(师范生公费待遇经费除外),职业占 35% 为原则。

按据 27 年度统计,中学教育占 50%,师范教育占 22%(学生待遇在内),职业教育占 18%。27 年度以后,中学则县中增加,师范则省简师增加,职业则县初职增加,其比例当有不同。

(5)每县设县中一初职与简师应逐渐达到适当比例,经费困难或两县联立。

本省每县设县中之计划,自民 24 以还,即已逐渐实现,初职比例县中,过去亦有是项计划,惟简师由县比例县中设立一项则未见。至因经费困难,而产生之县联立初中或初职。本省亦经试办,但以问题滋多,嗣乃不采此制。此节足供各省试办县联立学校之参考。

(6)教员进修、讲习、休假支薪及研究会等费编入概算。

教员进修、普通讲习及休假支薪各项,自 26 年以后未举行;25、26 年两夏季曾有两次讲习,听讲者共 695 人。29 年举办训育主任公民教员训练班,参加者 92 人。30 年举行全省中等学校校长讲习会,参加者 107 人。研究方面,29 年规定以示范区,中学区为中心,分区设研究会。惟实际而普遍之推行,则尚有待。

(7)提高教师待遇,并比照国立学校教职员或各该省公务人员订定膳食补助办法。

按教职员待遇本省中等学校曾有一度平均月仅支至 50 元者,28 年以后,逐渐提高。规定高中教员月薪最低 100 元,最高 180 元,初中教员最低 80 元。最高 160 元分 9 级,年功加俸。惟俱加若干折扣支给。30 年初中最低薪额提至 100 元。嗣复免除折扣,照额实支。膳食补助办法,亦照公务员规定办理。但以各县财政未达标准,省方虽积极提高,亦仅部分实现而已。

(甲)中学教育

(1)每中学区设高初中兼办之中学一所,32年度设齐。未划区者应尽先划区。

按本省自25年度以后,原有省立四区四完全中学合并为两校,省立初中独设者四校。后复增设两校,共六校,直至27年增高中1校,30年增高中2校,皆就原有初中加以扩充者。29年曾划本省中学区位为9区,已设者仅5校,故此后完全中学之增设与充实实为本省中学教育之重要工作。至初中县立者23年以后已有整个计划,24年至26三年中,更见具体扩充。至29年度下期,计有县立初中26校,即全省1/2县份已设校。至其余2/3县份,应如何与简师初职妥为配合筹设,则为本年以后工作。

(2)各中学区女子中学1所,3年内完成。31年度得于中学附设女生部或女生班。

按本省近年来高初中学皆以男女兼收为原则,而无专办之女子中学者,此项女子中学尚待亟办。

(3)改进教务,充实设备,扩充班级。

教务改进方面,课程已照新颁标准办理,学习注意导师指导。战时补充教材,则由教育厅编印颁行,已出版5种。区设教育研究会,各校设教学研究会,师生共同参加。生产劳动训练,及农艺工艺等设施,员生公耕等办法皆积极推进。他如高中入学训练,亦按期举行。选习学科,课外活动自习、会考、升学及就业等项指导,均普遍办理。31年度并指定优良公私立中学12校,试验6年制中学。效果如何,尚俟来日。

充实设备,注意调查校产,并专责管理二项。29年曾于省政干团附设图书仪器管理员训练班,训练后返赴各校任其事。至设备之补充:(1)算学教具,28年度由教育厅设场制造初中用90套,29年度又制高中用30套;(2)自然课教具,29年完成初中用20套,高中用者已继续制造;(3)劳作科教具,分工具及教具两种,师范、中学两组,已于29年开始制造;(4)充实县立初中设备,30年度计划关于旧设之十县初中算学、图书、卫生、体育及童子军设备,统计列入预算者,平均各约2500元。又新设之7县初中各列设备费7100元至7200元之预算。(5)关于集中设备各项图表教具,悉数由厅制就付印。校舍修建则自抗战后学校内移,每多因陋就简,影响教学至大。嗣由省遣派专门人员,到地指导,以谋补救。(6)劳作试验工场于28年开始制造,并计划增设竹工人员训练班,并于各校设生产技术指导员。

以上为近年来本省中等学校充实设备之情形。

扩充班级一项省立高初中各校,历年均有增加,惟为数有限。县立初中亦逐年增加,至29年度上期增至128班,30年度上期再增至155班,进展较速。

(乙)师范教育

(1)照核定之师范学校区每区设师范学校两所(中1所为女子师范),3年内完成31年度筹设1/3。

按本省于民24以前普通师范学校原分四区,各设1校,县设简易师范。24、25两年度大加整理,普通师范学校全省四所并而为一,县立简师严加淘汰。至27年度全省公私普简师合计仅10校。28年度乃复师范区制,计设9区,省立普师仍1校,其余8区设8简师,29、30两年度设校仍旧,惟简师之班数及经费则大增。照部定每区设两师范学校,则过去集中原则须加改变。又女子师范学校之单独专设,近年来亦无此基础。

(2)新设师校及简师每校应招生两班。

30年1月师范及简易班学生添招1904人,下期师范,简师及简易班学生添招1900人。

(3)名师范学校及简易师范学校,或公立中学增设简易师范科,以补充国民教育师资,其经费列入概算。

师范学校及简师增设简易科一项,本省于29年曾在福立师范学校设班训练中心学校高级班教员,在各简师训练国民学校4年制儿童班教员,又设简易班训练国民学校2年制儿童班教员兼教成人,妇女等班级。现仍在继续训练中,30年度据统计在训练中之国教师资共7000余人。

(4)31年应行补充之国教师资,应开始短期训练,期间至少6个月,程度相当于初中。

国教师资短期训练,本省过去设立者民25有省立小学教员训练所,及义教师资训练班10班,又农民师资训练所1所,28年各行政督察专员区设保训合一干部训练所,各县遍设训练班。29年国民教育制度确立短期师资训练工作,归在师范学校及简师办理,以上各训练班所亦先后结束,目前普师、简师皆按期训练师资,无需此训练班之补充,且随时委托地方行政干部训练团所办理,故本省现阶段以无需此项训练班之专设。

(5)各省师范生原有待遇不减低,并照生活实际情形,列支全膳,并给书籍零用等费。

本省在民23年以前,有一时期师范学校学生一切用费,概由自备,学校设奖学金,但名额颇普遍。25年度以后,膳食则全部由校供给,制服由校津贴一部。近两年来因物格腾贵,学生有缴交营养费以补充者,各校办法不一,而学生营养仍属师范教育中之一大问题。至书籍一节,亦有缴交讲义费以代者。零用金之发给,有战区学生贷金之类,未见普遍办理。

(6)图书仪器设备加以充实,列为概算。

图书仪器设备之增加,各校概列有预算,惟为现实环境所限,虽有预算,亦难求其完全照计划而充实。

(丙)职业教育

(1)职业学校区每区应设5年制或2年制高级职校,一未分区者应即分区,并就原校扩充班级。

本省高职23年度分4区设立,初职由县酌设,是年本省职校计共24校,至28年度减为16校。按区设校之制,间亦不存。29年度有两县设初职1校之计划,限5年内完成,并划分职业教育辅导区。该年度内筹设县立初职10校,省亦增设高级商职一校,全省职校乃由16校增至27校。30年度不增设,但原有各校加以充实,增办1班至2班。

(2)新旧职校一律办理职业训练班。

新旧职校附设职业训练班办法,本省未闻有一律之计划。

(3)集中推行职业补习教育。

本省职业补习教育办理情形,29年度全省共设县立职业补习学校20校,30年度预算增办至24校。各项种类已略具备。

(4)职业学校经费标准比照当地中学增50%至80%为提待遇及实习费。

职业学校教员待遇已指高与其他中等学校同,充实方面,30年度以达到足供学生实习为标准。至调查研究各项费用,则为列入预算。

(5)资助各校成立生产组织。

各校生产组织之成立应以全校举行员生公耕为最大项目,29年度起公布办法,普遍推行。整个成绩如何,自属有待,但其中已有试办而确著成效者。

(三)国民教育之部

(1)增设中心学校及国民学校之最低限度数量。

关于增列中心学校及国民学校之最低限度校数经费预算一节,按本省30年度之计划,系完成每乡镇一中心学校每三保一国民学校,为标准。经费支配,公立中心学校平均每校年支2600元,国民学校平均每校年支1000元。代用中心学校平均每校年支补助费360元,代用国民学校平均每校支补助费240元。新设中心学校开办费每校600元,国民学校每校200元。各校灯火、办公各费,视各地物价指数,照原有增加至适用为度。此项增加经费,得临时追加预算。

(2)30年度应设未设之中心及国民学校,应在31年度内补足。

按本省自28年度计划每三保设国民学校一所,全省应设4500所;每三乡镇设中心学校2所,全省应设1000所。29年2月至7月全省共设有中心学校982所,国民学校4004所。若照30年度之计划,尚应补足中心学校500所,国民学校495所。三年后应完成每保一国民学校,则应补足之总数为9496校。此数字盖两倍强于过去所完成者,实一巨大之工作。(保甲组织扩大后,其数或不如是之巨。)

(3)保甲组织扩大,乡保数量减少,国民学校应视情形筹设分校或设巡回教育班。

保甲组织扩大,本省闻在积极办理中,但其改划情形,尚未公布施行。至巡回教育班,则未普遍设立。

(4)校长应励行专任制,或以校长兼副乡镇保长,或暂以合格之乡镇保长兼任校长。

校长兼任副乡镇保长之办法,本省已实行。但据调查,此项制度对于校务未见有何促进,对地方自治工作,贡献亦不能多。副乡镇保长既非乡镇保长,而且为之职属,职权所限,大致空有名衔而已。教部规定可以乡镇保长兼校长,但为地方自治之国民教育立论,个人以为或当以合格之校长任乡镇保长,下设副乡镇保长及副校长。适当人选,诚属难求,而实际上似以此种办法为较妥也。

(5)县政府实行义教分科,并增设视导人员,督导国教。

按本省过去县教育行政设科问题,原多变易,民22年前已5次变更,23年始决定于县政府设教育科,24年奉令建教合科,更名为第三科。25年第三科专管教育,与建设行政分开。28年在第三科内设民教指导员办公室,专办民教视导工作。29年第三科改称教育科,同时撤销民教指导员室,县督学增为2人至3人,国民教育亦归其督导。过去县民教指导室之设立,具见本省之早筹及此,嗣地方自治县各级组织纲要实施,因行裁撤。愚以为既议义教分科,或不若恢复县国民教育视导制之较为经济与合理。既免牵涉县组织法,亦免县以下整个教育致分歧重复之虞,且按本省30年度地方自治应办事项之规定。关于视导辅导工作,应特别注重成人教育,又各县每学期应举行视导会议一次,故县督学除原有视导范围外,尚须督导社会教育,国民教育及职业教育等,且各项系统,同一庞大。上项视导会议所包括之范围,实甚广泛,殊非二三人之能力所得胜任,教部既令增加人员,似宜亟即成立县以下之视导室制或分区视导制,使科与室之间得以调整,整个繁复工作,庶几遂行而见其效。

　　以上两种个人之建议,其适当可行与否,所望讨论与采行也。

　　(6)中心学校及国民学校一律设置民教部,并充实内容。

　　本省自民27年继民训工作之后,至28年两年间有专办民教之战时民校专设兼设,合计7000余所,内办成人班,妇女班并兼设儿童班。成人、妇女班以4个月为修学期限,儿童班则修业1年。据统计,扫除妇女文盲447924人,可谓积极。28年8月以后,民教并入战时国民教育,8至12五个月间,据统计设校共3143校,收容儿童班学生数174360人,成人班、妇女班男女学生班220779人。29年施行地方自治,开始整个国教计划,自2月至7月,据统计,共收容儿童班学生数466243人,成人班、妇女班男女学生数323171人。已见民教之相当基础。30年度国教系统仍包括民教,同时进行。

　　(7)教员待遇切实提高,并普遍实行米谷津贴。

　　按本省小学教员待遇,本极微薄,28年起渐见提高,29、30两年度办法更见具体。现规定高中师范毕业之合格教员,月薪最低由70元起支,并一律发给战时生活津贴,以达到当地生活费之两倍为标准。惜各县多限于预算,不能全部实现,故此节仍属国民教育之大问题。

　　(8)实施进修办法,充实国教指导月刊内容并普遍分发。

按小教义教及国教教员之进修训练,本省过去历年均有实施,25年设省立小学教员训练所,训练小学教员校长两班计609人,26年训练现任中心小学校长两期共201名,又训练体音专科教员200人。此外25年义教师训班分10区设立,共毕业2000余人。又28年各县设兼设战时民校师训班,继设保训合一干部训练所分所及县训练班,毕业4350人。后此关于进修训练工作,则并入地方行政干部训练团所班,经常办理。以上各种训练,虽不免有时重复,而积极推行之情形,则可见一斑。关于辅导刊物,数年来由省主办者计有《民教指导》、《国民教育》及最近之《国民教育指导》,内容富有实际材料。至其分发之范围,亦能相当普遍。

(9)编辑地方性之补充材料。

地方性教材各县有组织委员会编辑者,兹事体大,实非易办也。

(四)社会教育之部

(1)社教经费应占教费总额10%至20%。

社教经费在县预算中,多已达到此项标准。(27年度省统计已超过)若照部定计划实施,其预算当更扩大。

(2)31年度内依行政区设立省民教馆,县设县立民教馆及乡镇分馆。

按本省民教馆之设,23年有省立1所,县私立23所;24年省立仍1所,县私立增至42所。25年省民教馆改为民教处,县立之民教馆增至53所。26年采用中心民校代民教馆办法,而各县民教馆一律停办。查本省民众学校24年度有2052校,25年度有3123校,26年设中心民校,全省43县市共68校,又民众学校1441校。27年民教处停办,中心民校亦并入战时民校,28年复并入国民教育。至本年度止,其间不设民教馆及民教处者凡4年。若照教部新计划之规定,1年内须完成7所区省民教馆及66所县民教馆,乡镇分馆尚不计。其预算之庞大,似不减于国民教育。本省近年来既无此基础,故此等大工作,尤待妥筹办法,分期实现。

(3)切实督促各级学校兼办社教。

按各级学兼办社教,推行已久,其项目约为各种补习班、训练班之附设,图书馆、体育场之开放,精神训练讲话及公开演讲等之举行,及战时后方服务工作等项之实施。但为经费,人力诸条件之限制,距离要求尚远。29年度曾有学校兼办社教,经费应行列入经费预算之规定,但仍未见若何切实办理。惟27、28两年间,全省公私立高中二年级学生暂停学业,先后集中训练,派赴各县担任民训及民教工作,则不失为中学生深入民间从事并认识民训及社教之大运动。国民教育推行以后,中心及国民学校之兼办社教部,师范及简师简易科之训练社教人员,则为国教与社教之联系,而非兼办之性质也。

(4)切实推行图书馆教育。

本省23年以前,即有省立图书馆一所,其余则在民教馆内附办图书教育。至28年实施县各级组织纲要,本省计划各县遍设图书馆及体育场,(原有省立体育场一所)该年度即开始训练体育场长,29年训练图书馆馆长。该年有县立图书馆36所,体育场43所。30年度办理乡镇图书室及简易体育场,均在积极筹划中。

(5)积极推行戏剧音乐教育并推广电化教育。

本省自抗战以后,全省各机关学校,据统计有戏剧歌咏团队83单位,参加工作人员3600余,推行区域遍及59县,惟组织欠健全,工作缺乏计划,亦少联络及技术之指导。教育厅已设民众教育巡回施教团三团,29年复组织戏剧教育委员会,即为全省戏剧音乐教育联络指导之机关。30年度计划在各县政府设音乐指导员,负责推行社会音乐教育。

按本省过去电化教育已有相当基础,24年由教育厅发给之收音机,县立中学及民教馆已达164架,教育厅及各县已设电影队计10队。近年来因机件影片等补充困难,似陷停顿。29年设立播音教育服务处,派员赴各县巡视修理,以期恢复。30年度计划充实设备,建筑工场,电影队,则按行政区各设一队,推广至每县遍设一队,并由省复印及自摄影片等。

(6)切实提高待遇,并比照国立学校教职员,或各省公务人员订定膳食费补助办法。

本省社教人员待遇亦列入公务员应用法,但各县多不能按照办法施行。固因预算限制,然不能不谓为社教前途之窒碍。

结　　论

综观上列37条,(照原计划有并列者)在本省7年来教育设施中所(一)未有或尚乏基础者计"中学教育"之(2),"师范教育"之(1),"职业教育"之(1),"国民教育"之(3)(9),及"社会教育"之(2)(3)等七条。(二)已具基础而尚待积极进行考计有"高等教育"之(1),"中等教育"之(1)至(7),"中学教育"之(1)(3),"师范教育"之(2)(5)(6),"职业教育"之(2)(3)(4)(5),"国民教育"之(1)(2)(4)(5)(7)及"社会教育"之(1)(4)(6)等25条。(三)已达标准而超过治者计"师范教育"之(3)(4),"国民教育"之(6)(8)及"社会教育"之(5)等5条。——本文根据部颁新计划检讨福建省7年来教设施所得之论列如是,至其设施效果,容俟他文。又部颁计划中蒙藏教育之部,不关本题,恕未论及。

31年1月20日于国立侨民师范学校

《生力》1941,Vol.4,No.1—12

本市中心小学更动者4校
全民小学筹备复校 幼稚园拟增设一班

本市小学教育,在战前颇为发达,无论公立私立,均能摆脱政治路线。校长及教职员多能连任十余年,全力为教育而工作,成绩斐然。与内陆之教育,随政治转移,校长教员担任不及一星期,对学生姓名尚未认清,即被更动,迥然不同。厦门光复,小学教育行政之措施,较战前实有天渊之别,小教人员均存五日京兆之心。闻下学期中心国校校长内定更动者有四,而其教职员则几全部变动。查大同小学,(即厦西第一中心国校)为厦优良小学之一,前校长伍远资苦心经营达十余年之久。于厦岛光复后,以身长南安国专,未能兼顾,拟推叶洽演担任,叶未同意。近伍氏决心为故乡服务,□人□□□□□□□□□以名望不及任,且教员薪级淡薄,不足维持,坚决放弃粉笔生活,经营商业,乃由伍氏推荐陈茂才担任。而厦市第二中心校长则内定,由林泉声接充。此外厦港第二中心及禾山中心校长亦均更动,命令日内可发表。又,本市幼稚园(在公园东门)内设两班,闻下季决增设□班。惟经费奇绌,各项设备均付阙如。

又,全民小学定下学期复校,现正选聘校长及教员云。

《江声报》1946年8月20日

厦市教育概况

小学48校学生5万人　中学10所学生三千余人
即日开始教员登记检定

本市讯　市府昨(9)日举行纪念周,由教育科工作报告,计分国民教育、中等教育及其他临时经办事务四类。国民教育部份现设市立小学16校,国立小学2校,私立小学26校,幼稚园市立私立各一校,合计48校。现有教员市立学校181人,其余各学230人,合计411人。全市小学生总数15,000余人。教师待遇比照市级待遇,每人生补费基本数6万元,加成360倍。目前因教育经费困难,影响市立学校之扩展,已奉准征收鱼鲜教育补助费,于11月25日开始征收。计登记330余万,已收70万元。本学期发动各小学劳师运动,高年级学生每人献米8斤,中年级6斤,低年级4斤。市区学校每人约分得白米100余斤(多者约200斤),禾山区约30斤至50斤不等。此项收入,对于教师生活,不无小补。至上学期社会劳师款,因各公会迟迟来缴,经多方催收,至11月亦经结束,除开支外,计实收787,220元。全市教员331人,每人分得劳师款2,350元,详情经印发征信录公布。本市第一届教员无试验登记检定,计申请登记者139人,初审合格者96人,应受试验检定者43人。现奉省令,自即日起至12月底止办理试验检定,已在开始报名。本市沦陷期间校舍遭破坏者甚多,经教育部向行总厦处洽拨面粉2万包,作为修建工资。现申请修建者已民立小学等10余校。此外成人教育方面,计设立成人班22班,学生809人;妇女班20班,学生547人。中等教育部份本市现有国立师范1所,省立中学1所,市立中学1所,私立中学计大同、英华、诚德、怀仁、中华、双十等6所,怀德幼稚1所,合计10所。学生总数3561人。市立中学上学期计设6班,教员12人。本学期为适应需要,增设两班,增加教员8人。此外并办理第34次伪中学生学籍甄试,参加考试者计初中114人,高中111人。社会教育部份下半度电影审查计有《绝代艳后》等102片。最近因鉴于体育设施缺乏,特乘黑白队来厦之便,举行义赛集体育基金,于12月8日起至11日止,预料可募得数百万元。其他临时经办事项,最重要者办理文教人员急赈。照总厦处规定办法办理,现汇转者计七五单位。

赈品不日即可发放云。

《中央日报》1946年12月10日

厦门学校全貌　大中小59校　学生数约2万名

海外社厦门讯　厦岛光复以来,教育已渐告恢复,惟各校在沦陷期间,有疏散内地者,尚能保持一部校具仪器书籍,而不及疏散者,则多数损毁,虽恢复年余,元气尚缺。有校舍倒毁者,有校具椅桌尽付缺如者,以是不能尽量容纳学生。与战前比较,实有天渊之别。计年余来现恢复大中小学幼稚园计59校,学生数小学部份增至一万五千名,大学仅厦大一校,生数1100名。国立侨师及省市私立中学计有三千四百二十余名,教职员市立各小学计有218人,私立约200名,中学教职200名。学校虽多,仍感无法容纳学子。至于教育经费方面,市立各小学本学期预算5700余万元。教职员待遇原规定二级,惟目前暂以三级支领。至中等学校之收费,按照教厅规定,公立中学每生入学时应缴费仅五六万,私立者约在十万左右(膳费另外)。兹调查本市公私立大中小学校状况,报道于下:(一)国立厦大校本部学生200余名,新生院(在鼓浪屿)400余,计1100名;侨民师范学生275名,计分7班,教职员60人。(二)省立厦中学生256名,计高初中13班,教职员28人;市立中学学生450名,分9班,教职员34人。(三)私立大同中学学生688名,计高中5班,初中10班,教职员38人;中等中学,高初中学生364名,分6班,教职员12人。双十中学,高中6班,300名,初中8班380余名,教职员36人。英华中学,高中8班,初中9班,学生总数899名,教职47名。毓德女中,高级4班,初级7班,学生计500余名,教员30人。怀仁女中学生80人,分3班,教员8人。附幼师学生20余人。至公私立小学部份,有厦大附属实验小学、侨师附小、毓德附小、怀仁附小、思明、雅化、渔民、福民、英华附小、养元、维正、民强、世德、奎璧、弘农、全民、桃源、云梯、龙塘、禾光、益群、复华、主光、城内及市立各区之中心保国学校,计有中心区第一二中心,鼓第一中心,禾山第二中心,厦港中心,市第二国民学校。此外厦大、同文保、曾厝保、开洪、双涵、西东保、何厝、高崎、坂上等保之国民小学,与市立幼稚园、怀德幼稚园、毓德幼稚园等,与新增加四国民小学,计大中小学及幼稚园共59校,较之战前学校林立,相差犹巨也。

《江声报》1947 年 3 月 14 日

今日厦门教育　大中小学仅 59 所

建设多毁敌手　元气亟待恢复

海外社讯　厦岛光复以来,教育已渐告恢复,惟各校在沦陷期间,有疏散内地者,尚能保持一部校具仪器书籍。而不及疏散者,则多数捣毁,惟恢复年余,元气尚缺。有校舍倒毁者,有校具椅桌百付缺如者,以是不能尽量容纳学子。与战前相比,实有天渊之别。年余来恢复大中小学幼稚园计 59 所,学生数小学部分增至一万五千名,大学仅厦大一校生数一千二百名。国立侨师及省市私立中学,计有三千四百二十余名。教职员,市立各小学计有 318 人,私立约二百名,中学教职二百名。学校虽多,仍感无法容纳学子。至于教育经费方面,市立各小学,本学期预算五千七百余万元,教职员待遇原规定二级,惟目前暂以三级支领。至中等学校之收费,按照教厅规定,公立中学每生入学时应缴费仅五六万,私立者约在 10 万左右(膳费另外)。兹调查本市公私立大中小学校状况报导于下:

(一)国立厦大校本部学生七百余名,新生院(在鼓浪屿)四百余名,计一千二百名。侨民师范学生 275 名,计分 7 班教职员 60 人。(二)省立厦中学生 256 名,计高初中 13 班,教职员 20 人,市立中学学生 450 名,分 9 班,教职员 34 人。(三)私立大同中学学生 688 名,计高中 5 班,初中 10 班,教职员 38 人。中华中学高初中学生 364 名,分 6 班,教职员 12 人。双十中学高中 6 班 300 名,初中 8 班,380 余名,教职员 36 人。英华中学高中 8 班,初中 9 班,学生总数 899 名,教职 97 名。毓德女中高班 4 班,初级 7 班,学生计 5 百名,教员 30 人。怀仁女中学生 80 人,分 3 班,教员 8 人。附幼师学生 20 余人。至公私立小学部分,有厦大附属实验小学、侨师附小、毓德附小、怀仁附小、思明、雅化、渔民、福民、英华附小、养元、维正、民强、世德、奎璧、弘农、全民、桃源、云梯、龙塘、禾光、益群、复华、主光、城内及市立各区之中心保国学校,计有中心区第一、二中心,鼓第一中心、禾山第一、二中心,厦港中心,市第二国民学校。此外厦大、同文保、曾厝保、开洪、双涵、西东保、何厝、高崎、坂上等保之国民小学,与市立幼稚

园、怀德幼稚园成十□,与新增加四国民小,差犹巨也。(海外社)

《星光日报》1947 年 3 月 14 日

本省当前的教育问题 梁龙光在厦门广播台讲词

今晚所要讲的是本省当前的教育问题,很感谢厦门广播电台给我这 15 分钟时间。现在就把各人对于本省教育的一点意见,向诸位听众作简略的报告。

谈到本省的教育,当前最感困难的是财政问题,就以本省 36 年度的预算来讲,岁出总数为 360 多亿,除去公教员役生活补助费 110 多亿外,不过 240 多亿,其中教育部仅占 22 亿多,而教育部门的预算里公费生的膳食费已占 15 亿多,剩下来的仅有 6 亿多。凭这 6 亿多来支应省立的四个院校,21 所中学,13 所师范,10 所职业学校,3 个社教机关和教育厅自身以及国教补助的经临等费,简直是无米之炊。更就各县的教育经费来说,在各县的岁出总数中的比率,最高的不过 4.48%,最低的则置有 0.48%。此种数字,尤其小得可怜。

以这样的财政来办理教育,支持原状已够困难,那里还谈得到扩展?这就难怪学校办不好,设备的简陋,待遇的微薄,师资的缺乏,效率的低落,以至学生程度不高,风气不良,都可以想象得到的。公立学校尚且未易改进,对于私立学校,就不能有所苛求。中学尚且如此,小学更不必说了。

《江声报》1947 年 11 月 5 日

然而,当前儿童和青年失学问题之严重,却不能不急谋解决。据统计,本省现有学龄儿童 2,492,578 人,在学儿童 678,425 人,已受一年至四年义务教育的儿童 914,158 人,失学儿童 1,026,631 人,全省文盲虽没有确实的数字,估计总在 200 万人以上,而全省中心国校及国民学校不过 5,965 所,就这些数字来讲,本省国民教育之急待发展,实在是刻不容缓的。又据 34 学年度统计,本省小学毕业生 56,780 人,初级中学,初级职校,简易师范一年级却只能容纳 25,254 人,初级中学,简易师范,初级职校及毕业生约 12,000 余人,高中高职和普师一年级容纳量却只有 8,000

余人,高中和高职毕业生2,000余人,省立院校却只能容纳七百余人,就这些数字来讲,中等教育之须要质量兼顾,力求充实,高等教育之须要适应地方实况,力求调整,也是不容忽略的重要工作。

针对着这些问题,个人以为必须先求经费的宽筹与师资的充实,经费的宽筹,应从国民教育基金方面先着手;师资的充实,应从师范学校的改进做起。福建省政府明年度施政方针,已经明确规定教育部门以这两点为中心工作,用意也就在此。至于经过各县参议会的通过,就田赋带征二成,作为国教基金专户存储,特设保管委员会负责办理,一求国教经费的稳定与独立。这种办法和规程,也已经由省府会议通过,只要各县切实施行,国教的经费问题总可略为解决,预计全省赋额100万石,附加2成20万石,以7折计算,可得14万石,一半用来充实原有国校的设备和教师待遇的提高,一半用来以增设国民学校,约可达2000余所。国民教育的现状,总可逐渐谋其改进。目前师范学校区域的分布,班级的设置,学生的招考与现实的需求,是否能尽适应,仍须重新加以考虑。各地师资之失调和逃亡非常严重,致使城市师范生谋不到职业,乡村学校却找不到教师。这种现象,矛盾之至,非予合理调整不可。而今日师范生程度之差,风气之差,已无可讳言,实际情形如此,作为一个普通中学毕业生,犹恐不够,如何能为人师,实不能不加注意。如何使学生的来源在地域分布上得到均衡,同时又能顾到一般的水准,而使其素质提高,这和今日之师资恐慌风气恶劣问题关系很大,政府自当以最大决心和努力,力求其合理解决。当然,连带的问题,例如学校设备,教员待遇,工作效率,学术进修等等,也得先为顾及,务使为人师者于物质上能安心,于精神上能奋发。只有这样,才可以力求师范教育改进。

谈到全省教育,实在是经纬万端。以上所举,不过是当前急须解决的一部分,他如中学和职业学校的改进,公私学校的配合,社会教育的推行,以至有关的各种问题,不是几句话所说得尽的,只好姑置不论。但即以所举的这一部分,也非教育当局及有关机构之人力财力所能完成。兹特向诸位听众呼吁,希望共同唤起各界同胞,正视教育的重要性,运用各种力量,来解决各地教育经费的困难,扶助各地教育事业的发展。这不但是改造教育的重要工作,也是改造社会的基本工作,我们正在走上宪政的大道,欲求三民主义新中国的迅速建设成功,必须从教育入手。兄弟谨以十二万分的诚意，期待着社会人士和教育同志的协助与努力。

《江声报》1947年11月6日

禾山光复后教育发展速　全区学校二十三　学生六千余

禾山自光复以来，一般热心人士及海外归侨，因鉴于禾山教育机构在沦陷时被日寇摧残无余，均痛心疾首，极力提倡，或由市府设立，或由华侨捐助，先后复校者已达20余校，发展迅速为各区冠，教育前途大可乐观。兹特将各校查志于下：湖边社私立培三小学、穆厝社私立华强小学、茂后社国民学校、田头社龙塘国民学校、钟宅社国民学校、高林社私立东升小学、坂上社国民学校、枋湖社梧桐小学、安兜社河东小学、双涵社国民学校、高崎社岐山小学、殿前社第二中心学校、湖里社益群小学、江头社义务夜学、祥店社第一中心学校、后坑小学、洪山柄小学、前村国民学校、何厝国民学校、寨上社湖山小学、吕厝社禾光小学、莲阪社奎壁小学、梧村小学，计23校，全区小学生数约6000余人，堪称为战后全盛时代云。

《江声报》1948年3月27日

本市国民教育　最近设施进度概况

扫除文盲，普及教育，为建国要务。厦市自光复后，直到现在，设施进度如何，谅为读者所欲知。兹探志市府教育科，准备向市参会之报告如下：

国民学校本市34学年度下学期设立国民学校及中心国民学校计13校，教员数170，生数8032人。嗣以学童渐多，即依需要先后增办，截至本学期（36学年度下学期）止，已设中心国民学校9校，国民学校及幼稚园14校，合计达23校，教员数208人，生数11062人。现有合格教员，达90%以上，私立小学相继复校或新设立者，计43校，教员数349人，生数15525人。各校均组织董事会，依法重新办理立案。以上国民学校、中心国民学校及私立小学计66校，全市77保已超出1保1校之设置。

识字教育（1）调查文盲：全市文盲调查除学龄儿童、失学儿童、未达学龄儿童以及年龄平均在45岁以上之失学民众外，计有文盲为厦港区

3107人,禾山区9298人,中心区12864人,鼓浪屿区8011人。(2)推行识字教育:根据上述调查结果,全市文盲总数共29280人。经市府拟具分期入学办法,将民众识字教育部分并入本市实施国民教育4年计划中,预定于4年中将识字教育实施完竣,肃清全市文盲。办理以来"招生""留生"问题均感困难,据称厦门约有下列数端:(一)厦港区三千余文盲,以水上保占多数,内约二千渔民全数未受教育,其工作时间随潮水汛汐而进退,且行踪无定,欲使彼等就学,殊不容易。(二)中心区系商业繁盛区域,文盲以排摊小贩、码头脚夫、车夫为主体。其次为普通店员,彼等终日劳碌,每日非至午夜不得休息,就学问题根本无从谈起。(三)禾山区文盲以农民数为主体,由于村落疏散,除设有学校乡村外,民众受学甚感困难。(四)鼓浪屿区方面大部分系住宅区,实施识字教育较为顺利,根据卅五学年度实施结果,计鼓浪屿中心学校设成人班1班,妇女班2班,其他私立小学共设妇女班9班,成人班3班,初级班及高级班毕业生数共352人。

又,36年度行总于厦禾鼓等区各学校社团设立义务教育识字班103班,聘用教师130名,待遇由行总发给物资,并另发学生营养品。计招收男生2826人,女生3237人,均利用夜间施教,成人亦有大部分进校受教。

综计本市自35年度开始至36年度止,文盲人数自29280人,已逐渐减至25900人云。

《江声报》1948年6月28日

全市学生统计

本市上半年度大中学教育状况,计国立厦大及侨师二校男女生1550名,省市立两校男女975名,私立与教会中学八校男女生3095名,统计为5620名。关于小学方面,有公立23校,男女生11062名;私立43校,男女生15525名。计26587名。私立登记者四十余校,惟合格者仅廿余,教职员全数约600名。(海外社)

《江声报》1948年7月14日

市府教育科发表本市教育情形

市讯 据市府教育科发表,本市目前计有中等学校10所,内国立、省立市立各1所,余为私立各校。计教员364人,学生4,236人。又小学66所,内市立23所,私立43所,生数共26,587人。在私立小学中,已立案者仅15所,其他未经立案者达28所之多。此次未立案之私立小学,虽经层峰迭令取缔,惟本市目前失学儿童已达1万余人,政府又无法扩设小学,故不得不尽力扶助私小之立案。当前本市教育问题,以办公费支绌,教员待遇低微,校舍缺乏,设备空虚等最严重。据称上学期教育厅规定小学办公费每班每月10万元,中学每班每月50万元。最近始提高为小学每班50万元,中学150万元。虽已提高数倍,仍感不敷甚巨,渠主张学校办公费应照战前物价订定基数,依照物价指数按月调整,以期适合实际需要。该科前已将此意见呈请教育厅核示,迄今尚未奉批。关于小学立案基金,去年教厅原定为1亿元,最近已改订为干谷80担。此项标准之提高,使私立小学之立案,增加极大之困难云。(国民社)

《立人日报》1948年8月11日

市府教育科统计国教设施概况 现有国校幼稚园共65所

市讯 本市37年度上半年国民教育设施概况,经市教育科统计如下:全市人口共139578人,学龄儿童总数29264人,在学儿童数25932人,在学龄期内已受1至4年儿童数1055人,失学儿童数1125人,文盲总数32150人。历年扫除文盲数2284人,本年扫除文盲数1044人,已入学儿童占学数儿童55％,已入学民众占失学民众10％。现有中心国民学校9所,国民学校13所,幼稚园3所,私立学校40所。本年度应需师资总数598人,现有师资数量598人,合格教员人数90％,代用教员人数5％,不合格教员人数5％云。(青)

《立人日报》1948年9月30日

教育局开座谈会

三督学报告视导各校情形　议决举行教学观摩辅导活动

本报讯　市府教育局,于7月30日下午3时,在全民小学举行第2次公私立小学校长座谈会,由戴世龙局长主持。

(甲)报告事项(一)朱督学秀三报告视导各校情形:(1)优点方面:A.升旗仪式及早会早操,全民小学、鼓屿中心最优。B.清洁卫生及礼貌服装,以鼓浪屿各私小特佳。C.教学:推行国语,鼓屿各小学,雅化小学为优。D.行政训导:鼓浪屿中心学校全民小学,有计划又能切实执行。E.环境布置,全民、大同小学最优。F.课外阅读:全民、大同、鼓浪屿中心三校为佳。G.儿童自治及集团活动:桃源、鼓浪屿中心、全民三校较优。(2)应行改进方面:A.行政:要具体计划,切实实施。B.训导设施:多互相观摩,运用训导方法。C.教学:多观摩研究,多改进。D.扩充场地,充实设备,布置环境,以增加教育效率。E.制造教具,并予以充实运用。F.注意进□。

(二)朱督学为满报告本学期视导各校情形:(1)健全各校经济稽核委员组织。(2)慎聘教员。(3)注意学生平时作业。(4)尽量办理教员福利事业。

(三)李督学冬雨报告视导各校情形。(1)学校行政各种表簿应予充实并求划一。(2)禾山少数国校,兼办高级班,学生人数无多,应斟酌实际情形,分别并入中心学校班级。(3)校长授课时间分配不合部颁规定,应予分别改进。班数未十班以上校长应兼课。(4)学生作业,应依照进度提高,校长并应切实督导,作业簿格式力求划一。(5)校况表及各种报表应按时呈报,并设法统筹印发。(6)充实教具,或分别自制教具,并予以运用,俾便定期举办教具展览会。(7)注意办理校长教员考绩,以鼓励教职员服务精神。

(乙)讨论事项:(1)决议37学年度第二学期,全市各公私立小学,举行教学观摩会。观摩会区域:A.思明区(厦港各校包括在内)。B.开元区(禾山区各校包括在内)。(2)观摩会地点:A.思明区指定示范中心学校(教师由该校负责推选)。B.开元区指定大同小学。(3)观摩会教学科目:A.高年级算术。B.中年级国常两科。C.低年级唱游。(4)观摩会举行日期：A.示范中心定6月10日(星期五)。B.开元区中心定6月11日举行(星期六)。

决议37年度上期辅导活动。(1)辅导活动本学期由鼓浪屿区负责办理。(2)活动项目计：A.中心学校行政设施报告。B.学生小组活动指导报告。C.视导意见报告。D.问题研究详细办法由教育局拟定合并区教育研究会，成立大会举行。

关于本学期国语演讲竞赛会，实施规定如下：(1)分组：分高中年级二组。(2)人数：各校每组参加2名。(3)题材：由教育局拟定通饬各校办理。(4)优胜名额：10名。(5)举行日期：定6月25日举行。(6)地点：假市教育会礼堂。(行)

《星光日报》1949年6月1日

教育！市各中学校长请求如期开学

各校紧急会议商决四策

中央社讯 此间各中学校长，今天晋谒教育厅长梁龙光，请求他对军政当局最近决定为配合军事需要，要本市各大中学本学期暂缓开学的议案，有所挽救。据他们对记者说："战乱时期，军事第一自无问题，惟厦市现有12个中等学校，教职员有三四百人，学生四五千人，无书可读和失学都是一件值得注意的问题，且好些学校教员已从外地聘来，远地学生也都纷纷负笈而到，食宿马上就会发生问题的。所以他们希望在尽量紧缩的原则下，能使各校如期开课，以达戡乱不忘教育的旨意。"

本报讯 关于警备司令部为适应军事需要，决议停办本市中等以上学校，本市各中学校长闻讯，特订于于昨(19)日下午4时在教育局开紧急会议。经多方交换意见，结果议决如下：(一)警备部如欲征用各校舍以作军营，先以部队人数通知教局，转知各校分配。(二)驻扎军队拨用校舍不得任意破坏。(三)推派厦门中学、双十中学、厦大校友中学、毓德中学等校长谒李司令官，要求收回成命，或准将停办名义改为缓期开学，候时局稳定后再行开学上课。(四)组织联合中学，经费、教师、学生分配困难，无法设立。(行)

《星光日报》1949年8月20日

第二章

教育管理

一、教职员任用待遇

视学告退

同辖马巷厅视学洪君镜湖,前承提学使调派巷辖视学,拟组织劝学所,以为改良教育之助。奈该处学校仅有一区,且为顽固者把持,无从整顿,而乡村私塾更难指导,改良势处两难,特于日前递禀告退矣!

《厦门日报》1910年5月14日

本市划一校服　教职员须同样穿着

统须双十节前一律更新　女裙凡乌色国布皆可用

市政筹备处教育科,昨训令市私立各小学校长云:查本市市立私立各小学男女生制服,应于本年双十节前,一律制成穿着,业经通饬遵办在案。唯关于女生下裙所需布料,用乌格纱一节。近查本市厂店尚无该项现成货物,购买有未便,兹特变通办理,凡乌色国布,既可制用,以免稽延,而便采购。又查现在全市男女学生,即一律实行着制服。为校职员者,允宜遵照定章,同时穿着校服,以为学生表率。至所用布料,男教员与男生一致,女教员与女生一致。既可节省经济,又可转移风尚。唯教职员所穿校服之式样,不必尽如学生。如中山装,及普通开领洋服,亦可适用。除分行外,合行一并令仰该校长遵照,并转告员生一体遵照办理云。

《江声报》1933 年 9 月 20 日

教联索薪　财局长答话

先发八九月份　以后尚须筹措

　　思明市立教职员联合会代表萧春荣、周淑逊、冯玉华、林石钟、吕炳超、黄保寿等,昨日下午赴市政筹备处催发欠薪,由财政局长蓝琛接见,萧等要求两点:(一)请发 8 月份下半月及 9、10 两月欠薪。(二)嗣后请确定发给日期。蓝答:关于一,日内拟先发 8 月下半月及 9 月份。关于二,现在财政困难,未能遽即答复,惟市处亦希望嗣后能逐月清发,此则待财政有把握,当能照办云云。

《江声报》1933 年 11 月 11 日

市立小学昨十校停课索薪

向市府请愿尚无结果　决组"索薪罢工会"

　　本市市立竞存、大同、吉祥、玉紫、崇实、紫阳、蒙泉、鼓屿实小、鸿麓幼稚园、单级小学等共有 10 校,因 11、12 两月份薪尚未发,10 月份又仅发得一半,各教员不能长久枵腹从公,遂于昨(27)晨起一致停课,9 时许各教职员 30 余人,在厦港紫阳小学集合,然后整队向市政府请愿索薪。公推萧春荣、陈维纯、陈茂才、陈仲金等 4 人为代表,入内谒见许市长。代表等述来意后,双方谈论有顷,结果许氏面允 10 月份半个月薪,准于本 28 日发清,代表等仍要求十一二两月全发。盖以教育附捐已收至 12 月份也。

　　时财局长蓝琛亦出见,蓝氏谓,本市教薪,因前任积欠颇多,8、9 月份薪靠 10 月份发,故十一二月薪须俟明年 1 月始得发也。各代表认为交涉尚无圆满,定今日继续往请愿。昨下午 2 时,再在紫阳开会,议决:组织"市立各校教职员索薪罢工委员会",如不发薪,即实行停课,今日仍照常上课云。

《江声报》1933 年 12 月 28 日

市筹处规定小学教员登记期间　本月30日起下月12止

拟定登记委会组织办法

　　市处昨训令市私立各小学,略云,查小学教员登记,每年应举行一次。兹参照教厅前颁登记办法及教部小学规程,拟制厦门市小学教员登记委员会组织办法九条,并定23年4月30日起至5月12日止,为登记期间,令仰该校长转知未经登记各教员知照云云。厦门市小学教员登记委员会组织办法如下:

　　第一条,厦门市政筹备处为处理小学教员登记事项,依照厦门市小学教员登记办法第四条之规定,特设厦门市小学教员登记委员会。

　　第二条,本会委员由本处处长就本处教育科人员指定组织。

　　第三条,本会以本处教育科科长为委员长,综理全会事务。

　　第四条,本会分设审查、登记、谈话三股,由委员长指定各委员分任办理各该股事项。

　　第五条,各股应办事项由委员会议定之。

　　第六条,委员会应由委员长召集之。

　　第七条,登记人员经各股审查完竣后,应报告于委员会议。

　　第八条,登记完竣应将登记合格人员编制一览表,连同登记表,暨各文件,汇呈处长察核后,发交教育科分别办理。

　　第九条,本办法呈报教育厅核准备案后施行。

《江声报》1934年4月11日

教育局修改县小教员待遇规程　昨呈教厅核示施行

　　教局决自本学期起,各校经费每班减少10元,昨并将县立学校教员待遇规程修改,呈报教厅备案。该规程节录如次:

　　一、略。

　　二、普通小学校长月俸分三等:(甲)八学级以上者46元至56元;(乙)六学级以上者40元至52元;(丙)四学级以上者42元至58元。

　　三、校长须担任下列相当教学时数。四学级以上学校校长,每周任课最少 500 分钟,最多 700 分钟;六学级以上学校校长,每周任课至少 400 分钟,最多 600 分钟;八学级以上学校校长,每周任课至少 200 分钟,最多 400 分钟。

四、教学时数以分钟计算,每周授课 50 分钟,每月薪俸普通小学 1 元 1 角至 1 元 3 角。

五、部务主任月薪列下:八学级以上学校 6 元至 8 元,六学学级以上学校 5 元至 7 元,四学级以上学校 4 元至 5 元。

六、部务主任兼教员月薪列下:八学级以上学校 42 元至 44 元,每周任课至少 800 分钟,最多 900 分钟;六学级以上学校 40 元至 42 元,任课至少 850 分钟,最多 950 分钟;四学级以上学校 38 元至 40 元,任课至少 900 分钟,最多 1000 分钟。

七、每级任津贴 4 元,级任教员每月薪俸普通小学 30 元至 35 元,每周任课至少 1100 分钟,最多 1200 分钟。

八、科任教员薪俸照任课分钟计算之,但科任教员以专任为职聘,□□□□□□□□□。

《江声报》1934 年 8 月 4 日

县小各校长昨谈话会　教俸照标准九折计算

昨县立各校长在图书馆开谈话会,讨论:一、教局新颁待遇标准,各校俸给应如何支配案,议决教职员俸给除局颁待遇标准有明白规定外,余概遵照标准,原俸九折计算;

二、各校征收各费应如何决定案,议决各校收费概遵照教育当局规定办理;

三、改善各校椅桌案,议决推举陈志伦、陈维纯、伍远资等设计研究,提会讨论;

四,各校积欠教费 5 月余,维持困难,应如何表示案。议决各校长及馆长于 16 日上午 9 时齐集玉紫小学,往教育局催讨。

五、略。

《江声报》1934 年 8 月 16 日

双十厦大训育教员　定 5 日测验

县指委会昨函双十中学陈鸿翔、蔡文辉,厦大高中部方希仁、陈敬昭、林森常,略谓:奉省处令,申请审查训育主任公民教员资格,系非党员而应受党义考查。其本人系在各县者,由该县党部代作考查,并于奉到令日起至 9 月 30 日止,应即受理各该前项申请人报到,并缴收各该申请人 2 寸半身照片 2 张,1 存,1 贴试卷。限 10 月 15 日以前办理完毕。试卷呈送评定等因,请于本月 30 日以前,携带相片来会报到,定 15 日上午 9 时,在本会举行测验。

《江声报》1934 年 9 月 29 日

县小欠薪　一周内先发两月

县小教职员,前因索薪罢教,经教局邀集各界会议,决先行筹发旧欠两个月。近闻教局对教费借款接洽完妥,将于本星期内发给各校五、六两月份欠薪云。

《江声报》1934 年 10 月 22 日

中学教员暑期讲习班

教厅每人津贴 10 元　厦大办生物等三科

省讯　教师利用暑期,举办讲习班,以便中专学校教员进修,本届特指定各大学续办中等学校理科、史地、英语等科教员暑期讲习班。其讲习时间,讲习内容,授课及研究讨论时期,纳费等项办法,概依教部上年 4 月颁发之指定公私立大学举办中等学校理科教员暑期讲习班办法大纲第 3、5、6、9、10、11 各条,以及第 4 条第 2 项之规定,仍分高初两级办理。本省各中学教员,前往省内外大学进修者,为数颇多。教学决定,凡本省公私立中等学校教员,前往指定大学参加讲习者,援照去年办法,每人由厅拨给 10 元,以资津贴。至本省私立厦门大学,本届所办暑期讲习班,仅开设生物、历史、英语三科(不分高初级),教厅特转知各校,如有指定教员参加该大学理科讲习班,除选习生物者外,其选习理化科暨地理科者,均应由校转饬各该教员改往省外,指定大学参加讲习。又国立浙江大学,本届主办之暑期讲习班,仅开设生物、英语二科,经教育部核定,凡拟参加该大学之讲习班,选习理化者,得改入私立金陵大学,或大同大学;选习史地者,得改入中央大学主办之各该科讲习班云。

《江声报》1935年6月15日

小学教师待遇

23年度下学期小学教师待遇,经市府一科调查统计。(甲)市小教师118名,教俸20523元。全学期每名平均173元9角2分,每月29元弱。(乙)私小教师497名,教俸62197元,全学期每名平均125元1角4分,每月每人平均20元8角5分强。市私立统计615名,82720元,每名平均月得22元4角强。

《江声报》1935年10月12日

禾山短期小学订期开课　校长筹备员均已委定

禾山特区署招考短期小学教师,经录取12人,各委以短期小学校长职。昨由区员林亨嘉召开谈话会,并发委任令,限20日开学。此后每星期日举行讲习会,由区署请专家讲演,并拟定郑瑞生为钟宅短期小学筹备员,黄敦原为湖莲筹备员,黄存恭为塘岸湖里筹备员,江松春为塔埔筹备员,谢建平为埔东店里筹备员,郑怀甫为枋湖筹备员,曾竹波为曾厝垵筹备员,何省吾为仙岳西郭筹备员,曾国昌为高崎筹备员。尚有三校校址未定。

《江声报》1935年10月15日

市政府登记及格　小教师提名　344名　分别发给证书

市政府登记小学教师,所有审查及格者,业已发给证书。计高级小教师164名,代用高级17名;初级小教师90名,代用23名。幼稚园正教员

30名,高初级专科20名,总合为344名。兹分录其姓名如下。

高小教师　郑秉德、梁清钧、黄和德、伍远资、阮英群、简家春、李思明、廖秋容、黄德芳、孙家璧、谢再萼、谢育才、洪学琛、陈志伦、吕冰如、蔡典如、陈琦生、赖静山、陈仲月、杨百福、吕炳超、章日光、黄卫国、郑惠兰、周穆、韦廷钧、傅晓村、许朝栋、陈国栋、刘子奇、郑洪铠、陈云琳、简国衡、洪香珠、郑时雍、傅振雄、赵允英、陈隐民、陈荣祖、苏德鸿、卢镰联、苏朝焜、黄鸿祀、王元明、陈维纯、陈永嘉、吕添兴、杨稚丽、吴国忠、陈永谟、庄秀廷、陈玉洁、蓝冬秀、吴悦治、张秀容、陈兆麟、王哲基、黄则诚、王绍周、王达人、庄明韬、叶靳燕、李冬雨、汪嵩峻、陈影鹤、周淑逊、施振华、徐金吉、黄祝三、杨焕章、陈懋材、林泉声、洪碧清、黄保寿、郑鹤琴、洪荣元、李岳中、刘畴、陈毅贞、周玉鲲、陈汝珍、杨凤志、李文蔚、萧春荣、康超群、陈明德、曾世钦、余杰、曾世模、林长川、王秋涛、林秋英、钟青海、庄云斌、李侠、陈启贤、王云青、陈彬森、林春魁、林学琛、赵降霞、林国藩、林庆廷、蓝蔼堂、洪文清、王成德、傅终文、郑勋懋、林士麟、林光华、郑君直、林素芳、林琼新、林维爵、林世朝、林承瑞、陈玉琮、吴艺武、吴幼莼、侯明德、罗寒香、叶沧河、吴上果、蔡苑笙、曾过、陈鸿基、赵天爵、许元培、吴淞波、陈玉玺、杨渭溪、刘凤毛、陈云华、杨昌关、庄士英、李魁梧、张焕文、李爱治、叶沧溪、李柏盛、黄礼镇、李世良、戴世良、庄松岳、甘朝驹、林竞志、林高槐、汪琼英、黄云峰、蔡琼德、林翠琴、李怜悯、苏莲春、罗晚香、杨云姒、卢传溪、李禧、王均其、吴龙江、黄舜巧、洪素纹、周哲光、黄亦熙、郑希才。

高小代用正教员　刘伯勋、周仁道、林清贤、白锡长、胡国藩、庄淑顺、吴永源、洪智慧、陈克恭、韩振声、林承法、黄守祥、庄德添、金恩宝、潘伟成、龚鼎煌、黄宝定。

初小教师　黄采云、赖文仙、曾秋霞、林仁爱、李锦棣、王彩环、杨昆仁、陈雪红、王士泮、许耀德、杨光华、曾娇云、陈智甫、应佩玉、李月芬、陈温纯、许金梭、柯韵心、康碧琴、陈淑谦、陈永命、王美锦、蓝美香、杨淳生、黄乾爱、李兆基、钟慧质、王端、江固金、张清女、梁受恩、陈木火、吴曼陀、张柳青、李宝枢、杨淑贤、陈扶乾、柯金水、卢德君、王水来、王蕙兰、吴菊贞、陈荣根、杨秀绿、柯菁柳、陈纯德、辛菊英、沈晖、沈惠然、陈文定、刘宏济、郑宗涛、陈仁凯、陈家治、杨秀銮、林惠钧、刘啸生、吴湘江、徐桂秋、高翠月、汪素珍、曾巧艺、陈淑勉、吴廷玉、李彩莺、许淑暖、吴天祥、高子禧、吴昭安、吴秀英、冯颖聪、黄清桂、陈澄清、杨子云、蔡甘棠、林曼丽、钟淑谦、黄淑英、黄丽华、叶露施、郑振锡、曾焕玉、陈彩、徐锦雀、蔡美銮、蔡璧如、陈锦秀、林彩珠、陈安华、黄碧玉。

初小代用正教员　洪筠如、王六惠、林注涛、郭巧云、郑淑宝、梁冰如、蒋启传、柯宝治、吴凤琳、叶静方、徐耕寒、杨基培、黄芹芳、叶彩娥、叶宝锭、颜妙琴、林松培、陈弱芷、汪文蒨、蔡乃顺、洪素香、陈肇煌、黄剑平。

幼稚教师　陈永秀、曹德贞、洪淑华、陈雪痕、吴素莲、王琼璇、林清思、郑韵莹、王佩珩、黄丽生、吴湘瑟、郭镜圆、林彩銮、蔡杏花、周文英、陈淑宝、朱秀女、薛新舍、林巧治、陈白华、叶彤云、林清秀、高秀珍、林美玉、陈奇启、施碧月、朱瑶琼、张清香、林必教、陈美英。

专科教员　小学或初小计杜神慕、林淑珍、郑沧浯、关积康、陈畿、徐怀德、许扬波、黄文澜、吴昭世、傅维元、陈春木、邱黎荣、方懋修、杨兆松、吴富、许仁和、朱天机、范许生、朱秀如、黄志坚。

《江声报》1935年12月30日

厦市二期登记小教师名录

总计176名　定日内开始审查

厦市二期小学教员登记至11月终截止,计为176名。市府二科定日内开始审查,登记教员姓名如下：李仁恩、颜哲卿、庄佩萱、廖雪仙、张卓裕、陈汉卿、庄亚羡、陈重悒、汪粉钗、李元瑛、许启珍、洪岑星、周必诚、李秉均、陈文淑、邓刚、谢逢川、尤时英、黄祝三、黄少文、朱玉英、陈宝佩、黄淑纯、张淑贞、曾植亭、郑沧潮、杨哲君、林永福、张卓镛、曾淑霞、陈火甲、曾秋霞、吴星辉、杨俊泽、蔡柳珍、陈淑勤、魏淑贞、王世泽、陈毓贞、曾敬睦、潘藏修、徐琼寒、陈景苏、孙少慧、柳报文、黄圣传、陈玉玲、吴玉衡、杨柳杏、叶佩影、化雪亨、纪雪亭、陈炳德、郑子安、周谦冲、陈培堃、林其英、李坤德、施丽川、汪水玉、曾雪茶、叶国器、蒋应麟、许锦文、江松春、陈慕洁、薛宝珠、刘贞英、朱钟祥、林意爱、吴报琼、陈士麟、蔡俊昌、郑瑞英、康耀生、黄茂荣、黄坤论、庄爱贞、许哲匹、高怀、陈家栋、王老六、曾世璜、杨洁、方福德、纪秀霞、吴振焜、蔡银卿、黄晋卿、吴景东、施甘霖、洪丽净、周其山、周伯约、洪允廉、黄芳基、连荣玲、陈伶、陈求安、欧阳淑靖、李怡静、陈雪娥、纪瑞坤、朱淑仪、黄亚贞、陈玉燕、黄淑纯、卢淑恬、黄瑞玉、王双游、何爱德、切素瑟、王爱华、林美珍、洪惠坤、曾银河、潘士琦、王华瑞、连金铃、林炳灿、李盘照、吴廷芬、林蕙如、沈雪鹏、吴宝欣、陈光勋、周仪南、吴叩逵、李少英、林淑华、卢授吾、骆秀珍、王凤冰、陈华、徐如意、康鹤龄、赖伟良、杨佩筠、伍淑温、李景隆、林永年、李一泓、许荣赐、李素素、林剑云、陈树勋、陈树若、柯玛荫、杨德、李雪珠、林志林、何少仪、林景爱、陈炳炎、杨允课、谢凌霜、刘依姗、林受禄、刘子睿、林荣标。

《江声报》1936 年 12 月 2 日

市立中心国校新聘教员名单

本市市立各校新聘教员,业经教局核定,并令各该员于 24 日内携带资历证件,前往指定学校办公,其名单列后。

厦南第一中心:周淑美、周淑婉、李雪芳、谢锦波、林世熙、黄继庭、叶彤云、张惠英、叶佩华;厦南第二中心:王光斗、吴秀英、郭文德、黄仲信、叶文端、陈锦秀、曾谷芳、汤淑贞、刘毓莹;厦南思东保国校:孙森、陶昭贤、杨爱菊、王惠纯;厦西第一中心:叶沧溪、林蕙珍、李翠玉、曾焕玉、林泉声、陈建珍、许维斌、王骞卿、吴圭章、吴凤琳、张寿宗、林清港、王汝文;厦西第二中心:李淑美、陈欣雪、陈韵梅、李朝清、陈彩、卢弈环、李良村、常淑惠、陈珊华;厦西鹭江保国校:卢育卿、陈云琳、谢幼菊;厦港第一中心:胡蓬三、黄倪仙、邱淑良、林荣标、卢弈治、邱高升;厦港第二中心:汪红李、吴菊贞、曾美霞、郑丽英、吴达诚、杨彩瑛;厦港曾厝国校:陈甲友、黄银霞、陈美瑞、黄文华;秃山第一中心:林森荣、黄穆生、卢俊升、黄泮宫、陈仲俊、郭靖亚。

《江声报》1946 年 2 月 21 日

厦市决定期发动社会劳师

届时将举行劝募义演　义卖暨书画展览等项

本报讯　厦门市为发动社会劳师运动,特予前(15)日在教育局召开劳师会议,出席市党部代表陈醒民、市参议会代表叶英、市青年国代表李建基、社会科代表谢文峰、教育局代表叶书德,主席叶英,记录李鸿周。讨论事项:(一)关于劳师劝募对象案。议决:以本市各商号及社会士绅为劝募对象,并由各有关机关推出代表一人为劝募委员,定期出发劝募。(二)关于各戏院劳师义演应推人负责洽商案,议决:推教育局及社会科负责洽商(办法另订),同时由戏院先期排演金石书画预告,以资宣传。(三)关于各报社发动义卖案,议决:由会函请各报社定期义卖一天,以资倡导,惟每报社于义卖之日,印赠□该报□百份以上,交由本会分发义卖(每份报资定卖□百元,小报减半)。立人报、青年报由青年团负责接洽,时代晚报由党部负责接洽,江声报由教育局负责接洽,中央日报、星光报由参议会负责接洽。(四)关于举行金石书画展览案,议决:定本月抄筹备举行,以严灼如、李禧、陈盛智、黄永强、陈醒民、[苏]克惠、伍远资等为筹备员,并推李禧为召集人(展览期间以三天为限)云。

《中央日报》1946年6月18日

厦市兴学尊师之风再起

叶书德

厦市收复,教育之建设,言者多注意者众,期彼受教育之惠者亦日夥,可见教育问题至关重要。

本市收复以来,小学校数由21校增至35校,班组由174班增至245班,学生数由6250名增至113333名,教员数由255名增至330名,可见国民教育之设施有进展。至教师待遇,每位教师每月所入,确不足应付生活所需。为不讳之事实,本府以税收有限,未能即刻改善其待遇,固时以为念。

小学教师,工作繁,实任重,待遇一项自应力求合理,不仅物质供给,精神慰藉亦有必要。此次市参会之倡导劳满,物质之供给或许不能甚多,然以代表民意之机构而能对清苦之小学教师表示关切、同情,正是所谓"物小意重"。自然,小学教师在辛辛苦苦中,接受宝贵隆重之民意,精神上自是无限安慰、愉快!

厦门各界向极关心教育,尤其是商界体贴小学教师,更是周到。忆民国24年中央政府取消苛捐杂税,厦市教费受绝大打击,小学教育几无法维持,商会方面未悉市民失学,曾举办商铺教育乐输捐。其他如永[水]仙花、红料……等杂税,仍自动继续补助教育费。此种兴学尊师之风,殊值得吾人追怀!仰慕!

现在本市收复未久,海上交通未畅,教费短拙,影响到教师待遇至大。教师待遇问题,不仅是教育问题,确实是社会问题,所以谋教师福利实营必要,但单靠政府力量当是不足,必要社会全体自发协助,使政治力量与社会力量合流,汇成伟大力量,以谋小学教师福利,达到生活安定,精神简快。则优良教师自能欣然来归,地方教育幸甚!

《星光日报》1946年6月29日

实实地关注他们

提倡劳师,蔚成风气。尊师重道,发扬正义。尊师维何?天地并位。树人功深,有教无类。重道维何?民族美德。化人成俗,师以作则。疾呼劳师,词严义正。愿我同胞,一致响应! 厦门市各界劳师特刊 黄谦若题

《星光日报》1946年6月29日

厦市的劳师运动

陈烈甫

厦门市现正举行劳师运动,这确是一件有意义并且是应当的事。现代教育普及国,小学教育是强迫性,就是说每一个国民都会受过小学教师的熏陶。中国虽然教育落后,小学教育也正在迅速普及中,小学教育的重要无待赘述。一个儿童离开家庭,第一步是踏进小学,短短几年的小学教育,实奠定立身处世的基础。也就是说一个人基础打得好不好,小学的关系非常重要。国为人之积,人民的素质如何?决定了国家的命运。只有头等的国民,才能造成头等的国家。一国广土众民,能够受中等或高等教育的比较是少数,而多数人民则可以受着小学的教育。所以制造国民,最主要的还是小学。中国之命运,小学教师为五种重要人才之一,足见小学教师的重要性。普法战后,德将毛奇以战胜之首功归之小学教师,其言实有至理。德国所以能击败顽敌,完成统一,俾斯麦的外交手腕,毛奇的军

事天才固然重要,而最基本的还是人民爱国心的普遍,人民希望统一,国家才可以统一,谁来普遍鼓励人民的爱国心呢,这无疑的是小学教师。

小学教师的重要如此,但是国家社会所给小学教师的待遇如何呢?抗战以来,国家财政困难,公教人员待遇却非常菲薄,而小学教师尤其是菲薄中的菲薄。公务员中的不肖分子,可以利用地位职权,非法图利,而小学教师都没有这种机会。所谓国难财胜利财接受财,等等,都无与于小学教师。厦门市小学教师的收入,如以五口之家计算,连吃稀饭都困难。这种情形,政府与社会双方都对小学教师不起。现在市库支绌,有时候连这最微薄的待遇,都要拖欠,要在短期间具体改善小学教师的待遇,事实上是不可能。厦市社会情形,表面的浮华,笼罩着内部的衰落,要完全依赖社会的力量来大量增加教育经费,眼前也做不到。因此所谓劳师运动,也仅仅是表示一点意思。这一点意思如果都做不出成绩来,那实实在在对不起小学教师,也足视社会的麻木。

厦门市民受过小学教育的者不在少数,每一个人都要回想一下,从前小业教师的教导,是不是对他们有益。做父母的人,都望子女好,谁在替他们教导子女呢。我们只希望人子女好,而忘记了教导我们子女的人,这应该不应该呢。近几天厦市每一个小学生,可以领到五罐牛奶,这好像天上掉下来的"玛那",小学生皆大欢喜,做父母的也微微而笑。不过在欢喜微笑之余,对于小学教师之清苦,总不该无动于衷,以为领牛奶水是应该,小学教师的穷苦也是该然。

厦市劳师运动筹备委员会,筹款的目标是 200 万,其中一半是靠电影义演与金石书画的展览收入,直接劝募的不过一半。这个数目,究竟有限,对于几百位小学教师,也只能说聊万一点精罪上的鼓励,实在谈不到解除小学教师物质上的压迫。假如连这个微小的目标都不能达到的话,那厦门的社会真太麻木了。厦门市民贫穷的固居多数,然而可以拿得一些钱的也不在少数,劳师运动并不希望市民各尽所能,只希望市民不要太冷淡就好。至于一班日日平原东亚,夜夜国泰仙乐,更是思明中华的"常务座客"的阔人们,假如能够节省一点享乐的钱,来壮壮劳师运动的声气,那更是功德无量了。

《星光日报》1946 年 6 月 29 日

小学教师受训　女多于男　合计 105 名　共耗费 80 万元

市训练所第 6 期小学校长教师训练特班,于上月 20 日开训。昨(16)晨 9 时毕训,特在该所大礼堂举行结训典礼。出席学员等 120 余人,由主席陈教育长报告。(甲)(一)本期受训学员人数:本市 97 人,金门 11 人,合计 108 人。受训期间病逝 1 人,辍训 2 人,结业者 105 人。(二)性别统计:男 45 人,女 63 人。(三)年龄统计:20 岁以上者 68 人,30 岁以上者 31 人,40 岁以上者 9 人。(四)籍贯统计:厦门、同安、安溪、晋江、海澄、浙江绍兴、惠安、漳浦、南安、长泰、龙溪、江苏宜兴、平和、仙游、林森,计三省 15 县份。(乙)讲师统计:党政机关主管长官 7 人,厦门大学教授 7 人,国立侨民师范教师 2 人,本所 4 人,计 28 人。(丙)训练期间,7 月 20 日开始报到,8 月 16 日举行结训典礼,计四星期。(丁)本期训练经费:(一)兼任讲师车马费 20 万元;(二)本所经常费 60 万元;(三)学员交讲义各费 54 万元,本所暂垫□5 万元。

《江声报》1946 年 8 月 18 日

厦小教检定　初审竣事

本市讯　市政府教育局此次举行小学教员检定总登记,截至昨(27 日)止,计参加检定者 131 人。经教育局初审结果合格者计曾子圭等 77 人,应受试验检定者常淑惠等 39 人,应补缴毕业证书再行呈检者计杨振声等 15 人。现教育局正在整理,呈省教育厅复审,凡初审未合格可提出收据,向教育局领回所缴证件相片云云。

《中央日报》1946 年 9 月 28 日

教员总登记　应受试验　名单公布

查本市此次举行小学教员检定总登记,经教育局初审,结果计合格者曾子圭等 77 人。应受试验检定者:颜妙琴、王金发、陈世川、薛彩荷、纪国佐、温静漪、姚有义、苏子翁、刘发奉、曾素乙、李宝枢、刘清洁、吴玲娜、周淑莲、林维中、苏秀祺、吴庆云、黄卓銮、李慧娟、冯素心、吴菊贞、蔡惠然、陈素玉、陈肇煌、王拔谟、沈昭金、陈石狮、梁文通、杨利[彩]瑛、林天笠、曾娇云、常淑惠、杜秀玉、陈文福、周宝羡、石旁□、庄春燕39人。应检送正式毕业证书者计陈彩、杨振声、蔡波沼[治]、施志明、黄镇镛、黄清婉、蔡亚雄等9人,限10月4日以前送齐云。

《星光日报》1946年10月2日

本市小教登检　初审结果　合格77人

本报讯 查本市此次举行小学教员检定总登记,经教育局初审结果,计合格者曾子圭等77人。应受试验定者:颜妙琴、王金发、陈世川、薛彩荷、王玉驹、纪国佐、温静漪、姚有义、苏子翁、刘发奉、曾素乙、李宝枢、刘清洁、吴玲娜、周淑莲、林维中、苏秀祺、吴庆云、黄卓銮、李慧娟、冯素心、吴菊贞、蔡惠然、陈素玉、陈肇煌、王拔谟、沈昭金、陈石狮、梁文通、杨彩瑛、林天笠、曾娇云、常淑惠、杜秀玉、陈文福、周宝羡、庄春燕等39人。应检送正式毕业证书者计陈彩、杨振声、蔡波治、施志明、黄镇镛、黄清婉、蔡亚雄等9人,并限本月4日前检齐送科云。

《中央日报》1946年10月2日

厦门复员已届周年　教育复员统计　远较战前大见逊色

本市过去教育,相当发达,单就小学来讲,公立小学就有10所,私立小学83所,受教育的儿童季以万计。沦陷后情形迥然不同,在敌人高度压力下的奴化教育,残余的小学只有16所,幼稚园两所。全年的教育经费1129.446元(伪币),教职员240人。在学儿童也不过6500人,失学儿童触目皆是,约占全市人口数15%弱,占全市学龄儿童总数85%。因此我们可以佐证敌人不但要亡我们的国,而且要消灭我的文化。这是何种悲伤的一回事。

胜利后,截止目前止,已设立的中心学校,有厦西一中、厦西二中、厦南一中、厦南二中、厦港一中、厦港二中、禾山一中、禾二中、鼓浪屿中学。

国民学校有思东、开洪、康泰、何厝、曾厝、同文、双涵、坂上、茂后等校,私立小学复员的有全民、紫阳、毓英、世德、雅化、民强、民立、复华、思明、怀仁、毓德、渔民、福民、养元、维正、禾光、益群、侨师附小、英华校友、益同人(已停办)等校。幼稚教育,也有怀德幼稚园、市第一幼稚园,统计教职员337人,开设班级240多个,收容学童13087人。被摈弃在校外的失学儿童约占全市人口总数93%,占全市学龄儿童总数45%。文盲人数计46280人,占全人口总数32%。这一批文盲的可怜虫和失学儿童,是值得我们重视,是教育当局刻不容缓来设法补救才对。

教师方面,战前是603人,其中师范毕业180人,中学毕业任教者300人,其他毕业者123人,这数目是相当可观,素质不错。到沦陷时候,他们为了不愿作敌人顺民,学校倒闭,星散内地,剩下来的教师可以说是寥寥无几。敌人为实行奴化政策,大量地拉夫式鸠集一般亡命之徒,无耻文奸,计242名,除一两师范生外,其他都是滥竽充数,整个教育的破产,是毋庸赘述。接着本市光复,市府竭力罗致教师,现有教师男的166人,女的164人。这批教师中间,经过省教厅登检合格的,男的有34人,女的71人,登记者11人,还没有经过登检的25人。由这一段数目字根据,本市师资素质是离开理想太远,同样的师资素质太差,整个教育影响无可讳言。

优良师资的困难罗致,最大的原因便是待遇的菲薄,目下一个教师年薪不及国营机关勤务季饷,这是推进国民教育的最大致命伤。依笔者调查所得,大概师范普通科目支本薪70元,简本科60元,登检高小合格70元,初小60元,登记代用教员50元。未登检依证件核减一级(5元),本薪加140倍,生活补助费45000元。

《星光日报》1946年10月7日

又讯 本市复员青年军,于昨(13日)下午3时,由通讯筹备分处召集驻厦同志,假市党部礼堂举行第三次筹备大会,到会计有厦大代表陈启樾、蔡文信、吴素、张顺发、吴唯杭。集美学校代表王亲民及国立侨师、英华中学、双十中学、大同中学与本市各机关服务同志黄一鹤主席,选举通讯分处干事,张志贤、黄一鹤、曾仁育、吴素、叶严五人当选为干事。

《星光日报》1946年10月14日

公教人员待遇调整　厦门升列第二级

咸认系汪校长交涉之结果

中央公教人员生活补助费,自本月份起调整,厦门升列第二级,基本数 14 万元,薪金加成 950 倍。此项佳音于本月 28 日清晨传出后,一般公教人员莫不欣然色喜!咸认此次调整,厦门得以自第五级一跃而为第二级,乃系汪校长 9 月间赴京,向行政院及教育部交涉之结果,不特本校教职员生活因以改善,即全厦中央公教人员亦沾惠非浅云。

《厦大校刊》1946,Vol.1,No.8

厦大教职员通电各大学　一致吁请提高待遇

物价扶摇直上　杯水难果腹

厦门中央社讯　此间国立厦门大学全体教职员,顷为从教人员待遇问题,通电全国各大学一致主张,原电略称:全国各大学全体教职员先生公鉴,前奉教育部电知从教人员待遇,已再呈院,一律照京沪区标准核给,当时并经本校呈奉主席蒋寅虞代电,略以教职员待遇问题,已饬行政院,特予设法改善。惟迄今将近三月,不但提高标准未蒙实施,即三月一次调整办法,亦未见按期实施。而一般物价,则扶摇直上,同人生活至为窘困。兹经分电行政院及教育部请迅改善,并予调整。目前本市米价每石已逾 20 万元,同人生活困苦益甚,除请政院教部迅赐提高待遇,以维生活外,并录原电分致各校,倘荷赞同,教希一致电请,以期早日实现为盼!国立厦门大学全体教职员叩文。

《星光日报》1947 年 4 月 18 日

义教班教员张文衡免职

义教班开课以来,热心徒教者固多,借机牟利者亦属不少。昨据督导组组员江远潮呈义教推行委员会云:窃职奉命前往养元小学义教班调查,前后三次,该班教员张文衡既不住校,而学生又全部解散。特将情呈核,该会接呈后,已将该张文衡免职,另调禾山奎璧小学义教班教员,前往接充云。

《江声报》1947年4月19日

厦大员工待遇要求急予调整

中央社厦门2日电,国立厦门大学顷为待遇问题,再电政院教部。原电称:南京行政院长张、教育部长朱钧鉴,前电请调整待遇,未蒙覆示。厦米石达23万元,已超过京沪。同人等以平均1500倍之薪俸,应付2万馀倍之物价。窘迫负债,无以为继。恳将待遇自3月份起,比照京沪重定等级急予调整,并请迅即补发,以资维持。否则罗掘俱穷,势难枵腹从公,不胜迫切待命之至!国立厦门大学全体员工叩(冬)。

《江声报》1947年5月3日

澎湖征求国语教师

本市讯 市府昨接到台湾省澎湖县政府函,请代为物色国语教员5名,其待遇标准照台湾省国民学校任用待遇办法支给,并津贴由厦到澎湖旅费。如有合格国语教师愿意前往者,可到市政府教育科登记选送。

《江声报》1947年5月18日

教员登检　证件发还

本报讯 本市小学教员第五届总登记及检定,经市府转送教育厅核审。兹悉,该□证件业经审核完毕,颁还到厦,市府于昨日(23日)发出布告如次。查本府前教育局办理第五届小学教员总登记及检定一案,兹接准福建省政府教育厅代电,以审核完毕,发还证件,嘱给领等由到府,除分电外,合行布告。仰参加前项申请人,尽6月底以前,持据径向教育科具领证件,逾期不负保管责任云云。

《江声报》1947年5月24日

提高国校师资素质　市府订定调整原则

南侨社讯　市府为提高师质素质,并安定各人员服务工作起见,特订定本学期各中心及国民学校教职员调整原则,分令各中心学校保国民学校遵行。兹探志该原则内容如下:(一)原任师范生应继续聘用。(二)原任合格教员如无特别事故,应尽量避免调动。(三)原任师范生及合格教员如确须调动者,应列明调动原因,报府核准(其有过失者并应列举事实以便查询)。(四)各学校辞调离职教员,其所遗名额或增设人员,应尽先以分发师范生暨本府存记候用之合格人员聘用。(五)各学校新聘及续聘人员应先将拟聘表于开学前送由本府教育科人事室会同审查,签奉市长核定。新拟聘人员并应同时检呈有效资历证件,如审不合格者不得聘用。(六)各学校新拟聘人员,由本府核准者,由各该校通知。如于开学后一星期内仍未能到校上课者,即以不愿就聘论,并依照本原则第4条办理(其有特殊原因,经本府核准者,不在此限)。(七)各学校如未依照本原则办理,擅行聘用者,其薪津由各该校校长负责,不得以任何理由请求追认。

《中央日报》1947年8月13日

师范生未经检定　准予以教员任用

南桥社厦门讯　教部前曾规定师范学校毕业生须经小学教员检定合格后,始得充任小学教员,惟近各省师范生多数均未立即参加检定,而各地教员殊感缺乏。兹为此项毕业生便利服务起见,特令各省教育机关对于此项师范生如未能立即参加检定,准予得先以教员任用,惟应指示于服务期内,尽速参加检定。

《中央日报》1947年6月27日

提高国校师资　市府订定调整原则

市府为提高师资素质,并安定各人员服务工作起见,特订定本学期各中心及国民学校教职员调整原则,分令各中心学校,保国民学校遵行。兹探诸该原则内容如下:一、原任师范生应继续聘用。二、原任合格教员如无特别事故,应尽量避免调动。三、原任师范生及合格教员如确须调动者,应列明调动原因,报府核准(其有过失者并应列举事实,以便查询)。四、各学校辞调离教职员,其所遗名额或增设人员,应尽先以分发师范生或本府存记候用之合格人员聘用。五、各学校新聘及续聘人员,应先将拟聘表于开学前送由本府教育科人事室会同审查,签奉市长核定新拟聘人员,并应同时检呈有效资历证件。如审查不合格者,不得聘用。六、各学校新拟聘人员,由本府核准者,由各该校通知。如于开学后一星期内仍未能到校上课者,即以不愿就聘论,并依照本原则第四条办理。(其有特殊原因,经本府核准者,不在此限)七、各学校如未依照本原则办理,擅行聘用,其薪津由各该校校长负责,不得以任何理由请求追认。(南侨社)

《江声报》1947年8月13日

澎湖来电　罗致教师

市政府日昨接澎湖徐县长电,以该县现需中学英、史、国教员15名,小学教员25名,请代罗致选送。待遇方面,较台湾高两成,并酌助旅费。市府接电后,已饬交人事室及教育科办理,凡具有中小学教职员任用资格者,可检齐资历证件,径向人事室登记,以便考询,就需用员额选送。(南侨社)

《江声报》1947年9月10日

澎湖师资缺乏　在厦罗聘考选　该县县长来厦亲自主持

本报讯　台省澎湖县为罗致中小学优良师资,前持电厦市府请代选送中小学教员各30名,情志本报。查前往市教育科登记者为数尚多,昨该县县长徐升平,特由台来厦办理考选事宜。据称,此次罗聘中小学教员前往该县任教,待遇以较台省各县为佳,凡有意任教者,盼于日内赴教科办理登记或径向虎头山徐氏下榻处康处□公馆接洽。闻该县备有天然号专轮二艘,约于明日可抵厦,以备接运教员之用,凡应聘教师并有旅费津贴。

《星光日报》1947年9月20日

学校不敷收容　学生失学甚多
教育科财政困难暂时无办法

吴雅纯问：本市师资源源外溢，饭桶私情源源而来，请问贵科长敢否保证，保证教育人员是越□越好，还是越□越坏？

叶书德答：一、本市教员之更［动］，皆出于本身自动辞职，其未提出辞职之旧任教员，教科均予保障，未尝随意撤，并通令各校校长亦予切实保障。二、本市教员中以合格者占多数，一小部分不合格教员均系旧任。至本学期教员之聘任，均由校长选聘，教科所派教员均系省派师范服务生。

庄□卿问：教育法令有强迫教育之规定，本市中小学校之收容学生，求过于供，致失学者尚多，贵科曾否作失学人数之统计否，数目若干有无补救之计划否？

叶书德答：一、本市学生收容学生求过于供，确属事实，惟目前地方经济困竭，政府财政支绌，空言扩充，殊非易事，须待逐步发展。二、失学人数，教科曾予统计，计有失学儿童6864人，失学成人67151人。

骆木仁问：贵科职员许文苑等集团舞弊各校义教赈品，迭经检举，何以未见惩办。

叶书德答：一、许文苑乃义教会组员，非教育科职员，义教会与教育科，乃平行机构，非教科管辖，教育科长不过为五个常务委员之一，事实上无处理该会事务全权。二、许文苑系与渔民小学附设义务教员黄叶通同作弊，并非集团舞弊。该案经渔民小学向法院检举，经由法院票传究办中。

《星光日报》1947年10月17日

私校教职员　每人供售一担米

本市粮食调节会供售教育会所属各私立中小学校教职员中白米每人一担，实售22万元，愿意承购须先缴款（款交工矿银行，取据到会换单），并填具请购单。缴款后10日，凭单提米。限本月底以前购买，逾期价格另定。

又:本市教育会于本月 22 日派书记郭金河,前往各区教育会各学校,调查及征求新会员。

《江声报》1947 年 10 月 24 日

市立小学教员由校长全权选聘

本报讯 本市参议会首届二次会关于市立小学教员聘用一节,经王参议员□元等提为谋本市国民教育发展起见,市小教员应由校长专权选才聘用一案等经大会审议通过。该会昨已函市府查照云。

《星光日报》1947 年 10 月 24 日

私立中小教职员可购平价米一担

市教育会广征会员

本市教育会准厦门市粮食调节会供售所属公私立小学校教职员,中白米每人 1 担,实售 22 万元。愿意承购,先将款缴交工矿银行,取据到会换单。缴款后 10 日,凭单提米。限本月底以前购买,逾期价格另定。顷由市教育科转各区教育会转饬该区各私立小学造名册 2 份,送市教育会审核证明,并取单填购矣。

该会为加强组织广征会员,及明了会员动态,昨派书记郭金河前往各区教育会各学校调查及征求新会员。

《中央日报》1947 年 10 月 24 日

小学任用教员　校长有权抉择

每月经费分两期发清　本届市参会之教育议决案

此次参议会开会,对本市教育问题,曾有决议,其内容如次:

(甲)关于教育行政之改革者,(一)各校校长更动,应于学期结束后一星期内决定公布,俾新任校长或连任校长得以从容部署;(二)各小学任用教员,该校校长应有抉择之权,庶收管教之效,人事室教育科应就登记候用合格教员,尽于学期结束前一个月内,将名单分送教育会及各公私学校,以便各校长遇缺时选择聘用;(三)有关当局不得直接行文派任教员;(四)厦门陷敌后退出之教员,应变通尽先任用。

(乙)关于教员待遇之改善案,(一)请政府调整教师待遇;(二)每月经费应于当月25日前发清;(三)每月经费分两期发给,即当月15日以前发基本数,月底清发加成数及办公费。

(丙)关于校舍之修缮费,由各校组织修缮委员会,将校舍破损情形雇工估计,再按照规定数额直接向在籍学生收修缮费(各校须一律),或内殷富家长募捐。如价款过巨,可分期征收,将收支公诸报端,并请市府派员验收。

《江声报》1947年10月24日

第四届小教检定本市及格五人

本报讯 本省前办理第四届小学教员试验检定成绩,业已许定,本市与考教员科别及格有陈焕童、张育贤、詹志忠、郑进英、孙荣萱等5名,不及格2人。及格教员每人应缴证书费300元,寄厅核发,市府教育科昨已奉教育厅命令转知招办。

《星光日报》1947年11月6日

私小教师待遇低　要求征收劳师米

昨联函市参会沥诉苦衷　高小拟收十斤初小五斤

复华、雅化、民立、思明、明德、民强、世德、城内、全民、桃源、主光、鳌岗、渔民、弘农、粤侨、公爱、鼎立、德仁、端本及通俗社附设新街幼稚园等二十余私立小学教师,因待遇微薄,生活困难,昨日联函市参议会,请求救济,予以征收劳师米。原函略云:

查迩来物价梯升惊人,敝等各校均为私立性质,未受任何方面之津贴或当局之补助,各校大多创自战前,历史悠久,破坏之余,建设未遑。现又遭物价影响,预算无法平衡,全体教师之生活陷于恐慌,飘摇状态。校方左支右绌,增补乏力,目前一般薪俸,平均月领三数10万,或不过10余万元,个人糊口不足,遑论仰事俯畜。若不稍予改善,发动劳师,俾精神稍安,何以致力教学。敝校等迫不获已,爰联议函请钧会察核,准予征收劳师米,并拟定高年级 10 斤,初年级 5 斤。至贫寒者概行豁免,以维私小教师之生活云云。

《江声报》1947 年 11 月 11 日

物价波动　教师清苦

私立联呈请予劳师

本市各私立小学校长,因感最近物价波动,教师生活至为痛苦,乃于本日联合小学校长:复华陈金方、民立叶淑仁、雅化张友德、思明吴克坚、明德张火凤、民强王志明、世德吴淞波、城内周琛瑶、全民李福锦、桃源陈崇礼、主光孙中诚、通俗杨清江、鲨岗林泉声、新街陈奇解、渔民张庆和、私农杨启梁、粤侨卓杰华、公爱林莲洲、鼎玉陈维明、德仁纪福柏等,特联呈参议会,请求准予发动劳师,以资救济。兹录其呈文如下:径肃者,查迩来物价追随梯升,指数膨胀,实堪惊人。敝等各校原为私立性质,未受何方津贴,或当局协助,各校多创自战前,历史悠久,或属胜利后所设,办理完善。然以破坏之余,建设未遑,现又遭受物价影响,预算无法平衡。因之全体教师生活,预陷恐慌动摇,校方左右支绌,增奉乏力。现一般薪俸,平均月领三数十万,或不过十万余元,个人糊口不足,遑论仰视俯盖,且终日在校教读,若不稍予改善,发动劳师,俾稀粥可度,精神稍安,何以致力教学。敝校等屡承各教师请求救济,百计思维,迫不获已,爰呈联请钧会查核,俯体小教生活痛苦,尊重师道,准予征收劳师米,高年级 10 斤,初年级 5 斤,贫寒豁免,以维私小教师生活。国民教育是赖云。

《中央日报》1947 年 11 月 11 日

私小教师生活苦　参会昨分别调查
每月待遇平均 30 至 60 万

对征收学米可变通改为劳师

本市各私立小教师,因待遇菲薄,日前联请市参会予以同情,发动征收学米。市参会日昨经派员分向各私校调查状况,查得各该校收费不一,分甲、乙、丙三种。甲校有收 20 元、18 万元、16 万元者,乙校收 16 万元、14 万元、12 万元者,丙校收 10 万元、8 万元、6 万元者。至甲乙校教师基金数,最多月只 39 万元,加成数 1600 倍计算,月亦不过 40 万元至 60 万元。其他收入较差者待遇更低,月仅在 30 万元至 40 万元之间,市参会以教师待遇低微事属实情,惟应顾及学期中途加收学米,恐学生家长有不胜负担者,昨特函复各该私校当局,希转各教师,变通劳师名义办理,抑由学生家境较优者自行劳师。

《江声报》1947 年 11 月 20 日

私小劳师米已准予收取

前本市各私立小学,以各校经费支绌,教职员待遇低薄,且迩来物价狂涨,生活日益困苦。故发起向学生收取劳师米,并联呈市参议会批示。兹探悉,参议会昨(24)日批准各校所请,规定高年级学生每名准收取劳师米 8 市斤,低年级学生每名收取 4 市斤。此项消息传出,各小学教师深感欢忭云。

《中央日报》1947 年 11 月 25 日

小教征缓　尺度放宽

教育部属令到厦,以查兵役法第 26 条第 1 项第 1 款:对现任小学教师得延动员召集,已有明文规定,其非预备役或已受训之国民兵,而合于该条款之现役适龄男子,在绥靖期间,并准缓征。经奉准通行在案,近据各级管区及地方民意机关佥以战后文化复兴工作艰巨,小学师资缺乏,咸请放宽尺度前来,核属实际。兹拟统一规定:(一)曾在公立师范学校(包括政府委托办理之私立师范学校)毕业生现任小学教师未满 1 年者;(二)非师范学校毕业,曾受试验或无试验检定合格现任小学教师 1 年以上者;(三)在收复区各省市曾在敌伪时代之师范或国民高等学校毕业,经依修正收复区中等学校学生甄审训练办法甄审及格,现任小学教师 1 年以上者。凡具有上列三项资格之一者,在绥靖期间均暂准比照兵役法第 26 条第 1 项 1 款之规定免予征集。一俟戡乱剿匪工作完成,小学教师资格合

法调整后,与其他临时规定同时废止。以上三项,经本部与国防部呈奉行政院令准予照办云。(国民社)

《中央日报》1947年12月11日

充实市中小学设备 提高教员素质待遇
市参会昨函市府询问办理情形

本报讯 市参议会以首届第一次大会所议决通过之"拨款充实本市各中小学设备,提高教职员素质及待遇"与"修理公园马路",疏"沟渠",增设路灯及建筑公厕,请拟筹财源,以资办理两案。经□闭会后,即检同原办法函请市政府查照办理,乃为劳已久,迄未见市府将其办理情形见复。该会以第二次大会将在下旬举行,对□第一次议决已办未办各案,亟待整理提出报告。昨经再函市府,查询以上两案是否有办,及其办理情形。

《星光日报》1947年12月14日

小学教员无试验检定年底截止

本市小学教员无试验检定及师范生登记展期至本年底截止,凡公私立未合格小学教员,应于限期内赶速办理,否则下学期不得充任教员。

同安讯 县府规定自本月20日起至明年1月20日止为小学人员登记时间,凡简易师范,普通师范毕业,或经教厅登记合格者,均可于限期内检出证件向县府教科登记,道远者可用邮件函请登记。(附二寸半身相片一张)及格者派充各中心或国校校长、教员,待遇与县级人员同,每月另拨售平价米90市斤,不合格者证件发还。

《江声报》1947年12月21日

厦市罗致教师小教登记办法

市府教育科举办小学教员登记,已志本报,兹探查办法如下:
厦门市小学教员申请登记暂行办法
(一)为提高本市小学师资素质,罗致优良师资人才起见,特举办小学教员登记，以备各校录用。

（二）凡体格健全，思想纯正，具有左列各类资格之一者，如志愿服务小学教员工作，均可参加登记。一、旧制师范学校或专科师范学校，或普通师范学校等毕业者；二、旧制乡村师范学校，或幼稚师范学校，或简易师范学校等毕业者；三、经参加登记检定合格，执有登检证者；四、籍贯本市，毕业于旧制中学或现制高中，于战前曾充任本市教员三年以上者；五、毕业于艺术专科学校或音乐专科学校，或体育专科学校者。上项各款规定之毕业学校，应一律持有主管教育行政机关检印之证书。

（三）申请登记时应检齐有效证件，连同本人半身相片一张，到本府教育科领取登记表登记。

（四）登记时间定自 12 月 23 日起至 37 年 1 月 5 日止。

（五）参加登记小学教师，经本府教育科审查后，将合格教员名单公布，并列入备用人员名册。经公布五日后，证件一律领回。

（六）本市公私立各小学 36 学年度下学期缺欠教师，一律应就登记审查合格名单内，优先聘用。

《江声报》1947 年 12 月 23 日

市府规定办法　登记师资备用

同安亦来厦罗致优良教师

本报讯　市府教育科为罗致优良师资，以备各小学录用起见，爰自本日起至 37 年元月 5 日止，在该科附设师资临时登记处，并规定办法四种列下：

（一）凡体格健全思想纯正，具有左制各款资格之一者，如志愿服务小学教员工作，均可参加登记。

1. 旧制师范学校或专科师范学校，或普通师范学校等毕业者。

2. 旧制乡村师范学校或幼稚师范学校，或简易师范学校等毕业者。

3. 经参加登记检定合格，执有登检记者。

4. 籍隶本市，毕业于旧制中学或现制高中，于战前曾充任本市教员三年以上者。

5. 毕业于艺术专科学校或音乐专科学校，或体育专科学校者。

上项各款规定之毕业学校,应一律持有主管教育行政机关验印之证书。

(二)申请登记时应检查有效证件,连同本人半身像片1张到本府教育科领取登记表登记。

(三)参加登记小学教师,经本府教育科审查后,将合格教员名单公布并列入备用人员名册。经公布5日后,证件一律领回。

(四)本市公私立各小学36学年度下学期缺欠教师,一律应就登记审查合格名单内尽先聘用。

又讯 同安县政府为整饬师资,促进教育效率起见,特举办小学教员登记,日前函请市府教育科代为办理。兹将其申请办法探志如次:一、资格:凡体格健全思想纯正,并曾在简易师范学校及普通师范学校毕业,或福建省政府教育厅登检合格持有证件者,不分男女均可登记。二、待遇:依照本县县级待遇,按月发给,每人每月并得购平价米90市斤。三、登记手续申请者应填具履历表1份,附贴最近半身2寸相片1张,并检齐证件,送厦门市政府教育科及本府第三科登记。如路途遥远者,用邮寄亦可。四、起迄时间,自本年12月20日起至37年1月20日止。五、任用:审查合格者,由本府视其资历,分别派充本县中心或国民学校校长、教员,不合格证件发还。

《中央日报》1947年12月23日

昨市教育会举行理监联席会议　学校教员应由校长聘任
现任教员子女就学免费

本市讯 厦门市教育会于本15日下午3时,在本会举行理监联席会议,计出席理监事吕仲驹、李禧等8人。兹探志讨论事项如下:(一)关于学校教员应由校长聘任,市参议会经建议市政府有案,拟呈请市政府切实执行,以符法令案。议决通过。(二)关于本市学龄儿童年来激增,现学校不足容纳,拟呈请政府鼓励地方热心人士增办私立学校,以宏造就案。议决通过。(三)关于本市在沦陷期间文化界人员不甘受辱,转徙流离忠贞殉节,应如何建议层峰予以褒扬案。议决通过,并推举李禧、吕仲驹、戴光华等负责办理。(四)关于私立学校因立案手续困难,多未办理,拟建议政府加以指导,并在法令范围内予以便利案。议决通过。(五)关于抗战功勋及现任教员子女就学,依国民政府公布条例应予免费优待,拟呈请政府转饬本市各级学校切实优待案。议决:(1)呈请市政府通饬各学校切实施行;(2)抗战功勋及现任教员家属如未谙申请手续,可向本会申请登记,代为办理。(六)关于公立学校因物价腾涨,办公费不敷应用,呈请政府设法增加,并按月签发,以利校务进行案。议决通过。(七)关于监事崔钟瑛已离厦,应由何人递补案,议决由候补监事孙森递补。

《立人日报》1948年1月16日

经济压迫学生　厦大休学多

公员待遇调整欠公允　各中央机关再电力争

公教人员待遇,本市分配照第四区指数调整,在厦各中央机关多已奉到明令,但与实际相差过巨。旬前厦门大学教职员首先电中央吁请,迄无下文。兹探悉该校于日前复代电层峰,请照第二区指数核给,并剪取本报月来所载本市商情表附呈,以资参证。中央驻厦各机关,亦决再电争取公平待遇。厦大校长汪德耀将于2月初晋京,除商洽有关学校行政及政务外,并为此事向教部及政院力争。据该校消息:该校新生院现有新生400余人,因此间物价过高,已改食两餐稀粥。且因公费生虽少(仅1/4),公费亦不够用,目前因经济压迫而请休学者已达40人,占全数1/10。全体教职员对生活压迫惶惶不安,咸认为如不得合理解决,下期将无法继续工作。

《江声报》1948年1月30日

物价高压下厦大学生退学多

教职员亦均受压迫惶惶不安　中央驻厦机关决争合理待遇

中央社29日讯　此间中央驻厦机关暨国立厦门大学,顷以厦门物价向较广州、京、沪为高,中央此次调整公教人员待遇,将厦门生活指数列为65000倍,殊感有欠公平,决再联电一致争取与广州、京、沪平等待遇。据闻厦门大学校长汪德耀决于下周二飞京,向教部力争。据该校消息:该校新生院现有新生 400 余人,因此间物价过高,已改食两餐稀粥。且因公费生过少(仅 1/4),公费亦不够用,目前因经济压迫而请退学者已达 40 人,占全数 1/10。全体教职员对生活压迫惶惶不安,咸认为如不得合理解决,下期将无法继续工作。

《星光日报》1948 年 1 月 30 日

本市小教登记办法经修正

即日起至 2 月 5 日登记

本市小学教员登记暂行办法,前经市府 34 次市政会议,决交第 3 科人事室秘书室修正,签呈市长核准施行。兹闻前项办法也经修正完竣,兹探志如下:

厦门市政府登记备用小学教员暂行办法。一、本府为储备优良小学师资起见,特订定本办法。二、凡有左列各款资格之一者,如志愿担任本市小学教员,均可参加备用登记。(一)在主管教育机关认可之旧制师范或普通师范以上学校毕业者。(二)在主管教育机关认可之旧制乡村师范或幼稚师范,或简易师范以上学校毕业者。(三)主管教育机关认可之旧制中学或现制高级中学以上学校毕业,曾任或现任小学教员 1 年以上者。(四)经参加本省师范生登记或小学教员检定合格领有登检登者。前项各款规定资格之学经历,应同时呈缴有效证件。三、参加登记时应填具登记表,连同证件,并附本人 2 寸半身相片 1 张。(登记表向本府第三科取填)四、登记时间自即日起至 2 月 5 日止。五、参加登记小学教员经市府审查合格者列入备用名单。六、本市各中心及保国民学校 36 年度下期教员,除原任合格无过失者,应继续聘用外,其有出缺新聘人员,应尽先就前项登记审查合格名单选用。七、本市各私立小学如有需聘教员,得就前项登记审查合格名单选用。八、本办法如有未尽事宜,得随时修改之。

《江声报》1948 年 1 月 31 日

原任教员无过失者应继续聘用　登记审查合格尽先补缺

本市讯　本市小学教员登记暂行办法,前经市府 34 次市政会议议决交第 3 科人事室秘书室修正，签呈市长核准施行。兹闻前项办法业经修正完竣，探志如下：

厦门市政府登记备用小学教员暂行办法：

1. 本府为储备优良小学师资起见，特订定本办法。

2. 凡具有左列各款资格之一者，如志愿担任本市小学教员，均可参加备用登记。

（1）在主管教育机关认可之旧制师范或普通师范以上学校毕业者。

（2）在主管教育机关认可之旧制乡村师范或幼稚师范，或简易师范以上学校毕业者。

（3）主管教育机关认可之旧制中学或现制高级中学以上学校毕业，曾任或现任学校教员 1 年以上者。

（4）经参加本省师范生登记或小学教员检定合格领有登检证者。

前项各款规定资格之学经历应同时呈缴有关证件。

3. 参加登记时应填具登记表连同证件，并附本人 2 寸半身相片 1 张。（登记表向本府第三科取填）

4. 登记时间自即日起至 2 月 5 日止。

5. 参加登记小学教员经本府审查合格者，列入备用名单。

6. 本市各中心及保国民学校 36 学年度下学期教员除原任合格无过失者，应继续聘用外，其有出缺，新聘人员应尽先就前项登记审查合格名单选用。

7. 本市各私立学校如有需聘教员，得就前项登记审查合格名单选用。

8. 本办法如有未尽事宜，得随时修改之。

《中央日报》1948 年 1 月 31 日

厦市府举办登记备用小学教员　审查合格者仅先聘用

市讯　本市小学教员登记暂行办法，前经市府 34 次市政会议决，交第三科人事室秘书室修正，签呈市长核准施行。兹闻前项办法，业经修正完竣，探志如下：

《厦门市政府登记备用小学教员暂行办法》

一、本府为储备优良小学师资起见，特订定本办法。

二、凡具有左[下]列各款资格之一者,如志愿担任本市小学教员,均可参加备用登记。(一)在主管教育机关认可之旧制师范或普通师范以上学校毕业者;(二)在主管教育机关认可之旧制乡村师范或幼稚师范,或简易师范以上学校毕业者;(三)在主管教育机关认可之旧制中学或现制高级中学以上学校毕业,曾任或现任小学教员一年以上之者;(四)经参加本省师范生登记或小学教员检定合格,领有登检证者。前项各款规定资格之学历应同时呈缴有效证件。

三、参加登记时应填具登记表连同证件,并附本人2寸半身相片一张。(登记表向本府第三科取填)

四、登记时间自即日起至2月5日止。

五、参加登记小学教员,经本府审查合格者,列入备用名单。

六、本市各中心及保国民学校36学年下期教员,除原任合格无过失者应继续聘用外,其有出缺应聘人员应尽先就前项登记审查合格名单选用。

七、本市各私立小学如有需聘教员,得就前项登记审查合格名单选用。

八、本办法如有未尽事宜,得随时修改之。

《立人日报》1948年1月31日

教员讲习　圆满结束

同安息　本县教员寒期讲习经如期于上月28日至30日举行,圆满结束。闻参加讲习校员达102名。讲习期间,并由第三科周科长分别举行个别谈话,于各教员服务感想及志愿服务地点与将来工作情形,诸多探询与勉励云。

《立人日报》1948年2月4日

市中心国校校长调动

本报讯　本学期各小学开学在即,市立各小学校长,业经教育科调整竣事。兹悉,调整新任校长为厦南第一中心徐址安,厦南第二中心黄宝寿,厦西第二中心周成美,禾山第一中心陈宗贤,禾山第二中心蔡毓达,曾厝垵国民学校黄玉辉,钟宅国民学校黄登仕等。闻其中除厦南第一中心外,多系调任或提升者。至徐校长址安,系集美师范毕业,历任集友小学、鼓浪屿普育、龙岩省立师范附小等校校长,从事小教工作20余年,学识经验均极丰富。此次离岩来厦接长厦南第一中心,教育界咸庆得人云。

《中央日报》1948年2月19日

私校教职员配购平价米　厦大学生获准平价配米

厦门市粮食调节会,供售厦门市教育会所属私立中小学校中白米,教员每名一担,工役每名50市斤,每担价款90万元。如愿承购,于本月20日以前将价款缴交工矿银行掣取回单,连同请购单名册换领米单。经市教育会转函各学校知照,现承购者颇为踊跃。

又讯　厦门大学学生千余人,食米悉数仰给于市肆,受市价变动之影响极大,未领受公费待遇之学生,每因无力缴纳巨额膳费,几至断炊。日昨该校汪校长趁刘主席莅厦之便,面请统于平价配给食米,并照公费生额定数自费生每人每月配给二斗三升,半公费生一斗一升半。闻已得刘主席批准,交市政府统筹办理云。

《江声报》1948年3月18日

市立中小学教员可购平价米一担

市讯　厦门市粮食调节会供售厦门市教育会所属私立小学校中白米教员每名一担,工役每名50市斤,每担价款90万元。如愿承购,于本月20日以前将价款缴交工矿银行掣取回单,连同请购单名册换领米单。经市教育会转函各学校知照,现承购者颇为踊跃。

《立人日报》1948年3月18日

收费延不报核　校长四人记过

市息　市立各小学36学年度上期,因设备尚须充实,经市府提请市参议会审议,准予斟酌实际情形征收学生设备费,为时日久,迄今尚有开洪保国校校长布淑恬、同文保国校校长黄如海、曾厝保国校前校长萧子坤、开南保国校校长张淑贞等经收设备费尚未报核。市府以该员等办事疲缓,昨日各予记过一次云。

《立人日报》1948年3月19日

市立小学校长记过一批　为了经收设备费未报核

本市讯　市立各小学36学年度上期因设备尚需充实,经市府提请市参议会审议,准予斟酌实际情形,征收学生设备费。为时日久,迄今尚有开洪保国校校长布淑恬,同文保国校校长黄如海,曾厝保国校前校长萧子绅,开南保国校校长张淑贞等,经收设备费尚未报核。市府以该员等办事疲缓,昨日各予记过一次。

《星光日报》1948年3月19日

体念小教清苦发动献米劳师　贫寒学生可得豁免

本市各小学因近来物价波动,每月须得薪俸几乎不敷个人膳费,尤有枵腹从公之慨。今晨各市立校长为顾念教员生活困苦,恐长此以往,难再支持,影响教学甚巨,遂联袂协同市府叶科长晋谒市参会陈议长,面述困难情形。闻陈议长极表同情,已允各小学校发动劳师,以织难关。兹得劳师办法如下,(一)市立小学为补救教师生活困苦,得发动学生献米劳师;(二)劳师米定高年级每人6市斤,中年级每人5市斤,低年级每人4市斤,如愿多献者不在此限;(三)献米期间是自本月15日起至月底止;(四)市区市立小学得划30%,禾山区立市立小学划40%为贫寒学生减免额;(五)劳师米收结后,须造册送市府备查。记者按:劳师办法既划贫寒学生可以豁免,则贫寒学生家庭免多此一笔负担,而教师生活又可得暂时安定,亦一无办法中之办法云。

《立人日报》1948年4月15日

厦门公教人员四月份生活指数

4月份厦门公教人员生活费指数经国立厦门大学经济研究室查编完竣,其结果如下:总指数55.984.216.25,食物类指数58.721.708.69,衣着类指数76.420.668.00,房租类指数206.159.500.00,燃料类指数20.744.278.62,杂项类指数67.384.325.37。

《江声报》1948年5月3日

教育会讨论多项教职员福利问题

本市讯 市教育会于本5日在该会会议厅,开理监事联席会议,出席王连元、戴光华等8人,主席吕仲驹。兹探其决议案如下:(一)本市光复后,省方仅拨教育复员费200万,殊欠公允。此次中央核拨本省基本教育补助款139亿元,电省加量增拨,以充实沦陷后各校设备案议决。电省加量核拨。(二)迩来米价腾奖,本市中小学教师待遇菲薄,生活大受胁迫,函本市粮食调配会迅拨平价为米救济案。议决通过,并推王连元、吕仲驹、庄嵩岳、林泉声等于7日上午前往接洽。(三)本市从事教育工作人员,恒感人浮于事,应如何设法介绍案,议决:(1)函闽南各县联系介绍;(2)登记愿往内地服务之教育人员。(四)据世德小学呈称,以该校校产在沦陷期间被人变卖,请许声援。应如何办理案,议决:派郭书记前往调查,于下会讨论之。(五)函各公私立学校,鼓励教师搜辑地方教材,俾报省核奖通令采用,以适地方需要案。议决通过。(六)迩来物价狂涨不已,各公私立学校月领办公费不敷至巨。电请市府按物价指数追加核补案,议决通过。(七)本市各公私立校长教师,不乏办学认真工作努力者,应如何查明呈报以资鼓励案,议决:函各区教育会查复,以便呈请市府报省奖励。(八)本学期将告结束,函请各级学校举办暑期补习班,以重青年儿童学业案。议决通过。(九)现任教职员子女就学函请各校优待学杂费案,议决:(1)函请各校切实优待;(2)现任教职员子女就学即来会登记,以便据实证明。

《中央日报》1948年6月8日

小学教师讲习

日内开课期间六周　对象为不合格教员

市府奉省令举办37年度小学教员假期讲习班,定本月15日开始报名,19日开课。讲习时间六星期,每日由下午4时至7时,低点在小走马路主光小学。该府特订各公私立小学选送教员参加假期讲习班要点,暨选送教员名册各1份,通知于7月15日以前将各校不合格教员造册报核,其要点探录如下:一、假期调班讲习对象,以各公私立小学不合格教员为原则。二、前条所指不合格教员,系以现在本市任教职而未持有省教育厅登检合格证之不合格教员为限,惟第六届办理登检并经市府初审合格者,或具备第六届教员登检各项合格条款之一,因其他重要特殊事故,阻碍取有证明文件,经专案呈准者,得予缓调。三、市立各小学不合格教员应全部由校长报名参加,如未参加讲习者,下期不得聘用。四、私立小学参加假期讲习班听讲之不合格教员,其人数应占各该校不合格教员总人数1/2为标准,由各校自行选送,(如某校有不合格教员2人或3人,应由校长选送1人入班听讲,4人者应选送2人参加,余类推)。五、公私立各小学所选送参加假期讲习班之不合格教员,经结业考试及格后,37学年度上期应由各该校继续予以聘用。六、公私立各小学凡未依照规定选送不合格教员参加讲习班者,在37学年度上期各该校所送拟聘表如有超额,不合格教员应不准聘用。七、入班讲习学员服装膳食暨各项应用文具一律自备,不予限制。八、各校造送参加讲习班之教员名册,应于7月15日以前直接交本府第三科,逾期造送者不予参加。(衣)

《江声报》1948年7月13日

市不合格小教均须参加讲习

市府教育科特颁订办法

本报讯　市府顷奉省府令举办37府度小学教员假期讲习班,经定本月15日起开始报名,19日开课。讲习期间六星期,每日由下午4时至7时为讲习时间,地点:小走马路主光小学内。该府为参照本市实际情形,特订定各公私立小学选送教员参加假期讲习班要点,暨选送教员名册各一份,于 7 月 15 日以前将各校不合格教员造册报核。其要点兹录如下:

1.本期调班讲习对象,以各公私立小学不合格教员为原则。

2.前条所指不合格教员,系以现在本市任教职,而未持有省教育厅登检合格证之不合格教员为限,惟第六届办理登检,并由本府初审合格者,或具备第六届教员登检各项合格条款之一,因其他重要特殊事故,阻碍取有证明文件,经专案呈报者得予缓调。

3.市立各小学不合格教员,应全部由校长报名参加。如未参加讲习者,下期不得聘用。

4.私立小学参加假期讲习班听讲之不合格教员,其人数应占各该校不合格教员总人数 1/2 为标准,由各校自行选送,(如某校有不合格教员 2 人或 3 人,应由校长选送 1 人入班听讲,4 人者应选送 2 人参加,余类推)。

5.公私立各小学所选送参加假期讲习班之不合格教员,经结业考试及格后,37 年度上期应由各该校继续予以聘用。

6.公私立各小学,凡未依照规定选送不合格教员参加讲习班者,在 37 年度上学期,各该校所送拟聘表,如有超额不合格教员应不准聘用。

7.入班讲习学员服装、膳宿,暨各项应用文具,一律自备,不予限制。

8.各校选送参加讲习班之教员名册,应于 7 月 15 日以前,直接送交本府第三科,逾期造送者不予参加。

《中央日报》1948 年 7 月 13 日

小教暑期讲习班日内可开办

本报讯 本市各公私立小学教员暑期讲习班,已决定于本月 21 日开学,召集各小学未合格教员,关于私立学校方面,经由学校当局呈送一批,计:雅化:翁凤仪、林咏雪、吴文振。毓德:洪仁德、邱亦果、苏安生、陈银銮、李凤玉、黄世祺。群贤:林绵沙、颜惠瑜、张敬业、陈珮华。城内:郭秉文、郑月燕、许淑兰。明德:张文贵、龚诗碧、张东溪、郑识姿。世德:王振涵、陈鸿江。养元:姚有义、郑嘉祥、伍仁灿。思明:杨丽萧、叶雅美、陈凯儒、张春治、许雪治、黄秀金。民强:许淑华。东升:施秋鸣。湖桐:刘文洞。英华校友:郑征炎、柯维昌、周逢来、黄镇庸、蓝各秀、林彩銮、张秀容、吴雪枝、庄淑顺。湖山:陈璇挥、陈素羡。通俗(树人):陈奈明、林锦文、王琼音、骆茜鸣。怀仁:戴亚珍、陈玉洁、蔡萱芬、王若明、王丽容。福民:叶更新、朱天机、王金发、黄丹芬、杜秀玉、冯素心、杜秀清。弘农:黄振华、白鸿腾。民立:曾侨云、张淑金、张清金。主光:陆佩天、麦少荣、林瑞山、吴爱真、戴羡珠。

《星光日报》1948 年 7 月 18 日

小教讲习班　昨行开学式

本市小学教员讲习班于昨天下午 4 点假基督教青年会举行开学式,参加受训的 100 多名,均系未经检定合格小学教员。受训期定为六星期。(邵)

《江声报》1948 年 7 月 22 日

小教讲习班授卫生课程

本报讯　市教育科奉令举办暑假卫生教育讲习班,现决在小学教员暑期训练班内增授有关卫生教育教育课目,是项课目定:(一)学校卫生。(二)卫生室管理。(三)传染病预防。(四)种痘。(五)简易治疗。(六)医药常识。(七)救护训练。以上讲师均聘请卫生院技术人员及当地各公私立医院医师、中等学校校医担任。

《中央日报》1948 年 7 月 23 日

政府体恤教职员　制定退休抚恤条例

市讯　市教育科于昨(22)日奉教育部代电颁发,公立学校教职员退休与抚恤条例二项。兹将其要旨节录如下:(甲)退休:(一)教职员服务 15 年以上,年龄已满 60 岁,与服务 30 年以上者,可声请退休给予年退金及一次退休金;(二)在物价高涨时期,教职员之退休金在国立学校,由国库支给;在省院辖市立学,由省市经费支给;在县市区乡镇保立学校,由县市经费支给。(四)请领退休金之权利,不得抵押让予或供担保。(乙)抚恤:(一)教职员服务15年以上病故,与因公死亡者,始予遗族年抚恤金,及一次抚恤金;(二)遗族领受抚恤金之顺序,一、妻或残废之未成子女,已成年而残废不能谋生之子女,但女以不出嫁者为限;二、未成年之孙子女,而其父死亡者;三、父母翁姑;四、祖父母、祖翁姑;五、未成之同父母弟妹;(三)教职员在职死亡,无力殓葬者应由□□学校给予殓葬袖助费云。(青)

《立人日报》1948年7月23日

分配台米　私中教职员请公平复议

本报讯　前次粮食调配会配售台米,市中等学校教职员联谊会常务理事陈洵阳、丘继善、黄衡世等以分配不公,提出抗议。彼等于日前以该会名义行函市参议会,请求主持公道,原文如次:

此次运厦台米,经市调配会决议,以1800担平售本市贫户及公教人员,闻配售本市学校员役办法,有省市学校及国立、私立学校之分,国私立学校员役每人配售数各为省市立学校役员每人配售额60%。同人服务教育,生活清苦在所不计,唯期社会人士予以同情及公平之待遇。此次决定配售办法,不无稍欠公允之处,仅就所见列之,配售台米原以调剂民食为旨,闻市调配会以省市级学校员役待遇较国立私立学校稍差,乃为决定此次配额之原则。查市立员役待遇问题,应由省立学校之主管机关予以解决,自不能以市民得之[配]额挪为补助省立学校经费之用,况国私立学校待遇事实上并无比省市立较丰,苟有一二少数学校以过去或一时之情形较其他学校稍佳,然亦不可以一概而论。而市调配会以此一二学校过去或一时之待遇而推断,一般国私立学校目前之情形,似有见树不见林之嫌,又私立学校与省市立学校相异之处,仅在经费来源不同而已。待遇上、行政上、事实上,亦为省教育厅所属机关,自可视为省市级学校之员役。此次市调配会决定[配]售台米办法,于情于理均欠公允。素仰贵社会为民喉舌,用特函请贵会主持公道,提请市调[配]会复议公平[配]售"。市参会于接获此函后,乃于日昨去函调[配]会,嘱其复议改善,并将办理情形覆云。

《中央日报》1948年8月3日

公私学校配米数量有欠公允　教员联谊会向参会呼吁

市息　本市中等学校教职员联谊会,昨具呈参议会呼吁主持公道,以调配会此次配售台米。对于国私立学校员役,每人配售各为省市立学校员役60%,论为分配不均,有欠公允。盖国私立学校与省市立学校相异之处,仅在经费来源之不同,其待遇在行政事实上,亦为省教育厅所属机关,应请一视同仁。深盼为民喉舌民意代表,转函调配会重新复议公平配售云。

《立人日报》1948年8月3日

市小教员枵腹教书　生活恐慌筹谋解决

本市公私立小学校长于昨(19日)下午3时假鳌岗小学开联席会议,讨论事项:(一)组织厦门市小学教职员供销合作社,以应现实需要。(二)推林泉声、张友德、王秋涛、孙森、徐址安、李福锦、黄惠元七人为合作社筹备员,并互推张友德为召集人。(三)关于解决本市小学教职员食米、生油等恐慌案,议决公推庄嵩岳、徐址安、林泉声、张友德、王秋涛等五人为代表,向市府请拨食米五百担,生油1000斤,以资分配。呈文由张友德负责拟具。

又:市立中心国民学校教员自本季开课迄今,先后仅领60元,校役则未发分文。迩来百物暴涨,生活陷于绝境,昨全体校长联袂前往市府领款,因市库空虚无法应付,乃相率垂头丧气而返。如日内犹难领款,全体教员因三餐无着,势难枵腹教书,恐将影响教学。(默)

《江声报》1948年10月20日

市府昨发小教欠薪

市立国民学校教职员及校役被市府积欠之薪津八、九两月份,于昨日起补发。又校役八、九两月份亦全部发清。至十月份,据闻拟于月杪发放。查各教职员虽领到欠薪,但八月份物价与本月份物价比较,相差数倍。今欠薪领到,已不够购买黑市白米60斤,倘十月份不在本月内发放,生活将何以维持。

《江声报》1948年10月22日

第六届教员审查 本市合格名单

本报讯 市府教育科前次奉令办理第六届教员和合格审核,经省府教厅颁发合格证有47名,计林华嫣、宋冰心、郑呈祥、叶秀贞、王淑琳、萧春荣、叶书祥、沈加南、杨启荣、林素卿、刘惠梅、郑淑珪、黄清海、吴逸芬、吴妙娥、王雪六、朱昭回、黄玉辉、吴元勋、傅醒敏、王尚宝、许碧琴、戴金宝、黄秀峦、谢金钗、刘敏坤、陈世祥、许鼎升、陈肇煌、郑琼英、吴素莲、吴士柔、杨雨香、刘露露、颜纯琦、黄丽云、廖俊才、陈欣雪、刘瑞敏、王志明、洪业良、黄宗泽、叶健群、郑锡荣、王秋涛、洪协隆、布淑恬。

又讯 关于前次送审不合格者,准向教育科领回证件,合格者亦希于日内具条领用。

《星光日报》1948年11月28日

本市小学教员实行总登记

本报讯 市府为明了本市各公私立小学现任师资实况起见,经制就本市小学教职员总登记表一种,分发各公私立小学。规定各该现任校长教员,自即日起截至本月15日止,一律依式填送二份连同资历证件,交由原服务学校汇缴该府第三科云。

《中央日报》1949年1月5日

市府续举办非现任小教登记

本学期教员由各校自聘

本报讯 本市此次举办各公私立小学教育总登记,经市府教员科审查发表登记合格名单后,据悉:此项登记系(一)办理各师范毕业生之登记。(二)办理登记经省检定合格之小教,其性质与检定迥异。市府现继续进行登记非现任之小教,原定于昨办理登记完竣。嗣该科为便利远道小教办理登记起见,特展延至 27 日截止。此项办理登记合格之各小学教员,教育科并不能完全负责其工作问题,唯在可能范围内,饬令各公私立小学尽量聘用各该合格教员。盖自本学期起,教育科对各校教员已决定绝不由科派用,尽量由各校自行视实际需要予以聘用云。

《中央日报》1949 年 1 月 26 日

这是什么世界!家长苦学费多　教员叫吃不饱

小学校长联请发动劳师　中学教员会商待遇原则

本报讯 本市各公立中心小学校长昨日联呈签请市府,以近日来金圆贬值日剧,各校教员收入最高薪俸不过月支 1200 元,采购白米不及 20 市斤,以之购买自来水还感不足,遑谈维持家庭生活。目前各校开学在即,而教职员多为生活遭受严重打击,无心到校,影响教学殊大,特拟请由市府发动劳师运动,每生缴纳白米 10 市斤,以资救济等情。市府据呈后,已饬教育科签具意见,即函送参议会,提交第七次大会第二次会议审议通过,准予施行。(行)

本市讯 本市中等学校教师待遇微芜,公立学校月薪 2000 元,有的有配米,有的全无,各校教师生活极为恐慌,中等学校教职员联谊会受各会员敦促,定于今(12)日下午,召开全市中学教师待遇问题座谈会,特讨论各公私立学校待遇之最低原则及收费与管理合理化问题。据悉:私立学校每生已定收费米 240 斤至 260 斤,公立米 100 斤,惟合理分配问题,尚待讨论决定云。(坚)

《星光日报》1949 年 2 月 12 日

厦中学教职员争取合理待遇　联谊会决议三项通电呼吁

本报讯 本市中等学校教职员联谊会,昨日午后 3 时假青年会举行各校教职员生活问题座谈会。出席理事会员二十余人,由黄衍世主席,广泛讨论各校教职员待遇问题,与会人员除沥诉各人生活清苦实况外,亦认为大家应一致争取实物,以维持最低生活。嗣经决议要案三项:(一)各校教职员每月俸给应以白米计算,每人基薪以140元计折合实物白米400市斤,薪水每增加2元加白米1斤,少1元减米半斤。(二)各校所收劳师米应一律分配教职员,并组织经济委员会,掌握学校经济权。(三)公立学校应采取一致行动,向各该主管政府要求发给实物,并通电各省市一致主张。另由该会函厦门市府暨市参议会,为公立学校教职员生活问题呼吁,并说明教师不能生活,教育必无法推进。并希望社会人士注视此一严重性之问题,同情援助,如发起组织家长会或教师活命援助会等。至五时散会。(中央社)

《中央日报》1949年2月13日

教授与中小教员待遇比较

查目前各级公教人员,除极少数特殊阶级或另有"办法"者外,莫不深感待遇之微薄,而尤以教育界最为清苦。此次汪校长赴穗对请增待遇虽获有相当成就,但尚难谓今后已可免受生活威胁。兹将国立厦门大学校长、教授、助教等与本市私立中小学教员薪津作一比较如下:

(一)二月份公教人员待遇基数为底数60元,60以上至300以下为40%,300以上为20%,大学校长及支600元底薪之教授(支600元之教授寥若晨星),基数为216元,乘125倍为27000元。照昨日市情计算仅可购米110斤左右,而私立小学教员多领三担以上,且已领完二三四月份之额。是两个国立大学校长,尚不及一个私立小学教员,事之不合理者有如是哉?

(二)三月份起政府又欲恢复"八一九"以前按生活指数计算办法,惟又将基数降低,底数虽仍为60元,但60以上300以下已由40%减为20%,300元以上由20%减为10%。600元底薪基数在二月份为216元,三月份仅余138元。二月份厦市生活指数若干未见官方公布,经定暂按375倍计算,138元乘375为51750元,以米每担27500元计,亦仅可购1.88担,仍尚不及小学教员,去中学教员更远,其支薪不足600元者更无论矣。

(三)大学毕业生为合格中学教员,底薪为140元者居多,大学毕业充当助教者亦以140元居多,但本市私立中学联谊会规定底薪140元者领米四担(以下者每少1元减米半斤,每多1元者加米1斤),但在本校当助教(当助教者往往须为高才生,得系主任赏识荐者)二月份底薪140元,应得基数为92元,乘125倍为11500元,尚不及购米50斤。三月份基数为76元,乘375倍为28500元,亦仅可购米一担零四斤。同一程度,同干教育工作,一则月领白米四担,且已领至四月份额数;一则仅可领一担强,三月份尚未领足。莫怪有不平之鸣。

《江声报》1949年3月8日

市教育局订定奖励教师办法

本报讯 38年度教师节瞬届,市府教育局为奖励优良教师起见,特参照教员服务规则,订定奖励优良教师办法一种,通饬各校遵照办理。兹摘录办法要点如下:(一)本办法所称之教师,系指曾经登检合格,现任本市市立及已立案之私立小学校长及专任教员。(二)奖励种类:(1)在不同校连续服务满15年,服务成绩优良者,晋薪一级。(2)在同一学校连续服务满10年者,服务成绩优良者晋薪一级,兼具第一二条所规定之条件者得并晋薪两级。但晋级教员薪额总计不得超过200元,超过200元由本局呈请市长另颁奖状以示奖励。(3)学校改组或变动校名者,在改组或变更校名前之服务年数得照追计算,但以有确据者为限。(4)经主管教育行政机关调任他校服务,或因特殊情形,在同学校离职后而重复任职者,其前后服务年数得合并计算,但以有确据者为限。(5)具有受奖条件之教师,由该校填表二份检同登检合格证及其服务聘约,限于本(8)月25日以前送由教局审核,逾期不收。(行)

《星光日报》1949年8月19日

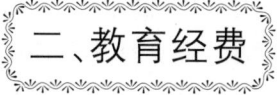

二、教育经费

宽筹教育经费　昨28校议决两案

昨(6)日下午4时半,教育会召集全县县立私立各小学校长,讨论宽筹教育经费谈话会,计到会者28校。余超主席,林世沧记录。讨论结果,决议:一、宽筹全县教育经费案,推举县立小学代表杨昌国、陈志伦、陈维纯等 3 人，私立立案小学代表孙家璧、陈永模、邵继之、吕维精、杨济川、黄傍桂、叶沧河、林士麟、吴恭顺、吴荫轩、许瀛洲等 11 人，会同教育会负责办理。二、宽筹教育经费目标案，力争本地方经营税拨出 30％，及新整理税项如地租、铺捐等，拨出一部分充教育经费。

《江声报》1931 年 6 月 7 日

思明 20 年度教育计划
教育局呈县政府请拨营业税地租 30％

教育局昨依照全省教育行政会议议案，呈请县政府函营业税局，将营业税收入项下拨出 30％充地方教费，并请将新整理地租指拨 30％以上充作地方教育经费。兹录其呈文如下：(上略)此次教育厅召集第二届全省教育局长会议，到者五十八县，佥以欲谋救济，应增筹地方教费。爰就不病民生不背税制范围以内，筹议办法四项，呈请省政府核准施行胪举。

四项办法如左：一、由营业税项下拨出 30％以充地方教育经费。二、请准将 18 年 1 月所定丁粮每两每石附加教育捐二角改为二成，但各县口如已超过二成以上者，照旧维持，或酌量增加至改征二成仍等于附加二角者，亦应酌量增加。三、在城镇征收房屋税，以充地方教育经费。征收办法：甲、店铺，(一)每月可租百元以上者抽收 10％；(二)每月可租 50 元以上者抽收 6％；(三)每月可租 10 元以上者抽收 4％；(四)每月可租 5 元以上者抽收 2％。乙、房屋，(一)每月可租 50 元以上者抽收 3％；(二)每月可租 30 元以上者抽收 2％；(三)每月可租 5 元以上者抽收 1％；(四)凡本省创办新捐税，应划拨 15％至 30％以充地方教育经费。兹奉教育厅转奉省政府第 2149 号训令，并附调查报告 1 份节开，将全省丁粮加征三成，以一成拨充地方教育经费，二成充地方自治费。至请由营业税及本省创办新捐税项下拨出成数，并抽收店铺房屋税以充地方教育经费。查举办营业税拨充地方教育经费办法，经议决有案等因，奉此，查地方教育为一切建设基础。

本县教育经费之收入月仅 5,000 元，较诸邻县龙溪只占 1/3，南安不及 1/6。用此区区教育经费，办理全县教育事业，如何得其扩充与改进。本县中小学私立者占大多数，但以经费短绌，校舍多甚狭小，设备简陋，教学沿袭旧法，教育少有成效。长此以往，教育前途何堪设想。本局长为谋地方教育发展,完成中央整个计划起见,特拟订改进思明教育三年计划,呈请教育厅核准施行在案。兹拟由 20 年度第 1 学期始,爰照该计划切实进行,即将现有县立小学如玉紫、紫阳、崇实等校,皆改为完全小学,各办足六年级。大同、竞存、实验小学等校,在可能范围内酌量增加级数。吉祥专办初级小学,亦要增开一级。蒙泉、鸿麓两校迁移禾山,发办完全小学,以谋平均,而资发展。至于鸿麓原址,改办幼稚园,因幼稚教育为一切教育基础,而本县向无县立幼稚园,所有幼稚园,不是教会,则为私人所设立。设备不全,办理不善,故本县亟有设立幼稚园之必要。又本县小学师资,其资格间多不合,亦不敷分配。本局为谋补救办法,已拟订招考小学教师办法,呈教育厅核准。一面设办小学师资养成所,招收初中毕业生及有同等学历者,入所肄业。毕业期限定为一年,施以教育种种相当训练,为将来小学教师之准备。又本县社会教育堪称落后,民众学校迄无一所,民众教育馆于今尚未成立,殊有背乎中央倡办民众教育之本旨。

兹本局计划自 20 年度上学期始,各县立及各私立中学,各附设民众学校一所。在通衢冲要之区,各设民众阅报牌一面,以广宣传而资普及。又禾山方面学校较少,县立向无一校,事宜设法增加。又私立小学补助费,现只实行三六九之比(成绩列甲等者每班月得补助费 9 元,乙等者 6 元,丙等者 3 元,戊等者不补助)。车薪杯水,难济于事。照上所述,若县立小学之推广及增级,师资养成所之设办,民众教育之推行,充实各校之内容,增加私校补助费等,此皆为当务之急,必要之举。而且在需用大宗款项,若不速筹教费难以措施。兹查本县丁粮,原极短少,令再附加一成,为数甚为微薄,而营业税及地租均为地方大宗收入正税。营业税开征已久,地租正在着手整理,不久亦可实行。为此理合具文恳请钧长,迅予转函思同金营业税局,照全省教育行政会议议决,将厦门营业税收入项下拨出 30%,充作地方教育经费,并请将本县整理地租项下拨出 30% 以上,充作地方教费,以资维持,而利改进,实纫公便云云。

《江声报》1931 年 7 月 18 日

力争教费联合会　议推代表俟与许友超接洽筹法
并查各市教费分配及本市税收余伍两代表报告赴省经过

教育界力争教费联合会,于昨日午后 2 时开第六次执委会,出席 112

人,主席黄其华,纪录林世沧,议案如下:一、关于本县教育经费,业经省政府议决,俟厦门市政府成立统筹办理。现市府筹备处许处长不日抵厦,本会应如何表示案,议决推举余超、林士麟、黄其华、林瑞鼎、杨昌国、伍远资为本会代表前往接洽。二、关于本市最近税收应如保调查案,议决推举陈玉琮、萧春荣、林瑞鼎、陈维纯、林世沧负责办理。三、关于全国各市地方几收经费分配应如何调查案,议决推举伍远资、林世沧负责办理。四、关于市府未成立前本县教育经费应派代表向县接洽案,议决推举伍远资、余超、陈维纯、林世沧前往接洽。

又该会日前派代表伍远资、余超赴省交涉,业于前日乘"海宁"返厦。昨日午后,余、伍二代表即到该会报告,略谓:鄙人等被本会公举赴省力争教费,于本月9日10时赴"海阳"轮,翌日11时抵马江,午后抵南台。11日上午赴省府晋谒主席,因蒋主席外出,乃先往教育厅,蒙郑厅长接见。许照原呈提出省府会议,复往见财政厅,范厅长答以际此财政支绌,入不敷出,只求出入相抵,不致拖欠就是,最好若要增加,实办不到。代表等再将思明一县岁入额数与教费比例,占全省最少情形详为说明。答以若照此论,上海岁入最多,教费比例岂不最少,应以有馀补不足,不能根据岁入多寡。代表等复以厦门某私立学校经费支绌详情,及欧美日本在厦办学之远大相形见绌,国体攸关。答以欧美日本炮子如何大,我能及否?且现在龙岩一县,教育破产,尚无法可以救济,思明一县华侨甚多,可以募捐。代表答以若可募捐,何必来此,且近年华侨商况从落,厦大亦因歉收支绌,来此请求则可想见。答以无论若何理由,都是没有办法,我是老老实实说的。代表等因返寓,立即电覆。不意本会来电较迟,至14日始到省,而省府已于13日议决矣。[13日]早,代表等往省府见蒋主席,由李秘书接见,许为提会议决。14日会议议决,俟厦门市政府成立统筹办理,代表等立即电会报告。得会电,再力争先将原则通过。代表等立即再作呈文,赴省府及教育厅要求复议。教厅以此原则早经提议,金以非待市府成立,则财政收入支出,均无统计,要将原则实行通过实无办法,且案经通过,欲再复议恐无成效。代表等以市府成立尚无定期,若不先行救济,则思明教育势将破产。答以许市委已有电,定18日来厦。□与接洽,本厅自应想救济办法。代表即电会报告,此电未见发来,未知会中均悉否。且教厅又云,市制可延缓,代表见无法挽救。其重点才在设市以后,于是□先回厦报告,向新市委力争,俾远目的。至于此次赴省,开费计176元8角,尚存大银 23 元 2 角,请会接收云。

查该会呈请省政府划拨地方税收入 30％以充地方教育经费,经批示呈悉,案经本府委员会第 231 次会议,议决俟厦门市政府成立统筹办理,仰即知照此批。

《江声报》1933 年 1 月 22 日

力争教费会代表昨谒许友超交涉教费
许允待调查后按岁入分配

昨日上午 10 时,厦门教育界力争教费联合会。派代表余少文、杨昌国、黄其华往华侨兴业银行谒市政府筹备处长许友超氏。首由余少文氏发言,略谓:前该会推余及伍远资两人为代表,赴省向省政府请求规定,将厦门税收 30％为教育经费。经省府议决,俟厦门市政府成立后,统筹办理。今欣逢许处长来厦筹备市政府,以教育为立国大本,厦市人口已二十余万,最少十分之一儿童亦二万余。现仅有县立小学 10 所,实感不足,本有多数私立小学稍资帮助,但亦经费支绌,县立又不能扩充,将来教育必致破产。为今之计,须扩充县立补助私立,教育方得发展,且教厅统计表,闽侯教育经费占岁入 56％,漳平占 60％余,各县亦皆占百分之三四十。厦门为通商口岸,全年教育经费仅有六七百元,实为最少,无怪教育不能发展。今请处长对于税收 30％原则,早为确定。次由黄其华、杨昌国详述厦门各种税收状况,及现在教育经费支绌情形,且以 30％充地方教育经费,又为全省教育会议所决定云云。末由许氏答谓:予来筹备厦门市政府,就是要整理一个完全的政局,对于教育为立国之本,厦门教育经费如此支绌,应注重增加,以期人才蔚起,以为国家之用。但此时在筹备期间,只有详细调查,对于地方财政先筹有统一办法,将来各种分配自必酌接地方情形适当的分配,断不至他种过重,而教费过轻,致教育于破产。但希望各位帮忙,俾成立完善的市府。政治入于轨道,则各种问题自无难决。厦门教育经费支绌如此,自当注意增加分配。惟在此筹备时期,头绪纷繁,须待调查清楚,财政统一,方得按岁入分配。各代表认为完满,乃告辞而出云。

《江声报》1933 年 2 月 11 日

思明教育局呈请教厅力争本县教费

请援据成案提出省务会议　照拨营业各税 30％

思明教育局长林德曜,昨偕省督学王书贤赴市筹备处,与处长许友超商谈,关于思明市政府成立后,增加本市教育经费之筹划,当经许处长允为筹划。

又,该局昨为此事呈请教育厅长郑贞文,请提出省府会议力争本县营业税、房铺捐 30％为地方教育经费全文云。呈为依照成案,请拨营业税,及房铺捐,以充地方教育经费事,窃维思明为通商口岸,闽南交通文化中心,生民所纳国家税,及地方税,较他县何啻倍徙,而县教育经费,年仅六万余元。不独远逊闽侯一县,即较之漳泉各属,亦微乎其微。驯至县立各校无从扩充,私立各校难于补助改进,前经将情呈请钧厅察核,并恳援据成案,提出省政府会议实行拨出营业房铺各税 20％,为地方教育经费,以资改进各在案。此次钧应督学王书贤来厦视察,亦以各校学生拥挤,设备简陋,校舍不敷应用,亟须从速扩充县立学校,增开学级,提高私立学校补助费,充实各校设备,改建校舍等,庶可挽救思明教育之危机。但此数项非有大宗的款无从举办,且现值本县商况萧条,各捐费又加课征收,人民负担既重,开设新税尤杂。百计思维,惟有呈请指拨地方岁收之一路。论教育为立国根本,百年大计,地方教育应由地方税收拨充办理,言正名顺,并非越理之求,况就地方岁收拨出 20％,为地方教育经费,系总理遗训所规定。查本县营业税开征已久,此次营业税局奉令加成征收,年可达 50 万元左右,房铺捐省厅亦已设局办理,每年抽收租金 1 个月,全额可达百万元。其丁粮地租亦将独立设局办理,年约 8 万余元。似此地方岁收日增,而地方教费未见提高,揆之事理可得其平。复查民国 20 年 2 月间,程前教育局厅长向省政府提议请将各县营业划拨一部,以充地方教育经费。其成数由财教两厅斟酌办理,并于 4 月 3 日第八十九次省府会议议决"照审查报告办理"。同年 5 月间第二届全省教育局长会议公决,"请由营业税收入项下拨出 20％为地方教育经费",又经省政府委员会第九十七次议决"照审查报告办理",按审查原文,"查举办营业税拨充地方教育经费,经议决有案。所请各节统应候将来实行时,再行呈候核"。

又,第二届全省教育局长会议在厅中提交方案,对于地方教育经费之增筹,亦有乡村县份增设田赋附加,城市县份抽收房屋税之规定。经大会议决通过,并呈请省政府核准在案,理合具文再行呈请钧长察核。恳迅援据成案,提出省政府委员会竭力争拨本县营业税、房铺捐 20％为地方教育经费,并令饬思明县政府在□□地租未独立设局办理前。

《江声报》1933 年 3 月 17 日

本市教育费仅占地方收入 6%　失学儿童 60%以上

教育局呈市筹备处请于筹划中规定比率

教育局昨呈思明市政筹备处长许友超云,案查思明县合厦门禾山鼓浪屿三区共 214101 人。照五人应有一学龄儿童之原则计算,全市共有学龄儿童 42820 人。若一学级规定收足 50 人,即上列学龄童数须开 856 学级,方能尽量容纳。现在全市仅有中等学校 17 所,(省立在内)共 74 学级,学生 1919 人;县立小学 9 校,立案私立小学 58 校,县私立幼稚园 9 校,共 377 学级。男女学生共 10565 人。此外尚有省立简易小学两校及未立案中小学 10 校。全市私塾 72 所,未列入统计内计,计共本市中小学幼稚园 93 校,合 351 学级,男女学生 12584 人,若加简小私塾及未立案学生约 16000 人左右。可见本市尚有失学儿童 26828 人之多,(编者按,占学龄儿童 60％以上)。

又,救济成人失学,中央定有专案。本市向以限于经济,致社会教育,仅有公立图书馆一所,余如民众学校,巡回文库,儿童阅览室、博物馆、讲演社,皆付阙如。此次教育厅督学王书贤来厦视察,亦以各校学生拥挤,设备简陋,校舍狭小,且多不适于用,亟须急谋扩充学校,增开学级,充实内容,改建校舍,提高教师待遇,增加私立学校补助费。凡此数项均为本市眼前急要之图,但非有大宗的款,难以举办。查本市教育经费,年仅 6 万余元,不但远逊闽侯一县,即较之漳泉各属,亦微乎其微。用此区区教育经费,办理全市教育事业,维持现状,尚恐不能,何能期其发展与进步耶。

据本市为通商口岸,闽南交通文化中心,地方收入,除国家税外,年达百二十余万元,而地方教育经费竟未指拨分毫。似此畸形支配,殊太轻视教育。按教育为立国根本,百年大计,若就地方税收抽成拨付,充地方教育经费,并非无理之求。兹谨胪述,增筹本市教育经费办法,两点如下:

一、本市营业税局奉令加成征收,年达50万元左右。房铺捐亦已设局办理,每年抽收租金1个月全额,可收百万元。地方岁收既增加,自应拨出一部分为教育经费。此种办法,在民国20年3月间,程前教育厅长曾向省政府提议,请将各县营业税划拨一部以充地方教育经费一案。业经省政府审查各县征收之营业税,应划出若干以充地方教育经费,其成数由财教两厅斟酌办理,并于4月3日第89次省府会议议决,照审查报告办理。同年5月间第二届全省教育局长会议,公决请由营业税收入项下拨出30%为地方教育经费。

又,经省政府委员会第九十七次议决,照审查报告办理。按审查原文,查举办营业税,拨充地方教育经费,经议决有案。所请各节,统应俟将来实行时再行呈候核办。

又,二届全省教育局长会议,在厅中提交方案,对于地方教育经费之增筹,亦有乡村县份,增设田赋附加,城市县份抽收房屋税之规定,并经大会议决通过,呈请省政府核准在案。是指拨营业税及房铺捐充作地方教育经费,均经省政府核准有案。现营业税开征既久,房铺捐又已设局办理,务恳钧处援据八成案,呈请省政府准先指拨本市营业税及房铺捐30%,充作本市教育经费,以资维持,而谋改进扩充。

二、在市政筹备期间,对于教育经费要有相当比例支配之规定。查本县其他经费占税收94%以上,地方教育费占不及6%,此皆因乏人监督支配,致地方教育费与他项比较,有臣朔饥欲死之忧。既缺少比例支配原则,各种事业自难获平均发展之机会,莫怪年来地方教育之每次愈下。兹幸钧处奉令筹备市政,成立地方最高行政机关,负有通盘筹划市政之责,将来全市公安之整饬,建设之兴革,社会之风尚,卫生之改进,教育之扩充与改进,皆属钧处筹划之列。为此恳请钧长在市政筹备整理期内,对于上列各项经费之支配,应各占岁出百分之几,恳请按照比例,明文规定,庶地方各种事业,始有平均发展机会,免蹈从前畸轻畸教理之弊。地方幸甚,教育幸甚。

《江声报》1933年3月22日

教职员被欠薪　昨会议将向市处请拨
计欠六七月份三千余元

市立各小学校职员,因前县教育局积欠薪俸6月份六成,及7月份全月,计 3000 余元,迄未发还。特于昨日下午 3 时,教育会召集各校教职员开会。到者有大同、吉祥等十校三十余人,主席杨达。讨论结果,决由各校各派代表 1 人,于下星期二(5)日,至市处向许处长请愿。又闻各校教职员,将联合出版一教育月刊云。

《江声报》1933 年 9 月 2 日

各学校议决　清理租赋处　订期开大会　请公布收支

本市租赋整理处成立于本年 6 月间,所征收者,为 20、21、22、23 年度租赋,并于其收入项下,附征二成教育附加捐。日前财政局公布租赋整理处所缴三年内征收之教育附加捐,数仅 600 余元,本市各学校对此同,认有疑义,先后函询财政局,请予以清理,并公布其收支。财政局答以租赋整理处,属于省府财厅管辖,本局无权清理。各公私立学校校长,乃于昨日下午 3 时许,齐集市政筹备处开会。结果:议决定期召集各公私立学校开会,着手清理租赋整理处,并请公布收支云。

《江声报》1933 年 9 月 19 日

中小校代表联席会　决请租赋处明白表示
认地租附征教费相差太远　派代表催发私立补助费

思明市中小各校及图书馆代表,昨在教育会开联席会议,到余少文、叶沧河、萧春荣、陈维纯、伍远资、林瑞鼎、黄榜桂、林世沧等。主席余少文,记录伍远资。讨论:一、租赋整理处缴交地租项下带征二成教育附加费,从(民国)20 年起至本年度止,仅 624 元 4 角 5 分 6 厘。查本市地租整理以来,每年约在数万元,照二成计算相差太远,殊有疑义,应如何表示案。议决,推举余少文、叶沧河、萧春荣、林瑞鼎带函向租赋整理处请其明白表示,以释群疑。二、宴席捐发生纠纷,是否影响本市教育费,应派代表向财政局查询案。议决,推举林世沧、陈维纯向财政局查询。三、市立教育经费及私立补助费,积欠多月,维持殊难,应如何解决案。议决推举林世沧、陈维纯、林瑞鼎向市政处催发,并请以后按月发给,以维教育,而利进行。

《江声报》1933 年 9 月 22 日

同安教费积欠七千　教委会财科一辞一继

同安讯　同安教育经费原由地方各税附加及丁粮赋附加二成,闽变时因军需紧急,且地方扰乱,商业冷淡,各捐收入锐减,所有收入,尽行解往省库,而各包捐人因收入不供课款,日积月欠,至今竟达 7000 余元,以致各校经费,莫从支领,或有四个月未发者,或有三二个月未发者。而款委会各委员,如庄庆斯、徐云通、曾文墨等,亦无法清理各捐欠款。庄庆斯以系该会财务科,每被各校迫款,无法应付,乃于 15 日召集各委员开会,提出辞职。结果公举徐云通充任,徐为第二区团长,兼云山小学校校长云。

《江声报》1934 年 3 月 18 日

同安教科长委许昭之　各小学呈请收回成命

同安讯　同安教育科长由县长李寅枢委本地人叶墩煌充任,近教厅改委许昭之,同安各小学校校长,于昨日联呈省教厅,恳请收回成命。其呈文云:(衔略)同安县教育经费因受政变及不景气之影响,积欠万余元,各校补助费已数个月未发,各捐款课锐减,每月收支不敷甚巨。幸自李县长委叶墩煌代理教育科长以来,竭力筹充,并先垫补,各校教育始免破产。方庆从此得人,教育可望发展,乃近阅报载,钧长已委许昭之继任同安教育科长。群情殊为惶惑,倘一旦更动不谙地方情形者,则教育经费,诚恐再陷于窘境,学校或因之而停闭。是以某等窃谓所传如果属实,佥请钧厅收回成命,并祈加委叶墩煌为教育科长,俾可驾轻就熟云。

《江声报》1934 年 3 月 19 日

厦门教费积欠四个月

宽筹促进会昨电教厅　请派员来厦设法救济

厦市宽筹教费促进会,昨开一次委员会,主席余少文,报告:

一、教费管理处报告每月收支尚短 1000 余元,所发教费仅至上年 12 月上半月,积欠 4 个月,计 24000 余元。

二、市立教联会代表萧春荣报告,本市学款积欠4个月,各校教职员枵腹从公,势将破产。

三、私立小学联合会代表林世沧、林学琛报告,各校校董补助经费锐减,有赖公家补助,竟积欠4个月,殊难维持。

四、教费管理处报告,本市租赋附加二成为教费,明定有案。至今多月,未收分文。

讨论:

一、本市教费积欠4个月,计2万余元,各校万难维持,势将破产,本会厅如何办理案,议决,甲、电教育厅迅派员莅厦,协同市府设法救济,以免教育破产;乙、本会全体委员带呈前往市处,面请从速设法救济;丙、本地方房铺营业等税,前经呈请拨出30%为本市教费,至今尚未实现,应推举段绪达、黄保寿调查情形,下会报告,以便积极进行。

二、租赋附加教育费,积欠多月,应如何追索案。议决,推举林瑞鼎、萧春荣、林世沧、黄保寿带函赴财局催案。

三、本会图章规定案,议决,刊刻长方形图章一颗。

四、下会日期规定案,议决,本月24日。

又该会昨晚[电]教厅长郑贞文云:"本市教费,积欠四月,各校无法维持,恳迅派员莅厦,设法救济,以免停顿"云。

《江声报》1934年4月20日

筹补教费决取治标办法　由市处将各整数教育捐

向银行押借万元

本市宽筹教费促进会,为各校补欠教费4个月,昨派代表余少文等,请谒市议长刘光谦,秘书顾怀初出见,余报告各校困难情形,谓各校教费,许友超卸职时,积欠2个月,教职员无法维持,酿成罢教。刘处长接任之初,教费管理处曾派代表商定治标治本各办法,治标方策系由刘处长以教育捐税抵押,先向各银行筹借若干。治本之法,则照前年本市教育界赴省请求之结果,将地税收入总额,提拨30%云云。顾与各代表商谈良久,最后乃决定,仿照前公安局借款办法,由市府就各教育捐税中,比较成数者如屠宰、鸡鸭附加等,向银行垫借1万元,俾分发各校两月教费。其余不敷,在此2个月中,由各方负责人筹划弥补云。又市立教联会,昨亦开会讨论教费问题,议决一、教育经费之租赋附加,被市府移用,应请教费管理处向市府追索。二、教薪被积欠4个月,教员生活无法维持,推代表陈木火等3人,带呈向市府追索,并定本月26日假玉紫小学开会员大会讨论。三、下会日期,定本24日。

《江声报》1934年4月22日

积欠教费玉紫公产押借抵还　教联会已请准市处

市小昨停课一天

市立各小学教职员,以教薪被欠4个月,生活艰于维持,昨停课1日。上午9时,各校全体教职员,齐集玉紫小学开会员大会。到会者90余人,由陈维纯主席,伍远资记录,自上午9时议至下午5时,议案一、教费积欠4个月,(约3万元)各校维持殊难,应如何处理案。议决,教费积欠款额,由教育公产玉紫禾财产抵押借款,以资弥补,并请各校长即时到市处带呈面请刘处长,令该玉紫禾财产管理委员会如议进行。二、各校长返会谓市处已允为饬令该玉紫禾管委会照办,本会应如何促其实现案。议决,一、推代表伍远资、陈维纯,带函前往教育经费管理处,请算于一星期内将玉紫禾教育公产拨出抵押,以清积欠,并由该两代表帮助其办理借款事宜。二、推伍远资、陈维纯、吴竞之、林长川、陈茂才、陈木火等6人为代表,于27日下午2时,前往玉紫禾管委会,请其将教育公产拨出抵押借款。三、一星期内如未能清还积欠,应如何办理案。议决,由以上六代表定期召集会员大会,讨论解决之。四、本会职员任期已满,当行改选,章程应否推人审查修改案。议决,推陈永嘉、黄保寿、伍远资、陈维纯、庄嵩岳等五人,负责审查修改。

《江声报》1934年4月27日

本年度教费总预算　请教局编造送交管理处

教育经费管理处昨开三次委员会议,主席赖凤薰。讨论:一、略。二、宴席捐旧有积欠336元,及七、八两月欠640元,共欠976元案。议决:交催收股主任办理。三、临时借支经费案。议决:各学校各教育机关,如欲借支经费,须经本处委员会通过,方可照拨。四、23年度,全县教育经费总预算,拟函请县教育局编造送处审核案。议决通过。五、22年度下期各校学费,拟函请县教育局汇报送处,以便□发案。议决通过。

《江声报》1934年8月29日

二月份教育经费定明日发放

思明县教育局16日函知县立普育小学等十校,及受补助之私立小学二十余校,暨县立图书馆民众阅报所等,准定3月18日发放本年二月份教育经费,全数计共六千余元云,

《江声报》1935年3月17日

市立各校指摘郑永祥　对郑解释尚多怀疑
昨再联名发出传单

厦门市立小学教职员等,提出七点,质问前教育局长郑永祥。经郑氏发表书面谈话,一一解答。教职员方面,对其所答,尚未能认为满意,昨亦招待新闻界,多所指摘,并由大同、竞存、崇实、玉紫、紫阳、鸿麓、单级、吉祥等八校,及大同中学、图书馆等联名,印发《驳前教育局长郑永祥解释各点》,节录原文如下:一、永祥任职伊始,则将推行数年之县立各小学预算推翻,每级80元减为70元,全县52级,每月共减少520元。又按永祥至本年3月止,前后任职10个月,在此期内,所发教费,计10个月,其中系各教职员,在前李教育科长内商情教费管理处,将玉紫禾财产押12000元,合前任李科长留下待发教款7841元,又每月各校扣抵学费1000余元,已足发4个月学款,是永祥任职10个月,所发学款,实际只6个月。二、教费管理处,为专□□□□□,□方虽不能按月寄到,应于领到时交管理处□□,何必待至各校集议清算时,始于6月13日交出去年5、6、7、8、9、10、11等7月之数。且此7个月之补助费,又不备现款,内中普育等校过账380元,商店期票300元。三、按教费处组织,系主席、催收、保管、稽核、收支,各1人。

经收学款,照章主席仅具正式收条,并无保存款项之权,何得将款交给赖主席,况贵管理处因该款多月未收到,曾由赖主席具名盖印,向郑永祥催讨,乃永祥竟置诸不覆。郑系局长,赖为督学兼教费管理处主席,同

在一局中,一方既说移交,一方具函催讨,殊属滑稽。至省款变为厦市商票,乃云不得而知,夫不知则是渎职,知而诿为不知,则是委过于人。四、省抵补费,省方按月由银行或邮局汇寄,朝至夕给,未尝愆期,诿为手续迟延,诿为未敢贸然汇寄,实属藉词掩饰。即云陆续收到,何以截至各校提出质问时,教费管理处并未接到 2、3、4 等月抵补费。五、查商户乐输捐,自 23 年 11 月起,至本年 3 月止,除开费外,共净收大洋 1294 元 4 角 9 分。该款纯由教育局报手征收,郑永祥于本 3 月底教育局结束时,仅交过款费管理处大洋 945 元 6 角 8 分,对除外侵吞大洋 349 元 1 角 1 分,账目具在,经商会于 7 月 1 日派员查考属实。六、游艺结束已逾月余,游艺券由各校推销,券资久□报局,账目何至不能公布。至所收之款,亦应缴存管理处,以明无私,安得借口小部分退券未交,将全数延不公布。各校提出质问之翌日,又将该券资 300 元备交管理处。七、去年赴省运联会,本市商富捐费约 3000 元,为期半载,开支若何,未见公布。对内则手续未周,对外则信用亏损云。

《江声报》1935 年 7 月 4 日

本市各级学校数与教育经费来源

公私立计 96 校　教费 85000 余元

现本市各级学校数,及本市教育经费来源比较,调查如下:甲、各级学数,计省立者中学 1 校,职业中学 1 校,国立者小学 1 校,市立者小学 8 校,单级小学 1 校,幼稚园 3 校,私立者大学 1 校,幼稚师范 1 校,专门学校 2 校,高级中学 6 校,职业中学□校,初级中学 4 校,高级小学 52 校,初级小学 9 校,幼稚园 5 校。乙、教育经费来源。一、鸡鸭捐 14400 元。二、屠宰教育附加 12600 元。三、市立小学学费 9600 元。四、玉紫禾财产租息 9600 元。五、契税教育附加 7800 元。六、商铺乐输捐 7200 元。七、省库抵补苛杂费 5600 元。八、地租教育附加 4800 元。九、宴席教育捐 3840 元。十、省库行政补助费 3392 元。十一、红料教育补助费 2400 元。十二、省库小学补助费 1600 元。十三、出洋冥纸教育捐 1200 元。十四、水仙花捐 1000 元。十五、本地冥纸教育捐 480 元。以上十五项,统计 85512 元。

《江声报》1935 年 7 月 29 日

厦市3月份教费今日发放　　总数7207元

厦市府订本日发放本年3月份市立各中小学校及社教机关义教等费,计7207元。兹将各校数额录志如下:大同小学1060,崇实小学600元,玉紫小学610元,普实小学560元,竞存小学496元,吉祥小学444元,紫阳小学420元,蒙泉小学3660元,单级小学83元,鸿麓幼稚园180元,大同中学54元,群惠小学100元,侨南小学68元,龙山小学68元,厦大实小54元,鳌岗小学52元,大中小学50元,崇德小学40元,私立世德小学34元,集友小学26元,清河小学24元,励志小学20元,渔民小学20元,图书馆630元,市立教育会50元,市立民众阅报所80元,另补助市党部40元,民众教育经费40元,市立短期小学廿校850元,义教办公费850元,民众教育馆200元,共7207元。

《江声报》1936年4月8日

陈式锐呈市府请增加民教馆经费
敬老会陆续报名　　最高年龄97

市立民教馆,成立已半载,对于民教事业,因限于经济,未克尽量进行。昨市府转到省府委任令,加委陈式锐为该馆馆长。陈即再呈市府,请增拟经费,略谓,该馆月领200元,而各种活动事业,若识字学校,民众壁报,民众阅报所,职工介绍所等,每月开支,殊难应付。在此经费奇窘之中,犹未敢因循敷衍。如最近筹划之活动书会、民众教育实验区、合作社、敬老会等,均分别进行,指日藏事。查民教经费,各省市在全部教费中,均有一定最低比率。本省教育厅于民18时,亦明文规定应占25%。现福州民教馆月费2600元,本市图书馆,亦月支630元,且本市为全国有名都市,独于民教经费,则较诸僻远小县尤少。为此恳请逐月依照预算增拨经费云云。又该馆筹备之敬老会,连日陆续报名参加及赠送纪念品者甚多,女性年龄已突破登记纪录。如鼓浪屿吴金氏枕冬姆,年龄97岁。至于纪念品,尚有财政局长、三分局长之"年高德劭"镜各一面,双十校长黄其华"耆宿堪钦"之镜一面,晋江教育馆长陈家楫"国家祯祥"之单联一幅,达华糖果行"礼隆更老"之银盾,惠济堂之绸缎布二匣云。

《江声报》1936 年 4 月 13 日

本市旧欠教费明日发二成二
款由各银行各公司捐助　各校应得数目均已核定

　　本市教费困难,入不敷出,致前积欠数月,无法清偿。余前市长一再呈请救济,经奉省令,自 24 年度下学期起,按月教费,务必清发。以前旧欠,概行截止。旋李市长以教员生活清苦,特设法筹补。现已募得本市自来水、电灯、电话三公司各 500 元,中国、交通银行各 300 元,中南、省银行各 200 元,农民银行、惠济堂各 100 元,新华、宝业、通商、华侨、中兴、国华、农商等银行各 50 元。旧存学费 3124 元。计可发旧欠全数二成二分。已订本月 21 日发放市立小学可发 124.8 元,普育 408.8 元,紫阳 125.6 元,吉祥 222.72 元,蒙泉 201.4 元,单级 55 元,鸿麓幼稚园 135.4 元,市教育会 44 元,市立民众阅报所 7.04 元,私立小学大同 47.52 元,群惠 88 元,侨南 59.84 元,龙山 59.84 元,厦大实小 47.52 元,鳌岗 45.76 元,大中 44 元,崇德 35.2 元,世德 29.92 元,集友 22.88 元,清河 21.12,励志 17.6 元,渔民 17.6 元,图书馆 554.4 元,祥坫 38.72 元,禾山 36.96 元,殿前 36.96 元,奎璧 29.92 元,延陵 29.92 元,培英、□5.84 元,总上 2604.28 元,共旧欠 4 个月,总数为 24880 元。

《江声报》1936 年 9 月 20 日

厦各小学省令速筹基金
学费至多收 6 元　薪俸占费十分之七

　　市府昨分令各小学,略谓,准教厅函,以本市各校填送校务状况表,应行注意左[下]列各点,一、私立各校无确定基金,经费仅靠学费维持,均属不合,应速筹基金。至征收学费,每童每期有收至 13 元,并另收杂费,亟应照章征收学费以自 3 元至 6 元为限。杂费不得征收。二、各校经费预算,多有未合,薪俸太多,有至 94％者。此后各项预算应以如下百分比为原则,教职员俸金约占 70％。图书仪器运动器具、教具等设备费,约 15％。实验文具水电薪炭等消耗费,约 9％。旅行保险等特别费,约 3％。预备费约 3.3％。三、各校日课表,有写作课程表者,应予更正。四、国语科包括"读书"、"作文"、"写字"、"说话"四种作业。日课表上如总填为"国语"，应于其下分注"读"、"写"、"作"、"说"，分写则可直接书出"读书"、"作文"、"写字"、"说话"，不得或合，致滋混淆。五、每学级儿童数未满额者，应合并为复式教学，或设法添招，以充学额。六、教员人数应照章规定，二班至多为3人。有一班平均在2人以上者，应行裁汰，以免靡费。七、日课表内有列"书信"、"尺牍"、"应用文"、"作法"、"注音"、"演读"、"书法"、"故事"、"会话"等应改为"作文"、"读书"、"写字"等。八、星期六下午，不得放假，有不授课者应饬增列。九、周会应列在星期六日下午最末节为妥。十、各校日课表内，有未规定各种集团活动者，如遇会、朝会、校会、课外活动、课外作业、儿童自治团体活动等，望行增列。十一、各□校况表，有填载不明者，有未加统计者，应填载明白，等由准此。合行应仰该校长遵照。

《江声报》1936年10月9日

厦市私立学校补助经费规程　市府订定昨日公布

市府昨公布厦市补助私立学校经费规程，摘录如下：

第一、二条，略。

第三条　本市私立小学校曾经核准立案后届满一年，确系成绩优良，而经费□□者，得依照本规程之规定请求补助。

第四条　凡已受补助费及上届考查不及格之私立小学，每年由本届考查一次，以其考查成绩评定之结果，规定本年度应否补助及补助之多少。

第五条　凡新请求给予补助之私立小学校，须于每年学年开始以前，编造预决算，办理情形，进行计划，及各种专项清册，并请求书，呈候本市府派员考查。评定合格后，方得受补助费。

第六条　凡受补助之私立小学，每学年终，须编造预决算呈府审核。

第七条　本府为评定私立小学之成绩之应否补助，及补助费之多少，特设评定委员会，由下列人员组织之：一、本府秘书处秘书1人。二、本府财政局代表1人。三、本府第二科科长。四、本府督学2人。以上各委员，由本府派充之。

第八条　评定私立小学成绩，以左[下]列各项为标准。

一、校舍满点定 100 分。分记如下：甲、校址校舍支配适当占 20 分；乙、环境布置整洁优美占 20 分；丙、运动游戏场所适用占 15 分；丁、厨房、厕所清洁适当占 15 分；戊、充分利用隙地占 15 分；己、教室采光通气适宜占 15 分。

二、设备满点定 100 分，分配如下：甲、图书仪器标本数用占 25 分；乙、有适当之体育卫生劳□设备占 25 分；丙、儿童桌椅适合占 20 分；丁、黑板及其位置适宜占 10 分；戊、利用物品充制教育用具占 10 分；己、教具校具使用保管得法占 10 分。

三、行政满点定 200 分，分配如下：甲、组织人员额数资格，合规定占 40 分；乙、校务职掌适宜占 10 分；丙、校务进行有计划占 30 分；丁、各种会议运用适宜占 10 分；戊、学级编制合需要占 20 分；己、拟表簿册调制适当占 20 分；庚、经费支配适当及公开占 30 分；辛、学生纳费合法占 10 分；壬、注意推广事业有成效占 30 分。

四、师生满点定 200 分，分配如下：甲、校长品格才能优良占 30 分；乙、教职员通力合作占 30 分；丙、教职员有事业精神占 30 分；丁、教职员健康耐苦负责任占 20 分；戊、教职员能以身作则占 20 分；己、各级儿童适合规定数量占 10 分；庚、儿童出席在 90% 以上占 20 分；辛、儿童活泼而有纪律占 20 分；壬、儿童仪容及用品整洁占 20 分。

五、教导满点定 400 分，分配如下：甲、训练标准及方法运用适当占 60 分；乙、儿童活动组织及指导适当占 40 分；丙、校事操作师生共同负责占 10 分；丁、切实联络儿童家庭占 10 分；戊、课程支配课本选择照规定占 10 分；己、日课表适合占 20 分；庚、优劣儿童有个别指导占 10 分；辛、成绩考查有精确办法占 20 分；壬、儿童课业按时处理占 20 分；癸、教学（根据教学视导标准计算）占 200 分。

第九条　凡私立小学请求补助时，由评定委员会分组视察，拟具报告及意见，提交评定委员会评定之。

第十条　评定成绩以各项评点分数之总和为总平均分数。

第十一条　总平均分数之高下，分甲乙丙三等，给予补助费。

第十二条　等第评定以 801 分至 1000 分为甲等，701 分至 800 分为乙等，601 分至 700 分为丙等，600 分以下为不及格。

第十三条　前条等第，甲等不得超过受补助学校 15%，乙等不得超过受补助学校 25%，丙等超过受补助学校 50%。

第十四条　私立小学经考查评定后,分别□□给予补助费,其分配办法另定之。

第十五条　私立小学校之补助费,由府于每学年后2个月内召集评定委员会评定,并将评定结果公布之。

第十六条　私立小学经考查评定后,其成绩特别优良而经费十分困难,或环境特别需要者,由府酌量情形,特别补助之。

第十七条　私立小学受补助费后,如有左[下]列情形之一者,得随时停给补助费之一部或全部。一、违背小学教育宗旨,奉行不力者;二、违反教育法令,及政府命令,或奉行不力者;三、无人负责内部解体者;四、校风不良,成绩过劣者。

第十八条　本规程有未满事宜,得随时修正之。

第十九条　本规程自呈准公布之日施行。

《江声报》1936年10月13日

禾山私小视察毕　待定优劣　分配补助

同安县前派督学会同禾山区署,视察禾山各私立学校,评定优劣,以为分配补助费标准。分数大体业已评定,一俟商酌后,即可发表。闻分数最高者为延陵小学,次为祥坫、禾山、云梯、奎壁各校,及格者仅十校。现禾山各私立受补助学校,以评定书不日公布。在未公布前,各持静待,如全区教育补助费总数,不到每月400元,即将异议云。

《江声报》1936年10月22日

本市筹建仙园小学　请市政府拨经常费

胡文虎捐款建筑小学校舍,本市昨开一次筹备会议,主席郑永祥。甲、报告建筑地点,经会同工务局择定小磨坑与仙园新区两处。乙、讨论事项:(一)建筑地点选择案。议决:择定仙岩新区。(二)建筑图样决定案。议决:建筑二层楼房,底层为低中年级教室四间,礼堂一间,楼上为高年级教室、会客室、教职员室、图书室等。(三)学校经常费筹拨案。议决:呈请市府筹拨。(四)学校名称规定案。议决:定名厦门市立仙园小学。(五)购地经费筹拨案。议决:呈请市府筹拨。(六)学校建筑图及校地平面图何时送省案。议决：函请工务局尽本月 15 日以前绘备，以便转送。（七）拟建地点，请工务局先行饬工整理案。议决：函请工务局尽本月 10 日以前整理清楚。（八）动工建筑规定案。议决：4 月 15 日举行奠基礼。

《江声报》1937 年 3 月 3 日

各学校卫生设备　厦门市府分别饬遵

厦门市府对各学校卫生设备，经派员分组研究，规定本学期起，就各校所收卫生费，由府代备必须药品，妥为分发，并代购茶杯、杯架、茶壶。茶杯除高年级学生，应受童军训练，已有备具外，中低年级学生每人茶杯一只，杯架每班一个。茶壶以每学生 100 人设备一个为原则。昨已令行各校，应于文到三日内，将该校本学期级数、学生数及应备茶壶杯数，列表具报，以凭定购。

《江声报》1937 年 3 月 7 日

非常时期厦市教育计划　市立小学概停课　经费裁减十之七

福州 8 日夜 12 时电　教厅令厦市府云，各小学仍应按预定日期上课。如学生缺少，可酌量情形并班教授，以免旷废。

本市息　省府通令各县市区，施行非常时期教育。厦门市府奉令后，已饬令第二科办理。其非常时期教育计划大纲如下：

一、原则：甲、实施战时教育。乙、尽量樽节经费。丙、救济失业教育。

二、办法：甲、在战期内之市立普通小学，一概暂行停课，所有校具都由校长负责保管。在鼓浪屿区内之市立善育小学，仍令照民开课，应需经费，改予五成支给。乙、在战内之市立短期小学，一律结束，选择比较安全地点，酌量改办简易小学。丙、市立图书馆除报章杂志阅览室仍行开放外，其余暂行结束，由馆长派员负责保管。丁、市立民众教育馆，暂行归入市府第二科合并办公。原有馆员八人，酌留四人。戊、登记在市区内之市立学校失业教员，着令办理非常时期民众学校，授以战时常识或令调市府与其他机关服务。己、经令停课之学校租用之校地，一概退租。

三、经费：本市教费月计八千余元，兹拟尽量紧缩，减为每月 2500 元。分配数目如下：甲、学校教育经费：（一）市立善育小学五成经费，计 330

元。(二)市立大同小学保管费 40 元。(三)市立玉紫小学保管费 30 元。(四)市立崇实小学保管费 30 元。(五)市立竞存小学保管费 30 元。(六)市立蒙泉小学保管费 30 元。(七)市立紫阳小学保管费 30 元。(八)市立鸿麓幼稚园保管费 20 元。(九)市立吉祥小学保管费 30 元。乙、社教经费：(一)市立图书馆经费改支 1/3，月给 180 元。(二)市立民教馆经费，改支 1/3，月给 180 元。(三)非常时期民校，预办 50 班，每班月给经费 20 元，共计 1000 元。(四)非常时期民校书籍印刷等费 200 元。(五)非常时期民校视察费 50 元。丙、临时费：非常时期临时费 220 元。丁、所有经费除书籍印刷及临时费外，其余定于每日由第二科代领转给，预计每日支领国币 66 元。

《江声报》1937 年 3 月 9 日

禾山私立各小学补助费审定

五校获准补助　年额 2000 元

纠纷中之禾山私立小学补助费，现由特区署分配，呈奉省府核定。其补助费总额，以全区初等教费 30% 为限。评定标准，则依省颁小学视导表，以为各校成绩之等第。核定补助者计有禾光、奎璧、培英、湖山、培三等五校，年额 2058 元。按禾私小计有 18 校，除核定补助五校外，延陵、祥坫、云梯、殿前、乐安、河东等六校，认为不需要补助。益善、侯卿、务本等三校，谓成绩不合格，不予补助。吴沧小学则以立案手续未完全，明新、崇本、育群等三校未立案，皆不补助。兹摘录评定报告书，补助及分配等办法如下。

评定结果　一、应予补助者禾光、奎璧、培英、湖山、培三等五校。禾光补助 816 元，奎璧 420 元，培英 566 元，湖山 76 元，培三小学 190 元。其中去年曾受补助，今年继续补助者，禾光、奎璧、培英、培三等四校。今年新增补助者湖山一校。原有每年经费已达核定级费□□□需要补助者计有云梯、延陵、祥坫、殿前、河东、乐安等六校，成绩不及格。不予补助者，益善、侯卿、务本三校，未立案或手续不完全。未能受补助者，计有吴沧、崇本、明新、育群四校。又私小须立案满一年后，经区署考查其成绩优良，而经费困难者，方得请求补助。新请补助之私小，又须于每年学年开始以前，编造预算决算，办理情形，进行计划，及各种事项清册，并具请求书,呈由区署派员考查,评定合格后,方得受补助。至其评定成绩,以各项评点分数之总和,为总平均分数,订为甲、乙、丙、丁四等,暂以 801 至 1000 分为甲等,701 至 800 分为乙等,601 至 700 分为丙等,501 分至 600 分为丁等,500 分以下为不及格。

级费等第 分为四等,第一级全年每级 540 元,第二级 480 元,第三级 420 元,第四级 360 元。某校成绩如列甲等者,得支给第一级级费,全年每级 540 元。成绩列乙等者,得支给第二级级费,全年每级 480 元。其余类推。受补助之区私立完全小学级费,不得超过第一级规定之数额;区私立初级小学级费,不得超过第二级之数额。各私立小学补助标准,依照核定级费等第,所定全年经费数与核定应办学级数相乘之积,确定各校今年所需经费数,扣除原有经费,核定应否补助或补助之多寡。既准补助者,其补助费按月发给。

限制条件 私立小学有左[下]列情事之一者,不得请领补助费。其已经补助有案者,得缴销其补助。一、未经本署立案者。二、不受本署监督指导或奉行政令不利者。三、课程组织及其他设施有违反现行发令者。四、选聘校长未经本署认可者。五、学生人数不及规定标准者。六、无相当校舍、校地、运动场、校具、教具、图书等各项设备者。七、无人负责内部解体者。又受补助之私立小学,如有违反法令,办理不善者,得酌量情形,停止其补助或降低其补助等第。

核定校名 各校均须冠以禾山特□区,计为私立禾光小学、私立奎璧小学、私立培英小学、私立湖山小学、私立培三小学、私立延陵小学、私立萃英小学、私立云梯小学、私立复兴小学、私立乐安初小、私立河东初小、私立益善初小、私立侯卿初小、私立务本初小、私立吴沧初小、私立明新初小、私立崇本初小、私立育群小学。

《江声报》1937 年 3 月 30 日

筹集国教基金 教局拟就进行办法 今提市府会议讨论

教育局以本省各县国民教育筹集基金实施办法所举之教育款产,与本省各县市整理公款公产施行办法所列之公款产大意相同,结果原有教育专产悉充为公产,而影响国民教育前途至大,特参照各种有关筹集国校基金法规,并斟酌本市现阶段实际情形,拟定厦市筹集国民教育经费暂行

办法 11 条,将于今日提出市府会议讨论,其办法如下:

筹集办法:一、略;二、本市为求教育普及机会均等,募集国民教育经费,以统筹统支为原则,以财富多寡为筹集标准,以人口多寡及国民教育之需要为分配比例,其数额由市政府核定之;三、各区为推行征募便利起见,各区公所督导并推荐该区热心教育人士,由市政府聘任为该区学董组、学董会负责筹集事宜,其组织规程另定之;四、各区学董会,除限期筹集额定国教经费外,1. 应协助政府清理原有款产,如原有玉紫、禾山书院及公私学校业产或寺庙公产被人把持侵占,或年久隐没者,得申请市政府派员调查清楚,确定业权;2. 筹备经营合作事业,得利充本区国民教育经费;3. 提倡协助各族姓各渡头捐资办学;4. 筹备推行本区国民教育基金等事项;5. 经募款项暨缴市银行,其支付及保管办法另订(缴款三联单由市政府印发)(余略)。

奖励办法:一、略;二、捐款奖励由各区长开列姓名或团体名称及其捐款数额,呈市政府依据捐资兴学条例奖励之;三、各区区长协助人员及各区学董会,由市政府考核其成绩,分别授予后列奖励,1. 奖章,2. 奖状,3. 传令嘉奖。

筹集程序:一、各区于 1 月 15 日内列送拟聘学董名册报府核聘;二、各区于 1 月 20 日内成立学董会;三、举行捐资兴学宣传:1. 市长发告市民捐资兴学书;2. 各报出版捐资兴学专刊;3. 各校举行捐资兴学宣传;4. 各区 1 月 21 日开始劝募;5. 每周星期一公布募捐款额,藉资比较;6. 配额款项限 2 月 28 日以前收足三十成,3 月底收足七十成,4 月底收清;7. 结束日期各区公所呈报筹集成绩;8. 公布募捐成绩分别奖励,并印发征信录。

《江声报》1946 年 1 月 16 日

本市教育复员费省拨 200 万元
省立民众教育馆由林苏负责保管

市府日昨接省教厅函称,查省立厦门民众教育馆馆长,业经由厅签委苏克惠充任,并派林苏、吴柏、谢粹平、曹觉海、黄鼎峰等五人在馆服务。在苏未到职前并指定林苏留暂保管馆内财产,惟该馆设立伊始,一切馆务正待推行,相应函请查照务希惠予协助办理。

又市府前电省请拨教育复员费,经于日昨接教厅电覆称,教育复员费中央拨数有限,已提会决定,先汇200万元济用。教育厅。

《江声报》1946年2月21日

薪米经费未解决　各校将停课　教局准发4月份经费

本报讯　本市市立各校教员,以待遇微薄,经联合向市教育局请求改善。情志前报,兹悉,教局于昨(20)日下午,特邀集各校校长及教员商讨办法。经拟先拨200万,暂发4月份薪俸,其食米当待数日后由财局宽筹拨付一部。各校教员认为并非具体解决,以生活无法维持,决自本日起停课,静候解决。

又讯　各校教员联合组织之"厦门市市立各校职教员要求改善待遇联席会",并定本日下午3时,假厦门四区第一中心国校,招待本市新(下文残缺)

《星光日报》1946年5月21日

本市教育费月不敷四百万　开征鲜鱼捐后月可收二千万

市教育局为开征鲜鱼捐补助教育费事,于昨召集鱼行公会、鱼摊公会开会,讨论征税办法。一、渔船集中起卸地点,派员查检税款,向买方征收现款。二、由鱼行鱼摊公会各推派一人参加检查。三、由市政府函请水警队及鱼船未靠岸以前,不准鱼船及鱼贩在海上交易。四、鱼行各备手折一本,按日送交检查机关盖印登记入鱼数量。五、关于价格评定,按照上盘标准,由鱼行公会按□列报,由市府核定公布。新填地鱼行,由市府令稽征处予以照章征收。又市府于12日举行纪念周□□教育局长叶书德□告教育行政概况略述如下:甲、一、国语科抽考,参加学生607人,不及格学生占1/3强。二、小学教员登记及检定,已到局办理登记者计有129人。三、社会劳师,其收入七十七万四千九百五十元,支出三十七万五千九百元,存四十万九千元。尚有商会益同人公会大部分未收。四、宽□教育经费,自7月份起小学教员待遇,拟比照市级待遇提高,每月不敷□约达□百余万元。乃决定征收鲜鱼教育补助费,自本月15日起开始征收,估计每月约可征二千万元。乙、民教5年计划,本市历经八年沦陷,文盲骤增。收复后,为积极推行民众教育,经举行全市文盲总调查结果,除学龄儿童外,计识字人数为 37871 人,文盲人数为 46280 人。二、三、略。四、办理各种短期职业补习班立案。厦门为闽南经济中心,商业繁盛,各种短期职业补习班设立颇多。收复后已呈报本局备案设立者,计有中信会计学社等八所。最近奉省令电饬本市各种短期职业补习班,均应□本年度 8 月底一律遵照新法规重新办理立案。目前本局正在分别遵办中。五、保送中学生升学:(一)奉省令本市应保送初中毕业女生 2 人免试升学高级护士学校。(二)请省立莆田高级水产学校,函聘代保送初中毕业生免试升入该校制造科及渔捞科。保送日期截至 8 月 15 日,目前尚在办理中。六、代考本省师范学校学生。代考福州体师及南安仙游示范学校简师科、普师科学生,福州体师及南安师范考试日期,定本月 19 日、16 日两日举行。仙游师范则奉省令考期改于 9 月 2、3 两日举行。

《江声报》1946 年 8 月 14 日

教厅昨电市教育局　指示本市教育设施

提高教育经费改善人员待遇　俾使各项教育工作有所改善

本报讯　市教育局昨奉省教厅代电,以厦市各项教育设施尚有应行改进之点。兹列示如下:一、市国教经费应先由市□□支应,一面指定适当财源,提出民意机关通过拨充教育经费,至国教基金亦应发动建立,建立专户存储,作为充实各校内容及增校增班之用。二、市教育经费预算,在全市总预算中仅占 20%,财政收支系数改变后,应设法提高至 30%,其数字并应随财政收入总项七列提高,使各项教育工作有所施展。三、市物价腾跃较内地为甚,公教人员生活困难,今后应设法提高待遇,并提倡遵师重道,使教育人员略得精神上安慰,能为教育努力。四、市师资素质较内地为优,迩来因待遇微薄,颇多流动。今后对于合格优秀教员应有方予以鼓励,期能尽瘁教育。五、全市计九十二保,仅设中心及国民学校 15 校,连同私立小学 18 校,合计 33 校。收容学龄儿童尚不及 50%,亟应扩充班校,以资容纳,期于第二次完成国民教育期内达到普及目的。六、民众识字教育,并经计划推动,并编印课本备用。但因民众生活困难,进行不易,今后应因时因地设法进行,并着重于政教联系。工作由教局及区公所负责催学,由学校人员任教,期臻实效。七、各校应按照小学训育标准、卫生训练标准,切实实施。对于成绩,教局应随时调查。八、各校员生应切实提倡劳作教育。九、各校教学采用主人式训导,偏于消极,滥用体罚应予改善。十、各校各班学生多超过限额,教导难期有效,其应分班教法者,应开设班组,期臻合理。十一、各市立学校校舍破损或不敷应用者,学科设备不多空虚,一般设备闻欠合理,研究实验工作未有着落,一部分教员未能认清职务,努力工作。应由教育局因势利导,使逐渐改进,一面组织各区学董会协助筹款充实学校□容。十二、各私立小学多无基金,随意滥收学生及各项费用,应由教育局依法严予管理。十三、各私立小学多未依照课程标准编制,升降旗仪式闻有不合,应即督导改进。十四、初级中学校舍缺乏完整,并且混杂教舍诸有不便,学校环境亦欠整饬,应即设法调整,并拨款修葺。十五、市中合格教员,应照省级待遇核发薪津,以免流动。十六、中小学办公费及社教机关事业费均感不敷,应设法酌予增加。十七、国教员额应设法增加,务与历年增班增校数相互配合,一面罗致合格优良师资,淘汰工作不力人员,藉以健全人事。十八、各项教育统计数字,应求其切实可靠,以为确定各项教育计划依据。十九、社教机关业务应予加强,并以检定合格人员充任为原则。学校办理社教,亦应督饬认真设办。二十、市立□中校长吕仲驹办学认真,厦西区第一中心国民学校校长伍远资、厦南区第一中心国校校长陈宗贤,学验俱优,工作勤奋;私立英华校友小学校长陈兆麟,服务教育垂二十年,富有专业精神,应予以嘉奖。廿一、私立怀德幼稚园办理尚□得法,应予以嘉奖。廿二、各校缴收各项费用,应由教育局转饬,依照省定标准办理,并严予监督云。

《中央日报》1946年9月21日

本市各小教欠薪未解决　当局仅允拨借一部分

本报讯　查本市自光复以来,市立各小学教育经费,难得如期分发。然少有拖延至二个月以上者,惟本学期教员方面除1月份每人借翘支8万元外,各校每月经常费,迄未清发,教师既不能枵腹从公,而学校主管尤感维持困难。前日经市区七中心学校校长代表晋谒当局,承面允教员方面,暂先拨借一部分,惟各校经费并工役工资,仍未获解决。记者昨晤某校长,据云,校方于办公费及工役等膳食支付,多方筹借,已觉无力支撑,而教师亦因物质缺乏,致影响教学情绪,尤以规模较大之学校,经济筹措更觉心力交瘁,下言无限感慨云。

《中央日报》1947年3月19日

教师积欠薪津　　清还尚须时日

市立小学教师薪水被市府积欠未清,经各校长前向教育科请求清发,当时市府允于日内每位教师先发10万元,以资维持。乃事隔多日未见发下,昨下午有三数校长又再往教科,适叶科长书德外出,故不得要领。据查系市库乏款所致,观此清还欠薪则尚须时日也云。

《星光日报》1947年3月25日

义务教师物资业经发放完毕

如有不足可向义教会请补

本市讯　行总厦处与厦市府暨各机关合组义务教育推进委员会,办理本市失学儿童义务夜校,招聘失业青年为教师,由行总供给物资,交由市府教育科主持,经于10月开始。10月份教师应领物资已由义务教育推进委员会具领转发,并于本月7、8、9等三日发完。惟具领之义务教师,有谓此次发给物资多有少发。经走访行总厦处负责人,承告以此次发给教师物资,系交由义务教育推进委员会主持,该会向该处具领3月份教师物资计米9000市斤,奶粉200磅庄6桶,计1200磅;汤粉54磅庄21包,计1134磅。罐头每罐5磅12两,9罐庄33箱,计1139磅,较原配数额米9000市斤,奶粉1125磅,汤粉1125磅,罐头1125磅,已多奶粉75磅,汤粉9磅,罐头14磅。至此次每人发米60市斤,奶粉、汤粉、罐头、各七磅半,其中罐头关系因不易分割,故暂发1罐,计5磅12两。其余1磅12两。将于下次补足。其他汤粉、奶粉如有不足,尽可向该会发放人请求补足,以后关于发放手续,可由该处函请义教推进委员会予以改善。

《中央日报》1947年4月11日

市义务教师物资发放变更原因

行总厦处认系误会有所声明

本市讯　据行总厦处配达消息,此次义务教育推行委员会,分发3月份教师食米、罐头、汤粉、奶粉等,各方多有烦言,其要可归纳为二点:第一，行总原规定每月拨给面粉每人 60 市斤，罐头 30 磅，现竟改发食米 60 市斤，罐头、奶粉、汤粉各七磅半；第二，所发实物系当作教师薪津，使教师所得与原预算币值略有相差。行总厦处认为与事实未尽符合，特声明如次："此次行总与市府及各机关合组义务教育推行委员会，举办失学儿童补习班，招聘失业青年充当教师，其办法原为比照工赈方式办理，所发物资均系供给各教师食用，并非当作薪津。依照总署规定，每人每日需要营养点为十点，另酌加副食品若干点（副食品包含罐头、奶粉、汤粉，分别营养价混合计算，除技术人员外，最多不得超过五点）。据分析结果，拟定基本粮食米及面粉每斤各为五点，故每人每日最低需要米或面粉 2 斤，足以维持基本营养。至副食品每人每日发罐头、奶粉、汤粉各四两，其营养点合计为 3255 点以上。为本处拟办是项计划详细情形，经将该项计划交由推行委员会执行。至外传原系发面粉罐头，现改发食米、奶粉、汤粉、罐头一节，显属误会，本处所发物资，其目的在供食用，故只求足量营养，绝不计算价值，且近本处仓存只有食米及少量罐头与奶粉、汤粉，是以不得不照规定营养点混合配发。

《中央日报》1947 年 4 月 13 日

集美学校提高待遇

本报讯 私立集美学校陈董事长村牧，对于该校教职员及工友生活颇为关怀，自 5 月份起，依照新近中央颁布公务员待遇第三级发给，工友每□增加 4 万元。此种办法经于近日公布施行。

又讯 集美村集美学校校警所，为防止匪徒冲动，自本月 13 日起，每夜 10 时起施行戒严，不准随便通行。如遇要事外出，必须携带灯火云。

《江声报》1947 年 5 月 18 日

市府行政会议 小学桌椅添制五百付

本报讯 市府昨召开二十四次市政会议，出席者各科局室主管 15 人，主席黄天府，报告后即由秘书室读第 23 次市政会议议事，继讨论事项如下：（一）教育科提拟订本市中心国民学校及国民学校学董会、组织规程，请公决案。议决修正通过。（二）教育科提拟添制市立小学学生桌椅五百付（幅），充实学校设备案。决议修正通过。

《江声报》1947 年 5 月 21 日

教职员平价米每人配售一担

本报讯 迩来物价梯升，已□高峰，影响一般教员生活，更陷入苦境。本市教育会有鉴及此，乃推代表到市政府请予拨售平价食米，以救济教员生活。兹查该会经于日前接粮食调节会函，以准予公私立学校教职员购买平价米，以 1 市担（95000 元计）为原则，先拨售 50 市斤。闻该市教育会于接函后，已转函各区教育会，将辖内各校教职员名册，近三日内送来，以便汇转办理。

《中央日报》1947 年 5 月 21 日

小学教费全部发清

本报讯 市教育经费□迭，据报载有拖欠与空头支票情事，记者已明了真相。今向有关方面探悉，市属各小学教育经费，已于日昨全部清发，至市库空虚一节，更属不确。查截至昨日止，市库尚存有七八千万元云。

《中央日报》1947 年 6 月 19 日

中学校教职员每人得布五码

本报讯 查行总即将结束，其剩余之物资，经通告分配单位，中等学校教职员每人可得布五码，惟各校教职员名额多有异动。兹悉市府拟于本（9）月 15 日上午假教育科召集各公私立中等学校，讨论如何分配，及确定教职员名额事宜，同时对各该校应得之蚊帐布数额，亦将有所讨论云。

《中央日报》1947 年 9 月 14 日

小学要收设备费　昨送市参会审议

高小每人 4 万元初小 3 万元

市参议会昨接市府函，略以"本市府第三十八次市政会议，据教育科提议,关于市立各小学设备空虚,拟向学生收设备费一案。业经议决,检案送请市参议会审议,并附提案一份,其拟收办法如下:(一)收设备费标准,高小学生每人收 4 万元,初级班学生收 3 万元,禾山区学生一律减半征收,各校免费额占 20%;(二)收费机关,由市府指定银行代收,分开存款,各学生可径向银行缴纳,惟禾山各校由校自行汇缴市府指定银行;(三)收费结束后半个月内,由各校拟具设备计划,呈府核拨;(四)免受名额,由各校依照规定组会分别审查,列册报核;(五)各校银行存款印鉴,以市府教育科长、会计室主任等印鉴收存"。市参议会接函后,业已作复市府,以该项设备费,事关市民负担,应候提交市参会第二次大会审议后,始可答复。

《江声报》1947 年 9 月 21 日

私小座谈会请准收劳师米　定 18 日远足

本市私立小学负责人,于双十节日假思明东路雅化小学开联谊座谈会,讨论事项(一)联呈请市政府转呈省教育厅,拨助各小学因抗战期内校舍遭受损毁修葺费;(二)联呈市参议会,请准征收劳师米;(三)推举叶思忠等为代表,加紧联络厦禾鼓各私立小学;(四)下会订 10 月 25 日下午 4 时在复华小学举行;(五)关于联合远足会案,时间定 10 月 18 日上午 8 时,在中山公园集中,地点为三岩。参加者限高年级,无高年级者为中年级,午餐各校自备。

《江声报》1947 年 10 月 12 日

市小教员加成数均未发

市立小学教职员薪津,自秋季开学迄今,仅领到 8 月份基本数 29 万元,至昨日方领到 9 月份基本数 39 万元,所有加成数均未领到。

《江声报》1947 年 10 月 14 日

市小收设备费　参会审议通过

市立小学拟向学生收设备费事,经本届市参会审议后,通过办法如下：

（一）设备费标准，高年级学生每人 4 万元，中年级 3 万元，低年级 2 万元，禾山区一律减半征收；

（二）各校免费学额占 20%，由各校依照规定组会审查，列册报核；

（三）收费由各校邀请公正人士组织委员会办理，由市府监督；

（四）收费期间，以半个月为限，同时各校应拟设备计划呈府核拨，贫瘠区域由市府补助；

（五）市府收到各校计划设备后，应于一星期内，派员查明拨付设备，其收支造册报府派员核验；

（六）各校设备完竣后，应即报府勘验。

《江声报》1947 年 10 月 23 日

私校教职员每人供售一担米

本市粮食调节会供售教育会所属各私立中小学校教职员中白米每人一担，实售 22 万元。愿意承购须先缴款（款交工矿银行，取据到会换单），并填具请购单。缴款后 10 日，凭单提米。限本月底以前购买，逾期价格另定。

又：本市教育会于本月 22 日派书记郭金河，前往各区教育会各学校，调查及征求新会员。

《江声报》1947 年 10 月 24 日

昨各校举行助学金审查分配

申请合格者共 1017 人

厦门大学助学运动委员会，昨（2）日上午 9 时许假双十中学举行各校助学金申请总审查，到各校代表为厦大戴世辉，英华孙一钟，侨师李祖荫、王典清，双十范文谟，厦中骆吉福、许志伍，大同康大国、杨玉成、康文琳，中华石忠英，怀仁、怀德杨心影，毓德吴秀琛等 20 余人，列席厦大助学委员会代表陈国信，主席胡介子，纪录严钊。讨论结果，总计申请名额总数 1017 人，甲等助学金每名 50 万，惟领得此金之对象为贫穷或重病者。但申请甲等名额，初时为 20 人，经审查仅 2 名耳（均为厦大学生）。所有募的助学金一亿二千余万元,先拨一亿元,除甲等人数外,即分配全市各校所申请经初审全格者之总数外为分母,以各校初审人数为分子,照比例所得之数,以除甲等以后之全金额,为该校所得之金额,再由该校自行依照乙等每名30万元,丙等每名20万元,丁等每名15万元,戊等每名10万元四等分配。至各校分配数额如下:

各校分配额

	总人数(名)	申请数(名)	所得比例	应得助学金（单位万元）
厦大	1344	589	56.9	5610
侨师	273	50	4.93	480
英华	1100	46	4.53	465
双中	620	61	6.00	600
省中	407	69	6.78	675
中华	570	39	3.83	380
毓德	560	59	5.80	575
大同	670	58	5.69	565
怀仁	135	34	3.35	330
怀德	38	12	2.19	220
合计	5745	1017	94.10	9900

以1亿元除甲等2名外,尚留尾数百分0.15拨予英华中学云。

《中央日报》1947年11月3日

私小立案须存巨资

不适今日实情　市参电请缓行

市参议会以私立学校重行立案,必须有六千万元至1亿元资金存储国家银行,按月生息,以维经费之限制。在此物价飞涨,法币贬值之今日,损失太巨,非维持教育之道。昨特电省府及教厅,请等待国币稳定之日,再行饬令筹措,毋令办理完善。战前经已立案之私立学校,为重行立案问题,而徬徨疑惑,影响学生之学业云。

《江声报》1948 年 2 月 24 日

中等学校支费标准　每班月 3500 元　临时费得另增加

市府昨奉省令称,查县立中等学校给费标准,应自本年 2 月起,比照省立中等学校酌予提高经费,每班每月改支 3500 元至 5000 元(职业学校应较普通中学增多 30%～40%),如本年原列预算低于前列标准者,应另筹合法财源,呈请追加。其临时费得参酌各校实际需要,每年另行筹给 5 万元至 10 万元,俾充实设备云。

《江声报》1948 年 2 月 26 日

市教育会昨开理监联席会议

议决电省加拨基教补助款　函请调配会迅拨平价食米

市教育会前日在该会会议厅举行理监事联席会议,出席王连元等 8 人,主席吕仲驹。议决:一、本市光复后,省方仅拨教育复员费 200 万元,殊欠公允。此次中央核拨本省基本教育补助款 129 亿元,电省加量核拨,以充实各校设备。二、迩来米价腾涨,本市中小学教师待遇菲薄,生活大受威胁,函粮食调配会迅拨平价食米救济,并推王连元、吕仲驹、庄嵩岳、林泉声等于 7 日上午前往接洽。三、本市从事教育工作人员恒感人浮于事:(一)函闽南各县联系介绍;(二)登记愿往内地服务之教育人员。四、世德小学呈称,以该校校产在沦陷期间被人变卖,请予声援,派郭书记前往调查并于下会讨论。五、函各公私立学校鼓励教师搜集地方教材,俾报省核奖通令采用,以适应地方需要。六、迩来物价狂涨不已,各公私立学校月领办公费不敷至巨,电请市府按物价指数追加。七、各公私立校长教师工作努力者,函各区教育会查复,以便呈请市府报省奖励。八、本学期将告结束,函请各级学校举办暑期补习班,以重青年儿童学业。九、现任教职员子女就学:(一)函请各校切实优待学杂费;(二)现任教职员子女就学时可来会登记,以便据实证明。(厚)

《江声报》1948 年 6 月 8 日

筹募国教基金　订定竞赛办法　本市规定总数为 20 亿元

本报讯 本市 37 年度筹集国民教育基金,市教育科依照省府颁布之工作竞赛要纲,参酌本市地方情形,拟定筹集国民教育基金工作竞赛办法。兹摘录如次:(一)全市各区以筹集国民教育基金总数 20 亿元为标准。(二)筹募区域以本市所辖各区公所为单位。(三)各区筹集教育基金分配数额:中心区应筹足 6 亿元,开元区应筹足 5 亿元,鼓浪屿区应筹足 4 亿元,禾山区应筹足 3 亿元,厦港区应筹足 2 亿元。(四)竞赛期间定为本年 7 月起 9 月底止。(五)筹募收据由本市教育科印发交各区公所,应自筹募月份开始,于每月底将筹集成绩列表报告。(六)筹募基金项目除现金外,田亩、户屋、租谷等均可折价计算。(七)筹募基金成绩记分等第如下:(1)筹募足额或超额者为甲等,各主办人员分别考核,予以记功或记大功一次;(2)筹募成绩达所规定标准 90% 以上为乙等,各主办人员分别考核,予以记功或嘉奖;(3)筹募成绩达所规定标准 80% 以上者为丙等,不予奖惩;(4)所筹募基金未满 70% 者为丁等,各主办人员应予申诫记过。(八)各区公所应会同各区中心国民学校暨保国民学校校长、地方公正绅士组织区学董会,视各区实际情形,就殷实商户及热心教育人士分别积极劝募云。

《中央日报》1948 年 7 月 2 日

学校立案基金　准用资产折算
侨办学校得储存国外

市府昨奉省府教育厅通令,以关于私立学校立案基金问题,应照原定额增加 10 倍一节,前经教育部通令在案,为顾全事实起见,复经专案呈请教育部,准用合法之资产证件折算。至于海外华侨创办之私立中学,所有基金,例须汇回国内银行储存,或购置资产,始可核备一案。为避免货币贬值之影响,并经教育部准许该项立案基金,可以储存国外银行或在国外购置资产,取得当地政府机关或我国使馆证明后即予立案云。(衣)

《江声报》1948 年 7 月 10 日

国校经费困难　市府决予补助

本报讯　市府教育科新任科长戴世龙于昨午3时召集全市公私立小学校长举办座谈会,首由陈市长训勉小教同人恪遵政府法令,安心服务,下学期教员人事以不变动为原则。至于各校经费困难,市府决竭其所能,设法克服补助。词毕,即开始讨论,综合与会人士意见有下列四点:一、关于本市私立小学教员总登记,限于元月15日以前办竣。至于前因沦陷时撤至大后方,因证件遗失者可依法申请登记,办法细则即可由科拟就,发到各校。二、教职员食米务求逐月发给,以示体恤。三、开洪保国校及厦港第一中心学校校址,系向业主承租,租金昂贵,拟由市府统筹支付。四、本年春季学费及其他杂费一概收米,待请示陈市长核准后施行。

《星光日报》1949年1月6日

教育科长戴世龙谈改善本市国校

对市校办公费决力请增加　以学费养校作风无异学店

本报讯　市府教育科长戴世龙,昨接见本报记者称:关于本市国民教育,渠愿尽最大良知良能,根据地方需要,配合法令法规推行,务须革除偏颇之弊。本市国教推行必须改善者,市立学校方面:(一)为各校办公费问题。过去各校办公费,不仅无达到全班经常费三分之一,且连购置粉笔费用,已感不敷。此种不合理现象,不应存在,且急须纠举。渠乃向市长力争增加各校每班办公费,按照"八一九"标准追加55倍。嗣后并按月依物价指数追加,以足开支。(二)各校教员人事,过去因市府人事室未谙教育人事独立超然,统由人事室直接指派,以致各校长形同虚设,所担任学科不得专门教员,实属遗憾,且贻误学子均衡发展。今后改革之道,则各校校长除由教育科遴派外,所需教员应根据向教科登记经审查合格之教员,倘技术学科得多方遴聘,但须有合格证件为原则,全部教员由校长聘请,教科不拟加以干涉,以述求分工合作之宏效。(三)市立学校,拟征收修理设备费,市府为酌察各校事实需要,经考虑制定征收标准,以凭划一。私立学校方面:(一)各私立学校立案问题,市府屡次放宽尺度,惟各私校遵办者多,未履行立案仍然不少,今后决予严格取缔。(二)各私校过去一般弊病,在于学费养校。此风殊不应长,须知各私校如无充裕基金与健全之校董会,似楼房筑于沙漠上,未经暴风雨袭打,足致倒闭,同时学费养校,使求学学生负担太过。上学期私校闻有向每生征求白米达一担多,似此赤贫之户,实负担不起,造成贵族教育,而学校亦可乘机牟利巨大矣。盖平均百名学生七折计收白米60市斤,已足维持全校一学期经费。倘征收百斤,无异学店作风。改善之道,各私校应用健全之校董会,负责学校经费达60%,剩下经费由学生负担。现因本市各私校经费多赖学生收费,一时改革实属不易,特先准私校经费20%由校董会负责,80%仍由学生自行负责养校。再有补救办法,则下学期本市厦西第一中心改为私立大同小学,教育经费项目,尚剩20多名员额。若经市府视察各私校,确系办理成绩卓著者,准由市府补助,教员经费若干名,以资鼓励。末戴科长强调声称:下学期各校教职员以不更变为原则,希望各校同仁安心工作。

《星光日报》1949年1月25日

怎样投考厦大？四院十三系招生名额280名

招考地点八处　分布闽浙赣粤各省

枫　叶

教育部因为近来各地交通困难,本年公立各院校统一招生,决定暂停举行一年,归由各公立大学及独立学院自行招生。

在福建,我们的母校——厦大,是仅有的国立大学。关于她现有各院系的概况,以及本年度招考的办法,等等,该是一些准备升学的年青人所急于要知道的。

这里把我们所能知道的一些情形和间接得到的一些材料,作个简单的报告。至于详细的办法,等等,只有等待招考新生简单公布的时候。

(一)厦大现有各院系概况

厦大现有文学院、理工学院、法学院、商学院四个学院。文学院下设中国文学系、教育学系、历史学系三个学系;理工学院下设数理学系、化学系、生物学系、土木工程学系、机电工程学系五个学系;法学院下设政治学系、经济学系、法律学系三个学系;商学院下设会计学系、银行学系两个学系。至于她的概况,先从严整的教员阵容,充实的设备,丰富的图书三方面来估计。

(1)教员数——各院系计有教授35人,副教授7人,讲师11人,助教18人。

(2)设备——单就理工学院的设备来说,计有实验处所31间,可容人数621人。仪器标本模型等按照战前估计,约值543662.03元,若按现在时价估计,约值5倍以上至10倍左右,可供实验人数700人。

(3)图书——新旧中外图书杂志计有140000册,最新的图书一部分是1940年出版的,而1941年的杂志不下数种,全能按期寄达。

(二)本年拟招新生名额

本年拟招新生名额,全部280名,除转学生40名外,一年级生240名,其分配名额如下:文学院40名,理工学院95名,法学院60名,商学院45名。

(三)投考资格

(1)公私立高级中学毕业生。(2)公立师范学校或前高中师范学校毕业生(毕业后服务满期)。(3)公私立高级职业学校毕业生(限于投考与原肄业学校性质相同或相近之科系)。(4)经升学预试及格之□未立案私立高级中学毕业生。(5)具有高级中学毕业同等学历者。

(四)报名手续

投考学生应于规定日期内就近向招考处报名,填写报名单三纸,并随缴毕业证明文件,照片5张和报名费2元。

(五)招考处

(1)福建——长汀(本校)、南平,永春,龙溪等五处。

(2)浙江——丽水。

(3)江西——泰和。

(4)广东——梅县。

(六)投考志愿

投考学生,应认定一学院为第一志愿,并得选定同组的他院为第二或第三志愿。

(七)试验科目

组别	第一组 文法商各学院	第二组 理工学院
课目	1.公民 2.国文 3.英文 4.数学（高等代数、平面几何、三角）5.中外历史 6.中外地理 7.理化 8.生物	1.公民 2.国文 3.英文 4.数学（高等代数、解析几何、三角）5.物理 6.化学 7.中外史地 8.生物

怎样投考厦大？这里能告诉大家的就是这一些最重要而简单的情形。

《厦大通讯》1941年，Vol.3，No.4

国立音专来厦招生

国立福建音乐专科教授李加禄，由榕来厦，将假鼓浪屿毓德女中招收该校五年制，三年制师范及幼稚班新生。报名期定本月12、13两日，考试期自14至16三日。又李氏于厦鼓招生完竣后，即将赶赴广州、香港等地招生，并举行演奏会。

《江声报》1946年8月11日

厦水警队续招学生

厦水警第二大队，前招学生，因名额不足，复奉令续招60名，由即日起开始报名，至8月25日为止。26日上午7时起体格检验及口试，27日上午7时至11时笔试云。

《江声报》1946年8月14日

福建学院厦区新生揭晓

市息 福建学院第一期录取新生名单业已揭晓，厦门考区报考者达三百之众。录取者计：

法律系：周戒非、林思齐、骆炳南、郑少嵩、刘声长、黄则茹、廖仰文、卓镇乾、叶金枝、陈文铮。

政治系：李中华、陈金成、辜穆成、蔡树瑞、陈庆衍、张琼文、张启文、黄国镇、黄川如、张上乾、叶国才、陈大章、洪华树、叶金松。

经济系：洪敏捷、郑顺美、颜金全、郑庆瑞、梁清溪、潘天华、朱国炜。

银行会计系：廖济川、范辉、郭培英、颜墀珠、丘延远。

工商管理系：柳永义、卢作思、吴铭晰、许大正、洪广大等41名。

闻该院录取新生限9月15日以前到校办理入学手续，期予注册云。

《立人日报》1946年9月1日

大同无米学生准在原级就续

集美水校新生揭晓 双十中学本季上课

本市私立大同中学，本学期校长易人，新校长李文立，业于一月起到校视察，其新旧移接手续亦于7日办理完竣。闻该校上学期因中途增收劳师米，折代金每生8000元，致有300名以上之贫苦学生以乏款应缴而无法参加学期考试，殊足影响学业前途。现学期开始，据李校长对记者谈称：为保持学校声誉，顾及莘莘学子求学前途，所有上学期因无力缴纳劳师米，未曾参加学期考试各级学生，得准报名入学，先在原级试读，容补行考试及格后当予升级。至于新旧生注册日期，决自14日截止，15日星期日，16日正式上课云云。

集美水产航海学校及商业学校，第二次录取新生及插班生姓名，探志如下：高水一下插班生：彭垂文、刘根盛、林清梯、苏深根、陈树棠、丘步升、陈嘉能等7名。一上新生：陈伍才、邱坤其、林震木、李坤才、吴观淇、庄福基、周振武、王吉生、曾士鹏、陈再兴、许敦汉等11名。高商一上新生：王德金、连德清、王一峰、连步云、林福盛、陈木真、陈顶文、李晏湖、王宗和、施从舜、谢清芳、赖培乐、黄继忠、林基仁等14名。

本市私立双十中学全部校舍，前被军队驻扎，近该队他调，将校舍发还，经鸠工修理，大部已可应用。该校复员开学，一切事项均已就序，定于本日(9日)起至11日止为学生注册，12日开学上课云。

《星光日报》1946年9月9日

旅港闽侨创办达德学院　厦门准收 30 名

旅港闽侨因鉴于沦敌期间,华侨文化教育备受摧残,影响华侨子弟学业前途至巨,近特发起创办"达德学院"一所,以资补救。查该院内设文哲、政治、经济、历史、新闻、商学等系,规模颇大,聘定国内一流教授沈志远、千家驹、黄药眠、翦伯赞、郭初民等分主各系。院长陈其瑗氏,为国民党二届中委、前广东省教育会长、国民大学校长、美国加利福尼亚大学教授,留美十余年,近始返国者。现该校已觅定九龙青年洋房二座,依山傍海,校内并有游泳池等体育设备,且已开始招生,并在星洲、菲岛、南洋各地招收新生。厦门方面,留有 30 名额,简章已寄厦,有意向学者,可到打铁街 159 号索取。闻该校招生,不取"文凭主义",只求程度吻合,即可插班,并为学力较差之青年预留升学机会,设预备班,并置工读生名额,优待半费或免费云。

《星光日报》1946 年 9 月 19 日

美大学妇协会设立国际研究奖学金　请中国女大学生报考

本市讯　美国大学妇女协会现备有限额之国际研究奖学金,以供给被解放国之青年妇女,俾得在美国高等学院研究学术,为期一年。特请中国女大学毕业生参加考试,投考者必须具有下列资格:(一)具有良好品行;(二)具有高深智能;(三)具有领袖才干;(四)具有优越之英语写作、阅读及会话之能力等。该项奖学金为补充录取生所备旅费及膳宿费不敷之用。如具有上列资格且有意投考者,可向美国新闻处驻厦特派员郑康隆君(住址鼓浪屿博爱路 95 号)处索取。填写志愿书时,须抄附本人大学成绩表、健康证明书及介绍函。于本年 12 月 31 日以前递寄广州美国新闻处云。

《中央日报》1946 年 12 月 6 日

赴美留学女生厦门有 2 名额　可向鼓美新闻处申请

福州 14 日电　据悉东南诸省报名应考美妇联会留美奖金之女性,已达 600 人之多,惟中国名额共仅 25 名,美方尤偏向于录取科学技术人员。至福州各大学校长联请在榕设考区事,已获"不可能"。

中央社厦门 11 日电 美国新闻处广州分处,昨急电通知驻厦特派员郑康隆,关于保送女大学毕业生留美事,全国录取 25 名,厦门可取 2 名。申请人须一律参加考试,厦门申请参加人之申请书,须于本年 12 月 15 日以前,寄到广州新闻处汇转。

《星光日报》1946 年 12 月 15 日

厦大招考新生

考区:厦门、上海、福州、汕头、南昌
报名:21 日至 27 日 考期:28、29 两日

国立厦门大学 36 年度本学期招考新生业经该校决定招考,兹探录其招考章则如下:(一)招考名额,一年级新生共 570 名,计文学院、中国文学系、外国语文学系英文组、历史学系、教育系,理工学院数理学系、化学系、生物学系、海洋学系、土木工程学系、机电工程学系机械组、机电工程学系电学组、航空工程学系,法学院法律学系、法律学系司法组、政治学系、经济学系,商学院银行学系、会计学系、国际贸易系以上各 30 名;(二)二三年级转学生共 100 名;(三)考区:厦门、福州、上海、汕头、南昌;(四)报名及考试日期与地点,7 月 21 日至 27 日报名。厦门考区地点在厦港,该校大学内,7 月 28 日至 29 日考试;(五)报名费,连同邮电费及考卷费共 15000 元云。(睦)

《江声报》1947 年 7 月 12 日

今年招收新生统计

本校今夏复员来厦,以交通尚未畅通,故除长汀及厦门设立招收新生考区外,仅在福州、上海两处分设考区。计投考报名者:长汀区 106 人,厦门区 633 人,福州区 831 人,上海区 1681 人,四区合计共 3242 人。录取者计长汀区 21 人,厦门区 75 人,福州区 92 人,上海区 173 人,四区共正取 361 人,不过 1/10 强。此 361 人中其取:

人文学院:中国文学系者 20 人,外国文学系英文组者 19 人,历史学

系者17人,教育学系者22人。

理工学院:数理学系者24人,化学系者26人,生物学系者17人,海洋学系者20人,土木工程学系15人,机电工程学系者40人,航空工程学系者20人。

法学院:法律学系者23人,法律学系司法组者14人。

政治学系者22人,经济学系者21人。

商学院:银行学系者21人,会计学系者20人。

《厦大校刊》1947,Vol.2,No.7

简　报

中央侨委会侨民教育函授学校招生日期原定2月底截止,现因海外交通困难,特延长至5月底截止。

《江声报》1947年3月25日

空军总部派员驻厦　招考空军学生　高初中生均得应考

本报讯　中央空军总司令部,为罗致航空人才起见,特派该部干事李德航空医官林中诠等来闽分设榕厦漳三站,招考大学、高中、初中学生。闻福州已报名五百余,本市亦由林医官于日前先行来厦设站于大千旅社,开始办理报名手续,准备春假时考试。其报名范围仅限于高初中生,注重体格及国英算史地理化等学科。应试及格后,即入空军学校肄业二年,至大学生有志投效者,须往中央考试,其受托期间为9个月云。

《星光日报》1947年3月28日

伪校肄业学生准予投考专校　厦门大学已定期招生

南侨社讯　教育部近以收复区专科以上学校肄业大学生,前年未及考入各临时大学补习班,而上年度亦未能投考各学校者,为数颇多。兹为补救该项青年学生失学起见,特令各地专科以上学校,在本年度夏季各校招考新生时,特准伪校学生投考入学试验,经及格录取者,准予编入相当年级。闻教育部已训令各省市教育机构办理云。

本报讯 国立厦门大学,本年度招收一年级新生及二、三年级转学生,将于 7 月 28 至 29 日分在厦门、福州、上海、南昌及汕头五区举行。报名日期定为 7 月 21 日至 23 日。此次拟招收一年级新生共 570 名,每系名额定为 30 名。

《中央日报》1947 年 6 月 21 日

中警校招生　厦区新生发表

本报讯 厦门市警察局代中央警官学校第二分校招考正科第 21 期新生,业于 8 月 11、12 两日考试完竣。昨日发榜正取陈培清、富士山、蔡一波、杨康顺、吴文廉、林荣钱、郑风入、林藩镇、黄杰进、陈伯□、方友仁、李颂思、黄逢祥、杨昌盛、陈观东、黄振圭、黄天增、叶煌斐、郑世良、吴维钦等 20 名,备取黄文楷、陈维堂、戴若林、陈谷民、严培山等 5 名。以上正取各生应即填缴入学志愿书及保证书,并往该局行政科领取报到通知单,尽 9 月 30 日以前到达广州燕塘中央警校报到,听候复试云。

《星光日报》1947 年 8 月 16 日

省立医学院录取新生

林树华等 54 名福建省立医学院在厦招考新生,成绩业经评定,计录取 54 名:林树华、林茂樟、林丛、郑梦麟、林岳生、林谦、包幼迪、傅振之、杜润碧、詹澄扬、林相如、谢醒民、唐贞铭、陈镇鏂、黄元安、温国祯、曹一鸣、林万春、王金凤、达维馨、郑世雄、郭仁贤、陈桂光、张训祥、吴维礼、庄新沪、余仰钦、吴元钦、李贻捷、陈辉、曾汝里、许玉韵、林鸿仪、徐琼枝、陈盛鉴、彭光中、郑爱华、陈淑慎、周正濂、饶曼人、江庆文、左才杰、郑文琼、徐漈、杨素英、卢浩年、黄民瑞、冯兆森、柳朝藩、王世榕、贾秉钧、陈树滨、黄子良、严秉智。该批录取新生应于 9 月 15 日至 9 月 17 日至福州该校注册。

《江声报》1947 年 8 月 17 日

水警招考学生揭晓　　将续招20名

市息　厦区水上警局奉令招考省警察训练所水警分所学生20名,业于本月四五两日考试完毕。经录取9名,其姓名如下:杨海龙、谢清淮、施德明、刘亚洲、叶文禧、江楚基、廖鸿滨、杨仁发、林家铨。其录取各生应即前往该局办理保证手续,定期送榕受训。已由该局通告周知。

又息　厦区水上警察局前招二十七期学生,因名额未定,复奉令续招20名,由即日开始报名,至12月20日为止。22日上午8时起体格检查及笔试,科目同前次所列,业由该局发出通告。

《江声报》1947年12月12日

厦大便利华侨升学　　增设南洋考区
马尼剌、星加坡设处招生

市息　国立厦门大学以厦门与南洋密迩,为便利南洋华侨子弟升学起见,决定本年度招收新生考区,增加新加坡、马尼剌两处,详细办法业经拟定:一、招考时间,37年6月下旬至7月上旬(因该地气候及中学考期时间与内地不同,故须提前举行)。二、招收人数约80名。三、招考地点:马尼剌、新加坡。四、马尼剌招生分处主持机关及主持人:(一)主持机关:总领事馆会同校友会。(二)主持人:沈总领事祖徵、谢玉铭先生(该校前教务长)、林觉世先生(前该校教授,现任菲律宾大学教授)、陈忠懋先生(该校校友舍主席)、林云英先生(该校校友)。五、新加坡招生分处主持机关及主持人:(一)主持机关:总领事馆。(二)主持人:薛永黍先生(前该校教授)、吴再兴先生云。

《立人日报》1948年4月5日

厦大将招生400余名　　每系30名

本报讯　本市国立厦门大学37年度招生办法,业经该校第154次校务会议通过,原则三点如次:(一)上海、福州、厦门、广州四地,由该校派员前往招考。(二)江西一区,由该校指定学校江西一中、二中、女中、赣中、高商、九江、临川、正气、葆灵、豫章、心远、鸿声、章贡等校保送,名额共为30名。经审查合格后,再行通知来校参加国英数甄别试验。(三)岷里拉、新加坡二区,由该校函托当地领馆及校友代为招考。新加坡区并由陈烈甫先生前往主持,至详细办法,现正由招生委员会积极草拟中。

又讯 本市国立厦大今暑招生名额,以每系30名为原则,共400余名。考试日期约在7月下旬或8月上旬,但岷里拉及新加坡一区,可能提早于6月中旬举行云。

《中央日报》1948年5月29日

海军两校在厦招生 6月10日开始报名

海军军官学校及机械学校37年度招生,计设京沪、广州、青岛、平津、武汉、川康、台湾、厦门八招生处。6月10日起在上述各地开始报名,初试时间为7月1日,投考资格为:(一)体格健全,思想纯正,凡中华民国未婚男性国民;(二)高中毕业以上或同等学历之学校毕业者;(三)年龄在18岁至22岁。闻本市海军巡防处已奉海军总司令部训令,组设招生处,于本日起在该处开始报名,并印有招生简章备索云。

《江声报》1948年6月11日

广大计政所续招新生 加设高级班

本市讯 本市私立广大计政讲习所,自开办以来,颇得社会好评。闻第一期三十余名,定于月底结业。现该所黄所长雁秋为感科学日臻进步,工商各界对会计需要日亟,除续招新生60名外,决将加设高级班一班,人数暂定40名。课程分为高级会计学、政府会计、银行会计等,并定7月1日开课云。

《中央日报》1948年6月26日

海校应试学生准予笔试仅37人

市讯 本市海军巡防处代海军军官学校及海军机械学校在厦招考37年度新生,业于昨日上午7时30分在该处举行口试,由该处高级官员分仪态、思想、常识、英文四组分别测验,在隆重严肃中,于12时30分举行完竣。计授予参与口试者65名,经口试合格而准予笔试者为27名,业经公告通知。

又,该处此次招考系采分段淘汰制,故报名者虽众,但经资历审查、体格检查及口试等阶段,而获准笔试者,仅37人。又该处之考试极为严密公允,所有试题均为总部密封寄厦,在考场当众由主考开封。试后将试卷再行密封,寄部评阅,以作最后之审定。

《立人日报》1948年7月4日

厦门大学分区招生

市息 国立厦门大学37年度招生,计分厦门、福州、上海、广州、马尼剌、星嘉坡等六区,除马尼剌、星嘉坡二区函托当地领事馆及校友代考。星嘉坡并请陈烈甫教授前往主持外,其他考区主考委员及协助人员亦经聘定。计上海区主考委员莆贞昌教授、委员郑朝宗教授;广州区主考委员古文捷教授、委员陈本铭教授;福州区主考委员戴锡樟教授、委员陈贵生教授;厦门区主考委员陈朝璧教授。至南昌区由该校指定学校,由江西省教育厅保送,并参加甄别试验(国文、英文、数学)。台湾区则致函台湾教育厅,请予保送,最多限20名。又该校本年度招考新生人数,决定每学系各定30名为限,共计570名,插班生则予停收。报名人数亦加限制,除厦门区以外各考区,决定上海及广州两考区,原则上各以2000名为限,福州考区则以1000名为限。报名日期定7月20日至22日,考试日期定7月30日至31日。

又讯 本市参议会议长陈烈甫氏定本月中旬前往新加坡,主持国立厦门大学在新加坡考区招生事宜。陈氏并拟乘便访问马来亚各重要城市,如吉隆坡及槟城等地,藉以考察各地华侨教育情况。需时约一月,即可返厦云。

《立人日报》1948年7月9日

投考师专在厦门中学

福建省立师范专科学校本年度分别在本省福州、建瓯、厦门、长汀、莆田及福安六处招生,本市报考地点在省立厦门中学。本月 18、19 两日报名,23、24 日考试。该校本年度招收国文、英语、历地、数学、理化、艺术及体童等七科新生共 205 名,教育科因毕业人数已足供目前需求,暂停招生。(外)

《江声报》1948 年 8 月 15 日

省立师专来厦招生

市讯 福建省立师范专科学校,本年度分别在本省福州、建瓯、厦门、长汀、莆田及福安六处招生,本市报考地点在省立厦门中学。本月 18、19 两日报名,23、24 日考试。

又讯 该校本年度招收国文、英语、史地、数学、理化、艺术及体育等七科,新生共 205 名。教育科因毕业人数已足供目前需求,暂停招生云。

《立人日报》1948 年 8 月 15 日

龙师在厦招考新生成绩发表

本报讯 前市教育科代省立龙溪师范学校招考本期新生,成绩业经该校评定,计录取普师科新生,正取曾淑琴、许金和、叶杞柳、魏领颜、萧宗荣、柯金文、苏水颜、王培同、陈水金、黄仰芳、柯有土、李肇娜、苏由天、陈水彬、叶火荣等 15 名;艺师科新生正取陈瑶华、李全觉等 2 名;备取吴淇水、林文镜、高同赞、庄秀霞、谢英娘等 5 名。限于 9 月 20 日至 25 日前往该校办理入学手续,逾期取消入学资格。至备取生,候通知方能入学云。

《中央日报》1948 年 9 月 12 日

杉岭职校续招新生

杉岭职业技术学校,本期来厦招生,投考青年颇为踊跃,经于前(25)日举行考试。兹悉,厦考区主持人顷接该校电告,为应多数远途赶程来考青年之要求,着再举行第二次招生,并定 10 月 5 日考试,俾免向隅。查该校纯为培植一般新闻技术及电讯技术人员,以适应目前新闻界之需求,厦考区系设于鼓浪屿泉州路 74 号,备有简章供索。(海)

《江声报》1948年9月28日

首都警厅派员来厦招考学警

市讯 首都警察厅警察学校造育警察基层干部,特函市警局招考第四期学警,由黄厅长珍吾派该厅秘书郑永祥、队长陈中经来闽负责办理招考事项。兹查其办法如下:招考地点分南京、镇江、徐州、苏州、蚌埠、明光、滁县、芜湖、衡阳、常德、梅县、大浦、焦领、五华、兴宁、长汀、上杭、武平、永安、连城、晋江、厦门、龙溪、漳平、华安等区。有下列各项资格均可投考,甲、年满22岁以上,26岁以下者;乙、体格健全,仪表端正,身长165公尺以上,视力听力锐敏,且无暗疾者;丙、高小以上毕业者;丁、有妥实保证者。考试科目分体格检查(不及格者不得参加口试及笔试)、口试、笔试、国文、算术、常识、本国史地。受训期间6个月,考取后由警厅派出之招考委员率领至南京编队受训。在受训期间,服装膳食书籍文具,均由本校发给,并酌给零用。训练毕业后,派为保警队三等警士,在服务间底薪金圆40元,依京沪区标准核发,另给食米5市斗,并照公教人员待遇配给其他实物。报名时应缴证件及二寸半身脱帽照片2张。报名日期11月29日起至12月8日止,地点市警局行政科,考验时间12月9日下午至5时。

《江声报》1948年11月28日

港华侨学院在厦招新生

海外社讯 香港华侨工商学院,于民国27年创办,在港之沙田,由一位华侨教育家王淑陶允任院长。在抗战期中疏散安全地区粤、桂、重庆间,胜利后,除部分无法返港者外,余仍留渝改组为重华法商学院。该院原有工商两院,设会计、商学、银行、工商管理、国际贸易等系。工学院有土木工程、电机工程及化学工程等科系。本年度为适应各方需求,增设文学、教育、经济三系,教学上力求适合环境之实际需要与发扬侨胞精神,促进海外文化,特别开设南洋经济、史、地等课程。现以国内遍地烽烟,学生失学日多,故决定在厦招考新生,并已派员来厦主持云。

《星光日报》1949年2月7日

省立农学院在厦设考区

市息　福建省立农学院,本届扩大招收新生150名,并为便利闽南考生免长途跋涉起见,特委托厦门大学教务处陈朝璧,代为主持闽南区主考及招生等事宜。近招生委员会,并派该院教授吕潜来厦,协助陈氏考试。吕氏经于前日由榕乘机抵厦,定今日在厦大协助开始考试。按吕潜教授即吕小迂,原名肖谟,厦门人,战前在厦任职教育界甚久,擅诗、善楷书云。(川)

《江声报》1949年7月27日

四、学　费

市立各小学免费学生仅千余名

本市市立小学,计有8校,学生数3689名。据市府二科统计,其中免费者1199名,减费者765名,全费者1695名。总收学费9138元4角,其中竞存学生336,减费62,免费147,全费121。普育学生404,减费168,免费40,全费196。玉紫学生663,减费26,免费164,全费443。崇实418,减费116,免费150,全费152。蒙泉285,减费130,免费128,全费27。大同945,减费48,免费305,全费592。紫阳227,减费119,免费88,全费20。鸿麓96,减费16,免费31,全费55。吉祥315,减费80,免费146,全费89。

《江声报》1937年2月9日

私立中等学校缴费标准高中四千初中三千元另缴劳师米60市斤

抗战胜利后,本市一般中学均因匆促,复员不及,致延迟于今。现各私立学校已筹备就绪,定于今春开课。然而收费累重,初中费需八千,高中一万。如此情形,莘莘学子望校门兴叹,多无力续学。昨日市教育局接得省厅电示,规定(民国)35年度各私立中学及职业学校,划一学生缴费标准,饬令全省一律遵照。其电文要点探悉如下:每学期收费标准,规定限度,各校得视实际情形,酌予减低,惟不得增高。

(一)学费:初中3000元,高中4000元,初职2000元,高职3000元。上列标准,除福州、厦门、林森、南平、建瓯、晋江、莆田、龙溪、龙岩、南靖、永春、南安、仙游等地方照征收外,其余各地应照上列学费标准征收60%;(二)图书费200元;(三)卫生费200元;(四)体育费200元;(五)印刷费300元;(六)童子军团费或军训队队费50元;(七)学生自治费50元;(八)新生报名费100元;(九)寄宿费200元;(十)灯火费:学校有电灯设备者,每生每学期得收电灯费三度代金;无电灯设备者,灯火由学生自理,不得另收费;(十一)职业学校补充实习费材费,初级200元,高级300元;(十二)劳师米60市斤,分两期缴纳,第一期在学期开始时先交一半,第二期在学期中途于五月份内全部缴清;(十三)免费生:私立学校应设置10%至20%之免费生额,免缴学杂费一半或全部云云。

《江声报》1946年2月20日

公私立小学收费标准

本报讯 市府昨奉省令,预订25年度国民学校(包括公私立中心国民学校暨幼稚班)收费标准。甲、省立小学:一、学费一律不收。二、卫生代办费500元。三、劳作材料代收费1200元。乙:市国民学校(包括中心学校):一、学费一律不收。二、卫生代办费300元。三、体育代办费200元。四、图书代办费300元。五、劳作材料费1200元。丙、县国民学校(包括中心中心学校):一、学费一律不收。二、卫生代办费300元。丁、幼稚园或幼稚班:一、学费不收。二、卫生代办费300元。三、点心费2000元(分两期缴纳)。四、劳作代办费700元。戊、私立小学:一、学费高级2000元,初级1500元,幼稚园班1500元。二、卫生代办费300元。三、劳师米20市斤(分两期纳缴,在开学时先缴一半,第三期在学期中途全部缴清),幼稚园班得加收点心费2000元。

《中央日报》1946年8月21日

小学费用提高贫童势将失学
中心校每人七千元　私立小学学费亦倍增

市教局以各小学开课在即,特转颁发收费标准及各中心国校书籍价目表一份,令各校报名之日起,随时征收缴交教育人员合作社。预计高年级生每人学费7000元,惟为贫苦学童计,各校应设置学生总数30%免费学额,免收各项费用之一部或全部。其收费标准:省立小学:(一)学费一律不收。(二)卫生代办费500元。(三)劳作材料代办费1200元。市国立学校(包括中心国民学校):(一)学费一律不收。(二)卫生代办费300元。(三)体育代办费200元。(四)图书代办费300元。(五)劳作材料代办费1200元。县国民学校(包括中心国民学校):(一)学费一律不收。(二)卫生代办费300元。幼稚园班:(一)学费一律不收。(二)卫生代办费300元。(三)点心费200元(得分两期缴纳,第一期在开学时先缴一半,第二期在学期中全部缴清)。(四)劳作代办费700元。私立小学(包括私立初级小学及幼稚园班):(一)学费:高级2000元,初级1500元,幼稚园班1500元。(二)卫生代办费300元。(三)劳师米20市斤,分两期缴纳,第一期在开学时先缴一半,第二期在开学中途全部缴清。幼稚园班加收点心费2000元。

书籍等费:甲、书籍费及簿籍费六年下5310元,六年上5160元,五年下5010元,五年上4960元,四年下2950元,四年上2590元,三年下2760元,三年上2710元,二年下1880元,二年上1830元,一年下1780元,一年上1780元。乙、卫生代办费,劳作材料代办费等各级一律2000元。

各校奉令后,经于报名时征收。因市民大都为贫穷,每一子弟入学,须费六七万元,莫不焦急,一时无法筹集,多令停学,实为本市一重大问题。而各私立小学,亦以物价高涨,不得不提高学费,上学期每名为1000元,本学期已增至3000元云。

《江声报》1946年8月27日

各校开课不得加费

市府教育科以各校开学在即,为恐各校乘此物价高涨之际,擅加学用费、书杂各费等。经令各校不得擅行增加,对于簿籍,亦令分期购买,俾减轻学生家长负担云。

《江声报》1947年2月7日

米珠薪桂求学难

本报讯 时值新春,本市各中小学校均已先后纷纷准备开学。至入学收费标准,小学私立者征收学杂费大抵分为1万、2万、3万不等;中学方面如遵厅令,则收初中学费4万元,高中5万,其他簿籍代办费12000元,不分高初中,每人每期学米60斤。少数学校顾及学生负担,有规定每斤以600元折算代金者。然亦有不少学校唯利是图,不顾学生困苦,所收代金系依照每日涨风不已之米价为准,致有志同学,惟无力交纳,因而辍学者不少。

《星光日报》1947年2月10日

省府颁订私立职中学费标准

福建省政府颁订(民国)36年度上学期私立中学及职业学校征收学生费标准,省政府雨未款教乙102583号代电:一、学费初中初职各十八万元,高中高职各二十万元;二、图书费一万二千元;三、体育费一万二千元;四、卫生费一万二千元;五、印刷费一万二千元;六、童军团费军训队费各五千元;七、寄宿费一万五千元至二万元;八、灯火费另订;九、职业学校实习材料费,初级一万元,高级一万五千元;十、劳师米六十市斤,可分二期缴清;十一、预备金一万元。

《江声报》1947年8月13日

读书难 私小联谊会议决征收学费标准
高级每季20万元

本报讯 本市各私立小学校长,于昨(19)日下午4时,假思明东路雅化小学举行座谈会。出席□十五个单位,主席张友德,记录□耀钦。议决事项:一、筹组厦门私小联谊会;二、名称订为厦门市私立小学教职员联谊会;三、由本日出席代表为本会发起人,并推举张友德为召集人;四、公推王秋涛、张友德、林泉声等负责拟具联谊会章程草案;五、关于秋季各私立小学征收学杂费问题,依照教育部规定情形征收,并分为高、中、低三级收费。三级中又以各该校情形分为三等,征收如下:高级甲等20万,乙等15万,丙等10万;中年级甲等18万,乙等12万,丙等8万;低年级甲等16万,乙等10万,丙等6万(杂费包括在内)。各校有特殊情形者,得依照上列所定减收半数为豁免之;六、下会日期订本月30日(星期六)下午4时半召集云。

《中央日报》1947年8月20日

市小收设备费　参会审议通过

市立小学拟向学生收设备费事,经本届市参会审议后,通过办法如下:

(一)设备费标准,高年级学生每人4万元,中年级3万元,低年级2万元,禾山区一律减半征收;

(二)各校免费学额占20%,由各校依照规定组会审查,列册报核;

(三)收费由各校邀请公正人士组织委员会办理,由市府监督;

(四)收费期间,以半个月为限,同时各校应拟设备计划呈府核拨,贫瘠区域由市府补助;

(五)市府收到各校计划设备后,应于一星期内,派员查明拨付设备,其收支造册报府派员核验;

(六)各校设备完竣后,应即报府勘验。

《江声报》1947年10月23日

小学校长集会　决定下学期收费标准

提高教员素质　不得无故改聘

市府教育科昨日下午召集本市各公私立小学校长,讨论36年度下学期如何征收学费及教员保障办法,议决:各校收费标准:(一)市立小学标准规定如下:(1)中心国民学校学费一律不收,仅收卫生代办费7500元,体育代办费5000元,图书代办费7500元,劳作代办费30000元,共50000

元。(2)幼稚园学费一律不收,仅收点心费75000元(分二期缴纳),劳作代办费17000元,卫生代办费7500元,共10万元。(二)私立小学规定各项如下:(1)高级班学杂费(包括学米在内)全学期最高额不得超过70万元。(2)初级班学杂费(包括学米在内)全学期最高额不得超过60万元。(3)幼稚园(包括学米在内)全学期不得超过60万元。又全学期点心费75000元。(三)各私立小学教员素质提高办法:(1)各私立小学36年度下学期聘请教员,以达到三分之二合格教员为原则。(2)各私立小学凡设有六学级以上学校,则分发省派师范生一人前往服务,(如全校教职员均已合格者,得予免派)。(3)各私立学校拟聘表应于2月15日以前呈核。(四)市立各小学合格教员保障办法:(1)市立各学校,凡合格教员工作无过失者,非经呈准,各校长不得解聘。如教员工作不力者,应由校长列举事实呈准后,方得解聘。(2)各市立合格教员,如因人地不宜,可由各该校校长列举事实呈请互调。(五)市立各校班级决定办法,照36年度下学期各校拟设班数、员额表修正,呈请市长核准。(六)各学校减缩员额规定办法:各级教员以一至三人为原则。

《江声报》1948年2月7日

厦本期小学学费标准昨经订定　对合格教员亦定有保障办法

本报讯　市府教育科昨午2时在市府会议厅,召集本市各公私立小学校长,开(民国)36年度下学期征收学生费用会议,主席叶书德,讨论要案如下:

一、关于(民国)36年度第二学期各校收费标准应如何规定案。议决:1.市立小学收费标准规定如次:甲、中心国民学校:学费一律不收,卫生代办费七千五百元,体育代办费收五千元,图书办班费七千五百元,劳作代办费三万元,合计五万元。乙、幼稚园:学费一律不收,点心费收七万五千元(分二期缴纳),劳作代办费收一万七千元,卫生代办费七千五百元,合计十万元。2.私立小学规定如次:甲、高级班学杂费(包括学米在内)全学期最高额不得超过70万元。乙、初级班学杂费(包括学米在内)全学期最高额不得超过60万元。丙、幼稚班学杂费(包括学米在内)全学期最高额不得超过60万元,又全学期点心费七万五千元。

二、关于各私立小学教员素质应如何提高案。议决:1.各私立小学

36年度第二学期聘请教员以达到三分之二合格教员为原则。2.各私立小学凡现有六学级以上学校,分发省派师范生一人前往服务(惟全校教员均已合格者得于免派)。3.各私立学校拟聘表应提前于2月15日以前呈核。

三、关于市各小学合格教员应如何保障案。议决:1.市立个校凡合格教员工作上如无过失者,非经呈准,各校长不得解聘。2.各市立小学合格教员如因人地不宜,可由各该校长列举事实呈请互调。

四、关于各市立各校班数应如何决定案。议决:照36年度下学期各校拟设班数员额表修正呈请市府核准。

五、关于市立各校减缩员额应如何规定案。议决:每级教员以一、三人为原则,并依照市府前颁行代电办理。

又讯 本市小学教员登记,经志本报。兹悉经市府审查合格备用小学教员,计有黄镇金、章兆洪、卢衍莲、林光烈、杜金菊、曾雪花、蒋泽卿、章绵礽、洪碧清、黄文辉、李金声、陈雪华、谢逢川、谢英壁、张金贤、张俊雄、冯杰民、陈淑卿、李踢裕、吴淑云、杨丽珠、陈文欢、刘棠华、郭肇庆、陈丽贞、许淑姬、郭德兰、郑景瑛、郑金奢、黄荣木、曾国仁、曹国珍、丘宝池、陈永垂、黄国栋、张仰斌、林碧娥、蔡鹏德、黄闪英、熊玉珠、洪笃钟、郑杰文等42名;不合规定者:杨洁、戴玉珍、洪德隆、郑克明、黄雅兴、蔡丽珍、蔡祖恩、许春盛、郑阿才等9名;应补缴证件者黄雪筠、林维德、王永钦、王淑华、蔡慈恋、陈澄波、李秀治、林信忠等8名。

《星光日报》1948年2月7日

小学校长昨日会议收费标准划一规定
提高师资素质保障合格教员

市息 市政府教育科昨下午2时在市府会议厅召集本市各公私立小学校长开(民国)36年度学期征收各学生费用会议,出席各公私立小学校长等,主席叶书德。讨论要案如下:

一、关于(民国)36年度第二学期各校收费标准应如何规定案。议决:(一)市立小学收费标准规定如次:(甲)中心国民学校学费一律不收,卫生代办费7500元,体育代办费收5000元,图书代办费7500元,劳作代办费30000元,合计50000元;(乙)幼稚园学费一律不收,点心费收75000

元(分二期缴纳),劳作代办费收 17000 元,卫生代办费 7500 元,合计 10 万元。(二)私立小学规定如次:(甲)高级班学杂费(包括学米在内)全学期最高额不得超过 70 万元;(乙)初级班学杂费(包括学米在内)全学期最高额不得超过 60 万元;(丙)幼稚班学杂费(包括学米在内)全学期最高额不得超过 60 万元,又全学期点心费 75000 元。

二、关于公私立小学教员素质应如何提高案。议决:(一)各私立小学 36 年度第二学期聘请教员以达到三分之二合格教员为原则。(二)各私立小学凡现有六学级以上学校分发者,派师范生一人前往服务,惟全校教员均已合格者得予免派。(三)各私立学校拟聘表应提前于 2 月 15 日以前呈核。

三、关于市立小学合格教员应如何保障案。议决:(A)市立各校凡合格教员,工作上如无过失者,非经呈准,各校长不得解聘;(B)各市立小学合格教员,如因人地不宜,可由各该校长列举事实呈请互调。

四、关于各市立各校□数如何决定案。议决:照(民国)36 年度下学期各校拟设□□员额表修正,呈请市府核准。

五、关于市立各校减缩员额应如何规定案。议决:每校教员以一、三人为原则,并依照本府函□□府教甲字第 150201 号代电办理云。

《立人日报》1948 年 2 月 7 日

公私立小学下季收费标准　昨教科召各校长开会决定

昨天下午市府教科召集了公私立小学校长开会,商讨下学期各校收费标准。经决定,市立学校不论高年级、中年级、低年级或幼稚园学生,各应缴卫生、体育、图书等费合计一百万元,劳作所应用的物品由学生自备。私立学校则规定高年级的收学米 20 市斤,另学费一百万元;中低年级和幼稚园生各收学米 20 市斤,学费六十万元。但各校对清寒学生所应优待的额数依照规定须 30%,其他卫生、体育、图书等费比照市立标准收取。照现在米价计算,一个小学生入学须缴七八百万元,倘若一个公教人员有两个儿女就学,就须把他整个月的薪津来支付。然而倘按照战前米价计算,一个学生才缴交 1 元 2 角左右,两个学生才缴二元半左右,照此推算,现在一个公务人员所得才等于战前的二元半,而战前本市包伙食每人每月要 6 元,假如一品居等包饭店每月却要 9 元。(邵)

《江声报》1948年6月29日

小学校长座谈会　决定下学期收费及学米办法

本报讯　市府于昨午4时召集全市各公私立学校校长,开(民国)36学年度下学期第二次校长座谈会,由叶书德科长主持。讨论要案摘录如下:关于(民国)37学年度上期即将开始,各公私立学校收费标准应如何订定案。议决:甲、私立学校部分:1.高年级收学米20市斤,学费收100万元。2.中低年级暨幼稚园收学米20市斤,学费60万元。3.清寒学生依照规定,各校贫苦学龄儿童准免缴交学米及学费者,应占30%。其他贫生应需减半收费者,由各校依实际情形办理。乙、市立学校部分:1.代办费:各市立学校高中低暨幼稚园卫生、体育、图书等代办费,每人一律折收国币100万元,劳作材料费由学生自备免予代收。2.私立学校征收代办费,得比照市立学校办法办理。3.市立学校收费收据应照公库法,由市府统筹,即发所收款项应存入该校经费存款户编造预算,呈核后办理。4.公立学校征收代办费,清贫学生应依照规定办法予以减免。

《中央日报》1948年6月29日

学校收费单据贴用印花办法

关于公私立各级学校向学生收取费用所立之各项单据,是否贴用印花税票一事,兹悉:厦门直接税局顷层奉财政部电示如下:(一)公立学校收取学杂费及代办费用之收据,均应免纳印花税。(二)私立学校收取学杂费之收据,应按银钞收据例计贴印花税票(即每千元应贴印花3元),惟其代收学生能自行办理事项之费用,如膳食、服装、书籍等费之收据,按照规定仍应免贴印花税票。(三)私立学校之设备面向学生收取费用者,如宿舍水电、材料、图书、卫生、实验、体育等费,应视为杂费,其收据应依法贴用印花。(厚)

《江声报》1948年7月16日

教科亡羊补牢　取缔学校收挂号金

市讯　据市参议会首届第五次大会询问案,以本市私立小学有预收学生挂号费情事发生,市教育科以本(37)年度上期尚未开学,如有少数学校擅自征收学生挂号费,于法无据,殊属不合。故特订定取缔办法如下:(一)凡私立小学有预收挂号费者,应一律停止征收;(二)已征收者,应悉数退还学生;(三)已征收挂号费之学校,如未退还学生,一经查明属实,即依照实际情形分别议处;(四)凡奉文后如擅自继续征收学生挂号费者,当由市府勒令该校董事会,将该负责校长予以解除职务云。(青)

《立人日报》1948年7月17日

学校应届毕业学生严禁摊缴纪念费用

省教育厅昨电市府三事:(一)公立中等学校(民国)37学年度上期征收学生费用标准第一条规定,公立中学及职业学校得征收学生杂费,师范学校不收杂费,以师范生请假节余食米变价挹注。至杂费用途,包括修缮费、设备费、印刷费、训导活动费、教员赴校旅费及其他杂费等。(二)(民国)37学年度起,县市立中学得向学生每人征收学费金圆券五圆,县市立职业学校得征收学费金圆券五圆。是项学费应以3/5为提高教职员待遇(照薪额比率支给),2/5为充实学校设备之需。(三)各级学校间,有每学期向应届毕业生强迫摊缴赠送母校纪念品,或捐款及劳师酒席费用等情事,殊有未合,应予严厉禁止。所属学校切实遵照,毋得故违,致干议处云。(衣)

《江声报》1948年9月29日

小学校长座谈会规定收费标准

本报讯　市府第三科于昨下午3时召集本市各公私立小学校长,在市府举行座谈会,讨论37学年度下期各公私立小学收费标准,规定市立学校:(甲)学费一律不收。(乙)代办费(包括体育、图书、卫生各费)每生各收白米4斤,清寒学生准免缴交代办费及减半征收者,应各占10%。

嗣由戴科长作简短报告,对各私立小学如办理成绩优异者,计划由市府拨款奖助。又各校因公文送达延迟时日,特指定各区内中心点之学校负责分发各校。席间各市立校长要求市府,以学期结束在即,教员薪津应尽先签发。经戴科长答应,准于 15 日以前签发完竣。讨论至此,时间已过,决定于 10 日下午二时半重行召开,继续讨论。

《中央日报》1949 年 1 月 6 日

教授子弟学费　厦中亦允豁免

本报讯　厦大多数教授以本市本期各中等学校收费太高,且改收白米,无力负担子女学杂费,曾函请本市各中学,准予免费入学。已得双十中学首允许该校教授子弟,大部分半费入学,业志本报。兹悉,本市省立厦门中学亦以厦大教授收入微薄,生活清苦,已函复准许该校教授子弟二十余名全部免费入学。

《星光日报》1949 年 2 月 17 日

超收学费各校市府限令发还　教育科改局 3 月 1 日成立

海外社讯　本市教育行政,当光复时即设立教育局,旋改为科。近省教厅为提高市教育行政职权,已决恢复本市教育局,并定 3 月 1 日成立。今后教育行政范围,亦将增强效率,公私立学校可直接处理。又本学期各私立小学对收费问题,部分未照规定,擅自提高,甚至有收外钞本位者,致一般学生家长,不胜其负。据教科长戴世龙谈:目前生活程度日高,以公教人员待遇确甚困苦。但为普遍教育,提高水准,各私立小学收费部分确未照规定,如民立、雅化两校竟收美金或超规定之白米每生 100 市斤,致使家长无法负担。对此曾分询厦鼓各校长,咸称依照规定收 50 市斤,有增收 50 市斤者,系向家长募捐性质,赖以弥补教职员生活。如果严格限定,则恐学校闭门,应予同情。惟私立小学募捐,不该在开学时期普遍化进行,影响清寒学生家长,应于开学后妥筹。其已超收部分,经饬发还,各该超收之学校主持人,亦经同意,愿将超收之数分别发还,同时教厅为普及教育,救济清苦中小学子,曾规定各县市 30% 免费生,以示优待。数惟闻多,尚未照办云。

《星光日报》1949年2月23日

小学收费标准太高　市民盼参议会核减

本报讯 厦市教育局,顷拟订秋季小学校收费标准,学费每名私立小学银元券8元,折合食米不得超过70市斤,市立小学折半征收。此外,每名又应缴代办费5角,至减免费生名额为30%。该项收费标准经送请参议会审查,该会已提交下周一之小组会审核。一般学生家长,以是项标准太高,如一家三孩就读私立小学,一普通公务员整月之薪水,尚不够缴纳。咸盼负责审核者,能尽予抑低,或提高减免费生额之百分比。否则,将有大量儿童因其家长之无力负担而遭致失学。又一般私立小学,于昨日起已开始通知学生,即依上项未经密核之标准缴交学费,否则以自动退学论,迫致经济拮据之家长,因其子弟受学校当局之恫吓,回家哓哓不休,而寝食难安。此种市侩而孔之学店,殊有纠正之必要。（克）

《星光日报》1949年8月14日

小校秋季收费标准　市参开会审评
免费生应占全部30%　各校驻军请警备部饬迁

本报讯 本市小学38年上期(秋季)学费标准,经市教育局拟订私立的每名8元,市立的4元,并将该项标准送交市参议会审核。昨天该会第一小组为此召开会议,予以分级抑低核定如下:私立小学高年级7元,中年级6元,低年级5元;市立小学高年级2元,中年级1元5角,低年级1元。并规定优待清寒学生的减免额,应占学费全部收入的30%以上。又会中顺带议决两案:(一)函请厦门警备司令部,饬令驻在学校部队,应于秋季开学前迁出。(二)双涵国民学校、禾山第二中心学校及开元中心学校等校长来呈,谓被市教育局无故调免,要求转呈市府,准予留任案。即函市府查询真象,如无过失,不应任意调免,藉安市属教育工作者之情绪。（克）

《星光日报》1949年8月17日

教育门庭吹冷风　时局不定学费负担重
莘莘学子亦徘徊不前

市息　本学期因时局不定,中等以上学校,奉令暂缓至本月15日开学。小学及幼稚园虽多已照常开学,惟学生数均减少甚多,约为上学期3/5;幼稚园则更为数更少,尚不及上学期1/3。学生减少原因乃:(一)学父兄无力负担学杂费,因平日注重子弟学业者,多数为公教人员。然公教人员此时多数衣食且成问题,奚有余力顾及子女教育费?(二)有余力负担子女教育费之人,多已挈眷远走高飞,且有钱人多以为读书目的不过在赚钱,既已有钱,无须读书;(三)部分以时局动乱,学校收费全学期分二次缴纳,首次交3个月,倘时局急变须暂停开学,所缴学杂费能否收回殊成疑问,因其多踌躇不前。因可靠学费以维持教职员薪津之私立学校,对生数减少威胁,不亚于老板惧商场之清淡也。本日为联合中学规定开始注册日期,预料原在鼓岛之学生就近继续升学者当较多,至原在厦岛求学者,欲再渡鼓寄宿,每日来往,将增加膳费或轮渡费之负担,预料渡鼓就学者当不甚踊跃。

《江声报》1949年9月5日

五、考　试

将举行思明全县运动会
教育局昨局务会议决议　成立小学会考委员会
依限取缔未立案各校

县教育局昨(3)日下午3时开第25次局务会议,讨论事项如下:一、略。二、关于小学会考案,议决:甲、组织小学会考委员会,并聘请黄至元、陈志伦、汪养仁、杨玉书、林世沧、林德耀、庄恭继、洪碧清、黄邦桢为委员。乙、参与会考者以县立小学及私自立案小学为限。丙、所有会考事项由委员会负责办理之。丁、定6月5日下午4时召集会考委员会。三、关于各中小学如有开除学生,应呈局备案,决议通过。(四、五、六均略)。七、关于举行全县运动会案,决议:(一)组织全县运动会筹备委员会。(二)委员名单暂定为5人,由局聘请之。(三)日期、地点及进行事项由委员会订定办理之。八、关于未立案私立各中小学在本学期暑假以前如有不遵章办理立案,应依法取缔案,决议:如在本学期暑假以前不遵章办理立案者,当即依照取缔私立学校办法,会同县政府公安局勒令停闭或停止招生。九、十略。

《江声报》1931年6月3日

小学会考各校报名者　毓德最多42名

教育局自规定本县私立小学会考日期后,连日各校先后到局呈报参加者。兹探志如下:奎壁小学陈景□、叶景坡、叶尊倍等3名,思明小学周淑安、王淑霞、刘宝治、庄玉英、许美真、鄢亚圭、周尔汗、王英治、周启羡、蔡云珍、宋月华等11名,闽海小学龚胜训、蔡逸藻、高生慧、胡淑玉、程国信、吴忍、蔡逸录、叶芳华、陈兆昌等9名,禾山小学吕素冷、杨建魁、陈乌柑、吕秀治、吕再传等5名,全民小学杨思明、林庆义、陈君安、吴阿狮、郑泛溪、杨振宗、杨振端、杨松年、丁应和、黄敏治、苏烈治、杨爱□、杨锦□、吴秀云、杨抑青等15名,励志小学许厚富、陈树汇、王玉华、蒋淑瑾、黄碧柳、陈丽娟、陈淑纪、陆秀治、宋金銮、白秀荦、柯道根等11名,思明义务小学黄秋吉、李銮枢、吴文晖、林清河、杨永联、林佳境等6名,祥坑小学翁裕邦、黄勤治、黄□英、黄□光、薛晋□、黄至□、黄因采等7人,仰范小学许经荫、许好古、施顺成、萧有才、林素缘、许秋娥、庄荣芳、方树□、陈世侯、许鸿森、许妈市、陈昆海、许荣赐、许永泉、林昆明等15名,普育验小彭炳栋、何素容、叶永全、温□林、蔡瑞荦、周炽昌、刘国安、黄天渠、陈临术等9名,毓德附小王粉燕、陈昭洁、贾荣照、朱昭仪、陈荦芳、阮群英、林群端、杨缘蕉、李为闪、王翠羡、吴翠琴、李晓治、杨逸琴、黄夏安、黄玉祝、陈凤娇、陈丽贞、张婉娩、叶幼绵、阮宝治、许碧端、施碧□、叶瑞珍、王宝贝、林瑞凤、萧秀琴、李秀珠、杨□能、宋瑞琼、廖韵琴、杨舜德、陈羡石、林赐英、杜秀玉、庄淑霞、马碧纱、陈秀宝、杜顺德、李碧霞、刘□爱、苏添生、周雪徽等42名,大同小学许少鸿、钟□蝉、曾□求、曾更明、杨基俊、黄坤煌、李锡慈、黄晏温、林征进、郭振汉、白春生、苏攀来、柯翠琼、林剑青、吴在河、陈阿□、颜允福、刘再添、潘再珍、郭碧娥、叶美玉、林祺芳、刘吟斋、林文彬、白石斋、陈瑞麟、洪景运、林仁寿、符恒辉、柯贤卿、林天恩、陈亚贵、张荣光、李峰玉、陈欣、林自来、林锦鹄、林绍良等38名。

《江声报》1932年6月2日

小学会考地点及其他

昨经教局分别规定全县考场计分四所

教育局昨日开第51次局务会议,出席者该局全体职员,主席林德耀,纪录庄恭继。其讨论事项:

一、关于会考地点,应如何分配案。议决全县共分考场四所,第一考场,假县立玉紫小学大礼堂,如全民、大同、鳌岗、励志、思明义务、华侨附小、宗文、闽海、大中等9校属之;第二考场,假县立紫阳小学大礼堂,如厦南附小、同文附小、桃源、紫阳、崇实、仰范、培英等7校属之;第三考场,假禾山祥坵小学,如云梯、殿前、奎壁、禾山、祥坵等校属之;第四考场,假鼓浪屿实验小学大礼堂,如实小、慈勤、福民、毓德、思明女学、养元等校属之。

二、关于各科考试时间表,应如何规定案。议决:甲、每日考试时间,上午9时至11时,下午二时半至四时半;乙、13日上午党义,下午自然;14日上午算术,下午社会;15日上午国语。

三、关于监考员应如何聘请案。议决聘请余少文、李绣伊、陈志伦、陈维纯、叶沧河、林士麟、叶伯英、陈仲月诸先生为监试委员。

四、关于各试场之主试员,应如何分配案。议决李伯瑞、陈□宗为第一试场主试员,庄恭继为第二试场主试员,陈澈臣、蓝洪瑞为第三试场主试员,林耀德、杨玉书为第四试场主试员。

五、关于考试规则及考试须知等,应如何拟定案。议决推举洪碧清整理拟定之。

六、关于各试场应办各手续,应如何筹备案。议决由各该试场之主试员负责筹备之。

《江声报》1932年6月4日

二届小学教员登记及格者计 73 人

教育局 17 日奉教育厅指令,核准第二届小学教员登记及格者计 73 人。兹特分别列明如下:一、小学正教员谢望实、曾毓英、刘华阳、刘春渊、林恢绪、黄寿源、刘德、黄则诚、林高攀、傅经文、刘连元、陈仲月、钟青海、蔡明远、杜椿儒、魏飞峰、郑时雍、张秀容、陈佳相、陈英俊、林□铭、□□衡、赵天爵。小学代用正教员 2 人,赖明徵、黄成材。初级小学正教员 5 人,钱晓鹤、郑勋懋、吴菊贞、林耀世、施其诚。初级小学代用正教员 26 人,叶肇栋、林阿织、庄意织、吴永元、黄亚贞、陈金悃、李慧英、宋月英、郑端华、庄淑卿、颜妙端、庄纯德、马帼英、黄纫秋、陈爱珍、庄琼姿、林梅环、叶更新、杨丽秋、林飞鹏、邓泰隆、颜衡卿、郑子茂、陈文环、林永雪、黄清婉、杨光华、叶景芬、郭朋新、林养槐、康鹤龄、许淑珉、陈晋利、郑希才、陈效奇、周正文。小学专[科]教员 6 人,王达才、廖飞来、黄振富、苏圻域、叶永年、郑沧朝。初级小学专[科]教员 1 人,苏凤鸣。此外尚有应补验手续后再行发表,许廷慈、陈考耿等 2 人。

《江声报》1932 年 10 月 21 日

教育局讨论小学毕业会考

地点:玉紫小学大礼堂　日期:一月九、十、十一　三天
中学补习班一月十六日举行会考

教育局昨开局务会议,讨论事项,一、关于毕业会考地点案,议决,假县立玉紫小学大礼堂。二、关于考试期间,议决,每日分上下午两场,上午由 9 时至 11 时,下午二时半至四时半。三、关于考试时表,议决,9 日上午党义,下午自然;10 日上午国语,下午社会。11 日上午算术。四、关于拟定各科考题,议决,由会考委员分别拟定之。五、关于会考试场应推何人担任布置案,议决推举陈重宗负担布置。六、关于拟定考试规则案,议决由林德曜负责汇订之。七、关于聘请监考委员案,议决聘请陈维纯、余少文、杨昌国、黄宝玉、周琛瑶、苏朝崐为监考委员。八、关于学期中学补习班,应否举行会考案,议决举行会考,会考日期由 22 年 1 月 16 日起。九、关于补习班考试学科,议决,照小学会考科目举行之。十、关于补习班

考试地点,议决候令各校将补习班学生数报齐后,再行决定之。十一、关于补习班试题考卷案,议决由局拟订办理之。

《江声报》1932年12月21日

自然科学成绩之评判及选省展览成绩品

本市自然科学成绩展览会,业已结束。兹得评判员评判各校成绩,及选赴全省自然科学成绩展览会之各校成绩品列左[下]:

一、各校图表学生成绩及教师作品(指印刷及手抄等)全部选送。

二、各校标本仪器,各校选择一部分选省展览。计被选者有集友小学之养鸡法全部,大同小学之海陆空交通模型全部,紫阳小学之动物(玻璃瓶亦在内)木材昆虫壳类卵等标本,崇德小学之甲壳三箱,有铁盖之长形玻璃瓶、动物标本。鳌岗小学之植物标本,竞存小学之本塞长瓶、动物标本,有盖扁瓶动物标本及甲壳类等。世德小学之矿物全部,吉祥小学之植物种子及儿童工艺试验品,群惠小学之教师学生制作模型仪器及蚊蝇蛙等之动物标本,崇实小学之药材种子等7箱及战斗模型,大同中学之教师制作仪器等,玉紫小学之厦门附近略图模型,约共数百件。

三、评定各校自然科总成绩如次:吉祥小学总评点232.75名次第一;群惠小学232.0,第二;大同小学199.0,第三;崇实小学180.0,第四;竞存小学179.25,第五;玉紫174.5,第六;鳌岗,第七(以后总评点从略);世德小学,第八;紫阳小学,第九;普育实小第十;集友小学,第十一;崇德小学,第十二;怀德幼师,第十三;奎壁小学,第十四;单级小学,第十五。附注:此外尚有大同学中学因仅有一校,故未列入评定。

四、各项成绩分类评定选录一二三名如次:甲、教师作品(计划、报告、教材、著作、其他五项),第一名吉祥小学,分数80.75。第二名群惠小学,分数80.0。第三名大同小学,分数79.25。乙、教具(仪器、模型、标本图表),第一名群惠小学,分数84.5。第二名吉祥小学,分数76.75。第三名崇实小学,分数72.0。丙、学生成绩(簿籍、考卷、统计、其他作业),第一名吉祥小学,分数75.25。第二名群惠小学,分数69.5。第三名竞存小学,分数61.75。

又昨(5)日教育局召集参加自然科学展览学校校长在教育局开会,讨论关于选送赴省展览陈列品,应如何装运等事宜,计到会者共15校。其议决案如下：一、关于选赴福州展览成绩品，应如何办理案。决照评判员所选定送省展览，各校愿意全部赴省或增加成绩展览者，听其自由，但装运要由各该校负责。二、关于派员管送展览品旅费，应如何规定案。议决人数，由参加各校商定派出。旅费由教育经费项下拨付200元，不敷之数由各校均贴之。三、关于各校领回展览品时间，应如何规定案。议决定本日下午2时起。四、关于赴省展览日期，应如何规定案。议决定本月10日(星期一)送省，送员亦于是日起起行。五、关于赴省展览成绩品，应定何日装成报告教育局，以便汇集备文报告教育厅案？议决定本月7日(星期五)以前汇报。

《江声报》1933年4月6日

幼稚小学教材与要目带有地方性及时间性
准实地研究编订呈核

教育局昨奉教育厅训令云，案奉教育部第1830号训令开，案查幼稚园小学课程标准，业经本部公布在案。该项课程标准施行办法第四项，现经修改为"本标准颁布后，关于幼稚园小学具体课程，如教材要目教学实例等。除国语、算术、社会各科的大部分，自然科的一部分，有教育部审定。全国通用的教科书可资依据外，其余带有地方性，及时间性，而无教科书可资依据的，应由教育部指定若干省，及行政院、直辖市教育厅局，尽先延聘专家，及实地研究者、组织委员会，各按时令及本地情形，分年分□编成具体的教材、要目、教学、实例，适于乡村及都市的各□份以上。呈请教育部审核施行，并供各省市作编订具体课程的参考"，除分令外，合亟令仰知照云。

《江声报》1933年4月26日

中校毕业会考考试时间教厅已规定

思明市教育局昨奉教厅训令云，查本省中等学校毕业会考日期，前经公布在案。现考期瞬届，各科试验时间亟应排定，合行检发高初中考试时间表各1份，仰知照。附高初中考试时间如下：甲、下学期高中毕业会考学科试验时间：6月15日上午8时至9时50分党义，10时至11时50分历史,下午3时至4时50分地理。6月16日上午8时至9时50分英文,10时至11时50分物理,下午3时至4时50分生理学。6月17日上午8时至9时50分算学,10时至11时50分国文,下午3时至4时50分化学。乙、21年度初中毕业会考学科试验时间:6月20日上午8时至9时50分党义,10时至11时50分国文,下午3时至4时50分地理。6月21日上午8时至9时50分自然,10时至11时50分历史。6月22日上午8时至9时50分算学,10时至11时50分英文。

《江声报》1933年6月6日

会考筹委会通函各中学备办手续
省督学今邀中学校长谈话

本市教育局昨函各中等学校校长,文云:敬启者,教育厅派叶松波督学来厦,办理本区中等学校毕业会考事宜。兹定本月7日下午3时,在本局开各校校长谈话会,相应函请贵校长准时出席云。

又,第五区中学会考筹委会,昨通函各中学校长云,关于各考区会考日期及地点,业经教育厅规定通令在案,兹本区考场,经由第一次筹委会议决,借用思明县教育会。又各校所用考卷,亦经教育厅规定格式,并由思明教育局发交厦门洛阳社仿制,务希各校径向该社购用,依照厅办手续,将校名及学生姓名写在卷角,先行密封,并在粘贴浮签写明学生姓名,送会编定座位号数。为期已迫,务请从速办理。又一函云,奉教育厅训令,凡参加会考各校,应将毕业生名册及二寸半身相片各1份,径寄本区所属之教育局。查考期瞬届,而贵校之学生名册及照片尚未送来,对于筹备手续,多有妨碍,相应函请查照,即希火速寄会,以便准备座位云。

《江声报》1933年6月7日

小学毕业会考报名十八校 人数四百余

本县第六届小学毕业会考日期瞬届,现已报名者18校,计维正小学4人,鳌岗小学26人,全民小学26人,县立玉紫小学20人,私立慈勤小学19人,私立毓德小学49人,仰范小学7人,桥南小学22人,大同小学26人,私立竞存小学22人,普育实业小学8人,县立崇实小学18人,福民小学 36 人,英华小学 84 人,光华小学 7 人,同文小学 23 人,闽海小学 5 人,养元小学 19 人。

又,小学会考委员会,昨函各会考委员云,兹由学校会考日期瞬届,特定本 6 月 10 日下午 2 时,假教育局会客厅开第二次会议,讨论会考进行事项,务希准时到会云。

《江声报》1933 年 6 月 9 日

六届小学会考分派监考员　参加 21 校　学生四百余

思明县第六届小学毕业会考委员会昨开第二次会议,出席委员 7 人,主席余少文,报告本届参加会考共 21 学校,厦门 184 人,鼓浪屿 250 人,禾山 15 人,共分配案,议决:

考场分三所:一、厦市各校假县立玉紫小学。二、鼓浪屿各校假县立普玉实小。三、禾山各校假县立蒙泉小学。四、教育局所聘监考员应分配监考地点案,议决:(一)李中洲、蓝季默、王清晖、林崇智、李锦英、徐世安、叶谷虚、王世铨、吴著盈、林居仁、孙家璧、陈通、吕维精等为厦市试场监考员。(二)叶松坡、周仲砰、徐文彬、林泉江、陈诗、陈志伦、许廷慈、黄宝玉、伍远资、李禧、杨昌国、陈瑞清、陈凤翔等为鼓浪屿试场监考员。(三)刘燮群为禾山试场监考员。

主考员分配案,议决:一、刘友廉、余少文、庄奎章、李伯端等为厦市试场主考员。二、王琼树、蓝洪瑞、杨玉书、黄至元等为鼓浪屿试场主考员。三、庄恭继为禾山试场主考员。四、主考员及监考员应悬挂徽章案,议决:由教育局制办之。主考期系 15 日起,是日上午为算术科,下午社会科;16 日上午自然科,下午国语科。

《江声报》1933 年 6 月 13 日

私立小学教员学生昨赴县府请变更会考
县长允为电向教厅请示

昨(12)日上午 10 时,本市大中、光华、群惠、厦大实小、福民、雅化、民立、民导、桃源、禾山小学、祥坵各私立小学教员学生,到思明县政府谒兼县长许友超,由许氏亲自接见,各校代表对会考事有所陈述,并请县府派员监考。许答此事职权所关,未便擅专,但可将各校意见转请教厅核示办理云云。至11时始散归云。

又讯 县私立群惠、励志、雅化、光华、福民、桃源、闽海、全民、厦大实小、培英、厦南、集友、思明义小、奎壁、祥坫等十余校员生数百人,昨前往县府请愿,持白布旗书"思明县小学反对林德曜舞弊会考请愿团"。到县由代表林士麟、李怜悯并男女生2人入内,先由秘书兼第一科长李中洲接见,代表等陈述请愿目的。李答,会考事前呈教厅请示,尚未批复,须待批复后遵办。代表称我等非反对会考,系反对不公正会考。李允传达县长,代表等又要求面谒县长,于是许兼县长即亲出廷见,代表等又再一番申述,请求由县府主办会考。许氏答,教育行政权属教厅会考委员,现由7人增至9人,本人当遵教厅请示。男生代表谓,若林主考,我们决不参加。许氏示以若不会考,学生本身前途殊有妨碍,须知反对教局长为一事,教厅命令会考又另一事。男生谓,为县长主考,我等无不参加,女生代表亦云我等求学希望等毕业,安省不会考,所反对者为不公正耳。继教员代表林士麟称厦、禾、鼓计有七十余校,一年两季毕业期不定,每季报毕业会考者,向有二四十校,此次仅十一二校,岂可以是抹煞全县会考,同人之意系请县长主考,或由教厅所派督学主考,其会考场所须在教育会或县政府,重新组织会考委员会,并重新命题云云。许氏允为电向教厅请示,代表等又言,闻7月1日起,教育局将改为教育科,请候改后会考。许氏言此亦当电教厅请示,代表乃出而告知各员生,许氏继亦由内步出,将以上办法重为宣告,各校员生乃整队归云。

《江声报》1933年6月13日

省督学叶松坡昨集各中学校长谈话会

报告会考设备勖转知学生　未修学科已规定办法

教厅特派来厦办理会考督学叶松坡,昨召集第五区中学各校长,在教育局开谈话会,到桥南、厦大附中、厦南女中、怀仁女中、英华、同文、双十、厦中、大同各校。主席叶松坡,记录雷芷京,主席报告:一、对于未修学科,厅中已规定办法,希各校长转各学生应考。其办法五项:(一)应参加会考。(二)准予补习一学期。(三)在本省各大学准予先行升学。(四)补习补考完竣后,及格再给予文凭。(五)上项办法只以二科为度,如二科以上者应声明。二、考场三处：厦门各校在教育会，鼓浪屿假毓德中学，同安借集美中学，业已函知各校。监考员已聘请各校长及市处长、县长等担任，考场秩序已分函各地县府公安局派警到场维持。三、对于未考学科补习补考办法，应由会另函各校通知，惟各校应于考试前具函到会声明至高中、初中考期及学科分配。福建省21年度下学期高中毕业考学科试验时间：6月15日上午8时至9时50分党义，10时至11时50分历史，下午3时至4时50分地理。6月16日上午8时至9时50分英文，10时至11时50分物理，下午3时至4时50分生物学。6月17日上午8时至9时50分算学，10时至11时50分国文，下午3时至4时50分化学。福建省21年度初中毕业会考学科试验时间：6月20日上午8时至9时50分党义，10时至11时50分国文，下午3时至4时50分地理。6月21日上午8时至9时50分自然，10时至11时50分历史。6月22日上午8时至9时50分算学，10时至11时50分英文。

《江声报》1933年6月14日

六届小学会考今日举行　26校参加　学生五百余

本县第六届小学毕业会考，前经报名参加者有鼓浪屿光华、维正、慈勤、毓德附小、普育实小、福民、英华附小、养元附小、怀仁附小等九校，厦市有鳌岗、全民、玉紫、仰范、桥南附小、大同、竞存、崇实、同文附小、闽海等十校，禾山有祥岵、禾山两校。以上计21校，学生共449人。连日再报名参加者，有奎壁、世德、厦大实小、大中、崇文等校。综上计26校，学生数508名，决定今(15)日起开始考试。

又，思明县第六届小学毕业会考委员会，原限各校参加会考学生须于4日以前报名参加，惟至昨日尚有数校陆续报名参加，该会为此以手续关系，特于昨日下午3时临时召集各委员开第□次会议。出席者教厅督学叶松坡及该会委员庄奎章、刘友濂、王琼树等7人，讨论关于本日加入学校应如何办理案。议决，尽本日下午4时以内，许其参加云。

《江声报》1933年6月15日

六届小学会考定廿六廿七　　一切报考手续十八以前送会

思明县第六届小学毕业会考委员会昨开第四次会议,主席余少文,讨论:许县长代表黄幼垣来会称,尚有厦门小学等校报考较迟,恐难同时会考,望再定考试,以便学生升学案。议决,甲、因学生升学关系准予补考,惟报考一切手续应于本(18)日以前送会,始准与考。乙、考试期间定本月26、27两日举行。

《江声报》1933年6月16日

本市小学会考昨已结束

报名未到3人　　应考508人

本市小学会考,至昨(17)日止已结束,计男女小学生到考者508名。(考场三处:本市紫阳、禾山、鼓普育实小),报考而未到场应试者、计鼓屿1名,厦门2名,共3名云。

《江声报》1933年6月18日

教厅核准备案　　小学教员及格94人

登记证7月16日起准领

教育局办理第三届小学教员登记,于完结后呈厅核示,昨奉教厅指令,准予备案。计第三届登记及格者有小学正教员23人,初级教员38人,"应俟覆查能否及格者概不列入",代用初级教员19人,幼稚园7人,小学专科教员1人,初级专科教员2人,代用小学专科教员2人,合计94人。本届教员登记证,经定7月15日以后,听各教员到局领取。附录各及格教员姓名如下:

甲、小学教员:丘居如、蔡玉燕、陈天花、陈通、王廷辉、倪淑仪、吴焕三、王哲基、邹淑愉、陈兆麟、林庆延、宋晓春、孙俊英、章成、陈文华、庄思云、庄复生、庄逸梅、黄迪心、陈伯进、陈澈臣、杨玉书、陈玉琨。

乙、初级教员:杨竞才、潘素仪、陈汉、李兆基、范美妙、卢彩凤、蓝美香、杨浮生、陈乃德、王琼玉、张瑞玉、王玉銮、高仲启、陈文□、王彩环、吴研仪、王士泮、吴瑶池、欧阳彩云、吴湘江、吴宛□、蔡诚志、徐桂秋、黄清桂、李彩鸾、庄妙云、杨淑贤、李宝枢、吴报琼、曾巧艺、林金钗、陈淑媛、李淑恭、叶云湘、蓝洪谟、叶彩娥、钟明贤、郑俊贞。

丙、代用初级：教员蔡清和、杨贞、高慧娟、林汉祥、郭巧云、洪□香、柯马荫、曾银河、刘洪钟、吴廷钰、庄淑顺、汪锡畴、郑淑宝、□□心、黄佩蘅、李□馨、黄圣传、陈硬堂、陈□宗。

丁、幼稚园：林彩銮、张美慈、蔡婉治、郑金英、李宝具、潘素香、黄玉真。

戊、小学专科教员：吴玉梅、陈修□、吴英鹤。

己、初级专科教员：陈少梅、柯湘泉。

庚、初级代用专科教员：李树药、黄淑贞。

《江声报》1933年6月20日

本市初中会考各校毕业班昨均应考

英华仅有4名未参加　慈勤2名增至16名　叶松波今日返省复命

第五区初中毕业会考，昨为第二日，各校毕业班已全数赴考。前日未应考之英华中学，亦经该校校长劝导，该校全数毕业班生51名如昨应考者47名。又如慈勤女学，前日参加考试者2名，昨增加至16名；同文中学20日28人赴考，昨亦增至44人。其未加入会考各生，闻将俟教育厅第二科科长唐守谦及该厅督学叶松波，于今日返省覆命后，另设补救办法。

又：查唐守谦昨偕思明县教育局督学庄恭继赴集美，视察该处男女中学。旋庄赴同安县县立初中毕业会考，教厅督学叶松波，昨日下午2时，到禾山乡区义务教育简易小学，及城市区义务教育简易小学视察云。

《江声报》1933年6月22日

小学会考填报表格请变通办理　免改用新表

市教科昨呈教厅，略云：思明小学会考，所有考卷成绩，均已详定，统计完竣。惟据前县教育局小学毕业会考委员会报告，略称，钧厅所颁规定表式，在举行会考以后，始行收到，各项统计，均已结束，未便重行改变。

是以此次呈报之毕业会考成绩呈报表及会考毕业生成绩一览表，均仍采用去年表式。至毕业生时成绩报告表，其到达日期（7月7日）仍在会考统计完竣之时，且在毕业会考，尚未举行以前，已先由前教育局，通令各校填报，即以各生平时各学期之各科学成绩，乘各科教学时间单位，再以每周教学总时间除之，所得商数，即为各科平时成绩。将平时成绩，与会考成绩合计、平均，即为该科毕业成绩。是毕业生平时成绩，已归纳于会考毕业生成绩一览表之毕业成绩栏内。是项平时成绩呈报考，似可准免填造，以免路途改变计算方法，而诸多麻烦等情。据此，查此种变通办法，系因会考日期，早在新式表格颁到之前，各项统计，均告结束。突然改用新表，时间既不经济，手续亦后稍烦。拟请钧长，准于变通办理，并乞指令祗遵云云。

《江声报》1933年9月8日

中小学毕业试验　由市府派员监试

昨令各校呈报科目日期　县私立校会考照样呈报

市府教育科昨训令各中小学校，略谓：本学期毕业班学生举行毕业试验，前由福建省政府通令，呈请主管行政机关派员监试，惟此次通令仅限于省立中小学校及私立各中等学校，其在本市市立及已立案之私立小学举行毕业试验，自应由本府负责办理派员监试，仰该校长遵照，迅将本学期毕业班学生人数，毕业试验日期及科目，分别呈报云云。

又：训令县立私立中小学校、师范学校、职业学校，略云：案查接管卷内，奉福建省政府训令，前教育厅原定本学期举行中小毕业会考及师范职业学校毕业成绩考查。前以前项会考查办法，有修改必要，本学期暂缓举行，惟各中学校及小学举行毕业试验时，应呈请主管教育行政机关派员监试，以昭慎重。兹为谋监试便利起见，其在省会之中等学校、省立小学及受补助小学均由本府派员监试，其在外属各县之省立中小学校及已立案省私立中等学校，除在思明县者，应由厦门特别市政府派员监试外，其余均由各该县县政府负责监试。至各县县立中小学及私立小学毕业试验监试事宜，则应由各该县县政府负责办理，除通令省立中小学及私立各中等学校遵照令旨，将本学期毕业班学生毕业试验日期，分别呈报，以应办理外，合行令仰遵照，并转饬所属各中小学校遵照办理。奉此，仰该校长知照云。

《江声报》1934年1月7日

师范高中会考　聘定监试员

考场改设通俗社　会考时间有更改

　　第三区中学、师范举办会考筹委会，昨在市府开二次会议。到者14校，主席郑永群报告：

　　一、师范高中考场，改在通俗社。

　　二、经厅指驳参加会考生，奉准指令者可到会声明。

　　三、师范会考时间，经厅更改、讨论。指驳会考生未奉到厅令者，应如何办理案，议决由会电请示。

　　四、高中师范监视员聘请案，议决请双十、大同、厦中、怀仁、侨南、慈勤等六校校长为监视员。

　　五、试场看护聘请案，议决：厦门方面，函请黄丙丁；鼓屿方面，函请救世医院担任。

　　六、慈勤、毓德等校补考学生，在未奉到厅令以前，应如何办理案，议决由各该校先将考生相片，应考科目等，报送市府核办。

　　七、集美学生住宿问题预备案，议决向厦中借用。

　　八、试卷临时发生，不足用时补充案，议决由会多预备空白试卷备用。

　　九、电艇来往厦鼓时间规定案，议决每早7时30分，由鼓屿龙头开船。

　　十、茶水问题预备案，议决，厦门方面，请通俗社预备；鼓屿方面，请福民小学校预备。

《江声报》1935年6月18日

师范高中会考日程及科目　考试会规定公布

　　本区高中及师范会考，其考试科目及日程，经考委会规定如下，一、高中，自20日起，上午考党义、历史，下午化学；21日考国文、算学、生物学，22日物理、外国语、地理。二、师范，自19日起考教育概论、教育原理、教育心理学、儿童心理学、小学教材及教学法，幼稚教材及教学法，幼稚教育及乡村教育。20日,公民成党义、史地、化学、民众教育保育法家庭教育;21日物理、理化、农业经济及合作、农村社会学及社会问题、地理。

《江声报》1935年6月19日

本区会考 高中百十七人 师范五校68名

本区中等学生毕业会考,昨先考师范。应考者有集美幼师、简师、高师,及怀仁、厦大附师等五校,计毕业班学生68名。又高中会考,定今日起举行。昨各校报名参加者,计英华中学25名,慈勤2名,毓德22名,厦大附中43名,中华中学10名,同文15名,总合6校,共117名。

《江声报》1935年6月20日

市府通过中小学学生成绩奖进办法

市府一科,近拟订中小学生学业成绩奖进办法,呈请市长审核。经交由市府行政会议通过,兹录该办法如下:第一条,本府为引起市私立中小学校学生学业上之竞进起见,每学期考察成绩一次,择优给奖,以资鼓励。第二条,每次考察以一科或二科为限,由本府第二科办理之。第三条,成绩考察,以左[下]列方法行之。甲、调阅各校学生平时各科练习簿。乙、招集各校学生举行会考。丙、举行成绩展览。第四条,调阅平时练习簿及举行会考,均以级为单位,先由各校教职员就本校学生成绩较优者,每级每科选送练习簿三本至五本,会考生每级每科暂定2名。其选送方法,由各校自行规定。第五条,调阅之练习簿及会考之成绩品,均由本府采优展览。第六条,初级小学一二年级生得斟酌情形,免予选送。第七条,评定成绩以学生年级为比较标准,80分以上者为甲等,70分以上者为乙等,60分以上者为丙等。第八条,给奖方法,分奖金奖品两种如下:甲、奖金,在每年级中之学生经考核成绩,甲等第一名为免其次学期全部学费,甲等第二名三名均免其次学期学费二分之一。其免缴学费数额,得由各校呈请本府发给之。乙、奖品,在每年级中之学生经考核成绩优良者,就左[下]列奖品中分别送给之。(一)奖章或奖状。(二)书籍。(三)学用品。九、十略。

《江声报》1935年7月6日

本区中学会考生五百余名　师范仅八名

本期中学师范毕业会考,经市府二科奉令办理,并议定在厦、鼓两处分别举行。查参加会考学生:毓德高中8人,初中41人;厦中高中24人,初中39人,为最多数。合其他各校,总计为558人,其中师范会考生仅怀德8人,补考生怀德3人,厦大附师2人。

《江声报》1937年6月10日

中学毕业考试　各校自行办理
教厅令知应行注意事项

本报讯　顷省教厅代电各市县政府暨中等学校云36年度下学期(37年2月1日至7月31日)高初中毕业会考,经决定暂停举行,由各校自行慎重办理毕业考试,其应行注意事项如次:一、本届毕业者考试科目,仍照修正中学规程第55条之规定,惟物理、化学、历史、地理等科无须合并。二、本届毕业考试限于本年6月14日至7月2日内(即放暑假前两星期左右),由各该校自行择定日期举行,届期并由校填列各科实验时间表分别呈函当地县市政府监考,以昭慎重。三、毕业考试试卷由校自行审慎评阅。四、毕业考试成绩不及格学生,如有修正中学规程第64条所列情事者,均应令其补考二次,由校于本学期或暑期内酌予补考,惟呈送毕业成绩表时,应于备注栏内注明第一次或第二次补考及格等字样。二次均不及格者用于留级。五、各校应届毕业学生名册,应于6月5日以前寄呈到厅,以邮戳为凭。

《中央日报》1948年5月17日

普通特种考试　厦报考者踊跃

本报讯　本省第一次普通及特种考试厦门区试务处,连日报考人员甚形踊跃,闻第一批资历审查合格准予参加考试者计56名。兹将各类人员探志如下:(一)财政类:黄固信、李镜深、黄廷俊、林孔钊、郑庆元、陈耀宗、蔡炳俊、吴有德、陈光时、黄东山、陈敬业、方中清、黄清桂、徐锡奢、叶丛生、余文雅、郑雨生。(二)户政类:方荣勉、戴浚生、林金池、黄玉攀、苏金电、黄重跻、吴荣生、曾育才、郭稻云、蒋维邦、蒋江中、李继修。(三)田粮类:徐启民、陈松根、林浴西、孙金哲、林水源、林克诚、苏国基、卢乾贞、黄胜铭、曾繁正、陈诚、陈大燕、林运元、陈载茂、周俊明、罗百年、王眸樟、曾天锡、潘吉、蔡爱天、陈景堂、蒋承侨、杨正元、郑敏如、杨树樟。(四)初级地政清丈班:江春霖、魏孙谦等。业经由该处分别填发入场证,通知如期应考云。

又讯 前项审查合格人员应于接到入场证及体格检查表时,依限于6月1日起至6月15日止,自行持赴省立厦门医院检验体格。又其间如有所缴保证书不合规定或相片呈缴不全者,一律限于5月底以前补正送处云。

《中央日报》1948年5月25日

厦门区普考特考21日开始考试

本省37年度第一次普通及特种考试厦门区试务处,办理县行政人员普通特种考试,各类报名人员前经审查完竣,并依照规定于6月21、22、23三日举行考试。兹悉厦门考区经商,借本市大同中学为试场,各类日程表亦经排定,逐日考试时间系自上午7时至下午4时30分(夏令时间)。该办事处顷发出通告,各报考人员应准时如期入场。兹将各科考试时间列下:财务行政人员21日上午遗教、宪法,下午国文;22日上午财政学、经济学,下午本国史地;23日上午官厅簿记、地方财政,下午口试。建设人员(土木工程科)21日下午遗教、宪法,下午材料力学;22日上午测量学、道路学或市工程学,下午河工学;23日上午口试。户政人员21日上午遗教、户政概要,下午国文;22日上午数学,下午本国史地;23日上午口试。田粮人员21日上午遗教、公民,下午国文;22日上午粮政概要,下午本国史地;23日上午口试。初级地政人员(三角班)21日上午遗教、公民,下午国文;22日上午数学,下午本国史地;23日上午口试。初级地政人员(清文班)21日上午遗教、公民,下午国文;22日上午数学,下午本国史地;23日上午口试。度量衡检定员(丙种)21日上午遗教、常试,下午国文;22日上午英文、数学,下午理化;23日上午口试。

《江声报》1948年6月16日

普特考闽南考区决在厦举行

梁龙光王讷言为主考官

本报讯 本省37年度普考及特考地区,经典试委员会划定厦门市为闽南考区。经奉令订于本月21日至23日为考试日期,当派典试委员兼教育厅长梁龙光为厦区主考官长,王讷言为本省普考主考官。王梁两氏日内可能分别由榕飞厦,主持典试事务。闻厦区经审查合格,准予参加考者有八十余名云。

《星光日报》1948年6月20日

厦区普考特考监考未能赶到 明日考试尚有问题

本年度普考特考照规定是明日起要开始的,然而监使署秘书和教育厅长等能否于考试前赶到本市殊成问题。原因是福州机场遭大水破坏,听说要两个星期才能修复,而榕厦船舶又殊少往来,所以厦市试务处已急电请示上峰说,倘若梁等不能来的话,可否另请法院派人监考,还是必须改期?所以明天能否如期举行,要待上峰复电后才能知道。(邵)

《江声报》1948年6月20日

今年度普特考试厦区明起开始
主考官及典试处长经已派定

本报讯 本省37年度普考及特考地区,经省典试委员会划定厦门市为闽南考区,本区经奉令订于本月21日至23日为考试日期。省派典试委员兼教厅长梁龙光为厦考区主考官,典试处长派黄天爵市长兼任,而中央复派浙闽考叙处长王讷言氏为本省普考主考官。王梁两氏日内可能分别由杭榕飞厦,主持典试事务。闻厦区经审查合格,准参加考试有八十名。

《星光日报》1948年6月20日

普特考闽南考区决在厦举行　梁龙光王讷言为主考官

本报讯　本省 37 年度普考及特考地区,经典试委员会划定厦门市为闽南考区。经奉令订于本月 21 日至 23 日为考试日期。当派典试委员兼教育厅长梁龙光为厦区主考官长,王讷言为本省普考主考官。王梁两氏日内可能分别由榕飞厦,主持典试事务,闻厦区经审查合格,准予参加考者有 80 余名云。

《中央日报》1948 年 6 月 20 日

监考改请法院首长　普特考今照时举行

普特考厦门试务处昨天奉到上峰复电,说梁厅长等因雨所阻不能前来,可请法院派员会同监考。本市试务处于奉电后,经请高院院长李襄宇、高检处首席余高坚于考试时候共同分发试题,以昭慎重。本市试务处已决定照原定时间从今天起假大同中学举行。(邵)

《江声报》1948 年 6 月 21 日

普特考昨举行　应考人员仅到 66 名

本省普特考厦门试务处于昨天起在大同中学举行,各主考人员均准时到场,而应考的反有些姗姗来迟。8 时起开始考试,到考的计 66 名,其中有田粮 31 名,财政 19 名,户政 11 名,清丈 6 名,尚有 14 名或系因雨所阻无法前来。昨天考场秩序很不错,由试务处长当众把密封的题目拆开,当场印刷分发,高院李襄宇院长、高检处余高坚首席均莅场监试。但听说考生的成绩很参差不齐。(邵)

《江声报》1948 年 6 月 22 日

厦区普特考昨天结束

厦区普特考已于昨天结束了。第一天到场应考的 66 人,到了昨天少了 2 人剩 64 人。所有考卷和考题于考试完毕之后当场密封,并于当日由

邮挂寄呈省府核阅。(邵)

《江声报》1948年6月24日

普特考试昨日结束

本报讯 本省37年度第一次普特考厦区试场,于昨午5时结束试务。三日来试场秩序良好,与考者第一日有66名,第二、三日减至64名。缺席二名。考卷于结束试务后,当场由典试处长黄天爵,监试人李襄宇、余高坚签封,由邮寄至省府评定成绩。第一次试务至此终止。

《星光日报》1948年6月24日

闽特种考试厦区录取十五人

本市讯 本省37年第一次普通考试暨特种考试初试,前于本年6月21日至23日举行。所有试卷,均经省试务处评阅完毕,并将各应考人初试总成及核算竣事,业经典试委员会榜示在案。顷厦门区试务处接奉代电,并及格人数姓名表,计本考区及格人员15人,并将名单抄录于后:一、财务行政类:潘特立、林孔钊、李镜深;二、户政类:方荣勉、戴俊生;三、田粮类:潘吉、杨正元、周俊明、黄启裕、卢乾侦、蒋承侨、刘竞翔、陈景堂;四、地政清丈班:柯长春、黄侯生。(南侨社)

《星光日报》1948年8月27日

教育局筹备鼓屿区教委会及组义教委会行政委会

奖励私立中小学捐资者

教育局昨(22)日开第43次局务会议,出席者全体职员,主席林德曜,记录庄恭继。讨论事项:一、关于小学毕业试日期案。议决1月27日(星期三)上午10时,假教育会大礼堂举行。二、关于毕业会考成绩优良者应否奖励案。议决10名以内给予普通奖品,惟第一名至三名特别奖励之。

三、略。四、关于本县私立各校多由私人捐资创办,此种热心教育应如何奖励案。议决令各私立中小学将捐资兴学暨热心家之姓名捐助金额,详细列表呈局,然后由局依章分别呈请教育厅奖励之。五、关于各戏院所映电影多未□□法令办理领有中央准演执照者,无论新旧片或以前曾在本局登记者,概不准映演。六、关于鼓浪屿检查电影片事宜,由张指导员负责办理案,议决通过。七、关于各戏院所演京剧等戏间多有碍风化者,应如何处理案。议决函请县党部查覆。八、关于20年度上学期县教育经费逐月收支,函请教育经费管理处公布案。议决通过。九、略。十、关于设立鼓浪屿区教育委员会案。议决依章筹备进行。十一、关于本县义务教育筹备案。议决,甲、依章组织委员会。乙、聘任委员一项,由局聘请厦门大学教授雷通群、大同中学教员□□□,厦门图书(馆)定期召集讨论进行办法。十二、关于奉令组织教育行政委员会案。议决,甲、聘任委员一项,聘请孙贵定、杜佐周博士及伍远资、陈景京、杨景文、黄幼垣、洪晓春、马大庆诸先生为委员,合当然委员5人,共13人。乙、定期召集讨论进行办法。十三、关于试办各私立学校逾期未办理立案,应如何取缔案。议决通令各该校下学期不准开办。十四、关于毓英学校教员李莎无理强辩,捏造事实诬告应如何办理案。议决令该校长即将该教员辞退。

《江声报》1932年1月23日

师训班毕业生67人将派赴各县

省讯 本省特种教育处师资训练班,15日行毕业典礼,郑贞文报告,本处自去年11月成立,当时为适应长汀□五县,新收复区之急需特教人才,先招考学员28名,训练1月,派任中山民校校长,计24人。又于12月底,由各县保送及直接投考,招收本班学员87人,遵行营规定学科,予以严格训练。因病因事及成绩低劣退学者共5人,此次因病未能参与毕业考试者1人,余81人。经毕业试验后,考核学员与操行成绩,不得毕业者15人,准予毕业者67人。日内即将派往各县办理中山民校云云。毕业生姓名如下:谢循良、张文伟、张宗健、魏丽云、杨韶、邓汉仪、廖□桢、罗鸿华、郭玉泉、陈裕兴、钟美基、刘如松、倪原琛、林鹃、林敏贤、李大鹍、黄蔚文、罗伯葱、阙彩来、钟三兴、邱沛荣、黄丰基、张万樟、伍琦、邱伯阳、王琨、廖维才、刘元康、吴乃宽、赵国珍、刘克仁、江遇春、李公信、冯玉人、林鸿经、赵松、王其文、郑觐西、罗毅、董继仲、章芝孙、郭耕公、戴光禄、李照葵、邱人湘、张聚恩、李士骅、巫珪、曾玉成、罗炳华、张懿、刘兴铃、张国□、罗作柱、罗贵霖、童□振、何正□、罗永□、李善长、魏子垣、曾仰光、林祖恩、邱应□、罗□伟、吴锦华、饶惠正、陈家辉。

《江声报》1935年6月19日

本届毕业校友就业概况（一）

　　本届毕业校友，总数达99人，除春季班8人已各奔前程外，本季毕业校友91人，其出路问题，亦已由教育部统筹办理，或由母校予以介绍，俱各为国效劳去矣。兹按照其在校学号，将第一批新校友就业情况介绍于下：

　　高恬惠校友　　就任永安改进出版社编辑。
　　廖恩约校友　　任职江西赣州直接税分局。
　　康谅校友　　　应福建省立长汀中学之聘，为该校国文教员。
　　匡达人校友　　就任国立湘雅医学院助教。
　　王心中校友　　任职江西赣州直接税分局。
　　王天富校友　　就任福建省宁化县田赋管理处副处长。
　　王敦迟校友　　投考中央航空机械班受训。
　　张乃东校友　　应福建省立龙岩师范学校之聘，为该学数学教员。
　　张其昕校友　　任职南平福建省企业公司化工厂。
　　雷世懋校友　　应广昌江西省立一中之聘，为该校专任教员。
　　石阿曹校友　　应母校之聘，为化学系助教。
　　石橘贞校友　　应福建省立农学院之聘，为该校助教。
　　颜金钟校友　　就任福建省立德化师范学校教务主任。
　　闵世超校友　　投考中央航空机械班受训。
　　尹镜岩校友　　任职江西赣州直接税分局。
　　郑廷植校友　　应母校聘，任会计学系助教。
　　邹锡光校友　　任福建省教育厅视导员兼巡回教育团团长。
　　邱朝光校友　　任职龙岩中国银行。
　　贺家宾校友　　任职江西赣州直接税分局。
　　吴国梁校友　　应福建省立永安师范聘，为该校专任教员。
　　杨学耕校友　　服务永安贡川监务管理局。

杜泽民校友	服务永安福建省田赋管理处。
黄文宪校友	应福建私立集美高级商业学校聘,为专任教员。
黄厚哲校友	应母校聘,为生物系助教。
黄冠文校友	服务永安福建省教育厅。
黄国英校友	服务福建省直接税局。
甘城道校友	任职江西赣州华北水利委员会。
连玉铃校友	应母校聘,任经济系助教。
叶式喜校友	任职江西赣州直接税分局。
叶士俭校友	就任福建省云霄县立中学教导主任。
叶秉立校友	任职江西赣州直接税分局。
蔡光周校友	同上。
林　言校友	应福建省土木工程局之聘。
林泽芬校友	执教福建省立永安中学。
林武铭校友	任职江西赣州直接税分局。
林逢澍校友	同上。
李善庆校友	任福建云霄县中教职。
陈大辉校友	应母校聘,为化学系助教。
陈　宣校友	应福建省土木工程局之聘。
陈　寀校友	任职南平福建省企业公司化工厂。
陈德和校友	任职江西赣州直接税分局。
陈碧玉校友	任福建泉州培英女中教职。
曾海云校友	任职龙岩中国银行。
徐光仁校友	应福建省立龙岩师范之聘,为史地教员。
陶端栻校友	受聘为母校土木工程系助教。
魏象熙校友	任职龙岩中国银行。
邱　炳校友	应福建省立长汀中学聘,为史地教员。

《厦大通讯》1942年,Vol.4,No.7

收复区小学教员甄审训练办法凡毕业于敌伪师范学生概须甄审及训练

市教育局奉省教育厅训令,颁发收复区各县市小学教员登记甄审训练办法，饬属施行。其要点如下：

（一）各县市政府应调查各该县市国民教育所需师资数量，举行小学教员登记及甄审训练。

（二）各县市小学教员登记及甄审训练事宜，由各该县市中小学教职员资格及中等学校学生学籍审查委员会负责办理。

（三）各县市小学教员具有修正小学规程第62条规定资格，或曾经检定合格而于战时并未参加敌伪工作者，经申请登记审查认可后，应即发给登记证，分发学校聘任。

（四）凡敌伪设立各级各类师范学校毕业之学生，或在敌伪学校任职之教员，均应予以甄审，并经短期训练考核认可后，方可分发学校任教。

（五）凡有下列情节之教员应不予甄审。甲、附逆情节较重，犯有危害国家民族利益之事实者；乙、曾经附逆而其道德行为不堪为师表者。

（六）申请审查之小学教员应令填具志愿书。

（七）训练方法除精神训练，讲述总理遗教、总裁言行、中国国民党政纲与政策、抗战事迹外，并应施以严格之军事训练。

（八）甄审训练之教员分发学校服务，各县市政府应随时查核督导，必要时并得定期抽调实施训练。

（九）经甄审训练合格之教员应饬依照修正福建省师范学校毕业生总登记办法，及修正福建省小学教员检定办法，检具证件层转教育厅申请登记检定云。

《江声报》1946年1月10日

本市前伪校中学生20日起甄别试

高初中共二千余人　教职员登记者百人

市教局登记沦陷期间伪教职员学生以便审查考试，以恢复学籍，已志本报。兹悉，教局自开始登记截至昨14日止，计教职员一百余名，待审查后，施予训练，然后恢复其职务。至学生方面，大同中学初中生671名，高中生304名；毓德初中295名，高中生151名；英华初中生469名，高中生172名。计初中1435人，高中627名，均由各该校派员替代学生申请登记，英华、毓德两校则请求在各该校设考场，厦区考场则择定大同中学。自20日起开始，日期三日，合格者准予毕业或回复学籍云。

《江声报》1946年1月17日

伪中学学生甄审考券十五日可发表

教育局今(9)日下午2时开第三次甄审委员会,讨论甄审伪中小学校员生事宜。又该局奉省令民国30年以前高中初中毕业生,不必甄审,凡缴证件者,可向教育局领回。又查甄审各学生考券,本月15日可审竣发表云。

《江声报》1946年2月9日

伪高中生月中召训

本市中等学校学生在敌伪统治期间毕业者(包括高初中),初中毕业生前经训练一批,高中毕业生迄未见召训,一般学生以升学就业,已失时,颇为焦急。据该所负责人昨语记者,高中毕业生之召训,本拟于初中学生训练完毕后开始,然鉴于上期训练时间过于短促,且未以军事方式管受,成绩未臻完善。依照规定,召训期间以一个月为最低限度,全体学员起居饮食必须在营。至此项经费,系由地方行政最高机关筹措。至高中学生,据市教育局所造送名册在140人之谱,每人每月食米以34斤,副食费900元计算,此项巨款,市府至今尚无法应付。但无论如何,本月15日社工人员训练完毕后,即可开始高中毕业生之召训云。

《江声报》1946年4月3日

高中学生成绩评定　分别编插升学

查本市中等学生学籍甄审试验,第一期成绩业经全部评竣,已志前报。顷悉甄委会除将应试各生成绩列30分以上者准予升级外,其余成绩未满30分或未到考者,经分别予以编插肄业年级,及不给予学籍。兹将高中部分查志如次:

编初中三下肄业者:陈友三、陈丽英、谢秀凤、潘启龙;

编高中一上肄业者:吴锦泉、叶丽丽、王明义、史温辉、王主德、陈备得、王丽娜、蓝佩琼、叶丽红、吕星南、周韵琼、周汉泉、林芳岩、陈弈鹏、荣弈荣、林素琴、吕醒侬；

编高中一下肄业者：唐崇义、许淑清、陈秀凤、吴素华、吴升元、吴静佳、陈光曛、林振福、柯维华、陈宏彬；

编高二上肄业者：黄弈锦、林雪矫、林坤木、翁默哂；

编高二下肄业者：孙克咸、方璋琼、周祥圻、林淑芳；

未到考不予学籍者：江□课、陈秀云、陈树琦、詹景辉、杨尤杰、陈进发、郑雪华、邵敏昭、陈永华、陈谷民、陈中骥、吴韵华、丁垂汉云。

《江声报》1946年4月5日

中警校毕业生来厦服务

本市讯 中央警官学校近应省府刘主席邀请，调派正科第15期毕业生苏茂松、张师哲、张金题、吴俊哲、林振福、李琼琛、吴祝平、连良鸥、石维祥、周黄生、黄起墙、林光耀、适锋、叶茂明、钱逎斋、黄天禧、黄文舒、陈弈安、黄鹄等19名来厦工作，一行经于昨(3)日抵厦。查该等此番来厦，对厦市警政，必有一番贡献云。

《中央日报》1946年6月5日

市政干所学员开会迎送新旧教育长

本市讯 本市地方行政干部训练所，自黄谦若兼任教育长以后，积极展开训练工作，不遗余力，成绩斐然。迄今已办理四届，毕业学员计五百余人。黄氏此次因兼任本市党部书记长，无法兼顾，经呈省训团辞职。各届毕业学员因黄氏不辞劳瘁，热心教导青年，特于本月4日下午3时，在该所召开各届毕业同学理监事联席会议，决议推举代表周永奇、林少正等9人，前往市府晋谒黄兼所长黄天爵，请求挽留黄教育长继续兼任。嗣因黄氏辞意已决，无法挽留，遂议定于本月9日下午3时，在该所礼堂举行欢送黄教育长及欢迎陈教育长大会暨各届毕业同学交谊会，并订今晚8时举行同乐会。又：该所第四届高中毕业生训练班学员亦定是日上午9时举行结训典礼云云。

《中央日报》1946年6月6日

中学生甄审 核准二百余名

本市中等学生学籍甄审委员会,举办之第三次伪中等学生甄别考试,参加人数高初中计二百余人。共编插年级,业经评定完竣,该会已定即日起在教科发给学籍证明书。凡参加该次考试之学生,可于即日起,径向教育科领收。

《星光日报》1946年11月22日

简　讯

本市讯　查本市中等学生学籍甄审委员会举办之第三次伪中等学生甄别考试,参加人数高初中计二百余人。其编插年级,业经评定完竣。兹悉该会已订即日起在教育科发给学籍证明书,凡参加该次考试之学生,可于即日起径向教育科领取云云。

《中央日报》1946年11月22日

前陷区毕业生　省府核准一批

本报讯　本市于沦陷期间,一般公私立中小学在敌伪统制之下。追光复后,当局以在沦敌期内所有本市从事教育人员并中学生学籍资格思想均有审查甄别必要。乃经组织厦门市中小学教职员及中等学生学籍审查委员会,专责处理审查学籍资格等问题。兹悉该会于昨接省教厅代电,以所呈送之鼓屿毓德女中29学年下学期之毕业生周爱洽等30人,经准予追认毕业资格,仰得知该校造具毕业证书检印云。

《星光日报》1947年3月18日

大中学毕业生职业　教部拟定解决办法
奖励回乡服务担任自治工作

本报讯　教育部已拟定解决大及中学毕业生职业办法如下:(一)专科以下学校毕业生选送服务,仍由教育部依照往年办法办理,并与有关机关协取联络。(二)关于职业介绍,社会部在大都市设有职业介绍所,社会部直辖之社会服务处,及各省市新办之社会服务多处,亦决定办理职业介绍工作。嗣后对于大中学校毕业学生,应尽先设法介绍职业。(三)奖励大中学校毕业生回乡服务,担任地方自治工作,俾免集中都市觅业困难。(四)奖励各级事业机关,办理技艺训练班,招收初高中毕业学生,分别予以短期训练。期满后,由原办事业机关,予以服务之机会。(五)中等以上学校,应设置职业介绍及辅导机构,经常办理各该校毕业学生之职业介绍工作及养成青年之创业精神与服务兴趣。(六)各机关应励行退休制度,并淘汰成绩低落之人员,以增加大中学校毕业生之就业机会。(七)从速制定国民就业法,俾该法公布后,大中学校毕业生可依法取得就业机会。

《星光日报》1947 年 3 月 24 日

厦大本届毕业生俱愿服务于都市

中央社福州 8 日电 据调查,厦门大学本届毕业生 216 人,俱愿在都市服务,其所表示志愿之地点少者一地,多者四至五地。其中志愿在京者最多,计 126 人,上海次之为 122 人,再次为台湾 112 余人,亦系国内其他大城市。愿在闽省服务者 33 人,其中指定在福州、厦门者 26 人。另留校者 3 人,仅 4 人愿在省内其他地带服务。此实显示目前知识分子大多数具有不愿在都市以外地区生活之心理。

《中央日报》1948 年 8 月 9 日

第三章

学校教育

一、学堂私塾

东亚书院解散

厦门东亚书院创始于戊戌、庚子间。时值新政,推翻全国黑暗,赖有此书院巍然独立,崇孔、教授国语及各种科学,复另设外课一门,每月招考一次,如策论、算学、诗词等作,皆斯时发明。延聘厦绅林氅云廉访为山长,评阅认真,一时新学巨子多出其门。嗣以廉访逝世,外课遂停,诸董事因庚子日兵上岸被浮言所中,又相率退办,改归三五公司兼理。近闻经费不敷,学生寥寥无几,于五月初一日解散。惟此书院培植人才甚多,未知能有人继起组织以保此院名否?

《厦门日报》1909年6月25日

教局分令各私塾依照厅令改良办理

昨(3)日下午4时,教育局开第十八次局务会议,出席者8人,主席林德曜,纪录庄恭继。报告事项:奉厅令,饬县照拨小校补助,并缩减后局费月共228元8角等情。仰照拨,共讨论事项如下:一、奉厅令,处理无执照及经禁演影片应如何办理案。议决,函转公安局查照,并通令各戏院知照。二、奉厅令,对于未经核准影片不得预登广告应如何办理案。议决,函转公安局饬广告处查照办理,并饬各戏院遵照。三、关于改制本局徽章案。议决推举林局长制绘样式,提出下会讨论。四、关于本县各私塾现已调查完竣,应如何改良案。议决,根据调查,分令各私塾依照厅令改良办理。

《江声报》1932 年 5 月 3 日

厦鼓禾私塾统计　塾师 91 名　学生 2100 名

教育局为改良本县私塾,特于日前由该局派员分头四出,调查各塾师概况。结果,计厦禾鼓私塾共有 73 所,其中第六区有三所,尚未调查清楚。故塾师、学生未有列入统计,男塾师 82 名,女塾师 9 名,合共 91 名;男学生 1822 人,女学生 278 人,合计 2100 人。兹将各学区私塾状况,制表列左[下]。

学区	私塾数	男塾师	女塾师	男学生	女学生
第一学区	8	9	4	273	57
第二学区	19	21	2	474	81
第三学区	12	12	0	363	22
第四学区	5	5	0	171	9
第五学区	8	10	1	196	40
第六学区	11	11	0	142	31
第七学区	6	9	1	172	20
第八学区	4	4	1	31	18
统计	73	82	9	1822	278

《江声报》1932 年 5 月 15 日

市教育科发表取缔市内私塾办法　学校周围三里不得设塾

规定私塾科目并受指导　认有成绩得酌予补助

市处教育科昨发表取缔私塾办法：

一、凡思明市境内之私塾，均须依照本办法办理。

二、市立私立各学校，周围三里内，不得设立私塾。但因学校不能尽量收容学龄儿童时，呈经思明市政筹备处（下简称本处）核准者，不在此限。依前项核准之私塾，认为有妨害学校发展者，得随时撤销其许可。

三、凡私塾之设立，须先将塾名、塾址、塾师履历、学生人数，呈报本处备案。

四、凡经备案之私塾，定学期开始后，一个月内，须将生徒数目、经费状况等，呈报本处备查。

五、私塾所授科目，最少须有公民训练、国语、珠算、常识、体育等五科，课本应采用教育部最近审定者。

六、私塾应设置下列各种表簿：（一）学生出席表；（二）教授日志；（三）学籍簿；（四）学生告假簿；（五）家族通信簿；（六）学业考查簿比，操行考查簿。

七、私塾须受本处督学及指导员之监督与指导；

八、塾师管教合法，经本处派员视察调查，认为成绩优良者，得酌予补助，改为代用学校。

九、凡塾师有左[下]列情形之一者，本处得禁止其设馆课徒：

（一）违背中华民国教育宗旨者；（二）违背国民党党义者；（三）吃食鸦片者；（四）操行不正者；（五）办理不力，经本处考查认为毫无成绩者；（六）心身缺陷不能执行职务者。

十、私塾不受取缔时，得予惩戒或处分。

十一、本办法自本处长核准之日施行。

《江声报》1933年9月14日

禾山塾师二次会议　设塾地点须遵指定

禾山特区署,昨召集塾师二次会议,到黄汝元等9人,主席周昌盛。议决:一、自本年起,各塾师如不遵令至指定地点设塾,即开除学籍,收回训练班学业证书。二、各塾师如不采用短期课本,即不准开学上课。三、各塾于开学后,应即呈报,否则以未开学设塾论;取消其资格。四、坂美塾师何恨生,改往壕头设塾;穆厝塾师黄进贤,改设西潘社;蔡塘塾师黄汝元,改设塔头社。刘继贤设官浔社,何勇活设塾塔埔社。五、由区署令饬乌石浦保长,取缔不合法塾师□水镜。六、各塾如有未就学儿童,一面出区署下令各保督促,一面由各塾减轻学生负担。七、各塾附设民众夜校经费,应向富户设法劝募,每月以烛火费4元为限。

《江声报》1937年2月25日

玉屏紫阳禾山三书院业产将予清理

公私立学校产业亦同时进行清理

市教育局以本市过去玉屏、紫阳、禾山三书院业产甚多,亟应清理,以作教育经费,决于本次市政会议提出讨论。其办法系由市府聘请地方公正人士,组织清理委员会,主持清理三书院业产及公私立学校公产云。

《江声报》1946年1月11日

本市塾师及格者41人　将分给证书

本市塾师训练班,由市府于2月10日开办,至3月25日结束。所有塾师受训各科成绩均经考查完竣,及格者计41人,将于日内分发修业证书,准充本市塾师,有效期间定为3年。其未受训或已受训而成绩不及格者均不得设塾。兹录受训及格塾师如下:傅维嘉、林望溪、吕觉顽、廖坤皇、傅赓声、廖为霖、萧培榛、黄俨斋、林文波、杨笃辉、纪珠卿、胡瑞贤、廖大亨、廖珪璋、叶镜潭、林珊瑚、王耀德、廖冰心、王月樵、王天士、郭卓彝、郑友仁、陈尊三、陈辉庭、王登瀛、林中铮、陈惠贞、李文象、卢淑国、洪宗朝、尤振泽、许瑶辉、汪稚园、褚景云、林玉堂、倪端石、金镛、李向荣、陈秀卿、杨松林、吕绍沫。

《江声报》1936 年 5 月 29 日

本市私塾概况

本市私塾战前设立者甚多，惟多数教授古文、《论语》以及其他占籍。光复后，据教育局最近调查，市区私塾计有十所，包括有英语、会计、职业各种不同专门学问，比之战前似较进步，共有学生 344 名，每月收费多为 2000 元或概不收费。当局如能督促有方，其收效必宏大。兹列各塾概况如下：

名 称	地 址	设立年月	塾师姓名	学生男	学生女	合 计	教学科目	征收学费
中信会计社	镇邦路32号	民国34年8月	杨子江	38	8	46	商业簿记会计	每月每人600元
启智学社	升平路14号	28年1月	白锡连 潘秀华	60	20	80	国语公民常识尺牍	每学期2000元
大中学社	大中路47号	35年4月	郑恩华	20	8	28	英语国语算术	每月每人1000元
汉文补习班	盐溪街8号	35年元月	杨健侯	不详	不详	不详	国文	每人每月300元
补遗女塾	洪本部6号	不详	陈梅英	不详	16	16	国语尺牍	每人每月500元
施民英语班	思明义务小学	不详	施志雄	26	4	30	英语	每月2000元
重光国语班	民国路15号	35年3月1日	刘重生	15	5	20	国语	每月500元
南风短期补习学社	民立小学	35年5月9日	黄清三	不详	不详	不详	英文算术	每名2000元
商余补习班	泉州路73号	35年4月1日	陈兆荣	51	61	112	党义国语珠算尺牍	概不收费
卢文启私塾	鼓德兴路92号	民国27年6月	卢文启	2	10	12	国语尺牍	每月每人500元

— 193 —

《星光日报》1946 年 6 月 19 日

玉屏书院改建孔庙

洪鸿儒等呈请　省府已准备案

福州 14 日下午 11 时电,省府据厦门洪鸿儒等呈,祭孔典礼已行恢复,厦市又新成立,尚无孔庙,无以副中央之瞻仰,请将玉屏书院旧址改建孔庙云云。省府据呈后,已准予备案。

《江声报》1935 年 6 月 15 日

教局呈县府改建鸿麓校舍

请转函路政处备案

教育局昨日具呈于县政府云:案查县立鸿麓幼稚园,即前县立鸿麓小学校,设在周厝口普佑殿边。其校舍除一部分系租赁外,余则将普佑殿寺室改良使用。查该普佑殿在前来玉林县长任内已批准拨充为前鸿麓小学校校舍,兹因该租赁房屋业主屡欲收回自用,故现计划将普佑殿全都折卸改建为幼稚园学舍。理合具文呈请察核,恳请检案再予批准,并转函路政处备案,以利进行,实感公便。

《江声报》1932 年 5 月 19 日

幼稚园校服　裙衫连接

白经蓝纬麻帆布　市教局饬知

市政筹备处教育科,昨训令市立大同鸿麓幼稚园云:查市立私立各小学学生,应着制服。其所用布料,及样式,业经通饬遵办在案。惟幼稚园年龄幼小,除男生制服样式,须与小学男生一致。其女生制服,得略为变通,裙衫连接,裙色与衫相同,布料仍采用白经蓝纬之麻帆布,以期一律。

除分令外,合行检发布样议决案及制服图式,令仰该园遵照,并转告各该生家长,克日赶制为要。此令。

《江声报》1933 年 9 月 23 日

鼓屿学生劳师运动

怀德成绩最佳　区署定期给奖

鼓屿区公所以该区教员生活清苦,职务繁重,为鼓励学生"尊师重道"起见,特于旧历年关发动中小学生劳师运动。兹经办理结束,各校所得成绩颇佳,尤以怀德幼稚园为优。该区署特备奖旗一面,定期给奖云。

《江声报》1946 年 2 月 12 日

三、小学教育

同安灌口凤山公立两等小学堂招生广告

窃维国家之强弱,系乎人民之智愚。而人民之智愚,视乎教育之隆替以为标准。盖教育者,乃培植人民为将来担任社会之职务,非具备必要之新文明、新智识与夫健全之身体,决不能应社会之大责任,为完全国民之资格。西儒康德氏曰:"人者,为动物之灵长,只在受教育之能力耳。未闻人无教育而能化野蛮之气质者。"深味斯言,可知教育为人生之首务矣!我国家受外界之刺戟,锐志维新,设教兴学,不遗余力。复经学部奏定学堂章程:每百家以上之村,须设初等小学 1 所,又将调查 6 岁以上之儿童不令就学,罪其父兄,法至严教称广也。灌口居安人仁德积善三里之中心点,负山滨海,地广人稠,风气渐次开通,而学堂之成立未有一焉。童蒙失学,难屡指计。爰邀同志就地筹款,定灌口凤山创设公立两等小学堂。照章禀县申请,提学司立案,延聘师范毕业通儒分科教授。俾三里中子第得以早荷栽成。订定 7 月 20 日开课,容俟经费充裕再行推广,分设各乡蒙养小学,庶几教育普及,则脱野蛮气习,而底于文明程度矣。凡吾同胞子弟,尚冀猛着先鞭,慎勿甘于后动。兹定五月初十起至六月初十止为报名期,以便 7 月开课,爰列简章如下。

(甲)校地:本校设在灌口凤山书院,改为两等小学堂。候经费稍足,再议扩张。

(乙)年龄:高等 16 岁以下,12 岁以上;初等 12 岁以下,8 岁以上。

(丙)资格:高等曾读过四书五经,能作一浅论者为合格;初等曾读过四书一二本者为合格。

(丁)学科:遵照颁定章程,高等小学堂拟添国民科。

(戊)学费:本校为鼓舞兴学起见,束脩免纳。

(己)膳费:全月纳小洋 30 角,午餐者纳小洋 12 角。如离堂不远回家午餐者,或自行送饭均听其便。

(庚)报名处:一灌口监馆,一锦文布庄,一灌口公益社。

《厦门日报》1909 年 6 月 8 日

教员冲突

大同两等小学堂今夏经省视学,报列为厦门学堂之最优等,洵堪嘉许。讵本 11 日,该校堂长杨景文与教员时楷因配教科致起冲突。各自告退后,经教育会总董卢文启氏出为传集校董详断曲直,诸董皆圣留杨君终任,而教员吴君则听其告退。今合校已仍旧办学矣。

《厦门日报》1909 年 10 月 11 日

增筑校舍

灌口凤山学堂本旧时会文之公所,改造也局面甚是宏敞,位置亦极得宜。因系三里公立,远方来学多人,自应多设寄宿。近日昌办人陈清渠、陈师勋及复鸠工庀材筑楼房数间矣。

《厦门日报》1909 年 12 月 16 日

台湾公会开设学堂

台湾公会经庄有礼充会长后,力加整顿而又热心公益各事。现定明年在公会后附设一籍民学堂,先收日籍商之子弟入学,不取分文,俟不足额再招贫家子弟云。

《厦门日报》1910 年 1 月 15 日

开纪念会

厦港紫阳学堂为厅署中人所创立,自去春开校以来颇著成绩。迄今适及一载,闻将以本 28 日开周年纪念会云。

《厦门日报》1910 年 4 月 7 日

堂长改调

马巷官立学堂堂长洪应祥,去年因校内有著名顽固之陈某多方阻碍,办事棘手,今春特向厅尊辞职,同邑主以双溪学堂堂长虚位,遂延致之。闻近已抵任矣。洪君素极热心教育,必能重新整顿,为桑梓放一线光明也。

《厦门日报》1910 年 4 月 23 日

办学乏费

同辖灌口凤山学堂创自陈君师勋,该校费去年不敷四百多金,均自行措垫以底厥成。今春开校学生尚多,往岁经费愈形棘手,虽该处素称殷富,而风气未开,赞成者极形其少。噫!灌口为同邑之大镇,经费尚忧不足,良可慨夫!

《厦门日报》1910 年 5 月 10 日

学堂停课

石埕一带地方疫症流行,延及赖厝埕。闻大同学堂学生告病假者实繁有徒,日昨该堂长特请省视学官吴曾禔氏先为到校巡视,一切学务今午已停课云。

《厦门日报》1910年6月3日

热心兴学

公立小学堂堂长陈鸿祺氏因事告退,本拟就学京师一节,已登前报。现因回梓,与二三同志在马巷封侯保组织两等小学堂,颜曰侯亭。公推陈资深氏为堂长,特聘全闽师范毕业生杨诚绥氏主任一切教务。闻已具禀厅宪,转详提学司核示候办云云。

《厦门日报》1911年10月4日

省指委会令光华校免议过

批光华呈已令指委会注销

鼓浪屿思明县立光华小学以思明教育会改组有未合处,呈省指委会,请予纠正。后思明指委会以该校此举不当,请思明教育局严办该校负责人,该校因是再呈省指委会。昨(21)日已奉省指委会批云:"为县指委会改组县教育会有无不合,该校呈请纠正是否捣乱反动,请依法办理由,代电悉。查此案前据该县党部务指导委员会呈报前来,业经本会指令,应即再函该县教育局迅将严办该校负责人一案注销,免予议处在案,仰即知照。此批。"

《江声报》1931年5月22日

大同小学

赖厝埕本日悬挂《日兽军侵略我国画报》一幅,东三省一隅及沿海,满布日旗飞机,表示日军势力所及,举目所至,屏藩尽失,国亡堪虞。画报四大幅,颜色鲜明,尤足令人惊心动魄,了然若丧。其余时事新闻、摘要录出,颇合平民阅报程度。又贴本埠各家报馆新闻,于重要处圈以红色,引人注意。种种设施,俱属反日宣传之要务。查该种之宣传品,系该街大同小学教育推广委员会所为。该校素主张学校要社会化,且要化社会,故有该会之设。

《江声报》1931 年 10 月 1 日

渔民学校改聘校长纠纷　蔡受谦谓任期未满

厦港渔民学校校长原为蔡受谦氏,近该校校董会,以渔会改组成立为由,改聘陈震宇为校长。蔡以本人约期未满,校董会不应违约改聘,因呈教育局请制止。昨(25)日下午 4 时,教育局乃派庄督学前往调查。因校董不在,无结果。同日下午 1 时,县府社会科长陈力同科员带驳壳枪护兵 2 名,由阮耕礼引导至校,向该校陈张二教员声言,下午各人行李须一律搬出,并检视各室。陈张等乃于陈力去后,群赴教育局请示办法,教局长林德曜以须呈杨县长请示,明(26)日下午便可解决云云。

《江声报》1932 年 1 月 26 日

渔校争长续闻

教局俟县长表示态度　陈力声辩无强迫接收

厦港渔民学校因易长发生风潮事,经已详志昨报。本日上午,陈震宇仍带□科员,并新聘教职员数人到校视事,又向教育局长林德曜声辩。后经林询以日昨到校接收,系用何种资格,若以科长名义到校参观,自可带有驳壳护卫,但不能执行校中各事。若用校长名义,则未经本局批准,不能干涉校政,何能强迫移交,并勒令留校教员搬出校外云云。陈称彼系受校董会聘任为校长,校董会已移交,故得到校点清校产云云。语毕乃退。下午,该校蔡受谦及全体教职员到局,询以杨县长经已批复与否。经林允于明日请杨县长速示办法云云。

又:陈力昨具呈县长杨廷枢,声辩无强迫接收,略谓"是日力系与友人杨俊泽,随同阮耕礼前往点交。嗣因各室龌龊不堪,椅椅倒置,乃请杨俊泽到县府,带同当差二名,徒手警二人前往扫除,并将椅桌陈列就序,已坏椅桌另置一处。事竣即回,留一当差看管点交物件,并未向前校长接收,且该前校长亦未在校"云云。

《江声报》1932 年 1 月 27 日

渔校争长风潮已告一段落

渔民学校易长发生风潮，经叠志本报，昨日上午，教育会举行全县第2届联合毕业式毕，该校蔡受谦偕全体教职员及教育界人员，向杨县长及林局长以开学期已届，请速示解决办法。经杨面覆以陈力虽系县政府人员，但社会科早已裁撤，并派驳壳护卫到校强迫移交等事，或许因送囚犯而陈力顺便召往渔校。此事日昨教育局亦有函到本县，因事属教育性质，经已批覆，尽可由教育局长裁决。本人只在监督地位，绝不参加任何意见。该校教职员等认为满意，于11时许再往教育局请林局长裁决。林覆以原任校长任期未满，尽可行使职权，本局并经函校董会，诘其究竟。闻蔡受谦等定本日起开始办公云。

《江声报》1932年1月28日

群惠将开大规模游艺会　募款慰劳前线受伤将士

本市群惠学校，昨(18)日召集董事及全体教职员开会，讨论筹款慰劳19路军抗日受伤将士办法。当经决议，定4月2、3两日，在该校开大规模游艺会，即举选出陈胜箎为游艺会办公秘书长，林士麟为总务部主任，下分筹票、会计、庶务、布置四股。欧阳桢、赵逸萍为宣传部主任，欧阳潜为游艺部主任，下分音乐、歌舞、剧务、布景、化妆五股。白英金为招待部主任，汪嵩俊、乔尚齐为纠察部主任，积极筹备，并就该校之二层楼改建大礼堂。故连日该校教职员，备极忙碌云。

《江声报》1932年3月19日

群惠游艺会请书家欧阳桢鬻书　润资悉数汇慰劳军

本市面线埕群惠学校，筹开大规模游艺会，筹款慰劳19路军抗日受伤将士，经见前报。兹闻该校除日夜工作，赶紧改造礼堂及积极练习各种游艺外，并于4月2、3两日开会时，请书家欧阳少椿鬻书，所得润资，悉数寄沪慰劳受伤将士。该校游艺会入场券已定为普通券1元，特别券2元以上。厦埠各热心家连日纷往该校购券,昨有许经□购特别券一张 100 元,薛拱连购特别券一张 75 元云。

《江声报》1932 年 3 月 23 日

集友小学昨日请愿　诉柯清源霸占校址

模范村集友小学校,创设于民十八秋,其校址在模范村之济寿宫,即原日之武圣庙,为该校向济寿宫董事会租用者。近该校长吴万镇在校之右畔原租用之区域内,筑一篮球场,备学生练习之用。昨晨 6 时许,有自称柯清源者,会同路政处巡长、路警等五六人,至该球场,将该校所竖之篮球牌及木柱等拆去,并欲另竖石界。该校高级生睹状,出与理论,被警用枪杆殴打学生张清根等,并将篮球牌、木柱,用 81 号美达车载去。有模范村派出所巡长田开基作证。事后,校长吴万镇即于下午 1 时许,率领全校学生百余人,持请愿旗到党部各机关请愿。旗书"集友学校为柯清源恃势霸占校址,殴打学生,挖去篮球牌,破坏教育请愿团",先到县党部,由谢心铭出见,吴当陈述请愿理由,并献上请愿书。谢允照转当局办理。次到教育局、县政府、19 路办事处、司令部、公安局,均允查明办理。乃返校,已下午 6 时半矣。

又:吴厝保保民公会,前晚(26 日)7 时,假吉祥小学开会,对济寿宫旷地,认为确属庙产,经保民交涉在案(有契据为证),路政处实无变卖该地之权。乃推举童锦焕、纪忠烈为代表,携函前往路政处彻底交涉云。

《江声报》1932 年 10 月 28 日

毓德女小昨开运动会

鼓浪屿毓德女小运动会,昨(3 日)下午 2 时在毓德女中运动场举行,观众男女约三四百人。运动项目以各式体操占多数,操习颇齐整,其中以玉兔奔月、障碍赛跑、彩旗操更为可观。至下午 4 时举行篮球比赛,高一对高二,评判员庄福昌,采用女子规则。上半时高二以 14 比 12 胜高一,下半时高一奋力追逐,结果 22 比 2□高□胜。会毕后,举行给奖云。

《江声报》1932 年 12 月 4 日

宗文小学捐助抗日军　已得总部收据

本市宗文小学全体学生捐助十九路北上抗日军慰劳款 120 元,前(22)日该校已得总部收据,交由该宗文小学代表林威宇转示全体学生云。

《江声报》1933 年 5 月 25 日

玉紫小学组织参观团赴浙参观教育

思明县玉紫小学校长陈志伦,昨呈市政筹备处长许友超,略谓:该校教职员 8 人,利用暑假期中,组织教育参观团,前往江浙等处参观,请函上级市教育局,到时派员领导参观云云。该处据呈,经予照准。

《江声报》1933 年 6 月 29 日

县立小学改市立小学　原有各校长市教科加委

教育局改科任黄玉元为科长,于前日视事,业志本报。本市原有各县立小学校,现经由该科改为市立小学校,各校校长亦于昨(11)日正式加委。计委玉紫小学校校长陈志伦、竞存小学校校长李禧、大同小学校校长伍远资、崇实小学校校长杨昌国、普育实验小学校校长徐祉安、大同幼稚园伍远资、鸿麓幼稚园陈淑谦、市立单级小学校校长章晃、紫阳小学校校长陈玉琮、吉祥小学校校长陈维纯。以上各校长均系原有县立各校校长,未更动,惟蒙泉小学校长尚未加委,是否更动,现尚未知云。

《江声报》1933 年 8 月 12 日

思明市小学高级生　阅读竞赛会方法
报告 15 日起 22 日止　竞赛日期定 12 月 3 日

教育科昨日颁布思明市小学高级生阅读竞赛会方法,第一条,本处为引起小学学生阅读兴趣起见,举行小学阅读竞赛会。第二条,凡本市市立及已立案之私立小学,均得报名参加。第三条,参加竞赛学生以本学期高级第一、第二两年上下学期学生为限(第一年加入乙组,第二年加入甲组)。第四条,每校加入竞赛名额,视该级生数而定,凡生数在 20 名以下者,应选派 4 人。20 名以上者 6 人,30 名以上者 9 人,40 名以上者 12 人,50 名以上 15 人。第五条,竞赛方法如左[下]:一、在指定时间内,阅读指定课文(分甲乙组)。二、将读过课文默写大意。三、解答问题。四、改正错字之解释短句。第六条,报名日期自本年 11 月 15 日起至 11 月 22 日止。第七条,报名手续依照本处印发表格填写后,送交本处教育科。第八条,竞赛日期,本年 12 月 3 日上午 9 时,假本市省立厦门初级中学举行。第九条,竞赛成绩由本处组织委员会评定之。第十条,成绩优良者由本处给予奖品,以示鼓励。

《江声报》1933 年 11 月 3 日

全市高小学生阅读竞赛会举行完毕

与赛三百余缺席 31 名　各方奖品陆续送市府

全市小学高级生阅读竞赛会,昨(3 日)在厦门中学举行,甲组于 9 时 10 分开始,乙组于 10 时 30 分开始,计分 5 室,各生按号入室,均能严守会场规则。到场参加者 340 名,因故缺席者 31 名。现市府教育科职员已将试卷加紧详阅,数日后即可发表成绩。近日市长许友超发函向各方热心家征集奖品,以资鼓励。该项奖品已陆续送入市府,截至昨(4)日共收到:一、漳厦警备司令即黄司令银盾 1 座(镌"卓尔不群"四字)。二、思明市税务局朱局长银盾 1 座(镌"慧眼灵心"四字)。三、世界书局银盾 1 座(镌"卓绝群伦"四字)。四、儿童日报社阅报卷 6 张,儿童信封信笺 20 束。五、儿童日报社社长吴稚纯竖镜牌 1 座(写"求知之门"四字)。六、公安局第五分局许局长知识与进步书□本。七、商务书馆《王云五大词典》1 本,少年丛书 15 本。八、国华实记银盾大王公司银盾 2 座。九、厦门要港司令部林司令镜牌 1 座。十、第四区区长杨天培镜牌 1 座。

《江声报》1933 年 12 月 5 日

市高小阅读竞赛成绩

团体优胜第一名群惠、思明　个人优胜为杨炳汉、陈金沧

全市小学高级生阅读竞赛成绩,昨经市府揭晓如左[下]:

团体优胜,(甲组)第一名:群惠;第二名:大同;第三名:福民。(乙组)第一名:思明义务;第二名:群惠;第三名:延陵。个人优胜,(甲组)第一名:杨炳汉(大同)(乙组)第一名:陈金沧(大同)

兹将市府教育科所评定之名次、分数、列表如左[下]。

甲组　　　　　个人成绩

名次	姓名	学校	分数
1	杨炳汉	大同	78
2	黄礼貌	大同	74
3	黄水仙	群惠	72.7
4	陈文情	崇实	69.5
5	吴丁园	大同	68

团体成绩

名次	学校	分数
1	群惠	57.57
2	大同	57.03
3	福民	55.6

乙组　　　　　个人成绩

名次	姓名	学校	分数
1	陈金沧	大同	82.5
2	刘匡进	龙山	80.5
3	薛派侃	侨南	79.5
4	沈香辉	大同	79
5	林万富	群惠	77.5

团体成绩

名次	学 校	分数
1	思明义务	66.87
2	群 惠	65.75
3	延 陵	65

又:各界奖品,市府连日续收到多件,经定 14 日在市府由许市长亲自颁奖云。

《江声报》1933 年 12 月 10 日

阅读竞赛昨给奖　参加 500 人

厦市高小阅读竞赛既毕,昨(14)早上午 9 时,在市府举行给奖大会,参加者五百余人。主席黄至元(由黄式厚代)开会词,略谓,竞赛会目的:一、提高学习效率。二、引起各校注意阅读能力之训练,给奖时因许市长外出,由严铁民女士代给,各优胜者均得各机关赠送之银盾、书籍甚多。团体优胜:计群惠、大同、福民、思明义小、延陵等。个人优胜男生:为大同杨炳汉、黄礼貌、吴丁园、陈金沧、沈香辉,崇实陈文情、龙山刘匡进等七名。女生:计侨南薛沛侃,群惠黄水仙、林万富等三名。给奖后,由教科长黄至元代表许市长训词,次财政局长蓝琛演说,最后学生代表致答词。语颇清晰,神情活泼,会场秩序极佳云。

《江声报》1933 年 12 月 15 日

集友校召集公民会反对侵公地

本市模范村集友学校,于前晚(3 日)7 时在该校礼堂召开深田内公民谈话会。到会约六十余人,由该校长报告该校最近进行概况及附设民众阅报所之情形,并报告柯清源侵占公地等语。谈话结果,决定期召集居民代表大会,讨论对付侵地办法云。

《江声报》1934 年 3 月 5 日

同安双溪校举行婴赛 参加二百余 录取 20 名

同安讯 同安双溪学校,开办二十余载,现任校长曾文墨,系该校毕业生,去年曾一度提倡开婴孩健康比赛会。今日儿童节,又举行第二次婴孩健康比赛会,经自日前分函各机关社团学校,到期参观。4 日晨 9 时开会,除各界妇女携带子女到会参加外,尚有 36 师 108 旅旅长傅正模,偕副旅长参谋长副官长等,及同安县长李寅枢,司法委员吴秉哲,警察所长楼飞,党部临委叶维旋,暨各界闻人等,备有厦门企公勒吐精代乳粉,及牛乳玩品,到会赠奖。又有傅旅长之长方镜,李县长之大银牌,以及各界闻人之奖品,陈列于会前操场中。聘西医李荫民、高亮甫、黄天启、叶敏吾 4 人,为比赛评判员。结果取得 1 岁以上 2 岁以下之甲组中赛 10 名,及弥月以上一岁以下之乙组中赛 10 名。其加入比赛之婴孩,共有二百余名,中赛 20 名婴孩,逐一由集美影相馆为其义务照像云。

《江声报》1934 年 4 月 6 日

小学生国语演赛定期举行 办法 12 条

市处昨训令私立小学校长,谓本处组织国语演说竞赛会,第一次竞赛先就小学举行,定 5 月 4 日起至 6 日止。

竞赛办法:

一、组织各学校学生国语演说竞赛会。

二、第一次竞赛暂以小学生为限。

三、演员分为 3 组,由各校就低年级(一二年级)、中年级(三四年级)、高年级(五六年级)学生,各选出 2 名比赛。

四、竞赛演说题目由各校自定,但须于开会前一星期呈处审查。

五、凡参加竞赛之学校,务于开会前一星期,将竞赛生姓名、年级呈报本处。

六、竞赛之时间,高年级以 6 分钟为限,不及 4 分钟者为不及格;中年级以 4 分钟为限,不及 3 分钟者为不及格;低年级以 2 分钟为限,不及 2 分钟者为不及格。

七、比赛评判标准分为思想、组织、国音、声调、姿态5种,思想点15％,组织点15％,国音点30％,声调点20％,姿态点20％。

八、评判结果,为个人优胜、团体优胜两种。甲、个人优胜每组5名(外又分甲乙丙三等),乙、团体优胜每组3名。

九、竞赛会期定本年5月4日起至6日止(每日上午9时起12时止,下午2时起至6时止)。

十、评判员由本处聘请。

十一、评判员评定等第由本处分别给奖,以资鼓励。

十二、竞赛办法如有修改之处,随时公布。

《江声报》1934年4月11日

群惠女学生运动会　女生土风舞　男生叠罗汉

群惠女学昨今两日,在中山公园开运动会。竞赛节目有跳高、跳远、赛跑,及女生篮球等,表演节目有女生优美操、土风舞、优秀舞,男生叠罗汉,低年级生及幼稚园生表情歌等。昨午虽天雨,但仍热烈举行云。

《江声报》1934年4月29日

海滨附小成绩展览　今明日举行并开游艺会

鼓浪屿海滨附小,订6月16、17两日开成绩展览会,17日下午2时至5时,晚上8时至11时,并假鹭江戏院开游艺会。查其这次展览,以自然科之自制标本、美术科之各种绘画,与语文科之各种笔记为最充实。闻有名人书画,亦可引人注意。计展览类目:一、语文科成绩;二、学校行政成绩;三、劳作美术成绩;四、自然科成绩;五、名人书画。又17日游艺节目,下午2时,正剧《新闻记者》《艺术家》,歌剧《面包》。晚上7时,剧目《离魂倩女》、《最后一课》,歌剧《卖儿》、《蝴蝶鞋》。

《江声报》1934年6月16日

海滨附小成绩展览延长一天

鼓浪屿海滨附小学校于 16、17 两日举行成绩展览,17 日并假鹭江戏院开游艺会,日夜两场,观众满座。该校以两日间参观成绩展览者,虽不乏人,第恐连朝淫雨,向隅者仍有其人,因决定展览会延展一日。故今(18)日尚可前往参观也。

《江声报》1934 年 6 月 18 日

厦禾鼓小学生本届毕业 349 人　计县立私立 19 校

本届 22 年度下学期(即 23 年上半年),厦禾鼓县私立小学毕业考试,业由教局审查完毕,并已呈报教育厅。兹录各校毕业生人数如下:禾山小学、大中小学各 15 名,祥坫小学 16 名,雅化小学 19 名,福民小学 30 名,奎璧小学 10 名,殿前小学 10 名,侨南女中附小 27 名,厦大实小 21 名,光华小学 3 名,慈勤中学附小 23 名,鼎玉小学 12 名,宗文小学 7 名,毓德附小 45 名,励志小学 8 名,世德小学 12 名(以上皆私立),县立普实小学 28 名,县立崇实小学 19 名,县立玉紫小学 29 名,共 349 名。

《江声报》1934 年 7 月 31 日

思明各小学春季毕业 424 名

思明全县公私立小学毕业生,本年春季,即 22 年度下学期,私立 20 校,县立 4 校,共计 424 名,计男生 251 名,占毕业生总数 59.2％弱;女生 156 名,占 40.8％强。各校毕业生人数如下:

一、私立毓德女生 45 名,慈勤女生 23 名,厦大实小男生 13 名、女 8 名,福民男 30 名,侨南附小男 7 名、女 20 名,光华男 3 名,厦南男 3 名、女 5 名,全民男 7 名、女 6 名,桃源男 16 名,闽海男 7 名、女 1 名,世德男 11 名、女 1 名,宗文男 6 名、女 1 名,殿前男 6 名、女 4 名,祥坫男 5 名、女 11 名,禾山男 14 名、女 1 名,雅化男 2 名、女 17 名,奎璧男 7 名、女 2 名,大中男 14 名、女 1 名,鼎玉男 5 名、女 7 名,励志男 6 名、女 2 名,计以上男

161名,女156名。

二、县立普育实小男23名,女5名;玉紫男27名,女2名;崇实男18名,女1名;大同男21名,女9名。以上4校计男生89名,女生17名。

《江声报》1934年9月7日

作文竞赛征集奖品　续得二十余件

全厦小学生作文竞赛会缓期举行,征求奖品已收到13件。日来又接到陈文麟、谢绍曾、杨景文、厦毅、易敬简、国华公司、中国银行、黄廷元等银盾各一座,要港司令林国赓银盾二座,工务处长杨廷玉《少年百科全书》一部、《中国古今地名大辞典》一册,税务局长李子英、王云五小辞典一册,林文庆《四宝广志》读本二部,屠税局作文簿十本、墨十锭、铅笔二打、四方格纸四刀,县党部优胜旗二面,交通银行优胜旗连杆一幅,怀仁女中镜框□个。

《江声报》1934年11月21日

小学生作文竞赛报名参加者共计120人

全厦小学生作文竞赛会定28日举行,已志本报。兹查各校向教局报名参加者,计甲组:竞存小学10名、紫阳6名、群惠6名、延陵3名、集友2名、崇德3名、清河3名、民立2名、思明2名,共计43名。乙组:祥坫4名、群惠4名、全民4名、禾山2名、怀仁6名、崇实7名、大同6名、普育5名、玉紫9名、侨南5名、鳌岗6名、福民11名,共69名。合计120人。

《江声报》1934年11月25日

小学作文竞赛会昨日举行一周后评定

本县小学作文竞赛会,在玉紫小学举行。甲组试场二楼右边课室,题为《过去的回忆》;乙组试场在大礼堂,题为《怎样做学生》。主考为教局长刘永祥,监试为督学吴昆仑,指导员郭秉德,教育会长余超,教局课员严铁民等。竞赛既毕,郑永祥训话,略谓,本次作文赛会,各校踊跃参加,深堪欣慰。此次竞赛成绩,除文章优美者在儿童□发表外,另当编印成册,分送各人云云。词毕摄影散会,全部考卷交厦大教授杜佐周等评阅,下星期可评定甲乙。

《江声报》1934 年 11 月 29 日

小学运动会再改期 18 日举行

全厦小学运动会日期,经教局定由本月 13 日起举行三天。兹该局以正会长王固磐因公于今日晋京,须两周后方得返厦。故复将会期改,于 18 日至 20 日举行。已饬各校知照。

《江声报》1934 年 12 月 1 日

廿二校小学生昨公园会操并举行扩大纪念周

本县小学联合运动会筹委会,昨上午 10 时,在中山公园□各校学生,作十分钟团体操会操练习,并举行各小学联合扩大纪念周。到者群惠、厦大实小、世德、吉祥、紫阳、全民、渔民、蒙泉、大同、侨南、同文附小、大中、崇实、厦南、树人、闽南、职中附小、玉紫、竞存、慈勤、闽海、延陵、集友等 22 校,约千余人。会操毕,续行纪念周。主席刘永祥报告略谓:"本县小学运动会日期转瞬即届,第一天,有十分钟团体操。诸位小朋友,当已练习纯熟,但是团体操要全场律,以示整齐。故今天召集会操,现距全运会日期,只有 15 天。这 15 天内,极望加以努力,以求精进。全运会奖品,已函请各界征求,会场布置,已着手进行。"

《江声报》1934 年 12 月 4 日

县小运动会验体格订 11 日

本县小学运动会,昨六次筹备会。主席刘永祥议决:(一)各单位选手宣誓代表,规定一人;(二)乙组选手,应于 11 日在教育局检验身高、体重及拍照;(三)大会开幕式,来往舟车,由教育局率先向各当局接洽,予以优待,以利交通;(四)大会开幕时,由教育局函请航空处,派飞机飞翔空中,散发运动会宣传品,并拍团体操影片;(五)下次会议定13日。

《江声报》1934年12月8日

县小运动会增民众组万米赛跑

县小运动会奖品,前经教局分函各机关征求,日来各方奖品送局者,计者实业银行、新华银行、通商银行、一分局长、职业中□、□□□、□□□□□委会、台湾公会、绸布公会等,银盾各一座;高一分院、官产清理局长、厦大教育院长,镜匡各一个;邮政局文具一匣,工务处长银鼎二个;三井株式会社篮球鞋,及运动鞋共十五双;南泰成银杯三个,教费处优胜旗十六面。又县运动会将增加民众组一万米赛跑项目,欲参加者可于日内报名云。

《江声报》1934年12月12日

小学文赛会录取二十六名

团体冠军为群惠所夺 候王固磐返厦给奖

本县小学高级生作文竞赛试卷,现经厦大教授毛常、杜佐周、吴家镇等,评定甲乙。计甲乙两组团体各取3名,个人各取10名,成绩以群惠为最优,甲乙两组团体冠军均为所获。个人方面,亦均名列前茅。录取各生姓名如下。

甲组团体:优胜第一名群惠(403.5),第二名大同(377.6),第三名集友(342)。

乙组团体:优胜第一名群惠(410.5),第二名福民(382.6),第三名大同(3382.1)。

甲组个人:优胜第一名陈彩云,得437分(大同);第二名傅明德421(群惠)、杜周府(集友);第三名林英富414(群惠),第四名傅俊德412(群惠),第五名王秀良405(群惠),第六名杨建□402(大同),第七名梁雪云393(集友),第八名吴继悦387(大同),第九名陈绮琴386(群惠),第十名林晶□383(群惠)、骆复成383(延陵)。

乙组个人:优胜第一名王金发455(福民),第二名沈晋辉426(大同),

第三名黄弈欢420（普育），第四名陈秀霞、黄月兰412（均群惠），第五名黄玉珍410（群惠），第六名林启凤409（全民），第七名孙大煦408（群惠），第八名邱巧英405（玉紫）、谢茂荣（大同），第九名姜缉熙403（怀仁），第十名苏祖珍402（福民）。至于给奖，教局决俟兼县长王固磐返厦后，定日举行云。

《江声报》1934年12月14日

县小运动会廿九校参加

比赛节目十五项　赛员统计五百人

全县小学运动会，明18日起，在中山公园举行。查报名参加29校，501人。各校参加人数：玉[紫]28人，计男子甲组10，乙组7；女子甲组6，乙组5。大同43人，计男甲14，乙12；女甲10，乙7。群惠38人，男甲7，乙12；女甲10，乙9。竞存31人，男甲10，乙14；女甲2，乙5。集友23人，计男甲6，乙8；女甲4，乙5。厦大实小24人，男甲7，乙10；女甲6，乙1。树人20人，男甲7，乙7；女甲2，乙4。厦南16人，男甲3，乙7；女甲5，乙2。侨南15人，男甲4，乙5；女甲3，乙2。祥坫14人，男甲2，乙4；女甲4，乙4。全民13人，男甲4，乙7；女乙2。紫阳16人，男甲4，乙7；女乙5。吉祥16人，男各7，女乙2。普育9人，男甲5，乙4。渔民10人，甲6乙4。崇实13人，男甲9，乙4。福民10人，男甲9，乙10。同文附小12人，男甲8，乙4。延陵15人，男甲8，乙7。大中17人，男甲10，乙7。鳌岗5人，男甲2，乙3。养元16人，男甲6，乙10。华南4人，男甲3，乙1。慈勤附小24人，男乙8，女甲10，乙6。蒙泉12人，男乙8，女乙4。英华校友小学男乙4人。毓德附小18人，女甲12，乙6。怀仁21人，女甲11，乙10。禾山5人，男甲4，女甲1。合计501人。

竞赛项目：计13项，50米男乙87名，女甲40名，女乙54名，计181名。百米男甲73，乙87；女甲40，乙49，计249名。二百米男甲72，乙80，计152名。四百米男甲63。跳远男甲51，乙51；女甲28，乙34，计164名。跳高男甲44，乙55；女甲30，乙24。计154名。撑杆跳高男甲19。铅球男甲55，乙44；女甲30，乙16。计146名。垒球男甲37，乙34；女甲20。计73名。百米接力女乙12，百米接力男乙15，女甲8乙10。计33

名。四百米接力男甲 14，乙 17；女甲 8。计 39 名。八百米接力男甲 13 名。

运会职员：总务部长郑秉德，副赖凤薰；文书股长黄大伦，干事郑伯本、赖文辉；事务股长赖凤薰，干事赖仰明、简国衡；播音股长黄琴生，干事严铁民、郑秉德；摄影周淑英，干事赖仰明、洪智慧；布置股长林维爵，干事简国衡、赖阔辉；器械股长陈鸿基，干事庄文潮、郑秉德；招待股长徐素凤，干事郑伯本、赖佐贤；交际股简字春、邓振□、赖静山；保管股赖文辉、郑伯本；编配部长庄文潮，副刘金泉、郑伯本等 3 人。宣传部长黄傍桂，副严铁民、黄大伦等 8 人。奖品部长郑永祥，副吴昆仑；纠察部长孙有伦、张世雄；救护队海军医院、中山医院；审判会主席庄文潮，委员邓世熙、黄炳坤、马大庆、叶沧洲、叶清华、蔡如川、张世雄、杨绪宾、郑秉德；竞赛会主席邓世熙，委员庄时潮、叶清华、马大庆、叶沧洲、沈志中、黄炳坤；总裁判马大庆，总记录杨绪宾、沈志中、郑秉德；田赛裁判长蔡如川，径赛裁判长黄炳坤，发令员庄文潮、张世雄。终点裁判长叶文炳，计时长叶清华，计时员黄启登、杨治清；终点裁判员陈得福、沈文炳、庄雍夫、陈炳愧、吴昆仑、黄淑华、黄锡爵；检察员余超、刘连福、叶昭德、逊生；田赛裁判员庄吉甫、黄慰庭、王鸿龙、赵邦颜、俞文彩、廖超勤、杨天亮、戴祥妙；径赛记录林宗饶、杨清波、洪得胜、叶茂发；检录员杜申贞、温□；报告员刘金泉、严铁民；会场医生吴金声、黄丙丁。

港厦球赛：香港青年会篮球队，昨与厦精武赛。结果，53 比 31，港队大胜。个人得分最多者，为港队辛仲坚，独得 18 分，

《江声报》1934 年 12 月 17 日

县小运会　昨跳高决赛

男组优胜属福民　女组优胜归慈勤

本县小学联合运动会，昨日开幕，地点中山公园。计到五区专员杨用斌、教局代表王书贤、泉厦区党务指导员陈联芬、工务处长杨廷玉及各机关代表，学校员生等，连同观众约 3 万人。先由大会职员、全体运动员、军乐队绕场一周。次全体肃立，升旗鸣炮、奏乐。于是由大会主席杨用斌致开会词，副会长郑永祥报告筹备经过，名誉会长陈联芬、教育厅代表王书

贤致词,邓世熙等演说。旋即摄影,举行各校联合团体健康操。时已过午,散会休息。

下午2时,举行男女甲组跳高决赛。女子组第一名为洪琼珠(慈勤),成绩1.17公尺。第二名胡秀团(毓德),第三名庄素贞(群惠),第四名曾宝珠(群惠),第五名白玉秀(毓德)。男子甲组第一名陈兆椿(福民),成绩为1.44公尺。第二名阮玉田(紫阳),第三名陈剑锋(崇实),第四名郭勤典(竞存),第五名叶振南(竞存)。余系预赛。是日有鳌岗庄连明、侨南陈永成、大中陈木源等赛员足部受伤,侨南洪福、平民王振兴、许阿碰、苏庖治腹痛。又平民许家智掌伤,李荣光挫伤,崇实曾荣源用力过度,伤势较重,经华侨施诊所救护队主任林朝贵,及海军医院部长周汉忠为之救护。又昨日各项表演,如怀仁之团体操,颇为观众欣赏,惟因排演在最后,时观者已散去许多。故大会主持人勖于明日重演一次,该校及学生亦均踊跃决明日重演云。

《江声报》1934年12月19日

县小运会昨决赛四项

尚有廿四项未赛　或须延长方可赛完

本县小学联合运动会,昨为第二日上午先行各组径赛复赛,次团体操。时有鸿麓幼稚园之黑白兔表演,幼童约四五岁,动作灵活,颇博观众赞许。侨南之国旗操,崇实之男女□力拳表演,吉祥之小白兔表演,大同之仿效操,均有可观。下午田径比赛,计决赛四项,结果如下。

一、跳远:男子甲组第一陈兆春(福民),成绩5.16公尺。第二名吕德礼(禾山),第三叶振南,第四胡济良,第五郭勤典(均竞存)。男子乙组第一林长春(大同),成绩4.35公尺。第二江玉平(厦南),第三王添丁(厦大实小),第四徐富欣(群惠),第五黄江来(群惠)。女子甲组第一胡秀团(毓德),成绩3.78公尺。第二庄素珍(群惠),第三洪琼珠(慈勤),第四李谦纯(怀仁),第五曾宝珠(群惠)。女子乙组第一黄德育(毓德),成绩3.54公尺。第二林玉静(慈勤),第三林德芬(群惠),第四郑华卿(毓德),第五叶秀英(群惠)。

二、铅球:男子甲组第一陈祖兴(福民),成绩9.82公尺。第二方世冠

(崇实),第三陈似苔(大同),第四廖永明(养元),第五胡清良(竞存)。女子甲组第一洪琼珠(慈勤),成绩 7.16 公尺。第二庄素珍(群惠),第三李淑品(群惠),第四李清莲(群惠),第五丁霞英(毓德),

三、400 公尺接力:女子甲组第一群惠,成绩十五秒又十分之九。第二厦大实小,第三慈勤,第四怀仁,第五毓德。

四、200 公尺接力:女子甲组第一群惠,成绩三十二秒又十分之八。第二厦大实小,第三慈勤,第四大同,第五怀仁。查此次全县小学运动会项目,统计 34 项。第一第二两日已决赛者 10 项,尚余 24 项。今(20)日决赛如不完毕,明(21)日将续行决赛。又该会闭幕后,香港青年会篮球队,将假公园表演百米赛跳及撑杆跳高云。

《江声报》1934 年 12 月 20 日

县小运会昨决赛二十项　尚余四项今日续赛

县小运动会,作为开幕后第三日,是日决赛计 20 项,尚有 4 项,定今日续赛,昨日之赛。

女子乙组:一、二百公尺接力,成绩为三四又十分之三秒,第一名群惠,第二名毓德,第三名慈勤,第四名怀仁,第五名玉紫。二、百公尺接力,成绩为 19 秒,第一名群惠,第二名慈勤,第三名大同,第四名怀仁,第五名玉紫。三、跳高,成绩为 1.06 公尺,一名林毓芬(群惠),二黄月华(慈勤),三林玉静(慈勤),四黎亚梅(慈勤),五李碧秀(怀仁)。四、铁球,成绩 5.21 公尺,一名李月华(大同),二叶秀英,三陈玉贞(均群惠),四林清渠(慈勤),五洪羡(厦南)。五、百公尺,成绩一六又十分之九秒,一名黄秀英(毓德),二林毓芬(群惠),三洪羡(厦南),四郭阿珍(厦大实小),五、林自伟(毓德)。六、五十公尺,成绩八又十分之九秒,一名黄秀英(毓德),二黄月华(慈勤),三郭阿珍(厦大实小)、四洪羡(厦南)、五王羡(毓德)。

女子甲组:一、五十公尺,成绩八又十分之一秒,一名群惠赵玉治,二群惠曾宝珠,三怀仁杨令约,四群惠吴仙玉,五慈勤田宝珍。二、百公尺,成绩一六又十分之一秒,一名群惠赵玉治,二群惠李清莲,三怀仁李谦纯,四怀仁杨令约,五群惠吴仙玉。三、垒球,成绩 37.24 公尺,一名慈勤洪琼珠,二毓德张淑珍,三群惠李清莲,四群惠黄桂英,五群惠柯素珍。

男子乙组:一、二百公尺接力,成绩32秒,一大同,二养元,三吉祥,四厦大实小,五〈紫〉阳。二、垒球,成绩37.57公尺,一竞存傅海谷,二大同蔡英元,三吉祥林观政,四养元白振宗,五慈勤林任水。三、跳高,成绩1.38公尺,一名大同林长春,二〈紫〉阳林奎章,三养元李宗印,四福民苏振元,五普育张建东。四、50公尺,成绩七又十分之八秒。一百米、二百米、一万米赛跑,及撑杆跳高比赛,县运动会俟该队赛毕后,再续行决赛未完之四项云。一福民苏振元,二普育张建东,三大中王承全,四同文陈根,五养元庄英俊。五、铅球,成绩为7.65公尺,一竞存颜水烈,二大中蓝壬戌,三养元陈炎明,四树人叶雨霖,五养元莊英俊。

男子甲组;一、四百公尺接力,成绩五六又十分之六秒,一竞存,二同文,三渔民,四树人,五大中。二、垒球,成绩54.75公尺,一同文陈祥瑞,二竞存叶振南,三吉祥许守益,四禾山吴在良、五大同陈似苔。三、撑杆跳,成绩2.70公尺,一竞存叶振南,二吉祥欧阳绵团,三养元廖永耀,四延陵王树林,五[紫]阳阮玉田。四、二百公尺,成绩二八又十分之一秒,一禾山吕德礼,二大中萧金木,三同文陈祥瑞,四渔〈民〉杨灿华,五竞存胡清良。五、百公尺,成绩十三又十分之五秒,一同文陈祥瑞,二渔民杨灿华,三竞存胡清良,四福民陈兆椿,五同文陈振永。

《江声报》1934年12月21日

县小运会闭幕

群惠得团体总优胜　林长春个人总优胜　今在通俗社给奖

县小联合运动会昨决赛完毕,计团体总优胜群惠得120分,为第一名。女子甲乙组均群惠,甲组成绩72分,乙组45分。男子甲组竞存,成绩37分,男子乙组大同48分。个人总优胜林长春(大同)第一名,女子甲组洪琼珠(慈勤)得21分,女子乙组林毓芬(群惠)得13分。男子甲组陈祥瑞(同文)得15分,男子乙组林长春(大同)得24分。教育局订今(22)日上午10时,假通俗社行受奖礼。

昨日决赛5项:一、男子甲组四百公尺,第一名林□耕(树人),成绩一分六秒。第二名陈振永(同文),第三名洪金陵(吉祥),第四名张文□(渔民),第五名黄振裕(竞存)。二、男子甲组八百公尺接力,第一名禾山,成绩二分二秒。第二名树人,第三名大同犯规取消,由第四名大中递充,第四名玉紫,第五名渔民。三、男子乙组百公尺,第一名林长春(大同),成绩十四由十分之八秒。第二名陈炎明(养元),一名张建东(普育),第四名陈根(同文),第五名吴廷钦(养元)。四、男子乙组二百公尺,第一名林长春(大同),成绩三十一又五分之二秒。第二名陈天培(渔民),第三名蔡寿旦(英华校友),第四名何鹏山(普育),第五名吴廷钦(养元)。五、男子乙组四百公尺接力,第一名养元,成绩一分二又十分之一秒。第二名大同,第三名延陵,第四名竞存。

小学生决赛完毕,民众组续行比赛。一、万公尺第一名陈兴宇,成绩四十分五十二又十分之九秒。二名温树椿,三名陈炳煌,四名黄树德,五名卢威扬,六名陈光辉,七名黄添梓。二、跳高第一名林绍洲(集□),成绩五尺八寸。二名辛中坚(香港篮球队员),三名黄慰庭(同文)。三、百公尺第一名陈佐治(港队),第二名黄炳坤。四、二百公尺第一名陈佐治,二名辛中坚(均港队)。至中午12时许闭幕,兹将本届县小运动会各校成绩依次列下:群惠120,大同68,慈勤66,竞存47,厦大实小44,毓德42,养元41,同文32,福民28,渔民26,禾山24,怀仁23,大中19,吉祥19,树人20,紫阳11,厦南10,普育10,延陵8,崇实7,玉紫6,英华校友3。

《江声报》1934年12月22日

县小运动会昨行给奖典礼　群惠大同竞存得奖最多

县小运动会,已于前日结束,昨(22)日上午2时,在通俗教育社举行给奖典礼,到者有教局代表王书贤,大会职员及各校优胜生不下一千余人,甚为热闹。10时鸣炮开会,首由教育局长郑永祥报告开会宗旨,继由教厅代表王书贤训词(词长从略),并代行授奖。查得奖最多者为群惠、大同、竞存三校。给奖时掌声雷动,空气极为紧张。其余各校亦得有不少奖品。给奖毕,由优胜队群惠学生叶秀英代表答词,然后在公园西门摄影而散。

《江声报》1934年12月23日

本县小学调查

卅九校二百五十一级

教员四百六十九人　学生八千七百余人

本市各小学本季级数、教职员数、学生数，据教局调查如下：

校名	级数	教职员数	学生数	校名	级数	教职员数	学生数
大同	13	22	790	益善	6	4	52
紫阳	6	15	191	思明	6	12	306
玉紫	7	15	477	厦南	6	12	151
蒙泉	4	11	108	福民	10	20	509
吉祥	6	10	210	侨南	6	16	200
崇实	11	16	406	群惠	13	25	511
竞存	9	17	280	维正	7	13	165
普育	8	13	276	人道	6	8	101
单级	4	2	63	禾山	6	7	159
鸿麓	2	4	41	闽海	6	7	79
光华	4	8	116	渔民	5	12	226
培三	6	4	50	奎璧	6	6	173
励志	5	9	51	怀仁	7	23	244
雅化	6	12	213	厦大	5	11	191
殿前	5	9	161	毓德	6	19	325
全民	7	14	296	鳌岗	6	11	214
培英	6	6	76	慈勤	7	14	238
大中	7	13	250	树人	12	13	381
英华	11	15	378	云梯	5	9	110
侯卿	6	3	47				

《江声报》1934年12月31日

本市小学征费办法市政会议通过　全文共计十条

市府第二科,以本市各校征收学费,向无一定标准,特拟定整理计划,并决先从市立小学着手。现市小征费办法,业经该科提付,前日市政会议通过,全文计十条。兹录之如下:第一条,厦门市政府为统一各校收费起见,特定本市市立小学校学生、幼稚生,缴纳学费办法。第二条,凡本市市立小学校学生,及幼稚生缴纳学费,悉依本办法办理之。第三条,凡市立小学学生,暂定高级每人每学期缴纳学费6元,初级4元,幼稚生3元。第四条,各校每学期开学前3日,应发给学生缴纳学费凭单,不论全费减费,每名一张,凭单式样另定之。第五条,学生得持单备款,径向本府指定之银行缴纳学费,制取收据,其收据式样另定之。(期间暂定自开学日起四星期以内)并将报查单一联交学校,每3日汇报本府一次。第六条,年龄幼稚学生,得由家长凭单代缴。倘家长有特殊情形不能亲至银行者,得于每日上午10时以前,备款请求学校代办,但应先给本校临时收据。第七条,学校应将受托之款,不论数目多寡,每日汇交银行,取得收据,交学生或其家长换回本校临时收据。第八条,本府得派员随时到各校及银行□查交费情形。第九条,本办法有未尽事宜,得随时修改之。第十条,本办法自公布日施行。

《江声报》1935年7月14日

教育消息

大同小学,上学期限于校舍仅收容872人,不能进学之学生为数仍多,该校为便学子求学,乃建筑□楼全座(教室四间),复拟收购东楼木屋一幢。校舍已比较宽大,故该校呈市府准予增辟四学级,收容学生200名,合原有旧生可达到1100名之数。

《江声报》1935年7月27日

光华学校重新改组

鼓屿内厝澳光华小学校,系前许卓然先生等所创办。今阅十余载,培植贫苦青年颇多。年来办理渐不如前。本学期乃实行改组,聘张步云为校长,周谦冲为教务,添聘蔡、萧二女教员。贫苦学生或减收学费,或完全免纳。故本学期学生来学者颇踊跃,教室有不敷容纳之势云。

《江声报》1935年9月1日

大同小学今举行成绩展览

市立大同小学原订在补行儿童年时举行成绩展览会,嗣以学校开学正忙,迟未举行。现已订于本日起至13日止,在浮屿小学路第一校舍实行展览。查该校此次展览出品,有学校行政、教具、学生平时成绩、暑期作业成绩,计陈列十室。其最有精彩者为各种研究、调查、报告等文字,富有地方性,可供参考。自制教具有两千件以上,□□□极合现在学校经济条件,并可解决教学上严重的困难。又暑假作业成绩,系学生在暑期中家居之作业,亦有足参观。该校昨已发出函柬,邀请各界人士家长到校参观云。

《江声报》1935年9月11日

大同小学成绩展览至15日止

大同小学举行成绩展览会,连日观众极多。郑教育厅长及市政府主管官长均约定今天到校参观。该校又敦请厦门大学教授来校批评,以为校务改进之标准。查该校成绩,以各项教具煞费苦心筹划。其他研究报告亦有可采,参观人相赞许。又该校决延长展览两天,即15日(星期日)上午止。

《江声报》1935年9月13日

禾山义教分五十区推行

定月费260元,限月内查明学龄童。禾山特区义教委会,昨开一次会议,主席王儒林。讨论:一、拟具全区义教推行计划案。议决,交林亨嘉办理;二、全区推行义教学区划分案。议决,分50区;三、全区义教推行宣传案。议决,由会印标语千五百张,发各校分贴各处;四、筹划经费案。议决,除省府年拨补助1620元外,另由区署年筹1516元,每月平均有260元。五、编制预算案。议决,俟各联保各学校,报告可能设筹之经费后规定。六、调查学龄儿童案(9岁至16岁),议决,由各校教员、高级小学生、各联保主任、各保长、各甲长共同负责调查。定9月25日开始,30日结束。表格由区署分发各校,分配各联络保保甲长。七、筹设学校案。议决,各联保至少各设立一短期小学。各校应尽量附设短期小学班,无学校区者由署设立十余校,并参酌情形办理。八、强迫学龄儿童入学案。议决,无故不入学者,依照部定处罚家长以1元以上5元以下罚金。九、督促私塾改良案。议决调查后或予改良,或予取缔。十、考核短期小学办理成绩案,议决由区署拟具条例。十一、人民捐助办理义务经费奖励案。议决,依照部颁实施义教暂行办法施行细则第8章第31条从优办理。

《江声报》1935年9月18日

小教师登记昨日止计70人

市府二科小学教师截登记,至昨日止,计已70人,即黄德芳、孙家璧、周仁道、林清贤、赖文仙、谢再华、林神慕、谢育才、洪学琛、曾秋霞、陈志伦、蔡典如、吕泳如、陈琦生、赖静山、林仁爱、洪钧如、李锡桂、陈永秀、陈仲月、曹德贞、陈肇煌、王秀环、杨百福、吕炳超、杨昆仁、章日光、陈雪红、黄国卫、郑惠兰、周穆、韦廷钧、林淑珍、王士伴、傅晓村、许朝栋、陈国栋、许耀德、郑洪凯、刘子奇、王六惠、郑时雍、洪香珠、洪淑华、傅振雄、赵元英、陈隐民、陈荣祖、陈云琳、苏德鸿、陈雪痕、杨光华、曾娇云、卢镰联、苏琨、黄鸿祀、王元明、陈智甫、郑沧涛、陈维纯、陈永嘉、吴素莲、吕添兴、王琼璇、应佩玉、李月芬、陈温纯、许金梭、杨雅丽、林清思等云。

《江声报》1935年9月19日

嵩屿农小建筑校舍　推选负责人

闽南职中校长叶谷虚,创设嵩屿农村小学,以校舍褊窄,生徒增加。叶目击此情,即向鼓屿堂会募集巨款,克日鸠工扩筑校舍,遍种花木。经营园囿,现已落成。本月13日,开校董会,推举负责人员,共襄进行,以图绵长。当选庄英才为主席,叶谷虚为纪事,蔡益辉为司库,吴著盔为校长云。

《江声报》1935年10月30日

大同小学新儿童报昨日出版

本市大同小学现附办有儿童新日报,其创刊号于昨日出版,内容颇充实,取材皆能适合儿童需求。纸张系用色道林,每日出八开纸一张,以仿宋字排印,甚为美观。市内每月售价二角半,广告取价廉宜,且有折扣云。

《江声报》1935年11月13日

延陵学校《悍妇镜》吃了官司

禾山将军祠延陵学校于双十节演剧,剧目为《悍妇镜》,中有一段讽刺中国司法黑幕,被地方法院认为侮辱司法界。昨特票传该校长吴幼纯、总务林世朝侦讯。但吴等则谓《悍妇镜》剧情平稳,无侮辱司法界。昨特呈请特区署为之证明云云。

《江声报》1935年11月20日

集友小学今明日游艺筹款

本市集友小学为筹补常年经费,订于今(一)晚8时起,在中山公园通俗教育社,表演游艺会两晚。表演节目有拳术、独幕剧《日仔利》、口琴《船家曲》、平剧等。参加者有玉紫、崇实、群惠、大同小学各校。其券资除提前售出之1元、5元、10元等硬券外,今日售卖门票,每张为大洋2角云。

《江声报》1936年4月1日

群惠学校篮球房将行落成礼

本市群惠学校篮球队,去年远征菲岛,屡胜菲军,每次比赛,座位皆满,故收入成绩颇优。除所开销外,尚剩千余元,又得本市热心女子体育者之助,凑成三千余元,盖有篮球房1座。现已完成,订本18晚7时,举行落成典礼,同时有中小学篮球队表演赛云。

《江声报》1936年4月14日

王登沂谈小学合并事

又讯,集美小学校长王登沂谈,集美小学原有男女两校,民23秋季,女小改为师范附小,兼收男生。生数逐年增加,原有男小生数反而逐渐减少,又因本季经费缩减,当局决然合并,并委余为第一部主任兼校长,徐址安为第二部主任。嗣徐应厦市大同小学之聘,两部均由余总其责,当经拟定计划,次第实行。此次与教员吴竞之处理某生偷看考卷事,余以为人不能无过,儿童更不能免。学生偶有过失,教师应从积极方面启导,少用消极制止,使其明了过失之点,勇于改善云。

《江声报》1936年12月14日

玉紫小学改日移交　市教育会昨日会议

玉紫小学校长陈志伦,经市府予以免职,另派二科主任吴昆仑暂兼。吴已于昨日前往接收,惟据陈志伦当面表示,谓自奉令移交,原应如期办理。因顾及学生学业,故请全体同事照常上课,一面则亲自赶造移交清册,唯时仅3日,故对于应办手续,尚未十分清楚,请求展缓3天等语。吴对陈所称各节深表同情,因改定3日交接。

又:市教育会昨开九次干事会议,到李禧、余超、伍远资、杨昌国、陈式锐等,对于玉紫小学变动校长问题。讨论结果,推派该会常务干事晋谒市长,请求救济。

《江声报》1937年3月2日

大同倒墙　受伤学生昨已不救　校长自请处分

大同小学分校,24日旧墙一面,因春雨绵绵,突然倒塌。时稚年学生李鸿岛等,竟被压伤。曾志本报。查事后该校长颇感不安,虽出意外,却自认维护不周。即请市府严予处分,呈文有云:"伸国家崇尚儿童之至意,并为维护不周者戒。"而李鸿岛年仅七龄,头部被砖压伤,昨已不救,闻者伤心。

《江声报》1937年3月30日

英华校友小学生捐百余金助赈川灾

鼓屿各教会学校,如毓德英华、怀仁等校,捐赈川灾七百零九元三角九分。已志本报。兹悉英华校友小学各小学生,亦捐集一百零七元六角五分。昨日由中国银行汇沪,俾转灾区施赈。

《江声报》1937年6月22日

玉紫教员昨日总辞职　杨百福早已他就　12人再函请辞

本市玉紫小学教员陈仲月、吕炳超、傅维元、陈肇煌、吕冰如、陈雪华、陈雪红、陈求安、曹德贞、黄丽生、周玉云、李锦棣等12人,昨联函向该校兼代校长辞职。另教员杨百福已于5月1日辞职他就,12人总辞职,原函如下:敬启者,教员等自民国26年度第一学期起,不能继续在校服务,特此联函辞职,即希查照为荷!此致玉紫小学兼代校长吴。

《江声报》1937年7月5日

过去的毓德

毓德迄今已有二十多年的历史了,它替国家造就了多少的人才,培养了无数的女青年,到处为毓德发光,为社会服务,为人群谋幸福。毓德所以有这样的成就,应该归功于创办者理姑娘的经营与奋斗。际此校庆佳节,让我来叙述我们那时代的毓德。

募捐

公元 1934 年学校为着要增筑校舍,我们在福校长和王淑禧先生领导下,全校的学生分为若干小组,先由福姑娘教我们募捐时应有的态度,对人的称呼,例如称人为先生阿伯,或是太太先生娘等。然后我们才出发去募捐,大家都怀了一颗兴奋的心,爱校的心,满望此去一帆风顺,盈载而归。先是我们这一队去募捐,看见一位胖胖的女人,很安闲自在地坐在大厅上。我们的队长就拿出募捐簿子,很客气地对她说明来意,那料她竟理也不理,使我们碰了一鼻子灰,扫兴而回。我们的心冷了一半,大家垂头丧气。幸亏后来在路上遇见一位先生,竟然慷慨解囊,捐助国币 5 元,重新鼓起我们的勇气,不怕一切的困难,向各方募捐。结果,我们的成绩和别队比较,也不相上下,使我们非常地高兴。

军训

几年前有一段特别的时期,政府下令:凡是厦鼓的中学,无论男女学生,都要受军护训练,上午读一些关于军护的常识,下午就要在操场上受军官的训练。每位学生的头发都要剪成男式,身穿全副军装,腰束皮带,雄赳赳,气昂昂,个个像是战场上冲锋陷阵的英雄,不亚是古代的女木兰。在训练时间,对于军官的命令,必须绝对服从。此外,我们还要到救世医院实习救护的工作,如扎绷带,替伤人洗伤口、洗浴,等等。这些训练以后,在我的生活上有很大的帮助,能益人利己,实在是一段值得回忆的历史。

难民

民国 27 年 5 月 12 日,敌伪的军舰攻进了厦门港,惊魂夺魄的飞机声轰轰地响着,不幸的厦门就在这双重夹攻之下沦陷在敌人的手中。是时鼓浪屿还是公共租界,安全区域,所以一批一批的难民,汹涌而来,个个脸色苍白,扶老携幼,踉踉跄跄地,为的是要保全这残留余生。其时,我们的学校成了难民所,而我们就负起了这伟大的救护工作,有的到码头去带领难民,有的到各方去募捐,然后买些饼干、橙子之类来救济这一般无家可归的同胞,尽所能的帮助他们,慰安他们。此外,我们还要到医院去看护伤兵,那时最深刻在我脑中的一件事,就是有一位垂危的勇士,许多医生都束手无策,回生缺术,大家望眼着他走上死亡的道路。当时我怀了一颗沉重的心,为他寄了一封家信,以后这位可敬的壮士竟无声无息地安眠了。永别了这可怕的人间,为国家民族而牺牲。呀!是多么悲惨的一幕!现在来叙述几个值得回忆的会。

展览会与运动会

当校舍落成之日,有举行一个展览会,和开一个运动会。展览会中有图画和手工的展览,图书又分为美术、生物和生理的图。记得当时我画了一张很大的汗腺,是人体中分泌汗的器官;手工方面我做了一条桌巾,因为是临时才抱佛脚的,所以做得不大好,以致没有人要欣赏。至于展览会的成绩也很好,同学们的作品都很精致,所以许多客人都争欲购买同学的作品。至于那天的运动会有各种的运动比赛,现在回忆起来,还记得当时在我们校舍的前面,有搭了一个木架,是泥匠做工时用的,所以有许多同学都站在那木架上。正当大家看得兴高采烈的时候,忽然哗啦一声,木架倒了!恰巧麦姑娘在那架子下面,被架子压伤了。所以当时我们都很慌张,大家都围上,要看麦姑娘,我也是其中一分子。看见麦姑娘非但没有哭,并且仍旧是春风满面地笑着,这种精神真是值得我们钦佩的。

赴全市全省全国的运动大会

过去的毓德不但对于学生的课业及道德方面,非常看重,就是对于课外活动,也相当地注意。所以有培养许多运动的人才,曾经赴过全市的运动会,篮排球的比赛,都得到冠军的奖赏,田径赛也是数一数二的,使毓德增了不少的光荣,并且我们也曾经派代表参加全省和全国的运动大会。希望我们在运动方面会多多地努力,以求进步。

有声有色的音乐会

是某一年的一个可爱的季节,我校举行一个音乐会,有唱诗、奏琴,而其中最精彩的还是歌剧的表演,剧名是《一朵小红花》。是时陈纯华先生装了女主角,施佩兰先生扮成男主角,都穿着西班牙的古装,非常鲜艳美丽,而演技特别地好,很博一般观众的盛称。总之,那一次的音乐会,无论弹的,唱的都是有声有色的,至今想起来,还觉得有余音绕耳之概。

演剧募捐救国

某一年的元旦,为了要募捐救国,学校有开会演剧,剧名是《岳飞被害》,由田宝彩先生导演。当时叶鸣凤先生扮为一个清廉官,一位比较胖的同学扮为秦桧,一位窈窕的扮作秦桧娘。当剧演到秦桧娘和秦桧设计害死岳飞的时候,激起一般观众的愤慨,个个代抱不平,有的辱骂,甚至有的要上台抓"秦桧"下来为岳飞报仇,可见那个剧是演得多么的逼真。

奋兴会

有一次的奋兴会是何恩及先生主领的,题目是《人须由圣灵重生》才会改变成好的性情,不可单靠教育以修养。当时何先生所说的话,每句都非常地有力量,感动了许多的同学,所以我的心也受了很大的感动,就在大众的面前起来要作悔改的见证,恰好我的妹妹也同时站起来,因此我就让她先作见证。这一次的奋兴会,有许多同学悔改信耶稣,救了多少青年的生命。

圣诞节

每逢临近圣诞节的时候,学校就很积极地筹备各种庆祝圣诞的事宜,各级都有画一张圣诞图,作捐款比赛之用。记得有一年,我们这一班卓明真先生捐得最多,所以我们是全校第一名,大家都觉得非常地了不得,神气得要命。到了圣诞日,学校有表演哑剧,或是话剧,来纪念耶稣的降生。回忆有一次在奉献会的时候,我头包着黄巾,穿黄色衣服,拿着所要奉献的礼物,到台上去,真像是一个黄巾贼去抢人家的东西一样。

复活节

有一年在复活节的那一天,我们开会纪念耶稣为罪人死,而复活的伟大。当天讲台上有布置着一个坟墓,一位很温柔的同学扮为马利亚,清早的时候,很忧愁地来看耶稣的坟墓,那情景是多么凄凉。还有一位同学扮为百夫长,他因为看见耶稣临死时一切的景象,殿里的幔子从上到下裂为二半,地也震动,磐石也崩裂,遍地黑暗。百夫长心极害怕,大大地悔改,在众人的面前说:"这真是上帝的儿子。"所以当时感动了许多的观众。

毕业典礼

一年一度的毕业生,学校照样都有举行一个隆重的毕业典礼,请外界人士或家长来参加,并且有请先生博士,或是有名望的人训词,作为临别的赠言。而毕业生也觉得这是最后的机会,可以再从先生们得到教训,也许可为将来到社会上的指南针,所以大家都洗耳恭听,永志永铭。回想我毕业的那一年,最深刻在我脑中的几句话,就是陈主光先生对我们所说:"Y 和 G 你们都可以忘记,只是不要忘记主耶稣。"真的,自从我踏出校门之外,Y 和 G 我都忘得一干二净,可是我没有忘记主耶稣。

抓 贼

有一次,当邵师母看见以前的化学室的里面,偷东西,就对他说:"贼啊! 你要跑!"但是那个贼一点不怕,也学着他说:"贼啊! 何要跑!"你师母没有办法,只好跑去叫"竹枝""竹四"来抓贼。宿舍的学生听了战兢兢地,非常害怕,可是等到竹枝、竹四去抓的时候,贼已经溜之大吉了!

爬 墙

在以前社会风气还没有现在这样开通的时候,学校对于宿舍生的生活管得很严格,每逢黄昏时,学校的门都封闭了,学生不可以随便出入,而且规定每两星期只可出去一次,出去之先,必须先签名。有时候回来的时候太迟了,校门已经关闭了,没有办法进来,只好在外面摸索,看有没有狗洞,以作进身之路。最可恨的就是大门口站着一个不识相的印度兵,在那小岔路口来回地度着。两边的墙又是那么高,不能越过,只好在外面耐性地等着窥视那印度兵走到田尾那一条路去的时候,才好像做贼的样子,赶快从校门跑进来(从前的校门是木做的)。至今想起来,也觉得好笑。今日的毓德,已经没有这种现象了,大门常开到很晚,然而学生都很会自重。这大概是由于我们的校长和宿舍主任善于教导之故。

结 论

毓德自从创办到现在,已经有二十多年了。在这二十多年之中,起初所经过的是一条平坦的路。抗战期间,我们正像是在一条崎岖不平的道路上挣扎,但是主竟然加添我们的力量,带我们安然渡过这艰难险阻的山谷,重新踏上一条光明的大道。可是未来的日子,我们不晓得,但相信主必为我们安排,只看他从前如何地带领我们,将来也必照样地指示我们,因为主曾经有这样地允许我们:"这殿的荣耀必大过先前的荣耀!"所以我们只管凡事交托他,那么毓德的前途是无可限量的!

原载《毓德校刊》1948 年复校第 2 期

毓德中学成立 20 周年之回顾

朱鸿谟

今年春为本校中学部创办 20 周年,小学部创办 70 周年之期,本校以在此非常时期不事铺张,于 7 月 2 日上午假本屿三一堂开个庄严简短之纪念礼式。请朱鸿谟、洪瑞雪二先生讲述中小学创办 20 年,70 年之经过。兹将该两讲稿登载刊端,给未赴会校友藉悉本校数十年来经过之概况。

编 者

当民国 9 年(1920)毓德小学开 50 周年纪念会时,有几个到南京汇文女子中学肄业回来的校友参加该会。因观感所至,而有新毕业的学生数人亦拟于秋间继续到南京升学去,不愿意升入当时毓小附设的师范班。学校当局(理清莲师姑)认为有添设中学部以应社会的需求,由是于该年秋季将原有师范二班,改习中学课程,且招致已毕业的学生三人编为第三年级。当时只是毓德小学附设中学,社会上未知有毓德中学,教员仅有理清莲、林安国、高恩奇而已。

民国 10 年(1921)春,中学部正式成立。"毓德女子中学校"之匾额,乃悬挂于靠近东山顶的一间校舍之前(由是毓德中学的行政和校舍与小学部分开办理。校舍合宿不过是小小的一座半洋楼)。理清莲师姑为主理,林安国为校长,鄙人亦于此时受聘到校,任数理化教员之职。学生共分甲、乙、丙三级,31 人,是为闽南首创之女子中学校(当时集美有女子师范学校,鼓屿有厦门女子师范学校,都不是中学校)。

该时校舍狭小,设备简陋,所有校具只有课室中应用之桌椅和大风琴乙具而已,并无所谓图书仪器者——显微镜一架为仅有的仪器。当时寻源中学校在本屿之东山顶——现在本校校址。该校之理化仪器有相当的设备,因余系该校校友,故于每次作理化试验时,皆由余预先到寻源理化室将仪器搬借而来,越日乃移还之。

是年秋季,小学部毕业生再升进一级,由是全校有甲、乙、丙、丁四级共 39 人,而成完全的中学。据当时的报告,学校的设备虽因陋就简,教职员的月俸每人最高 40 元,最低 30 元。但每学生一名,学校每年平均须补贴 100 元的费用——就是学校每年的经费不敷 4000 元左右(学生每季每人只缴杂费等 12 元,而不缴费者为数也甚多)。

现在的毓德女子中学很得社会人士的信任,名闻遐迩。但在当时的毓德中学,社会上的一般人以他是虚有其名而无其实的女子中学而已。教外之人的态度如此,教内之人的态度亦何尝不如此!甚至我之友好某君,在我跟前同第三者谈话的时候竟以"他们亦系称为中学校者"的话语而道出。由此不客气的话语,就可以知道当时社会上的一般人对于毓德女子中学的印象和心理了!

民国11年(1921)春,甲级三人毕业,或继续升学,或担任小学教员(以后三人都升入大学)。自此以后,每年都有毕业生,且都借本屿中华基督教会堂开盛大的毕业礼式。由是社会上乃渐去其轻视的心理而略加注意之。在这四年(民10至13年)之中,可说是草创奋斗的时期。据林校长说:这四年中全部的费用,都是理清莲师姑个人负责支理。而当时全体教职员学生等的合作,努力苦干着实的精神值得纪念与钦佩。

民国14年(1925)春,寻源中学移设漳州。住鼓美国归正教会将该校址让渡给本校,于是本校迁入东山顶现有的校舍,以第一层为膳堂、浴室,第二层为礼堂课室等,第三层为宿舍(是时学生数已至八十多人)。且着手筹建新宿舍,计划可容纳内地和南洋来的学生120人的寄宿。越年四层高楼的新宿舍完成,校舍和宿舍乃分设于两大楼,且辟设理化实验室,购置大批的仪器。而图书阅览处亦另设在一约六方丈的室中。

民国15年(1926),教育部通令改新学制,因于秋季本校改设三三制两级中学,且收入毓小高等二、三年毕业生为初中第一二年级,其余三级仍按旧制课程学习,共计五级一百六十余人。民18旧制最后一级(辛级)毕业——旧制毕业者凡八级,于是乃纯为新学制中学。是为稳固时期。

民国19年(1930)春,成立校董会,向美国归正教会接办毓德中小学校,是由收毓德小学为本校的附属小学。而十年来分开的毓德中小学行政至今乃合而为一,并即进行向政府注册,越年得福建省政府教育厅批准立案,且聘邵庆元学生为校长。由是学生数日增,原有校舍不敷应用。因于民国21年(1932)夏,在原校舍之东拓地建筑三层新楼一座,接连旧舍,于秋初完成。以最底层两室为理化实验室,最上层两室为图书阅览储藏室,中层两室为普通教室(每室可容学生50人)。共费7000余元,全由校董薛永黍、吴景星等向本地人士募捐。民国22年,由校董会议决,派校董麦邦镇,偕同校友蔡心慈赴菲募捐,添筑西翼校舍,以底层辟为雨天操场,中层两室为普通教室,上层为美术教室和生物教室。民国23年(1934)秋,由在校之教职员学生与校董会合作,分组募捐,改建中楼。于是四层大厦因以告成,共费国币三万余元。当时学生教职员等之努力合作殊可嘉许,故校董会特为铸碑以垂纪念。现有普通教室10间,特别教室9间,暨医药室、疗养室、毓德市办公室、青年会办公室、贩卖部等共大小40余间。民国27年(1938)秋,邵庆元学生辞职南渡,校长职务由福懿慕师姑继任之。至本季止,计到本校注册肄业者共1628人,毕业旧制中学者共8级——甲到辛级91人;毕业新制高级中学者共10级140人,初级中学者共13级432人。毕业升学者约居28%,毕业生现在社会服务者约计之:教育96人,医药22人,传道师8人,青年会干事4人,其余任家庭主妇者数约等于学校教师。现在校中肄业学生计高中部3级126人,初中部3级7班299人。在此最近10年(民19至29)之间可谓发展时期。

在民国20到25年之间,本校曾两获厦门市中等学校国语演说竞赛锦标,两获女子篮球比赛冠军。24年厦市女子中等学校市长杯排球连环赛,市长——王固盘之杯终落本校之手。同年全闽运动会假厦市中山公园举行,本校荣获女子组总优胜。而本校的排球和网球选手且代表本省参加全国运动会。

民国25年,福建省教育厅拟将各县市私立中学的高中部裁减合并,以图节省经费,增加效率。经省督学到校——其实是到厦视察之后,关于学生、设备、学校经济等状况都很为满意,认本校高中部有继续办理的必要,所拟裁并等事对于本校绝不发生问题。这就是毓德中学20年经过的概况。

窃以为在此以后的10年内,本校应继续发展者,最先要筹建常时可容600人,开大会时可容800人以至1000人整雅的礼堂,其次要筹建图书馆、科学馆、体育馆(非只是室),或增设打字科、工艺科、音乐科等,盖本校毗邻尚有二百数十方丈的空地待本校之以购用也。惟祈今天莅会诸校友,和有心女子教育诸先生、女士力为赞翼指导之。

原载《毓德校刊》1941,No.57

毓德小学70年来的经过

洪瑞雪讲　蔡锦绸记

我们中国人纪念人的生日,不是注重少年或儿童,是特重老年人,年岁越多则生日亦益热闹,因为欢喜他恁长的寿数。如今毓德女校从开办以来是70周年,算是很老了。有很多的子孙,应该做很热闹的庆祝会来欢喜。但是现在处于非常时期,暂作小小的纪念给各人会记得,等到建筑新校舍的日子,那时候再作大热闹的纪念会来补今日之不足。

现今来讲开办学校的缘起:约翰三章32节说:"你们必晓得真理必叫你们得以自由。"100年前,我们中国重男轻女之恶习,风俗黑暗,为女子者在这时代真是痛苦难堪。基督的福音尚未传入厦门的时候,人的心未有接受基督真理来解放罪恶,所以女子在那时代受着大压迫,就是:(一)人不要女儿,母亲若生女的,就不要,有的出世就害死,有的虽然没有害死,但抛在路边,缚四百钱在女孩身上,给人家取去饲养。较有良心的则养到4个月,才给人家做童养媳,很少自己养大。(二)缠足的恶习俗。女子每人要缠足,愈小愈好,小到她的足会落在米升内,才有好名誉。人若要娶媳妇,选新娘最注重的是足之问题,有的女孩足较大,则用假足的方法。(三)家庭内待遇不平等。三餐食粥,应该男子先吃,并吃好的,女的要食他们所剩的。(四)婚姻专制。父母替女儿主婚,任凭媒人介绍,也没有调查女婿是何等人,是否瞎子或残废,有才干道德否?也没有看见女婿,只要有聘金多钱就好,也没有和女儿议论,时到红轿来就给他抬去,没要紧于女儿一生的痛苦,唯有用一句俗语说:"女孩子,菜子命,碰她的命运。"(五)不许女子读书识字,说女子无才便是德,要紧的是好品行,学习家庭的事,烹饪洗衣,殷勤做手工,读书无用处,受禁在家中,不可以出门去任何处,日日的生活,就是家庭的常识,除外再没有机会可加增知识。

感谢主在70年前差遣打马字牧师与师母、汲牧师娘、万姑娘由美国到厦门来传主的福音,报人知道得救的路。他们看见女子受家庭恶风俗的束缚,很痛苦可怜,想应该设学校,可以用主的道理来救这些女子脱离罪恶的束缚。那时在厦门竹树脚已经有设教会,所以在1870年在厦门竹树脚附近开设一所女学校。最先是招教会内的家庭女儿来读书,但是来的人很少,做母亲的仍然不喜欢女儿读书,要替她们出伙食费、杂费及衣服费,才有人要来。那时来读书的人都是缠足,万姑娘就劝她们放足。学校中所教的科目很简单,就是圣经、算术、地理、家政、手工,中国文字需请男教员来教。在这六年中可说有好的成绩。若到休业式的日,就请每位学生的家长来赴,也请教会的牧师,给他们考试,使家长看他们的女儿读书有进步有利益,用此法以引起他们的欢喜,没有再阻碍她来读书。在这六年中共有57个学生,得到道理的教示领洗礼入教的有16人。人知道美国公会设学校,目的为要救人的灵魂,比读书更要紧。

1876年,万姑娘因为身躯衰弱回美国去,那时打马字大二姑娘继任。她们两姊妹是生于厦门,曾回国读书,到大学毕业后再到厦门来。她们不但管理学校,又帮助教会的工作,出门巡家布道,在学校得有两位中国人相助教课,就是谢意汝先生及先生娘。

经过10年,比较多人知道读书的利益。到1880年,就搬到鼓浪屿新建筑的学校,就是现在毓德妇女福音学院,学生40多人,不收缠足的学生。谢先生娘帮助二姑娘管理学校。她是热心爱主的基督徒,非常关心学生的灵性道德,她的性情言行,足以为学生的模范。谢先生娘在学校工作三十多年,到她告老以后,学生还是很思念她的言行举止。

在70年的中间可以分为做三个时代——母、子、孙等三个时代——母亲时代:1970—1910年,就是二姑娘做主理的时代,很少通学生,因为风气闭塞,女子不可以在路中走来走去,会受着不好的名誉。若排队去礼拜堂礼拜时,个人要带把布伞,遮到她的面部,不给行人看见。在礼拜堂中间有长的遮屏,分别男女的座位。那时没穿制服,也没穿裙,是穿很阔的衣裤,皆镶宽边,用很多的工夫。那时所穿的鞋是自己做的,用四片的鞋面绣花,鞋底用布皮底,后钉木根。有的用长木头,称为龙船底,袜是用白西洋布做成的。

到鄙人读书的时候,所穿的衫裤窄且长。16岁以上各人要梳髻留成对海,每日要插花,无插带孝者,年幼的要梳发辫,上以红羊毛札二寸长,辫末要用红线或红缎线连到很长,此为最时髦的。各人要带很大又长的耳环,并带有手镯。此时的生活程度很低,是用制钱。洋1块钱可换制钱1200文,每季1000文的零用费可有余剩,学生的膳费每季3块钱。

中国女子教育渐渐进步,做父母的也渐知女儿应该受教育。故每季学生的人数也渐多,宿舍课室都不足用。因此二姑娘想必须再建筑一所较大的可以容纳100多人,美国公会便设法买地来建造,就是现在最大间有礼堂的。到1899年建造成功,则迁入新的校舍。鄙人也为第一个入新校舍的,人数有70余人,感觉很满意,四面有旷地很大。现在的办公室,是从前的妇学,有围墙没有相连,那是还没有新课室和风雨操场,皆为草埔,有种花,校前的围墙边皆种竹,没有雇男的工人,只有雇一个女工烧饭。所以学生每人要轮流烹饪,挑水扫地,割草洗沟子、浇菜。又要1个月大扫除一次,里面各处非常清洁。

到鄙人读书的时候,有较多的科目,最注重宗教,读的种类很多,为要给学生认识道理。此外还有算术、地理、历史、天文学、卫生学、格致、地势、四书、古文、珠算、尺牍、作文、绘画。课程分为6年,6年完毕则为教员助教,没有毕业证书。那时候学校还没有命名,是称为"田尾女学"。第一时代共40年,共有1500个学生(读不久的也算入)。

第二时代为子的时代,从1910至1931年。初为郑牧师娘帮助理姑娘料理学校,到1914年鄙人帮助。在这个时代,教育更进步,学生已经增加至将近200人,课室、卧室已经渐渐拥挤,礼堂修筑扩大,屋子的四周再增建几间。学生程度亦提高,分初等5年,高等3年,再继续读1年师范,叫高等4年。那时有读英文、美术、体育、国语。这9年读完,就给他们毕业证书,在1911年就有吴淑德等5人。此后年年皆有毕业生。其时有增设几项:(一)定青衫乌裤为校衣,以备学生整阵出外时穿。(二)有校徽,以白银星形的。(三)定校名为毓德。(四)制校旗,以蓝与白为底,有一粒星及红字。此三色代表清洁诚实与牺牲,星是纪念引博士来近耶稣的星,希望毓德发光引导万人归主。

在这时候较开通,通学生的人数渐多。(下缺)

原载《毓德校刊》1941,No.57

禾山创办龙塘小学　旅菲侨胞捐轮巨款

禾山讯　旅菲禾山公会代表孙嘉武,于返禾时因鉴五通附近十余村落,失学儿童数在300余人以上,而自光复之后,原有之田头小学停办,迄今复课无期。为重兴教育起见,一面函菲劝募巨款,一面邀请各保长及热心人士座谈,发起在西头社方面创立一龙塘小学,救济失学儿童。迨至日昨,菲轮抵厦,孙君已接到菲信称,经募得一笔巨款,不久汇禾,以资设办该校。同时各乡热心教育人士,亦已闻风踊跃捐输,观此,则龙塘小学之创立为期不远,亦五通各社失学儿童之福音云。

《江声报》(1946年1月27日

钟宅创办国民学校

禾山讯 禾山钟宅社为全禾四大乡之一，儿童众多，在抗战七年间大部分失学。该保长钟妈清因鉴及此，乃召开保民大会，讨论设立国民学校，当场选出钟庆揌为校董主任，钟水菜、钟月敕、钟连枝、钟天象、钟文象等为校董，对学校基金亦经筹措有着。昨并呈向市府申请立案，预定月中即可开课。

《江声报》1946 年 2 月 10 日

厦市中心国校本季仍维原状

教员由校长荐聘　增设幼稚园一所

本市各中心国校春季开课在即，其编组是否有无变更，为市民所关注。兹据教育局息，本季各校教员名额，拟缩减为一百三十人，其任用办法，与前季稍异，教局准由各校校长荐聘，呈局核委。其聘荐对象，应尽量采用检定合格或经历优长为宜。至于学校单位，暂不增减，惟增设幼稚园一所于中山公园内前美专旧址。经委张清香为校长，开学期与各小学同。

《江声报》1946 年 2 月 13 日

禾光小学呈准复校

禾山吕厝保保民维三，前曾呈市府，准予复办私立的禾光小学。按该校于民［国］11 年春创办，14 年呈准立案，厦门陷敌本为日军占据停办。市府据呈后，经准予先行开课，限至 3 月底赶办立案手续云。

《江声报》1946 年 3 月 10 日

禾山小学增设两所　龙塘与钟宅国校

禾山讯 旅菲禾山公会代表孙嘉武，倡办私立龙塘国民学校，自向五通附近各乡热心教育人士劝募，已募得 300 余万元。现计划建筑校舍，聘孙自当为校长，本学期先假泥金社华侨孙有泰洋楼为临时教室，招收学生300余名，于昨开课。又，钟宅保长钟妈清，为促成该保国民学校早日实现，向钟庆�等募得10余万元为经费，昨亦开课云。

《江声报》1946年3月17日

集友桃源筹备复校

本市小学因限于经费未能普遍设立，致学童失学者数逾2/3，地方人士儿纷纷筹创以补政府之不及，新近设立者自益同人小学、坂上国民学校、高崎国民学校，均先后开课。集友小学、桃源小学，亦开始筹备复校，不久当可开学。面粉公会前创办之全民小学，亦筹备复校，因校舍为清查会占用，复课尚无期云。

《江声报》1946年3月20日

禾龙塘小学呈请开课　假有泰别墅设立

禾山海金社民孙嘉武等，前日呈市教局，以该社于民国14年创办乐安小学，至民国18年奉准立案，七七事变后，仍继续办理。迨厦岛陷敌，员生多退入内地，该校乃沦于敌手。厦市光复后，即开始筹划复校，拟改名为私立龙塘小学，假该社有泰别墅开课。请准予开学云。

《江声报》1946年3月25日

复华小学祝母亲节

本报讯　今日为母亲节，本市私立复华小学以儿童与母亲关系至大，为表示庆祝，特于今日下午2时在该校礼堂举行庆祝大会暨游艺会，招待儿童家长及各界云。

《中央日报》1946年5月11日

鼓区小学演讲竞赛

鼓讯 市立鼓浪屿第一中心国民学校为提倡全区各校小学生练习国语起见,定于6月8日假怀仁女中礼堂举行国语演讲竞赛。经各方赠送奖品颇多,并敦请教育局长叶书德及庄区长肇昌等7人为评判员云。

《中央日报》1946年5月26日

鼓毓德小学演讲总优胜

本报讯 鼓浪屿区第一中心国民学校,昨(8日)下午3时在私立怀仁女中礼堂举行全区小学生国语演讲竞赛,参加单位计有英华校友小学等七校,按抽签次序轮流演讲。评判标准:内容占10,态度占30,声调25,国音35,结果毓德小学获得总优胜,毓德小学获得个人优胜。第一名邱琏净,第二名黄琨婉(鼓一中心),第三名郑天伦(怀仁小学),第四名王锦英(鼓一中心),第五名蔡敦礼。当场即将黄市长、叶教育局长苏、财政局长暨各社团机关各银行赠送之优胜旗、银盾、银杯分别给奖。凡参加演讲之儿童,均得学用品数件云。

《中央日报》1946年6月9日

厦南崇实筹备复校

战前本市小学,如厦南、崇实等,均有悠久历史,因限经济环境,多未能复员。近厦南校董庄希泉特电李伯端,代为筹备复校。又,崇实小学校友会,为恢复母校,亦在设法筹备中。面粉公会所前办之全民小学,决定本季复校,校长已聘定李福锦,教员在物色中。益同人小学,以校舍关系,本季决暂时停办云。

《江声报》1946年8月24日

世德小学订期复课

本市讯 私立世德小学校系创于民国19年1月,校长吴松波。沦陷后,该校校具全部遗失,该校校董会于本年夏即着手筹备复校,已见前报。兹悉该校各种手续经已筹备就绪,并由原校长吴松波继续负责办理,业订本月12日开始招生,23日正式上课。际兹厦市复员之始,国民学校尚未普遍设立,莘莘学子诸多向隅,该校之复校自是一般失学儿童之福音云。

《中央日报》1946年9月11日

市区增设同文国校　双涵国校改级

本市禾山区 ［双］涵保国民学校,本期生数寥寥,仅六十余人。开设一校殊不经济,而市区失学儿童,又极众多,原有各校已感无法收容,市府教局将行救失学儿童起见,决将［双］涵国校改为单级学校,另于本市中心区创设中心区同文学校一所,校长派定黄如海商借黄氏宗祠(在户部钱炉灰埕)为校舍。该祠原驻复员军数百人,经商得该队负责人同意迁让,该校并定于本月14日期开始招生。

《星光日报》1946年9月13日

毓英复校　开始招生

本市私立毓英小学,校长许哉华、教导林莲洲,于返厦来后即请中华保郭保长斯威、康聪仁、陈珍吾等校董多人,重新擘划,校址附设于中华路中华保办公厅内进,筹备开学。闻对家境贫寒失学儿童决减轻收费,目下报名异常拥挤。定于本月20日正式上课云。

《星光日报》1946年9月15日

弘农全民　宣告复校

本市私立弘农小学,系杨氏大宗祠董事会,于民23年秋所创办,址在厦港水牛埕杨大宗祠内。查该校办理完善,称著一时,惟自厦岛陷敌,校舍被敌占用,所有校具毁损无遗。光复后,该校校董会,鉴于国民教育之重要,即于本年夏间,重新筹组校董会,积极着手进行复校事宜。兹决于本9月16日开学上课,又该校鉴于厦市一般清寒子弟,因生活困难而失学者,实繁有徒,为救济失学儿童起见,特拟收免费生100名,凡确系家境清寒,有志向学者,可于本月18日以前到校报名,并填就保证书,豁免学费,全学期仅收杂费1000元。此殆为清寒子弟向学之福音云。

本报讯 由厦门市面粉商业同业公会创设之私立全民小学,日来报名投考者极为踊［跃］。该校订于今(16)日在公园西路原址,正式上课。

《星光日报》1946年9月16日

弘农小学复校　收免费生百名

市息 本市私立弘农小学系杨氏大宗祠,董事会于民23年秋所创办。在厦港水牛埕杨大宗祠内,惟自厦岛陷敌,校舍被敌占用,所有校具毁损无遗。光复后,该校校董会鉴于国民教育之重要,即于本年夏间重新筹组校董会,积极着手进行复校事宜。兹决于本9月16日开学上课。又该校鉴于厦市一般清寒子弟因生活困难而失学者实繁有徒,为救济失学儿童起见,特招收免费生百名,凡确系家境清贫有志向学者,可于本月18日以前到校报名,并填就保证书,豁免学费,全学期仅收杂费1000元。此殆为清寒子弟向学之福音云。

《立人日报》1946年9月16日

禾山私立小学纷纷复校

禾山讯 禾山教育,近经全禾人士之竭力筹划,颇有成就。现全禾除二市立之中心小学外,其他私立学校,本季开始复校者亦复不少,计有高崎社之岐山学校,寨上社之湖山学校,湖里社之益群学校等数校云。

《立人日报》1946年9月17日

通俗教育社　创办小学

本市通俗教育社,因鉴于厦市现有失学学龄儿童颇多,学校教育未能容纳,为响应政府鼓励私人或团体办理私立小学起见,爰于本月23日理监事暨热心社员联席会议,推聘洪雪堂为社务进展委员会主任委员,蔡长春、杨清江、柯汉荣、陈镜川、陈庇苍、陈金波、陈崑山、萧春荣等为委员,组织社务进展委员会,并先行举办通俗小学,当场聘请杨清江为校长,负责校务。该校已积极筹办,不日开始报名,预定国庆日开学。当此本市失学儿童日众之时,创办通俗小学,补救一部分失学儿童得求学之机会云。

《星光日报》1946年9月25日

厦通俗教育社筹办小学

不日开始报名　预定国庆开学

本市讯　本市通俗教育社因鉴厦市现有失学学龄儿童颇多,现有学校未能容纳,为响应政府鼓励私人或团体办理私立小学起见,爰于本日23日理监事暨热心社员联席会议,议决,准聘洪雪堂为社务进展委员会主任委员,蔡长春、杨清江、柯汉荣、陈镜川、陈庇苍、陈金波、陈崑山、萧春荣等为委员,组织社务进展委员会,并先行举办通俗小学,当场聘请杨清江为校长,负责校务。闻该校已积极筹办,不日开始报名,预定国庆日开学。当此本市失学儿童日众之时,创办通俗小学,使一部分失学儿童得有求学之机会云云。

《中央日报》1946年9月25日

莲坂奎壁小学附设民众夜校

本市私立奎璧小学(校址在禾山莲坂社),原于民国5年间,由该社菲侨叶添寿、叶永黎二君合资创办。迄后为谋发展起见,乃建筑校舍,筹募基金,组织校董会,添置校具,充实设备,并呈准立案。民国27年5月,厦岛沦陷,该校校舍具悉被敌军纵火焚毁。二十余年惨淡经营之基业,至是遭敌摧毁,荡然无存。迨抗战胜利,我政府推行国民教育,不遗余力。该校留厦校董叶全泰、叶清玉、叶成群、叶石狮、谢水双等,有鉴及此,乃于本年秋召集新旧校董事组校董会,并聘请林高攀为校长,开始筹备复校工作。至9月初旬以筹备经告就绪,即正式开学授课。现先办四学级生数百有余人。最近该校以该社不少青年男女,在沦陷期中不肯接受敌伪奴化教育,以致失学,对于建国前途,不无妨碍。为冀协助政府扫除文盲计,乃在该校附设民众夜学,施教该辈失学青年,现已开始进行。闻该社及附近青年自动前往报名入学者,甚为踊跃。该校经订本(10)月14日开学。

《立人日报》1946年10月14日

厦大附小恢复办理

本报讯 国立厦门大学昨函市府,以本校奉教部核准恢复办理在案,惟查全市中学为数不多,未足收容全市学龄儿童,本校办理附属小学,或可辅助地方教育之弗及。兹将修复校舍之建筑费,列入行政院救济总署之赈项修建厦小学第一期计划之内,以利小学教育进展,除经本校商得行总闽浙分署驻厦办事处同意外,相应函请查照云。

《中央日报》1946年10月17日

延陵私小筹划复校

本市讯 本市延陵吴氏私立小学,战前计有三十所,即在将军祠内武庙及打铁街等,并有大宗祠一座,于厦市失陷,被敌伪挟前此抗日仇恨,惨遭焚毁。经函电层峰暨南洋各埠呼吁,该校修复委会吴主策、吴纯波、吴雅纯等,除奉层峰慰济外,近复接菲岛伊朗侨亲吴心那等,先募汇国二百余万元。闻有岷里拉、宿务,暨下洲府英荷属等处延陵侨亲,愤庠庙之受摧,感黍离之痛楚,决捐献巨款,提前修复。昨该复校委员会委员,特全体前往将军祠及内武庙查勘校址,计划兴筑,并决先聘专任校长以便及时复校。至宗祠部分,亦由包工拟具图式,讨论重建云。

《中央日报》1946年10月23日

世德小学筹备开课

本市霞溪路私立世德小学筹备复校,已见前讯。兹查该校除开始招生外,并重新添置校具,修建校舍。昨该校校董召集会议,出席者吴时汉、吴雅纯、吴士逵等通过决:将吴世德堂派下各房公田,全部拨充为该校校产。

《星光日报》1946年10月25日

本市粤侨小学进行复校

本市讯 本市广东旅厦同乡会,于昨(28)日开理监事会议,议决案如次:(一)会员庆香号东姚庆成于本月21日晚,被林桔仔纠众到店捣毁行凶,呈请转请当局严追凶手惩办一案,本会应如何表示案?决议:1.推派代表凌从新、黄仲光、何炳光,分谒军政警当局,并请□缉凶首□案法办。2.推派代表向该会员家属得伤者□同。3.分期招待本市新闻界报告被伤经过,请主持公道。(二)前办粤侨小学,沦陷期间多年停办,决于最近期间进行复校,并推定负责人着手筹备云。

《中央日报》1946年10月29日

第二中心教员周末播音

本报讯 本市厦南第二中心小学学生屡次参加厦门广播电台播音,颇得好评。今又承该电台专函特约,于本周星期六周末节目。10月30日下午8时至9时,请该校教职员音乐研究会会员何顺伟、黄倪仙、蔡素惠、赖为仁等播唱歌咏。

《星光日报》1946年11月30日

厦南第二中心举行示范教学

本报讯 厦南第二中心国民学校,为促进教学方法,提高教学效率,特定于本星期六（即 11 月 30 日）下午 2 时举行第一次高年级"六上"国语科示范教学，由该级任导师郭文德负责示范，并函市厦，请各学校莅临指导研讨云。

《星光日报》1946 年 11 月 30 日

厦南第二中心教学示范

本报讯 厦南第二中心国民学校为促进教学法，提高教学效率，特定于本星期六（即 11 月 30 日）下午 2 时，举行第一次高年段（六上）国语科示范教学，由该级导师郭文德负责示范，并函发厦市各学校莅临指导研讨云。

又讯 本市厦南第二中心，平素对课外各种活动颇为关注，曾屡次参加厦门广播电台播音，甚得好评。前日该电台又函约于本周星期六周末节目（11 月 30 日下午 8 时至 9 时），请该校教职员音乐研究会会员何顺伟、黄倪仙、蔡素惠、赖为仁等播唱歌咏云。

《中央日报》1946 年 11 月 30 日

厦南第二中心举行示范教学

本市讯 查本市厦南第二中心为力求提高教学效率，拟于本星期六下午 2 时在该校大礼堂举行本学期第二次中年级（四上）国常科混合示范教学。由该级任导师黄倪仙负责示范。该校并已函请各小学校，共为指导研讨云。

《中央日报》1946 年 12 月 14 日

厦大附设小学日内上课

国立厦门大学汪校长前因公赴京时，曾请准教育部复办附属小学，当聘该校教育系助教潘茂元兼任校长，并拨厦港区演武亭房屋二座为临时校舍。闻已筹备就绪，定 12 月 23 日正式上课。又该校新校舍亦已择定南普陀前空地，商允行总拨面粉以工赈方式代建，一俟该项面粉到达，即可开工云。

《星光日报》1946年12月18日

明德小学定期复员

查本市私立明德小学,系前鸡鸭途公会所创设。早经请准教育厅立案,抗战前办理,成绩斐然。鹭岛陷敌,该校无形停顿,校具全部遗失。最近该校董事长陈寿卿返厦拟从速复校,特偕前校长张火凤召集诸董事开会,决定于下季复校。现已呈请市府备案,并开始招生事宜。

《星光日报》1946年12月23日

厦通俗小学拟增加班次　收容本市贫苦学童

本市讯　本市通俗教育社自复员以来,社务蒸蒸日上,附属通俗小学校延请杨清江先生任校长。开学以来,颇呈向荣之态。本季因系初设,一切措施未能十分完全。然以本市学龄儿童失学者繁多,拟于下学季增加班级,设高年级、中年级、初年级等六班,收容本市家境贫苦之失学儿童。又该校近日与行总厦门分处合办儿童营养品补助站,每日已供给该校儿童牛奶水饮用云。

《中央日报》1946年12月27日

鼓第一中心小学开恳亲会

市立鼓浪屿第一中心国民学校,本学期对儿童各种课业及课外活动,颇见积极指导,深得儿童家长赞许。兹悉该校定于本月15日下午1时在该校礼堂,举行恳亲游艺会,招待儿童家长,俾明该校之教育设施,并共谋儿童指导方法。闻已函儿请童家长准时参加云。

《星光日报》1947年1月14日

陇小进行复校

本市陇西家族自治会,战前以兴办教育事业,卓著声誉,尤以陇西嗣校,作育英才更多。今兹厦岛重光,该会因感族人聚居日众,闻经召开复校委会,聘请热心教育之缅甸华侨李良远,菲律宾华侨李任之,就上列二地进行募集基金,一面并由会进行复校备案手续。预计明春可望成效云。

《星光日报》1947年1月14日

鼓小学竞赛注音符号

鼓浪屿各小学注音符号竞赛,经于本月7日举行,由该区第一中心小学主持。参加儿童代表人数,计160名。现象渐见踊跃,评判员由各校自行分组评定。兹探悉,评定结果如次:一年级第1名:(中心)李鸿禧、李惠珠、柯晏、郭一志、叶娃洋、唐崇伦、(毓德)黄贤贤、傅丽丽、陈永真、(怀仁)王安宁。第2名:(中心)柯娶、方宝珠、(怀仁)陈丽丽。第3名:王秀聪、崔灏达(中心)。二年级第1名:杨月莘(毓德)、吕俊生(福民)、蔡秀珍(福民)。第2名:(怀仁)金亚茹。第3名叶真真(中心)、蔡美华、郑欣欣(怀仁)。三年级第1名:何瑞(怀仁)、丁霭丽(毓德)。第2名:陈碧如(怀仁)。第3名陈亚毓(校友)。四年级第1名:黄沙露(毓德)。第2名吴凝碧、林惠琼(毓德)、杨进治(怀仁)。第3名:蓝碧莲、周□(毓德)。五年级第1名:黄慈恋(怀仁)。第2名:高秀美(怀仁)。第3名:郑花(怀仁)。六年级第1名:杨婉如(怀仁)。第2名:蔡乃欣(怀仁)。第3名:邱翠芳(毓德)。

《星光日报》1947年1月14日

鼓区小学举行注音符号竞赛

本报讯 鼓浪屿区各小学举行注意符号竞赛,经于本月7日举行,由该区第一中心小学主持。参加儿童代表,数计163名。评判员由各校长自行分组评定。兹探悉各年级第一名姓名如下:一年级第一名李鸿禧(中心)、李惠珠(中心)、柯日女、黄贤贤(毓德)、傅丽丽(毓德)、陈永真(毓德)、郭一志(中心)、王安宁(怀仁)、叶娃洋(中心)、唐崇伦(中心);二年级第一名杨月华(毓德)、吕俊生(福民)、蔡秀珍(福民);三年级第一名何瑞(怀仁)、丁霭丽(毓德);四年级第一名黄沙露(毓德);五年级第一名黄慈恋(怀仁);六年级第一名杨婉如(怀仁);

又讯 市立鼓浪屿第一中心国民学校定于本月15日下午1时,在该校礼堂举行恳亲游艺会,招待儿童家长。闻已函请儿童家长准时参加云。

《中央日报》1947年1月14日

鼓第一中心恳亲热烈

市立鼓浪屿第一中心小学,以放假在即,为联欢学生家长,于昨(15)日午后2时在该校礼堂举行本学期恳亲游艺会暨学生成绩展览。到学生家长200余人,并该校员生等济济一堂。首由甘校长朝驹主席致词,扼要陈述教育工作应以家长、社会、学校三位一体合作。次由林教务主任友梅,廖训导主任后俊才,分别就一学期来该校教务之实施状况作恺切之报告后,即开始游艺。节目计有《中华民国》(四部合唱)、《爱国孩子》(独幕剧),并其他歌舞趣剧等十三出。表演天真活泼,情况异常热烈,极博学生家长赞赏。至学生成绩就说明则就所有十级教室陈列,计务劳作、书方,暨平时作业等琳琅满目,美不胜收,予参观者至佳印象。至5时始尽欢而散云。

又:旧历年关瞬届,部分学校本期于元月18日开始放假至2月8日开学,本市各公私立中小学均已准备结束,循学年进度,于近日先后举行期考。兹悉鼓屿各小学订于本月17前开始放寒假外,厦市各小学则大多已于昨(15)日放假云。

《星光日报》1947年1月16日

桃源小学下期扩充班额

本市永春同乡会主办之私立桃源小学,自去冬10月复校后,由于董事之努力推动,会众之热烈赞助下,一切校务均经积极整理,业已渐复旧观。该校以地点适中,求学者众,下期起生数将由本期之百数十人增收至四百余人。以据教育普遍之旨,至教职员将增聘至 12 人。查则该校现虽值寒假期内,而一般儿童求学心切,由家长率带,每日前往该校提早报名者,纷至沓来,已达百名之多。预料下期该校校务将更有一番蒸进云。

《星光日报》1947 年 1 月 19 日

桃源小学增设班级　优遇贫苦儿童

本报讯　本市小走马路私立桃源小学,客岁复校,办理经过,颇得当地人十分嘉许。该校素以普及国民教育为职志,现以附近学龄儿童众多,本期决定增班级,以资在量容纳。近日已开始招生,报名者已达 200 名左右。闻将增收至 500 名,贫苦儿童力予酌情减免,故报名者至为踊跃。闻该校订于 2 月 3 日正式开学云。

《星光日报》1947 年 1 月 27 日

本市增设四个国校

本报讯　本市本期各公私小学校,均已开学就绪。公立校长除禾山第二中心董如纯自动辞职,经委张应川接充外,并增设保国校如下:计开南保校校长张淑贞,美仁保校校长张如擅,钟宅保校校长黄玉辉,前村保校校长陈龙水云。

《星光日报》1947 年 2 月 24 日

鼓第一中心国校举行教学观摩会

本报讯　鼓浪屿第一中心国民学校,为谋该区各小学教学改革,以增儿童实益起见,经订于前日(8 日)下午 2 时在该校礼堂,举行教学观摩会,施教者为该校教员洪协隆。据悉:前日适遇春雨绵绵,然各校校长教员,均接踵而至。前往参观者计六十余人,情况颇为兴奋。至三时半始告结束云。

《星光日报》1947 年 3 月 10 日

小学生时事测验 市府通令小学参加

本报讯 厦门市全市小学时事测验办法：一、厦门市政府为提高全市小学生时事知识起见，特举办全市小学生时事测验。二、测验对象，定高一下及初四下两年级学生。三、报名时间，自3月17日起至3月23日止，逾期不收（名册径送教育科）。四、测验时间定3月17日，分二次举行，高一下1时至2时，初四下3时至4时。五、测验区域分配如下：一、第1区包括厦西区二中心、民强小学、民立小学、开洪国校，地点在厦西第一中心礼堂。二、第2区包括厦南第一中心、厦港区第二中心、城内小学、全民小学，地点在厦南第一中心分校。三、第3区包括复华小学、思明小学、思东学校、鳌岗小学、世复小学、明德小学、桃源雅化小学、通俗教育社附设小学，地点在复华小学礼堂。四、第4区包括厦南第二中心、同文保国校、厦港第一中心、渔民小学、弘农小学、曾厝垵国校，地点在厦港第一中心总校。第5区包括禾山区各校，地点在禾山，包括鼓浪屿各校，地点在鼓浪屿第一中心礼堂。（如有漏列学校，可直接向教育科申请参加）。（下略）

《星光日报》1947年3月15日

全市小学生举行写字比赛 书法以楷为原则

市政府教育科为鼓励全市小学习字兴趣而调练其写字技能起见，特举办全市各小学生写字比赛，并订定办法。

（一）全市各公私立小学高中年级下期学生均应参加比赛。

（二）比赛程序规定：（甲）初选由学校自行举办，各年级学生每班在30名以下者选出1名，30名以上60名以下者选出3名，并应选出1人为候补，初选全部试卷应由学校于报名时，汇送本府教育科；（乙）复赛各校初选优胜人员，均应参加复赛，由教育科负责办理。

（三）报名时间定4月3日起至4月7日止，地点市政府教育科。报名时应造送名册一份，并附相处一张。

（四）比赛时间初选定4月1日举行，复赛定4月13日上午10时举行。

(五)比赛地点分三区举行,第一区中心区包括市中心区及厦港区各校,地点在厦西区第一中心国民学校。第二区包括鼓浪屿各校,地点在鼓浪屿区第一中心国校。第三区包括禾山区各校,地点在禾山区第一中心国校。

(六)比赛书法以楷书为原则。

(七)考试用纸由本府教育科划一规定,俾便汇集。写字量表之编制,另设写字量表编制委员会,负责办理。

(八)评判员由本府聘请对书法富有研究之人士担任之。

(九)比赛结果,各年级成绩列前 5 名学生,由市府发给奖品。团体总成绩列第 3 名以前者,校长由本府予以奖励。团体团体总成绩计算方法,系以各该校参加比赛学生所得总分数除报名人数。

(十)本办法如有未尽善处,得于比赛前予以修正。

《江声报》1947 年 3 月 27 日

私立明德小学经觅定新校舍

本报讯 本市私立明德小学于本季复校,因□理成绩甚为可观,故对报名入学生要达四百余人。查该校区时,校舍范围狭小,且□教室方面亦感不敷应用,实无法容纳。最近该校长有鉴及此,主张非迁移不可。经召会议决重觅新址,经已觅定本市霞溪路前崇德女子小学旧址。闻经兴工着手建筑,本学期拟选新校舍上课,将来对该校校务,当更进展云云。

《星光日报》1947 年 4 月 15 日

群惠小学募款筹备复校

本报讯 本市私立群惠小学,创办迄数十年,厦门沦陷,遂尔停办,□校董陈清□、黄谦若等,以该校有悠长之历史,岂可任其停闭,故积极筹备复校。□请准当局,由前任校长林士麟在菲岛进行募捐,以备修建校舍设备校具云。

《星光日报》1947 年 6 月 3 日

厦大附小下季易长

厦大附小定本日下午举行第二届毕业典礼暨恳亲游艺会,有歌剧、舞蹈、唱歌、钢琴演奏等节目。查该校于 35 年 12 月开办,由潘茂元兼任校长,办理二学年,成绩卓著,惟潘氏近以事忙无法兼顾。经辞去兼职,下学期由汪养仁兼任。

《江声报》1947 年 7 月 3 日

小学国语科考试成绩评定发表

养元小学列最优奖品定期分发

本报讯 市府教育科于 6 月 22 日举行全市 35 年度下学期各公私立小学六年下学期国语科考试,业于昨日评订完竣。兹将各校成绩如下:团体优胜第一名养元小学,第二名福民小学,第三名雅化小学(以上均系私立);个人优胜第一名程松光(厦港第二中心),第二名倪嘉源(雅化小学),第三名黄展熙(福民小学),第四名许扶福(养元小学),第五名柯建国(福民小学),第六名江素华(厦西第一中心),第七名李荣南(福民小学),第八名吴光武(英华小学)。至以上团体奖状及个人奖品定期分发云。

《江声报》1947 年 7 月 8 日

公私小学时事测验成绩评定发表

英华复华各列第一　禾中心国校修理校舍

市教育科于 4 月 30 日举行全市 35 年度下学期各公私立小学五、四年下期学生时事测验,成绩业经分别评定。兹将各校名次发表于后,五年下期第一名英华小学,第二名双涵保校,第三名禾山区第一中心小学,第四名鼓屿第一中心,第五名雅化小学;个人优胜第一名庄馥萃,第二名殷承惠(以上英华),第三名洪伴星(禾山一中),第四名郑德联,第五名蓝文庆,第六名谢明汉(以上英华),第七名周世元(禾山一中),第八名丁如山,第九名吴联芬,第十名孙育义(以上英华)。四年下期团体第一名复华小学,第二名雅化小学,第三名厦港第一中心,第四名龙塘小学,第五名英华小学;个人第一名孙文吉(龙塘),第二名庄观涛(复华),第三名吕明江(禾山一中)。

《江声报》1947 年 7 月 11 日

简　　讯

本市大同小学成立于清光绪三十三年,校董为黄廷元、黄幼垣、洪晓春、陈乃元、杨景文、宋子靖等。初设校于和凤宫,后设于赖厝埕,即今金城戏院。民国 21 年由校友集资建筑小学路新校,并设备图书仪器。历史之悠长,设备之充实,为全市第一。该校造就人才,遍及闽南各属,现在市中心区尤为多数。陈文总氏为该校第三届毕业生,此次抗敌区来,订本月 11 日下午 2 时以抗日所得胜利品献存母校纪念,届时该校校友将齐集小学路新校欢迎云。

《星光日报》1947 年 8 月 11 日

陈文总献胜利品纪念母校

本报讯　本市大同小学成立于清光绪三十三年,校董为黄廷充[元]、黄幼恒、洪晓春、陈乃元、杨景文、宋子靖等。初设校于和凤宫,后设赖厝埕,即今金城戏院。民国 21 年由校友集资,建筑小学路新校,并设备图书仪器。历史之悠长,设备之充实,为全市第一。该校造就人才,遍及闽南各属,现在市中心区尤为多数。操全市经济之中层,陈文总氏为该校第一届毕业生,国文成绩 95 分,图画 85 分,为该届高材生。此次抗战归来,订本月 11 日下午 2 时,以抗战所得战利品,献存母校纪念。届时该校校友将齐集小学路新校欢迎。该校已划定区域,分托校友苏天来、吴清瑞、苏加禄等通知,并准定老校董洪晓春为大会主席,黄保寿、陈懋材、庄嵩岳、叶沧溪、吴雅纯等为招待。届时当有一番盛况,亦厦市小学界之盛会云。

又讯　厦市闻人陈文总先生,此决□旋,鹭岛各界人士开会欢迎,各情经志前报。兹查本市陈姓家族互助会,以陈文总先生为本姓族亲,自应热烈欢迎。日昨(10 日)由陈姓族人陈敬昭、陈水南、陈美鋆、陈镶、陈少鹤等集议,决定8月12日下午5时在浮屿陈氏宗祠内举行欢迎大会,并拟于国际联欢社公宴云。

《中央日报》1947年8月11日

市大同小学欢迎陈文总

本报讯 本市大同小学校友于昨日下午3时,假小学路该校大礼堂开欢迎陈文总先生大会,到会校友五十余人。主席校董洪晓春,首致欢迎词,略谓,本校自创办迄今,培育人才无数,多能为社会服务,如陈文总将军即为本校优秀之校友。深盼各校友能效法陈将军为人,为本校争光。词毕,由陈文总演说,称此次回到母校,极为关切,为不忘母校昔日培育苦心,拟将战时掳获战利品古刀一把,俟由沪运到时,献赠母校,以存纪念。后由来宾李绣伊、吴远资、杨清江等相继演说,对陈将军之丰功伟绩,备致敬仰。词毕茶叙,会中由现任校长陈懋材报告主持校务一年来情形,并称渠惨淡经营,未尝陨越,竟遭外间一般人误会,故拟即日辞职。旋由庄嵩岳提拟组织校友合作社,公推校友吴远资、陈敬昭、吴龙江、庄春木、庄嵩岳、杨清江、吴雅纯等7人为筹备员。至6时散会云。

《中央日报》1947年8月12日

五侨胞热心教育 务本小学已复校

本报讯 禾山区岭兜社原有私立务本小学一所,系于民国3年间由该乡人士陈新政发起创办,设备完善,校舍校具悉于沦陷中被敌伪拆卸搬夺净尽。本年8月间,有该乡人士陈宝全、陈火炎、陈季思、陈共礼等,由槟榔屿致函陈宝受、陈安晋等,敦促复校,并寄捐巨款,充为该校设备费,而复校后之初期经常费,亦由渠等共同负担。陈等接信后,乃积极筹备。现已就绪,于本月16日,在该校礼堂举行复校式,并开始正式上课。又同社陈文闾,素在菲岛经商,此次回家为其子子贡完娶,适逢该务本小学复校,即节省婚□一百万元,充为该校设备。该社以陈等并未自称侨领,竟热心教育,殊属难能可贵。

《中央日报》1947年9月18日

大同小学接力赛跑

本市厦西第一中心国校为战前大同小学之前身,本学期自庄嵩岳接任以来,极力刷新,采取课内课外并重,并订有每周有中心活动。上周为"游艺会",本周为级际接力赛跑,分高、中年级二组,于昨日下午在中山公园举行,历三小时始毕。闻下周中心活动为远足三岩,并举行风筝及爬山比赛。

《中央日报》1947年10月19日

全市小学算术科学业成绩考查 元月10日分八区举行

市教育科预订明年1月10日上下午,举行全市公私立小学,36年度三年上期,五年上期及六年下期学生,作算术科学业成绩总考查,共分八考区同时举行。第一区:厦西一小、主光、美仁、厦西二小、民立、公爱、民强、和安、开安、开洪、开南,地点厦西一小。第二区:厦南一小、厦港二小、城内、全民、鼎玉、粤侨、桃源、鳌岗,地点厦南一小。第三区:复华、思东、雅化、通俗、世德、思明、明德、端本,地点通俗教育社附设小学。第四区:厦南二小、同文、厦港一小、渔民、弘农、曾厝、德仁、茂后,地点厦港一小。第五区:禾山一小、禾光、坂上、洪山、东升、培三、龙塘、双涵、何厝、前村、奎璧、务本、吴仓,地点禾山一小。第六区:禾山二小、益群、岐山、湖山、河东、钟宅、湖桐,地点禾山二小。第七区:鼓屿一小、怀仁、养元、维正、康泰,地点鼓屿一小。第八区:福民、英华校友、毓德,地点福民。各校六年下期学生应缴二寸半身相片一张,三、五年免缴相片,由各校长填送保证书。奖惩办法:(一)各组个之成绩之前五名,由市府给奖。(二)各组学校成绩优良之前三名,由市府给奖。其成绩特别低劣者,校长及担任该科学教师,酌予申诫云。

《江声报》1947年12月27日

一年来的校务行政

卓杰华

杰华承校董会诸公之邀聘,自去年8月1日起忝长本校,为期仅及一年。因系复校,困难特多,自量力薄才疏,建树有限,实深感愧,谨将本校一年来行政实施,简述如左[下],尚祈吾乡父老暨各界先进进而教之。

回忆应聘之初,仍涌起不少辛酸滋味,面对着一个空徒四壁的校舍,其感想是可以想到的,凭着信心,首先订定本校行政组织并严格划分各部门的工作,使人有专责分工办事。一面饬教导事务两课分别拟定计划,以资质行。就中尤以总务工作更为艰巨,经费有限,百物匮乏。幸蒙敌厂清理局福建办公处卓主任振雄之帮忙,就家具中允予备价购买,方得稍复旧观,其次则为从速办理招生事项,学生为学校之基本,于是成立招生委员会,即日招生。可是在进行时,我们又感到徘徊顾虑:(一)为了普遍救济失学儿童起见,应该广事招收。(二)学校的良窳与学生的质素关系甚大,倘若选择不严,贻误将来不浅。基于以上所述,我们折衷地主张质量并重,8月30日举行了入学考试,合计取录了120名,共分6班(一上,一下,二上,二下,三上,四上)施教。第三,学生已招得后,9月1日便正式开学(9月15日补行开学礼及复校纪念),第1周暂上临时课,并于周内拟定行事,历经校务会议通过后,第二周起便开始实施;第四、沦陷时期,本校案件荡然无存,故各项重要章则,(如学则、办事细则等)均于极短促时间内重新拟定。因为草拟时态度严谨,多方慎密考证,尚能切合实用。第五,本人认为校歌为学校生命所寄,吾粤人民素审冒险创造,坚忍之精神,为纪念先贤,为教导来兹,爰由本人拟定校歌一首,呈校董会通过后,并奉市政府核准备案,从此"厦门越秀,海山阔壮"中华文物万邦扬之声不绝于耳矣。

以上所述,是36年度上学期草创期之实施简略,至于本期校务计划,远在上期结束[时],即由本人斟酌需要,摒繁多简,定出五项进行方针。经本期校务会议详细研讨,咸认尚属可行。兹分述如左[下]。

一、国语教学——本人提出此项实施,均属切当,以本市来说,就没有几间学校完全采用国语教学,或徒具形式,或置诸次要两位。因此,我们主张把这种情形完全改变过来,在开学的一个月内,全校均着重教授注音符号,并订下最低限度之标准,即低年级会听会讲。中年级增加拼音,高年级更增加汉字注音。实不敢自炫,我们的确做到了90％学生会听国语,80％会讲国语,这算是本校的一种特色吧!

二、增加班级。复课之初,诚恐班级太多,同事太少,致管教不易见效,故暂有招收初级部。自本期起,因规模稍具,便决定招收五下插班生,并增招初小一上新生,因此本期实增二班,计共8个学级。

三、扩充设备。设备的完善,直接影响学生的见闻与成绩甚大。过去本校素负薄誉,设备允裕也一主因,本期设备因限于经费,图书方面仅购买了新小学文□全套及儿童书局出版的各项丛书和教师参致用书共八百余册。运动器具方面,举设篮排球场各一所,沙池一个,木摇鸭二座,沙池一个,单杠一个,篮排球、小皮球、毽子、绳索等随需要而购买。童军方面,购得童子军乐器,付计大鼓一个,小鼓二个,铜钹一付,喇叭四支,又各项旗帜用具等亦已添置。校具方面,添得了桌椅二十六付,阅报桌椅一套。仪器方面,正向中国仪器厂订购小学仪器,已洽商配送中。

四、甄选师资——"干部决定一切"正可喻言师资的重要,要叶茂果实,必先有宽广的根基才成。因此,对于共同工作者的选择,乃是决定学校命运的第一着。本人的要求并不高,惟首先注重品格是否优良与服务精神如何而定,才能经验次之,资格更次之。基于这个标准,故对上期之同事似有未尽如人意之处,可是一秉至公为心,以从事工作尚可告无罪于同人与自处。另方面亦增长我对侨师同学的好感,他们都年纪轻,受过三年专业教育,能刻苦耐劳,肯负责,能守职,当研究进取精神,教师的生活是最清苦不过的,无论你学职才能经验如何好,可是要经常扎住肚皮的小学教师生活,却不易度过,到头来改行,是失职仍是与教育目的相悖。寄意念师范的同事,更应该定以天下为己任之精神,认清目标,勇于迈进,把下一代拯救过来啊!

五、增建校舍——为贯彻普及教育之旨,本期学生乃增加倍许。为未雨绸缪起见,添建校舍一事,势在必行。幸蒙校董会进行有方,现已募得10亿元以上,拟建定教室二座。经已鸠工建筑,八月底即可竣工。

要言之,本期计划大体实现,杰华不敢居功,使粤侨能获各界人士有所认识,此乃校董领导有方,同人们尚能尽职,同学们亦能通力合作有以致此耳。

《粤侨校刊》1948，No.1

一年来教导报告

袁连寿

教导工作，在教育行政中，实为最繁琐的一门，而本校又是复校伊始，其工作的零屑艰难，当不烦赘述。

本校上期共招120名的插班生，因为他们来自不同的学校，学习程度极度参差，和学习方法的迥殊，使我们在教学上遭遇到绝大的困难，同时因为他们来自不同的环境，生活方式的殊异，和习惯的偏差，给我们在管训上费了不少心力解决这难题。现就两方面略抒我们一点的浅薄经验，一面冀就正于教育同人，作抛砖引玉之举；另方则藉此以自我检讨，借作今后改进与实施的张本。

教务方面

一、语文教学的初步改进在实验中

"语文"两字，是"说话、读书、作文、写字"的统称，并非"语体"与"文言"的合称。因为语文两字的字义可以包括"语言和文字"，说话科注重语；写字科注重文；读书和作文两科，语和文各占一半，而语文两字口头上也用惯了，所以我们总称国科的名称为"语文"。

语文教学的初步改进是在提高学生一般的"学习程度"和"说话技能"两大教务重心下应运而生的。为了叙述的方便计，我把"说话、国语、作文、写字"分开讨论。

首先我要讲的是说话。说话是社交上最先用到的工具，它的重要性是言必涵意人皆尽知的。儿童在未进学校以前，已从实际环境中学得许多话了。不过，他们这种社会上自然学得的话，其中固然一部分是好的，但是最大多数的话，既不优美内容多是不合理，形式往往是简陋的、粗野的，更没有文化的意义。

我们没有为儿童特设说话课，儿童有的是真实环境，(见闻报告会、表演会、故事会、时事座谈会、标准语讲谈会等)由真实环境激起儿童有急需学得一口标准语的必要。譬如学校预备开一个故事演讲竞赛会，大家都要参加,儿童在竞争心与羞耻心的驱使下,就有了急迫的需要,学起来自会有兴趣。于是教师就在儿童由必要而生的兴趣中指导他们学习。这样的指导,儿童不但易于接受,且进步也非填鸭式的硬教硬学所可比拟。

至于说话的具体材料和具体方法,我们可用很简单的两句话来概括它:即"活的材料"——实际环境中找来的儿童所爱听爱讲的,和"有趣的表演"——一面表演,一面练习,不是死板板的"先生讲,学生听"。

现在我要讲国语科(课程标准内定的是读书科)了。现在一般人对于国语教学,大多数都是注重"读、讲、背、默"四个字。换句话说,就是注重记号的学习,忽略了白话文教学应该在"话"与欣赏课文内容的重心。根据这一点,我们要竭力根除儿童一字一字的看和指一字读一字的阅读习惯。低年级我们用挂文教学来训练儿童一句一句的看。在阅读的数量方面,我们应重指导、鼓励儿童阅读课外读物。朗读方面,我们的要点是:(一)读散文和□文跟平常的说话一样,不用齐读,特别注意于表情达意。(二)读韵文诗歌,有时配了曲谱唱,有时用谣谣体唱和齐读。(三)对于标点符号特别要显示出来,务使听的人好像在听播音,在看话剧一样。至于□字的要点是:(一)字音:除准确外,特别注意两字以上连成一个的读音变化。(二)字形:除笔顺和笔划的正确外,还教他们认字的□法。(三)字义:依词解,不用单字说明,解义时务使儿童彻底了解,尤须注意生活上实际环境的学习,切忌单靠抽象的说明。

最后让我引用一句经验话作为本段的结束:"多背不如多读,多读不如多看,多看不如多说。"

说到作文,也和说话一样,我们没有排定的课程,我们认为无论口述或笔述,凡是作文都是思想的表达。有了发表的需要,才能说出话来,记出文字来。我们要叫儿童发表,必先使儿童有丰富的经验,清楚的思路。所以我们的指导,不在字的用法,句的用法上做死工夫,而在增长他们的知识,扩充他们的经验,并刺激他们有发表的需要。换句话说,儿童在文章里写错几个字,用错一二句话,虽然也要把它改正,但是并不□为主要,也不因此降低他的作文程度。概括的说,就是注重内容,不注重形式;注重发表,不注重字句练习。批改的办法是将原文抄在黑板上,大家共同来改正,这个句子为什么不好,那个字为什么不妥当。这样的批改,每次至少是择 1/5 来实行,其余的则采用间接的符号订正法。这样的订正,比直接在儿童的作文簿上修改,有效得多。

现在要讨论的是写字。写字的主要原则是以儿童的生活为出发点。我们以为凡是儿童生活上需要的材料是顶好的材料,儿童能力上会用的文具是顶好的文具,儿童心理上喜欢的方法是顶好的方法。基于这个原则,我们不令低年级的儿童写大字用毛笔,即使中年级的儿童也不强迫他们习写大字。我们打破了把"学习的迁移"用在"大字写好了,小字自然就好"的传统教育观念。因为书法是以实用为主,而实用的是小字,我们要学习当然直接学习小字。

总结:我们总冠"说话、读书、作文、写字"为"语文",对这四科,我们是混合着教学的,其中以说话作为其他三科的基础,从生活出发,再归结到生活。

(注:本教学法曾参酌沈□英先生著《国语科的初步教学法》及林汉达博士著《学习心理讲话》,并此附注——笔者)

二、小组制的教学

本期为适应新收儿童学习程度的参差,酌仿照行知先生发明的"小先生制",利用儿童教儿童,成绩尚好。现把我们所采的办法写在下面。

(一)鼓励儿童发表以培养他们的发表能力。这点很要紧,要是儿童没有发表能力,或不敢发表,或就敢发表而不自然,那么首领儿童就无法产生,即使产生出来了,也不能起什么作用。因为他缺乏发表的能力,不能把自己的所得转给其他的同学啊!

(二)选拔首领儿童与分组:选拔首领儿童最要注重的,是勿使天才埋没,所选出来的必须要能得其他儿童信仰和具有优越才能与领袖热诚的。否则,就不能在他们的团体活动中起核心与领导的作用。领袖选好后,即实行分组。分组时每组须以五六人和自由选择参加某组为原则,但遇某组人数超过所定人数时,则教师应以坦诚的态度劝其另选他组以调整其人数。

(三)讨论:分好了组后,遇有比较繁难的问题,便可分别拟成若干小问题,由每组去讨论研究,然后集合各组意见,共商解答,教师只在旁提示、指导。这样一来,提出问题的是儿童,讨论研究问题的既是儿童,解答问题的……又是儿童,学习自然会有兴趣了。

(四)组织各种研究团体:为要加强他们的合作和发展其发表能力以

及打破教室的呆板学习,我们利用他们各自兴趣组□各种研究团体,以鼓起他们自动探讨的精神,增加他们互相习教的机会。

训导方面

本校训导是根据我们所定的五大目标而采用活教育的十三原则.实施的结果,是能使我们满意。我们□□□□说过,由于他们的"问题",初期时候,曾使我们感到失望和棘手,但到今天,我们已把他们头上的帽子——"问题"轻轻撤去,他们不再使我们失望,不再使我们棘手了,相反的是给了我们莫大的安慰与鼓舞啊!

在这里,我想把我们实施的具体方法简略□□一是。

(一)学期开始时我们把布拉兹和波特的儿童在课堂中的不良习惯分表类,再参酌本校实际情形一一列举出来,由各级任导师与各该班级儿童共同订定互守公约,作为实施的蓝本。为贯彻该项公约的实施,教师除一面以身作则,坦诚在旁暗示领□外,一面还与儿童共同制订了得奖登记和违约反省登记表两种表格(格式见后)。每个儿童各备这两种表格的两份:一份存儿童,一份存教师。当儿童不幸犯了什么错误,教师除开诚布公的予以开导外,并须交换填写违约反省表——即存教师的由儿童自行填写,存儿童的由教师填写,得奖时同。这样教师既可藉此明了儿童常犯的过失,论断其常犯的原因。儿童也可藉此知道自己所犯的错误,而有所警惕,从而猛觉错误,改过自新。

(二)严格考核儿童之出缺席以杜逃学,养成懈怠傲慢的习性。方法,儿童有事必须经家长证明填具请假单,送交级任导师核准(3天以上须经教务及训导两处,1周以上须经校长)。核准后,交粤侨生活团调查组登记。平时除低年级的出缺席由任课导师检查外,中高年级皆由各班级长检查(教师须常抽查以杜流弊)。每日下午课外活动的时候,将情形报告粤侨生活团调查组,调查组即将旷课儿童列出,一方面报告监护导师,一方面填具旷课通知单交通讯组,通知其家长查复原因。我们这种组织方法已收到相当效果了。

(三)家庭访问:家庭访问是知道儿童的学习情况、行为规范……的最好捷径。这学期我们举行过两次普遍的家庭访问。在没举行之前我们是先分组和认定范围,并开座谈会搜集各个儿童在校的生活材料备作访问的资料,每组有个组长担任记录及访毕时的整理。访问时我们并做儿童个性的调查及一般性的指导等工作。在访问期间,我们备受贤明家长的欢迎,也得到少数教育程度较差的家长所嫌弃,且不管是备受欢迎或空受闲弃,我们的结果是:加深了我们对儿童深一层的了解与同情,沟通了家庭与学校的联络途径,增加了家长对学校认识的深广度,使我们的教育更进一步的接近大众而更现实化起来了。

表1　得奖登记表

年级			姓名		
月	日	做了什么事得奖	得到什么奖励	第几次	备注

表2　违约反省登记表

年级			姓名		
月	日	犯了什么过失	应受什么处分	第几次	备注

研究报告

本校研究工作,是在教务课下设研究股,经常和本校"教学做"进修会(由全体教师组织)作新教育的实验与教学技术的改进和探讨。

本学期的研究工作因在人力财力与时间的限制下,所得成效甚微。不过,我们并不因此而失望,相反的是更自信自慰。因为我们毕竟在人力财力时间的限制下,用我们最大的决心,做到了下面的几桩事情。

(一)配合教学做进修会,不断作教学技术上的改进:本校教学做进修会规定每两星期集会一次,会中除由各会员分别作各种研究的报告与心得外,还就平时的教学,提出质疑与讨论。在会场中我们常会由质疑与讨论转入激烈的辩论,各个人都会为某一论点的正反面争得脸红耳赤。但到争端得一结论时,我们又心平气和了。虽也没有固执成见的癖性,而谁也没有强辩的心意,大家有的是坦白与诚恳的意念。所以在每次会中,我们既得了进修的裨益,也得了教师技术上不易发现的错误改进和理论的修正。

(二)举行示范教学:示范教学是应研究会议(即教学做进修会)所提

出的一般缺点和语文教学的初步改进而设的。我们已经举行过两次改进语体文教学示范和一次算术、自然的教学示范。示范后,照例我们有个不拘任何形式的检讨会,检讨该次示范的教学效果和技术,而作为改进的基本。所以在这四次示范教学中,对传统的错误教育,无疑的已受了死刑的宣判。

(三)各种资料的统计:教育不能与物质科学并驾齐驱而前进,这是因为教育没有应用科学方法的缘故。一切的物质科学都须在衡量度标准点上用数字表示,不能存有半点的主观,由于它的系统化与精确程度高,在前进的行程上,它□□居先,而反观精神的教育,人类的学习、智力等固有用智慧优劣等字样来表明,但无论怎样,主观总免不了占有相当成分的。因此,教育改进一途,不知绕了多少圈子,走了许多冤枉的路。本校有鉴及此,特将各有关材料加以统计,如课程分□、学生学业成绩、学习方法……等搜集了作为改进的依据。

总务概况

总务范围至繁且大,头绪琐细,不胜枚举。兹就其重要者,概括述之。

修葺校舍:本校创设于民国5年,自"七七"抗战,鹭岛沦陷,校务乏人主持,故告停顿。八年苦战,终获胜利,厦岛重光,各校董鉴于教育之重要,遂于民国36年夏季,积极进行复校工作,筹募经费,雇匠修理校舍,粉饰墙壁,整理内部,布置教室,修建活动场所等,赶于去年秋季开学。本期学生人数增多,原有教室不敷应用,再增辟教室、音乐室,并修补校门墙壁及其他场所多处。

粉刷墙壁:校舍以年久未修,原有粉壁剥蚀甚多,且墨迹斑斑,甚不美观,于今春开学后,雇匠粉刷全校墙壁,费时数日。所有墙壁改装,一片雪白,加上其他装饰,更是焕然一新,师生们精神上为之愈感愉快!

添置桌椅:沦陷时间,各种校具,遭劫一空,去岁复校,一切重新添置,计做有双人桌椅百余付。本学期人数增加了,不足分配,再添置油漆黑色低年级最适合的双人桌、单人椅,共计三十余付,以及音乐室特制矮凳五十多条。

增设玩具:儿童本性喜动,需要玩弄来发泄他们内心的所欲。本此原则,是期虽在经费极端困难中,仍做了两座木摇鸭,以及沙箱、皮球、跳绳、毽子、铁环、建筑积木,购买了八九种棋类、画报等。兼使儿童在活动上养成相亲相爱,互相合作、团结、竞争的良好精神。儿童见有了他所欲的玩具,更加天真活波起来。

购置铜乐:查本校童军办理成绩,素为厦鼓人士称道,复校后应即谋童军之恢复。所以本期一方面催促学生制童军衣服、领带,及其他佩件;一方面由校筹拨千余万元购买大小铜鼓、喇叭、铜钹等。选拔优秀学生,积极训练。故虽只经短时间的练习,而于参加首任总统就职大典礼的大会。晚上提灯,能以悠扬的乐声为前导,奏出欢欣的曲调,尚能博得社会好评。

开辟运动场:运动是儿童健康之母。本期因学生人数激增,原有活动场所,不足应用。故再开辟运动场一处,内设篮、排球架、单杠、沙地,及其他玩具等。课余之时,儿童们能在场中做各种游玩,运动风气因之大进。

布置环境:学校环境之好坏,不但在美观上影响甚大,对于儿童身心发展裨益更甚。故本校于重新粉刷墙壁,清了四周污物。以后即注意教室之布置,布置材料是以年级高低,依儿童心理,欣赏能力,生活需要为前提的。计分为科学人物、动物、鸟类、植物、日常生活等部门。公共场所以日常常规,好的教训,名人书画,以醒目易了解为主,藉以陶冶儿童性情。在办公厅两边布置阅报室,以及粤侨生活团办公室,以培养阅读兴趣与自治能力。

整理校具:复校仅半年,校具日见增加,除损坏的雇匠修理外,原有及新添的管理不周,容易失落,日后不易查究。为免无谓损失,故本期将全部校具分别交由各教师保管。

建筑校舍:本校董鉴于厦市失学儿童日益增多,对百人[年]树人大计,实难委卸职责。故特募集10亿余元,增建校舍,俾便下半年,能够容纳更多失学的儿童,为国家造就未来之主人翁。所建校舍于6月初动工,约须时六月即能全部完成,下半年当另有一番新的气象。

《粤侨校刊》1948,No.1

同安东安小学新校舍落成

正逐步求进展

同安讯 本县集美乡板桥村,前有二十四社万人之众,嗣因农村破产,现只有十八社,零落不堪。该村旅菲侨商张水群、张利高去年返里,鉴于家乡如此衰落,当与该村人士张圣才、张水曲等倡建私立东安小学校舍,推进乡村教育,翼以改进乡村生活。经彼等年来之苦心筹划,村民之献工出力,及热心友好之慷慨捐助,址在该村后埯东莲社。堂皇幽美之新舍,业经次第落成,并于上月20日举行落成典礼。查是日厦鼓、同、美各地人士前往参加者甚多,该村并新修筑复兴路,汽车可由同美路直抵校门。典礼于10时开始,吴牧师领行献校崇拜礼,主席校董张圣才报告创校经过情形,来宾黄县长、许春草、陈村牧相继演说,词多勖勉。嗣由林校长答词,双十铜乐队奏乐,会场情绪热烈。该校对充实设备,扩充学额,环境布置,医卫设备等正逐步力求进展云。

《江声报》1948年1月1日

小学生算术成绩定期分区考查

本报讯 本市公私立小学36学年度上学期学生算术科学业成绩考查,订于本月10日分区举行,各区监考员业经派定。计第一考区监考员朱为满、孙森,考场设于主光小学内;第二考区监考员王人豪、黄保寿,考场在厦南第一中心学校内;第三考区监考员吴庆良、周成美,考场设于通俗附小;第四考区监考员叶忠怀、嵩岳,考场设于厦港第一中心学校;第五考区监考员李如竹,考场设于禾山一中;第六考区监考员刘如义,考场设于禾山一中;第七考区监考员许其祥、萧春荣,考场设于鼓浪屿第一中心;第八考区监考员戴光荣、林友,考场设于鼓浪屿福民小学校内。

又讯 市府教育科为加强巡视国民教育实施,特增设督学一人,由府派前第二市立图书馆馆长戴光华接充。按新任督学戴光华出身厦大,曾任本报副刊编辑。

《星光日报》1948年1月8日

厦南中心校长贪污　竟迫教员登报剖白

本报讯 本报顷接署名厦南第一中心国民学校教职员之检举函一件,谓校长陈宗贤接任以还,毫无建树,且变卖校产,中饱公款,其舞弊经过如次:一、吞没35年度下学期公款。按前学期结束之日,尚剩余劳作费50万元,图书费20万元,簿籍费盈利80万元,卫生费14万元,书籍加成费二十余万元,共计二百余万元,于本学期开始未见付用,显系中饱。二、该校奉令收缴设备费,全校概收1500万元,仅支付修理破烂旧藤椅费用15万元,新建楼梯工料费二百余万元,砌砖50万元,买购置椅桌400万元,尚有购买药茶壶、灶炉、竹扇各一件,痰盂3个,字纸篓2个,约十余万元,剩余设备费不下800万元,而教职员必要添置工具竟以设备费用罄以对,余款自属中饱肥私。三、该校原有铁门一对,陈先将其铁门一扇挖卖,并将围墙铁校一部分拔起。迨近索性将剩余铁门一扇变卖,得价二百四十余万元。用途不明,深堪查究,且校中原有鸣凤牌风琴亦替代为一架破琴,校具无数,均不翼而飞。以上舞弊事实,经该校具有正义感教员据实检举,该校长自知事机披露,竟于前13日上午8时半起将七百余名学生分别逐入教室,加派纠察员监视,禁止外出,并召集全体教员在办公厅开紧急会议,强迫全体教员签署剖白,并于1月份薪俸项下克扣2万元作"剖白费"。各教员处此高压力,惟有忍气吞声,任其所为,但闻于日内拟招待本市新闻界公开检举。

《星光日报》1948年1月15日

小学算术抽考 五上成绩评定

本月10日,市府教科举办各公私立小学学生算术抽考,第五学年上期成绩业经评定,团体首名雅化小学,参加人数59名,平均分数79.22;次名厦西一小,125人,71.84分;第三名毓德小学,119人,67.75分。最劣奎璧小学,参加者仅6人,平均分数仅20.80分。个人优胜第一骆丽玉(厦西一小),第二丘行健(英华校友),第三陈仲英(厦西一小),第四林凤毛(雅化),第五吴凝碧(毓德)。以上各生均为一百分,至名次之排列,系以算式之完整为根据。

《江声报》1948年1月18日

市教育科评定　算术考查成绩
团体成绩雅化第一　个人优胜推骆丽玉

市息　厦门市教育科,36年度下学期各公私立小学,五年上期学生算术科考查成绩结果:团体最优成绩第一名雅化小学,得成绩平均79.22;第二名厦西第一中心国校,得成绩平均71.848;第三名毓德小学,得67.75。最劣成绩奎璧小学,得20.8。个人成绩一、骆丽玉,厦西第一中心国校;二、丘行健,英华小学;三、陈仲荣,厦西第一中心国校;四、林凤比,雅化小学;五、吴凝碧,毓德小学;六、林梦麟,雅化小学;七、王珍乃,厦西第一中心;八、陈吕宗,厦西第一中心;九、范世杰,厦西第一中心;十、卢弈宝;十一、曾胡荣,厦西第一中心;十二、庄志荣,雅化小学。以上各同100.00,另发状奖云。

《立人日报》1948年1月18日

算术考查成绩优良

市息　本市公私立小学3年级上学期算术考查,日来经教育科评改,已评好大部,尚余一小部,日内当评竣。据普略之平均,此次考查成绩,尚属不错,个人优胜,皆得100分。团体优胜第一名,将为禾山梧村小学所得。至成绩详细平均,明后日便可发表云。

《立人日报》1948年2月2日

失学儿童多　鼓请增国校

本报讯　昨(2)日下午2时,鼓浪屿区民代表会,假该区区公所二楼开第一届第七次大会。到来宾陈雪峰等十多人,区民代表杨清江21人,主席蔡丕杰。议决要案多件,一、函市警局严禁所属警务人员,夜间擅入民房。二、择定本区福建路前日本领事馆为本区民众会堂及本会会所,由区公所转呈市府核准。三、本区失学儿童甚多,函市府增设中心及国民学校,以收普及教育之效。四、各保干部待遇增加一倍。

《中央日报》1948年2月3日

小学算术考查　三上成绩

　　本市36学年度上学期各公私立小学算术科考查,第五、六学年成绩上月评定完竣,经志本报。昨续评定三学年上期成绩如下:国体第一名吴仓小学,平均85.11分;第二名钟宅国校,平均84.44分;第三名雅化小学,平均82.47分。成绩最劣者为鼎玉小学,平均47.6分。至个人优胜名次,尚在审核中云。

《江声报》1948年2月4日

初小三上算术考查　吴仓小学冠军　个人优胜在审核中

　　市息　本市公私立小学校三年上期算术考查成绩,业经教育科评竣。此次参加考查,计有49学校,团体优胜,第一名吴仓小学,考查数9人,平均成绩85.2分;第二名钟宅保国民学校,参考人数9人,平均成绩84.44分;第三名私立雅化小学,参考生数48人,平均成绩82.47分。至个人优胜,尚在审核中云。

《立人日报》1948年2月4日

弘农小学免费招生

　　市息　厦港弘农小学,乃杨氏家族会所创办。抗战期间,损失惨重。自复课以还,瞬将两□。鉴于厦港贫寒失学儿童甚众,然际此生活日高之环境中,素抱救济失学为旨,承杨校长暨诸育职员努力,校务蒸蒸日上。该校董事会鉴于迩来生活指数逐月扶升,贫寒家庭,更难令其子弟求学,当于去年冬月扩展海外募捐,现已有头绪。本学期扩充班级,增加设备。为广容失学儿童,学生学费豁免,仅收杂费。即日起开始报名,闻报名生数极为踊跃云云。

《立人日报》1948年2月18日

陈姓复办颖川小学

本市陈氏族人陈文麟、陈荣芳、陈镶、陈水南等于浮屿陈氏宗祠内复办颖川小学,已成立董事会,延揽在厦陈姓人士为董事,并聘陈专龄为名誉校董,陈镶为校长。现已筹备就绪,连日招生已达百余名,定于本月25日开始上课。

又:颖川小学董事会以该校校址即该祠内现驻有师管区诊疗所,未即迁出,致内部设备无从着手,昨特联呈王司令,请饬该诊疗所他迁。

《江声报》1948年2月21日

市立小学现状 教师有175人 学生数达1万名

中央日报周末评论——《为儿童呼吁》一文称,本市小学教员裁减1/3,与事实不符。1.本学期教员依省府规定为150名,目前全市小学教员总额为175名。2.上学期学校总数为115班,本学期增至8班,外加2部制者14级,计132班。3.上学期学生收容总额为7029人,本学期已容纳者万名,尚在尽量容纳中。至小学教育经费一项,因市立中学须延至3月方可开课,故将其一二月份经费先拨加入小学教育费项下支用。民教馆减缩经费及图书民教两馆设备经费,亦并入小学教育经费。又教员凡属合格者得依照市府待遇,不合格者酌减。4、市立中学定3月开课,校长经□聘吕仲驹氏充任。省立厦中亦经电请省,请派员来厦复校,迄未实现,谅系经费问题。

《江声报》1948年2月26日

世德校产被人盗买

市息 本市私立世德小学于民22年在和凤宫边自建洋楼7座,充为学校基金,并曾呈请教育厅存案,于沦陷期间突被发国难财者以贱价强买,该校校长等认为共有校产,未经共有人同意买卖,应为无效。复员后,当即进行交涉,要求收回,惟该盗买人卓绵成等,未予接受。昨日该校长吴松波乃具呈,要求市府依法保障,勒令归还。呈云:"查本校战前建有校产七座,址在和凤宫门牌19、21、23、25、27、29、31,并呈请教育厅备案。讵沦陷期间,本校暨其他共有人多数随军撤退,竟有□□□□成、绵成、全成等人(同英布店老板)贪图便宜,擅将该校产强买归私。迨至胜利,本校复员,当即依法延聘[律]师,两度去函备请将业交管,惟卓全成等则借仗财势,全不回答,有恃无恐,藐视法理。殊堪痛恨,且该校产既系拨充为教育经费,又经呈备有案,政府自应加以保障与扶持。今横遭侵害,核其买卖行为,非但在法律上不生效力,且该卓永泰堂又系明知非法买卖,竟敢利用其在沦陷期间之权势,故卖校产,贪图厚利,藐视教育,其为富不仁,尤堪痛恨。查学校基金,钧府负有扶持与保护暨监督之权责。为此将经过情形呈乞察核,准予勒令归还掌管,俾物权有保障之效,即教育幸甚,正义幸甚。"(直)

《立人日报》1948年4月9日

私立河东小学校务蒸蒸日上

市息 禾山私立河东小学,本学期由杨鸿儒主持,校务蒸蒸日上,学生人数激增。该校除注意学生德育之熏陶外,尤致力学生康乐活动,如演剧游艺运动等项,均由教员指导进行。校董会主席薛安修亦不时莅校指诲,对教员努力服务之精神,学生作业之进步,深表嘉许,并鉴于缺乏运动场所,决捐款建筑。又该校于"四四"庆祝儿童节,曾演出《小主人》、《政府派来的好孩子》等话剧,成绩甚佳,极得当地人士之好评云。

《立人日报》1948年4月11日

厦南二中教学观摩

市息 市立厦南第二中心国校本期为增进同事教学经验起见,特于昨日下午3时半由该校教务郭文德举行6年上自然教学观摩会。全体教师出席参加会后,并开教学检讨会,各教师相继发言评论教学得失,绪至为热烈情。

《立人日报》1948年4月30日

小学常识测验定月底举行　教育科订定详细办法

本报讯　市教育科奉办各公私立小学36年度下期学生常识科毕业成绩考查,经参酌本市各校实际情形订定办法如下。

(一)考查目的:1.考查儿童了解人生和社会自然关系的能力。2.考查儿童发觉并能解析生活环境中切要问题的能力。

(二)考查对象:本市各国民学校、中心国民学校暨私立小学四年下学期及六年下学期。

(三)考查方式:采用测验式。

(四)考查时间:一四年下期自37年6月26日下午3时30分至4时30分。

(五)考场设置:第一考场:厦南第二中心国民学校。第二考场:厦南第一中心国民学校。第三考场:国光小学。第四考场:厦港第一中心国民学校。第五考场:禾山第一中心国民学校。第六考场:禾山第二中心国民学校。第七考场:鼓浪屿第一中心国民学校。第八考场:福民小学。

(六)报名时间:即日起至6月15日止,凡办理四年下期或六年下期的各公私小学,应依限分别造具参加考查。学生名册二份径送第三科核收,由科依其附近集中地点指定考场,填发准考证。

(七)各校六年下期参加考查学生每人应交最近二寸半身相片一张(随名册缴交核对后发还)。

(八)命题要点:1.范围:以本学期课本所习者为限。2.题数:以1小时内能测验完毕为准。

(九)应受考学生,其考查成绩不及格者,六年下期学生定期给予一次补考。其补考成绩仍不合格者不予毕业。四年下期不予举行补考,即行计算成绩,分别奖惩。

(十)成绩核算:1.个人成绩分数暂以百分法计算。2.学校成绩应以四年级六年级分别计算。

(十一)奖惩办法:1.各组个人成绩优良之前三名,酌予嘉奖。2.各组学校成绩优良之前三名发给奖状,其成绩特别低劣者,校长及担任该科教师均应予申诫。

《中央日报》1948 年 6 月 4 日

禾山湖桐小学重建校舍　坂上国校兴修课室

禾山枋湖社湖桐小学于沦陷期间被敌毁成平地，迨光复后，该校董事为里中子弟教育前途计，先行借屋复课，一面飞函旅外华侨，呼吁捐助重建校舍。兹悉最近校董会已获华侨薛明善、陈成源、薛根节、陈炳棠、廖明灿等先后汇到巨款，正计划兴工建筑中。又，坂上国民学校课室因年久失修，行将倒塌，故保长陈水金乃向该保热心教育人士叶根旺等劝募数千万元，进行修建，亦可见禾山对教育注重之一斑云。

《江声报》1948 年 6 月 9 日

小学常识考查定 26 日举行　厦禾鼓共设八考场

本市高初小常识考查，经定本月 26 日举行，教育科于昨日发表各考场监考员名单如下：第一考场弘农小学，监考员刘如义（四下）、庄云斌（六下）；第二考场厦南第一中心，张曼吾（四下）、叶鸿图（六下）；第三考场主光小学，廖文友（四下）、徐址安（六下）；第四考场厦港第一中心，许其祥（四下）、周成美（六下）；第五考场禾山第一中心，戴光华（四下）、陈龙水（六下）；第六考场禾山第二中心，孙森；第七考场鼓浪屿第一中心，朱为满（四下）、庄嵩岳（六下）；第八考场福民小学吴庆良（四下）、甘朝驹（六下）。（衣）

《江声报》1948 年 6 月 25 日

小学常识考查在评阅中

上周六市府教育科举办的公私立小学高小和初小毕业生常识考查，应考的学生初小 1341 人，高小 798 人。初小是采用填充和加减两种，高小是填充和选择两种。所有考卷经决定，请复华、鳌岗、厦南一小、厦西一小、雅化、桃源、厦港二小、主光等八校，于本日起各派一人共同核阅，预算

本周末或可评出结果。(邵)

《江声报》1948年6月29日

弘农小学义举 增招免费新生

市讯 厦港弘农小学乃杨氏家族会所创办,自复课以迄,瞬经两载,经杨校长启荣之惨淡经营,于是校务日见进展。然际兹生活高涨入云之环境中,贫寒见重,实难有求学之机会。该校有鉴及此,则本斯有力谋义务教育之迅速实现。当于去冬进行海外募捐,深得南洋各埠杨姓宗亲同情国民教育之重要,乐予协助经常费。故该校下季决办义务教育,并增添班级扩充设备,拟招收学生200名,(位数有限,额满不收)。定7月6日起开始招生,全学期学杂费一律免收,以期普遍救济贫苦失学之儿童。该校此举非仅为厦市贫苦儿童求学之福利,实开厦鼓战后义务教育之第一声也云。

《立人日报》1948年7月5日

两小学活动 作业观摩 游艺恳亲

本市厦南第二中心国校为鼓励儿童学习兴趣起见,经汇集劳作、美术等各科之学生平时作业,定于今明后3日举行学终作业观摩会,以招待全校学生家长前往观摩。闻各种成绩之陈列尚有可观云。

又 本市私立全民小学为加强学校与家庭联系,增进学生活动能力,订本月7日晚9时假该校大礼堂举行恳亲游艺会,并欢送复校后首届毕业同学,公演歌剧舞蹈等,节目颇多。届时当有一番热闹云。(衣)

《江声报》1948年7月6日

小学常识考试成绩评定

本市36学年度下期各公私立小学学生常识科考查(六年下)业已评定就绪,昨由教育科发表如下:团体优胜第一名厦南二小,第二名雅化小学,第三名毓德附小,第四名厦港一小,第五名鼓浪屿一小。个人优胜第一名骆育文（厦西一小），第二名林泽民（鳌岗小学），第三名黄亚琴（全民小学），第四名叶福苍（鼓屿一小），第五名林贵美（鳌岗小学），第六名陈美娇（毓德附小），第七名吴瑞霞（毓德附小），第八名谢廷津（毓德附小），第九名张瑞德（雅化），第十名金仕夷（雅化）。又，四年下俟日内评定完竣，即可发表。至不及格及特别事故未能参加考试者，由校方取具证明，呈准后另行定期补考云。（衣）

《江声报》1948 年 7 月 13 日

小学常识考察　四下成绩发表

上月底市府教科举办本市各公私立小学六年下和四年下常识考查，各校六年下成绩经于日前发表了。至四年下成绩如下：团体优胜第一名雅化小学，成绩 95.28；第二名鳌岗小学，83.300；第三名粤侨小学，83；第四名厦南一小，82.630；第五名英华校友小学，82.490。据查凡生数不足且系采用复式授课的学校，不列入团体竞赛。个人优胜取十名，第一名黄玲玲（怀仁），第二名王福金（厦港一小），第三名蔡荣森（厦西一小），第四名林汉清（维正），第五名陈其昌（雅化），第六名吴月华（鳌岗），第七名王子龙（厦南二小），第八名黄少聪（雅化），第九名丁培基（民立），第十名郑淑珍（复华）。以上十名均得 100 分，至于名次先后是以考卷的整洁为取决的条件的。

又：六年下不及格的学生，教科将定期另行补考。至四年下不及格的，由各校自行补考。

又：本市应募儿童救济金 2 亿元，经上峰一再限期缴送，但据查到了昨天为止才收足了 9748 万元，还不及应募额的一半。这 9748 万元中计商会缴 5000 万元，中心区 1500 万元，厦港区 1200 万元，禾山区 1548 万元，鼓岛区 500 万元，开元区则分文未缴，市府将把已收的汇送上峰。（邵）

《江声报》1948 年 7 月 24 日

明德小学校址有问题

本市讯 本市中华保城皇庙,乃该保名胜古迹之一,历年经由该保地方绅士保管经营。胜利后,因鉴于附近贫苦儿童甚夥,无力就学,故特创设明德小学一所于该庙后殿,以供辖内失学儿童就学。办理至今,倏已三学期有余,成绩斐然,生数不下五百余人,颇得社会人士好评。近市宪兵队住址因省中要求迁移自用,经市当局指定该校校舍为宪兵营地,由教育科呈请省府核示,该校暨地方绅士事前曾数次联呈,据理力争,免使该校五百余名学生无形停学。兹悉,该校负责人及地方绅士特函呈市参议会及教育会,将情转电省府,准予收回成命,并定期招待记者,宣布经过情形,期盼社会贤达人士予以有力援助,俾免校务无形停顿云。

《中央日报》1948 年 7 月 24 日

禾山将设市中分校　定期开筹备会

市参议会第五次会议,曾通过筹设市立中学禾山分校一案,昨教育科已定本月 25 日下午 2 时在市府会议厅召集禾山参议员黄敬贤、江定邦、林文忠、孙嘉武等开第一次筹备会,讨论产生校董会,以期于秋季成立该分校。至市参议员反对厦禾各私立中小学收取学生之挂号费及保证金一事,该科亦已命令各校取缔,并通告各生家长拒缴该费云。

《江声报》1948 年 7 月 24 日

初小常识考查　成绩评定

本报讯 本市 36 年度下学期各公私立小学学生常识成绩考查,前经市府教育科分区举行评定成绩,已志本报。兹将四年下学期学生常识考查成绩列志如次:(甲)团体优胜第 1 名雅化小学,第 2 名鳌岗小学,第 3 名粤侨小学,第 4 名厦南区第一中心国校,第 5 名英华校友小学。(乙)个人优胜第 1 名怀仁小学黄玲玲,第 2 名厦港第一中心王福全,第 3 名厦港第一中心蔡荣林,第 4 名维正小学林汉清,第 5 名雅化小学陈其昌,第 6

名鳌岗小学吴月华,第 7 名厦南第二中心小王子龙,第 8 名雅化小学王少聪,第 9 名民立小学丁培基,第 10 名复华小学郑淑珍云。

《中央日报》1948 年 7 月 24 日

常识科成绩评定小秀才金榜题名

市讯 本市 36 年学年度下期,各公私小学学生常识科成绩考查,前经市府教育科分区举行,6 年上组成绩已志本报。兹再将 4 年上组成绩列下:(甲)团体优胜:第 1 名雅化小学,第 2 名鳌岗小学,第 3 名粤侨小学,第 4 名厦南区第一中心国校,第 5 名英华校友小学。(乙)个人优胜:第 1 名黄玲玲(怀仁小学),第 2 名王福金(厦港第一中心),第 3 名蔡荣林(厦西第一中心),第 4 名林汉清(维正小学),第 5 名陈其昌(雅化小学),第 6 名吴月华(鳌岗小学),第 7 名王子龙(厦南第二中心),第 8 名王少聪(雅化小学),第 9 名丁培基(民立小学),第 10 名郑淑珍(复华小学)云。(青)

《立人日报》1948 年 7 月 24 日

明德小学请免迁校

中华路私立明德小学,近经市府指定为宪兵队队址,该校人士曾再三联呈请求另觅他处,惟市府未有适当地点,于前日下令该校速即移出。该校见请求无效,乃于昨日电请市参会援助,并订定今日下午 3 时招待各报记者,报告迫迁经过。(厚)

《江声报》1948 年 7 月 25 日

明德小学对校舍问题招待记者报告经过

本市中华路私立明德小学因校舍被市府指令为宪兵队队址,该校当局特于昨日下午 3 时招待本市各报记者,报告经过,略谓该校复课迄今,经已三学期收容保内贫苦儿童不下五百余名。近市宪兵队住舍因省中催讨,不得不另觅地址,而市府竟不顾及教育,指令该校校舍为营房。此事经该校暨地方各士绅据理力争数次,请予收回成命,若无可能时,请准拨霞溪路前天主宫公产(前崇德女子小学)废地为本校建筑校舍,以利迁移,而免停顿。此亦经征询该宫诸董事同意,岂料市府教育科竟谓该科无权过问,仰自向该校负责人洽商,且忽于前日电令该校迅将校舍迁让。该校及地方士绅奉悉之下,不胜愤慨。为使数百名贫苦学生不致无形辍学,暨顾及教育根本计,决据理力争,请予主持公道云云。闻本市私立小学联谊会将予声援。(厚)

《江声报》1948 年 7 月 26 日

禾山豪士小学积极筹备复校

本报讯 禾山文灶社豪士小学,创办于民国 17 年,至今二十有余年。厦门沦陷,校务停顿,失学儿童为数颇多。现经该社人士黄和平、黄有璋等积极筹备复校,筹集基金 8 亿元,并聘林高攀为校长,下学期即可招生开学。此诚为该处附近各社失学儿童之福音。

《中央日报》1948 年 7 月 29 日

明德小学校舍问题犹未解决

本市明德小学校舍问题迄未解决,该校再呈省参议会转请教育厅,恳予公允指示。查市当局已再饬该校暂为迁往模范村前集友小学校舍,惟该校舍现已充满民居。该校当局经将情呈请市府,恳予收回原令。(雷)

《江声报》1948 年 8 月 2 日

吕希宏兄弟热心教育　禾山教育会拟制匾奖励

禾山吕厝社归侨吕希宏、吕希福兄弟,素在菲岛宿务埠经营行裕厂,于光复生意发达,骤成巨富。此次返里,因鉴禾区教育落后,乃自乐捐巨金,补助禾光小学复校,修葺校舍、校具及设备费用达 40 亿元以上,而学生均为免费。逐月经费皆由吕君负责。又,市立中学禾山分校学董江维

三、吕火伴,向吕君兄弟劝募设备费,亦独捐美钞 200 元(折值国币 14 亿余元),可见其热心教育之一斑。现禾山教育会拟制匾奖励云。

《江声报》1948 年 8 月 9 日

本市指定示范国校

本报讯 市府教育科顷奉教育厅转奉教育部令,加紧充实国民学校设施,于各县市分别指定示范性质中心国民学校及国民学校。据悉,经指定厦西区第一中心国民学校与康泰保国民学校为本市本学期(37 年度上期)起示范性质国民学校,并应改换校名为"厦门市示范中心国民学校"及"厦门市示范国民学校"云。

《中央日报》1948 年 8 月 10 日

厦西第一中心小学　鼓屿康泰国民学校　改为未示范学校

市讯 市教育科前曾奉教育厅代电:"以奉教育部训令,饬加紧充实国民学校内容设施,并各县市应指定示范性质之中心国民学校,及保国民学校"。教科奉令后,经指定本市厦西区第一中心国民学校,与鼓浪屿康泰保国民学校,自本学期(37 学年度下期)起改为示范性质。该校并应改换校名称为"厦门市示范中心国民学校""厦门市示范国民学校"云。

《立人日报》1948 年 8 月 10 日

示范国校厦鼓各一

本报社 市府昨奉教育部训令,以加紧充实国民学校内容,并将制定各县市,示范性质之中心国民学校,及国民学校。市府奉命后,已制定厦西区第一中心国民学校与鼓浪屿康泰国民学校等为本市本学期有示范性质之国民学校,并应改换校名为"厦门市示范中心国民学校"及"厦门市示范国民学校"。

《星光日报》1948 年 8 月 10 日

禾山殿前小学发动修复

禾山殿前小学校舍广敞,为全禾冠。讵于沦敌手时,竟遭毁拆,而至破陋坍塌不堪。近有该社热心教育人士陈金辉、陈天赏、陈源裕、张仁江暨归侨等,睹此惨象,已起筹组复校委员会,发动募捐修建校舍,分函该社旅外同乡华侨踊跃输将,充裕基金,以恢复过去之声誉。又,双涵国校此次亦经文双保长黄连玉、代表李炳泉等策动全保热心人士乐捐,已将校舍全部修葺一新,如贫穷农民子弟均予免费入学,亦教育界一佳音云。

《江声报》1948年8月10日

颖川小学交涉收回校舍

本市陈氏祠堂附属之颖川小学,校舍在浮屿角,于光复后被闽南师管区借据为病兵之诊疗所,所有伤病及传染病新兵均送至该校内,惟送往者多数死亡,致影响该校学生被染,而校中椅桌器具亦多被毁。嗣该校董事会董事长陈荣芳及校董陈文麟等,乃与交涉无效,复将情分呈省府军管区国防部,要求转饬迁还,迄未迁出。现届秋季开学期间,该校董会除一面交涉外,并筹复校之补充设备。基金约50亿元,均向当地及海外该族姓殷富筹募。查该校虽为陈氏私立,但仍收招外姓学童,贫寒并予免费书籍之优待,藉资普遍云。(海外社)

《江声报》1948年8月19日

市小校长更动一批

市府教育科对市立小学校长,近曾更动一批,经发表如下:厦西二小校长周成美辞职照准,遗缺调厦南二小黄保寿接充;厦南二小由思明国校校长孙森接充;思东国校遗缺,调禾山二小蔡毓达;禾山二小缺额,调前仓国校陈良水接充。至该校遗缺,由该校教员杨清悌补充;何厝国校王淑基辞职获准,另派王昌绪接顶;龙塘国校林健中辞职,另派林挺辉。又同文国校校址,本学期江夏堂收回自办,同文因无址开课而停办。原任校址黄如海则受聘江夏小学校长云。

《江声报》1948年8月21日

市小校长调动一批

市讯 市教育科,新调整本市各公立小学校长一批,其名单如下:厦西二小校长黄保寿,厦南二小校长孙森,禾山二小陈龙水,前村国民学校杨青悌,思东国校蔡毓达,龙塘国校林挺辉,何厝国校王昌绪云。(青)

《立人日报》1948年8月21日

集友小学筹备复校

深田保新区战前设有学校多所,校舍及设备在沦陷时期均遭破坏。该区集友小学前为厦门集美校友会所创办,聘吴万镇主持校务,并兼设市立第一短期小学,市立民众阅报所。该区互助社设有民众识字学校,均附设校内。日昨该区深田保集友小学校友及互助社社员区代表保甲长约百余人,以吴校长新近返国,特假深田路张明芳住宅开会欢迎,由蔡雄主席,济济一堂,均请吴校长继续复校,并重新组织互助会,即席推举蔡雄等数人为筹备委员,准备本年度完成复校及复会工作。该校已添聘海内外闻人为名誉董事或顾问,襄助一切,今已派员向政府请求备案云。

《江声报》1948年8月23日

私立小学联谊会昨日举行

本市讯 本市私立小学联谊会于昨(25日)下午4时假复华小学开第28次会议,讨论事项:(一)关于市中吕校长奉令调任,应如何表示案。议决:吕校长自奉令筹办市中以还,惨淡经营,卓著劳绩,且对于扩展校舍时之不畏强御,以及努力解决小学毕业生读书慌问题等,对本市教育贡献殊多,应由本会各单位联电层峯收回成命,并由本会于教师节大会时,提请全市教育同仁,一致联电挽留。(二)关于本届教师节,应如何表示案。决议:由本会制赠本会各单位教师纪念杯一份,各校并自动举行聚餐。

(三)余略。

《星光日报》1948年8月26日

私小联谊会挽留吕仲驹

本市讯 本市私立小学联谊会,于昨(25)日下午4时假复华小学开第28次会议,讨论事项:(一)关于市中吕校长奉令调任,应如何表示案。议决:吕校长自奉令筹办市中以还,惨淡经营,卓著劳绩,日对于扩展校舍时之不畏强御,以努力解决小学毕业生读书荒问题等,对本市教育贡献殊多,应由本市会各单位联电层峰收回成命,并由本会于教师节大会时提请全市教界同仁,一致联电挽留。关于本届教师节应如何表示案。议决:由本会制赠本会各单位教师纪念杯一份,各校并自动聚餐。

《中央日报》1948年8月26日

崇实小学筹备复校

本市讯 本市崇实小学,创办历经数十年,沦陷时校舍被敌伪拆毁。此次校长杨昌国菲岛归来,发动校友复校。经于本月25日开筹备会,出席萧春荣、余省、高怀、王荣宗、陈振宗、王裕祺、黄存勤、许辉煌、陈其南、刘福绵、吴松绵,列席杨昌国,主席萧春荣,记录余省。议决:(一)登启事登记校友,推萧春荣负责办理。(二)筹备会经费由筹备员各负责1000万元。(三)校友登记处分设:1.中山路美大金店;2.捷胜行;3.二五商行;4.鼓屿大同银楼。

《中央日报》1948年8月26日

明德小学招待记者　为校舍迫迁请予援助

市讯 厦门市私立明德小学,因校舍被迫迁移,特于昨日招待记者,发表书面谈话如下:查本校于抗战胜利后,极欲复员,奈因前校舍发生问题,故而与中华保城内城隍庙地方诸绅士磋商同意,将该保城隍庙后殿,拨为本校校舍,以办该地方福利事业,收容保内贫苦失学儿童,生数不下五百余人。对校舍范围□虽为狭小简陋,但各同仁均赖苦教读,协力齐心,故对办理成绩,颇得社会人士好评。复课迄今,经已三学期有余,校务因而蒸蒸日上。迨近因市宪兵队住舍,因省中催讨甚迫,不得不另觅地址,以为营房。而市府竟不顾及教育,指令本校校舍为其营房。此事经本校暨地方各界士绅,据理力争,数次呈请予以收回成命。当时亦曾具呈,倘若无可能时,请准拨下溪路前天王宫公产,前崇德女子小学废地为本校建筑校舍,以利迁移,而免停顿。此亦经征询该宫诸同董事同意,岂料市府教育科竟置若罔闻,日内颁下指令,谓该科无权□准,仰自向该校负责人协商可也等□。似此实属对教育视之为儿戏,且忽于昨日电令本校迅将校舍迁让。本校及地方各士绅,□□下,不胜愤概。伏思办理教育,在乎扫除文盲,收容贫苦失学儿童,及培植国家人才为宗旨,惟政府非但无力保障教育,反而摧残教育,实属使人遗憾并使办教育者灰心。本校为免使五百余名苦学生,下学期无形辍学,暨为颁及教育根本计,决予据理力争,除函呈市参议会及市教育会,表体同情,予以援助,转电省府予以收回成命外,本日特备粗薄茶点,恭请诸位驾临舍校,实感抱憾。咸望诸位以教育为怀,表体同情,予以有力援助,俾免校务无形停顿,而免使本校五百余人贫苦儿童流离辍学,实所厚望为云云。

《立人日报》1948年8月26日

市中新旧校长移接目前仍在僵持

省方将派员来厦彻查

本报讯 本市市立中学校长吕仲驹奉调海澄县中校长,遗缺调云霄县中校长石益谦接充一节,已志本报。现为时已久,迄无移接迹象,且日来市上各报散见挽吕消息。查自省令发表市中易长后,旧任校长吕仲驹,以事突然求援于市府,一面以市教育会领衔,发出挽吕电讯,亦多方拖延,尚未饬令旧任移交。闻省方对此将派员来厦澈查。

另息,该校员生以开学在即,新旧任移交手续仍未办济,下学期校政推行必成问题,大起恐慌。

又讯 新任市中校长石益谦,昨曾在市府谒市长,查询接收日期云。

《立人日报》1948年8月31日

深田集友小学复校　捐款颇不乏人

市息　深田集友小学，本学期复校，业定9月1日开学。所聘教职员多系校友，皆热心教育，服务社会。本学期行先开办六班，学生数已超过二百余名。因需重新添置椅桌，修缮教室，充实内容，是以争先赞助者，颇不乏人，有陈丙丁君、蔡永禄君，各二亿四千万元；张明芳君、许宗琪君，各一亿万元；柯洪氏佩珍女士、叶福练君，各五千万元。想继起赞助校款，为数必有可观云。

《立人日报》1948年8月31日

颖川收回校址　校务可望展布

市息　本市浮屿角私立颖川小学，上学期校舍，大部为驻军借用，校务难以发展，该校董会，屡向层峰交涉收回。兹悉驻军已于假期他迁，内部积极修整刷新，各校董对于捐募经费筹集基金，甚形踊跃。新任校长林笃诚，系集美旧制师范学校毕业，学识丰富，服务教育界十有余年。新聘教员亦系集美师范生。本期经费充足，人事俱全，预卜校务定可蒸蒸日上。

《立人日报》1948年9月3日

鼓示范国学举行开学式

市息　鼓屿康泰国校本季改为示范国校，增开一班，校长萧春荣，积极充实设备，粉饰教室。9月1日举行开学式，当地机关首长，暨学董来宾济济一堂，并摄影茶叙。

《立人日报》1948年9月16日

两私小近事集友进行立案　明德筹建校舍

市讯　深田保集美校友会，创设之集友小学复校瞬将一月，因一部分校舍被菜姑于日治时代侵入称作菜堂。经该校会同武庙董事赶拨,并呈请市政府派警饬迁,经定期派浮屿分局执行饬迁在案。该菜姑竟异想天开,急向法院起诉,藉以迁延时日,案在诉讼进行中。

又讯 该校以私立学校立案关系,业已聘请叶书德、许耿光、陈厥祥、叶维奏、林承志、林涵国、吴万镇等七人为董事,组织董事会,向政府立案。该校又蒙骆萍踪、新亚行、胡资周、林光焕各捐1亿元,厦门电灯公司、厦门自来水公司、梁士杰各捐六千万元,吴其和、林鸿胪各五千万元云。

市讯 私立明德小学,因校舍被政府改为宪兵营房,致本学期暂时停办。现该校当局,为顾及儿童免致流离失学计,经筹划自行觅地建筑。闻已择定本市故宫路附近空地一所,并先由该校校长自垫巨资兴工。闻建筑规模宏大,设备充实,并决于下学期正式开学云。

《立人日报》1948年9月28日

常识考查优良将于分别给奖

本报讯 本市36学年度下期各公私立小学常识科成绩考查,成绩优良者,市府特制有奖状。定明日分发厦南区第二中心国民学校、雅化小学等八校,暨学生骆育文等21名云。

《中央日报》1948年9月30日

两月前评定的小学常识成绩今才预备发奖

市讯 本市36年度下期,各公私立小学常识科成绩考查,早经评定发表。市教育科为奖励成绩优良学校,及勤勉学生起见,特制就奖状,日内分发。得奖者计:厦南区第二中心国民学校、弘农小学等八校,及学生骆育文等21名云。(青)

《立人日报》1948年9月30日

集友小学校舍纠纷不决

昨向参会情愿

本市集友小学,厦门沦陷后,即行停办,师生避难他埠。今秋校长吴万镇返厦进行复校,但其武圣庙校址沦陷时已被菜姑蔡明烈进住,经学校当局呈准市府,饬警督迁未果。日前该校员生即自动搬入原址上课,讵前(6)日下午学校放学后,突被便衣十数人持械入校捣毁。事后校长闻讯,急将情报告浮屿分局,并将冯乃英者指交岗警,认为系率领李清才等到校捣毁之主凶。昨晨侦讯冯乃英,否认是事,并称吴万镇破坏名誉。该案应移法院解决,冯乃英释放,校方以校具被毁,事无解决,乃于昨下午3时许,全校师生百余人手执纸旗,整队向参议请愿。时适参议会举行第三次会议,乃派参议员杨清江、陈钦夫前往接见。但时已6时,学生急于返校,故将呈文送交议会后,即行返校云。

《江声报》1948年10月8日

校舍纠纷集友小学被捣毁

本报讯 本市深田保集友小学因校舍问题,与菜姑洪蔡明烈发生纠纷后,突于前(6)日下午被十数猛捣毁,以致不能上课。事后该校即发出快邮带电呼吁层峰暨各界援助,兹录其原文于次:

"敬启者,本校一部分校舍于日敌占领厦门时期,被不守法规菜姑洪蔡明烈占居。近本校复校,该菜姑不但不肯归还,反于昨日下午乘本校学生放学后,纠集十余猛,由冯乃英等率领持械入校,擅将所有校具捣毁抛出校外。为首冯乃英已由校长指交岗警带警察局,请求当局查明办理。查冯乃英身为军人,胆敢被菜姑唆使纠众捣毁校具,侵入教育人才神圣地方,致本校无法上课,学生流离失所。似此捣乱后方,破坏法纪,若不严令厦市当局严加究办,何能以一警百,而振军纪。追切陈辞,伏维垂鉴。"

又讯 该校被捣毁后,曾与昨(7)日下午乘市参会首届第六次开会之时,率带学生前往请愿云。

《中央日报》1948年10月8日

湖山小学设成人班

禾山区寨上保私立湖山小学为普及教育,分期扫除文盲,本季邀同保长陈永历、区民代表陈衍宽暨地方热心教育士绅调查战时失学青年人数,先行兼设成人班高初级各一班,于每晚7时至9时课授成人课本,国语会话、应用文等科目。就学成人计有62名,现已增制课桌椅数十付以充应用。

又:湖山小学新建之课室,因本季生数激增,教室不足容纳,拟再向当地华侨暨殷户劝募集资修葺旧校舍。(维)

《江声报》1948年10月19日

厦港二中心一场风波无形停课

厦港第二中心学校前夜九时许,有教员汪红李之弟汪必彦到校声言有事,欲与校长理会。该校校长叶鸿图外出未返,汪直至校长寝室,将门撞开,在室中摸索一番,未有所获,遂悻悻离去。当汪撞门之际,校中住宿教员以为流氓到校捣毁,惊慌万状,各夺路匿避。叶校长在外接得消息后,急往教育科朱督学处报告,朱即偕其到校调查。叶校长闻江带有流氓十余猛,颇有戒心,乃由宪兵伴其进校。

此事发生后,有若干教员以安全无保障,不敢到校,高年级遂全部无形停课。至汪到校肆威原因,据查系其姊汪红李月初被本市某报登载与校中教员吴某有暧昧关系,汪认为校中教员所投函,曾请某有力人士责令叶校长调查投函人,未得结果,因思报复。现叶校长经将情报请当局处理。(定)

《江声报》1948年11月11日

全民小学校今招待校董

市讯 私立全民小学系本市六途商业同业公会创设,战前设备之充实为全市冠,战时因受敌伪之破坏,校产损失荡然。近该校校董会特发动募捐,共得捐款约值现金圆十余万。该款悉数充当学校设备之用,经先后向本市及上海购置大批图书仪器,也添置大量椅桌及运动器具等,下学期准备扩充班级,力求发展。又该校定本(4)日假该校大礼堂举行中低级联欢会,招待该校校董,表演节目有《金篮子》、《求仙配》等。

《立人日报》1948年12月4日

明德小学重建校舍

市讯 本市私立明德小学本学期因原校舍被政府改为宪兵营房,故本季暂时停办。嗣经该校董事长黄谦若,暨校长张火凤共同筹划,由张垫资在(佑福路)兴建新校舍。现大部分业已完工,拟于下学期正式开学。闻同时本市乐捐该校设备费者,计有思明戏院100元,丁乃扬100元,裕泰号70元,马木森70元,益兴隆布庄50元,南开号50元,苏光辉50元,白剑星50元,林孝翼50元,三山布庄50元,和泰行50元,美新布庄50元,生泰50元,同裕50元,坤源50元,建松50元,施良弼50元,辛星魁30元,新泰兴布庄20元,计金元1040元。

《江声报》1948年12月5日

禾华强小学校董会改组

市息 禾山湖边保穆厝社私立华强小学,因得归侨吴春秋等资助,于本季复校后,推由吴新民(曾任禾山区公所指导员,因渎职舞弊被革)负责掌理校务。讵吴故态复萌,对该校支付舞弊多端,事为各校董探悉,昨特召开会议,拟行清算。吴避不出席,乃公决改组校董会,另推吴春秋为理事长,吴瑞珍为监事长,从新整理。

《江声报》1948年12月25日

龙山小学复校招生　　减收学费以示优待

本报讯 本市龙山小学创办于30年前,以□战军兴,厦岛沦陷,被敌摧毁而停办。迩来该家族会感于厦市失学儿童日多,特邀集族众讨论继续开办。经筹足基金赶修校舍，昨已开始进行招生，收费白米30斤，以示优待。

《星光日报》1949年2月12日

复华校舍被占　全体师生冒雨请愿
市参议会允代交涉

本报讯　昨天上午11时30分，有复华小学全体师生四百多人冒雨沿中山路行进，到商会门前向正在该会五楼举行首届第七次大会的参议会请愿。由该校校董、台湾同乡会理事廖崐维、校长王秋涛、教员何瑞霖等，登楼入会场，对大会提出报告说：台湾同乡会主办的私立复华小学，一部分楼下校舍课室被由青岛南迁的海军学校占用，因为学校是教育人才所在，不容随便占用，曾致电台湾省参议会转电海军总司令部交涉去后，已接获海军总司令桂永清由海防处来电谓："康处长转台湾同乡会公鉴，并抄送魏校长。各电悉：时局多艰，海校迁厦乃不得已，复华教育闽台子弟，自应重视，请顾全双方困难，就近与魏校长商办。"但是海军上校负责人对本校不但不加重视，反不让教师和学生进入教室上课，迫使全校师生五百多人全部站立校门外马路上受雨浇淋。经由校长向其交涉无效，迫不得已，只有全体师生再冒雨前来，请求代表本市民意最高机关的参议会议员诸君，赐予正义的声援，顾念五百多名无校舍可归的莘莘学子前途，代为主持公道。大会议员于听取报告后，一致认为应予声援。当场推举正副议长陈烈甫、严焰二人为代表，定于会后会同市府教育科长戴世龙，前往海军巡防处访晤康肇祥处长，洽商谋取合理解决之途径。同时公推议员王连元代表下楼宣慰全体请愿学生，劝其先行返家，静候合理之交涉。该校全体师生于是欢呼而返。（伯）

《星光日报》1949年2月12日

群惠大同复校　学费减半征收

本报讯　本市厦南二中及厦西一中现址，原系群惠小学及大同小学校址。该二校创设于战前，历史悠久。迨本市沦陷，被伪政府接办伪校，光复后因二校董等多不在厦,乃由市府改办为市立学校。本学期二校恢复成立董事会,依法应办理立案手续,亦经市府转呈省教厅核示。因此二校均以私立小学名义征收学杂费白米50市斤,市府为减轻学生负担,昨由教科长戴世龙分别电知二校当局,在未奉准立案以前,本学期收费应减半征收,候立案奉准后,再行征足。(行)

《星光日报》1949年2月13日

旅厦台湾同乡会声援复华小学
海校方亦有一篇理由

本报讯 海军学校因乏校址应用,进驻复华小学,致该校学生受阻无法上课,列队到参议会请愿,情志本报。市旅厦台湾同乡会,为表声援,于昨具呈市参会。略以该会会产旭瀛书院,系前该会有力同乡集资经建,用以培植闽台各子弟。厦门收复后,以该院原址四分之三为海军厦门要港司令部借用,以四分之一作为该会附办之复华小学校舍。嗣后司令部改为巡防处,仍将要港司令部所借范围应用。日前突有海军军官学校由青岛迁厦,叠函旭瀛书院全部,迫令复华迁去。经该会覆函备述复华学生已定期开课无法答应,且电桂总司令并得其覆示,着顾全双方困难商办妥善办法。乃海校不惜摧残国家教育,借口谓海校学生大批厦来且内有军械炸药能生意外危险,非借用不可。11日早,复华员生到校上课,数百学生彷徨校门之外。该会乃一弱人民团体,无力抗争。参会为吾厦民意机关,为此特将该会被迫苦痛情形,以及数百闽台子弟失学惨状沥述,请参会主持公道声援,以免复华解体云。(铭)

又讯 兹复探,据海校有关方面云,其纠纷焦点,厥为现为海校校址,及借与复华小学一部之前旭瀛书院城内分院产权问题。盖旭瀛书院前系日本台湾总督府拨款设立,并派日本人小竹总吉筹办,及嗣由日本人冈本要八郎、庄司总太郎、涩田荣一等人,先后任院长者。至城内分院,则于日本大正元年及昭和三年,陆续建筑。当时虽聘有台厦各地人士任教,及罢其热心教育者之□将,底成其事,但绝非台胞所创办无疑。现书院三楼,尚有建院勒石存在,足资声证明。又其中三层楼一座,(现为复华校址)又礼堂一座,则系于厦门沦陷期间,日军占用附近民房,城内保公产及我海军营地一部分,而增建者,胜利后前海军厦门要港司令部接收,自日海军厦门方面特别根据地队司令部,(是时该书院已停办接日军住所),即以为部址。为收之初,复华校方得当时刘德浦司令同意,将该部内三层楼一座,暂借为该校校址。处海军驻厦官兵日多,无处驻扎,经海军通知迁还,该校呈请市府保留校舍,海军方面以准市府函请惠予校方暂用,并以事关教育,故暂仍缓索还。现海军迁厦,机构益增,旭瀛书院由厦门巡防处让与海校为校址。海校以员生众多,逐先索还,借与复华之楼下一层应用。讵该校竟误以旭瀛书院为台湾同乡会之产,曾其前言,反客为主,因而酿成纠纷。谅此事当可获得合理解决云。

《立人日报》1949年2月13日

江头奎璧小学募款筹备复校

本报讯 禾山莲坂社私立奎璧小学,去冬因学董发生意见,以致经费断绝,当告停办,苦了一班小学生分往吕厝禾光小学梧村国校就学。现该社华侨鉴及儿童终日跋涉,徒劳往返,乃再发动募款筹备整理复校,并聘叶锡经为校长。昨经招生开学,而江头保国校本季亦由市府派陈敏娇为校长,昨亦复教云。

《星光日报》1949年2月18日

复华与海军校址纠纷案参会将作鲁仲连

代电海校提出解决办法

本报讯 市复华小学与海军学校因校舍纠纷,复华小学乃将情向参会请愿,并招待记者,报告经过。而桂司令亦经为请海校就地妥洽磋商,前后经过经志本报。查该案至今未获解决,市参会昨代电海军学校,略称:复华小学自与贵校因房屋纠纷,数百学生无法上课,彷徨校外,经本会公推陈、严二正副议长,前往实地调查。经集各方意见,拟请贵校及海军巡防处商洽,将旭瀛书院校产,现为巡防处住眷之大楼一座迁让,与复华小学为课室,而原复华小学校舍,则借予贵校应用。战后国内,到处房荒,本市破坏尤甚,尚望同体时艰,互为协助云。(灯)

《立人日报》1949年2月18日

禾山启智小学遴聘董事多人

市讯 禾山区围里社启智小学,经于本月7日正式上课,报名生数拥挤。该校为求发展计,特于前(16)日举行校董会暨教员联席会议,由陈成发任临时主席,议决事项:一、推举陈成发、陈松著、陈九熊、陈宽裕、陈主路、陈维英、陈顺裕、陈元竹、陈再发、陈文明、陈金山等11人为董事,并互推陈成发为董事长,陈松著、陈宽裕、陈维英、陈九熊、陈元竹等5人为常务董事,陈文明、陈金山、陈顺裕、陈再发、陈主路为董事。并函聘在南洋各地之陈石头(吕宋)、陈朝成(宿务)、陈四美(新加坡)、陈迎来(岷里拉)等4人为名誉董事。二、迅速办理立案手续,陈成发报告二点:(一)希各校董以桑梓教育为重,多多努力。(二)筹措费,在南洋各地之四位名誉董事,继续汇款。

又讯 该校校长林霖以迩来市区天花蔓延,为防范未然计,特于16日,由市区携带疫苗,前往为学生及附近乡人注射。

《立人日报》1949年3月18日

复华无校舍要向侨师讨　双方正在据理力争

本报讯 市复华小学前因校舍问题与海军学校争执甚烈,嗣经双方洽议,复华小学愿迁让现址。唯须先将前旭瀛书院外清分校校舍收回自用方可。但该处现已为国立侨师附小借用,不允迁还,致又陷僵局。日前双方曾央教育局戴局长出面调解,提出两种办法供侨师附小参考:1.将禾山曾厝垵冰源小学让与该校使用。2.该校所有学生分组往市立各校寄读。侨师附小当表示无法接受,前(15)日复华小学乃函请该校于三日内他迁,以便搬入上课。至昨日期限届满,该校尚未搬出。现双方正在交涉中。(为)

《星光日报》1949年3月19日

复华与侨师附小校舍纠纷难解决

海校招待记者陈述经过　侨师意见需听教部命令

本报讯　昨(19)日上午10时,海军军官学校假二楼会客室举行记者招待会,到有本市各报社记者二十余人,由该校魏济民校长、处长王道及、副处长王明诚、市府教育局戴局长世龙分别报告。

　　主要内容即为该校校舍纠纷交涉经过。据称:该校舍提出四解决方案如下:(一)侨师附小腾出校舍,交还复华小学,其附小全部学生则由市府设法,分别整班借读,并由该校限期修葺大生里房屋,以便将来侨师附小复校。(二)请复华小学与侨师附小分别停课两星期,以便彼此腾让。(三)请侨师附小停课,由复华先行迁移至外清,该校出资修理在侨师附近之破废小学校舍一座。迨完竣后,再由该校指拨交通工具,协助附小移入新校舍。至于该附小校舍所使用之电灯电话等公用设备,该校当协力代为装设。(四)侨师附小在曾厝垵设校后,郊外学生人数太少,该校亦会同市府准予将曾厝垵现有之保国民小学及私立海光小学,概行并入侨师附小,以图充实。但解决办法提出后,未为侨师所接受,且侨师提出一解决方案,希望市府将开元小学拨归侨师后附小始可移让。揆诸事实,市府方面曾表示开元中心小学资产摧为教育,均有不便撤销之处。因之侨师附小坚不移让,遂致造成复华小学欲退无处,海校800学生无法上课。记者于出席海校招待会,获悉该校之校舍纠纷原委后,为欲明了真相,下午特往访侨师附小,探询一切。据该校教导主任刘家顺告称:该校设立目的,在于训练优良学生,专供师范毕业生实习之用,所以要选择市区内素质较优学生,施予各种试验教育。现在海校要求腾出校舍,本校亦无不可之处,不过要求市府能够在市区内代为寻觅一所,可以容纳现有学生上课及教职员住宿,较有永久住居的校舍,使已经初步训练的二百多学生能得有安心读书之所,不致时遭迁移之威胁,当可迁让。至于大生里地当街旁,车马来往吵杂,环境非但不适宜校舍,亦不敷应用,且该处业权谁属?海校亦不过出于借用,自不可能给附小永远应用。曾厝垵方面恐学生素质较差,有种种条件与理想距离太远,姑不论校舍何时可以□复应用为问题最大症结所在,假如学生分散寄读,即等于解散,在教育行政上,将发生重大学级与学籍的难以汇报;就责任而言,则学校无法担当得起,除非得到教部命令,绝难遵行。

《星光日报》1949 年 3 月 20 日

复华与侨师附小校舍纠纷问题进入行动阶段

双方都有理由与困难　盼当局应有以善其后

本报讯　关于复华小学与侨师附小之校舍纠纷,海军军官学校于前(19)日举行记者招待会所报告洽商四点,以及附小解释各情,双方各具理由,但亦有困难,问题固尚悬而未决。本报昨(20)日午后,接到"雄风社"投来"有关复华与侨师附小校舍问题"之新闻稿,其内容如下:本市侨师附小,有鉴于校舍问题,亟待与复华成立协议,获致解决办法,业于前(19)晚,邀同海校代表参加商谈,经议决各案如下:(一)侨师附小宣布自即日起,停课一星期。(二)所有附小之各项设备,暂时堆存在外清操场。(三)复华小学,自即日起全部迁移至外清复课。(四)请海校指拨交通工具,协助复华小学迁移至外清。(五)侨师附小复课问题,由该校负责人,商请市政府与海校当局,协助办理,其目的在使学生不致失学。闻市府方面,对此颇感圆满。

嗣复接到侨师附小教职员及学生自治会送来书面报告书一份,略谓:关于海军学校及复华迫迁校舍,该校正在各方征求妥善方法及寻觅校舍中。昨(20)日上午 11 时,附小周围竟被武装数十人,身着绿色军服,头戴白钢盔,持枪实弹,装上刺刀,手机关枪架在校门口,包围校舍周围,校门铁锁,被砍断冲入,后门亦被捣破,各场所亦被破门而入,将器具尽行搬出。嗣后又搬入他校之课桌椅,当时戒备森严。在校教员二人及校工一人,以情势恶劣,知非可以理喻,退出学校附近,以观究竟。未几,警戒线延长,学校附近均禁止交通。教员及附小校长等闻讯赶返,亦不得入。校内情势纷乱,所有校产及教员行李物件,遭遇损失,无法明了。后由一教员借附近居民住屋观察情势,发觉校牌被拆,换上私立复华小学名义,方知系复华小学所为。似此复华小学竟以教育摧毁教育,殊堪痛心。本校以教育立场,无论校舍能否进入,仍本过去服务精神,绝不屈服权势,继续上课,断难忍看二百七十余活泼天真之儿童遭受失学之苦,甚望文化界及各界人士能予以正义之支援。至于此次事件发生之前因后果，是非曲直，谨诉请社会公断。本报记者以同在一天下午，对于同一事件，有上述二则相反事实之新闻报导，为求明了真相，特于5时亲往外清侨师附小校舍，作实地之调查。抵该地时，见侨师附小校门，有海军武装士兵站岗，警卫校门已换上私立复华小学校牌。围墙内体育场，满堆着桌椅。校舍楼上，士兵在吹军号，另有许多士兵正由双十路方面，搬运复华校具送到该校。目击情形如此，至内幕实际情形，无法获悉。本市有关当局，应有以善其后，庶免事态扩大。（非）

《星光日报》1949年3月21日

厦四十余私小半数尚未立案　教局饬速依法办理

市息　本市现有私立小学，计达四十余校，其中经已立案者仅二十四校。该未立案之各校，经教育局令饬速依法申办登记，否则将撤销一切权利。兹将已立案学校名称探录如次：雅化小学、复华小学、民立小学、全民小学、粤侨小学、大同小学、群惠小学、桃源小学、主光小学、江夏小学、鼎玉小学、民强小学（以上学校在思明、开元两区），英华小学、维正小学、毓德小学、怀仁小学、养元小学、福民小学、怀德幼稚园（以上鼓屿区），渔民小学、弘农小学（以上厦港区），禾光小学、豪士小学、东升小学（以上禾山区）。（厚）

《江声报》1949年3月21日

校舍迫迁附小流亡　复华移后半陷停课

市息　前（20）日海校派武装士兵搬移侨师附小及复华小学椅桌情形，经志昨日各报。自昨晨起，侨师附小被迫放弃校舍，开始流亡。因此一部分年纪稍长之学生，分别向市府、教育局、法院、警察局、各中学、各报社哭诉，请求援助。但各界只能在精神上加以安慰，实际上并不能有所帮助，现侨师附小已暂觅马箭巷刘家祠堂栖身。昨日上午8时记者到刘家祠堂，目睹一群学生席地上课，并有若干学生家长陪站旁边，相对凄怆。9时半左右，复华学校学生由教员领队带进外清原华侨师附小校舍，费半日之整理，仅有四、五、六年级先行上课，尚有五分之二学生无法容纳。昨傍晚 5 时，记者尚见复华小学百余付椅桌放在操场。据复华小学一教师对记者云，一、二、三年级学生约二百余人，无法容纳，只好暂时停课。因为外清课室大小只有六间，与民国路校舍相差太多。至民国路十二间宽敞课室已全部让给海校，外清附小校舍，上午尚有武装士兵把守。午饭时附小有数教师在原住室内用膳竟遭逐出，结果将饭碗带至操场乃已。又有学生叶健五（12 岁，住普佑街 44 号）因校舍已被武装士兵看守，欲入校取回书包时，守门士兵即责骂该生乱进"军事机关"，竟被打嘴巴两下，惟昨午后把守士兵已告退去。（宜）

《江声报》1949 年 3 月 22 日

教局昨召开小学校长会议　局长督学分别报告

市息　教育局昨午召开本年度首次公私立小学校长会议，出席公私立小学校长五十余人，首由主席教育局戴局长报告：一、教育科改局经过。二、各校收费情形应予检讨。三、未立案之私立学校应速办理立案手续，以取得合法地位。四、私小联谊会应以校长出席为原则。五、复华小学与侨师附小校舍问题，经请海校较当局将武装士兵撤回，由有关当局共谋妥善解决办法。继教育局督学朱秀三报告：一、儿童节庆祝事宜，将另组筹备会讨论进行。二、本学期视导工作拟分两期进行，前期注重学校行政，后期注重教学。三、定期举行学业成绩竞赛。四、举行示范教学。五、分区组织国民教育研究会。关于雅化、民立两校增收学费问题，该两校校长报告称：（一）所收各费大部分均照标准征收。（二）超收部分人数不多，已遵教育局命令发还。（三）减免费人额超过规定比例，最后讨论提案，有禾山区一校长提议将该区各校校长因接洽公务，时常往回厦禾间，拟请汽车公司优待免费。经议决，请教育局函厦禾汽车公司接洽。（厚）

《江声报》1949 年 3 月 22 日

侨小昨举行家长招待会　报告校舍被占交涉经过

侨师校友暨自治会发起护校运动

本报讯　国立侨师附小以校舍被占,全体师生238人无校可归,为呼吁各界对其伸出援助的手。昨(22)日下午4时,特假马箭巷43号,刘氏大宗祠(临时附小流亡学校露天教室),举行记者暨学生家长招待会。到有各报记者、学生家长等一百多人,首由侨师校长许汝铁报告附小校舍业权问题以及海军学校迫迁,经三次洽商,未获协议的经过;次由附小校长、教职员、学生代表分别补充报告,并申述校舍被占时的惨状。许多爱护学校的学生家长,也都热烈发言,为要求争取子弟"要读书"而慷慨激昂,坚决主张组织复校会声援。地检处首席检察官吴鼎帧,也以家长地位提供两点意见:(一)既成事实如此,目前先决问题还是学生要"读书"重要,最好赶快把复校会组织起来,推举代表晋谒市长,请求设法早日解决。(二)依法向复华小学提出交涉,以明武装抢占校舍的法律责任。最后一致决定进行四项声援步骤:(一)由附小教师与家长联合组织复校委员会;(二)对于善后问题,必须合理解决。(三)通电中央侨委会,海外华胞团体主持公道。(四)呼吁本市大中小学校学生自治会,赐予正义声援。

又讯　侨师附小校舍被占后,该校为顾全学生学业起见,特组织流亡学校,日来仍继续以露天教室上课。但昨(22)日天气忽变,下午阴雨凄风,影响甚大。闻侨师校友会及学生自治会,已组织联合护校委员会,展开护校运动,并定今(23)日下午3时,假市党邦举行记者及大中学生代表招待会,请求各界主持正义云。(菲)

《星光日报》1949年3月23日

愁云惨雾笼罩侨小　招待会上一片哭声

家长校友决组护校委会

本报讯　国立侨师附小因与复华小学校舍纠纷,于昨午后4时,假马街巷刘家祠,招待本市各报记者、员生及家长,报告该校前后被胁迫及被武力占领经过。特邀到场者有各报记者及学生家长等二百余人。首由侨师许代校长称,侨师附小自厦市光复创办以来,已历四年,其初校舍系蒙市府批准,将外清巷前日本商业学校校舍拨给,(当场诵读公文),并允许在侨小未停办以前永为侨小借用。此次海军学校因需用复华小学校舍,复华在不停课不停办的原则下,要求高等法院或侨小迁还。此事由市教育局会同双方磋商未果,时海校提出四办法,(已志前报)原则上要侨小停办,该校无法接受,故答称须请示教部,并称在不停办的原则下,如市府能于市区拨给地方供学生上课,该校愿意迁让。至上星期六,侨小正举行开学典礼时,本人(许校长自称)接海军巡防处长电称,有几位朋友,要参观侨小。彼乃于附小恭候,半小时后,即有市长及参议长来前二度讨论此事,亦无结果。乃星期日突获附小宣告,有武装士兵进占校舍,学生无法出入。彼乃于是晚7时,晋谒市长,报告校舍被占经过,报载校舍纠纷,已获协议,不知何所根据也。次由附小校长柯咏仙补充报告,略称,前年秋该校接获台湾公会来函,以侨小为该会业屋,嘱即迁移。嗣后又接获该会声明,请侨小追认该校校舍为该会产业。经彼答称侨小系市府批准永久借用,如确系为贵会产业,请向市府补行登记。此后并未发生任何波折,亦未接该会任何声明,校务顺序进行。至三星期前,忽接获市府函,称该校业权为台公会所有,着即迁让。此事酝酿至今,迄未解决。柯氏复称,海校对该校会提出意见二点:(一)将大生里新生宿舍改筑为侨小校舍,海校愿负修筑费用,惟须时间三四个月。(二)借用曾厝垵水源小学为侨小校舍,前者因时间过久,后者则因本校非乡□教育,故未予接受。在三八节以前的一星期中,本校未得任何消息,在安静中渡过,师生方庆无事。

迫迁消息突兀　举校惊惶失措

乃上星期三,复华王校长与市府督学、海校王指导员,突然来访。王校长称,彼接获台湾公会函,限5天将复华迁移,故彼只能限侨小3天迁让云。是时侨小方面以事来突兀,举校愕然!旋于上星期六,又获王校长电告:"可免搬迁,且云海校答应复华仍上课。"师生不胜雀跃。是晚该校营火会,过得特别和谐乐畅,不意星期日情形急转直下,本校竟遭武装士兵进占。事后虽经报告军宪治安机关及市长,皆告无效。如今全校教职员膳食无着,虽有若干学生家长诚意送粮,然现尚过着挨饿日子,学生则徘徊门外,惶惶不可终日……说时泣不成声,全场空气黯然。该校总务主任继报告称,该武装士兵占领时,全戴白帽,越墙而入,并将机关枪架在校门口,彼只好从后门逃出。时学校四周宣告戒严,如临大敌。彼伪称系邻居,该军人即强迫进入邻居。彼无法只得进入于小朋友家中,匿于饭厅,其情景一如电影故事云云。后由6年下学生黄建五,向在坐(座)者诉称,彼于星期六午后,欲返学校取回书包,经刘家祠时,即见椅桌被丢抛校外。彼以为教师为一年上课而设,不以为童彼至校门外时,始知事变。乃越□而入,为一兵士所觉,将彼推入厕所拘禁,达半小时之久,且不许声张。说后遂大哭,在场教师家长来宾,均纷纷泪下。是时情景之悲惨,记者一枝秃锥,殊难形容。记者出席无数之招待会,绝未遇此种不愉快之场合者。后有小学生苏经华报告称,星期日时,彼等同学数名,进见市长,市府人称"汝等如此威风,不得进见"。后传见教局长,说来说去,脱不了"大生里校舍"。越日又进谒市长,再度被拒。为母校,为数百名同学,彼将并不灰心,星期一冒着一暴风雨,带着破碎的心,再度进谒。彼等原冀市长能给他们一完满答覆,然竟以"市长赴宴"为词,复受闭门羹。彼等现在已是走门无路的孤儿,希望社会各界人士,能伸温暖的援助之手。

学生挥泪报告　来宾泣不成声

年幼的小同胞,带着呜咽的哭声,和圆莹的泪珠,陈诉彼等之遭遇。在场家长,眼看此一群迷途羔羊流离失所,莫不泪流满面。时有家长代表林时安,提出两个问题,要求在校者,代他答覆。渠称探有妹妹在侨小读书,曾问渠:"为什么要读书?"渠答:"读书是国家法律所规定,国民的义务。"妹妹问道:"既然,那国家为什么又叫他停办?"又问:"为什么应叫中华民国?"答称:"是以民主政治为国体"。"什〈么〉应叫做民主政治呢?""民主是人民的主张"。"政治即是国父所说的,人民所选出的代表,管理自己的事情"。"那又为什么应用枪来管理我们的学校呢?"这二个问题,我实在不能解答,希望记者们给我们披露于社会,让广大的民众〈帮〉我解答,给社会的人士,跟我们同声一哭。我们有的是热血、热情、希望,团结就是力量。我(林自称)代表我妹妹,向侨小吃不饱、饿不死的教师们致谢。该校的一女教师继称,我们只〈希〉望小朋友们,有读书的地方,不致在暴风雨受难。如果继续露天上课,小朋友们的身体,恐怕受不住了。

不忍看孩子失学　家长呼吁护校

又有二学生家长林森德称,我刚踏进了大门,就看见有这〈样〉的标语:"我们是未来的主人翁,他们为什么应用武力催我们"、"公称胜过强权,难道他们可以用武力来占校舍?"做为一个是家长看到这〈样〉的呼声,想到此后子弟的将要失学,大家能体会到这是多么难过!最后由刘校长〈提〉出,要求家长们选出代表,拟速请市府速拟妥善办法。是时又一家长刘谦生,大声疾呼:"30年后我们家长能还有几个,40年后我们家长又有几个?我们的希望与事业是寄托在孩子们的身上,我们能忍心孩子们失学吗?"刘氏并建议组护校委员会,及赞助教师运动。遂有□家郭提议,如赞成侨小存在的话,请站起来,(全场起立)赞成护校助师者举手。(全场举手)最后董氏并建议三点:(一)代电层峰报告被占经过。(二)请闽南各大中学生自治会援助。(三)质问复华小学武装占领者,是流氓[抑]或海军?质问市教局,对此事件有何措施?此建议立获在座者热烈之拥护与支持。律师刘礼芳说,既然侨小有存在的必要,自然家长要拥护到底。我们现在的步骤,如果市府能妥善处置,当然最好,否则可配合舆论,质问海校。这时参加列席的吴首席检察官,以沉痛语调称,我答应小朋友的要求,要我说几句话,我说的是"这社会,无话可说,可是护校委员会,必须当场组织,如赞成者,请签名通过"。(全场再度举手)这时金乌早已西毙,时间已6时20分,然会场情绪,始终激昂热烈,各家长无一早退者云。(铭)

又讯　侨小校舍被占后,该校学生于昨仍假刘家祠庙院露天上课。于散学时,全体学生歌唱,"我们要读书"仅唱一半,即哽咽不能成声。但教师说,此时必须要唱,旋唱旋辍。一学生家长,闻声皆掩面而泣。该歌连唱三遍,始满怀怅惘徐徐离开云。(铭)

又讯　市教育局长〈戴〉世龙以侨小兴、复华小学校舍纠纷事,对本报记者称,经已敦请厦大校长汪德耀进行调解云。(铭)

又讯　侨师附小校舍被占后,该校为顾全学生学业起见,日来仍照常露天上课,但日昨下午忽阴雨凄风,并定今(23)日下午3时,假市党部举行本市记者及大中学生招待会,请求各界主持正义云。

《立人日报》1949年3月23日

侨小纠纷引起各方反响　厦文化界组支援会

侨师自治会昨招待各界

市讯　侨师自治会暨校友会,为该校附小校舍纠纷事件,于昨午后3

时10分,假市党部招待本市各报记者,及各大中学校学生代表。出席者有厦大、双十、英华、大同、怀仁市中等各校代表,及新闻记者五六十人。首由该校自治会负责人报告该校附小被占经过,次由附小学生代表苏经华向在座哭诉,呼吁全世界人士同情与援助,他说:"如果全世界的人士,真的没有一个良心的话,他们二百条的小生灵,愿意死在强暴之下。"并称他们七人,于昨早再度进谒市长时,复遭拒绝且被市府一职员刘某侮辱。他(指刘)将他们当为猪羊,将他们玩弄,查点人数时,竟将他们的人数单位,称为"只"。要求在座诸君主持公道,代为伸张正义云云。说时声泪俱下,听者极为感动。厦大代表胡复生愤慨疾呼:"抢救教育危机,救救下一代的未来主人翁。"并提议组织支持会,作一积极行动表示。此一提议,遂即获得全座热烈通过,并定名为"厦市文化界为侨师附小被迫害事件支持会",以支援会名义电请监察院,对海校提出弹〈劾〉,并请厦门地检处,依法起诉。请复华小学并市府表明态度,限市府于3日内答覆对此事件之措施。如超出时间,市府尚无表示者,则本会(支持会)一切行动,将由市府负责云云。其他各代表慷慨陈词,空气紧张。最后附小代表表示数点要求:(一)借用人须赔偿该校物质及精神上之损失。(二)海校须负责侨小师生之安全。(三)须有完备合用或永久借用之校舍为止。(四)复华不能提出正确业权证明,则原校舍应归该校继续应用。继由侨师代表发表书面谈话,内表明本事件之态度三点,招待会于10时落幕中结束。(铭)

  书面内容:一、对武装占领本校附小校舍事件,我们表示严重的抗议。二、目前本校附小,将临绝境,事实拖延,外传避重就轻之说,我们未信果有其事。我们迫切恳望有关机关,一秉公道,迅速合理解决。三、本校附小被占领,是光复后厦门教育机关被武力霸占的先声。我们祈求本市各界人士,深切关注此项不幸事件性质严重,及嗣后可能类此事件之重演,而拿出可贵的同情和力量来支持我们。

  又讯 侨小校舍为武力强占事件,已引起各方反响。昨上午有学生家长师管区参谋长周烈夫人,前市长黄天爵夫人,前府前主秘吴春熙夫人,严副议长夫人,律师刘礼芳,吴首席鼎桢,刘谦生,及学生代表黄易等一行多人,进谒李市长,及教局长。市长初辞在开会,拒绝进谒。惟各家长坚在市府鹄候,李市长无法,只得延见。对各家长要求表示对侨小校舍问题措施,李市长唯唯否否,大有难以启齿之慨。周烈夫人称,他们有枪杆,我们未必无武力,我们希望讲理。对教育局长所提设法将侨小学生分别疏散,各小学收容寄读一节,提出质问,谓华北华中因受军事影响,学生要向华南疏散,华南并无受共军威胁,何以需要疏散。教育局长面红耳赤,无法作答。最后各家长向市长及教育局长警告,此事不应漠然处之,应于二日提出下列二点答复:(一)侨小所驻军队应即刻撤离。(二)否则应速觅合乎理想之校舍,以供侨小上课。倘逾期间,而引起其他事件,一切责任,应由市府负之。学生代表黄易,原为前市长黄天爵之女公子,词锋锐利,常见李市长。时面质李市长何以数次不延见,渠称"市长室我不是没有走过,想不到今日竟如此艰难",情绪异常激昂。旋由同来家长逶劝,始悻悻而去云。

又讯 市府于本日上午10时,将假市府会议厅,商请厦大、侨师、侨小、复华、海校等校长,磋商侨小校舍问题。昨日下午,市长、教育局长及督导等,曾巡视公园内市立幼稚园校舍,拟拨为侨小校舍,惟该幼稚园仅有礼堂一座,教室二间,恐不敷用云。

又讯 昨午5时许,厦港第二中心国民学校□年上学生十余人,跑至顶释仔复华新迁校舍,把校牌卸下。刚抬至双十中学门前,复华教师瞥见,上前捕得李永华一名,带至厦港二小严厉审问。据查:觉生取校牌原因,系激于义愤,为侨小被迫害,代抱不平,故抬校牌以唤醒社会人士共鸣云。(铭)

《立人日报》1949年3月24日

侨小校舍纠纷事件　支援会决提出控诉

厦大侨师同学昨前往慰问　市府今召会商讨解决办法

本报讯 昨(23)日下午3时,国立第一侨师校友会及学生自治会联合护校委员会,假市党部举行记者暨各大中学校代表招待会,报告侨师附小校舍被占事件。到有各报记者及各地通讯员,各校代表等三十多人。主席姚公度报告招待意义,并表明为声援侨师附小复校三点态度:(一)根据宪法规定,人民有居住、生命、财产之自由,此次附小被武力强迁,显系违法,我们要呼吁抗议。(二)我国为礼仪之邦,尊长爱幼,素为传统美德。

海校此次加暴于附小，为厦门所未见，此风实不可长，希望各界赐予正义之声援。（三）现该校员生生活学业均不能安定，有关当局应该迅速作合理解决。附小学生代表侯醒国等3位小朋友，分别申诉：他们的学校如何被占，他们已变成无校舍可读书的流亡学生了。言时声泪俱下，至堪怜悯。各校代表、各报记者亦相继热烈发言，提供意见并深表同情。旋即席进行组织支援会，讨论组织规程，分配工作，决定分电各有关当局，提出控诉，务使达到附小复校或获得圆满解决为止。至五时一刻散会。

又讯　昨（23）日上午10时，侨师附小家长护校会代表吴鼎真等八人齐集高等法院，由刘礼芳率往市府谒见市长，要求3日内由教育局饬令交还校舍，否则以迁移新校舍为原则。李市长答云：此事系教育局主办，如何疏散，如何迁移，教局已有计划，请径回教育局接洽。刘氏等乃折访教育局长戴世龙，请求解决，但戴氏只能允许尽量设法，毫无具体解决办法。

又讯　昨（23）日厦大慰问队十多人及侨民师范学生二百多人，前往刘家祠慰问附小学生，并练习歌咏，情绪非常热烈。（半）

又讯　市府为谋附小校舍纠纷合理解决，订于今（24）日下午3时邀请国立厦大校长汪德耀、市参会议长陈烈甫、国立侨师校长许汝铁、附小校长柯咏仙、海校校长魏济民、复华小学校长王秋涛及台湾旅厦同乡会理事长陈西春、教局长戴世龙等人士开会，讨论校舍纠纷问题，以求圆满解决。（行）

《星光日报》1949年3月24日

侨师附小校舍问题　市府定今商谈解决　侨师学生护会昨招待记者

市息　侨师校友会、学生自治会联合护校委员会，于昨日下午3时假市党部招待本市记者及各大中小学代表。至会记者及各校代表六十余人，首由侨小护校会代表姚公度报告附小被武装部队占领经过，并谓厦门并非战区，文教机关竟被武力占领，附小师生竟过流亡生活。此种情形显极严重，今特表明对不幸事件的三点态度：一、对武装占领侨师附小校舍事件，我们表示严重的抗议。二、目前侨师附小将临绝境，事实不容拖延，外传避重就轻之说，我们未信果有其事，我们迫切希望有关机关秉公道合理解决。三、侨师附小被占是光复厦门教育机关被武力霸占的先声,我们祈求本市各界人士深切关注此次不幸事件性质的严重,及嗣后可能类此事件之重演而拿出可贵的同情和力量来支持我们云云。次侨师附小小朋友黄易等人及教师郭如鼎相继报告,词均沉痛。厦大代表谓海校不应该以机枪刺刀对着这些手无寸铁的小朋友,武力的威风更不应该在后方来表演。其他各校代表亦先后愤慨发言,经大家交换意见后,决定组织"厦门文化界为侨师附小被压害支援会",并通过议案多起,决支援侨师附小校舍获得完满解决为止。支援会日内开始工作,该会主席胡复生最后郑重表示,如果以后向市政当局交涉未获结果,则以后该会之行动,市府当局应负完全责任。

又昨日上午10时,家长护校会代表吴鼎积[真]、刘礼芳(昨报载家长护校会主席刘谦生系刘礼芳之误)等十人,往市府访见李市长、戴局长,提请于3日内由教育局饬归还校舍,否则应于限期内有合理之解决。若不能办到,以后发生问题由教育局负完全责任。李市长答以附小疏散,保留附小名义,系教育局之计划,请向局长洽办理。后据戴局长表示当尽量设法,但终无具体结果。厦大学生代表十余人,及侨师全体学生二百余人,昨下午均往流亡校舍殷切慰问附小全体师生。(宜)

又息　侨师附小校舍问题,市府定今日下午3时邀请厦大汪校长,参议会陈议长及海校、侨师、侨师附小、台湾同乡会、复华小学、附小家长代表在市府会议厅商谈解决办法。(厚)

《江声报》1949年3月24日

侨小校舍纠纷　昨经开会调解　已获完满协议

市府礼堂整日书声远播　请愿小朋友挨饿上课堂

本报讯　关于侨师附小释仔街校舍,被海校武装逼迁,致引起纠纷事件,该校师生三百多名,因无校舍可读书,前几天是露天上课。迨至昨(24)晨老天下雨,这群流亡学生,遂浩浩荡荡向市府请愿,并推派学生代表晋谒李怡星市长,请求合理解决。虽经李市长允许在下午3时邀请各方面作圆满解决,然而此群学生求学心切,亦表示不愿意回家吃午饭,决等待着开会时间来到,以听取洽议结果。于是全体学生就在市府礼堂暂充课室,席地读书,整日书声及歌声远播。中餐则由家长携送馒头食品充饥,其情甚苦,其志可嘉!到了午后3时开会时届,各学生家长也不约而同的齐集百余人,到市府探听消息,并关照儿女,而被邀请参加解决此事件人士汪德耀(厦大校长)、陈烈甫(市参会议长)、吴鼎真(地检处首席检察官)、魏济民(海军校长)、许汝铁(侨师校长)、柯咏仙(附小校长)等都到齐了,就在市长室商议解决办法,先由市府教育局表示愿将中山公园市立第一幼稚园址腾出,拨借作为附小校舍。经一番讨论后,由柯校长、陈议长及魏校长连同家长护校会代表等联袂前往幼稚园作实地察勘,认为环境不错,惟因教室仅有三间,不够容纳附小六班学生上课。嗣后由海校表示,愿拨赠活动房屋三幢,作附小校舍之用。经附小校长柯咏仙表示接受后,便在市府签订合约字,一场纠纷宣告圆满解决。附小学生及学生家长于傍晚之时始退出市府。兹将该合约字原文抄录附后。

合约原文

关于国立侨师附小校舍问题,兹经同人共同商,获下列解决办法,各有关方面均认为可以同意。办法如下:1. 由市府拨借原市立第一幼稚园园址为侨师附小校舍,前由海军学校拨用活动房屋三幢,建于幼稚园之旁,充为侨师附小校舍。2. 活动房屋之装置,由海校负责办理,尽于最短时间,自今(25)日动工,内装置完妥,以免延误附小学业。3. 关于幼稚园房屋及活动房屋,应需修理之处,均由海校负责。协议人海军学校校长魏济民、侨师附小校长柯咏仙、市长李怡星、市参议会议长陈烈甫、地检处首席检察官吴鼎楨、国立厦门大学校长汪德耀签盖。(行)

魏济民表歉意

又讯 昨(24)日下午海校校长魏济民对本报记者表示称:关于警卫班协同复华小学搬运该校教具而携带枪械一事,深表歉意,渠决予将当时携带枪械班长及警卫,依法严惩。

侨师校友会表示不接受　支援呼声仍甚热烈

又讯 侨小事件昨经调解后,该校校友会及学治会联合护校委员会,认为昨日所妥协条件,不能接受,该会代表发言人姚公度为此特发表书面谈话如下:

本校附小此次发生不幸事件,承蒙各界人士主持正义声援,可见公理自在人心,本日承蒙本市各机关首长鼎力调解,我们同表衷心感激。但本日下午成立三项协议,本会站在维护教育,爱护学校立场,认为不可能接受。

一、依本市立人日报民国37年11月3日所载,本校小附校舍产权,并非台湾同乡会所有,所以我们认为复华小学无权迁入本校附小。

二、海校既然自己有活动房屋,宜应自己留用,不该用自己坏的房屋来抢换别人的房屋,况且这么一个花样来,就要牵累及复华、侨小、幼稚园三校皆受损失,显不合理。

三、武装强占校舍,越权擅施临时戒严,是一件严重违法事件,某方对此实难卸却责任,而本日协议对此竟未提及只字。此非特我们感到失望,相信各界人士亦将感到不平。

本报讯 厦门市文化界为侨师附小被迫害事件委员会,昨日下午各校代表及社会同情人士数十人开会,检讨前日各校支援工作。据悉,深得社会正义人士及各大中小学同学热烈支持,仅厦大一校民主□,即贴有促使学治会加紧行动,伸张正义,维护教育之五院十九系大幅抗议书十数张(每系皆有),同学情绪至为激烈。其他各中学有英华、双十、市中、省中、大同、怀仁等各中学及厦大新生院,表现更为愤慨。又昨日有数中学及十数小学,加入该支援会,愿意在正义同情之立场,竭全力支援侨师附小复校。

又,厦大航空系建议学治会,愿请一切在海校兼课之教授、助教、同学等,一致拿出同情心,为伸张正义,维护教育而罢教。

《星光日报》1949年3月25日

侨小学生难当苦雨　市府礼堂权作课室

昨商定将第一幼稚园拨用

市讯 海军与附小校舍纠纷问题,自20日武装进占校舍后,侨小为得不到当局同情与合理解决。昨日上午细雨霏霏之时,致被迫于露天而上课之学生们,不得不另觅适当地点,全体共二百余人遂于上午9时许,携带书本用器,由该校规位教师领导,沿途唱着"我们要读书……"的歌曲,进入市府大礼堂,席地而坐,继续上课。同时并由自治会区长黄易率领,前往市府及教局请愿,要求解决校舍,市长则终日躲在办公室内,未敢与小学生见面,临由教育局戴局长出面答允于下午开会调整,并到礼堂□告各同学"好好回去上课"。小学生们皆异口同声说:"我们不回去,我们不吃饭,我们要校舍。"中午,各学生学长多携食物前往,同时侨师校友,及支援会代表均前往慰问,一面在大街小巷张贴标语,表示抗议。民众亦纷纷前往探视,一向冷寂之市府礼堂,顿热闹空前。但民众见此一群被迫害之小天使,莫不摇头叹息。内有一老人顿足说"我今年64岁了,从未见此种政府,从未见此种事。"言下不胜愤慨!至下午,市府与各有关人士商讨解决办法后,由戴局长出告各小学生,并问:"你们有什么话说!"各小学生曾有发言。最后戴又问:"还有人说话否?"一小学生起说:"我还有话说,你们大人骗小孩,不要脸。"围观者见此天真,莫不拍手大笑。

又讯 昨日下午4时,市府邀请厦大汪校长、陈参议长、海校魏校长、侨师许校长、附小柯校长及□校家长等,当面调解。结果:(一)市府拨借用将市立第一幼稚园址,(在侨师附小新校舍未全部建筑完成以前不予收回),并由海校拨出活动房屋三座,建于幼稚园之旁,充为侨师附小校舍。(二)活动房屋之装置由海校负责办理,应在短时间内,装置完妥,以免延误附小学生学业。(三)关于原幼稚园房舍及活动房屋,应需修理之处统由海校负责。惟厦大自治会代表认为解决一校,又牺牲一校,殊非妥善之策。当小学生得此讯息时,亦有表反对者。闻附小当局已愿接受。至6时,该批小学生始从暮色中整队而退云。

《立人日报》1949年3月25日

侨小校舍纠纷 协议后又发生变卦
该校校友会决反对到底

本市讯 前天侨师附小事件,经调解协议后,侨师学生极表不满,反对呼声校内充溢。昨(25)日下午2时,该校学生自治会及校友会联合护校委员会,在侨小刘家祠召开代表大会。到该校校友同学三十多人,席间咸以目前所妥协条件不能接受,即讨论议决:(一)坚决否认日昨所妥协协议。(二)请本校许(汝铁)校长负责,向有关机关提出要求收回原校舍,并查究违法责任。

又,该校师范部全体教职员对此事极表关怀,昨(25)日下午特举行侨小校舍处理问题座谈会,讨论是非责任。席间发言踊跃,一致认为所订协议不合情理,并决联络本市中学教员联谊会,一致反对到底。(送)

《星光日报》1949年3月26日

侨师校友会向市府请愿　占校刑责诉之法律

本报讯　国立第一侨民师范学校校友会及学治会,为抗议附小校舍被占事件,昨(26)午4时推派代表陈聪敏等6名,赴市府晋谒李怡星市长,提出四项条件,请求合理解决。据市长答覆:(一)关于海校不用自己所有活动房屋,纯因该校员生过多,容纳不了,乃借商复华校舍。(二)海校武装占领附小校舍,是否有触犯刑事,系法律问题,惟该校负责人愿严惩当日携枪赴附小之警卫班长。(三)释仔街附小校舍产权问题应由法院确定所有权何属。(四)附小被搬动,校教具损失部分,海校已允拨设备费。(五)关于附小校舍,由市府指拨幼稚园为校址。总之,凡在市府职权以内,渠愿竭力协助解决。该批代表认为李市长答覆颇为合理,始退出市府返校。(行)

又讯　关于海校刑事责任问题,侨师及侨小两校长已负责联名向法院提出控告。

《星光日报》1949年3月27日

私小立案有困难　教育局指示三项办法

下月举行小学生作文比赛

本报讯　市教育局于昨(26)日下午3时,在会议厅举行私立小学校长座谈会,由该局秘书朱秀兰主持。席间讨论关于私小立案问题,先各校长报告私小立案困难四点:(一)私小校产转移登记困难。(二)金圆贬值惊人,立案基金存银行吃亏过剧。(三)外钞作基金,又碍于法令规定。(四)实物作立案基金,银行拒绝接受。报告后,由朱秘书分别解答:(一)私小校产转移登记,可由校董会或赠予人发给授与证书及赠予文字,即认为该校校产。(二)金圆贬值,因事关国家经济政策,无法变通。(三)外钞及实物作基金,可将款参加各公司股份,取得合法公司股票,然后检送银

行做基金抵押品。至于全市尚有二十余校尚未办立案手续者,限依照以上办法即行补办,以免受取缔之处分。(行)

又讯 市教局为鼓励儿童写作兴趣,订于下月2日上午10时在全民小学举行全市小学高级学生作文比赛。届时各公私立小学应选推高材生2名参加比赛,成绩评判分个人及团体优胜。个人优胜录取5名,团体优胜录取3名。(行)

《星光日报》1949年3月27日

市和安小学组织幼童团

本市讯 市私立和安小学自去年由王德仁接长以来,经积极整刷,校务蒸蒸日上,生数增加三百余人。本学期并添聘黄清桂为童军教练,注重儿童活动。近组织幼童团,定于本29日开成立典礼。是晚举行营火会,闻精彩节目颇多,如各项乐器独奏、国术、叠罗汉、表情歌、舞蹈及南词京调等。

《星光日报》1949年3月29日

全市小学演讲比赛今日举行

市息 教育局举办之全市公私立小学国语演讲比赛,定今晨9时举行。高年组在钟楼脚全民小学,中年组在新街礼拜堂。每组评判员5人,由教育局函聘各中等学校校长及教务主任担任。(厚)

《江声报》1949年6月25日

全市小学演讲比赛 大同获得两组冠军

市息 公私立小学国语演讲比赛,昨晨9时分别在全民小学、新街礼拜堂举行。高年组参加生生32人,中年组38人,由教育局聘请各中等学校校长、教务主任担任评判。每组录取10名,于昨日下午5时假全民小学给奖。未中选之参加学生,亦均发给奖品,以资鼓励。兹将优胜者名单探录于下:高年组:第1名陈霞珍(大同),第2名隋亨利(福民),第3名施永宁(雅化),第 4 名章玉珍(示范中心),第 5 名寿云玲(毓德),第 6 名王舜娥(怀仁),第 7 名蔡望怀(英华),第 8 名谢美珍(复华),第 9 名刘丽安(弘农),第 10 名陈耀坤(思东)。中年组:第 1 名钱云珍(大同),第 2 名殷之清(示范中心),第 3 名吕伟怀(英华),第 4 名刘丽娜(民立),第 5 名郑启吟(毓德),第 6 名金亚茹(怀仁),第 7 名郭英英(群惠),第 8 名陈勤宁(福民),第 9 名张惠儿(养元),第 10 名陈素娥(弘农)。(厚)

《江声报》1949 年 6 月 26 日

市立小学人事调整

市讯 本市市立学校人事,业经教育局调整完竣,于昨日发表。兹悉开元中心校长黄保寿调任,遗缺派陈玉鳌接充。禾山第一中心校长王昌绪免职,遗缺派李择土接充。禾山第二中心校长陈龙水免职,遗缺派颜金钞接充。江头国校校长陈敏娇调任,遗缺派陈以信接充。开洪国校校长布淑恬免职,遗缺派黄保寿接充。双涵国校校长陈水注免职,遗缺派陈敏娇接充。钟宅国校校长黄登仕辞职,遗缺派洪国梁接充。闻新派校长均系高师或普师毕业者云。

《江声报》1949 年 7 月 27 日

市小学校长昨更动一批

本报讯 市府教育局昨调动各公立小学校长一批,计有开元中心校长黄保寿调任为开洪国校校长,遗缺派陈玉鳌接充;禾山一中校长王昌绪免职,遗缺派李择土接充;禾山二中校长陈龙水辞职,遗缺派颜金钞接充;江头国校校长陈敏娇调任双涵国校校长,遗缺派陈以信接充。双涵国校校长陈水注辞职照准,开洪国校校长布淑恬免职。钟宅国校长黄仕登辞职,遗缺派洪国梁接充。(行)

《星光日报》1949 年 7 月 27 日

私立大同小学举行联欢晚会

本报讯 驻本市私立大同小学之联勤总司令部第一军械库官兵,一月来与该校师生相处融洽合作,热情洋溢,协同该校舒展操场,修筑道路及堆砌一道八十公尺之围墙,深得该校一千五百多个员生之爱戴。由于诚挚感念,他们师生制就锦旗一面,上书"爱护教育"四大字。今该校暑期学校结束,特订于本(13)日下午5时,举行献旗式礼及联欢晚会,表演游艺节目,有大同教师陈郸之包台戏,联勤第一军械库官兵之京剧、口技、军歌、魔术、国术及大同小友之歌剧、歌舞、土风舞、清唱、合唱、欢呼等二十多个节目。

《星光日报》1949年8月13日

厦市小学弦歌不绝

本报讯 因为时局的影响,在厦门唯一的国立厦门大学迟迟未能开学。中学方面,为了适应时宜,设立联合中学于鼓浪屿,因生数不多,维持□感困难。目前大学教授和中学的教员,因学校无形停顿,生活上发生了极端的困苦,唯有小学方面,因能把握时机,在8月底即开始收费,其中有不少市侩式的学店,超收教育局和市参会□定的数目。虽然学生数不若往日的多,但教员的生活大可勉为维持,与大学中学的教员比较,相去何啻天壤。至小学生现仍照时上课,唯一关心的是考试的分数。(剪)

《星光日报》1949年9月28日

小学照常上课　教局派员视导

市息 厦门外围保卫战开始以来,炮声轰然于耳,惟一切安静如恒,而各小学校亦仍旧照常上课。市教育局为提高各校教育效率及调查学校一切情形,特派督学朱为满、李冬雨等,定今日分赴各校视导云。

《江声报》1949年10月1日

小学团体操双十节表演

市息 市教育局订于(10月10日)国庆纪念日,在中山公园体育场举行各公私立小学团体操表演,规定每校应选拔50名以上,100名以下之健康男女儿童参加表演。各校参加名额共计2200多名。该局并订于本月8日上午假上列操场预操云。

《江声报》1949年10月5日

四、中学教育

中学开校之纪念会

官立中学堂于本初四日开第三周纪念会,校中应敷设之排场特加整理,殊炫人目。又先一日,遍行传单,延请官绅及西国人。查是日道厅两宪俱莅该校,来宾几于满座。有公界英华书院总理金君禧甫、洪君显理,并率全体学生莅会参观。余如山君雅谷及郁医士率友侣多人赴会,一齐演说,极意鼓舞。迨至学生唱歌,继以摄影,方始散会。其开会之秩序如下:

中学堂开校第三周纪念会秩序:

一、会集

(甲)下午2时击钟二十声,六班学生均齐集操场作六列排立,由校员逐班带领,整立会场前。

(乙)请来宾入会场。

(丙)请官长入会场,奏军乐。

二、训词及演说

(甲)监督登台布告。

(乙)请官长登台训词。

(丙)总董登台训词。

(丁)监督登台训词。

(戊)来宾登台演说。

(己)校员登台演说。

(庚)学生代表起立,当中答词。

凡训词演说,上台下台时学生均起立,即坐。

三、唱歌

(甲)附甲乙班起立,唱纪念歌第一调。

(乙)备乙丁班起立,唱纪念歌第二调。

(丙)备甲丙班起立,唱纪念歌第三调。

四、茶会

请官长、来宾入接待室叙茗,奏军乐。

五、摄影

校员引学生逐班至摄影处排立,次请来宾,次请官长,摄毕散会。

《厦门日报》1909年5月26日

厦门公立中学堂开办决算表

入款项下

(甲)捐款

(一)收六合公司对陈景祥翁手捐来银500元

(二)马守谦翁来银200元

(三)源隆宝行王兆杨翁来银50元

(四)万信丰宝号黄瀚卿翁来银20元

(五)黄廷元翁来银50元

(六)陈子珽翁来银100元

共920元

(乙)借款

一对树德堂借来小银600元

合共出银1520元

出款项下

(甲)建置校具

(一)几椅计18条,去银315元5角半

(二)规则牌讲台等计 3 条,去银 54 元

(三)国徽洋灯等计 7 条,出去银 16 元 07 仙

(四)杂置计 37 条,出去银 70 元 2 角 8

(乙)置学用品

(一)风琴一座,开去银 81 元 7 角 3 仙 3

(二)标本计 8 条,开去银 25 元 4 角 5

(三)参考书计 2 单,开去银 11 元 3 角 4 占 5

(四)杂置计 21 条,开去银 44 元 3 角

(丙)修理校舍

(一)灰土料并工,计开去银 256 元 6 角

(二)木料并工,计开去银 286 元

(三)油漆 2 条,计开去银 84 元 3 角

(四)买后界花果并贴移厝,开去银 30 元

(五)零碎杂工,计开去银 48 元 8 角 5

(丁)校中杂耗

(一)广告章程捐册等开去银 44 元 2 角

(二)零碎杂置计开去银 97 元 3 角

统共四段计开去银 1515 元 7 角 7 占 8

对除外尚存银 4 元 2 角 2 占 2

丁未年第一学期常费决算表

入款项下

(甲)杂款

(一)收开办盈余存来银 4 元 2 角 2 占 2

(二)校员退来花银 5 元

(三)学费共来银 236 元

(四)学生膳费银水盈余来银 15 元 1 角 4

(乙)借款

(一)收树德堂来银并附银水计共 691 元 3 角 8

计五段统共收 951 元 7 角 9 占半

出款项下

（甲）校员俸给银水附计22条，开去银597元7角半

（乙）校员膳费计7条，开去银98元9角

（丙）丁役工食计13条，开去银107元9角

（丁）置学用品计19条，开去银27元8角3占3

（戊）校中杂耗计开校休业，共开银112元1角9占

五段统共开去银944元5角7占3

对除外尚存银7元2角2占2

光绪三十四年端月初六日止决册算

戊申年下学期常费决算表

入款项下

（甲）劝捐款

（一）收吴维钦翁捐助来银100元

（二）收紫兰宝行捐助来银40元

（三）收宜香宝行捐助来银40元

（四）收裕德宝行捐助来银40元

又加银水来银2元8角

（五）收泰兴宝行捐助来银30元

（六）收福太宝行捐助来银30元

（七）收陈大珍翁捐助来银20元

（八）收陈子翁捐助来银100元

（乙）官长筹款

（一）收厅署对福元附彩来助款300元

（二）收罚款来银106元半

（丙）杂款

（一）收学费来银507元

（二）收丁未年日清尾存来银7元1角2占2

（丁）借款

（一）对德树堂借来银1051元4角4

(二)对前学期来利息银77元5角

计四段统共收银2452元3角6占2

出款项下

(甲)校员俸给银水附计15条,开银1011元3角9

(乙)校员膳费计开银149元8角半

(丙)丁役工食计18条,开银104元4角2半

(丁)校中什耗计125条,开银154元4角7仙8

(戊)更改校舍计12条,开银573元9角2仙8

(己)添置校具计15条,开银147元4角9仙

(庚)添置学品计15条,开银87元8角2

(辛)特别支款

(一)公立小学堂去银60元

(二)汇上海买英文字簿并册开去银42元2角

(三)学生对先垫膳费等开去银20元1角

(壬)借款利息开去银77元5角

计九段共去银2429元1角8占1

对除以外尚存银23元1角8占1

光绪三十四年瓜月十三日止结算册

戊申上学期常费决算表

入款项下

(甲)绅商捐助款

(一)收陈大珍翁　　　来银20元

(二)收马厥彭翁　　　同　　40元

(三)收赖甘饮宝行　　同　　40元

(四)收志祥号　　　　同　　40元

(五)收建源栈号　　　同　　40元

(六)收万长顺号　　　同　　20元

(七)收同泰号　　　　同　　24元

(八)收通美号　　　　同　　24元

（九）收晴记号　　　　同　　30元

（十）收卢国梁翁　　　同　　40元

（十一）收和泰号　　　同　　40元

（十二）收泰发号　　　同　　20元

（十三）收珍春号　　　同　　20元

（十四）收德春号　　　同　　20元

（十五）收宋仁翁　　　同　　40元

又加银水2元4角

（十六）收申鼎裕银并水共来银527元5角

（十七）收和春号　　　同　　40元

（十八）收运记号　　　同　　同

（十九）收茂记号　　　同　　同

（二十）收陈少梧翁　　同　　同

（二十一）收钿记号　　同　　同

（二十二）收吴志贤翁　同　　同

（二十三）收长荣号　　同　　20元

（二十四）收陈少乾君　同　　40元

（二十五）收陈子廷君　同　　100元

（乙）官长筹助款

（一）收道署公项下来银250元

（二）收厅署对福元附彩款406元

（三）收厅署对封下释仔寺款来银800元

又对加银水来银40元

（丙）杂款

（一）收学费来银444元2角

（二）收上学期日清尾存来银23元1角8

（三）收上学期特别款退还来银23元5角

（丁）借款

（一）对树德堂对利息来银145元2角

四段统共3519元6角8

出款项下

（甲）校员俸给计 12 条，开去银 1371 元

又对树德堂发俸加银水，开去银 42 元 6 角 8

又对校中发俸加银水，共去银 20 元 6 角 3

（乙）校员膳费计 6 条，开银 101 元

（丙）丁役工食计 32 条，开银 125 元占 6

（丁）校中杂耗计 11 条，开银 146 元

（戊）添置更改校舍计 18 条，开银 523 元 7 角 3 占半

（己）添置校具计 23 条，开银 48 元 6 角 2 占半

（庚）添置学品计 49 条，开银 65 元 4 角 9

（辛）添置仪器计 4 条，开银 522 元 6 角 1

（壬）特别支款计 36 条，开银 64 元 3 角 3 仙半

（癸）还纳借款计对树德堂去银 314 元 6 角 5

又对开利息去银 145 元 2 角

十段统共 3490 元 6 角 3

对除以外尚存银 29 元占 4 仙 9

以上光绪三十四年腊月除夕日止决算册

己酉年上学期常费决算表

入款项下

（甲）绅商捐助款

（一）收陈子廷君捐助来银 100 元

（二）收乾利宝行同　同　　40 元

（三）收钮厅尊手罚款充助来银 105 元 5 角

（乙）官长筹助款

（一）收道署来　同　计小银 300 元

（二）收厅署来　同　计小银 500 元

（三）收水仙花捐局来银 129 元 4 角

（丙）杂款

（一）收去年日清尾存银 29 元 04 占 9

又收来花银 1 元

(二)收学费来大小银505元

又来银水10元

(三)收特别款下兑英文、代数等24元4角

(丁)借款

对树德堂借来银1115元4角1

又树德堂来利息银133元2角

四段统共3052元8角5占9

出款项下

(甲)开校休业赏品附计开银35元8角3

(乙)校员俸给计13条　同　1656元

(丙)丁役工食计38条　同　129元6角6占半

(丁)校员膳费计10条　同　152元5角

(戊)校中杂耗计79条　同　117元5角7

(己)更改校舍土木灰工等计9条325元3角4

(庚)添置校具计36条　同　47元7角8占半

(辛)添置学品参考书报费讲义表簿等计50条开银73元9角9占半

(壬)特别支款

(一)捐挽留刘道电费出银21元

(二)送刘道匾额费　同　4元6角7占6

(三)公立小学堂对领下释寺款出银200元

又对加银水去银11元

(四)筹办水仙花捐局计5条，出银47元9角

(五)地租并杂碎应酬,出银13元2角6

(癸)银水利息计五六条214元04占半

十段统共3050元5角6占6

对除以外尚存小银2元3角9占3

以上宣统元年六月决算册

己酉下学期常费决算表

入款项下

(甲)绅商捐助款

(一)收宜香号捐助来银 40 元

(二)收裕德号同　同　　同

(三)收紫兰号同　同　　同

(四)收泰兴号同　同　　34 元

(五)收陈大珍君　同　　40 元

(六)收和泰号同　同　　同

(七)收建源栈号　同　　同

(八)收泰发号同　同　　20 元

(九)收珍春号同　同　　同

(十)收茂记号同　同　　40 元

(十一)收通美号同　同　　24 元

(十二)收甘饮号同　同　　40 元

(十三)收住淡绅商等同　285 元 2 角

(十四)收陈子廷君　同　　100 元

(十五)收钿记号同　同　　40 元

(十六)收宋尚仁君　同　　同

(十七)收洪文宇君　同　　同

(十八)收长荣号同　同　　20 元

(乙)官长筹助款

(一)收道署对公项下来银 300 元

(二)收厅对福元附票同 480 元

(三)收水仙花捐局　同　373.18 元

(丙)杂款

(一)前学期日清尾存 2 元 3 角 9 占 3

(二)特别款兑英文字簿等来银 19 元 08 仙

(三)学费计大小来银 423 元

(四)学费银水来银 10 元 7 角 7 仙 2

(丁)借款

对树德堂坐来利银 208 元 2 角

统计收银 2655 元 8 角 2 仙 5

出款项下

(甲)开校休业庆祝赏品计 41 条 72 元 7 角 8

(乙)校员俸给计 13 条,开银 1363 元 2 角

(丙)校员膳费计 9 条　同　142 元

(丁)丁役工食计四二条　同　145 元 7 角 5

(戊)校中杂耗计八九条　同　127 元 4 角 7

(己)更改校舍计 5 条　同　27 元 3 角

(庚)添置校具计四二条　同　159 元 5 角 4

(辛)添置奖品参考书及各表簿附计五二条,开银 84 元 8 角 9

(壬)银水利息计四六条　同　283 元 5 角 5

(癸)特别支款

(一)对德律风押柜　同　30 元

(二)先垫膳费并册钱,开银 16 元 5 角 6

(三)水仙花捐局开福食等开银 17 元 2 角

(四)树德堂退还去银 184 元 2 角 2

十段统计 2654 元 4 角 5 占 5

对除外尚存小银 1 元 3 角 7

宣统元年 12 月除夕日决算册

统计现存内柜小银 1 元 3 角 7

现欠树德堂小银 3520 元 8 角 2

《厦门日报》1910 年 4 月 4 日

教习得人

鼓浪屿寻源中学堂旧岁延请洪涵清君为中文教习,年底以事辞职,诸生大动感情,挽留甚切。还乡之日,全体列队送行,洪君乃荐其友叶君以代。近该堂以尚需教员,闻陈君辉玉客游在厦,遂并请陈君。查洪系晋江

人,平日循循善诱,足为师资。现陈叶二君亦晋江杰出之士,不得瑜而得亮,可为该堂庆得人矣。

《厦门日报》1910年4月7日

试验揭晓

官立中学堂暑假郭道宪试验国文,评定甲乙两班最优等揭晓列左[下]。

甲班最优等:黄克恭、杨家桢、刘春泽、吕锡瑕、常明治、张寿仁、吕锡防、黄士埈、蓝琛、吴尚弼、苏有通、钟锡年。

乙班最优等:吕道、黄士贵、许少星、陈辉、钱灏、黄振芬、叶开顼、汪文佐、张必耀、吕文灿 钱文显、郭作楫、林振宽、杨燕琼、叶开煌、黄士薰、徐铭庆、吴文炳、施学柱、吴永福、侯清延、虞永容、黄献廷、许廷慈。

《厦门日报》1910年7月11日

大同中学师生宣誓不买日货

此次暴日强占东省,屠杀我同胞,蹂躏我国土,凡属国民,莫不愤气填膺,痛心疾首。昨日下午1时半,本埠大同中学反日救国会召集全体师生,在该校大礼堂宣誓,其誓词如次:"余誓以最忠实、最诚恳反日救国,自今日起,永远不买日本的货物,不卖货给日本人,不帮日本人做事。倘背斯言,丧身绝嗣。年月〇〇〇〇谨誓。"先由教员宣誓,次学生。尔时堂中极为严肃,咸表坚毅决绝之志。闻该会已议决工作二项,除宣布实行经济绝交外,尚有积极办法,即编义勇军(师生合作),并闻已向各校接洽征求意见云。

《江声报》1931年10月10日

集美学生八次自动捐赈节膳一月之资

集美学校学生对此次水灾救济极为努力,其出自学生自动集合,专人送来捐赈者先后七次。本报截止本埠收赈后,昨(17)集中学学生会再自集合捐赈300元,专人送来。至此该校出自学生自动集合捐赈送来本报者,已为第八次。其爱人之真及热衷之能持久不懈,殊难得,其出之节膳一个月之资更为感人。

"径启者,此次吾国水灾之奇惨,实为亘古所未有,凡吾国民均有互济之责。敝会痛之再三,□改饭为粥,缩食一月,将省出之膳费作为赈灾之资。现集得大洋300元,携请贵处代为转汇与朱子儒先生,携至灾区,赈与最苦同胞为荷。此致江声日报馆水灾助赈会台照,集美中学学生会启,20年10月17日。"

《江声报》1931年10月18日

鼓屿毓德女中立案批准

鼓浪屿毓德女子中学校原系美国归正教厦门差会所创办,迄今已有六十余年,在闽南教会学校中成绩卓著。自国民政府成立后,教育部下令凡私立学校应行立案。该校乃先成立董事会,聘请薛永黍、洪清波、吴景星、杨怀德、薛林淑琛、徐林静徽、陈廖翠娇、任希元、麦邦镇诸先生为董事。再向美国归正教差会办清核办手续,于去年秋季即完全由华人主持校政,聘邵庆元为校长,然后向主管教育机关呈请立案。已于本月6号接到教育厅指令,准予立案云。

《江声报》1932年1月12日

左干臣在大同演讲上海事件

大同中学昨10日特请新由上海战地归来之集美高中部教员左干臣来校讲演,题为"上海事件"。盖左当上海事件发生时,与安徽大学教授曹刍、冯庸大学教授汪国燮等,组织战地服务队,出入战区,所见甚多,对于19路军作战知之特深。昨左在大同所讲内容约分:一、上海事件之起因。二、事件发生后国内情形。三、世界新局面。四、上海事件目击谈。五、目前战况与未来之持久战。六、上海事件意义之重大。七、国民的任务。八、抗日救国基本办法。讲词甚长,约达两小时之久。

《江声报》1932年3月11日

厦中改建校舍　分三期竣工

厦中校长庄奎章因校舍破损,且不适用,拟改建新舍。曾于去岁聘请路政会办周醒南及社会人士为校舍建筑委员会委员,规划建筑,计分三期:第一期为教室及体育场,第二期为礼堂及学生宿舍,第三期为图书馆教职员宿舍,约须建筑费五六万元。现第一期建筑经本市广大公司中标承包,于前月动工,限八月半竣工。该校于4月1日上午,全体师生远足禾山云顶岩,至下午3时返校。

《江声报》1932年4月3日

集校六一复课　并组织治安维持会

集美学校自受漳码军事影响后,所有教职员学生均全来厦,或[赴]香汕或泉属各地者颇多。昨据集美消息,近该当局以集美地处海隅,谅无危险,经开教职员会议,决定6月1日正式复课,并由该校自动组织集美治安维持会云。

《江声报》1932年5月27日

毓德运动会第二日田径赛已结束

个人第一李金珠　团体第一初中二年级　篮球决赛尚有待

鼓屿毓德女中举行运动会,第一日情形已志昨报,昨为第二日,上午9时举行50米复赛、百米复赛、跳高决赛(成绩列后)。教职员与学生排球决赛,结果为3对0,学生食鸭蛋。下午举行径项决赛、篮球赛,昨观众较前日更为多,约有五百余人,所表演如哑铃操、水手舞及总操等均受观众之赞美。决赛赠送奖品者有任希元、陈联登、王云锦、张坤生、蔡春畴、方芝玉、礼姑娘等各赠银杯一座,邵锦凤、陈达泗、陈联登、融明号、邵子美、陈雪海、黄宝玉、吴士梁等各赠银盾一面,又招明商店长陈联登各赠篮球一个。以上各奖品系赠送予优胜者,至□□□分配现尚未定。径赛结束后,4时正举行篮球赛,为高中一对初中三年级,采取女子规则。届时两方队员出场,高中一白衣黑裤,初三淡黄衣黑裤,评判员为两江健将王兰女士,先抛铜元决定方向,白衣占北,黄占南。双方出马战斗约七八分钟久,评判员王兰因急事,请邱世远代庖,于是双方继续鏖战。此时均为高一占上风,尤以该队中锋林应花及右锋黄宝珠为勇猛,上半时以 14 对 12 分,高一占先。至下半场开始后,初三队中如左锋王秀文(即第一号),右锋叶秀意均出力奋勇迎战。王之射篮功夫颇精,惜不能镇静从容,时常手忙脚乱,致球每因此而失。昨日一役结果,竟打过平仗,以 27 对 27,势均力敌不分胜败,于是仍再延长 15 分钟决胜败。结果以 37 对 31 分,初中三年级优胜。总观昨之战绩,据多数观众之眼光,昨虽然是妹妹打赢姊姊,但似觉有点侥幸。日前两队曾作一次死斗,结果竟以 29 对 10 分,初三队败北。可见高一队之战斗力亦不在初三之下,且历届该校之篮球锦标均为高一保持,至今未逢敌手。若此则昨日之败,姊姊未免太冤枉矣。

又,据该校体育指导庄淑玉语记者,日前高一曾胜初三,故现只打一平手,须候择日南队再决雌雄云云。又昨田径赛已□,个人总分第一,为李金珠得 13 分;团体总分第一初中二年级,共得 38 分。

《江声报》1932 年 6 月 5 日

追述慈勤女中的越野赛跑

庄福昌

在体育周刊第一期蔚蓝君的《搜集厦门体育界史实刍议》一文中,提及慈勤女中曾于去年在鼓浪屿举行过一次越野赛跑事,因而触引了我写这篇的动机。

越野赛跑在国内各地的男校以及什么体育团体常有举行,原是司空见惯的,独于女子方面,几等于凤毛麟角,似乎不曾有过。号称全国运动,最发达又最盛行的上海,直到今年 11 月 13 日才破天荒的举行第一次的一英里女子越野竞走,然则本校的举行女子越野赛跑却较上海早一年了。

关于本校的女子越野赛跑,我们于事前并不怎样的大吹大擂,抑或在报纸上作任何的宣传,所以知道的人很少。因为我们提倡体育的主旨是在脚踏实地,希求达到体育的真正精神,不是想借此机会来出风头,而且我们此次举行越野赛跑的目标:一则为此来锻炼我们这些小姐们——有一小部分的士女对于本校学生总是喜欢冠以这个尊号——的脚力比较那些自称不是小姐的脚力究竟差□多少;二则养成团体运动精神——所以凡是本校学生都要一律参加,不单是各级挑出几个选手而已;三则养成努力奋斗,坚持到底的精神——所以凡是参加学生都不得中途停止,无论走得快慢都得遵循应经的路线达到终点。

我们虽然预订着这三个目标,并不敢希冀件件都可以达到。然而事实给予我们的证明却是这样的:全校学生除三五个身体孱弱,学校特许其不参加外,参加者计有84人,(附小学生不计)几乎可说是全体学生一律下总动员令的。竞赛举行后,原是叫她们像徒步式一样的走着,但走不上三步,有些学生却高兴起来,拔起飞毛腿,飞也似地跑着。除了9人中途停止折回外,完全遵循应经路线达到终点者,计有75人。兜过了这么一大圈,第一名的时间也只有39分而已。跑到终点后,个个都是面红耳赤,嬉皮笑脸的互相打个招呼,若无事然,虽不敢如俗话所说的"泉州人个个猛"那样的自夸,但若令那些"文弱书生"对之,却要觉得有多少愧色啊!

现在就把去年本校举行越野赛跑经过的情形略述一下:

是去年的下学期学校举行各级篮排球赛完毕后,校长因看到学生们对于体育饶有兴趣,便提议再订1天举行越野足力比赛。我们便先决定路线,以本校为出发点,经淘化——兆和——外圈——美华中学——新华中学旧址(现婢女救拔团)——亚细亚住宅——港仔后——菽庄花园——田尾——球埔边——大宫前中国银行——中华基督教堂——石船顶风台厝——林屋、殷雪圃住宅——中圈——内厝澳种德宫——黄高昇厝后——本校。

路线决定后,便于12月25日云南起义纪念日那一天下午举行。事前先把应该经过的各地路线画就一简图分给各生,并详写为之指引。那天上午由同事龚君鼎煌和我两人在原定路线先跑一趟,并在各地的歧路上用白粉笔画个标识,以免学生半路上误入歧途。我俩10时由学校出发,沿路一面跑,一面手持白粉笔在地上,抑或在墙壁上画着,到11时才重返到学校里来。

我们这样预先的跑一遍的用意,除上述种种外,还有预测学生要跑完这全程路线应该花多少时间。我们由上面的推算,学生跑得最快也常在1小时左右,然而事实却又大出了我们意料之外。当全体学生于下午2

时5分由学校出发后,而第一名的徐素凤却于2时44分达到终点,第二名的黄云翘,第三名的王罗以亦各只差一分钟而已。自此以后,各生如同钱塘江怒潮,万马奔腾似的一拥而至,所以以后各名的时间便无法计算了。

统计所得,个人优胜为高中二年级徐素凤,团体优胜为初中三年级,前列三名由校长特给以奖品。凡前十名内者则各奖以纪念章一枚,团体优胜者,则由学校奖以镜框□架以便悬挂教室内作为纪念。

时间过去整整地快要□年了,迄今重把它回忆起来,当然免不了有往事模糊诉不清之慨。然因事关女子体育,又是全国中破天荒的创举,自有一追述的价值。日后倘若有人愿意编闽南体育界史事的话,则这一般的资料应该是少不得的,或许不以"明日黄花"见诮,所最缺憾者,则这一大圈的全程路线到底距离有多少米,事前未能先行计算出来,是则"美中"还有"不足"哩!

兹将前列十名的姓名、年级列下。

(1)徐素凤(高二)　时间39分

(2)黄云翘(初二)时间40分

(3)王罗以(初三)时间40分

(4)吴彩英(初二)

(5)林月华(初二)

(6)苏晓钟(高二)

(7)吴彩华(初一)

(8)何珠珍(初三)

(9)杨爱琼(初三)

(10)周淑安(初二)

《江声报》1932年12月14日

介绍名人邓世熙君

瑛

邓君世熙,吾厦提倡体育最力之热心家也。现年四十有五,原籍榕城,生长于厦。初负笈于省英华书院,后转厦同文书院。性嗜运动,跑跳、足球、骑术(其时运动项目只有此数种)无所不精,与林君为秀、吕君学诗,同负盛名。毕业后,复执教于母校,凡体育事,君独力理之,故该校体育得蒸蒸日上君之力也。迭任吾厦体育会会长,历届全省运动会评判长,奉行规律,不稍苟忽。年前暨南篮球队来厦比赛,概助其来往川费,为吾厦体育界增光不少。去年该校开运动会于中山公园体育场,临时增加老将赛跑,邓君更能以 72 秒绕达园圈一周,数年前最负盛名之全能运动家叶品品君,且追之不及,诚吾厦不可多得之体育老将也。

《江声报》1932 年 12 月 14 日

集美学校的过去与现在

杨一彬

一个学校办得是否起色,与主持这学校教育行政的主脑是否得人,固然很有关系,可是尤其重要者,还是看这个学校经济来源是否有着落,是否充足而定。在树胶价格迭次降落下的集美学校,经费每月由两万而至一万八,而至一万五、一万二、一万(大约是如此,我不参每学校的行政,恕我不能说出确数了)。现在呢,连这 1 万也捉襟见肘的窘迫了!在这种情形下,它过去的繁荣衰颓,虽然它还不失其为闽南文化的中心!

谁也知道,以前集美学校的经费是最有把握,最雄厚的。可是现在却没有把握了,以前集美学校的经费额是全省或全国私立学校是最省的。现在它虽不是全省或全国经费额的最高峰,可是单就其高中师范新生的经费差不多要 100 元,初中补习班的新生要 100 元的惊人的数目看来足以和其他私立学校比肩了!

有人比喻以前集美招新生如籓斗,那就是说:□□□□的可以□□□□而存之于斗。现在集美招新生却如籓斗,那就是说:只要你有钱缴费,优劣尽可以不加甄别而尽量收留之。这未尝不是象征着它生命近况的没落!

以前集美招生百名,常有五六百人投考。现在欲招生百名,却时常有不足额之患。这未始不足以表明着它的衰败。

以前集美学生投考他校,未有不被录取,可是现在的集美学生投考他校,名落孙山者则时常不乏其人,不落第者则寥若晨星。(我们这里所指

的学校,当然不是野鸡式的学校)

以前的集美毕业生在未毕业前,都有预约券,来定买人才。现在的毕业生,却没有一个不感着"出路难"之叹了。

凡此种种,无非是证明它过云繁荣的消逝,而这消逝的原因,却是集美学校校主生意的一蹶不振所致呢。

在陈嘉庚先生生意的不景气下的集美学校,一方面是加重学生的负担,他方面又加重教员的负担,增多工作,减少薪俸。

《江声报》1933 年 3 月 2 日

毓德女中各组展览会八九两日举行并开运动会

鼓浪屿毓德女子中学校,本月八九两日,举行食用家事、美术、音乐等展览会,同时并开运动会。查该校美术一科,每星期仅为 2 小时之劳作,而学生作品殊有可观,如刺绣图案手工等,种类颇多,均有编列号数,并定价目,参观者可得领买云。

《江声报》1933 年 6 月 3 日

集美中学停课五天　反对与日妥协　分赴各地宣传

集美中学校学生对于此次中央与日妥协,深表愤激,特于本月 5 日上午召集全体大会,议决停课 5 天,以便赴泉州、漳州、厦门、灌口、金门、海澄及集美附近等地,作唤醒民众反对卖国协约之宣传。留校者除受军事训练外,并于每日下午敦请教师作关于中日问题的演讲。查往金门宣传者为高中六组队长谢似梧,队员叶贻彬、陈永固、萧千邦、黄玉衡、郭时雨、杨育元等计 7 人,已于 6 日下午 6 时乘集美电船到厦,晚寓集美校友会办事处,7 日即乘轮赴金云。

《江声报》1933 年 6 月 8 日

鼓屿毓德女中昨工艺展览与团体操

糕饼冰淇淋来宾称许　五人徒手操最有声色

鼓浪屿毓德女中学校,昨(8)日下午3时开学生工艺展览会,分实用家事、刺绣、手工、美术等组,往参观者数百人。刺绣手工科作品陈列两课室,均编定号数、价目及作者姓名、班级,如桌巾、书包、男女孩衫裤、帽、枕囊、被盖、琴巾等作品,颇有足观。但物美价昂,购者遂少。美术科成绩如木炭画、图案画、色粉画、铅笔画、水彩画,亦多可观。实用家事科昨仅展览茶点类,如冰淇淋及各色糕饼、糖果、面包,均系学生制习,食之者众,咸称适口。展览会未开幕前,先举行了团体操:一、总操:全体学生。二、蛙跳操:小学部第五年级。三、哑铃操:中学部初中一。四、五人徒手操:初中二。五、曲院荷风:小学部第□年级。六、棍棒操:中学部高中一及初中三合操。七、土风舞。其中曲院荷风操、棍棒操、五人徒手操最为来宾赞许。五时半举行篮球赛,高中部与初中部角逐,结果29比6,高中大胜。今(9)日下午3时仍开成绩展览及球赛,晚间8时开音乐会,在该校礼堂,无券不得入座。又此次该校展览会系首次刺绣手工及实用家事等科,教授为邵锦凤、美术科陈承惠、康健教育科为庄淑玉云。

《江声报》1933年6月9日

毓德球赛倒棚　主理麦淑禧伤鼻断足

高小生黄秀英亦受微伤

鼓屿毓德女中展览会昨为最后一天,并举行高、初中排球赛及红、白队篮球赛。是日下午天晴,观众数百人,在篮球开赛之际,该校尚未筑竣新校舍旁边,搭有木棚一座,高与二楼齐,系土匠临时随便架搭,备为刷壁之用,讵球场观众多登上该棚约二三十人。该棚架搭既不坚固,复多载重量,未几霹雳一声,全棚塌陷,压伤棚下观众2人,其时篮球即暂停赛,急先将被压伤之人援出。该二人一为该校小学部主理麦淑禧(美国人),鼻梁被擦伤一处,右脚踝骨折断;一则为该校小学部高一年级学生黄秀英,头部被杉柱撞压二伤,嘴唇一伤,左手一伤,登时人事不省。当棚崩倒时,立在棚上亦有四五人被杉柱击伤,但均轻微,各自返家。麦淑禧负伤后,因足断不能行动,为扶上帆布床,抬往三落姑娘楼,延请白施思医士施治。据医云,鼻梁一伤无害,足断须施手术接骨,方不致残废。嗣后再雇轿抬往救世医院诊治。黄秀英由学生扶上中学部宿舍,仍延白医生诊察,其头部二伤,嘴唇一伤,左手一伤。据医云,均甚轻微,敷药可愈。当木棚崩塌时,方5时30分,至6时20分篮球又继续开赛,评判员为吴义成,结果15比9。红队胜,排球赛为3比2,初中组获胜云。

《江声报》1933年6月10日

球赛倒棚　麦主理之脚踝骨折断二节　各伤者状况

鼓浪屿毓德女中日前球赛,观众纷登搭盖新楼之木棚。该木棚以载量过重,突然倒下,压伤该校小学部主理麦淑禧,右脚踝骨折断。高小生黄秀英略伤数处,经过情形,已志本报。兹查当日木棚坍倒时,微伤者尚有六七人。嗣后查出该校校长邵庆元弟邵庆彰,左脚踝骨亦被压脱轮,经延拳师治疗,据云,一星期后可愈。至于麦淑禧舁入救世医院施治后,伤状已较前减轻,据医云,踝骨折断二节,如看护得法,或免施手术接骨可愈,但须费时二三星期云。

《江声报》1933年6月13日

双十毕业生　入漳参观

双十中学第十届毕业生共二十余人,由教员陈后潮率领,定今(2)晨7时前往漳州参观,3日内始返厦云。

《江声报》1933年11月02日

双十毕业班入漳参观后昨已返厦

本市双十中学第十组毕业班,前日由教员陈后潮率领往漳州,参观各处名胜及崇正中学、进德女中、龙溪中学、女子师范等,并参观十九路军营房战壕,其法皆取自现代战术。昨日已全体返厦云。

《江声报》1933 年 11 月 06 日

马刺甲海峡　集美起潮　中六组不上课

集美中学校长王秀南,其夫人谢诗白女士,亦在校担任地理等课,日前谢上高六组地理课时,因"新加坡海峡"与"马刺甲海峡"发生学潮,先是中有一学生起问:"马来亚半岛与苏门答拉之间是否有一海峡?"谢答:"有,乃新加坡海峡也。"学生遂大哗,谓谢学识不精,要求校长撤换,要求由唐自泉教师担任。校长不肯,于是学生与校长遂发生纠纷,双方各走极端,全体不上谢课。昨并以集美高中六组组会名义,发出反对谢诗白宣言,风潮或将扩大。

《江声报》1933 年 11 月 08 日

集中学潮近讯

集美中学高中六组,日前反对地理教员谢诗白,请求由唐自泉代课,致起风潮,曾载 8 日本报。此事校长王秀南,认学生为故意捣乱,学生则以为谢氏学识不如唐自泉,各趋极端。现王氏令全组学生领取转学证书转学他校,学生亦推代表向校董叶采真请示办法。

又,本报昨接集美中学校来函云:径启者,读贵报 8 日载有"马刺甲海峡,集美起潮"一讯,核与事实不符,谨白一二,尚希更正。查谢诗白先生,莅集执教将近一载,师生融洽,毫无闲言。此次因上高六组地理课,有一学生不记笔记,略加谴责,则煽动罢课。初谓谢先生学术不精,责谢言"季风为中国地理原动力"为不是,须改为"季风为中国地理学原动力",多一"学"字,殊不知谢语,系根据地理学家张其均所言。嗣经王校长驳斥,"诚如若辈所言,则火为'沸水'之原动力者,亦须改曰火为'沸水学'之原动力者乎"?该生等自知理曲,不敢复提,乃无中生有。又捏造新嘉坡海峡问题,查谢先生所教,系本国地理,并未至南洋地理,惟为鼓励研究兴趣起见,下课后并喜同学询问,曾有学生廖某,于下课时询问马六甲半岛与苏门答拉之间有一海峡何名?谢板书英文示之曰 Malacca,廖生又问中文为何?谢复示之为麻六甲海峡,该生唯唯而去,并未谈及新嘉坡也。(下略）此致江声日报编辑部,集美中学校谨启。11月11日。

《江声报》1933年11月13日

本校图书馆沿革

吾校刊办于前清光绪二十四年,迄今凡三十余载,成绩斐然。来学者如水之赴壑,固不仅为厦门最有荣誉之学校,抑亦具有悠久光荣之历史焉。溯本校之经始为美人邱巴君,斯时侧重外国语言文字,所用课本亦以西洋书籍为多。厦门虽五口通商之一,而风气未开,西洋书籍不易购求,凡有所需,均由邱巴君函向美国定购运寄。未数年则西洋图书已达数百种。继邱巴君主校政者,为美国人韦茶雳君,乃就现有之图书辟一室以收藏之。韦君兼任管理,虽无若何改进,而已具有图书馆之雏形矣。公历1912年,同学会产生,设立阅览室,添买本国图书千余册,职员由该会会员选出,以董其事。1919年,本校聘美国人孝诗为英文文学主任,并延其夫人整理图书,亦限于西文一部,汉文则付阙如。维时图书虽有增加,而分类标目则未遑着手。1921年,吴禄请夫人主馆事,并中西图书为一处,仍仅于西洋图书加以保管,本国图书则失于管理,时虞遗失,所存者仅四百余册耳。当局以负责无人,易于散失,越年乃委本校职员黄启荣君兼任馆务,从事整顿,编定章程,用杜威及自编中外图书统一分类法,从新分编类目。计得西洋图书1460册,本国图书492册。1929年,黄君因事务殷繁,无暇兼顾,改任本校书记程溪□君兼充。1930年,校长林铭三先生莅事伊始兴革,对图书馆认为必要。越年秋,延前本校教员陈国驷君主馆务,以专责成而事扩充,辟弈住楼址,中设阅书报室、藏书室、办公室;厘定章程及表册,举凡借书手续,阅书时间,纲举目张,不紊。厥后添置中西图书杂志报纸,日见繁多,而学生到馆浏览者,接踵而至,日以百计。今就馆存图书而言,西洋图书增至1664册,本国图书增至5598册,杂志刊物凡3种,合计七千余册。总顾前后,可谓焕然改观矣。

编者按:本编受自图书馆主任

原载《同文学生》1934,No.4

本校自然科学概况

芬氛

沿 革

本校自民国初，便觉对于学生应宜灌输理化学识之需要，由是尽力设法创立自然科，并购置各种适合之仪器、药品及标本等。但于经济方面之流滞，未能成功。迄民国12年，幸有叶清池先生乐捐10000元，乃得庆成。且历年由校中开出设备费三四千元，因是更得有增添设备之机会，以日趋于周备也。近年来国民渐觉科学之于国家有重大之紧要，本校为应潮流起见，教前特力创设，另外组织一无线电研究会，装备收音播音两机，为学生实验之用。各研究者除研究其原理外，并实际自制一收音机，亦可当为课余之消遣物也。

组 织

本系设主任1人，处理本系一切事宜。专任教员3人，兼任教员2人，担任教授高中、初中之物理、化学、生物及生理等。又设一管理员，管理本系一切之仪器、药品及标本等。

设备：

（一）化学设备

（1）演讲室——演讲室内，可容学生50人，座位为看台式。演讲台一座，安置自来火、自来水，并电流之装设，附有随时应用具全付，及应用药品橱架一，内置平常需用药品。

（2）实验室——实验室内具实验桌3台，每台可容16位，每位附全付高中实验必需仪器，并装设自来火、自来水及电灯。又添加药品架，内置普通常用药品。此外另设毒气橱，救急药品箱一，天平桌一，公用药品桌一。

（3）贮藏室

（A）仪器——对于各种特备化学仪器为教员研究时及教授时用，尚称周全。普通仪器者，备为学生实验补充之用。

（B）药品——药品除初中、高中必需应用外，尚备足为定量定性分析及高中初级有机化学之用。

(C)挂图及标本——挂图除适合高中课本者外,尚有多幅关于重要工业方面者,且皆为本系人员自绘。标本有原素标本、矿物标本、石油精制顺序标本及煤气副产物标本等。

(二)物理设备

(1)演讲室——物理演讲室与化学者略同,但增设帘幕,以为幻灯映照时,使室内黑暗之用。

(2)实验室——实验室具有十四张桌,每桌可容二位,每位屉中附时常应用器,又安设自来水、自来火及电流之装置。此外另有关于气象方面各仪器,及整流机、配电盘等之设备。

(3)贮藏室

(A)仪器——仪器含有固体力学、气体力学、液体力学、光学、音学、热学、电磁学、无线电学,各种重要应用机械,如幻灯机等。

(B)挂图——挂图有演讲用挂图及幻灯片等,皆为本系自制。

(三)生物设备

(1)演讲室——生物演讲室与化学者略同。

(2)实验室——实验室内具有桌六张,每张可容六位,每位附有全付解剖检验应用器具,并安置自来水、自来火等。

(3)贮藏室

(A)标本——标本有:(甲)动物标本。(乙)植物玻璃片标本(供实验之用)。

(B)仪器——仪器有:(甲)显微镜——有六百倍及一千四百倍显微镜及三脚放大镜等,以供学生实验时应用。(乙)暖气箱、水族池、蒸汽杀菌箱、冰箱等。

(C)挂图——挂图有:(甲)生理挂图。(乙)动物挂图。(丙)植物挂图。(丁)本系自绘各种图解。

(四)标本陈列室

内陈列植物、鱼类、两栖类、爬虫类、鸟类、兽类、昆虫类及其他下等动物等标本。

(五)自来火发生器械全付。

(六)无线电研究室——专供研究无线电之用。

总共以上设备,约在5万银以上。

本系希望不久的将来,能添设职业科目,以适应社会之需要。

原载《同文学生》1934,No.4

工艺室概况

莲先

本校为健全学科计,各科设备,尽力筹办。工艺一科,亦另辟一室,以为实习之场所。内部设备,经数年之购置与制造,虽不敢云完善,但普通之应用,暂可勉强维持。兹将现有设备及成绩分述于下,并将来之希望,为同学告焉!

一、设备　工艺一科,本列于劳作课程之内,与农业家事,同为各学校所处环境之不同而定取舍。厦岛为新兴都市之一,工业日渐发达,日常所需,目力所及,无一不与工艺有关。故本校之注重工艺,正为环境需要而设。现本室设备,计有竹工、木工、金工、藤工、及杂用等工具,共885件,以备应用。兹为明了计,列表于后。

成绩品统计表

类别	种制	件数	制作人	备注
竹工	56	129	初中一年上期	
土工	57	169	初中一年下期	
木工	48	111	初中二年下期	
			初中三年上期	
金工	12	22	初中二年上期	
藤工	8	24	初中三年下期	
蜡果	20	86	初中二年上期	
石膏	21	33	初中二年上期	
统计		574		

民国23年5月9日

所有品类列表如右[上]。

二、成绩　工艺学程,贵在实习。盖取各学科所得之经验,而施诸实用者是。若多讲学理,而不重实习,则数理各科,言之已备,无需另设劳作,以靡光阴。所以本校征收工艺材料费,即为注重实习计耳。惟所作成绩品,大多付还同学,各级中仅留一二,陈列校中,以为研究标本。

原载《同文学生》1934,No.4

本校军训之沿革

许耀斌

吾校自有军事训练以来,外间颇鲜知其底蕴者。是以不揣之剪陋,于此离校之际,将其沿革与过去四载中之工作,略为报告,使读者明其颠末,与军训之为要。因时出仓卒,暑刻无多,且限于篇幅,未能详述,质以文法,亦必多谬误。读者予以郢正,斌所望焉。

溯自国民革命军北伐成功以后,国人皆知欲固疆圉,非先强民不可。且我国积弱已深,外备颠乘,屏藩沦丧殆尽,金城以北,万里之地,已非我有。强邻鸱张虎视,必欲囊括全国而后餍。政府有鉴及斯,乃遵前修十年教训之遗则,励行军训教育,冀将来得兴与强邻抗衡,俾措国于磐石之上。然教训之道,必自莘莘学子始,于是通令全国,凡高中以上学校,皆须举行军事训练,并将军事学列入必修科。此即我国有学生军事教育之始,吾校军事训练,亦于时也始。

民18年春,雷教官镇钟,奉国民政府训练总监部之命,来厦任同文、英华、职业、中华等四校之军事教官。盖其时吾厦中学,除女学外,办高中者,惟同文等校耳。雷教官既莅厦,乃先谒周前校长墨史先生,报告一切。周校长因先得教育厅训令,故立聘之为本校军训教官。雷教官受任后,为欲造就军事教育干部人才,组同文军事特别训练班。先由教务课办理报名及检验体格诸手续,凡有志研究军事学,而体格强健者,不论高初中学生均可加入,并须缴纳军服费,然后编队训练,斌亦与焉。报名者三十余人,乃另组军事训练处,以统制之。训练之成绩颇佳,雷教官乃约同厦大学生军,前往金鸡亭作野外演习。演习成绩,克为吾校之光。此皆周校长及雷教官之力也。周校长既归道山,雷教官猷独力维持,乃于越年春渡漳演习,并参观四九师之炮兵连、迫击炮连、教导团等,以广军事常识。是年夏,雷教官以徒手操练,殊乏兴趣,且徒手教练,亦已熟习,乃呈请教厅,发给枪械,藉资实际训练。经教厅拨给鸟铳60杆,即今吾校军事室中所存者也。翌年,乃开始持枪训练。斯时军事训练特别班因学生多数毕业离校,在校者,七八人耳,故无形取消。是年秋,九一八事变,举国人士,无不义愤填膺,痛不欲生,誓山河而指天日。雷教官因斯时受任七八校,乃依训练总监部颁发之学生义勇军组织条列,联合各校,组织福建厦门中等学校学生义勇军独立团,假本校军事训练办公室为团部。本校校长林铭三先生,被请为军事委员会执行委员,而邓师世熙,则受任该团中校团附之职。团部组织既妥,雷教官乃令斌将本校直属学生军第一区队,改编为该团第一营第一连及工兵连,分二连训练,并组连部于本校军事训练处,办理一切事务。上级人员均由团长正式委任。是即吾校军训依照正式军队编制组织之嚆矢也。

吾校斯一组由抗日救国会,计分总务、军事、宣传等三部,雷教官被请为军事部高等顾问,斌则被选为该部部长,办理一切进行工作。为欲使工作进行便利,乃将该两连队伍,划入军事部管理训练,而一切行动则皆受大会指挥。编制既与军队无殊,一切训练法则,亦皆采诸正式军队。训练得法,赏罚严明,诸员生亦弗辞劳苦,精神迥异草创之日,故极盛一时,且得不少好评,林校长与邓师亦提携不遗余力。今军事训练处,有如此完整是设备者,实林、邓诸师及雷教官之功也。民21年春,雷教官受聘于省防军第一混成旅军官讲习所,任总队长兼代所长之职,乃荐邓教官植芳以自代,继续训练。是年秋,邓教官因代期已满,辞职他往,县府派廖振武先生署理教官之职。无何,训练总监部派员赴各地检阅学生军事训练,廖教官乃先将受训学生改编为军事训练队,令斌继任队长,协助训练,又得黄君锡时、陈君守谦、黄君慰庭诸分队长之相辅,及诸同学之努力,得于检阅后,薄膺微誉。廖教官署理将及一载,而训练总监部,已另委王教官海鹏膺任斯职。未数月,闽变爆发,军事训练无形停顿,王教官乃去职返宁。此过去四载中吾校军训之沿革与工作之梗概也。

本季余江浙旅行返,得悉任斯职者为徐教官建德。教官少年英俊,精神充沛,教法有力,恩威并用,赏罚严明,岂特能永前誉已哉?其竿头日进,可拭目以待也。诸同学亦应时自相勖,庶不负周、林、邓、雷诸师之苦心戮力,实斌所企望,亦斌所乐闻也。

附表一:历年编制

A. 18年至19年 军事训练科之创立自18年始,人数颇少,组有特别训练班,约三十有余人,编制以班为单位。

B. 20年　是年春改编为区队,组织如下:

区队长1人 { 司书1人 / 队长1队——班长9人 / 特务长1人

C. 九一八事变后　九一八事变,举国若狂,乃更弦易辙,改学生军为义勇军。教师及初中同学均可参加,编制以连为单位,其组织如下:

1. 步兵连　上尉连长1人 { 准尉司书1人 / 中尉连附2人 / 少尉连附1人 / 准尉特务长1人

2. 工兵连　上尉连长1人——中尉连附3人

D. 其明年仍旧制,及廖振武教官继任,改编制如下:

上尉总队长1人 { 中尉分队长1人 / 少尉分队长1队 / 准尉特务队长1人 / 准尉司书1人

附表二　设备

军械及军用品名称	件数	购置时间
一、旧式来福枪	60杆	19年秋
二、军事挂图	6幅	同上
三、枪架	3排	同上
四、号灯	4盏	20年冬
五、煤气灯	12盏	同上
六、营幕(大)	2张	同上
七、水壶	15个	同上
八、干粮袋	10个	同上
九、军旗	2幅	同上
十、号旗	8幅	同上

续表

军械及军用品名称	件数	购置时间
十一、草席	12 张	同上
十二、军号	2 把	同上
十三、指挥刀	5 把	23 年
十四、营幕(小)	2 张	旧有

其他钤记簿册及办事室杂器等不具录

(民国)23 年 6 月 8 日

原载《同文学生》1934，No.4

本校无线电研究社成立之经过概况

瘦竹

(一)组织本会之起因

际此 20 世纪时代，科学之重要，已为人类说公认，而无线电一科，其功用之伟大，尤不能殚述。盖不仅成为通信之利器，举凡控制机器，显影传相，测气候，探矿产，以及播送音乐消息等，莫不假之以行。然溯其历史，仅三十余年耳，其进步之迅速，诚足惊人，而尤以业余研究者贡献居多。盖欧美各国，人民皆以业余时间，以研究无线电为唯一有趣之消遣。是故日积月累，由研究实验之结果，各种之新发明，于焉产生。观其蒸蒸日上之概，则将来无线电世界之称，非虚拟矣。且将来各国之争衡，亦必以是科之发达与否为转移。反观我国，事事落后，对于无线电一科，更漠然视之，其间虽有人鼎立宣传研究，而成绩之呈现吾人眼前者，亦鲜而微矣。推其原因，皆缘对无线电之学识，未能民众化故也。须知科学之发明，虽出诸专门之研究，然较之民众化之研究，其成绩之差别，诚判如天壤也。科学系主任谢逢源先生及黄启荣先生，有鉴于此，因而利用课余时间，欲灌输学生以无线电学识，由学校渐至家庭，使无线电科学由专门而趋大众化。更推而广之，由学校家庭而贡献于社会国家，此本校组织研究社之起因也。

(二)第一学期及第二学期之经过

本会成立于民 22 年秋季，当时会员仅 7 人，盖虽经极力宣传，终不能引起诸同学对于无线电之兴味及注意,且以经费关系,不能广置仪器与书籍,以资会员之研究与实验。故如装置收音机等,皆由各会员自行购买。关于理论及指导,则由谢师义务担任。当时谢黄二师及各会员等皆以本会之不能大众化,离本会之宗旨太远,乃经数次讨论结果,知其最大原因,为缺乏实验仪器问题。因研究科学,首重实验,不能徒口空谈理论也。而诸同学有志加入者,类皆自筹仪器为难,趑趄不前,是以会员寥寥无几。于此问题发生后,即认定欲扩充会员,非先筹备基金以购置仪器、书籍不为功。因是□组织筹备委员会,着手募捐,其范围仅以本校师生及校董为限。募捐结果,颇得大众之同情,而予以极力之赞助。故本会即着手定购仪器书籍,此第一学期之经过也。于假期中,本会表面虽暂形停顿,而实际上会务均由谢黄二师等照常进行。及本季开始,同学之加入者,尤极形踊跃,会员人数已由七八人增至三十余。因新旧生程度关系,故分高初两班,每星期则两日为演讲理论,一日为实地实验,演讲及指导并由谢逢源、黄启荣、许连诸先生担任之。对于仪器等,亦渐次购置,以供会员借用。此第二学期之经过也。

(三)广播电台之成立

本会因欲提起民众对于无线电之注意与兴趣,以及会员实验之便利,故于前季即着手筹备建设一小电力之无线电广播机。间以经济及种种困难,故延至前2月中始克告成。此机电力为15瓦特,波长为2375公尺,周率为12631基罗周波,试播成绩,甚为优美。现正延请无线电专门者之参观,共同研究,以资改良。至于向交通部立案手续,亦已付邮,正式成立典礼,将俟播音室完成后举行之。总之,此机之成,实为厦地广播台之先声。

(四)结论

本会建设虽告粗成,然深望各会员皆秉其坚毅精神,精益求精,以符本会宗旨,并望未入会诸同学皆能明了本会主旨,努力加入。须知本会非单为数会员而设,实为全同文学生而设也。如此,则会员必能由三十而至五六十而至全校,其生命亦必能与同文同其不朽也。对于建设方面,拟再装置长短波收音机及短波收发报机,以为本会会员实验之用。如经济方面有相当把握时,当再添置关于无线电一切应用仪器。总之,本会成立至今,其间鼎力维持,惨淡经营者,为谢黄二师。二师以会务为怀,拼私尽公，其内心之热烈，其精神之坚强，为本会将来大发展之基。经济方面，得本校校董校友师生自治会及宿舍学生自治会鼎力援助，对于本会之成立，其功亦不少也。此我在篇末致十二分之敬意，并代表本会道谢。

原载《同文学生》1934，No.4

同文学生战宪兵　13日起

同文中学，各级篮球队订本月13日起，与中央宪兵第四团第一营第三连篮球队作友谊比赛，程序如下：13日宪兵队对高三商科，15日对高三普通科，16日对高二，19日对高一，20日对初三甲组，22日对初三乙组，23日对初二，25日对代表第二队，28日对代表第一队。又教职员队，特约于明天作初次友谊赛，时间均为下午3时半起，地点则在该校球场云。

《江声报》1934年3月09日

集学呈准傅旅派员担任军训

同安讯　同安治安自36师108旅部队驻防以来，对于治安设施及士兵训练为甚注意。近该旅徇集美学校之请，将派员前往该校施行军事训练。查该校平时对于学生实施军事训练已历数年，闽变以后，因指导无人，遂付缺如。近以同城既为傅旅负责，故于日昨呈请派员指导，傅旅长立即批准，并派旅部参谋谢斌及见习官陈道立，自下周起规定钟点，前往该校担任训练工作。查谢参谋系黄浦中央军校第四期毕业，曾任湖南省立第五中学校军事教官，陈道立则为中央军校第八期毕业。此次前往担任训练，系义务性质云。

《江声报》1934年3月26日

同文设置播音台昨试行播音

本部同文中学，去冬组织无线电研究社，现诸社员各有自制收音机一架，本期复创设播音台。经数月之设计与装制，已于本周试行播音，做本县已有数架收音机收得该处播音。

《江声报》1934 年 6 月 5 日

双十学校 15 周年召开纪念会　聚餐赛球

双十中学创办已 15 年,双十节日,系该校建校纪念日,该校订是上午前 9 时,举行纪念会。昨已分函各校友,一律参加,并举行会餐及比赛篮排球以资联络感情。是晚 7 时开同乐会,惟以国难当头,为提倡节约,故不过事□□云。

《江声报》1934 年 10 月 5 日

自然科学研究会举行同乐会

中华中学学生所组织之自然科学研究会,其重要工作为举行学术演讲、工厂参观、出版月报,及工作报告等。兹为联络会员感情,增进研究兴趣,特定本 15 日,在该学附属小学举行同乐会,并开小学部游艺。参加者为竞存、崇德、励德及该校中小学部各级,有二十余节目云。

《江声报》1934 年 12 月 14 日

同文中学播音机部照领到　昨试播平剧

同文中学附设无线电研究社,播音机器早已购就运厦,并实验完妥。其交通部执照已经领到,电台信号为 XATW。昨晚试播平剧,由通俗教育社平剧团担任。节目:一、陈湘潭、刘榕林合唱《四郎探母》;二、翁伍云、马育才合唱《空城计》。结果成绩圆满,现筹备于 24 年元旦开幕。

《江声报》1934 年 12 月 20 日

中学毕业生会考　第二区在厦举行
教厅令教局负责筹备　定一月廿二至廿四日

教育局昨奉教厅令,略云,查本省 23 年度上学期中学学生毕业会考,仍依照本厅前订《福建省中学学生毕业会考办法》办理。惟关于分区方面，略有变更。兹经决定共分三区举行会考，第一区闽候、长乐、永泰、古田、屏南、闽清、福清、平潭、福安、莆田、宁德、仙游等 12 县，在福州举行。第二区思明、同安、龙溪、漳浦、云霄、诏安、晋江、永春、南安、惠安、德化、大田、安溪等 13 县，在厦门举行。第三区建瓯、南平、永安、政和、浦城、松溪等 6 县，在建瓯举行。奉准补考学生，亦应依照所属考区参加考试。至会考日期，高初中均定 1 月 22 日至 24 日。查第二区各校，本学期有应届毕业经具报者，计有省立永春初中、私立大同中学、省立龙溪中学、私立厦大附中、私立集美中学、私立龙溪暨南初中、私立同文中学、省立晋江初中、私立怀仁女子初中、私立中华中学等 10 校。关于该区会考事宜，仰由该局长负责筹备。除将会考试卷，发交各该校填写校名，及学生姓名，并加弥封连同相片名单，运送该局外，合再抄发该区各校应届毕业学生数目表一纸，补考学生名单二纸，并附高初中试卷二包，私立中华中学学生相片 11 张，试卷图章及"补"字木印各一颗，令仰查收。补考学生弥封试卷，应由局制备，各校教局试卷，均应由局加盖厅发试卷图章，于试卷□签骑缝处，及弥封处，补考试卷并应加盖"补"字木印，以此识别。仰即遵照办理云云。

附第二区各校应届毕业学生数目：计省立永春初中 27 名，私立大同初中 23 名，省立龙溪中学初中 19 名，厦大附中高中 6 名，集美初中 40 人，龙溪暨南初中 7 名（外国语改试商业常识）。同文高中 10 名，初中 25 名。省立晋江初中 12 名，中华初中 12 名，私立怀仁女子初中 9 名。

又，高中补考学生名单：一、省立龙溪中学林忠贞、蔡清溪、李亦合；二、私立龙溪寻源中学陈铭川；三、厦大附中朱兆祥、陈述尧、刘淑娴、骆业裕、朱运京、李作信、林怀海、陈汉杰、庄友谦、苏清廉；四、私立同文中学冯开展、魏生才；五、私立中华中学沈致祥；六、私立金陵大学附属中学（厦门大学肄业中）林因□。

初中补考学生名单：一、南安私立南星初中吕尚铭、吕基树、吕辉思、郑水谭；二、私立同文中学石韫辉、卢家钦、孙俊成、蔡营泽、李文基、林□□、傅厦门、陈守国、陈江河、苏盛銮；三、私立中华中学陈锦堂、白增祺、林仲惠、林尧文、萧鹤超；四、省立龙溪中学林文献、周增辉、沈逸生、黄沧海、陈焕文、林宗村、何锦坡、华鸣胜、林郑襄、洪永盛、简昌贤、张清山。

《江声报》1934 年 12 月 23 日

中华中学各研究会教员任指导

本市中华中学,本学期学生数激增,学生团体亦颇活动,除成立学生自治会外,并组织研究会多种,均由该校教员分任指导。戏剧研究会指导员为许希莲、高云览,文学研究会何幼卿,新闻学研究会陈淇,自然科学研究会张联宗,社会科学研究会孙士敏,文书训练班王卿中,吟诗团魏文林。明日(26)下午4时,该校在第二教室,请傅文楷演讲。又,该校篮球队昨与厦大蓝鹰队友赛,结果43比20,中华队获胜。

《江声报》1935年3月25日

英华中学国语比赛
校友会赠金盾

鼓屿英华中学教职员,近提倡高初学生举行国语演讲比赛,校友会特列备足赤金盾一座,价值65元,为第一名优胜者之奖品。第二三名及初中生,亦均有奖品。其考题为《怎么能够统一国语》,决赛题目为《目前拯救中国方法》。前日上午决赛结果,高中一名为庄雅各,初中一名乔成年,第二三名未公布。

《江声报》1935年6月11日

海滨游艺

鼓屿私立海滨学校,订18晚假延平戏院,开募捐经费游艺大会。入场券分特等,等。特等券资2元,游艺节目颇多。

《江声报》1935年6月15日

本市中学概况
14校年费27万　男女生二千三百余

本市(民国)24年度中学校概况,据市府第三科调查统计如下,厦大附中高级十,男生121,女生15,专任教员16,兼任8,薪俸平均83.5。省立中学高级1,初级6六,男生225,女生34,专任教员13,兼任8,薪俸平均77,年费总额22044。省立职中高四,初二,男生56,女生21,专任教员14,兼任10,薪俸平均77.5,年费总额28800。毓德女中,高初各3级,女生247,专任教员3,兼任7,薪俸平均65.6,年费总额19348。慈勤女中高初级各3,专任教员12,兼任1,薪俸平均62.4,年费总额23404。大同中学初级六,男生150,女生27,专任教员8,兼任9,薪俸平均595,年费总额14676。中华中学高级4,初级6,男生177,女生52,薪俸平均58.5,年费总额8800。同文中学高初级各6,男生262,专任教员18,兼任17,年费总额32000。双十中学高级1,初级7,男生268,女生71,专任教员17,兼任5,薪俸平均55.4,年费总额20476。侨南中学初级3,女生24,专任教员5,兼任1,年费总额2365。英华中学高级3,初级8,男生331,专任教员16,兼任4,薪俸平均51,年费总额39422。闽南职中初级3,男生61,专任教员5,兼任6,平均薪俸31.6,年费总额5414。怀仁女中初级3,女生53,专任教员10,兼任5,薪俸平均30.3,年费总额12040。怀德女生初级3,女生35,专任教员1,兼任2,薪水平均40,年费总额8400。以上总计男生1648,女生665,教薪64弱,年费总额265789(以上元单位)。

《江声报》1935年6月17日

双十礼堂科学馆昨奠基礼

本市双十中学,开办已16年,学生数年有增加。近以校舍不敷应用,由校董校友师生,分头募捐,就附近山地,建筑大礼堂、科学馆,于月前兴工,昨行奠基典礼。党政军商学各界代表,及该校师生,参加者三百余人。校长黄其华致词,继厦大代表詹汝嘉,水警大队长王成章,侨务局长江亚醒,教厅特派员陈联芬等,□继演说。奠基石系教厅长郑贞文题词,文曰"树人大计",覆以校旗。当于军乐声中,由陈特派员揭开校旗,继请厦大校长代表行奠基礼。旋摄影散会。

《江声报》1935年7月18日

教育消息

省立厦门中学,去年教室宿舍次第落成,轮奂一新。兹乘暑假期间,又将旧有大礼堂等扩大翻修。目下工事甚忙,以备开学时之应用。又查去年经教厅核准增办高中一级,成绩甚著,本季将续招一年上新生一班,近日内外埠学生报名甚踊跃。据查高中一年上新生学费保证金等将一律豁免,因时景不佳,力求减轻学生之负担云。

《江声报》1935 年 7 月 27 日

胡文虎先生捐助本校万元 建筑体育馆设计就绪 业已兴工

11 月 15 日下午三时半,胡文虎先生偕党务特派员陈联芬、市府教育科长郑永祥、永安堂全国总经理叶贵松、厦门永安堂经理林逊之、星光报社长胡资周等,分乘汽车,莅校参观。抵地时,由黄校长亲自招待,登时铜乐声喧,以表欢迎。入会客室,茶叙有顷,即齐到最近落成之科学馆阶前,合摄一影,并由黄校长向胡先生简述本校各种建筑及施政情形。旋胡等即乘原车直赴厦门大学参观,嗣后接得胡先生来函自动乐捐本校建筑费 5000 元左右。本校乃请留欧建筑师郭翘野先生,设计建筑虎豹体育馆一座,内有篮排球场一所,男女健身房,男女浴室,男女厕所,男女更衣室,体育部办公室,体育器械各一所,及看台两座,可容 1200 余人,占地百余方丈,并经胡先生代表星光日报胡社长资周到校履勘,并将该馆图式说明书送呈胡先生察核。胡先生认为规模雄壮,设计适当,愿助建筑费 10000 元。现已破土兴工。观此胡先生赞助本校之热诚,殊足钦佩云。

原载《炉炭》1936,No.34

本校大礼堂科学馆落成

本校三年来校务长足的进步与学生意外的增加,叫我们不能不进行添盖新校舍。但是,我们是个经济贫乏的学校,这笔建筑费,从哪里来呢?

市面景气又是这样的没有起色！然而我们不能抹煞客观的要求，更不应躲避当前的责任，我们只有硬着头皮，为本校大礼堂、科学馆募捐。

去年黄校长即乘寒假期间赴菲律宾群岛向热心侨胞及校友募款，承他们热烈赞助，在岷里纳、宿务、三宝颜三处募得国币6341.6元。本校全体教职员捐薪1个月计1720元，校董校友及各界热心人士捐助2280元，又学生经手募捐1095元，总共得款11436.6元。

原载《炉炭》1936，No.34

本学期学生人数骤增　总数514人 列为本校最高纪录

8月1日学期开始，本校着手进行各项工作，如发贴招生布告，拟定寄宿生须知，编制特别集会缺席报告表，分函各书局汇送各科教科书，分函各科教员，拟定新生及插班生入学试验题目等。13、14两日，举行第一次新生暨插班生入学试验，到投考者111人。16日经本校发表录取者，仅75名。26、27两日再举行第二次入学试验，投考者193人。28日为旧生补考之期，29日发表第二次录取者。高初中新生及插班生计137名，当即开始注册，编制课程表。嗣因远地学生来校较迟，纷纷请求入学试验，计有81人。故于9月2日再举行第三次入学试验，发表录取者计48名。前后三次经本校正式录取新生及插班生，共计260名，列为本校最高纪录。5日上午8时举行开学式，正式上课。

原载《炉炭》1936，No.34

同文中学运动会昨决赛各项成绩

同文中学第31届运动大会，昨在中山公园举行。上午9时行升旗礼及开会式，由校长陈瑞清致辞，次市府郑永祥、要港部刘景篁、体育会叶沧洲等演说。再次即开始运动，其决赛名次成绩如下。

田赛　铁饼甲组杨裕兴、张辉渊、高维祺、廖永明，成绩22.80公尺；乙组陈祥瑞、李永年、朱廷芳、李文基，成绩20.75公尺。跳高甲组林忠信、张辉渊、陈耀仁、薛照华，成绩1.50公尺；乙组廖世荣、杨绪志、黄天送、叶天仁,成绩 1.40 公尺;丙组谢世成、洪来成、李景岳、潘宝质,成绩 1.18 公尺;校友组任成水、黄锡爵、王全和,成绩 1.65 公尺。跳远 甲组杨元勋、杨在龙、邱延亭、叶水记,成绩 5.90 公尺;乙组林忠逊、杨绪志、陈北龙、黄士谷,成绩 4.97 公尺;丙组陈根、黄永禄、吴碰狮、洪来成,成绩 4.58 公尺。垒球掷远 洪来成、吴碰狮、李景岳、刘汉球,成绩 37.71 公尺。

径赛 百公尺甲组杨元勋、邱延亭、胡苍水、陈守国,成绩 11.5 秒;乙组陈祥瑞、林永镜、叶永健、白敬贤,成绩 12.7 秒。200 公尺丙组吴在琛、陈恢彬、庄维淼、马丕谟,成绩 32.5 秒。400 公尺甲组张辉渊、洪炳义、邱延亭、郑在纯,成绩 59.0 秒;乙组陈沧滨、林永镜、叶永健、白敬贤,成绩 1 分 2 秒;丙组郑祥鹏、谢世成、黄添禧、马丕谟,成绩 1 分 13.5 秒。1500 公尺甲组,陈炳煌、周马强、黄建威、陈维谨,成绩 4 分 54.4 秒;乙组 叶宗祥、陈沧滨、叶永健、陈耀礼,成绩 5 分 1.1 秒。400 公尺接力,初中三下、高中二下、高中三上、初中三上,成绩 54.0 秒。武装百公尺,邱允冉、叶宗德、高维佑、洪永祥,成绩 14.0 秒。校友 100 公尺,林丹平、王全和、黄怡宽,成绩 11.3 秒。

排球 教职员对学生,结果 3 比 2,教职员胜。查其第一天各项,均照预定比赛完毕,其中武装百尺径赛尤为特色云。

《江声报》1936 年 4 月 2 日

同文运动会昨赛各成绩　陈炳煌杨元勋取得田径冠军

同文中学运动会,昨续举行,观众数千。该校运动有悠久历史,此次成绩,多破闽南记录,其中校友参加者如篮球、跳高、接力比赛等项,尤为精彩。运动员中陈炳煌风头最劲,径赛成绩名列冠军。次杨元勋田赛成绩,亦列第一。盖陈杨曾赴全国及全省运动会,为该校铮铮者,他若陈祥瑞之标枪,成绩亦佳。兹分志昨赛各项成绩名次如下。

径赛 200 公尺甲组、杨元勋、洪炳义、邱延亭、胡苍水,成绩 25.9 秒;乙组林永镜、陈祥瑞、白敬贤、陈新环,成绩 27.4 秒。800 公尺甲组 陈炳煌、洪炳义、周马强、黄建威,成绩 2 分 21.2 秒;乙组陈沧滨、叶宗祥、叶永健、陈裕宽,成绩 2 分 27.1 秒。10000 公尺 陈炳煌、洪炳义、周马强,成绩 40 分 47.7 秒。50 公尺丙组 陈根、陈恢彬、黄添禧、吴在琛,成绩 7.5

秒。100公尺丙组 陈根、郑祥鹏、谢世成、陈恢彬成绩14.2秒。五大项200公尺,张辉渊、陈炳煌,成绩26.0秒。五大项1500公尺张辉渊,成绩5分20.2秒。1600公尺接力,初中三上、初中三下、高中三上,成绩4分22.0秒。校兄校弟400公尺接力,校弟胜,成绩51.0秒;校兄校弟篮球赛,35比33,校弟胜。

田赛 立定跳远丙组,郑祥鹏、吴碰狮、陈恢彬、黄永禄,成绩2.22米。铁球甲组16磅,张辉渊、廖永明、林维銮、高维祺,成绩8.37米;乙组12磅,李永年、林忠逊、陈北龙、黄士谭,成绩8.80米;丙组8磅,陈根、黄永禄、刘汉球、邱清耀,成绩8.29米。撑杆跳,甲组陈炳煌、薛照华、陈耀仁、郑在纯,成绩2.775米;乙组陈瑞祥、杨绪志、陈耀礼、叶明麟,成绩2.63米;丙组陈来成、黄添禧、吴在琛,成绩1.97米。标枪,甲组陈维谨、廖永明、高维祺,成绩33.34米;乙组陈祥瑞,成绩39.55米。五大项跳远张辉渊、陈炳煌、廖永明,成绩5.17米。五大项铁饼,陈炳煌、张辉渊、廖永明 成绩24.32米。五大项标枪,陈炳煌、廖永明、张辉渊,成绩35.45米。三级跳远,甲组杨元勋、黄建威、廖永明,成绩11.59米;乙组杨绪志、叶宗祥、陈裕宽,成绩10.05米。

《江声报》1936年4月3日

同文高中旅行团今日赴粤桂参观

本市同文中学高中毕业班学生,近乘春假之便,组织修业旅行团,分别由教员率赴内地及省外考察各项建设事业。第一队决于9日搭安庆轮,由该校教员苏兆鲲领率,赴粤桂参观云。

《江声报》1936年4月9日

同文中学校长资格问题

教厅着停办高中　各方皆请陈勇退

省教育厅令同文中学,本季停止招考高中新生。该校董事会暨教职员,即推代表陈桂琛、杨文昭赴省,请示原因,并请收回成命。经教厅详示,谓命令停招高中新生,系为校长资格问题。苟校长更易,能符规定资格,则下学期尽可续办高中。兹代表聆悉,即经返厦报告。乃由该校教职员及学生,分别联函陈校长,请顾全同文校誉及教育前途,自动告退。陈氏及董事均经同意,□以物色人才,尚无相当者,故暂仍由陈负校长职。又,该校教员邓世熙、曾玉林,月前受派赴菲募捐,该地侨界及同文校友,对于校长资格问题及处理校务,亦多疵议。对本季被停止高中招生,尤为不满,故募捐成绩,除三□校友捐助900百元外,余无认捐者。因此该地校友亦拟联函陈氏,请急流勇退。曾玉霖已于前日搭安庆轮回厦,邓世熙尚留菲,候内部解决后,继续进行募捐。

《江声报》1936年10月19日

大同中学男女生今日总动员 爬山比赛

本市大同中学,近期体育活动颇有长足进展。本学期拟定比赛十余种,其中尤注重于普遍之训练,中有爬山比赛,订今日下午2时举行。分甲、乙、丙、女四组,全校男女生一律参加。起点虎园路口,甲组循破布山越仙洞山峰,到达虎溪岩山顶终点。乙组循虎园路经虎溪公园浴□亭后山峰而达终点。丙组女子组,由虎园路从虎溪岩直达终点。将[以]此次比赛成绩为第□学月体育分数。故学生大都精神紧张,甚为踊跃。

《江声报》1936年10月20日

厦中科学馆落成礼 市长演说

厦中科学馆,昨举行落成礼。李市长演说,略谓:吾国科学,不如人家。这里所谓科学,不独指物质文明,即在思想文化上,吾们也缺乏科学化,不过物质文明的落后比较地显著,比较容易认识。科学概括的定义,就是"有组织有条理的学问"。科学有时代表一种智识,有时则指一种方法或态度而言,这是同样的重要,同样需要我们积极的去研究。因为20世纪的文明,完全是科学的文明,如果一个民族的文明逗留在非常科学的领域,这个民族一定要被淘汰,而无法生存于现世界。诸位同学在此求学,既有良好的教师指导,现在又有这么优美的物质设备,供研究之需。我希望各位都能效法麦迭生苦心钻研,楔而不舍,努力培养,成一个科学的头脑,创造科学文明。其次今天科学馆落成,照夏历推算,适值蒋委员长五十寿辰。这个典礼的举行,对于我们的最高领袖,也含有崇敬之意。

《江声报》1936年10月30日

王启伟到厦　董事会改组

校长亦改选　新校长未产生　校务由王主持

同文学潮久未解决,经市府派二科长郑永祥赴省报告经过后,教厅即派督学王启伟来厦解决。略情已志本报,兹查王氏昨已抵厦,寓天仙旅社。记者趋访,询以处置办法。承告,同文因校长问题,纠纷多时,殊属不幸,当局不忽此事,故派本人来厦,负责处理。查该校虽有校董会之设,而组织殊未健全,校董负责办事者固有其人,而徒有其名者亦复不少。故此事主要,必将该校董会重新健全组织,然后由校董会产生新校长。惟在新校董会未成立,新校长未选出前,该校一切行政,暂由本人主持。现开学期届,仍当招生开课,教职员亦暂维原状,必不使因校中风潮,而致影响学生学业。且如此下去,学潮即已解决。本人订(6)日渡鼓,访该校董事长黄弈住,妥商组织校董会事宜。目下正从事查明各方真相,据本人所知,此次学潮,即为简单,务使根本解决。至双十中学在鼓设分校事,教厅先曾令其停止进行。嗣该校长黄其华电厅,称系分设职业中校,始得批准。迨后该校招生启事,仍用双十初级中校名义,且载明教厅立案,未注明为附设之职业二□□属不合。且与慈勤□□发生纠纷,故厅令□□□□调查详情,召集两校负责人征询,予以解决云云。又同文中学教职员,及校友护校会,昨亦分派代表陈桂琛、苏警予、陈掌谔、黄寿源等,先后往访王督学,陈述学潮经过,并请王氏对于旧校长陈瑞清任内,所有一切收支账目,予以切实清算云。

《江声报》1937年2月6日

同文中学成立新校董会

推黄庆元为董事长　修正章程配定职务

同文学潮,教厅派督学王启炜来厦处理。自前日商定解决原则后,该校之维持会及护校会,已着其取消,校董会亦即遵照厅令,由原董事聘请新董事,改组新校董会,即于昨(8)日下午2时,假自来水公司开新校董会一次会议。出席黄庆元、叶鸿翔、陈瑞清、林崇智、徐声金、叶天送、陈允彩、黄弈住(病假)、黄天恩(事假),教厅督学王启炜、市府二科长郑永祥,亦均列席。公推黄庆元主席,讨论一、本会组织章程应如何修改,请公决案。议决,照修正草案通过。二、推选董事长及文书财政按。议决,推举黄庆元为董事长,林崇智为文书,叶鸿翔为财政。三、决议本校校务亟待整理,在新校长未产生前,所有校务谨遵厅令,暂由王督学整理。

《江声报》1937年2月9日

黄世金国籍　陈学伊资格　同文学潮两大问题
新校长五日内可决定　王督学谈处理之经过

同文学潮虽告段落,但教职员会及校友会,仍认新校董会未换汤不换药,于14日电陈主席。文有"校董会不依合法手续改组,恳准电王督学代校长,以息学潮"等语。同时陈学伊亦有卷土重来,静待登台之准备,可知前途尚有问题也。昨(15)日下午1时,记者访负责整理之教厅督学王启炜于天仙旅社,对此问题多有询问,王氏见答极详。爰志记者与王氏问答如次,记者问:闻同文新校董会之产生,教职员及校友会方面仍认为不合法,其理由以新旧董事为21人,而此次校董会第一次会议,出席者只9人,其中且有2人系由到会者代表,实际只7人□□,仅及三分之一□□□.

《江声报》1937年2月16日

同文学潮教职员指黄世金一人造成

同文中学风潮,据教职员会负责人称,实为黄世金一人造成。据言自去年7月间,学校受教厅取缔,停止高中招生。校董方面即不满陈瑞清,时派员到省疏通,均不得要领,最后由厅方传出消息,谓最低限度,须改聘合格校长,方能恢复招生。于是教职员代表往见董事长黄世金,请其改聘校长,以谋恢复。当时黄表示校董部对陈瑞清不满,谓自陈长校,对于用人行政理财,三者无一可取,只顾一味恋栈,不管学校好坏,弄得一塌糊涂。本人与陈瑞清有亲家关系,不便提出,只好由教职员发动,较为方便。并谓校董,前此三年极力选觅校长,惜所接者如黄孟奎、倪耿光、□忠□等,均不欲就。现在校董会实无办法,就使再过三年,亦无办法。聘校长权虽在校董,但诸教职员爱校心切,无妨大家与本人妥协,无论校内外有相当人才,[均]可暗中介绍。校董会对去陈非常容易,绝无问题。同时表示教职员或校友如有相当人才,均可请其出任巨艰。故该校教职员始有校董会介绍校友为校长之举。不意黄世金绝无诚意,其原因不外袒护私人,昧于公薪,勾结不成,反将学潮全部归罪于当日往见之教职员,并曾对人言,欲将同文闭门大吉,然后给陈学伊干薪。不过现在中国一切暂上轨道,教育是公开的,非一人之私产,可以任其滥作威权。故教职员等为学校计,誓死反对校董会非法行为,及陈瑞清替身之陈学伊云云。

又讯 该校截止今日,新生报名者1人,旧生报名只十余人。倘得相当解决,学生亦多爱护母校者,尚鱼贯而入也。

《江声报》1937年2月18日

同文旧校董仅留一黄　新校董减去一洪

同文学潮中,校董会改组,在厦之旧校董留者,仅黄弈住一人,如叶清潭、林菽庄、钱文显、邱世定、陈耀琨、陈清簏、叶孚光等,皆无其名。中如叶清潭、林菽庄,以物质与精神赞助该校,实非小可。而最近新请校董洪晓春,因持论率直,校董名录上,亦已无其名。据教职员会息,旧校董钱文显等,以彼等未经辞职,而被除名,于手续殊多不合,拟提出质问云。

《江声报》1937年2月19日

同文新校长真觉下台难　教职员会推人负责维持校务

同文学潮经市府受教厅委托,派员调查,概括其纠纷内幕,得三要点:即校董会不健全,新校长不合格,教职员过多。当由二科长郑永祥进省,以便面向教厅长请示解决办法,结果如何,尚不可知。而该校教职员,以开学期届,校务不可无人负责,特于昨日上午10时,召开会议,到27人。

议决:在合法校长未产生前,校务由教务谢逢源,训育曾宪扬,事物翁如渊,体育杨绪宝及各教职员继续维持。并推举陈桂琛、邱岫云、曾玉林,协同各课负责办理招生事宜。被举诸负责人已即日办公,呈请市府备案,并向校董会申明,发函通知学生家长。依此情形,新校长真觉上台容易下台难矣。

《江声报》1937年2月20日

同文校长问题　督学电省请示
无论可解决与否　铁定二十四日上课

同文中学新校董二次会议,仍决聘请陈学伊充任校长。教职员方面对此颇示愤懑,决仍彻底反对。现该校一切,已由教厅督学王启炜负责处理。昨记者特访王氏,探询真相。承告同文学潮,本人奉派处置,故重新改组后之校董会,教厅当然承认,惟此次校董会产生新校长仍为陈学伊,各方多未查询意见。本人今日已电教厅请示,明后日当有回音。校长问题,即可解决。本人并将办理情形,呈报教厅,转电教部及陈主席请示,均得覆示。对同文校长,经有内定,今后整理该校一切,亦皆有详细计划。但厅令本人在校长未正式发表前,暂守秘密,因此未便发表。前日曾面询陈学伊,据言,资格问题,绝对有把握。陈本日已晋省,拟谒郑厅长,大约后天返厦。同文原定今(20)日开课,因校长问题,再耽搁数天,候教厅覆示。但无论解决与否,铁定24日上课,并于是日上午10时,举行开校式。现新旧学生报名已104名,将来当设法续招,惟此事各校皆已开学,该校旧有学生亦多转学,目下招生似觉困难云。

《江声报》1937年2月21日

同文学潮已切实解决　王启炜暂主校务　校长须另再选聘

同文校长问题纠纷不已,奉派来厦处理之督学王启炜,昨晨再以长途电话请示教厅。当经教厅郑科长接话,详示解决办法,撷其大要为:一、同文校董会过去组建不健全,董事不负责,致引起学潮,实为教育界不良现象。经王督学在厦处理,重新改组,选任新校董,成立校董会,应着速将各校董名册呈厅，以凭核准备案。二、新校长陈学伊，迭经校董选荐，惟该校教职员因其资格不合，群相反对。经教厅依据陈之履历察核，资格实有未合，不能充任该校校长，着该校董会另选相当人才，呈厅核准充任。三、该校经此次学潮，影响殊甚，亟应切速照常开课，以免贻误学生学业。在新校长未选定以前，着王督学代理同文校长职，校务行政一切设施均由该督学负责办理云云。又查陈主席□□京电李市长，遵照教厅办法，协助整理同文中学。教职员方面，闻悉上项办法，认为满意云。

《江声报》1937年2月24日

一月间图书馆借出书籍统计

秋野

智的范围是非常的广大，所以获取的方法就万分的复杂，"入学"无非其中一种而已。且"入学"不仅在于"读书"，"读书"而外还有许多应该学习和陶冶的，就是"读书"，也不限于"课本"，除了"课本"，还须多多浏览其他一般的书籍。每间学校都要附设一间图书馆，原因就在此。

本校开办前后30年，论理图书收藏应该"浩如烟海"，但屡次改组，器物损害甚多，图书一项，更是荡然无存者。近年来努力添置，数量已渐增加，现在"藏"的约达2400多本，"借"的则有7300多本，"藏"的是所以应一时之需，"借"的每日供众阅览。至于定期发行的刊物，架上排满80多种，内外埠出版的日报共有9种，无论课余还是放学之后，这所谓"智识的仓库"便老是挤满着"食客"。

本文只把开学后一月间所借出的书籍加以几种统计，其他暂不涉及。而所谓"一月间"是自9月10日起至10月10日止，虽说是整月，就中9月12、13和14放假参观运动会，15、22、29和10月6、10日，恰逢星期休息，所以实有22日而已。22日中借出的书籍总数为825本，平均每日借出37.5本。现在且把各班所借的本数及各班每人平均所借的本数表列如下：

班次	借出本数	每人平均借出本数	名次
高一组	86	3.74	最多
高二组	65	1.23	最少
11组	32	1.68	第8
12组	74	2.11	第5
13组	137	3.34	第2
14组	150	3.06	第3
15组	99	1.74	第7
16组	141	2.35	第4

三年来学生数比较

21年度 $\begin{cases} 第1学期 \begin{bmatrix} 男 93 \\ 女 31 \end{bmatrix} 124 \\ 第2学期 \begin{bmatrix} 男 95 \\ 女 30 \end{bmatrix} 125 \end{cases}$

22年度 $\begin{cases} 第1学期 \begin{bmatrix} 男 142 \\ 女 26 \end{bmatrix} 168 \\ 第2学期 \begin{bmatrix} 男 143 \\ 女 21 \end{bmatrix} 164 \end{cases}$

23年度 $\begin{cases} 第1学期 \begin{bmatrix} 男 191 \\ 女 29 \end{bmatrix} 220 \\ 第2学期 \begin{bmatrix} 男 225 \\ 女 34 \end{bmatrix} 269 \end{cases}$

24年度—第1学期 $\begin{bmatrix} 男 312 \\ 女 48 \end{bmatrix} 360$

原载《玉屏周刊》1935，No.28

本校史略

本校创办于前清光绪三十二年四月四日，原名官立厦门中学堂，由兴泉永道王贵、叶太史大年等就玉屏书院旧址改建，经费由膏火之资拨充。

时校地狭小,设备未充,得王观察商拨水师参军箭道旷道一段,并向王霭堂捐银1万两为建筑费,聘周殿修为监督。光绪三十四年级数增加,校舍不敷,复得厦商家兴恒、裕成捐建教室一座。宣统三年,周殿修辞职,由黄必成继任。民元更学制,易学堂为学校,监督为校长,并委王人骥为校长。数月辞职,吕锡敬继之,改名为思明中学,经费拟由省拨而未果。数月吕校长辞职,复委王人骥充任。三年始由省年拨助1200元,六年改称福建省立第13中学,经费概由省库支给,委黄琬为校长。是年9月间,闽粤军来厦,校舍驻兵,学生星散,数月始复。12年采新学制,15年黄校长辞职,令改委员制,委杨展伦、杨山光、庄观澜、林德曜、张伯炘等为委员。旋恢复校长制,先后继任者为杨展伦、林荫南、李增扬等,改名为福建省立厦门初级中学。20年秋,调同安教育局长庄奎章为校长。庄以校舍破烂,设法改建,于21年完成教室校门各一座,花圃球地场两所。复承厦门路政处拨给东城旧址旷地一段,面积110余方丈,为建筑宿舍之用。22年承教育厅核准增设高中,改名福建省立厦门中学。是年因经费关系,高中暂缓开班。10月,宿舍建筑完竣,复增辟球场一所,由是校景为之改观。23年6月举行教室宿舍落成典礼及家长恳亲会。参加者有党、政、军长官及社会人士甚多,仪式至为隆重。8月,实行招收高中一级。24年春,膳厅坍塌,因并厨房浴室,一并改建于城基旷地,而将旧膳厅厨房原址辟为球场,将崇德堂修改为体育室、童子军团部及军训队队部,同时扩大旧礼堂,建筑劳作室。原拟暑间建筑大礼堂、科学室一座,嗣以经费筹措未足,适承教厅拨给省立厦门职业学校校舍,因而暂缓进行,将该校校舍全部改为宿舍。本校原有教室一部分改为生物理化各实验室,原有宿舍则改充教室及其他各种应用,秋复添高中一级、初中补习班一级。至是,学级增至9班,学生数达360余名矣。

原载《玉屏周刊》1935,No.28

两月间图书馆借出书籍统计

秋野

这里所谓"两月间"是自10月11日起至11月10日止,又自11月11日起至12月10日止。先1个月,13、20、27、2、3、9、10、7日,后1个月,

12、17、24、1、8、5 日,均为例假或星期日,所以先 1 个月实只 24 日,后 1 个月实只 25 日。先 1 个月共借出 718 本,平均每日借出 29.91 本。后 1 个月共借出 711 本,平均每日借出 28.44 本。兹将各级所借本数及平均每日所借本数表列如左[下]。

班次	借出本数	每人平均借出本数	名次
高一组	100	4.34	最多
高二组	77	1.42	第7
11组	26	1.36	第8
12组	69	1.97	第5
13组	101	2.46	第2
14组	105	2.14	第3
15组	84	1.47	第6
16组	129	2.04	第4
补习班	27	1.35	最少

班次	借出本数	每人平均借出本数	名次
高一组	93	4.04	最多
高二组	90	1.66	第6
11组	22	1.15	第8
12组	48	1.37	第7
13组	87	2.12	第3
14组	103	2.10	第4
15组	136	2.38	第2
16组	116	1.84	第5
补习班	16	0.80	最少

第 1 表是先 1 个月的,第 2 表是后 1 个月的,两个月中每人平均借出本数,都以高一组的为最多,补习班最少。但第 2 以下各名次,则先后颇有差异。兹再将借出的书籍,各类有多少,表列如下。

书的种类	先1个月	后1个月
"译作"新小说	261	212
旧小说及演义	90	98
童话及故事	70	111
数、理、化、科学	49	57
传记、日记	42	34
杂志	84	79
文集	18	21
戏剧	12	3
游记、生活	20	19
生物、生理卫生	13	24
方法论及指导	7	11
社会科学、教育	3	10
史地	16	10
诗、歌、词	4	1
体育	1	3
哲学	7	1
书信	4	6
音乐	1	1
文学	14	4
应用科学	2	3
英语	0	2
军事	0	1

在上表，社会科学的书籍仍是比自然科学的书籍为无销路。这现象本不是不好，不过不大好，因为社会科学和自然科学是不能偏废的，也许同学们都从杂志上去搜罗社会科学的智识，而对架上书本抛开也不一定。全校的同学，哪一个借书最多呢？这问题许是有趣的，以后我们还希望把这有趣的问题解答出来。

原载《玉屏周刊》1935，No.36~37

本校生物学教育的回忆和展望

——写在文虎科学馆落成之前夕

至元

本校生物学教育过去的实况,在庄校长莅任之前,我没有深刻的认识,但记得在庄校长莅任后之数日,曾过来参观一趟。当然我所注意的是自然科学的,尤其是生物学的设备。那时候,我脑子里刻上一个怪深的印象:我站在一间破旧的屋子——现已拆成运动场了——里蜘丝高挂,灰尘密铺,映出一片萧瑟荒凉的景色。壁角排着两座破橱,橱中藏着数件不全的理化仪器。地上横卧着一口破裂的电池,电池中的溶液早已遁逃无踪,只剩一片铅板和一条电线将断未断地连着。此外连一只鸟,一条虫,或一枝草的标本也找不到。我呆呆地站了半天,心里觉得非常悲观,非常失望。但忽又自念:经过一回大病的学校,各种组织,都受损伤,这自然科学室之萧条,殊无足怪!但既来了一位庄医生,他定能将她回春起死。想到这里,不禁由悲观中涌出几分的乐观,于失望下仍抱无穷的希望。这是21年的往事,至今回想起来,还是活跃在我脑海里,恍惚是昨天的印象。

果然,庄校长莅任之后,运用他全副的精神,全部的力量,把整个的学校,一步一步振作起来。于是他便努力于自然科学的设备。无何,他叫我来教初中的动植物。当时我还在厦大生物系读书,且兼任大同中学的教务,时间实在有限。但以友谊关系,不容推辞。当时的标本仪器,可说是极度缺乏,教学上发生很大的困难。无如庄校长早下一颗决心,要把生物的设备加紧充实起来。我遂得于百忙中采集多少标本,购置几个玻瓶,几瓶药液,将所采集的保存起来。于是老橱里便开始排列了数行用液体保存的动植物标本,这可说是本校生物标本室的胚胎期第一步的演发!

经过一学期,我因为忙于自家的课业,和大同中学的教务,无暇兼顾,乃由校长聘请金德祥、黄震、赵师楷及韩国英诸先生先后到校服务。在这当儿,我约莫有2年之久,不到本校——非不要来,实在忙不过来——有一回,我竟能偷闲来游旧地,则见生物室的设备,已大改旧观了。显微镜共有4架,动植物的标本已琳琅满目,卫生的教具亦购置了不少。这样突飞猛进的设备,实在使我愉快而又钦佩!民国22年春,本省教育厅开全省自然科学成绩展览会,本校以千余件标本,运省参加,结果荣获优等奖状。这种收获,当然要归功于上述诸位教师不断的努力。但校长对于自然科学特具的热诚,苦心的筹划,是不容忽视的。

去年夏,我又应聘来兼任高中生物教员,此时高中学生已有两级,人数将近100,实验室暂以普通教室代用,室中尚乏合用的椅桌,原有显微镜亦不够应用。遂饬工制造新式实验,椅桌四组。又向蔡司公司购置复式显微镜二架,解剖显微镜一架,解剖用器四匣。那时候,高中实验的用具,已略见完备,而教学上也得相当效果。论理是很足使人满意的,但是瑜不掩瑕,事实上我们还□有三种缺憾:第一是普通教室的光线不合实验之用,学生在观察显微镜中的对象时,人人喝黑,个个叫苦。第二是缺乏标本制造室,遇有大形标本,虽想自行剥制,每因缺乏场所及器械而中止。结果使标本分量未能如意扩充。第三标本室与实验室隔绝,实验时关于材料的供给,极感困难。这三种缺憾在文虎科学馆还未成立以前,是无法补救的。

好了,文虎科学馆的建筑工程早已完竣,生物的标本和实验的仪器均已于一个月前迁入馆中的第二楼。据我个人视察,本学期高中学生对于生物实验很感兴趣,工作极形紧张,结果亦甚优良。这很好证明学业和环境的关系,尤其是生命科学的研究,非有适宜的环境——实验室——决难收美满的效果。现在我们有了这伟大的科学馆,环境不能说是不好。馆中庋藏着动物标本约1000件,植物标本约900件,模型30件,显微镜9架,放大镜10架,此外解剖用器、药品及其他杂用器械,综计起来,全部标本仪器在3000以上。至于图书为数虽不多,亦计在200册以上。这样看起来,本校的生物学设备,可说是差强人意的了。但在事实上,我们实不应即此自满,我们应该继续迈进!我们今后的工作,最低限度有四项:一、须建设一比较完备的标本制造室,这是充实陈列品和教具不可少的建设。有时使学生到室中实习,亦可收学做并到之功。二、添置仪器,将来显微镜最少须再置10架,合原有7架(可用者6架),可供32人之用。如此则一班60左右名的高一年学生,分作两组实验,自无"人多镜少"之缺憾。他如玻璃器及化学药品,现多向化学室临时取用,将来亦应特别添置。三、增加标本及模型分量,如标本制造室建设完善之后,只须再进一步去做采集的工夫,则无论是陈列应用的标本,或实验应用的材料,皆可尽量搜罗、制造及保存。至模型方面,如有财力,便应及时添购。这项添置对生理卫生的教学,裨益更多。四、应使初中学生得到实验的机会。初中学生对生物一门特具研究的兴趣,记得我每天上课,总带些和教材有关的活的或死的标本去给学生看,他们没有一个不是争先恐后地要看。所以我一入教室,总有几位活泼的学生在这样问:"黄先生,今天带了什么来?"有时候我把标本先给男生看,女生便埋怨我厚此薄彼,如先给女生看,男生亦发同样的怨语。由此可以证明初中学生对于生物一门赋有特殊的嗜好性,如能乘此时机,予以适宜的实验,有时让他们在实验室活动,有时带他们到自然界去观察,将来收效,岂无足观?俗语云:"打铁要趁热。"利用初中学生对于生物的热情,而给予充分有趣的实验和观察,其收效也正和趁热打铁一样。

文虎科学馆明天要开落成典礼了,这个伟大的典礼不啻是为本校打下了一块科学的基石,播下一握科学的种子。将来百楼的高楼须要由此基石直接造起,十围的大树亦皆由此种子发育出来。不过,在由基石到高楼,由种子到大树的过程中,倒是我们努力奋发的时机哩!

我们回忆过去的景情,抓住目前的实现,对于文虎科学馆的落成,不禁要额手称庆,但我们联想到将来应有的工作,尤不得不快著先鞭!

原载《玉屏周刊》1936,No.54

廿三四年度建筑设备概况

(一)设备:自然科学设备 计 4013.225 元。

1.23 年度上期由上海商务馆等处购来第一批仪器、药品,计 1906.035元。

2.24 年度下期由厦门商务馆等处购来第二批仪器、药品,计 1571.13元。

3.24 年度下期由上海购来显微镜三架,计 426.00 元。

4.24 年度下期收音机 1 架,110.00 元。

(二)音乐设备,计 858.058 元。

1.24 年度钢琴 1 架及运工,计 382.42 元。

2.24 年度军乐,计 475.576 元。

(三)床铺椅桌设备,计 979.255 元。

1.24 年度上期椅桌及实验桌,计 649.583 元。

2.23 年度下期床铺,计 170.172 元。

3.24 年度下期橱架,计 159.50 元。

(四)其他设备,计 116.00 元。

1.24 年度上期军训用外科器具及药品,计 36.00 元。

2.23 年度下期缝纫用衣车,计 80.00 元。

建筑

(一)24 年度上期膳厅、厨房、浴室建筑费计 1542.984 元。

(二)24 年度上期礼堂、客室等建筑费 868.310 元。

(三)24 年度上期玉屏山等处建筑费计 201.253 元。

(四)24 年度上期全校油漆计 162.000 元。

(五)24 年度下期文虎科学馆建筑费计 8600.00 元。

(六)24 年度上期开井计 95.80 元。

(注)以上支出共 17436.885 元,尚有一部零星支出未计入。

廿三四年度建筑捐收入概况

(一)每人 10 元建筑捐,计 4860.00 元。

1.23 年度下学期(24 年度 2 月至 7 月)计收 2530.00 元。

2.24 年度上学期(24 年 10 月至 11 月)计收 1100.00 元。

3.24 年度下学期(25 年 2 月至 6 月)计收 1230.00 元。

(二)每生及外界零捐,计 2019.00 元。

1.23 年度下学期(24 年 2 月至 7 月)计收 615.00 元。

2.24 年度上期(24 年 9 月至 25 年 1 月)计收 682.00 元。

3.24 年度下期(25 年 2 月至 4 月)计收 722.00 元。

(三)胡文虎先生捐(24 年度下期)7000 元。

以上收支相抵外,尚短 3557.885 元正。

又胡文虎先生于 12 月 7 日补足 1600.00 元。

又本校科学馆因设备无从充实,承各生家长捐助,计 25 年度上期(25

年9月至12月9日)计国币1004.00元。

原载《玉屏周刊》1936，No.60

一年来的学校行政

焕祖

民国26年元旦，本校学生周刊社拟出特刊，编辑先生要我写一篇《一年来的学校行政》。第一，因为在这一年的中间，我只是担任学校行政的一部分；第二，因为适值第二次月考，材料和时间都不许可。然而当编辑先生要我写的时候，我信口应许了，为实践诺言起见，这一篇文章似乎不能不写。我觉得本校的行政，经这几年来庄校长和过去诸同事的努力，可以说一切都上了轨道。现在不过本过去的成规切实施行，25年的行政也和以前的行政无甚差异。在这里我所要说的，只是把一年来所改革或创设的几种事项，分为组织、教务、训育、事务，列举出来，藉以塞责，并以自省。

一、行政组织

本校行政组织，于五六年前即采教导主任制，于校长之下，设教导主任1人，主持教务、训育事项，其余庶务、会计、文书等，均直属于校长。施行以来，颇收训教合一之效。本学期鉴于学生数突然激增，非全校教职员共同努力，不能措置裕如，乃变更组织，除实行教训军合一外，并实行职教合一，于校长之下设教导、总务二部：教导部置训练、教务、学务、活动、体育五股，总务之下置庶务、文书、会计三股，股设正副主任各1人，由教员兼任，使行政与教学打成一片，矫正过去教员专事教学而忽略学生生活，及学校行政之通病。本学期试行结果，各教职员均能通力合作，和衷共济。有分工之利，无散漫之弊。

二、教务

本校教务，如各年级课程之分配，每周授课总时数，各科用书，升留级标准等，悉依最近部颁中学法之规定。授课时间过去均系上午4时，下午3时，每时50分。本学期因实施最新课程标准，每周授课总时数比前减少。日课表之分配多难适当，学生荒废时间，训育亦感困难。为补救此种缺点起见，特将每日上午授课时数改为3小时，下午3小时，每时实授60

分钟。施行以来,秩序较好。至于教学效率,则尚须视本学期成绩如何以为断。此外变更事项,如减少月考次数为2次,亦为本学期之一改革也。

三、训育

本校训育向采严格主义。近年以来,虽学风优良,而师生感情转多隔膜。为补救此项缺点,特于级任制以外,另设导师制,每组由学校指派教员1人,或2人为导师,负责指导学生课外活动,藉以联络师生感情,而收潜移默化之效。关于学生奖惩方面,自本学期起,亦由主观而趋于客观,凡学生犯规及应行奖励事项,均一一登记,以为评定操行及奖励之参考。计本学期犯规退学者4人,记大小过者0人,训斥者0人。其奖励事项,因学期未结束,尚难统计。此外学生活动,如举行运动会,扩大合作社,以及组织学艺社、厦声社等,均为一年来学生活动成绩之表现。

四、事务

本校去年承胡文虎先生捐建科学馆全座建筑费,春间兴工建筑,本学期开始时即全部完成。计分四层:底层为阶级教室及物理实验室、物理仪器贮藏室,第2层为生物实验室、生物标本贮藏室,第3层为化学药品贮藏室、化学实验室,第4层为会议厅,内容亦尽量充实。本学期各生于自然科学之实验,颇感兴味,当必较有心得。此外如安设收音机,整理各场地,添置椅桌、用具以及购置钢琴、童子军营幕等,皆为本年来设备。

上述数端,皆为本校一年来之新措施,在这一年之中,科学馆完成及学生数之由270余人增加至581人,均为本学期之特色。然本校并不以此自满,今后我们对于教务方面更应努力以求质之改进,训育方面更应以复兴民族为中心,严格训练;事务方面,如大礼堂、图书馆、宿舍图书仪器等,皆为今后努力之目标。希望明年元旦本刊再出特刊时,我们的希望都能一一成为事实,愿同事们同学们共同努力!

原载《玉屏周刊》1937,No.61

中学生春兴 双十旅行 中华运动

双十中学学生630余人,拟于春假组织旅行队8队:(一)广州香港汕头队;(二)汕头潮州队;(三)福州队;(四)漳州队;(五)泉州队;(六)金门队;(七)嵩屿队;(八)徒步环岛队。每队有教员领导,旅行费最多25元,至少1角。学生得参加任何一队,定4月1日及2日分头出发。中华中学定本廿七八两日,假中山公园举行春季运动大会。现筹备一切,计田径及篮赛三四十项,球赛采□际比赛,计十余单位。其篮球队昨与英华友赛,以59：28胜英华。

《江声报》1937年3月27日

中华中学运动会29日闭幕　市长给奖

中华中学春季运动会,29日结束。是日仍时雨时霁,于霏霏细雨中,举行给奖式,由李市长训话,多所勉励。继运动员代表林贵和答词,乃由李市长给奖。兹录是日竞赛成绩如下：级季女子400公尺接力,1名高中一年,成绩1分6秒5分1。女子200公尺接力,1名初二上,成绩34秒。级际男子400公尺接力(分两组),1名高二下,成绩51秒5分4。男子400公尺接力,1名初二上,成绩56秒。级际男子800公尺接力(分两组),1组1名初三上,成绩1分54秒5分3;二组一名初二上,成绩1分57秒5分3。男子万公尺一名陈添进,成绩42分12秒;二名刘鸿寿,三名龚胜训,四名黄种人,五名高金狮。级际女子自由车百公尺比慢,一名郑东英,成绩1分43秒5分3。男子自由车百公尺比慢,一名黄添梓,成绩4分43秒,二名王通甫,三名黄世浮。级际女子自由车万公尺比速,一名陈玉针,成绩29分28秒,二名曾谷芳,三名白碧如,四名傅俊德。男子万公尺比速,一名王通甫,成绩24分57秒,二名黄耀宗,三名黄钟岳,四名李衍。男子乙组垒球比远,一名纪乃志,成绩5830公尺,二名白清月,三名王启道,四名黄振裕。男子甲组三级跳远,一名阮玉田,成绩11.12公尺,二名陈思良,三名王威廉,四名吴永标。男子乙组三级跳远,一名纪乃志,成绩9.23公尺,二名叶南宫,三名何金龙,四名郑宗辉。女子标枪,一名陈玉针,成绩19.63公尺(破24年省运成绩),二名林神燕,三名许锦霞,四名苏雪华。男子标枪,一名张德庆,成绩37.19公尺,二名蔡衍摺,三名张冠雄,四名李鲁。男子甲组200公尺低栏,一名黄添梓,成绩32秒,二名柯金钹,三名林玉质。军训生1500公尺武装赛跑,一名王威廉,二名王元允,三名林贵和。

《江声报》1937年3月31日

同文下期续办高中　校长问题将再讨论

同文中学因起风潮,故由教厅派督学王启炜暂兼校长,从事整理。□□以缓期开学,学生锐减,收入亦差,虽极力撙节,全学期预算尚不敷 2500 元,除教厅允拨助 1500 元外,尚缺 1000 元,市府亦已允为设筹。该校高中部奉令停止招生,现教厅亦准于下学期续招高中新生,而该校秀烺楼,因建筑不甚坚固,其屋盖有将倾之势,校董会恐生危险,已着将该楼关闭,候筹款修造,并订本月 5 日开董事会议,讨论一切及解决校长问题。闻介绍者颇不乏人。

又,该校除高级学生组织旅行队,不日由教师率赴江浙参观,各教职员亦乘春假,组织教职员参观团,每日由校赴省机关参观。其组织分总务、文书、会计、调查、摄影五股,一日参观海亨轮、后江埭无线电台。本日拟往厦大飞机场,如天气晴和即往内地调查农村状况。

《江声报》1937 年 4 月 3 日

毓德英华开运动大会

英华今日举行　毓德 30 日开幕　闽南职中教授国术

鼓屿毓德女子中小学校订本月 30 日、5 月 1 日举行春季运动大会,英华中小学校亦订今(28)日起至 30 日举行联合运动大会。英华为男校,毓德为女校,而皆为中小学校中之铮铮佼佼者,两校规模之壮伟,历史之深长,更为远近所共知。其全校运动会各界皆极注意,届时观众定必拥挤,兹分载表演时间项目如次。

毓德女学　4 月 30 日下午 2 时开幕(典礼从略),全体健康操青天白日,皆中学部;优美变形操,附小六年级;哑铃操,初中三;彩圈操,高中三;水手操,附小五年;母校之光,高中部;土风舞,初中二;木棒操,高中二;徒手操,附小三年;分花舞,初中一;棍棒操,高中一;棋操,附小一二年级;国花操,初中部;农拳,附小四年。排球决赛,高中一、初中三,5 月 1 日上午 8 时;跳远,中学组;跳远小甲组,跳远小乙组,垒球掷远,中学组。跳高中学组,跳高小甲组,跳高小乙组。铅球,中学组;越野跑,中学组;越野跑,小学组。下午 1 时,节目与 4 月 30 日下午略同。惟排球决赛改为篮球决赛,仍为高中一对初中三,参加运动人数:中学部 75 名,小学部 62 名。

英华学校　今日开幕,比赛项目:第一日 4 月 28 日,50 米预赛,中学乙丙部,高小丙组。百米预赛,中学甲组,高小甲组。铁饼决赛,中学乙组。1500 米决赛,中学甲乙组,高小甲乙组。跳远决赛,中学甲乙丙组。200 米预赛,中学甲乙丙组,高小甲乙丙组。跳高决赛,中学甲乙丙组。百米预赛,中学乙丙组,高小乙丙组。标枪决赛,中学甲组。800 米接力跑决赛,中学甲乙丙组,高小甲乙组(明后日之项目候再续载)。

闽南职中　又鼓屿闽南职业中学,锐□整顿,本学期续聘入学毕业之教师 3 人,研究院毕业 1 人担任商业等科。曾添置新式打字机数架,添设图书及化学药器。关于健康教育,添辟篮球场二,排球场二,乒乓球桌二,每□全体师生运动。又以提倡国技为当前要务,已聘国术专家□人,每日到校教授国术。聘请陈晋惠、李稚鹏为该校校医,举行体格检查云。

《江声报》1937 年 4 月 28 日

英华运动会昨开幕　决赛六项

鼓屿英华中小学联合运动会于昨晨开幕,赛员 240 人,观者甚众。昨上下午田径决赛六项成绩如次:中学丙组 200 米:一名叶贻佳,二名蔡士聪,三名余文思,四名庄光辉,成绩 31.5 秒。中学甲组 800 米接力跑:一名高中三,二名高中一,三名初中一,四名初中三。1500 米中甲:一名刘得恩,二名蒋文山,三名蒋文金,四名丁永祥,成绩 5 分 18.1 秒。中乙一名杨必敏,二名李生财,三名黄敬佩,四名施志明,成绩 5 分 29.8 秒。小学甲组一名孙炳承,二名张克宗,三名黄章毅,四名洪子荣,成绩 5 分 37.3 秒。小学乙组一名陈世昌,二名陈真英,三名许顺景,四名陈振辉,成绩 6 分 8.3 秒。跳高中甲一名陈洁霖,二名黄社范,三名庄瞻瀛,四名陈晋来,成绩 1.50 公尺。中乙一名林连生,二名黄长林,三名陈四端,四名苏振源,成绩 1.42 公尺。跳远中甲一名吕水标,二名林嘉贤,三名许杨三,四名林吉祥,成绩 5.90 米。中乙一名林连生,二名马锡金,三名戴世杰,四名苏振源,成绩 5.18 米。中丙一名蔡士聪,二名王日其,三名叶贻佳,四名叶智识,成绩 4.50 米。铁饼中乙一名黄长林,二名施能焕,三名白南阳,四名苏孝仁,成绩 19.29 米。今(29)日比赛项目附下:50 米复赛:中丙组、高小丙组。百米复赛:中甲组、高小甲组。跳远决赛:高小甲乙丙组。800 米预赛:中甲组。800 米决赛:中乙组、高小甲乙组。铁饼决赛:中甲组。400 米预赛:中甲乙丙组、高小甲乙丙组。铅球决赛:中乙组、高小甲乙组。200 米复赛:中乙组、高小甲丙组。200 米决赛:中甲丙组、高小乙组。200 米接力跑决赛:高小丙组。撑杆跳高决赛:高小甲组、中甲乙组。800 米决赛:中甲组。3000 米决赛:中乙组。400 米接力跑决赛:中甲乙丙组、高小甲乙丙组。

《江声报》1937 年 4 月 29 日

英华运动会今闭幕

鼓屿英华中小学联合运动会昨决赛,项目及成绩名次摘志如下:铁饼中甲:钟山、蔡鹤寿、陈晋来、张石水,成绩 20.93 公尺。12 磅铅球中乙:施能范、张本麻、杨马太、刘仕烜,成绩 8.31 米。高小乙八磅铅球:施义琛、陈振辉、许申智、吴荣福,成绩 6.10 米。标枪中甲:施春来、陈□福、谢新民、陈晋来,成绩 34.55 米。50 米复赛中乙一组:车世杰、魏保罗、黄贞洪,成绩 7 分又 10 分之 3 秒;二组:张尚义、苏振源,成绩 6 分又 10 分之 7 秒。中丙一组:叶智识、黄桃源,成绩 7 分又 10 分之 5 秒。二组:余文思、叶贻佳,成绩 7 分又 10 分之 3 秒。高小丙一组:庄光耀、蔡康基、黄长仪,成绩 7 分 5 秒。二组:林少杰、施志圣、周得美,成绩 7 分 6 秒。三组:黄长熙、蒋福生,成绩 7 分 8 秒。百米复赛中甲一组:庄瞻瀛、张石水,成绩 10 分 3 秒。二组:吕水标、魏景茂,成绩 12 秒 6。中乙组:张尚义、林瑞典,成绩 13 秒。二组:车世杰、郑泗耀,成绩 12.8 秒。高小甲一组:李清潭、林子义、黄长柏,成绩 13.8 秒。二组:林瑞利、吴万雷,成绩 13.7 秒。高小丙组:黄长仪、林少杰,成绩 15.3 秒。二组:施志圣、蔡康基,成绩 15.2 秒。200 米复赛:高小丙一组:黄长熙、庄诚惠、林少杰,成绩 34 秒 7。二组:施智圣、黄长仪、刘传芳,成绩 33 秒。400 米中乙:郑泗耀、黄敬佩、吴清景、蒋三丕,成绩 1 分 6.1 秒。丙组:蔡士聪、余文思、许四福、黄世昆,成绩 1 分 12 秒。高小甲:杨汉川、林瑞利、黄长柏、张克宗,成绩 1 分 6 秒 3。乙组王文生、许申智、邱清云、郑勋涵,成绩 1 分 13 秒。丙组庄诚惠、林宗鼎、林杰生、叶瑞奎,成绩1分17秒8。跳远小甲:王沧波、高恩鸿、吴万雷、郑勋钟,成绩4.63米。乙组陈英真、许顺景、施义琛,成绩4.27米。丙组林宗鼎、林杰生、庄诚惠、黄长熙,成绩2.99米。3000米中乙:杨必敏、施志明、叶泽民、叶贻鹏、蒋万盛,成绩12分27秒1。撑杆跳中甲:施春来、林吉祥、黄朝范、施光辉,成绩2.74米。高小甲:郑勋钟、施义琛、丁祝三,成绩2.03米。

今(13)日比赛项目为50米、400米、标枪、三级跳远、百米、跳高、400米、铅球、200米、1600米接力跑、3000米等,皆决赛完毕,即日午后2时举办闭幕式。

《江声报》1937年4月30日

毓德女中运动会昨日开幕　排球之决赛初中胜高中

鼓屿毓德女中运动会,于昨日下午2时,举行开幕礼,党务特派员陈联芳,到会讲演,大意谓:在此国难期中,人民力量,至为重要。故中央对于国民体育,极力提倡,过去毓中体育,已有相当成绩,希望此后更加训练,冀能打破以前记录,将来可以参加全市、全国,以至世界大会,而为女界增光云云。开幕式既毕,举行各种体操,其中如高中部"母校之光",初中部"国花操",最博观众之欢迎。次则初中三之"哑铃操",初中二之"土风舞",附小之"旗操"等亦各具精彩。是午炎日当空,而观众仍拥挤不堪,各托伞而立。最后高中一与初中三排球决赛,叶文炳为裁判员,双方势均力敌,情形极为紧张。嗣事中一,稍失联络,遂为所乘,结果初中三以3比1得冠军。本日上午8时,举行各项田径决赛,且看济济英雌,各争雄长。至英华中小运动会,昨已闭幕矣。

《江声报》1937年5月1日

同文校长黄孟奎电辞不就　请改市立

同文中学,本学期由省督学王启炜维持过度,下学期则尚有问题。最近校董会迭开会议,其讨论要点,即为聘请校长,曾电省请黄孟奎担任,但黄氏电覆,已应李清泉聘,往菲律宾担任华侨中学校长,不能来厦。因此校董会,拟请省府接办。然恐同文名称不获存在,将受校友责难,故又决归市府接收办理,昨已开始接洽。据教界中人言,同文续办,必校董会能负责,方有希望,否则下学期教厅方统制高中招生,同文纵□□办,亦仅有初中部,学生必更减少。前途殊难发展,即归市立,亦不易实现。盖省府已定全省设高中三校,厦市未必特许另设。苟将该校一部校舍,及一切仪具租借□府,签订契约,限期交还,或可由省府再于本市添办高中一所云。

《江声报》1937年5月1日

九牛二虎之力　侨南女学延寿半年　下学期仍当停办

本市侨南女子中学,于本学期末开始之前,曾呈请教厅备案不准,并着遵令停办,惟该校费"九牛二虎"之力,卒仍开办。闻其与省方来往信件,均略去"侨南女子"名称,现经教厅督学查悉,将情呈报。教厅以此实与法令抵触,已再饬令该校于下学期起,仍行停办。故该校今已赶办结束。

《江声报》1937年5月3日

集美学校陈村牧主持　陈已回厦　3日可到

林德曜向校主辞职

同安讯　集美学校年来各部不甚合作,意见纷歧,校主陈嘉庚略有整理必要,遂有下学期改组该校之讯。现查此项消息将成事实。前集中校长陈村牧,春初应新加坡□□中学之聘,陈嘉庚将令返集,主持该校,前集中教导主任黄村生,数日前已由浙抵厦候陈。据谈,陈可于6月3日乘万福士轮抵厦,各旧同事纷集厦门候□□。又闻林德曜本已□新加坡向陈嘉庚辞职。

《江声报》1937年6月1日

陈牧村到厦谈发展集校策划
教部准续办师范　陈嘉庚未暇返国

新任集美校董陈村牧,于昨晨乘万福士轮抵厦,集美校友员生三百余人登轮迎接,陈下榻天仙旅社。据谈,本人此次受聘董集美学校事,惟以力量所及,谋集校之发展,务必师生悉力合作,方不负校主办学苦心。下学期学生学费决予裁减,贫寒子弟有当地机关证明者准予免费,对于续办师范,已蒙教部批准,候本人晋省与教厅接洽,即可着手办理。前任林德曜校董,在职三年,热心建设,殊堪钦佩。今以体力不胜繁剧,故尔辞职,校主乃命本人接充,自觉绠短深汲,难荷重任。愿本人于集校,有久远历史,知艰巨,亦义不容辞,有埋头苦干,实事求是,一本校主兴学救国与舍己为群精神,努力做去,期能恢复集美过去光荣历史。至详细计划,俟接收后,与诸同人商妥始能决定。前传陈校主将行返国。现因在星洲为厦大购置树胶园地,计有 400 英亩,约值星洲币 18 万元,正在雇工垦植,故未能返国。将来胶园收获,悉充该校永远基金。陈校主返国之期,或在八九月间始能成行云云。查陈氏在厦逗留数天,即赴集美接收视察。

《江声报》1937 年 6 月 4 日

高中归并　私立不在内　同文将请续办高中

市教育会请在厦设立高中学校,其呈文昨已邮寄省府及教厅,略云:厦市初中学生今有 2000 余名,市内可升学高中者,每学期有 200 以上,转学他处,则经济种种损失至大,故在厦有设立高中必要云云。又同文校长徐声金亦定今日进省,请准该校续办高中。又,省督学何雨农氏来函,关于高中移并龙溪,系专指省立高中而言,至若厦市各校包含私立(本人对于私立高中并无取销之谈话),高中未可一概而论云。

《江声报》1937 年 7 月 3 日

毓德女校高中部　教厅特准继续招生

本市同文、鼓屿、英华两私立学校,奉准附办高中,已志本报。兹查厦鼓各女校方面,鼓屿毓德女学亦已获准继续附办高中。盖以该校师资优良,设备周全,校舍宽敞,历届学生会考皆有显著之成绩,故获特准。此外则慈勤女学,亦姑准举办高中,其余概不许准云。

《江声报》1937 年 7 月 14 日

高中统制招生订期报名考试　私立男女五校名额 340

六区各县高级中学招生委员会由省督学王启炜主持,已于 15 日召集各校长在厦中开会。到王督学、毓德校长邵庆元、英华代表蔡丕杰、集美代表黄国珍、慈勤校长林崇智、同文校长徐声金,主席王启炜。决议:甲、报名日期:一次自即日起至 8 月 7 日止,二次自 8 月 11 日起至 21 日止。乙、报名地点:凡愿投考省立龙溪中学学生,在省立厦门中学报名,余均向志愿投考学校分别报名。丙、笔试日期:第一次定 8 月 9、10 两日,第二次定 8 月 23、24 两日。丁、入学试验程序及时期:第一次:一、体格检查由各校在笔试前一日分别举行。二、笔试,8 月 9 日上午公民、国文,下午英文。8 月 10 日上午算学、自然,下午史地。三、口试,8 月 11 日在各原校举行。第二次与第一次办法同。戊、考试地点分三场:厦门同文中学(招考同文、龙溪等校学生),鼓浪屿毓德中学(招考毓德、英华、慈勤等校学生)。三、集美中学(招考集美学生)。已、各校招收学生名额:私立集美中学二班 80 名,私立同文中学二班 80 名,私立英华中学二班 80 名,私立毓德中学一班 50 名,私立慈勤中学一班 50 名,省立龙溪中学(因代办性质名额临时酌定)。庚、各科笔试试题由各校分别聘请专家拟定试题两倍,于 7 月 13 日前交主任委员选择付印。辛、各种表格及试卷,请市府第二科负责办理。壬、高中补习班学生应否再经入学试验,候电省教厅请示后转知各校。又讯,五区高中统制招生,昨一次委员会议,决定试验地点培元中学,报名日期自本日起至 8 月 8 日止,试验日期定 8 月 10 日。

《江声报》1937 年 7 月 17 日

同文中小学计划扩展　报名学生已 300 人

本市同文中学奉准续办高中，经即开始招生。近数日间，中小学报名人数已达 300 以上，下期学生数势必激增，徐校长以原有校舍有限，试恐难以容纳，除将原有一部分校舍力争修理外，并拟在邻近扩充新校舍，以备他日应用，日来正与包工接洽，进行动工事宜。该校自下学期起，各级收容女生，小学部兼收幼稚园生，所有女生及幼稚园生应行设备事宜，亦经计划就绪开始设备。至于女生指导员及幼稚园教师，均已聘请专家及富有经验者充任。又为幼小学生利便，每日备有汽车来往，送至相当地点。

《江声报》1937 年 7 月 22 日

同文高中学生推进救国工作　节省费用慰劳前方

社训慰劳金昨日汇汇

同文中学高中部 25 组全体同学昨函本报，略谓："华北风云日亟，已濒大战危局，赖我 29 军将士暨前线全体健儿碧血丹心，忠勇抗战。其捍卫邦国之精神，诚为国人所钦佩。本组全体同学 12 人不敢坐忽国民之责任，除努力推进学生救国工作外，并将此次学业所拟定各种费用极力撙节，凑足国币 50 元汇交贵报，希即转汇前方将士，聊表慰劳之意。同时切盼贵报著论倡首，使全国学生闻风响应，俾能集腋成裘，鼓舞士气，是岂独数组区区输助之至意，抑为奋勇杀贼之张本焉云云。"按该款本报已为照收，交由《大报》汇集，候日内汇京。又，查绸布途募捐慰劳，昨仍积极进行，除已募得 2000 余元外，各同业认捐者尚多，将来成绩必大可观。旅栈业亦已发动募捐，其他各业则尚未闻。

又讯　社调筹赈及慰劳游艺会，所得慰劳金 532 元，昨已汇交市政府会计室，转汇前方至赈灾之款。截至昨日，缴交市府者计 2720 元，业经汇付灾区。各中队未缴之款，未收限 2 日内缴清，苟有擅自移用，即予以从严究追。

《江声报》1937 年 8 月 5 日

同文学生增7倍　计有800名

本市同文中学自聘徐声金担任校长,极力整顿,其第一次招考,投考学生踊跃,除高中一年新生49名,已将试卷名册等送由高中统制招生委员会,转呈教育厅核取外,其初中一年新生及高初中插班生,经评定及格获得录取者计有56名。第二次招考已报名者,亦不乏人。该校小学学生,更见拥挤,现报名已达500人。预料该校本年度学生数,中小学新旧生合计当有800名左右,与上年度比较,可得7倍有奇。

《江声报》1937年8月14日

师生二百余　厦门中学昨开学礼

本市省立厦门中学,于昨(25)日举行开学典礼。到师生二百余人,由校长王启炜主席,报告接事经过,并谓际兹困难奇重,希我全校同仁,应以"勇敢"、"镇定"、"观念正确"三点,各自勉之云。旋由教导主任孔祥品等训词,三呼中华民国万岁。

《江声报》1937年8月26日

双十学校在小溪宣传抗敌　鼓动献金

本市双十中学于平和小溪设立分校,学生327人,已上课两个月,进行顺利。该处为一五七师驻防,地方安静,水土适宜。现该校组织抗敌宣传队15队,星期日由教员传导,到各乡宣传,全校师生照章购买救国公债。又提倡日一分献金运动,全体师生每月可得90余元。现正建议推动全县民众普遍参加。

《江声报》1937年12月3日

云梯中学损失赔偿得获部分解决

禾山讯　禾山云梯学校被毁情形已志本报,兹查日新制糖厂经理林阿乾,曾屡派代表向该校主及前村埔代表林文忠等进行谈判,并邀请禾山区调解委员张宗云、吴国器、旅菲禾山公会代表孙嘉武等从事调解。昨经双方同意,以林阿乾系被包工王文彩瞒蔽,致采用该校被拆砖瓦,愿捐助该校将来之建筑费,乃告完满解决。但据云梯学校代表林文忠称,此外尚有台人林身、李恭、李春、简永清等部分,曾参加拆毁云梯学校,亦已呈请管禾当局迅予拘林身等追究赔偿损失,共同重建该校,俾得早日实现,以树养全禾山失学青年云。

《江声报》1946 年 1 月 25 日

大同中学筹募基金　董事会举行会议　杨景文任董事长

　　本市大同中学系杨景文等创办,迄今十余年,校中经费均由校董会负责。敌人占据厦市,该校迁南靖山城,继续开课,经费仍由各校董设法接济。厦市光复,由山城迁厦复课,因复员需费孔多,该校校董会特于昨在大同路玉波天参行开会,出席许文升、严灼如、许鸿图、李禧、李世俊、杨山光、李文立等十五人,主席许文升,议决,(一)公推杨景文为董事长;(二)设校董会办事处于校内,由李校董文立主持;(三)组织基金筹委会,积极推行募捐。

　　又,本市各中学尚未开办,学生投考该校者特别拥挤,报名者达千余人云。

《江声报》1946 年 2 月 18 日

集美学校二次招生　收容复区学生

　　私立集美学校本季招生期间原已截止,乃近又见该校刊出第二次招生启事,记者昨特询之该校当局,据称:收复区中等以上学生教部经定有甄审办法,其合格者因应给证,而不合格学生亦准其投考相当学校继续求学。甄审工作现已办竣,不合格者仍多,为使彼等免于向隅,故特作第二次之招生,俾参加甄审而不合格之中学生得有投考入学,继续努力机会。又查该校本季所收各费,除膳费 2 万元外,学杂各费仅约四千余元,学米 60 斤,亦只按每市担五千余元公价折收代金。

《江声报》1946年2月19日

市立中学校址选定厦禾路　不日可开始招生

市立中学,定本月间开办一讯,经志本报。兹查该校校址觅定在厦禾路新世界附近,决定本学期先办六班,计初中一上二班,一下、二上下及三上各一班,不日可开始招生新考云。

《江声报》1946年3月1日

在断垣瓦砾中集美欢祝校庆

今日为卅三周年纪念　为八年来首次大盛会

集美讯　本月10日为集美校成立33周年校庆,该校订于是日上午在瓦砾遍地尚未十分修复之大运动场举行庆祝。7日下午假集美校董会举行第十二次干事会议,出席干事长黄毓熙,干事杜煌,干事叶书衷,干事陈维风等。主席黄毓熙报告后,开始讨论,本年度工作计划,决定于本月13、14日举行第二届团员代表大会。经已电请支团委派监选员云。

《江声报》1946年3月10日

集美校庆　各校张灯结彩　极尽一时之盛

集美讯　本月10日,为集美学校创设33周年纪念。是日各校张灯结彩,上午9时,在大操场举行纪念仪式,计出席全体教职员160余人,学生2000余人,由董事长陈村牧领导行礼如仪,并致开会词。旋由商校校长游学诗等相继演讲,其中尤以高农校长平福增,演词最为精警,听者无不动容。会后且摄影留念,中午并在科学馆聚餐,极尽一时之盛。查自抗战以来,集美各校疏散内地,此次联合庆祝,尚为第一次云。

《江声报》1946年3月15日

同安启悟中学经准立案

本报讯 同安县私立启悟初级中学,原为美国归正教会所创办,现已由设立者签令聘请杨副议长孟让等13人,组织校董会。据悉,各项手续早已办妥,由县府核转,昨经接福建省政府教育厅代电准予立案云。

《中央日报》1946年5月13日

英华中学庆祝复校　将举行美术展览并公演名剧《雷雨》

本报讯 私立英华中学为庆祝复校暨创立47周年纪念,特订于本月23至25日在鼓浪屿该校举行胜利后第一届全校运动会及美术展览,并于23晚在该校大礼堂举行音乐会,24、25两晚由该校师生联合演出曹禺名著《雷雨》。闻此次美术展览系由该校教师蔡瑞南筹办,经长时间准备,搜集各方书画作品甚多,预料成绩当必可观。而《雷雨》为我国社会名剧,亦为鹭岛光复后最大规模之演出,届时必有一番盛况。又该校举行美术展览各项作品均将标售,今演《雷雨》亦将售票,将所得悉数充作该校奖学金云。

《中央日报》1946年5月20日

鼓演讲竞赛毓德冠军

鼓讯 鼓浪屿区第十中心国民学校,昨在私立怀仁女中举行区内小学生国语演讲竞赛,参加单位计有英华校友小学等7校,按抽签次序轮流演讲。评判标准,结果毓德小学获得总优胜,毓德小学邱涟净获得个人优胜第1名,第2名鼓一中心黄昆婉,第3名怀仁小学郑天伦,第四名鼓一中心王锦英,第五名蔡枝礼。当场即将黄市长、叶教育局长、苏财政局长暨各社团机关各银行赠送之优胜旗、银盾、银杯分别重奖外,凡参加演讲儿童,均给予文具数件,以资鼓励。

《星光日报》1946年6月9日

大同中学毕业生昨举行毕业典礼　黄市长莅校训词

本市私立大同中学,本学期应届毕业生男女计106名,业经该校依照厅令举行毕业试验。完竣,并于昨(29)在该校大礼堂举行毕业典礼,计到黄市长各机关首长及来宾十余人,主席校长沈君泽,致词后,首由黄市长训话,指示各生勿忘过去惨痛、国难,并对今后应负建国巨任,勉勉有加。其余各机关首长来宾及该校教师亦相继演说,对于各生毕业后升学或就业方面,详加指示,语重心长。至6时30分隆重典礼始告完毕。

《星光日报》1946年6月30日

英华中学增聘教师

鼓屿英华中学,近添置图书仪器,本学期新聘各教师,亦已聘定,中有西南联大理学士陈维雄,北京大学理学士许少鸿,重庆大学理学士陈洪之,大同大学理学士王宋邻,厦门大学文学士谢延增等多人。

《江声报》1946年8月9日

李文立接长大同中学

本报讯　厦门私立大同中学新任校长李文立,昨已到校接收视事,定9月1日开学。该校前任校长沈君泽辞职后,转任南靖县立中学校长。查李校长毕业于上海大夏大学,曾任爱黄中学校长多年,颇著劳绩云。

《中央日报》1946年8月27日

李文立接长大同　积极整顿校务

本市私立大同中学,自李文立接长以后对于校务之推进,优良校风之养成,均经详加擘划,竭力推行。今后必有驾于前任之势,教师除现任外,新聘教导主任黄梅生(厦门大学教育学士)、训导主任许明德(大夏大学教育学士)、事务主任蔡莱泽(香港圣保罗书院毕业)、教师李远志(厦门大学理学士)、苏有信、郑英之(福建法学院法学士)、刘怡馥、洪维珍(上海美专毕业),其他练维哲等,均系从事教育多年云。又该校昨日开始旧生注册,五六日第二次新生考试,15日正式上课。连日报名颇形踊挤。

《星光日报》1946年9月3日

大同中学推进校务　昨日开始旧生注册

本报讯　本市私立大同中学自李文接长以后,对于校务推进及优良校风养成,均经详[加]擘划,竭力推行,今后必有一日千里之势。教师除现任外,新聘教务主任黄梅生(厦门大学教育学生)、训导主任许明德(大夏大学教育学士)、事务主任蔡苍泽(香港圣保罗书院毕业),教师李远志(厦门大学理学士)、苏有信、刘志英(福建法学院法学士)、刘怡馥、洪维珍(上海美专毕业),其他陈维哲等,均系从事教育多年云。

又讯　该校昨日开始旧生注册,五六日第二次新生考试,15日正式上课。连日报名者颇形拥挤。

《中央日报》1946年9月3日

省派崔钟英接长厦中　厦民教馆今起停办

本报讯　市府昨□省教育厅电,以省□厦门民教馆,9月份起停办,原有职员15人,工役3人,每月经费2万元,全部拨□省立厦中应用,馆内职员,尽量补充教职员。如资格不合,可由贵府介绍工作,或由该校发遣散费一个月,其薪津应用厦中9月份□聘教员数名拨给,惟应请设法垫发,至该馆财务处理。另行电知,又该校本期招收高初中各二班,校□就原有厦中校舍修缮及购置校具等费,由贵校商请地方人士设□□校长一职,已筹请省府调委崔钟英充任云云。

《中央日报》1946年9月7日

集美新生揭晓

本报讯　集美水产航海学校及商业学校,第二次录取新生及插班生,高水一下插班生:彭垂文、刘根盛、林清梯、□深根、陈树棠、丘步升、陈嘉能七名。一上新生:陈伍才、邱坤其、魏林震木、李坤才、吴熙洪、庄福基、周振武、王吉生、曾士鹏、陈再兴、许敦汉11名。高商一上新生:王德金、连德清、王一峰、连步云、林福盛、陈木真、陈顶文、李晏湖、王宗和、施从舜、谢清芳、赖培乐、黄继忠、林基仁14名。

《中央日报》1946年9月9日

市中新生揭晓

厦门市立中学第二次录取新生名单:一上新生录取计50名:曾秀贞、叶添水、郭秀治、何寿玲、白振国、蔡少玲、任惠珠、□显顺、洪东福、施丽娟、蟻昭曙、杨国传、林振恭、陈仁泽、蔡福建、陈子强、林丕昭、□廷杰、姜国南、郭玉麟、陈俊河、郭玉英、柯弈金、邱炳荣、□惠玲、李英河、黄汉治、欧阳警予、苏根全、王翠云、林丕□、黄碧筠、潘琦英、胡承诚、□静斐、欧阳南英、郭雅姮、欧侨文、李淑珍、孙慧芳、黄清坤、马惠英、何古城、□耀坤、吴清琛、孙超、郑俊杰、吴志慈、李克振、陈子富。二上新生备取计13名:陈秀珠、蔡林英、王文良、陈惠珍、林常新、吴兹圣、郭亚梅、詹国驹、韦志坚、陈大瑜、吕飞亚、吴碧英、许志哲。三上正取生计6名:柯孙□、王榕、傅维散、傅流水、陈钦友、洪其典。三上备取生计2名:洪海懋、曾庆良。二下正取生计7名:杜鼎泰、陈文礼、李锦文、刘占交、梁守□、王盛、林国华。二下备取生计2名:蔡安纯、李淑女。二上正取生计8名:林澄瀛、蔡国民、邱玉琴、吕定国、郑清松、詹道枢、黄耀□、曾君华。一下正取生计14名:□炳福、胡友建、陈兆中、王宣□、林朝晖、黄世敬、蔡济聘、张淑美、洪福清、洪世保、廖元志、陈国呈、林红叶、江明德。一下备取生计3名:许炯煌、丘宝珠、蔡祖珍。

《中央日报》1946年9月9日

厦中复校　月底招考高初级生

市息　省立厦中筹备复校,经志前报。该校校长瞿钟瑛于日前抵厦,连日向市府商复校事宜,校址因宪兵队尚未迁出,暂假前省立民众教育馆为临时办事处。闻已聘辜泗水为教导主任，林祖岳为事务主任，洪国器、陈启贤等为教员。至校舍修缮，校具购置已由厦中筹募委员会负责，积极进行，赶于开学前办理完竣。该校本期招收高初中新生各 2 班，并定本月底举行入学试验云。

又息　本市私立全民小学系面粉公会创设，抗战中被迫停办，日前筹备复校已告就绪，订今(16)日上课。

《立人日报》1946 年 9 月 16 日

省立厦中新生揭晓

本报讯　省立厦门中学第一次招考新生，成绩业经评定，计高中一年上正取 47 名，备取 19 名。初中一年上录取 43 名，又第二次续招日期，亦经确定，本月 14 日至 18 日报名。20、21 两日考试，至考试地点，仍假私立复华小学举行。兹将录取新生姓名，分志于后：高中部正取 47 名：许志伍、薛树德、陈荣波、郭文川、李壬癸、吴天降、陈信增、陈瑞祥、郑伟山、吴良监、叶基恩、郑琼琪、郑果、骆吉福、吴德安、郑南星、吴自强、骆显三、黄道成、施牲照、庄秀山、黄协荣、陈耀成、陈其钧、林渊泉、黄润土、郑汝铭、庄祥钦、王炳坤、周□□、张降昌、何启基、钟昆真、颜涂山、柯丽华、林自福、郭成渊、虞淑真、吴韵婵、萧嘉德、梁淑美、□梅□、张云芳、刘目星、蔡炳祥、黄呈瑞、林荣寿。

备取：陈民基、黄永砥、庄约翰、林维士、陈时寄、杨秀贞、庄春成、陆英涛、谭琇、陈金珠、林□、骆□萍、陈威冰、刘重民、杨三勤、林金焕、郑丽卿、郭文木、谭霖。

初中部 43 名：黄碧沛、江海、林丽容、□嘉平、黄瑛琳、黄士程、李克振、陈声衍、郑丽珍、钟清池、吴伟洪、陈国柱、阮阿根、萨足凯、俞玉明、徐桑柔、程赛娟、杜首达、林冰菁、郭绍熙、许师礼、黄炳耀、陈国家、王春生、曾汉明、黄莲珠、陈德胜、陈孔平、李恶如、林金漳、柯丽丝、张家福、林吉星、李毓英、李锦绸、孙安、黄天赐、曾淑贞、曾晓春、戴淑娜、曾淑环、周世和。

《星光日报》1946 年 10 月 6 日

省立厦中续招新生

本市讯 省立厦门中学第一次招考新生，成绩业经许定，计高中一年上取47名，备取生19名，初中一年上录取43名。又第二次续招日期亦经确定，本月14至□日报名，20、21两日考试，地点仍假私立复华小学举行云。

《中央日报》1946年10月6日

厦中复校　发动募捐

关于厦中复校，本学期接受初高中新生四班事，已前志本报。惟查该校在沦陷期间，校具全部毁损，校舍亦破损不堪，亟待添修（据估计全部费用须2000万元左右）。省府以财政困难，无法负担，特电由市政府联合地方热心教育人士组织厦中校舍修缮及购置校具委员会，向各方筹募，现该会业经成立。关于筹募事，分五小组分头进行：第一组组长严焰，筹募委员黄谦若、叶英、陈烈甫、李世俊；第二组组长周冰心，筹募委员吴春熙、李良远、蔡杰士、黄和德；第三组组长张圣才，筹募委员郭薰风、黄式厚、贺秩、叶少雄；第四组组长林眉山，筹募委员叶书德、张述、叶道渊、黄锵；第五组组长庄华，筹募委员骆萍踪、崔钟瑛、沈可法、陈候承。查该校历史悠久，校友遍及各地。经有上述诸地方热心教育人士之努力，谅必能达到目的云。

《星光日报》1946年10月26日

同安县中学生来厦旅行

安县中第八组旅行团男女学生51名，昨25日由导师黄菲君率领来厦，参观各机关及自来水、电灯厂、电话公司等，并拟参观本报及其他之工厂。约5日即行返回云。

《星光日报》1946年11月27日

厦中校友会改选理监事

本报讯 本市省立厦门中学校友会理监事任期已满,于昨上午9时假校礼堂举行理监事改选,出席校友27人。市府派社会科员郭金河前往监选,首由黄焕祖主席,报告改选情形,嗣即开始投票。选举结果:高怀、王德仁、黄焕祖、叶淑仁、洪山崔、钟琪、洪玉观、刘连发、黄仲光等9人当选为理事,许琼英、王悲蝉、黄清桂当选候补理事,李伯端、杨清江、陈敬昭当选为监事,郭景村当选候补监事云。

《中央日报》1946年12月9日

省立厦中追究钢琴

省立厦门中学须函警局,以该校原有钢琴一座,系日本式(YAMAHA),于沦陷时期,被日本小学占用。光复后,被台人林庆旺盗窃偷卖于仁成家私店,请追究赃物。该局准函后,经讯传林庆旺之妻吴月娥到庭鞫询,结果直供不讳。据供系向日人涩田校长明买清楚,现以国币85万元出售于仁成家私店。该局据报,以公物私卖,于法不合,拟予起赃查究云。

《星光日报》1946年12月12日

英华设立青年支团

本市鼓浪屿私立英华中学顷奉三民主义青年团福建支团令,以兹建立该分团筹备处,并设立临时干事处,派许扬三、沈汇川、蔡丕杰、吴汉忠、么岐为干事,并以许扬三为主任等语。该筹备处已于本月1日正式启印办公云。

《星光日报》1946年12月13日

大同中学奉准办高中部

本报讯 本市私立大同中学本学期奉教厅令准复办高中,经筹备就绪,开始招收新生□班,闻报名者颇为踊跃。该校除新建宿舍一座外,并积极充实设备,已定本月 6 日起注册,□日上课云。

《星光日报》1947 年 2 月 2 日

市立中学组学董会

本市讯 市政府为筹募市立中学基金及充实设备起见,特根据省颁公立中等学校学董会组织规程,组织学董会。经聘请地方热心人士及殷实华侨为学董,并订本月 6 日下午 2 时,在市政府会议厅开成立大会。兹探学董姓名如下:黄天爵、陈联芬、黄谦若、郭薰风、叶道渊、黄超龙、黄重吉、王振相、陈肇基、何葆仁、李禧、洪晓春、严焰、陈烈甫、叶青松、丁乃扬、骆萍踪、刘梧桐、薛芬士、许显西、叶书德、吴春熙、吕仲驹。

《中央日报》1947 年 2 月 4 日

大同教师新阵容

本市私立大同中学本学期奉准厅令复办高中,经筹备就绪,开始招收新生二班。闻报名者颇为踊跃,已定本月 6 日起注册,10 日上课。至教师方面,新聘黄毓体、李森、邱继山、吴俊英、李寿生、王文峰、李绣伊、黄阁辉,阵容异常充实。

《江声报》1947 年 2 月 11 日

英华学生三百余人捣毁中央宇宙报
电讯器材被毁净尽损失千余万

本市各界纷纷至该两报社慰问

本报讯 昨上午 11 时许,有鼓浪屿私立英华中学学生三百余人,集队由鼓搭轮来厦，分为两路出发，一路直趋大同路宇宙报社，于到达时，先将该社门前之贴报牌折毁，再拥进编□部经理部，尽将所有办公桌椅家具等捣碎，并有职员二人亦遭殴伤；一路奔向升平路中央日报社，先包围其楼下营业部。嗣有六七十人争相拥上二楼，将会客室悬挂壁上国父遗像及党国旗尽行撕破，将印刷部机房铅字翻倒数盘，字粒散弃，再上四楼电讯室，将其收报机三架、蓄电池、零件材料、玻璃桌椅等捣毁净尽。后两路集合，搭轮返鼓而去。查该两报社被捣毁损失惨重，据估值约在千万元以上。当宪警闻讯派队驰到制止，该校学生已远去。事后本市当局咸亲到该两报社慰问，并表示决严惩肇事凶手，以维法纪。据查其肇事原因，系中央、宇宙两报，前曾登载许春草住宅炸弹案，有涉及英华中学学生问题。该校学生自治会昨曾推出代表四人，到中央日报社访郑善政社长，查询新闻来源，并要求道歉与更正。该报昨已与更正，唯该学生等仍认为不满，乃于昨午率队来厦，再找郑社长重申前日道歉要求。时适郑社长不在，当由市府郑秘书静安接见，该生代表吕维宗、黄友仁，坚持非道歉不可，郑秘书曾允转达，但未能代为负责。如是谈判未获结果，包围报社外学生乃蜂涌登楼，遂致演成此不幸事件云。

又讯 昨午五时，鼓屿英华中学学生自治会在该校百友楼举行记者招待会，到本市江声、青年、立人、时代等报记者五人，对昨日上午 11 时许捣毁本市中央、宇宙等报事件，有所报告云。

《星光日报》1947 年 2 月 26 日

排球友谊赛　中华对市中

本报讯 本市中华中学师生联合队与市立中学师生联合队，定本月 1 日（星期日）下午 3 时，在厦禾路市立中学球场作排球友谊比赛。市立中学拥有代表长泰县出席省运会之排球宿将石其华，中华中学则拥有后起之杀球圣手郑鑫。两者实力雄厚，势均力敌，恰是棋逢敌手，将遇良才，届时当有一番恶战。

《星光日报》1947 年 3 月 15 日

厦中校友会输将母校　充实学校设备

本报讯　厦门中学校友会 15 日召开理事会,出席洪玉观、王宝、雀钟瑛、刘联发、洪山、黄焕祖、黄清桂、许志伍等八人,主席王宝,组录黄清桂。讨论关于 5 月 26 日为母校四十一周年校庆应如何筹备参加庆祝案,议决:(一)通知校友于是日上午 9 时来校参加纪念会;(二)发动校友捐赠母校复校应用家具,其办法以组为单位,每组拟定二人负责之,十三中十一届推郭维新、洪山负责,献玻璃书橱□架,十二届推林永馥、庄英才负责,献同上一架。厦中一组推黄清桂、潘达辅负责,献同上一架。厦中二组推王宝、余基荣负责,献会客室沙发全副。厦中三组推叶向阳、谢中涵负责,献理化仪器橱一座。厦中六组推马振耀、林穗负责,献同上一座,桌一只。厦中十二组推洪玉观、骆木仁负责,献玻璃书橱一架。其他未列入各组者,推高怀、刘联发、叶淑仁、陈少慧等负责,含捐献办公桌六只以上,所捐献之家私,应于 5 月 26 日以前送交厦门中学。(三)发动"玉屏杯"篮球比赛,其办法田潘教练约翰负责,提下会讨论之。(四)征求校友参加游艺会节目,由黄焕祖、洪玉观负责,于 25 日以前来报名。(五)推举黄焕祖、王宝二人参加母校为校庆特刊编辑委员。(六)关于下会日期应规定何日案,议决定 4 月 27 日上午 9 时。

《星光日报》1947 年 4 月 18 日

英华学生环鼓赛跑

本报讯　英华中学为着提倡国民健身,由学生自治会体育股长黄世晶主推,于王逢元指导之下,在昨日下午举行全校高初中环鼓赛跑,内分甲乙二组。兹将比赛结果列下:

甲组:第一名蔡乃颖,第二名曾仁和,第三名谢祥英,第四名黄友仁,第五名戴在哲。

乙组:第一名翁汉明,第二名林伯爵,第三名张庆元,第四名郑树耀,第五名林益康云。

《星光日报》1947 年 4 月 26 日

厦中学请拨职员赈米

本报讯 厦市各中等学校校长为联络感情，昨（26）晚假青年服务社举行联谊会，到国立侨师、省立厦中、厦门市中、私立中华、双十、大同、英华、毓德、怀仁等中学及怀德幼师等十校校长。于聚餐席中，各校长除提出有关教学及学校行政等问题，当以迩来物价暴奖，教职员生活大受威胁，贫苦学生亦感困难，乃一致决定函请市政救协会将暹米提拨一部，发给各中学教职员，并拨售学生平价食米云。

《中央日报》1947年4月28日

市立中学周年庆校

本市市立中学创办于35年春季，该校特定今（5）日为周年校庆，全体师生将热烈庆祝，并举行各科课业观摩会，有国、英、算、童军、劳、美、生物等科作业万余件，于晚7时举行恳亲游艺会。

《江声报》1947年5月5日

省立厦中明祝校庆

本报讯 5月26日为省立厦门中学四十一周年校庆纪念，该校定于是日上午10时开庆祝会，下午举行体育表演，晚间举行游会。在厦校友以此次系复校后之第一次校庆，拟由各组捐赠母校实用校具，获资充实设备，并留纪念。又校友会发起之玉屏杯球赛，原定26日下午举行。兹因沪福华队来厦比赛，时间发生冲突，将改期举行云。

《江声报》1947年5月25日

省立厦门中学昨举行校庆

本报讯 省立厦门中学于昨日上午10时在该校大礼堂举行庆祝41周年校庆纪念会，到各机关首长及校友等400余人。首由崔校长致词，略述厦中之历史及筹办之经过与将来之希望。继由来宾周参谋长、郭干事长、校友会王理事长等演说,语多勉励。下午3时举行体育表演,节目计有健身操、三朵花、叠罗汉、国术技巧等,昨今两晚并举行游艺会。

《星光日报》1947年5月27日

鼓毓德女中举行美展及音乐演奏

本报讯 毓德女中歌团琴手在闵□力夫人指导之下,昨晚开始举行音乐演奏会,节目颇为精彩。此外,有买灵伯夫人及陈□华参加之欧美名曲独唱多支,尚得观众好评。又该校美术教师选拔学生精粹作品数十件,亦于昨午起开始举行展览,观众拥挤。闻演奏会、展览会今日仍继续举行云。

《江声报》1947年5月31日

集校学治会将欢送同学

本报讯 同安私立集美中学学治会为欢送本届高初中毕业同学,订于6月1、2日假水产学校礼堂,公演六幕名剧《复活》,现正加紧排练。

又讯 同安私立集美中学音乐研究会为提高学生音乐水准,订定6月5日假在水产礼堂开音乐演奏会,由该校音乐教师张家政指挥。内有独唱、轮唱、管音、弦乐等,颇为充实云。

《江声报》1947年5月31日

《纯洁的百合花》怀仁女中筹备恳亲会

本报讯 鼓浪屿怀仁女子中小学校本学期业经结束,并订于七月三四两日下午八时,在该校礼堂举行恳亲会。昨经函请各机关首长莅临指导,查是夜恳亲会,并表演歌剧《纯洁的百合花》。兹探录其秩序如下：(一)致开会词,(二)第一幕家园的福乐,(三)合唱,(四)第二幕意外的灾祸,(五)双奏 GR、GE,(六)第三幕漂流的痛苦,(七)合唱,(八)第四幕突来的喜讯。

《江声报》1947 年 6 月 29 日

大同中学毕业生昨举行毕业典礼　黄市长莅校训词

本市私立大同中学,本学期应届毕业生男女合计 106 名,业经该校依照厅令举行毕业试验,完竣,并于昨(29)在该校大礼堂举行毕业典礼。计到黄市长各机关首长及来宾十余人,主席校长沈君泽,致词后,首由黄市长训话,指示各生勿忘过去伤痛、国难,并对今后应负责建国巨任,勖勉有加。其余各机关首长来宾及该校教师亦相继演说,对于各生毕业后升学或就业方面详加指示,语重心长。至 6 时 30 分隆重典礼始告完毕。

《星光日报》1947 年 6 月 30 日

明英华举行夏令音乐会

本市私立英华中学,素对音乐颇有提倡,该校定于本月七八两日下午 8 时半于该校大礼堂举行夏令音乐会。节目繁多,有小提琴独奏、钢琴独奏、双奏、弦琴合奏、男高音双唱、男音四唱及四部大合唱,名歌数曲,届时必有一番盛况云。

《江声报》1947 年 7 月 6 日

厦门中等教育双十中学最优　俊玕发表视察观感

南侨社讯　省督学张俊玕周前来厦视察教育,现已视察完毕,并定今乘机返榕。记者往访,询以此行视察经过及感想,据称:"本人此次奉命视察厦门,金门中等教育,间亦抽观若干小学。此行省教厅曾指示视察要点,即在教育行政方面,须配合教学,公民卫生教育;教务方面,提高师资素质,教材每学期须尽量教完。惜本市各中学校现均已放假,教务及行政方面未得全豹,不无遗憾。以一般情形言,本市各中学师资,尚令人满意。设备方面,以厦门市中及鼓浪屿英华中学为最完善;校舍方面,鼓浪屿各校均够水准,厦门则以双十胜,该校生气蓬勃,甚有希望。省中市中校舍,均需改善扩充。小学方面,曾视察厦南第一中心、厦南第二中心、鼓浪屿第一中心及私立主光、桃源等小学，一般设备及校舍尚待充实扩充，师资亦多有不合格者，希望能予提高。"记者又询以金门视察情形，张督学称："金门现尚未有中学，现地方人士及县政府均欲创办一初级中学，本人希望地方人士能与政府共同合作，最近期间，成立一县立中学。小学方面，县城附近各乡小学，设备不佳，教员待遇亦甚菲薄。到该县国教之发展，殊为影响云。"

《中央日报》1947 年 7 月 11 日

省立厦中新生揭晓

省立厦门中学本学期招收新生及编级生成绩经已揭晓，计录取新生高一上曾志寿、胡希贞、萧树钢等 50 名，备取生 5 名；初一上邱武赛、孙江森、邱秀屏等 60 名，备取生 8 名；编级生高二上吴厚本等 10 名，初二上□能湛等 22 名。闻该校定 9 月 4 日开始注册云。

《江声报》1947 年 8 月 22 日

省立厦中易长

本报讯 本市省立厦门中学校长崔钟瑛奉厅令调任浦城省立中学校长，遗缺调派仙游范校长接充。至仙师校长一职，由教厅调督学魏承驹接充。查厦中新任校长苏克惠出身厦大，历任省立中学有年，办学著有经验，今后厦中校务将有一番刷新云。

《江声报》1947 年 8 月 25 日

厦门中学 25 日正式上课

本报讯 省立厦门中学新旧校长，业于日昨（9 日）办理移接。闻该校订于本月 15 日为旧生补考期间，18、19 日为第 2 次招考新生日期，22 日至 24 日注册，25 日正式上课。查此次开学延缓，旧任迟未移交，当然为其主要原因。其次该校校舍一部分为宪兵营队驻扎，前二学期已觉不敷分配，况本学期班级之增加，生数激增，更何以容纳乎！闻已函请宪兵营,于开学前迁让,而利教育云。

  又讯 联总遗侨专员安培金氏,拟于本(9)月12日乘中航机先行飞沪,向远东国际难民机构接洽在闽设立机构事宜,然后转港公干云。

《中央日报》1947年9月10日

鼓英华中学已正式开课

  本报讯 鼓浪屿英华中学,业于本月8日开学,并正式上课。学生注册者1011人,较上季约增1/10强。教员阵容,比以往亦见整齐,共达50人。数学专家欧阳琦,星光日报主笔郭荫棠,弘一法师高足李芳远,中山大学农学士张本座,重大工理学士汪沂田、王牧群,协大文学士潘堆瑜,厦大理学士陈士奎、王梓材等均受聘主该校执教云。

  又讯 此次厦大招考新生,该校毕业生被录取者,计有17名之多,而以外文一系取录7名为最优异。据该校投考厦大同学谈,此次英华毕业生报考厦大者,共约50人,录取者约估总数1/3,而去年该校毕业生投考厦大,仅被录取1人,可见进步之速。且应届被厦大录取者,成绩均甚佳,有总平均高达55分者,而外文系新生第一名巫维衔,会计系第一名林吕昌,均为该校同学云。

  又该校所编之《英华》半月刊,暑假期间休刊,现已定本月16日复刊云。

《星光日报》1947年9月12日

英华中学正式上课 学生增加十分一

  鼓浪屿英华中学业于本月8日开学,现已正式上课,学生注册者已1011人,较上季增加1/10强。本学期教员共50人,数学家欧阳琦、中山大学农学士张本座、重大工理学士汪沂田、王牧群,协大文学士潘堆瑜,厦大理学士陈士奎、王梓才等均受聘至该校执教。

  又讯 此次厦大招考新生,英华毕业生被录取者有17名,中以外文一系录取之七名为最优异。按去年该校毕业生投考厦大,仅被录取1人,而本届被厦大录取者,外文系第一名巫维衔,会计系第一名林吕昌,均为该校学生。

又,该校所编之《英华》半月刊,暑假期间休刊,现已定本月 16 日复刊。

《江声报》1947 年 9 月 12 日

怀仁校庆

鼓岛怀仁女校,系伦敦长老公会所创办,开设迄今已 70 周年。该校定本月 27 日举行校庆大会,是日上午开感恩会,下午体育表演及劳作美术展览,是晚暨翌日晚 6 时半开游艺会。

《江声报》1947 年 11 月 25 日

集美初中部 篮球队将访问本市

集美中学初中部近组篮球访问队,订本月 5 日由该校教导主任谢春安,体育教员陈炯桢领队,访问厦鼓各中学初中部作友谊比赛。

《江声报》1947 年 12 月 3 日

市中奉准增设高中

本市市立中学开办迄今,将近两载。现有学级十级,学生数达 500 多人,该校本学期又增设高中部,业经奉市府代电称:奉省府代电,准予增设高中班次,改办完全中学,是即本市又多一完全中学。又该校校长近经省府考绩,准予进薪两级。

《江声报》1947 年 12 月 11 日

双十中学立案手续已经奉准

本市私立双十中学,创办到现在,已经 27 年。沦陷期间,内部受了很大损失,去年 9 月才重新恢复。经了一番整顿,到现在已渐恢复旧观,校舍也重建几座,并依法向教厅重办立案手续。近日该校高初中两部,已奉厅令核准,并颁发新钤启用。

《江声报》1947 年 12 月 12 日

毓德女中订今起举行劳作品义展 以所得充圣诞节赈款

本市讯 圣诞佳节瞬届,本市私立毓德女中济贫会将向贫民赠送圣诞礼品,除由该校全体师生及校友会捐献赈款外,并订本月 18、19 两日下午 2 时起至 5 时止举行学生劳作品义卖展览,以期增加施赈力量。

又,该校现正积极筹备音乐节目,排演话剧,以便在圣诞前后举行盛大庆祝会。届时当有一番热闹。

《星光日报》1947 年 12 月 18 日

旅菲怀德校友设奖学金纪念吴天赐

马尼拉讯 厦门怀德幼稚师范及怀德幼稚园创办人吴天赐女士,今年 7 月在英伦逝世。该校旅菲校友为追念吴女士二十余年设校功绩,特设立吴天赐女士奖学金委员会,由本埠校友杨修德君主持其事。闻该校校友均踊跃捐输云。

《江声报》1947 年 12 月 21 日

英华筹募助学金 戏票推销顺利

本报讯 本市英华中学,每年耶稣圣诞,均有集会庆祝及捐款济贫之举,本年决由青年会演出《十二月二十七日》三幕剧,招待全校师生。至于济贫捐款,亦已由该校全体师生募得 1500 余万元,准备于圣诞节日发放鼓浪屿贫户作为圣诞礼物。

又讯 该校剧团为筹募清寒同学助学金,定于本月 25 日晚起至 27 日三晚,在该校大礼堂演出《河山春晓》四幕剧,票价分荣誉、普通两种,普通票每张售三万元,荣誉券随人乐捐。闻票券推销相当顺利,迄目前止,已超过所出总票额 2/3,亦可见社会人士对助学运动同情与热忱云。

《星光日报》1947 年 12 月 24 日

《淮南子》重归故主　王兆丰氏义还公物　大同中学失书复得

市息　本市大同中学于民国23年由华侨许文鼎捐建图书馆十座,内陈列图书数十万卷,藏书之富,甲于本市各中学。迨抗战军兴,学校内迁南靖,该项图书,难免为宵小所盗窃,故各书摊常散见盖有"大同中学藏书"书本。前日本市古城西路和丰号东王兆丰,于书册摊购得《淮南子》一部计有20册。抵家时,翻阅该书,盖有大同中学图书馆图章,知系学校公物,遂即备函连同该书全部璧还该校。该校校长以王氏义还公物,经即备函申谢云。

《立人日报》1948年1月12日

建筑校舍纠纷　校长宅被捣毁　市中学生呼吁主持正义

本市讯　本市市立中学,本学期以奉准增办高中。教室不敷应用,乃呈准市府就学校围墙内东南隅筹建教室1座,一连五间。建筑将至完成阶段,突有邻近住民苏荣勋者提出地权交涉。该校系奉令接收,且苏姓事先亦未树立碑界,学校焉能所知。但为避免事态扩大,当即暂时(借时)停止建筑,多方妥谋和平解决。乃该苏荣勋者恃强蛮干,以学校为文弱机关,可以恐吓,突于日前(13日)适该校长率学生到禾山远足时,纠集流氓一批捣毁吕校长住宅,损坏甚多。该校员生闻讯激愤异常,除报请市政府及警察局严拘该暴徒惩办外,该校学生自治会(14)亦召集紧急会议,当即决议:(一)派代表4人向校长致敬及慰问;(二)发表文告吁请各界主持正义;(三)团结同学护校;(四)必要时招待记者并列队向政府请愿,事态可能扩大,亟待妥善解决云。

《中央日报》1948年1月17日

厦门中华中学招考男女生

名额:高中一上,初中一上各40名,其他各级酌收编级生。报名:2月1日起至考前1日止,应交证明文件及二寸半身相3张,报名费2万元。考期：第1次二月四五日，第2次二月十七、十八日。简章：请到虎头山路本校索取。校长王连元。

《江声报》1948年2月1日

同县中校长由叶玉栋接充

同安讯　本县县立中闻中校长之缺，党方曾介绍苏宜祖，团方曾介绍叶燉煌。但均遭当局拒绝，以中立者之叶玉栋出任。查叶系中山大学教育学士，办学有年。又息：李安水已接长私立南星中学云云。

又讯　本县教育经费由县统筹，抑由乡保负责问题，经县府教育座谈会郑重议决，中心学校经费决由县府统筹发给，国民学校经费即由乡保负责。惟据当局称中心学校经费由县负责一案，尚无把握云。

《立人日报》1948年2月22日

同中校长接收竣事

同安讯　县立中学校长更动，经志前报。兹息新任校长叶玉栋经于昨(20)日到县接收，由旧校长李安水亲自移交。叶经于昨(22)日接收完竣，并贴出招生通知，定本月28日开学。闻该校教师，大都遂旧任校长离校，叶校长刻正分函遴聘补充，故正式上课日期，恐将稍延云。

《立人日报》1948年2月27日

厦门培元校友昨成立校友分会

泉州培元中学旅厦校友，以该校前任校长许锡安，此次中兴轮惨案幸得脱险，乃于昨在大千三楼举行聚餐会，公宴许氏，藉表庆祝。出席校友70余人，当场议决成立培元校友会厦门分会，即席推选陈允敦为理事长，黄式厚、陈振复、杨存洁、蔡衍吉、黄滋泽为理事，周骏烈、吴恩敏、陈清源为监事云。

《江声报》1948年3月16日

同县中校庆将举行展览会

同安息 5月4日为本县县立中学校庆纪念,该校特于日前校务会议,决定庆祝办法为(一)举行纪念会;(二)举行各班级成绩展览;(三)举行童子军检阅;(四)会餐;(五)出版特刊,至一部分同事并拟尽量筹备游艺会,届时当有一番盛况云。

又是日校务会议,由叶校长主持,对该学期校务,极抱乐观。叶强调本学期学校家庭化,财政公开,而彼为珍重个人事业前途计,决为本县最高学府作最大努力云云。

《立人日报》1948年4月5日

鼓私立英华中学庆创校五十周年

本报讯 鼓浪屿私立英华中学,订本月17日至20日,举行创校50周年纪念,同时举行学生成绩展览会及运动会,以志热烈庆祝。该校届时将函请本市各机关首长,团体领袖,地方贤达等莅临参观指导。

《星光日报》1948年5月1日

市立中学两周年校庆

本市市立中学创办以来,瞬经两载。本(4)日,为该校两周年校庆纪念日,特订于上午9时在该校举行庆祝大会,并分别举行学生论文比赛,各级壁报比赛、球类比赛、拔河比赛。晚间假通俗教育社剧场开游艺大会,表演话剧歌舞,招待学生家长参观。

《江声报》1948年5月4日

厦市立中学今庆成立两周年

本报讯 本市市立中学,创办以来,瞬经两载。本(5)月4日,为该校两周年校庆纪念日,特订是日上午9时,在该校举行庆祝大会,并分别举行学生论文比赛,各级壁报比赛,球类比赛,拔河比赛。晚间假通俗教育社剧场开游艺大会,表演话剧歌舞,招待学生家长参观。届时当有一番热烈盛况。

《星光日报》1948年5月4日

要求归还校舍 厦中学生请愿
宪兵谢营长谓正在积极寻觅中

本报讯 驻厦宪兵队之自建营房,乃于光复后暂假省立厦门中学旧校舍为营宿地。嗣该校复员,宪兵队再以本市房□严重,一时无法搬迁,因此该校当局据理交涉,而宪兵队亦请市府协助觅找营址,事经市府饬军事科沈西明会同宪兵队觅定中华路城隍庙为暂时营址,宪兵营长谢铎认为满意,拟于换防搬迁,而厦中全体学生以为宪兵队有意拖延,突于昨晨召集全体学生达数百名道市府请愿,同时散发传单,高呼口号,并推派代表林亮梨等8名晋谒黄市长请愿。黄氏对此事件表示市府协助宪兵队觅营址,已于积极进行,并先觅定中华路城隍庙为营宿地。营址既然觅定,相信于最短期内搬还该校掌管。

又,记者为此走访宪兵营谢营长,据称:宪兵队驻防地,与学校同为一处,亦自感不便,惟日前无法觅一队址搬迁,引为憾事。惟该队驻地已饬令尽量缩小居住范围,一俟觅到营舍时当立刻搬迁。

《星光日报》1948年5月16日

省中学生列队请愿 收回校舍

本报讯 昨(15)日省立厦中为收回该校被宪兵队驻用校舍,该校学生400余人,于昨晨向市府请愿。由黄市长亲自接见,答应愿尽力代为设法,而学生仍认为不满,坚欲市长有肯定答覆。后由警局练督察长劝导始散。学生于请愿后,仍在市府附近墙壁张贴标语,嗣由昨甫由泉来厦即接防之第八连宪兵连长冉儒兴、省中教务主任陈洵阳商谈,愿尽力设法归还驻用之校舍。市府方面亦拟定将中华路城隍庙拨与宪兵队驻用,惟需该庙本学期国民学校结束后,由市府代为修葺拨用云。

《中央日报》1948年5月16日

省立厦中筹祝校庆　决定活动节目

本市讯　省立厦门中学创立迄今已届42周年，该校当局为庆祝校庆，决定活动程序如次：24日各级出版壁报及"玉屏杯"篮球预赛，25日壁报比赛评判及"玉屏杯"篮球赛继续。26日上午9时开庆祝大会，上午10：30玉屏杯决赛，中午12：30教师校友聚餐，下午2时校友与学生篮球友谊赛，晚七时半游艺会演出《领落人家》及《浪淘沙》。27日上午八时半起，初中部拔河比赛，下午3时起高中部拔河比赛，晚7：30游艺会演出《十三年》、《半斤八两》和《处女的心》。（中央社）

《星光日报》1948年5月25日

抗议岗警辱教师　大同学生昨请愿

本报讯　本市私立大同中学训导主任庄汉水，于本月26日上午7时许偕友二人挟有衣服二件进入市府，拟会晤地政科庄科员。时已过办公时间，庄乃走返，出市府大门时，把门岗警刘文全、王有土等向曾奉令禁止市府人员及市民由市府携带物品出市府大门，以防盗窃公物，乃趋前予盘问。因态度欠佳，致引该主任不满，双方发生口角，而警局督察处值日督察员陈剑超闻声赶出，邀庄至督察处询问始末经过，知属误会。迨庄出市府大门，岗警与庄再度口角，据庄语记者：斯时岗警挥拳拟殴，幸渠招架始免。急逃十余步，岗警仍尾跟其后，一路人围观如堵，间有该校同学目击其教师与警察冲突，急返校报告，并开学治会商讨对策，当场推派代表于昨晨10时向市府请愿。当由黄市长接见，并电召警局代局长汪锡祺垂询此案经过，对于该校请求严惩行凶岗警，允许查明澈办，同时由黄市长保证今后决无类似行为发生，并由汪代局长至该校表示歉意，一场小风波遂告平息。

《星光日报》1948年5月28日

鼓英华获准保送毕业生

本报讯 鼓浪屿英华中学自复校以来,对于提高学生程度不遗余力。本年度该校□被南京金陵大学、广东岭南大学列为国内认可保送成绩优良学生免试入学,及举行□种考□入学之学校。闻本年度该校高中毕业生计70名,被保送进入岭南者两名,准予参加金陵大学□种考试者计20名,该项考试颇重于智力测试。已于日昨在该校分科举行完毕云。

又讯 本年度国内有名私立大学,在该校设立代考处者,已接洽有福州私立协和大学、杭州私立之江大学两校。预计在7月中旬,开始办理各项投考手续云。

《立人日报》1948年6月5日

同安学生巡行　反美扶植日本

本报讯 同安集美学校学生自治会,于本月4日举行反对美国扶助日本大巡行。是日上午8时许,该校学生约300人由集美乘汽车到县城,先在县城各街道张贴标语、壁报、漫画等,沿街歌咏高呼口号。旋至县立中学,会合县中、启悟中学,大同第一、第二中心国校生。全数千余人,集体出发作联合大巡行。行列整齐,秩序良好,激起全城民众热烈之情绪。下午复分组在各街道作街头演讲,词意激昂,市民咸受感动,颇能唤起民众了解反对美国扶植日本,不利中国之意义。至下午6时,始乘同集号汽车返校。该校此次发动反美助日大巡行,所收成效颇宏云。

《中央日报》1948年6月6日

中华校友开始登记

市息 本市中华中学校友会第一次筹备会,昨5日下午5时假虎头山母校召集,出席陈金芳、王秋涛、郑嘉辉、陈松寿等。当即讨论今后进行事宜,一、校友会章程由王秋涛、郑嘉辉负责拟草;二、登记校友登记处设母校,及《江声报》轮□与鼓香港区及各县,南洋各属设分处;三、登记方式各校友详具履历及详细住址；四、下会期定本 12 日下午 5 时在国际召集并讨论其他一切进行事宜云。

《立人日报》1948 年 6 月 6 日

市中童子军深山露营

本市讯 厦门市立中学童子军团,为增进学生兴趣,训练独立生活技能,特由教练赖如玉率领该校二年下期男童军 43 人,女童军 9 人,于本日下午 2 时出发鹭岛西姑岭、螺山、王台山一带深山露营,并作斥堠、工程、警戒,勘察地势,夜行军等课程实习。闻该校此次深山露营,行装配备,曾经周密设计,使用颇感轻便。际此炎日当空,能改除青年好逸恶劳习尚,从事野外活动,实堪倡扬云。

《星光日报》1948 年 6 月 7 日

双十军训生实弹射击

双十中学高二下女生 17 人,男生 41 人,本学期所受的军训,对于射击教范很感兴趣,特要求教官姚堂福给他们来一回实弹射击。姚氏经向海防处借到枪械,定明日下午 1 时起到 7 时止,在虎园路仙井打靶,该校经函各有关机关查照。（邵）

《江声报》1948 年 6 月 10 日

双十中学射击成绩

双十中学高二下男女学生 54 名,于昨下午 1 时由教官姚堂福、教练陈志曾、教师陈振兴、郭会舰等率领赴虎园路仙井脚靶场作实弹射击。每人三弹,设三弹全中红心,总得 36 分。计命中者 34 名,其中男生吕尚章得 25 分,郭弈玲 23 分；女生薛丰源 15 分,洪瑛云 10 分,曾淑贞 9 分。

《江声报》1948 年 6 月 12 日

英华校友重组校友会

鼓浪屿英华中学校友李芳洲等,近依法重新发起组织校友会,经推举黄金安、陈金方、曾沧舲、刘贤彬、许祖义、郑约慧、丘继善、黄炳煌、黄绍统等为筹备员,负责筹备,并订本月23日下午5时假英华中学举行第一次筹备会,讨论成立诸事。

《江声报》1948年6月23日

英华校友会首次筹备会

鼓浪屿英华中学重组校友会,情志昨报。查该校友会组织成立,历史本颇悠久,历届负责人多属租界时代服务外国机关洋行闻人。胜利后,鼓屿租界取消,该会迄未向政府办理登记,致被市府社会科饬令停止活动。嗣乃由该校校友李芳洲、陈金方等依法申请重组,推出筹备委员,并于昨(23)日下午5时假英华中学开第1次筹备会,市府社会科派郭金河出席指导。当即推举李芳洲为筹备主席,黄治统等拟草章程,并定6月27日召开第2次筹备会,订期召开成立大会云。

《江声报》1948年6月24日

双十公演《狂欢之夜》

双十中学复员高中第二组话剧社,为欢送该校本届高初中毕业同学,订于7月3、4两日晚上9时,假通俗教员社演五幕讽刺喜剧《狂欢之夜》,由该校教师司徒幸紫导演。闻连日排演殊为积极,届时当有良好表现云。

《立人日报》1948年6月28日

《狂欢之夜》英华毕业班明后晚公演

本市英华中学本届毕业班晖映社,以该班此次适逢该校50周年时毕业,拟举行扩大庆祝,除由该校于7月1日上午10时举行毕业典礼,邀请全体毕业生家长参加外,该级并定于二、三两日公演鲁思改编之五幕讽刺喜剧《狂欢之夜》,招待全体师生并各有关团体。5日下午5时举行叙别聚餐,招待全体教职员云。

《江声报》1948年7月1日

毓德女中美术展览

鼓浪屿毓德女子中学本学期课外活动特多,5月间开音乐会,6月间开运动会,今又定于7月二、三两日在该校美术室开美术展览云。(宋)

《江声报》1948年7月2日

英华童军环岛露营并作社会调查

鼓浪屿私立英华中学童子军团第1192团教练员赖如玉,昨晨6时率领该团雄狮与红鹰二队童子军渡海,取道厦港,向曾厝鞍[垵]出发。预计一星期内沿鹭岛海滨露营,经岭兜、何厝、转五通、高崎等地,由禾山而返。闻该队童军年轻体健,平时多居处繁华都市,过舒适生活,少与自然界草木鸟兽接触,对村野清静,纯朴幽雅之风光,多表思慕。此次露营,除作一般行军、扎营、烹饪、警戒等之课程训练外,并将就地实习,防范野外虎、匪、鬼、水四怕之技术。闻该队鉴于鹭岛除市区外,沿海一带,外人鲜有涉足过访,拟趁此次露营之便,向各当地父老探寻民情,分列抗战前、沦陷期、光复后三期比较之,并推陈耀明任队长,陈宗炮任队副,黄天任、陈周安负责乡土调查,薛永明、陈建兴负责调查民情,许鸿明、柳幼岩负责调查习性,林约慧负责调查生活职业,并将所得,按日出版小型营地晚报云。(宋)

《江声报》1948年7月7日

大同高中第二组被校方解散　学生吁请各界主持公道

厦工社讯　本市大同中学举办高中部,因立案发生问题,本学期对高中部学生突予解散,引起该校高中第二组全体学生不满,昨特全体联函吁请社会人士、政府当局、学生家长、校董、校友、教师、同学主持公道，并责问校长许鸿图。该函略述该高中组被解散事宜经过，列举许校长失职所在，并提出五项要求。兹探志其要求要点如下：一、许鸿图办理下之大同，我们无所留恋，如果因为我们无法应试而受解散，则许校长应先受解职；二、我们坚决否认许鸿图及其所委派之导师，控制下的训导会议有权作解散之决定；三、我们可以转学，但是我们要求许鸿图保证我们以后学籍不发生问题；四、为了百余高中同学的前途，我们请求学校迅速进行办理立案，并积极招收高中新生，比便本校初中班毕业同学之升学；五、我们相信许鸿图之被解职，乃大多数大同师生迫切之要求，任何人士如若对此尚存怀疑，则我们请求校董会立即召集全体师生，以最民主的方式对于许鸿图举行一次不信任投□云。

《立人日报》1948年7月9日

市中将设禾山分校

  禾山参议员江定邦、黄敬贤等，因鉴该区小学林立，而中学却未见设立一校，以致禾区莘莘学子，负笈厦鼓集美各地，诸多未便，而贫苦农家子弟，亦因经济压迫，辍学者众。故此次向参议会提案，联请市府迅在禾山设立中学，以资补救。由是市长黄天爵乃于8日午后在该府召集禾山各参议员暨教育科共同洽议，讨论结果，决定于本秋季设立市中禾山分校，择定江头禾山公所原址为校址，由林文忠、孙嘉武、江定邦、黄敬贤暨禾山热心人士为该校校董，组织校董会，进行筹设，俾得早期成立。

《江声报》1948年7月10日

大同高二组解散　学生特提出抗议

  本报讯　本市私立大同中学高中第二组被该校训育会议宣布解散，同学提出抗议，向校长许鸿图提出质询。缘事为该组同学不满几何教员黄水引，向校方要求更换，上学期第二月考后即陷停顿，学期考试即无法举行。校方认为学生抗议罢考，即于学期结束后，训育会议议决宣布解散，而学生方面则认为并非罢考，而系课务停顿无准备之故，故提出声辩。

《星光日报》1948 年 7 月 10 日

市中设禾山分校　校址择定江头　下期开始举办

本报讯　本市禾山自光复后,各乡小学林立,而中学独付阙如,是以此次禾山参议员江定邦、黄敬贤于议会提案,请市府教育科迅予计划将市立中学在可能范围内迁禾或设立分校。故市府于 8 日下午 4 时特召集教育科长叶书德及禾山参议员,在市府大礼堂共同洽议。讨论结果,决于秋季设立市中禾山分校,校址择定江头禾山区公所,而区所及警分局即另移办公地点,并聘黄敬贤、林文忠、孙嘉武、江定邦及禾山地方热心人士为市中分校校董,组织校董会,共同积极进行筹设,以期早日成立。

《星光日报》1948 年 7 月 10 日

市中禾山分校聘校董 11 人

本报讯　市参议会建议市府,将市立中学分设禾山分校,经市府于昨(24)下午 4 时在会议厅开第二次筹备会,主席黄市长。讨论事项摘录如下:(一)关于禾山区市立中学分校学董会,校董聘请 11 人,推林文忠、孙嘉武、江定邦、黄敬贤、黄粹庭、陈克舒、吴春松、薛安修、张宗云、陈安进、吕大伴等为学董,并推林文忠、孙嘉武为召集人,斟酌实际情形,定期成立。(二)关于禾山市中分校校舍修葺及校具教具各项设备,经市立中学拟定计划书,送请林参议员文忠、孙参议员嘉武提交分校学董会,分别缓急积极办理。

《中央日报》1948 年 7 月 25 日

市中禾山分校地点择定江头

禾山市参议员黄敬贤等请求市府在禾山分设市立中学的事,经该区参议员和教育科数度磋商,决定了校舍和设备费由禾山区人士负责,教员和经常费由市府负责。地点经择定江头,设备费预计须几千块美元,将向南洋募捐,所以能否赶得及于下学期开学还成疑问。

又：连城高工迁移禾山双涵前云梯中学旧址事，只是一种传闻，实现之期还是遥遥无定。（邵）

《江声报》1948年7月28日

市中禾山分校学董会首次筹备会

禾山区市中分校昨日上午10时假禾山区公所召开第一次学董筹备会议，出席者薛安修等10人，由召集人林文忠主席，行礼如仪。报告开会宗旨后，讨论结果：一、关于学董应否增聘案，议决除薛安修、黄萃庭、林文忠、江定邦、黄敬贤、陈克舒、吕火伴、陈安晋、张宗云、孙嘉武、吴春秋等11人由市府选聘外，加选吴咸博、徐为力、江维三、钟庆全等4人为学董，并报市府加聘之。二、关于校址应如何择用案，议决择定禾山区公所原址一部分充用之。三、关于正副主任学董应如何推选案，议决票选黄萃庭为主任学董，张宗云为副主任学董。四、关于设备费及修理费应如何筹募案，议决由各学董分组筹募之。五、关于下会日期应如何规定案，议决定8月2日上午10时举行。

《江声报》1948年7月31日

吕仲驹调海澄　市中校长易石益谦

本市市立中学校长吕仲驹奉省教育厅令，调长海澄县立中学，递缺调云霄中学校长石益谦接充，而云霄递缺改派私立金门中学校长吴绍尧接充，金中校长一缺另由该校校董会聘请许绩铨接充。至于海澄县立中学原任校长黄士豪，闻系因案撤职云。查市中新校长石益谦，厦人，协大毕业，历任中学校长多年。（衣）

《江声报》1948年8月5日

办学认真全体教职请求免调

本市讯　市中全体教职员，以报载吕校长将调长海澄县中，该校并无所闻，披阅之下，咸衷惊异。特于昨日下午假该校教室开联席会议，胥以吕校长主持市中以还,经周详筹划,惨淡经营,由初中添办高中,筹建校舍,增加班级,校务蒸蒸日上,迭经省政府嘉奖晋薪,现为扩充校舍,并拟具三年计划,逐步进行。兹界方殷,遽而调任,影响教育甚大。闻将分电市党部、市参议会、市教育会主持正义外,并电呈省教育厅查询真象[相]。果有斯议,将有严正表示,电请免调,而利教育云。

又讯 厦门市立中学校长吕仲驹奉调海澄县中校长消息传出后,该校员生佥以吕氏为该校首任校长,两年余来,成绩优良,深感惋惜,若干学生家长亦然。闻将请求省方免调,使其得竟全功云。

《中央日报》1948年8月6日

市中校长吕仲驹他调　教职员分电挽留

市息 市中全体教职员,以报吕校长将调长海澄县中,该校并无所闻,披阅之下,咸表惊异。特于昨日下午假该校教室开联席会议,胥以吕校长主持市中以还,经周详筹划,惨淡经营,由初中添办高中,筹建校舍,增加班级,校务蒸蒸日上,迭经省政府嘉奖晋薪。现正扩充校舍,并拟具三年计划,逐步进行。兹界方殷,遽尔调任,影响教育甚大。闻将分电市党部、市参议会、市府、市教育会,主持正义外,并电呈省教育厅,查询真象[相]。果有斯议,将有严正表示。电请免调,而利教育云。

《立人日报》1948年8月6日

市中吕校长他调　教育会有所表示

本报讯 市教育会以市立中学校长吕仲驹,主长市中以还,艰难苦干,斩棘披荆,筹建校舍,增加班级,添办高中,校誉日隆,迭经省政府嘉奖晋薪,且在厦人地两宜,深得学校员生、学生家长之信仰,及各界人士之好评。报载该校校长他调,咸深惊异,特于昨(6日)上午9时召开理监事联席会议,严正表示如下:一、呈请市政府准予免调;二、函市参议会转函市政府准予免调;三、经电省教育厅收回成命;四、经呈省政府刘主席查明调动真象[相],并恳准免调;五、推举本会理事王连元、叶英、吴龙江代表本会慰问吕校长。

又讯 昨日上午9时，市教育会在本会召集第7次理监事联席会议，出席计理监王连远、甘朝驹、裴英□、陈甲友、吴龙江、吕仲驹、孙森、戴光达等8名。兹探志讨论事项如下：一、关于公私立小学校长办学成绩优良，呈请市政府分别奖励案。议决：呈请市政府迅将本市各公私立小学校长办学成绩优良者转请省府分别奖励。二、选据禾山区教育会呈，以该区各公立学校支领经费困难，请转呈市府准时核发，以安教职生活案，议决：（一）由本会拟具体可行办法，函各校会酌意见办理之。（二）函市银行厅尽先拨交禾山区各学校经费以节省各校来往旅费。（三）查各小学即将开学，电催省政府迅发本市基本教育补助费，以充实各校设备案，议决通过。（四）本会因物价日涨，经费困难，呈请市政府增加补助费，以利会务案。议决：拟具本会支出预算，呈请市政府逐月按照物价指数实际增加补助，以免追增而利会务。五、依照教育法令，教员应由校长聘任，呈请市府勿另委派，以健全学校人事，而利校务推行案。议决通过。六、本市各学校教职员待遇微薄，拟呈请市政府比照邻县提增底薪案。议决通过。

《中央日报》1948年8月7日

敬爱良师　市中学生挽留校长

本报讯 市中校长吕仲驹闻将调长海澄县中，消息传出后，该校全体学生至为惊奇，学生自治会特于本月7日召开理事会议，认为吕校长平素对学生爱护备至，办学认真，并一致议决：（一）推定代表向市政府黄市长要求转请省府教厅，准予免调；（二）要求市参议会、市党部、市教育会及有关团体主持正义，声请挽留免调。闻该校学生自治会对吕校长调任影响学校前途很大，如果吕校长调任属实，全体学生将有严正表示云。

《中央日报》1948年8月8日

市中禾山分校设备费筹募中

本报讯 市立中学禾山分校学董江定邦、薛安修、林文忠，自分组出发劝募该校设备费，该区热心教育报侨郭天成、林文海，乐捐美钞各3元；林振兴、吴应坑、林高文、周坤乾、孙嘉发，各捐美钞10元；林永雹、林卯，各捐5元。现各学董尚进行劝募中，预料成绩必佳。该会对该分校亦筹备就绪，决于九月中旬开学。昨并分函各保长协助登记学生，其报名日期，即本月17日起至25日止。报名抽点分为四处，(一)江头禾山区署。(二)前村社林文忠住宅。(三)庵兜社薛安修住宅。(四)田头社，孙嘉武住宅。学生报名费，仍依规定每名缴交30万元，并订本月20日上午10时假禾山区公所召集学董第三次筹备会云。

《星光日报》1948年8月16日

市中禾山分校学董会开三次筹备会

市立中学禾山分校学董会昨召开第三次筹备会，出席者林文忠等十人，主席黄萃庭。讨论事项如下：(一)关于开学期迫校舍在未全部修葺前，应如何临时移设案。议决：暂设在双涵社禾山中学原址，候江头校舍修竣后再行迁移。(二)关于本会图章，应如何雕刊案。议决：请市教育科刊发。(三)关于本会学董聘函应请市教育科迅行颁发以专职责案，议决通过。(四)关于吴学董咸博函请辞职，应如何荐聘案。议决：荐聘吴文苑继任之。查该校筹募之设备费，原定每学董募足美钞百元，合计1400元。迄昨止，学董陈克舒、江维三、吕火伴、江定邦、林文忠、黄萃庭、薛安修等已募得美钞700元，尚有半数即铁限于本月27日募足云。

《江声报》1948年8月21日

陈厥祥等组集美校友会

市息 集美各级学校历届毕业生，住居本市为数甚夥，遍布本市各机关工作，经常少有连系。近该校校友有鉴及此，日昨特由校友陈厥祥、叶维奏、林承志、陈维岭、黄玉麟、陈守经等30名，发起组织"厦门市集美校友会"，并具呈市府请予组织。现市府经准予组织。派陈泳沂指导云。

《立人日报》1948年8月24日

赵丽楣荐为市中分校主任

本报讯 市立中学本学期拟在禾山设立分校,情志本报。闻该分校学董会前日具呈市府,请荐赵丽楣女士为分校主任。查赵女士系禾山梅村社人,现年34岁,29年毕业于国立中山大学外国语文系,服务教育界多年,经论丰富云。

《中央日报》1948年8月27日

广东同乡会筹设粤侨中学

市讯 本市广东同乡会,鉴于厦市失学儿童众多,原有中学为数甚少,不克全部收容。爰决定设立粤侨初级中学,择定望高石前广东卫生所为永久校址。除即日成立校董会,负责筹划,建校事宜外,并自本期起,暂假小走马路粤侨小学招考新生。闻该校经费纯由各热心同乡捐助,所交学费低廉,又教师多属大学毕业,且富教学经验者,诚为升学青年之福音也。

《立人日报》1948年8月31日

市中禾山分校拟改市立二中　由石益谦充任校长

市中禾山分校,现经市府呈省请改为厦门市立第二中学,校长一职昨亦已委派石益谦充任,莅禾主持,准备月中开学。查该校学董会前托各保招收之学生已达七八十名,校具亦设备完竣。

《江声报》1948年9月8日

二中校长改派戴光华

市府前委石益谦为厦市第二市立中学校长一节,已志本报。兹查石氏因呈辞该职,故市府昨复改派教育科督学戴光华充任,委赵明媚为教导主任。戴氏已定今日莅禾主持,决于9月15日开学云。

《江声报》1948年9月11日

二中校长督学暂代

市讯 市长昨手谕教科，以市立第二中学校长未到职前，暂由教科督学戴光华兼代，从速筹备开学为要云云。（青）

《立人日报》1948年9月11日

黄市长谈市立二中无问题可言　昨正式上课

厦门市立第二中学学董林文忠，因阅报载以该中学不准设立事，特面谒市长黄天爵叩询。据谈第二市中之设立，其经费系由地方款项下拨充，自无问题可言，尽可如期开学。故昨日该校仍从事考试，第二次所招收之学生昨日正式上课。

《江声报》1948年9月21日

厦门中学校友国庆举行联欢

本报讯 厦门中学校友会为联络校友感情，并共同检讨母校与革事宜，经该会第三次理事会议决，定于10月10日举行校友联欢会，并通过筹备办法四点如下：一、10月10日在母校举行校友聚餐联欢会。二、各理事每人应负责联络校友10位参加聚餐联欢，每位份金定为5元。三、推举苏克惠、王贲、黄清桂负责筹备。四、凡校友欲自动参加联欢者，可向下开地点登记，并照缴份金。（一）玉屏巷母校苏校长克惠。（二）开禾路时代晚报社王社长德仁。（三）大同路郭恒发号郭维新。（四）中山路新新公司石益谦。（五）厦门港金新街振裕酱园翁教育。（六）禾山禾光小学吕火□。（七）鼓浪屿厦大新生院陈鸿铭。查该校创办迄今已数十年，校友散处各方，此次集会联欢，当有一番盛况云。

又讯 省府顷代电市府以37学年度上期起，县市立中学，得向学生每人征收学费金圆券5元。县市立职业学校得征收学费金圆券3元。是项学费，应以3/5为提高教职员待遇（照薪额比率支给），2/5为充实学校

设备之需云。(青)

又讯　省府昨电令市府,以本省公立中等学校37学年度上期征收学校费用标准,第一条规定,公立中学及职业学校,得征收学生杂费。师范学校,不收杂费,以师范生活假节余米变价挹注。此项杂费用途,包括修缮设备、印刷、训导、活动等费,暨教员赴校旅费,及其他杂费等云。(青)

又讯　市府奉省府代电,以据报本省各级学校间有每学期向应届毕业生强迫摊缴赠送母校纪念品,或捐款及劳师酒席费用等情事,殊有未合,应予严厉禁止。市府已转饬各学校切实遵照,毋得故违云。(青)

《立人日报》1948年9月29日

集美校友会订明日成立

本报讯　集美与本市仅隔一衣带水,集美学校校友在厦事务甚多,战前原有校友会之组织,并自购地皮拟建会所。嗣因厦市沦陷,事务搁置。近该校校友陈厥祥、叶书德等为联络校友情感,特再发起组织厦门市集美校友会。经呈奉市政府准予依法组织,并派陈科员泳沂为组织指导员。现该会已筹备完竣,并定于本月7日上午9时假东亚四楼开成立大会云。

《中央日报》1948年11月6日

市中军训　实弹射击

厦门市立中学军事训练团,近为使该团,学员对于实弹射击技能之增进,及作野外之演习起见,特定本月25日由该团军事教官胡乃昌,率往本市广播电台前咸水井海军打靶场施行实弹射击。闻该校已于日昨函请市警局,转知附近居民,于射击时间内停止来往,以免发生意外。

《江声报》1948年11月25日

禾市立二中停课　今开学董会解决

市讯　禾山双涵社厦门市立第二中学二上学生因本4日晨升旗之时,忽有一上学生不唱国歌,嘻笑闲言,被蒋教师所听,误指系二上学生孙以振所为,□系故意捣乱,布告罚记大过一次。孙以振乃向蒋教师辩白非他,请求赦免记过处分。但蒋固执不肯,以是引起全班学生不平,实行停课。迄昨止,已不入校上课5天。校长戴光华适因事留厦,昨始归校,探悉此情,乃着该校学生自治会主席,劝告各同学上课,静候调查解决。但各生即认为该校不收回孙以振记过成命,仍继续停课。该校学董会主席黄萃庭为此恐闹成风潮,特函请各学董订今日召开紧急会议处置。(山)

《江声报》1948年12月9日

市立第二中学 罢课已5日

本报讯 厦门市立第二中学学生于本4日突告停课,迄昨日止各生不入校上课,经已5天。查其原因,乃为4日晨各生行升旗礼时,有一上学生闲话,被蒋教员听见,误指为二上学生孙以振故意捣乱,遂发出布告记孙大过一次。孙向蒋辩明非己,而蒋复不查事实,竟固执执行,以是引起二上全班学生不平,遂实行停课。昨校长戴光华由厦归校,探知其事,乃力劝各生复课,静候处理。但各生以蒋如不收回记过成命,决不上课。故该校学董会已订今日开紧急会议,讨论并结束募捐手续。

《星光日报》1948年12月9日

禾市立二中复课 学董会昨议决多案

市讯 禾山市立第二中学昨开学董会议,讨论事项:(一)关于下学期校舍,应如何迁设及修葺案,议决迁移祥店前禾山女学旧址。(二)关于市府拨助修葺费,应如何推举代表洽领案,议决推举主任学董及林学董文忠二人负责洽领。(三)关于前各学董负责募捐,迄今日久,尚未报会,应如何办理案,议决:甲、黄萃庭、江维三、吕火伴、陈克舒、江定邦、林文忠等六人,已如数募足,应予结束。乙、陈安晋、黄敬贤、徐为力、吴文苑、吴春秋、薛安修、孙嘉武、孙自当等,尚未照募,应推江定邦学董分别催募。(四)关于本校教职员俸薪微薄,各校均有劳师之举,本会应如何发动募捐俾资鼓励案,议决:甲、每生发动募捐白米十市斤。乙、并推林学董文忠莅校宣导劝募意义。(五)关于报载学生停课一事,应否推派学董实地翔[详]查案,议决推林文忠负责调查详情报会。又该校二上全班学生停课一节,经志本报。兹查各生已接受校长戴光华劝导,于昨日复课云。

《江声报》1948年12月10日

集美女生欢送同学举行游艺

市讯 集美学校女生同学会,为欢送该校初中、高中、高商、高水各校历届毕业同学,特订于38年元旦,假该校大礼堂举行游艺大会,演出洪深改译四幕名剧《少奶奶的扇子》,由该校校长吴玉液亲自导演。闻演员除女角外,男角即由该会敦请富有舞台经验教师及同学协助。阵容颇为严整,届时当有一般盛况云。

《江声报》1948年12月28日

市立一中学生将欢送吕仲驹

本市讯 市立一中校长吕仲驹主持该校校务迄今3年,近经呈请准予辞职。该校师生以吕校长苦心孤诣,惨淡经营,已具规模,一旦离去,不胜依依。闻最近将举行盛大欢送会,拍影留念,并由各组学生出版欢送特刊,藉表敬仰之意。

《星光日报》1949年1月6日

市立一中学生欢送吕仲驹

本市讯 市立一中学期试验,经于本月8日上午考试完毕,学生自治会以吕校长仲驹主持市中迄已3年,兹闻辞职将离去,除出版欢送专刊外,全体师生复于昨(8日)下午2时假大同路基督教堂举行欢送会。首由学生自治会代表林约翰致开会词,继请吕校长训话。会后全体学生向吕校长献旗,上题"今之师表",教职员献赠磁像一帧,以为纪念。继举办游艺会,节目有京唱、歌咏、话剧等,师生济济一堂,情况至为热烈。

《星光日报》1949年1月10日

市中师生欢送校长

市讯 市立一中学期试验,经于本月8日上午考试完毕,学生自治会以吕校长仲驹,主持市中,迄已3年,专心教育,成绩斐然。青年学生受其熏沐,感召尤为深切。兹闻辞职行将离去,除出版欢送专刊外,全体师生复于昨日(8日)下午2时,假大同基督教堂举行欢送会。首由学生自治会代表林约翰致开会词,继请吕校长训话,春风慈和,语多勉励,闻者感奋。会后全体学生向校长献旗,上题"今之师表",教职员献赠磁像一帧,以为纪念。继举行游艺会,节目有京唱、歌咏、话剧。师生济济一堂,情况至为热烈云。

《立人日报》1949年1月10日

市二中学董事计划扩展校务

本报讯 禾山市立第二中学学董会,鉴于本学期已将结束,下学期应协助办理事项甚多,特于昨(13日)午假该校会议室召开第六次学董会议,出席计黄萃庭、林文忠、陈克舒、吕作精等8人。其议决要案探录如下:(一)关于戴校长主持本校,办理成绩良好,应如何报请市府嘉奖案。议决:呈请市府传令嘉奖,并请委任续长本校,以求下学期得予努力发展。(二)关于教职员待遇微薄,应如何改善案。议决:除市府发给外,由会按月津贴美金30元。(三)关于下学期所需经费约在300美元,应如何募集案。议决:由会函请菲岛华侨林秉义、吕希宏、黄登仕各乐捐100美元。(四)关于校舍应如何修葺案?议决:由主任学董负责雇工修葺云。(五)关于下学期增设□班校具不敷应用,应如何添置案。议决推林学董文忠定购四十付。(六)关于学董会应如何扩大组织案。议决:聘请黄天爵、何葆仁、陈荣芳、戴世龙、林秉义、吕希宏、黄登仕、陈菊农、林珠香、张宗云、孙目当等为名誉学董。

《中央日报》1949年1月14日

大同中学美金计费

本报讯 本市大同中学,为确定下学期之学生数,特设订学生留馆金每名白米20斤,折算金圆收取。如不交付者,则视同新生办理,于下学期入学时,加征新生入学金。该款于昨日开始征收,暂时以美金一元为标准,折算金圆240元。查昨日美金行情既非240,而白米价格,亦非120元。学生方面,尚在要求改善云。

《立人日报》1949年1月18日

集美学校发表书面谈话 解释收费情形

市讯 《江声报》于1月28日刊登《集美学校今昔收费情形改观》消息一则,昨据该当局发表书面谈话称:《江声报》对于本校实际情形,不无隔阂,殊为遗憾。为使社会人士及学生家长明了起见,特将本校今昔收费情形,开列如后。

(一)本校历学期所收学宿杂费,不但未曾超过教厅规定,亦不高于一般私立学校。又战时及战后公私立各校,多有于学宿杂费之外,另收劳师费或劳师米者,本校则为减轻学生负担计,从未征收。

(二)本校本学期(38年春季)拟收学宿杂费,乃根据前学期教厅所定标准,(本学期拟定标准尚未颁发)依当时米价折算,总额并未超过规定。如与战前本校所收学宿杂费比较,则仅及1/3。(查战前本校所收学宿杂费,膳费在外,每一学生应缴40元左右,约合当时白米七担。现则仅收二百余市斤)。至水产航海学校,因徇学生自治会之请求,拟于本学期增收阅览室书籍费一事,已由校董会予以纠正。

(三)本校高初中每期学宿杂费收入,仅及该部经费5/6,水产航海学校每期收入,尚不及该部经费1/3。商业学校每期收入,亦尚不及该部经费1/2。若合并计算,全校学宿杂费总收入,仅及全校经费(包括中等各校小学及图书馆、科学馆、医院等)1/2。故每学期除由国内校产拨充经费外,(每期约值白米500担)校主尚应负担叻币三万元左右。

《立人日报》1949年2月3日

市立二中募款修葺

本报讯 禾山市立第二中学校舍修葺费,据估计需600余美元。该校学董黄萃庭、林文忠因感前向市府请拨农贷米变价仅300余美元,不敷应用,特于本日到安兜社向归侨薛安然募捐。薛安然关怀桑梓教育,遂乐捐美金100元。至尚不敷之数,现黄萃庭、林文忠等两人正积极再向地方热心士绅劝募,俾得早日完成。又,闻黄萃庭已决定于下月拟亲往南洋募捐巨款,继续建设该校礼堂及筹设禾山医院云。

《中央日报》1949年2月4日

市立二中决迁祥店

本报讯 市立第二中学本季因校舍问题,已决定迁往祥店(前禾山女学旧址),并经该校学董会积极进行修缮中。该处环境优美,地点适中,实为读书好地方。据悉:该校本季将扩充为四级,招收三上以下各级学生,并定于4日为考试日期。因清寒学生无力就读者甚多,据该校校长戴光华称:已决定增设免费生额,以供清寒学子就读云。

《中央日报》1949年2月10日

市中学费高昂 清寒学生负担不起 定今日开会商讨

市讯 据悉:本市省立厦门中学,本期上课在即,经定于本月十四五六三日注册。查该校本期收费颇昂,计劳师米75斤,代办费等2500元,新生及插班生向须交设备费3000元,寄宿生交水电费4000元。一般学生皆感无力负担,尤以公教人员子弟为甚,且免费(乃免缴75斤劳师米)名额甚少,多为教职员子弟优先获得。免费生占全数之10%,约60名左右,全免半免各半。唯教职员子弟,可无条件优先免费,殊欠公允,余额只20名左右。一般学生,皆感失学之威胁。特由学生自治会,向校方请求增加免费生名额,并由自治会派人参加免费生之审查。闻该两请求,已遭校方拒绝,该校学生极为愤慨云。

又讯 该校清寒学生,及多数公教人员子弟,为本学期缴费之事,特定今(15)日上午9时,在该校召开会议论讨对策云。

本报讯 市立第二中心学校,奉令迁移禾山祥店,(即禾山女学旧址)将双涵校舍让与省立高工学校应用。然祥店校舍因年久失修,破损殊甚,虽市府前经拨给修缮费修葺,然工程浩繁,尚不敷白米40斤[担]之罢。该校特于昨具呈市参会,请将建说[设]附加费项下,拨给修筑云。(铭)

《立人日报》1949年2月15日

省立中学二次招生

市讯 本市省立中学因收费较私立为少,故近日内地及战区学生续请求就学者甚多。该校为救济失学青年,昨临时决定第二次招生。闻除初一上班人额过满外,高、初中各级均准报名投考,并定本月20日考试。至战区学生要求借读者,应先向教育厅申请核准。如时间不及申请,可先准试读,然后补行办理申请手续。

又息 该校已准免费者60名,半费者90名,共150名。内厦大教授子弟占30名云。

《星光日报》1949年2月18日

二中修校舍工费不敷 将拨建设费

市息 市立第二中学本季奉令迁移祥店前禾山女学旧址,将双涵校舍让于省立高工。兹以祥店校舍年久失修,破损殊甚,虽蒙市府拨款修葺,但工程浩大,尚不敷白米40市担,乃函参议会准就建设附加费项下拨给。昨该会已函建设委员会酌予拨给,以利教育云。(默)

《江声报》1949年3月4日

大同升学补习班已开始报名

市讯 本市大同升学补习班之创设,纯以辅助高中毕业生升学为目的。协同创办者,有前国立东北大学校长臧启芳,前北洋工学院院长李书田,及大同中学校长许鸿图,厦门大学教授古文捷、黄启显、陆季蕃、李博达等。授课地址与所需设备,由许校长筹办;各科教学,由臧启芳、李书田及厦大古文捷、陆季蕃等教授,分别担任。昨日已开始报名,定于本月14日开学。据招生简章所载,采教学从严主义,注重实际练习与升学指导,并于结业后,择成绩总平均在80分以上者,送请原毕业高中,保送厦门大学,免试升学。闻更为便利鼓浪屿学生往来起见,上课时间上午自9点起云。

《江声报》1949年3月8日

同文中学校友募款筹备复校

本报息 日昨(23日)本市私立同文中学靖海董事,暨该校热心校友18人,于是日下午6时,假国际联欢社举行会议,对该校复校问题,交换意见,当即计划收复校舍及筹募经费。黄文炳两校友,负责赴菲劝募,并公推林相信为董事长,郭尚霖为财政,刘如义为临时秘书。积极筹划,拟于今年暑假中招生复校云。

《立人日报》1949年3月25日

市府令各公私中学即日办理学期结束

市府今(18日)令各公私立中学,即日起办理学期结束。据教育局戴局长对记者称,各中学学生很多,为内地来厦就读者。际此时局紧张,各学生均欲返归家乡,市府此项决定盖应实际需要云。(南侨社)

《江声报》1949年5月19日

海沧筹办三都中学 请联勤财校捐图书校具

海沧讯 由沪南迁海沧联勤财务学校,已奉令限于5月底撤销。该地士绅林玛池、庄明瀚等,为地方提高文化,便利青年就学,正在发起成立三都中学,并请财校捐助图书、教具、桌凳等。闻已获得该校当局原则上同意,该校并敦聘财校原教育长魏文海出任校长云。(27日寄)

《江声报》1949年5月30日

海沧三都中学筹备成立

海沧讯 海沧地方士绅林玛地［池］、庄翰波、洪其发等，鉴于地方失学青年众多，赴外求学，大多限于家庭经济困难，不能负担，因之屡欲创办一中学，俾便地方一般青年子弟，能得继续读书机会。惟以种种困难，迄未实现。近因由沪迁抵此间之联勤财务学校，奉令撤销，所有桌椅、图书、教具等，该校当局全部捐赠地方，留为纪念。因之林玛地［池］等，乃利用财校全部物品，积极筹备三都中学。近月以来，推定校董人选，成立校董会，并由校董分向各方筹募基金，成绩至为良好。至校长一职，闻由财校某处长曹增之担任。教员方面，有廖宝贤博士、李耕瑶硕士等，阵容颇为整齐云。

《江声报》1949年7月10日

市立二中学董　决挽留戴光华

本报禾山讯 禾山市立第二中学学董林文忠、陈克舒、江定邦、孙嘉武等，以市教育局长戴世龙将二中校长戴光华免职，并荐委顾泗水充任，咸感骇异。盖各学董以戴氏创办该校，曾牺牲财力，苦心倡学，培植禾山子弟日众。正庆教育普遍，益及农民，那料市教局长反图摧残，不顾教育前途，深表遗憾。故决定于今（6）日召开学董临时紧急会议，讨论推派代表，联呈晋谒李市长，挽留戴光华仍长该校。如不达目的，即电岷里拉学董主任黄萃庭，向侨领薛芬士、杨肇根等呼吁声援。（禾）

《星光日报》1949年8月6日

市立二中易长事　学董会有所表示

本报讯 禾山厦门市立初级中学，昨（6）日上午10时，召集学董会开〈紧〉急会议。出席学董陈克舒等十余人，江维三主席，讨论议决：一、关于本校易长事，推派代表林文忠、陈安晋、吕火伴前往市府及教育局挽留，请求收回成命。二、查本校校舍校具，概由本会建置，应由本会通知戴校长交回本会保管。三、关于38年度上学期校务，应函戴校长仍继续筹备招生开学。（禾）

附学董会致市府教育局函，全文如下：

查本校奉令易长，本会学董，至感骇异。查戴光华先生，就任本校校长以来，推□校务，成绩昭彰。经本会紧急会议议决，推派代表林文忠、陈安晋、吕火伴3人前往贵府局挽留，请予收回成命，以安教育，并慰舆情。

《星光日报》1949年8月8日

市立二中易长事　戴光华发表谈话

本报讯　关于禾山市立二中易长之事，经禾山人士学董会一致挽留旧校长，呈市府教育局收回成命。据该校长戴光华对记者谈称，渠自奉令前往筹创二中，深感临深履薄，每虑陨越，幸得地方人士协助，至感欣幸。年来学校于坚苦中迈进，一椅一桌，均感来处非易，含辛茹苦，同仁常以远景相期。一年苦斗，规模初具，学董主任黄翠庭先生，亦以教育系百年大计，须群策群力，方克有成，故于三月前，不辞劳瘁，飞菲募捐。渠在各方督责鼓舞下，年来奉公守法，努力从事，正期校务蒸蒸日上，有所报慰于热心教育父老之前，不意此次奉令被免，文人出处，各有本志，固人去留，无足轻重。惟地方父老相期甚殷，勖勉有嘉，函渠挽留，继续维持。教育事业清苦崇高，渠既承各方友好劝勉，自须更加淬砺，黾勉从事，一本十年来为教育服务精神，继续努力，决不懈怠。

《星光日报》1949年8月11日

厦大校友中学改期招考新生

市讯　私立厦大校友中学，经月余来之准备，业已就绪，并奉福建省政府教育厅核准设立。该校原订本月23、24日举行新生入学考试，兹为适应当前环境起见，改订8月29、30两日在省立厦中及鼓浪屿该校校舍举行。该校位于鼓岛之大德记，环境幽静，校舍宽敞，负山面海，风景宜人。现已洽聘学验俱优之教师多人，阵容甚为严整。

《星光日报》1949年8月22日

海沧三都中学定月初开学并增设会计夜校

海沧讯 海澄县私立三都中学,定于9月5日正式上课。因鉴外地学子前往投考者颇多,该校当局为适应环境需要,拟增加班次,以为容纳,并为学生家长减轻负担计,学杂各费酌量减低。又该校为应当地职业青年请求,已拟计划开设会计夜校,并由该校教导主任李耕瑶主持云。

《江声报》1949年9月4日

侨南女学　募捐游艺会　定卅日举行

侨南女学创办已12年,近一二年来,经费非常拮据,该校校长黄宝玉现筹备于暑假之前假青年会开募捐游艺大会,将所得之资以维持现状。经筹备就绪,订6月30日及7月1日两夜举行云。

《江声报》1933年6月29日

集美学生捐款购机计千余元

集美学生捐款购机业已结束。计师范校学生捐得278元8角,中学校学生460元3角3分,水产校学生143元5角2分,商业校学生151元6角,小学校学生182元5角1分,合计大洋1216元7角6分,已于日前由省银行厦分行汇省办事处查收。

《江声报》1936年10月18日

集美全校一日贡献国家
昌华及泉厦公司缴款托本报代转

"一日所得贡献国家"各地继续实行,本市各界昨缴送中央银行者,数复不少。中山路昌华贸易社以一日所得7元及职工一日薪俸3元,又该社主人陈荣芳家庭节费一日8元3角,计18元3角,昨汇交本报代转。

同日托由本报代转者,尚有泉厦转运公司上月31日所得,计是日收货2732斤,得款49元2角,除扣还车船脚力外,尚剩14元8角8分。另职工13人,一日薪俸总数7元3角,合计22元1角8分。总上昌华及转运公司2条,计40元4角9分,候当转缴中央银行收存。又查集美学校当局,亦已征求全校教职员同意,决将10月份薪俸及校役工资抽出1/30,寄交厦门中央银行,以贡献国家,而为闽南教育界倡。惟总数若干,尚待核计。

《江声报》1936年11月4日

扫除妇女文盲　慈勤女生设识字校

鼓屿慈勤女中学生会筹设妇女识字学校,经推李令娴、黄文霞、黄佩珍、李秀忠、李令莲、吕宝治、吴南英、何美玉、洪惠美筹备完毕,请本校校长林崇智兼校长,李令娴为主任,教务课李令莲、吴南英,训育课吴秀洁、黄文霞,庶务课李秀忠、陈声玉。教员除主任及各课长为当然外,各同学则自由报名担任,课程为国文、常识、算术三科。学生以妇女文盲为限,内分儿童、成年两组。闻报名已三十余人,校址择定鹿耳礁L169号二楼,可容纳80人至百人,订29日上课。经费由该校学生自由捐认,不敷由学生会预算剩余及救国储金余额拨充。再不敷,由三十一校董负责,学生概不收费,并供给书籍讲义。

《江声报》1937年4月27日

同文高中学生推进救国工作　节省费用慰劳前方

社训慰劳金昨日汇汇

同文中学高中部二十五组全体同学昨函本报,略谓:"华北风云日亟,已濒大战危局,赖我二十九军将士暨前线全体健儿碧血丹心,忠勇抗战。其捍卫邦国之精神,诚为国人所钦佩。本组全体同学12人不敢坐忽国民之责任,除努力推进学生救国工作外,并将此次毕业所拟定各种费用极力撙节,凑足国币50元汇交贵报,希即转汇前方将士,聊表慰劳之意。同时切盼贵报著论倡首,使全国学生闻风响应,俾能集腋成裘,鼓舞士气,是岂独数组区区输助之至意,抑为奋勇杀贼之张本焉云云。"按该款本报已为照收,交由《大报》汇集,候日内汇京。又查绸布途募捐慰劳,昨仍积极进行,除已募得 2000 余元外,各同业认捐者尚多,将来成绩必大可观。旅栈业亦已发动募捐,其他各业则尚未闻。

又讯 社调筹赈及慰劳游艺会,所得慰劳金 532 元昨已汇交市政府会计室转汇前方。至赈灾之款,截至昨日,缴交市府者计 2720 元,业经汇付灾区。各中队未缴之款,未收限 2 日内缴清。苟有擅自移用,即予从严究追。

《江声报》1937 年 8 月 5 日

孙贵定应聘北上　图书 500 册留赠双十

厦大教授孙贵定,本学期应河南大学之聘,担任教育学院科目。其英籍夫人,则偕男女公子返英国省亲。行前对其数年来私人所置之中西图书 500 余册,值 2500 元,全部赠与本市双十中学图书馆。该校已于日昨用汽车运校,开始登记,分类编目,藏入书库,以供众览。

《江声报》1937 年 8 月 19 日

集美学校待遇　经照新定发给

集美讯 集美学校待遇已照新颁标准发给,计二十四万一千三百倍,各教师均于上半月领到该新标准薪款。闻该校校主陈嘉庚先生,在星洲生意已转佳,经济已渐有办法,对办教育将再作最大之努力云。

《星光日报》1947 年 5 月 21 日

英华学生响应于案　开会决定停课

厦门大学学生为响应于子三案,罢课 3 天。鼓屿英华中学学生自治会,亦于昨日召开临时会员大会,议决:一、停课响应;二、通电慰问。会中情绪甚为热烈。又,学生自治会并印行有关于案之导报,分发各校。

《江声报》1947 年 11 月 16 日

集美学校校庆改订五五举行　校友发动捐献学校用具

市息　本年3月10日,集美学校成立35周年纪念日,该校原定是日举行展览会、游艺会、运动会,并出版校友学术论著,学校编年小史,学校概览等,以资庆祝。因筹备不及,经改定5月5日举行。闻该校各地校友会经纷纷发动校友献赠图书、仪器、桌椅、救火机、体育设备、童军设备等以为纪念,并拟于是日集体返校,同伸庆祝。届时必有一番盛况云。

《立人日报》1948年4月2日

集美校庆　厦校友定是日返校参加典礼

集美学校35周年校庆,定5月5日举行。本市该校校友昨特假业余俱乐部开茶话会,讨论庆祝事宜,到男女校友约百人,当场议决:(一)是日本市校友返校参加典礼。(二)拟先赠献钟楼大型两面时钟一座,当由到会校友认捐二亿二千万元,并分组向未到会校友募捐,限本月底送交集友银行代收。(三)校友会会所移设海后路大千旅社三楼南侨保险公司内,以便校友接洽。

又:该校厦大校友捐赠升学指导图书价值数千万元,旅沪校友救火机一部,候轮配运来厦。旅榕校友则捐赠特制椅桌数组云。

《江声报》1948年4月26日

庆祝集美校庆　校友纷纷赠礼物

市讯　集美学校35周年校庆定5月5日举行,本市该校校友昨特假业余俱乐部开茶话会,讨论庆祝事宜。到男女校友约百人,由叶道渊主席报告省内外各地校友筹备学会庆祝及捐赠纪念品情形。当场议决:一、是日本市校友返校参加典礼;二、拟先赠献钟楼大型两面时钟一座,当由到会校友认捐二亿二千万元,并分组向未到会校友募捐,限本月底送交集友银行代收;三、校友会会所移设海后路大千旅社三楼南侨保险公司内,以便校友接洽。

又讯 该校厦大校友捐赠升学指导图书价值数千万元，旅沪校友救火机一部，候轮配运来厦。旅榕校友则捐赠特制桌椅数组云。

《立人日报》1948年4月26日

集美校庆　欢迎各界参观　电船免费迎送

集美学校30周年校庆，订5月5日补行庆祝，并举行学校文献展览会、学生成绩展览会、运动会、游艺会等。会期先后3日，(5、6、7日)该校为便利各界参观起见，特雇电船于每日来回集厦一次，免费迎送。闻每日上午八时(中原时间)由厦海关码头开集，下午五时由集开厦云。

《江声报》1948年5月3日

集美校庆　情况热烈

本市讯 星洲侨领陈嘉庚先生，独资创办之集美学校，前(5)日在同安集美该校举行庆祝35周年纪念大会。纪念仪式于上午9时举行，参加全校员生千余人，同时前日其连续举行学业成绩展览、运动会、游艺会3日。由校董会备专轮四艘，往返厦集，招待校友暨来宾前往参观。首一日，自厦前往之校友及各机关团体学校集团参观之人员不下五千余人，为该校成立以来第四次之盛举。该校现有高、初中、小学、高级水产航海职业、高级商业等五部，共有学生1478人，其中侨生及受侨民接济学费者达40％左右。该校原师范科四班，战前南洋群岛及闽南内地之师资，几有80％为该校培育。现已停办，水产学校在国内亦负有盛誉，校中设备及校舍虽经战时数度迁移与炸毁，损失甚重，惟日前国内各中等学校如该校设备之完善者尚属少见，其中尤以水产标本仪器、唐代明器、数理化教学仪器，国内均属少有。商校所搜集之商业广告标本数千种，及自列国至目前我国货币，及南洋货币之样本数百种，亦颇壮观。据该校负责人称：全校目前每月支出经费约达20亿，仍由校主陈嘉庚先生按月寄叻币五千元补充。嘉庚先生数十年来毁家兴学，此种精神至属令人钦佩。(中央社)

《星光日报》1948年5月7日

集美补祝校庆　连日情况热烈

同安讯　集美学校卅五周年纪念大会已于 5 月 5 日在该校补行庆祝,同厦两地校友及来宾到校参观者约万人,学校当局所雇派迎送来宾专轮集美第五、集美第七、集美第三、集鲸、金再兴等电船及同美汽车路公司之各架汽车,整日川流不息的满载来宾,来往于同集厦间。庆祝会除举行仪式外,尚有运动会、游艺会、展览会之举行,中以展览会最引人兴趣,其项目为:(一)水产学校:一航海仪器船舶模型,二水产生物渔具,三学生成绩品。(二)科学馆:一学校文献,二博物标本,三物理化学仪器药品。(三)救火队:一消防设备。(四)中学:一学生成绩品。(五)图书馆:一装订室,二书库,三阅览室。(六)医院:一内外科室,二手术室,三病房。(七)商业学校:一货币商标陈列,二学生成绩品,三实习银行。(八)小学:一学生成绩品。庆祝会举行 3 天,晚假水产学校礼堂开游艺会,集美各校混合公演金声玉振《桃李春风》一剧,招待来宾及校友。昨(七)日为最后一天,来校参观者仍络绎不绝,连日来情况至为热烈。

《江声报》1948 年 5 月 8 日

集美学校发表收费情形

本报讯　本市集美学校当局为使社会人士明了该校今昔收费情形,发表书面谈话如下。

(一)本校历年所收学宿杂费,未超过教厅规定,亦不高于一般私校。又战时及战后公私校,多于学宿杂费外,另收劳师费或劳师米者,本校为减轻学生负担计,从未征收。

(二)本校本学期(38 年春季)拟收学宿杂费,乃根据前学期教厅所定标准(本学期厅定标准尚未颁发),依当时米价折算,总额并未超过规定。如与战前本校所收学宿杂费比较,则仅及 1/3(查战前本校所收学宿杂费、膳费在外,每一生应缴 40 元左右,约合当时白米七担。现则仅收 200 余市斤)。至水产航海学校,因徇学生自治会之请,拟本学期增收阅览室书籍费一事,已由校董会予以纠正。

（三）本校高初中每期学宿杂费收入，仅及该部经费 5/6，水产航海学校每期收入不及该部经费 1/3，商业学校每期收入，亦不及该部经费 1/2。若合并计算，全校学宿杂费总收入仅及全校经费（包括中等各校小学及图书馆科学馆医学等）1/2。故每学期除由国内校产拨充经费外（每期约值白米 500 担），校主陈嘉庚先生尚应负担助币三万元左右。

《星光日报》1949 年 2 月 4 日

集美学校收费情形

集美讯 同安集美学校，办理优良，素为中外所敬仰。该校于抗战时移迁安溪，迨胜利后，乃设法复员。虽校舍局部毁于敌人之炮火下，唯经该校设法修理，已渐复旧观。而对学生之收费，系依教厅所定标准，该校当局昨特对《江声报》1 月 18 日刊载《集美学校今昔收费情形改观》一讯，发表书面谈话称：该报对于本校实际情形，不无隔阂，殊为遗憾。为使社会人士及学生家长明了起见，特将本校今昔收费情形，开列如后。

一、本校历学期所收学宿杂费，不但未曾超过教厅规定，亦不高于一般私立学校。又战时及战后公私立各校，多有于学宿杂费之外，另收劳师费或劳师米者，本校则为减轻学生负担计，从未征收。

二、本校本学期（38 年春季）拟收学宿杂费，乃根据前学期教厅所定标准。（本学期厅定标准尚未颁发），依当时米价折算，总额并未超过规定。如与战前本校所收学宿杂费比较，则仅及三分之一。（查战前本校所收学宿杂费、膳费在外，每一学生应缴 40 元左右，约合当时白米 7 担。现则仅收 200 余市斤）至水产航海学校，因徇学生自治会之请求，拟于本学期增收阅览室书籍费一事，已由校董会予以纠正。

三、本校高初中每期学宿杂费收入，仅及该部经费 5/6，水产航海学校每期收入，尚不及该部经费三分之一。商业学校每期收入，亦尚不及该部经费二分之一。若合并计算，全校学宿杂费总收入，仅及全校经费（包括中等各校小学及图书馆科学馆医院等）二分之一。故每学期除由国内校产拨充经费外，（每期约值白米 500 担），校主尚应负担助币三万元左右。

《中央日报》1949 年 2 月 4 日

五、大学教育

厦大举行开学式　14日正式上课

厦门大学昨日上午11时,在该校群贤楼大礼堂举行春季开学式。到教职员学生二百余人,开学行礼如仪,先由各院长介绍本期新教授,次林校长致词,演词甚长,注重修身之要。至11时散会。闻该校□正继续注册所收之战区各大学特别转学生尤多,定于14日(星期一)正式上课云。

《江声报》1932年3月12日

厦大协进会将举行分队募捐　各队长已拟定

厦门大学近因经费发生问题,特由各界人士发起组织"厦门大学协进会",对该校经费设法筹助,俾利进行各情,业志昨日本报。查厦门大学为华侨陈嘉庚创办,逐年经费,均陈氏个人负担,每年约汇20余万元。比年以来,南洋商况一落千丈,陈氏已自顾不暇,然犹极力维持,年汇10余万元。但经费既逐年低减,则教员方面,自不免于减聘或减薪之一著。本市各界人士,以常此紧缩下去,教育前途,悲观实甚。矧厦大为闽南最高学府、福建文化重心,尤不可听其委顿下去,乃商□校长林文庆同意,发起组织"厦门大学协进会",设法筹款维持,庶免发生不良影响。

该会成立后,已于本月3日及7日召集会议两次,通过简章草案等,并定10(星期六)日续开第三次会议,推举募捐队,进行大规模之募捐。其募捐队长,闻已拟定政界周醒南、杨廷枢,军界谢镜波、林振成,华侨黄友情、林绍裘,银行界黄伯权(中国银行长)、叶天送(中兴银行长),商会陈瑞清、黄瑞甫,钱庄界吴时汉、陈硕甫,教育界林德曜、李禧,俟函聘后,即开始募捐。所募得捐款,均贮□□□□□,□充厦大经费云。兹将该会前(7)日所通过之简章,及发起人姓名,征求会员启,并录于左[下]:

发起人提名　黄伯权、黄廷元、杨子晖、黄友情、杨廷枢、叶天送、陈瑞清、黄瑞甫、洪□□、严灼如、黄幼垣、林文庆、詹汝嘉、孙贵定、薛永黍、丁玉树等。

协进会简章　一、名称——本会定名为"厦门大学协进会"。二、宗旨——本会以精神上或物质上协助厦门大学为宗旨。三、会所——中山路万国俱乐部。四、会员——凡赞成本会宗旨者，无论团体或个人，皆得为本会会员。五、组织——本会组织分左之三部，每部设正、副部长各1人：（一）设筹永久经费部，协助厦门大学向国府、省府请求实行补助费案或其他事宜；（二）募捐临时经费部，分队进行，每队敦请正、副队长各1人，再由队长分聘队员若干人，共同进行募捐事宜。募捐部另设会计1人，由会推举之。以上二部，各设文牍、庶务各几人，由厦门大学派员充之。（三）募捐宣传部，进行募捐宣传之一切事宜。六、会议——本会会议分各部常会、临时会及联席会三种：（一）常会，每星期一次；（二）临时会，于必要时召集之；（三）联席会，于必要时召集之。七、收款机关——华侨银行收到捐款，全部拨充厦门大学经费。八、附则——本简章如有未尽事宜，得随时由会修改之。

征求会员启　厦门大学成立于民国10年4月。

《江声报》1932年12月9日

郑天赐昨赴厦大演讲

司法院次长郑天赐，来厦视察司法机关，各情均志本报。兹悉昨（9日）早10时，郑氏偕郑民律师及其随员数人，到警察第三署参观。由署长谭培荣导观全署一切后，偕谭等分乘汽车二辆，赴厦门大学，应林文庆校长之邀，在该校演讲毕，由林氏宴于南普陀，于下午2时始返大千旅社。后因事复赴鼓屿云。

《江声报》1932年12月10日

"厦门大学协进会"决招请会员千人　分普通特别两种
定17日召开大会

厦门各界发起组织"厦门大学协进会"各情，经载本报。昨（10）下午3时，该会假万国联欢社开第三次会议。到黄伯权、周醒南、丁玉树、杨子晖、廖超照、卓联成、黄幼垣、周殿铃、詹汝嘉、王清溪、杨文乙(代表杨廷柏)、林文庆、吴时汉、石鼎宗等20余人,主席黄伯权,纪录詹汝嘉。讨论结果:关于招请会员方面,由各机关、各团体、各银行、各钱庄、各途商,举出七界二十七团体,并当场由各界各团体各举出2人负责疏通。各途商由商会负责,定15日(星期四)下午5时,假商会开会。各界由联欢社召集,并定17日召开大会,以便产生厦门大学促进会,选举董事、募捐队长。至会员之招请,以□千人为限,分特别、普通两种,认捐百元以上者为特别会员,50元以上者为普通会员云。

厦大校友昨议决三案

关于厦大经费发生问题一节,昨(10)日下午4时许,厦大毕业同学校友等四十余人,假厦大开会,讨论协助维持母校办法,主席曾天民。其讨论结果办法大意如下:(一)以前省府本拟定每年补助厦大经费6万元,其后均未照办。议决由校友会名义,通电省政府主席,请照前定补发;(二)若新省政府成立后,对于前议未能承认者,当由校友及教职员等参加,组织请愿团向省府请愿;(三)校友会亦决加入各界组织之厦大协进会,向各方吁请补救办法,共同努力,协助进行。

《江声报》1932年12月11日

总监部特派员昨检阅厦大　仅高中部一二年级

中央训练总监部特派员丘剔武、刘俊华二氏于12日上午8时至9时,在厦大生物院大讲堂,检阅厦大高中一、二年级学科。9时至10时,在该校操场检阅高中一、二年级术科。

《江声报》1932年12月13日

厦大12届运动大会　报名须知

厦大举行第12届运动大会日期,已志前报。兹将该校所发报名须知,再志于下:一、运动项目,田赛:跳高、跳远、三级跳、撑杆跳高、铁球(16磅)、铁饼、铁枪。径赛:100米、200米、400米、800米、1500米、10000米、400米中栏、高栏。二、大会日期:12月30、31两日上午9时半起。三、报名日期:12月12日起至24日止。四、奖品:(一)一、二、三名均有奖章,(二)特奖(个人冠军破全国纪录)。五、报名地点:厦门大学。六、膳宿:宿由敝校招待(被褥自备),膳自理(欲寄宿者应于大会前3日通知,以便预备)。

《江声报》1932年12月13日

各途商加入厦大协进会 各推队长一人 征求该途会员

厦门大学协进会昨(15)日下午4时,假座厦门商会开各同业公会代表大会,讨论招请会员办法。到会者面粉、钱庄、绸布、五金、珠宝、杂货、水果、火柴、棉纱、肥粉、参药等二十余途代表,暨商会执监委员陈瑞清、庄金章、严灼如、曾鉴堂、石鼎宗、庄国章、黄世勋等二十余人。讨论结果:由各业公会每□途为一队队长,以征求各该途会员,由商会推选。议至6时左右始告散会。

《江声报》1932年12月16日

厦大运动会昨日开幕

厦大第12届运动会,昨(30)早开始举行。团体参加者有精武体育会、鹭光体育会,学校参加者除厦大外,有同文中学、集美学校。上午8时举行开幕典礼,由同文铜乐队参加奏乐,校长林文庆主席,行礼如仪。主席宣布开会宗旨后,次由邓世熙演说。继即开始运动,举行田径赛,总裁判邓世熙,裁判陈能方,发令王华庭。计时杨绪宝、张世雄,记录杜申元、张连生云。

《江声报》1932年12月31日

厦大历史学会会务概况

会务进行顺利目下加紧工作 第二次全体大会参加异常踊跃

本校历史学会(原名史学研究会),自去年11月21日正式成立以来,至今已届周年,会务进行,颇形顺利。所有执行事宜,大部分依原定之"计划大纲",他若临时发生者,会员均能认定目标,意见一致。故自组织至今,成绩颇有可观。

该会开学以后,10月11日开第一次执行委员会,讨论定期开全体大会,以便改选本期执委,并整理公布上学期账目。10月15日开第一次全体大会,除报告会务财物并改选外,颇有提案,录其要者通过;史学专刊继续进行,会费减半(由大洋1元改为大洋5角)。截至本月初止,执委会计开四次,全体大会计开二次云。

本月2日,开第二次全体大会,其重要议案如下。

1. 继续请求学校添聘中史教授;
2. 继续进行上学期之《史学专刊》;
3. 搜集本校已有之中西史学杂志。

以上三案为本季之重要事宜,现均在进行中。本校之西史书目,西洋传记书目,以及所有之中西文史学杂志,均由研究部抄竣。现正在拟作重要史学论文索引,及史地杂志简表,以增加史地研究之利便。其余添聘教授及史学专刊,亦均有相当之成就云。

《厦大周刊》1932,Vol.12,No.11

从政府补助本校经费到本校地位之重要与今后事业之进行

詹汝嘉

厦门大学创于华侨陈嘉庚先生之手,为全国首先立案之私立大学,为华南规模宏远,成绩优良之有数最高学府,已为举国人士所共悉。鄙人在校服务之日尚浅,值兹12周年纪念之期,适当国步艰难之日,本不敢妄有所言,只以专刊主者,谆命撰拟"从政府补助本校经费谈到本校地位之重要与今后事业之进行"一文,用资补白,义不容辞,只得就愚兄所及,略陈一二。献曝之诮,在所不免,幸同人进而教之!

窃纵我国兴学至今,垂三十载,教育成绩,卒鲜实效。推原其故,由于一般人民心理,多以教育事业,诿之于政府,鲜肯竭智尽忠,为整个国家分担责任。本校陈嘉庚校董,侨商南洋,眷恋祖国,于光复初年既返国创办集美学校于集美村。迨民国9年,复手创本校于厦门,公诸社会,以为提倡。其识见之超卓，度量之深远，不独为国人所仅见，亦欧美人士所不能忽视。夫以当日陈校董之财力，苟放于私利，何求不得，而乃汲汲于福国利民之教育事业，创办中等教育之不已，又复以提倡高等教育为己任，期为社会大多数人谋最大多数之幸福。此种优美之民族性及真正之爱国心，自非我政府善为鼓舞，加以赞助，不足以振人心而励末俗。计自本校成立以来迄今十有二载，筚路蓝缕，惨淡经营，所支建设设备经常各费总数，已达350万元以上。其校舍之宏壮，仪器之完备，图书标本之丰富，以视国内各大学，毫不多让。年来校务发达，教员学生，与日俱增，全校教职员数初仅十余人，现增至九十余人；学生数初仅98人，现增至七百余人；女生数初仅2人，现增至七十余人。此虽未足为办理完善之证，然而事实上总不失为学校日起有功之一种表现。民国18年2月，前省政府委员会通过补助本校现金公债各3万元；19年5月，国民政府批准由财政部补助陈校董教育事业经费年6万元。前者以省库支绌，终于口惠而实不至；后者则为国府顾虑国家财政统一，对于陈嘉庚公司请求免税之一种交换品，虽本校无形中得沾利益，究非政府直接对于本校之一种补助。换言之，前此本校之经费，除一小部分出自捐款，一小部分出自学生之学费外，几全由陈校董个人源源供给，未尝享受丝毫之公款补助也。其实，大学为作育最高人才之所，居全国教育制度最高之地位。时在今日，一国文化之推进，学术之阐明，社会思想之启导，时代风尚之转移，罔不赖大学为之枢纽。本校虽为个人所创办，其组织之完善，具有西洋著名私立大学之精神，其成绩之优良，能与国内著名国立大学相伯仲，故在我国教育系统上，为不可或缺之高等教育机关，已为不容否认之事实。依照教育部第二次全国教育会议"已立案之私立大学补助费，每年30万"之议决案，及最近三中全会通过改革教育方案内，关于人才教育第三条"大学应提高程度，充实内容，政府每年应拨给巨款，扩充国立大学之设备，及补助私立大学之有成绩者"之规定，本校姜伯韩教授认为国家所应供给补助之数，至少每年须等于陈校董基本金之半数；地方政府所应补助之数，至少每年须等于陈校董基本金之1/4（见本校十周年纪念刊），实非过分之要求。无如事实上本校十余年来，一切经费，几全仰给于陈校董一人，已如上述。又因世界经济之疲敝，南洋不能独异，影响经济来源。流弊所及，遂使设备无法充实，计划无法改进，陷于因陋就简不能发展之境地。吾书及此，殊引为憾。此次省府更新,政局渐定,负责当轴,深知私立大学地位之重要,尤其是本校在本省为仅有之大学,更加特别重要。经援照中西各国先例,议决自22年度起,按月拨给补助费5000元,至以前旧欠,归入清理积案内并案办理。此种政府慷慨之协助,物质上可以应付本校目前之急切需要,而精神上则反映一种之荣誉,可以博得社会各方之合作。由经济状况之提高,因而促进学问程度之提高;由学问程度之提高,更可以希望学校地位之提高。夫岂独本校之幸?本省高等教育前途,实利赖焉。

据教育部最近统计,截至1931年9月止,中国现有大学总数为五十□□,大学生□□□□八四九人,其中国立大学15校,学生□□□□□人;省立大学17校,学生5910人。立案之私立大学27校,学生16365人。故公立与私立大学之学生数几相等,34%属于国立大学,17%属于省立大学,48%属于立案之私立大学。前二种大学之经费,各由国民政府及省政府供给,其数皆达全部经费90%以上。至立案之私立大学,取得公款补助者,在1930-1931年,仅有三校(参照国联教育考察团著:中国教育之改进第三章大学教育),核与第二次全国教育会议及三中全会之决议案,不无扞格不相入之处。在中国现状之下,私立大学足以辅助国立、省立大学所不及,已为不可讳之事实,政府亟宜查案予以相当之补助,固不待言。本校为全国私立大学中首先奉准立案之大学,则其设备人才,等等,比之国内各大学,没有一件不在水平线上。不难想象而知,以已立案而言,每年补助费,可得30万;以有成绩而言,政府每年亦应拨给巨款补助。仅仅省府按月补助常费五千元之通过,对于目前现状之维持,固不无少补,然为积极充实计,实属无济于事。故于最近之将来,国府省府如能设法多给常年补助费,并保证款项之按期发给,则本校效率之增进,事业之发展,可以断言,鄙人不胜馨香祷祝俟之。

至于今后事业之进行,鄙人所成而不能已于言者,有下列数端。兹特提出商榷,以为本篇之结论。

一、改良各种教材。学问无国境,吾人对于学问之研讨,在理本不应有民族及地域之偏见。我国各大学课程中尚有若干科目,特别是关于自然科学,未经根据中国之资料加以研究,故大部分教材不能不采用外国教材,自有相当之理由。惟采用外国材料过多,而于中国实际生活环境,毫不加以注意,则学生在校所研究之材料,自然与其个人切身之经验远相隔绝,将来毕业之后,出而服务社会,自不能适应环境之需要,以与生活上实际问题相周旋。本校姜伯韩教授认为本校各学院,除所必需之各种科目外,应兼从事于下列各项之研究及调查:(一)文学院应兼研究本地民众文学、民众歌谣等;(二)理学院应兼研究本地水产,本地地质等;(三)法学院应兼研究本地风俗,本地习惯等;(四)教育学院应兼研究本地社会生活和学校状况等;(五)商学院应兼调查本地商情,本地商品等,以发挥本校特性(见本校9周年纪念刊)。斯诚先得我心之所同然者。至最近本校教职员救国会建议,本校各科教材,应就可能范围内,渗入救济国难之材料,尤为探本之论。所望同人痛悟前非,致力于本国实际生活之研究,以适应一般人民之需要,以负起当前应负之责任。

二、注意科学教育。中国必须迎头赶上世界文化,总理曾言之矣。西洋各国因科学之发达,形成今日登峰造极之物质文明,所有一切学术上之发明,均能巧夺天工,于人类有极大之贡献。反之,我国因科学不振,故步自封,实业既无从振兴,富源亦无由开发。驯致民生,日益凋敝,国势日益贫弱,斯□其所,一年来全国集中建设,"科学救国"之声,高唱入云。但以种种关系,科学教育,尚感极端幼稚,更何论乎迎头赶上。本校一向注重科学,对于理学院各学系及教育学院心理系之种种仪器设备,罔不力求完善。今后除仍致力学术真理之探求外,亟宜更进一步切实应用科学知识,以期改进社会生活及适应环境需要,尤其是值兹国难期间,对于战时科学,如毒气制造法,毒气预防法,等等,均当加以相当之研究,俾资为国防之一助。明耻教战,为救国不二法门,同人勉乎哉。

此外,如注重生产教育,设法增设工医两学系;便利学术研究,设法增加图书经费。联络社会,以图沟通意见,而谋学生之出路;厉行训练,以培养民族观念,而恢复民族之自新。均为本校今后悬的以赴之者。惟凡兹种种,或有赖于本校全体之一致努力,或有赖于财政问题之根本解决。倘吾厦大同人,竭力有以促其实现,则他日再进而庆祝吾厦大之50年或百年纪念,其欣慰为何如乎?因颂之以辞曰:

闽南学府,风气之先。树人计远,遗大投艰。

髦士济济,文化之源。声誉洋溢,如日中天。

宏兹教育任无边,且为纪念十二年。

《厦大周刊》1932,Vol. 12,No. 21

厦门大学与华侨之关系

曾天宇

所谓华侨者,即指移住于中国领土以外之世界各地,从事经济活动之全体中国人民而言也。吾国华侨总数,究有若干,无精确之统计。据一部人士之揣测,约在四百万人左右。人口移出海外,既若是之巨,于是对于吾国经济上,遂发生极重要之关系。盖中国为输入超过国家(自有海关纪载以来,吾国对外贸易,只有三年为输出超过,其余皆输入超过)。自1912年至1922年,为经过欧洲大战时代,输入超过,应为减少时期。然其实此10年中之输入超过总额,为 1,540,101,000 海关两。在吾国国际上支付均衡(Balance of Payment, die Zahlungsbilauz)上,至不利益。盖理论上,吾国不能不每年输入巨额之现款于外国,以清偿支付均衡上之欠缺也。虽然于此有一补助之财源存在,即华侨每年从海外寄款回国,无形中将支付均衡上所生之欠缺填补一事□也。华侨每年寄款回国之总数若干乎?据梁启超就海外重要地方为部分的揣测之结果,则南北美洲、夏威夷、澳洲、菲律宾、亚非利加之华侨总数,约 30 万人。每年寄款回国总数,为 350 万两(平均每人寄款约 12 两)。马来半岛、缅甸、暹罗、安南、荷领印度等处之华侨总数,约三百万人。每年寄款回国总数,为 5250 万两(平均每人寄款约 18 两)。是项海外华侨每年寄款,总数当为 5600 万两。而据民国 15 年中国海关贸易总册所报告,则华侨每年寄款,至少当为二万万元(Foreign Trade of China, 1926, Part I: Report and Abstract of Statistics, p. 47.)。其估计似较有据,据此则吾国支付均衡上所生之债务,赖华侨寄款,略可清偿。华侨对于吾国民金融上之关系重大,可为想见。

虽然华侨近年以来经济上之基本,已大为动摇。一方面日本企业者之竞争遍布南洋各埠,他方面则事业凋敝,事业归国者日多。此种现状虽大半为世界上经济恐慌之结果,然于此时期中,华侨应努力于事业上大规模之组织与其计划,及扩充世界上金融知识,以冀挽回颓势。故培植专门人才,使事业逐渐改良,促其繁荣,非仅为华侨人士一大事业,而且祖国经济上,亦有非常重要之责任焉。不宁惟是也,华侨经济事业之目标,以后不应专注于南洋,而应注目于本国方面。其理由如下:吾国经济事业之发展,正在进行中,将来发达,殆未可量。故美国前大总统罗斯福,且谓美国将来之经济政策,应完全在太平洋区域。故吾国子弟,就学祖国,藉以获得将来发展企业之知识及机会,其便利为何如乎?不宁惟是也,华侨数百万人中,其应就学之子弟,应不下五六十万人。其能使其入大学习专门者,又不下数万人。其子弟就学之成就与否,对于先辈事业是盛衰,与家族之繁荣,皆有绝大关系。故无论经济政治法律诸学,文哲理商教育诸科,华侨子弟,皆有选择研究之必要。

虽然,欲使华侨子弟何处就学乎?南洋各处,并无适当高深学校,因不成问题矣。将到欧美留学乎?则费巨道远,不能尽人皆能。于是势不能往国内大学就学矣。国内大学虽非少数,然吾人独主张吾厦门大学,对于华侨子弟之□□,特别□最为重要适当。其理由盖有以下数种。

(一)华侨多数为闽粤两省人士,且其根据地皆在南洋。远者不过旬□海程,近者且二三日即可到达,且厦门为闽南华侨之故地,监督子弟教育,较为容易。即粤中子弟来此,亦极便利。

(二)此处为乡村生活,位置清静,绝无繁华浮奢之弊。

(三)陈嘉庚先生投资三百余万元,经十余年之经营,始造成今日厦大之地位。其设备完善,比较南方各种大学,规模组织,似觉毫无逊色。

厦门大学有以上所述各种特色,确为华侨子弟大学教育最适当之最高学府。现今大学毕业已历七届,毕业者二百余人,其中大半皆为华侨子弟。此足证明其天然趋向,而对于华侨子弟教育之重要,固毋庸多述者也。

《厦大周刊》1932,Vol.12,No.21

厦门大学第十二周年内大事记

(民国 21 年 4 月 6 日至 22 年 4 月 6 日)

21 年 4 月 7 日　第 45 次行政会议
　　　　11 日　举行纪念周,区嘉炜博士演讲《化学与国防》
　　　　　　　第 46 次行政会议

		女生同学会开会
	12 日	陈定谟、詹汝嘉二先生代表出席思明县党部清党纪念会
		学生全体大会
		史学研究会开会
		本期因时局关系特定是日为注册截止期
	13 日	1932 级级友全体大会
	14 日	集美学校师范部毕业参观团来校参观
	18 日	举行纪念周，大学部钟鲁斋博士演讲《抗日救国几个根本问题》，高中部张镜予先生演讲《满洲问题的唯物观》
		集美学校一部分学生因时局关系来校借宿
	19 日	司法行政部准本校法学院特许设立
		法律学会开会
		经济学会开会
	25 日	本校教职员捐募第二次救国储金 1300 余元
	28 日	北平协和医院牙科主任来校参观
		本日起举行网球比赛一星期
		商学院同学开全体大会
	29 日	中华教育文化基金董事会 20 年度第四期补助费汇校
		经济学会第二次全体大会
		本校前代办之集美国专毕业证书 38 份已验印发出
	30 日	训育委员会议
		史地研究会请林惠祥先生演讲《史前人类及其文化》
5 月 2 日		第 47 次行政会议
	3 日	高中 2 年级全体大会
		高中 1932 级执委会议
	4 日	填报中华教育文化基金董事会中英文支出结算表及现金结余表
		理学院植物系曾呈奎先生赴金门一带采集植物标本
	5 日	革命政府纪念放假一天
		教育研究会假南普陀开全体大会

6 日 本日起举行公开篮球比赛 14 天

制革厂开股东会

9 日 举行纪念周,大学部冯定璋先生演讲《中国市场的特别情形》,高中部颜乃卿先生演讲《太平洋上英美日三国之冲突》

举行"五九"国耻纪念会

13 日 第 48 次行政会议

14 日 举行纪念周,大学部曾天宇博士演讲《民族自立与国际条约》,高中部吴世晋先生演讲《对于现在中国政治之意见》

经济学会请曾天宇博士演讲《现在经济学之任务》

17 日 组织高等教育问题讨论委员会,并请孙贵定(主席)、毛常、张希陆、沈家治、王世富、杜佐周、朱君毅、陈振骅、薛永黍诸先生为委员

同文中学学生 29 人来校参观

19 日 第 49 次行政会议

21 日 20 年度上学期毕业证书已验印发出

史学研究会请陈同燮先生演讲"The British Empire in the twentieth Century"

22 日 江浙学会假虎溪岩举行常会

23 日 举行纪念周,大学部陈振骅先生演讲《如何方可振兴中国之工业》,高中部刘橡先生演讲《对于择业之意见》

25 日 本年度一览出版

教职员捐募第三次救国金

28 日 下半旗追悼淞沪抗日阵亡将士

30 日 举行纪念周,大学部周辨明博士演讲《中国话的新领域》,高中部姜琦先生演讲《中学生与大学生训育之差异》

训育委员会议

6 月 3 日 高中 1934 级级会成立

4 日 毕业审查会议

6日	举行纪念周大学部缪篆先生演讲《缪著显道篇出版之纲要》,高中部黄至元先生演讲《生物学与民生主义之关系》
	理学院动物系派员赴刘五店采集文昌鱼
7日	第50次行政会议
	毕业审查委员会议
	朱君毅博士就任中央立法院编译处处长
	詹汝嘉先生代理大学秘书
	法律学会请沈家诒博士演讲《研究法律之目的及其方法》
10日	陈定谟、李靖波二先生代表欢迎毛维寿师长
	编撰理学院教育学院一年内事业状况中英文报告,寄交中华教育文化基金会
	法律学会组织假法庭审理贾甄氏诉请离婚案
11日	陈定谟、李靖波二先生代表欢迎十九路军
13日	举行纪念周大学部陈庆麒先生演讲《说夏》,高中部徐天从先生(集美学校教员)演讲《满洲问题》
	组织毕业考试监试委员会
	本日起举行毕业考试四天
16日	第51次行政会议
	财务会议
17日	高中毕业班举行运动会
18日	崇正中学学生23名来校参观
	林校长邀请全体教职员茶话
21日	第九次校务会议
	林校长邀请本届毕业生茶话
	高中学生开交谊大会
25日	举行第七届毕业典礼
	本校概况呈报教育部,以备刊入第一次教育年鉴内
27日	分发下学期聘书
	事务处发还赔偿准备金
28日	武汉大学生物学临海实习团寄宿本校作长时间实习

30日　训育委员会议

附设实验小学假大礼堂开恳亲会

7月1日　南洋华侨李光前、曾江水二先生续捐本校经费

7日　开始放暑假

9日　国民革命军誓师纪念放假一天

本日起请愿警七名常川驻校梭巡

13日　举行秋季第一次入学试验，共收新生139名

本日起暑期学校开始注册

15日　国民政府4月份三成补助费及5月份五成补助费汇校

孙贵定博士代表出席上海高等教育问题讨论会

16日　暑期学校开学

暑期生物研究会开会

26日　组织募集本校基金委员会，除行政会议各委员为当然委员外，加聘余謇、杜佐周、沈家诒三先生为委员，并由校长及孙贵定、廖超照、詹汝嘉、余謇、杜佐周、沈家诒诸先生为执行委员

30日　入学审查委员会议

8月1日　本校加入"中国各大学联合会"为会员

3日　奖学金审查委员会通过下年度旧生请求奖学金，合格学生陈国治等15名，并议决下年请求奖学金学生之成绩，每科不得在70分以下

4日　本校加入"私立大学联合会"为会员

6日　暑期学校举行演讲会，林校长主讲题为《教育之目的》

8日　姜琦先生代表出席职业教育社社员大会

11日　组织校产委员会请，区兆荣、廖超照、詹汝嘉、陈英、陈定谟诸先生为委员

16日　入学审查委员会议

黄炳坤先生代表出席教育部全国体育会议

17日　暑期学校全体师生假校长会客厅开茶话会

19日　本校篮球队与香港篮球队比赛

20日　暑期生物研究会闭会

	22日	举行秋季等第二次入学试验,共收新生105名
	27日	孔子生辰纪念放假一天
	29日	法学院院长兼政治系主任区兆荣博士请假离校,请曾天宇博士为法学院院长,王世富博士为政治系主任
9月	5日	秋季开始注册
	6日	中华教育文化基金会本校21年度第一期补助费汇校
	8日	华侨银行行员来校参观
	10日	举行秋季开学式
	12日	上课
		举行纪念周大学部谢炳文先生演讲《到厦大后的感想》,高中部孙贵定博士演讲《如何防止心理的变态》
		厦大消费合作社成立
	18日	举行"九一八"周年纪念会,并请王世富博士演讲"九一八"国难周年内之经过
	19日	举行纪念周大学部陈英先生演讲《我国应实行交通化》,高中部王思量先生演讲《国际的新局面》
		心理学会会员大会
	21日	女生同学会开会欢迎新同学
	23日	演讲会开成立会
	24日	摄影学会会员大会
	26日	举行纪念周大学部余謇先生演讲《近代文字学研究材料之日增》,高中部因德人Herr Gadet未到校演讲,行礼后即散会
		女生同学会开执委会议
	29日	本校学生网球队与教职员网球队比赛
	30日	演讲会请王世富博士演讲
10月	1日	举行纪念周大学部郑世察先生演讲《厦门金融》,高中部陈定谟先生演讲《中国美术受西洋美术影响的部分》
		高中1934级开会
	2日	算学学会成立
	5日	十九路军总指挥部秘书长徐名鸿先生来校参观

7日　第五十二次行政会议

8日　周刊委员会议

10日　国庆纪念放假一天

13日　发起组织"厦大中国艺术社"

16日　高中生物学班赴鼓浪屿采集标本

17日　举行纪念周大学部王克仁先生演讲《对于本校学生的希望》，高中部方希仁先生演讲《增进读书效能之方法》

18日　本校篮球队与精武体育会比赛

20日　国民政府林主席来校参观
　　　第53次行政会议
　　　校内乒乓锦标比赛

22日　聘请各种委员会委员
　　　社会学会举行秋季交谊会

24日　举行纪念周大学部王成组先生演讲《英日两岛国政治发展的地理背景》，高中部曾郭棠先生演讲《设计法及其应用》

28日　国际学会征选会员

29日　本校足球队与鹭江队比赛
　　　江浙学会会员大会

30日　心理学会请孙贵定博士演讲《谣言的心理》

31日　举行纪念周大学部杨伟博士演讲《战争与化学工业》，高中部叶国庆先生演讲《图书馆与读书法》

11月1日　第五十四次行政会议

5日　两广学会交谊大会
　　　国际关系学会开会

7日　举行纪念周大学部郑民先生演讲《读汪精卫先生论军人割据的感想》，高中部毛常先生演讲《戴东原的新理学》
　　　高中毕业班举行修业旅行

9日　省庆纪念放假一天

10日　福州协和大学学生来校参观

12日　总理诞辰纪念放假一天

13日	心理学会请太虚法师演讲《梦》
14日	举行纪念周大学部黄幼垣先生演讲《现代文明之疑问》，高中部陈德恒先生演讲《生活费及趸售物价指数之意义》 文哲学会请太虚法师演讲《法相唯识学》
15日	广州市教育局考察团来校参观
16日	南安中学旅行团来校参观
17日	厦大中国艺术社成立
18日	演讲会开会 实业部通过收本校加入世界动力协会中国分会为会员
19日	厦大中国艺术社干事会议
21日	举行纪念周大学部曾天宇博士演讲《最近之世界经济恐慌》，高中部汤独新先生演讲《遗传与环境》
22日	第二期学报出版
24日	本校篮球队与美舰Asheoille比赛
26日	厦大艺术社请孙贵定博士演讲《中国瓷器》
28日	举行纪念周大学部江文汉先生（全国青年会干事）演讲《欧游观感》，高中部严恩椿博士演讲《民治国民应有之政治常识》
12月1日	第55次行政会议
2日	历史学会全体大会 填报文化基金补助费支出结算表及现金结余表
3日	厦门各界领袖发起组织"厦门大学协进会" 国际关系学会常会 筹备乐天社
5日	举行纪念周大学部傅文楷博士演讲《法治主义》，高中部曹谦先生演讲《文艺在品性修养上之价值》 开临时行政会议
6日	林校长函允就任中山医院院长职务
9日	司法行政部政务次长郑天锡先生来校演讲
10日	查阅官刘华俊先生抵校，并查阅大学学生军学术科

	12日	举行纪念周大学部李相勖先生演讲《中学教师优良之标准》,高中部沈家诒博士演讲《解决青年烦闷之一点意见》查阅官查阅高中学生军学术科
	14日	本校学生参加全厦学生军在本校大操场会操
	15日	文哲学会开会,孙贵定博士演讲《英文的繁复》
	17日	电贺新省府各委就职
	19日	举行纪念周大学部黄启显先生演讲《徐伯林飞机与德国国民性》,高中部徐诵光先生演讲《孔孟尚王斥霸说》
	20日	第五十六次行政会议
	21日	社会学会请孙贵定博士演讲《姓名之研究》
	24日	国际关系学会常会
	26日	举行纪念周大学部杨振先博士演讲《评汪精卫辞职与责任内阁制》,高中部袁子健博士演讲《国民对于法律应有之认识》
		本日起举行运动会二天
22年1月1日		放年假三天
		厦大中国艺术社举行书画展览会二天
		十九路军张炎副师长与郑坤廉女士假座本校大礼堂举行结婚典礼
	2日	本校篮球队与华南队比赛
	9日	林校长及姜琦、詹汝嘉二先生晋省请求发给补助费
	12日	事务处发还赔偿准备金
	16日	本日起放寒假16天
	17日	省府第232次会议议决自22年度起,按月补助本校5000元,至原准补助费归清理积欠项下并案办理
	22日	文哲学会假南普陀聚餐,并请太师法师演讲
	30日	段续川博士代表本校出席广东岭南大学科学会议
	31日	国府补发21年6月至9月补助费1万元
2月1日		举行春季入学试验
	3日	中华教育文化基金会21年度第3期补助费汇校学生李治年、易元勋,职员秦贤行自动北上参加抗日

	5 日	本学期入学手册出版
	6 日	第 57 次行政会议
	7 日	20 年度下期毕业文凭验印发出
	8 日	开始注册
	11 日	南洋华侨叶玉堆先生续捐本校经费,前后共计捐助叻银1875 元
	12 日	本埠中国银行假本校宴会并参观生物化学二院
	13 日	举行纪念周并举行春季开学式,英人龙良安博士 Dr. L. Allen 演讲《丹麦之救国教育》
	17 日	举行春季第二次招生
	20 日	举行纪念周,大学部詹汝嘉先生演讲《日人心目中的我国国民性》高中部纪肇斌先生演讲《东北问题之管见》
	21 日	第 58 次行政会议
	24 日	化学学会成立
	27 日	举行纪念周,十九路军黄莫京参谋长演讲《中国自求生存之道》运动员开交谊大会
	28 日	第五十九次行政会议
3 月	1 日	算学学会开会
	2 日	毕业审查委员会议 心理学会会员大会
	3 日	安海隐名氏捐助本校经费百元 第 10 次校务会议 厦大合作社开股东会 算学会干事会议
	5 日	高中学生自治会成立
	6 日	大学高中合并举行纪念周,张恪惟博士演讲《从热河炮火中观察中华民族危急存亡的状态》
	7 日	经济研究会开会
	8 日	全体教职员会议讨论救济国难问题
	9 日	教职员救国会电请中央惩办热河弃城将领,并速增援

10 日　摄影学会会员大会

13 日　举行纪念周,大学部王世富博士演讲(临时因王博士感冒未讲),高中部黄至元先生演讲《养蜂之利益》
教职员救国会执行委员会议

14 日　第 60 次行政会议
教职员救国会电汇南开张伯苓校长 400 元,请代购物品慰劳前方战士

17 日　编译周刊两委员会联席会议

19 日　心理学会请杜佐周博士演讲
算学会干事会议

20 日　举行纪念周,大学部杜佐周博士演讲《中国目下所最急需的教育是什么》,高中部龚达清学生演讲《从抗日声中观察吾国的国民性》
教职员救国会执委会议

21 日　教职员救国会电请汪行政院长、蒋军事委员长、何军政部长积极增援,并电勖宋军长努力杀敌

22 日　周刊委员会议

23 日　厦大救国会执行委员就职
厦大中国艺术社干事会议

24 日　筹设中国教育学会厦门分会

25 日　本校最近概况编送本省教育厅
江浙学会全体大会

27 日　举行纪念周,思明市公安局林雁峰局长演讲《思明市政之建设》
厦门大学教职员救国会、厦门大学救国会附中抗日救国特种委员会联席会议

28 日　教职员救国会执行委员会募捐救国金游艺会筹备委员会联席会议

29 日　革命先烈纪念放假一天

30 日　厦大筹购钢盔捐助抗日将士游艺大会筹备会第一次会议

4月1日　本日起放春假一星期

　　　　　　林校长出席本埠青年会演讲

　　　　　　历史学会、社会学会合组泉州参观团,前往泉州一带参观

　　　　　　填寄教育部教育年鉴各项表格

　　　2日　国际关系学会开会

《厦大周刊》1932,Vol.12,No.21

本大学最近概况

一、本校目标

本校主旨在研究并促进高深学术,造就各种专门人才,以期适应我国各项建设事业之需要,而实现三民主义的教育。

二、沿革

本大学创于民国10年4月,由陈嘉庚先生慨捐开办费100万元,常年费300万元,即以校董资格聘邓芝园先生为校长,暂假集美学校开学。初设师范商学两部,就中师范部分文理两科。5月,邓校长辞职,改聘林文庆博士继任。6月博士返国就职,11月改师范部为教育学部,以隶属师范部之文理两科,分设文理两学部。11年2月,南普陀新校舍一部落成,因由集美迁入,是即今之校址。12年4月,改部为科。15年8月,添设法科。17年3月,在全国私立大学中首先奉中央大学院批准立案。19年2月,遵照部颁大学组织法及大学规程,改各科为各学院。5月,复遵部令,改预科为附设高级中学。此本校沿革之大概也。

三、经费

(一)来源

1.陈校董捐款　本校经费除下列四项收入外,概由陈校董捐助。

2.其他捐款　如曾江水、叶玉堆、李光前、黄奕住、林文庆诸先生,暨新加坡群进公司等。

3.校产租金及学生学杂费等。

4.中华文化教育基金会补助费,自20年8月起,每月补助2500元,以3年为期,指定为本校理学院教育学院研究之用,另立预算。

（二）岁入总数　20年8月至21年7月，总收入为303529元，文化基金补助费3万元在外。

（三）岁出总数　20年8月至21年7月，总支出为302301元，文化基金补助费开支数在外。

（四）经费分配　(1)教育费64.0%　(2)教育补助费11.3%　(3)教育行政费16.4%　(4)图书0.9%　(5)购置0.6%　(6)建筑修造部4.0%　(7)其他各账2.8%。

（五）现在状况　本校经费，多数仰给于陈校董，既如上述。近年因世界经济恐慌，南洋商业不振，益以国难期间，国府补助陈校董教育事业费，未能照拨，校费异常竭蹶。收入方面，年由陈校董负担144000元，又文化基金补助费每年30000元，学杂费等收入年约70000元，合计不到250000元，而支出方面年约三十一二万元。收支相抵，不敷甚巨，至最近两年来预算之分配于各院处者如下表。

	本年度	上年度
校长办公室	19,200	13,116
文学院	50,760	50,136
理学院	61,356	69,000
法学院	34,560	36,468
教育学院	36,144	39,672
商学院	16,692	17,172
高中	23,100	22,140
事务处	51,144	33,906
注册部	4,104	2,688
军训处	4,260	4,416
图书馆	12,108	9,708
体育部	4,575	2,988
每年	$318,000	$301,410

（附注）上年度临时费不在内，本年度加入事务处项下。

(六)历年经费　本校成立迄今已十有二载，所有历年经常用费共约 300 余万元(建筑费在外)，兹附表如下。

11 年 8 月—12 年　月	$ 139,923.66
12 年　月—13 年　月	$ 253,499.41
13 年　月—14 年　月	$ 191,159.39
14 年　月—15 年　月	$ 249,011.35
15 年　月—16 年　月	$ 408,388.06
16 年　月—17 年　月	$ 295,945.27
17 年　月—18 年　月	$ 267,166.14
18 年　月—19 年　月	$ 244,044.68
19 年　月—20 年　月	$ 297,531.35
20 年　月—21 年　月	$ 302,301.17

四、建筑及设备

(一)校地面积　全校面积除未经建筑完竣及空地路径等未计外，合计二十六万五千八百二十方尺。

(二)校舍及间数　本校校舍主要部分为群贤、集美、同安、映雪、囊萤、博学、笃行、兼爱八楼，生物化学两院，电灯厂医药处，附设实小及白城山内外教职员住宅 20 余座。兹将分配情形列下。

1.教室　除同安楼专充教室外，群贤楼、生物院、化学院均划一部分为教室，大小计 25 间。

2.实验室　本校理学院现有有机化学实验室一间，普通化学实验室一间，分析化学实验室一间，理论化学实验室一间，制革实验室一间，电磁学实验室一间，光学实验室一间，力学及普通物理学实验室一间，高中物理实验室一间(在化学院)，动物实验室一间，植物实验室二间(在生物院)。外教育学院心理实验室一所，内分为团体实验室，个人实验室(在群贤楼)。

3.办公室　计二十余间，在生物院者有校长办公室、各学院、高中部、注册部、事务处、军事训练处各办公室，动植物系办公室等。在化学院者有物理化学等系办公室，在群贤楼有体育部办公室、周刊编辑处，在集美楼者有图书馆办公室。

4.宿舍　教职员宿舍为白城山内外住宅兼爱楼及化学院三楼等,男生宿舍为囊萤、映雪、博学三楼,大小凡一百九十余间。女生宿舍为笃行楼及兼爱楼之一部,大小凡二十余间,总计可容学生800余人。

(三)校具及教具　本校所有一切器具物品等颇称美备,其分配于各教室、各机关、各办公室、各宿舍及教职员住宅者,不下八千件(内校具6500余件,教具1500余间)。此外如钢琴、七弦琴、军乐器、蒙罗加减机、中文打字机、英文打字机、图书装订机、石印机、排印机、名片机、中英文各号铅字及石版油印机等,无不应有尽有。

(四)图书　本校图书馆奄有集美楼全楼及群贤楼之一部,计藏中文书籍45000余册,西文20000余册,中日文杂志百余种,西文杂志400余种。至各项杂志,或系周刊,或系月刊,或系季刊,凡本国及英、美、德、法、日本等国所出版之著名杂志,无不择要购置。兹将各类中西文图书数目列下。

各类中西文图书类目表

类别	中文书	西文书
类书与总记	15516	1942
哲学	1593	1211
宗教	1408	283
社会科学	2989	3709
语言	921	556
自然科学	745	4864
应用科学	1266	2905
美术	1662	673
文学	8526	1854
史地	8678	1456
小说	848	732
总计	45152	20185

(五)仪器标本

1. 仪器　本校理学院仪器颇称完备,据查物理系共有仪器 2500 余件,约值国币 4 万余元(照数年前金价计算,以下仿此)。关于电学、磁学光学、力学、水力学、热力学、声学等应用仪器,无不具备,其中贵重之品,有分光镜、量析光量器、X 光器、蒸汽、量热器、液体绝对膨胀试验计、无线电话、无线电报、电位计、大磁石蓄电池,以及标准电流、电力、电抗等件。化学系共有仪器 23000 余件,约值国币 5 万元。关于无机化学、有机化学、分析化学、工业化学、理论化学等应用仪器,亦颇完备。其中如测固体热量器、常温器、量糖器、滴定器、离心分离流质器、量色器、燃烧器,及精确天秤等,均系贵重之品。植物系共有仪器大小十万余件,约值国币 53000 余元,贵重之品,有复式显微镜、解剖显微镜、双眼显微镜、嵌腊炉,以及菌学实验仪器等。动物系亦有仪器,大小计十余万件,约值国币 2 万余元。如油浸高度显微镜、双眼显微镜、显微照相机、腊片模型机、切片机、保温箱。生理学实验仪器,亦均为贵重之品。又气台方面,置有寸径天文望远镜、浑天仪、太阳系自转公转表示仪等,共为 30 件,约值国币 2700 余元。此外教育学院特设有教育心理实验室一所,所置新式仪器百余种,约值国币 1 万元,就中如反应时间测验器、声笼勒阑其伯氏记忆测验器、裔皮氏计时器、旋转发动机、听觉敏钝试验器、快览机、反影镜、完全反射反影镜、筋肉稳定试验器,及辨别光度仪器等。于实验方面,获益甚多。

2. 标本　本校理学院标本,可分为植物标本、动物标本、地质标本三大部分。其中尤以植物标本及动物标本为最丰富,且皆系自行采集及交换而来者。关于该二项标本,已另设植物博物院,及动物博物院,分别储藏陈列,以供民众参观及教授与学生研究之用。兹略为分述如下:

一、植物标本　共计 3 万余种,分为显花植物标本、隐花植物标本,及应用植物标本三大部分。显花植物标本,均系本省,其他各省、印度、喜马拉雅山、马来半岛、日本、欧洲、美洲、澳洲等地之植物,多已定名装制,贴于标本纸上,陈列方法采用德国恩格莱式,计有 60 余橱之多,凡 22000 余种。隐花植物标本有羊齿类、苔藓类、菌类及藻类四种,皆自本省、福州、延平、厦门,及山东烟台、威海卫等地采来,并有一部分系自德国柏林植物博物院交换而来,或贴于标本纸上,或装于玻璃瓶中,或浸入福马林液中,凡 5100 余种。应用植物标本,分为果实标本、种子标本、药材标本,及木材标本等。果实标本,保存于福马林液中,种子标本保存于玻璃瓶中,药材标本多自福建、山东采集而来，木材标本采集尤多，计有福建省、中国北部、菲律宾群岛、日本、台湾、澳洲、新加坡、美国等地之各种木材，统计在2000种以上。

二、动物标本　　计兽类陈列室一，装成标本凡60余座，鸟类陈列室三，装成标本凡850余座。两栖类爬虫类陈列室一，计蛙类80余瓶，爬虫类70余种。鱼类陈列室一，标本凡980余瓶；无脊椎动物标本室三，陈列昆虫、节足、贝壳、软体、棘皮、腔肠等动物，约3000余种。各项标本大部分已定学名，唯定名工作，学有专门，已与各国各类动物学专家函约合作，故一部分标本，多送至英、美、德、法各大博物院审查定名。每逢博物院开放时，各处人士前来参观者极众，所有标本陈列方法，均以生物进化程序为标准，有益民众教育非鲜。厦门为中国海产生物著名丰富之地，故本校对于该项标本搜罗不遗余力，每逢月朔及月望之大潮日，均深入海底采集一次，无不满载而归，且曾发现不少新种，如林文庆海星及陈嘉庚水母等是。

三、地质标本　　共计已有一千数百件，可分为矿石标本，岩石标本，化石标本，地质模型，结晶模型等，其中当以矿石标本为最多，计分42种，约600件。如铝矿、铁矿、砷矿、铍矿、铋矿、硼矿、钙矿、炭矿、铈矿、铬矿、钴矿、锂矿、镁矿、锰矿、汞矿、钼矿、镍矿、铰矿、磷矿、钾矿、硅矿、钠矿、锶矿、硫矿、鏾矿、碲矿、钍矿、□矿、钨矿、铀矿、钒矿、钛矿、锌矿、锆矿，以及金银铜铁锡铅等矿均有。岩石标本及化石标本各有二三百件，全球各地之岩石及各种动植物化石均择要具备。地质模型，有地层火山川流等。结晶模型，亦有二百余件。此项设备共费国币数千元。

3.古物　　本校古物陈列所内有汉唐之明器，如尊、壶盒、豆、囷、磨、钱范、介士、男女俑，及兽类车乘等凡二百余事［件］。历代钱币779枚，明清各种瓷铜木石古玩50余件。又台湾生番标本，如刀、斧、枪、弓箭、盔帽，及舟型、贝、币、狗血珠、神盒、木雕男女像、陶木器等60种，百余件。又各地风俗研究资料，自书籍、服饰以至儿童玩具，凡400种，于史学上之研究考证颇有价值。

（六）建设计划　　本校现拟增建

1.气象台　2.图书馆　3.大礼堂

以上三项建筑物正在筹款并计划一切

（七）建筑调查　　本校校舍建筑费约在百万元左右，兹附详表如下。

名称	类别	面积	形式	落成年月	用费	备考
群贤楼	礼堂及办公室	17222	西式	10年5月	109400	面积以方尺为单位,用费以元为单位,下仿此
映雪楼	学生宿舍	8960	西式	10年5月	46000	
东厨房	厨房膳堂	3200	中西式	11年2月	4300	
同安楼	教室	6000	西式	11年3月	24500	
集美楼	图书馆	6000	中西式	11年3月	24500	
东厕所	厕池	480	西式	11年7月	1500	
东浴室	水房浴室	6065	西式	12年1月	2300	
囊萤楼	学生宿舍	8960	西式	12年4月	48200	
西厕所	厕池	480	西式	12年6月	1500	
西厨房	厨房膳堂	3200	西式	12年7月	4400	
兼爱楼	教职员住眷	10984	西式	12年7月	74300	
博学楼	教职员宿舍	97670	西式	12年8月	96200	
笃行楼	女生宿舍	3360	西式	13年2月	14000	
西浴室	水房浴室	6065	西式	13年7月	2060	
女生厨房	厨房	2064	中式	13年8月	850	
教职员厨房		1508	中式	14年6月	1600	
白城住宅	教职员住眷	44205	西式	14年10月	66000	
电灯厂		3472	西式	15年9月	10500	
化学院		15574	西式	15年6月	128700	
生物院		19613	西式	15年11月	135500	
医院		200	西式	20年9月	6000	
实验小学		700	西式	14年7月	8000	
建筑部		100	西式	15年1月	780	

续表

名称	类别	面积	形式	落成年月	用费	备考
大桥头职员宿舍		500	中式	12年5月	7700	
自来水池		45000	高堤	14年7月	25000	
游泳场		30	长方	14年9月	4000	
温室		100	玻璃屋	15年6月	2000	
传达处		40	中式	19年4月	500	
运动场		8000		11年1月	6000	

五、行政组织编制

（一）行政组织　本校校董会为最高机关，校长为校董会当然校董，校长秉承校董会意旨，主持全校事务，下设校务行政两种会议。在此两种会议之下，有大学秘书、各学院院长、各部处馆主任，及各种委员会。至各学院院务，均取决于各学院院务会议。

（二）现在编制　分文、理、法、教育、商五学院。

（三）分院分系

1. 文学院下设中国文学系、外国文学系、哲学系、社会学系、史学系。

2. 理学院下设算学系、物理学系、化学系、植物学系、动物学系、天文学系。

3. 法学院下设法律学系、政治学系、经济学系。

4. 教育学院下设教育原理学系、教育心理学系、教育行政学系、教育方法学系。

5. 商学院下设银行学系、会计学系、工商管理学系。

（四）互相关连或附设事业　本校除附设高级中学外，文学院附设古物陈列所，理学院附设制革厂、植物园、博物院、气象台，教育学院附设实验小学，事务处附设电灯厂、印刷所、自来水厂。

六、教职员

（一）现任校长、院长姓氏简历及任职年月

姓名	次章	职务	经历	任职年月
林文庆	梦琴	校长	英国爱丁堡大学医科内外科学士,外科硕士,香港大学荣誉博士	16年6月
徐声金	瑞虹	文学院院长	美国阿海河惠斯黎安大学经济学兼政治学学士,哥伦比亚大学社会学硕士及博士	11年10月
陈子英		理学院院长	美国哥伦比亚大学动物学博士,哥大动物学教员,燕京大学生物系教授	18年8月
曾天宇	和君	法学院院长	德国柏林大学经济学博士,柏林康德学会会员,曾任国立武汉大学经济学教授,第七军顾问中央政治会议武汉分会财政委员会委员,湖北省县长考试委员会典试委员,湖北省银行筹备委员会委员,查办湖南盐政专员,湘鄂政务委员会参事等职	18年8月
孙贵定	蔚深	教育学院院长	英国爱丁堡大学教育学博士,教育心理学荣誉学士,英文学硕士,教育科研究生文凭,伦敦不列颠心理学会会员,苏格兰教育部给师范资格文凭,曾任英国纳尔逊书馆百科全书编辑	12年9月
陈德恒	志常	商学院院长	美国米西根大学经济学学士,哥伦比亚大学商科硕士,曾任中国公学商科主任及光华复旦大学商科教授	15年9月

(二)各院系教职员人数统计(附表)

类别\院别	教授 男	教授 女	副教授 男	副教授 女	讲师 男	讲师 女	助教 男	助教 女	教员 男	教员 女	其他人员 男	其他人员 女	总数 男	总数 女	职员人数 男	职员人数 女
文学院	11	1	3		4	1	1						19	2		
理学院	7		2		1		3						13		41	1
法学院	6		1		2								9			
教育学院	6	1					2						8	1		
商学院	5												5			
高中									16	2			16	2		

(三)专任兼任助教职员人数

1.专任教授43人。

2.讲师8人。

3.助教6人。

4.专任职员42人。(事务员、书记在内)

5.兼任职员11人。

(四)每周授课最多最少时数

每周授课最多为15小时,最少为12小时,以个人为单位。

(五)薪俸标准

1.专任教授每月150元以上,330元以下。

2.讲师每月100元以上,140元以下。

3.助教每月75元以上,100元以下。

4.高中教员每月薪水75元以上,160元以下。

5.专任及兼任职员(事务员、书记在内)每月20元以上,500元以下。

(六)团体组织

1.教职员救国会

2.党义研究会

3.文哲学会

4.中国艺术社

5.乐天社

七、学生

(一)全校各学院学生男女数及总数(附表)

院别	文学院	理学院	法学院	教育学院	商学院	合计
第一年级	22	30	28	34	11	124
第二年级	18	12	39	35	10	115
第三年级	19	9	36	19	7	91
第四年级	8	4	13	10	4	39
未列年级正式生	7	2	14	9	3	34
特别生	5	7	16	18	5	51
选科生	1	0	0	2	3	6
合计	80	64	146	127	43	460

(二)各院系学生数(附表)

院别	系别	人数				
		男	女	合计		
文学院	中国文学系	19	2	21	80	
	外国文学系	12	6	18		
	哲学系	3	0	3		
	社会学系	18	1	19		
	史学系	13	0	13		
	特别生	5	0	5		
	选科生	0	1	1		
理学院	算学系	5	3	8	64	460
	物理学系	7	0	7		
	化学系	28	3	31		
	植物学系	2	1	3		
	动物学系	7	1	8		
	天文学系	0	0	0		
	特别生	7	0	7		
	选科生	0	0	0		
法学院	法律学系	38	2	40	146	
	政治学系	57	0	57		
	经济学系	33	0	33		
	特别生	15	1	16		
	选科生	0	0	0		
教育学院	教育原理学系	5	5	10	127	
	教育心理学系	10	3	13		
	教育行政学系	71	9	80		
	教育方法学系	4	0	4		
	特别生	16	2	18		
	选科生	2	0	2		
商学院	会计学系	19	1	20	43	
	银行学系	13	1	14		
	工商管理学系	1	0	1		
	特别生	5	0	5		
	选科生	3	0	3		

《厦大周刊》1932,Vol.12,No.21

厦门中山医院行政事宜归本校管理

厦门中山医院自筹办以来,已历三载,院宇建筑已告完成,设备工作亦逐渐进行。只因行政方面,缺乏主干人员,特于3月间,函请本校通力合作,主持一切。本校当即商请陈嘉庚校董同意,业于4月26日,正式函知该医院董事会,允任行政事宜云。

《厦大周刊》1933,Vol.12,No.24

历史社会学会展览标本始末记

历史社会学会

本会以现代社会科学趋重实物实况之观察,不亚于自然科学,爰于本月开设标本展览会,汇聚各项有关于该种学问之实物及模型,公开于外界,以供近处各中小学校教授史地等社会科学之参考,并求各界人士之指导。标本分为三部,陈列三大室,其一历史部,即在本校文学院文化陈列所。其物即皆该所之物。其种类,为历代明器,其时代分为汉六朝唐三期,物有人物、兽类神怪器皿四项。(1)皆以前由北平等处所购得。(2)泉州唐墓遗物,有磁制明器60余件及有字及花纹之古砖10余方。系本年4月该所主任郑德坤,文学院教授林惠祥、高中教员庄为玑偕本会会员赴泉发掘所得者。该墓砖铸明"贞观三年闰十二月二十五日葬",故知确为唐初之墓,明器形状颇多,为以前所未获者,故极有价值。(3)钱币自周秦刀布以至于清代皆具备。为以前所购得。另有中国及外国各种种银币颇多罕见之品,系文学院副教授郑成坤所收集者。(4)古玩有磁器、铜器等。(5)民俗品有古冠模型宗教品玩具等。第二部为人类学部借用生物院二楼大讲堂。其标本除本校文化陈列所原有34件外,复由本学系教授林惠祥及新加坡督学陈育嵩合办之人类学陈列所供给200余件。其中南洋土人之标本多数系陈育嵩自购及捐得者,台湾番族之标本系由林惠祥亲赴台湾番地采集,中国标本亦林所购得。种类有(1)史前遗物有中国山西、厦门、台湾、菲律宾各地石器及陶片。(2)武器件数最多,达百余种,可说明武器之演变。(3)衣服饰物中有贝珠衣、藤甲等颇奇异。(4)艺术品有蛮人手雕之木偶等。(5)宗教品。(6)器具。(7)舟车模型。(8)家屋模型。(9)蛮人模型。(10)图表有现代人类之像及史前原人之想象画,奇异风俗图,史前遗址遗物图,人类文化演变表解等。其中有二图为校外美术家林有本及法商学院同学黄彰汉摹绘外国名作而成。第三字画部另设一大教室。(1)古器物图像多数为郑德坤主任所藏,因系照片,故极明晰。(2)石刻拓本有汉武梁祠石刻拓本全套四十八大张,系不易得之品。金石索曾收入之,然缩印于书本内,终不如拓本之丝毫不爽也。所刻为汉以前之古人物故事神话风俗动物等,有人身蛇尾者,车生两翼者,极奇诡。此图为郑德坤主任所藏。尚有一种汉代石刻拓本甚大甚多,则系文学院台静农教授所藏之珍品,其图作人兽神怪争斗之状。此外尚有汉代石经拓本,汉墓石刻拓本,宋地理图、天文图等皆郑主任所藏物。(3)甲骨文字有甲及骨二项,二三十片,系文化陈列所郑主任托考古学专家容庚教授所购得者,物系河南安阳县殷墟出土,上刻中国最古式之文字,旁并陈甲骨文字图片说明,以供参证。(4)贝叶佛经共四片,文化陈列所一,郑主任一,人类学陈列所二。贝叶已干,上刻梵文。(5)其他字画有清代奏章,上有御批;太平天国玉玺印纸等,皆郑主任在北平时所收集。总计展览品达千余件。展览期间自9日至10日,虽连日阴雨,然参观者仍络绎不绝,已达二三千人。以中小学师生为最多,外人如英领事马尔定等来者约10余人。因外界要求,此后再展期至14日为止。此次参工作者师生达20余人,自筹备至散会计经三星期。

《厦大周刊》1936,Vol.15,No.30

本省三私立大学之分工合作　教厅长提议经三校长赞同

厦大补助案已经省府通过

福州特讯　本省省立学校仅有初高级中学及各职业中学,大学三校均系私立,除厦门大学外,一为福建学院,设于福州城内白水井,系林长民创设之私立法政专门学校所改造;一为协和学院,设于福州东门外魁岐乡,系教会所设立。新任教厅长郑贞文就职后,以本省省立学校□未有大学校之设立,私立各大学设备亦各有所长,各有所短,拟令三校分工合作,互相补助。适厦大校长林文庆来省请求省库实行拨款补助,郑氏因于林氏在省时召集林氏及福建学院院长何公敢、协和学院院长林景润,到厅商议分工合作之办法。闻其讨论结果:以福建学院图书馆关于国学参考书较多,农科则正在筹备。协和学院理、化、生物各学系设备较完,文科设备则较福建学院稍逊,此后福建学院政法科外,可利用协和生物学系之设备,添设农科。协和学院除原有文理科外,可利用福建学院图书馆,添设国学系,互相合作,可得尽□发展。至厦门大学附近有中山医院及各工厂,可添设医科及工科,以补福建与协和两院之不及。林文庆、何公敢、林景润等对此均表示赞同,此后即秉此方针进行。至厦大请求实行补助案,17日上午省委132次会议,教厅长郑贞文提出讨论。讨论结果:议决准自22年度起(即本年7月起),由省库按月补助该校5000元以宏教育,至原准一次补助费归入清理积欠项下并案办理云。(1月18日仁)

《江声报》1933年1月21日

厦大学生李治年等已到战区　何柱国专函到厦证明

厦门大学北上杀敌学生李治年、秦锡兆、易元勋等,前由厦门抗日救国会资往前方助战。到平后,一切情形经李等函电详陈,于前日登载吾厦各报。日昨陆军第57军司令何柱国,复有专函到厦,证明李经已实到战区。函文如下:"敬启者,李治年、秦锡兆、易元勋三君惠莅前方,不辞长途跋涉,志愿参加工作,足征爱国情殷,无任忻慰。当即派员陪往战区参观,俟有相当工作,再当奉告。待此函达,即希查照。此致厦门抗日救国会。何柱国,3月4日。"

《江声报》1933年3月16日

粤中大化学工学考察团　昨抵厦登岸参观厦大

广东中山大学全国化学工业考察团,12日早乘济南轮于昨日抵埠。登岸参观厦门大学及游览中山公园、南普陀寺等地,明日乘原轮北上赴上海、南京、杭州、济南、天津、唐山、塘沽、北平,转石家庄、汉口、长沙返广州,行期约40日。查该团有教授康辛元,助教袁文奎,团员为叶逢耕、甘其兴、马骏千、叶国尧、彭思敏、徐阳春、□英灌、伍鹏程、刘十馗、伍梦龄、李名世、石作秋、黄□义。

《江声报》1933年4月15日

继承遗志
易元勋成仁后策励后方慰幽魂湔国耻

厦门抗日会为厦大北上抗日学生易元勋在前敌阵亡,昨(16)日特致电李治年、秦锡兆二君,鼓励士气,力歼日寇。其原电文如左[下]。

"河北省海阳镇司令部招待处转李治年、秦锡兆君鉴,易君为国捐躯,噩耗传来,悲痛靡已。容当策励后方,继承遗志,并□鼓士气,力歼丑虏,以慰幽魂,以湔国耻!厦门抗日救国会谏。"(16)

《江声报》1933年4月17日

厦大学生筹购抗日将士钢盔
"五四"在思明戏院举行游艺会

厦门大学筹购钢盔,捐助抗日将士,特组游艺大会募款,早由该校师生组织筹备会筹办一切。兹该游艺大会已定于5月4日假思明戏院举行之。筹备会并发《敬告同胞书》,略谓:我军因□军缺乏,而受敌机轰炸,以致工事被毁,活动不易,固为军事不利之大原因。而工兵凭壕御敌,头无掩护,以致受敌人枪弹炸片之损害,而增多伤亡,尤为战争失败之主要原因。各地民众热烈筹购飞机,固为充实我军战斗力之重要活动,而购办钢盔赠送抗日将士,以减少我军之伤亡,巩固我军之战斗力,尤为援助抗日战争不可容缓之工作。厦大师生有见及此,委托本会,筹办购赠钢盔事宜。兹定于5月4日假思明戏院举行游艺大会,募集巨款,购办钢盔,赠送前方抗日将士。凡我同胞,莫不爱国,敢一致赞助,尽力捐输,俾得充实我军之战具,以获最后之胜利。此次游艺,多为本校男女同学所表演,技艺超群,足供鉴赏,其中《情侣从军》一剧,爱国热情,尤足动人。凡我同胞如能慨然解囊,以尽国民之天职,则此次游艺,必能使诸位爱国家、爱民族之美意,得着更深远之慰藉云云。

《江声报》1933 年 4 月 27 日

厦大筹购钢盔捐　五月一日□　分厦鼓捐募

厦门大学为筹购钢盔捐助抗日将士,举行游艺大会。该会募捐人员于 4 月 27、28 两日分赴厦门各□□□□□□□□□,请予□□□□□入场券,各界无不慷慨赞助,竭力推销。□会募捐人员□组□队拟于 5 月 1、2、3 日分赴厦鼓捐募。该会拟将购置□元以上入场券之芳名,于游艺结束后,披露报端,以表其爱国之热忱云。

《江声报》1933 年 4 月 29 日

厦门大学昨行开学式　今正式上课

昨(11 日)上午 10 时,厦门大学在该校群贤楼大礼堂举行季秋开学式。到教职员学生 500 余人,由各院长介绍本期新教授,次校长林文庆致词,题为《大学生活的理想》,演辞甚长,约分为五大部分:一、民本主义的国家需要领袖的人才。二、国家及社会服务。三、成功之路。四、大学的研究。五、理想。至 11 时散会,全体新旧教职员在生物院会客厅举行茶会,该校□仍继续注册,今日已正式上课云。

《江声报》1933 年 9 月 12 日

厦大同学纪念国难　代秘书主席二教授演讲

本埠厦门大学于昨日上午 10 时,在该校群贤楼大礼堂举行"九一八"纪念大会。到该校全体师生,由代理大学秘书詹汝嘉主席,报告开会宗旨。继请傅文楷、陈定谟两教授演讲,傅讲题为《九一八后的中国》,陈讲题为《九一八后国人应取的态度》。演毕,复由厦大救国会代表朱国华演说,至 11 时半散会。

《江声报》1933 年 9 月 19 日

厦大同学办英文刊　　创作号昨出版

厦大一部同学，因鉴国内英文刊物，鲜有具时代性者，特组一英文文化前线半月刊，以介绍欧美前进作家，并翻译本国时代作品及革命文学。创作号昨已出版云。

《江声报》1933 年 12 月 07 日

厦大经费问题　　减缩后月须 2 万余元　　政府月助 7500 元

厦门大学为华侨陈嘉庚所创办，始于民十，迄今十余年，用去金钱 400 余万元。最近各地陈嘉庚公司，因受不景气影响，相继歇业，厦大经费有无发生影响，自为一般所注意者，爰调查其情形如下，倘亦关心地方文化者所欲睹也。查厦大经费，自一再缩减后，每月约需 2 万余元。入款方面，新加坡陈嘉庚公司逐月尚汇 6000 余元，中央每月补助 5000 元，福建省政府 5000 元。此三款月可得 16000 余元，如学费收入增加，本可相抵，唯中央补助之 5000 元，自宋子文交卸财政部长职后，即不能照数拨助。现每月只得半数，约 2500 元，故学费如收入减少，即有不能应付之处。据校长林文庆氏云，集美学校创于民元，厦大创于民十，皆历十余年，或二十余年，陈嘉庚先生以个人力量，共用去千余万元。去年该校以经费发生问题，曾函地方人士援助，组织援助厦大文化协进会，藉各界之力，需时 4 月，仅得 6000 元。去年 8 月，本人因事渡洋，亦仅募得 6000 元。于此，尤见陈嘉庚先生倾家助学之难能，而各地之不景气，亦概见一斑云云。

《江声报》1934 年 03 月 28 日

未来法官参观狱门　　先事实习

昨厦大法学院法律系男女学生二十余人，由教授陈宝玛率领，前往思明监狱参观。继至地方法院观审民刑案件，盖为法系实习也。

《江声报》1934 年 4 月 18 日

请助厦大　孙林赴京向教部接洽

厦门大学校长林文庆,昨偕该校教育学院长孙贵定,趁轮赴沪。查林等抵沪后,即将转京,向教部商请补助厦大经费问题。林并代表耆老会,向中央有所接洽,约二星期即可返云。

《江声报》1934年4月27日

教员理科讲习班　厦大举办　定七九开讲

教育部因21年度中等学校学生会考试成绩之统计,数、理、化、生物等科欠佳,特指定全国各公立大学12校,私立大学4校,于本年暑期举办"中等学校理科教员暑期讲习班",以图补救。厦门大学亦为教育部所指定之一,该校定7月9日开始。讲习课程计分高中及初中二级,每级又分算学、理化及生物三组,每组各开四五学程,如各科新发展,各科发达史,各科教材及实验设备研究与讨论等。凡本省个高中及初中自然科学教员,经省教育厅或县教育局,或原校校长保送或证明者,为可报名加入讲习。期终举行试验,及格者可得证书。教部规定,凡得该项证书者,可免中等学校教员检定试验之一节或全部。

《江声报》1934年6月17日

小学教员暑期讲习归入第三区厅令到厦

思明教育局昨令各学校,略云:查本局前奉教厅令,发本年本省小学教员暑期讲习会办法,当经转饬各该校遵办在案,并以本邑学员听讲地点,归入第四区。际此溽暑,舟车跋涉,诸多不便,特呈厅准,将思明学员听讲地点归入第三区,以资便利。去后,兹奉厅令,呈悉应准如请办理等因,合行令仰该校长知照,仰即遵填听讲人员名单到局,以凭转云。

《江声报》1934年7月4日

厦门大学"服从性"今日演讲

厦门大学订本日第5次纪念周,延陈凤鸣演讲,题为《"服从性"与中华民族的复兴》。又高中部纪念周时,请傅文楷、曾郭棠演讲《高中学生生活指导之组织与宗旨》云。

《江声报》1934年10月22日

厦大分赠变形虫　厦鼓中校可具书领取

厦大生物学会近承该校生物教授赠送变形虫(Amoeba)多头,大者直径可达2.5□,肉眼可辨。按变形虫乃原始生物之一种,于生物学上占重要之位置,唯普通得之,殊为不易,即偶得之,亦常因其体积细小,不易观察研究。该会此次得此大号变形虫,除留一部自作研究外,即本其学术互助精神,欲将所余变形虫分赠厦鼓各中学,并介绍培养方法。其分赠办法:一、凡持有学校介绍书者,可向该会接洽;二、自备小试管一二个;三、分赠时间:自本月24日起至下月24日止,每星期六、星期日二天,上午8时至12时,下午2时至5时。四、分赠地点:该校生物院107及108号。

《江声报》1934年10月27日

厦大试枪

厦大二年级军训学生,上周在该校附近镇北关,分期实弹轻□射击。其成绩以李广桓、洪玉章、郑开泰、陈永枝等为优。明年将继续举行一年级实弹轻□,及一年实弹射击。

《江声报》1934年12月26日

厦大生组织台湾观光团

厦门大学学生李华璠等,此次乘春假之暇,发起组织台湾观光团,公推李璠担任团长,并聘曾呈奎教授指导。同行学生共18人,定于4月1

日乘嘉义轮出发，前往基隆，并转赴各地参观。为时约两星期，方能返校云。

《江声报》1935年3月31日

大学生辩论会　厦大得锦标

预赛胜华南　决赛胜协和

福州1日下午8时电　文化建设协会主办之大学生辩论会，昨（31）日决赛，厦大胜。

本埠讯　中国文化建设学会福建分会，定5月29假本省省党部举行大学生辩论会，题为"独裁政治最适合中国今日之需要"，分函本省各大学先期选送正反两组辩论员各3人。本埠厦大接到是项通函后，案经选出辩论员6人，于上月27日由该校训育主任李柏勖教授率领，搭轮前往参加。兹据确息，辩论结果，厦大预赛胜华南，决赛胜协和，得辩论会锦标云。

《江声报》1935年6月2日

厦门大学五教授离校他就　昨同学欢送

厦大理学院院长张希陆，下学期应南开大学之聘，已辞去厦大院长职。闻张舍此就彼，乃因母校关系，厦大理学院同学，以张离校在即，昨待在生物院，举行茶话会欢送。张勉励同学，谓国难当前，更应努力研究学问，以挽救国家民族。又林邵文、曾呈奎亦应青岛大学之聘，及赵邦俊、顾瑞岩，亦于昨日同受欢送云。

《江声报》1935年6月17日

厦大本届毕业生94名今行毕业式

厦门大学，订今（20）日上午9时，在该校群贤楼举行第10届毕业典礼。秩序：一、奏乐，员生整队进礼堂；二、唱党歌；三、向党国旗及总理遗像行三鞠躬礼；四、读总理遗嘱；五、校长致词；六、长官训话；七、董事训话；八、来宾演说；九、各学院院长向校长报告毕业生姓名；十、发给毕业证书及奖品；十一、唱校歌；十二、奏乐，校长率全体退席；十三、摄影；十四、茶点。查本届毕业学生，计94名，为该校历届毕业生最多数云。

《江声报》1935年6月20日

厦大经费仅中央年拨9万元
明开首次董事会　讨论本年决算

教育部派黄离明来厦，出席本届厦门大学董事会，已志前报。昨记者往访厦大校长林文庆，关于黄氏来厦及外传教部将收办厦大改为国立厦门大学，此讯是否确实。据林氏对记者谈：一、厦大为陈嘉庚独资所创办，前此仅陈及本人为永久董事及当然董事。近始增聘汪院长、孙科先生、宋子文先生、王（世杰）教部长、孔部长及黄奕住、曾江水为名誉董事，黄伯权、黄廷元、李俊成、陈延谦、洪朝焕、郑贞文、黄离明（教育部高等教育司长）为董事，定10日在厦大成立，并举行第一次董事会议。二、郑贞文厅长明（9）日可到，届时亦出席会议。三、黄离明来厦，纯为代表中央出席董事会议，外传收归国立不确。四、厦大经费，现只恃中央年拨9万元及学费收入维持，省府每年所补助之6万元已久未拨济。此次讨论要点，为本年度预决算及内部整理各问题云云。

《江声报》1935年9月9日

蒋鼎文参观厦大训话　黄建中郑贞文等出席校董会

厦门大学校定本月10日开董事会议，已志前报。昨晨9时，教育部高等教育司长黄建中（即黄离明）及省教育厅长郑贞文，即先往厦大，应厦大本届（第11届）上学期毕业生欢迎茶话会。同时驻闽绥靖主任蒋鼎文，亦应该校校长林文庆之约，于九时三刻乘汽车到厦大。蒋衣国货三友布中山装，足登白帆布鞋，轻装简从，与黄司长、郑厅长、林校长等略事寒暄后，10时，林校长即在该校大礼堂召集全体师生200余人，开校董训话会，并请蒋主任、黄司长、郑厅长训话。行礼如仪后，由林校长报告开会宗旨，略谓：本日乘校董会开会及蒋主任、黄司长、郑厅长参加之便，特请蒋主任等诸位训话。林氏作简单报告后,即请蒋主任临训。蒋氏略云:兄弟莅闽以来,因军事旁午,迄无机会前来参观。此次贵校董会开会,适兄弟少住厦门,承林校长之邀,得与诸位欢叙一堂,至为欣幸。贵校为陈嘉庚先生所创造,陈先生毁家兴学之精神,及林校长终始服务之美德,均为举国所共钦佩,非徒兄弟个人之景仰已也。在座诸位,如能以国家民族为前提,一秉陈先生、林校长之牺牲精神干去,共同努力,兄弟相信中国定有希望。抑尚有言者,一般人皆视飞机大炮为重要,其实学术更为重要。盖飞机大炮,亦皆从学术研究中得来,兄弟希望诸位,能够把精神牺牲到研究学术方面去,埋头苦干,努力进取,自然会得有好结果云云。

次教育司长黄建中氏训词,略云:中国旧有的文化,系由北而南,新的文化则由南而北。厦门一岛,前有朱熹,留下不少名迹,向有"海滨邹鲁"之称,今者新学术之发达,亦如春笋怒发,蓬勃不已,如游泳池、国术馆各种体育运动,皆有长足之进展。而厦门大学,建筑宏丽,设备完善,不亚国内有名大学。更可钦佩者,则为教职员,授课时间多,报酬少,都有牺牲精神,非其他国立大学及私立大学所可比拟。此种精神,殊足钦仰。希望诸位学生对于现在国家情形有相当认识,专心致力研究学术云云。

次教育厅长郑贞文训话,略谓:厦大至今日可分为两大时期,过去为陈嘉庚先生个人负责时期,现在陈先生因受世界不景潮流影响,心有余而力不足,但物资帮忙虽暂时停止,而精神牺牲则永远勿替。今后校董会成立,在政府指导之下,继续努力,可称为政府、地方人士及学校3方面合作。盖今日开会,黄司长代表教育部,郑厅长代表省政府,前来参加,是为政府合作的精神表现;黄伯权、洪朝焕先生为银行界,此为地方人士合作的精神表现。同时厦大教职员生均会集一堂,大家通力合作,此为学校方面的精神表现。如此则内部安定,学生勤求进取,前途进展,靡有止境云云。

最后,黄伯权代表校董训话,略谓:鄙人与厦大发生关系,在民22年间。因认有组新董事会必要,故于本年扩充董事会组织,除陈嘉庚先生为永久董事,林校长为当然董事外,特增聘陈延谦、李俊承、黄廷远、洪朝焕及本人为校董,由教部派代表1人会同所在省教育厅长参加会议,指导进行。今日是第一次校董会议之期,兄弟是办银行的,不过替人管银而已。银行事业是有精神才会有钱,大学事业是在于精神,不在于物质,有精神即有物质,希望努力云云。至 12 时散会。会毕,蒋主任、黄司长、郑厅长等皆在厦大午膳。饭后,休息片刻,蒋主任即由该校理学院院长刘椽、训导主任李相勖,导往古物陈列所、生物院、理学院、理化院等处参观,至四时蒋始回寓。至校董会于 2 时 30 分开始讨论,出席者林文庆、黄伯权、洪朝焕、陈延谦(洪代),列席者陈嘉庚代表孙国栋,政府代表黄建中、郑贞文,缺席校董李俊承、黄廷元。会议至下午 6 时 30 分始毕。议决重要各案:一、修正通过私立厦门大学校董事会章程(文长从略);二、通过增加校董 2 名(人选未定);三、选举陈嘉庚先生为主席校董;四、追认 24 年按月预算;五、通过宽筹大学经费(办法及详表从略)。会后林文庆在天仙旅社设宴招待,至 10 时宾主始尽欢而散。厦大历年经费支出统计,附列如下。

厦大历年经费统计

(单位:元)

期间	金额
民国 10 年 1 月至 11 年 7 月	85713.74
民国 11 年 8 月至 12 年 7 月	139923.66
民国 12 年 8 月至 13 年 7 月	253499.41
民国 13 年 8 月至 14 年 7 月	191159.39
民国 14 年 8 月至 15 年 7 月	249011.35
民国 15 年 8 月至 16 年 7 月	408388.06
民国 16 年 8 月至 17 年 7 月	295945.27
民国 17 年 8 月至 18 年 7 月	267166.14
民国 18 年 8 月至 19 年 7 月	244044.68
民国 19 年 8 月至 20 年 7 月	297531.35
民国 20 年 8 月至 21 年 7 月	302301.17
民国 21 年 8 月至 22 年 7 月	280054.97
民国 22 年 8 月至 23 年 7 月	279944.72
民国 23 年 8 月至 24 年 7 月	263531.47

《江声报》1935 年 9 月 11 日

厦大昨日开学礼各院长介绍新教授

厦门大学昨举行秋季开学典礼,由各学院院长介绍新教授,计文学院长周辨明介绍英国文学教授李庆云、古井（美国人）、中国文学教授台静农、郦承铨、卢前、郑笔山计6人。理学院长刘椽介绍生物教授陈世缇、算学教授杨善基、植物教授苏行三以及助教共九人。法商学院长陈德恒介绍法律教授谢景山、许家栻，政治教授吴志毅、黄增寿计4人。教育学院长孙贵定介绍哲学讲师王骏声。三、秘书詹汝嘉报告，新校董开会经过，教部司长、教育厅长仅参加会议，不参加表决、结果。

《江声报》1935年9月17日

厦门大学

民国9年8月，由华侨陈嘉庚捐助国币100万元，并经常费300万元，分12年缴清。先借集美学校上课，至11年2月迁入厦门南普陀新校舍，分文、理、工、教育、新闻五科。学系几度修改合并，今设文、理、法、教育、商学五院。经费来源、收入，学生缴费75170元，租金4925元，捐助款154741元，杂款收入17684元，合计252520元。支出俸给费161308元，办公费25134元，设备费12550元，特别费26798元，临时费4198元，合计39988元。此外文化基金董事会，于20年8月起，按月补助该校2500元。本年起由福建省政府补助每月5000元。该校图书计有本国文45152册，外国文20185册，共65337册。中文杂志123种，西文杂志136种，仪器计值168742元，机器值25000元。学生计435人，教职员59人。除此之外，尚有华南文理女子学院，系教会所办，其内容组织与协和大学相同。有归并协和说。

《江声报》1935年9月24日

厦大秘书报告校务

厦门大学昨纪念周，秘书詹汝嘉报告：一、本学期决举行中文、英文作文比赛。二、学生品行在丙等者，不予奖学金。其已得奖学金，品行在丙等，或有不端者，追还奖金。三、转学生在原学时之学分，各学院院长仍可随时考核。四、早晚升降国旗时，全校学生均须准时着制服参与行礼。缺席者照章处罚，迟到三次作缺席一次论。惟工读因工作关系未能参与行礼，须该主管人来书负责证明，又予免议。

《江声报》1935 年 10 月 8 日

厦大演讲毒气　测验儿童玩具心理

厦大理学院院长刘椽于上星期五在化学会演讲"毒气化学之基本知识"，今（19）晚 7 时，再在该会继续演讲。该会近并请化学系主任张怀朴讲演（Atomic Strucfure），约在 11 月底开始，作数次有系统之讲演。此题为近代最新物理化学材料。又该校心理学会，于暑假中在福州举行儿童玩具心理调查。前后测验 11 校，四千余人。现该会员拟在本市各小学继续举行。17 日已派员 6 人，分赴本市群惠、大同两小学，举行是项调查。其进行计划：一、调查学校暂定为群惠、大同、厦大实小。二、调查员分三组，（甲）林鹤龄、陈云英、高时良，（乙）叶大年、何祐先、余素亮，（丙）黄宗翔、方碧珠、王贞祥。17 日，两组调查员林鹤龄、叶大年等 6 人，分赴群惠、大同两小学开始调查。该两校长及教师□□□。

《江声报》1935 年 10 月 19 日

厦门大学校址考　向为军事要区　亦为国交场所

厦大文学院 20 日晚举行二次学术演讲，主讲为教授郑德坤，讲题为《厦门大学校址考》，略谓，厦大校址，面海背山，虽饶山水之胜，然在史上，犹有数事可供吾人注意。一、明末清初，此地为唯一军事之中心，郑成功之抗清与夫朱一贵倡乱之削平，莫不以此演武亭为军事出发点。二、乾嘉二代，朝廷屡议于此筑水澡亭及演武亭照墙，足证满清盛世，此地仍不失为训练军士之中心。三、道光朝目粤肇端之鸦片战争，厦门防御英舰，即以演武亭一带为唯一防线。四、光绪末年，此地由军事要地一变而为国际交易所。盖清庭尝于此以盛典欢迎美国舰队也。民九，陈嘉庚筹建大学，乃商请政府，以此地为本校校址。

《江声报》1935 年 12 月 22 日

本学期学生人数骤增　　总数514人　　列为本校最高纪录

8月1日学期开始,本校着手进行各项工作,如发贴招生布告,拟定寄宿生须知,编制特别集会缺席报告表,分函各书局汇送各科教科书,分函各科教员,拟定新生及插班生入学试验题目等。13、14两日,举行第一次新生暨插班生入学试验,到投考者111人。16日,经本校发表录取者,仅75名。26、27两日,再举行第二次入学试验,投考者193人。28日为旧生补考之期,29日发表第二次录取者。高初中新生及插班生计137名,当即开始注册,编制课程表。嗣因远地学生来校较迟,纷纷请求入学试验,计有81人。故于9月2日再举行第三次入学试验,发表录取者计48名。前后三次经本校正式录取新生及插班生,共计260名,列为本校最高纪录。5日上午8时举行开学式,正式上课。

原载《炉炭》1936,No.34

厦大励志社调查团今日出发

厦门大学闽南励志社,拟趁春假,派员赴各县调查农村社会各状况,经志本报。该社调查人员决于今(1)日分头出发晋江、惠安、安溪、永春等县,由黄谦若领队;同安、龙溪、海澄、漳浦、诏安、云霄等县,由苏宗文、林自元领队。其调查范围涉及各县县政及农村经济,最注意者地方自治等。这种工作实有裨于社会,各地之社团机关必当乐予协助也。

《江声报》1936年4月1日

厦大法学会昨参观厦鼓各机关

厦大法律学会现乘春假组织参观团,分赴省厦各司法行政机关考察。昨该会厦鼓参观团叶鸿恩、颜春魁等数十人,随带调查表格多种,,至本市地方法院、高一分院、市府各局科参观。下午至鼓浪屿会审公堂、工部局,对于各沿革组织及司法行政状况,询问极详。所至各处,均由院长、首检官、科长、秘书长亲为引导参观云。

《江声报》1936 年 4 月 2 日

厦大励志社调查团赴漳团员昨日回厦

厦大闽南励志社调查团日前分赴泉漳各县，调查县政保甲暨农村经济等，除泉团团员黄谦若等，尚须数日之工作外，漳团方面团员苏宗文、林自元等，已于昨日由漳浦取道海澄回厦。据该社社长苏宗文谈，此次到各县备受地方绅商政界招待，准予调查上之便利。各地现对办理保甲，训练壮丁，均甚积极。

《江声报》1936 年 4 月 13 日

厦大教育学院学生护院进行

推代表赴省请愿　向学校交涉结果

厦大教育学院学生因校当局将该院并入文学院，而有护院会之组织，其所持理由曾志前报。该护院会干事黄宗翔、徐君藩、潘懋鼎、何士宽、温建之、李文轩、林鹤龄、高时良、郑开泰等已开干事会议四次。其议决及进行各项，摘志如下：一、呈教部、教厅请恢复教育学院，呈文 14 日发出。二、呈校董会 20 日内发出。三、宣言。四、电请陈嘉庚向教育部、教厅请求恢复教育学院。五、函请上海、福州、漳州、泉州、汕头、广东、菲律宾、日本各地校友会及本校学生会一致力争。六、推举杜复合、许汝铁、骆玛法、郑其华、毛皋虔、汤国正、张传□、李学岳、郭培源 9 人晋省，向省政府请愿。七、函请离院教授一致援助，共谋护院。八、发刊护院专号，其题材以厦大教育学院之重要性为讨论中心，以事实有根据等为原则。该会并派代表向学校当局交涉，当局答，本校校主陈嘉庚因生意失败，无法独负厥职，而请得教部每月津贴 7500 元，教厅每月津贴 5000 元，财部年贴 3 万元，合学生缴纳各费，收入平均月约 19000 元。如停止补助，高中及并教育学院入文学院，以节省经费，收入支出适能相抵，否则每月须不敷 4000 元。在此经济困迫之时，教部、教厅明令并合教文两院等，以维大局，亦经校董会通过在案，此举实为不得已之处置。兹全教育学院学生既有恢复教育学院之要求，校方自当多方设想，以免诸生多事在身，而荒及学业。

假如难达目的,则复何言哉云云。

《江声报》1936年5月14日

大学生记大过　为爱一篇文　多读半年书

厦大教育学院本届毕业生(四年下)叶德荣,近日在该校图书馆阅览图书,见所爱读之论文一篇,即以小刀将该篇文字割下。事为该馆主任触见,以叶此举实不公德,经该校行政会议议决,叶德荣记大过一次,不准参加毕业考试,留校察看一学期,而该馆亦开馆务会议,关于叶德荣在阅览室擅将书中重要论文割取,除由学校惩戒外,责令叶德荣赔偿损失费大洋10元,并永远停止其借书权利以示惩戒云。

《江声报》1936年5月20日

厦大教育学院生宣布护院宗旨

不惟保留　且求发展　全校规定考试日期

厦大当局决于下学期将教育学院并入文学院,故教育学院学生遂有护院会之组织。其组织经过及所持理由,已志本报。昨该护院会干事特招待新闻界,由黄宗翔报告。

一、该院历史。系于民国10年春季设师范部,内分文理两科,同年秋季,扩大为文理及教育学部。内分:(一)教育学说,(二)教育史,(三)教育行政,(四)中等教育,(五)小学教育,(六)乡村教育及心理学等组。至14年改部为科,19年2月遵照教部颁布大学规程,教育科改为教育院。内分:(一)教育原理,(二)教育心理,(三)教育行政,(四)教育方法等四系。民国23年,行政会议约量裁并集中经济与人才,充实各学系内容,遂将教育原理、教育心理两系并为教育学系,而存为心理学系、行政学系、教育学系。24年又将行政学系并合心理学系,而存为教育学系、心理学系两系。

二、院中设备。心理仪器现有百余种,图书共有3000余种,教授现有6名,助教2名,学生87名,占全校27％,可为学校首屈一指。

三、校董议决。4月28日第二次校董会议第二条议决:"教育学院归并文学院,教育心理系归并教育学系,作为文学院中之一系。"

四、学生主张,教育学院实有存在必要。(一)培养师资为陈校主办学之初旨;(二)与经济无大关系,学生学费现有之收入占支出70%,而学校只开支30%;(三)至该院成绩,民19年中央训练部指定全国大学各著名学院资助党员升学时,厦大各学院中独教育学院在指定之列,如归并即减少党员升学机会;(四)福建师资养成机关缺少;(五)该院历年学生均多,毕业生占总数30%,现有生数为87人,而文学院只51人,以多就少,未免不合;(七)失却教育研究之独立性;(八)福建只此大学有教育学院。

五、护院经过。5月4日全体大会议决:(一)组织护院会;(二)呈教部、教厅请恢复教育学院;(三)招待记者;(四)发表宣言;(五)最后希望,一致要求校董会及教育当局切实保留我们的学院,不但要保留,且要发展,并希各界同情云云。

又讯:厦大本学期考试毕业班定6月1日起,其他由8日起。10日行毕业式,15日放暑假。

《江声报》1936年5月31日

留日学生须领证报验
否则不认其学历资格 欲求公职无可为凭

厦门大学日昨奉教部通令,略谓,查自费学生留学必须资格与部颁《国外留学规程》所定标准相符,及其留学经费与其本人一切行为有确实保证。经部核准发给留学证书后,始可出国。及行抵留学国后,并须于二星期内将所领留学证书向驻在国管理留学机关呈验报到。前据驻日留学生监督处呈报,赴日留学自费生内有未领留学证书即行出国者,亦有领得留学证书而未向该处呈验报到者,当经核示。对于此项留学生留学资格及其留学学历,绝对不予承认。令各省市暨各专科以上学校对于拟赴日本自费留学各生,剀切开导,务令遵章请发留学证书,出国后将所领证书向驻日留学生监督处呈验报到在案。兹复据该处呈报,此项未领留学证书出国学生仍未能完全制止,且有于毕业后请由该处证明其留日学历等情。查此项留学资格既未经本部承认,该处自不能证明其留日学历。该生等返国后,其毕业证件,本部不准其登记,征求公职,即无资格可凭。此种利害关系,应由该校留学各生及其家长详密阐明,以重法令,而免流弊"云。

《江声报》1936年11月5日

厦大及附中今明日动员入内地　昨分45队在厦鼓募捐

总成绩1400元左右　中学员生绝食一天

厦大及附中昨复总动员募捐,大学部仍分30队,中学部15队,募捐范围为厦鼓。鼓屿昨未入宅募捐,因先一日曾碰救世医院华医生苏某一大钉也。昨大学部募得925.97元,中学部募得452.2元。本日大学部将派6队,每队10人,入泉漳劝募。中学部决于明（22）日分往石码、金门、同安劝募,全体员生且议决绝食一天,将款汇□。厦、禾、鼓募捐大、中两部,均宣告结束。昨日各队募捐成绩,及昨晚会议分入内地劝募详情汇载如下：

大学部昨募得之款：一队12元余,二队23元余,三队1元余,四队21元余,六队72元余,七队8元余,八队48元余,十队10元余,十一队4角2,十二队7元余,又惠济堂认捐400元。十四队11元余,十五队32元余,十七队13元余,十八队19元余,十九队25元余,二十队34元余,二十一队55元余,另新加坡纸币12元、香港硬币22角。二十二队5元余,二十三队8元余,二十五队2元,二十六队18元余,二十八队12元余,三十队38元余。合如上数,香港硬币30角及新加坡纸币12元在外。毓德女中教员翁玉英以各生为国辛劳,特招待三队全体队员午餐。

泉州队今日将出发泉州三队,昨晚开会,分配队员职务,议决总队长郑伯琦,庶务庄为深,交际陈泗传,文书黄宗翔,纠察林复和。一队长柯孙谋,队员黄淑华、郑伟珠、苏瑞宝、张奎、林夏水、薛由德、陈赞听、周金田、洪登畴、许汝铁。二队长王永载,队员李曼仪、吕能、李谦亮、林怀海、林舒谦、郭成挺、王光祖、陈守正、陈国珍、黄秩同。三队长潘肇,队员黄文瑞、黄文敏、邓萃英、黄信中、王华琰、陈竞飞、洪玉章、李兆铭、章寿铭、高时良。

漳州队亦议决推总队长苏政辉兼文书,纠察郑其深、庄爱福、黄兴诚,会计陈德昭。一队长蔡启瑞,队员邵世谦、林趁、李远志、徐大进、陈延庆、吴思明、张达鳌、黄光纶、李树华。二队队长侯仲行,队员卢运平、钟泽高、范家宁、常尔康、周凤国、毛皋虔、卢砚耕、詹道蕴、詹道基。三队长苏子煌,队员曾湘帆、徐庆伟、杨丽明、谢信昌、叶济川、汤尚金、张君达、赵兆福、朱运京。

中学部各队昨捐得数目列下:特队 78 元余,又新加坡币 1 元,印度角 2 角,印度铜片 11 个。一队 27 元余,二队 27 元余,三队 12 元余,四队 14 元余,五队 47 元余,又新加坡币 1 元。六队 14 元余,七队 18 元余,八队 22 元余,九队 5 元余,十队 5 元余,十一队 20 元余,十二队 2 元余,十三队 115 元余,十五队 28 元余,合计 452.2 元。其中有 2 英人,1 人捐 15 元,1 人捐 5 元。舞女王梨梨捐 2 元。

议决案　中学部昨晚议决:一、捐款寄前方购买防毒面具。二、发电慰问前方将士。三、发电南京无线电台播音台,劝勉全国同胞起来募捐。四、定 22 日出发金门、同安、石码募捐。五、全体教职员学生绝食一天,将款汇赴前方。

《江声报》1936 年 11 月 21 日

厦大学生入泉漳　中止募捐　协助宣传

厦大学生 91 人,昨分 6 队赴泉漳募捐援绥。到时,以该地各有援绥会之组织,并各定日统一劝捐,该学生等遂中止进行。入泉之三队,总队长为郑伯琦,计 44 人,下午 1 时抵泉,寓培元学校。因未劝捐,乃在南街一带演说宣传。昨晚党部亦召集泉城各校学生代表百余人,开宣传大会。厦大募捐队定今(22 日)晨再分发石青、石狮、安海南乡一带宣传,即午集合东石码头,仍乘顺安轮返厦。此行在顺安轮上宣传,得搭客认捐不少云云。又赴漳之三队,队长为苏政辉,全队 47 人,到漳后,下午全体出发各街道宣传演说,队员王种亭、侯仲桓、蔡启瑞、苏子煜、王则敬等,分赴各中学参加降旗礼,并向各校同学演说。定今(22 日)晨赴石码宣传,必要时赴海澄一行,否则返厦云。

《江声报》1936 年 11 月 22 日

厦大乡村实验区设曾厝垵　开始进行

厦门大学教育学会,上学期曾举行募捐游艺会,将设乡村教育实验区,当于去岁 11 月间,择定禾山仓里社为区址。兹该会因鉴于维持按月经常费,甚感困难,特请学校当局接收办理。经行政会议通过,由本学期起,该区直属文学院,名称改为厦门大学禾西乡实验区,并将区址移设曾厝垵培英小学内,聘请教育系教授王倘为指导员,助教王景琛兼该区总干事,该校同学吴师孔、陈嘉训等为干事。查王等业已下乡开始进行。

《江声报》1937 年 2 月 28 日

厦大法学会改选职员　拟分三组考察各地

厦大法律学会于每学期开学后重新改选负责人,本期于日前召开会员大会,举行选举。结果叶鸿恩、钟鸿飞、黄钦奎、张奎、陈芳云、林玉存、卢炳煌 7 人,当选为本届执行委员。即晚召开首次干事会议,决定本期工作进行方针,拟于最近乘春假之便,组织司法考察团,分两广、漳州、福州三组,赴各地考察。又新任外交部长秉三中全会议决之方针,进行向各国要求废除领事裁判权。该会表示为政府外交后盾,即推员起草代电,呼吁全国各界响应。

《江声报》1937 年 3 月 19 日

厦大设置小学教育通讯研究处　欲便利小学教师进修

厦大为便利小学教师进修,设有小学教育通讯研究处,于去冬呈部备案。该处主任系文学院小学教育及县村教育教授王倘担任,该院助教徐梅、茅乐楠分任干事,处址设在实验小学。该处任务除用通讯方法解答一般小学教师所提问题外,更开放该院教育会(即前教育学院)学科,俾一般无机会进修之小学教师,亦得用通讯方法选习该系各学科。该处章则及小学教育问题征询表,业于日前分发各县小学云。

《江声报》1937 年 4 月 12 日

下册

厦门教育资料选编

【1909—1949】

洪卜仁 ◎ 主编
厦门市图书馆 ◎ 编

名山发现奇物　厦大取得标本

无尾螺、红虾及昆虫　生物学系在研究中

厦大生物学系因闻漳嵩路旁文圃山龙池岩有奇异螺虾昆虫,遂于昨晨由主任率学生 30 余人前往采集标本,果获无尾螺、红虾及昆虫多种而返。按文圃山属同安而界海澄,半山有龙池岩,岩上有寺,泉石幽奇,列为十二景,曰印月池,曰磊岩,曰穿云峡,曰笏拜轩,曰观海寮,曰拍石门,曰蕴玉居,曰憩亭,曰名山铎,曰石屏,曰跃龙桥,曰二叠漈。唐朝谢翛谢修,南唐洪文用及宋处士石宝隐居山下,后人因于岩旁建三贤堂。后就堂址改建华圃书院,为讲学之所。宋朱子尝登临揽胜,宋幼主为元兵所迫,奔至闽南,曾驻跸岩中,濯足涧泉,故又有伏龙岩之称。周冕登龙池岩时,"踏云人占一峰尊,万象都归眼底奔。古木穿藤龙怒攫,班苔蒙石虎痴蹲。紫阳讲座春风护,南渡江声旧恨吞。谁是名山谁得主,不须争说谢公墩"。该岩池中多异□,如无尾螺、红虾皆他处所罕见,生物学系研究结果,不久发表。又厦大校长办公室来函,谓贵报载"厦大收为国立"一则,内有厦大前教育学院院长孙贵定,于 7 月赴京向教部接洽经费及讨论收为国立云云。查敝校此次请孙贵定教授晋京,系专为代表向教部接洽 26 年度继续申请补助费事宜,不涉其他云。

《江声报》1937 年 4 月 28 日

国防化学展览会 29 日起厦大举行

厦门大学学会,鉴于世界风云日紧,对于制夺防毒之研究,不可不及时努力,特订本月 29、30 两日下午 1 时起,在厦门大学化学院,举行国防化学展览会。计陈设八项展览:一、各种毒质制备法。二、各项防护器材制法及用法。三、催泪剂之效验。四、动物与毒气。五、毒气弹之表演。六、燃烧弹之表演。七、信号光之表演。八、烟幕之表演。昨该学会已备柬邀请各界,届时光临参观。

《江声报》1937 年 5 月 27 日

厦大今明日国防化学展览
陈列分三大项　表演计有七种

厦大化学学会,订今(29)明(30)日,举行国防化学展览会,昨将筹备经过,及陈列表演各概况,分送各报发表。原文如下:

筹备经过　窃以化学作战之效,欧战已明示于吾人矣,各国虽高唱和平,然战祸迫在眉睫,吾国处此环境中,总无攻人之心,亦应有充分之准备,以应付目前之急难。惟准备□在国防,而国防化学,又占国防上之一重要地位。故吾人不求生存,不求复兴则已,故欲求生存,欲求复兴,则非对化学战争有相当认识不可。

敝会有鉴及此,早有筹备一展览会之决议,惜因种种困难,迄未实现。去年开学,重提斯议,乃决定,本会各同学勉力筹备。今年春,各种毒气制造,已告相当段落,乃决议开一国防化学展览会,公开展览。惟准备过于匆促,殊多简陋,且柬请招待,诸多不周,更深遗憾,顾望能引起观众对国防化学有初步之认识。则抛砖引玉,敝会与有幸焉。

陈列概况　陈列可分三大项:第一项为各种毒气制备法,第二项为已制成各种毒气与其它化学战剂之标本,第三项则为防毒器材制法及用法。兹分列述之:

(一)各种毒气制备法　欧战中所用毒气,实际上仅50种左右,其分类约如下表:

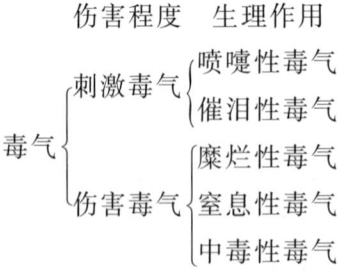

刺激毒气,毒性较微,然大都立见其效。故一遇催泪性或喷嚏性毒气,常因受刺激过重,而失其作事能力。因之近世政府对仗暴徒,有采用此种毒气之趋势。伤害毒气,毒性较高,惟见效大都须经过相当时候。糜烂性毒气,不仅由呼吸可以中毒,即一经接触,亦可渐渐溃疡以至死。此次陈列,催泪性毒气有五种,喷嚏性毒气有二种,糜烂性毒气、窒息性毒气与中毒性毒气,各有一种,各个毒气,均将制备中所应用之仪器陈列,并附函说明,催泪性毒气,有气苯乙酮(Chloracetophonon)、溴丙酮(Bromacetone)、气溴甲苯(Bromodenzyl Cyanide)、气甲苯(Benzyl Chloride),与气苦味剂(Chloropicrin)五种,前三种催泪效用极高,末一种且兼有呕吐效用。

喷嚏性毒气,有亚当氏毒气(Adamsite)与气化二苯胂(Dipbeny Lchlorarsine)二种。此类毒气,大都带有些微糜烂效用,且因其为固体,故施放时常散成极细之烟粒(俗称毒烟),以致普通吸收剂不能吸收。糜烂性毒气,仅制芥子气一种,欧战中死于此气者最多,因之称为毒气之王。此气有芥子臭味,皮肤一经触及,过一二小时后,则生溃疡。治疗常失之过缓,而至不可救药之地步。

窒息性毒气,仅制光气一种。此气有枯草味,中毒时,只感觉暂时的刺激,过后几如常人,且食欲较增。又过一二日,乃转危而至死。其毒性之阴险,于此可见,

中毒性毒气,仅制一气化炭一种。此气无特殊臭味,惟其毒性则甚高,所谓煤毒也,

此外尚有烟幕剂等之制造,惟因过于零碎,仅择要列入,兹不赘述。

(二)已制成各种毒气及其他化学战剂之标本,目下所制毒气,已有10多种,其他如步兵用或空军用之炸弹、信号光、毒气弹、燃烧弹,亦已制就10余种,现将制就标本,择要列入。

(三)防毒器材制法及用法,个人防毒最重要设备,厥为面具。面具除面罩部分,未能陈列其制法外,其滤毒罐内所装吸收剂如活性炭及苏打石灰等之制法,及活性炭吸收效力之试验,均详细陈列。又家用防毒药库及其他救急药品,均为民众所应知,亦制就一套陈列。又毒气之检验,于防毒之工作,大有裨助,故亦择要表演。其余如避难室之建筑,较为复杂,准备不及,谨挂一二图表,以资说明。

表演概况　表演可分七项,分述于下:第一项为动物中毒表演,以两小兔分放两木箱内,一通以气,气与光之混合剂,一仍通以此剂,但经过一滤毒管,内装自制活性炭与苏打石灰,正如面具滤毒罐所用者,酌过20分钟后,可见第一箱内之小兔,已尽其最后挣扎而殉难,另一只则尚悠然自在,度其安闲之生活。第二项为地雷之表演,制就地雷多个,通电流作之

爆炸。第三项为燃烧弹之表演,此项表演分三次:第一次为手榴燃烧弹,第二次为韩吴伞,第三次为飞机燃烧弹,烧夷之烈,匪易言喻。第四项为信号光之表演,大军作战,传令最感困难,故夜间多用信号光传达。信号光或称照明伞,射上空中,伞即自行落下,并放出各色火光,以表示前进或后退等。第五项为烟幕之表演,此项表演亦分三次:第一次施放白色烟幕,第二次是施放黄色烟幕,第三次施放白色毒幕,此种烟幕,在近代战术上占一重要地位。第六项为毒气之表演,此项表演分为二次:第一次用毒气纸片,燃烧时有催泪性毒气(苯气乙酮)放出,可使流泪。第二次用毒气手榴弹,内装臭丙酮(溶于臭甲烷 Methyl Bromide 内以助蒸发),仍为剧烈催泪剂。此二种毒气,催泪效用虽高,惟如观众能服从敝会表演员及招待员之指导,绝无中毒之危险。第七项为戴面具之表演,戴面具非有半时之训练,往往发生漏气之毛病,以致戴犹不戴,欲以防毒,反以藏毒,贻误生命非可漠视。故特表演面具之正当方法,以便观众之学习。

《江声报》1937 年 5 月 29 日

厦大毕业同学对母校前途昨分电表示意见

国防化学展览昨参观 3000 人

厦大毕业同学会,于去年 6 月,召开各地代表大会。议决对于母校前途,以尊重陈校董嘉庚之意见为原则,此后有必要时,电教育部及陈校董表示此意。兹该会近来厦大前途,谣诼甚炽,乃于 29 日开干事紧急会议,决议电呈教部及陈校董,陈述意见。其致教育部电文云,陈校董嘉庚毁家兴学,历久不渝,现已购得胶园为厦大基金,力图维持及发展,态度甚为积极,请尊重其意见,并予奖助,以示顾念华侨兴学之至意。致陈嘉庚电,大意相同。

厦大校长室昨贴布告,自下星期一起,升降旗礼仪式,暂行停止集合举行,但升降旗仍旧望各同学,于闻敬礼号音时,一律就地肃立致敬。又厦大国防化学展览会,昨下午 1 时举行,厦鼓各中小学集队往参观者 10 余校。保甲区助理员刘正平,亦率领全市保甲长百余名往观。是日参观者,计 3000 余人,3 时由教授周英拔、陈天佑、李维扬开始指导表演,1 时至 3 时动物中毒试验,以两面兔为试验品。5 时至 7 时表演韩吴伞、燃烧弹、飞机烧夷弹、信号光、烟幕、毒气弹等,至 7 时演完。今日仍于下午 1 时开始表演。

《江声报》1937 年 5 月 30 日

厦大学生毕业礼　市长训词

厦门大学昨十一届毕业典礼,特请市长李时霖赴校致训,到全校师生。李氏训词略云:各生毕业后,应本所学以问世,庶无学非所用,用非所学之缺憾,更不可专向政治,奔竞任官作吏,以为荣耀。盖目前中国需要,厥惟实业振兴,以裕生产,而纾国力。如留洋菲律滨等处,经商习艺,均可前往,以求出路。万不应职业卑微,而不屑为,均须从积极生产方面着想,是所至盼。

《江声报》1937 年 6 月 15 日

厦大国立下期实行说　林文庆抵沪候轮回厦

厦门大学收归国办,政府经学生之请亦曾计及。然该校创办人陈嘉庚亦仍本其毁家兴学初衷,竭力继续维持,最近犹募捐购置胶园,以充该校永久经费,教部则以该校年来因限于经费,未能发展,政府每年补助几达 20 万元,与收归国办所差无几。乃由厦大当局电陈氏商洽,校长林文庆于前日赴京,向教部递上陈氏意见,对于厦大私立或国办,认为无关宏旨,惟校政及用人方面必须得其同意。教部已于 20 日将案提由中政会议解决,厦大收归国办,有于下学期实行之说。林文庆亦已由京到沪,候轮返厦。一说陈嘉庚对维持厦大,必欲贯澈做去,星洲侨界亦多乐予臂助。收归国办之说,殆不如是之简单云。

《江声报》1937 年 6 月 26 日

厦大国立　校长不更动　高中及师范会考何雨农来厦主持

厦门大学收为国立,经校长林文庆赴京商决,下学期即将实行。校长一职,闻仍委林文庆。林氏□□□原轮,□下月□□□□□□。又本市高中及师范定 7 月 1 日会考,教厅派督学何雨农来厦主考。何氏定今晨由省乘长途汽车南下,晚可到厦,明日开始考试。

《江声报》1937 年 6 月 30 日

厦大国立置谘委会纪念陈嘉庚　设嘉庚奖学金及嘉庚讲座处分校产须谘委会同意　校长人选不日即可决定

南京 3 日电　厦大改为国立,记者访教部负责人探询经过。据称,该校创办人陈嘉庚,去年曾一再函请将该校收归政府办理,因当时该校经费不及列入 25 年度预算,延至本年始正式列入 26 年度预算。业经中央核定,自 7 月 1 日起实行,由政院转经国府备案。本部为纪念陈独力创办大学功绩,特订纪念办法纲要,□该校长人选,正由部慎重遴选中,不日即可决定。陈近电本部,对改国立表示感谢,并声明对校长人选及学校行政决不干预等语。纪念纲要如次:一、设置陈嘉庚奖学金若干名。二、设置嘉庚讲座数席,讲座及讲[奖]学金费用,均按年列入厦大经费预算内。三、设置厦大咨询委会为永久机关,嘉庚、林文庆为终身当然委员,并将自推继任委员,由咨委会议决定。甲、嘉庚讲座与奖学金分配。乙、对于校务得提出建议于学校。丙、日后政府如以任何原因处分厦大原有校产,须征求咨询会同意,委员会详细组织由部订定。

本市息　厦大校长林文庆昨自京回厦,此次该校收归国立,教部预算全年经费为 29 万元,省府每年仍补助 6 万元,合为 35 万元。本期决增设土木工程系,其附设高中,一年级前已停止招生,本学期又毕业一批,所余学生只 10 余名,故决实行停办。至纪念校主陈嘉庚,除由校设咨询委员会,陈及林文庆为终身当然委员,并得自推继任委员,日后政府如以任何原因处分厦大校产,须征求咨询会同意。此外并设嘉庚讲座及嘉庚奖学金,至内部组织及办法,教部须于月底方能颁厦。现厦大已准备一切改组手续,候月内中央派员到厦办理。另该校获得拨予中英庚款 4 万元,该款领法分两期两次,拟于下学期建筑图书库,但已改归国办,或再请求加拨,案性建造图书馆。又各大学校长庐山受训,厦大已接是项公函,促林校长即行赴庐。

《江声报》1937 年 7 月 4 日

萨本栋充任国立厦大校长

南京 6 日电 厦大改为国立后,关于该校校长一席,经教部慎重遴选,已决定以现任国立清华大学物理教授萨本栋充任,并已提经 6 日政院会议通过。按萨氏闽侯人,在美习工程多年,获有电机工程师及物理科博士学位,自 17 年迄今任清华大学教授职。

庐山 6 日电 行政院第三二〇次会议,蒋院长因有□公,仍由王宠惠代理主席。据教育部王部长折呈请任命萨本栋为国立厦门大学校长案,决议通过。

《江声报》1937 年 7 月 7 日

厦大生物研究场发现药用海藻新种黄花鱼

厦大海洋生物研究场成立两载,本年度工作概分六项:一、鱼类研究。二、海藻研究。三、浮游生物研究。四、海水及海产之化学分析。五、渔业调查。六、牡蛎养殖实验。各项工作俱获相当成绩,较有特别价值者,则为:一、黄花鱼,三新种之发现,其中一种名为丁氏黄花鱼,盖以纪念该研究场赞助人丁文江。按黄花鱼为我国最重要之海产食用鱼类,该场此种发现,与文化上、民生上皆有关系。二、本省沿海牛山岛药用海藻之发现,该海藻含碘量为全国海藻之冠,可作药用,其经济价值甚巨。又该场出版刊物,有一、报告类(已出四号)。二、海产生物通俗汇刊(已出四号)。三、海产生物学集刊(已出至第三卷),多载英文稿件,各项刊物与国内外科学机关交换刊物已有数十种。我国沿海海洋生物研究场在华南只有厦门一处,而在华北则有定□、青岛、威海卫与烟台四处,其中以厦门一处历史最久,各处皆为太平洋科学协会之合作机关。故其研究,一方面为国内经济复兴工作,一方面为国际科学研究合作工作,厦门地处海滨,极尽地利,该场之前途实有厚望。

《江声报》1937 年 7 月 26 日

萨本栋到厦　今日接收厦大

增设华侨特班　取消法律学系　重视土木工科
尽量留用旧员　添招新生150名

北平25日电　厦大校长萨本栋24日由沪偕教部督学丁绪宝,同行飞闽。丁到闽后,即转厦办理接收,萨在省接洽款毕,约留,22日赴厦就职。据萨函此间友人,对厦大改进事项约有:一、设华侨特别班,发展儒教。二、法律系学主仅6人,决将该系取消。三、理学院增设土木工程系。四、咨询委会以陈嘉庚、林文庆及部省各派一人,并就对该校有特殊勋绩者推选若干人组之。五、添招新生150名等项。萨候丁接收完竣移交后,即按此计划于暑期后实施。

本市息　新任厦门大学校长萨本栋昨日抵厦,寓天仙旅社。晚应厦大当局款宴,订今(26)日到校接收视事。记者曾访萨氏,据谈,厦大过去设九学系,现决视需要分别增减。本人在省时,原拟将厦大暂分为六系,将所缩减经费移增其他学系,故表面虽云缩减,实际则为充实。至将缩减者为何学系,现尚未奉教部来示,大概日内当有明令抵厦。二、就闽省现状观察,实需要土木工程人材,故决增设该项学系,以造就该项人材,俾将来在本省服务。该系经费暂就省府每年所津贴6万元项下拨充,该系并增设材料实验室及测量实验室两所,明年再增设水利电机实验室,务使该学系之设备臻于健全。三、咨询委员会所拟设之嘉庚讲座及奖学金,何日实现,俟与该会商洽后始能决定,今后厦大将多备奖学金及增加免费学生。四、厦大学费,每生若干,本人尚未明了,俟接收后检阅案卷,酌量情形,将原额予以相当减少。五、本人订明日到校接收,即赶办招生,开始整理一切校务及分聘各系教授等事宜。六、本学期应聘教授现尚未聘定,静候教部将应增设或裁减之学系决定,方可着手聘用,原有教授及职员,决定尽量慰留。倘有更动,亦系一小部分云云。

《江声报》1937年7月26日

厦大移交一部　今日继续接收

法律系同学谒新校长　请陈教部保留该学系

厦门大学新校长萨本栋于昨晨8时偕同教部督学丁绪宝、前校长林文庆等，分乘汽车到校，由总务主任兼秘书詹汝嘉移交。校长办事处及各学院先接收完毕，图书馆等候今日继续接收。该校经费除省府补助6万元（9折实支54000元），为增设土木工程系外，其余国库年拨29万元，按每学系每年经费6万，则仅可举办6个学系。故原有9学系，须裁撤3个学系。查国内各国立大学每学系经费，每年均在8万元以上，外国著名大学每系每年经费有多至50万者，是每系预算6万元，实为最少之数额也。据萨氏谈，行政方面将力谋减缩，所节省经费以增加学术方面费用，图书馆仪器设备费，希望能占全部经费20%。盖国内著名各大学多数如此云云。萨氏系清华大学毕业，美国物理学博士，回国后任清华学校教授，去岁曾赴美充任州立大学教授，近始返国。

又讯　厦大法律学系取销［消］之说传出后，昨该系留厦同学召开紧急会议，推代表叶鸿恩、王则敬、蓝天民、叶沧溪、卢炳煌等晋谒新校长。据萨校长答，关于裁撤学系，须俟教育部命令到达始能决定，报载裁撤法律系并不确实，望同学静候部令解决。各代表聆言，即请萨校长力向教部陈说法律系过去历史及有存在必要云。

《江声报》1937年7月27日

厦大法学系部令实行取消

增设土木工程系　仍旧为三院九系

国立厦门大学经校长萨本栋接收，现积极整理内部，赶于日内办理招生。昨萨氏已奉教部电令，着将该校法学系撤销，增办土木工程系，并设工学院。据萨氏谈，本校原有文学、理化、法商等三院，共设九系，现奉部令，应遵将法商学院之法学系取消，改该□□商学院。其增设土木工程系，并于理化学院内，仍旧分三院九系。工学院之设，开办设备费等约30万元，而本年度教费，教部早已核定预算，如此巨款，料难筹拨，故工学院设立,恐尚须时日,或于明年度使其实现。如该院设立,土木工程系即并入该院,至法学系原有学生,当设法令其转学,因教部明令,无法续办。如今后环境需要,自可恢复。于增设华侨特别班,尚无此是事,有之,乃系添收华侨特别生。盖华侨弟子,其学习程度,多未能适合试验之规定,而渠皆不远千里而来,自未便使其失望。故此项特别生,即为优待此辈华侨学子,分科旁听,教授讲解,至相当时期,然后插入各系云。

《江声报》1937 年 7 月 30 日

陈嘉庚电告两周后回国

厦大职员及教授已发表聘任一部

  国立厦大校长萨本栋对该校旧有各系教授,除有别就者外,决尽量继续聘任,其新聘教授日内即可到厦,现已聘定职员及教授,计有秘书杨允修、彭传珍、校医廖超照、图书馆代理主任曾郭棠、注册主任江再传、体育主任陈掌锷、文书股长何励生、会计股长高用梁,庶务股长在拟聘中。旧任教授续聘者计语文系教授周辨明、李庆云、余謇、毛常、郦承铨、专任讲师傅从德、德文讲师曾省、法文讲师周荫南夫人、教育系教授李相勖、陈友松、历史社会学系教授林惠祥、吴士栋,专任讲师叶国庆、数理系教授林觉世、副教授黄启显、专任讲师吴有容、助教黄寿庆,化学系教授刘椽、张怀朴、方锷畴,助教陈天佑、李继扬、生物学系教授陈子英、陈世是,副教授周点道,专任讲师汤独新、舍德祥,助教杨佩芬、赵修谦、方宗熙、研究员黄大烜、技士陈果杰。商业学系教授冯定璋、朱保训、傅文楷,政治经济学系教授□振□、□□□、□□□教授,须俟到厦后再行发表。萨氏并订今(1)日召集各职员教授谈话,讨论本学期工作。该校招生委员会系由各系各选一人共同组织,订明(2)日讨论招生事宜。又萨氏到厦后,曾电陈嘉庚,拟于接收后赴星一行,面洽厦大兴革诸端。但昨萨氏已接陈氏电复,文云:电悉,庚拟两星期后回国。故萨氏南行之议已可作罢。

《江声报》1937 年 8 月 1 日

厦大各部招生 270 名
奖学及侨特生 30 名　免费生额定 50 名

国立厦门大学本期分在省、厦、沪、粤招生，拟招一年级（暂不分院系）150 名，二年级、三年级转学生各 20 名，修业年限四年毕业。凡曾在公立或已立案之私立高级中学或同等学校毕业，经学业会考准予升学，均得入学考试。□已立案大学或独立学院本科肄业一年或二年以上，得转入第二或第三年级，但仍须经过入学考试及格，到校时再受编级考试。报名日期本月 10 日起至 18 日止。试验日程：本月 18 日党义、算学、历史，19 日物理、英文、地理，20 日化学、国文、生物学，并预定 9 月 17 日注册，21 日上课。

应缴纳各费：学费每学期 20 元，另体育费 2 元，宿舍费 8 元。实验费：习理、化、生物等学科者每学期、每学程须缴自 1 元至 5 元，及实验赔偿准备金每学期自 3 元至 10 元，余额于学期告终时发还，不足照补。普通赔价准备金则每学期 5 元，有余发还，不足照补。（乙）制服费 18 元，有余发还，不足照补。至免费生及嘉庚奖学金定为：一、免费生 50 名。凡家境清寒，学行优良，身体强健之学生，均得请求免费。经审查核准免费生，得免交学费、体育费及宿舍费、实验费全部。二、嘉庚奖学金 15 名。每名每年领受金国币 200 元，分二次发给。凡领受此项奖学金学生，除同时为免费生者外，仍须缴纳其应缴一切费用。奖学金名额分配由大学就家境清贫，在校成绩或入学成绩特优之学生中选拔后，□出本大学咨询委员会决定。三、凡经享受免费待遇或领受嘉庚奖学金者，旧生应于每学年开始前，新生应于报名时呈缴合该生原籍县市或所住三年以上之县市主管教育行政机关填写之家境清贫证明书以凭审查。此项证书如有不实情事，查出后除追缴应缴各费或已发奖学金外，得视其情节轻重加以记过或退学处分。凡投考新生因特殊情形不及于报名时呈缴右列证书时，经投考处核准，得于录取后一星期内补缴。

华侨特别 15 名，凡南洋各地华侨子弟曾在高级中学毕业，或具有同等学力，经各侨居地中华民国领事馆证明属实，得请求为华侨特别生，但须备下列条件：（甲）申请书。（乙）学校毕业证书及在校之成绩单。（丙）

领事馆证明书。(丁)最近二寸半身相片6张,1张黏贴申请书,5张另缴相片(背面须注明姓名、生日、籍贯、毕业或肄业学校及详细通信处),应缴文件须9月10日以前寄到本校。(戊)凡经本校审查认为合格之华侨特别生,由本大学直接函知。如因路途遥远不及于规定日期以前到校注册,须先经本校允许,否则以放弃入学资格论。本期除收华侨特别生外,不收其他特别生。

《江声报》1937年8月3日

厦大拟定五项新建设　萨本栋电陈嘉庚　询确定回国日期

厦大校长萨本栋以接办伊始,有与该校创办人陈嘉庚□度面洽必要,曾拟南渡访陈,至日并乃接陈氏来电,谓将于两周后回国,故萨校长已中止南渡。本市各界欢迎嘉庚回国筹备会,亦决依照前定欢迎办法,订期开会继续进行。昨市教育会秘书林世沧往访萨氏,磋商欢迎事宜,已决定由萨再电陈氏表示欢迎,并请示归国确定日期,候得回电再行开会,讨论欢迎办法。又讯,萨氏□□有戚友多人,持函请其设法位置,萨氏一一谢绝,并曾对人表示,此来为办学,非为位置戚友。苟于厦大有利,虽牺牲不惜;苟于厦大不利,虽任何威权及阻力,均将加以打破。又闻萨氏就职后,第一年将从事于下列各种新建设:一、建筑图书馆。二、建筑体育馆。三、修理大礼堂。四、注意全校卫生设备。五、筹建工学院等。各项经费预算2万余元,已呈教厅核示。

《江声报》1937年8月5日

萨本栋谈厦大招生　规定严格

厦大开始招生后,昨据校长萨本栋谈,本校招生系分省厦沪粤四处,厦沪均已开始。据沪方来电,连日索阅简章者甚多,本市已有人陆续报名,惟因时局严重,多存观望。省粤方面,因派往人员误于轮期,故须13日方克开始。本学期考试甚为严密,学生考卷考席,均用号码,而不用名。评阅考卷者,每科目若干人,每人仅阅□题,集若干人之评定,而为该科总分数。如是则弊端无得发生。北方各大学,均采用此法,故其入学考试,实甚严格云。

《江声报》1937年8月12日

厦门大学新教授聘定3人

国立厦门大学本学期教授,大部就原有续聘任用,而新教授,计有蔡镏生博士,厦门人,原任北京燕京大学化学教授;袁寿椿,浙江人,考取中英庚款公费生,英国伦敦大学地理学硕士;徐芝纶,南京人,考得清华留英公费生,美国麻州理工大学土木工程硕士。目下蔡在汉口,袁徐同在南京,不日均可到厦。此外尚拟聘请负有国际最高权威之美国心理学教授及物理学教授各一位,现正接洽中。

又讯 省教厅26年度国内大学研究生选派,由□肇城等□人膺选,指定金陵、燕京等大学为研究校所。

《江声报》1937年8月14日

厦大迁址　已筹备开学
假英华为办事处　募款国公债万元

国立厦门大学,以校址近在战区,已通知各学生家长,决暂移他处开课。着该生等登记入学,连日登记者已不乏人。经商借英华书院一部为办事处,女生宿舍,则向毓德商借。该校员生昨举行纪念"九一八"大会,决定征求认购救国公债万元以上。

《江声报》1937年9月19日

厦大本期投考新生300余名

国立厦门大学招考新生,昨已完毕,计厦门投考新生106名,福州32名,上海60名,广州120名,合为348人。试卷由本星期三起,召集各科教授共同评阅,以定去取,大约月杪即可揭晓。当此时局紧张,其投考学生,数已不少。苟当时局安定,当必更多。该校此次派人往各地主持招生者,福州为周辨明,广州为傅文楷,上海为陈友松,厦门本校,则由各有关教授襄助，一切均称顺利云。

《江声报》1937年8月24日

厦门大学拟移长汀　杨允修先往勘视

漳州讯　全国抗战开始，敌机常以我文化机关为轰炸目标，天津南开及南京中央大学等均被轰炸，故沿海各地大中学校多迁移于安全地带。兹悉国立厦门大学，亦拟于下学期迁移长汀。该校当局已派秘书杨允修，于昨（16日）来漳，定今（17日）赴岩转汀，视察当地情形，并寻觅校舍，筹备迁移。

《江声报》1937年11月17日

厦大迁移待确定　校具一部日内运岩

漳州讯　国立厦门大学派秘书杨允修前往龙岩长汀一带觅寻校址，以便迁移。兹杨氏已于日昨过漳返厦，据云，欲在长汀寻适当校址，确属不易，惟七区专署，近建有办公处一所，但亦不敷应用，移汀或移岩，俟回厦报告，召开校务会议，始可决定。至外传拟移尤溪，谅无其事云云。又闻厦大校具一部，拟于日内移往龙岩，该校当局已向漳龙汽车公司接洽车运。

《江声报》1937年11月30日

厦门大学12日停课

备实行迁移长汀　下月首在汀开学

厦门大学派员赴长汀勘察地点，筹备迁往。现经勘查结果，认该地为适当。又经该校长切实考虑，已决定于本学期末结束前迁移。理学院之实验仪器，目前最需要者，将于15日开始移往。学生则半季考试（12日）举行后，停止上课，以便料理行装及筹措经济。惟各生须于下月4日齐集长汀继续开课，待寒假即行照例放假。

《江声报》1937年12月5日

厦大移长汀　催学生交费

男生赞同7/10　女生多犹豫未决

厦门大学昨晨举行总理纪念周,校长萨本栋报告筹备迁移学校经过,谓长汀远处闽西之极点,该地农产物丰富,足以支持长久而无虑,交通虽不大便利,似无多大关系,因不便利亦有好处。迁移长汀理由,便是不欲越出福建地界,因福建以外,各安全地点,皆有临时大学之创设,且本校福建籍学生居9/10以上,迁移省外,或为经济与环境所不许。至迁移确定日期,最早亦须一星期以后,闽西汽车甚少,应作数次运载。如决定前往者,每人应纳17.5元,中10元为下半期学费,7.5元为车费及沿途膳费(学校代出一半车费),完纳期间限星期一至星期五止。本星期则仍继续上课。此去衣食住行,业已大体决定,沿途设有休憩所,并得省保安处电知,决沿途派警保护至校址宿舍。经由长汀专员公署允借一半,惟该处气候寒冷,学生须多备冬衣。最后,由同学举手,表示前往人数之多寡,女同学多存犹豫态度,未曾一人举手,男同学愿往者占7/10。

《江声报》1937年12月14日

厦大移长汀　订今日停课

校具陆续起运　男生全部愿往

厦门大学迁移长汀,其理化学院及重要器具,一切目前需用之物,均已陆续移往。现尚有三十余箱,不日可全部起运。教职员则订22日一部先往,行李每件运费4元,如留寄校内,每件月收保管费1角。学生行期未定,男生缴费愿往者,几达全部,女生愿往者亦十余人。该校已订今(20)日停课,至移汀后何日开课,校长已通告各界,候确定后通知。今日纪念周后,全体师生摄影纪念。又本省高中以上学生,须暂时停课,担任民众训练工作。该校如何,亦未宣布云。

《江声报》1937年12月20日

厦大移汀　萨本栋昨日过漳

漳州讯　厦门大学迁移长汀,该校师生由厦动身赴汀者已有四批,校长萨本栋及教授学生等三十余人,昨亦已过漳转岩赴汀。该校年底可全□迁移完竣,下学期各院系课程重新编配,以适合战时教育,并拟于学期中,分两期讲授不同之战时课程。又省府审计主任萧昌贞日前由省来漳,现查萧氏尚有其他要公,于昨前往长汀,周间可返省。

《江声报》1937 年 12 月 26 日

厦大移汀已告一段落

最后一批昨出发　迟行者自备旅费

厦门大学迁移长汀,除校具仪器早已陆续运往外,其全体员生则分为八组,先后出发。查第一、二、三、四、六、七等组,均已起程。昨并得校长萨本栋自汀来电,谓已全体安然抵达,至第五、第八两组,则为□后之一批,统限于昨(30)晨十时半,齐集和记路头出发,否则须自备旅费前往。届时,集中起程者过半现留厦,未起程者,仅余少数。日内当能继续各自前往。至此厦大迁移之事,已告一段落矣。

《江声报》1937 年 12 月 31 日

学者卢嘉锡在厦大讲演美国防工业概况

参加原子弹研究之本市学者卢嘉锡氏,前(18)日应厦门大学邀请作专题演讲,于 6 时假该校礼堂讲《美国国防工业概况》。言论精彩,材料宏博,极得好评。是日并前往听讲者除该校全体教职员学生外,厦鼓各界亦多参加旁听云。

《江声报》1946 年 1 月 20 日

校舍尚未修复　厦大展期迁回　本学期仍在长汀上课

汪德耀返汀主持校务

长汀 12 日电　国立厦门大学为目前唯一存留于闽省内地之最高学府。该校原定今春迁回厦门，嗣因部款尚未发到，原有校舍亦须修缮，决定展缓迁期，除一年级新生在厦上课外，其余各院级，本学期仍暂留长汀，俟暑假期间校舍修竣后。汪德耀已由厦返汀，主持校务。

《江声报》1946 年 2 月 13 日

简　　讯

本报讯　4 月 6 日为本市国立厦门大学开校第 25 周年纪念日，6 日上午 8 时，该校在大礼堂举行隆重庆祝典礼。行礼如仪，首由该校汪校长致开会词，对创办人陈嘉庚及前任校长萨本栋两先生之功绩备致赞扬。

又周辨明教授在该校任教 25 年，热心校务，诲人不倦，汪校长代表该校致祝词会。又由该校与银鼎一座，上副"师儒硕望"四字。学生则赠手杖一枝，上刻"望重成均"四字，以资纪念。是日教育部朱部长亦自渝电示训词，对该校已往成绩颇加称许。该校学生自治会亦于是呈处校横匾一幅，上题"达材成德"四字。呈献汪校长银盾一座，上刻"道兼信惠"四字，并开会慰劳全体教职员。该校为提倡体育及推行社会教育起见，连日又举行各项体育竞赛及表演，并由生物、化学、教理、机电、土水各学系分别举行科学展览。又于 4 月 5 日两晚举行音乐会，6 日、7 日两晚举行游艺会，各项节目均甚丰富，观众拥挤，盛况非常。

《中央日报》1946 年 4 月 18 日

厦大复员办事处　改设为新生院

学生注册达三百二十二人　22 晨开始上课

国立厦门大学鼓浪屿复员办事处，自本月 1 日起，奉令改为新生院，院长周辨明、教务课主任黄典诚、训导课主任顾瑞严、事物课主任吴哲生。

该院于 6 日 25 周年校庆假英华中学举行游艺,热烈庆祝后,即于 11 日迁移田尾前日本小学办公。21 日上午 7 时举行本学期第一次国父纪念周,全体员生均到场参加。纪念周后,开始上课。查该院新址风景优美,空气清新。现学生注册已达 322 人,闻定 5 月 1 日为截止注册日期。又该院除收一年级正式生外,并酌收旁听生若干名云。

又讯 该院本学期新聘教员航空系主任叶蕴理、机青系教授寿俊良、土木工程系教授程本蕃、经济系讲师袁镇岳等,已于日前到院授课云云。

《江声报》1946 年 4 月 25 日

厦大复员费核定 6 亿元 定 6 月初分水陆迁厦

长汀讯 国立厦门大学复员费,经由行政院核定为 6 万□元,该款业已汇抵此间。据悉:该校本学期定 5 月杪全部结束,6 月初旬,开始由水陆两路迁回厦门原址上课。本市各机关以厦大迁回原址在即,为纪念数年来对地方教育事业之开拓,文化水准之提高起见,将举行盛大之欢送会。

《中央日报》1946 年 5 月 13 日

厦大开始复员 9 月半可在厦开课 中正医学院迁南昌

福州 23 日电 国立厦门大学本学期学业已于 5 月底结束,本届毕业学生,突破历来纪录,达 178 人。厦大于 26 年底迁长汀,八年余来,对闽西文化贡献至巨。本月起开始复员返厦,图书仪器已启迁数百箱,学生教职员眷属亦陆续就道。校方与漳龙汽车公司订约,专派卡车 150 辆搬运仪器图书,限 8 月底全部运竣,9 月半后全部在厦开课。长汀各界举行盛大欢送会,并要求以后在汀设立考区,招收闽西学生。至所迁校舍,则交县立中学、参议会、幼稚园等分别接管运用。又中正医学院亦开始迁返南昌。

《星光日报》1946 年 6 月 24 日

厦大华侨特别生增至六十名申请期展至下月中

国立厦门大学,为便利海外华侨子弟送归祖国升入大学起见,向设有华侨特别生之成例,每年招收 15 名,凡华侨子弟最近 2 年侨居国外,并具有高中毕业资格,经侨居地我国领事馆证明属实者,均得声请为华侨特别生,先行入校试读。经过一年或一年后,补受入学试验及格后,改为正式生。此于华侨子弟,庶称利便。该校近为拓展华侨教育,经将名额 15 名增加至 60 名,其声请最后期限,厦定为每年 8 月 1 日以前,因鉴于战后交通不便,该校复将本年度声请期限展至 9 月 15 日云。

《江声报》1946 年 8 月 4 日

厦大教授联电呼吁

中央社讯 国立厦门大学教授会职员会今日继以特急电分致南京行政院宋院长、教育系朱部长,要求改列待遇标准,与京沪同级。原电谓:"前以生活困苦,电请改善待遇,未蒙察准。顷阅报载,本月 7 日国防最高委员会通过调整公教人员待遇案,本校仍与福建例列为第五级,所得待遇较京沪仅及半数,同人等不胜悲愤。窃以厦市物价之高,冠于全闽,不亚京沪,即米价而论,数月来每石始终在 10 万元左右。新调整办法对于京、沪、苏、常、镇江、无锡、合肥、芜、蚌埠、杭州、广州等县市,皆于苏、皖、浙、粤等省外另划为一区,独厦门市则笼统与福建内地同例,轻重不均,厚薄显然。叠电陈词,悉不加察,岂其别有权度,殊难仰测高深。为此,再电呼吁,恳请将本校照京沪例划出福建省外,列为第二级,俾久困之人,稍得喘息。幸勿再压迫,使出于万不得已之一举,则教育幸甚,厦大幸甚。"

《江声报》1946 年 8 月 11 日

厦大全体教授为待遇问题昨通电全国诉政府待遇不公
并自述活清苦

中央社讯 国立厦门大学团体教授,对校院分区调整公教人员待遇,

厦市列为五等,愤憾不公,除分行政院教部请求调整外,教授会今再通电向全国各界呼吁,原电如次:

全国各报社并请转各界人士公鉴:溯自胜利复员以来,各地物价飞涨。本校奉命迁回厦门,而厦市物价之高,向为全国之冠,甚至有过于京沪一带。单以粮价一项而论,6月起每石已过11万元左右。新谷登场后,每石亦在8万元以上。同人虽种菜采薪,而两口以上之家,仍无以自给。6月以前,同人待遇尚与京沪区所差不远,嗣后京沪各地罢教罢工,当局之调整办法亦因而大异,6月起同人所得不及京沪区三分之二,而物价高涨则固无一致也。前经一再向行政院教育部请根据物价情况设法改善,所得复电,均谓行政院即将作全盘调整,其各安心教学等语。同人乃信赖政府对于新调整办法,以为必有公平合理之处置。不料于本月27日报载公教人员待遇调整新办法公布之日,同人待遇反仅及远京沪区三分之一矣。同人非特无以维持生活,且亦不解当局待遇不公之故,岂以厦市远处海隅,教育本无足轻重,或者以罢教罢工之风尚未周及全国耶?同人于抗战期内,未尝一日不于极度困苦中努力供职,此亦为各界所周知,故能校誉日隆,规模日大,蔚为华南公认最优良之学府。同人不敢以此居功,但清苦奉公,不无微劳,乃新待遇使厦市对京沪区望尘莫及,同人生活益陷于不能维持之境矣。除再分电行政院教育部作最后之请求外,特将区区苦衷,敬告全国各界人士,至希明察。教育幸甚,同人幸甚。 国立厦门大学教授会敬启。

《江声报》1946年8月12日

厦门大学展期一月开课
汪德耀晋京请示校务及改善教员待遇

国立厦门大学自7月初复员后,一切校务进行甚为顺利。目前该校校长汪德耀搭机晋京,闻其主要目的为:(一)报告复员详情;(二)请示今后校务进行方针;(三)请求中央从速改善教职员待遇。闻该校本年度原定9月23日开学,现因建筑不及,经决定延迟1个月,拟改于10月23日新旧生开始报到,11月9日上课。又该校近奉教育部令,8月后旧生公费贷金,一律仍继续发给云。

《江声报》1946 年 8 月 21 日

厦大教授在鼓演讲

本市讯 本市鼓浪屿区国民教育研究会,为谋小学教师研究兴趣及增长教学知能,于前日(24 日)下午 3 时敦请厦门大学教育系主任李培囿博士,假该区第一中心小学演讲《小学教学原则与方法》问题。该区各小学全体教职员 80 余人,均前往参加听讲。查李氏,系美国教育博士,历任东吴大学、沅江大学等校教授,自抗战中兴,则改任厦大教育系主任,计 9 年。其教育著作多在正中书局出版,并散见于国内各教育刊物云。

《星光日报》1946 年 10 月 26 日

厦大各级学生昨日正式开课　今日补行开学式

厦门 9 日电 此间国立厦门大学,二、三、四年级学生共 821 人,今日正式在南普陀校本部开课,定下星期一首次纪念周补行开学式暨复员纪念。一年级新生仍留鼓鼓浪屿新生院,两星期后方开始注册。

《星光日报》1946 年 11 月 10 日

母校复员与复兴计划概述

枫榆

母校复员,最为迅速,自胜利日起至(民国)36 年元旦,可视为一段落,称之为复员期间。在此期间,有三大工作,兹分述如下。

一、新生院之筹设

自胜利日起,母校则开始准备复员,34 年度新生决在鼓上课。经多方努力,在鼓借到英华校舍二座,毓德宿舍一座,并请市政府拨博爱医院、田尾日本小学、八卦楼、日本领事馆,合本校租来楼屋三座共计十座,并置制家具校具约两千件,于是新生得于去年 12 月 24 日上课,完成一件复员艰巨之工作。一年来鼓浪屿经努力经营,堪称完善,现男生宿舍在前博爱医院,女生宿舍在前慈勤女中,课室及办公楼在田尾,图书馆在日本领事馆,教员宿舍在八卦楼等处。

二、复员运输与校产拨管

1. 复员运输:在汀组织复员委员会,内分六组,计划复员,并作迁移准备,在水潮及漳州设两接待站,由校友袁德诚、张□踪二君分别主持。计用车辆119辆,运输公物2743箱,家具2653件,教员及学生行李596件,载运人员约800人。2. 校产之拨管与结束:母校在汀校舍虽多,唯皆租赁民房。此次复员,应依约归还业权者,即有利用公地建筑者,应依照部令办理□转所在地教育机关接管。至于家具财产亦依此原则移拨,因之母校房舍家具,均就地拨交省立长汀中学、县立中学、长汀师范学校及县辖各中心学校。详细拨管情形,均备有移交清册。

三、校舍建筑及修缮工程

1. 校舍被毁情形:(一)全部毁坏者,有生物院大楼一座,被轰之余,又遭拆毁,乱石、山、枯树斜阳,供人凭吊而已。化学院大楼一座,笃行楼一座,兼爱楼一座,拆毁之后,乔木挺翠,础石凝霜,有不堪收拾之感。此外白城山教员眷属住宅26座,破坏之后,仅余残基。其发电一座,东厨房一座,膳厅一座,医院一座,温室一座,植物园一处,厕所一座,东边社楼一座。无论楼房平屋均夷平地,梁木墙石均被敌军运作海防工事之材料,损失共38座,校外则未列入。(二)被敌人破坏须大加修理者:有博学楼、映雪楼,破坏殊甚,不能居住,海边木工场及煤气室等亦然。(三)须□加修葺,添补门窗:有群贤楼、集美楼、同安楼、囊萤楼等四座大楼及各小建筑物。

2. 建筑及修缮概况:计建□建完成者有:(一)白城山教员眷属住宅七座,利用□基,每座住两家,每家有房三间,并附厨房浴室,窗棂通明,二叠栉比,望之玲珑可观。(二)敬贤楼,单身教授宿舍一座,二层楼屋,立体平顶,计可住教授34人之众。(三)笃行楼一座,为女生宿舍,可住120人,位与敬贤楼骈列,外观亦仿佛相同。房间通明,轩槛洞开,诚女生藏修之佳所也。(四)工学馆,工学馆一座,数月经营,行□落成矣。(五)机械工场,系将敌人油库,由海港检疫所之隔离病院所改建者,再加以改建,使其合于机械工场之应用。(六)修建运动场,重划各种场地,新建器械设备,蔓草荒地,焕然一新矣。(七)其他零星建筑,为博学楼后浴室一座,木盖仓库三座,砖墙仓库一座,邮政局储金局一座,合作社一座,化学系储藏室一座,东膳厅后浴室一座,图书馆仓库一座,共计十二座。

至于修缮工程,本校本部者,有博学、映雪、囊萤、同安、集美五楼,东西厨房、东膳厅、传达室、小便所、群贤及东厨房后浴室等十二座。此十二座之中,博学楼、映雪楼几等全部翻造。

在厦港区方面者,有大桥头小楼实验小学及礼堂二座,机电系工场及办公厅三座,大南新村教员住宅十座,南普陀一座,化学系煤气室二座,海滨石屋二座,共二十座。

在虎头山区者,楼屋四座,寿山路二座,水果行楼房二十二座。

鼓浪屿方面,尚有慈勤女生宿舍一座,计修理部分,大小共五十六座。

至于家具,除一部分由长汀运厦外,在厦门曾利用日人统铺及小棚等废料,以便宜价格,完成双层320张,折椅400张,靠背椅200张,书橱125张,圆桌100张,双屉桌100张,方凳500张,单人床120张,双人床100张。此外,物工包料添制者,计有学生用方木凳1000张,单人床140张,女生单床100张,双屉桌200张,靠背椅200张,学生自修桌600张,化学实验桌36张。又瓶架烟雾□一批,生物系用具一批,物理系实验桌橱一批,讲台20套,绘图桌150副,共计4362件,以后零添制者尚未列入。

复兴计划

母校环境幽美,以前建筑乏整个计划。母校有鉴于此,爰请校友方虞田君计划理想校景全景图一张及楼房图样多种,以谋逐渐实现。因建筑费浩大,一时无法希望全部完成,故分期计划进行如下。

1. 计应恢复者:A、生物院一座,建在原址。B、化学院一座,建在山上。C、教授宿舍□建在北关原址。D、大膳厅一座。E、电厂一座。计恢复被毁校舍之工程费用,共约需款60亿万元。

2. 计应添建者:A、图书馆一座,包括文化古物陈列所,南洋研究资料馆,有足够千人之阅览厅,50万册之书库。B、大礼堂一座,可容2000人座位,约需款10亿元,并定名为"嘉庚堂",以纪念创办人陈嘉庚先生。C、工程学馆三座,包括电机、航空及土木各部门。D、水产研究所一座,包括水族馆。E、文法商各院系研究实验室一座。F、学生宿舍三座,每座可容400人。G、体育馆一座。

计添建校舍之工程费用,共约需款90亿元。

合计恢复添建校舍共十五大座,又二十栋,均有略图样,准备着手捐建。

此外如校门、钟楼、游泳池、码头、路道等均在计划之列,苟得充足之款而□□,则我厦大之校舍全部将成一美丽壮伟之学村,可以媲美哈佛等名校,或将超□□矣。

《厦大通讯》母校 26 周年校庆纪念特刊

母校汪校长两次晋京接洽重要校务

母校于去年 8 月初,完成自汀迁厦初步复员工作,汪校长以校务亟待兴革,有速向教育部请示之必要,特于 8 月 17 日晋京,与各方面接洽。前后五周,结果殊圆满。本年 2 月 15 日,汪校长又再度晋京述职,并接洽重要校务。此行仍历时五周,收获亦多,兹将汪校长接洽要点摘录于后。

(一)复员经费 首次复员经费,原由教育部批定六亿六千八百六十三万元,其中六亿元,由部指定为复员建筑费。但此经费不敷甚巨,经汪校长接洽,已追加一亿元(内五千万元为海洋研究所设备费),另增拨复员旅运费五千万元,惟仍不敷用,经再度交涉,始由行政院批准照原定复员经费,在教育部扩充改良费 150 亿元项下,再拨 6 亿元。闻汪校长已召集有关各系,讨论重建生物、化学二馆之初步计划矣。

(二)经常费 母校本年度经常费为八千余万元,较去年虽增加 1/3,但仍不敷实际需要,且仍屈居国立大学中倒数第二位。汪校长一再交涉,虽均无法再增盖本年教育部拟定原则,名校经常费增加,最多不得超过二成,母校此次增加,事实上已超过部定,可见教育部对母校已尽最大力量辅助。惜原有经常费底数太低,得另想办法,请求增加增班费。闻已蒙朱部长核准矣。

(三)教职员待遇 厦门中央待遇原列第五级,乃行政院根据福建省官方粮价报告核定者,去夏汪校长晋京,亲向行政院提供具体资料,证明厦门米价高过京沪区,惟行政院限于定案,未便改□,允于秋间调整时设法改善。最后经汪校长力争于调整前,将本校教职员待遇按照第三级支给,而以临时补助费名义贴补三五两级之差额。

(四)教职员名额 母校 35 年度名额原列 209 人,但年来所设学系,人数逐渐增加,教职员人数实感不敷分配,虽屡次呈请增加,均未获准。

去夏汪校长赴京说明需要,始准自本年度起,增加30名建训班(航空、机电两系),增加教员名额,另行计算。最近汪校长又以附属小学、水产研究室、海洋研究所等之需要,请增加员工名额。现已核准职员增加8名,工役5名矣。

(五)增设院系　母校为增强组织设备之完善,曾呈请理工分院、机电分系,并在文学院内增设体育系,商学院内增设国际贸易管理系等,惟部方以中央通令紧缩开支,碍难照办,卒经多方交涉,始获准曾设国际贸易管理系,其他均暂缓议云。

(六)仪器设备　仪器方面,有联总捐赠机电机器各一套,俟教育部运到,分发母校。此外尚有日本赔偿之机器亦可分到一部,闻计有70套之多。前教育部代购理学院仪器亦运到十余箱。又图书亦已大批采购,已到者有数箱,余在续到中云。

《厦大通讯》母校26周年校庆纪念特刊

各学系历届毕业生人数统计表

(1—22届上期)

文学院	480人	
中国文学系	87人	包括旧称之"国学系""文学系""语文学系"
外国语文学系	31人	包括旧称之"外文学系""英文学系""外语文学系"
教育学系	290人	包括旧称之"师范""心理学系""原理学系""行政学系""方法学系"
历史学系	65人	包括旧称之"史学系""历史社会学系""社会学系"
哲学系	7人	本系已停办
理工学院	396人	
数理学系	67人	包括旧称之"物理学系""数学系""算学系"
化学系	96人	
生物学系	41人	包括旧称之"动物学系""植物学系"
土木工程学系	86人	包括旧称之"工程学系"
机电工程学系	106人	

续表

文学院	480 人	
法学院	447 人	
法律学系	88 人	包括旧称之"法学系"
政治学系	124 人	
经济学系	235 人	包括旧称之"经济政治学系"
商学院	272 人	
商学系	55 人	包括旧称之"商业学系""工商管理学系",本系已停办
银行学系	92 人	
会计学系	125 人	
总计	1595 人	

《厦大通讯》母校 26 周年校庆纪念特刊

本学期母校各院系同学统计表

	一年级	二年级	三年级	四年级	总计
文学院	101	47	23	24	195
中国文学系	24	6	4	6	40
外国语文学系	23	8			31
历史学系	14	4	3	8	29
教育学系	40	29	16	10	95
理工学院	171	148	144	92	555
数理学系	14	7	10	6	37
化学学系	25	22	19	13	79
生物学系	18	6	6	3	33
海洋学系	16				16
土木工程系	24	29	36	27	116
机电工程系	51	53	47	43	194

续表

	一年级	二年级	三年级	四年级	总计
航空工程系	23	31	26		80
法学院	96	86	55	56	293
政治学系	34	23	22	25	104
经济学系	33	31	31	31	126
法律学系	9	32	2		63
司法组	20				
商学院	49	23	15	22	109
银行学系	21	11	10	11	53
会计学系	28	12	5	11	56
总计	417	304	237	194	1152

《厦大通讯》母校 26 周年校庆纪念特刊）

历届毕业生人数统计表

（第 1－22 届上期）

届别	年度	男	女	计
1	14 年	35		35
2	15 年	23		23
3	16 年	17	1	18
4	17 年	44	3	47
5	18 年	21	2	23
6	19 年	36	1	37
7	20 年	28	3	31
8	21 年	33	2	35
9	22 年	91	6	97
10	23 年	109	10	119
11	24 年	100	8	108

续表

届别	年度	男	女	计
12	25 年	57	4	61
13	26 年	47	8	55
14	27 年	43	6	49
15	28 年	32	4	36
16	29 年	76	5	81
17	30 年	86	13	99
18	31 年	74	17	91
19	32 年	127	12	139
20	33 年	148	16	164
21	34 年	200	17	217
22	35 年上	28	2	30
总计		1455	140	1595

《厦大通讯》母校 26 周年校庆纪念特刊

福建省研究所自然科学部成立
彭传珍等赴永接洽要公

本省省政府与母校合作办理之福建省研究所,业于 28 年 1 月 5 日成立。为应目前之需要起见,特先成立自然科学部,内分地质、生物、化学、物理四组,并已着手进行本省地质调查。现除地质组组长系由该所特聘专任人员充任外,其余部主任以及各组组长均就母校现任教授中聘请兼任。兹将该部主要人员名单探登于后。

自然科学部主任:谢玉铭先生

地质组组长:陈旭先生

生物组组长:陈子英先生

化学组组长:傅鹰先生

物理组组长:陈世昌先生

《厦大通讯》1940 年,Vol. 2,No. 1~2

惨淡经营突飞猛进　母校积极扩展长汀校舍

接管中山公园废址业已兴工建筑

母校由厦迁汀以来,将近三年,种种措施,进展极速,即就校舍而言,最初囿于旧文庙一隅,经逐年设法经营,早已扩展数倍,蔚然可观。最近因应需要。商得省县政府同意,接管中山公园废址,将来修葺之后,定必焕然一新,足敷应用。兹将三年来校舍扩展情形详志于后。

(民国)26年11月间,母校全部由厦迁汀,一时难觅相当房屋,乃就原有校舍旧址加以修葺,并租用附近民房,权充校舍。嗣将专员公署楼房及右边监狱署先后让买,扩充为总办公厅及各系实验室,一面尽量设法租用公私民房拨充为学生宿舍及图书馆,同时并在校舍后面虎背山一带增建嘉庚堂及教室阅览室多所。经此一番调整,房屋勉敷使用。

去年暑假期内,母校接奉教育部电饬增设机电系,10月间奉令接收永安福建大学法学院,员生人数激增,原有校舍不敷容纳,而附近可以租用之公私民房早已尽量使用,无法再谋扩展。适校舍后面虎背山南麓由嘉庚堂迤西有旧中山公园荒地一片,年来因南校场、体育场及霹雳岩中正公园先后建造竣工,成为集会、运动暨游览之新场所。该园游人日渐稀少,已成荒废之地,原有之演讲台又多倒坍,少数花木,亦呈荒芜之状,不加整理,殊为可惜,而全部面积达57亩,以之建造校舍,非常适用。母校当局特函请省政府将该公园及虎背山一带荒地,悉数拨归校用。经得函复照拨,并由省令县知照,一面由长汀县政府会同双方派员于2月5日前往实地划界竖桩。园内原有之将士纪念碑及古迹花树,概由校保留。

刻校方以该园兴工在即,诚恐接管界内或有私人业权关系,特登报公告业权人得尽3月1日以前提出管业证书到校接洽,逾期即认为有永久使用之权。闻俟公告期满,即行兴工建筑围墙,等等。

该园后面原有教室二所,母校正在该处加建校舍及蓄水池水力实验室等。该园既已归为校有,此后虎背山一带校舍、教室、图书馆、嘉庚堂、阅览室等,相互联络,打成一片,美丽壮观,足为汀邑生色不少云。

《厦大通讯》1941年,Vol.3,No.2

厦大对于清寒学生的奖助办法

公费免费年达 2 万余元　清寒学生不愁膏火无继

一苇

重庆星期评论第 14 期刊载臧启芳先生《论大学精神》一文,洋洋洒洒颇有卓见,其结论第二点是:"大学生之膳宿,一律改为官费。"这个意见的提出,可以说是全国大学生的福音,你瞧,物价飞涨的现状态下,多少大学生正为膳宿无法维持而担心着学业的中辍啊!

其实,在中央未统筹实行大学生膳宿改为官费之前,各大学未始不可以另筹办法以救济清寒学生。单就厦门大学而言,数年来学校当局苦心孤诣,从扩充公费和免费的名额着眼,从开拓公费和免费的经济来源着手,其结果:免费人数由 40 名增加至 200 名以上,奖学金种类由一种增加为六种。此外还有津贴及服务所得种种办法,给予清寒学生以充分的奖助。以 28 年度为例,公费总数达 18494 元,免费总数达 3314 元,收效之宏可想而知。现在把厦大公费和免费的种类办法,等等,分述如下。

一、公　费

(一)奖金

(甲)嘉庚奖学金——此项奖金,为纪念厦大创办人陈嘉庚先生而设,由奖学金委员会就旧生中学业、操行及体育成绩特优,与新生中入学试验或转学试验成绩特优者选拔后,提出咨询委员会决定。每年奖学金名额多至 40 名,分甲乙两等,甲等每名年额 240 元,乙等每名年额 120 元。

(乙)林文庆奖学金——此项奖金为纪念厦大前任校长林文庆先生而设,每年名额 4 名,由奖学金委员会就一二三四各年级学生中平均成绩最优者(无一科不及格者)选拔 1 名,每名年给奖金 25 元。

(丙)刘树杞奖学金——此项奖金为纪念厦大理学院已故教授刘树杞先生而设,每年名额 1 名,由奖学金委员会就理学院数理、化学、生物三系学生中成绩最优者按年轮流选拔之,年给奖金 20 元。

(丁)萨师俊奖学金——此项奖金为中山舰萨师俊舰长的家属纪念萨舰长江阴殉难而设,每年名额两名,每名年给 20 元,托由厦大奖学金委员会就理工学院土木工程学系学生中自然科学基本学科成绩最优者选拔两名。

（戊）中正奖学金——此项奖金系教育部为纪念蒋总裁而设，就每年考取成绩特优的新生和在校成绩特优的旧生选拔一倍的名额呈由教育部决定。每年的名额由教育部决定，奖金定为每名年额400元。

（己）各省教育厅奖学金——此项奖金系各省教育厅为奖励各该省省籍的厦大优秀学生而设。其名额、金额、办法，等等，虽然微有出入，而由厦大填报学生成绩以供选拔则一。现在已有闽、赣、鄂各省的奖学金名额。

（二）津贴

教育学系三四年级的学生，可以享受膳费的部分津贴。

（三）服务所得

（甲）自助工作

厦大当局为谋救济战区及家庭经济困难的学生起见，自27年起特设学生自助委员会，由校长聘请教职员若干人为委员，就中指定兼主席秘书各1人。该会以工读为自助的理想办法，故着重工作的介绍，凡愿意自助自给的学生，先填具申请工作登记表，经该会存记测验合格后，遇有机缘即为介绍工作。待遇自8元、10元至数十元不等，数年来清寒学生得到该会协助的大不乏人。

（乙）闽西救济金

上海全国学生救济总会为救济厦大清寒学生起见，自28年度起，按年汇寄巨款，交由校方组织之闽西救济金委员会妥为分配。该会亦本自助自给之意，特设工作名额数十名，清寒学生请求救济的均为分派相当工作，每名月给报酬10元、8元不等。施行以来，成绩尚佳。

二、免费

厦大免费生每年约60名，申请免费生应具下列三种条件：(1)家境清寒。(2)学行优良。(3)体格健康。经审核准者得免交学费及体育费等全部。其申请手续详教务通则第60条。兹将历年免费名额及金额列表如次。

年度	27年度		28年度		29年度	
	上	下	上	下	上	下
名额	40	60	82	167	216	216
金额	$2400		$3316		$5184	

在厦大当局不断的努力下,公费免费来源既裕,而名额又是按年递增,一般厦大的清寒学生当然不愁膏火无继!

《厦大通讯》1941年,Vol.3,No.4

吾校之光

李凤书翁礼瑛两学长高考获选

第11届教育系毕业同学李凤书学长(现任母校图书馆股长)及同届毕业校友翁礼瑛学长(现任省立师资训练专科学校注册部主任),于本年1月间在永安参加29年度全国高等考试教育行政组考试,业经考试院发表录取。李翁两学长接到通知后,已定日内即行离闽赴渝,赶于6月1日前到达,参加高考录取人员训练,半年后即可由中央正式分发任用。

查此次永安区应考人数非常拥挤,结果录取十余人,李翁两学长名次甚高,实为吾校增光不少云。

《厦大通讯》1941年,Vol.3,No.4

全国大学生学业竞赛

母校成绩列为国立大学第一名

教育部于去年举行第一届全国专科以上学校学生学业竞试,分为甲、乙、丙三类,其甲乙类竞试覆试试卷,业经各阅卷委员评定成绩,核算完竣。除丙类竞试决选生名单应俟毕业论文评定完竣后再行另卷办理外,甲乙类竞试决选生名单业经公布,按学系数目、决选生人数比率而定其成绩。国立大学母校成绩最佳,列第一名,省立大学第一名为重庆大学,私立大学第一名为岭南大学。兹将各校决选名单及成绩比率等探志如下。

校别	名次	校名	所属系数	得奖学生名额	比率
国立大学	第一名	厦门大学	9	5	0.555
	第二名	师范学院	7	3	0.428
	第三名	中央大学	37	13	0.350
	第四名	东北大学	6	2	0.333
	第五名	浙江大学	23	7	0.305
	第六名	武汉大学	15	4	0.267
省立大学	第一名	重庆大学	9	7	0.780
私立大学	第一名	岭南大学	17	12	0.708
	第二名	东吴大学	9	4	0.444
	第三名	金陵大学	19	5	0.265
	第四名	复旦大学	12	3	0.250

《厦大通讯》1941年,Vol.3,No.4

母校新校舍命名

征选"集思"、"求是"、"劝业"

母校新近落成之文法商三院办公室及学生宿舍各一所。又拟建之学生宿舍一所。前经校舍建筑委员会决定征求学生命名,各生踊跃应征,计收到应征命名函件约60封,由76次校务会议推请余謇、刘天予、朱保训三先生初选,各处院系主管人等复选,当选定"集思"为文法商三院办公室命名,"求是"、"劝业"为学生宿舍命名。闻"集思"中选人系廖从云、何一寰,"求是"中选人系何一寰、梁友信,"劝业"中选人裘宗舜。裘何两同学各得奖20元,廖梁两同学各得奖10元云。

《厦大通讯》1941年,Vol.3,No.10

厦大各班学生昨日举行开学式 校长鼓励保持过去光荣

中央社厦门11日讯 国立厦门大学今晨九时,在校本部举行该校复员后第一次开学式典礼,暨本学年首次纪念周。到全体员生千余人,由汪德耀校长领导开会,并报告该校复员情形及其赴京向教部请示经过。末勉员生仍坚持厦大过往精神,渡过目前艰苦阶段,努力加强学术研究及提高道德修养。词毕,即介绍新聘教员,已到校者31人,内教授、副教授20余人。继由教务长陈朝璧、训导长汪西林、总务长陈烈甫及新生院院长周辨明等相继报告。末由教授林玉霖演说,全会历时二小时半,始终保持庄严与活跃之□气。全体员生对复校完成,正式教学开始,咸表欣慰和轻松。千余学生吟诵之声,又复现于鹭江岸畔,五老峰前矣。

《星光日报》1946年11月12日

建设福建座谈会昨日在厦大举行　汪校长并设鸡尾酒宴客

国立厦门大学校长汪德耀昨日下午3时,假该校群贤楼召开经济建设座谈会。到中委宋渊源、陈培崐,省参议会议长丁超五,南洋马来各属、缅甸、安南、泗水、菲律宾、香港诸侨领,黄市长天爵、名流专家暨该校各院系教授等30余人,由汪校长主持并告举行座谈会意义,并贡献福建经济建设公司对今后业务之展开,应着重于矿、渔各种事业之举办计划。词毕即介绍该校各院系教授与诸侨领来宾认识。继由马六甲侨领何葆仁博士起立发言,谆请汪校长暨各院系专家教授,多多贡献有关经济建设宝贵意见,俾资协助福建经济建设公司前途业务,以臻成功。兹将各发言人意见录次:汪德耀校长:厦门不过是个出纳口,而无肠胃可消化。福建省矿藏丰富,沿海水利地理优越,中小型水力发电工程很多地方可以开发,渔、盐、木材、棉花各种物产,实在值得投资经营。希望福建经济建设公司的组织,应该要成为一个综合性机构,配合着贸易、运输、企业、金融四大业务才有伟大前途。单就水力发电动力而言,据悉,自南平至水口一段工程,能够把它好好地建设起来,就有20万匹马力可运用。但要开发上述各种业务,唯一先决条件是在交通,没有交通工具可以运输,一切开发还是等于空的。

张澜溪先生:交通事业可分水、陆、空,铁路、公路、人行道路三者为陆上交通,本省铁路在地图上没有蚂蚁大,公路在抗战期间,全部桥梁破坏无余,人行道路崎岖不平。水上交通端恃轮船,现在沿海航权,我国仅有招商局几艘轮船而已。内河虽汽船比轮发达,仍是供不应求。空中交通仅有中国、中央两航空公司负运输之责,实在太缺乏了。目前该项建设,应该要极力从这三方面求其发展。胡吉周、胡文虎先生因为应中央电邀,匆促晋京。其行前曾委托本人代表参加福建经济建设公司,关于投资建设中心,目前最重要的,在确定经建公司投资于交通事业之百分比,及拟订建设理想中福建交通之具体计划,更进而配合运用国家、省地方之工贷赈财力,联行总物资,切实推进,以免陷于虚称覆辙。

何葆仁博士:发展交通,最轻而易举者为公路和航运。沿海航运,需要有一二千吨轮船。内河交通,则以二三百吨为最适宜。其资本能有数十万美金就可先行试办。本省公路在战前四通八达,战时遭破坏。闻省府已有计划,着旧公司限期修复,如逾期不修,将予收回路权,交给投资。

铁路方面根据陈体荣先生在发起人大会报告,建设福建全省铁路,经有具体计划,他希望我们的经济建设公司能够投资三十万万,即有可能开办。所以我们应该积极注意到这几点。

黄超龙先生:要在最短期间从事讨论研究,确定一个方式实施,如大量养兔,剪兔毛,纺织毛织品,亦是容易办到的事业,希望贵校各位专家教授尽量指导。

陈肇基先生,目前沿海轮船一艘都没有,所以第一步要发展航运,第二步投资农场,但要归根结底起来,首先就要设立银行。

黄苍林教授:重工业开发谈无容易,还是以轻工业着手为佳。目前最有发展希望的是渔盐事业,渔业很容易办,且资本亦不多。福建的盐为全国有名,碱是工业之母,将来可以利用电力溶解盐,制造漂白粉及其他化学用品,建立碱工业。

朱家忻教授:发展工业需要技术人才,在此人才缺乏,开始就要直接办工业,很困难。最好先设立银行机构,然后徐图发展。福建沿海有着很多优良条件,如罐头工业亦是最适合的一种工业。

陈培琨中委:水电建设为经建大动脉,要开发福建,非有水力发电不可。福建企业公司全部财产,占值尚有十余亿元,如果经济建设公司需要合作,愿以最低价估折投资参加,共谋建设新福建。

寿景春教授:水利发电,地理有利,但第一还是要先从辅助旧工业做起,从而扩充推广以及其他新工业。第二需要做到建设福建工业化。最后由汪校长总结,以据专家考察福建全省至少有十五种工业,可以投资开发,相信是会很有前途的。会毕,全体参加汪校长招待鸡尾酒会。

《星光日报》1946年11月17日

厦大新生院今行开学式

本市讯 国立厦门大学新生院,今25日上午10时,在鼓浪屿该院举行35年度学期开学式,暨本学期第一次国父纪念周。经分函谆请该校汪校长及校本部诸处院系各长及主任,暨全体教员莅临演诲。晨9时将在鼓轮渡码头集齐,由该院导往参观各部校舍后,即于慈勤校舍举行典礼。会后并在八卦楼聚餐云。

《星光日报》1946年11月25日

国立厦门大学复员进行经过迅速

国立厦门大学于本年7月10日正式复员后,校长汪德耀即积极策划修葺布置于学校行政工作,其留汀之文具器材亦于九月底全部返厦。汀仅设办事处理一切未完事务,各校产之拨管与结束器材家具,分别拨于长汀中学、县中、师范等校。在一切整理稍事告竣后,除新生班600余名于去年12月24日在鼓先行上课外,其二三四年级生经注册837名亦于9月开始上课。

该校于厦沦陷期间被敌伪破坏最为惨重,损失之大,诚难数计。故于复员时,员生校舍、宿舍、家具等甚感困难,是以无法容纳,只可勉强先行开学。

校长汪德耀以初期复员,千头万绪,亟待兴革,非谋迅速解决绝难得到学子之需求,乃于8月中旬赴京向行政院教育部请示,数度交涉,始获圆满解决。第一主要问题,即复员经费,原拟668,630,000元。并获准追加1亿元(内包括5000万元为海洋研究所设备费外),增拨5000万元为复员旅费,仍不敷用,现继请追加中。其次为教职员待遇,教部原列第五级,乃系根据福州粮价而定,实则厦市米价高榕市1/3以上,惟中枢始终不知之也。汪校长乃提供资料证实,卒由秘书蒋梦麟表示,因限于定案,一时无法单独更改，乃许本学期调整改善。汪以各物上涨不已，根据京沪区待遇请列第二级，优良教师始有向往之心，最低亦请列为第三级。虽未经行政院通过，惟现则以临时特别补助费名义补贴五级于三级之差额。此外并由政院电台长官署，另拨台米千石。

《星光日报》1946年12月10日

以济员生膳食，同时对该校之附属小学之恢复，鼓浪屿新生院校舍之保留，教职员名额之增加，与申请二万美金外汇订购西文图书。海洋系开办费原为50万元，现亦增至500万元等，均得圆满解决。汪氏即飞平转沪两地聘请教授、副教授，计30名，定妥后即行返厦。汪氏返校后，更为积极筹划。

筑修工程 该校复委会，总务主任彭传珍、工程股方虞田先于本11月间开始接收抢修外，时因复员未到，是无法大规模进行。至7月间开始行汇到，乃成立工程设计室开始建筑。(一)单身教授宿舍"敬贤楼"，该楼原拟全部永久建筑，然以建筑费仅限50万元之内，仅采取半久性，利用被敌拆毁余存石料筑墙，以求经济，只求简洁空气。现仅盖两层，原计盖三层，楼上下共有房间34，每间住1人，可容34人。楼后另建平屋一座，内包括膳厅厨房水房浴室、盥洗室、工友卧室、厕所等。该楼于8月间招商投标，计应投者30余家，结果为丰兴建筑公司投中，包建楼屋。德成包平房，计标价5478万元。该楼已大部完成，单身教授、副教授已先后迁入矣。(二)女生宿舍"笃行楼"，该楼宿舍之工程与单身教授宿舍同，计有房间32，可容女生128人。标价投标同，由美记建筑公司承包楼屋，标价4324万元，德成建造承包平房标价1360万元。将近完成，元旦后即可迁入。(三)白城教员住宅原拟建十座，先设计四座楼房，有起居、餐室、工人房、浴室、厨房、厕所及卧房、贮藏室等。可住中等(室)家庭颇舒适，但亦以建费所限，故未兴工，仅建平屋七座。为求经济，亦利用颓垣基石，每座可住两家，共起居室一、卧房二，厕所、厨房、浴室各一，计大小六间，简朴而雅致。8月间招标，明记建筑公司承包四座，价四千六百九十八万一千四百元；崇兴包三座，价三千五百二十三万六千八百元。该屋坐山临海，为夏日游散海浴，适心怡性之住宅区。(四)工学馆，该馆工程仍限建费是未能迎合理想，共计划亦为永久与半永久性，亦利用废残材料。该楼有材料实验室、水力实验室、电磁测验室、电讯实验室 40 间，教室 4 间。第二层有制图两间，可兼作大课室之用角。办公室 7 间，会议室、休憩室各一。该工程 10 月 14 日开标，为泉协发投中，建费五千七百四十七万元。该工程已完成 1/3，明年 2 月可落成。（五）机械工场，该工场利用原有旧海港检疫所隔离之墙壁三面，加建一面为□工场，面积二十八乘一三六公尺，可供木工、热工、镕工、钳工、物料实验等。该工程于十月中与工学馆同时投标，为怡发公司标中，建筑费一千四百二十九万三千元，预计新年完成。

《星光日报》1946 年 12 月 11 日

（六）修筑运动场，该校原有运动场之设备，为敌寇破坏无余，现仅一片荒草地。计划有游泳池，修整网球场，修建跑道、足球、篮球场四个，排球场三个，网球场一个，并有正式比赛场、田径赛等之设备。工程与工学馆同为逸记公司投中，标价一千三百三十万元，限本年内完成。七□，小屋添盖均视需要而定，现已完成者博物馆后浴室一，木仓库三，砖仓库一，信□及合作社二，化学系储藏室一，八角亭二，东膳厅浴室一，群贤楼书库一，□十二库已完成。此外修缮工程（一）校本部博学、映雪、囊萤、同安、集美五楼，东西膳厅厨房等已修竣。（二）厦港区已修竣者，大桥头小实验小学，礼堂二座，机电系工场办公厅三座，大南新村教员住宅十座，南普陀一座，化学系煤气室，海滨石屋二座，计 20 座。（三）虎头山区已修完成者，自 16 至 22 号楼屋四座，寿山路修二座，水果行四座。在修葺中者，尚有十三座，均为教员住宅。（四）鼓浪屿慈勤女生宿舍一座，已完工，全部修葺大小 56 座。

计划新筑 （一）男生宿舍一，房间 150 间，楼分三层，可容纳学生 600 人。其楼取立体方式，预计追加复员费进行。（二）大门钟楼及围墙，拟在大桥头、蜂巢山岭上建大门一，门后建一高七层钟楼，俾钟声传遍于五老峰前。（三）医院及小学二，小学已得行总厦处补助工赈，年内可动工。（四）恢复生物、化学两院，亦在计划待建费。（五）环境卫生清理，已得行总厦处补助 14 吨半面粉，已在着手清渠修路围墙。（六）电机工程馆，第一期工程交流直流试验室图，已准备中。

至于家具，除一部由长汀运厦外，曾利用日人总铺小棚废料，以最低价完成二层 320 张，折合椅四百张，靠背椅 200 张，书橱 125，园桌 70，双

□100张,方椅300,单人床80,双人床70。包工料添制学生用方木椅1000张,单人床140,女生单床100,双□桌100,靠背椅200,学生自行桌600,化学实验桌36,花架烟雾架一批,生物采用物一批,物理系实验桌一批。又添圆桌30,双人床30,绘图桌200付,已招包承制中,惟该校复员仅年,物价日涨,与去年较差十倍。

《星光日报》1946年12月12日

海洋生物及永产之理想地,乃添置海洋学系与中英文教基金合作,本学期正式成立,并聘唐世凤教授兼系主任,录取生20名。教师原拨开办费50万元,现增至500万元。为辅助该系之进行,且设海洋观测员二人。(二)土木工程学系创办多年,原聘黄中主持教务,旋黄辞职,改聘李谦若代。李又因事滞沪,仍以黄中兼,预料该系前途,当有发展。(三)航空工程学系,经办二年,惟在抗战期间,种种设备简陋,复员后乃聘□聪理为该系主任,计划扩充。汪氏此次赴京,会与航空总部接洽,拨赠教学实验必需之各种仪器以及示范飞机等。业经照准,由台空军第三飞机厂拨给,经派黄启显教授前往领运,并请行总请拨器材。(四)中央文教基金会所办之中国海洋研究所,近因经费困难,教部经令与厦大合并,所需员额经费,准自30年度起列报。双方签署合作办法,期间暂定四年,自34至38年7月止,双方经决定。(五)水产研究室,部令照旧设置,现聘陈兼善兼主任。查陈为生物学专家,现任台大兼总务长,本学期可开始筹备。(六)数理化生物机电系,内设化学工程组,数理兼设物理组,惟前生物中分设数理组、动物组、机械组,下学期并将分设发动机组。

图书刊物 该校复员后,为增进精神食粮与鼓励员生著作兴趣,对于出版工作甚为重视,除经常出版报道性之"厦大校刊"与文法商学院之院系学报,理工院西文刊之"理工论丛"外,并将刊印"厦大丛书"。其刊行纲要,经于11月20日举行第141次校务会议时通过,并拟具办法细则九条,中有规定初版税,按定价抽15%,再版抽20%,三版抽25%,并赠初版作者20本为纪念。经费由图书购委会拨垫,出售后归还各种丛书,根据成本30%利润。

《星光日报》1946年12月14日

此外并由出版委会决定,出版学术性刊物,亦于11月22日召开第□次会议,全体委员汪德耀等均出席。讨论结果,决继出版"厦大学报",稿费每千字1000元,以化整为零原则下,希望学术性刊物,将雨后春笋之出现也。至厦大校刊当继续出版,欢迎各部门、各院系、学生团体、各地校友投稿。(二)图书馆复员,该校图书馆藏书丰富,此次复员分装九百余箱。自1月20日开始,分30批陆续运厦。6月中,馆员办全部抵厦,即行着手整理。现已全部就绪,□□设于群贤楼底层,文法商阅览室及理工阅览室,分设于群贤之二三楼,座位可容400人。报纸杂志杂览室设于集美楼,可容40人,均于开学日起出借阅览矣。为补充该馆之充实,近并向英美订购新出版之西文杂志250余种,中文杂志百种。美国国务院图书馆赠送珍贵书籍11箱,已陆续运到。此外教部代购图书9箱,尚存重庆,亦设法提□。(三)核校前在厦之图书及文化各物,于沦陷后,被敌搬往台湾大学,有数万册之多,经函该校交涉归还。经该校复函,请派员前往洽领,当即委托黄启显前往领运云。

员生增加 该校今年新生班正取361名,备取46名。部办大学先修班保送17名,复员青年学生130名,华侨特别生41名,试读与借读3名,请求复员生14名,计622名。惟因榕沪厦交通关系,未如期赶到,故延长注册期。现已报到注册385名,至二、三、四年级生计827名,以交通尚未畅通,乃分在长汀、厦门设招持新生外,在福州、上海两处,亦分设考区,计应考者长汀区106名,厦门区633名,福州区822名,上海区1681名,四区合计3242名。录长汀21,厦75,榕92,沪173名。四区正取361名,其中文学院、中国文学系20人,外国文系英文组19名,历史系17,教系22,理工数理系24,化学系26,生物系17,机电工程系20,航空工程系20,法学、法律系23,法律司法组14,政治系22。经济系21,银行系22,会计系20人。此外扩充侨生60司[人]。

《星光日报》1946年12月15日

由于学生增加,则原有之教职员209人已不够分配,汪校长乃于此次赴京之后,转道飞平沪添聘院系主任教务长、训导长、历史主任、数理、海洋、工程土木及教授30名,现连原有者计250员。

待遇提高 该校经汪校长此次赴京,向政院教部交涉结果,除复员费外,其教职员薪俸,亦予提高,以五级与三级之差额比率,已增半数之谱,如书记每名月俸 40 元,以加倍数计可领 20 万一月。教授最高者,薪俸 320 元,加倍数计之可领 40 万元左右。但与京沪比较,则相差尚巨也。惟希望今后调整后,或可增加标准待遇。

文虎许助 该校沦陷期,破坏之重,国库缺乏,全部建筑,目前亟感困难。前月间,侨领胡文虎先生来厦参加经建会议,曾莅该校参观,以被□遭破坏,甚为关切,许该校修复计划,其个人或发动侨胞尽力协助。此外刘主席,丁议长参观该校时,以复员之速与员生精神之佳,深致佳许□对省立医农两学院,与该校联系划归认为合理想也。

校车接送 该校员生之中,而校舍不敷安置,是有散住于市区与鼓区者。经向行总拨用大部汽车一架,每晨(除星期日外)7 时起,至下午 5 时止,按时接送,以与员生之便利,并组校车委员会,于本月 7 日下午 2 时,在该校各级举行第一次会议。出席汪西林等,决定事项:一、每时 15 分由该校开出,至 30 分经轮渡码头,40 分开回,经中华、中山公园、同文、虎头山,60 分到校。二、一班车开出时,经大南路及双十路,以便教职员子弟上学。三、每日行车 10 次,自晨 7 时 15 分至午后 6 时止,上午 10 时与午后 3 时停开,以便学校搬物。四、星期六与星期日班数另定。五、卖票办法,由业务干事,拟定试行一星期,以后根据实际情形修改。六、卖票、查票、收票、会计、出纳等工作,由各级推举,无公费而能负责之清寒学生 5 名,将名单送请训导长,就中圈定 10 名为业务干事担任之,以票资收入,酌给报酬。业务干事互推总干事一人,秉承校车委会处理一切事务。七、票价暂定单程 150 元,来回 200 元,回程票不适用于去程。八、票款收入,按日计算,每星期向校车委会报告一次以公布之,每日票款全数存入银行,支出时概以支票办法行之。九、其他一切办法,由业务干事拟具送会决定。

《星光日报》1946 年 12 月 16 日

学术生活 该校中国文学会所主办的《瘖言》双周刊,经一番整理后,内容较为充实,形式亦美观。但该刊物不许有骂人文章,这点应做到。其次,举行两次学术演讲,第一次请余謇顾问讲"双声叠韵",该题目较专门,故听众多挤满于嘉庚堂。第二次郑朝宗顾问讲"屈原与但丁",郑口若悬河,滔滔不绝,约两小时,打破历来演讲纪录。再次学术快结束时,会举行诗文朗诵会,全体顾问多数会友均参加,爱好中文者亦参加不少。一时朗朗锵锵,可谓空前创举。厦门分会上学期成立后,计开四次大会,曾聘竹园顾问,作公开学术演讲,并在本报出版《痦言》刊。该会在汀总会已迁移来厦,日内将举行总会联系会,分会即将撤消,统称为中国文学会。

征募旧书 该校1947级成立已三载,各级友在汀时颇热心护持,会务日见进步,先后曾举办级内各项之竞赛,如象棋、球类等均甚踊跃参加。复员后,其在汀向各机关征旧书文具用品,充实汀县图书馆,县中学之用,收获达数百册。复员后为谋学员福利,曾建议改进,并促□洽□开展全校学生之生活改善。

学生公社 基督教学生会社,系中华基督教全国协进会,男女青年会全国协会为大学而设,纯系服务机关,亦是同活动的中心,经由曾淑慎于暑期组成,推举执委11人。该会社曾在新生院成立图书娱乐室,并举行"大学崇撰"娱乐室并设供应处。该公社刻正积极筹建社址,由青年会中国协会辅助□千万元外,并拟社会人士募筹。

学生自治 该校学生自治会于暑假期,组临时理事会开学说,于11月举行第十五届会议,由训导汪西林、生活指导徐世五主持,讨论改进事宜,一切建议悉由理事会执行。

学生膳食 该校学生教职全部复员后,膳厅尚未修竣,乃由学生自治会陈土夺聘黄起寮等组膳委会,办理学生膳食,于10月17日开始筹备,并获校当局协助,遂于21日成立开膳。11月14日自治会正式成立膳委会,由服务部陈旺火为管理员。该校被敌人破坏1/3,初迁来厦一切建筑设备正在力谋恢复,故膳委会只一小保管室,在东膳厅仅可容300人,同时用膳之厅堂。目前膳桌不敷分配,学生用饭,多半站立,学校正设计添制椅桌。该膳委会设常务、文书、采购、保管、管理、出纳、会计七股,除服务部由自治会担任外,各股则由学生分任。现在校用膳者已有730人之多(女生除外)。查该校东膳厅地基,过去系顶澳仔名三姑者所捐献建筑,系陈嘉庚先生时代;映雪楼后一座大厦,亦三姑之产业。沦陷期间,三姑之产疏散内地,三姑远走缅甸,该屋被敌人拆平。厦大复员后,因不知该地来历,将该块地建筑作学之用。现三姑全家已陆续归来,现正与该校当局接洽归还。

《星光日报》1946 年 12 月 18 日

厦大法律学会进行复员

国立厦门大学法律学会,除研究学术外,并致力于社会服务。战时在长汀原设有民众法律服务处,为民众解答一般法律问题。间亦酌景情形,代撰状稿,派员出庭辩护或受任诉讼代理人,同时在汀州青年中南等日报,出版"法律知识"及"法林周刊"。年来深得各界好评,留予汀州人士以极深刻之印象。复员后,厦大迁返本市,因南普陀远离市区,且暑假中会员星散致工作停顿。现该会以开学逾月,一切均已就绪,社会服务工作亟待展开,除商妥星光日报恢复"法林",不日即可刊出外,仍自即日起经常接受人民关于法律问题之书面询问,并拟将解答择要在"法林"发表云。

《星光日报》1946 年 12 月 19 日

厦大赈粉已发放　奖学金共有四种

行总厦处救济物品发给厦大员生之赈品,除新生院依照前定发赈外,共本部校员生,计有面粉 377 包,罐头 755 □。中自费生 77 名,公费生 755 名。至教职员 276 人之衣服等,均于 22 日晨开始发放具领矣。

国立海疆图片,于昨(22 日)上午 9 时在厦大校图书馆开始展览云。

国立厦门大学,本年度奖金经审委会审查完竣,计汇领学生刘显培等 15 名,得领陈嘉庚先生奖学金每人每月 2000 元,黄腾炎等 15 名获李栋奖学金每人 2000 元,陈崇良等 16 名得领林故主席奖学金每人月得 500 元,蔡碧娥等 16 名获领中正奖学金每人月得 500 元(此为 34 年度上学期)。

《星光日报》1946 年 12 月 23 日

厦大教职员请提高待遇

本市讯　公教人员生活补助费,传行政院将于本周例会中提出调整。

国立厦门大学全体教职员特急电行政院及教育部,以厦市米价虽稍平稳,仍高过京沪,而一般日用品则扶摇腾涨,亦有过无不及。员工生活困苦异常,请求于此次调整时,将厦门区公交人员待遇提高与京沪区同等,以安生活云。

《中央日报》1946 年 12 月 23 日

厦大校友订期举行聚餐并举行球赛

本报讯 国立厦门大学校友会厦门分会,为联络校友情感,订于元月2日上午12时举行校友聚餐,并于是日下午1时30分在该校球场举行足球、网球比赛。欢迎校友踊跃参加,并请尽于本28日以前向市府地政局长苏宗文、市银行张述、招商局陈士金、集友银行贺秩诸校友登记(每人交餐费1万元)云。

《中央日报》1946 年 12 月 26 日

本学年各院系新聘教员统计

本校于去年暑期前,仅有教员104人,自汪校长莅任以来,校务逐步扩充,教员人数亦随事实需要而增加。截至目前,教员人数已达156人,本学期新聘专任教员达56人之多,另有兼任教员3人,到校上课者已有51人。将兹各学系新聘教员人数统计表列下。

系别	教授	副教授	讲师	助教	合计	备注
中国文学系			1		1	
外国语文学系	1				1	兼任
历史学系	2	1	1	1	5	内1人尚未到校
教育学系	3			2	5	内2人尚未到校
数理学系	3			2	5	内1人尚未到校
化学系	4	1		2	7	内1人尚未到校
生物学系	1			2	3	
土木工程学系	1			1	2	
机电工程学系			1	4	5	内兼任1人
航空工程学系	2		1	3	6	内1人尚未到校
法律学系	1			1	2	
政治学系	4				4	内2人尚未到校
经济学系	4			1	5	
会计学系				1	1	
银行学系	1				1	
其他			2	4	6	内兼任1人
合计	27	4	8	20	59	内兼任3人 尚有8人尚未到校

《厦大校刊》1946，Vol.1，No.8

35年度本校新生统计

本校新生院截至12月18日止，注册学生共计427名。兹将新生之类别及系别，表列如下。

类别		系别																	总计
		中文系	外文系	历史系	教育系	数理系	化学系	生物系	海洋系	土木系	机电系	航空系	法律系	司法组	政治系	经济系	银行系	会计系	
正式生	正取生	15	10	12	17	12	17	13	13	6	14	3	13	13	15	13	14	12	212
	备取生					2	4			4	2	4							18
	复学生	1	2				1			1	2		2	1	2	2			16
	教育部分发 退役青年军	4	4	1	16			3	9	1	8	3	5		10	9	5	1	101
	教育部分发 先修班毕业生								3	5	3		1			1	2		15
	教育部分发 台湾保送生	1	6	1	1		1			6	3	1			4	2		2	28
	教育部分发 幼年空军学校毕业生													1					1
	转院学生															1			1
华侨试读生		3	1		4		1		1	8					3	5		3	33
特准试读生										1	1								2
合计		24	23	14	40	12	25	18	16	24	51	23	19	20	34	33	21	28	427

《厦大校刊》1946，Vol.1，No.8

本校特为台湾籍学生设立国语国文补习班

本校新生院为顾及台湾籍学生国语国文程度起见，特提请行政会议通过设立台湾籍学生国语国文补习班，并请黄典诚先生担任教学。经于12月23日正午12时假该院图书馆召集台籍学生三十余人，举行国语国文补习座谈会，由黄先生说明本校开班补习之用意，继由各生发表其学习国语文之经过，并对此项补习最低之愿望。归纳诸生意见，略以渠等自幼被迫学习日语，台湾方言已觉生疏，国语文之接触，仅系前此四五月间之事。基础薄弱，不言可喻，甚盼此项补习，能予以切合需要之训练。因决定教学程序:(一)国语发音;(二)中国文字之组织;(三)国语会话;(四)白话文选读;(五)浅近文言文选读;(六)文法要略。在此程序中,各有习题相辅而行。其上课时间:定于每周一、三、五下午5时至6时,地点在图书馆走廊之阅览室。惟该生等每周补习3小时,殊有未足,并请按其实际需要,予以增加。又因彼等在国文班上课,程度相去甚远,随班听讲,为效甚微,可否准以补习成绩,替代国文成绩,拟请学校向教育部请示云。

《厦大校刊》1946,Vol.1,No.8

经济学系筹设经济研究所

本校经济学系,为增进该系教师及同学共同研究之功效起见,近拟筹设经济研究所,从事于资料采集,调查统计,研究出版等事项。现已征得本市江声报同意,借该报第四版全版,作为师生共同园地,出刊《经济论坛》。暂定双周刊,创刊号定于36年元旦出刊。本校厦大学报,改由各院系各别自行出版学术期刊,经济系拟编辑《经济研究》季刊一种,稿题业已由各位教师提出。创刊号可望于36年1月底汇印云。

《厦大校刊》1946,Vol.1,No.8

(民国)35学年度第一学期各年级学生籍贯统计表

省市区	人	数	共 计
福 建	男	692	751
	女	59	
江 西	男	137	145
	女	8	
浙 江	男	126	132
	女	6	
江 苏	男	84	87
	女	3	

续表

省市区	人数		共计
广东	男	66	72
	女	6	
台湾	男	31	31
	女	0	
安徽	男	12	12
	女	0	
湖北	男	4	5
	女	1	
湖南	男	3	4
	女	1	
河南	男	4	4
	女	0	
河北	男	3	4
	女	1	
山东	男	1	2
	女	1	
广西	男	1	1
	女	0	
云南	男	0	1
	女	1	
辽宁	男	1	1
	女	0	
北平	男	0	1
	女	1	
总计	男	1165	1253
	女	88	

《厦大校刊》1947，Vol. 2，No. 1

校内设立邮政支局　2月11日开始营业

本校员生来往信件频繁,汇款亦夥,惟因距离市区较远,殊感不便。本校迁汀期间,曾承长汀邮局请准邮务管理局,在本校校舍区内设立邮政支局,甚为便利。本校复员回厦后,邮政储金汇业局即在本校设处办理邮汇业务,邮政局亦迭派员申请在本校设立邮亭,专售邮票。旋以该项业务不多,恐难维持,故有恢复设立邮政支局之议。经再三交涉,现已获得邮政当局同意,并已于2月11日开始营业,办理售票,收寄各种信件及汇兑包裹等业务,全校员生莫不称便云。

《厦大校刊》1947,Vol.2,No.1

寄给在汀毕业的校友

汤深洋

亲爱的校友们:

在荔枝变红的时节,你们离开了栖息已四年的母校,离开了你们所熟悉的长汀,似每个出嫁的女儿一样走向各人的新目标去。数月来生活在新的环境中,该周旋得很安好吧!

就当你们离开后不久,厦大也在复员中重新回到厦门来了!"厦门"这也许是一个你们中大部分的校友所不熟悉的城市。

厦门不仅是厦大的诞生地,而且还是他早年的摇篮。在这里,学校有他自己的教室、宿舍、运动场、游泳池。至于8年间在长汀你们所曾见到的,只不过是在异乡作客中所租借来的一些临时的代用设备而已。很奇妙的,你们每一位已经毕业的校友,有谁曾在当年校主所亲自督建的教室中上过一节课呢?

也像在长汀一样,在这里我们有以"映雪"、"囊萤"、"同安"、"集美"来命名的建筑物,然而这是四座并峙的花岗石大楼,并不像从前那样木板泥墙的平屋。屹立在四座大楼中间的那座宫殿式的巨厦"群贤楼",因为他建筑虽雄伟,范围广大,不仅成为学校行政机构的中心,同时还兼具了昔日"万寿宫"、"集思堂"、"大阅览厅"的任务。楼下是图书馆的出纳处,两旁是总务处、教务处的办公厅，墙壁上做着学校当局的布告处，二楼的正中是文法商三学院的大阅览厅，校长、训导长的办公室。第三层则为理工学院的参考堂。校中的19间普通教室，分布在"同安"、"集美"两楼的上下，而真正被作为教室之用者，仅有"映雪"及孤悬一隅的"博学楼"，都是石头的建筑。

"群贤楼"的前面，是那阔大的广场，其中大部分已整理出来作为运动场，及一小块之停车场。从前所被搁置起来的（国 1064 闽）小汽车和一辆大汽车，每日光亮的伫候在楼前，接送教职员和学生们。由于校舍之广大，路面之平阔，汽车在这里已成为代步的工具了。同样的，脚踏车也是极普遍的使用着。

"仓颉村"对于厦大已成了历史上的名词，现在教授们的住宅即在与校本部有公路相通的大南新村，这是一片红墙灰瓦新式永久性之建筑物，与闽南有名的南普陀寺院相距极近。

厦大的体育设备也已回复到战前的水准，400米达的跑道，宽大的足球场，以及在战时所阙如的网球场，现在都已齐全了。而最使同学们喜悦的是那标准式的新球，全新的足球鞋，无疑的厦大足球队，今后将成为南国球坛上有数的一支劲旅。而厦门全市的运动风气，在厦大的鼓励下也将和上海、香港一样的热烈！现成的大海，不仅是同学们充实知识的对象，而且还是锻炼体魄的所在，每当盛夏，白浪里，沙滩上，到处都成了水的俱乐部。同时在陆地上，我们仍依然的保留着淡水池。

新的厦大医院，独立在农田的旁边，绿荫把他涂染得更美丽了，只有那条弯曲的黄泥路，才能指示你原来是从这里通进去的。

假使你是搭轮船从海上来厦的时候，还未进港，就早已望见厦大工厂庞大的建筑了，"工学馆"这是我们给他的新名称。很可惜的，素为厦大两大精华的"化学"与"生物"两座大楼，如今埋没在蔓草蓬蒿中，变成只能供人们凭吊的废基残迹了。而在复员初步的建筑预算中，还不曾把他列入应做的工作内，因此理学院一切设备都只得局促在"囊萤楼"里。

在同学们每天 24 小时的生活过程中，占有最大部分的寝室，在这里依然是数人合用的小房间，而且还是上下两层的双人床。但因卫生情况之改善，所以向来为人所痛恶的臭虫早经绝迹。宿舍里除了电灯的设备外，还有自来水，而厕所与浴室则被摒移到很远的山脚上去，同时厨房的位置也是经过一番精巧设计的。

厦大全校的同学,现正已达千余人了,除了二、三、四年级以外,四百余的一年级新生是住在隔海的小岛鼓浪屿上的校舍,暂借博爱医院与慈勤女子中学。虽然航行在厦港鼓岛之间有轮渡的工具,但为了行政上的便利起见,新生院之设立使得在各方面都感到简化不少。

厦门大学在"止于至善"的校训下配合时代的需要,规模是益趋完美,被称为近代国家科学发展两大用武之地的"海阔"与"天空",就在你们离开后的第一个学期,继航空系而成立了海洋系,前者偏重于"工",后者接近于"理"。目前包括在理工学院的系统下,一共有七个学系之多,为了要沟通东西文化,观摩中外学术,多年来的宿愿是实现在今日了。文学院里又增设了一个外文系,校中除了第二外国语德文外,法文与西班牙文也已经成为修习的课程了。

在私立时代,厦大原有的校舍,显然是无法容纳目前如此庞大的机构了,何况在 8 年的兵荒马乱中,原址已经损坏到 1/3 呢?因此,学校特别成立了一个工程室,这多么富有建设意味的部门,在工程室的主持下,旧的被补好,新的已添建。在经济上,除了政府所拨给的复员费以外,海外的华侨,对于我们这所南方之强的学府,也寄以万分的爱护与大量的帮助。

回到厦门后的厦大,继承了以往淳朴的校风,浓厚的研究风气,在师友们殷勤的披进下,同学们砥砺的切磋中,配合上环境之优越,时代之需要,社会之护持,今后厦大,必能保持向来辉煌的声誉,而且还在迈步前进中!他不仅是福建全省最高的学府,也将成为国内与世界上著名的大学。

《厦大校刊》1947,Vol. 2, No. 1

本校设立附属小学

本校在私立时代,向有实验小学至附设(初称模范小学),一则备教育系学生教学之实验,一则便利本校教职员子弟之就学。抗战军兴,本校内迁,因环境关系,利用长汀各小学尚称便利,现值全部复员,各种设施均待重举,而本校厦门校址,离市区甚远,教职员子女就学,既感不便,而教育学系学生实验,复感急切需要。惟按教育部规定,大学设师范学院者始得设立附属中学及小学,而本校仅有教育学系,不得设立小学,汪校长前乘赴京述职之便,签呈朱部长特准本校自35年度起恢复旧有之附设实验小学,当蒙批准。嗣奉教育部指令:"该校设立附属小学,名称应为'国立厦门大学附属小学'。惟班级应逐年增加,本年至多先办六班。所需员工名额及经常费、开办费,先就该校本年度原预算内统筹交配,不另增拨。"本校奉令后,即聘本校教育系助教潘茂元先生兼任校长,刻正积极筹备校舍及聘请教员,不久即可开始招生云。

《厦大校刊》1947,Vol.2,No.7

本校最近复员消息

本校复员自抗战胜利之日起即开始策划进行,34年度所招一年级新生先行复员,去年12月24日在鼓浪屿开课,已志本刊。其余各年级,亦于6月1日开始由长汀迁厦。当时以漳、龙公路尚未修复,汽车仅通至水潮,水潮以下虽有航船接运,惟上船地点距离公路尚有七华里,须雇挑夫搬运,故较麻烦。

7月10日,正式复员。7月5日,汪校长率领本校重要行政人员离汀来厦。10日到达,翌日即开始办公。至是本校遂正式复员至厦门校本部,长汀部分即日改设留汀办事处,用以继续办理在汀未完事务。而中心工作则在复员运输,与校产之拨归汀地教育机关接管以及其他应办结束事项。9月底复员运输,大部竣事,只留二、三职员办理结运而已。总之,本校复员工作虽前后经年,而办理运输汀校结束,为时仅□月余耳。

长汀办事处于7月5日成立,其任务已如上述。回顾本校迁汀,为时九载,经此长时期之布置与设备,复得环境人事之配合,在战时东南学府中,已有数一之誉。盖迁汀之初,自县学泮宫一隅,渐而扩展达于县城房舍1/4,所能于此短促三月中而告全部运输结束者,固系复员计划周详,抑亦从事员工之努力所致。兹就复员运输及校产拨管,胪陈如次。

复员运输　设水潮及漳州两接运站

一、复员运输:汀、厦交通,水路接续,车运自长汀到水潮为一站,途长249公里,需时1.5日(自长汀至龙岩1天,由龙岩至水潮半日)。航运自水潮至漳州为一站,水程计120华里,惟浅水多滩,舟行迂缓,每值雨季,溪水充溢,雨天即到达。此次复员偏逢气候苦旱,每次航行,多则六七天,少则四五天,始克到达漳州。自漳州至厦门又为一站,水程为90华里,自溪流而转入海程,航行需三日有奇。兹将前后运出一一六车辆,统计如次。

(1)用于运输公物者,计车九九又三分0.5辆,所运公物计有校长办公室17箱,教务处27箱,图书馆1080箱,出版组21箱,训导处10箱,厦大医院27箱,体育组7箱,总务处408箱,文书组19箱,出纳组7箱,会计室23箱,中国文学系5箱,历史系1箱,教育系9箱,理工学院1箱,数理系227箱,化学系225箱,生物系208箱,土木系29箱,机电系346箱,政治系1箱,经济系1箱,法律系1箱,社会教育服务处2箱,校友会2箱,自治会96箱,图书采购委员会11箱,青年会□箱,合作社18箱,供应社17箱。

附载家具行李及客位如下:

一、运载家具2653件;二、运载教职员暨学生行具596件;三、附搭客位教职员暨眷属129位,押运员工173位。

(2)用于教职员暨学生复员专车者计五辆,行政人员暨教授专车五辆,教职员复员专车五辆,学生复员专车六辆。

(3)此外尚有办理结运职员,自汀随带公物三车,最后离汀,于11月19日抵厦。

留汀校产依照部令,移交当地教育机关及学校接管

二、校产之拨管与结束:本校在汀校舍虽多,唯皆租赁民房。此次复员,应依约归还业权者,即有利用公地建筑者,亦依照部令,办理移转所在地教育机关接管。至于家具财产,亦依此原则移拨。因之本校房舍家具,均就地拨交省立长汀中学、县立中学、长汀师范学校及县辖各中心学校。详细拨管情形,均备有移交清册。

两接运站宣告结束

三、中途接运站之设置与结束:本校复员途径,水陆交接,中途设站,用便联络,如:

水潮接运站为车运之终点,航运之起点,本校设站于水潮青年宿舍,接收转运,效率逾恒。

漳州接运站为水潮溪船航行之终点,过此渐入海程,非驳船不足以航

行。本校设站于漳州青年服务社,办理收接驳运事务,况漳州商旅辐辏,客货拥挤异常,教职员旅程经此,得该站之襄助特多。本校运输9月底已告大部竣事,水潮站奉准于10月24日结束,工作人员联袂入漳,漳州站遂于10月29日亦告结束。扁舟鼓棹,同歌凯旋。

复员运输全部完竣

长汀办事处因结运车辆迟延,致留汀职员莫克就道。11月初经与漳龙公司再三交涉,始允照原价增派复员车三辆,留汀职员及最后一部家具始行离汀来厦,而长汀办事处遂于11月13日结束,亦即本校复员运输事务全部完成云。

《厦大校刊》1947,Vol.2,No.7

昨晨厦大学生游行抗议美军暴行　下午举行各界招待会

本报讯　去年12月24日晚,驻北平美军奸污北大女生。事发生后,国内各地大学员生皆甚愤怒,相继游行响应。本市厦门大学全体学生为抗议是项暴行,响应各地学生抗议运动,特于昨晨9时许,由该校学生暨双十中学学生计600余人,以书有抗议美军强奸女生暴行暨反对涩谷不公判决之横旗为前导,举行抗议大游行。该队由厦大出发,巡行全市各热闹街道,沿途高喊口号,情况甚为紧张云。

又讯　厦大抗议美军暴行委员会于昨日下午4时,假梅兴行举行茶会招待各界,报告该委会组织动机及目标甚详。出席者除市党部代表阮玉田外,余均为本市新闻界,对该校同学之爱国热诚,均表示万分同情与钦佩,并希望该校此次爱国运动,能以超然及绝对客观的态度出之,勿为某种党派所利用,如本日所发现之不负责任之标语及传单,显系有人从中捣乱,别有企图,更宜加以注意。招待会直至6时才结束。

《中央日报》1947年1月8日

厦大学生乘轮实习

厦门大学机电工程系及航空工程系学生60余人,为课外实习起见,本日下午2时由该系专任教授张稼益先生率领前往飞龙、飞凤两轮参观,并乘飞凤驶往南普陀海面,开足机力绕鼓浪屿试航而返。记者闻讯,特为走访张教授,叩询参观情形及对该船内容如何。据称飞龙、飞凤两轮,原为专用快速鱼雷艇,其船质为夹板木,纵横交错斜叠,胁骨在船底部分,每五寸距离,加有纵横胁条,船侧十寸至一尺平行四边形。其支撑力坚强,且船舱有防水屏五度,各附防水门一道于整个船体,更见坚固。至安全方面言,如一舱进水,只须把门掩蔽,不能透进其他舱内。又有新式救火器八个,安置全船,用电管掣一经开掣,八个同时喷射,可以控制全船。如此安全装置,实为现时吾国一般汽油机船所少有者。又备救生筏四具,每具可容 25 人。至该轮木质,均经蒸馏及挤压,坚固异常。船身为 V 型,备有机器三部,马力 1800 匹,速率极快,行驶时半浮水面,故吃水量甚浅,摆动时或较强大云。按张教授系留德特许造船工程师,回国后历任交通部造船处主任,上海航政局技术主任,国立同济大学造船系专任教授,前后十有余年,并据称此次参观极为满意云。

《星光日报》1947 年 1 月 16 日

厦大学生参观快艇

本市讯 厦门大学机电工程系及航空工程系学生 60 余人,为课外实习起见,本日下午 2 时由该系教授张稼益先生率领,前往飞龙、飞凤两轮参观,并乘飞凤驶往南普陀海面,开足机力,绕鼓浪屿试航而返。记者闻讯,特为走访张教授,询问参观情形及对该船内容如何。据称,飞龙、飞凤两轮原为军用快速鱼雷艇,其船质为夹板木,纵横交错斜叠,胁骨在船底部分,每五寸距离,加有纵横胁条,船侧十寸至一尺平行四边形。其支撑力坚强,且船舱有防水屏五度,各附防水门一道,于整个船体,更见坚固。至安全方面,如一舱进水,只须把门掩蔽,不能透进其他舱内。又有新式救火器八个,安置全船,用电管制,一经开掣,八个同时喷射,可以控制全船。如此安全装置,实为现时吾国一般汽油机船所少有者。又备救生筏四具,每具可容 25 人。至该轮木质,均经蒸溜及挤压,坚固异常。船身为 V 型,备有机器三部,马力 1800 匹,速率极快,行驶时,半浮水面,故吃水量甚浅,摇动时较强大云。按张教授系留德特许造船工程师,回国后历任交通部造船处主任,上海航政局技术主任,国立同济大学造船系专任教授,前后十有余年。

《中央日报》1947 年 1 月 16 日

厦大皖籍同学响应救乡运动

京沪区皖籍各大中学生鉴于家乡在李主席品仙"德政"下,政治黑暗,官吏贪污,特发起"救乡运动",以挽此颓风,拯救人民于水火。本市国立厦门大学安徽同学会,亦于日前召开会员大会,决议响应斯举,并拟联合福建区专科以上皖籍学生,成立救乡运动联合会云。

《星光日报》1947 年 1 月 19 日

厦大化学系组织台湾化工参观团

厦大化学系为搜集研究资料及筹备分设化工系起见,经组织台湾化工参观团,一行二十余人,行期一个月,拟参观台湾大学及其他重要化工工厂。近已分函台湾长官公署及招商局等机关,请求协助。一俟经费筹妥,当于 2 月底启行。

《江声报》1947 年 2 月 11 日

厦大化学系组参观团赴台参观化学工业

本市讯 厦大化学系为搜集研究资料及筹备分设化工系起见,经组织台湾化工参观团,一行二十余人,行期一个月,拟参观高雄、台北等十余县市之化工工厂及研究机关。近已分函各方,请求协助。一俟经费筹妥,当于 2 月底启行。

《中央日报》1947 年 2 月 12 日

台化工参观团候轮出发

本报讯 厦大组台湾化工参观团,经志本报。现该团业已筹备就绪,专候海平轮首途赴台,并已推出方锡□博士为团长,胡嘉谟博士、李博□

副教授为副团长。方氏曾任岭南、大夏等大学教授,军医学校药科主任。胡氏曾任云南建设厅技正,资委会云南锡业公司研究所副工程师。李氏曾任六合化学厂厂长,天原电化厂技师,对学术研究与实际化工均有丰富之经验。此行搜集资料,偏重于建立福建化学工业方面,并拟与经建公司探取合作。

—《星光日报》1947年2月23日

厦大本年度增办体育系

海外社讯 国立厦大校长汪德耀,以抗战数年来,华南体育日趋衰颓,胜利虽经年余,而元气仍未恢复,特发动一般青年锻炼身心。最近经校务会议通过,决定36年度夏季增办体育系或体育专修科,藉资培植体育人才。查厦大为华南最高学府之一,该校体育场地广袤,设备完整,各种体育系共同必修科,每学期均可选修。最低限度,闽省各县董军师资,今后当可辈出。该校并拟每年利用暑期举办体育讲习会,使全省各级教师有进修机会,并拟倡组华南各大学业余体育会,包括台湾大学、香港大学、广州国立中山大学、国立师范学院、襄勤大学等,按季在不通地点举行各种活动比赛,周而复始。经费除由各大学分摊外,并将请教部资助云。(海外社)

《星光日报》1947年3月10日

中央补助厦大六亿　飞机一架　书器七箱

中央社 国立厦门大学校长汪德耀博士晋京向教部报告校务,即请发积欠经费公毕,昨由沪飞返。据谈该校顷获核拨扩充补助费6亿元,暨补充图书仪器七箱,航空系教练飞机一架,最近可运厦,并在沪洽聘教授多名。与渠同机抵厦者,有生物系教授陈机一名,陈氏系新近由法返国者。汪氏认为公教人员待遇必需划分,即教育人员不分区域,律照沪区标准,内地学校聘请教授,方不致受影响。据称,此案经各大学校长上半年向蒋主席建议,已获采纳,或可实行。

《江声报》1947年3月23日

汪德耀返厦　厦大扩充设备　教授待遇将依京沪标准

厦门中央社讯　国立厦门大学校长汪德耀博士,上月晋京向教育部报告校务暨请拨发积欠经费公毕,昨由沪飞返。据谈该校顷获准扩充补助费 6 亿元,暨补充图书仪器 7 箱,航空教练飞机 1 架,最近可运厦,并在沪洽聘教授多名。与渠同机抵厦者,有生物系教授陈机 1 名,陈氏系新近由法返国者。汪氏认为公教人员待遇必需划分,即教育人员不分区域,一律照京沪区标准,其他学校聘请教授,方不致受影响。据称此案经各大学校长向蒋主席建议,已获采纳,或可实行云。

《星光日报》1947 年 3 月 23 日

厦大庆祝二十六周年举行体育比赛

本报讯　查本年 4 月 6 日为国立厦大二十六周年校庆纪念,本届以该校复员建筑尚未完成,大礼堂犹付阙如。故此次庆祝规模缩小,不请外宾参加,只限校内员生与校友,一切仪式以简单为原则。据闻该校于明日上午 8 时半在东膳厅举行庆祝典礼,午间招待返校校友外,同时举行各项体育活动,计有(一)器械操表演(上午 10 时半至 12 时),(二)级际男子拔河比赛(下午 2 时起),(三)级际女子拔河比赛(下午 2 时半起),(四)校友与教职公员拔河比赛(下午 3 时起),(五)校友对教职员排球比赛(下午 4 时起),(六)级际排球决赛(下午 5 时起),(七)校友对教职员网球比赛(下午 3 时起)。该校新生院并于今晚 7 时假座鼓浪屿毓德女中礼堂举行音乐演奏会,6 日晚间 7 时校本部在该校旧实验小学礼堂举行音乐演奏会。演奏准备为时颇久,该晚当有特色名曲之唱奏云。

《星光日报》1947 年 4 月 5 日

国立厦大现况　复员建筑已费 13 亿元
筹建科学馆等需要 15 亿　工学馆机舍工厂均完成

海外社讯　国立厦门大学复员一年余来,各方均有进步,顷据校长汪德耀博士语本社记者称:厦大战时被破坏达 3/5,复员后虽积极修复,然以经济困难,难达预期理想。去年赶京□教部拨复员费仅七亿元,中除五千万元为迁移费外,所余六亿五千万,均用于修筑购置及建筑工学馆建舍工场,经已告竣。去年物价尚低,工学馆建筑仅耗去七千万元,位于海滨与机舍工场毗连,该机工场面积长 136 英尺,宽 65 英尺,颇为广阔。本年仅修筑运动场,即费三千万元之巨。本学期全校学生数达 2205 名,中新生院 435 名,余为校本部学生。全校计女生 120 名,侨生 30 名,台省公署保送 31 名,青年军复员生 120 名。学生中以闽东闽南占 750 名,为最多数。上季毕业 30 名,本季暑期毕业生有 195 名。本期新生院生将升入校本部一年级,则尚缺 100 人宿舍。其他各种设备亦□缺乏,故为 2 月□赴京,除□教部政院申请改善教职员待遇外,并继请拨 10 亿元为建筑购置等费,结果仅准 6 亿元。惟该款至今尚未汇到,预算以一亿五千万元作为购买图书仪器之用,余四亿五千万元,将划为建筑男女生宿舍,并计划设备海滨游泳池。刻修筑完成者,已有教员个人宿舍与小家庭宿舍七座于白城之麓。中行总虽拨一部工程工赈,但为数无多。至科学馆、理化院、生物院,亦拟修建,但修筑费占计须在 15 亿元之谱,短期内恐难实现也。近拟回菲岛华侨筹募建筑图书馆及研究所,拟名命"菲侨馆",此事经教部核准,并派陈列甫教授于 5 月间赴菲进行劝募。至于图书仪器方面,近由美国□到 17 箱仪器,该批已由京运沪,下期即可抵厦。另外向美购买英文杂志 89 种,系自 1940 至 1946 年间所出版者,亦经运沪,不久均可运到,同时校方另自添订各种杂志 250 种,与中文西文参考书近 1 万卷,英法文专门学术杂志 20 种。此外中航委会空军总司令部拨助航空系设备仪器一部,及大引擎推进练习机一架,该部仪器,或在台湾,或在北平、上海、南京,仅运费即须一千万元,尚有联□拨助我国工学院电机器土木械舍等。又日本赔偿我国工业机器计 140 套,教部已准拨与厦大。该部运到后,将来对理、工学院裨益颇大。本校为深造专门人材,经推荐三教授赴美进修教育系、银行系及工程系,同时并由教育部挑选生物院二教授赴美研究化学,一为教部所派,一系美国奖学金。该二教授经于 3 月首途前往矣。至本年学科侧重研究工作,为便海外华侨学子有利求学起见,将增收侨生 40 名。侨生进升国内大学,仅有四校收录,厦大即其一也。

《星光日报》1947 年 4 月 18 日

简　讯

本报讯　国立厦门大学学生自治会为谋同学课余智识之增进，与校内外文化空气之交流，特有周末讲演会之主办，以延请校内外名流主讲。昨日聘请联总驻厦专员安培金作英语讲演，除安氏本人与秘书外，并有美国驻上海副领事柯芬夫妇与该校政治系教授周子亚前往。经盘桓一周，参观校景之后，即于8时开始讲演。首由该会学艺部总干事张德光主席致词，与作简短介绍之后，安氏即讲述华侨复员，然后解答同学询问。副领事柯芬夫妇，亦于听众鼓掌欢请之中，作简短之讲演云。

《中央日报》1947年5月12日

厦大本季招生决设五号考区

南侨社讯　国立厦门大学本年度招考新生事宜，业经该校行政会议决定，在上海、南昌、福州、厦门、汕头等五处设立考区。招考时间，亦定于本年7月25日至8月5日间举行。主持各考区人选亦经决定，候学期结束后即分途前往办理云。

《中央日报》1947年6月16日

应邀联合国远东区基本教育预备会议　周辨明昨飞京

国立厦门大学文学院兼新生院院长周辨明博士，应教育部邀请参加联合国远东区基本教育会议，于昨乘中央航空公司飞机飞沪转京，新生院院长职务经于日昨发表由训导主任陈诗启代理。查周氏此次除携带八年研究结晶之一，国语罗马字步上了最后的"阶段"外，并拟具提案，提付预备会议讨论云。

《江声报》1947年7月6日

汪德耀昨晨飞京 请增厦大建筑费

海外社讯 国立厦门大学校长汪德耀,昨晨由厦乘中央航空公司飞机飞沪赴京,该校师生均到机场欢送。查汪氏此行,除请增拨建筑费与事业添置费外,并拟申请调整教职员薪津及提高公费生待遇问题。约8月底即可返厦。

《星光日报》1947年7月21日

厦门大学招生 报考踊跃

本报讯 厦门大学本年度招生计分五区举行,报名日期经于24日晚截止。据悉各区报考人数如下:上海区1622人,南昌区1025人,厦门区770人,福州区648人,汕头区电报未到,实数不明,惟就往年情形臆度,当在千人左右。故全部报考人数,当可达到5000人以上。该校本期拟招新生570名,大抵每10人中仅有1人可获录取云。又福建农学院24—26日由厦大代办招生报名者148人。

又讯 国立厦门大学36年度校历顷已重新修订,9月25日至30为旧生注册期间,10月1日开始上课;10月2日至8日为新生注册期间,10月9日新生开始上课;

又讯 该校下学期新聘教员已决定者有法律系教授何柄梁(兼系主任)、洪力生、谢维安,航空系教授丁履德,机电系讲师林士骧,数理系助教温泽民等七位。此次汪校长赴京述职,仍将继续物色,相信今后该校教授阵容将愈充实。(南侨社)

《星光日报》1947年7月27日

陈烈甫赴菲 募厦大基金

国立厦门大学政治系主任兼市参议会议长陈烈甫氏,于本(15)日赴菲。其任务为代厦大筹募建筑校舍基金,约逗留两月始能返厦。其离厦期间,议长职务由严副议长代行云。

《江声报》1947 年 8 月 15 日

汪德耀返厦谈厦大数事

厦大校长汪德耀昨由沪飞返本市,承告数事如下:(一)本学期录取新生数额,教部虽曾令照 200 余名录取,惟带有弹性,可视实际情形予以增减。故确切数目,特本日下午召开考委会后即可决定,可即发表。(二)本年度厦大经费经教部准,再增加 6 亿元,惟该款尚未汇到。(三)政院核定厦市公教人员待遇时,渠适在北平延聘教授。事后曾将本市物价及各教职员之苦况向教部朱部长详陈,经准暂照以前办法与京沪区同列一级。至于要求照京沪等区予教职员实物贴补或差额津贴之事,尚在教部考虑中。(四)公教人员薪津不足糊口,各地皆然,致各地教授几均难安于位。闻北大校长胡适,曾于上月底将如何改善教授生活计划以书面向蒋主席详陈。(五)自公费生制度取消改为助学金之后,上海学生曾发起向各界劝募助学金运动,俾贫寒有志向学子弟得继续升学。此次运动由沪而平,现首都学生亦将继起。

《江声报》1947 年 9 月 3 日

厦大新生取四百名

国立厦门大学本学期投考学生为数四千余名,该校业经决定录取新生名额为 400 名,内 100 名由教育部保送,包括青年军及华侨特别生。其余 300 名,即由考生中录取。其标准凡平均分数在 38 分以上,受录取者免受组别之限制;平均在 35 至 38 分者分甲乙两组,其重要科学,最少分数甲组数学须 20 分,汉文须 10 分,英文须 10 分;乙组汉文须 20 分,英文、数学均须 10 分。全部录取姓名订于明日放榜。

《江声报》1947 年 9 月 5 日

厦门大学本年度录取新生揭晓

计正备取生 432 人

本报讯 国立厦门大学 36 学年度各南区录取新生暨转学生全部名单，昨已发表，计正取生 368 名，备取生 64 名。兹探志全部名单如下：计文学院中国文学系正取生任敏等 17 名，外国语文学系正取生巫维衔等 23 名，历史学系正取生陈庸章等 17 名，教育学系正取生方炳荣等 30 名，理工学院数理学系正取生薛聿钊等 9 名，化学系正取生黄清谈等 12 名，生物学系正取生谢经汀等 8 名，海洋学系正取生黄河等 15 名，土木工程系正取生田泰恒等 23 名，机电工程系正取生顾善乐等 49 名，航空工程学系正取生林如濯等 20 名，法律学系正取生盛新民等 19 名，法律学系司法组正取生叶孝倍等 26 名，政治学系郑荣时等 23 名，经济学正取生陈照寰等 30 名，银行学正取生李学甫等 20 名，会计学正取生林吕昌等 15 名，国际贸易学正取生侯道明等 18 名。

《中央日报》1947 年 9 月 7 日

国立厦门大学新聘教授多人　教职员待遇中央准照支一级

汪德耀由京返厦谈该校近况

中央社讯 记者顷走访甫自京、沪、平、津返厦之国立厦门大学校长汪德耀博士，据谈该校近况称：（一）此次在上海、北平等地新聘教授二十余人，内有剧作家洪深，小说家郑永康，海洋学家郑军及章光石（数理）及徐光庆、朱以书（中文）等多名，均系国内知名学者，短期内即可到校讲学；（二）经费方面除与全国各大学联合向教部请求增加学校经常经费外，并请核拨临时建筑费 30 亿元。业经核准 6 亿，另请拨外汇 12000 美元，购买图书仪器，亦获批准；（三）联总拨发各大学医药及教学器材最近当可到校；（四）本年暑假招标添建单身教职员宿舍、医院、附属小学各一座，最近即可完成，水利实验室最近即将招标兴建；（五）战时遭破坏之理化大楼刻正计划重建，已由教授陈烈甫赴南洋募款，并拟先行建筑一可容纳 2000 人之嘉庚堂；（六）此次中央调整待遇，厦门仍列二级，全校教职员应感生活窘困。经检送厦市物价□明据实请求改善,并由汪氏向教部政院力争,请比照京沪待遇。业经政院核准一级待遇支给,惟实物津贴则未获准。

《星光日报》1947年9月11日

郑揆一演讲对日和约问题

本报讯 国民参政员郑揆一氏,来厦消息已志本报。郑氏昨下午应厦门大学邀请,前往该校演讲,讲题为"对日和约的基本政策"。查郑氏对日本问题研究甚深,讲演时对于与日和约中之政治、经济及赔偿要点,阐述详尽,听众至为兴奋。

《中央日报》1947年9月12日

国立厦门大学　昨举行开学礼

本市讯 国立厦门大学,昨日上午9时,在校本部举行36年学年度上学期开学典礼。到该校员生千余人,齐齐一堂,情形热烈,首由汪校长致词,报告该校复员一年来之重要发展及渠此次京接洽校务之经过甚详,并介绍续聘教员(共21人,现已到校者13人)与全体师生相见。继由陈教务长报告有关教务事项,新聘教授林砺儒与文学院院长周辨明,相继致词,勉学生潜心读书,致力学术研究等语。末唱校歌,至11时始欢散云。

《星光日报》1947年10月2日

减轻清寒同学苦痛
厦大组助学运动　五百多同学报名参加

本市讯 国立厦门大学学生自治会,因鉴于物价之日益高涨,求学日趋艰难,且厦大同学大都家境清寒,均已濒临失学之边缘。遂于21日,在理事会会议席上通过发起助学运动之决议案,以期用全体同学之力量,推行各种劝募义卖演剧游艺工作,冀筹得一笔款项,分配清寒同学,解决若干同学失学之厄运。该会于通过该议案,立即进行,参加助学工作同学登记,工作要求,不论需要助学金的,或无需助学金的,而愿帮助展开工作的同学,一齐踊跃参加。厦大学生新闻社,为记合自治会工作起见,并出剪报一种,报导平津京沪一带助学运动之经过情形。厦大当局,为赞助此种义举,亦由校长办公室出一布告,希望同学多多参加此种自助助人之工作。至24日上午截止,已有518位同学签名参加。25日上午,召开助学运动会员大会,通过助委会章则,并推选助委会工作人员。助委员于设立后,业经开会多次,下设总务、会计、游艺、劝募、宣传、联络、剧务、义卖各部,并蒙汪校长赞助指示。助委会工作正急剧筹展中,不久当有良好工作成绩表现云云。

《星光日报》1947年10月2日

厦大昨举行开学礼　新聘教授 21 人

学生会发动助学运动　清寒学生得享助学金

市息　国立厦门大学昨日上午9时在校本部举行36学年度上学期开学典礼,到该校员生千余人,济济一堂,情形热烈。首由汪校长致词,报告该校复员一年来之重要发展及渠此次赴京接洽校务之经过甚详,并介绍新聘教授(共21人,现已到校者13人)与全体师生相见。继由陈教务长报告有关教务事项,新聘教授林砺儒与文学院院长周辨明相继致辞,勖勉学生潜心读书,致力学术研究等语。末唱校歌,至11时始欢散云。

《中央日报》1947年10月2日

他们等待着帮助

——厦大助学委会昨招待记者　决定进行筹款援助苦同学

厦大助学委员会为使社会明了其工作意义,昨下午4时半在该校教员休息室招待本市各报记者。

首先由学生自治会负责人陈国信发言,他说:"助学运动已经遍及了平津京沪各地,这是汪校长上次北上时亲眼看到的。厦大学生等待着人家帮助的有400多位,于是赞同赞助他们的人达到570多位,可是这500多位都半是心有余而力不足的。于是只得另想办法,决定了筹措款项三种方式,第一种是劝募和义卖,时间预定从双十节开始;第二种是体育和音乐等小表演,时间预定从本月 20 开始;第三种是展览和演剧,用来答谢那些实际援助的人,时间预定下月 1 日。我们希望所得到的是 2 亿元,如果能达到这目标,平均起来每人亦不过四五十万元而已。"

  他说完之后,接着厦大秘书戴锡樟,代表汪校长,详细的阐述助学运动的意义和它的目的,大意说:"助学运动既不是政治的运动,也不是社会的运动,而是纯粹的慈善运动。这运动除了向人家劝募些钱财帮助一些苦学生之外,绝没有其他企图。"最后戴氏又说:"这一次厦大所录取新生,实际上报到的不多,而请求保留学籍的反占半数以上。他们要求保留学籍的理由,几乎全是为了经济困难,像这次在上海录取新生 100 多名,但前天搭海滇船来的不过 60 多人,其余的都因受了经济的压迫而不能来。我们从这里就可以看出许多有志青年因为没钱望校门兴叹,无数已经进到学校的同学亦将因没钱而不得不走向退学之路。这许多有志有才青年,不能继续造就,实是国家社会的大损失,从此可以看出助学运动的需要和迫切。"招待会举行到 6 时左右,才用校车把各位记者载回到市区来。

《江声报》1947 年 10 月 6 日

厦大助学运动刻正热烈展开
筹募助学金时期及程序均决定

  本报讯 本市国立厦门大学学生自治会,为抢救清寒同学,特发动助学运动。经连日来积极筹备,并得汪德耀校长暨诸教授指导,业已成立助学运动委员会,推进助学筹款事项,工作至为热烈。日来分别赴谒本市党政军团各机关首长,征询助学意见,各方殊表同情,并允协助一切。昨午 4 时,该校学生自治会为使社会各界明了助学意义,特假厦港本部教授休息所茶会招待本市各报记者,首由助委会主席报告筹备经过,并决定分别推进筹募助学金程序及时期,大概分为三个时期:一、举行义卖及劝募,日期定为双十节;二、音乐体育表演日期定于 10 月 20 日;三、话剧公演,定于 11 月 12 日,拟用各种宣传方式,以达助学运动最大目的。语毕,由校长室戴秘书代表汪校长说明该校发动助学运动意义:一、不是社会改革运动;二、不是经济斗争;三、是项运动不存其他企图,纯为发启人类善意之同情心,以达助学目的,抢救一般贫苦同学。戴氏并列举大学生亟待抢救资助事实,作为报告结果。戴秘书报告完毕,各方交流意见,颇为热烈。综合各方意见所得结果,咸以该校筹募助学金,仅为暂时性质,自应为今后一般清寒学生打破一条经济路径,则发动助学运动,当不受地域限制,务须普□展开,发动各地校友,利用各方人事关系,无论海外或国内负责推进筹募助学金,措集巨额助学基金,以备永需此其一大学生多来自都市乡村,每与当地父老弟兄缺乏情感联络。今后推进助学运动,务须多多接近地方父老,力尽运用家族发动助学金。盖吾侪求学目的并非为个人而读书,一个国家欲步上民主大道,必须人人享受教育机会,每一个乡间欲繁荣不替,在在需要培植人才。故此后吾同学如能回乡发动助学运动,人人必然乐为,竭己之能输助清贫学生,造就将来社会人才。

《星光日报》1947年10月6日

厦大助学运动　订双十节开始

预拟可得二亿元以上　劝募方式将分界进行

国立厦门大学自治会为救助清寒同学,特发动助学运动,为使社会各界普通明了助学运动之真相起见,特于昨(5)日下午4时假该校本部教员休息室,招待本市各报记者。首由该校学生自治会代表陈国信报告此次展开助学运动意义,渠谓此次汪校长由京返厦,沿途顺赴平津各地观光,因见各地附近正热烈展开助学运动,同时更感本校清寒学生为数众多,生活困难。故返校后即指导学生自治会继起响应,经日来积极筹备,甚博各方之同情,而本市各机关首长,亦均允予有力资助。至工作进行步骤,首重宣传,故特于本日招待本报记者,请予以舆论之援助,同时并请警局代请各戏院帮助幻灯宣传。至于此次原定发动募款一亿元,但连日奔走结果,仅此定劝募一项,可在一亿以上,而其他义卖、演剧及扩大劝募,为数当更不止此,故希望结果可能达到2亿元。至于劝募对象,亦经黄市长指示应深入各界,如①华侨界,②党政军各机关,③实业界,④金融界,⑤□业界。商界为既定目标,其次是劝募工作之进程,亦经拟定于双十节起至15日止,展开劝募与义卖工作。15日至30日,则拟开音乐会以及体育表演会等,11月起开始演剧及展览会等各项活动,于11月底结束,12月初审核清寒学生及分配。至目前止,业经登记清寒学生已达400余人。

《中央日报》1947年10月6日

社评：上一代的应痛感责任　为厦大助学运动作

这两天有一件值得注意而不知曾否为人注意的事——厦大学生自治会发起而得各方同情援手的厦大助学运动，目的在向厦门社会筹募助学金，帮助已入学而读不起书的学生。

本来中国不如意的事太多了，除有数的豪门大贾，所有中国人99.9%都在闹着活不下去，最好的也在恐慌着活不下去，谁都死亡线下挣扎着，伸上头来来喘口气，延续垂绝的生命。这种载沉载溺的最险境，已成一般的最平凡！然而，我们却噙着满眶热泪，看乡下或市廛的孩子，到六岁读书年龄，便加入生产队伍，放牛耘草，街头叫贩，要自食其力；看有的挣扎至小学、中学以至大学了，而为着读不下去，有各地大学生沿门托钵的助学运动。活不下去！怎样会活不下去？总是自己搞出来，自作自受。但下一代并不负责任，他们并非社会的成员，他们身心都发育没成熟，没任事社会，他们并不负搞到活不下去的责任。相反地，在他们身心没发育健全前，我们做上一代的对他们正负有扶育的责任，我们搞到活不下去却连累他们无辜地六岁以上便加生产队伍，挣扎到大学而读不下去的沿门托钵，我们真愧为上一代呵！热泪应是我们良心的自责。

我们并不否认在现社会制度下，教育是有钱人的专利享受。我们必得承认，许多许多甚至所有的父母青年，都不甘沉沦，让人专利。而生活的铁锤，究竟无情地将泅上来的，一个一个当头给敲下去，许多父母蕴着血泪抚着倒抽口冷气的孩子退回九渊。这年头，读书确不容易，一到初中，做父母的便得有根铁脊骨，挑得起学费负担，十年不许打闪一下，给大学毕业。并不如过去有线装书，可家里囊萤映雪，更有廪饩膏火书院太学的资助，能起自寒微。没那笔资本，最多小学毕业，望初中之宫墙十仞，等闲莫去敲门。敢于尝试者，大多一篑亏于大学。而读书，小学免于文盲而已，人才的准备在中学，人才的造就在大学。个人的事业，社会的贡献，都须取资大学所学。一个青年挣扎至大学入学，已有人才的准备，只剩人才的造成，和拉纤上滩之到最后滩头，有这口气力拉上滩头，便如镜的上游，一帆任驶，没这口气力倒退下去或弃了纤，就整个毁灭。读不下去，前途漆黑的威胁太大了,是一个青年所不能忍受的。

国立大学是不易考取的。厦大这季投考 4400 余人,正取不及 400。自然,这是 1/10 的优秀。而据学校方面说:"不能入学要求保留学籍的占半数以上,他们要求保留学籍的理由,几乎全为了经济困难。"一半以上没钱读不起望门兴叹,而我们又确知有许多有钱人的子弟,考厦大连考三年不得录取,人世间就有这么矛盾的。有钱的来考,不录取,不得其门而入;没钱的明知得其门,也不许入,何以仍来投考呢?饥者不忘食,就没饭给他,也将望门大嚼,他们即"望门大嚼"来投考的。得其门,主人请入座,而趑趄不前者,摸摸荷包,羞为座上客。请保留学籍一年,明年便有把握入座么?这么优秀而上进的青年,所得到的这么个待遇,是人生的嘲讽,是末世的悲哀!我们即知道,有一位考取某系第一名的,便没法来读,明年或者一样没法来读。

新生半数以上望门却步,而厦门的学生还有 400 多位等待人帮助,这中间蕴藏着几许酸辛!抗战期中的公费制,的确给许多穷人翻了身,许多许多不敢作读大学想的,居然读了大学。有的幸运毕业了,有的虽可继续到毕业,但那公费,到现在几乎只够吃的米,其余一切哪里来?家里原就没读大学的资格。这年头,我们原说过,谁都没法活下去,谁还哪来力量给子弟读下去?读了一半读不下去,正如吊半空中,上不接天,下不着地,废学罢?那太残刻了!怎办呢?

录取而不名一文的根本不敢来,其摒挡挣扎而来入学,力量不够的,读已中途而力不继的有 400 余,助学运动便由其余心有余而力不足的 570 多位同学为向社会求助。青年人是热诚的,自已有书读,怕同学没书读,而出来为求助,这太可感了,社会上自己有饭吃,看别人没饭吃而出头的就不多。我们将如何以慰优秀而上进没钱读不下去的青年?将如何以慰热诚可感的青年?

厦大秘书代表校长说:"这是纯粹的慈善运动。"意在避免有什么作用,"慈善"二字,我们感觉其音之哀。在个人社会、家族社会,钱用到别人身上,用到一家以外,都是慈善,养孤儿时慈善,义学是慈善,帮助人读大学自然也是慈善。"幼无幼以及人之幼"伟大的民族责任感,久矣已经狭隘到一身一家,以外就是慈善的施与!

这里我们只想请大家念着:(一)现在大家之活不下去,是我们做上一代的自己搞出来,连累下一代活不下去有书读不下去,应尽最大可能尽我们扶育的责任;(二)这不是求衣求食消极的救济生活,是优秀上进的青年求书读,积极的造成人才,继负我们的责任,看能把我们搞坏的局面搞好,为我们补过,亦我们之自忏;(三)"助人为乐","施者福矣",而助而施,没有再比帮助青年读书有成意义更大的。(四)就这么活不下去,我们仍看见许多享受的浪费,排场的浪费,迎神赛会的浪费,移来助学也再没有比这更合理而经济的。从这几方面想,大家就感觉向优秀而上进的青年伸出援助的手之为极有意义,彼此都无尚快乐。

助学运动,我们觉得学校还可作一工作,将今年投考以经济困难保留学籍的学生,在校读不下去的学生作一家庭经济调查,就各科系,分作:(甲)完全无力的,(乙)家庭或自亲友可得供给,随其程度尚缺若干的,附以投考成绩在学成绩,由学校公之闽南各县省外及南洋华侨,不著姓名,仅及某科系某类某类待助者若干名。有心帮助者请助一生或数生,供给至毕业,或一次助学一季抑若干。如是,有应助者,学校可如助学者之志愿将同科系同类学生成绩寄去供其选择。选定,学校可介绍学生与助学者晤面或通信,作为友朋,增进双方之情感。有固定可见之成绩,尤足鼓励助学者之兴趣,较之托钵式者,当更有效。

下一代应受我们上一代扶育的,转受我们连累,优秀而又上进的乃没书读或读不下去,我们同做上一代的应痛感责任,唤醒"幼吾幼以及人之幼"伟大的民族责任感,尽其力之所及。于此,我们为青年请命。

《江声报》1947年10月9日

厦大校友会响应助学运动　　发动校友自由捐助

厦门大学校友会厦门分会,昨(9日)下午4时,假厦门市银行二楼开临时会议。出席黄天爵、郑善政、黄其华、黄谦若、张述、苏宗文、吕仲驹、林素端、李淑美、陈洵阳、叶鸿恩、黄式厚、吴厚沂、吴春熙、卢嘉锡、贺秩等,讨论事项,母校同学发起助学运动,校友会应如何协助造行案?议决:

(甲)在物质上发动校友自由捐助(公教人员以不超过每月收入5%为原则),推下列校友负责,在本月20日汇交张述校友转交助学会应用。

(一)母校方面,由卢嘉锡校友负责。

(二)本市中等学授校友由吕仲驹、吴厚沂、陈洌阳校友负责。

(三)其他各界校友由张述、黄谦若、黄其华、郑善政、苏宗文、李淑美校友负责。

(四)银行界校友由贺秩、黄式厚校友负责。

(五)鼓浪屿区校友由吕建元、何健朝校友负责。

(乙)其他建议

(一)学生募捐时以不拦街劝募为原则。

(二)募捐以商店为对象,必要时可酌给纪念品。

(三)本会会员应于何时召集案,订11月12日下午2时假市商会举行云。

《中央日报》1947年10月10日

厦大在菲募基金

数达菲币6万元　陈烈甫昨由菲乘轮返厦

本报讯　国立厦门大学政治系主任兼本市参议会议长陈烈甫博士,于客月中旬赴菲宣慰侨胞,并为厦大募捐基金,在菲勾留达二旬之久。任务完毕后,陈氏则于本月9日乘芝巴德轮返厦。闻陈氏此行代厦大募捐款项相当可观,达菲币6万元之谱。

《星光日报》1947年10月12日

助学运动两日劝募成绩尚不到1亿元

厦门大学为响应最近京沪平津所发起之助学运动,详情经志本报。该校连日来积极进行,并有本市各中学及侨民师范,亦均热烈赞同此举,并各派学生协助工作进行,于十、十一两天,即开始出现街头及戏院、舞厅、咖啡厅等娱乐场所,义卖"助学花","助学章",(每个三千至二万元不等)及向各商行劝募。计该校学生计分20小队,同时本市侨师、双十、中华、大同、英华,各中学亦均派学生参加。前(10)结果,募得6200万元,昨(11)日为增加工作效果起见,并组织有"啦啦队"巡回协助。

《中央日报》1947年10月12日

厦大助学劝募　两日不足1亿　捐助最力者为薪水阶级

厦大助学委会,于双十节日分组出发募捐,本市各中学学生亦响应出动,或向商店直接劝募,或以花朵义卖。是日计募得6000余万元。昨日各中学生义卖队更多,但慨解义囊者反减少。据统计,对此运动捐献最力者多为薪水阶级人物。昨日募得约3000余万元,两日合计尚不足1亿元。闻助委会决于今日起停止街头劝募,另采用其他方法,并将于今日起向银行及钱庄界劝募。

《江声报》1947年10月12日

助学劝募实数共9200余万元

厦大助学运动街头劝募昨起停止进行,据该会统计:10、11两日劝募所得经缴交者总数为9200余万元,尚有一小部分未交者正催收中。至将向银行钱庄界劝募,因有待商讨采用方式,故尚未进行。

又:该校有多种工作公开征求清寒学生担任,以便获得津贴,分为每月20万元、10万元、5万元三种。登记者达二百余人,经该校清寒学生审查委会核准后,结果选出160名。

又:厦大新生注册日期,展至本月22日截止。

《江声报》1947年10月13日

厦大助学运动　普遍捐募截止　转向巨商归侨

厦门大学响应京沪平津之助学运动,已于前10、11两天,在本市发动大规模之助学运动,详情曾志本报。兹悉该校所劝募至(13)日止,已达一亿一千余万元,成绩甚为可观。据该校学治会干事陈国信语记者云,所有募捐之款,暂存邮政储金汇业局保管,不日就可移交央行收存。此后募捐即以银行巨商归侨为对象,并拟筹备话剧公演。至于所预算数额2亿万元,谅不成问题云。

《中央日报》1947年10月14日

菲侨捐资 20 亿余建筑厦大图书馆

记者今晤及甫自菲岛归来之陈议长烈甫,承谈此次南行经过,本人此次赴菲为期两月,除探访情外,并为厦部大学筹募菲律宾华侨纪念馆(即图书馆)。月来菲岛华侨经济,以过度竞争排华及一般购买力的减低等原因,陷于高度不景气,而各种捐款,同时在进行者至少在十种以上。在此种情形之下,进行捐款,实多困难,所幸许多华侨对于祖国教育尚能关怀,而于陈嘉庚毁家兴学一点,尤为崇敬,故能慷慨解囊,捐款所得共计菲币 6 万领元,折合国币在 20 亿以上。现菲侨馆之设计,已由厦大工程室加紧进行,预料 11 月间当能兴工建筑云。又陈议长此次游菲,接触甚广,观感至多,著有菲岛观感录,全文约四五万字。一俟整理完竣,即将在渠所主编之灯塔月刊发表云。(南侨社)

《中央日报》1947 年 10 月 15 日

厦大教授在鼓演讲

本市讯 本市鼓浪屿区国民教育研究会,为谋小学教师研究兴趣,及增长教学知能,于前日(24 日)下午 3 时,敦请厦门大学教育系主任李培囿博士,假该区第一中心小学演讲《小学教学原则与方法》问题。该区各小学全体教职员八十余人,均前往参加听讲。查李氏系美国教育博士,历任东吴大学、元江大学等校教授。自抗战军兴,则改任厦大教育系主任,计 9 年。其教育著作多在正中书局出版,并散见于国内各教育刊物云。

《星光日报》1947 年 10 月 26 日

助学金行将分配　名额 640 人金额分五等
分配审查工作下月 2 日结束

本报讯 国立厦门大学学生自治会助学运动委员会,根据第二三次大会议决案,组织分配委员会,其第一次会议,昨日上午 10 时,假双十中学礼堂召开。到□华、侨师、双十、大同、英华、毓德、怀仁等各中学单位代

表十余人。原定开会时间为 9 时,因出席人数迟到不齐,乃延至 10 时举行,主席胡子介报告谓:助学运动委员由劝募和义卖所得,共约一亿二千万元。迩以物价着着高涨,各方都主张先将该笔款项,尽速分配,所以经过洽商,决定先提出一亿元分配,尚余约二千万元留作第二次音乐会或公演话剧之费用。今天所要讨论的有二点:一、要怎样分配才能得到合理。二、申请名额应如何确定,希望各位到会同学多多发表意见,至□助学金分配等级,曾拟定分为五等,甲等 50 万元,计 20 名。乙等 30 万元,计 40 名。丙等 20 万元,计 100 名。丁等 15 万元,计 200 名。戊等 10 万元,计 280 名。总数合国币 1 亿元,分配名额为 640 人。继由双十中学校长吴厚沂提供意见说:各中学与厦大同学,所希望于助学运动的目的是共同的,而社会上各方面对于助学运动的展开,也赋予很大的同情,所以在进行着审查与分配这一工作时,深盼能够集思广益,详细考虑。续次各部门负责人工作报告及各中学代表申述各该校申请情形,各部门报告完毕,遂即将上面两个问题,提付讨论,各与会代表都热烈发言。结果总归纳起来,通过了下面的三条,议案:一、申请原则,由各中学自行拟订,提经总审查大会审核决定。二、审查标准,以纯粹站在超然立场的道德观念做为大前提。三、各中学组织初审机构人选,由原有助学会或自治会机构,再扩大参加名额,并聘学校当局导师等三人为顾问,必要时得再增加,以求广泛。最后关于总审查大会日期,一致同意改在本月 31 日上午 9 时半钟,(夏令时间)仍旧假座双十中学举行。届时各中学应推代表二人,顾问一人为出席代表,全部审查和分配工作,规定最迟在 11 月 2 日就要办理结束。会议一直开到下午 1 点半钟才告散会。

又讯 国立厦门大学学生自治会助学运动委员会,于本月 21 日下午在该校东膳厅举行第三次会员大会,由陈国信主席,(一)决议本校除新生院外,未参加助学运动之同学无申请资格。(二)中学同学与本校同学相同,均可申请助学金,中学同学不论有否参加工作。(三)分配应分等级。(四)组织分配机构严密审查。(五)分配机构之组织,由本校选出同学 11 人,各中学各选同学 2 人,合组分配委员会,并请社会公正人士及各学校当局为顾问。(六)厦大分配委员由卢鼐、林坦等 11 人当任。

《星光日报》1947 年 10 月 27 日

厦大助学金划等级分配

未参加运动无申请资格　各中学分配另开会讨论

厦门大学学生自治会助学运动委员会,于本月21日下午8时半举行第三次会员大会。兹志其讨论要点如下。

(1)否决前次大会议决案。

(2)未参加助学运动工作之本校同学,除新生院外,无申请资格。

(3)分配助学金,各中学与本校同学相同,中学同学不论参加工作与否,均可申请助学金。

(4)应分等级分配。

(5)应成立分配机构。

(6)组织分配机构由本校选出同学11人,各中学各选同学2人,各组分配委员会,并请社会公正人士及各学校当局为顾问。

(7)分配委员追认前次大会所选出之卢鼐、胡介子、蔡诗灿、林文治、林文书、刘钊、陈大钦等七委员,另推选林坦、宋瑛、朱世寿、黄英瑞四人,计增为11人。

又讯　关于厦大助学金问题,各中学于昨(26)日上午10时,假双十中学召开分配委员会第一次会议。到各校单位代表三十余人,讨论结果,对申请助学金之审查标准,由各中学自订后,提交总审查委员会之复审评定。最后议决本月31日上午9时半,仍假双十中学召开联合审查大会,各单位应派代表2人,顾问1人,出席参加之。

《中央日报》1947年10月27日

助学金分配　今开审查会

厦门大学为响应京沪平津助学运动,特发起普遍募捐助学金。结果数达一亿一千余万元,成绩甚为可观。昨据该校学生自治会干事陈国信语记者云,该校助学委员会今订今(31)日上午9时半假双十中学开助学金等级分配审查会,并将于11月三四两天,假新街礼拜堂举行助学音乐会。至于话剧公演,将另订期举办云。

《中央日报》1947 年 10 月 31 日

厦大学生响应于案　校方告诫复课

训育委会决定处理办法两条

厦门大学学生为响应于案,罢课三天,情志本报。兹据该校当局称,校方对学生此项罢课举动,认为既反求学初衷,又碍学校秩序,且与政府戡乱总动员令违背,对于青年个人及学校教育唯有增加纷扰,引起不良后果,特于13日下午召开训育委员会,一致决议,先予告示劝诫,并定处理办法如下:(一)嗣后学生自治会不得受理违法提案(如妨碍秩序之罢课等事)而召集会员大会;(二)在会员大会会议中,如有临时违法提案,亦不得予以讨论。如有违反上项规定,对于签名提议者与自治会理事长及大会主席,均予以最严厉之处分。上项议案,业由汪校长布告周知,剀切劝告学生体谅时艰,并维持学校生活之安定,切实遵守。

《江声报》1947 年 11 月 1 日

助学金审查会　展期明日举行

申请者达 1044 人

厦门大学助学委员会原订于昨(31)日假双十中学举行各校助学金申请总审查会,嗣后因本市各中学申请名单尚未送齐,故改订 11 月 2 日(星期日)上午举行。记者为明了此次本市助学运动情况,特走访调查。据悉,厦大方面以助学运动为自助助人之举,凡有参加助学运动者均为申请助学金之权利人,而各中学无论参加工作者与否,则均可申请助学金。现厦大校本部申请有 456 人,新生院 249 人,合计有 705 人。各中学除市中、大同、中华等名单未送交外,计有 339 人,总计 1044 人,与原预定名额 640 人,超出达一倍,实有僧多粥少之概。至于申请助学金标准,力求平允分配,当视申请者之家庭环境,及公费多少,银行邮汇来款情形,以积分制比例计算。而公演话剧《升官图》,即拟延至本月底演出云。

《中央日报》1947 年 11 月 1 日

厦大分配法

厦大所得助学金(除甲等□名外),又申请数所得之额为5610万元,自行分配。其审查标准,以公费、自助工作、校外工作、重病医疗无力、肺病、消耗病,及训导清寒生有特殊记录者,暑期留校与否,及汇款次收多少等条件为标准,采取积分计算法,得分愈多,则得申请金额可能愈少。而公费一项,全公费主副食费每月约领得25万元,半公费拆半,以1万元得1分计算。自动工作,甲等酬金10万元,乙等5万元,以不申请自助工作者视同零计算。暑期留离校与否,是以留校者多因经济困难,旅费无着,则按其是否留校评定之。及清寒同学,有无向训导处请求介绍工作或借款,以此特殊记录,作重要的资料。医疗无力者,急需救济,故予零数计算,并调查自本年5月至10月;各同学汇款登记,以2万元算1分等方式,周密调查,以求平允云。

又讯:厦大助学委员会原拟本月三四两天假本市新街礼拜堂举行音乐演会。嗣因时间勿促准备不及,故循延改期在五六两天举行。

《中央日报》1947年11月3日

劝募助学金音乐会演奏成绩甚佳 今晚仍假原地举行

本报讯 国立厦大学生自治会助学运动会筹募助学金举办之音乐会,于昨晚7时30分假新街礼拜堂举行,票资分10万、2万、1万三种,计售出四百余张。听众拥挤,多为知识分子及爱好音乐之士。会场肃静无哗,秩序良好。演奏名曲,博得听众不少掌声,其中以崔月梅之及洪永明、朱思明等之钢琴演奏、侨师之合唱等最为精彩。今为最后一天,本晚仍假原地继续举行云。

《星光日报》1947年11月6日

海军巡防处捐款助学

厦门大学展开助学运动后,本市海军巡防处康处长特晓谕该处官兵予以协助,官兵等均慷慨解囊,踊跃捐输,计达百余万元。该项捐款已于日前送达厦大汪校长转交学生自治会。

《江声报》1947年11月7日

厦大助学运动　仍积极进行

助委会筹演《升官图》　海军官兵慨捐百余万元

国立厦门大学学生自治会助学运动委员会为筹募助学金,特于五六两天假本市新街礼拜堂举行音乐演奏会,除该校歌咏团乐组外,并邀请本市各中学参加。节目计有毓德、怀仁、侨师、怀德等校及本市音乐家多人,会场秩序良好。毓德郑美丽之女高音独唱,洪永明、朱思明之钢琴二重奏,及国立侨民师范之打击乐队,颇得一般好评。厦大美籍教授贾灵伯,男高音独唱,亦博得采声不绝。闻此次音乐演奏会票资收入约六百余万元云。

又息:厦大助学委员会拟本月下旬公演《升官图》话剧,现已在筹备中,届时当有一番盛况云。

又讯　厦门大学学生自治会前举办助学运动,本市海军巡防处康处长,以此举法美意善,颇表赞同,并乐予协力,本拟以该处同乐晚会名义举办义演以资捐助。嗣因该同乐晚会成立有待,经将此旨晓谕该处官兵后,该处官兵等均慷慨解囊,踊跃输将,三数日即积有百余万元。该项捐款已于日前函送厦门大学汪校长转交,该会并覆函申谢云。

《中央日报》1947年11月7日

本市简讯

水产专家李象元氏现应国立厦门大学之聘,担任生物学系教授,并兼该校水产研究室研究员,近已到校。李氏为美国斯坦福大学水产硕士,曾任中山大学农学院水产系教授兼代系主任,广东农林局技正兼局水产组主任等职,对于水产学识之理论与实际经验均极丰富。闻李氏拟教学研究之外,并愿贡献所知,以协助闽南水产事业发展云。

《中央日报》1947年11月9日

人类学标本展览会　厦大明起举行3天

厦门大学历史学系教授林惠祥，搜罗人类学标本有年，近特举行展览会，为期3日，自本月15日至17日（即星期六至星期一）。地点在厦大集美楼第二楼历史研究室，并于15日上午9时在第一教室由林惠祥教授作公开学术演讲，题为《错认雷公当祖宗》，欢迎校内外人士参观及听讲。查该项展览标本共分三类：一为史前遗物，有山西、杭州、厦门、闽西、海丰、香港、台湾、马来半岛、苏门答腊，菲律宾各地之史前石器及陶器，共约四百件，多属未发表之新发现；二为民族学标本，有台湾番族，南洋各属土人及印度、缅甸诸地之刀剑、衣饰、器具、宗教品、艺术品等约百件；三为中国历史时代古物，有铜剑、铜箭、玉圭，唐代殉葬之磁制明器，宋明之瓷器等数十件，逐件皆有说明卡片。

《江声报》1947年11月13日

厦大订期展览人类学标本

林惠祥将公开学术演讲

厦门大学历史学会以该系教授林惠祥搜罗人类学标本有年，爰为主办展览会，以供众览。为期3日，自本月15日至17日，即星期六至星期一。地点在厦大集美楼第二楼理事研究室，并于15日上午9时在第一教室由林惠祥教授作公开学术演讲，题为《错认雷公做祖宗》，欢武[迎]校内外人士参观及听谢[讲]。查该项展览标本，共分三类，一为史前遗物，有山西、杭州、厦门、闽西、海丰、香消[港]、台湾、马来半岛、苏门答腾[腊]、菲律演[宾]各地之史前石器及陶器，共约四百件，多属未发表之新发现。二为民族学标本，有台湾番族、南洋各属土人及印度缅甸诸地之力[刀]剑、衣饰、器具、宗教品、艺术品等约百件。三为中国历史时代古物，有铜剑、铜箭、玉圭，唐代殒葬用之磁制明器，宋明之瓷器等数十件，逐件皆有说明卡片。按，是项标本对于史[当]地社会（请种）可收实证之效，不特大学，即中小学生亦可参观，□以证明书所述也。

《中央日报》1947年11月14日

厦大明年招考新生　增设南洋考区

地点为马尼拉、新加坡两地

厦门教授陈烈甫、周辨明等,以厦门为华侨出入口岸,地理上接近南洋,对华侨教育自应特别注重,同时全国大学,除少数有全国性者外,其余大多为地方性。厦大为一地方性大学,应发挥地方性之特殊精神,亦即负有发展华侨教育之责任。再从道义上言,厦大过去与今后有赖于华侨者实多,对如何便利华侨子弟回国深造,更不容忽视,惟华侨学生返国投考,常感种种不便,以是视为畏途,不知埋没多少可造之材,特联合向校务会建议办法三点:一、明年度招考新生时,在马尼拉、新加坡各设立考区,为节省经费,可委托当地总领事馆会同大校校友主持招考事宜。二、考试内容应适应华侨中等教育情形,不可过于硬性。三、试办期间应宽定名额,已收鼓励之效。兹悉上述所提议案,业经校方会议通过云。(南侨社)

《中央日报》1947 年 11 月 15 日

大学生公费 10 月份起调整　教授得按年功加俸

厦大公费生副食费,每月原为 55,000 元,现经教部转奉政院规定,自 10 月份额起调整为十二万四千元。又 10 月份主食费原预发十万元,经核定为十三万二千元。昨该校出纳组贴出通告各公费生补领十月份主食费三万二千元。又十、十一两月份副食费十三万八千元,每人合计补领十七万元,大都喜形于色。查公费生主食费系按当地米价计算,至副食费则由行政院按照各地物价全国分四区规定,第一区为京沪平杭等地,核定数为十四万一千元;第二区为闽鲁晋粤浙等地,十二万四千元;第三区为陕皖鄂湘等地十万九千元;第四区为川滇黔宁等地九万六千元。

又:关于奖励国立大学教授任期久远,教部经订立年功加俸办法,厦大已奉到是项训令,略谓:凡国立大学独立学院暨国立专科学校教授,经审查合格,呈报教部登记有案,其薪额已达最高额 600 元者,得给予年功加俸,按年递增 20 元,但最高额数连同本俸不得超过 800 元。又每年给予年功加俸之教授,不得超过已支最高薪额 1/3。

《江声报》1947年11月16日

人类学标本展览会昨起在厦大举行

厦门大学历史学系教师林惠祥之人类学标本展览会,昨日起在厦大举行,前往参观者甚为拥挤。林氏于展览会开始以前,并作1小时之演讲,题为《错认雷公做祖宗》,介绍考古学上所发现之石器时代遗物之历史意义与价值。查该项展品中,史前新旧石器之遗物,大部为林氏十余年来陆续所发现与发掘者,除一部分曾于民国27年1月出席远东史前学家大会时提出公开鉴定外,其余大部尚未发表。其中有厦门东边社山坡及蜂巢山上所发现之石锛(ADZE)两块,为东南各省石器时代遗物之首次发现。尚有各民族之日常用具、战器、宗教品、艺术品,各地方人民风俗习惯之图书、画片和模型,以及中国历代之文物遗存,皆甚精彩。十余年前在泉州中山公园发掘之唐初古墓明器陶器,亦出现于展览室中。

《江声报》1947年11月16日

厦大历史学系昨展览古物　参观者甚拥挤

本市讯　厦门大学历史学系教授林惠祥氏,此次将其20年搜集之人类学标本,于15至17日3天在该大学历史研究室公开展出。昨为该展览会之第一日,各界人士学者名流以及各中小学学生前往参观者凡□千余名,自早至晚络绎不绝。林氏于展览会开始以前,并作1小时之学术演讲,题为《错认雷公做祖宗》,林氏用通俗有趣之口吻,介绍考古学上所发现之石器时代遗物之历史意义与价值。听众拥塞,听者莫不兴味盎然,时起掌声。该项展品中,史前新旧石器之遗物,大部为林氏于十余年来陆续在厦门、武平、香港、台湾、马来亚等地所发现与发掘者,因遭抗战时期诸多艰阻,辗转移存,至感困难,除一部分曾于27年1月出席世界各国考古学家在马来亚召开之远东史前学家大会中发出公开鉴定及部分发表外,其余大部尚未公开发出,其中尤以厦门东边社山坡及蜂巢山上所发现之石锛二块,为东南各省石器时代遗物之第一次发现。根据此诸遗物之发现,可为中国南方氏族文化之历史填补上一大空白。展览品中尚有各民族之日常用具、战器、宗教品、艺术品,各地方人民之风俗习惯之图书片模型以及中国历代之文物遗存,皆甚珍贵。十余年前与庄为玑、郑德坤共同发掘之泉州中山公园〈唐〉初古墓之明器陶器,今日复一再出现于此一代学者心血结晶之展览室中。

《星光日报》1947 年 11 月 16 日

人类学标本展览　多史前石器遗物

第一日观众达二千余人

厦门大学历史学会教授林惠祥氏,此次将其 20 年来搜集之人类学标本,于 15 日至 17 日 3 天在该大学历史研究室公开展出一节,情志前报。昨为该展览会之第一日,各界人士学者名流以及各中小学学生,前往参观者凡二千余人。自早至晚,络绎不绝,盛况空前。林氏于展览会开始之前,并作 1 小时之学术演讲,题为"错认雷公做祖宗",林氏用通俗有趣之口吻,介绍考古学上所发现之石器时代遗物之取[历]史意义与价值。听众拥塞,席无虚座,窗户为堵,听者莫不兴味盎然,时起掌声。在该项展品中,事前新旧石器之遗物,大部为林氏于十余年来陆续在厦门、武平、香港、台湾、马来亚……等各地所发现与发掘[掘]者,(村机)此项发掘因遭抗战时期,诸多艰阻,辗转移存,至感困难,除一部分曾于民国 27 年 1 月出席世界各国考古学名家在马来亚召开之远东史前学家大会时,提出公开鉴定及部分发表外,其余大部尚未公诸国内考古学界,其中尤以厦门东边社山坡及蜂巢山上所发现之石奔[锛](ADZE)二块,为东南各省石器时代遗物之破天荒第一次发现,正可与华北各省史前遗物之发现,南北辉映。根据此诸遗物之发现,可为中国南方民族文化之历史,填补上一天[大]空白。展观品中,尚有各民族之日常用具、战器、宗教品、艺术品,各地方人民之风俗习惯之图书、画片和模型,以及中国历代之文物遗存,皆甚精彩。十余年前与庄为玑、郑德坤共同发拙之泉州中山公园唐初古墓之明器陶器,今日复一再出现于此一代学者心血结晶之展览室中。

《中央日报》1947 年 11 月 16 日

海洋学系正式成立　　海洋观测站亦奉准设立

厦门滨海，为研究海洋生物及水产之理想地址，教育部特令本校添设海洋学系，与中英文教基金理事会合作，已志本刊。该系经唐世凤教授负责筹备以来，规模已具，决定本学期正式成立，仍聘唐教授兼系主任，并录取新生二十名。教育部原拨开办费 50 万元，汪校长此次赴京接洽，又请准增拨设备费 500 万元云。

又，海洋观测站为辅助海洋学系教学之必需设备，亦经教育部批准设立，并设观测员 2 人云。

《厦大校刊》1947，Vol. 2，No. 7

本校与中英文教基金董事会合办中国海洋研究所

中英文教基金董事会所办之中国海洋研究所，近以经费困难，业经教育部命令本校海洋学系与之合作办理，所需员额经费自 35 年度起概由本校代为列报。兹将双方签署之合作办法列后。

一、事业：中英文教基金董事会，为提倡本国海洋学术研究起见，由本会中国海洋研究所与国立厦门大学合作筹办厦大海洋学系及厦大海洋研究所，共谋海洋学术之发展。

二、经费：合办事业之经常经费均由厦大负担，研究及事业费由中英文教基金董事会与厦门大学双方筹拨。

三、人员：中海所人员兼厦大教职者接受二方面之聘约，但薪津等支给概由厦大负担。

四、职务：中海所人员兼厦大教职者，每周授课时数得稍减，以便着重研究工作。

五、刊物：合作期间所出刊物，皆用合作名义发表。

六、期间：暂定四年，自民国 34 年 8 月起至 38 年 7 月止，以后继续合作与否，由双方负责人洽商决定之，各报主管机关备案。

《厦大校刊》1947，Vol. 2，No. 7

化学系近况

由汀迁厦后,巍峨之化学楼已荡然无存,仅余断垣残瓦。现暂以旧日男生宿舍囊萤楼为理学院各系系址,化学系分得大实验室四间,小实验室三间,办公室及教员预备室计六间,另添建仪器药品贮藏室及矿物标本室一座。实验桌除由汀运来者外,另添制三十余只,式样较战前者尤为美观,自来水亦在装设中,本月内即可开始实验。惟煤气装置一时尚无法实现,最近并向美国采购仪器、药品计千余美金,此外并向联合救济总署请予大批补助。谅不久期内,新购仪器、药品当可源源到厦云。

本系本学期聘到有机化学教授方锡畴先生、分析化学教授胡嘉谟先生,化工教授方乘、吴恩敏二位先生,电化学副教授李博达先生及助教周绍民、程炳耀二位先生。

本校分设纯粹化学与化学工程二组,已经校务会议通过,于本年度开始实行,2年级学生已各依其志愿分组矣。

化学、数理、生物、机电等系,每系各分设二组。

本校除原有院系外,本学期新增设海洋学系,原有化学系中分设纯粹化学组及化学工程组;数理学系分设数学组及物理组,以前生物系中已分设动物组及植物组,机电系已分设机械组及电机组。闻下学年度,航空学系亦将分设发动机组与飞机组云。

《厦大校刊》1947,Vol. 2, No. 7

校务大事记

7月5日,汪校长率本校行政中心机构人员自汀启程来厦,10日到达。

11日,在厦门校本部正式开始办公。

8月7日至9日,在厦、榕、沪、汀四处招考新生。

10日,建筑单身教员宿舍及女生宿舍等工程开标。

14日,建筑白城教员宿舍工程开标。

17日,汪校长飞沪晋京述职,并接洽重要校务。

24日,上午9时在校长办公室举行35年度第二次招生委员会会议。

9月28日,汪校长由沪搭机返厦。

30日,上午10时,在校长办公室开第三次招生委员会会议。

10月2日,新生揭晓。

在校长办公室开本学期开学前筹备谈话会。

10日,全体教职员在群贤楼二楼大厅开欢迎汪校长自京返校茶会。

14日,建筑工学馆、机器工厂,修缮同文路宿舍,修筑运动场等工程开标。

24日,水潮复员接运站结束。

29日,漳州复员接运站结束。

31日,在大南新村22号3楼开第140次校务会议。

11月5日,上午11时在校长公馆举行第四次招生委员会会议。

11日,上午10时在临时大礼堂东膳厅举行35年度开学典礼及本年度第一次纪念周。

13日,在校长办公室举行第75次学生公费审查委员会会议。

本校复员长汀办事处结束。

14日,福建省政府刘主席建绪来校参观,并商谈省立医、农两学院合并本校事。

16日,下午3时在校长办公室邀集南洋侨领,本市名流专家及本校各学院教授举行福建省经济建设座谈会。会后并举行鸡尾酒会。

18日,举行本年度第二次纪念周。

20日,在群贤楼举行第141次校务会议。

22日,下午3时半在校长办公室举行本年度第一次出版委员会会议。

25日,举行本年度第三次纪念周。

新生院本学期开学典礼及第一次纪念周,于上午10时再慈勤校舍举行。

《厦大校刊》1947,Vol. 2,No. 7

今年招收新生统计

本校今夏复员来厦,以交通尚未畅通,故除长汀及厦门设立招收新生考区外,仅在福州、上海两处分设考区。计投考报名者:长汀区106人,厦门区633人,福州区821人,上海区1681人,四区合计共3242人。录取者计长汀区21人,厦门区75人,福州区92人,上海区173人,四区共正取361人,不过1/10强。此361人中,其取:人文学院:中国文学系者20人,外国文学系英文组者19人,历史学系者17人,教育学系者22人。

理工学院:数理学系者24人,化学系者26人,生物学系者17人,海洋学系者20人,土木工程学系15人,机电工程学系者40人,航空工程学系者20人。

法学院:法律学系者23人,法律学系司法组者14人。

政治学系者22人,经济学系者21人。

商学院:银行学系者21人,会计学系者20人。

原载《厦大校刊》1947,Vol.2,No.7

陈可忠博士要来厦大视察

据国立厦门大学讯　教育部顷决定派国立编译馆馆长陈可忠博士来校视察,汪校长于接奉教部通知后,已去电欢返[迎]。另悉:陈氏于视察厦大后,尚须赴粤视察国立中山大学。(中央社)

《江声报》1947年12月4日

厦大团拜　比赛清洁

厦门大学全体师生于今日齐集校本部举行团拜,会后并有体育表演。2日上午,新生院宿舍清洁比赛,敦请黄市长夫人、汪校长夫人等为评判员。竞赛时间内,全部寝室一律开放,欢迎校外人士参观。(查该院学生宿舍,计分二部分,男生宿舍在鼓浪屿前博爱医院,女生宿舍在升旗山下前慈勤女中)3日晚,英文学生会主办外国文学朗诵会,各以九国语文朗诵诗文,校长及教授多有参加云。

《江声报》1948年1月1日

黄典诚　中央提名为立委候选人

本报讯　厦大教授兼本报主笔黄典诚,龙溪人,厦门大学文学士,毕业后留校任教授迄今十年。授课之余,写成《国语罗马字新读本》、《语言学概要》(以上二书与周辨明先生合作)、《民族文选》、《鹧鸪赋笺释》、《台湾外纪》及《台湾外志考》。目的基本教育上之工具问题,研究尤有心得。此次中央提其为教育团体南区立委候选人。各界闻讯,咸庆得人云。

《中央日报》1948年1月1日

各国语言朗诵会　厦大前日举行

本报讯　国立厦门大学英文学会,为鼓励同学对各国语文研究之兴趣,特于元月3日上午9时半,假该校图书馆大阅览厅举行各国语言朗诵会。到会者有该校教授及学生500余人,济济一堂,为况甚盛。朗诵会分二部:上半部为 Parall Reading,由该校教授及学生以中、英、法、德、俄、荷、希伯来、拉丁、希腊、西班牙及日文朗诵《新约圣经》哥林多前书第13章。下半部有汪德耀校长朗诵法国著名诗歌,周辨明院长朗诵德国短歌,余謇教授以古音朗诵《诗经》五章。其他有法文、俄文、英文、德文、马来文诗歌之朗诵,均甚精彩。至11时半始散会。

《中央日报》1948年1月6日

国立厦大筹菲侨纪念图书馆　并拟建筑教育眷属宿舍　选出建筑委员着手进行

市息　国立厦门大学筹建旅菲华侨纪念图书馆事,该校建筑委员会(学)经已着手进行,除已馆菲岛洽购主要建筑材外,并与输入口管理委员会厦门办事处交涉准予进口。闻该图书馆委其内部之设计,力求理想,厅内不用支柱,必要时将用木架。厅内外均采用太阳灯,并用暗线装置。至建筑材料之采购,该委员会亦组织 5 人小组负责办理。施工时,将组织工程处,执行工程管理及督促事宜。此外该校并决定建筑教员眷属宿舍一座,地点位于博学楼后空地。体式采取平屋公寓式,每家皆具有大小卧室各一,生活室、工人房、厨房、厕所(包括浴室)各一间,并利用屋架下为贮藏室云。

又息　该校建筑及扩充改良费,近奉教育部电,追加 7 亿元。该款亦经教部请国库径拨云。

《立人日报》1948 年 1 月 7 日

厦大本周学术讲演

厦门大学本周末有四学术演讲会,为星期五晚 7 时,历史学会主办,聂西生教授讲《东西文化上的初次交流——中国与希腊》,同晚 8 时训导处主办吴金声博士讲《心肾病之预防与疗养》。星期六晚 7 时,中文学会主办,余謇教授讲"反切"(关于语言学者)。星期日晚 7 时,学生公社主办,郑朝宗教授讲论《托尔斯泰名著〈战争与和平〉》。

《江声报》1948 年 1 月 9 日

厦大书法竞赛揭晓

厦大学生公社去年秒举办全校书法竞赛,计分大楷、小楷、行书三种,每种录取 3 名,共取 9 名。时逾半月,现已评阅揭晓,大楷第一名金懋鼎,第二名何珊庄,第三名林铮镛;行书第一名金懋鼎,第二名陈可焜,第三名罗撷芳;小楷第一名罗撷芳,第二名李炳星,第三名刘以坤。学生公社方面拟于本周末文艺演讲会时,敦请虞愚教授给奖。公社方面为鼓励对书法研习之兴趣起见,除各方赠送奖品外,并拟各分赠现金,且共摄影留念。又闻黄市长锦旗一面,将奖赠两得冠军之法律系二年生金懋鼎。

《江声报》1948 年 1 月 15 日

厦大周末学术演讲

厦门大学本周末学术演讲会计有：一、15日晚7时,历史学会主办李式金教授讲《藏族民俗》；二、16日晚7时,训导处主办汪西林教授讲《如何维持心理健康》；三、17日晚7时,学生自治会主办,汪德耀校长讲《谈科学》；四、18日晚7时,学生公社主办,虞愚教授讲《生命情调与美感》。

又,厦大学生公社主办该校学生书法竞赛评定结果已志昨报,续据该公社息,以评定揭晓后,再详细查对各评定人所定分数,发觉初露布名次有错误,已予更正。计为大楷首名应为何珊庄,次名童郁文,三名林铮镛；小楷首名罗撷芳,次名刘以坤,三名李炳星；行书首名罗撷芳,次名金懋鼎,三名陈可焜。

《江声报》1948年1月16日

厦大再电中枢　争取合理待遇

厦物价高昂列第四区欠公允　厦大校长汪德耀将晋京请愿

本市讯　中央重新调整生活待遇,本市列为四区后,国立厦门大学暨中央机关主管者以厦门生活指数高于福州,而竟低于福州一级,殊不平衡。经分电行政院诸求列为第二区之指数,惟该电尚未蒙准覆,厦大今日已接到分配之指数命令,全校教职员咸表示不满,并定下午召集教职员临时会议,要求追加第二区同等,并再行电请。据校长汪德耀语记者称：目前物价粮食飞涨惊人,中央去年一度将本市列为五级,经本人(汪自称)赴京交涉,旋至三级,后追加至二级。现在情形不亚于去年,且更严重,仍列为华南(第四区),福州物价低于本市,而列为第三区,殊欠公平。此事除再行电请之外,2月初旬当亲自晋京,将本市物价粮食价格以及一切有关资料带京献给行政作为参考,力请调整划为第二区待遇,厦大去年学生之副食等费尚被政院积欠5亿元,亦将促请发还,并再请增加修建费。盖下学期鼓新生院200余名升第二年级,则宿舍已感发生问题。现计划先筑学生宿舍及教员个人宿舍,至图书馆在菲所募之款尚未收清,拟将该存菲之款在足购买铁骨与士敏土运厦,现初步已开始。理化院亦在计划在今年度建筑,惟目前工料昂贵,恐政府亦难拨出巨款,仍希望菲律宾华侨协助。寒假学期结束,决定2月9日下星期开始考试,完毕后放学。本季仍有毕业生20余人,航空系者如有意入工厂服务,学校可为介绍。

《星光日报》1948年1月28日

汪德耀日内晋京　除述职外携有四大任务
增加经费改善教员待遇

市息　国立厦门大学校长汪德耀,为谋发展校务及安定员工生活起见,定日内飞京。此行除向教育部述职外,并有下列四项任务。(一)呈请教育部将该校自本年一月份经常费追加5倍,以免窘迫。(二)该校校舍在抗战期间,惨遭敌人破坏。复员两年来,虽教育部屡次拨款该校,充作复员修建费及扩充改良费,惟以数额有限,修建及复兴校舍计划,无法进行,现有房舍,不敷应用,目前最感迫切需要者,厥为添建容纳200男生之宿舍一座。照目前计划,拟请教育部第一期拨给建筑费40亿元,第二期拨发60亿元,以便恢复两座科学馆。(三)该校教职员生活,向极清苦,此次行政院宣布照指数发薪,兹以地方政府统计报告不确,本市竟被列入第四区,与实际生活需要相去甚远。故特晋京向有关方面交涉,力请根据实况,重新调整。(四)为该校数理学系聘请教授。闻汪氏此行需要时三周,本月底即可返校云。

《立人日报》1948年2月6日

厦大四个研究室合组台湾考察团

市息　国立厦门大学鉴于台湾与厦门仅一衣带水之隔,该省之历史文物经济建设以及海洋水利等科学均甚发达,足资借镜,拟乘寒假三星期间,组织台湾考察团赴台考察。该考察团系由该校历史研究室、经济研究室、海洋研究室、水产研究室等四研究机构组织而成,每单位参加人数定3人至12人。至此行经费,据预算包括考察补助、交通、膳宿、印刷研究、杂支等费,合计须一亿二千元万。经由该校检同该团经费概算书,电请教育部准予照拨。候教育部电令后,即可进行云。

《立人日报》1948年2月6日

旅菲华侨图书馆厦大即延工建筑　投标资格规定两点

市息　第一批日本赔偿工具机,经由海康轮运达上海,而教育部所配得之594部。业经依据各机器性能及各院校实际需要,分配完竣。本市国立厦门大学亦得教部分发工具机一批,计钻床三部,磨床二部,车床五部,铣床三部,刨床一部。不久即可运到云。

又息　该校旅菲华侨纪念图书馆之建筑,经该校建筑委员会决定,登报招标,但投标商须有下列二种资格:(一)曾在厦大包工,经认满意者;(二)登记两种以上营造商有执照,或执有建筑大工程之证明文件云。

《立人日报》1948年2月7日

厦大学生要求人人都有公费

厦门大学学生以月来物价狂涨,生活至感困迫,领取全公费待遇者尚稍可弥补,而占半数以上之半公费及自费学生则多无法缴纳每月七八十万元之膳费,已濒于失学危境。昨由一部学生发起联名向教部吁请发给全面公费,即所有在学者均有领受公费待遇之权利。已得六百余人签名赞同。该项提案业由学生自治会电请在京之汪校长就近力争。

《江声报》1948年2月17日

厦门大学举行征文　检讨当前十大问题

厦门大学训导处课外活动组,利用学生寒假期间,举行"我国当前十大问题的检讨及其解决方案征文",采取竞赛性质。兹探悉其所举十大问题如下。

(一)论我国当前政治问题及其出路安在;(二)论我国目前经济的危机及其挽救的途径;(三)论民主与自由在现阶段的中国究应作何解释,始可促进新中国的建立;(四)论中国教育的危机及其改善的途径;(五)论晚近学潮的症结安在? 政府、学校及学生三者应各负何项责任,究应如何处理始可消弭学潮,而不失教育意义;(六)论我国今日的司法及其改善的方法;(七)论我国当前工业的危机及其挽救之道;(八)科学建国论;(九)论我国目前币制问题及其改革的途径;(十)论我国现今物价问题及其解决方法。

《江声报》1948年2月18日

厦大一学生黄仰哲失踪

本报讯 国立厦门大学航空系三年生黄仰哲,于15日突告失踪。该生广东人,平素潜心学业,家道殷实。据接近渠之同学云:失踪原因据传系由于婚姻问题,于其抽屉得其寄渠叔信稿中云:"侄错走此一步,竟铸成平生错。"盖渠近对恋爱甚不如意也。现该校师生已四出寻找,至记者截稿时,尤未发现与该生失踪有关之任何迹象。

《中央日报》1948年2月19日

厦大前失踪学生黄仰哲投环自杀
尸体昨在一旧楼窗下发现

本报讯 日前失踪的厦大学生黄仰哲,在昨(21)日晨,被该校土木系的一个姓楼的和一个姓茹的学生发现他吊死在旧生物楼废址的穹门下。

是早9时许,楼、茹二君拿着测量仪器在战时被日机炸毁的前教职员宿舍汉堡楼的废址上,实习平面测量,一时内急,找不到小便的地方。最后,看见在前面斜坡上平地的生物楼废址,残基颓垣兀立,是个临时小便的好地方。于是遂跑上斜坡,从右边的墙跳进去,映入眼帘的是条草绿色人形的东西,定神一瞧,不禁毛骨悚然,原来是个人吊死在面前的窗门楣下。那时也顾不得内急,气喘吁吁地跑到训导处,向汪训导长报告。

一条绑腿了结残生

大家得讯后,一拥去看,死的就他,同学找得好苦的黄仰哲。汪训导长马上用电话通知地方法院及各有关机关。下午1时许,检察官带着法警、警局代表及死者亲属1人(现任职厦货物税局)进行验尸。自杀的工具,是条灰色的绑腿。脖子扁扁地,面部发青,口张开,舌微吐,似要把密集口沿〈边〉蛆虫舐进去。头发梳的光亮,身穿草绿卡几中山装,脚着皮鞋。因悬挂时间过久,血液下坠,腿部血管破裂出血,掌部及腿部呈紫青色。

在那穸门前只余的地方,有块尺立方大的石头,可能是用来垫脚的,把绑腿在门楣上打好环子,把脖子套进去,然后双足一顿,蹦离石头,使全身悬空,来了结苦痛的生命的。但他的双脚,离地只有寸来多,在方生未死之间,熬不住痛苦,尽可竖起脚尖,把脖子脱离环子,就可以不死了。从这点看来,他的自杀是由于"以死殉情"的情操,绝不是一时受刺激的冲动愤恨而自杀的。下面是与他自杀有关的往事:他是个没父亲的人,只有一个母亲,和一个当公务员的哥哥,于是他母亲后半生的希望,都放在他身上。同也是他的责任——如何使辛苦半生的母亲,在精神上的[得]到舒适。他是个有人性的青年,在这必须挣扎苦斗才能活得下的人世间,为了他母亲,为了他自己,他必须有真实的本领,所以他历来在学校的成绩都是同学所钦佩的。

感情胜过了理智

去年暑假,他在故乡——广东大埔,认识了一个又聪明又美丽的小姐,在风清的月夜,他们并肩在河畔上散步,爱情使他们定了终身。

7月间,学校开课,他又到厦门来之后,故乡各方面的讯息,渐渐使这一往情深的青年,感到矛盾的苦闷。他爱人的家长,要的是金龟婿,不是穷措大,所以他们的愿望成为泡影。他是个旧道德观念很深的人,同时又是个被歌德的"青年男子谁个不钟情"所道中的人。

故乡萑苻遍地,他母亲是呻吟在死的边缘上。

"慈母!爱人!"冲突在他内心,苦痛终于召来死神,拍他的肩头。

本月13日,他跑到厦大医务处,说是失眠,向校医要安眠药。校医怕他是要"永远安眠"用的,把他的要求拒绝了。

上头说过,他以往的成绩是好的,可是在这次学期终的机械学考试,他交了白卷。那时,他对人生已经表现出厌倦。

15日,他午睡到3点多钟,一个人跑到博学楼(他所住的宿舍)西南方的小山上,徘徊沉吟,时而看看头上的树枝,时而遥望天空的白云。5点多钟,夜的天幕,还未罩上大地,他已消失在那小山上,与世永泱[诀]!(从他身上发出的腐烂臭味,如口旁的蛆虫推测起来,可能是离开那小山,就自杀去了）。

下面是封他爱人寄他的信,是他失踪后三天寄到的。拆信的不是他,但他好像是已从别方面,得知他俩的事,恐怕是将成泡影的消息。

一封断片的情信

"……去年你到这里来,可说是我们最快乐的时候了。那是一个风清月明夜,你和我并肩在河畔散步,没有其他的人,只有我和你。月影照耀得可爱,潺潺的水声,代替了彼此欲诉的心声……我的成绩你自来知道的,所以这次毕业的成绩也可想而知了……近日家乡更加纷乱,各人生活都在作最后的挣扎,尤其因我的程度不好,更加学费无着,所以升学的事已成为不可能……至于你我彼此的事,恐怕是将成为泡影了,不过我们总是 Good ginds……"

以自杀来解脱痛苦,在现在是像流行病在传染着每个青年人。以小小的厦门来说,英华的学生陈光英自杀不过个把多月,黄君又自杀了。不用说,这是个严重的问题,这责任除自杀者本身应负不能自制情感之咎外,如何使青年人能理智与情感,得以平衡,这亡羊补牢的责任,无异的是教育者所应负的。

《中央日报》1948 年 2 月 22 日

陈聚才女士捐父寿仪充体育奖金

国立厦大体育讲师陈聚才女士暨其昆仲,近集资为乃父陈承佐祝寿,节约 60 美元寿仪,贡献厦大体育系 36 年下学期之体育奖金。该校为提倡体育,锻炼青年体魄,特组承佐体育基金管委会,鼓励其他热心体育华侨,陆续贡献基金。该校预算今后每学期提奖 13 名,以后当将基金利率提奖。查陈聚才女士,系菲律宾华侨黑白篮球队指导员兼队长,曾出席全运会代表,后渡菲任教,组菲女篮球队。现充厦大体育讲师,下年度将增加其父寿辰仪充作厦大体育基金云。(海外社)

《江声报》1948 年 2 月 23 日

厦大海洋系学生观测莲河海潮并拟调查盐渔情形

中央社 28 日　国立厦门大学海洋系,与此间海军巡防处、盐务局合作,观测南安海潮。厦大海洋系主任唐世凤博士,今晨率同该系学生,搭海军炮艇前往南安莲河观潮。据唐氏告记者,彼等除观测海外,并拟调查当地盐场盐民、渔民生产及生活情形,约三四日回厦。

《立人日报》1948 年 2 月 29 日

厦门区生活指数改为八万五千倍

厦大获准发十亿元扩充设备　汪德耀昨日返厦谈此行结果

中央社讯　国立厦门大学校长汪德耀,在京公毕,今由沪搭中航机飞返厦,记者趋访,承告渠此次在京与有关当局商洽调整厦区待遇经过如次:国府主计处所编去岁 12 月指数,福州为八万六千,厦门为八万九千。嗣因当局以各省省会待遇应较该省其他县市高一级为原则,故厦门未单独成立一区,其他各省亦类多如次。此次在京向教部及政院请求改善待遇之大学及独立学院负责人约十余位,现政院已核准重行调整者,仅厦门等数区。厦门区生活指数,自本年 1 月份起,改为八万五千倍,中央驻厦机关与学校均可一致补发。渠曾将厦门物价受外币影响之实际情形,详告承办方公教人员待遇调整各主管机关。今后调整待遇,当可按实际核定一。次谈该校经费设备等问题,据称:教部朱部长,已准增拨该校临时费 10 亿元,作为该校充设备之用,下月可能进到。另政院已发美汇六千余元,俟国库转账后,即可向厦订购仪器图书等。又前空军总司令部拨给该校航空系器材一批,现已运抵上海,日内可由海辽轮运厦。该校前聘定之外交系教授洪琛氏,亦将于日内随该轮来厦。

《星光日报》1948 年 3 月 8 日

厦大学治会决定助学金余额移办经济食堂

前由厦门大学学生自治会发起全市助学运动,停顿已久,募款余额五千余万,早有分配之议。但以屡次召开全体会员大会,均因人数不足,致不能依法通过。近该校助委会鉴于法币购买力日弱,势不容再予搁延,乃于日前联合学生自治会及各系级代表举行联席会议,决定将是项余款扫数移充办理经济食堂,藉以解决贫寒同学之膳食问题。俟公布而无异议发生时,即开始实行。至收支细目,闻日内将登报公告云。

《江声报》1948年3月11日

厦大周末晚　洪深讲中国戏剧

厦门大学本周末学术演讲,计有(一)星期五晚经济学会主办,安明波教授讲《论当前社会诸病态发生的原因》。(二)星期六晚英文学会主办,洪深教授讲《现代中国戏剧》。名震全国之戏剧家洪深,自任教该校后,备受学生欢迎,每次授课旁听者极多,教室几不能容,而公开演讲,此尚系首次云。

《江声报》1948年3月26日

洪深教授今主讲电影艺术与技术
昨晚讲《中国今日的戏剧》

市息　洪深先生应聘厦大执教后,学生对之极表敬仰。昨晚7时半,洪深先生应该校英文学会之邀,拟专题演讲50分钟,题曰《中国今日将[的]戏剧》,听众甚为拥挤,讲堂座无虚席,举立、□□、伫立走廊者大有其人。本市各报记者多人闻讯,专车赶往旁听。训导处课外活动组主办学术讲演会,定于今日下午7时,敦请该校新聘外国语文学系教授洪深先生主讲《电影艺术与技术》。按洪深授系国内著名戏剧家,对于电影戏剧之学识经验,均极丰富。预料听众必极踊跃云。(放)

《立人日报》1948年4月2日

厦大廿七周年校庆　明后两天将有盛会

历史学会举行史料展览　各中学校参加音乐演奏

本月 6 日为国立厦门大学 27 周年校庆纪念日,该校因复员工作未竣,目前尚无大礼堂,故庆祝规模力求简单,除欢迎该校校友返校参加当日上午举行之纪念仪式外,不拟约请各界人士观礼。该校校友将于当日午间在母校举行聚餐,并欢宴汪校长及汪太太。餐后即行植树,命名为"厦大校友林",以资永久纪念。6 日上午,在该校运动场举行器械操表演,下午举行各种球类比赛。五六两日并由历史学系举行历史展览会,内容有历代明器、货币及图片。生物学系亦将展览一部分动物标本,均极为名贵,欢迎各界人士参观。

又该校为庆祝校庆及音乐节起见,特联合本市各中等学校举行大规模之音乐演奏会,定于 4 月 5 日及 6 日两晚 7 时假座通俗教育社举行,其中节目除有各校遴选歌手组成之大合唱团外,并有本市音乐名家参加演奏,节目甚为精彩。

又:厦大历史学会为庆祝 27 周年校庆,将于五、六两日在集美二楼连续举办史料展览会。据该会负责人称:此次史料展览,内容甚为丰富,聘请顾问甚多,汪校长亦极力赞助,其展览内容如下。

(一)明器,分为两类:一类出土华北,时代属于汉、魏、两晋、南北朝、隋唐,有俑、兽、建筑物、器物四种。其质料有土有陶,共计 200 余件。另一类出土泉州,系民国 24 年该校在泉州发掘古墓所得,时代属于唐太宗贞观三年,皆为瓷质器物,共计五六十件。

(二)图书:有图籍、图片,前者系该校图书馆所藏,后者系向海疆资料馆借来,其中有关于遗物者,有关于民俗者,种类繁多。

(三)货币亦有两类:一为古时各朝代之货币,系该校教授李兆民先生所藏,林惠祥先生亦有一部分。一为现代货币,系向本市中央、交通、农民、中国、福建等五银行借来之各种样本。

(四)闽西武平史前遗物:系林惠祥教授及校友梁惠溥于民国 26 年发掘所得。因战事关系,十年来未曾在国内发表,但曾于民国 28 年在新加坡远东史前学会会议中发表过。此次特为排列展览,并个别详加说明,林教授且将以此为题,作一专门性之学术讲演,时间在5日上午9时,展览会开幕前。

《江声报》1948年4月4日

厦大校庆瞬届正筹备庆祝音乐演奏会明举行

本报讯 4月6日为国立厦门大学27周年校庆纪念日,该校因复员工作未竣,目前尚无大礼堂,故庆祝规模力求简单,除欢迎该校校友返校参加当日上午举行之纪念仪式外,不拟约请各界人士观礼。该校校友将于当日午间在母校举行聚餐,并欢宴汪校长及汪太太。餐后即行植树,命名为"厦大校友林",以资永久纪念。六日上午,在该校运动场举行器械操表演,下午举行各种球类比赛。五六两日并由历史学系举行历史展览会,内容有历代明器、货币及图片。生物学系亦将展览一部分动物标本,均极名贵,欢迎各界人士参观。

又该校为庆祝校庆及音乐节起见,特联合本市各中等学校举行大规模之音乐演奏会,定于4月5日及6日两晚7时,假座通俗教育社举行,其中节目除有各校遴选歌手组成之大合唱团外,并有本市音乐名家参加演奏。节目异常精彩,届时必有一番盛况。

又讯 据悉:厦大历史学会为庆祝27周年校庆,将于五六两日在集美二楼连续举办史料展览会。兹据该会负责人称:此次史料展览,内容极为丰富,聘请顾问甚多,汪校长亦极力赞助。其展览内容如下:

(一)明器:分为两类,一类出华北,时代属于汉魏两晋南北朝隋唐,有俑、兽、建筑物、器物四种,其质料有土有陶,共计二百余件。另一类出土泉州,系民国24年,该校再泉州发掘古墓所得,时代属于唐太宗贞观三年,皆为瓷质器物,共计五六十件。

(二)图书:有图籍,有图片,前者系该校图书馆所藏,后者系向海疆资料馆借来,其中有关于遗物者,有机[关]于民俗者,种类繁多。

(三)货币,亦有两类:一为古时各朝代之货币,系该校教授李兆民先生所藏,林惠祥先生亦有一部分,为数甚多。二为现代货币,系向本市中央、交通、农民、中国、福建等五银行借来之各种样本。

(四)闽西武平史前遗物:系林惠祥教授于民国26年发现。因战事关系,十年来未曾在国内发表,但曾于民国 28 年在新加坡远东史前学会议中发表过。此次特为排列展览,并分别详加说明,林教授且将以此为题作一专门性之学术讲演。

《星光日报》1948 年 4 月 4 日

联合音乐演奏会今起举行

本市讯 国立厦门大学暨本市各中等学校联合庆祝音乐节之音乐演奏会,定于今明(五六日)两晚 7:30 起假中山公园内之通俗教育社举行。节目除由王政声教授指挥之各校联合合唱团(150 人)合唱外,尚有本市名声乐家孟居仁夫人(4 人)之独唱及各校精选参加之节目多项。兹将其全部节目列下:(一)各校联合合唱团合唱《行船乐》;(二)厦大许鹏翔钢琴独奏萧邦的《幻想即兴曲》;(三)国立侨师铜乐教师张家政木萧独奏《抒情曲》;(四)厦大周纯端、萧慧真钢琴双奏舒伯脱的《军事进行曲》;(五)厦大陈洋汉小提琴独奏《纪念曲》;(六)大同中学歌咏团合唱《国军凯旋》;(七)林绿珪、林杉钢琴四手奏《安妮脱阿舞曲》;(八)孟居仁夫人独唱贝多芬的《悔悟之歌》;(九)侨民师范歌咏团唱《三句曲》及《西湖》;(十)厦大林俊琛钢琴独奏《序曲》;(十一)大合唱《梦乡钟声》;(十二)孟居仁长喇叭独奏《奉献》与《悲歌》;(十三)厦大卢淑恬、马玉镜钢琴二重奏《双奏曲》;(十四)毓德女中合唱《百鸟和鸣》;(十五)厦大陈洋汉小提琴独奏《回首前奏曲》;(十六)孟居仁夫妇双唱孟特而逊的《在他手中》;(十七)名校联合大合唱《凯旋歌》。

《星光日报》1948 年 4 月 5 日

厦大昨校庆 曾开庆祝会

本报讯 国立厦门大学第 27 周年校庆,昨(6)日上午 9 时,在该校东膳厅举行一仪式简单而肃穆的庆祝会,参加的除该校全体师生千余人外,在厦校友参加的也有好几十人。开会后,首由该校汪校长报告一年来的校务,一切都能在安定中得进步,颇可聊以"自慰"。继由教授代表余謇(志)先生致祝词,他特别提出 3 个人是应该设法[赞扬]的,一是校主爱国之人陈嘉庚先生,二是前任校长萨本栋先生,三是现任校长汪德耀先生。辞毕,由林砺儒教授致辞,他希望厦大年青,永远的年青。最后由校友代表贺秩先生致辞,他报告些社会人士对母校的批判,希望母校在厦门多招些备取生,还有校友不要有"私立"与"国立"之分,大家在社会上要互相团结。辞毕,11时散会。

《星光日报》1948年4月7日

厦大校友造林庆祝厦大校庆　展览会观众络绎不绝

市息 国立厦门大学第27周年校庆纪念会,曾于前日上午9时举行。到该校员生及本市校友千余人,济济一堂,情极热烈。由汪校长主席,报告该校一年来之校务发展,并列举增聘教授,添购图书,充实设备与建筑等方面之数字甚详。继由教授代表余謇致词,对该校创办人陈嘉庚,前任校长苏本栋及现任校长汪德耀等之功绩,备致赞扬。校友代表贺秩致词,盛赞母校在社会之崇高地位,并述及各界人士之良好观感与期望。最后由林砺儒教授致词祝厦大永远年青等语,直至11时始散会。

正午本市全体校友举行聚餐,并欢宴王校长及汪太太。餐后继开校友年会,选举理监事,会后齐赴东边社植树,命名为"厦大校友林"。下午2时,在该校体育场举行器械操表演。3时,该校女子篮球队与怀德女中篮球队作友谊比赛,观众如堵,盛况空前,结果以24比20怀德胜。下午4时为补选参加省运会之同余女子篮球队与双十队作表演赛。同时该校文法商对理工比赛足球,均极精彩。该校历史学会举办之史料展览会,与生物学会举办之脊椎动物标本展览会,于四五两日连续举行。因所陈列之历代明器、货币及各种鸟兽鱼类俱珍奇名贵,观众络绎不绝,且有不少中等学校学生整队前往参观者,颇形踊跃云。

《立人日报》1948年4月8日

厦大校史的编纂计划

庄为玑

母校创办已近30年,30正是个人的壮年时期,母校也由少年期步入壮年期,环境尽管万分艰难,母校必须极力向上,以争取学术界的地位。

所以一部征［惩］前毖后的校史是很必需的，兹特分三点述之。

一、校史编纂会

（一）设立校史编纂委员会，由学校当局、各院系、学生会、校友会等共同组织之。

（二）该会工作分二部分：一为史料之搜集，与本校史学会合作，分征求、保管、仿制、分类、陈列等项；二为史著之编纂，以秘书处为主体，分编排、审查、修订、［縢］正等工作，史料由各机关供给，史著由集体创作。

（三）该会必须先组织史料征集会，后组史著编纂会。

二、史料征集会

（一）校史史料可分为公私二种，凡与校史有关的图书、诗歌、书本、文件、档案、实物、遗迹、传说等项，而以刊物、报纸、档案为主。

（二）先就学校图书馆所存之本校出版物登记装成卡片。

（三）次就学校附近出版之杂志、日报，借抄或剪贴，或翻译。

（四）次就学校附近之碑文史迹及建筑物、摄影、拓制、仿制或绘画。

（五）先就所得史料制成史料长编，按年编排如大事记。

（六）次就所得史料制成人物列传，按人编列如 Who's Who。

（七）次就所得史料制成目录卡片，遗物模型，有关图谱或论文索引。

（八）所有史料必须加以编号、分类，并妥为保存。

三、史著编纂会

（一）确定校史的体裁，最好以纪事本末体为佳，或以纲目体辅之。

（二）史著内容可分为十部分。

1. 时代背景——如清末教育制度，民国高等教育，建教育概况。

2. 地理环境——如华南地理气候与人文，厦门开埠史，演武亭掌故。

3. 创校人物——其身世，生平事业、生活、活动，等等。

4. 校舍建筑——如全图分图，建筑时间及经费，破坏与修建。

5. 学校行政——如公立及私立校长、教员及委员会，行政组织。

6. 院系概况——如各院各系之分合变迁，及教授之教学生涯。

7. 学生生活——如德智体群诸育之活动，学会之进行，及生活速写特写。

8. 校友事业——如个人史、集体史、总会史、分会史。

9. 学术成绩——如出版、采集、考古、调查、发明，等等。

10. 社会活动——如师生向外参加之种种活动、运动等。

（三）史著之后应有各种统计表格，及有关图像。

（四）史著应分予有关部分，分别予以审查或增删，然后由学校作最后之决定。

（五）以上十篇，每篇之字数，应有限制，每篇以一万字为限。

（六）校史编纂时间以三年为限，编成作为本校 30 周年纪念之用。

《厦大通讯》1948，Vol. 8，No. 3

母校伟大的赐与

23 年来教学做的简略回忆

吴厚沂

校友总会中人，嘱写稿件已有三次，终以事冗暑短，学荒思退，无法略抒下怀，者番欣逢母校 27 周年纪念盛典，又得总会函知，属文申庆！于是乃就二十余年来直接间接接受到母校伟大的感召养育而滋长的经过，缀为此文，以彰大德而致心激于我母校伟大之赐与焉！

记得民国 14 年的初夏，我才将十岁（副题所标"教学做"，并非同时开始的事，因为我并未实行过小先生制），坐着轮船，开进厦门港的时候，首先触入眼帘的便是那轮奂巍峨而有皇宫风度的大厦——母校的黉舍，她那碧瓴朱瓦，中西建筑，使我那小小心灵，起了一阵伟大的感觉，虽然在穗港、澳门也曾见过颇大的建筑物。

又记得满十足岁的时候，爸妈把我送到同文书院去读书，上午念 ABC XYZ，下午在汉文部读启蒙官话、修身这一类的课本。那时除了美籍教员和穿长袍大褂的老教师外，那座荷兰工程师督建的大楼，便是我最感兴趣的，但是随时都在联想着挂念着半年前在船上看见那些的厦大的大厦，她比同文的大楼大多少呢？近看的时候又不知多美观多雄壮呢？到底天从人愿，在 15 年的元旦随着大人们亲游这学府，看着群贤楼的墙壁，是雪白的花岗石砌成的，两翼的同安楼和集美楼是那样整齐笔直地紧接着，再分别连上囊萤和映雪两行大厦，真使年稚身小的我，穷目无极，心旷气扬！再看那前面广大的演武亭——厦大的运动场，似乎远达江际。背后是那闻名的大寺南普陀和那田畴绿野，还有那苍郁高耸的五老峰，远远地环抱着，增加了这学府的幽美严肃和伟大，那时她似乎就给我以宏阔的胸襟,高远的理想,使我进一步对她崇敬留恋。

伟大的礼拜堂,使人们有高超纯正的心境,也就是在施行潜移默化的教育,这话真是不错的。

中学时代更是找机会到厦大去逛去看去问去学,篮排球的比赛,展览会的开幕,这些公开活动固然场场到,就是集美楼的图书馆,生物院的办公厅,教授学生的宿舍,工厂电厂的内部,也都因私人的指引,得先后领略其内情。保温室的植物,生物系的标本,天文气象的仪器,我都曾亲近过,使我知道大学之大如此。这种常年多次的参观查问,使我懂得不少的事情,我想真正的厦大2年级学生,从她所得的教育,不会多过我很多。

民国23年,我在同文中学毕业了,就留在母校教书,教的是初中化学和代数,还负责两班高中2年的化学实验。小先生初次上讲坛,做电解水的示教实验和讲解三元联立方程式的解法,到还可以。至于一周两次的化学实验,就有些难为情了,不只是学生有的比我大两三岁,而且上学期彼此还是同学,学生自治会我是主席,他是文书;篮球队他是队长,我是队员。而今俨然师生之分了,真是不自在。毕竟误人子弟,非同儿戏,那时锐意求知之心,极其迫切,除整日在同文科学馆演算练习,解答问题,装仪器,做实验之外,就到厦大找寻更新更深的智识。当时教授、助教,各年级学生都有相识的,因而得到这学府的图书馆实验室的实惠不浅,标本实物的借助,获益尤多。至于人的方面,也是很可记述的,仲詹、忻民两老师几次的演讲,我久已私立程门了;锡畴教授在白城家里的一顿饭和一席话,我历久不忘;林文庆校长、孙贵定院长、杜佐周、雷通群、姜琦各位教授等教育家的风度文章,不知是否影响我后来念教育系的一个因素。还有我们校友总会的中心人物卢嘉锡博士——当时他是化学系的助教,我因与陈国珍学长系中学同窗的关系而得与嘉锡学长认识,得他的指导不少。25年中学教师在榕集训时,忝与等伍,得教尤多。当国珍学长送他离厦出国之时,他还转知我要读大学,现在总算没辜负他的美意。同学方面如现任双十中学教务主任的张堆金学长,数理系讲师颜戊己学长都是我的老大哥,生物系讲师林汝昌学长,化学系讲师陈国珍学长都是同班至友。我们四五人都是同文毕业的,因此我从他们转教给我的大学教育,也匪鲜浅。其他现在不在面前或仓卒不及忆起的师友给我的影响,写不尽也记不清。还有汉堡、松岩、白城、兼爱等建筑物和嘉禾大学的旧址,我都曾到过。囊萤、映雪也常睡过,拿饭票、食山东馆更常做过,网球场、篮球架那是时时在玩的了;三姑的面包,亚刘的理发是经常交易的。校庆的庆祝,学会的开会常是非正式的参加的。那时我好像是个选了很少学分的厦大学生,所得厦大的赐与也就可想而知了。

卢沟桥炮声响后,同文迁鼓浪屿上课,由厦大前文学院院长徐声金博士为校长,我以三朝元老资格,蝉联教席,仍执鞭不懈。27年5月厦门沦陷——厦大已内迁长汀,我当日与徐校长自鼓浪屿后面趁轮往香港,将出港时见母校那巍峨黄舍,仍兀立五老峰下。然而尘烟四起,阒寂沉郁,黯兮惨悴,不忍卒视,为之泫然涕下!同年8月间考入九龙导群中学为教员,兼附小六年级主任。此时身居异域,而心缅祖国,无路请缨,乃致力侨教工作。于是竭同文、厦大之所赐而发挥之,得黄直生校长(现已复校,曾来函相邀)的相知,为负男女中训导主任之职,兼主小学部事。学生都一千四百余人,幸无陨越,此皆在厦时得我两母校之所赐也。

30年12月,日人又陷港九,仓卒间奉家严慈,间关返国,在粤之龙川,执教县中及省师,只一学期,得知世五、戊己、汝昌、虞田诸学长在汀,旋接国珍、葆基两学长来函,敦促入汀,乃阖家返闽。然后毅然孑身到那古老山城的长汀,接晤阔别多年的师友。劫后叙往情,别是一种滋味在心头,再见这已在内山生长了四年的学府,其人物作风建筑设备情趣风味,迥然异于在厦之时。乱余心境,遇此恍若隔世,然而母校以事先内迁,加以积极建设,故能规模颇具,蔚为战时国内有名学府。此萨前校长之功甚伟也。

抵汀周余即参与31年度入学试,幸被录取。同时在葆基学长之县立中学服务,此时除教学相长,互有增进外,乃真正在母校受正式之教育,其得益之深,当然比以前在同文执教时为甚。春风化雨,恩深泽长,拜赐之多,春晖难报。

四年在汀州,所学的委实太多了!修了152个学分(三民主义、军训、体育,还不算在内),主修教育,辅修中文,还修了11各学分的化学。英文学会、教育学会、本级级会等的常务干事,青年团的书记,学生自治会筹备会的主席和以后的理事会的常务等(不是同时),使我在工作上,深深地认识了抗战中生长的青年,体会到难以数计的人生经验。同学们有的见到我选了那许多学分,又替许多学生组织服务,必要时因同学的迫请或职务上的关系,还要上台演中西话剧,出城作越野赛跑,爬山、演讲、整洁作文的竞赛不得不参加,而又都不曾全军覆没,心中颇觉诧异,尤其是见我还要负责县中训导事宜。殊不知那时的我,要比一般同学大上六七岁,因此所见的东西或会多一些些,人事也较熟悉。这对我当时的教学做,不无小补。

也因为这停学8年的缘故,到27岁再当学生,使我最初一年的内心,觉得很难为情。这正如以前19岁时头几天当中学教师一样的不自在,因此趣闻怪事,于是乎多,姑举数则,以博一粲。

一年级时,我绝不愿交游和人接触,因为每至对方问起我入学前的经历时,我的支吾作答,甚是难过(而今想起,实是多余)。有一次李经猷教官在第三次上我们军训学科时,注视我两次,我心中就怦然忐忑。下了课,硬着头皮,大大方方地从他桌边摆过,果然他弯出身伸着头问我说:"你不是吴先生么?"我这下子脸红耳赤,只得点头称是,这引起了在场同学无限的诧异。原来民国25年教员在榕集训时,区队长是由各中学教官担任,我就是李教官手下的第三班班长,很得力的班长,结训总成绩列入甲等的班长,所以六七年后他还记得我。但这一来,同学就义务地替我宣传了,"名声"于是乎渐渐"远播"了,牛毛般的事情就都接连加到身上来了。

大一国文那时是任意分组的,我起初是分在王咏祥先生的那一组,他看他的学生名单,赫然有小名在,就和别组教师商量,说渠在香港到导群中学应征做教员时(该校教员,多系登报招考或征求的,颇行人才主义),是我接见的。我主训导工作,咏祥学长当高三级任兼授国文,那算是同事,而今上起课来,似有未便。因此我被改编到甲组施蛰存先生处,两学期来都得国文科奖金,不知印象有没关系。其实咏祥学长过于谦逊客气,他中文的修养,足为我的老师而有余,所以我还是时常去请教他,不过谈话时我总是执弟子礼甚恭,而他老是口口声声的吴先生喊着,不知者会觉得这两个人神经有些失常。

一年级有两个以前的学生,第一次见面时,他们脱口而出吴老师三字,我犹豫不敢即应,使他们也觉不安。以后同上军训、三民主义课时,见面都只好相视而笑,不知所云。还算我福分浅,入学迟,失了听我学生教课的机会。如果我读化学系的话,我到要正正式式毫无折扣地尊一声中学窗友国珍学长为陈老师呢。

本系主任李培囿老师,总是看我是个大人,又对我极其仁慈和蔼,我对他老人家时时表示孩子气,有一次上心理卫生课程,说到"情绪稳定之人格"(Personality of Emotional Stability)时,他说"好像密司脱吴就是一个很好的例子"。自此以后,我见到李老师就一板正经起来。还有一位李老师,就是我4年一贯的导师李庆云主任,我也很崇敬他,渗透过他那轻松而得法,幽默而严肃的作风,把他的丰富学识和经验,熏陶进我的心坎脑海中,我总是觉得余味未尽,总要向后追寻;还有我们的导师母——黄文端学长,年龄大概与我伯仲间,但我得叫她做师母,更是时常殷勤款待我们,以食点精美丰富而最有生气著名的本导生组,李师母有大功焉。

在长汀生活舞台上,我同时饰演两个角色,这边第一时纪念周,靠腿立正听萨校长报告,那边接着到县中,代替校长领导行礼如仪;第三时在这边专心埋头在记教授的讲述,第四时到那边就指手画脚地向学生训话(厦大、县中校舍毗连)。这边收买智识,那边出卖学问,受授兼亲,出纳两忙。这边做了4年学生,那边当了四朝重臣(在罗葆基、陈诗启、康諒三学长及赖芹芳先生校长任内)。这种两面的生活,使我语言态度一日数变,以适应不同的情况。因为对同学不能过于严肃寡言笑,对同学又不能过于嬉戏太苟且,所以厦大同学到县中,看见我坐在训导主任桌上办公问话,好像是在演戏。县中学生在厦大球场看见这训导主任上体育课练习垫上运动时,一个筋斗老是翻不过去,成群的躲在大树后,掩口捧腹,失声大笑。

总之,这四年来不管在厦大在县中,我直接间接都受着母校伟大的孕育教养,使我以前所"做"的,现在所"教"的,都能在厦大所"学"的火炉内,熔冶提炼,融会贯通。她伟大的赐与,我岂能道出万一?

不止此也,抗战的胜利,似乎是日人送给我的毕业纪念品,我欣受之余,忙着南下省亲——白发爹娘,倚门倚闾,已经四年整了——旋得汪德耀校长的爱植,在大考时即允留在本系任助教,薪额还比别人高一级。于是省了我对其他方面工作考虑的麻烦。就在6月间,和张松踪学长整装离汀,负责母校复员接运站龙溪办事处的事务。他是个小主管,我是个小帮手,彼此相知,干得倒很起劲。母校复员大计,是富有历史性的任务,我也能躬逢其盛,出些气力参与一份,算是莫大的荣幸,同时也学到了许多宝贵的经验和智识。这些母校给我的地位、酬劳、学识、机会,简直是无价之宝,这种的赐与是何等伟大!

　　复员的人马辎重,几乎全部离汀过境,进驻厦门大本营,我抽空返家省亲一趟回来,满以为奔波劳碌了21年的贱躯,总可以稍享闲福,暂息仔肩,等到将开课时再作道理。哪知厦门校本部以教务处张注册组主任,辞职照准,电即赴厦,襄理一切,这是35年8月杪的事。不得已,只好怨命上八字,注定是"生在皇帝足,一生多劳碌",于是别了张兄,买棹来厦,即日上任,马上办公。好在处内各人,往时都系相熟,彼此照应都好。当时工作主要的是处理新生入学试验的成绩和复员后事务,情形倒不烦难。早餐是跟戴秘书冠峰老师和郑夫海教授同用的,因为我们同住在校长楼上下层,其余两顿各自发落,这是因为工作不同的缘故。然而晚上在炎阳之后,工作之余,三人坐谈于天台上面,看月凉风,品茗食蕉,纵谈一切想谈的事,由此得到两位先生的开导启发甚多。我曾从这天台望去,看见那生物院、化学院的废址,兼爱楼、笃行、楼的残基,衬着白城边外新屋顶和那环绕前后教授们住的华侨洋房(笃行、敬贤两座新黄楼,当时还未盖),蓦地里使我不禁想起这里十余年前旧游的情形,真令人不胜今昔兴废之感。至于人事变迁,那更加不敢想起了!"顿忘时事有沧桑"不过是随便说说罢了,内心确系很感触的。

　　命该劳碌,那有清福,注册组席未暇暖,5日京兆又惊心。原因是本市私立双十中学的董事长黄其华先生,想筹复该校,特往晤戴秘书,想我出长该校。经介绍相识后,开始谈话,其华先生内衷热情,溢于言表,况是首次见面,真令人感激无既。但是,自念袜线之才,会误了人家复员创业的艰巨大事,而且已经应聘母校,工作也在推行,哪能出尔反尔。其华先生再次冒暑来到厦大,使我真正进退两难,除了专诚回拜,表示心激外,别无他法。汪校长又远在首都,更难作决定。后经几番传语,终以受托之诚,得师友之劝,而且办理学校也是我十余年来教学做一贯志趣,也是母校培育的至意。于是得到陈朝璧教务长(代理汪校长职务)和汪太太的知道,暂时到双十帮忙开学注册各事宜,如何留请汪校长决定,这是9月9日的事。月底接到汪校长自京寄来的航空信,说双十校董会的诚恳相托,很是忻慰,母校以告假一年名义,可到该校主持,并勖以勤慎上进之意,母校可给必要之助云。这种鼓励奖掖,使我感奋至今而弗衰。复员期间3

个月中的母校,赐与我的种种,好像校长师友的指助鼓励,精神物质供应的满足,经验学识的添给,想非一般学长都曾有。

目前双十复校已将近4个学期了,起初除几幢驻过兵士的楼屋外,什么也没有。我们初进去,要铲除路面球场的野草,一支笔一锭墨都是才从书铺买来的。但是因为校董会的有力和热诚,校内同仁的齐心努力,随时间的过去,学校规模也逐渐完备。现在高初中重新立案,已经奉准,并收到钤记启用。学校基金得黄董事长上期到菲律宾募捐,也颇有成数。学生方面已自动树立了优良校风,好学有礼活泼勤劳,算略为做到。学校建筑也勉强足够600多位师生之用,修葺原有房屋,新建总办公厅和四间教室,都还依时完成备用。现正进行体育馆逐步修复和确定此次菲岛华侨捐建计划,预算不久动工。科学馆内部,已按期分别充实,新式显微镜得菲岛华侨赠送八架,抵校已四架,原有亦四架。至于理化设备,也差强人意,现今高中物理、化学、生物,都可由学生分组实验。当然还要逐期添购,以臻完善。图书除战前存留一部分外,新购文库三集图书千余册,还可应付。鼓浪屿私立海疆资料馆拟暂设于本校将建的图书馆内,所有图书博物资料,都可供本校师生之用,并代管本校图书。此事已经此次校董会会议通过。其他应行兴革事宜,都在分头推进中。两年来双十复课,得到母校人力物力的帮助很多,这也是母校给我的赐与。

母校这种伟大的表现,我不知如何来表达才好。后来想想不如写此报告,报告我从母校得了这许多赐与,足见其资质才气胜过我的,或是流年命运好过我的那些学长们,所得到母校的赐与,自必千百倍于我了。所以我想读者看了我这篇前后9小时内交卷的塞责(塞校友总会中人之责)文章,便可想像母校的伟大处——她有形无形,直接间接,随时随地,都在施行教育,熏陶青年——这就是我在她27周年纪念掬诚相告的本意。最后恭祝母校自强不息,万寿无疆!

《厦大通讯》1948,Vol.8,No.3

厦大校长汪德耀晋京

国立厦门大学校长汪德耀,于昨日搭中航机飞沪转京。据说此行任务,除请求教部增拨经费及国库速发积欠各款外,并拟出席在京召开之大学校长会议。约两周后返厦云。

《江声报》1948年4月23日

厦大学生筹演话剧
洪深应邀导演　提出四条件并聘副导演

市息　洪深先生执教厦大后,该校学生即纷纷筹演话剧,咸盼洪深先生亲身指导。兹悉洪深先生感及员生诚意难却,已决定出而导演一剧,唯因体力关系,附有条件为:一、以学校名义正式聘请;二、只限导演一次,不得援例再来;三、上演前为实际上需要时,参加员生有请假之权利,俾免功谋戏剧,两相贻误;四、剧本演员概由学生自己物色,另觅一相当之副导演,以负担大部之工作。

上项条件,除觅一副导演较困难外,余者当不成问题。(放)

《立人日报》1948年4月26日

厦大剧运活跃

市息　本市国立厦门大学前在长汀时期学生会组织"厦大"、"青年"及"九九"话剧团体,复员以来,因诸种问题,迄未有所活动。本学期因洪深教授到校任教,遂呈活跃状态。现已成立两剧团,在鼓新生院者名"新生剧团",在厦港校本部者名"厦大剧团",均请诺[洪]深教授担任导演,刻正积极筹备演出。又闻平剧社亦将成立,此后课外活动必将大形活跃云。

又息　该校课外活动组举办摄影研究会,除理论研究外,并作实习。现参加者已达六十余人,闻不久将举行摄影艺术展览会云。

《立人日报》1948年5月10日

汪德耀由京返厦　接洽校务极圆满
经费获增拨　待遇准改善

本市讯　国立厦门大学校长王德耀氏,于上月22日晋京接洽校务,顷以事毕,业于昨日由沪搭机返厦。据谈,此行结果圆满。兹将接洽之事项探志于次:(一)厦门区中央公教人员四月份待遇,经中央公布列为第四区,生活指数为 24 万倍。然据该校经济研究室调查统计之结果,则达 55 万倍,相距达一倍有余。汪校长特检具资料,分向国府主计处行政院及教育部请求提高至第三区,各主管当局允予充分考虑,预料下次调整时可能改正。(二)向教育部及国库促请补发积欠之各种经费,诸如教职员生活补助费、学生公费及教员学术研究费等项,均已如数汇拨。(三)请求增拨扩充改良费,已获准增拨 12 亿元。(四)为添购西文图书及仪器等设备,教育部原分配该校美金外汇约 8000 元,经请求后,可增至 16000 元。(五)该校经常费自 5 月份起再度增加一倍。(六)教育部已允另拨该校附属小学教学实验研究费。(七)向教育部请示今后安定各大学问题,并与在京各国立大学校长交换意见,佥以宪政实施后,对于言论自由虽应予尊重,学生可以批评政府,但歪曲事实及故意诋毁政府之言论应予取缔,而在戡乱时期内,言论自由应有相当限度。至于如获有确实证据之不法分子,应由司法机关逮捕,依法审理。此外教育当局对于各校教职员、学生生活及教学设备,当力谋改善与充实。(八)向教育部请示本届毕业生工作介绍事宜,并亲自与中央各机关接洽本校应届毕业生工作云。

《中央日报》1948 年 5 月 14 日

万世师表　厦大剧团将演出

本市讯　国立厦门大学厦大剧团于战时久负盛誉,复员来厦蛰伏良久,本学期学后即由一部爱好戏剧同学重加整顿,积极筹备演出并商得名戏剧家洪深教授同意,允为导演。剧本经采定为袁俊所编之三幕六场名剧《万世师表》。盖该剧含有极高之教育意义,京沪各大剧团迭次上演,皆获好评。此次对原本小疵均一一经洪教授删改补充,内容更形精练。慈悉,该剧将于 6 月 4、5、6 三日假本市通俗教育社上演,预卜将为厦市剧坛之一大光彩。又讯,票价定为 20 万、15 万、10 万三种,委托中山路商务印书馆、大同路永康成百货商场及南洲西饼店、鼓浪屿龙头街星光商行等处代售云。

《中央日报》1948 年 5 月 28 日

厦大毕业生本届特多　将有盛大典礼

本报讯　本市国立厦大以本届(1948级)毕业生之多,打破以往各届记录,共计227人。原有学士帽不够人各一顶,现特行文协和大学商借。毕业典礼准备于下月中旬举行,届时拟请国内名流学者来校参加,前校长萨本栋如无其他牵挂,可能来校与同学见面。届时济济一堂,当有一番盛况云。又本届同学为答谢教诲四年之恩,拟赠送母校紫色台幕一幅以为留念,上绣校训"止于至善"四字。另一横幅中绣精致校徽,两旁缀以"致吾[知]于无央"等字。现正筹款赶制中,预定于下月4日为该校公演之《万世师表》,增一辉煌之台幕云。

《中央日报》1948年5月29日

厦大图书馆业已奠基

本报讯　本市国立厦门大学政治系主任陈烈甫去夏往菲,为该校募捐筹建"菲华馆"(图书馆)建设基金,承当地热心教育华侨捐赠菲币六万多元返厦。查"菲华馆"业于月前动工,工程师系该校工程系黄中及方处田两教授,监督由陈烈甫教授及古文捷先生担任,至昨完成奠基工作。地基所用花岗石为该校旧物,时值国币百余亿,预计至本11月下旬即可全部完成。该馆面积123方丈,比群贤楼上旧阅览厅大二倍,如双头再扩张可大四倍。全座计上下两层,筑成后,可为全闽第一大图书馆云。

《中央日报》1948年5月31日

争取暑期实习津贴　厦大四系学生罢课

本报讯　国立厦门大学化学、土木、机电、航空四系1949级小组,为向教育部争取暑假实习津贴费,于前日推代表8人向汪校长请求。汪校长当告以实习津贴费为部令无法由部筹款支拨,只可视各校经费情形,由校决定酌予津贴或不津贴。现学校经费困难,实习费一次,无法垫发。代表们以交涉无结果,乃于前晚召开四系1949级小组临时会议,决定于昨

(31)日休课1天,欲请全校同学予以支援,并于昨日下午集合全体向校方请愿。仍无结果,该四系1949小组乃定于昨晚召开第二次临时会议,商讨对策,而校方一面由该四系系主任分别劝告各生,即先行复课,并谓实习问题校方当可有合理之解力。

又讯 国立厦门大学学生自治会以应届毕业同学分袂在即,为表示热烈欢送起见,特定今日下午5时假该校大操场举行欢送毕业同学之"夕阳会"。会后7时,全校大聚餐,届时全校师生一千余人,济济一场,为厦大复员后之首次盛况。

又讯 国立厦门大学,这学期原定7月初旬结束,现经该校校务会议议决,提前两星期放假,定于本月11日起开始期考,考期一星期,17日完毕,18日起放暑假。

《星光日报》1948年6月1日

汪西林教授订周末演讲

本市讯 厦门市教育会订本月19日(星期六)下午2时(夏令钟)在本会会所举行专题讲演会,敦请厦门大学教授汪西林先生专题讲演《近代小学教材教学法的趋势》。汪西林教授籍贯上海,金陵大学文学士,美国斯宾费大学硕士,哥伦比亚大学师范学院、研究员,历任湖北教育学院、国立师范学院等校教授兼训导长。现任国立厦门大学训导表[长]、教育学系教授,其著作有《中国训育之途》、《训育原理与实施训育之趋势》等书。

又讯 厦门市教育会专题讲演会,经举行二次,对教育学术增进颇多。此次为本学期最后一次,听者当必踊跃。

《中央日报》1948年6月16日

厦大图书馆今日奠基

国立厦门大学近筹建菲律宾华侨纪念馆(图书馆),经定今日下午1时半举行奠基典礼。上午12时,先假座国际联欢社举行宴会,届时并邀请本市有关机关首长参加。(厚)

《江声报》1948年6月22日

厦门大学华侨纪念馆昨举行奠基

厦门大学昨天为该校新建的菲律宾华侨纪念馆(即图书馆)举行奠基典礼,出席的有黄市长夫妇、陈敬贤夫人、苏宗文、陈文麟、张述和该校汪校长等二十多人。他们先在国际联欢社举行宴会,然后全体至图书馆馆地举行奠基典礼,仪式简单而意义重大。该馆的图样早已拟就,并且已于月前先行动工。它的面积为 111.2 平方丈,两层共 180.9 平方丈,书库可容 35 万册,阅览厅可容 700 人。预算须美金六七万元,但因为所筹募的只有 3 万美金,而且有人提议从中播出五六千美金作为建筑嘉庚堂之用,因此更感现有款项不够,然而该校当局却决定分期进行。现在已完成的有第一期的地基地座,第二期的第一层正在加紧建筑中。至于第二、三层,却须待筹有的款后再行继续完工。(邵)

《江声报》1948 年 6 月 23 日

厦大图书馆奠基典礼昨日举行

本市讯 在这全国学术界陷于不安定停顿的状态中,闽南最高学府厦门大学,正在进行一所伟大的建筑,这就是学府研究中心的图书馆。厦大战时的损失破坏是很大的,战后虽也利用政府发给的修建费积极重建,可是杯水车薪,实在无济于事。学校当局认为以厦大特殊的历史与地位,只有求助于热心公益的海外华侨,所以去年夏间就公推政治系主任兼厦市参议会议长陈烈甫,赴菲律宾进行募捐。虽正碰着菲岛商况不景气时候,一般华侨,还是热心慷慨。两月之行,结果得到 3 万元美金。这虽未能达到原来的理想,但以拿法币过活的国内眼光看来,可说是一个相当的数目。因为建筑计划与经费的关系,这一所伟大建筑,采取分期建筑办法。第一期地基及地座工程,第二期正楼,第三期二楼,第四期两翼,每期所需建筑费约一万五千至二万美金。建筑作工字形,长 240 尺,宽自 40 尺至 60 尺不等,占地 100 余方丈。将来落成,有足容 200 至 250 人之大阅览厅三间,足容 50 万册之中西文书库,足容 30 人至 50 人之研究讨论室十余间,并附属图书馆办公室。学校为纪念图书馆命名为菲华馆,凡捐款较多者，如岷里拉有□堂、复隆兴公司、李清泉父子公司、陈迎来、吴道盛、蔡功南等，均将分别命名为纪念菲岛华侨之热心，决定将图书馆命为阅览厅或研究室，以资纪念。第一期工程于本年2月间开始，已全部完成，学校特于昨举行奠基典礼，邀请各属侨领及本市各界首长参加，并拍影纪念。闻第二期工程已定于7月初开，至第三四期工程因建筑费关系，须延至本年年底，始能开始。

《星光日报》1948年6月23日

厦大图书馆昨日奠基

本市讯 国立厦门大学昨午为该校新建之菲律宾华侨纪念馆（图书馆）举行奠基典礼。正午12时，先假座国际联欢社宴会。出席者有黄市长夫妇、苏宗文、陈文麟、张述、陈荣芳、吕尘心、黄念忆、白三江、冯文质及该校汪校长等20余人。餐毕，全体即驱车至图书馆工地举行奠基典礼，仪式甚简单，摄影后即告散会。按该馆面积为111.2平方丈，两层共180.9平方丈。书库可容35万册，阅览厅可容700人，内有办公室十间，杂志室及杂志库两间。工程计划分四期进行，第一期为地基地座，现已完成。第二期为中部第一层，第三期为中部第二层，第四期为两翼，全部工程建筑费约需美金六七万元云。

《中央日报》1948年6月23日

厦大本届毕业生人数冠历届　校长茶会欢送

国立厦门大学成立迄今已27周年，本年度文法理工商学院14系毕业生共计223人，为历届毕业人数之冠。该校原定6月24日上午举行隆重之毕业典礼，后因毕业生日来搭轮离校者已过半数，故临时决定取消改于24日下午4时在群贤楼大阅览厅举行欢送毕业生茶会。由汪校长及汪太太邀请全校教员与高级职员及夫人作陪，同时厦大校友总会亦乘此机会欢迎毕业生参加校友会。计到该校汪校长、汪太太、教授、各处处长、院长、各组主任及校友总会理事长、理事，毕业生及学生自治会代表等，共计250余人。首由汪校长致欢送辞，大意谓：临别赠送毕业生三件礼物，一为疑问符号,以便解决待解决之各种问题;二为理想及信心,以克服可能遭遇之困难;三为作"人民世纪"的人,为社会的人,为民众服务,并希望当此动乱时代,要认清目标,努力以赴,完成移风易俗的责任。最后尤盼与母校互通消息,协助母校发展,已达"止于至善"之境地等语。继由教授代表余謇、训导长汪西林,及萧贞昌、林砺儒诸教授致词,语多勖勉。校友总会理事长卢嘉锡致欢迎词,学生自治会代表丁连徽致欢送词,毕业生代表陈宜祥致答辞,女毕业生代表罗撷芳、聂教授太太及汪校长太太亦被邀发言,金惠媛代表本届毕业生致送母校纪念品(为紫色之舞台幕布),由汪校长欣然接受。然后进用茶点,合唱校歌。末在群贤楼前合影以留纪念,直至6时半始欢散云。(宋)

《江声报》1948年6月26日

物价高涨咄咄迫人　厦公教人员生活苦

厦大教授会通电请增加待遇

本市讯　本市物价因受外钞黄金公开买卖之影响,向较京沪为高,最近周来金融剧烈波动,兼以闽南各县水旱为灾,粮价亦随之暴奖,单靠薪水收入维持生活之公教人员,及一般贫民莫不有惶惶不可终日之慨。此间国立厦门大学教授会及汪德耀校长,今特分电政院教部请求改善待遇,兹录原电如下:"(一),教授会电,南京行政院长蒋勋鉴:同仁等因厦市物价奇昂,生活无法维持,曾电恳四月份待遇与平津一律按28万倍发给在案。旋接前甘秘书长乃光代电谓:'主计处查编之厦门3月份公务员生活指数为232600倍,后分区标准应列第四区'等语,经同仁传观,莫不大惑不解。公务员生活指数之编制方法,既经中央统一规定,则凡根据是项规定所编出之指数,应当相同,即有出入,也不应相差悬殊。本校经济研究室所编之厦市3月份指数方法完全根据中央规定基数,完全抄自福建省统计处及厦市府统计室,物价之调查亦多与厦市府统计室相同,仅蔬菜微有出入,本市房租,多数收食米,而市府则仍以原租金计算,故房租类指数与市政府编者相差较远。然房租基数仅占总基数约千分之一八,其影响于总基数者仍属有限,主计处所编之厦市3月份指数如何仅232600倍?同仁等实不得其解,务恳转饬主计部报明所根据之物价调查,如所列物价属实,同仁等决将多领之 7400 倍缴还国库。知[如]所据不实,或故意压低指数,则为不忠于职务,而又侵害他人权益之行为,应请澈查严惩,并补偿同仁等之损失。迩来厦市物价奖风,更为惊人,食米每市石已奖至 3000 余万元。月薪 400 元如教授之流,现时平津待遇 55 万倍计,所入不过 4235 万元。如仍照京沪区待遇 42 万倍计,则所入不过 2814 万元,尚不足买米一石。教授待遇犹且如此,助教、讲师自更不必问。待遇如斯,将何以为生。故特再电呼吁,万恳自 4 月份起,薪津按实际指数发给。如有万分困难,最低亦须与平津区级待遇一律。否则同仁等虽欲勉尽作育人才之重任,无如迫于饥寒,力不从心。设不幸陷教育大业于停顿状况,同仁等实不能负其责任。迫切陈词尚祈垂鉴,立于改善,以解倒悬,无任感祷,国立厦门大学教授会。"汪校长电:"(一)南京行政院翁院长,教育部朱部长钧鉴:查厦市米价步步暴奖,关于粮价暴奖原因及本校教职员维持生活艰难各情,业于 6 月 9 日以 36 厦字等 314 号代电,请设法提高待遇在案。最近日来厦市米价又继续暴奖,1 市斤价高达 21 万元,1 市石在 3000 万元以上。查本校教职员薪俸低微,即使米价不奖,生活已极其清苦。目前米价日在暴奖,他项生活必需品亦随之剧烈波动,生活更觉无法,大有惶惶不可终日之势,不特工作效率减低,而校务进行大受影响。务恳钧院速予设法,自 6 月份起调整本校教职员待遇至第三区,与平津部相等,并请设法按照教职员眷属人口平价配售食米,藉资救济,而安人心,不胜迫切待命之至。国立厦门大学校长汪德耀叩。"(中央社)

《星光日报》1948 年 6 月 26 日

四年聚首一旦分手 厦大欢送毕业生
汪校长赠送三件"礼物"

本市讯 国立厦门大学成立迄今,已 27 周年,本年度文法理工商学院十四系毕业生共计 223 人,为历届毕业人数之冠。该校原定 6 月 24 日上午举行隆重之毕业典礼,后因毕业生日来搭轮离校者已过半数,故临时决定取消改于 24 日下午 4 时在群贤楼大阅览厅举行欢送毕业生茶会,由汪校长及汪太太邀请全校教员与高级职员及夫人作陪,同时厦大校友总会亦乘此机会欢迎毕业生参加校友会。计到该校汪校长、汪太太、教授、各处处长、院长、各组主任及校友总会理事长、理事、毕业生及学生自治会代表等共计250余人。首由汪校长致欢送词,大意谓:临别赠送毕业生三件礼物:一为疑问符号,以便解决待解决之各种问题;二为理想及信心,以克服可能遭遇之困难;三为作"人民世纪"的人,为社会的人,为民众服务,并希望当此动乱时代,要认清目标,努力以赴,完成移风易俗的责任。最后尤盼与母校互通消息,协助母校发展,以达"止于至善"之境地等语。继由教授代表余謇、训道长汪西林及萧贞昌、林砺儒诸教授致词,语多勖勉。校友总会理事长卢嘉锡致欢迎词,学生自治会代表丁连征致欢送词,毕业生代表陈宜祥致答辞,女毕业生代表罗撷芳、聂教授太太及汪校长太太亦被邀发言。金惠媛代表本届毕业生致送母校纪念品(为紫色之舞台幕布),由汪校长欣然接受。然后进用茶点,合唱校歌。末在群贤楼前合影,以留纪念,直至六时半始欢散云。

《中央日报》1948年6月26日

教授生活苦　发生疯癫
厦大师生捐献救济

本报讯　国立厦门大学学生为该校理工学院讲师林士骧先生,因于物价高压下突然发疯,医药费用无着,特于日前发动募捐运动。下午4时许,假学生公社开会商谈进行事宜,当决议组织博学、映雪、鼓浪屿等组劝募队,并于是日傍晚即行出发。据悉,进行殊为顺利,尽原预计筹募5000万元而已,但结果超过预计1300余万元,乃决定扩大范围,以1亿元为目标。迄昨晚止,事实所表现者又告超过预计,据该校学生告记者云,已募得一亿五千万元矣。原因预定每人最多捐款30万元,但多同学均慷慨解囊,几乎每人最少均已捐献50万元,甚至身无一文而约定于几日之内交款者大不乏人。又悉,某君曾兑去金戒指一枚,得价款1000万元,悉数捐献,为前日个人捐款之最高成绩。又闻,另有美金5元,港币十数元,似该校学生如此热忱敬师,实为难得,谁云人间无温情耶?

又讯　林士骧夫人身怀六甲,临盆在即,照顾其夫实感吃力。厦大学生于捐款运动时,并发起组织看护队运动,于该校大膳厅餐桌上置一大张红纸,愿任看护者请签名于其上,不片刻应征者凡数十人云。

《中央日报》1948年7月5日

教部核准厦大理工分设两院

本报南京 7 日专电 国立厦门大学将原有理工学院分设理学院和工学院，原有机电工程学系分设机械工程和电机工程两学系，已经教部核准。

《江声报》1948年7月8日

本年 6 月份公教生活指数厦大统计发表
总数 139918968 元

中央社 10 日讯 据国立厦门大学经济研究室调查统计发表，本市 6 月份公教人员生活指数总数为 139918968 元，其中食物类指数 8350108 元，衣着类指数 896791 元，房租类指数 358716400 元，燃料类指数 48447824 元，杂项指数 163752180 元，医药教育费 3048732 元，该项统计及物价证明日内可由汪校长亲自带呈行政主会计等有关机关。据该校负责人称：本校经济研究室，因鉴过去政府发表厦市生活指数，均与实际情形相差甚远，其原因仅在根据地方政府虚伪之报告，又无可靠资料作为纠正错误之参考，故名虽为按照各地物价编造指数，实则与物价指数相差太远。故以科学方法调查统计，按照实际物价编造指数，并按月呈报行政及主计处等机关，作为调整待遇之参考。

《立人日报》1948年7月11日

唐世凤返厦谈山腰盐场

形势优异为各场冠

厦门大学海洋系主任唐世凤，近应邀前往惠安山腰盐场考察，日前返厦。据唐氏告记者，山腰盐场结构齐整，盐坎毗连，不但引水方便，且管理容易，形势之优，可为全省各场之冠。惟技术方面尚待改进，诸如调节涵洞，定时引水，舒畅淡水，排配池坎位置等。如均能照比改善，则产量必可倍增。各项计划意见拟交盐场公署、盐民,并地方士绅共图改革。目下公家核定盐本太低,盐民生活极苦,非走私则怠工。最近即因要求提高盐本而全体罢工,官盐不许外运,相持几至动武,幸盐场公署变通处理,始免肇事。今后有望当局迅速改善,免使闽南十数万盐民因生计所逼致有不良之效果云。

《江声报》1948 年 7 月 13 日

厦大新加坡考区陈烈甫前往主持

中央社 13 日讯 国立厦门大学为发展华侨教育,便利华侨子弟升学,今夏特增设新加坡考区,由陈烈甫教授前往主持考试,定本月 16 日飞港转星。陈氏系兼任厦市参议长,此行并拟代表厦门各界访问马来亚各侨领,考察侨情,及当前华侨各种重要问题。陈氏上年赴菲主考归来,曾写《菲游观感记》一书。此次赴星,闻亦拟撰《星游观感记》以供关心侨务者之参考。

《立人日报》1948 年 7 月 14 日

厦大设立考生服务处为考生解决难题

厦门大学学生自治会为便利投考学生,特成立"考生服务处",内分总务、膳食、住宿、询问、宣传等部门,协助考生解决食宿及其他一切问题。现以考期将至,该处工作正积极进行。据闻考生膳食已由该处向校方交涉开放,空余宿舍及教室暂充考生宿所,故考生到校时食宿可无问题。该处并于校内设有询问站,凡投考厦大学生如遇疑难问题或困难情形,可径往该站询问,该处同学当尽其所能帮助一切,使无若何困难发生云。(衣)

《江声报》1948 年 7 月 19 日

厦大土木系学生基隆港实习测量

台北讯 国立厦门大学土木系 1949 级学生一行 33 人,由该系讲师林梦雄、方虞田等 2 位率领来台,应基隆港务局之邀,测量基隆港。据悉，该测量队自7月1日开始踏勘，2日起积极展开工作，将人数分为四组，分划区域，负责测设导线网、水平高度，先后往返两遍，力求准确精细。虽因基隆港多雨，且台风两度袭台，工作每被阻碍，但各队员通力合作，力排万难，至21日导线测量、水平测量已全部完成，计导线长达13340多公尺。现又进入三角测量、细部测量及港深测量阶段，选定基隆市第十五号码头至第十八号码头长620公尺为基线地点，东防波堤、西防波堤、仙洞山峰、十五码头、十八码头、海水浴场附近滩头、二沙湾附近山地等八处为大地测量之三角点所在，即日测量各点间相互关系及角度。该队队员对此次暑期实习工作咸认为是献身国家建设之考验，故每于烈日暴雨狂风之下，仍欣然工作。

《江声报》1948年7月31日

南安发现史前遗物

石器时代已有人类　林惠祥教授又一发现

厦门大学历史系师生因应晋江教育科邀请往讲学之便，乃组织泉州访古团，于课余四出考察史迹，自7月23日至8月3日历12日颇有收获。先是民27年该校庄为玑君曾在南安八尺岭拾得类似史前石器之物三块，后以示同校林惠祥教授，林言其一颇似，但因孤证未敢确定。此次乃先到八尺岭查勘，无所获，惟在附近田岸见有极粗松之陶片颇多，类似新石器时代物，然亦未敢断定。迨至30日出西门，沿公路行入南安界，于潘山溪墘山之前大路南侧，由林氏发现石器一件，长11公分，形狭长，表面风化褪色，且受剥蚀，然形状显然为石锛，且极类武平发现之隆脊石锛。据林氏言：该处北方之水田，在史前应即为晋江之支流，在史前晋江流域应已有用石器、陶器之人类居住。唯因其地为后人所开发，史前遗址已被破坏，故遗物散失不可多得。溪墘山与八尺岭同属南安县，溪墘山之发现更可证实八尺岭之一件亦确系石器。故南安之有史前遗物已可断定，至其年代应与武平相近或略早，大约在三四千年以前云。该团除史前遗物外，又探得历史时代遗迹多处，如罗志甫在9日山麓延福寺发现唐以前之古砖一件。又在丰州县署废址大树下土内发现有奇异花纹之陶片一块，其质在陶与瓷之间，似为陶瓷之过渡物。庄为玑发现9日山上宋代市舶司石刻,及元代征爪哇之战船出发处;林惠祥在城内模范巷发现生殖器崇拜之印度石雕二块,及开元寺二石柱之婆罗门教神像数件。此外并拍摄著名古迹照片 30 余帧,如唐代阿剌伯传教师墓之阿剌伯文石碑及郑和行香碑、东门外阿剌伯人石墓碑、回教寺壁上之阿剌伯字,洛阳桥蔡襄书石碑、开元寺之狮身人面像等,均为名贵之历史资料云。

《江声报》1948 年 8 月 8 日

南安发现史前遗物　厦大仿古团有丰富收获

本报讯　厦门大学历史系师生,因应晋江教育课邀请讲学之便,乃组织泉州访古团,利用课余时间,四出考察史迹,自 7 月 23 至 8 月 3 日历 12 日均有收获。先是民 27,该校副教授庄为玑曾在南安八尺岭拾得类似史前时期之物三块,以示同校人类学教授林惠祥,但因乏证,未敢确定。此次乃先到八尺岭查勘,无所获,唯在附近陌上见有极粗松之陶片颇多,似系新时期时代物,然亦未敢断定。迨至 30 日出西门,沿公路行,入南安界,于溪〈垵〉山之前大路南侧,由林氏发现石器一件,长 11 公分,形狭长,表面风化褪色,且已剥蚀。然视其形状,显为石锛,且极类武平发现之隆脊石锛。据林氏言:该处北方之水田,在史前应即为晋江之支流。在史前晋江流域,应已有用石器陶器之人类居住,唯因其地为后人所开发,史前遗址已被破坏,故遗物散失,不可多得。溪〈垵〉山与八尺岭同属南安县,溪〈垵〉山之发现,更可证实八尺岭所获石块亦确系石器,故南安之有史前遗物,已可断定。至其年代,应与武平相近,或略早,约在三四千年以前云。该团除获史前遗物外,又探得历史时代遗迹多处,如罗志甫教授在 9 日山麓延福寺发见唐以前之古砖一件,又在丰州县署废址大树下〈土〉内发见有奇异花纹之陶片一块,其质在陶与瓷之间,似为陶瓷之过渡物。庄为玑发见 9 日山上宋代市舶司石刻,及元代征爪哇之战船出发处;林惠祥在城内模范巷发见生殖器崇拜之印度石雕一块,及开元寺二石柱上之婆罗门教神数件。此外并拍摄著名古迹照片 30 余帧,如唐代阿剌伯传教师墓之阿剌伯文石碑,及郑和行香碑,东门外阿剌伯人石墓碑,回教寺壁上之阿剌伯字,洛阳桥蔡襄书石碑,开元寺之狮身人面等,均为名贵之历史资料云。

《星光日报》1948年8月8日

南安发现史前遗物厦大访古团收获甚丰

本市讯 厦大学历史系师生，因应晋江教育科邀往讲学之便，乃组织泉州访古团，于课余四出考察史迹。自7月23至8月3日历12日，颇有收获。先是民27年该校庄为玑君曾在南安八尺岭拾得类似史前石器之物三块，后以示同校林惠祥，林言其一颇似，但因孤证，未敢确定。此次乃先到八尺岭查勘，无所获，唯在附近田岸见有极粗松之陶片颇多，似系新石器时代物，然亦未敢断定。迨至30日出西门，沿公路行，入南安界，于溪堘山之前大路南侧，由林氏发现石器一件，长11公分，形狭长，表面风化褪色，且受剥蚀，然形状显然为石锛，且极类武平发现之隆脊石奔[锛]。据林氏言：该处北方之水田在史前应即为晋江之支流，在史前晋江流域应已有用石器陶器之人类居住，唯因其地为后人所开发，史前遗址已被破坏，故遗物散失不可多得。溪堘山与八尺岭同属南安县，溪堘山之发现更可证八尺岭之一件，亦确系石器，故南安之有史前遗物已可断定。至其年代，应与武平相近或略早，大约在三四千年以前云。该团除史前遗物外，又探得历史时代遗迹多处，如罗志甫在9日山麓延福寺发见唐以前之古砖一件，又在丰州县署废址大树下土内发现有奇异存纹之陶片一块，其质在陶与瓷之间，似为陶瓷之过渡物。庄为玑发见9日山上宋代市舶司石刻及元代征爪哇之战船出发处；林惠祥在城内模范巷发见生殖器崇拜之印度石雕二块，及开元寺二石柱上之婆罗门教神像数件。此外并拍摄著名古迹照片30余帧，如唐代阿剌伯传教师墓之阿剌伯文石碑及郑和行香碑，东门外阿剌伯人石墓碑，回教寺壁上之阿剌伯字，洛阳桥〈蔡〉襄书石碑，开元寺之狮身人面像等，均为名贵之历史资料云。

《中央日报》1948年8月8日

厦大泉州访古团在南安发现史前遗物
龙岩亦发现明末史料

市息 厦门大学历史系师生，因应晋江教育科邀往讲学之便，乃组织泉州访古团,于课余四出考察史迹,日来颇有收获。先是民国27年该校庄为玑君曾在南安八尺岭拾得类似史前石器之物三块,后以示同校林惠祥,林言其一颇似,但因孤证,未敢确定。此次在八尺岭附近,见有极粗松之陶片颇多,类似新石器时代物,然亦未敢断定。迨至上月30日出西门,沿公路行,入南安界,于溪墘山之前大路南侧,由林氏发现石器一件,长11公分,形狭长,表面风化褪色,且受剥蚀,然形状显然为石锛,且极类武平发现之隆脊石奔［锛］。据林氏言:该处北方之水田,在史前应即为晋江之支流。该时晋江流域,应已有用石器陶器之人类居住。唯因其地为后人所开发,史前遗址已被破坏,故这物散失不可多得。溪墘山与八尺岭同属南安县,溪墘山之发现更可证实八尺岭之一件,亦确系石器,已［故］南安之有史前遗物,故可断定。至其年代,应与武平相近或略早,大约在三四千年以前云。该团除历史前遗物外,又探得历史时代遗迹多处,如罗志甫在9日山麓延福寺,发见唐以前之古砖一件。又在丰州县署废址大树下土内,发见有奇异花纹之陶片一块。其质在陶与瓷之间,似为陶瓷之过渡物。庄为玑发见九日山上宋代市舶司石刻,及元代征爪哇之战船出发处;林惠祥在城内模范巷发见生殖器崇拜之印度石雕二块,及开元寺二石柱上之婆罗门教神像数件。此外,并拍摄著名古迹照片30余帧,如唐代阿剌伯传教师墓之阿剌伯文石碑,及郑和行香碑,回教寺壁上之阿剌伯字,洛阳桥蔡襄书石碑,开元寺之狮身人面像等,均为名贵之历史资料云。

《立人日报》1948年8月8日

厦大赶评新生考卷　可取者约四百人
汪校长将偕新教授返厦

中央社厦门28日电　本市国立厦门大校［学］37年度招生委员会,国内上海、福州、广州、厦门各考区试卷,业已分别寄校,现正分别评阅中,下月初即可放榜。据该发言人称:本年国内几区计报考学生达5700余人。可能录取者,约400人。另江西、台湾两省,及海外侨生保送百余名。本年国外考区马尼拉无人报名,新加坡仅有十余名。其原因有两:(一)侨生欲来国内升学,非自回国投考,即已请求保送。(二)学期结束,时间与国内不同。另悉:该校校长汪德耀,上月赴京后曾转赴北平,聘请教授数人。现已抵京,下月 3 日可返厦。

《立人日报》1948 年 8 月 29 日

厦大本学期新生试卷已评阅完竣

本报讯 国立厦门大学考试新生,考卷经月来该校教授分别评阅,至昨业已竣事,录取名单定本月 8 日发表。此次报考人数,厦、沪、穗、榕四区共 5866 人,成绩 25 分以上只 1123 人,最佳上海区,最高分数 58.89 分(数理系),其次福州 56.88 分(生物系),广州 55.88 分(航空系),厦门 47.83 分(教育系)。30 分以上:厦门区报考 745 人中有 84 人,福州区 1000 人只 76 人,广州区 2141 人只 84 人,上海区 1979 则有 387 人。以系别来说,30 分以上,中文 11 人、外文 23 人、(日)历史 10 人、教育 22 人、数理 28 人、化学 46 人、生物 25 人、海洋 14 人、土木 63 人、机械 60 人、电机 94 人、航空 41 人、法律 8 人、司法 12 人、政治 15 人、经济 38 人、银行 20 人、会计 10 人、国际贸易 11 人,共 551 人。

据该校前发招生通告所说每系录取 30 名,但是如历史系 30 分以上只有 10 人。若依 30 名硬性规定,则余额 20 名势必以 30 分以下者依序递补。这样一来,该校程度无形中被抑低,所以每系实收名数及录取标准,须待该校长今日由京回厦,召开会议决定。

闻此次试卷中发现一个小笑话,作文《记十年来之忧患》,竟有一卷只写"请原谅'作文从略'"。不知这位考生十年来生活是与忧患中国绝缘,抑或念了十多年的书,连一个国文字也写不出来。

《中央日报》1948 年 9 月 6 日

厦大经费已获增加 汪校长回厦谈此行圆满

国立厦门大学校长汪德耀氏,前于七月间赴京接洽校务,并在沪平津等地聘请教授。兹以事毕,已于昨日搭中航机返厦。据谈此行收获甚多,最值得告慰者,乃厦门中央公教人员待遇一事,经渠在京多方奔走力争,终获当局准自 7 月份起升列第三级。币制改革后,仍维原案,较京沪区另加 20%。在沪平津等地洽聘各院系教授达 17 人之多。此外并向教育部请求增加该校经常费与临时费、美金外汇以及教职员名额等项,结果甚圆满。闻该校经费自本年7月起增加甚多云。

又：厦大同学会秋季联谊会,昨下午4时假国际联欢社举行。到该校在厦同学甚多,汪校长亦出席参加。会后并由思明戏院招待观剧云。(文)

《江声报》1948年9月7日

汪德耀昨返厦　　晋京任务圆满

本报讯　国立厦门大学校长汪德耀,前于7月间赴京接洽校务,并在沪平津等地聘请教授。兹以事毕,已于昨日搭中航机返厦。据谈此行收获甚多,最值得告慰者,乃厦门中央公教人员待遇一事,经渠在京多方奔走力争,终获当局准自7月份起升列第三级。币制改革后,仍维原案,较京沪区另加20%。在沪平津等地洽聘各院系教授达17人之多,此外并向教育部请求增加该校经常费与临时费、美金外汇以及教职员名额等项,结果均甚圆满。闻该校经费自本年7月起增加甚多云。

《中央日报》1948年9月7日

汪德耀返厦此行收获良多

市息　国立厦门大学校长汪德耀氏,前于7月间赴京接洽校务,并在沪平津等地聘请教授。兹以事毕,已于昨日搭中航机返厦。据谈此行收获甚多,最值得告慰者,乃厦门中央公教人员待遇一事,经渠在京多方奔走力争,终获当局准自7月份起升列第三级。币制改革后,仍维原案,较京沪区另加20%。在沪平津等地,洽聘各院系教授达17人之多。此外并向教育部请求增加该校经常费与临时费、美金外汇,以及教职员名额等项。结果均甚圆满。闻该校经费自本年7月起增加甚多云。

《立人日报》1948年9月7日

厦大录取新生名单昨已发表

本报讯 此次厦大新生录取名单，昨日下午5时余发表，各系计正取：中文11名、外文23名、历史10名、教育23名、数理25名、化学30名、生物22名、海洋16名、土木27名、电机30名、机械32名、航空22名、法律10名、司法10名、政治1名、经济29名、银行24名、会计11名、国际贸易12名。备取：中文5名、历史6名、教育4名、数学8名、化学8名、生物3名、海洋1名、电机10名、机械14名、航空8名、法律1名、司法2名、政治3名、银行2名、会计1名、国际贸易3名。又华侨特别生：外文1名、化学2名、航空1名、经济1名、银行1名、会计1名、国际贸易3名。此外新加坡区录取5名：陈志兴、谢金叶、洪才金、杨明珠、郑学森。兹将厦门区录取名单探志于后。

文学院 教育学系7名：陈德昌、王祯祥、黄志胜、洪良益、洪丽月、王福铨、庄贻容。中国文学系2名：陈荣材、蔡师圣。外国文学系七名：叶达青、蔡师雄、方志成、曾步初、杨书都、陈连汉、吴柏成。历史学系3名：林甘泉、张诗流、李祖弼。

理学院 数理学系5名：王子若、陈章内、薛聿俊、林鹏程、谢启宗。化学系7名：林平娣、黄三仪、何秀锦、林晖鑫、庄降恩、彭永元、陈福军。生物学系7名：胡其本、吴超群、吴祖毅、黄秀生、李玉洁、吴友道、洪应中。海洋学系4名：许水波、何大仁、陈宗铺、李复雪。

工学院 土木工程学系1名：蔡家伦。

法学院 法律学系1名：王子椿。法律学系司法组3名：吴承垣、张碧筠、林仑山。政治学系4名：黄火木、黄慧娜、施养楷、叶勇全。经济学系7名：张佩佩、林长顺、林超、陈紫龙、周景茂、翁汉棠、黄清勇。

商学院 银行学系10名：朱桐轩、张松承、张劲华、吴松柏、方耀铿、白萃典、郭亚平、黄书查、王太美、蔡若虚。会计学系2名：潘来荣、郑慕华。国际贸易学系4名：李柏夷、张凤城、林必煌、方历生。

《中央日报》1948年9月9日

陈烈甫为厦大募捐　陈嘉庚氏表示意见

新加坡讯　厦门大学教授陈烈甫最近南来,闻除为厦大招生而外,尚拟为厦大募捐。记者以厦大为陈嘉庚氏所创办,故特趋谒陈氏,询问关于厦大募捐问题,承陈氏答复如下。

记者问:此次厦大派陈烈甫先生南来招考学生,闻兼为厦大募捐,修建被敌毁坏校舍,是否曾会见先生,提出此事乎?

答:陈君来见多次,并交来校舍损失报告书数册,并言客年往菲律宾募捐,拟建厦大图书馆事。

问:先生对该募捐事,以为应如何组织进行?

答:厦大已归国立,与前之私立不同。余未闻世界上国立大学向私人募捐,此举对国家是否适宜,似为一问题。余问陈君往菲岛募捐,有向南京教育部请准否,答有备案。教部倘果已批准,则当然须负其责,想教育部或不出此。若教部未有批准或不知情,则责任在校长,余已修函查问汪校长矣。

问:厦大校舍被敌毁坏,损失值若干款项?

答:约值当时建筑费叻银七八十万元。若现下要全部复原,非叻银百余万元不办。

问:敌寇败后,此三年间政府供给修建费若干?

答:大约不上叻银30万元。较大建筑物,如生物学院、化学院,被毁至为平地,如要复原,非叻银数十万元不可。当局现下对此绝未计及。其他师生宿舍之修建,亦大半未有动工。

问:陈君客年往菲岛募捐数目多少,是否作修建用途?

答:据陈君言,向菲侨80余家劝募,得美金3万元,多者一两千元,少者三两百元,平均每家300余元,是要新建一菲律宾华侨纪念图书馆。估计须美金7万元,现尚不敷大半。

问:新加坡估计可募捐若干款项?

答:两三位富侨,已明白国立大学之尊严,不宜向私人募捐,就是有热心人自动愿捐巨款,留作何纪念,想政府亦未必造次接受,因有关国家面子。除此而外,虽有因情感应酬,谅极少数,无关乎修建之轻重也。

问：先生之见解，曾对陈君言之否？

答：余已再三为陈君言之。厦门虽处南疆，若并南洋言之，实属中心地点。加以港阔水深，交通便利，若内战告终，进展迅速，实意中事。欲求厦大各科完备，修筑设备费，年至少须叻银百余万元。现政府因内战缩少供给，若校长能积极交涉，则每年至少亦当供修建费叻银十余二十万元。兹如再向南侨募捐，不特与国立各义不符，而成绩亦极有限。倘若教部以厦大修建费，既有南洋方面可鉴，而更缩少供给，则不但无益，恐反有贻误也。

《江声报》1948年9月11日

厦大汪校长昨谈称希望侨胞捐助动机

厦大教授陈烈甫赴新加坡招生及顺便商议募捐与陈嘉庚先生问答各点，经志昨报。嗣经记者趋访汪校长，查询究竟，据称本校与华侨关系密切，故本年度决定在新加坡岷里拉两地设立考区，以便多收侨生，并请陈烈甫、陈耀荣两先生分往主持，并托烈甫先生至新加坡时，顺便向创办人陈嘉庚先生谈谈厦大复员三年以来发展情形，便中提及厦大校舍被敌破坏惨重，政府经费，一时无法复旧观，以华侨热心祖国教育，希望将来马来亚热心教育侨胞，能乐捐些款，以便早日恢复生物院，以为科学馆。迨本人于本月6日由京返校后，读陈嘉庚先生8月30日来函，除建议图书馆建筑地点并表示对于恢复生物院为科学馆之捐款意见，同时又接陈烈甫先生来函报告在新招考经过及圆满结束情形，本人以学校开学在即，故于当日（6日）即电促陈先生早日返厦云。（夏）

《江声报》1948年9月12日

厦大举行开学典礼

国立厦门大学昨日（1日）上午9时在校本部举行37学年度第一学期开学典礼，到员生千余人。首由汪校长主席致开会词，除检讨过去一年来之校务发展，并提出未来一年之计划与希望。诸如安定员生生活，充实教学设备，推进专门性的研究工作及恢复理学院，完成图书馆之建筑工程，并希望教授尽量协助校务，以达到"教授治校"之目标。最后勖勉学生发挥高度的自治精神。继即介绍已到校之各院系新聘教授与学生见面。嗣由汪训导长、陈教务长、古总务长、新院周主任报告各有关事项。末由新聘教授庞勋致词，直至11时始于校歌声中散会云。（学）

《江声报》1948年10月2日

筹建嘉庚堂　厦大印捐册

市讯　国立厦门大学校舍在沦陷期间被敌占据，破坏殊多，校舍目前不敷应用，现尚缺少大礼堂一座，每逢举行各项典礼集会或公开演讲，辄感困难，惟缺少经费建筑。前经在厦校友发起筹建嘉庚堂，现工作积极进行，筹募捐簿，经制就，于昨送往市府验印。集料捐募成绩，必有可观云。（青）

又讯　国立厦门大学昨日（1日）上午9时，在校本部举行37学年度第一学期开学典礼，到员生千余人。首由汪校长主席致开会词，除检讨过去一年来之校务发展并提出未来一年之计划与希望。诸如安定员生生活，充实教学设备，推进专门性的研究工作，及恢复理学院，完成图书馆之建筑工程，并希望教授尽量协助校务，以达到"教授治校"之目标。最后勖勉学生发挥高度的自治精神。继即介绍已到校之各院系新聘教授与学生方[见]面。嗣由汪训导长、陈教务长、古总务长、新生院周主任报告各有关事项。末由新聘教授庞勋致词，直至11时，始于校歌声中散会云。

《立人日报》1948年10月2日

厦大新生院昨开学典礼

国立厦门大学新生院，昨上午在该院慈勤校舍广场举行37年度上学期开学典礼，到场参加者计有教职员学生300余人。首由周辨明院长领导全体新生练习校歌，8时半典礼开始，由周院长主席，报告开会意义后，由训导主任陈清启报告本学期有关训导事宜，次请汪校长训词。汪氏首就该校复员以来进步状况作一概括叙述，继则阐明该校办学之原则，最后以"管教养卫"四字勖勉全体新生云。

又该院已注册学生截止8日止,已达330余人。现因注册截止日期延至本月18日,远途学生仍陆续来校报道注册中。

《江声报》1948年10月10日

厦大新生院昨晨举行开学典礼

市讯 国立厦门大学新生院于昨天(9日)上午在该院慈勤校舍广场举行37年度上学期开学典礼,到场参加者计有教职员学生300余人。首由周辨明院长领导全体新生练习校歌,8时半典礼开始,由周院长主席,报告开会意义后,由训导主任陈诗启报告本学期有关训导事宜,次请汪校长训词。汪氏首将该校复员以来进步状况作一概括叙述,继则阐明该校办学之原则,最后以"管教养卫"四字勖勉全体新生。

又该院已注册学生截止8日止,已达330余人。现因注册截止日期至本月18日,远途学生仍陆续来校报到注册中。

《立人日报》1948年10月10日

厦大公费生请拨售平米

本报讯 国立厦门大学公费生,以每月向政府领取膳食费均系以厦市当月米价,由市府证明向教育部具领。日来本市米荒严重,黑市价格暴奖,市府未便证明黑市价格,公费生粮食遂发生问题。当经该校各公费生请求黄市长,准由平售米项下拨购云。

又该校昨函市商会,略以本市物价波动,日用品食米杂粮因来源缺乏,以致市面粮食缺少,即以黑市价格亦不易购。本校教职员工每月所得薪俸微薄,生活清苦,值此困难严重,深感不易维持。近闻市府在本市各粮商登记尚存上等面粉二万余包,不久将由本市油商,按"819"冻结价目拨交二盘商发售等情。兹因本校教职员工缺乏食粮,请拨售面粉500包,以充饥腹云。

《中央日报》1948年10月11日

朱家骅飞穗过厦　周末拟重来巡视

教育部长朱家骅 19 日由沪飞穗过厦,此间国立厦门大学校长汪德耀、教务长陈朝璧等均至机场欢迎,朱部长与汪校长晤谈 20 分钟。汪校长除对厦大校务近况,员生在物价狂涨侵袭厦生活情形略为报告外,并代表该校暨本市教育界欢迎朱部长莅厦视察。闻朱部长已允本周末由穗飞厦巡视,届时省教厅长梁龙光亦将来厦欢迎云。(中央社)

《江声报》1948 年 10 月 21 日

厦大经费被积欠　数达十余万金圆
汪校长将晋京交涉

本报讯　国立厦门大学近数月以来备受经济来源窒息威胁,教育部及国库积欠该校各项拨款数目至属惊人。计自本年 9 月至 12 月份应追加之办公费 2 万金元,11 至 12 月两月教职员工薪给计 10 万金元,9 至 11 月份应拨学生公费 4 万金圆,10 至 12 月份教员学术研究费 6000 金圆,并建设人员训练班经费及自 7 月份增加 17 名教员之薪给 3 万金圆,共计达金圆券一十九万六千元,以法币言达 5880 亿元。目下校库仅余 4000 金圆而已,尚系代收款项计应拨付农林部拨水产研究室牡蛎繁殖场经费 3500 元,应缴所得税 600 金元,实际库存已涓滴俱无,已届罗掘俱穷绝境。昨该校总务处与会计室曾联署发出通告,凡一切支出,目下概应暂予冻结,以待僵局打开,汪校长据六日内即将遣往南京吁请紧急救济。昨日校方仍尽力措筹款项普借教职员薪津一次。但为数戋戋,教授仅能借到 70 金圆。各人均怀特殊心情前往领取,校中秩序尚安谧如常。

《星光日报》1948 年 11 月 18 日

厦大学生决定请愿要求增配平价米
陈拱北过厦时将集体面请

本报讯　国立厦门大学自费及半公费学生因鉴于物价飞涨,生活不易,市粮食调配会每月配给该校自费、半公费学生食米仅 180 余担,不敷甚巨。前曾请求增拨,惟因公文旅行,旷时废日,未有若何结果。省田粮处长陈拱北前此赴闽南各县视导过厦时,该校膳食负责人暨学生自治会理事长曾向陈氏面请,未得要领,该校自费及半公费学生特于昨晚 7 时召开吃饭问题座谈会,公费同学亦多出席支援。结果决定于陈氏返省过厦时,全体学生集体向陈氏请求按学生人数以平价配给每月所需食米,以解决吃饭问题云。

《星光日报》1948 年 12 月 12 日

厦大学生请愿配给同学平价米结果完满整队而归

市讯 厦大学生六百余人为请求配给平价米事,于昨上午集队到厦大旅社,向下榻该社之省田粮处长陈拱北请愿。先是本月 8 日,陈处长由榕抵厦时,厦大学生曾派代表向陈氏请配平价米,未得要领,陈氏旋赴漳主持粮政会议,前日返厦下榻厦大旅社。事闻于厦大学生,遂于昨晨 7 时,先推派代表前往旅社。8 时半,校本部及新生院学生相率集队出发,学校当局先曾劝阻无效,为避免发生意外,特派生活组主任徐世五,庶务组主任齐贞藩,会同前往。至厦大旅社门外,学生高呼口号并唱歌,由代表向陈氏呈递学生自治会书函一纸,首先叙述学生穷困情形,末提出下列三点要求:(一)全体学生 1313 人,每人月配平价米 42 斤半;(二)平价米价格应依上月市价与平价比率订定;(三)九、十、十一等三个月缺额平价米,应按当时价格计算。关于配额以及价格事,曾讨论甚久,结果,由陈氏批示三点如下:1.九、十、十一三月,该校自费、半公费同学,应得平价米缺额照各该月平均价格如数补拨售给;2.自十二月份起,该校公费同学与半公费、自费同学,共享有平价米;3.十二月起,平价米价格依上一月上旬厦市粮食储运处粮情报价,平均数九折计算。学生代表乃将上列三点,当众宣读,各认为满意,乃向陈氏喊谢而返。

《江声报》1948 年 12 月 14 日

厦大学生请配平价米获得圆满答复

陈拱北接见学生代表允如所请

本报讯 本省田粮处长陈拱北,于上旬由榕飞厦转漳,召开第五区粮政会议。前日下午抵返厦,昨日上午接见国立厦大学生请愿配给平价米代表,原订今日转赴晋江,主持后(16)日在晋江召开之第四区粮政会议。但因省府李主席将于明(15)天由粤飞厦一视市政,或许将多逗留一天,候与李主席会面后再行起程。关于此次南来分区召开粮政会议的主要任务,据陈处长对记者谈称有三:一、督导本年度田赋开征事宜。二、结束上期之外调军粮。三、清算各县历年积欠赋额,本省下期的外调军粮,全省总数为13万大包,正电中央请求免调中。至如今后厦市要向第五区各产米县份采购米粮,可由市政府发给购米证明书,并事先派员与第五区专员公署照会,就得畅运流通。

《星光日报》1948年12月14日

以团结为力量为吃饭而呼吁　厦大学生请愿记

子皿

(一)前言　国立厦门大学的学生爱好读书,这原也是做学生的本分,可是离开了书本,他们更在向"学以致用"的目标努力,面临着困苦饥饿的群众,他们在低沉的情绪中让日子在书本中打发过去。可是当饥饿压得他们透不过气来的时候,他们不得不暂时去弃了书本,以团结的力量为自己,也为穷苦的大众喊出了当代的呼声。本月13日上午,厦大学生请愿平价米的行列,就在这二股热情的驱使中出现在厦大旅社前。在这里所记述的是请愿的经过情形。

(二)出发途中　昨(13)日的清晨,五老峰下的一块平原正静伏在朝晨白云低压的天空下,厦大的膳厅中已充溢着人声,映雪楼前的空地,在静寂中震荡着雄伟的歌声,已经吃完早粥的同学,正在催速着同学们准备出发请愿——这是全体同学的决议:"要是自治会的代表对平价米交涉无结果时,全体同学将以团结来表示力量——集体请愿。"

第一课的钟声在响了,正是八点钟的时候,同学们已分系齐集在大操场前,"我们要活命","团结就是力量"的标语板,蓝色的字迹斜倚在演讲台前,代表着这"浑"体的纯正与热情。将要出发时,汪校长走上了演讲台,报告交涉平价米的经过情形,并解释田粮处陈处长已答应竭力设法,可是因为根据自治会代表的消息问题迄未解决,校长报告尚未完毕,请愿的行列已离开了操场向去市区的路进发。这并不是侮蔑师长,而是为一种炽热了的情绪所鼓舞,他们希冀从这一请愿中为饥饿的老百姓也呼出了积压已久的不平之声。

在信箱右边的校门前,他们重新整顿了队伍,三个人一排,以系列为单位,分别由预定同学指挥,踏上了去市区的大路,翻过山坡,穿过大生里,时代的歌唱,社会的呼声,伴随着这一行列前进。歌声整齐而雄伟,口号有力而坚定,这是热情的交流、正义的结晶。至中山路口,会齐了整队伫待已久的新生院同学,这一增长了的队伍,在思明戏院前转了一个弯,九点钟光景就到达了目的地——厦大旅社,这是陈处长拱北的下榻处。

(三)交涉简写 手拿着发号筒的总指挥同学,约莫一千人的长列在大厦旅社前密集紧缩起来,使交通不致中断,学生自治会理事长重新代表全体同学上楼交涉。这当儿,齐步前进的请愿歌声响彻云霄,各系的领导同学更跑上了旅社附近的楼窗指挥同学高呼"我们要饭吃""老板姓要活命"的口号。声浪划破了群楼中的高空。数度的交涉,从上午9时至11时,在坚定与沉着中,由答应公费生、半公费生、自费生每月全部足额的平价米更获得了各该月平价价米的价,以前月上旬的出仓价,9折计算的要求。团结就是力量,一千个同学一千条心,问题终于得到了解决。为了感谢陈处长对他们的热忱,他们同呼"谢谢陈处长,老百姓也要饭吃"之后,队伍在团结就是力量的歌声中踏上了归途。

(四)归途情形 从升平路转入中山路,队伍在中山路口新缘书店前停步,新生院同学与总校同学分站在街道的两侧,男女同学合组成的"大家唱",歌咏队唱着"勇敢的中国学生们,你就是核心,你就星(是)方向……"的时代歌曲,行进在面对着的两排两排长列的街心,为请愿成功而庆幸,同时也为新生院全体同学与总校全体同学第一次的大团聚而欢欣。这样的场合在闹热街头演出,确是破天荒第一遭。最后他们再唱过"团结就是力量"的歌声,便也暂时分道而去。当总校同学的行列再度经过大生里时,在铁线防范着的楼窗口的新兵,也手执着军帽向他们的趋向光明的成功而欢呼,太阳也从云丛来到大地,一队年青的伙伴在十一时半的时候又回到了他们学习的地方。

学校的布告牌上已出现了"感谢伟大的女战士们"的标语,的确,在伟大的时代洗炼下,厦大的同学们已不分男女紧携在一起了。他们将以更团结、更坚定的姿态,为自己,为老百姓喊出生存的呼声!

《星光日报》1948年12月14日

厦大充实教授阵容　聘得知名教授一批

本市讯　本市国立厦大学顷为充实教授阵容,从北方学校南迁声中聘得国内知名教授一批,沈从文、杜佐周等,均已应约。兹将新聘教授姓名,受聘职务及原教职务、学校及任职务分录如下。

崔九卿,数理系教授兼理学院院长。原系东北大学教授兼教务长。

朱良重:电机系教授。(候轮来校)

马纯□:数理系教授,哈佛大学数学博士。原系西北工学院教授训导长。(候轮来校)

张钧之:航空系教授,原系西北工学院航空系教授(下期来校)。

王谟□:数理系教授兼主任。浙江大学教授,现在美国研究得博士学位。

郑德□:历史系教授,考古学专家,曾任前本大学教授,清华大学西史教授。(下期来校)

叶淑良:政治系教授,原系同济大学教授。

孙确基:机械系教授。原系北洋大学机械系教授兼系主任,兼航空系主任。

徐庆春:电机系教授,原系北洋大学电机系教授。

周肇西:电机系教授,曾任重庆大学教授,交通部交通人员训练所教务长兼邮电系主任,交通部专门委员。

沈从文:中文系教授。原系北京大学教授。

萧孝荣:教育系教授。原系中央大学心理系教授兼系主任,实验心理学之权威。

杜佐周:教育系教授,美国俄华大学教育博士,曾任本大学及暨南大学教授,英士大学校长等职。

汪沅:数理系教授。曾任重庆、南开大学,国立药学专科学校等教授。

艾伟:教育系教授,部聘教授,中央大学教授,教育心理及测验之权威。

吴俊升:教育系教育哲学教授。曾任北京大学教育系主任,教育部高等教育司司长,现任中央大学教授。

刘□申:法律系教授,曾任司法部参事,司法行政部参事代理次长,三十年中央大学法官训练所等兼任教授。

李士彤:法律□教授。柏林大学法学博士,原系北京大学法学院教授。

吴仁霖:教育系教授,美国(SCRAOUSE)大学心理学博士,曾任桂林师范学院教授,国立社会教育学院教授。

艾锷风:外国语文系教授。原系清华及辅仁等大学教授。

宋懿昌:航空系教授,美国伦敦大学博士。

陈国菲:国际贸易系教授,新近由美返国。(中央社)

《星光日报》1948年12月22日

要维持最低生活　厦大工友总请假
交涉完满明可照常工作

本报讯　厦大工友为要求增加待遇,以维最低工资,于前日夜召集全体工友开会,以厦大教职员所领薪水,尚感捉襟见肘,寅吃卯粮,况工友所得不及教职员之半数。乃决定向学校当局提出两点要求:为将底薪提高为教职员基数之六成(即 36 元);二为将平价米配量增为每月 30 斤。在未达目的前,全体总请假。昨日清晨起,该校工友即未见出勤,即厨房工友亦未照常工作,致寄膳师生早餐均得自行设法。学生理事会及代表会乃召开紧急会议,决定暂行停课,所有工友应办工作,不论炊爨、打扫、送信等,由各院系男女学生分别担任。至工友要求,并由理事会代表会代向学校当局提出交涉,校方经答应关于加薪事,除遵照层峰规定额数先行发放外,超过额数由校方尽力设法借垫。关于平价米事,一面转请民食调配会提高发放数量,一面由校方设法供应。工友认为满意,今日即可照常工

作。(邵)

《江声报》1948 年 12 月 23 日

大学生纷请寄读　厦大有人满患

市讯　迩来华北、华中战局紧急,该地区各大学学生纷纷南来寄读。截至昨日止,已向厦大申请寄读并经核准注册上课者计有:国立清华大学 1 人,国立南开大学 1 人,国立东方语专 1 人,北平辅仁大学 1 人,私立大夏大学 2 人,私立大同大学 3 人,私立金陵大学 1 人,私立金陵女子文理学院 3 人,私立齐鲁大学 1 人,私立光华大学 3 人,共计 17 人(内有女生 6 人)。闻陆续向厦大申请寄读者尚大有人在,惟该校以学生宿舍已甚拥挤,故无法准予寄宿云。

《江声报》1948 年 12 月 28 日

高物价、生活难

厦门大学教职员电中枢吁增待遇

本报讯　迩来物价再复脱节狂涨,厦大教职员等每月薪给所入,几不能维持个人最低生活,遑论仰事俯蓄及从事学术研究。是以连日俱在酝酿总请假待命,要求市政府下视现实,予以合理调整。前日午后该校职员会各理事即先行集合讨论待遇问题,结果议决为争取合理待遇,决与教授会采取一致行动。昨日午后□时,教授会亦为此项切身问题,假群贤楼文法商参考书室召开临时会员大会,讨论如何要求合理调整以维持最低生活,并应采取何种行动,促其实现。嗣汪校长亦莅席,谓目下经费虽然困难,但教育部爱护重视本校之决心,似未稍懈,昨尚汇到金圆券 50 万元,以备修理该校鼓浪屿八卦楼校舍之用。现在先垫拨 20 万元,分借各教职员暂时苦撑待变,一面由汪校长分电行政院孙院长、教育部陈代部长、财政部徐部长等,请求调整待遇并迅请拨经费。兹录电稿如后,致孙院长电:

南京行政院孙院长钧鉴:溯自"八一九"限价溃崩以来,金圆贬值,物价狂涨,尤以厦岛华侨游资充斥之地,迫使物价更扶摇直上,致本校教职员工如轭下牛马,终日喘息于生活压迫之下,然犹勉强支撑公务,尽最后之努力。今则米价已涨至一石(150斤)1000元,同仁生活,已至绝境,而政府尚未有调整之意向,使同人大感恐慌。本校为安定人心,维持秩序计,特电沥陈务恳钧长,亮察苦情,即赐从速提高教职员工之待遇,照厦门("八一九")以后物价指数40倍加以合理调整,以救涸困,而维员工最低生活。否则一切将陷于停顿而不可收拾之境,临电惶恐,不胜待命之至之国立厦门大学校长汪德耀子虞印。

又致教财两部电:

南京教育部兼代部长陈、财政部部长徐钧鉴:本校数月以来在经费困难之下竭力支持,以求教学正常进行,而维东南后方安定,不意物价奇涨,财力益绌,尤以本校经费陷入极端窘迫境地,即以经常费而论,4个月之总额尚不足付1个月之电费。似此几无法推行公务,至于教职员学生及校工生活,以上月来百物暴涨,就米一项已涨,一石(150斤)一千金圆。最低生活实无法维持,本校亦顾念时艰,一再容忍,多方张罗,一月来屡向国库与其他银行透支,或日折贴现借款,已逾60余万元。现厦库以未奉令不能增加透支额数,亦不能预拨经费,其他银行则以借款未还不肯再借。本校窘况实迫山穷水尽,心力交瘁,至一月份经费及薪饷未奉拨,如非以最迅速方法拨款济急,则校务即沦于停顿。为此急电陈钧长,恳请赐予最紧急措置,迅盼拨汇,并请照物价指数40倍从速提高教职员及工役待遇,得能维持最低生活。临电不胜待命之至,国立厦门大学校长汪德耀(子)(虞)。是以将来如何,须视覆示而定,而宣传一时之下自周一(10日)起之教授职员总请假,谅可暂告一段落。

《星光日报》1949年1月9日

物价狂涨罗掘俱空　厦大员工陷于绝境

飞电有关部院汇款接济　周内不覆教授将总请假

市讯　此间国立厦门大学,顷以此间物价已超过"八一九"40倍以上,而员工待遇,仅7.25倍。1月份经费,教部迄今何未发下。经该校校长汪德耀,向国库暨中、交、农、中信局借款60万元过年。现限期已到,无法归还。汪校长昨曾分电行政院孙院长暨教财两部告急,谓10日内如无款到,学校必无法维持。昨日午后,教授会亦开会,决再电教部请求迅拨经费,并改善待遇。12月份应发18倍,1月份应照物价调整。如一星期内不答覆,即总请假。兹录汪校长致行政院暨教财两部原电如次。

  南京行政院孙院长钧鉴:溯自"八一九"限价崩溃以来,金圆贬值,物价狂涨,尤以厦岛华侨游资充斥之地,迫使物价更扶摇直上,致本校教职员工,如轭下牛马,终日喘息于生活压迫之痛,然犹勉强支撑公务,尽最后之努力。今则米价,已涨至一石(150斤)一千元,同仁生活,已至绝境,而政府尚未有调整之意向,使同人大感恐慌。本校为安定人心维持秩序计,特电沥陈务恳钧长,亮察苦情,即赐从速提高教职员工之待遇,照厦门"八一九"以后物价指数40倍加以合理调整,以救涸困,而维员工最低生活。否则一切将陷于停顿,而不可收拾之境。临电惶恐,不胜待命之至,国立厦门大学校长汪德耀子虞印。

  南京教育部兼代部长陈、财政部部长徐钧鉴:本校数月以来,在经费困难之下,竭力支撑,以求教学正常进行,而维东南后方安定,不意物价奇涨,财力益绌,尤以本校经费,陷入极端窘迫境地。即以经常费而论,4个月之总额,尚不足付1个月之电费。似此几无法推行公务,至于职员学生,及校工生活,以上月来百物暴涨,就米一项,已涨一石(150斤)一千元,最低生活,实亦无法维持。本校亦顾念时艰,一再容忍,多方张罗。1月来屡向国库,与其他银行透支,或日折贴现,借款已逾期60余万元。现厦库以未奉令,不能增加透支额数,亦不能预拨经费。其他银行,则以借款未还,不肯再借。本校窘况实迫山穷水尽,心力交瘁,至1月份经费,及薪饷迄未奉拨。如非以最迅速方法拨款济急,则校务即近于停顿。为此急电钧长,恳请赐予最紧急措置,迅饬拨汇,并请照物价指数40倍,从迅提高教职员及工役待遇,俾能维持最底生活。临电不胜待命之至,国立厦门大学校长汪德耀(子)(虞)。

《立人日报》1949年1月9日

臧启芳抵厦视察厦门大学

本市讯 教育部委员兼国立东北大学校长臧启芳氏,已于日前由京抵厦,下榻于厦门大学。昨日下午3时,由汪校长陪同视察厦大各部门及校舍被毁情形。今日上午,继续视察新生院。臧氏在厦约逗留一周,即飞穗视察粤省高等教育云。

《立人日报》1949年1月12日

我国原子物理学家汪德昭博士来厦将在厦大作有系统演讲

本市讯 蜚声国际学术界之我国原子物理学家汪德昭博士,乃厦大汪校长之介弟,近应厦大之聘,已于昨日(13)由穗搭贵阳轮抵厦,将在厦大作有关原子核物理学之系统演讲。按,汪德昭博士早年毕业北平师范大学研究院,得硕士学位,即在该校任教,1932年留学法国,受业于法国物理大师郎之万先生,专攻超音波及原子物理学,于1938年获得法国国授巴黎大学物理学博士学位,后仍继续在郎氏研究所担任研究工作。第二次世界大战时,在法国国防科学研究委员会第三组工作,担任研究"水中雷达"之技术部门。战后,汪博士受聘于法国中央研究院任物理研究员,曾受瑞士、英国等大学之聘讲学。前年又曾赴美半年,参观美国原子能之学术研究机关及各大学,战后法国政府鉴于原子能对于国防及工业应用之重要,设立"原子能总署",其地位与各部相等,由曾两度获得诺贝尔奖金之居里女婿邵里奥任署长,以汪氏为法国内唯一能制造研究探测□矿灵敏仪器的科学家,遂经破例之推荐,聘请汪氏兼任该署唯一外籍技术顾问。于前年5月签订合同,任期5年。渠以离开祖国已达15年之久,遂于去夏请假半年,偕眷返国省视双亲。汪氏已于上月由北平飞抵广州,连日在国立中山大学、省立文理学院、法商学院、中华文化学院、华侨大学、岭南大学及留法同学会等处演讲,极形忙碌,致延至昨日始来厦。闻汪博士在厦约有一月之勾留云。

《中央日报》1949年1月14日

原子物理学家汪德昭昨抵厦

本市讯 蜚声国际学术界之我国原子物理学家汪德昭博士,乃厦大汪校长之介弟。近应厦大之聘,已于昨日(13)由穗搭贵阳轮抵厦,将在厦大作有关原子核物理学之系统演讲。按汪德昭博士之资历,前经本报介绍甚详。旅法多年,任职法原子能总署技术顾问。于去夏请假半年,偕眷返国,省视双亲。于上月由北平飞抵广州,连日在国立中山大学、省立文理学院、法商学院、中华文化学院、华侨大学、岭南大学及留法同学会等处演讲,甚形忙碌,致延至昨日始来厦。闻汪博士在厦,约有一月之勾留云。

《立人日报》1949年1月14日

厦大校舍被人占用　学校当局提出交涉

本市讯 国立厦门大学校舍,于抗战期内被日寇破坏惨重,复员时特电准外交部接管鼓浪屿日本领事馆房屋,以为补偿,并作为该校新生院、图书馆、实验室,及教授宿舍。于35年1月11日得王部长世杰电告,已嘱闽省府遵照办理,当于同年准福建省政府刘主席电复,经饬厦门市政府遵办各在案,并经呈奉行政院、教育部核准备案。该馆共有楼房三座,嗣由厦门市政府先在该馆内之两楼设立鼓浪屿卫生事务所,该校不得已仅接收正楼一座,其余两楼,约定于卫生院事务所不用时,即行交还厦大。后其中一楼,于去年转借闽南师管区司令部,作为眷属住宅,该司令部于去冬迁移漳州时,该校即复得童司令同意,收回自用。另一座因卫生事务所,继续设立关系,仍旧借用,不意该所最近结束,未将该房屋交还厦大。藉言奉令让与励志社厦门招待所,竟由该社擅行标用。厦大当局,以校舍极感缺乏,教授宿舍,无法分配,最近又以时局关系,奉令增聘北方教授及收容寄宿生,已在100人以上。迫切需要该馆二楼房,而励志社招待所,经已租借楼房多所,现又不顾该校之实际需要,擅行标用。闻厦大当局,正与有关方面严厉交涉,校内员生,亦极表愤慨云。

《立人日报》1949年1月21日

励志社租借鼓浪屿楼房　厦大交涉发还

本市讯　国立厦门大学校舍,于抗战期内被日寇破坏,损失甚重。复员时特电准外交部,接管鼓浪屿日本领事馆房屋以为补偿,并作为该校新生院图书馆、实验室及教授宿舍,于35年1月11日,得王部长世杰电告,已属闽省府遵照办理,当于同年准福建省政府刘主席电复,经饬厦门市政府遵办各在案,并经呈奉行政院及教育部核准备案。该馆共有楼房三座,嗣由厦门市政府先在该馆内之两楼设立鼓浪屿卫生事务所,该校不得已仅接收正座一楼,其余二楼约定于卫生事务所不用时即行交还厦大。后其中一楼于去年转借闽南师管区司令部作为眷属住宅。该司令部于去冬迁移漳州时,该校即征得童司令之同意收回自用。另一座因卫生事务所继续设立关系,仍旧借用,不意该所最近结束,未将该房屋交还厦大,借言奉令让与励志社厦门招待所,竟由该社擅行标用。厦大当局以校舍极感缺乏,教授宿舍无法分配,最近又以时局关系,奉令增聘北方教授及收容寄读生,已在100余人以上,迫切需要该馆二楼房,而励志社招待所已租借楼房多所。闻厦大当局正与有关方面交涉云。

《中央日报》1949年1月21日

臧启芳视察厦大

对该校课业校风备极赞扬　日领馆楼房主张交还厦大

本市讯　教育部专门委员会臧启芳氏,日前由京飞厦视察此间国立厦门大学。顷对记者畅谈视察后之观感,厦大若干校舍,因抗战被毁尚未恢复,不胜感叹,兼以内战未息,物价飞涨,员生生活堪虞,幸赖汪校长坚苦筹划,诸教授协力支撑,课业从未间断,校风亦极优良。在此大动荡时代,该校历年来之安定,为国内各大学所仅见,殊堪赞扬。但因大部分校舍遭日寇破坏,损失惨重,以致该校校舍不敷应用,员生宿舍拥挤不堪。该校近又奉部令收容华北及京沪之寄读生,并增聘由北方撤退之教授多人,故需要房屋更为迫切,鼓浪屿日本领事馆两座楼屋,前经外交部拨交由厦大接管使用,并经教育部及行政院核备在案,自应即日由厦大收回自用。今阅报,知已由其他机关借用,殊令人惊异。本人代表教育部对于此事至表关切,希望各方面尽量协助厦大,俾使此安定难能可贵之华南最高学府得以充分发展云。

《中央日报》1949年1月23日

臧启芳谈厦大

对某机关占据日领馆事　主张应即交还厦大自用

市讯　教育部专门委员臧启芳氏,日前由京飞厦,视察此间国立厦门大学。业志本报。顷臧氏对记者畅谈视察后之观感,厦大若干校舍,因抗战被毁,尚未恢复,不胜感叹,兼以内战未息,物价飞涨,员生生活堪虞,幸赖汪校长坚苦筹划,诸教授协力支撑课业,从未间断,校风亦极优良。在此大动乱时代,该校历年来之安定,为国内各大学所仅见,备极赞扬。但因大部分校舍遭日寇破坏,损失惨重,以致该校校舍,不敷应用,员生宿舍拥挤不堪。该校近又奉部令收容华北及京沪之寄宿生,并增聘由北方撤退之教授多人,故需要房屋更为迫切。鼓浪屿日本领事馆两座楼屋,前经外部拨交由厦大接管使用,并经教育部及行政院核备在案,自应即日由厦大收回自用。今闻报,知已由其他机关借用,殊令人惊异。本人代表教育部,对于此事,至表关切。希望各方面尽量协助厦大,俾使此安定难能可贵之华南最高学府,得以充分发展云。

《立人日报》1949年1月23日

厦大校舍拥挤　不再收寄读生

本州讯　迩来因国内战局紧急,华北及京沪各大学学生纷纷向此间国立厦门大学申请寄读。截至本学期,入校寄读者已有36名,预向该校申请并经核准于下学期寄读者,亦达86名,共计122名。因该校学生宿舍原甚拥挤,故寄读生既须自行解决住宿问题。该校当局现以申请寄读者,仍络绎不绝,而教室及实验室容量,均极有限,故已决定自即日起,停止收容寄读生宿。

《立人日报》1949年1月27日

厦大江苏籍学生经济来源告断绝

江苏同学会商讨应变办法　校方勉力设法予工作自助

本报讯　国立厦门大学江苏籍学生百余人,最近因战局急转直下,苏北城镇相继弃守,且战火直逼江南,多数学生与家庭失却联络,尤以苏北同学,经济来源已告断绝,确已毫无办法维持生活,急待予以救济者已达 11 人之多。即部分在校幸享公费学生,月领副食费,仅敷一日之用(月领 60 余元),眼见战鼓日紧,事态将更趋严重,全体苏籍学生莫不惴惴,特于上午梢召开紧急会员大会,商讨应变事宜。到会会员发言踊跃,一致认为事态严重。除原有干事外,并另推 7 人合组江苏同学会应变委员会,积极展开应变工作,当场议决:(一)立即吁请本市江苏同乡会设法拨款作紧急救济。(二)举办工作自助,吁请各同乡各顾问及各界人士尽量设法介绍安插。(三)基金有办法后,举办生活事业。(四)必要时商请有关社团热心人士,举办义演、义唱、义卖等。

又悉　急待救济之 11 名苏北同学,除由汪校长负责与江苏旅厦同乡会共商救济办法外,再由校方勉力设法予以工作自助云。

《星光日报》1949 年 2 月 3 日

厦门大学经费被拖欠　师生感不安

本报讯　近因时局转变,国立厦门大学应领经费,教部拖欠 2 个多月未发。据悉:该校校库现仅存数千金元,教职员与学生维持困难,平价米亦无法购到,一部分同学已作归计。昨该校自治会曾请示汪校长下学期开学问题,汪校长决定日内赴榕,对开学问题可于两星期后决定。该校两月来向中央银行借款达数十万元,催讨甚急,全校已陷入不安状态中。昨外传该校经费已奉部令自筹,惟据该校某教授称:"本校经费问题,候汪校长赴榕后,当可解决,自筹一说纯非事实。"

《中央日报》1949 年 2 月 4 日

这是谁的罪　厦大学生生活难维持

将组活命拉车擦鞋队

市讯 新春来物价暴涨,食米每百斤由十数元涨达七十余元之巨。升斗小民,大有惶惶不可终日之慨。国立厦门大学公费生,以经费迟迟不到,而自费生平价米又被政府停止配售,致各学生生活难以维持。学校现仅存十数日米量,金圆券万元,洋灰百余包,值美金千多元,最多亦仅能维持教职员半月之膳食,汪校长已定于日内赴榕交涉,学生自治会于2日晚召开理事会暨代表会联合会议,讨论如何维持生活问题。经各同学建议,组织"活命擦皮鞋队"、"活命拉车队"等。届时各同学分别担任挑水、拍卖、踏三轮车、擦皮鞋,各种短工小工,暨开设各种补习班等。以上各种工作,自治会进行调查登记,一部分同学建议请学校当局普借贫苦学生菜金二千元。最后决定于汪校长赴榕,未得到具体办法前,校方有一日膳食,则维持一日云。

《立人日报》1949年2月4日

厦大在挣扎中

郑秉仁

由于战局节节失利,通货膨胀,物价飞腾,再因政治中心南移之际,政府各项措施难,望及时决定,如对各国立学校经费的汇拨亦难免断续延宕。因此,僻处华南的厦门大学,亦加深了它内在的危机。

厦大自从改了国立之后,所有开支,全仗教部汇款拨发,本身的经济状况,恰像自来水公司一样,有点带"靠天吃饭"的性质,每逢拨款未到,或是被积欠,就是周转欠灵的时候。以前靠着向央行透支,或其他用途项下未动用款目垫发,总算勉强应付过去,不料自从上学期起,教部和国库的拨款,便难按期汇来,到最近更有点近乎遥遥无期。来源既绝,又加上物价一倍两倍地涨,支出相对剧增,学校先是顺次把其他项下的款目挪垫精光,接着央行透支也达到饱和点。至阴历年关,学校已是库空如洗,还以69分的日息挪借了几十万元,帮助教职员及学生们撑过年关。说实话,学校当局是尽了全力,无如在滔天的物价骇浪之前,这些努力,并不足以挽狂澜,整个学校便瘫痪下来,像涸辙之鱼,望西江之水兮天一方。

教授们在漫长的十几年抗战和戡乱期间,可算是茹尽了百苦千辛。目下教授的薪金最高的不过 4000 来元,要想以这微小的数目,来维持数口的开支,的确不是容易的事。以前就有一位林士骧教授由于生活的逼迫,林太太又即将临产,四处张罗无着,竟急得神经失常。事后虽然由于同学、同事们"相濡以沫"的帮助,病况逐渐好转,但伤痕仍然深刻地印在每个受生活鞭策的人心里。有些教授家里,只好煮些薄粥度日,每天的菜肴,靠撙节下来的食米一斤两斤的变卖来购买;有些便在住宅周围,趁着课余,种点青菜,养小鸡,来弥补短绌。个中苦况,不是外间人所能亲切领会得到的。

固然,他们也可转移岗位,改图别业,但教育者的心肠,总以栽培青年为己任,所以虽然困苦,仍不忍离开学生,甚至为争取提高待遇,清发积欠,亦以学生学业为重,采取通电请求的温和办法,从未走上极端,如他校已用过的"请假待命"的方式。

现在中央经费停发,他们的最低生活亦无法维持,生活的皮鞭,使他们不能再沉默了,政府的待遇,确实使他们应该愤慨,所以他们决定请汪德耀校长到福州去,与高等教育司唐司长商议解决办法,或请朱绍良主席予以协助。倘在最短期间,仍然得不到解决途径,拟将以前教职员福利金购买的一批水泥,先行出售,以济眉急。

至于同学们在这直升的物价下,每人都叫苦连天,以前省田粮处处长陈拱北答应他们的平价米,亦因省府不予批准,官事悠悠,画饼难以充饥。他们鉴于情势严重,乃普遍发出怒吼,记者昨日参观该校,活命的呼喊和建议,贴满膳厅与民主墙,什么"活命拉车队"、"活命挑水队"、"活命大拍卖"等五色缤纷的字条,琳琅滞满,贴得满满的,有建议一餐改成稀饭,有建议每日仅食两餐,早上稀饭,傍晚干饭,省下的钱,供同学们大家买菜。

现在饥饿的阴影,笼罩了整个厦大,一般的同学们都是不知肉味,苏北的同学,更是困难,花生油造饭,酱油拌饭,甚至开水泡饭者也不乏其人。他们苦难相依,同舟共济,同学会如雨后春笋,同时齐发,江苏同学会,免费帮助同学回籍;浙江同学会、江西同学会、湖南同学会,都在积极活动。学生自治会亦在综合同学意见,调查各种情形,来个救饥运动。本来在这寒假里,有的教授尚在补课,但为了饥饿的恐吓,谁也无心听讲,纷纷请求停课,凄凉之家,其是罄竹难书。在这皇皇学府后面,谁会料到竟是这么一副凄惨的景象。

《星光日报》1949 年 2 月 5 日

唐培经视察厦大

对该校经费未拨到深表诧异　今飞榕洽南迁员生食米问题

中央社讯　教育部高等教育司长唐培经,日前由京飞厦视察,此间国立厦门大学定下星期一,与厦大汪德耀校长联袂飞榕,谒朱主席商洽闽各学校暨南迁人员食米问题。唐氏今晤记者,据谈:教部为紧急救济北方南迁学生生活暨工作借读问题,除已分在京、沪、武汉设站接待之外,并计划扩充华南各大学,如厦门大学、中山大学、广西大学等校,以备能大量收容南来学生借读。该项计划预算约近 6 亿金圆,已于月前由部呈院,惟目前物价已涨多倍,此项预算必追加。据唐氏称:全国原有国立专科以上学校 70 余所,现已半数以上在共党占领区。京沪各校,现因经费与员生生活亦多不拟南迁,凡已从共党占领区出来之员生,其生活工作借读,教部均分别为其设法,无论有无学校延聘,除薪俸由教育部照常发给外,一律先给两个月薪俸及必需旅费,为迁移安家之用。学生除介绍学校借读外,亦发旅费,其原为公费生者,仍照常发给公费。氏对目前物价一日数涨,各校员生,生活艰困至表关切。据称各国立学校二月份经费,皆早已请发,而各地银行至今未奉到命令支付。至各校教育人员应得之微薄报酬,亦不能及时领到,至表歉憾。渠认为国家到此地步,政府机构应尽量简化办事,工作效率亦当加强。厦大一月份经费迄今尚未到齐,尤为惊异。盖因该项经费支付命令,12 月底即由到部国库署发出故也。对厦大校风优良安定,氏极表赞许。

《星光日报》1949 年 2 月 6 日

谁能不掬同情泪　厦大学生为求活命将在戏院参加表演

一批工友昨起街头卖水

市讯　厦大学生自治会,以物价暴涨,而公费生经费已一月不到,自费生平价米则被政府停止配售,各学生生活难以维持。于2日晚曾召开理事会暨代表会联合会议,商讨如何维持生活问题。经各同学建议,届时各同学分别担任:(一)挑水,(二)拍卖,(三)踏三轮车,(四)各种短工小工等,以维持生活。该会于日昨再度召开会议,讨论有效具体办法:(一)开源方面,组织歌剧团,商请各戏院于每场开映前参加表演、舞蹈、歌剧等。将入场票资略予增加,该提高之票资,则用为补助全体同学生活。(二)节流方面,席间一部分同学建议,改膳二餐干饭,而另一部份则提议三餐稀粥,意见不一,问题如何,现正请膳食会研究解决云。(青)

又讯 市场的涨风,已把靠薪给为活的公教人员、报人、工人,及穷苦的学生,吹上了悲惨的穷途。这极大多数的苦难者,正陷在饥饿线中挣扎,大家却希望打一条生活的出路。厦大工友为此,于日昨特组织了一个买水队,拖了一架水车,在思明南路一带沿街售水。普通的买水者每担水售金圆100元,该校工友则特别大减价,每担竟售60元。因同情而向该队买水者,为数颇众。此为继该学生所组织之拉车队、擦皮鞋队之一种有力之生活手段云。(星)

《立人日报》1949年2月6日

徐光荣抵厦作哲学讲说

市讯 福建协和大学教授徐光荣博士,此次应厦大学生公社之邀来厦演讲。徐教授业于7日午搭中央航班机抵厦,拟于日内在厦大学生公社作哲学专题演讲。徐教授系著名之哲学家,历任美国太平洋大学、南加州大学及福建私立协和大学教授二十余年,对中国经典造诣颇深,著有哲学书籍多册。渠最近曾荣获美国士丹福大学赠送经典学博士衔头一个云。

《星光日报》1949年2月8日

厦大照常开学

汪德耀赴榕洽拨经费　徐光荣应邀来厦演讲

本市讯 国立厦门大学校长汪德耀,昨(7日)晨搭机飞榕,将访晤朱主席,商洽该校员生食米问题。事毕,并拟飞沪转京穗一行,藉与政院及财部当局接洽迅拨该校经费事宜。教育部高等教育司司长唐培经,亦联袂飞榕,视察当地高等教育情况,俾作国立大学迁榕之参考。

又该校 6 日召开校务会议,决定克服一切困难,依照该校既定校历开学,于本月 21 日开始注册,决不延期云。

市讯 福建协和大学教授徐光荣博士,此次应厦大学生公社之邀来厦演讲。徐教授业于 7 日午搭中央航班机抵厦,拟于日内在厦大学生公社作哲学专题演讲。徐教授系著名之哲学家,历任美国太平洋大学、南加州大学及福建私立协和大学教授 20 余年,对中国经典造诣颇深,著有哲学书籍多册。渠最近曾荣获美国士丹福大学赠送经典学博士衔头一个。

《立人日报》1949 年 2 月 8 日

厦大学生自助自救　丢下书本沿街义卖

昨发表宣言请各界予以援助　今日整队出发义卖书报香烟

本报讯 厦大新生院1952级级会理事会与代表会,昨日召开联席会议,组织活命自助等备会,议决四项自助自救工作:一、卖、拍;二、义卖;三、短工;四、开办补习班。即日展开签名运动,成立义卖队,下分二十二小队,每队 5 人,将于 10 日晨携带文具、书报、纸花、香烟、瓜子、糖果等物,分别赴厦、鼓两地沿街义卖,并为求社会人士了解起见,同时发出宣言,强调自助助人自救救人之精神,以及为求生存求活命更属迫不得已之举动。故此项运动,绝对是合法、合理、合情的运动,希望舆论界与社会人士,一律支持,予以同情与援助。其告厦市各界人士书如下:

亲爱的同胞们,我们这次的活命自助运动,是客观环境压迫出来的。为了活命,为了生存,我们不得不放下书本,为要求生存,要求活命而斗争。用劳力,用工作来换取我们的食粮。为求社会人士了解起见,我们谨宣言如次:厦大学生平价米的配给,在先一度亦为政府有关方面种种留难,不肯"施舍"。后来经过同学们的群众行动,才由田粮处长陈拱北那里争取了米。想不到陈拱北亲笔签字的诺言,墨迹未干,又自动地扯毁,到现在干脆不理。经过自治会与校方多次的交涉,似属无效。眼见得目前米源不裕,米价飞涨,大多数同学绝对没有力量去购买市价米,很快地就要断炊了。同时物价暴涨,大多数同学更无力顾到蔬菜之营养。说来寒心,目前有不少同学,是盐水佐饭的,也有不少同学是以番薯度日的。如此情形,我们却得不到一丝怜悯,一丝救济。诸位请想一想,一千多人青年,已面临到饥饿的边缘了,难道还不能说不是极严重的问题吗?为了活命,为了生存,我们不能坐以待毙。同时我们根据苦痛的经验,事实告诉我们,有关方面对我们的关切,是一日不如一日了。所谓"爱护"、"救济",都是不能兑现的支票,只有通过群众的行动,才能够自助助人,自救救人。所以在这个坚定之信念下,我们一千多个同学站立了起来,紧紧地靠拢了起来。面对着残酷的现实,我们由愤怒而凝为冷静,一个个同学的心结成了不可侮的力量。我们就要靠劳力与血汗,来争取生存了。亲爱的同胞们,目前的情况,我们好比在一条船上正受着惊涛骇浪之吞噬,风快要吹翻我们了,浪快要打沉我们了,可是这是可能吗?不,我们坚信新的中国是尽要我们的,我们是为人民的幸福而努力,我们要为未来的新的社会而夺□。因此,我们有生存的权利,在任何艰难困苦之下,我们不沮丧。我们更坚信,靠着自己的力量,我们必定会坚强的活下去。在任何的惊天骇浪中,我们的船始终不会翻的,这点足可告慰各界人士的。所以我们分别组织了各项活命的自助的工作,我们愿意拍卖杂物,义卖花木、杂志、报纸,我们愿意做短工打石子,我们愿意办补习班,我们要靠自己来养活自己。我们要正告各界人士,希望大家重视这个运动,希望都能注意到这绝不是偶然的事态。更要明了,今天的学生界所遭遇的是怎样的一个命运,它所反映的社会,又是怎样一个社会。

我们需要同情,可是我们绝不要怜悯,我们更要超出同情以上的表示,正义不灭,真理长存。让我们在工作中锻炼,在工作中学习,在工作中求取生存。

《星光日报》1949年2月10日

厦大校舍被占请求警局保障

本报讯 寿山路10号麒麟别墅,日前有厦大会计系教授安永瑞夫妇被工人陈算殴打一案,业志本报。兹悉该宅原系厦大教职员宿舍,前为数理系主任陈世昌教授居住。嗣陈赴美深造,由历史系李兆民教授继住。

嗣后又让与陈延进教授,不久陈亦离去,一时无人迁入,竟为陈之堂侄陈笃生占住,且将所置家具擅加处分。此次更发生不幸事件,该校特函请思明分局勒令陈等迁出,保障该校合法权利。该局以寿山路已划归厦岗分局管辖,经予转请查办。(天)

《星光日报》1949年2月11日

一队饥饿者的行列

——记厦大学生义卖队今天活动情况

本报记者　林文书

　　昨夜下了一阵大雨,今天气温骤然下降,苦雨凄风带来了凛冽的冷气,每个市民都蜷缩在家里,懒得出来。泞滑的马路上,没有几个行人,让这个孤岛沉浸在寂静凄惨、阴沉的气氛中。约摸在十二点钟的光景,突然一阵嘹亮的歌声,划破了寂静的长空,接着一列饥饿的队伍,踏着坚定的脚步穿过市区,使每个市民都忘掉寒冷,挤上泥泞的街道,空巷万人,凝视着每个饥饿的影子掠过檐前。

　　队伍前面的一面白布大旗,告诉我们这是厦门大学新生院学生为着活命而来的义卖队伍,中间无数的小旗子,是各个小组的标帜,看上去有二十来个。另外还有宣传联络银行等3个特别小组,擎小旗子的,都背有与小旗子同样标志的白色臂章,每个小队都带有一个纱袋或纸匣,盛满杂志、日历、小诗、肥皂、铅笔、花木、香烟等义卖品。队伍从鼓浪屿博爱宿舍出发,绕过龙头街,到达轮渡码头。负责鼓浪屿义卖的四个小队,就在此地分手,先自进行工作,其余的队伍从轮渡过海。最可贵的,轮渡公司也发挥了无比的同情,让着这饥饿的行列免费过海。因此,他们就很快地到达了厦门。

　　当他们上岸的时候,风越紧雨越大,队伍也越加强壮,好像就是要在此暴风雨中挣扎。宣传队立刻张贴标语,分发宣言,后面的大队就发出沉痛的饥饿的呼声……手拉着手,齐步向前,高声同歌唱,喊出口号来,我们是饥饿的队伍,我们是穷学生,大家团结起来,我们要活命……歌声、雨声、泥泞路上的脚踏声,与行人道上市民的感叹声,织成一片愤怒的吼声。队伍在大雨中迈进,绕过几道大街后,分头义卖。

厦大学生平价米的配给,由福建省田粮处处长陈拱北的答应与食言,不知费了多少力量交涉,仍然没有效果,同学们处此物价狂跳,米价直升的时候,买米尚且无力,更谈不到蔬菜营养。说来寒心,目前有不少的同学是以盐水佐饭的,也有是以番薯度日的,但是这一千多个的青年,虽然挣扎在饥饿的边缘,尚得不到任何有关方面的关切与正视,所以他们由愤怒而凝为冷静,毅然抛开书本,从事于活命的自助工作——做短工、开补习班、拍卖杂物以及出来义卖等。

今天义卖的成绩,因雨天行人很少,所以除特别小组在固定的行家里,卖到45000元金圆券外,其余的各队都只有一万多元。除本钱外,总计净得24万余元。这区区小数,固然算不了什么,何值得他们抛头露脸,沿街呼喊。但是在今日的社会里,饥饿的黑手,伸入了每个人民之内心,因此他们的呼喊,不但是为他们自己冀求活命,也是为无数万饥饿的贫民发出怒吼,正如他们的宣传说:每个人都有活命的权利,我们要生存,我们要活命,这是一个严重的社会问题,这是繁荣的厦门中饥饿的一面。

《星光日报》1949年2月11日

现实社会的愤怒控诉

厦大学生为求活命　冒雨出发义卖物品

市讯　国立厦大学生职工,因经费迟迟未发,生活临于绝境,遂有卖水队、义卖队等组织,经迭志本报。昨日厦大学生一群约五六千人,一早冒着滂沱苦雨,入市区来做"活命义卖"队伍,前头由两人提着这样的横布条,上写:"厦大学生活命义卖队。"沿途唱着"枪口对外,齐步向前……我们是铁的队伍……"等歌,并张贴"新中国需要我们活下去"、"学生没有饭食,是谁之责?"等类标语,另在各戏院放映显明之幻灯片。昨日,队伍在市中心绕了一匝后,然后分做九个小组,执一面小旗子,在市上布置堂皇临时商铺,售卖着杂志、报纸、香烟、糖子、纸花等物,老板们是同情没有饭吃而冒风雨来的,他们(的)于是都多多少少买他们的物件,给他们的钱。午后一时许,义卖队在中山路实源银楼招卖,闲人围上来看,适有一个"番客"模样的晋江人,道经是处,问别人那是做什么,人家告诉他,是大学生没钱吃饭,求人买他的东西。这番客听了这话,一下子从口袋掏出一叠金元送了过去,收条也不要的走了。

《立人日报》1949年2月11日

我们为活命而斗争
大雨滂沱,人情温暖;慨当以慷,亦歌亦泣
厦大新生院义卖运动后记

厦大新生院,8日理事会分会,与代表会分会,召开了联席会议。决议组织活命委员会,并举办四项活命自助工作。当天义卖组发动签名,同学情绪极高,晚上便成立义卖大队。下分二十二小队,每队五人。宣传组通宵办公草拟宣言,制标语及旗帜,以宣言投入本市各大报,并分函各戏院加映幻灯以利宣传,同时拟制地图割分义卖区域,并分别由负责同学商借义卖品,交涉轮渡票。当承轮渡公司经理,慨允免费来回四次,像这样牺牲近万元的义举,真值得感讽。晚上,各队小队长齐集膳厅,分配义卖品,并特别强调义卖决不是游行,我们的态度要深深把握不卑不亢,也决不作过分或幼稚之举。

前晚夜半,天降大雨,睡在床上的同学,都焦急万状。厦门这一年来干旱异常,这次雨的确算得上甘霖,可是同学们都觉得未免太不巧了,对明天的义卖是一个不小的阻碍。今天一早,大家都等着总队发布的通告,可是雨始终不住,总队为顾全义卖品的受湿坏掉,打算雨止了再出发,可是天实在太不作美了,10点钟敲了,同学们认为前天的决议不可推翻,而且我们更不怕幸苦,就冒雨去罢!总队鉴于同学们的情绪高极了,当即宣布提早11时吃午饭,11时半出发。午饭草草一顿,11时后膳厅前挤满了人,各小队长领了旗帜、宣言标语,大家又习了几支歌,便浩浩荡荡出发了。这时雨下得更大了,有的同学连雨具都没有,就两人共拿着一伞,毅然迈着步子,口中发出宏伟的歌声,到了厦门,沿街走了一环。大多数同学的身子全湿透了,雨水从头发上直流下来,可是情绪却一直没有降低,我们兴奋得忘记一切了。

12点钟后,义卖开始,于是许多可惊可喜可感可佩的镜头,逐一发生了。有许多女孩子、中年妇人、公务员、商店的店伙、老板及路人,都争着

购买义卖品。也有许多人看看宣言,听了同学的演讲后,也都很慷慨地购买物品。有的甚至拿出大把的钱来,却连物品与收条都不要,便跑走了,还是同学追上去硬要他收下来。有的身边没有带钱,便从别的地方去借来买。这些场面,更使得同学深深地感到人情的温暖,也更体贴到自助人助真是确切的真理。这里随便举几个例子说:开元路一间杂货店,当第八队走进去不传说话,那位姓郭的店主便拖出抽屉,将所收来的钱都拿出来买了一件东西,并连声说"太少了,真对不起"。又第九队至某一公司,其经理很慷慨地拿出 5 块美金,并赠香烟一条,换了一本杂志。中山路上某家店的女店主,曾很同情地说:"我也做过学生来的,深切感到今日的学生界太苦痛了。"而慨然以千元购一物。又第五队在轮渡上又遇到一件可歌可泣的事,当同学推销义卖品时,讲到深切之处,旁有一时髦妇人,竟听后流下泪来。据云:他是一个出征家属,丈夫今年没有回来,他感到学生的苦痛,就如他的苦痛一样。因都是受着压迫的,他说:"他没有带钱出来,一定要同学到他家去义卖。"当时同学也感激得流泪了。

雨一直下着不停,同学们衣服均单发异常,天气又今风狂雨大,有的同学受冻,又是为了活命,却绝不表示畏缩之状,一直到天黑 6 点,才带着无限的兴奋感慨,回到学校去。

7 时半,各一组会报检讨工作,并综核账目,一共实得金圆二十五万零八百二十五元。最高成绩为银行组,共卖得 45000 元。并经决,济以此款作储米之用,同时又分发特别小组于今夜冒雨,赴各咖啡厅举行义卖。10 时,各项工作均告段落。至于昨日义卖区域,已重予分配云。

《立人日报》1949 年 2 月 12 日

厦大义卖活命自助工作昨全部办理结束

做工部分日内将开始

市息 厦大新生院自 10 日展开活命自助运动以来,情绪至为□烈。义卖组工作于昨日晚结束,为时两天。共计卖得金圆券 37 万余元,除去开销净得 30 万元左右。今日晨 10 时召开活命自助委员会及义卖队小组会议,经□烈讨论,金认为应付将来严重之局势,遂一致通过设置公积金之办法,另行组织公积金处理委员会。凡属为活命自助而工作之同学,均得比例，享有公积金之权利。同时并通过义卖组以 70% 作为公积金，以 30% 作为参加义卖队之工作人员目前救济费，并闻今日即已将全部公积金购米储存。

又讯 厦大新生院做工活命自助工作，因连日天雨，虽经努力进行，迄无头绪。今日复再度奔走，兹将得悉某建筑公司经理，已允同学之请，一待天晴便可工作，且不限人数与日期，一切工具，该公司均可代筹。至于报酬之多寡，以工作成绩而定。同学闻讯，不胜快慰。又闻该委员会决定从事短工者，其公积金之比例为 20% 云。

《立人日报》1949 年 2 月 13 日

争取生存！
厦大全体学生发起救饥活动　新生院组短工打石队

本报 国立厦大学生因物价狂涨，生活无法维持，发起组织救饥委员会，推行各项救饥活运动。该会经于昨日成立，并发表告厦市社会人士书。其原文如下：

敬爱的厦市父老兄弟们，当政府经费日趋贫困，恶性通货膨胀，领导物价飞涨，人民生活遭受到空前的困难，向来占国库支出绝少部分的教育经费，更受贬值的时候。我们全厦大的学生，如同全体教职员工一样，生活已陷于长期饥饿的边缘。

在目前我们一千多个厦大学生，有的因家在远地，或邮汇不同，或接济不易；有的虽属近处，或家境贫寒，或临时破产。看看公费，已成杯水车薪，而平价米也在临崖挣扎。有的把已往一餐的菜量分成两餐吃，有的吃盐炒饭，有的更干净吃白饭……我们不敢说这种生活，已经降到极底的程度，也不敢用空手来，企图获得社会人士的援救，我们明了真正的困难还刚开始，为了争取长期的活命，必须解除以往的习性，变成为普通工人一样，支出劳动力，进行各项生活工作。因此几日来，我们发动了全体厦大学生的救饥运动，对外，我们卖水，敲碎石子，当小工代销香烟，织羊毛衣，举办歌舞演出会以及各种人才洽聘；对内，我们除将每天晚餐的干饭改成稀饭外，并实行大量垦荒……总而言之，凡以劳动力换取生存代价的各种方式，我们都将陆续尝试，虽然不一定做得好，但是我们要做，我们肯做。

生存是每一个人的基本要求,我们要争取它,我们谨以此种实情,告于敬爱的厦市父老兄弟们!

又讯 该校新生院学生活命自助委员会,日前曾与建安建筑公司商妥,由该院学生组织短工打石子队,担任打石子工作,定今日出发厦港工作,并承轮渡公司惠允免费优待。又原定在鼓举办之补习班,刻因学生人数不足,正式上课日期,尚无法决定。该会并拟邀同校本部同学,在厦举行歌舞会,然后再前往鼓岛表演。经向有关方面洽借场址中。(天)

本报讯 迩来物价高涨,该校学生为争取生存计,积极开展各项自助工作,如义卖、拍卖、短工、补习班等。兹悉该校会计系四年级学生多人,近复假大中路60号民立小学,举办会计补习班,教授商业簿记、会计学、银行会计、政府会计、成本会计等多科。但为便利职业青年上学计,授课时间特定为晚上7时到9时。闻不日将在开明书店报名云。(文)

《星光日报》1949年2月18日

支出天赋劳动力　进行各生产工作

厦大救饥会发告社会人士书

市讯 本市国立厦门大学学生,为争取活命,发起救饥运动,昨即发告厦市社会人士书:敬爱的厦市父老兄弟们,当政府经费在苦风凄雨下日趋贫困,恶性通货膨涨领导物价飞涨,人民生活遭受空前打击与剥削。而向来占国库支出绝少部分的教育经费更受忽视的时候,我们全厦大的学生,如同全体教职员工一样,生活已陷于长期饥饿的边缘。在目前,我们1000多个厦大学生,有的因家在远地,或邮汇不通,或接济不易;有的虽属近地,或家境□贫,或一时破产。生活均已陷于异常困难,看着公费已成杯水车薪了。有的把以往一餐的菜量,分成两餐吃。有的吃盐炒饭,有的更干净吃白饭。我们不敢说这样的生活,已经降达极低的程度,也不敢用空手来企图获得社会人士的援救。我们明了真正的困难还刚开始,为了争取长期的活命,必须解除自己以往的习性,变成为普通工人一样,支出劳动力,进行各项生产工作。因此几日来,我们发动了全体厦大学生的救饥运动。对外,我们卖水,敲碎石子,当小工,代销香烟,打羊毛衣,举办歌舞演出会,以及各种人才招聘;对内,我们除将每天晚餐的干饭改成稀饭,并实行大量垦荒。总而言之,凡是以劳动力换取生存代价的各种方式,我们都将陆续地尝试。虽然不一定做得好,但是我们要做,我们肯做。生存,是每一个人的基本要求,我们要争取它,我们谨向敬爱的厦市父老兄弟们伸出热情的手云。

又讯 厦大学生自治救饥委员会,为筹募求饥基金,经决定于本月21、22、23日,每天下午8时起,在通俗教育社举行公演。其节目有边疆舞、民歌、国乐、混声大合唱,闻各节均等精彩云。(青)

《立人日报》1949年2月18日

厦大救饥运动告社会人士书措词有修正

市讯 本市国立厦门大学学生,争取活命,发起救饥运动,印发告厦市社会人士书,经志昨报。兹闻其中措词,有未妥之处,加以修正。兹特再志如下:敬爱的厦市父老兄弟们,当政府经费日趋贫困,恶性通货膨涨领导物价飞涨,人民生活遭受到空前的困难。而向来占国库支出绝少部分的教育经费更受贬值的时候,我们全厦大的学生如同全体教职员工一样,生活已陷于长期饥饿边缘。在目前,我们1000多个厦大学生,有的因家在远地,或邮汇不通,或接济不易;有的虽属近处,或家境长贫,或临时破产。看看公费已成杯水车薪,而平价米也在临崖挣扎。有的把已往一餐的菜量分成两餐吃,有的吃盐炒饭,有的更干净吃白饭。我们不敢说这种生活已经降到极低的程度,也不敢用空手来企图获得社会人士的援救。我们明了真正的困难还刚开始,为了争取长期的活命,必须解除以往的习性,变成为普通工人一样,支出劳动力,进行各项生产工作。因此几日来,我们发动了全体厦大学生的救饥运动。对外,我们卖水,敲碎石子,当小工,代销香烟,打羊毛衣,举办歌舞演出会,以及各种人材招聘;对内,我们除将每天晚餐的干饭改成稀饭外,并实行大量垦荒。总而言之,凡是以劳动力换取生存代价的各种方式,我们都将陆续地尝试。虽然不一定做得好,但是我们要做,我们肯做。生存,是每一个人的基本要求,我们要争取它。我们谨以此种实情,告于敬爱的厦市父老兄弟们!国立厦门大学学生自治会救饥委员会启。

《立人日报》1949年2月19日

厦大开学延期　　汪德耀昨飞穗

本报讯　国立厦门大学37年度下期,原定为本月21日开学。嗣因物价狂涨,经费支绌,无法开学。闻前(18)日学校行政会议,曾决定延至3月1日开学云。

又讯　厦大校长汪德耀,昨(19)日飞穗要求调整中央驻厦各机关职员待遇,并接洽该校经费事宜。(文)

《星光日报》1949年2月20日

歌舞会救饥　　厦大汪校长函商会请予协助惠济士林

本报讯　厦大学生自发动活命自救运动以来,甚得社会人士同情。现在学生自治会再组成救饥会,打算公演歌舞会。昨天(19日),厦大校长汪德耀,以私人名义函市商会理事庄金章说:"敝校学生因月来物价飞涨,生活无法维持,尤以北方学生因受战事影响,经济来源断绝,困苦更难言述。就目前物价,一日三〈顿〉,每人菜钱已约需350元,每人月需菜钱9000余元。而迄今公费副食费每月尚仅84元,杯水车薪,无济远甚。敝校学生自治会为谋自救起见,特召集待救济之同学组成救饥委员会,并公演歌舞会,拟以劳力取得,藉救饥饿。素稔吾兄爱护学子,扶助青年,拟请加入该歌舞会发起人之列,登高一呼,号召较易,嘉惠士林,谅蒙赞允。兹遣敝校学生自治会代表胡复生君趋谒,尚祈赐予延洽,并指示一切,俾利进行,不胜感祷。"庄理事长据函后,即分函各同业公会理事长请予协助。原函称:"厦大学生为生活所迫,特组织救饥委员会,公演歌舞,欲以劳力自救。兹介绍歌舞会代表趋访,推销入场券,敬希赐予协助,惠济士林,感同身受云。"

《中央日报》1949年2月20日

少穿衣服没关系　　没有饭吃真难挨
厦大学生昨街头拍卖衣物　　汪德耀飞穗商请改善待遇

本报讯　厦大学生为摆脱饥饿的侵袭,与争取生存的权利,乃组织

"活命队"及"救饥委员会"。推车分往街头卖水,及售卖香烟,义卖报纸,与出演《歎舜会》,经志前报。兹悉该校学生为积极取得活命的机会,竟将仅有御寒的羊毛衣、西装裤及用具,于昨在中山路中美理发厅门口,实行拍卖,虽然是些旧货,但为同情而向购用者亦不少云。(星)

又讯 该校学生,咸认劳工神圣,双手万能。日来趁校当局建筑图书馆之际,又组织一"打石队",向校方或包打碎石,每方堆代价白米斤半,每人每天约可打二三堆。此外,还到虎头山上去做同样的工作,他们的双手,虽已发泡,但肚皮总算不饿了云。(星)

中央社讯 国立厦门大学校长汪德耀博士,昨晨飞穗,向教部请求改善该校教职员待遇问题,并代表中央驻厦各机关人员,为生活问题向政院请命。

《立人日报》1949 年 2 月 20 日

厦大救饥委会今晚举办歌舞

本报讯 厦大学生因感物价高涨,生活逼人,特发起组织救饥委员会,推行各项救饥运动,业志本报。兹悉:该会为筹募救饥基金,特定本(21)晚起,假中山公园通俗教育社,举办歌舞会三天。闻有崭新的边疆舞与精彩的歌剧云。(文)

《星光日报》1949 年 2 月 21 日

五老峰下弦歌不绝　厦大明起注册

学生救饥会照常活动　垦荒运动参加者多人

本报讯 国立厦门大学,前因种种困难,开学延期一周,经志本报。刻该校经费,仍是万分拮据,但学校当局,决心艰苦维持,不再延期,于明日起开始注册。学宿、体育、电灯等费,共计一千元而已。7日即可正式上课。五老峰下,弦歌不绝,深可告慰于关心教育人士。

又讯 厦大救饥运动,近已发展至一新阶段。为了长期活命,自□永久具体计划,故救饥委员会,号召垦荒运动,同学即热烈拥护。签名参加者,计有三百余人,计分三十三小组。日来校园里,四处洋溢着垦荒之声,同学赤足荷锄，辛勤开掘、播种。随春天之降临，将辟成一广大肥沃绿野。如此一方面读书，一方面劳动生产，可谓启风气之光。（刚）

《立人日报》1949年2月28日

厦大今后寄读生只限国立学生

驻厦中央公教待遇可照物价指数调整

市讯 京沪各私立大学学生百余人向市参会呼吁转请国立厦门大学准予寄读一节，已志本报。兹闻教育部决定只准收容国立大学学生寄读，至私立大学学生应向私立大学请求寄读，该校原已收容之公私立大学之寄读生，自属有效，惟今后将照部令办理。又闻教育部近分发国立大学学生二百余人到校寄读，该校教室及宿舍均感无法应付，教育部已核准拨款建筑校舍云。

又该校汪校长刻仍在穗接洽校务，约于本周内返厦。昨以长途电话报告称，关于本市中央公教人员待遇问题，经向有关当局交涉结果，准自三月份起按照当地物价指数调整。

《江声报》1949年3月1日

参会昨函厦大本籍寄读生请尽量收容

市息 参议会前日接京沪杭各私立大学厦籍学生代表呈请向国立厦门大学接洽，尽量收容寄读，情志前报。参会据呈后，昨函厦大以该生等所称各节自属实情，现在闽南仅有大学一所，并无他校可寄读，为避免学生远道跋涉，应请贵校设法尽量收容，且该生等既能自供住宿，对于贵校业已拥挤之宿舍亦不增加负担，报载教育部直接分发至贵校寄读生达200余名，如战区各地学生须由学校供给住宿者可以寄读，而本籍学生可以自筹膳宿者反拒之校门之外，殊非事理之平，亦且有失初原创办人为便利本籍学生升学而创设大学之本意。据呈前情，相应函转查照办理，并希见覆云云。（默）

《江声报》1949年3月2日

厦大工友生活困难　泉安公司捐米救济

市息　厦大工友生活,近因受时局影响,陷于非常悲惨境地,每月所入非但不足以赡养一家老小,即个人之生活已无法维持。泉安汽车公司厦门办事处闻悉之下,特于本月一日慨然捐助白米千斤以资救济,厦大工友本因生活问题甚感不安,自独得该项救济后,生活得暂时维持,深感该公司同情义举云。

《江声报》1949 年 3 月 4 日

收寄读生　汪校长意见

市讯　关于厦大收容寄读生问题,汪校长谓:该校自上学期开始收容华北及京沪各大学学生寄读以来,经核准者总计已达 156 人,其中有 120 余人属于闽籍。因学生宿舍缺乏,寄读生一律不能住校,嗣以教室及实验室亦感不敷应用,故已停止收容寄读生。教育部虽命令该校收容国立大学之寄读生,并拟拨款添建校舍,但在学生宿舍未建筑完成前,仍无法供应。至已经申请寄读之国立院校学生,如合于该校收容寄读生暂行办法之规定者,其注册日期特展至本月 19 日云。

《江声报》1949 年 3 月 8 日

厦大经费准予提高
中央待遇获得调整　汪德耀返厦谈交涉结果

市息　厦大校长汪德耀,上月 19 日飞穗与政府当局接洽该校经费,并受本市 15 个中央机关之付托,代为交涉改善公教人员待遇,已于前(6)日返厦承谈此次交涉结果如下,(一)本市中央公教人员待遇,自 3 月份起提高至第一级,按照每月当地物价指数调整,3 月份暂按 819 之 375 倍发给。(二)厦大经费准予提高,并于每次预发六个月薪饷,遇物价波动时可先提用应急。(三)学生主食费用照当地当时米价核计。(四)各大学教员学术研究费,决定以教授 200 元,副教授 150 元,讲师 100 元,助教 50 元作数基,根据每月公布之当地物价指数自动调整。(五)学生副食费基数,过去为4元2角,现提高为12元6角。(六)每月发给公教人员之三斗米代金,以能在当地购到三斗米为原则。此外又向教部催请补发各项经费,要求增发学生宿舍建筑费,并与央行总裁刘攻芸商洽由厦门分行额外透支该校员工购米款,均获如愿以偿。

《江声报》1949年3月8日

汪德耀前日返厦　赴穗之行有收获
本市中央公教待遇提高　厦大员工薪米如愿以偿

本报讯　国立厦门大学校长汪德耀氏,上月19日飞穗与政府当局接洽该校经费,并受本市15个中央机关之付托,代为交涉改善公教人员待遇,已于日前(6日)公毕持之返厦。据谈:此次在穗与财政教育及主计三部,当局接洽改善公教人员待遇,结果甚为圆满。行政院孙院长及吴副院长联衔宴请在穗之各大学校长。汪校长与中央大学校长周鸿经及中央政治大学校长顾毓琇,均应约出席,并请各有关部长作陪。席间就各项重要问题广泛交换意见,嗣由教育部陈代部长根据五项意见,拟具一提案,提请23日之行政院院务会议讨论,当经通过。兹将此次交涉之各项结果,分述如下:(一)本市中央公教人员待遇,决自3月份起提高至第一级,与广州相同,按照每月当地物价指数调整发薪。(二)厦大经费准予提高,并于每月次预拨6个月薪饷,遇物价波动时,可先提用应急。(三)中央银行透款额,过去仅为一个月之员工薪饷,及半个月之学生公费,现已奉准一律改为一个月。学生主食费照当地当时米价核计,并于每月新调整待遇公布后之翌日,中央银行即可根据行政院议决案自动透支,以应急需。(四)各大学教员学术研究费决定以教授200元,副教授150元,讲师100元,助教50元作基数,根据每月公布之当地物价指数自动调整,即等于大学教员外多发一份薪金。(五)学生副食费过去以4元2角为基数,实嫌太低,现已决定提高3倍,以12元6角为基数。(六)中央每月发给公教人员之三斗米代金,至领到时已为数甚微。此次亦经汪校长请求发给实物,或提高米代金数额,以能在当地购到三斗米为原则,并经政院及粮部应允。至于厦门配售食米一节,亦与有关方面接洽,可能实现。此外又向教部催请补发各项经费,要求增拨学生宿舍建筑费,并与央行总裁刘玫芸商洽,由厦门分行额外透支该校员工购米款,均获如愿以偿。最后,汪校长对记者谈及该校收容寄读生问题,略称:该校自上学期开始收容华北及京沪各大学学生寄读以来,经核准者总计已达156人,其中有120余人属于闽籍。因学生宿舍缺乏,寄读生一律不能住校,嗣以教室及实验室亦感不敷急用,故已停止收容寄读生。教育部虽命令该校收容国立大学之寄读生,并拟拨款添建校舍,但在学生宿舍未建筑完成前,仍无法供应。至已经声请寄读之国立院校学生,如合于该校收容寄读生暂行办法之规定者,其注册日期特展至本月19日云。

《立人日报》1949年3月8日

本市中央机关待遇　三月份起提高一级

汪德耀返厦谈交涉结果　寄读学生应合收容办法

本市讯　国立厦门大学校长汪德耀氏,上月19日飞穗与政府当局接洽该校经费,并受本市15个中央机关之付托,代为交涉改善公教人员待遇,已于日前(6日)公毕返厦。据谈:此次在穗与财政教育及主计三部当局,接洽改善公教人员待遇,结果甚为圆满。行政院孙院长及吴副院长,联衔宴请在穗之各大学校长。汪校长与中央大学校长周鸿经及中央政治大学校长顾毓琇均应约出席,并请各有关部长作陪。席间就各项重要问题,广泛交换意见,嗣由教育部陈代部长报告五项意见,拟具一提案,提请23日之行政院院务会议讨论,当经通过。兹将此次交涉之各项结果,分述如下:(一)本市中央公教人员待遇,决自3月份起提高至第一级,与广州相同,按照每月当地物价指数调整发薪。(二)厦大经费准予提高,并于每次预拨6个月薪饷,遇物价波动时,可先提前应急。(三)中央银行透款额,过去仅为1个月之员工薪饷及半个月之学生公费,现已奉准一律改为1个月。学生主食费照当地当时米价核计,并于每月新调整待遇公布后之翌日,中央银行即可根据行政院议决案自动透支,以应急需。(四)各大学教员学术研究费决定以教授300元,副教授150元,讲师100元,助教50元作基数,根据每月公布之当地物价指数自动调整,即等于大学教员另外多发一份薪金。(五)学生副食费过去以4元2角为基数,实嫌太低,现已决定提高3倍,以12元6角为基数。(六)中央每月发给公教人员之三斗米代金,至到时已为数甚微。此次亦经汪校长请求发给实物,或提高米代金数额,以能在当地购到三斗米为原则,前经政院及粮部应充。至于厦门配售食米一节,亦与有关方面接洽,可能实现。此外又向教部催请补发各项经费,要求增拨学生宿舍建筑费,并与央行总裁刘攻芸商洽,由厦门分行额外透支该校员工购米,均获如愿以偿。最后汪校长对记者谈及该校收容寄读生问题,略称:该校自上学期开始收容华北及京沪各大学学生寄读以来,经核准者总计已达156人,其中有120余人属于闽籍,因学生宿舍缺乏,寄读生一律不能住校,嗣以教室及实验室亦感不敷应用。

《星光日报》1949年3月8日

饥饿的控诉　厦大救饥卖烟队在漳州

　　本报漳州特讯　国家弄得这样支离破碎,人民的生活又这样的困苦。这一代的人们,要生存,惟有奋斗,要活命,只有劳动。厦大学生为着争取活命,他们暂时放下书本,宁愿做小工、垦荒……用自己的气力,换取代价来维持生存。这神圣的工作,在厦门已博得广大人士的同情。现在,为了要这救饥运动底普遍的展开,该校救饥委会卖烟队18组,已经于2月23日一行五人抵达漳城,下榻于三民路永兴行,同时即发出"告漳州社会人士书"。他们说:"在国库日趋空虚,教育经费更受政府忽视,而物价疯狂上涨的今天,我们全厦大的学生,生活已陷于长期饥饿的边缘。我们一千多个同学,有的家住解放区,邮汇不通,有的家境贫困,接济不易。1个月84金圆的副食费,还不够买一餐素菜。因此,有的用盐水送饭,有的更只能吃白饭……"因此,"……到漳州和石码等地,以劳力换取生存代价,不论何种方式,我们都将陆续尝试……"最后,他们要求漳州父老兄弟伸出同情的手。这张告社会人士书发表后,24日的早晨,他们一行五人,在人地生疏的情况下,他们带着他们所要卖的烟出门,说着他们的热情,说着他们的勇气,在中山东路和中山西路一带推销。他们说尽了生活的苦况,说明了救饥的意义。在这一天,已得到市民的同情,但只是局部,所以结果成绩只卖出香烟80多条。

厦大学生到漳州来展开救饥运动的消息吹到县立一中的同学耳朵里,一股热腾腾的同情,使每个学生都有切身之感,所以大家就纷纷向该校郑校长鸣岐请假,并要求该校教师吴芳泽协助。校方认为学生们见义勇为,表现互助精神,就予以答应。于是推出代表男女生二十几位,在24日就协助厦大同学分作四组到三民路、香港路、厦门路一带销售。今天市民已经较为明了。明了他们的工作是为着饥饿而不能安心求学,是为所求的知识不受毁灭,只有用劳力换取代价来维持生命。这是出于无奈,是值得同情,所以这天的成绩是比较可观——一百五十几条,每条1000元,共收15万多。

26日的早上,县中的同学,感觉到厦大同学的壮举是神圣的,特地由自治会召开一个座谈会,邀请厦大同学出席交换意见。席间余同学子渊,曾把这回救饥运动的意义和发起的经过报告一番,下午仍由县中学生协助到中正路、中山南路等处工作。

当卖烟队出发时,省立龙中的谢校长,对厦大同学的救饥运动寄予莫大的同情,所以在降旗的时候,特地介绍余同学子渊向全校学生报告这次出发的动机、意义、任务。散学后,各同学都纷纷探询他们的住址,要求协助工作。余同学对记者说,这些真给予不少的生命热力和精神上的安慰。

经他们3天的推销,每一个热闹的市区都走遍,他们既然是贩卖东西,难免有账务的来往,所以27日就完全在清理账务,记者特于昨(27)日下午乘他们时间稍闲的傍晚往访余同学于水兴行承告连日的推销情形,同时告诉记者:28日在漳结束漳市工作,并预定往码(石码)的计划,大概今(1)日可能抵达石码。

在厦大同学临走的前夕,他们认为这次到漳州,地方人士深伸出同情的手是可贵的,县中郑鸣岐校长、吴芳泽先生及该校教授黄典诚热烈的协助更表示感激。对于一中的学生请假协助,他们认为是"珍贵的同情",所以他们就用这五子做一幅锦旗,上款写着"龙溪县立一中惠存",下署"厦大救饥会卖烟队十八组赠",送给该校同学做纪念。

救饥运动在漳州只有3天的工作,可是逗留的日子倒有6天(23至28)。在这6天中,说明了这是人类饥饿的控诉,是活命的怒吼!(本报驻漳州记者施病鹤,三八、二、二八寄)

《星光日报》1949 年 3 月 10 日

厦大学生荷锄记
"艳阳天气暖洋洋　大家努力来垦荒"

本报特写　物价在那里扶摇直上的涨,人民的生活便相反的急遽降低,到了今日要求活命的呼声,正普遍地在国内各角落同时反映着人民对现实生活的意识。生活的担子,是那么沉重的紧压着每个善良中国人的心头。

寒假以来,厦大学生面临着饥饿恐慌的边缘,他们虽然受了严重的压迫,但是他们丝毫不表示屈服,他们尽可以运用自己的劳动力,换取应得生存的权利。于是发动了全体同学的力量,进行着空前的"救饥运动"。这种举动,曾深深的博得了社会各阶层人士的热烈同情,他们卖香烟、卖水、打石、做苦力………为的是什么？他们固然一方面为着自己的生存打算,但是他们更看到苦难的中国,正要从内外层层压迫下翻过身来,他们没有理由因为现实生活的困难而抛弃学业,他们只应当更加紧的准备着为将来新中国的建设而工作,贡献自己的智能,发挥更大的力量。因为黎明就在明天！

"三月里来好春光"正是农家作物播种施肥的时候,他们趁着这大好的自然季节,发动大规模的集体垦荒运动。"大垦荒"的准备工作,经过事先缜密的计划,老早办得停当了。搜集农具,选择荒地,向学校集体请假,也得到了当局的允许。于是他们决定在昨(10)日开始他们伟大的垦荒运动。

参加的同学非常踊跃,表现出高度的热情。五百余人,分为 64 组,有的自由组合,有的由救饥会分派,6 人至十余人为一组。但因为农具有限,不够分配,规定第一至十五组,第 32 至 47 组在上午；第 16 至 31 组,第 48 以上各组在下午。分别进行垦荒工作。

昨天的天气特别的温暖,天老爷仿佛在张着笑脸欢迎似的,上午 8 时,他们集合在大操场,举行开垦典礼。在简单的主席的报告以后,严肃而活泼的工作展开了。

上午开垦各组的荒地是选择在菲华馆右边的广场,下午的各组,便在囊萤楼对面的坪地。在荒地上，他们树立了一个旗杆，上面有"大垦荒"三个木框纸制大红字，旁边横立"时间啊，前进！"五个富有警惕性的大字。在工作进行中，他们随时发出快报，沿着荒地周围，用锣鼓伴奏绕行，对于工作情绪，增加兴奋不少。

太阳发射的光芒，把大地的气温逐渐转暖了，勤奋的工作，使汗珠渐渐地沁出了。大家相继的把外衣除掉，有的甚且光着上身，脱去鞋子，他们一面把锄铲往土里尽量的用力，一面在嘴巴上哼出小调，有的还兴奋地引吭高歌起来。

女同学参加人数的比例，比起男同学来还要高，她们多数自行组合一组，也有和男同学混合在一起的，但是她们的工作情绪技术和熟练的程度，在大伙儿之中，丝毫不见得逊色。因为农具不够，她们发明用手来代替，两只手可以当做粪箕，也可以做铺平用的刮平具。拿起锄头来，她们却能恰到好处，用劲不会落空。不但这样，她们的畦面，远比男同学来的整齐，而土粒也细致得多哩！

历史系的林惠祥教授也亲自到垦场上来实地"教授"，他把自己的实际经验，告诉同学们，诸如锄头这样用力啦，铲子的柄要这样把握啦等。林教授是上了五十左右的年纪，但是他的动作，正像一个年轻的庄稼汉。

由于他们的集体耕作，经过垦地的路人大都驻足而观，而且投以惊奇的眼光。记者曾目击一老农凝视半晌后，喟然叹曰："这世道，大学生也拿起锄头来了，你看，他们还拿得蛮不错哩"！

工作了相当久，但是他们不愿意因休息而花费时间，他们顶多倚着锄头歇歇气，接着他们又继续下去。他们为垦荒而流汗、出力，"不问收获，只管耕耘"的精神，是值得钦佩的。

整日的劳动，一直到金乌西坠的时候，他们才歇了工，他们以"快"与"好"作为一天工作自我评判的标准。不过，这种评判由各科系代表会来执行。经过代表会集体评判的结果，第35组荣获第1名，因为这一组的工作特别"快"而且"好"。

当然，昨天的开垦，只是他们整个耕耘的开始，今后，他们将要付出更大的劳力，获取未来美满的收获。他们还要从劳动的收获中，公开的选举厦大的"劳动英雄"。

"种出青菜下锅煮啊，种出花生下稀饭啊………"。（本报记者郑挺

光）

《星光日报》1949年3月11日

"垦出一个春天来"

——记厦大学生的垦荒运动

年青的朋友快点来，
忘掉你的烦恼和不快；
千万个青年一条心，
垦出一个春天来。
东边太阳出来啦，
垦荒大队齐出发；
手把着锄头来耕地，
快乐歌声唱不完。
　　——垦出一个春天来

春天来了，正是泥土翻身的时候。在春天的阳光和暖风里，千千万万的劳农大众涌入了原野和山岗，开始了垦拓和播种。在这里，五百多个年青的大学生也开始了他们的学习，用不熟练的劳动开垦了一片处女地。

10日早晨，在厦门大学前面的广场上，年青人在新的号召下面集合起来了。学校的墙壁上到处张贴着歌颂劳动的标语，在锣鼓声里，劳动英雄的巨大画像傲岸地矗立着，草地上扬起了一片嘹亮的歌声：

大家来垦荒，
大家来垦荒，
种出黄豆香又香。
有福大家享，
你一锄，咳哟！
我一锄，咳哟！
不分男女齐努力，
有饭大家吃！

随着歌声，人流迅速的涌向已经预先划好的地区。男同学、女同学，大家都卷起了袖口，提起了锄头。锄头是笨重的，土地是坚实的，然而愤怒燃在饥饿的肚子里,仇恨流在几乎要炸裂的血管里,文弱书生如今是像狮子一样的强有力了。汗滴在黄色的泥土里,处女地在数百把锄头下面翻腾起来了。在自己的劳作里,青年学生深深地体验到劳动的神圣:有劳动,才有生命。

厦大学生的救饥运动到此是更加深入了。然而这还只是一个开始,有了开垦,才有播种;有了播种,才有收获。开垦、播种、收获,这期间需要着长期的持久的劳动。自然,垦荒运动的目的并不止于救饥,它还有更重大更积极的意义。在今天,"向人民学习"已不是一句漂亮的口号,而需要切实的实践,带着白手套冷眼旁观是决不成的,只有在集体劳动中,向人民大众学习才真正成为可能。

看吧,"你一锄,我一锄",在千百双手的劳动下,一片长着青草的处女地在数小时以内变成可以播种的田畦了。浴着金色的太阳光,满身淌着珍贵的汗珠,年青的人们又骄傲而愉快地歌唱了:

千万个青年一条心,

垦出一个春天来。

(牧野)

《江声报》1949 年 3 月 11 日

台北《成功日报》发起援助厦大苦学生运动

汪校长复函表示接受

本市讯 国立厦门大学一部分贫苦学生,因生活所迫,曾于寒假期内,展开救饥行动以来,深得厦门各界同情及赞助。消息传至台湾后,台北《成功日报》,特发起援助厦大穷苦生运动,呼吁闽台父老各界慨解义囊,俾免使厦大学生沦落街头义卖渡日,影响学业。此项运动自 3 月 7 日开始以来,一般反应极为良好,3 日内即收到捐款一千万台币。该报负责代收,遂日公布姓名及款数,分批汇交厦大学生自治会。所有捐款指定维持救济穷苦学生之日常生活,如将来教育部有力补发经费时,此项款目亦由厦大学生自治会收回,作为闽台人士对厦大增加设备之捐献。该报发行人陈冷及社长高中明,曾致函厦大汪校长,内称:"厦门大学学生生活困难的情形,经本报发载之后,已引起闽台各界人士的注意和关心,我们远处海外，每闻知贵校学生因生活所迫，上街拉车卖水，卖唱演剧，以求得一饱，被视为未来国家梁柱的大学生，竟至如此，岂仅令人感叹而已。厦大为福建唯一最高学府，厦大的存在，亦即福建之光荣，尤具近数年来厦大学生在学风与学业上所表现之进步，曾被鉴为东南第一，为吾乡增声色。时至今日，国家多事，环境所使，□令厦大经费中断，学生生活陷于极度困难。正因厦大之存在为福建的光荣，我们认为厦大的困难，亦为福建人的责任。所以我们不忍坐视厦大学生的□危，特联合闽台人士发起援助厦大学生运动。现在我们正向闽台父老各界人士伸出求援的手，相信闽台父老必能念及厦大之光荣，与福建光荣，慷慨解囊。我们相信闽台人士亦必能继承陈嘉庚先生创办厦大的纲领与勇气，共同解救厦大当前的危机。这个援助运动已在进行中，希望不久即有第一批捐款汇寄贵校。这一项捐款的目的，完全在于维持厦大学生的日常生活，使他们不必因为受生活的威迫，走出实验室与图书馆而上街云义卖渡日。虽然我们的力量有限，但必将尽其所能，联合闽台父老共同努力，谅贵校必能接受我们诚挚的援助"等语。汪校长已复函表示接受，并致谢忱云。

《立人日报》1949年3月16日

厦大职员会请发进修费

本报讯 国立厦门大学职员会昨电国立各大学职员会，略以物价飞腾，底薪又微，原已不能维持个人生活，此中滋味，惟有身受者知之。教部虽有规定职员进修研究费，乃又于此次调整结果，其对教授、讲师、助教，已增加比照薪额1/3。五强之研究费，唯独职员进修费未获顾及。查教职员同为学校机构之重要工作人员，研究进修同具必要，教部何歧视乃尔，或遗忘职员终岁辛劳之负重？抑以教员研究可以有费，职员无需乎进修者？轩轾偏颇，揆诸清理，殊欠公允，除电呈教部力争外，敬希一致作有力之共鸣。

《星光日报》1949年3月25日

厦大职员奉令进修　教育部未规定津贴

通电各大学职员共起呼吁

市讯　厦大职员进修费,未见教部规定,昨曾代电国内各大学职员,一致作有力之共鸣。兹探其原电文如下:际兹时局动荡,物价飞腾,吾人底薪已微,原已不能维持个人生活,且因物价不断上涨影响,而所得薪额之贬值,生活迫于颠沛困苦之境。此中滋味,惟有身受者知之。况终日在校工作,既不能在外兼职,□□待遇之菲薄,固知进修有益工作效率,然薪津已不足购人之温饱,岂有余力满足精神之修养,是吾人进修有心,而力有未逮。教部虽有规定职员进修之名,乃又于此次调整结果,其对教授、教师、助教已增加比照薪额三分之一。五强之研究费,唯独职员进修费,未获分文之顾及。查教职员同为学校机构之重要工作人员,研究进修,同具重要,教部何歧视乃尔,或遗忘职员终岁辛劳之负重。或抑以教员研究可以有费,职员无需乎进修者。轩轾偏颇,揆诸情理,殊欠公允。本会对此实深愤懑,除电呈教育部力争外,相应传达,敬希贵会一致作有力之共鸣。尚祈见复,临电不胜□企,国立厦门大学职员会电敬。

《立人日报》1949 年 3 月 25 日

"菲华"馆未完成　厦大再请募款

本报讯　国立厦门大学校长汪德耀,校友黄天爵、陈烈甫,为厦大"菲华图书馆"建筑经费中断,特联名发函向寓居本市旅菲归侨劝募。该函全文如下:

战时厦门大学校舍,横受敌人破坏,损失惨重。战后虽力图重建,惟距恢复旧观尚远。前年夏间,本校陈烈甫教授赴菲,承蒙当地华侨热烈赞助捐建菲律宾华侨纪念馆(即图书馆)一座,并于去年春间兴工建筑。以工程浩大,限于经费,故采分期建筑计划,第一期地基及地座工程早经完成,第二期正楼第一层工程,亦已完成过半。查前在菲捐款,尚有少额款项,未能收齐,而工料虽以外钞或白米折算,仍颇有涨价。现第二期建筑材料,如洋灰、铁条、砖石、门窗已全部购齐,但工资尚短欠美钞约 5000 元左右,中途停工,至为可惜!学校经费艰困万分,又绝对无法移挪周转。窃查菲岛华侨寓居本市,经营工商汇兑各业,颇多成就,热心公益,素不后人,对于本校菲律宾华侨纪念馆之建设,谅荷关切。爰敢不揣冒昧,求助于本市慷慨热心之菲侨,众擎易举,集腋成裘。他日大厦落成,菲侨之热心将随纪念馆之矗立,而垂于永久。至各捐款人芳名,亦将刻石以志不忘。事关重建乡邦学府,深信先生必能予以同情之考虑与援助也。(贝)

《星光日报》1949年4月28日

厦大经费积欠达一百余亿元

汪德耀今再飞穗吁请　　本学期考虑提前结束

市讯　国立厦门大学校长汪德耀,上月底由京返厦后,当经按照3月份待遇标准,预发6个月员工薪饷,教员学术研究费及学生公费作为应变费用。奈以时逢金圆券急剧贬值,物价突飞狂涨之际,员生所得犹如杯水车薪,无补于事,政府近虽公布4月份厦门生活指数12万倍,但4月份员工薪饷教员学术研究费及学生公费等项,至今尚拖欠甚巨,约有70余亿元之数。现今已至5月10日,所谓改照关元发薪一节,款项亦未奉拨到校,截至目前,综计政府积欠该校之经费已达一百余亿元,故员生生活极为艰苦,已濒饥饿边缘。汪校长为安定员生生活起见,决于今日(10日)再飞广州向教育部及财政部当局吁请迅速拨付各项经费。闻至迟一周后可返厦。

又讯:厦门大学当局鉴于时局紧张关系,闻已考虑将本学期提前于5月内结束云。

《江声报》1949年5月10日

厦大汪校长领得经费由穗返厦

市讯　国立厦门大学校长汪德耀,曾于上周间飞穗,向政府当局催发该校各项经费,结果甚为圆满。兹因时局紧张,加以该校学期即将结束,诸待料理,已于昨午由穗搭机返厦。据谈该校4月份员工薪饷余额及米代金,业经汪校长亲向国库催发支付命令,又学术研究费一百余亿元,亦由广州汇到,已分别发放竣事。此外尚奉拨扩充改良费 30 亿元及其他相当数额之经费,均经汪校长昨日携带来厦云。

《江声报》1949 年 5 月 19 日

厦大助教谢德熙前日服毒自杀　昨同学会已为安葬

市息　前晚约 5 时左右,本市中山医院,有厦大助教谢德熙一人,因服毒过量,不治而死。查死者现年仅 27 岁,原籍江西,去年毕业于厦大数理学系,因成绩优良,故毕业后任该校助教。闻(28)日谢曾偕该校女生王某出游,并合拍照片。回校后,即浴更衣,然后步入实验室,服毒自杀。后为同事发觉,发送中山医院施治,但终无法挽救。死后有遗书致王某,惟内容如何无从探悉,因此一般推测谢之死或与恋爱有关。昨日下午 2 时,厦大同学会、数理学会等以谢少年夭折,颇表悲悼,特联合为公葬于胡里山。

《江声报》1949 年 5 月 31 日

厦大员生应付时局　成立应变委会　外籍学生多归家不得

市息　厦大以时局急变,各项事务难照预定计划进行。由学校当局,教授会、助教会、职员会、校友会、学生会、工友会等共同组织一应变委员会,内分生活、安全、保管三组。

又息　厦大已于上周末放春假,榕籍学生欲回家者,由学校当局向招商局接洽船位,获票价七折之优待。惟因榕地今日告急,欲回籍者曾略为踌躇,再有家归不得之学生为数甚多,该校乃时请教授作专题演讲,俾学生得在暑假中再求上进。(邵)

市讯　国立厦门大学实验剧团,为筹募基金,决定于本月二十八、二十九、三十三日假本市通俗教育社公演三幕悲剧《沉渊》。闻已聘定该校同学陈国信君担任导演。

《江声报》1949 年 6 月 24 日

厦大萨故校长骨灰由穗运厦 本日抵校举行安置仪式

市讯 国立厦门大学萨故校长本栋博士,今年春间在美就医逝世后,其遗体骨灰业于5月间由夫人黄淑慎女士亲自由美携运香港。该校以萨氏于抗战期间主持校务备极辛劳,贡献殊多,特由现任校长汪德耀博士此次赴穗公干之便,由穗携将萨氏骨灰,定于今(27)晨飞抵本市。闻该校昨(26)日已接汪氏电告行期,定于今日上午9时半,由该校各单位代表数十人乘专车数辆,前往机场迎接,在该校群贤楼二楼举行奉置骨灰仪式,届时该校在校全体员工均将出席参加以表哀思。现该校已就校中营造坟墓,不久并将举行安葬典礼,俾纪念垂于久远云。

《江声报》1949年7月27日

萨本栋博士骨灰昨由穗护送抵厦 厦大将为立碑纪念

市讯 国立厦门大学萨故校长本栋博士骨灰,昨午12时许由汪校长自穗搭机护送抵厦。该校陈教务长、汪训导长、陈总教长偕同教授会、职员会、助教会、工友会,及校友总会代表多人分乘专车三辆赴机场迎接。飞机于军乐队悠扬声中降落,当由汪校长将萨氏骨灰捧交其姻亲杨允修。旋即入市,途经中山路,转同文路回校,员生500余人在校本部群贤楼前恭迎。萨氏骨灰由汪校长正式代表学校接受,并覆以厦大校旗。继在大阅览厅举行奉置仪式,奏哀乐,献花圈,全体向萨氏遗像行三鞠躬礼。默哀后,由汪校长致词,略以萨故校长于12年前莅厦就任国立厦大第一任校长,前后7年,鞠躬尽瘁,贡献宏大。今春逝世美邦,本校为纪念萨氏,特商得萨夫人同意接受萨氏骨灰,并强调指出萨氏为人作事,治学之态度为坦白、确实、刻苦耐劳诸美德。该校长接受萨氏之骨灰,立碑纪念,即在使该校员生永远学习并发扬本栋精神等语。下午2时散会。

《江声报》1949年7月28日

厦大员工要应变　校方分发柴与米

市息　厦大校舍奉东南副长官汤总司令归政府征用,留校学生移往鼓岛博爱宿舍。该校经于前昨两日积极搬迁,可能已竣事。该校教职员以时局紧张,纷请学校当局发给应变费。校方经将前向教部请得之周转金所储购之粮食、柴火,按人数发给。该校教授,多雇不起佣人,昨亲持□袋前往领米者甚众,于分到后初则莞尔而笑,继思及前途,莫不愁绪万端。

《江声报》1949 年 9 月 3 日

汪德耀氏赴穗述职报告应变情形

市息　国立厦门大学校长汪德耀氏,昨(7)日午飞穗,向教育部杭部长述职,除报告该校应变及疏散情形外,并向财部催发该校经费事宜,不久即可返厦。厦大校本部,自被汤总司令部及省政府借用后,该校各处组业,已迁移至滨海之工学馆办公,图书馆及各院系办公室亦全部迁至他处云。

《江声报》1949 年 9 月 8 日

赴鼓就学不便　厦大教职员办子弟中学

市息　厦大教职员子弟就学于本市各中学者为数达 60 余人,因联合中学设在鼓岛,来往不便,乃有人建议将校中笃行斋宿舍借用六间为教室,开办初高中各班级。教员由教职员义务担任,学生学籍由厦大商请原校承认。至于所用书籍,因就学于双十者较多,乃以双十所用者为根据。厦大现正登记教职员子弟,准备日内开学云。

《江声报》1949 年 9 月 13 日

六、职业学校

创设师范传习所

厦门学堂虽有十余处,而人烟稠密,学生众多,仍须立图扩充,教育始能普及。惟师范缺乏,聘请甚难,其人皆因口音之不对也。昨日劝学员卢君蔚其与视学员商议创设师范传习所,以便养成师范人才。经转商诸张厅宪概任担筹经费。现拟赁所于小走马之小榕林,大约不久即可观成矣(萧)

《厦门日报》1909年5月18日

师范传习所将次开办

厦地学校日见发达,惟师资缺乏,延聘为难。经学务总董卢文启禀奉提学宪,批准创设师范传习所,并由厦防厅张司马认筹的款以资持久。闻章程经已订定,不日当可出示招考矣。

《厦门日报》1909年5月26日

亲勘校地

本埠师范传习所已择定小走马路大榕林为校地,日昨张司马亲往勘视一周,极称合宜。现已召匠估修,大约蒲节后当可竣工。从此师资既众,学务不难推广矣,不禁为合厦学界前途贺!

《厦门日报》1909年6月1日

颁发巡警学生服式徽章

应宪张司马改良厦门警政,开办学堂,聘请刘、徐二员为教习。而学生在堂之便衣或礼服,均照定章办理,特禀请闽省巡警总局颁发学生衣服形式、徽章。昨经省局发下学生各样徽章一本,移请厦道宪转札厅宪照办云。

《厦门日报》1909 年 6 月 5 日

劝学移所

厦门劝学所以地势狭窄,每遇会议动,多促膝而坐。爰于初一日移设小走马路大榕林内,其附设之阅书报社亦一并迁入焉。

《厦门日报》1909 年 6 月 21 日

集美农林学校沿革概况与将来之计画

叶绍曾

管子曰:"庶人耕农树艺,则财用足。"我国山泽广大,则林林易蕃,壤地肥饶,则果蔬易殖。然而数十年来,各省农林业未见振兴,而反日益窳落者,何也?其一由于民智未开,蹈常守故,不知改弦更张。其一由于政治抢攘,兵乱频仍,民生憔悴,间阎空虚。因是二弊,而吾国之贫弱乃益亟矣!我闽省多山地,而土质膏腴,尤利于耕植。倘能用新法,革旧习,以为村民倡导,数年后,稍稍收效,则乡里人士必憬然觉悟,知前此因循苟且之谬,而奋起力励,以从事于陇畝之间矣。

我校之创办,盖其目的即在乎培养富有农林新学识之人才,以为将来改革闽省农村之需要也。爰将五年来之沿革概况,与将来之计画,分述如下。

(A)沿革概况

集美学校既创办有年,商科水产以次设立,规模益宏廓矣。校主陈嘉庚先生,以为欲振兴闽南农林业,则农林学校之设立尤亟亟。于是自南洋函商诸校长叶采真先生,议定,苦无善地。其后寻同安天马山下之猴厝乡,荒山旷野,足资开辟,用为农场,与种植森林,最为适当。然其地多属于洪塘头黄姓,后郑张姓,叶校长乃招集各乡家长,宣传陈嘉庚先生热心教育之盛意,婉辞奖劝,而后得其赞同,订立荒废田园旷山地价若干,收归校产。时民国 14 年夏也。而叶道渊先生适由德归国,遂受聘为主任,主理一切。其于校舍之建筑,农场之开垦,工程颇大。他若校具农具,亦以次购备。是冬十月,乃开办苗圃,栽植柑、李、桃、梨、香蕉、凤梨、龙眼各种果树,举一片荒凉之地,焕然增新矣!十五年春,校舍落成,招考新生,而宿舍狭隘,仅容百三十人之谱,大有人满之患,不意开课未久,以地方新辟,瘴气暴发,暑假将届,而学生及教职员多染痢痟之疾,请假回家者十有二三,学校受其影响亦至巨也!是秋,增荣畜牧场,添置牲畜之类甚夥。农场之应整理者,进行不遗余力。又以宿舍不敷,且拟添办高级农林,复于校之右近建筑大楼,尚未竣工,而校主商业中落,经费支绌,因而停工,损失不鲜,至可惜也!十六年春改委员制,叶道渊先生为主席委员。秋,叶道渊先生以事辞职,由殷梦赍先生继任。十七年春改校长制,殷梦赍先生为校长,教职员略有更迭。至是水土暂佳,生徒骤增,惟地址偏僻,交通不便,常虞盗劫,用深警惕耳!翌年耕牛被劫,而戒备尤严。十八年春,增设高级农林;冬十二月,初级第一届毕业十七人,殷梦赍先生辞职。十九年春,叶道渊先生复回校视事。六月,初级第二届毕业三十人。是秋道渊先生又因事离校,请熊襄龙先生代摄职务,复开办农林专科四年制,招收农专一组共二十余人。二十年六月,初级第三届毕业二十八人,熊襄龙先生辞职,聘章文才先生继任,又以开办专科。经费浩大,且不合部章,仍改为高级农林中学。十二月,高农一组毕业六人。现在学者有高级两组,初级三组。此本校五六年沿革之概况也。其他所当纪述者,固非一专,作者于农学一无所晓,仅略掇所闻如是。遗漏之咎,知所不免!

(B)将来之计画

本校开办未久,凡百草创,其始既厄于瘴疠,继复困于经费,故用力甚劳,而收功不易!若欲使事业扩张,学有所用,必当与远近农村联络一气,期可增设农场,而使毕业生从事其间,为有组织,有秩序之进程。此则吾校之所企望也。兹谨就校长章文才先生预定之计划,分述如下:

(一)教课方面:农林教育,贵乎实用,故本校课堂与田间实习并重。农林学生泰半来自田间,本身既为农家子弟,更须耐劳忍苦,冀将来学成还乡,对于农民有所贡献,对于一身职业,不至铺张无策。此为本校是后教育之方针。故学生在校时,亟应训练自治人格,俾将来能为乡村之领袖,及自治农村之组织,均可设施如宜,庶几学有所用也。

(二)研究方面:本校位南闽中心,为农林事业重要区域,无论果树蔬菜森林农艺，均有出为改良提倡之必要。况农林教课，按各地情形风土之不同，而不得不变更其教材。故当以学术上之农林研究为根据，而参按以本地情形之重要农林研究问题，极力攻讨。其须即行工作者，约有以下诸端：(1)稻、麦、花生、甘薯之品种选种研究。(2)果树品种试验(如柑、桔、柚、龙眼、荔枝、枇杷等)。(3)柑桔接本之选择试验。(4)香蕉、凤梨之芽突变选种。(5)果树肥料试验。(6)果树剪定试验。(7)甘蓝菜之春播试验。(8)森林树木之适合造林种类研究。(9)土壤之改良试验。(10)绿肥栽培试验。

(三)经济方面：农林场乃农林学校之命脉，农林场不振，则外无以博农民或社会之信仰，内无以使学生学业上有所根据。因是农林场除供给少数教课研究材料外，尚须谋经济上之发展，以为外界之模范。但欲求经营有利，首宜有正当之设计与投资，再须有适当之管理与规程。农校开办迄今五年，其目的亦惟在建设一模范之经济农场，况是校乃陈校主兄弟捐资创办，更宜谋日后经济之自给。爰定下列步骤，作为我校农林场整理之方针。

一、经济果园之设立：果树栽培，在闽南一带，可称最适，且易于经营，资本较少，而收效甚速。最近拟进行者，有以下诸园：(1)经济柑桔园：面积暂定六十亩，将来再逐渐发展至百亩，内分(甲)柑园：蕉柑、冇柑、有柑、有栌(芦)。(乙)橙园：雪柑、香水橙、Washington。(丙)柚园：平山柚、文旦柚、Grapefruit(美国种，在黄岩、福州、台湾已有显著之成效)。(丁)柠檬园：美国柠檬(在福州、台湾已有成效)。(2)经济桃李园：面积暂定一百亩，内分，(甲)本国砂梨梨园：如棕色梨、淡水梨、砂梨等。(乙)日本梨属梨园：如菊水、明月、二十世纪、今村夏、长十郎等(在九州台湾均佳)。(丙)西洋梨园：如 Kieher、Garber、Leonte、Bortltt、Hemmish Blanty(在我国各地已见，结果佳良)。(丁)水蜜桃园：如玉露水蜜、上海水蜜、企园水蜜、滋养水蜜、傅十郎等(均适合本省风土，在福州已有著效)。(3)香蕉园：除原有者外，再另辟约六十亩，品种用漳州北蕉、仙人蕉等(漳州蕉在本校已见结果)。(4)龙眼荔枝园：龙眼、荔枝亦为本地重要出产，拟利用山地作经济栽培。龙眼用福眼、水肉眼、糖酸眼、同安眼、莆田眼诸种，荔枝用莆田尖刺、漳州黑叶等品种。

二、设立果实包装试验区于汕头、漳州二处，注意果实之包装贩卖方法,藉以增进农民利益,谋栽培上之发展推广。

三、加意整顿农林种苗出品,希望使农场成为一部之商业化性质,推广改良种苗于各地,谋经济上之补助。

四、整顿苗圃励行造林,将学校附近荒山全植树木,期将来收永久之利源。

五、及经济稍稍宽裕之时,再注意畜牧发展,及产卵鸡、火鸡、猪、羊、乳牛之饲养。

(四)推广方面:农林学校当直接谋农民之联络,希望将改良种苗,改进科学方面等等,从速介绍与乡村农民,期农村社会之改进,农民生活之提高,农林事业之发达,农林教育之普遍。然当局者往往以事大功缓,因循忽略,对于推广方面,殊少成绩,因此农林学校事业,不得扩大,农民生计不能改进。故本校今后希望能从同安本县做起,第一期以同安七十余小学为推广中心区,俟后逐渐扩大,以及于附近各县,再达闽南粤北各地。农林推广事业,欲其有成效,必须如水波圈式之发展,由近及远,由小及大,方能奏功,增其效率。

以上各端,皆为农林学校急切之方针,重大之使命。但以前途遥远,非群策群力,蠲除私见,忍劳耐苦,则农林教育之实效弗箸(著)。且校主既有此殷望,国人亦具此同情,则吾辈亦惟黾勉从事,力行不懈,务使今后之计划,得以实现而已。

《集美周刊》1931,Vol.10,No.15

集美农校计划　堵天马山泉水　造坝收蓄以资灌田

同安讯　集美校董林德曜为谋农校田园灌溉便利,拟堵天马、玳瑁两山之泉而筑大小坝,以蓄多量泉水。查该处水源丰富,现已数月未雨,泉水尚川流不息。如筑水坝,其积蓄水量除供该校全农场灌溉外,尚可供给集校及集村使用。现已派员测绘完竣,自水源至水坝,长约2000余英尺,计划建筑一高20尺,宽100尺之大小坝。材料拟用石板及洋灰等。日来各处建筑公司到校接洽承包者颇不乏人。

《江声报》1936年12月14日

军校同学定期成立通讯分处

中央各军事学校毕业生驻厦各期同学为联络感情,发扬互助精神起见,经呈准成立中央各军事学校毕业生调查处福建通讯处厦门分处,由厦门要塞滕司令兼主任。闻该处为调查在厦同学人数,业经立函各同学填报调查表,于5月14日前送厦门要塞司令部蒙参谋或厦门水警大队王大队长汇办。如地址不明,未经通知者,则至大同路305号许志锥君处登记,并定于5月15日午后2时假中山路鹭江青年服务社四楼召开成立大会云。

《江声报》1947年5月11日

军校驻厦同学成立调查处 滕云兼处主任

本报讯 中央各军事学校毕业生驻厦各期同学为连络感情,发扬互助精神起见,经呈准成立中央各军事学校毕业生调查处福建通讯处厦门分处,由厦门要塞滕司令兼主任。闻该处为调查在厦同学人数,业经分函各同学填报调查表,于5月14日前送厦门要塞司令部蒙参谋或厦门水警大队王大队长汇办。如地址不明,未经通知者,则至大同路305号许志锥君处登记,并定于5月15日午后2时假中山路鹭江青年服务社召开成立大会云。

《中央日报》1947年5月11日

军校学生调查处厦分处昨成立

中央各军事学校毕业生调查处厦门分处于昨(14)日午后2时,假中山路鹭江青年服务社四楼开成立大会。到各机关首长及各军事学校同学120余人,由厦门要塞滕司令兼主任亲自主持,略云:"次承蒙各来宾参加,不胜感奋。驻厦各同学人数颇多,无通讯社之设立,致感情缺少连系,学术切磋,经呈准予成立厦门分处。回忆我各同学,系三民主义革命的集团实行三民主义的先锋队。故东征北伐,肃清内乱,以至抗战胜利,均有赖我军校各同学牺牲流血造成之功绩。今抗战胜利,然民生凋蔽,异党叛乱,今后建国工作尚巨,希各同学努力前进,完成建立三民主义新中华民国云。"继由黄市长、各机关首长、各同学相继演说,并通过电向校长致敬。最后聚餐讨论有关该处事宜及筹备6月16日23周年校庆等议案云。查该校于民国12年孙总理创办于广东黄埔,经蒋校长督率训练,建立革命基础,完成北伐,校友遍及全国,各部队人才辈出。廿余年内在中国革命战史上,该校毕业生牺牲不下数十万人,始建立今日之国家基础云。

《江声报》1947年5月16日

军校学生厦门通讯处昨已正式成立　并电蒋兼校长致敬

本市讯　中央各军事学校毕业生调查处厦门分处于昨(15)日午后2时,假中山路鹭江青年服务社四楼开成立大会。到各机关首长及各军事学校同学120余人,由厦门要塞滕司令兼该处主任亲自主持,即席致辞,略以此次承蒙各来宾参加,不胜感奋。驻厦各同学人数颇多,因无通讯处之设立,致感情无法连系,学术无法砌磋,故经呈准成立厦门分处。回忆我各同学,均系三民主义革命信徒,在过去历史上东征北伐,肃清内乱,以至抗战胜利,均有赖我军校各同学牺牲流血造成功绩。今抗战胜利,然民生凋蔽,田发党叛乱。今后建国工作,尚赖各同学努力前进,完成三民主义的新中国。继由黄市长、各机关首长、各同学相继演说,并通过向校长致敬电文。最后聚餐,席间讨论有关该处今后业务推进事宜及筹备6月16日23周年校庆等案。

《中央日报》1947年5月16日

政校厦旅同学纪念校庆　并电蒋兼校长申贺

本报讯　本日为中央政治学校校庆之辰,该校旅厦同学于昨晚假高亭餐厅举行聚餐,以表庆祝。参加者有陈烈甫、吴春熙、苏宗文、周子亚、黄锵、庄肇昌、沙居元、薛聿让、翁礼维、黄□川、陈上典、林觉文、吴在琛,省党部委员张□滨,前晋江县长吴德□适在厦,亦被邀参加。席间谈笑甚欢,餐后并发贺电,原文如下:

南京建邺路中央政治学校同学会,并转呈校长蒋暨诸师友钧鉴:欣逢校庆,谨电申贺,并祝健康。陈烈甫等叩。

《中央日报》1947 年 5 月 20 日

军校厦通讯处庆祝母校成立　昨起筹备分组进行

本报讯　中央各军事学校毕业生调查处福建通讯处厦门分处,业经正式成立即。兹悉:6 月 16 日为黄埔军校成立 33 周年,该处驻厦同学为发扬母校革命精神,准备扩大庆祝,将于(19)日下午 2 时假鹭江青年服务社四楼召开庆祝筹备会。计到周烈、王福青、黄崑岗、蒙幹廷、吕佩雄、许志锥、陈永顺、董敏翔、沈西明、江黄木等十人,讨论筹备事项多起,计分总务、财务、游艺、纠察等五组,分别筹备庆祝事宜。又该分处为筹募基金,拟于 16、17、18 三日义演平剧。

《中央日报》1947 年 5 月 20 日

在厦军校学生　筹祝母校校庆

海外社讯　中央军校历届毕业旅厦同学 200 余人,将于本月 16 日假青年服务社举行盛大纪念会,庆祝该校成立 23 周年,渠等于本(13)晨假华侨青年协进社厦门分社开会筹备。决定于开会之外,邀请各机关首长参加聚餐,晚假中华戏院公演平剧,并商准思明、开明、大同及鼓浪屿四戏院举行义演三天,收入票资除戏院租金及各项费用外,其余拨充设立招待所之用,藉以招待过往同学及死亡同学家属之食宿云。

《中央日报》1947 年 6 月 14 日

海疆学校与侨师酝酿合并组织
两校自治会联络中将进行请愿

本报讯　近国立海疆与国立第一侨民师范学校酝酿合并请愿事件,闻侨师第 9 组此次赴泉州参观教育,适国立海疆师生正筹备请求迁校,泉州侨师校友即设茶话会招待该参观团,海疆教授王新民即席说明海疆学校非迁校即无发展前途,而学校性质与侨师接近,故主张两校合并改称为"国立侨民师范专科学校"。如此不独可节省经费,且可增进边疆教育之实际效能,又可避免重床叠架之设。闻海疆全体师生早已有此主张,今日该校已筹备采取请愿行动,现适侨师教育参观团至泉,故茶话会中曾讨论进行事宜。闻两校自治会已开始联络,即将采取请愿行动。

《星光日报》1948 年 5 月 30 日

闽南职中决定复校

鼓浪屿闽南职中福民小学前任校长叶谷虚,近由叻回国,特倡议追悼该校十年来身故校董教员及学生,如叶攀桂、杨永隆、王宗仁、周之德、贺仲禹等十数人,以表哀思。现经决定本日下午 2 时在鼓浪屿福民校友堂举行,并束请各界参加云。

又闽南职业中学已决定筹备复校,经于昨日召开复校位于会,讨论要案探志如下:(一)推苏谷南、李汉青、叶鸿恩、陈文麟、苏宗文、何其光、庄友仁为常务委员,陈秋卿、周骏烈、周辨明、李克芽、叶谷虚、叶金泰、林遵行、何建朝、吴启标、王兴华、吴有思、杨世潮、杨有源、陈振福为委员。(二)校长人选由叶谷虚续任,在叶校长出国期间由叶鸿恩代理。(三)复校时间定 38 年春季实行开学。(四)聘桂峰山、秦望山、李克芽、庄友仁、陈少浦为上海区募捐委员,康镜波、王少平、庄成宗为香港区募捐委员,杨永泰、蔡维肖、杨金灯为岷埠募捐委员,其他南洋方面募捐委员由叶校长前往组织云。

《江声报》1948 年 10 月 9 日

集美商业毕业生 34 人

昨来厦考察工商业状况及调查金融经济情形

集美商业学校本届毕业生第十、十一两组共 34 人,由校长陈式锐、教员张清泮率领,于昨(20)日来厦,假寓青年会,约留四五天即返集美。查该两组毕业生此来工作,系考察本市工商业状况,及调查金融经济情形,作实地之试验。昨抵厦后,经先到淘化、大同两厂考察,并询问一切,且得商会之介绍,代向各途商接洽。今(21)日起,当续向各途商肆考察。又闻该两组生上星期业分作三组,向漳泉同考察毕,乃来厦。

《江声报》1932 年 12 月 21 日

集商学校毕业班　来厦考察商业续志

集美商学业学校班来厦考察商业,已志前报。查昨日(22 日)计考察南洋、航业、五谷、海业、纸业、杂货、糖油、火柴、□信、绸布等十余途,所获材料甚为丰富。闻该团指导员张清泮,昨接商会函称:"径启者,兹定本月 23 日星期五下午 3 时,在本会薄具茶点开会欢迎,届时务请率同全体学生□临是幸。"该团下午应商会之请,上午仍继续考察银行业及公共事业等。兹探录本日考察表如下:

商号途别	时间	组别
卜内门公司	9 时	(21)
自来水公司	9 时	(43)
电话公司	10 时	全体
中国银行	11 时	(41)
厦门银行	11 时	(32)
中央银行	11 时	
电灯公司	1 时	全体
厦门商会	3 时	全体
民生布厂	4 时许	全体

《江声报》1932 年 12 月 23 日

集商考察团今日返校　昨应商会欢迎

集美商业学校毕业生来厦考察商业,已数志本报。兹查该团昨(22)日工作完竣,下午 3 时应商会欢迎之约,由校长陈式锐、指导员张清泮率领全体赴会。首由主席陈瑞清致欢迎词后,当由该校长陈式锐起立□□□□略谓□□□此次,为明了闽南各地商业状况起见,举行商业考察到泉汉各属时,蒙各当地商会及私人极力帮忙,工作得依次进行。此次来厦更赖贵会之力及几位朋友始终帮忙,进行格外顺利,此应特别致谢。今复蒙贵会欢迎,诚不敢当。惟因明日拟全体返校,顺此前来辞别,并希转达各商号代为致谢其盛意之招待。又贵会委员意见,鄙意归纳两点:目下国家危急,莫过于经济危机。吾国经济事业农第一,次则商,是以商界如能切实:一、对日经济绝交;二、推销国货,未尝不能挽回局势。张清泮及学生代表洪其仁相继致谢词,即茶叙,宾主各尽欢而散云。

《江声报》1932 年 12 月 24 日

龙溪职中组织参观团　昨参观各工厂学校

龙溪职业中学因漳州事变停课后,教职员均已抵厦。前日该校开教职员会议,讨论召集学生补习问题,以在厦学生人数无多,且因设备未能充实,故决议由各教员就近指导学生自修,以免荒废学业。又闻该校教职员组织参观团自 7 日起,往厦门各大工厂各学校参观,并拟作参观报告书,以资参考云。

《江声报》1932 年 5 月 8 日

美术学校展览成绩　2 日举行游艺会

厦门美术学校设立已届 10 年,昨(30)日开 10 周年成绩展览会,并发特刊,欢迎各界人士参观。陈列作品分国画、油画、图案,水彩画□□□□□□,大小计有数百帧,皆为该校教授及学校所作。今明年元月 2 日,在中山公园通俗社开游艺会。

《江声报》1932 年 12 月 31 日

海滨女校昨开校董会　推陈荣芳为常董　聘刘尊光为校长

鼓浪屿私立海滨女子师范学校,择定校址于港仔后 65 号洋楼,计有三层,宽敞清幽。除中学部以外,并附设小学部。本年校董为杨德从、杨孔莺、陈荣芳、黄奕守、李岳、秦望山、蔡益谦、苏谷南、叶谷虚、许经权、杨剑光、刘甫衡、苏必辉、杨迪康、刘尊光、苏其昌、杨悌恬、刘甫攀、李□英、刘万泉等。昨12日下午开第一次校董会,推定陈荣芳、杨德从、黄奕守为常务校董,并聘定刘尊光为校长云。

《江声报》1933年2月14日

集美幼师　来厦参观　22人分四组

集美幼稚师范第八组教育参观团一行二十二人,于7日午2时抵厦,由吕仲驹领队。该团计分教育、社会、机关、名胜四组,每组各设主任1人,组员4人,分别考察记录。参观定两日,第一日参观各学校,第二日则各机关及浏览名胜云。

《江声报》1933年11月09日

美专组织写生团　旅行泉永　描内地古迹

本市美术学校学生,拟于此春假期间,组织篮球队及旅行写生团,前往泉永各属旅行。其目的:一、与当地各校及团体作球艺观摩,藉得联络友感。二、描写内地名胜古迹。三、参观当地各校之艺术教育。该队已定本月2日乘顺安轮出发云。

《江声报》1934年4月2日

美专写生团赴泉归来　绘画三十余幅　球赛皆胜

本市美术学校写生团,前日往泉州一带,野外写生。兹查该团昨已返厦,计绘写野景古迹三十余幅,又在泉州与各界举行篮球比赛,共赛五场均获胜。其成绩如下,3日对黎光队,50比31;4日对晋中队,42比14;5日对健民队32比23。又对亚光队,28比20;6日对三省队,34比22,五战五胜云。

《江声报》1934年4月9日

无线电学校宣告停课　因经费无着

本市无线电工程学校系杨文乙等倡办,聘杨廷枢为校长。当时报名者80人,开学时入学者20人。上课月余,除电讯收发等课外,余如直流电、电池学、英文打字等课尚未教授,而各生学费亦多未交清,中途退学者多人,学费交清者有7人。近酝酿风潮,学生欲向校长交涉,而校长早已登报声明,谓因事未能兼顾,旋由训育主任陈笃桢代理,办理颇感困难。盖该校成立迄今,既无校董负担经济,亦未向外募捐,仅赖学费收入维持。负责人及教员不能长久"枵腹从公",于日昨宣布暂时停课,候经费有着,再行复课。

《江声报》1934年6月6日

无线电学校续行开课　已函学父兄

本市无线电工程学校前因经费无着,暂时停课。兹查该校已有相当办法,拟订本月15日续行开课。经发函该校各生家长知悉,略言:本校因多数学生不体谅学校苦况,学费任催不缴,致撑持无力,不得不宣告暂时停课,经□情通详贵家长查照。然学校课程虽暂停,而学校之工作仍无时不在筹中,以冀早日恢复原状。现决定本月15日续行开课云。

《江声报》1934年6月13日

美专筹设暑期学校　教师六七人

本市美术专门学校,因原有校舍在市区未开辟之处,交通不便,乃于日前迁入中山公园内。该地有人造风景,空气亦佳,利于扩充。故该校于此新移校舍之初,特利用暑期增进学生对于艺术上之理解,设有第三届暑期学校,现已开始招生。其研究学科系模型人体、静物风景图案、国画、艺术教育学、色彩学,教师为郭应麟、谢投八、赵素、林学大、郑明盘、钟鸣世、吴怀椿云。

《江声报》1934年6月25日

集美师范准续办　　着遵照法规切实办理

私立集美师范学校,前以教育部令,不准私立学校附设"师范",因呈请教育部请准予续办。昨奉批示,略云:呈悉,查该校办理多年,著有相当成绩,特予照旧继续办理,惟课程及训练等项,务须依照《师范法》及其规程切实办理。除令知福建省教育厅外,仰即知照云云。

《江声报》1934 年 7 月 24 日

同安简易师范　　厅令标封

双溪辞教员　　无形停课

同安讯　县立双溪小学,前因发生风潮,兼县长杨用斌改委徐国维为校长。徐外地人,对于地方情形不甚熟悉,乃聘前任教员兼课主任洪文炎、王金城两人继任教员。现开学月余,各事渐已熟悉,曾教主任连景晖之妻舅王乃平夫妇,自漳浦失职来同,遂将洪王两职,畀与王乃平夫妻接充。王夫妇为兴化人,故不谙闽南语言,担任低年级教员,似为不合,已引起学生家庭之不满。本月 1 日到校学生不上 20 人,校中已无形停课。又讯,同安前县立初级中学因办理不善,教育厅根据省督学叶松坡到校视察,认该校为无设立之必要,已明令取消该校。而校当局以该校校产与公中银行资本,尚属不少,故拟以县立初中名义改称为县立简易师范讲习所。闻教育厅对此仍认为未甚妥善,经已重令同安县政府标封。县长杨用斌接到命令,即将派警前往施行标封云。

《江声报》1934 年 10 月 6 日

美专学校成绩展览　　10 日起三天

厦门美专本学期学生数颇有增加,该校拟于双十节及 11、12 三日举行学生暑期作业成绩展览,将学生暑期中作品若油画、木炭画、水彩画、图案画等共数百贴,分作四室陈列,欢迎各界参观云。

《江声报》1934 年 10 月 9 日

厦门职中　省府决停办
商教两会请另筹改进　经电覆着无庸议

厦门职业中学,终于下学期停办,早志本报。近商教两会,以厦人负担捐税,不谓不多,而全省教费每月10余万元,本市仅沾得小学补助费,每月百三十三元,而厦市省立学校,亦惟厦中、职中两校,厦中月费千八百元,职中月费2200余元。今教厅果筹职校停办,是厦门已无职业教育。苟谓办理不善,自可设法改进。基上理由,遂于4日电省,文云:省政府主席陈,教育营长邓钧鉴:报载厦职中因办理不善,有停办之讯。查厦马通商巨埠,职业教育,极关重要,应另筹改进,切勿停办,以维职业,而资建设为赖。厦市商会、教育会,叩支。省府接电后,即经电覆,文云:市商会览,支电悉,省立厦职,办无成绩,科目均与附近各职校重复。

《江声报》1935年6月11日

职中学生　条陈四点　电请收回　停办成命

厦门职中学生,以省府决将该校停办,特召开学生大会,组织维护校运动会,已载本报。昨该护校运动会代电致省府及教厅,其要点:一、厦马通商口岸,人口繁殖,不可无职业学校;二、本校土木工程之设,先于龙溪职校,重复之嫌,不在厦职。□本校所设高级商业科,与集美所设初级商科,程度实不相侔,仅有化学工艺科与他校相同,是可于明年毕业结束。三、成绩方面,客岁以来,增添校舍,开辟道路,便利就学,此皆短期内之成绩。四、倘实行停办,学生等纵可转学,学科种种势□适合。若勉强将就,则削足就履,殊非所宜。基本上理由,请准收回停办成命云。

《江声报》1935年6月13日

职中不应停办有八大理由　重视省垣而轻视省外
商会呈省府核察

厦门职业中学奉令停办,除该校学生组织校委会,呈请收回成命外,昨商会亦条陈不应停办理由八项,呈请省府察核,其理由:一、福建教员,分配之不均,全省教育11万元,省城占6/10强,厦门中学月得1932元,职业中学月得2400元,合共4332元,不及福州师范一校之半。今再将职中2400元移作他用,则厦门所得教员,月不上2000元,较诸省城仅1/30。二、福州有省立小学四,省立实小一,月费六七千元。查小学为地方教育,应归地方办理,部有明文,况在省教费不敷分配之时,尤不宜办理小学,教部曾□令停办,而教厅故违不遵。三、福州理工、职业中学有土木工程科,而福州职业中学亦有土木工程科;福州职中办应用化学一科,而理工中学亦办应用化学科。同城同性质之科,不予合拼,所谓相去百里之漳厦,谓为同性质关联并之,岂得其□。四、福州师范每年招同等程度之学生四级,而人数仅百人左右,以之并为三级,尚不满额,而必挂四级以耗公帑,是同校同性质者不归并,而必令厦门职中归并百里外之学校。五、教厅近将福师初中二级并入福中,理工高中一级并入福中,美其名目省会学校已归并矣,而实则福中班教随之增加。重视省垣教育,而视省垣以外之教育为无关痛痒。六、福州识字委员会月费千余元,成立驻久,所□□事,不令停办,而斤斤以厦中无成绩为词,将该款移作他用,立将该校停办。七、福州图书馆林立,而必另设省立图书馆,福州有科学馆、动物园,而必再设博物馆,有民业教育实验区校而必再有民业教育馆,月费各在3000元以上。八、厦门四面,水产职业亟待扩充,民性冒险,航海职业义不容缓,通商大埠,商业簿记所不可少。码头建筑,马路开辟,土木工程道路测量,万难蔑视。其他电气工程、无线电学,以至裁缝、看护医生,皆有并办必要,惟水产商业集美已曾开办,但该校维持现状,尚有问题,扩充发展,万难办到。上列各点,教厅支配教费之不均,实无可讳,厦门职中办理果无成绩,应归咎用人不善,不应因噎废食。退一步言,厦门无办理职业教育必要,如科学馆、民办教育馆、私立中等学校,市私立小学补助费,或急待创办,或渴望维持,安得视厦门一隅为化外,不稍加留意。总之,福州固闽省省会,而厦门为华□大埠,教育经费,万不宜相差太远。今将福厦比较,判若天壤,毋怪舆论大哗,钧座整理本省教育,具有整个计划,应兴应革,自有权衡,本会本不敢置喙,惟教厅支配教费不均,已如上述。且迫于各界纷请,本会代表上陈,俾下情得以上达,福建教育不致偏怙。故冒昧上陈,伏乞俯赐核夺施行云。

《江声报》1935年6月20日

集美水产学生　确否赴日见习

杨振礼今进省请示　台人筹资20万　入我腹地设冰厂

集美高级水产、航海职业学校校长杨振礼，于前日自集美来厦，订今(25)日搭海坛轮晋省，谒建设厅长陈体诚。查陈氏前此曾有拟派该校学生二三十名，前往日本水产学校见习之议。此次杨氏晋省，即为请示是否确定遣派，及接洽附设传习班事。昨记者晤杨氏于远东旅社，据谈，该校现有学生六七十人，一部分乘集美第2号渔轮，前往上海沿海一带见习，收获虽佳，惟因交通关系，鱼类不能当日深入腹地，以致利益甚仅。杨氏又谈，台人拟在东山、崇武及厦门经营制冰厂，实有其事。闻拟集资20万元，而以本地人出面创办云云。

《江声报》1935年6月25日

王书贤昨抵厦　今日接收职中商科学生令转学集美　其余则转学龙溪职中

省政府教育厅督学王书贤，昨(8)日由省乘海坛轮抵厦，寓天仙旅社。下午3时，记者往访，询以此来任务，及教厅对名公立学校教员与教育局长郑永祥发生纠纷意见。据王氏谈，此来系奉教厅令，前来接收厦门职业中学校，无其他任务。抵厦后，职中代校长王咏湘经到此接洽，谓□校业遵令结束，听候接收。本人订明(9)日上午8时，前往接收所有图书、仪器等件。接收完竣，即付轮寄省交厅察收，本人约稽留三二日亦即返省覆命。该校学生，如属于商科部分者，当令转学集美，其他则转学龙溪职中。至郑局长与各公立教员纠纷事，经各有呈诉到厅，如何处理，谅郑厅长当有批示。王氏又谈，强迫教育及识字运动，省垣已积极实施，并经训令此间，督促进行云云。

《江声报》1935年7月9日

商会再请保留职中或改办科学馆　昨具函市府

本市职业中学,由教育厅令停办,并派督学王书贤到厦接收,已志本报。昨商会洪鸿儒为此事,特具呈市政府,略云:查厦门为闽南要埠,前经呈请福建省政府陈主席,转饬教育厅,迅将原校暂予保留,或经费留厦改办科学馆等教育事业。奈至今多日,未奉省府何项指令,谅因主席晋京事,遂无形搁置。闻教育厅对于此事,不特不稍加考虑,且复派督学来厦接收,并将该校所有校具全数运省,拨归省会他校应用。为此理合具文呈请钧府,迅予一面电请教育厅暂缓接收,一面据情转呈陈主席,转饬教育厅设法保留厦职,或将经费留厦,改办科学馆等教育事业,以顺舆情,而矫教费支配偏植之弊。

《江声报》1935 年 7 月 12 日

厦大设高级职训班　文书簿记组本期开办

厦大附中原定本学年起,开办高级职业训练班。内容:一、文书簿记;二、化学工艺;三、简易测量等三组。每组各招新生 25 人。现以二、三两组学生录取无多,一组文书簿记报考者拥挤,遂决先办文书簿记组。学程亦已拟定,大约将文书簿记两项,分两学期修毕。计开公民、国文、应用文、公文程式、档案管理、英文尺牍、新闻学(附采访实习)、图书馆学(附编目实习)、速记术、英汉打字、书法研究、公司簿记、银行簿记、工业簿记、官厅簿记、广告心理、商业原理等。每日授课时数与普通科同,下午则注重实习,并注重学生毕业后出路,使达到每个毕业生均有谋生技术之目的。至该组收费,全部学杂费为 28 元,25 年度暂设免费额四名。

《江声报》1936 年 9 月 4 日

闽南职校全体学生海沧露营

闽南职业学校,本学期聘请商业顾问,各部亦均添置设备。对于童军训练,亦加紧进行。日昨(21 日)全体出发海沧附近,举行露营。又该校系福建省学生假期服务团第五一大队,故乘露营期间内,作种种服务工作,假沧江小学开宣传游艺会云。

《江声报》1936 年 10 月 1 日

市府再令国医专校即办结束

厦门国医专门学校,因未经政府立案,前奉市府令办理结束。该校校长吴瑞甫,以经奉中央国医馆立案,未便结束,特呈市府核示。昨经市府批示,呈悉,据称该校系经中央国医馆立案。查中央国医馆系学术团体,学校教育自有学校行政机关主管,即中医审查规则第三条亦照白规定,所称中医学校指经教育部备案,或地方教育主管机关立案者而言。该校既未经呈请主管教育机关立案,本府复奉令取缔有案,学员毕业仍无领证资格。仰即遵照前令,从速办理结束。

《江声报》1936 年 10 月 13 日

集美商科毕业生训练 60 名　分任所得税及会计员

集美学校新任校董陈村牧,日前再行来厦,不日晋省,请示一切。近集美学村召集各家长及地方人士开会,讨论筹备欢迎陈氏,并派代表陈心用、陈科干、陈余德、陈金霞等来厦。查问陈氏履新日期,陈对开会欢迎表示辞谢。又省所得税办事处,拟在各县各设分处,因此需用大批人员。前日该处曾函集美学校,请拨商科毕业生 30 名,训练此次课程,俾毕业后,分配各县办理所得税工作。该校当局为谋各毕业生出路,即派商科校长叶书德赴省,与所得税委员张萃商洽。经已事毕返厦,即将返校筹备,于最近开始训练。又省财厅需用会计人员一批,亦由集美学校拨毕业生 30 名,实施训练 2 个月,使其明了新会计制度,期满由财厅分配服务。教师亦由财厅派来,本月底即行开课。

《江声报》1937 年 6 月 12 日

双十学校高级商科扩充设备建筑校舍

本市双十中学高中普通科,自去秋遵教厅令改办高级商科,以符政府提倡职业教育本旨,而宏毕业生出路。尚有高中普通科三年级□班,则办毕业完竣。该校高中商科对于校舍及内部设备从事扩充,校董卓全成、陈福星合建商科校舍一座,左为长福堂,右为□阳堂,以纪念其尊人。本暑期间已开工建筑,赶于开学时应用。他若打字机及一切设备,亦再从事补充,俾学生有练习机会。该科本学期起招收新生一班50名,连旧计有两级。

《江声报》1937年8月4日

闽南职中今日起　举行救亡宣传周

鼓屿闽南职中,订今(13)日起至18日止,与福民小学,联合举行扩大救亡宣传周。由教职员会议,推叶恩溥、叶鸿思、陈锡恩、朱天机、邱黎荣、黄惠元等6人负责筹备。拟具办法如下:一、宣传周程序,星期一纪念周,全体职员宣誓抗敌,党政长官训话;星期二演讲"日本侵华暴行之演述",举行时事测验;星期三参加全鼓缴募棉衣宣传会,全体员生分队出发宣传;星期四演讲"长期抗敌中后而努力"。又,区署为便于施行政令,特在庵兜设立办事处,主任一职由区长周昌成兼,已开始办事。至原有江头办事处,业已撤销。

《江声报》1937年12月13日

创痕满目的集美

我跟着集美学校迁入安溪,已有一年了。但在这一年中,我常常听见敌人用飞机大炮不断地把我们的巍峨壮丽的校舍,肆炸横击得东倾西倒,千疮百孔,损失非常重大。这样的残酷,很使我们痛心。因此我屡欲前往集美实地一视被破坏后的情状,奈苦机会,至以为憾!

这次因为我们学校施行生产训练,缺少一部分机械,学校当局让卓神荣先生同我前去集美搬运前来应用。在我得了这个好机会,实在是喜出望外,就于9月20日清晨,会同卓先生并带工友由北石搭汽车至官桥,又从官桥乘竹舆,经过龙门、险济岭、仓内、东岭。山势险峻,道路崎岖,轿夫热汗淋漓,喘息很急,实在吃力得很。下半岭,入同界,见平坦之地,沿车路而行。时夕阳西下,遍野秋风,颇觉寒冷。少顷,天色昏黑,路又毁断,艰于步履,幸卓先生随身携有手电筒,始能继续前行。比至同城,街头巷尾好多纳凉谈笑的人们,男男女女,老老少少都有,热闹得很。是晚下榻于本校驻同安办事办,到第二天早晨,再坐轿出城,先到农场访问集美情形,虽校舍田园无恙,但乏人管理,蓬蒿蔽径,蛙鸟悲鸣,无处而不触我愁怀。如没受着敌人炮火袭击,我校决不会迁移的,所以我们应该早夕把敌人驱逐出境,才可恢复一切应享的幸福。这时我和卓先生一同到农场郭获麟先生处,探得该地的消息后,遂即辞出,卓先生往石兜公干,我则一直往集美来。

  到了集美学村办事处说明来意,该处的工役就引我到各校舍视察,过岑头街,除两三间店铺在半掩半开营业外,多半是无人居住的。因为被窃盗乘间洗劫,不但店内一无所有,甚至连店门都被偷去,且门内外以及街衢,堆积废物甚多。听说自厦门失陷后,集岑两社的居民,都移出境,分向内地一带避难,后因水土不服,死亡约百余人。最近集美联保主任鉴于挪民等流离他乡,受种种痛苦,于是就劝他们撤回居住,因此渐渐有少数村民归回这集美老家再住。在这样惨淡景情之下,实在能令人伤感。走到植物园附近,凝神注视,蒿草满目,长四五尺,树林荫翳,落叶满地,而一片大操场,亦变成草野。又全校相思树下的道路,都是枯枝残叶,堆积盈寸。敬贤堂正面上头被敌机炸毁,下面受大炮击破,瓦解土崩,狼藉不堪。对面居仁楼,背后立功等楼,亦均弹痕累累。科学馆三楼,也受着敌机轰炸,栋析梁崩,瓦砾杂陈,西楼、北楼亦莫不皆然。明良楼前有炸弹一粒,钻入土中,不曾爆发。放胆登明良三楼一望,但见海涛汹涌和高崎堡垒上敌旗随风飘扬而已。又幼稚园与女师范两校舍亦遭炮火轰击,损失不赀。至于小学部所受轰炸射击更为厉害,全部校舍,无异蜂巢。

  又次日我正在图书馆督工折舍器机的时候,突闻由高崎开来敌炮两响,震动山岳,那时我们的集美村一民屋应声而倒。事后调查,计压毙六旬老妇一人。又有一男人,被毒烟所喷,面成焦黑,伤势颇重。闻死者此次避居他乡,始回来故乡住三日,就遭此祸,殊属不幸! 这总是敌人万恶的罪过,我这次在这最前线的集美居留两天,足迹所至,满目凄凉,实不胜今昔之感!

总而言之,物质上所受损失,在兹抗战期间,是难免的。我们的校舍虽遭敌之破坏,然而我们的精神依然存在,埋头苦干,不久的将来,胜利必属于我,我们的集美学校仍会发扬光大的。

原载《集美周刊》1938,Vol.24,No.3)

集美两职校校长更动　平福增俞文农分长农校水产

集美高级农业职业学校校长庄纾,于月前应台湾农林处电召,赴台工作。经集美学校校董会准予辞职,改聘该校教导主任平福增接任校长。

又,集美高级水产航海职业学校校长陈维风,近为筹设集美水产商船专科学校事,经校董会改聘为秘书主任专责办理,高水校长一职,经改聘该校教导主任俞文农继任。闻平氏系浙江大学农学士,历任浙大助教、四川农业改进所技士、福建农改处专员等职。俞氏毕业吴淞商船大学,历任国内外各大船公司轮船二副、大副等职云。

《江声报》1946年1月29日

集美水产办讲习班

本报讯　查集美高级水产航海职业学校,在战时造就毕业生计有百七十余人,除已介绍一部分分往台湾水产课及港务局任职外,该校为欲便利各生应付船员考试及实习计,时举办短期讲习班,定5月22日开始报到,27日开始讲习。闻其中讲师聘有新近舍弃船长优职返校服务之校友刘双恩、刘崇基、张庆暨、王英才诸船长云。

《中央日报》1946年5月12日

集美航校实习班来厦参观延闽轮
该轮设备完善昨已往汕

本市讯 集美高级水产航海学校，为注重毕业生之职业介绍与指导，前后渡台及往沪者将近百名。现该校为加紧造就大批航海技术人才，特于上(5)月27日于集美学村开始举办航海科战时毕业生讲习班，以便保送实习。报到者计有李长谋、陈嘉喜等32名，开始至今业以十八整日。闻每日皆以八课讲习，近日逢国营招商局有延闽轮抵厦，该轮系美国新造，船上各种设备十分新式完备，乃乘集美七号快艇直接渡厦参观，由该轮大副宣伟君（集美水产校友），各部人员为便利该校师生参观起见，特分别予以介绍与指示（如开动机关或起锚机，等等）。昨晨继续参观打捞公司之神农轮，该轮设备颇完善，将容纳该校本届毕业之二十名实习生云。

本报讯 国营招商局延闽轮于昨下午6时离厦开汕，该轮长258尺，宽42尺，载重2766吨，每小时速率十二余里。该轮系向美国购买者，1944年方造成，是以各项装备颇为新式，惜仍系运输轮，缺乏客舱之设备，仅可收容□舱搭客耳。该轮船长赵镇，系我国海军宿将，与厦要港司令刘德浦为烟台海军学校同学云。

《中央日报》1946年6月15日

《国立第一侨民师范学校成立5周年纪念特刊》
国立第一侨民师范学校校友总会主编

五年来之回顾

邹允衡

35年11月12日系国立第一侨民师范学校五周年校庆纪念。毕业校友于是日欲表达各种庆祝，书校史于等。余以立场不适，坚辞不得，只将本人5年来可忆之事，略书贻之，惟所知未周，挂漏者多也。

侨师设立动机，乃侨务委员会深感海外师资缺乏，必须于国内增设侨民师范，施以特殊训练，俾将业担负侨教之重务。抗战以后，累向教育部提促实现，直至30年2月始得通过，决定在闽粤两省内设置侨民师范一所,并派部中视察,周庆孚先生为校长。

于30年5月,周校长首途南来,由粤入闽,抵闽见教育厅郑厅长,商斟校址。郑厅长示以建阳最宜:一、离海口不远;二、米粮充裕;三、物价低廉。经周校长复参考多方意见,视察各地后,终认长汀为最理想。盖建阳之优点,长汀兼有之,且□近粤省,招生较为便利。7月初校址既定,一面兴建校舍,一面分区招生。第一届招收一年上期四班,□百六十四人,间湘、桂、赣、苏、浙、闽、粤各省均有之。时□舍有三,一在南寨东狱庙,面积较大,划作校本部;次为附近南禅寺,可供学生宿舍及膳厅之用;系稍远之□西峰别墅,可为教室及教职员宿舍。惟均须修建,方可假用。周校长晨夕躬亲监督土木,历时数月,辛劳备至。迨十月半开学,11月初始正式开课,并选国父诞辰为校庆日,意义深长。开学时因校舍赶修未竣,食宿、上课极不舒适,如四教室星散三处,相距颇远,学生宿□在南禅寺□小厅内,仅可容百六十余,拥挤情形,可以想见。所幸者同学能深切了体创办维艰,精神蓬勃奋发,至堪欣慰。

行政方面,则校规严格,赏罚分明。□以学业紧严,诸几逐步就绪,井然不紊,至堪欣慰。翌年添设四班,校舍亦渐次扩九,前途大有□欣繁荣之状。不料太平洋战事爆发,眼光浅近之同学,以为毕业后前途无望,□欲请求转学。在校同学精神受其影响者遂亦不安于学,此错误观念潜伏同学之间,酿成日后学风之萎退,良可慨叹。

33年4月,教育部改郑思勤先生(前福□教育厅主任秘书)接充侨师校长,周校长调长国立第三侨中。周校长主持侨师将届三年,筹备辛劳及□教严格,创建新校舍,贡献尤多,如大饭厅1座,学生宿舍□座,中山室1座,未完成附小校舍1座,其余教职员宿舍、诊疗室等,均为周校长劈荆创建或改建者。后人用之,诚有思源之□。

郑校长心地仁慈,待人诚笃。接任之后,常以和蔼亲切之心,劝诲同学,因此同学深受感动。接收仅及两月,长汀奉令开辟飞机场,漏夜赶工,是时员生心理均感不宁。盖长汀已遭敌机两度猛烈轰炸,故□至暑假纷纷离校。于是学校整个改善计划,以及假期同学之训练等,均不得实现。幸两月后,长汀飞机场复奉令免用才见安定。此时适逢开学期间,郑校长一面积极延聘教师,补充修建校舍,附小校舍继告完成。番新气象,刺激同学精神振作奋发,见者咸谓侨师复兴欤,□月后,政府通令鼓励员生从军，侨师同学志愿从军者，有90余人，占全校人数1/3，为数之众，可谓平时宣扬国策，启发民族意识之后果也。凡经签名从军者，课程重行分配，改授军事学科。时从军同学之心理，因爱国心切，急于歼敌，已不能专心向学矣，集中训练时间又再次改延。非从军同学被从军盛气所激动，精神亦变涣散，不能集中学业。

□月□复兴之气象，旋告溃消，令人莫大痛心，然亦时局使之然耳。

34年1月，赣州失陷，长汀告急，机关学校纷迁内地。郑校长亦多方神劳，筹□迁□。嗣经教育部电准，迁移漳平。迁校既定，搬运发生困难，公共汽车因时局紧急，假为军用。适遇斯时航空第十二总站退守长汀，难寻驻所。双方商洽结果，将校舍借与航空站，由航空第十二总站拨借汽车四辆，限载一次交换条件。此□所谓迁校，仅迁图书、仪器而已，其余均无法搬运。致到达漳平，一一重新赶制。漳平校舍至为简陋，宿舍、教室全部租借民房，且极星散。限于经费，又不能充分修建。郑校长在漳年半辛劳过度，身体欠佳。6月间，连电向教育部辞职，至8月1日始得教部改派本省省党部委员兼任侨师校长。陈校长于8月20日到校接收，对于同学严格管教，不容稍有宽纵。数年来，□懈之积习，短期内全部匡正。陈校长鉴于漳平地僻，交通不便，系属战时勉强迁就者，对学校前途诚难发展，胜利后，遂迁移厦门，时35年1月。到厦时一切用具仍重新购置，并□工赶修校舍，不断充实设备，一一重新筹划，实与创办无异。加以学风猛进，闻者无不敬仰陈校长实干之成功。

侨师校友关怀母校，常有来函询问情况。余以事忙，多未作复。本又承校友会盛意□□，□当复函，私心甚为感谢。惟闻有未尽之处，希诸热心校友惠书补述，俾使作为侨校5年发展史实。余所切望焉。

《中央日报》1946年11月11日

国立第一侨师　学潮不致扩大　学生要求四点现在调解中

本报专访　国立第一侨民师筛额学校全体学生因暑假留校名纠纷，包围陈永康校长案，记者为探求双方真相，特驱车前往厦港曾厝垵西边社校本部调查。当承陈永康校长延见，暨该校同学发表意见，详情如次，陈校长对记者称：“渠接长侨师，时逾二载，在抗战时间，侨师在长汀上课，胜利以还,渠为侨师校址应设海滨,以便延揽沿海优秀学子,造就海外师资,冒最大困难,毅然赴省商讨迁校沿海问题。承李黎洲厅长允许决拨款浪屿博爱医院为本校校址。嗣因厦大已先拨用,乃觅定曾厝垵为校址。但以迁校经费无着,时适教部拨下600万元,尚未说明用途,众疑为迁校经费,乃一并迁校来厦。讵料教部指定该笔款项为学生制服费,本校奉令后遂于去年7月间分发与各学生,每人得款一万五千元。时有学生二百余名,分发款项尚有剩余,特代保管于是学期新生入学在分发与新生。殊不知该款每人一万五千元为学生应制二套校服,(因指令无规定)本人乃电令请示,此也许为同学误会之一。又膳费问题,据旧同学报告,郑周二任校长于寒暑假学生留校多不限制名额,但本人做事风度务求严实,同学有住校者乃有向教部报销。此有案可稽,绝无浮报情绪,而同学误会去年寒暑假期内有冒领膳费,此其二。再谈到本校人事方面,本人向在外求学工作,在乡亲友绝少,奉令接长以后,仅换四位同事,一秉选贤与能作风,任用后亦多护惜。同事间有困难均予设法解决,绝无偏袒情绪,同学或有误会,此其三。其次为壁报问题,壁报稿件向当经校方检查,在此次全国学潮风起云涌之时,有一壁报对学潮分析有欠理智,乃由校方召集作者予以解释,并予劝告,此为同学误会之四。至于前(24)晚学生代表包围本人,提出四点要求:一、今年暑假全体学生应一律留校。二、清算去年寒暑假冒领膳费。三、言论自由。四、发给毕业生参观费等。经本人当场答复:一、今年暑假留校问题因此次全国学潮影响乃呈请提前放假,愿意留校者当呈教部核发膳费。二、去年假期膳费,因个人作事风度,并未领得膳费,至于膳费剩余,均充用特种费用,有发票收据可稽。三、言论自由,此为民主国风度,但因校方为避免意外事件发生,特予检查。谋事之苦,为同学所了解。嗣后决予言论出版自由,惟校方不负任何责任。四、发给参观费,本人此次赴京亦代同学力争,但因教育经费有限,无法拨给,恕难照办。总而言之,本人离校两个多月,管理未周,致出此事件,衷心引咎,自感耿耿办学,造此突变,深自怍愧,是非功罪自愿仔肩挑尽,同学能了解乎,清算乎?本人当静待教部妥善处理,不欲多言。"记者至此乃驱车赶至学生自治会招待会,承发表书面谈话:"敬爱的记者先生们:教育为国家百年大计,师范学校尤关系于下一代的国民强弱,而侨民学校,乃无数侨胞保姆之产生地,关系我海外教育,宣扬我国文化于海外,直接影响国家之盛衰既深且巨,教育机关之神圣,实为明显可知,国家、社会长官,以及侨胞之爱护,我们可以说是无微不至,但是我们的陈校长永康,却违背了天理、国法、人情,做着没有良心的事。我们为着不辜负千千万万爱护我们的人,不得不将他二年来的作为哀叙给爱护我们的人知道(罗列陈永康任用私人,虚报膳费,能力薄弱,克扣膳费,好名无实,处处刻薄,自私自利,强蛮成性,浪费公款,怂恿校医舞弊,情感用人,假公济私,破口谩骂,似有智识之人等十三劣处)。亲爱的记者先生们,陈永康的罪戾太大了,我们这次的举动,我们的呼吁社会上英明的长官及贤达人士,给我们正义的援助,把这个不是为教育而教育的败类赶跑,继提出四项要求:(一)暑假请准许自由留校,愿归家者膳费照领,厦大农学院及本校前任周、郑二校长均有成例;(二)废除壁报出版检查制度,又凡学生团体选举代表不由学校圈定,以符民主精神;(三)清算去年寒假各学生膳费;(四)依部令,师范三年级应有45天之旅行参观,一切费用当由学校供给以符法令。"

又讯 该校此次校潮原因,据记者多方据悉,乃购买校址地皮发起,是否确实,姑此志之。闻陈永康校长因办学失□,经电教部请求辞职,在未获批准前一切校务暂由教务主任黄卫世代理。该校昨为季考期间,因校潮关系,尚未举行,学潮案闻现由多方人士出为调解,日内可能具体解决,事体不致扩大。至于前晚误会纠纷,学生情绪至为良好,态度亦彬彬有礼云。

《星光日报》1947年6月26日

请求校长自动辞职　国立侨师发生校潮

本报讯 国立第一侨民师范学校学生自治会全体会员昨(25)日下午3时许,假鹭江青年服务社招待新闻界,到各报记者十余人。席间该会举列该校校长陈永康13条罪状,并发出宣言,呼吁社会援助,语多沉痛,并请求撤换校长,谓彼等以不罢、不游行、不损坏公物之方式,提出四个要求:(一)假期留校自由;(二)废除壁报版检查制度,又凡学生团体之选举代表,不由学校圈定,以符民主自由精神;(三)清算去年寒暑假同学离校膳费;(四)依部令,师范三年级的学生毕业生45人之旅行参观费应由校内供给。该校陈永康校长,以自觉领导无力,经于前(24)日电请教育部辞职。其辞电如次:"南京教育部长朱钧鉴,康奉职无状,恳请辞职,不胜感祷!职陈永康叩。"在未获准前,校务暂由教务处主任黄卫世代理。兹探录其宣言于次:

敬爱的记者先生们:教育为国家百年大计,师范学校尤关系于下一代的国民强弱。而侨民学校乃无数侨胞保姆之产生地,关系我海外教育,宣扬我国文化于海外,直接影响国家之盛衰既深且巨。教育机关之神圣,实为明显可知。国家、社会长官,以及侨胞之爱护,我们可以是无微不至,但是我们的陈校长永康却违背了天理、国法、人情,做着没有良心的事。我们为着不辜负千千万万爱护我们的人,不得不将他二年来的作为哀叙爱护我们的人知道(继列陈永康任用私人,虚报膳费,能力薄弱,克扣膳费,好名无实,处处刻薄,自私自利,强蛮成性,浪费公款,怂恿校医舞弊,感情用人,假公济私,破口谩骂,似无知识之人等十三劣处)。亲爱的记者先生们,陈永康的罪戾太大了。我们这次的举动,我们呼吁社会上英明的长官及贤达人士,给我们正义的援助,把这个不是为教育而教育的败类赶跑。

《江声报》1947年6月26日

校长曾对记者声称　谓学生似早有准备

南侨社厦门讯　国立侨民师范学校前(24)日晚9时许发生学潮。记者为明真相,特走访陈校长。承告昨晚9时左右,突有各级级长及学生自治会代表十余人向本人提出下列要求:一、要求学校准允学生于暑假期间自由留校,如离校须发给伙食费;二、请求学校发给参观费;三、壁报不受检查,言论自由;四、清算伙食费余款;五、学生自治会选举及活动不受干涉。此外并要求调换一与华侨有关人士为校长。学生方面似早有准备,一方面剪断电话线,一方面监视教职员行动,并分贴标语,情绪激昂,形势严重,本人乃召集教职员开紧急会议,商讨对策。嗣由本人答复学生要求:一、学校为管理方便起见,故不得不限制暑假留校,至学校拨发伙食费问题,如有察可稽,或厦大有此先例,自可发给;二、参观费可转请教部发给;三、壁报言论可以自由,惟如有事情发生,学校不负责任;四、膳余款项之开支,均经向校务会议报告,并由经济稽核委员会审查,有账可稽;五、学校自治会活动可以自由,惟须受指导。经本人答覆及表明态度后,学生方面情绪始渐恢复正常。迄二时许始平静,结果未发生任何不幸情事。陈校长继对记者表示对此次学潮感想称:本人接长侨师已逾两年,惨淡经营,悉力以赴,今竟不幸发生此事件,不胜遗憾;学生方面,本人相信均甚纯洁,其行动亦情有可原。揣其原因,本人离校赴京二月余,近始回厦。在此离校期间,学生与学校当局,或发生隔膜,不能互相了解,甚有可能。惟一切责任均由本人负担,本人对此事深引为咎,已电教部请求辞职,无论教部准否,势在必去。今日已将印信及一切学校行政责任,移交教务主任黄卫世代理。现本人仍暂留住校,以待问题完全解决云。

《江声报》1947 年 6 月 26 日

国立侨师起风潮处置得宜未扩大　校长深表遗憾电部恳辞

南侨社讯　国立侨民师范学校,昨(24 日)晚 9 时许发生学潮,情形颇为严重,幸学校当局处置得宜,卒未扩大,惟今日尚未未完全敉息。记者为明真相,特走访陈校长,承告:"昨晚 9 时左右,突有各级长及学生自治会代表十余人,向本人提出下列要求:一、要求学校准充学生于暑假期间,自由留校,如离校须发给伙食费;二、请求学校发给参观费;三、壁报不受检查,言论自由;四、清算伙食费余款;五、学生自治会选举及活动不受干涉,此外并要求调换一与华侨有关系人士为校长。学生方面似早有准备,一方面剪掉电话线,一方面监视教职员行动,并分贴标语,情绪激昂,形势严重,校长乃召集教职员开紧急会议,商讨对策。嗣由本人答覆学生要求:一、学校为管理方便起见,故不得不限制暑假留校,至离校发伙食费问题,如有案可稽,或厦大有此先例,自可发给;二、参观费可转请教部发给;三、壁报言论可以自由,惟如有事情发生,学校不负责任;四、膳余款项之开支,均要向校务会议报告,并由经济稽核委员会审查,有账可稽;五、学生自治会活动可以自由,惟须受指导。经本人答覆及表明态度后,学生方面情绪始渐恢复正常。迄二时许始平静,结果未发生任何不幸事情。"陈校长继对记者表示,对此次学潮感想称:"本人接长侨师,已逾两年,惨淡经营,悉力以赴,今竟不幸发生此事件,不胜遗憾。学生方面,本人相信均甚纯洁,其行动亦有可原,揣其原因,本人离校京赴二月余近始回厦,在此离校期间,学生与学校当局或发生隔膜,不胜互相了解,甚有可能。惟一切责任均由本人负责,本人对此事深引为咎,已电教部请求辞职,无论教部准否,势在必去。今日已将印信及一切学校行政责任,移交教务主任黄卫世代理。现本人仍暂留住校中,以待问题完全解决云。"

昨(25日)上午11时,学生代表数人,曾至市府谒见黄市长,报告各项与上述相同。当经市长一一加以答覆,谓可转达陈校长解决,并晓谕重理智,勿徒感情用事,早日复课云。并即派教育科朱督学为满驰往该校劝谕,直至下午5时许,始偕陈校长返市府向市长报员。据云:今日学校情形,已见安静,惟预定考试未举行,校长对此事之态度,已使事态不致扩大,学潮已成尾声。

又讯 昨(25)日下午3时,该校学生自治会假鹭江青年服务社招待各报记者,由该校自治会常务理事报告,提出要求四点:一、请求校方当本季暑假学生自由留校;二、该校壁报言论自由,反对检查;三、希望当局遴选侨领充任该校校长;四、清算陈任内过去一切账目。席间并发出宣言,列举劣点12条,并口头报告,指摘陈校长各种舞弊行为云。

《中央日报》1947年6月26日

侨师风潮渐趋平息

北侨社厦门讯 国立侨民师范学校,自发生学潮后,两日来已有平息趋势,惟昨(26)日,学生仍未复课,陈校长及部分教职员暨家属不能自由离校云。

《中央日报》1947年6月27日

侨师校潮平息　教务主任代理校长　市教育科治理善后

本报讯 国立第一侨师全体学生因不满该校校长陈永康,致学期考试无法如期举行,而陈校长亦因受反对而自知引退辞职,各情已志本报。现该校学潮已告一段落,陈校长经于昨日搬离学校。至于原拟由该校教务主任黄卫世暂行代理,但黄为避免误会,初未即应命,当由学生自治会召集全体学生开会决定,公推教务主任出任暂行代理校长之职。至于学期考试,学生方面以此次学潮发生后,影响自修时间不少,经向校方要求免考,准以平时分数与月考成绩平均计为总成绩,现尚待校方决定。至于当日学生反对校长时,有校医曾开山,因平素颇为学生所不满,即溜之大吉,众疑为失踪,昨日经返校。而市教育科对于该校之善后问题,亦经派员前往洽办云。

《江声报》1947年6月29日

教部派员调查侨师学潮

本报讯 侨师学潮平息后,教部派闽教厅督学张俊玕会同市教育科叶科长书德、李督学如竹到校彻查,于昨日上午10时抵达视察校内各种情况,并查询6月24日夜事件发生经过。随召集学生谈话后,下午4时离校。闻将调查所得报部办理云。

《星光日报》1947年7月3日

侨师校长陈永康飞京恳请辞职

本报讯 侨师此次学潮起因,内情颇见复杂,现事已平息,亦经部派员到校查明陈报。学生纷纷离校回家,校务无形停顿,陈校长经四电呈部辞职,经覆电恳切挽留,原电云:"侨师陈校长永康,已四电悉,学潮起因如何?迅予制止。经电闽教厅派员协助澈查严究,以饬风纪。务望打销辞意,一本初衷,切实整理。朱家骅人冬。"闻陈氏接电后,去意仍坚,急欲摆脱,经于前日(4)飞京面辞。现校务暂由该校杨主任家桦代理云。

《星光日报》1947年7月6日

侨师发生校潮后校长坚辞去

本报讯 侨师此次校潮为高年级少数学生所主动,内情颇见复杂,现事已平息,并经部派员到校查明陈报,学生已纷纷离校回家,校务无形停课。陈校长已四电呈部辞职,经覆电恳切挽留,原电云:"侨师陈校长永康兄,四电悉,学潮起因如何?迅予制止。经电闽教厅派员协助彻查严究,以饬风纪。务望打销辞意,一本初衷,切实整理。朱家骅人冬。"闻陈氏接电后,去意仍坚,急欲摆脱,业于前(4日)飞京面辞。现校务暂由该校杨主任家桦代理云。

《江声报》1947年7月6日

侨师招生考区确定

本报讯 国立侨民师范本年度招考新生,考区业经确定,除厦门本校外,外埠计分四区,晋江区在接洽中,龙岩区为省立龙岩中学,福州区为省立师专附中,梅县区为梅江中学,均已接洽就绪,定8月7日起至13日止报名,14日口试及体格检查,15日、16日考试。录取新生名额男生70名,女生30名,如考生成绩优异,或可录取120名以上。

又讯 该校本届毕业生奉教部派往台湾服务者计有二十余人,其余志愿在内地服务者,由闽、粤教厅派在各市县优良小学担任教职。闻赴台学生业经离校,向台省教厅报到,并悉可领旅费台币2000元。

又讯 国立厦大附小定于本(12)日上午于该校大礼堂举行第一届毕业典礼,35年度下学期恳亲会游艺节目。闻甚精彩,计有话剧、小侦探、歌剧、魔笛狼和山羊及舞蹈、歌咏等十余节目云。

又讯 该校除原有实验小学校舍及礼堂□一座外,行总厦处已另拨面粉20吨,加盖校舍一座。经于本月9日动工,预计下学期开学时当可落成云。

《星光日报》1947年7月12日

国立第一侨师　　教部下令解散

另聘教员重招学生　　派高督学来厦整顿

教育部顷代电市府,以兹据国立第一侨民师范学校校长陈永康暨该校教员等呈报此次该校风潮情形,以事先闻学生对学校有所请求,经召集会议请各导师向学生善为劝导,未得效果,学生即群集会议室楼上下,将校中电话线剪断,全校门户上锁并散发传单,监视教员,强迫签字,提出无理要求多项,鼓噪喧嚣,暴力威胁,复胁迫校长缴出印信,电部辞职等情。查该校学生此种行为违法乱纪,形同暴动,而该校教职员既未能协同校长纳学生于正轨，且少数教职员竟有操纵指使嫌疑，殊堪痛心，随即将该校解散，所有该校教职员另行聘用，学生另行登记。凡为有鼓动学潮之学生开除学籍，协助暴动之学生不予登记，除派本部督学高其冰前往督导该校校长澈底整顿，并分别令知该校校长福建省省教育厅及咨请福建省政府查照外，特电希就近派员协助整理为要。（南侨社）

《江声报》1947年8月15日

整顿学风消弭学潮　教部解散第一侨师
已派高督学来厦协助整顿　教职员学生另行聘用登记

本市讯　教育部顷代电市府，以前据国立第一侨民师范学校校长陈永康暨该校教员等呈报此次该校风潮情形，以事先闻学生对学校有所请求，经召集会议，请各导师同学生善为劝导，未得效果，学生即群集会议室楼上下，将校中电话线剪断，全校门户上锁，并散发传单，监视教员，强迫签字，提出无理要求多项，鼓噪喧嚣，暴力威胁，复胁迫校长缴出印信，电部辞职等情。查该校学生此种行为，违法乱纪，形同暴动，而该校教职员既未能协同校长纳学生于正轨，且少数教职员竟有操纵指使嫌疑，殊堪痛心，着即将该校解散，所有该校教职员另行聘用，学生另行登记。凡为首鼓动学潮之学生，开除学籍，协助鼓动之学生不予登记，除派本部督学高其冰前往督导该校校长澈底整顿，并分别令知该校校长、福建省教育厅及咨请福建省政府查照外，特电希就近派员协助办理为要。（南侨社）

《星光日报》1947年8月15日

教部明令解散侨师　派高其冰来厦整理
教职员及学生另行聘用登记　为首鼓动风潮学生开除学籍

南侨社讯　教育部顷代电市府以前据国立第一侨民师范学校校长陈永康暨该校教员等呈报此次该校风潮情形，以事先闻学生对学校有所请求，经召集会议，请各教师向学生善为劝导，未得效果。学生即群集会议室楼上下，将校中电话线剪断，全校门户上锁，并散发传单，监视教员，强迫签字，提出无理要求多项，鼓噪喧嚣，暴力威胁，复胁迫校长缴出印信，电部辞职等情。查该校学生此种行为,违法乱纪,形同暴动,而该校教职员既未能协同校长纳学生于正轨,且少数教职员意有操纵指使嫌疑,殊堪痛心,着即将该校解散,所有该校教职员另行聘用,学生另行登记。凡为首鼓动学潮之学生,开除学籍,协助鼓动之学生,不予登记。除派本部督学高其冰前往督导该校校长澈底整顿,并分别令知该校校长、福建省教育厅及咨请福建省政府查照外,特电希就近派员协助办理为要。

《中央日报》1947 年 8 月 15 日

教部督学抵厦

对待学生决定宽严并用　陈永康辞职经部方慰留

本报讯　教育部督学高其冰氏,偕本市国立第一侨师校长陈永康于昨联袂乘中航机由沪来厦。记者闻讯,趋访高氏于旅邸,叩询此来处理侨师情形及其个人观感。据语记者称:"侨师此次发生校潮,为教界之大不幸,该校学生暴力威胁校方,散发传单,强迫校长缴出印信,自动辞职。此种行为,国家法纪社会秩序及教育尊严悉被破坏无遗,殊堪痛心。本人(高氏称)此次奉命来厦处理,为顾念一般学子无知,倘欲全部予以解散,即无数学生前途学业,将遭断丧,于心不忍,故拟以宽大处理,如学生可能悔过纠正以往错误,站在国法与教育立场,当予自新机会。如不能迁善者以将断然方法处置。"高氏继称:"本人认为陈永康校长为人诚恳,做事认真负责,为一难得之教育人才,自前次发生校潮后,颇觉灰心。此番晋京向教部陈述,至于痛哭流涕。渠再三疚恳请辞职,经部予以慰留,勉为侨师前途努力。故陈氏仍将赓续过去精神,为侨师服务云。"

又讯　教部高督学其冰昨下午赴曾厝垵侨师校舍,召集留校学生六十余人训话,语多勖勉。高氏表示渠来厦将以最短期间内整理侨师,俾得在学期开始时继续上课。其滞厦日期将视工作进行情形为定云。

《星光日报》1947 年 8 月 16 日

高督学昨开始整理国立侨师　劝令学生能改过自新

本报讯　教育部督学高其冰氏,此次奉部令派来厦整理侨师发生校潮事。高氏于昨偕同校长陈承[永]康由沪乘中航机抵厦，下午即往曾厝垵校舍，召集该校留校全体学生训话，高氏多勖勉，劝令学生改过自新，俾免断丧前途学业。据高氏称，渠此行来厦，将视学生能否改善以为处理准绳。渠盼在短期内整理完竣，俾在学期开始时，得以继续开学。

《中央日报》1947年8月16日

教部处理侨师校潮　学生3名开除学籍
8人留察　7人不予登记　校长陈永康予申诫处分

国立第一侨师发生学潮，教育部以事态严重，经明令将该校解散，教职员另行聘用，学生另行登记，并派该部督学高其冰来厦整顿，各情经志本报。查高氏于本15日抵厦，连日着手调查处理，至昨日上午，遂会同市府主任秘书吴春熙暨该校校长陈永康前往曾厝垵该校，召集在校学生训话，后由陈校长贴出布告，略以奉教育部明令。据该校校长暨教员等呈报，学生借故闹学，渺视法纪，应予解散，为首者开除学籍，协助者不予登记。至教职员未能纳学生于正轨，应另行改聘，校长率领无方，予以申诫云云。该布告后半段，即关系于处理学生办法，计分为四项：(甲)开除学籍者；(乙)不予登记而将发给转学证者；(丙)留校察看者；(丁)具悔过书者。查被开除学籍者计有曾梅生、黄守业、黄振兴等三人；不予登记者有吴家拱、陈璧人、林金树、杨树芬、刘太湖、林清德、林兴国等七人；留校察看者有倪应箎、郑逸情、杨淑汀、傅修金等计八名。其余二百余学生具悔过书后，予以登记，其已离校者准予用通信办法办理。所有具悔过书之事，统限于9月10日以前办理完竣。本报记者昨下午5时半，特往访问督学于侨师附小，询以此事是否已告了结，教员方面如何处理，是否完全改聘？据答：此事至此已可告一段落，教员方面，除少数据查确有参加煽动学潮者，暨一部分另有高就外，余均照常聘用。高氏复述及本市教育界所称对开除学生学籍惩罚过严之事，并出示部分学生请求校方收回惩罚成命呈文，中有引用舆论界所称各语，记者当答以舆论界对校方或学生均无偏袒，唯惩以开除学籍，对其前途关系至大或有过严之处。高氏答谓：渠亦认为开除学籍系教育上之最重处分，但此次为首三人非如此处分，无以整饬学风。为顾全教育前途，不得不忍痛牺牲该三学生。记者再询以被处分学生确否曾经查有违法证据,又被开除三学生是否绝无补救余地。据答:非查有确据者,绝非随便处分。至该被开除三学生,渠甚盼能由其他方面获得出路,仍不失为有用之人。记者又询以对校长方面处罚如何?据答:学生所列举控告陈校长十三点,并无实据,校方会计系教育部所派并非校长私用之人,虽然学潮之酝酿于陈校长离校时期,但陈校长为一校之长,未能全无责任,应予以申诫处分。谈至此,记者正欲辞出,适陈校长自外来,将此次学潮发生经过详告记者,与本报前所发布者大抵相同,并解释事后所以由渠出名更正,因实被学生胁迫而出此。至于渠有无舞弊侵吞学米等行为,有校中各种账簿可资证明。渠认为此次不幸事件或系平时于工作上得罪少数同事,又因对学生管理严紧,致学生易遭煽动。最后记者询以该校下学期何时开学,据陈氏谓,决于9月底以前开学云。

又讯 自教部处理侨师学潮办法公布后,留校学生有一部分认为过于严厉,曾联名向校方请求收回成命。闻有一部分并将绝食抗议,以期达到收回成命之目的云。

《江声报》1947年8月18日

处理侨师学潮　定有办法四项

教部训令

本报讯 教育部对本市国立第一侨师前所发生之校潮,颇为重视,经于本月1日以第43998号训令该校遵照。兹探志全文如下:"兹据该校校长暨该校教员呈报,此次该校风潮情形,以事先闻学生对学校有所请求,经召集会议,请各导师向学生善为劝导,但未得效果,学生召集会议室楼上下,将校中电话线剪断,全校门户上锁,并散传单,监视教员,经迫签字,提出无理要求多项,鼓噪喧嚣,暴力威胁,复胁迫校长缴出印信,电部辞职等情。查该处学生此种行为,违法荡纪,行同暴动。而该校教职员既未能协同校长纳学生于正轨,且少数教职员竟有操纵指使嫌疑,殊堪痛心,着即将该校解散,派本部督学高其冰前往该校督导该校长澈底整顿,所有该校教职员另行聘用,学生另行登记。凡为首鼓动风潮之学生,开除学籍,协助鼓动风潮之学生,不予登记。一切措施均应妥为办理,从新树立学校规模,以造成本部整顿该校之至意。该校长事先疏于教导,当时复接受学生无理要求，未能剀切开导，晓以大义，殊属非是，并予申诫，除分令外，仰即切实遵办具报为要，此令。"兹悉该校陈校长奉令后，自觉教导无方，除自行引咎外，并觉学生此种破坏法纪行为，本应从严究治，姑念大多数纯正学生，系被少数操纵，盲目附和。此次遵教部高督来校整理之便，商请从宽处置。

办法四点

兹志拟定处理办法四点列后：一、应予开除学籍者3名；二、不予登记者7名（以上7名如有悔过表示，准予发给转学证书）；三、留校察看者8名；四、其余学生一律填具悔过书，准予登记复学（悔过书另发，不在校学生可用通信登记，应于9月10日以前办理完竣。逾期不办，以自动退学论云）。

又讯 教育部高督学其冰奉派来厦整理侨师，高氏连日工作，颇为紧张，昨早再度偕市府吴主任秘书及教科叶科长赴曾厝垵该校校舍，向全体学生训话记，记者再访高氏，承其发表谈话称：

此次国立第一侨师之学潮，学生纠合团体，胁迫校长缴印辞职，剪电线，灭电灯，叫嚣辱骂，造成恐怖状态。其违法荡纪，行同暴徒，已失学生身份，所破坏的为整个的教育，整个的法纪，整个的师道，尤其师范学生，不应出此。教部对此严厉处治，是为维持整个教育，整饬整个风纪，维护整个师道，迩来一股学风的败坏，学生殴伤校长，刺杀教授，打死主任之事，层出不穷。此种风气若不严加纠正，不但教育将要破产，实为国家民族极严重的危机。若再加以激励，国家前途，更何堪设想，教育当局职在为国育才，岂肯轻易牺牲青年？但对学生此种违法荡纪的行动，纵然爱护青年，为了国家民族的前途，亦不得不忍痛整顿。

至于校长所应当负的责任，于行政上已受到相当的处分，学生所攻击之各点，本人自当负责澈查。所查结果，只能向教育部报告，没有向社会宣布的责任，亦无此必要。根据目前事实，陈校长办理该校，努力负责，颇有成绩表现。对于经费甚为公开，手续亦极清楚，本人奉命督导执行部令，在不违背部令整顿教育的原则下，斟酌青年悔悟情形，已将惩罚牺牲的程度，减至最低限度。

《江声报》1947年8月18日

学潮处理以后　侨师学生绝食　要求当局收回成命

侨师学潮自本星期日上午该校校长陈永康奉教育部令发表处分经过后，是日下午，该校男女学生代表向教部督学高其冰面呈请求收回成命呈文，当经高氏接见，未予接纳。当晚9时许，留校学生开会，决定推派代表，分为两组，一组继续向高督学及陈校长请求收回成命，一组向本市党、团、政、参议会等请求援助，并自校方布告贴出之日起，绝食两天。昨日有人前往该校巡视，未见厨房生火，学生面呈饥色，惟校中秩序尚称安谧。据云，彼等所要求者为收回开除学籍及不予登记之处分，遭此等处分者计10人。设此10人必须受处分，则全体同学愿受记过之处分，以减轻十生之罚。闻该校学生自治会数度发出紧急通知书，召集离校各同学从速返校集议云。

又：昨市上曾发现该校学生自治会所发"护校快报"及"告各界人士书"等油印品及函件云。

《江声报》1947年8月19日

国立侨师僵局仍未打开　学生继续断炊

国立侨师学生对教部所颁处理学潮办法不服，昨继续断炊，上午并选派代表分组出来厦。女生组6人，续向教部督学高其冰请求收回成命。闻高氏曾表示如学生肯具悔过书，则该三被开除学籍学生得变通办理，减为不予登记，而发给转学证之处分。原遭不予登记者，或可改为留校察看。初高氏着各代表转知所有学生，于昨下午4时答复，嗣因恐时间仓促改为今早10时。但昨夜留校学生又集议，认为反对校长"贪污舞弊"系全体同学，并非少数人之意，今教部将被选为代表者加以严厉处分，殊欠公允，要求全体学生254人受同样处分，惟高氏对此项要求早加拒绝。闻高氏曾谓设学生再坚持，唯有将情并本市各报关于此事之记载及评论，送呈教部另行办理。至男生组5人，则分向市党部、市参会、市教育会、市政府等机关请求援助。各该机关首长或谓对彼等为正义声张之决心，甚表同情，当向有关方面转达学生公意。该校留校学生原为六十余人，两日来接到学生自治会紧急通知,续到校者数 10 人。昨日上午记者特驱车前往该校,见前日所贴出处置布告犹在,并有总务处一布告,着留校学生于两日内向教务处领出悔过书填送。询之在旁学生,已有若干人遵照办理,据答并无一人遵办。记者转至厨房参观,未见锅中有米,再观膳委会所贴出购菜报告单,仅至 17 日止,足证两日来留校学生,确未炊爨,仅烧开水充腹。彼等表示绝食两日之后,如未得圆满解决,必要时,将再绝食以示抗议。记者曾与十数留校学生代表面谈,询以彼等何以反对陈永康校长?据答,陈氏如官长而非校长,并列举陈氏罪状数则。记者谓既有具体事实,胡不向高督学检举?据答,高氏仅于 15 日抵厦一次,17 日即对学生判罪,并未接纳学生申诉,单听陈氏一面之词,此亦难怪。盖陈氏于此次学潮发生后约一星期,再度赴京,先入为主云云。记者以学生提出之罪状,未敢据以为实,欲向前任会计□伟柏查询,彼似有难言之隐。现任会计翁云涛,闻系陈氏同乡,适来厦未及访谈。目前社会人士所欲知者,即陈永康究竟有无贪污舞弊,群望受特命来厦之高督学,公之社会。昨本报经接到高陈二氏联名请柬,订本日下午 4 时假侨师附小招待茶叙,届时或有一番声明。

《江声报》1947 年 8 月 20 日

处理侨师校潮已尽宽大能事

开革三为首学生并不过严 高督学招待记者发表谈话

本报讯 教育部督学高其冰此次奉派来厦整理侨师,高氏于昨下午 4 时假本市侨师附小校舍招待舆论界及各界首长举行茶叙会,到会党政团代表及各报记者二十余人。首由高督学报告此次衔命来厦处理侨师,一本宽大方针,惟外界有未尽尚明了之处,故今天招待各位一再申述立场。高氏语毕,侨师校长陈永康报告称:"今天觉非常惭愧,非常痛心,本人前奉令赴京沪杭一带考察教育,打算出国。迨返校后,观察学校一切情形不同,讵回校不久,即发生不幸校潮,本人自觉领导无方,一切愿替学生受罪。盖自本人接办侨师以还,已阅两载,如侨师在我手里断丧,复有何面目见厦门父老!本人爱□学校,爱护学生,故自发生校潮后,本人为学校前途着想,无不处处委曲求全。现高督学虽奉部令来厦处理,惟本人认定学生如能悔过自新,倘不违国法与教育立场,本人一切愿为学生解决。"陈氏言毕,由高督学发表谈话称:"学校为维持校规,开除学生,本属常事。此次第一侨师学生团体胁迫校长缴印辞职,剪电话,灭电灯,违法荡纪之越轨行动已就各方查明证实,为此开除为首学生3名,以整顿教育,维持纪纲,实不能认为过严。不意学生不知悔过,不顾大体,群起及开除反悔过反登记,连日请愿呼吁,要求收回成命,虽迭经恺切,晓以大义,并明白告以如果三位被开除同学能澈底觉悟,自向学校表示诚恳改过,而后再想补救办法,反覆说明,舌敝唇焦。本人深觉对此案之处理实仁至义尽,而少数代表不但不能理喻,仍在假借团体行动,一味作有背离法之要求,今竟公然抹煞越轨事实,一方面用绝食手段向社会宣扬要求声援,意在蛊惑社会听闻,博得舆论同情,而不顾以绝食支持非理要求为不对;一方面紧急号召校外同学到校集中"护校"准备,再作非法行动。似此情形,显系仍有阴谋分子暗中操纵,希图破坏学校,如再宽容下去,固然是对整个教育法纪一大破坏,而侨师的前途,将不堪设想。侨师风声的好坏,与当地侨胞子女受教育之前途关系实极密切,社会公正舆论为爱护侨生前途,对于学生此种行动当不能不予以合理之纠正,行政当局至此已不能不做最后一步之准备。为此不得不再向社会略加说明,为了顾全大体,万一不幸再有更大之牺牲,社会亦可明了责任之所在。(一)学生对学校行政如认为有检举之必要,自有合法手续请求政府澈查。若查明属实,政府决不姑宽,但对学生违法荡纪之行动绝不容许。(二)近据密报,在校学生仍系少数操纵把持,多数学生失去自由,并受种种威胁。学校既已奉令解散,准许悔过重行登记,已为委曲求全,学生拒绝悔过登记,是自动放弃学籍,学校不但应停止一切供给,且不能容许已无学籍之学生继续盘据学校,作种种违反政令之活动。(三)本人此次系督导执行命令,整顿学校,自信对于爱护学校青年尽到最大努力。学生请求收回成命,不但超越本人权责,且于法于理均不容许如此作。"

高氏语毕,侨师教员多人均报告发生校潮经过详情,陈校长并检同该校经费报销手续,当场供各来宾参阅。至6时许散会云。

《星光日报》1947年8月21日

高其冰昨招待各界　报告处理侨师经过

本报讯　教育部督学高其冰氏,此次偕国立厦门侨师校长陈永康,由京来厦,处理侨师校潮。日来工作颇为积极,经已订定处理方针。高氏等为恐外间一般不明真相,乃于昨下午5时,假侨师附小招待各界。出席各界代表及新闻记者等二十余人。

首由高氏报告招待意义,爱护学生,委曲求全。嗣由该校校长陈永康报告发生校潮经过详情,陈氏称:"余为爱护学生,爱护学校,故当时不得不委曲求全。余努力办理侨师,已达两年,侨师如果在本人手里断丧,复有何面目以见厦门父老?故自学潮发生后,深觉领导无方,深引为憾。现教部经已指示处理方针,余以学生年幼无知,应予自新机会。故再三商请高督学,在不违背部令最低限度下,从宽处理,深盼各生能澈底觉悟。"陈氏语时,似有无限沉痛者。

继高督学发表谈话,谓:"威迫校长,缴印辞职。学校为维持校规,开除学生,本属常事。此次第一侨师学生团体胁迫校长,缴印辞职,剪电话,灭电灯,违法荡纪之越轨行动,已就各方查明证实。为此开除为首学生3名,以整顿教育,维持纪纲,实不能谓为过严。不意学生不知悔过,不顾大体,群起反对开除反悔过反登记,连日请愿呼吁,要求收回成命,虽迭经恺切晓以大义,并明白告以如果三位被开除同学,能澈底觉悟,自向学校表示诚恳改过,而后再想补救办法,反覆证明,舌敝唇焦。本人深觉对此案之处理,实仁至义尽,而少数代表,不但不能理喻,仍在假借团体行动,一味作有背理法之要求,今竟公然抹煞越轨事实,一方面用绝食手段,向社会宣扬,要求声援,意在蛊惑社会听闻,博得舆论同情,而不顾以绝食支持,非理要求为不对。阴谋分子从中操纵。一方面紧急号召校外同学,到校集中"护校"准备,再作非法行动。似此情形,显系仍有阴谋分子暗中操纵,希图破坏学校。"

《中央日报》1947年8月21日

定今游行请愿　高督学等剀切劝谕均无效

本报讯　国立第一侨师校潮日前经教部派督学高其冰来厦督导,协同该校校长陈永康处理,并依部示订定从宽处理办法,惟一部学生暗中操纵,坚持请高督学收回成命,高氏以处理困难,殊觉棘手。该校陈校长昨早特赴曾厝垵校舍巡视,并向学生剀切劝谕速具悔过书,以凭处理。奈一部学生坚以如非收回成命,对三为首开革学生予以复学,绝不具悔过,并即派代表多人到市府晋谒各首长陈情。拟于本早集队游行,经各首长面议不得盲目行动,惟学生是否停止游行则不得而知。外闻一般学生家长以侨师此次校潮为不幸,深盼学生觉悟,早日获合法处理,俾得继续上课,以免影响全体学子学业云。

《星光日报》1947年8月22日

侨师学潮依然僵持
校方停止供应膳费　学生今拟游行请愿

侨师学潮自本17日上午校方将处分办法公布后,留校学生即逐日选派代表向高督学请求收回成命,谓被处分不予登记学生并被开除者仅10人,原仅遭处分具悔过书之二百余同学,倘为请求挽留仅10名同学,而遭记大过二次处分亦所不惜。但高督学则答应作到最多予该三被开除学籍者,予以不登记而发给转学证,遂成僵局。昨日上午,校方先派教员柯咏仙、邹允衡二人前往校中召集学生代表数人谈话,着转告留校同学具悔过书。但学生谓此次学潮出于全体学生公意,如有处分,应同等,不愿单让少数同学吃亏,谈判未得要领。未几,高督学、市府教科、警局、宪兵等人员暨陈永康教师等一行多人抵校,即召集全体学生训话,高督学谕令各具悔过书,否则不惜重大牺牲。学生中有人谓彼等为正义为公理,请校长辞职,不知有过从何而悔?高氏谓,学生剪断电话线等等举动尚谓无过可悔乎?学生又辩称,请勿偏听一面之辞,所有诬告非法举动早经陈氏更正。高氏聆后,遂默然返厦。侨师学生膳食,系由膳委会按旬支领。昨为11日,往常应向校方支出中旬膳费,但昨日陈永康以学生拒绝具悔过书,遂亦拒绝发给膳费,于是甫告复食之学生,又因领不到膳费,而不得不绝食。昨一日间,未闻有任何学生肯因"求食"而具悔过书。又遭不予登记之学生尚留校中者有杨树芬、刘太湖、林兴国、林金树等四人,陈永康以该四学生既不予登记则无权利再住校中,令即离校。警方以其中有抱病在休者,乃改为今日病愈后离校。又督学高其冰曾表示,倘学生再过两日不惧悔过书,则取断然处置。闻各生被停上供膳后更为愤慨,认为校长只知以高压手段对付学生,乃集议应如何达到"护校"目的。闻今日将游行请愿,并请厦大等高校学生援助云。

《江声报》1947 年 8 月 22 日

侨师学生请愿未果
昨假高亭招待各界　提供四项解决原则

　　侨师学潮自校方于 21 日起停发学生膳费后,更趋于难以收拾地步,该校学生初欲集体请愿,嗣经人劝解未果,乃改为于昨下午 4 时假高亭茶室招待各机关代表。出席者多为学生界,市党部、青年团、市商会亦均派人出席。侨师学生自治会代表先发书面谈话,与各出席者(词另摘录),继由代表发言,略以此次学潮纯因全体学生不满校长而起,绝未受任何人之操纵及煽动。今者学校当局已用停发膳费为武器,但吾人为正义为公理,自应将个中真像公之诸位。继将学潮前因后果,及所希望者报告(与书面谈话大同小异),然后请各人发表意见,及有无疑问之点。各报记者乃提出数问如下:

　　(一)高督学于 20 日下午招待会上,曾谓将展限 2 天,俾留校学生具悔过书,未知曾否贴出布告,又膳费何日起停发?据答,未曾布告展限,至膳费由 21 日起停止发给。

　　(二)自治会所发书面谈话中有派宪警威胁之语,究竟宪警于何时前往?据答,自本 15 日陈永康由京返校以来,即有宪警多人常川驻校。

　　(三)陈永康贪污舞弊究有何证据?答最明显者,乃虚报教职员黄敦涵、陈新民、陈运新、张浩暨职员王仁等 9 人薪津。此乃同学曾征得代理校长杨氏之同意,而会计查阅校中账簿所获知者。

　　旋厦大学生自治会代表数人报告为此事曾组访问团,访问陈校长及高督学,陈氏口口声声认为学生受人唆使,认为学生受此处分,尚系当局宽大为怀。至于高督学说话,较为委婉,但亦谓,除照部定办法执行外,无第三条路径可循,又声言将再进一步,作更重大之牺牲云云。商会代表庄国章谓,渠前日在教育当局举行招待会上曾闻高督学云:"我这一次和陈校长由京飞厦途中,早就决定以牺牲极少数学生为原则。"足见高督学早有成竹在胸,非牺牲学生不可,惟社会人士实多不赞同以牺牲学生为处分之上策。继青年团代表王玮立谓渠于日前高督学招待会上,因时间关系,未及将四点意见发表,兹追述如下:(甲)各界对此次学潮应站在公义上予以正视;(乙)教育当局以开除学生以不准继续在校求学为武器,应认为教育大失败;(丙)此次学潮因校长被控贪污渎职,据学生所云校长有贪污渎职,声声有据,应由各界组织调查团,切实调查;(丁)陈校长如经各方证明无贪污,则应劝导学生认错复学。王氏语毕,有一厦大女生谓:"侨师是为培养华侨师资而创办的,我是个安南的华侨,听到这次因侨师办得那么糟,不幸发生风潮,实令人痛心,应请厦门各界负起责任来调查真像并解决。"嗣侨师学生代表又云,前日高督学招待会上谓陈校长十三罪状均不成立,兹特举数则以证之:(一)前会计主任曾因被疑泄漏学生制服费未发遭校长耳光;(二)陈校长太太之母冯氏,报支校中工役薪饷;(三)校中经费存入省银行,但利息未归公云云。席上人士闻后,均对陈永康有无贪污,赞同应由各界派人清查,惟因各界昨出席者无几,乃定今日再行邀请集议。至留校学生十居八九,因乏旅费旋里,今遭当局予以停膳,恐有饿毙之虞。有人提议由学生具函向益同人公会先行发借粮食若干,俟事态解决后清还。

又讯 侨师何日可开学尚未确定,教职员聘书除旧任者陈永康曾予暗示一部分外,新任者概未敢发给。

又讯 高督学昨发给第三次书面谈话,首谓对此次学潮处理,惟有失之过宽而不失之过严。继谓学生如再坚持,将来牺牲必更重大。末谓本市舆论界,有鼓励学生犯过之嫌云云。至学生自治会所发书面谈话,首谓高督学及学校当局所发数次书面谈话,多将事实歪曲。继将6月24日夜学潮发生经过详细陈述,着重点在陈永康于是夜被责问后,似有愧感,乃自动辞职,后竟"恋栈"而飞京歪曲妄报。末表明四点意见:(一)请当局立即撤回军警,继续供给膳食;(二)在不开除、不退学、不悔过三原则下,如当局能说明相当理由,使学生诚服,则将诚恳考虑接受其他条件;(三)侨师系国立学校,非某一人私有,关系侨教前途甚大,请各界人士主持正义,谋事件之解决;(四)如高督学及学校当局固执成见,不□霓情,欲再施恐吓手段,则将不顾危险与牺牲。最后引蒋主席"人类不灭公理公存"之语,谓反对公理的人,终必失败云。

又讯 厦大学生为响应侨师学生"护校"运动,除组访问团外,因侨师当局停发学生膳费,恐侨师学生成为饿殍,特将厦大学生膳费节余之款拨助。

《江声报》1947年8月23日

侨师校潮仍僵持中

本报讯 本市侨师校潮经教部派督学高其冰氏来厦处理,高氏连日向全体学生以大义利害,剀切开导,惟学生方面坚持以不开除、不登记、不悔过三原则下,力求高氏收回成命。高氏以舆论界对于渠此处理侨师事件,有谓过严,亦有认为过宽,特于昨发表第三次谈话慨乎其言。

又讯 侨师学生自治会代表等十余人于昨下午4时招待本市各界首长暨新闻记者,发表此次侨师处理校潮有欠公允,并再三申明渠等立场,请各界声援云。

《星光日报》1947年8月23日

侨师学潮僵局化

学生会表示:在不退学,不开除,不悔过三原则下,我们考虑接受,否则坚持到饿死为止。

本报讯 本市侨师学生校潮经教部派高督学其冰来厦处理,群情曾志各报。惟该校学生,认为高氏处理未臻公允,再抗议请收回成命。特于昨下午4时,假青年服务社,招待各报记者,发出书面谈话如下。

三点原因

目前侨师学生已陷于饥饿恐怖绝望之境地,我们曾多方请愿呼吁,报导事实真相,高督学及学校当局,亦曾发表谈话,但对事实歪曲颇多,且复强词夺理。际此情势日益恶化之际,我们实有说明事实经过情形及表明我们严正立场之必要,为特发表谈话如下:恳请社会人士切实的给予我们同情和援助,侨师此次校潮,我们有几点原因:(一)纯出于爱校精神;(二)毫无越轨行为;(三)并无破坏公物(可请当时在场十数位老师签名证明)。高督学偕陈永康,于本月15日抵厦,17日布告开除退学及说留校察看过之同学名单,于19日夜始调查陈永康虚报教员侵吞公款事,可见他是处分在先,调查真相在后,且调查结果如何?高督学迄今尚未用精确文字或数字说明,只说"若查明属实,政府决不姑宽"。可见我们种种疑问,迄今未得解答。故于开除布告贴出后,我们曾再四派代表,向高督学请愿收回成命。没有效果,不得已"实行绝食两天",以表示我们坚决的抗议,同时派出代表到本市各机关社团请愿,请求各首长出来主持正义。不料高督学偏执成见,依然说我们的行动时"违法荡纪",乃于昨日派宪警十余名到校,表示将强迫我们离校,同时又突行停止伙食供给种种胁迫,手段毒辣之极。我们留校百余同学,至此既陷于饥饿又陷于恐怖。但我们爱护学校,为了顾全大体,仍希望有合理解决。

四点表明

兹特表明四点如下:一、学校布告规定同学于9月10日以前,必须悔过登记,否则开除学籍。今距9月10日尚有半月余,学校不应停给伙食,派宪警来威胁同学,且将强迫离校,所以我们要求当局立即无条件撤回军警,继续供给膳食。

二、侨师此次校潮,系出于忍无可忍之集体行动,且陈永康亦曾表示"同学均甚纯洁",又以书面证明我们"此次行动纯出于爱校精神"。故我们同学绝对不能横遭任何牺牲,在不开除,不退学,不悔过之三原则下,当局如能说明相当理由,使我们内心感服,我们将诚恳地考虑接受其他条件,并且可能做到。

三、侨师系国立学校,非某一人所得私有,且此校关系□□侨教前途甚大,故社会人士不应坐视此校之横遭摧残解散。我们呼吁本市各机关社团首长来主持正义,联合起来循合理之途径,共同谋求此次事件之公平解决。

四、如高督学及学校当局,仍一味固执成见,不尊重舆情,继续施用威吓手段,或进一步将我们全体解散,则我们为了正义和公理,为了侨师前途，我们将不顾一切危难和牺牲，坚持苦斗到底，直到我们饿死为止。

蒋主席常爱说这一句话"人类不灭，公理永存"，我们坚信这句话是真理，我们相信坚持真理的人终必胜利，反对真理的人终必失败。

《中央日报》1947年8月23日

国立侨师学潮事态可免扩大

国立第一侨师学生，原定昨下午再度邀请各界派代表商讨组织（机）一机构，负责调查并处理。乃因近日各机关于午后均停止办公，召集非易，又因厦大学生自治会不惜奔走，想法调解，乃暂缓进行。闻厦大学生将"请高督学在不开除"原则下变通办理，俾事态免致扩大。至于如何变通办理，闻系着该三被开除学生转入国立第二侨师（在广东），仍寄读原校，惟陈永康肯否仍令各该生寄读，殊为疑问。昨陈氏已在校中贴出布告，着留校学生如愿继续求学者，应自即日起办理登记手续，但学生谓登记即具悔过书之变相，如校长确无过失，学生方有过可悔，故未闻有照办者，将于今日再度向各界请求主持正义云。

昨侨师学生会曾派代表向益同人公会请求先借给粮食若干，该会以适因粒米无存，未能即拨。

《江声报》1947年8月24日

侨师校潮解决有望

林庆年与地方人士商讨　闻已获有具体处理办法

本报讯　新任中央侨务委员会副委员长林庆年氏此次奉令晋京就职，日昨由沪飞厦，下榻晨光路林金泰茶庄。林氏莅厦时，适为本市国立侨师校潮演成僵局，该校学生以侨师前途关系海外侨胞殊大，特于林氏到达后，致函林氏，请求调查校潮责任，予以妥善合理处理。林氏批阅函件，已允予查明真相后，秉公解决。教育部督学高其冰亦为此往访林氏，对侨师校潮有所讨论，并与林氏交换意见。林氏遂邀请地方人士胡资周、滕云、叶清泉、叶书德、白三江、张澜溪等十余人至客邸，讨论处理侨师校潮方法。席间热烈发表意见，对于校潮处理闻有具体办法。日内林氏将会晤黄天爵市长,共同出为解决,可望打破目前僵局云。

又讯 国立侨师学潮自经高督学奉令来厦处理以来,因一部学生不满致陷僵局,该校当局乃对未取得学籍之学生,乃停止伙食供给,促使被纵使之学生早日觉悟。经予一再展期并贴出布告,自探志如下:"本校因此次风潮奉令解散,准许留校学生悔过登记,恢复学籍,一再展限,抗拒不遵,屡经劝告无效,仍在盘据学校作越轨行动,该生等既破坏法纪于前,后违抗政令于后,实属自绝于学校。兹屡□密报,仍为少数不良分子曾荣标、曾宪潮、庄精明、饶镇华等所操纵,除前次布告少数被惩罚之学生外,对于继续操纵之少数不良分子,不得不重行审查,凡□操纵附和之留校学生,兹再展限至本月26日为止,前往厦门市政府教育科或本校附小办理登记手续。逾期不办,即系自动放弃学籍,以后不再补办,仰即知照。"

又讯 侨师教员昨曾发表书面谈话,兹探志如下:侨师此次风潮,令人深引为憾,经过事实,绝非如学生所发表谈话之荒谬。原不欲有所声明,冀其良心忏悔,乃竟变本加厉,不忍其蹈过日深,牺牲更大,特发表谈话,纠正其非。6月24日晚10时许,校长召集各导师会议未毕,学生聚众闯进会议厅,用书面向校长提出四项要求:一、暑期同学自由留校;二、回家同学全领7月份膳费;三、壁报不受检查;四、发给参观费。经校长当场解答,情势愈凶,楼上下四周人声喧闹,全校门户上锁把守,同时标语传单四处张贴,断绝电话,熄灭电灯,鼓噪喧嚣,惊扰邻近。(当局恐酿成流血惨剧)屈受威胁辞职,当场拟电稿,缴校印逼签字,限定校长25日离校。此时各导师亦被禁闭一室,勿使声张,校长一人包围在学生群中,只闻群众敲板掷瓦,噪杂谩骂之声,秩序大乱(至今会议厅墙壁上尚有墨水污迹,经闽教厅督学张俊玕目睹可为明证),全校教职员,于此时起行动便失自由,直至25日下午4时后,经人密报,市府派朱督学为满驻校镇压,始能恢复自由。而原定25日下午举行之学期考试,亦在劫持下要胁以一二两次月考成绩平均,作为学期成绩,威迫校长签字照办。25日,学生招待记者,抹煞事实,固无足道。26日更强迫校长,以学校名义刊登启事,否认学生有包围校长,监禁教师,隔断交通之行为(以上事实朱督学可为证明)。各情前由部派闽教厅督学张俊玕查明报部,复经部派高督学亲自覆查事实,以上种种是铁一般的事实,在场各教师可以作证。(当时被逼签字证明所谓:一、纯出于爱校精神;二、毫无越轨行为;三、并无破坏公物等。系恐有意外重大损失,无非为爱护同学之苦心)乃使人痛心的少数为首学生,供人利用掩蔽暴行,蒙骗社会人士。学生有这种破坏法纪的行为,学校要不要将他开除?学生要不要承认这是过错,现在反开除及登记反悔过就是违抗政府的命令,既不承认自己的过错,更歪曲事实,发宣言出快报,肆意攻击。这种越轨行动,是否合法?要请社会人士、各校教师及有子女在学求的家长们判断。学生时代竟已有此种蒙骗社会的行为,固然免不了受社会恶劣环境影响。自风潮发生到现在,学生的活动费用不少,据学生会公布一次,已用去数百万元,以全部公费的清寒学生,那来此巨大开销,头脑清醒的人,当可从实际方面找线索。侨师学潮,部派高督学处理,系执行部令,地方法团对侨师有何建议,可径向教部条陈。社会不乏高明之士,华侨子弟之成就莫不诸父老所缅怀,学风之丕振,师道安可不尊?如此风潮,若不缉止,其势不幸面华侨教育蒙具损害,则国家固无负于华侨,只是华侨子弟失去了一个求学机会而已。以后侨师学生有蒙骗社会人士,而牵涉及教师方面的事项,同人决不愿浪费笔墨口舌,再有所声明,因无此需要,也不值得。

《星光日报》1947年8月25日

处理侨师校潮商定三项办法

本报讯 本市国立第一侨师校潮,前因校方与学生各执成见,致成僵局,但校潮已直至昨午已见急转直下,成为尾声。其经过情形,至为良好。因该校学生代表于昨再度晋谒黄市长天爵,黄氏亲自延见。学生报告毕,遂电商教部高督学,讨论解决办法,探其处理办法:一、学生可自具悔过书,但内容须经审查认可为有效;二、如能证明确未参加风潮,经学校认可者,可免具悔过书;三、已开除及已令退学之学生如确能悔过者,准给转学证书,但不能提出任何要求等三项办法。学生代表对黄市长所述各点,表示可以接受,惟请将悔过书中"破坏教育"四字改为"违反学校纪律"等字样。黄市长闻言后,乃饬主任秘书吴春熙征得高督学同意,学生代表至此乃辞出,返校转告全校同学,并定于昨午5时回覆消息。但至记者截稿时,未见学生回覆。

《星光日报》1947年8月26日

国立第一侨师学潮业已平息　该校昨公布学生应注意事项

本报讯　侨师学潮已告平息,留校学生已全部悔过登记。兹悉,该校公布告示如下：

本校学潮自遵部令处理以来,业经平息,除前经公布处理办法外,兹将应遵办事项列后：一、留校已登记悔过学生,准自8月27日起开膳；二、暑期返家学生依原登记时间至9月10日以前止；三、暑期留校因特殊情形请假学生,限一星期内登记(自8月27日起至9月2日止)；四、如不按期登记者一律认为自动退学论；五、学生曾荣标、曾宪潮、庄精明、饶镇华等四名自处理校潮命令颁布后,继续操纵作轨外行动,本应开除学籍,姑念曾荣标、庄精明、饶镇华等三名近有悔过表示,酌予从轻办理,暂准留校察看。曾宪潮一名,另行审查。

《星光日报》1947年8月29日

侨师定期开学

本市讯　国立第一侨师自风潮平复后,该校是期人事略有更动,教务改由杨家桦调充,训导、总务新聘李克柔、辛文思接替,推广仍为林礼用,该校附属小学校长则改聘柯咏仙接任。新聘教师为许剑俟、李机遇、许锋、李戊桂、龚延娇、何树桐、罗鸿翔等,均服务教界有年,学验丰富,已先后到校。定期9月26、27两日为旧生注册日期,29、30日为前学期补考。10月1日旧生上课,10月1、2两日新生注册。新生训练则由10月3日至11日止,13日新生上课。

《星光日报》1947年9月19日

侨师刷新阵容　注册上课日期订定

本报讯　国立第一侨师自风潮平复后,该校人事略有更动,各处主任亦稍调整,教务杨家桦、训导李克梁、总务辛文思、推广林礼用。该校附属小学校长则改聘柯咏仙。新聘教师有许剑俟、李机遇、许峰、李戊桂、龚延娇、何树桐、罗鸿翔等,均服务教界有年,经验丰富,已先后到校。定期9月26、27两日为旧生注册,29、30日为前学期补考。10月1日旧生上课,10月1、2两日新生注册。新生训练则由10月3日至11日止,13日新生上课。

《中央日报》1947年9月19日

侨师七学生准予留校察看

前本市国立侨师奉令解散,全校从新整理,不予登记学生七人之处理问题,经该校去电教部请示。顷得教部电覆,准予收容,昨该校贴公布云:查此次学潮,不予登记学生陈璧[安]人等七人,一再请求收容,确已反省悔过,并经本校导师考察,尚可造就。经真电请层峰予以收容,兹奉教育部申养51800号电开:"真电悉,学生陈璧人[安]等七名姑准收容,各记两大过,留校察看,并严加管训"等因。奉此,合行布告,仰各知照。

《江声报》1947年9月25日

侨师学潮余波

学生七人记过　校长辞职未准

本报讯　国立第一侨师自学潮平息后,前该校认为鼓动学潮之学生陈璧安7人,本予开除,后经准暂收容。经学校当局电部请示,昨经奉教部电复,略以学生陈璧安等7名,姑准收容,各记大过,留校察看,并严加营训。至该校校长陈永康呈请辞职,经朱部长亲函慰挽,现已打销辞意云。

《中央日报》1947年9月25日

集美高商组台湾参观团　定12日出发

集美高级商业学校应届毕业学生24人,为增广见识,特乘台省第二届光复节举行工商展览会之便,组织台湾参观团,由该校训导主任吴玉液率领,订于本月12日乘轮出发。

又：该校为加强学生实习，特设立实习商店、实习银行等机构，其中实习银行资本系由该校校董会及集友银行拨充，并与同安省银行取得联络，经营存放汇兑代收等业务。今后集美各校学生汇款，均可由集友省行汇出，经由实习银行解付。

《江声报》1947年11月9日

集美应届毕业生日内赴台参观

本市讯 集美高级商业学校应届毕业学生林亚醒等24人，为增广见识及考察台省工商业起见，特乘台省第二届光复节举行工商展览会之便，组织台湾参观团，由该校训导主任吴玉液率领。订于本月12日乘轮出发。

又：该校为加强学生实习，特设立实习商店、实习银行等机构，其中实习银行资本系由该校校董会及集友银行拨充，并与同安省银行取得联络，经营存放汇兑代收等业务。俟□集美各校学生汇款，均可由集美省行汇出，径由实习银行解付，至为便捷。

《星光日报》1947年11月9日

侨师校庆　今有活动节目

今日为本市侨师6周年校庆，该校决定举行各种庆祝活动。其项目及时间如下：12日9时纪念会，12时聚餐，下午1时起球类比赛、沙滩接力跑比赛，7时演出话剧。至于教室布置，内务整洁及壁报比赛，经已准备完竣，届时供众参观批评。13晚仍有演剧。

《江声报》1947年11月12日

国立第一侨师今6周年校庆

本市讯 今为本市侨师6周年校庆，该校学生自治会日前开会决定热烈庆祝，举行各种活动。兹查庆祝项目及时间如下：12日9时开纪念会，12时聚餐，下午1时起球类比赛、沙滩接力跑比赛，7时演出话剧。至于教室布置,内务整洁及壁报比赛,经于 11 日准备完竣,届时供众参观批评。13 晚仍将演出名剧多剧。

《星光日报》1947 年 11 月 12 日

秦望山在侨师作学术性演讲

本市讯 中央监察委员秦望山氏,日前由京过厦,本定昨日返原籍晋江,惟应友人之请,在厦停留 1 日。兹悉,秦氏于昨晨 9 时乘专车往市郊曾厝垵,参观国立第一侨民师范。抵达该校,由校长陈永康迎接巡视各部门教学设备,对该校创建艰难及现有成绩,颇多称道,并向全体学生作学术性演讲。秦氏强调闽省资源矿产丰富,尤以开发水利为当前要务,且对国际工业亦极宜建立海军基地,提示该校学生服务侨民教育,应深刻认识福建地理环境的优越地位,领导各地侨胞热忱为乡土从事创建巨业,发扬国家民族之光辉。立论精警正确,听众莫不兴奋。

《星光日报》1947 年 12 月 5 日

侨师陈建根对数学新解

再获《改方为圆》答案

侨师学生陈建根,数学别有心得,曾于 20 日在厦门日报发表世界科学七大疑题之《改圆为方》题目之解答法则。闻陈君不但获得《改圆为方》,且其逆定理《改方为圆》,(即求作一圆与已知正方形等积)亦获答案,作法如下:"取任意大小之一圆 P 圆,作直径 AB,过 B 点引切线 CD 及弦 BE,令 BE 等于半径。次自圆心 P 点作 BE 之中垂线交切线于 O,在切线上取 OD 等于三倍半径的长,后连 DA 并延至 F,使 AF 等于 P 圆之半径,再以 DF 为直径作半圆,并过 A 作 DF 之垂线交半圆于 G,并于 AG 上取 AH,等于已知正方形之边。最后过 H 点作线平行 GF 交 DF 于 S,则 AS 为所求之圆之半径。若以 AS 为半径所作之圆,即与原来之正方形等积。"爰录之以就正于世之数理学家。

《江声报》1948 年 1 月 24 日

集美水产学校充实设备　增招航海新生

集美高级水产航海职业学校,办理迄今历三十载,毕业生商船任船长大二三副及在渔业界服务者达350名。闻该校近更积极扩充设备,添购航海仪器多种外,并增置丈余之邮船模型及帆船解剖各一艘。该模型前日已由丰祥轮自新加坡运抵厦门,运费一项即达4000万元云。

又讯　该校为应各方要求,闻决于本月26日增招航海科新生一班。至远途有志航海学生,凡具有初中毕业而成绩列甲等,身体健全、目力正常学生,且可声请保送云。

《中央日报》1948年2月22日

国立侨师发生风波

国立侨师昨发生全体女生推派代表向陈校长请求调查该校教务组长林某破坏女同学名誉之事,缘该校教员王某,长乐人,系浙大教育部海外侨民训练班毕业,派任该校服务。另有教务组长林某,福州人,上学期结束,王请假归乡,时即接林之电报,嘱他本学期不必再来校执教,原因详另信。王因不知就里,本学期开学仍来校中。近日林信始由福州转寄来厦,谓系王曾与女生发生接吻等越轨行为,全校师生共知,群情愤激,情势恶劣云云。王阅信后,执以质林,因起纠纷。事为学生所知,认为对女同学有所侮辱,群起要求校长澈查,如该女生确有非礼应开除,如事出捏造则林应撤职。闻该校学生自治会对此事亦将有所表示云。

《江声报》1948年3月15日

破坏女生名誉　侨师再酝新学潮　要求校长澈查接吻事实

市息　国立侨师日来又在酝酿一新学潮,该校全体女生,14日推派代表陈璧人、林希圣等6人向校长请求调查该校教务组长林岩深破坏女同学名誉之事。该校自治会对此事□将开会响应,兹将情形报导于下:

缘该校教员王斯成,长乐人,系浙大及教育部海外侨民训练班毕业生,派任该校服务者。另有教务组长林岩深,则为福州人,颇著派系观念。前学期结束时,王请假归乡,时即接林之电报,嘱他本学期不必再来校执教。另有信一封,说明不可来校原因,系王曾与校中女生发生接吻等越轨行为。全校师生共知,群情愤激,情势恶劣云云。本学期开学时,王仍返校执教,不知就里。近日林信由福州转寄来厦,此一阴谋遂行暴露。王执信质林焉,事为学生所知,认为对女同学有所侮辱,乃群起要求校长陈永康撤[彻]查此一事件。倘系事实,应将该女生开除,否则,林应撤职。(风)

《立人日报》1948年3月15日

庆祝正义伸张　侨师女生聚餐

市息　举市瞩目的侨师风波,今已均告平息。该校教务组长林岩深,以此次风波系由他一时想泄私恨所引起。在正义和良心交责之下,翻然悔悟,自愧不足为人师表,自无颜重见学生。除新书一函向全校女生道歉之外,自行引咎辞职。该校女生以真走[相]得白,正义得伸,遂照常上课,并于昨23日晚聚餐示庆云。(放)

《立人日报》1948年3月25日

侨师校长陈永康引咎辞职　闻拟荐杨家桦代理

市息　本市侨师校长陈永康,以前月该校不幸发生风潮,拖延半月,事态至为严重。现虽已告平息,惟经此刺激,深愧措施失当,实咎由自取,该校员生对他已不起若何威信。该校训导处组长徐彬日前亦自动告退,自觉更无意义,早萌去志,经向部辞职。闻此次辞意甚坚,不日先行带眷返榕,然后晋京面辞,务必摆脱校长职责。闻拟荐举该校教务主任杨家桦为其代理云。

《立人日报》1948年4月11日

陈永康辞职案弄假成真　唆使学生电部挽留

市息　侨师校长陈永康辞职,传继任者为石光中学校长王延芳,王已来厦候命,布[部]署准备接受。又据传接收时恐将有一番波折,因陈永康未料及辞职会获准。陈一派人坚信教部于接文件,未到校前,当可挽回。乃暗使学生自治会,于昨下午1时半召开代表大会,电部挽留,一面由教职员出面劝慰,并称报载侨师易长说不确。事之发展,众信当甚复杂。(放)

《立人日报》1948年5月14日

国立侨师学校　昨欢送旧校长

本报讯　国立第一侨民师范学生,以陈校长即将离校赴京,本届毕业同学即将离校,故于9日上午10时开欢送陈校长暨本届毕业同学大会。出席全校暨附小师生,会间陈校长致谢辞,略以渠接长侨师3年来,埋头于学校建设,惟至今距理想尚远,不禁自感不安。又介绍新王校长廷芳对教育之具有研究,办学之热心,为人之忠厚负责,实为同学之幸,也为侨师前途之幸,盼各同学竭诚接受新校长领导。会间尚有李克柔、杨家骅[桦]等先生之训辞,内容均极精彩。中午,全校大聚餐摄影,晚间俱乐会狂欢。又新校长王廷芳氏昨已来厦,定11日移接,该校学生已筹备欢迎。

又讯　前日本报曾登载国立侨师与海疆学校师生拟请求合并事,近查该两校当局,均表示无合并之意。两校学生虽曾经酝酿进行,惟因侨师学期结束,学生纷纷返家而告停止。

《星光日报》1948年6月10日

侨师校长交接完竣

中央社讯　国立第一侨民师范学校新旧校长,于11日举行交接仪式,教部电派国立厦门大学校长汪德耀监交。新任校长王廷芳,今正式到校办公,学生自治会昨派代表谒见新校长表示欢迎,并提出改进校务建议。原校长陈永康今晨离厦飞榕,全校师生百余人,乘卡车四部到机场欢送。昔日与陈氏意见不合员生,今亦依惜送别。

《中央日报》1948年6月13日

中央军校24年　厦同学聚众庆祝

本报讯　留厦中央军校毕业同学滕云、王禄丰等340余人,昨(16日)午假思明东路艺园咖啡座举行"中央军校24周年纪念庆祝大会"。该校同学江黄木乘该隆重纪念会举行婚礼,王司令为证婚人。婚礼完毕后,纪念庆祝大会开始。首由主席滕云报告中央军校创立之经过及所负建军之神圣使命。嗣由王禄丰讲述该校在蒋总统之领导下创办于民国13年,24年中学成出校同学甚众。初负北阀,继任"剿共",以至于"七七"事变之抗日,完成总理革命大业之使命。继云:散处各角落之军校同学,均保持革命军人之精神,严守校歌中之四不主义:"不怕死、不要钱,不住民房,不拉夫。"最后王司令郑重其词,本于抗战后休生养息,讵"共匪"作乱,致三年来仍负戡乱重任,甚望诸位同学,本过去精神,继续努力,以完成使命。词毕,由来宾王连元、张澜溪相继演说。最后由同学代表康懋山致谢词。礼成聚餐,3时许宾主尽欢而散云。

《中央日报》1948年6月17日

军校同学庆祝校庆

中央各军事学校毕业生调查处厦门通讯分处,16日上午假思明东路艺园咖啡厅举行庆祝中央军校24周年纪念会。到来宾黄市长、王书记长等40余人,并驻厦同学280余人。首由该处兼主任滕云报告中央军校创立之经过,及所负建军之使命。继由闽南师管区司令王禄丰及来宾王连元、张澜溪等相继演说,最后由同学代表童懋山致谢词。会前该处并本以"以校作家"、"以血浇花",及"亲爱精诚"之校训,为干事江黄木同学举行结婚典礼,王司令为证婚人,滕司令主婚,济济一堂。会后并举行聚餐,晚9时余兴云。

《江声报》1948年6月18日

厦军校毕业生热烈庆祝校庆

本市讯 昨日上午10时,中央各军事学校毕业生调查处,厦门通讯分处,假思明东路艺园加啡厅,举行庆祝中央军校24周年纪念会。到来宾黄市长、王书记长等40余人,并驻厦同学280余人。首由该处兼主任滕云报告中央军校创立之经过,及所负建军之主要使命,并严肃电向前校长总统蒋致敬。继由闽南师管区司令王禄丰及来宾王连元、张澜溪等相继演说,最后由同学代表童懋山致谢词。会前该处以"以校作家,以血浇花"及"亲爱精诚"之校训,为干事江黄木同学举行结婚典礼,严焰为介绍人,王司令为证婚人,滕司令主婚,济济一堂。会后并举行聚餐,晚9时余兴。

《星光日报》1948年6月19日

侨师学生准备公演《归去来兮》

国立第一侨民师范学校第十组学生,为推进剧运提倡话剧,并筹募教育参观经费,将假厦门通俗教育社,鼓浪屿英华中学及漳泉等地公演老舍名著《归去来兮》五幕剧。该剧内容精彩,人物个性描绘逼真。既往在各大都市上演,颇得观众好评。此次侨师同学公演准备尤见纯熟,并由该校教员杨承基导演,张家政音乐伴奏。届时必有可观云。(厚)

《江声报》1948年6月26日

《归去来兮》明起公演

国立侨师学生筹备公演《归去来兮》,已志本报。查该剧已定6月29、30日及7月1日,假通俗教育社演出。该剧系老舍得意杰作,内容描写一守财奴为银出卖女儿,逼疯媳妇,到最后才痛悔前非,但已太迟。闻此次侨师准备纯熟,演出必能精彩云。

《江声报》1948年6月28日

侨师多苦多难　风波又将扩大

新校长旧教师发生龃龉

本市讯　国立第一侨师新校长与旧教师风波即将扩大,据该校杨□二主任及有关人士称:该校待遇微薄,6月份不及2000万元,且因来市车费消耗极大,下期均无意在校服务。惟王校长在礼貌上极□不住教师,教师在获。校上不得不有所表示,因照理□假三天内,学校应即发聘书,惟□假至今已近□月,仍未发聘书。且王校□某记者谓:旧教员未离校前无法发聘书,该校教员以渠等资格均在王校长之上。闻王氏既对记者发表此言,显有意公开者□显有意侮辱教师之嫌,且杨□两□任代表教师于6月27日向校长请增发7月份薪水,王校长大打官腔,谓渠至7月份始发给亦不违法。后言7月1日即可有钱,现7月1日已过,仍无发给,各教师以如此欺诈无实,难以忍受。除指出以上有意侮辱教师并全体不聘外,并指出王校长资格及违法问题,电呈立法院及教育部。据云:依法大学毕业应任教□年□成绩始能为□□校,初校长三年有成绩,始能为□□校长。国立□师,尤须□学历与□资望者担任。按王氏毕业□□年办石光初□仅□年余,也毫无成绩。此系社□所□事实,依□学法距□立侨师资格无出入。其次王校长来校第□日,即发学生膳费至7月底。□6月11日□假,学生即□梓□并无吃饭至7月底之事实。王校长此举显系意图,□摧学生排挪教师之犯法举动,教师□6月,可发7月份学生膳费。而教师7月却拿不到7月增发薪水。教师□此□故□教师刃[刁]难,无理侮辱之举。故□□引起公愤。故决收上由向立法院及教育部呈请,并推杨□任赴京交涉□切云。

又讯　本校教联谊侨师问题,将有所表示。

《中央日报》1948年7月3日

国立侨师之"争"

本报记者　黄风

本报特稿　国立侨师的风潮像是永远不止息似的,一些自命为教育家的小政客们,把这当做一块肥美的地盘而争逐着,他们设法怎样把自己的地位和享用,牢牢地建立于这里,设法尽量把一间有希望的教育场所变成为学。这原因造成了一个恶劣的现象,就是被认为敷衍关系而招致全校师生不满的旧校长被赶走了后,新任的王校长立刻又以同样的政客作风,引起了反感。这个反感逐渐加重起来,可能又会酝酿成为一种风潮,来驱逐这位接任未及2个月的新校长。

这些不愉快的事件,闻初发生于新校长和同学之间,次而发展到教员方面。新校长到任时,全校师生对他都有新的期望。但是,一开始他便失了信,当学生们所通过的十多点要求为他表示愿意接受和尊重的时候,对于膳费发至7月底的这一点,便出了问题。除了三下的那一级,其余领不到膳费的学生,表示这是不公允,立刻校内到处发现标语,开始倒王。他们在标语上说,王校长说话不负责任,说话反覆无常,又来一个能办公事不能办事业的人,甚至说"裙带风吹入侨师"。

校长焦急起来,立刻召集同学们训话,要求同学不要干涉他的权力。另一方面,又允许各同学借款。清苦的教员们,知道学校有钱了,教育部寄来了三个的经费,也推派李前训育主任为代表,向校长请求提早发给7月份薪津,然而却被拒绝。

另一件事加重以事态的严重性的,就是旧教员的去留问题。按照规定,学校于放假三天后,就得发出教员的聘函。然而一个月过去了,受挽留的教员都没有接到聘函。校长甚至对某记者表示说:"他们没有离校前,无法发聘。"教员们认为这是侮辱,而实际上他们的月薪也不过2000万元左右。这菲薄的待遇,不值得留恋,都早已决定离开,但王氏礼貌上太侮辱他们了,他们不得不有所表示的。

不满的教员们开始指摘校长的资格远在他们之下,他们引用中华法所规定的"大学毕业任教3年有成绩"才可任初中校长,任职又有成绩了,才可任高中校长。高级师范学校则当更在其上的,这一点,指出现任校长的三级跳,是裙带所使然。

为了不满的凝结,甚至最近该校前训育主任李克柔先接到陈永康来信,说陈辞职为获准时,曾经有人冒用陈的名义,在厦打电给教育部长朱家骅说:"职再三坚持,均未获照准。现再坚辞,如仍未获准。职将不顾一切先行离厦"这个冒用名义的人影射谁,当然是不言可喻。

《立人日报》1948年7月5日

集美高中水产校长分别易人

本报讯 私立集美学校本期结束时，高中、高校、水产、初中四校校长均表示辞职。现经校董会挽留后，仅高中及水产坚持请辞。高中原校长为杜煌，担任该校校长已6年，先调任校董会主任秘书。水产校长俞文农任水校校长亦已四五年，均着有成绩。现拟转航海界服务，由教务主任刘崇基升任校长。闻两校人事均略有调整。

《星光日报》1948年7月10日

侨师补贴业已领到　昨日分发各教职员

国立学校之生补费，每3个月由部汇存国库一次，按月具领，7月份之薪津不能在6月内预支。此次行政院所通过之增加数，中央银行未接奉命令之前，拒绝发放。厦大汪校长暨侨师王校长先后商请吴经理准先借支，均无结果。日前侨师奉教部训令，准在7月份待遇标准未调整前，按6月份标准支半个月。昨晨王校长特持令赶赴央行两度交涉，始获准具领，并即分发各教职员。厦大亦同日放发7月份补贴云。（外）

《江声报》1948年7月13日

国立侨师招收侨生　订定保送办法

本市讯 国立侨师顷奉教育部令，尽先招收80％侨生，内地学生不得超出20％以上。本期招生拟遵照办理，经订定侨生保送入学办法，致函海外各领事馆，凡保送侨生曾在初级中学毕业，操行甲等，学业成绩乙等以上，年龄在15至20岁，且志愿服务侨民教育者，得由原毕业学校填具申请书，保送生之履历表及在校三年之成绩单，连同2寸半身相片，限于8月20日以前函寄该校审查云。

《中央日报》1948年7月22日

侨师多事之秋　教员联名控校长

本报讯　国立第一侨民师范学校前校长陈永康,被人代冒名电教育部辞职,致照准奇事,曾轰动一时。兹闻陈永康于本月14日晋京向部长证实该坚求辞职电非渠所发后,朱部长对此假冒名义夺取校政事,极为震怒。朱部长于近又接该校全体22教员签名控告新校长王廷芳八大违法罪状,闻学生向教部提出控告。

《星光日报》1948年7月27日

集美中等各校校长更动三人

市息　集美中等各校人事略有调整,中等部分下期起,高初公立初中聘吴玉液为校长,高中聘黄宗翔为校长。又,高级水产校长俞文农辞职,遗缺已聘刘崇基接充云。

又息　集美学校为扩充新生名额,并与校友主办之中小学取得密切联系,除分区招考外,另订有保送入学办法,规定凡该校校友主办之小学或初中,得保送成绩优良之学生升入该校。初中以三名为限,高中、高水、高商各校,合计以5名为限。该项保送手续,须尽8月15日前,向该各校长办公室办理云。(放)

《立人日报》1948年7月29日

国立侨师学校设立投考生服务处

市息　国立第一侨民师范学校,自今日起,开始报名。该校特设考生服务处,替考生解决膳宿等问题。(住宿茶水免费,膳费尽最低收)会址设释仔街本校附小,如需寄膳宿之考生,可向该处登记云。

《立人日报》1948年8月6日

国立侨师民主化　学生代表得参加行政会议

市息　侨师学生代表2人，顷获准参加学校行政会议。校长经赋与学生代表以校政否决权，并准重新讨论为学生所不同意之决策，此系用以缓冲不满校方之学生之权宜办法。闻前此学生屡催促校长解决膳费及医疗等十大问题，至此或可有所实现。

《立人日报》1948年8月16日

侨师录取新生一部揭晓

本报讯　国立第一侨民师范学校37年度上学期新生入学考试，经分区办理完竣，厦门、福州、永春三区试卷并已评竣，于25日在本市中央日报先行揭晓。闻其录取正取生30名，备取生6名，兹探志名单如后。其余晋江、龙岩、梅县三区，因试卷未到，须俟汇齐另行评取公布。正式生30名，厦门区16名：何欢言、陈丽水、洪永成、何丕强、康永昌、林春满、陈尚远、周道荣、乔华伦、吕钦佩、陈豆水、洪宝泉、陈壬癸、简恩沛、郑文彬、昌宗明；福州区7名：陈德镶、郑福如、陈行尧、马长光、林宏光、林银森、刘成驱；永春区7名：潘金随、郭镇元、吴金彪、王生培、林文滔、梁信明、王建文。备取生6名：吴明香、何大智、林文读、张月治、林握泉、张素琴。

《中央日报》1948年8月25日

禾山双涵校址改办连城高工

市息　本市禾山双涵国民学校原址，本学期省令改办连城高级工业职业学校。该校则与梧村小学合并，改归市办，经费由市教育科及该保负责一半云。

《立人日报》1948年8月30日

侨师校长改派林鹤龄　订明日移接

国立第一侨民师范校长王廷芳,原长晋江石光中学,以该校董事会恳切慰留,呈部辞职,遗缺经部派林鹤龄接充。林经已抵厦,闻订明(15)日移接,对旧有人事将不更动。查林氏,系厦门大学教育学士,历任本省公私立中学教员、校长十有余年。现任教育厅荐任督学,教育经验颇为丰富云。(水)

《江声报》1948年9月14日

连城工职高级班省令迁设厦禾

市讯　省府函代电市政府,以省立连城高等工业职业学校,地址僻处山区,经济及地理,可观条件均不适于施重工业性质之职业教育。故拟自37学年度上学期起,将该校高□部各科,迁设厦门禾山中学旧址办理。其初□部造纸科两班,则仍暂留姑田继续办理云。(青)

《立人日报》1948年9月15日

闽南职中筹备复校

鼓浪屿福民小学、闽南职业中学,创办历史悠久,校友遍布各地。兹该两校枝[校]友苏宗文、叶鸿恩、王文水、张廷标、李魁梧等,为加强联系起见,决订9月26日下午4时,在该校校友堂召开校友大会,讨论进行事宜,并欢迎老校长叶谷虚莅临。聆叶君此次代表南洋中华基督教会,返国参加即将在苏州举行之全国基督教总会,顺道来厦,视察两校。因鉴于职业教育之重要,日内与闽南职中董事长苏谷南数度商洽,决于迩近筹备复校。(隆)

《江声报》1948年9月26日

连城高工迁厦　陆校长谈经过情形

省立连城高工本学期奉令迁移来厦,该校校长陆廷桢暨教育厅督学林芝崖于本月24日乘中航机来厦,筹备开办事宜。记者昨日访陆校长于省立厦中,探询该校迁移经过及校中设施情形,据陆校长称:连城高工系民国33年创设于连城姑田乡,当地因交通不便,运输困难,不适宜设立职业学校。且因师资之罗致不易,故本期奉令迁设厦门。盖本市水陆交通均便,上述困难俱可解决。至学校名称,本期仍延用旧名,下学期可能易名为"省立厦门高级工业职业学校"。该校在连城时设有土木工程及应用化学两科,校中设有小型之化学工厂及造纸厂,供学生实习之用,并试制家用肥皂及各种纸张。全校生数200余名,教师24位,迁厦后拟设立5班,计三年上期土木工程、应用化学各一班,二年上期土木、化学各一班,一年上期土木工程一班。连城方面之学生,可能有百余名来厦续学。一年上期新生决定在厦招考,时间约在下月中旬。现校址经觅定双函前禾山中学原址,校中器材正由连城起运途中,如无特殊困难,预定11月初正式上课。

迁厦后,原有一造纸厂因原料供给困难,拟暂停另就化学工厂加以扩充。目前除决定继续制造肥皂外,并拟制造其他家庭用品,种类应以原料之供给及成品推销情形而定。

最后陆校长告诉记者,该校为培植中级工业人材机构,毕业生已有三届(近百人),多数在工厂中服务。目前国内工业人材甚感缺乏,该校迁厦后,希望对于新闽南之建设有所贡献,亦望能帮助一般青年解决出路问题。(厚)

《江声报》1948年9月27日

连城高工迁厦开始招生一班

市讯　省立连城高工职校迁移来厦,校址选定禾山双涵学校,已经梁厅长暨该校陆校长交涉妥当,运费由省府负担。惟双涵学校原址校址,尽皆破烂不堪应用,则由市教育科叶科长协助下,向集友银行支借金圆券

5000元,以为修建校金之用。该校已开始招生一班,内分土木工程及化学二科云。

《立人日报》1948年10月3日

厦大新生注册展期　闽南职中明春复校

本市讯　国立厦门大学37学年度一年级新生注册期间,原定于10月2日至8日,截至昨日注册学生仅300余人。该校当局为体念因交通不便而延迟来厦之远道学生起见,特决定将注册期间延长至10月18日截止。至各学系备取生在注册期内已到校者,均准予注册。所有改为正式生之备取生,亦经审核决定,通知书昨已发出云。

又讯　鼓浪屿闽南职中经已筹备复校,并推陈文麟、苏谷南、叶鸿恩、李汉青、叶谷虚、周辨明等十数人为复校委员,积极进行复校事务。兹闻该校决于明年春季复校,现校长叶谷虚,已积极筹备立案等手续云。

又:福民小学在校长叶谷虚主持下,将于今日下午2时,召开追思会,追悼十年来已故校董、教员及学生,以表哀思云。

《中央日报》1948年10月9日

高级职中迁址禾山八日上课

省立高级工业职业中学校长陆廷桢,奉令迁移厦市,略情业志本报。兹查该校址经由市府将禾山双涵市立二中校舍拨出一部分,现已布置就绪,并定本8日正式上课。在厦新招学生,及自连城迁来者约百余名,先分设5班,一俟明春中立二市迁往江头新校舍后,再行扩充班级云。

《江声报》1948年11月2日

海军学校地址经核定大生里

市息　青岛海军学校迁厦消息,因房屋问题,经由海军巡防处负责,直至省府李主席到厦后,康处长将该项问题提请讨论。主席返省后,于昨日电示,准予厦门港大生里新兵招待所三百余间房屋,嘱予迁让海军学校,由巡防处负责接收。据康处长表示,当行陆续接收,电请海校定期迁厦,筹设复校云。

又,禾山机场附近殿前又一大幢房屋,经巡防处租妥,日内电请上海海军测量局覆命,请其定期迁厦办公云。(衣)

《江声报》1948年12月23日

中大迁厦物色校址

市息 南京中央大学为适应时局要求,拟迁厦开学,乃于前日专派教授吴显文到厦妥觅校址。吴到厦后,于昨日下午往见厦大汪校长,请求拨让部分房屋借用。汪校长以厦大师生拥挤,无力挚助,唯有一途,集美地物广大,或有可相商,须要时可电请陈嘉庚帮助。吴教授表示中央大学迁厦复校之意甚坚,对房屋问题当谋有效办法云。(衣)

《江声报》1948年12月25日

辽南迁校　中大无关

市息 关于南京中央大学派教授到厦妥觅校址,并与厦大汪校长商洽借屋之新闻一则。续查其事实如下:盖有国立辽南商船专科学校拟迁闽南复校,该校校长曾由教育部介绍来厦,并于24日上午访晤厦大汪校长,商谈校址问题,非中央大学也。

《江声报》1948年12月28日

国立第一侨师校长再易人

本报讯 本市国立第一侨民师范学校校长林鹤龄,接任已一学期,近向教部请辞,业获照准,并派许吕铁接充。许氏毕业于厦门大学,已由台湾来此,将于日内接收。

《星光日报》1949年1月11日

思明一中心改示范学校

市息 本市示范中心国民学校原设于大同小学校址,本学期大同小学奉准复校,本府经将思明第一中心学校,改设示范中心,并增设一班。

又据教育局长戴世龙语记者,本学期市立中心有二校改办私立小学(即大同与群惠),过剩教员额四十余名,原可增设中心国校三所,惟以校舍无着,仅增设江头国校一所。将来倘校舍解决,决再增设市校云。(厚)

《江声报》1949年3月4日

旅厦惠人组委员会协助水产学校迁崇

派员晋省促成募捐以资发展

市讯 关于省立水产学校,近奉省令迁设惠安崇武一事,惠县参会及各界特组协助迁校委会,以促实现,情志各报。兹悉,本市惠安同乡会昨(5)下午3时特召集全体理监事暨旅厦同乡举行会议,商讨协助促成事宜。到张述、黄谦若、辛宗鑫等50余人,由骆萍踪主席对如何协助水产学校迁惠一案,经各出席者热烈发言,佥以崇武为产鱼名区,三面临海,港宽水深,鱼类繁多,水产学校迁设是处,学生获有充分实习机会,方不负政府设校培育水产专才之原旨,而免虚縻公币之议。爰经一致决议:(一)筹组惠安旅外同乡协助省立水产学校迁惠委员会,主持协助迁校及筹款事宜,并推举张静山、张述、陈溢清、黄焕祖、辛宗鑫、黄介立、曾词源、卢清苑、黄谦若、骆萍踪等为委员。(二)推举黄谦若、张述二同乡晋省向朱主席、梁厅长敦促电令叶校长克日迁移。(三)分电朱主席、梁厅长迅令该校克日迁校上课。(四)电涵江该校叶校长迅即迁惠,以符功令。(五)分电海内外同乡团体一致电请朱主席、梁厅长迅令迁移,并就各地募集款项以资该校充实发展之用。(六)分电泉属旅省人士秦望山、陈联芬、黄哲真、连谋等就近径向省府敦促电饬克日迁移。至该迁校协助委员会即亦订日内开会,商讨一切有关事项云。

《江声报》1949年3月6日

侨师校友总会电请教部收回停办成命

附小定 15 日起继续招生

本报讯 侨师奉令停办，该校校友总会依第六、第四次理事会决议电，请教育部及侨务委员会收回成命，电文略谓，"窃悉母校接教育部午本市电令停办，海内外数百校友，闻讯之下，不胜惶恐。查侨师，自创办于兹八载，历六任校长，苦心经营，始有今日之规模，历□栽培出之侨民师资，数达四百。当局虽无法派遣出国，其赖私人力量陆续出国，分布于马来、菲律宾、婆罗洲、爪哇等地服务为数不少，国内服务之校友，亦克尽本职，忠心教育。遽尔停办，则海内外数百校友，特感惶恐万分，而有志侨教之青年，势必彷徨失措，欲入无门，如因经济困难，则请裁员缩班，或因近来侨师屡因经济窘迫办理成绩欠佳，则请派员整理。谨沥陈上情，恳即收回成命"云。

又讯 马来亚及婆罗洲侨师校友分会，亦电请教部收回成命。

又讯 国立第一侨师奉令停办后，本市地方人士，对于该校附小能否保持，至表关怀。兹查：华侨团体学术界及侨师校友会等，均以该小学过去成绩优良，应设法使其继续办理，且本省梁厅长亦曾面嘱该校教员安心工作，允筹办私立小学。本市教育局戴局长亦计划接办为实验小学，现因校址问题，尚未解决。该校究应用何校名，须俟梁厅长返厦时，方可决定。该校学生家长等，以各校多已开学，请求校方照前定时间办理招生及注册手续，并经该校与教育厅督学、教育局戴局长等商定，在梁厅长未到厦前，照原定 8 月 15、16 两日招生，并办理旧生注册手续，暂维现状，听候移交。闻侨师校友会，仍与本市侨团商讨校舍问题云。

《星光日报》1949 年 8 月 15 日

37年度下学期(38年春季)全校学生人数统计表

校别	年级	组别	前学期人数	本学期人数	备注
高中	三年下	26	32	32	
	三年上	27	32	26	
	二年下	28	63	50	
	二年上	29	56	40	
	一年下	30	119	89	
	一年上	31		116	
水产	三年下	19	28	28	
	三年上	航海20	19	20	
	二年下	航海21	19	21	
	二年下	渔捞21	12	12	
	二年上	22	15	15	
	一年下	23	60	29	
	一年上	24		22	
商业	三年下	18	25	26	
	三年上	19	17	15	
	二年下	20	28	18	
	二年上	21	29	18	
	一年下	22	44	28	
	一年上	23		42	
初中	三年下	67	48	41	
	三年上	68	59	45	
	二年下	69	88	73	
	二年上	70	65	60	
	一年下	71	146	95	
	一年上	72		105	

续表

校别	年级	组别	前学期人数	本学期人数	备注
小学	六年下	59	31	30	
	六年上	60	33	30	
	五年下	61	32	29	
	五年上	62	26	36	
	四年下	63	44	33	
	四年上	64	35	39	
	三年下	65	43	30	
	三年上	66	48	41	
	二年下	67	38	28	
	二年上	68	48	52	
	一年下	69	85	35	
	一年上	70		70	
幼稚园			56	69	
民众夜学	甲级		18	51	
	乙级		41	82	
	丙级		13		本学期丙级暂停
合计				1719	

原载《集美周刊》1949，Vol. 34，No. 10～12

海军学校奉令迁台　日内即将全部迁离厦门

郭校长宴各界首长惜别

市息　海军军官学校奉令迁台，该校校长郭发鳌，特于昨晚假国际联欢社举行鸡尾酒会，藉以答各界首长对该校迁厦后之帮忙。查海校为吾国唯一造就高级海军人才之所，原设青岛，去年方由青岛迁厦，闽南子弟素好乘风破浪，多以该校迁厦后就学当甚便利，不料因时局关系，又奉令迁往台湾。本市各界多恋恋不舍，尤以郭校长之谦恭有礼，更可钦佩。该校今日可能先迁移一部分,余定日内候船迁竣。

  南侨社厦门讯　近日本市已接近战区,当局为便利将来作战,经下令疏散不必要之机关及重要物资。本市海军军官学校为一教育机构,近现已奉令迁移台湾,该校一部器材目前先运赴台,其师生眷属决定于本月10日分乘"中海"及"中荣"两舰撤离本市。据悉,最近来厦之×××军军部迄今尚无适当地址办公,使海校迁移后,该部拟向海军方面商洽暂借该地应用。闻海军方面已表同意,候海总部批示后即可拨予云。

《江声报》1949年9月9日

第四章

社会教育

标封平民学校　吴照轩宣布处理经过
电民府各部院暨市各界谓"维护教育法至仁尽"

鼓浪屿平民校舍，系向王迪臣租赁，近王诉该校羁佃抗租，转赁渔利。案经会审公堂票传两造，迭次庭讯，判令该校迁移，缴还欠租，并予假执行。该校校长杨济州认王氏此举为破坏教育，曾召开校董会，议决请愿，发宣言。王氏方面，亦发代电，双方叙其理由，会审委员吴照轩，以案系该公堂判断，亦发出马电，宣布处理。该案经过原被告两方文件从略，转载会审委员代电如下：

福州人民革命政府主席李、文化委员会委员长陈、最高法院院长兼高等法院院长徐、厦门漳厦警备司令黄、高等第一分院院长林钧鉴，厦门特别市市长许、厦门总商会、各工会、各机关、各团体、各报馆钧鉴。阅厦门华侨日报及厦门日报，本月17、19两日新闻均载有平民学校被封，该校向当局请愿，并电省请制止等语。查所载各节，多系片面之词，殊非事实，兹将办理。此案颠末详述如下：俾免淆乱社会视听，幸垂察焉。查平民学校校址鼓浪屿龙头街A字176号楼房，系由前校长江汇三，于民国11年7

月间向迪臣租赁,每月租金50元,以一年为期,契约早经满期。迨杨济川接充校长,计至本年旧历6月底止,积欠原告租金大洋五百八十八元五角,并将该屋一部分,输租与和成古董店,收租渔利。按现行法例,积欠3个月租金,即终止契约,应将租赁物交还业主管理。原告因屡讨租金不交,于本年8月来公堂起诉,被告人杨济川到庭辩论,对于积欠租金五百八十余元并不否认,惟供称曾将该屋楼房修理,用银600余元,足抵租金云云。既不提出修理单据证明。按之法例,未得业主同意,纯是空言搪塞。至本年9月,经公堂判决,着将租赁楼屋迁移,交还原告王迪臣收回管业,并假执行之。又应偿还旧欠大洋五百八十八元五角,被告不服,上诉于高等分院。公堂以该校在上课期间,对于判决假执行部分,自9月至12月,延搁至数月之久,亦未实施。诚以该校系一社团法人,其因租赁契约所生之债权及一切法律行为,虽与自然人无异,然仍予以犹豫期间数月,俾觅地迁移是对于维护教育,亦已法至仁尽。现在寒假将届,按之现行法例,上述案件,以不停止执行为原则,业有规定明文,若再不予以假执行,则延至明春。又是开学日期,被告既不觅地迁移,租金又分文不给,复将楼屋转租他人,每月不劳而获数10元之余利,则原告之捐[损]失更大,将来益难于执行,且本公堂对于该楼房不过布告宣示假执行,并未实际钉封。该校学生现在每日仍自由上课,事实俱在,乃该校恶化分子,假借教育之名,大张厥词,遍发宣言通电,饰词耸听,颠倒是非,冀遂其霸占之实。查其内幕,盖自十九路军入闽后,贪污土劣潜匿鼓浪屿租界,作种种破坏阴谋,彼等以照轩曾充十九路军总部秘书,办事又不稍宽假,早存嫉视之心。今竟借此机会,加以攻击,实为反对政府之先声。夫赁屋不给租金,反能转租渔利,世界万国无此法规,判必须执行。原为保护人民法益,若人民财产不能受法律保障,则判决等于空文,鼓浪屿为公共租界,各国人士均驻此间,外人每借口我国法律不良,若任暴民霸占,其影响于收回领事裁判权,关系尤巨。自我国人民革命政府成立以来,无知愚民,每多误会,以为系实行共产主义,而反动恶化分子,且借以污蔑煽动,不知我人民革命政府成立,8日即通令,保护工商事业资本,绝对尊重其固有权利,扶助其发展。本案原告人王迪臣,系一商人,其固有权利,应在政府保护之列。若借办教育,而罔顾法律,不恤人情,则社会一切罪恶,何一不可假教育名义以行之,想亦为我政府所不许,社会秩序亦将永不复见安宁也。合将公堂处理此案情形,逐一明日宣布,幸我政府诸公,各界人士,明察秋毫,不为所惑。对于土劣加以严厉制裁,则中国法治精神,庶有一线曙光。不胜感激,鼓浪屿会审公堂委员吴照轩。马叩!

《江声报》1933年12月22日

私立补习学校监督规则办法大纲
经募兴学捐款暂行办法昨市府公布施行

市府昨公布一项法规:一、监督私立补习学校规则;二、私立补习学校办法大纲;三、经募兴学捐款暂行办法。兹节录如下:

甲、规则　监督私立补习学校规则:一、市内私人或团体设立补习学校,适用本规则,受本府监督。二、补习学校种类,国文、商业、工业、外国语、其他。右[上]列各种补习学校应冠私立一字。三、创办时应由设立人□下列各款填具表格,呈请本府核。准名簿、地址、宗旨、性质筹备经过,经费来源,设立人姓名履历住址,与核准设立正式开始一个月内,应由校长把下列各款填具表格,呈本府登记,名称、校址、宗旨、性质、经费来源,校长教职员表、学科学程纲要、学生缴费款目。五、凡呈请登记,经本府派员调查审核后,认为合格者准登记。六、核准登记后,应将学生名册呈送本府备查,嗣按期呈送一次。七、本府随时派员视察、遇有不合,得加以取缔。八、应将各科教材,于每学期终了时,汇报本府备查。九、每期学生姓名籍贯成绩,于修业终了时,报本府审核。十、每学期收支,应在学期终了时呈报本府。十一、十二略。

乙、大纲　私立补习学校办法大纲。一、私立补习学校以根据三民主义,利用业余时间,授与略识文字之年□失学者以补习之机会,使能继续增进其知识技能,以适应社会生活的宗旨。二、履行登记手续。三、名称规定(一)厦门市私立某某补习学校。(二)私法人或私法团设立者,□某名称前加注某某私法团增设字样。(四)凡16岁以上50岁以下男女,略识文字,有志补习得入校肄业。(五)分科编制,至多三科,并以性质相近为限□。(六)科目专限一种或数种,不得依次定中小学校学科教学,以示区别。(七)修业期限,至少1年,至多4年。(八)每星期至少授课12时。(九)学生修业期满考查及格,由校给与证书,本府验印,但不得充中小毕业证书,作业转学之用。(十)收取学费,每人每月不得超过3元。(技术性质得请准酌加)(十一)、(十二)、(十三)、(十四)略。

丙、捐款 经募兴学捐款暂行办法,一、略。二、凡经募兴学捐款应写捐募原因、办法、额数、捐款用途,及经募人员,详细呈候政府核准,并由市府随时稽察。如学校未经立案或办理成绩,不能认为满意,不得举办。三、捐款期间,不得逾6个月,在经募期内,每月将捐款人姓名,□□呈报市府备核。四、捐款交银行存储,非经呈请,不得支用。五、经募簿据,由校备四联收据,编上号数,标明用途及经收人姓名。盖用钤记,呈送市府盖骑缝印信。六、经募结束,应验捐款人姓名捐资,数额登录,或编造征信录。七、捐款人经指定用途,受款人不得变更。八、捐款不得变更原定用途,必要时须先呈市府核准。九、十、十一、略。

《江声报》1935年6月5日

本市决设民教馆 陈式锐被委馆长

市府现决在中山公园设立民众教育馆,委陈式锐为馆长。已着手筹备。

《江声报》1935年10月13日

市立民教馆进行各事项
设问字处代笔处 出壁报办阅报所

本市民教馆昨正式办公,并开首次馆务会议。主席陈式锐,记录吴雅纯。报告:一、筹备经过。二、聘黄邦桢总务部主任,邓锡蕃教导部主任,吴雅纯生计部主任。三、奉市府令,设儿童问题询问处。讨论:一、筹设民众夜学案。议决:(一)遵省教厅近颁统一全省民教规程办理。(二)联络各机关各学校协同进行。(三)专收成年失学者。(四)具体办法交黄邦桢、邓锡蕃拟定。二、出版壁报案。议决:(一)就市区重要地点,设立贴报牌二十处,按日出版发贴。(二)地点由吴雅纯商同各公安分局择定。(三)壁报由邓锡蕃、吴雅纯负责主编。三、设立民众阅报所案。议决,呈请市政府指拨中山公园挹翠山馆为民众阅报所。四、设立民众问字处及代笔处案。议决,先就本馆设立民众问字处及代笔处。办法由吴雅纯拟定。五、本会设儿童问题询问处案。议决,遵令办理,订11月1日成立。

《江声报》1935年10月16日

民教馆贴壁报择定地点

本市民教馆,决出版壁报,设贴报牌二十处。现经向各公安分局商定地点,计司令部口、中山路中段、思明路中段、公园南门、大同路中段、竹树脚、浮屿角、厦禾路中段、海后路、漳嵩站、水仙路头站、中由路岛美站、局口站、大生里、鱼行口、大桥头、圆山宫等。订11月1日出版,报牌由永安堂捐赠。

《江声报》1935年10月24日

公私立中小学应附设民校　市府规定级数　已令分别实行

本市公私立中小学暨社会教育机构,应附设民众识字学校及级数,经市府二科规定,分令分头实行,计单级小学、鸿麓幼稚园各一级,吉祥小学二级,竞存、玉紫各三级,大同小学四级,崇实、紫阳、蒙泉、普育各二级,励志一级,集友、崇德、世德、鳌岗各二级,群惠、侨南、侨南女中、双十中学、大同中学各三级,思明义务小学、城内小学各一级,道立、毓英、鼎玉、雅化、树人、全民、闽海各二级,大中三级,华南、培英幼稚园、清河、浔江各一级,宗文、明道各二级,同文中学、龙山各三级,同文附小、粤侨小学各一级,民立、厦南附小、桃源、厦大实小、渔民各二级,中华中学、厦大附高各三级,寿山小学一级,英华中学、毓德女中、怀仁女中、怀德幼师各三级,光华小学一级,英华校友二级,养元小学、维正小学、怀德幼稚园、海滨小学、寻源校友幼稚园各二级,闽南职中三级,福民小学二级,慈勤女中三级,慈勤附小二级,毓德小学二级。

《江声报》1935年10月25日

民教馆决议改良说书　附设职工介绍所

市立民教馆，昨二次馆务会议，主席陈式锐。讨论一、民众问事处，及代表处办法，经已拟就，请公决案。议决修正通过，并就重要地点增设三处。二、征求民众教育意见案。议决通过，发函征求。三、附设职工介绍所案。议决通过，交生计部设计，提会讨论。四、改良本市说书场案。议决，先行调查，并订期召集说书人讨论改良办法。

《江声报》1935 年 10 月 29 日

民教馆征求民教实施八项意见

本市民众教育馆对改进民众教育，决定集思广益，特拟具征求民教实施意见八则，于昨日分函各界人士。其征求意见如下：一、对于本市过去民众教育的观感如何。二、对于本市民众教育，尊意以为应该先从哪几处着手。三、要在最短期间内扑减本市的文盲，尊意以为哪几种是最有效的办法。四、尊意觉得对于本市的民众教育，哪几种是比较困难的问题。五、要使全市民众总动员，作长期的识字运动，什么是最妥善的办法。六、关于民众读物（除坊间出版社之千字课及民众识字读本外），尊意以为哪几种是比较适合用于本市。七、尊意觉得对于本市民众教育的实施，应该用什么方式，什么工具。八、尊意觉得何种的市民，才是本市民众教育的主要对象。

《江声报》1935 年 10 月 30 日

民教馆问事处代表处四日成立

本市民教馆附设民众问事处及代表处，决于 11 月 4 日成立。凡住居本市民众，均得前往代笔，备有信封信纸，并不收费。其代笔范围，暂订以代写书信，代写便条，代写契约为限。询问事项，计分不认识的字，不明白的事，算不来的账，看不懂的事，看不清的信等五种。并另订有详细规约，又将于最近期间，在市内各处增设三处云。

《江声报》1935年10月31日

禾山筹设农教育馆

禾山特种区署，现派教育区员林亨嘉筹备设立禾山农民教育馆。待两星期后，即可成立。馆址定在双涵中心小学内，至报载筹备禾山图书馆一节，据区署云，并无其事。

《江声报》1935年10月31日

民教官推行健康活动　设第一民校

市立民教官昨第三次馆务会议，主席陈式锐。讨论：一、设立第一民众识字学校案。议决，地点择定连茂学校，聘洪荣元主任。二、民众健康活动推行案。议决，定期函请本市体育会开会讨论。三、生计部提□附设职工介绍所设计案。议决，修改通过，呈请市政府备案。四、聘请民众教育设计委员案。议决通过，交总务部办理。

《江声报》1935年11月5日

市府奉令将"强迫"改为普及

市府昨接省普及识字委会函，略谓：关于各机关、各学校附设民众识字学校，需用课本一万册。本会为便利厦门市及附近各县领取手续起见，特约于厦门商务印书分馆，将寄存代为分发，请即提据径向该馆领取云云。又，市府昨接省普及识字委员会函，关于本市强迫识字委员会之"强迫"两字，应改为"普及"，以资划一云云。

《江声报》1935年11月6日

市民教馆设十校　聘定校长　定期开学

市立民教馆决设民众学校十所，中心民校一所。昨聘陈□纯长第一校，何善榕长第二校，林启贤长第三校，许哉华第四校，张淑贞第五校，施佩蓉第六校,黄固吾第七校,叶鸿恩第八校,傅晓村第九校,孙家璧第十校。中心民校由实验区总干事王吉六兼长。各民校长昨集教育馆开会,讨论招生及开学事宜,已决定21日上课。又该馆以鼓屿内厝澳居民颇多,决在该处贴壁报,从事宣传,并设一代笔处于第二十短期小学云。

《江声报》1936年9月13日

全市中小学附设非常民校

十二岁以上须入学　分派保长挨户强迫

市府昨令本市各中小学附设非常时期民众学校,其办法:

一、厦门市政府为灌输市民战时常识,特就本市所有中小学校附设非常时期民众学校。

二、凡市民年12岁以上,均须一律入学,由各保长挨户强迫到校。每期每户至少须派一人,至全户完全入学为止。

三、是项民众学校依次分期办理,各保甲长须依照户口数额,分期强迫入学。

四、是项民众学校每班以40人为限,分上午、下午两班,上午班8时至10时,下午2时至4时。

五、课程。1.防空;2.防毒;3.消防救灾;4.救护;5.战时常识;6.时事报告;7.其他。

六、是项民众学校,每级每月酌贴费15元,由市政府拨给。

七、修业时间定一星期,期满由各保甲长负责登记。

八、每校设校长一人,教师若干人,就各校原有校长、教员充任外,聘请专家担任之。

九、凡避学或中途辍学者,饬警拘究。

十、是项民众学校之视导,另组织视导委员会负责办理。

《江声报》1937年8月28日

非常时期民校市民报名入学无多

市府令保甲区督促　勿得规避致干惩处

市府昨训令各保甲区长,略谓,本府为实施非常时期教育,灌输民众战时常识,拟办非常时期民众学校,将办法令发该区长遵照。查是项民校,经于本月18日开学,而各保报名就学民众,尚属无多。合再检发前项修正办法,申令该区长遵照。严令各保长督令辖内保民,按期入学,勿得规避,致干惩处。并将办理情形,随时具报,此令。至该项修正办发,今日即可印就送发。

《江声报》1937年9月21日

非常期民校　三保设一所　订办法九条　决强迫入学

厦市非常时期民众学校之设,原则为全市普及,疏密得度,以利民众就学。经市府决定,以每三保设立一校,各应依照规定,分择校址,速筹开学。昨并公布设校办法九条,饬各遵照。办法如下:一、厦门市政府为灌输市民战时常识起见,特就本市所有学校附设非常时期民众学校。二、凡市民年届12岁以上者,均须一律入学,由各保甲长挨户强迫到校。每期每户至少须报1人,至全户完全入学为止。三、是项民众学校分期办完,各保甲长须依照各户户口数额,分期强迫入学。四、是项民众学校分上下午班上课,上午班8时至11时,下午班2时至5时。五、课程:(一)精神讲话。(二)战时常识。(三)时事讲话。(四)临时讲演。(五)歌咏。六、修业时间定1个月,期满由各保甲长负责登记。七、每校设校长1人,教师若干人,就各校原有校长、教员充任外,并聘请专家担任之。八、凡避学或中途辍学者,由保甲长报请军警拘究。若甲长督促不力者,则由警察局处分之。九、是项民众学校之视导事宜,另组视导委员会负责办理。

《江声报》1937年9月22日

厦市非常民校总调查结果
有两点急宜纠正　将切实强迫入学

　　市府二科为促进所设五十民校,特派员总调查,以为改善根据。现经由督学赖风熏□与陈泰等四人,分别视察调查完毕。据赖督学谈,各民校大多幼生,壮年民众鲜见入学,可知未及普遍。学生数量,则或多或少,不能平均。此二点□宜及早纠正。其余琐细之处,皆不难诱导,使循轨道云云。昨二科已分令各该民校长,各切实联络就地保甲区职员及保甲长,督促就近民众,按期入学。如各校学生不满40人以上者,必须招收足额,以宏效率。各校校址,亦应依照训令,每三保设立一校为准,分别择定,不得过予集中,以事普遍,并着分头到府,领取防空画报,以便贴于教室,增长民众防空学识。

　　又,拟就劝告市民入学文件,摘录要点如下:一、为避敌空袭,使市民安全保障,特举办非常时期民众学校五十校。二、非常民校分设各区,使市民得到普遍入学机会。三、非常民校课程,有时事报告,防空防毒常识,战时消防,战时救护,精神讲话,临时演讲,歌咏等。四、市民入非常民校,可得到防空防毒救护等常识。五、市民有防空防毒救护等常识,于敌人空袭时,使能得到生命财产安全之保障。六、民校每日上课3小时,上午8时至11时。期间只一月,并不影响职业。七、为求生命财产安全保障,即使稍有妨碍职业,亦须拨忙入学。八、民校概不收费,且每人分给书籍五种。九、凡市民不论男女老幼,年□律入学,至少每期每户须派1人至2人入学。凡市民不肯入学者,由户籍生报由各分驻所,特呈市警局处罚。

《江声报》1937年9月29日

各中学附设民校着即招生　明日上课

　　市府教育科,昨调令市立各小学校及图书馆,略谓:本府为加紧实施民众识字教育,除单独设办民众学校15校外,特规定市立各小学,每校附设民众学校一班,市立图书馆附设民众学校一班,并一律于本月10日上课。至民校应用各费,准由该校馆办公费项下支用,仰迅遵办,即日开始招生云云。同日,又调令各学校,对于劝募公债,应遵照规定手续给□云。

《江声报》1937 年 12 月 9 日

市教育局会议商定编撰民校课本
以民众识字读本为监本分由李禧等提供材料

市教育局前(8)日下午 2 时,召开民校课本编撰委员会座谈会,主席王悉荆。议决各案如下:一、关于主编人推选案。议决,推王悉荆为本委会主编人。二、关于拟编课本字数应如何规定案?议决,依照国立编译馆短期小学课本所有生字 1394 字作为参考,斟酌采用。三、关于蓝本应如何采用案?议决,仿照福建民众识字读本编撰。四、关于编撰取材分类及负责人选如何规定及推选案?议决,分列如下:甲、增加大题,请各人提供材料;乙、大题内细目增加。(一)《乡土》《自然》,由李禧负责。(二)《家庭》《卫生》,由蔡春秋负责。(三)《地方要政》《公民常识》,由黄永强负责。(四)《个人道德》由戴光华负责。(五)《党国》由陈开泰负责。(六)《农业》由伍远资负责。(七)《应用文》由洪蒲苇负责。五、关于分类材料应定何时汇交主编案?议决,定下星期一(本月 14)汇交教育局第三科。六、关于课本插图如何规定案?议决,由主编人负责编插。

《江声报》1946 年 1 月 10 日

女青年会

女青年会本学期添设国语、英语补习,各分二班,缝纫烹饪学科,学生有百多人。昨员生远足虎溪岩,教育部主任备有食品,共同野餐。

《江声报》1934 年 9 月 29 日

汽车会计补习学校组设成立

厦市政绅各界领袖,沈觐康、洪晓春、沈志中、严灼如、黄廷元、林文庆,及学界闻人庄金章、黄其华、沈省愚、王连元,专家黄景歧等,鉴于本省各公□次第完成,将来汽车会计人才尤为重要。此项人才在外国皆经特别训练,非仅普通会计□所能胜任。为适应需求计,发起创设汽车会计补习学校,以广造就,期能统一汽车会计制度,发展公路运输事业。闻业经市府准予备案,即在本市小走马路青年会内开办,招收学员,名额以40名为限,4个月毕业。已开始报名(报名地点,青年会),对于各车路公司保送人员入校训练者,尤为欢迎云。

《江声报》1935年7月19日

精一国学讲习所在鼓开办

去年厦鼓有人倡设国学讲习所,发起者为蔡毂仁、郑丰稔、龚显祚、施健庵、胡廷玑、胡诸清、余少文、李伯端、林富阁、王运隆、叶子郁、黄绳其、黄尚平、贺仙舫、丘廑兢、李爱黄、刘尊光等,卒未实现。本年又有苏谷南、陈荣芳、李汉清、陈蕴斋、翁振文、陈世清、黄省堂、蒋以开、龚宗猷、陈铭等加入为发起人,推蔡毂仁、苏谷南、龚显祚、施健庵、陈铭、陈荣芳、龚宗敬、刘尊光等筹备,定名为厦门精一国学讲习所,择鼓屿港仔后78号洋楼为所址,已将开办。其编制分为预科2年,正科3年,又设有夜班、星期班、函授班等。其各科学程仿无锡国学专修学校,而略有增减。各科均聘专门教师讲授,已发贴招生广告,订9月25日开学云。

《江声报》1935年09月06日

妇女家事训练班　民教馆举办开始招生

市民教馆近日举办妇女家事训练班,招生16岁以上40岁以下,曾载初小毕业,或有同等程度之妇女训练。课程分国语(包括读文写作)、家庭、会计、育婴常识、食物常识、家庭卫生、公民训练、音乐各科。教课除该馆职员兼任外,并聘请助产学校及本市富有家政学识之妇女界担任。学员名额40,训练期间为2个月,费用概免。已借定吉祥小学为班址,自即日起开始在该馆及吉祥小学报名,3月15日开学。

《江声报》1937年2月24日

女青年补习班首期结训

本市讯 三民主义青年团厦门分团创办之女青年补习班,自开办以来,各种学科均能依照预定进度实施。现修业期间经已届满,特于本月25日下午3时举行闭学式,到全体员生40余人,分团郭干事长薰风亦亲莅主持。拟即续办第二期,不日可发出通告报名,俾失学女青年可无向隅之叹云。

又讯 本市双十中学为增进青年身心修养,于昨(25日)星期一总理纪念周时,邀请该团郭干事长薰风莅校讲演,题为"青年为学与立身之道"。

《星光日报》1946年11月27日

商余补习班定五一开课

市息 本市商界分子洪勋元等,因鉴各途商一般失学者颇多,爰起而创办夜学补习班,招收一般失学青年免费入学,俾资深造。筹备迄今,经已就绪,订于本月20日开始招生,5月1日晚开课。校址暂假大中路民立小学内,分甲、乙两班。开课程计分四科,敦请本市教界名士汉文教师李禧、英文王明珍、国语乔仲敏、会计昌显宗。近日来纷纷向大中路42号报名登记者为数不少,似此热心教育,令人佩颂云。

《立人日报》1948.年4月24日

黄谦若、郑静安在商学班讲演

本市讯 本市商余夜学补习班开学,迄今将近四周。该班为增长各学员常识起见,特于21日敦请福建省党务督导专员黄谦若氏及市府郑秘书静安,莅班讲演,各学员深为钦听。当时郑秘书静安并赠与该班处世教育《怎样做事情》、《怎样使你职业成功》、《怎样使你经商成功》、《升学与就学》等书籍各一本,该书均适用于青年进修读物。如是热心教育,献书培材,殊堪佩颂云。

《中央日报》1948年5月23日

女青年会主办妇女平民学校　增加班级报名者多

市息　厦门基督教女青年会因鉴于目前本市失学妇女众多,特于本学期开办妇女平民学校英文补习班、缝纫班、钢琴班,招收有志学习之妇女。据闻前往报名者参加者颇不乏人,定于本日午后3时,在其分所举行开校式,届时定有一番盛况。又近该校附设幼稚级一班,专收4至6足龄之男女儿童。不日又将增办打字一班。似比科目众多,以资学习,诚为本市妇女界之福音也。

《江声报》1949年9月5日

教局奉令设临时夜校

以增进人民御侮自卫常识　附举办民众夜校办法

教育局昨奉教厅训令,略云:奉部令,准中执会民运指委会函,为增进全国人民御侮自卫常识起见,决定举办民众临时夜校办法,并编订民众临时夜校课本及民众临时夜校课本教学法等由,仰遵照,转饬遵照等由,仰遵照并转饬所属一体遵照云云。附举办民众临时夜校办法如下:

一、各级党部为指示全国人民以御侮自卫常识起见,应按照本法发记举办民众临时夜校。二、夜校之举办,以各省市党部为策画及指导机关,以各县市以下党部自治机关及民众团体各实施,由党部主动,取得政序协力合作,责成各实施办理之。三、凡党员民众团体及自治机关负责人员,现任学校教职员及中等夜上学校之学生,均有充当夜校教职之义务。四、全体民众均须分组分期加入夜校受课,但左[下]列人民经夜校负责人调查属实者,得不入夜校授课:甲、曾受相当教育、对于此类常识已有充分认识者;乙、现在学校或公务机关者;丙、年龄在60岁以上,15岁以下者;丁、有疾病者。五、人民如有故意规避,经宣传劝导尚不入夜校受课时,应责成乡团长负责督促之。六、人民入校受课之时间者,两星期为原则,遇必要时得减少之。七、夜校对于学生之教授,分为识字与不识字两种,其课本及教授法另定之。八、夜校之经费以左[下]列方法筹措之:甲、各县市政府之补助;乙、各省市政府及党部之补助;丙、征求个人或团体担任举办一校或数校;丁、其他捐款。九、夜校之地址以借用公共庙宇,学校课室,机关礼堂,以及公共娱乐场所,民众教育机关为原则。十、乡村以灯光等设备不善之关系,举办夜校如有困难时,得斟酌情形改办日校。十一、铁路或海员特别党部举办民众临时夜校时,得准用本办法。十二、本办法由中国国民党中央民众运动指导委员会核准施行。

《江声报》1933年6月25日

新青年会设暑期学校　每日分三班　教授英文国语

新青年会已迁入中山公园内新会所。前所开办夜学因迁移会所,故提前放假。自迁入新会所,各种设备尚在积极进行。现将开办暑期补习学校,英文分为1、2、3级及高级四班,国语分基础研究及师范班,学额每班限定20名。期间由7月3日起至8月12止,计六星期。补习时间:暮班订下午5时至6时半,晨班上午6时半至8时。经延北平工业大学毕业生黄劭为英文班教务主任,北平乔松如为国语班教务主任云。

《江声报》1933年6月29日

本市民众夜学决定二十五以前开课　课程时间已开会议妥

拟组民众教育推广会　市处令财局拨款

民众夜学校15日开联席会议,市处长许友超报告,略谓,民众夜学在吾国教育未能普及时期尤为重要。盖一、可以减少文盲。二、可以灌输常识。三、失学公民可以得到教育机会。四、公民在业余时间不至为种种不正当娱乐。五、公民识字者多,可辅助自治进行。诸君受本处之委托,主理其事,责任綦重,必视办理小学更加奋勉。惟此种事业,非独在校认真教授,俾一般学徒兴味浓厚,不至中途辍学。当开办之始,尤必向社会宣传,使明晓民众教育之重要。今邀集到处开会,其要点在此云云。次讨论:一、民众夜学开课日期案,议决开课日期,最迟不得过 9 月 25 日。二、校牌体制规定案,议决以数字顺序标明各校名称,例如思明市立第几民众夜学(如学生为女性,则称思明市立第几妇女民众学校),惟校牌。

《江声报》1933 年 9 月 17 日

民众夜学已开课八校

统计男女生 600 余名　许友超日内亲赴视察

本市民众夜学自实施后,除鼓浪屿之第五校及皇帝殿之第四校外,余八校均已次第开课,学生颇形之拥挤。兹查各校学生名额如下:禾山蒙泉第一校 40 名,赖厝埕大同第二校 40 名,刣狗墓鹭江第三校 60 余名;厦港渔民第六校,男女各一级计 120 名;面线埕群惠第七校,女生一级,男生二级,计 140 余名。霞溪仔崇德第八校 70 余名,后厅衙龙山第九校 40 余名,百家村集友第十校 60 余名,全市统计已 600 余名。闻许处长日内将亲赴各校视察云。

《江声报》1933 年 9 月 24 日

第四五夜学不日开课　各在筹备中

市筹备处所举办之民众夜学十所,除四五两校外,余经陆续开课,已志本报。查第四民众夜学校长郑玉森,系莆田人,于日前由莆田来厦,正忙于布置,不日即可开课。第五夜学校长徐址安(校址在鼓浪屿普育实验小学)亦因设备一切,开课较迟。现该校报名者已 40 余,开办费亦已向财政局支领,不日当可开课云。

《江声报》1933 年 9 月 29 日

市党处办夜学设书报社

市党处近令各人民团体酌量经济力量,举办民众学校,或民众阅书社,并在鳌岗学校附设民众夜校,聘林志为校业务主任。该校分男女两班,计成年之男学生 38 名,女学生 55 名;儿童男 15 名,女 27 名。计 135 名。课目分识字、书信、公民、笔算、珠算、家事等科。授课时间每夜 8 时至 10 时,教员由林志、林松茂、谢逢川分别担任。该处又以禾山偏处一隅,大部民众对国家时事俱感隔膜,拟在该区设立民众阅书报社一所。昨已派干事梁清钧,经觅定浦源社杨氏祖宅为社址,并指定该处党员杨水成负责管理书报。该社除订本市各报外,并购京沪各报及杂志云。

《江声报》1935 年 8 月 30 日

岐西附设义务夜学赠送书本不收学费

岐西保保民公会,创办岐西学校,以陈汉生任校长,颇具成绩。现该校又附设民众义务夜学校,赠送书本,不收学费。另设一国学专修夜学,以补救中途辍学及一般专心国学者。连日报名大不乏人云。

《江声报》1935 年 9 月 28 日

短期小学二十校　市府委定筹备员

本市义务教育,昨经市长王固磐委任厦大教育学士陈庆辉等 20 人,为市立短期小学筹备员,并于是日召集该筹备员到府训话。所有义教计划,亦经市府二科长郑永祥设计就绪。各筹备员及指定筹办学校如下:吴万镇为本市第一短期小学筹备员,杨清江为第二校筹备员,其余李怜悯为第三校,卢授吾为第四校,杨天培为第五校,林光华为第六校,许幼芳为第七校,许启珍为第八校,周炳煌为第九校,张羡为第十校,李春芳为第十一校,陈庆辉为第十二校,陈永垂为第十三校,林曼丽为第十四校,陈崇礼为第十五校,李福锦为第十六校,巫必举为第十七校,刘尊光为第十八校,苏德鸿为第十九校,张家璧为第二十校等筹备员。

《江声报》1935 年 10 月 6 日

暑假补习学校经已筹备就绪

本报讯 厦门暑假学校经多日之接洽筹备,经已大抵就绪,10 月 12 日晚特假座鼓浪屿中英酒店举行第一次校务会议。到主任陈烈甫、副主任吴金声、教员蔡启瑞等十余人。关于各科教材分配兼踩钟点及担任教员,经已分配决定英文 30 小时,担任教员林王霖、谢炳刚、万德顺;数学 38 小时,担任教员何恩典、郑弈培、洪炳耀、则士毅;理化生物 36 小时,担任教员蔡启瑞、洪炳耀、黄厚哲、郑执中;中外史地 30 小时,担任教员黄典诚、李百龄。现报名开学在即,各组负责亦经推定。现该校经决定增加名额为 240 名,其分配如下:集美、毓德、英华各 30 名,龙□寻源、培元各 20 名。进德、培英、永中、晋中各 10 名,厦门市训练所 30 名,其他 20 名。如各校介绍人数超过限额,或将举行甄别考试云云。

《中央日报》1946 年 6 月 19 日

鼓商会夜学举行休学式　订期举恳亲游艺会

鼓区商会自陈钦夫理事长负责以来,会务措施颇为积极,对于提倡教育更具热忱。本年 4 月间,特委托该会书记林荣翀设计开办夜学,成立以来,学生人数达百余人,并敦请区长庄肇昌及绸布公会石鼎字为评判员。该班原订期二个月结束,嗣循各学生之请,延长一个月,至昨晚举行休学式。师生跻跻一堂,会场充满亲爱精神气象,咸表无限离绪与勖勉,并定于下星期一,举行恳亲游艺会,敦请各机关首长及各学生家长,参加演讲云。

又讯 该班订 7 月中旬续办第二期夜学,并函区公所各指导员为为义务教师及各机关首长于每星期担任一小时时事讲解。

《星光日报》1946 年 6 月 30 日

厦港夜学前日开课

厦港区社会服务处董事长施振华,倡设民众夜学场所,校址假借厦港渔民小学内。函聘张庆和、黄世贤、黄应玉等为义务讲师,免费招收失学男女贫民。于昨(12)日正式开课云。

《江声报》1946 年 8 月 14 日

鼓区商会续办夜校

鼓区商会附设商余夜学,第一期业于上月结束,第二期原订本月 1 日开学。嗣以报名生数过于拥挤,课室及椅桌发生困难,后经该会理事长陈钦夫、书记林荣翀力筹继续。昨已在该会举行入学考试,计录取 124 名,并订定本日开学,地址暂设在锦祥街该会旧址,同时并函聘该区各机关首长担任义务教师,以适现实需要云。

《星光日报》1946 年 9 月 21 日

市青年团开办女学

本报讯 三民主义青年团厦门分团顷奉中央命令,为提高妇女对于国家民族之观念,减少文盲,特举办女青年补习班。兹探志其办法如下:一、名称,三民主义青年团厦门分团女青年补习班。二、宗旨,为提高一般失学女青年学识,减少妇女文盲。三、地址,本市大同路光彩街 1 号青年剧社。四、期间,1 个月,每日下午 2 时至 4 时。五、名额,以 40 人为度,须具有小学毕业或初中程度之学力。六、费用,学杂费一律免收,课本由分团部免费发给。七、课目,国语、家事常识、算学、党义等。八、报名日期,自即日起至 10 月 12 日止。九、报名处,厦门升平路 10 号分团部女青年股。

《星光日报》1946 年 10 月 2 日

西区妇女会创设夜校

本市厦西区妇女会,为普及教育,辅导失学妇女,特于洪保国民学校内,附设妇女夜学辅助学校。规定名额100名,招收程度以粗识文字。闻该校已决定自即日起至8日止为报名时间,11日正式上课。上课时间以每晚7时起至9时,一律豁免学杂费。

《星光日报》1946年10月3日

莲坂奎壁小学附设民众夜校

本市私立奎壁小学(校址在禾山莲坂社)原于民国5年间,由该社菲侨叶添寿、叶永黎二君合资创办。迄后为谋发展起见,乃建筑校舍,筹募基金,组织校董会,添置校具,充实设备,并呈立案。民国27年5月,厦岛沦陷,该校校舍具悉被敌军纵火焚毁。廿余年惨淡经营之基业,至是遭敌摧毁,荡然无存。迨抗战胜利,我政府推行国民教育,不遗余力,该校留厦校董叶全泰、叶清玉、叶成群、叶石狮、谢水双等有鉴于此,乃于本年秋召集新旧校董重组校董会,并聘请林高攀为校长,开始筹备复校工作。至9月初旬,以筹备经告就绪,即正式开学授课。现先办四学级,生数百有余人。最近该校以该社不少青年男女,在沦陷期中不肯接受敌伪奴化教育,以致失学,对于建国前途,不无妨碍。为冀协助政府扫除文盲计,乃在该校附设民众夜学,施教该辈失学青年,现已开始进行。闻该社及附近青年自动前往报名入学者,甚为踊跃,该校经订本(10)月14日开学。

《立人日报》1946年10月14日

厦西妇校学生超额

厦西区妇女会举办之妇女夜校,已于本月11日开学,14日正式上课。校长曾神鹰,校址设道平路开洪保国民学校。原定招收学生名额100人,到截止报名期间已超过150名。预料开学后,要求入学者尚多。但该会因经费所限,未能扩充班数,以遂失学妇女之愿,深感遗憾云。

《星光日报》1946年10月15日

西区妇女夜校昨日正式上课

市息 厦西区妇女会,假道平路开洪保国民学校举办之妇女夜校,于11日开学,14日正式上课。计收失学妇女150名。

《立人日报》1946年10月15日

厦西区妇女会举办夜校　昨正式上课

本市讯 厦西区妇女会举办之妇女夜校,已于本月11日开学,昨经正式上课。校长曾神鸾,校址设道平路开洪保国民学校内,原定招收学生名额100人,惟到截止报名期间已超过150名。预料今要求入学者尚多。但该会因经费所限,未能扩充班数,以遂失学妇女要求,深感遗憾云。

《中央日报》1946年10月15日

鼓中心小学兼办夜校

鼓区中心国民学校甘兆驹校长,近鉴一般成人失学众多,亟应设法教育。昨特邀集该区热心教育人士庄乃昌、洪协降、林荣翀、黄友慈等,在该校会议厅商讨筹备开办夜学事宜,结果订下月,实行□课。推甘兆驹为校长,洪协降为指导,林荣翀为总务,并将函聘社会闻人赞助校务进行云。

《星光日报》1946年11月25日

鼓中心小学扩大民校

鼓第一中心国民学校增设成人妇女夜学班情形,已志前日本报。兹悉:该校原拟设高初二级,乃开学以来,求学者众,数达170余人。该校为这适应现实需求起见,拟发动函聘该区热心教育人士,组织赞助委员会,俾再添设班级及增聘专责教师云。

《星光日报》1946年12月12日

禾山区第一中心举办夜学

禾山第一中心学校校长陈甲友,因监[鉴]一班农民多属文盲,乃在附近□园社设立夜学。现已正式开课,报名求学之农民达40余人。现江头热心人士亦向该校请求设立夜学,报名者已近百人。该校经许所请进行筹备云。

《中央日报》1946年12月19日

妇女夜校拟迁大同小学

本报讯 市妇女会所主办之妇女夜学,本期起将以崭新之姿态出现,对校务当有更深之一番改进。该校已订于2月7日(即新正元宵日)开学,并拟将校址选至小学路大同小学上课云。

《星光日报》1947年1月27日

厦港区 增设夜学

厦港社会服务处去年春举办民众夜学,颇获好评。本学期拟再在大澳保辖设立分校,以收容农村失学民众。经昨晚董事会通过并决定:(一)聘请杨翠如兼任校长;(二)学校书籍经费暂定30万元,由本区公款拨充,不敷之数,由校董会筹募之,并订3月1日开学。学生概予免费,并纸书籍。

《江声报》1947年2月9日

提高文化水准 创设民众夜学 市党部派员筹备

本报讯 市党部自党务督导专员黄谦若,兼任书记长以来,对于党务工作之推进,三民主义文化之宣扬,甚为积极。最近有鉴于厦岛沦陷八年,敌人实施奴化教育统治下,多数市民民族意识消沉,教育水准低落。为求扫除奴化教育思想毒素,提高市民教育水准,肃清文盲起见,特筹备组织创立民众补习夜学，校址即附设在该部大礼堂。闻已指派周永权、陈醒民、吴庭玉、朱师虞、周永奇等五人为筹备员，现正积极从事筹备中。

《星光日报》1947年6月27日

厦大校友会筹办厦友补习学校　明年2月起招生

本市讯　厦大校友会总会，5年前曾在长汀举办补习学校，辅助升学之青年，成绩斐然。该会随厦大复员返厦后，深感闽南各地高中毕业生失学之苦痛，殊有设法辅导之需要，固有开办"厦友补习学校"之议，除计划于下学期开班作较长期补习外，并拟于中学暑假开始时，再视需要，另开短期补习班。兹探悉该校校长任职，系推定厦大化学系主卢嘉锡校友兼任，教员大部聘请现任厦大教员并富有教学成绩之校友担任。闻将于最近开始招生，明年2月间正式开学，校址拟设于本市同文路。

《星光日报》1947年12月19日

厦友补习学校月半报名

2月下旬开学

厦门大学校友总会为中学毕业生投考大学便利，而筹办补习学校，情志本报。兹悉该校业已筹备就绪，将于本月15起报名，2月26日开学，校址仍设同文路，并另觅宿舍，俾远道来厦学生得所住宿。其课程完全视投考大学之需要而设，尤侧重于英文、数学及理化各科。第一期约至6月底结束，并于中学暑期开始举办第二期云。

《江声报》1948年1月6日

厦友补习学校采选科制

二月下旬开学

厦门大学校友会主办之厦友补习学校，已正式成立，定于本15日至24日止在同文路13号报名，第一学期于2月25日开学，5月24日结束；第二学期则从6月21日起，至7月24日止。开设课程采选科制，学费以修习课程之时数计算，即每小时每月 4 万元，第一学期以 3 个月计算，一次缴清。例英文一科每周上课 5 小时，则每月缴费 20 万元，余类此。至其上课时间规定为每日下午 2 时至晚间 9 时，星期日除外。其入学资格以高中毕业或具同等学历者，但在每班人数不足额时，可并收高中一、二年级学生，选修相当具学历之学科。第一学期校址暂设于同文路 12、20 两号内，对于有志投考大学之青年，将有不少便利。

《江声报》1948 年 1 月 13 日

青年会开办补习夜校计设四科八班

本市基督教青年会，近为便利失学及从业青年之进修计，特开办补习夜校，并已聘定师资。开授科目计有国文科，分国学专修及应用文两班，商科分簿记及商业常识两班，音乐科开普通乐学一班，英文科分高级中级初级各一班，共为四科八班。学费每科收 20 万元，选修三科以上者以八五折优待云。

《江声报》1948 年 3 月 12 日

厦大教授办会计讲习所　先办会计组夜班

厦门大学教授黄雁秋等，鉴于本市为一商业都市，会统计职业学校尚付阙如，一般职业青年每苦无进修机会，特商准市府创设广大计政讲习所，先办会计组夜班，以资补救。闻该所教员俱为国内各著名大学会计系或经济系毕业，且富实际经验者。经决定，自即日起开始招生，本月 22 日正式上课，所址暂设小走马路粤侨小学云。

《江声报》1948 年 3 月 17 日

青年会设补习夜校

市讯　厦门基督教青年会为辅助职业青年利用业余时间作学术进修起见，特设免费职业补习夜校。凡品行端正，无不良嗜好，不拘性别、年龄均可报名入学。科目开设国文、国语、英语、簿记四科。本期暂定 2 个月，自 7 月 1 日至 9 月 30 日，报名自 6 月 22 日至 6 月 30 日，名额每班限 30 名云。

《江声报》1949 年 6 月 25 日

厦友补习学校第二期招生

本市讯 厦门大学校友总会主办之厦友补习学校，第一期已结业。现该校为利用暑假以辅导有志投考大学，或专科学校者之课业起见，经拟定第二期招生简章，并定自本月 23 日至 25 日，假本市双十中学报名，28 日上课，地点亦在双十中学内云。

《中央日报》1948 年 6 月 21 日

厦友补习续办二期在双十上课

厦门大学校友总会主办之厦友补习学校，第一期业已结束。该校为利用暑假辅导有意升入大学，或专科学校青年之课业起见，经拟定第二期招生简章，定本月 23 日至 25 日报名，28 日上课。报名及上课地址，均设双十中学。（厚）

《江声报》1948 年 6 月 21 日

西洋语文讲习会日程表

西洋语文教学协会厦区支会，第二次年会所举行之短期讲习会，将于本月 12 日至 16 日假小走马路青年会开幕，已志本报。现闻各地英语教员于获得通知后，已纷纷投函报名。而该会亦以将讲习日程表拟就，兹特探录如下：12 日上午至下午，会员在青年会报到。晚 7 时，讲习会开幕，推举本会临时记事，通过本区协会组织章程，主席叶书德。13 日上午 9 时，周辨明教授示范"叶氏语文分析法"。11 时至 12 时，讨论，主席蔡丕杰。下午 2 时半，周辨明教授示范"英语发音及语调教授法"、"习题设计法"。4 时半至 5 时半，讨论，主席吴厚沂。14 日上午 9 时，林苏彌博士第一次示范教学英诗一首，施教于已受英语教学之高中一年级学生，主席周辨明。下午2时半,葛利亚师姑讲"教育之目的与行政"。4时半至5时半,讨论,主席林苏弼。15日上午9时,林苏弼博士第二次示范教学,施教于未受英语教学之11岁女童,主席张福安。下午2时半,林苏弼博士讲,报告本协会在各地活动情形,并朗诵英诗,及宣读所撰缪廷辅《功用文法》序,主席周辨明。16日上午9时,厦门大学外国语文系主任李庆云教授演讲,主席林苏弼。下午2时半,各地英语教员报告及提问,即由林博士作答,主席王庆元。晚6时半,协会同人聚餐,协会选举,讨论一切进行事宜。(闭幕)

《江声报》1948年11月11日

青年会筹办升大学补习班

本市讯 厦门基督青年会,鉴于去年暑假及今年寒假各高中及同等学校毕业学生,与其有同等学力可以首升大学之学生,为数甚夥。而近来旅外返厦及因战事迁厦可以投考大学之学生,亦人数可观。此批学生,如任其荒闲,转瞬暑假,届时欲投考各大学,必至人数众多,名额有限,竞争炽烈。为辅导此批学生起见,青年会将有开办大学升学补习班之意。前国立东北大学校长臧启芳先生,及前国立北洋工学院院长李书田博士,先后来厦,经青年会事工部亲与征求意见,两氏均深切表示大学补习班确为适时之急要举措。而青年会以地位适中,如能利用已有教室,筹备开办,裨益青年甚大。臧校长为文法商大学教育权威,李院长久为理工农大学教育专家,经一再敦请,两氏暂时留厦协助筹划,其主旨乃为真正志愿升学大学者,认真切实补习国文、英文、数学、理化、史地、公民等科目,为期4月,自3月1日起至6月底止。讲授之外,尤注重习题、作业月考及答卷技术,并敦邀国立厦门大学数理学系主任古文捷先生,数理教授黄启显先生,化学教授李博达先生,法律系主任陆季蕃先生及其他厦大教授等担任各项课程。并为顾及学生家庭经济起见,收费只期勉敷开支,诚本市及闽南高中毕业生之福音。

《中央日报》1949年2月22日

青年会暨厦大校友合办升学补习班定本月七日开始报名

市讯 厦门基督教青年会暨国立厦门大学校友总会联合举办大学升学补习班,现已准备就绪,定于本月7日起开始招生,至14日上课。补习期间,全期定为4个月,即自3月14日起至7月16日止。补习班计开英文、物理、化学、三角、代数、平面几何、解释几何等科。学费入学时交白米50斤,此外选修一学分全期(4个月)缴米15斤。该校业经聘定现任国立厦门大学新生院院长周辨明为校长,国立厦大化学系系主任卢嘉锡博士为副校长,分别主持校务。

《江声报》1949年3月2日

厦大及青年会设班招生补习

市讯 厦门基督教青年会,暨国立厦门大学校友总会,联合举办大学升学实习班。该班现已筹备就绪,定于本月7日起开始招生,至14日上课。补习期间,全期定为4个月,即自3月14日起至7月16日止。补习班计开英文、物理、化学、三角、代数、平面几何、解析几何等科。该校业经聘定现任国立厦门大学新生院院长周辨明博士为校长,国立厦大化学系主任卢嘉锡为副校长,分别主持校务。该校收费除入学费白米50斤外,以选修一学分者,全期(4个月)另缴白米10斤云。

《立人日报》1949年3月2日

大同补习班昨开始报名

市讯 本市大同升学大学补习班之创设,纯以辅助高中毕业生升学为目的。协同创办者,有前国立东北大学校长臧启芳、前北洋工学院院长李书田及大同中学校长许鸿图,厦门大学教授古文捷、黄启显、陆季蕃、李博达等。授课地址与所需设备,由许校长筹办。各科教学由臧启芳、李书田及厦大教授古文捷、陆季蕃等分别担任。昨日已开始报名,定于本月14日开学。据招生简章所载,采教学从严主义,注重实际练习与升学指导。并于结业后,择成绩总平均在 80 分以上者,送请同毕业高中,保送厦门大学,免试升学。闻更为便利鼓浪屿学生往来起见,上课时间,上午自 9 点起。诚有志升学之士难得之良机也。

《立人日报》1949 年 3 月 8 日

青年会举办补习夜校

本市讯 厦门基督教青年会为便利失学青年利用业余时间进修起见,特罗致厦鼓博学之士开办补习夜校,现已开始招生。兹悉,该校此次共开四科八班,计国文科分国学专修及应用文二班,英文科分高级、中级、初级三班,商科分簿记及商业常识二班,音乐科暂开普通乐学一班,学费每科暂定国币 20 万。如选修三科以上者,以八五折优待云。

《星光日报》1948 年 3 月 12 日

普及国语各方面分头进行

厦门识字运动,已由市府主持,对于普及国语,亦经由教科长郑永祥与乔仲敏、陈□元,面商进行之法。在学校方面,有中华、双十、闽南职中等三中学,全体员生参加工作,将来出任陶知行所主张之"小先生"。其他各中学,闻亦在学校当局征集中。漳州方面,有龙溪教育局筹备,并定期假座东坂礼拜堂,召集各校参加讨论此种运动,并邀乔陈到漳,商议进行步骤。党员方面,经由驻漳绥靖公署党政处长主持,并责成各系党部负责党员个人的识字教育云。

《江声报》1935 年 6 月 20 日

本市百人中 55 人识字　未满学龄 1 万余人 市府第二科之调查

市府第二科,近将本市各区识字、不识字,与未及学龄人数,分别调查完竣。据其所查结果如下:本市人口总数为 177958 人,男占 102692 人,女 75256 人。

第一学区识字人数,男 20826 人,女 12556 人;不识字人数,男 8637 人,女 14579 人。未及学龄人数,男 4191 人,女 3971 人。

第二学区识字人数,男 24892 人,女 8163 人;不识字人数,男 7248 人,女 1864 人。未及学龄人数男 237 人,女 1934 人。

第三学区识字人数,男 14809 人,女 1283 人;不识字人数,男 7196 人,女 10978 人。未及学龄人数,男 1969 人,女 135 人。

第四学区识字人数,男 3351 人,女 462 人;不识字人数,男 4552 人,女 5659 人。未及学龄人数,男 2648 人,女 2512 人。以上四学区合并统计,识字人数,男 63879 人,女 22464 人,男女合计 86343 人。不识字人数男女计 70713 名,未及学龄人数男女计 20802 人,除未及学龄外,识字者百人中有 55 人,不识字者仅 45 人云。

《江声报》1935 年 7 月 8 日

强迫识字二十八宣传队今日厦鼓宣传　已各指定地点

市府昨训令市内省市立私立中小学各校校长,谓本府为实施成人补习教育,并补救失学儿童,业经分别组织厦市义教及强迫识字各委会,办理一切。定本月 21 日至 28 日为宣传周。在宣传周内,本市各中小学校,均应组织宣传队,利用课余时间,由 10 月 24 日至 28 日,每日下午 4 时起,中学每校五队,小学三队,每队 10 名,广事宣传。一面由本府派员巡视宣传情形,分别奖励云云。并指定各校宣传地点如下:厦中公园南路至民国路,英华龙坑林至龙头街,同文晨光路及望高石,慈勤三丘田河仔下,毓德东山头至龙头街,闽南职中和记崎至黄家渡,中华大生里至寿山路,厦大附中大学路澳仔,双十思明南路至中山路,大同初中民国路至思明北路大同路,怀仁乌垾中至鸡母脚口,怀德乌垾中至岩仔脚,大同小学厦禾路、大王、旧路头、担水巷,普育岩仔脚至内厝澳、竞存高井栏、盐菜巷、牛朝巷,崇实相公宫、文渊井、张后保、小走马路,紫阳由紫阳街、鱼行口至大生里,玉紫靖山头至同安路,吉祥皇帝殿至模范村、百家村,群惠面线庭、思明南路、草仔鞍,龙山后庭衙至开元路洪本部、磁街大史巷、镇邦街,厦大实小大桥头、电灯厂、大同厂,鳌岗思明西路至内水仙双莲池,集友百家村至溪岸街、美仁宫,全民钟楼脚至菜妈街、福民和记崎、龙头街、养元鹿耳礁,侨南四季花园、顶释阿石狮王。

《江声报》1935年10月24日

厦市民教实验区定进行计划
一年内扑灭文盲　特注重公民训练

厦市民教馆附设模范村民教实验区,其办公地点已由工务局拨定公园北门新青年会会所全座。15日起开始办公,内部职员由该馆馆长陈式锐、教导主任邓锡蕃分担主任及总干事职,另聘王炳森、王金贞为干事,拟定开办费165元,每月经费135元。据总干事邓锡蕃谈该区工作计划,第一步会同公安局,切实调查全区户口及区民生活与识字概况,决于一年内扑灭全区文盲。自下月起,先开办民众识字学校两所,招收年长失学之男女200人,除教以普通识字、计算科目外,特别注重公民训练。此外如附设惠儿院、托儿所、免费分娩所,组织合作社,禁绝全区烟赌等,均经拟具详细计划,分别进行,并经具呈市府报告开始办公及请拨经费云。

《江声报》1936年5月18日

本市文盲统计

本报讯　顷据市教育局转据各区公所调查关于本市文盲与识字人数统计如下:

区别	文盲人数	识字人数
厦港	4107	1741
禾山	13298	3349
厦南	18175	16648
厦西	2689	3428
厦鼓	8011	12705
统计	46280	3787

《中央日报》1946年6月10日

厦门青年分团办妇女补习班

本报讯 三民主义青年团厦门分团,顷奉中央命令,为提高妇女对于国家民族之观念,减少文盲,特举办女青年补习班。兹探志其办法如下:一、名称,三民主义青年团厦门分团女青年补习班;二、宗旨,为提高一拨失学女青年学识,减少妇女文盲;三、地址,本市大同路光彩街一号,青年剧社;四、期间,1个月,每日下午2时至4时;五、名额,以48人为度,须具有小学毕业或初中程度之学力;六、费用,学杂费一律免收,课本由分团部免费发给。

《中央日报》1946年10月2日

女青年补习班昨举行开学式　初中学生占大多数

市息 青年团厦门分团主办之女青年补习班,自招生以来,报名者甚形踊跃,且已超过预定名额。14日举行开学式,全体员生均出席参加,分团部郭主任亦亲临训词勉励。该班已于昨15日正式上课,闻学生程度至少高小毕业,初中程度占大多数,亦有高中肄业者。课程分团长言行、精神讲话、国语、英语、算术、卫生常识、家事常识、康乐活动等件。内容注重切合妇女实际之需要,期能收获预计之效果云。

《立人日报》1946年10月16日

救救小孩子　市政府召会筹办失学儿童义教班

本报讯　市府近以失学儿童众多，听其失学流浪街头，殊为可惜。为谋补救计，经于最近组织"厦门市失学儿童义务教育推行委员会"，并分聘市长、市党部书记长、市参会议长、青年团干事长、行总厦处主任、市商会长、社会科长、教育科长、市教育会理事长、通社教育社理事长、救署儿童福利事业委员会主委等为委员，下拟分设总务、设计、督导、调查四组，以全市失学儿童自八足岁至十六足岁为施教对象，就本市各原有团体学校附设失学儿童义务教育班教育之。原则上已拟定中心区设50班，鼓浪屿区20班，禾山20班，厦港区10班，合计100班。至教职员，以就附设之团体学校教员充任。该会经分函聘各委员订于本日下午3时在市府教育科会议室召开会议，从长计议，一应进行，经常费等决定之事宜云。

《星光日报》1947年2月14日

义教识字班下月可望全部开办　就学儿童兼得实物

本报讯　本市义务教育推行委员会筹办义教班，经志前报。该会昨正是召开第一次筹委会，出席有关机关团体代表十余单位，主席黄天爵，决议事项如下：（一）拟订委员会组织规程及义教暂行办法。（二）拟开办识字班100班，聘思想纯正失业智识青年130人担任教职员。（三）教职员每人每月发给面粉（或米）60斤，罐头食品15斤。（四）就学儿童请由行总厦处配给营养品。（五）义务教育推行委员会内设四组，总务组：行总厦处、教育科；设计组：通俗教育社、市参议会；督导组：市党部、青年团；调查组：社会课、市商会。（六）各组组员名额由各该组视实际需要酌聘之。（七）办公油火等费暨其他有关事项，留待下会讨论决定。现该会正积极筹备进行，下月识字班可望全部开办云。

《星光日报》1947年2月16日

鼓第一中心续办识字班

本报讯 市立鼓浪屿第一中心学校，素对办理民教极为注意，而办理成绩亦为人所称道，除前期举办妇女成人识字三班，计184人，已毕业一班36人外。本期妇女识字班，于最近继续举办，报名者至为踊跃，计154人。每晚自7时至9为上课时间，约经一个月半即可毕业结束云。

《星光日报》1947年2月24日

禾山农会进行组设义学

禾山讯 禾山区农会以各乡儿童失学甚多，倘不设法补救，教育前途殊为悲观。近闻行总厦门分处计划全市创设义学讲习班，每班额定50名，即可开课。教员由该处派任，每月发赈面粉数60磅，罐头30磅，办公费一万一千元，以资补助，俾失学儿童免费就学。故该会昨特派员分赴未设立学校之乡村，进行组班，以便前往申请登记。

《江声报》1947年3月3日

义务教员录取名单

市义务教育识字班教员，经由义务教育推行委会第一次常务委员会审查结束，计录用130名，名单如下：周西琼、叶国梁、刘德配、戴月銮、蓝锡珠、颜怿三、蒋其木、王鸿猷、吴达仁、陈有茂、钟景芳、萧霜痕、林士楷、陈绮年、陈澄波、詹学禧、苏士达、钟启发、谢望实、谢若英、曾水莲、叶子青、黄剑仁、林斯情、洪淑芬、王立志、洪慧芬、陈嘉寿、周雅宝、许济安、黄清婉、陈宜史、许雪治、林素琴、庄振仁、黄绢治、张淑报、林志生、侯瑞美、杨雪英、林弈珍、骆碧娥、蔡王燕、孙瀚、沈晖中、邵邦珍、黄芸、李纯、徐其礼、郑钟禄、黄弈浩、王显灶、陈雅南、陈宝钗、陈彬彬、黄璇、贺祖馨、郑颜莹、黄琼琳、吕子雄、陈德英、吕天送、李长荣、陈振宗、邱允佩、颜金全、陈光培、蔡诜诜、吴大问、屈伊兰、廖萍月、黄添蒉、孙玉瑛、徐珍琪、陈金珠、李盘富、李映华、叶景祥、许文苑、谢丕谟、谢文贤、林文鼎、郑秀娥、张文衡、李子健、戴安道、陈惠珠、陈华玉、陈淑顺、黄淑美、洪秀凤、洪丽、庄炎辉、王碧珍、林媛卿、蔡若萤、柯纯珍、黄清云、卢弈昭、李和顺、林克寿、黄克邦、苏智辉、林天虹、蔡贤贤、吴在芬、王淑华、洪德辉、蔡玉莲、陈世豪、叶云秀、李雪珠、蔡少贤、李祥云、张文璋、杨乃纪、李淑美、林辛成、许彩云、庄炎辉、庄维文、林隆、庄恒山、林麟香、龚诗模、杨妙采、纪明星、林鹤龄、廖秀兰、陈鹏鸣,候补王进福等 20 名。闻录用教员须于本月 7 日以前到会办理保证手续,未缴验证件者亦限于 7 日以前补缴,否则由会改派候补人员充任。

《江声报》1947 年 3 月 4 日

义教识字班地点经配定

本报讯 市义务教育推行委员会,近日积极筹备设班施教,除征招师资 130 名,志前报外。兹悉:其以施教地点附设于本市各团体学校为原则,暨设班数量分配经已核定如下列:厦西(南)第一中心国校四,厦西第二中心国校四,厦南第一中心四,厦南第二中心四,厦港第一中心四,厦港第二中心四,禾山第一中心二,禾山第二中心一,鼓浪屿第一中心三,怀仁女中一,毓德女中一,开洪保校二,思东保校一,康泰保校二,双涵保校一,何厝保校一,市立幼稚园一,复华小学三,龙塘小学一,厦大实验小学二,明德小学一,禾光小学一,益群小学一,高崎保代用国校一,坂上保代用国校一,钟宅保国校一,禾美保国校一,渔民小学一,开南保国校二,毓德小学一,福民小学一,英华校友小学一,养元小学一,维正小学一,民强小学二,世德小学一,奎璧小学一,弘农小学一,全民小学一,前村小学一,通俗教育社八,救济院一,惠安同乡会一,妇女会十,青年团三,总工会十三,合计全市设立 100 班云。

《星光日报》1947 年 3 月 5 日

义教班主任名单

本市义教班之实行,经已筹备就绪,定 15 日开学。义教推行委员会特聘各班所附学校机关社团主管人为班主任,每一至四班聘任一人。兹探录各班主任名姓于次：厦西第一中心陈懋材，第二中心谢锦添，厦南第一中心陈宗贤，第二中心林泉声，厦港第一中心庄云斌，第二中心叶鸿图，禾山第一中心陈甲友，第二中心张应川，怀仁中学吴著盉，开洪保校布淑恬，思东保校孙森，康泰保校萧春荣，双涵保校杨流宝，何厝保校张镜明，市立幼稚园张清香，复华小学张达有，龙塘小学孙自当，厦大实小潘茂元，明德小学张火凤，禾山小学吴伙伴，益群小学何象一，曾厝国校箫子绅，高崎国校梁反省，坂上国校董其昌，钟宅国校黄玉辉，禾美国校张如松，渔民小学张庆和，开南国校张淑贞，毓德小学王爱华，福民小学李魁梧，鼓屿第一中心甘朝枢，英华校友小学陈兆麟，养元小学杨振声，维正小学黄昭瑛，民强小学陈淑英，世德小学吴松波，奎璧小学林高攀，弘农小学杨启荣，全民小学李福锦，前村小学陈龙水，通俗教育社龙金水、叶春培、杨清国，救济院蓝长江，惠安公会骆萍踪，妇女会林碧玉，青年团郭薰风，总工会龚金水，同文学校黄如海，毓德中学陈赞美。

《江声报》1947年3月11日

弘农小学设义务班　今起招生概免缴费

本市私立弘农小学，近开设义务班，订本日起开始招生。学杂费概免，目的在援助无力读书的贫寒儿童。

《江声报》1947年10月15日

举办民众识字班　先设成人班四所
通俗教育社开会决定办法

市通俗教育社举办民众识字班，业经开会决定办法，先行开办男子组成人班四所，俾年长失学者可以补习。各班教员由各该班主任物色，第一班主任周琛瑶，校址新路街公爱学校内；第二班主任王圭玺，校址思明南路厦南第二中心学校内；第三班主任叶春培，校址思明东路思明小学内；第四班主任陈国驷，校址公园西门通俗教育社。由11月3日起开始招生，11月10日上课。教学时间每晚由7时起至9时止，学科分为国语、常识、算术、谈话。

《江声报》1947 年 11 月 1 日

厦大举办暑期社会教育

分区活动扫除厦港文盲

厦大训导处与社会教育推行委员会及学生公社,为欲利用暑期举办社教工作,藉以扫除厦港渔民之文盲,已联合组织一统一机构,成立"国立厦门大学附设暑期社会教育办事处",聘请教育系主任李培囿、训导长汪西林及学生公社干事曾淑慎为顾问,教育系教授汪养仁为总干事,王兆奎为副总干事,并甄选留校热心服务之同学 45 人参加工作。会于本月 1 日开全体工作人员大会,决定工作目标,计有开办民众学校、卫生运动,举办儿童福利、通俗演讲、音乐演奏及戏剧表演等项。工作区域划分三处,即弘农小学、渔民小鱼、厦大附小,每处有工作人员 15 名。

又,4 日上午 10 时,假厦港区公所举行厦港区军政学联席座谈会,到该区军政学各首长及各保长数十人,由汪养仁主席,讨论如何配合推行社教事宜,至 12 时半始圆满结束。该办事处现正积极筹备,拟自编乡土教材,根据民主活动原则施教,不拘形式,着重于实际生活之需要。闻即日招生,将于 10 日开始上课,预定两个月结束云。

《江声报》1948 年 7 月 6 日

厦大举办暑期社会教育　扫除厦港文盲

市息　厦大训导处与社会教育推行委员会,及学生公社,为欲利用暑期举办社会工作,藉以扫除厦港渔民之文盲,已联合组织一统一机构,成立为"国立厦门大学附设暑期社会教育办事处",聘请教育系主任李培囿,训导长汪西林及学生公社干事曾淑慎为顾问,(教员系)教授汪养仁为总干事,王兆奎为副总干事,并甄选留校热心服务之同学 45 人参加工作。曾于本月 1 日开全体工作人员大会,决定工作目标,计有开办民众学校、卫生运动,举办儿童福利、通俗演讲、音乐演奏及戏剧表演等项。工作区域分三处,即弘农小学、渔民小学、厦大附小,每处有工作人员 15 名。

《立人日报》1948 年 7 月 6 日

本市文盲八万余人　占人口 50%强

市讯　市府统计室,就本市满 6 岁以上男女人口教育程度,分别统计。受高等教育者(大学及专科学校)1740 人,男性 1361 人,女性 379 人。受中等教育者(高初中级师范)13791 人,男性 9389 人,女性 4402 人。受初等教育者(高小初小)26121 人,男性 17677 人,女性 8444 人。读私塾者,9218 人,男性 8152 人,女性 1066 人。不识字者 83945 人,内男性 29032 人,女性 54913 人。不识字者最多,占全市总人口数 53.13%,殊堪重视云。(青)

《立人日报》1948 年 9 月 20 日

厦中扫除文盲　设立民众识字班

本报讯　省立厦门中学,为减少文盲,普及民众教育,特创办民众识字班。计分幼童、成年、妇女三级,自即日起,开始报名,16 日正式上课。学费书籍,具予优待免费。闻连日报名者甚多,实无机会就学者之福音云。(铭)

《立人日报》1949 年 1 月 13 日

第五章

捐资办学

热心公益

同文书院毕业生郑培敏氏与教习诸君提议再购办英文华文各种报章及各项新书,来院供学生观览以增知识而广见闻。已由郑君诸人发起捐款五六百元,派人购办,非热心公益者讵能计及此耶?

《厦门日报》1910 年 6 月 17 日

华侨捐助本校图书馆

建筑费 15 万元　设备费 3 万元

南洋华侨曾江水先生(本埠曾厝垵人),捐助本校图书馆建筑费新加坡洋 15 万元,图书馆设备费 3 万元,计新加坡洋 18 万元,合国币 20 万余元。

《厦大周刊》1929,No.193

曾江水先生二期捐款已到

南洋华侨曾江水先生捐助本校建筑图书馆巨款,并汇来第一期款项已屡志本报。最近曾先生复将第二期款南洋币 5000 元,交陈校董转来。按期捐款(每月定汇 5000 元),慷慨解囊,如曾先生者,可谓热心教育矣。

《厦大周刊》1929，No.206

教育局筹备鼓屿区教委会及组义教委会行政委会

奖励私立中小学捐资者

教育局昨(22)日开第43次局务会议,出席者全体职员,主席林德曜,记录庄恭继。讨论事项:一、关于小学毕业式日期案。议决:1月27日(星期三)上午10时,假教育会大礼堂举行。二、关于毕业会考成绩优良者应否奖励案。议决:10名以内给予普通奖品,惟第一名至三名特别奖励之。三、略。四、关于本县私立各校多由私人捐资创办,此种热心教育应如何奖励案。议决:令各私立中小学将捐资兴学□热心家之姓名捐助金额,详细列表呈局,然后由局依章分别呈请教育厅奖励。五、关于各戏院所电影多未□□法令办理领有中央准演执照者,无论新旧片或以前曾在本局登记者,概不准映演。六、关于鼓浪屿检查电影片事宜,由张指导员负责办理案,议决通过。七、关于各戏院所演京剧等戏间多有碍风化者,应如何处理案。议决:函请县党部查复。八、关于20年度上学期,县教育经费逐月收支函请教育经费管理处公布案。议决通过。九、略。十、关于设立鼓浪屿区教育委员会案。议决:依章筹备进行。十一、关于本县义务教育筹备案。议决:甲、依章组织委员会。乙、聘任委员一项,由局聘请厦门大学教授雷通群、大同中学教员□□□,厦门图书定期召集讨论进行办法。十二、关于奉令组织教育行政委员会案。议决:甲、聘任委员一项,聘请孙贵定、杜佐周博士及伍远资、陈景京、杨景文、黄幼垣、洪晓春、马大庆诸先生为委员。合当然委员5人,共13人。乙、定期召集讨论进行办法。十三、关于试办各私立学校逾期未办理立案,应如何取缔案。议决:通令各该校下学期不准开办。十四、关于毓英学校教员李莎无理强辩捏造事实诬告应如何办理案。议决:令该校长即将该教员辞退。

《江声报》1932年1月23日

胡文虎面允捐造群惠校舍

昨访林国赓　今赴泉州　平民工艺厂余款8万元拨建监狱

胡文虎前日到厦,昨上午往访要港司令林国赓,及参观厦门中学、大同中学、群惠学校、厦门大学,并面允为群惠建校舍一座。下午1时,在天仙旅社应筹建院监委会,暨高分院及地法院之公宴,陪席者林向今、蔡凤机、郭怀璞、田美棠、艾作屏等。先由蔡凤机、林向今、洪晓春、陈延谦,黄世金等,历述厦门监狱有亟应建筑之必要。继由许家杙演说,词甚恳切。嗣复传述日前筹建院监委员会开会时,各委员之意见,以为平民工艺厂与监狱,可同时并举。工艺厂已有厂屋,无须更耗巨资,只须请胡氏募捐购置机器材料之费,即可开办。原捐12万元中余剩之8万元,拟请拨充监狱建筑费云云。当由胡氏表示本日到场诸人,多系各机关各社团体领袖。应征求诸人意见,并顾谓在座诸人,如有反对意见,应尽量发表。诸人纷纷表示赞同,复经举手表决,胡氏始切实表示,此款尚有8万余元,前因平民工厂工程,诸多不合,故予停拨。经一度拟议改办病院,现在既绅耆诸君,一致主张建筑监狱,应即将此款8万余元,拨充监所建筑费。本人作事向来一言为定,不过工程务须切实,并须即速进行,勿稍稽延,款项随时拨汇。建筑图样,即日与在座诸君衡定云云。随由在座诸人向胡氏致谢而散。下午2时许,胡氏复往大同小学、双十中学、中华中学、中山医院、竞强会参观。6时赴华侨公会欢迎会,会毕,参观雅化小学。7时赴商会之宴,拟今日往泉州云。

《江声报》1935年11月14日

禾山短期小学增设三所　张宝镜等认捐经费

禾山特区署拟设短期小学20所,以限于经费,减为12所。昨以高林、凤头、田里等社失学儿童有300余名,特派教育区员林亨嘉向华侨张宝镜、周琨堂、王清士分别募捐。经张等允各捐出288元,添(苦)短期学校三所于上述三社。区署已备日内开学,开拟设立民众识字处,凡16岁以上35岁以下乡民不识字者,即令保甲长填表报告。民众识字处系附设于短期小学内。定夜间上课入学免费，课本由区送给云。

《江声报》1935 年 12 月 6 日

胡文虎先生捐助本校万元
建筑体育馆设计就绪　业已兴工

11 月 15 日下午 3 时半，胡文虎先生偕党务特派员陈联芬、市府教育科长郑永祥、永安堂全国总经理叶贵松、厦门永安堂经理林逊之、星光报社长胡资周等，分乘汽车，莅校参观。抵地时，由黄校长亲自招待，登时铜乐声喧，以表欢迎。入会客室，茶叙有顷，即齐到最近落成之科学馆阶前，合摄一影。并由黄校长向胡先生简述本校各种建筑及施政情形。旋胡等即乘原车直赴厦门大学参观，嗣后接得胡先生来函自动乐捐本校建筑费 5000 元左右。本校乃请留欧建筑师郭翘野先生，设计建筑虎豹体育馆一座，内有篮排球场一所，男女健身房、男女浴室、男女厕所、男女更衣室，体育部办公室，体育器械各一所，及看台两座，可容 1200 余人，占地百余方丈，并经胡先生代表星光日报胡社长资周到校履勘，并将该馆图式说明书送呈胡先生察核。胡先生认为规模雄壮，设计适当，愿助建筑费一万元。现已破土兴工。观此胡先生赞助本校之热诚，殊足钦佩云。

《炉炭》1936，No.34

本校大礼堂科学馆落成

本校三年来校务长足的进步与学生意外的增加，叫我们不能不进行添盖新校舍。但是我们是个经济贫乏的学校，这笔建筑费，从哪里来呢？市面景气又是这样的没有起色！然而我们不能抹煞客观的要求，更不应躲避当前的责任，我们只有硬着头皮，为本校大礼堂、科学馆募捐。

去年黄校长即乘寒假期间赴菲律宾群岛，向热心侨胞及校友募款，承他们热烈赞助，在岷里拉、宿务、三宝颜三处募得国币六千三百四十一元六角。本校全体教职员捐薪 1 个月计 1720 元。校董、校友及各界热心人士捐助 2280 元。又学生经手募捐 1095 元。总共得款一万一千四百三十六元六角。

《炉炭》1936，No.34

李光前、陈六使捐助厦大十万

集购胶园充作校产　月可生产四千余元

厦门大学创办人陈嘉庚，近谋在星洲之柔佛置一胶园，扩充厦大永久基金。该园宽广700英里，每亩价值400元，总值28万元。而土肥树壮，均届取胶时期，交通复甚便利。以现市估值，每担约可获利30元。该园月出百五十担，可得4500元之谱。惟是项购置费，有待热心家之襄助。兹经李光前、陈六使各捐助币5万元，合为10万元，以为首倡。继起捐输者，当尚有其人。行见该园购置功成，厦大基金，即可渐臻稳固。盖厦大每月经常费四五万元，除教部、教厅补助外，所差已不甚巨也。

《江声报》1937年6月10日

市商会及菲赈委会筹创两小学
定名为华侨与商业正分别着手筹备中

本市小学战前多由私人或团体创办，容纳儿童四五万人。迨厦岛沦陷，经费无着，主持人星散，校舍校具均被敌伪占用或拆毁，致迄今多无法复员，而市府又限于财政，不能普遍设立，致本市三万学童，向隅失学者达二万人。市府为求减少失学儿童，特由主任秘书吴春熙商请菲筹赈总会驻厦代表和德，以华侨资力创办华侨小学。经得黄氏赞同，正寻觅校舍，筹备开学。又本市面粉公会前创办全民小学之校舍为警局借用，现商会拟利用该校舍开设办理商业小学，已商请市府转商警局设法迁让，以便筹创。两校如能顺利实现，则本市失学儿童当可减少一部。

《江声报》1946年2月28日

惠旅厦人士募款设中学

本市讯　此间惠同乡会负责人骆萍踪、王其华、黄焕祖等前发起在故乡创办惠南中学，近在厦向惠安人士劝募经费。闻已募得五千余万元。（国民

社）

《江声报》1947年8月18日

筹募助学金　今开音乐会

厦大助学委员会及中校筹备助学金音乐演奏会，今日起在新街礼拜堂演奏，参加单位除厦大歌咏团、口琴队、国音组外，复有美华、毓德、怀仁、侨师、怀德等校，及各音乐家数人参加演奏。票资除誉卷每票10万元外，余者普通票资分2万元、3万元两种。

《中央日报》1947年11月5日

筹募基金收入报告

本年7月9日下午3时，在本校礼堂开复校后第一次校友会兼迎新会。会中由各组报告历年来的经过，继迎新会的节目为选举会，正主席为邵锦绣，副主席陈梅卿，司记黄翠峦，司库林美伦，其余各组亦重选组长。新职员就职后第一件事着手进行的为筹募基金事，因鉴于海外校友对母校的关怀与热诚，给我们不少的推动力。现各组已经进行，多寡不计，只要每个校友肯通力合作就够了。兹略为报告各组筹募的成绩。

1. 在校师生于上季末百忙中扮演《蓝窗》歌剧，共得国币二百一十万一千七百元。

2. 第1、2、3组校友捐得国币四十万六千元。（此1、2、3组称为小学组，组长洪瑞雪先生，进行甚力）

3. 第4组（则旧制中学）共捐得国币四十八万八千元。

4. 第13组（1941级）、第16组（1945级）、第17组（1946级）重演校友夜所演的《少奶奶的扇子》，共得国币九十四万元。

5. 另由福懿慕姑娘经手交来国币十九万元。

6. 菲律宾校友寄来国币一百六十万元，另美金500元。

最近接星洲校友会来函，附探问母校款国币十万元，特在此表明我们的谢意，原函附后。

毓德母校：数年来太平洋交通受战事影响，几乎全然断绝。因此寄居海外的侨民,对国内的消息,校友对母校的情形真是无从得知。胜利后,在槟校友们深深地感觉到必须将那无形中被解散的校友会重新组成,其目的在于联络母校和在槟校友的感情。于是便于10月27日下午3时假座虞小棠医寓召开筹备会,出席有26位校友。在简单的讨论和报告之后,就选举5位职员,正主席吴顺吉,副主席洪碧珠,正书记庄安然,副书记张淑纺,财政虞小棠。选举毕,临时献捐(因没预先通知,以致数目不多),共得国币十万元正。现全数寄上,做为胜利后探访母校之用。正式校友会是定于12月1日假协和学校开会,此后常会每3个月召开一次,希望母校常常来信指导,多多报告近况。

敬祝母校名垂万世

槟城毓德校友会　主席:吴顺吉

《毓德校刊》复第一卷第一期

续收助学款今讨论分配

本市大中学助学运动所得,于上年11月间第一次分配1亿元后,月来续收各界捐款总数已达5000万元。主其事之厦门大学学生助学运动委员会,鉴于学期将届结束,各项账目亟待清理,特定今晚开会讨论分配处理问题,捐款细目亦将于日内公布。

《江声报》1948年1月24日

子继父志兴办教育　杨氏昆仲热心可佳

同安讯　本乡旅马来侨胞,对桑梓教育,素□关怀,先后鸠资兴办私立学校者,如雨后春笋。前本乡小路边旅怡保华侨杨宽裕,在本乡创设私立小学,达八校之多,遍布本乡各角落。由宽小毕业之学生,亦迹满国内。其造福乡梓,推行教育之功,不可谓不大矣。迨抗战军兴,厦岛沦陷,校产收益中断,兼以太平洋事变,侨汇断绝,乃先后拼归县办。其宽裕第七校,系设于本乡霞美店。该乡杨氏族人,于此经济拮据之时,仍极力筹措支持,延聘卓学之士经营该校。民30年更新建校舍,充实设备,包容附近十多村之学童,生数历季均在 200 名以上,成绩斐然。本季该校(霞美店宽裕小学)校董会,为充实学校设备,以求臻于真善美,乃复购置商务印书馆出版之小学生文库一部,其他书籍数百部,以供儿童课外阅读。除此□重辟运动场,充实运动器械,组织篮球队,拟于本年秋季出征本县各小学校。据该校董事长杨□云告记者云:该校本系侨胞杨宽裕氏所创办,其热心教育之精神,殊堪感佩。为纪念杨校主之宏功伟绩,敢不戮力从事贯彻其精神。杨校主宽裕已于去年逝于马来之怡保,本校为悼念其造福乡梓之功,拟于本年其周年忌辰,举行周年祭。现宽小校务日见发展,诚堪告慰杨校主于九泉。杨校主之公子锦昆、锦超二位对桑梓之教育事业,亦极热心。经来函声称,愿一本乃父之精神,扶掖宽小之发展,则其前途实如旭日之升,不可限量也云云。

又讯 本乡旅马来杨氏侨胞鉴于本乡交通不便,学童往外就学,殊多不便。今由本乡小路边侨胞杨金殿氏,于小路边兴建鸿升小学校,建筑费在 20 亿以上,经于月前兴工。据闻校舍规范颇为宏大,系拟于将来扩展为初级中学。倘果实现,则本乡小学毕业之学童,将无跋涉之苦。该校工事于本年 6 月间即可告竣,秋季便可开学云。

《立人日报》1948 年 3 月 28 日

马巷旅缅华侨捐款助学

马巷讯 马巷私立舫山初级中学,其前身为集美初中马巷港校舍,自 36 年春独立办理以来,客居南洋各埠马巷华侨,纷纷予该校以精神物资之鼓励捐助。最近该校校董会复接获仰光筹募处汇来捐款港币一万一千元,该筹募处系陈天煌、陈明挪所主持。二氏为马巷旅居缅甸华侨,热心教育之风可佩云。(外)

《江声报》1948 年 7 月 11 日

闽南十一中学向菲华侨募款

岷尼拉航讯 据记者调查所得,目前中闽南学校前来本埠募捐者有 11 家,计为泉州培元、培英,厦门英华、毓德、怀仁、怀德,漳州寻源、进德,

永春崇德,同安启悟以及正在产生中之安海金井毓英等共11□位男女中学。(南侨社)

《中央日报》1948年7月15日

同邑阳翟公中校董陈延香独捐十亿修建校舍

深望各界踊跃输将期底于成

市讯 陈延香,同安耆儒,一生戮力教育事业,垂三十余年。早年献身党国,奔走革命不遗余力,功成身退。民国2年被举为本省省议会首届议员,建誉殊多。弹劾贪污之墨吏,废止禁烟之罚款等诸端,全省民众迄今口碑载道,尤以热心教育,首创办阳翟小学于同安,再添设幼稚园。民13年倡办公立中学,四次亲往欧美南洋各国,劝募基金,先后建筑校舍7座。23年,该校奉令改办商科职业学校(即今同安公□中学)。先后毕业学生凡千余人,桃李满园。此次抗战军兴,经济破产,不得已宣告停办,而此惨淡经营三十余年规模宏大之旧校舍,已零落不堪。陈氏目击心伤,每以不能恢复战前状况引为憾事。本年孟冬,适值六秩双庆,该校受业黄哲真、陈式锐、庄庆斯、陈延进等百余人,将庆寿仪,移捐恢复高职中学基金。氏为之心感,特节衣缩食,并将平生收藏之古玩书画变卖,捐国币10亿元。此资提倡,渠甚愿省内外诸校友亲友如愿捐国币10亿者,该校推为永久校董;捐国币1亿元者,推为名誉校董;捐五千万者,推为维持员;捐一千万者,推为赞助员云。

《立人日报》1948年8月31日

援助厦大断汇学生 江苏同乡会组织援助小组

市讯 厦门市江苏同乡会,昨假市商会大礼堂,举行第二届会员大会。计到会员二百余人,及市府监选员陈咏沂,由吴本景主席。选举结果,计钱咸昌、吴本景、鲍天禄、许宣平、汪德耀、陈子谦、陈侯南、严慎之及孙林,当选为理事;汪西林、顾仙培、刘以鉴、陈洪之为候补理事。唐宗明、陈朝璧、周福森,为监事,王赓福为候补监事。各理监事当即举行就职典礼,嗣接开第一次理监事联席会议。票选陈侯南为理事长,钱咸昌、鲍天禄为常务理事,陈朝璧为常务监事。并议决对于厦门大学江苏周卷学生,函家乡战事汇款断绝者,关于伙食一项,即予援助。理会成立援助小组,负责办理云。

《立人日报》1949年2月16日

第六章

教育社团组织

一、教师社团组织

教资养成所师生　定27日远足

教育局所创办之教资养成所,定于本月27日上午8时在该所集合,远足禾山宝山岩(即董内岩),藉收实验之效。昨该局经发出应注意之参考用书为《厦门志》《路政处全岛地图》,应调查事项:甲、关于史地方面;乙、关于教育方面;丙、关于风俗方面;丁、关于环境生活方面;戊、关于治安方面;己、关于交通方面;庚、关于其他方面。

《江声报》1931年10月27日

全县中小学校组织　教育界力争教费联会
推黄其华林士麟林瑞鼎负责起草筹备

教育局昨下午2时,假教育会,复招集全县各中小学校,开全县教育经费讨论会,到者中小学校及教育会等三十九团体。主席林德曜,纪录庄恭继,首由主席报告开会宗旨,次由余少文、黄其华、陈维纯、黄寿源、叶清华、陈玉琮、林士源、林瑞鼎,相继发言。均主力争教费,以发展地方教育,其议决案如下:一、许廷慈提议组织思明县教育界,力争教育经费联合会,负责力争一切教育事宜。议决通过。二、王连元提议所组织教育界力争教育经费联合会,应用教育团体作单位,议决通过。三、林士麟提议现为节省时间起见,应先推举3人负责起草筹备,另行召集大会讨论成立。议决通过。(一)推举黄其华、林士麟、林瑞鼎负责筹备起草,议决通过;(二)大会日期应如何规定案?议决定本月10日(星期六)下午2时,在教育会开会。时已6时,乃宣告散会。

《江声报》1932年12月7日

教界争费会 选常务会员

思明县教育界争教费联合会,昨开第一次执行委员会议。出席者17校代表,主席余少文,讨论事项:一、关于互选本会常务委员案,议决当场票选教厅私立小学校联合会、中等学校联合会、思明县教育会、县立小学教联会、双十中学、大同中学、吉祥小学等七团体为常务委员,并由教育会召集之;二、关于宣传案,议决推举大同小学、双十中学、教育会、中华中学、吉祥小学等办理宣传,并由大同小学召集之;三、关于宽筹教费计划案,议决推举图书馆、厦大、实小、竞存小学、大同小学、崇实小学等负责计划,并由图书馆召集之;四、五、略;六、关于刻木印信案,议决刻方形印□颗,文曰思明县教育界力争教费联合会图记。

《江声报》1932年12月18日

教育会索回会所 党部已允迁出 楼梯可缓拆卸

思明县教育会此次定3月1日,举行自然科学展览会。公布向县党部索回会所,以便提前修理。28日,教育会已实行开工修理,并将会中楼上楼下所有教育会器物,前已搬楼下部分,暂寄厦门图书馆。昨(1日)早搬楼上部分器物,并召土木匠多人工作。昨(1日)午后2时,党部常委□冰心以电话达余少文,谓党部已觅有数处租借会所,尽本星期内即可自动还出。教育会因此,暨拆屏及修理楼梯两件,暂缓工作。如届时党部未能照约,则动工拆卸云。

《江声报》1933年3月2日

各校代表大会昨讨论教育会改选事宜

决暂缓引用市教育会名称
各区四月十五日以前成立

昨(23)下午四时,教育会召集各校代表大会,列席二十五团体四十余人,主由余超,纪录林世沧。首席主席报告会务经过后,对于县教育会改称市教育会事有所讨论,而各代表以市政府尚未成立,市教育会名称暂缓引用,仍以县教育会名云。其议决案如下:一、关于本会干事任期已届,应如何改选案?议决由干事会积极办理改进。二、本县区教育会成立者尚未足数,应如何督促成立案议?议决:甲、由县教育会函请专员二人,负责筹备各该区教育会。乙、各区教育会筹备期间限4月15日以前完竣。三、各区教育会,如不能依期筹备成立,教育会应如何改选案?议决照章直接成立县教育会。四、本会会所非经会员大会通过,无论任何团体机关等,概不得借此办公案。议决通过。五、本会修理会所添置器物,经费支细应如何筹措案?议决由干事会拟具办法,分列募捐。

《江声报》1933年3月24日

鼓区教育会昨改选干事　叶谷虚等中选　邵庆元候补

鼓浪屿区教育会第二届干事任期已满,于本月17日下午3时在福民校友堂开选举会,改选第三届干事,由县党部代表叶独醒指导县政府代表陈冠生监选。结果:叶谷虚、孙家璧、陈兆麟、刘尊光、林山等当选干事,方懋修、邵庆元为候补干事云。

《江声报》1933年6月18日

市教育会筹委会议通过章程　登记会员

厦门市教育会筹委会昨假厦门图书馆开会,出席叶清华、伍远资、余少文、黄其华、叶近智、陈玉琮,主席余少文,记录叶近智。一、本会章程草案经已审查完毕,应如何进行案?议决:提交大会追认。二、登记会员案。

议决：推中等学校联合会、公立教职员联合会、私立小学联合学，及厦门图书馆负责办理。三、本会临时经费，应如何筹措案？议决：由中等学校联合会、公立教职员联合会、私立小学联合会先垫。四、下会日期案，议决：定12月19日星期二下午3时。

《江声报》1933年12月10日

教费处允停蒙泉学款　教联会代表请愿之结果

蒙泉校长辞退四教员，教联会及起援助，昨派黄保寿等，带呈至市处，要求责令该校恢复四教员原职。当由市教科长李伯端接见，李允将情转达处长。该代表嗣又带呈至教费管理处，适在开会，该代表报告来意，请在本案未完满解决前，停发该校学款。经该处议决通过云。

《江声报》1934年2月11日

教育会筹委会请公布学区　鼓浪屿禾山属县属市发生疑问

厦门市教育会筹备委员会，昨（7日）下午4时，开第五次常会。主席余少文，记录林世沧，讨论：一、查教育会法规定，市立教育会之设立应由各区教育会先行组织，现本市学区尚未经政府正式公布，应如何办理案？议决，呈请市政处划定学区，从速颁布，以便遵照办理。二、查禾山、鼓浪屿区域，是否属于厦门市区范围，抑系归属思明县，应请市政处明令解释，以便筹划市教育会进行案。议决通过。三、密。四、本3月12日为总理逝世纪念日，并举行植树典礼，本会应派员参加案。议决，推举余少文代表本会参加。五、本市教费管理处，订本月10日开会，报告本市教费收支情形，并妥筹办法，函派代表出席案。议决，推举林世沧出席。六、七、略。

附该会函市政筹备处如下：查本会于22年12月9日，由全市各学校代表大会议决，组织厦门市教育会筹备委员会，办理筹备事宜，业经呈报前钧处许核准办在案。查教育会法第12条规定，市教育会之设立，应先由市教育会所属各区教育会组织之，惟现因学区尚未划定颁布，致区教育会之组织无地域为依据，殊感困难。且禾山、鼓浪屿区域是否处于厦门市区范围，抑系归属思明县，理合具文是请钧府解释核示祇遵，并应划定学区,从速颁布,以利筹备进行,实感德便云云。

《江声报》1934 年 03 月 08 日

区教育研究会组织规程

市教育会奉市府颁下《福建省各县分区小学教育研讨会组织规程》,昨通函各区教育会知照。该规程如下:第一条,略。第二条,各县应依照学区范围,组织小学教育研究会,定名为福建省某县某区小学教育研究会。学区依自治区定之,但自治区过于广阔时,得分设二区或三区。第三条,各学区区内有合于左[下]列之资格之一者,均应为本区教师研究会会员:一、公私立小学校长教员。二、本区教育委员。三、本区内之幼稚园教员及与小学教育有关系之教员人员,均得参加小学教育之研究。第四条,县分区小学教育研究会,设主席一人,由县教育行政机关,就本区小学校长或教育委员中指定之。干事三人,分掌文书编辑庶务等事宜,由会员选举之。第五条,县分区小学教育研究会研究范围如下。一、各科补充教材之编选。二、各科内容之研究。三、各科教学做的方法。四、单级复式教学做的方法。五、实施训练及健康教育的问题。六、小学行政组织的实际问题。七、关于推广教育等问题。第六条,县分区小学教育研究会,每学期应召集第三条各款所定人员开会两次。其召集手续及开会日期,由会自定之。第七条,县分区小学教育研究会,得依照讨论内容之情质,分组研究。第八条,县分区小学教育研究会议决案,应呈报县政府核准备案。第九条,县分区小学教育研究会简章。应由会订定之,呈请县政府核准施行。第十条,本规章自公布日起施行。

《江声报》1936 年 9 月 13 日

短小学校二千余人联合远足

本市短小教学研究会昨日开会,到各校长二十余人,由杨浚泽主席,决议:一、员生注射防疫。二、许哲匹、杨渊、张维□辞校长职,其所任本会职员以新校长接充。三、义校 27 校学生 2000 多人举行联合远足,订 4 月 24 日齐集公园,同到南普陀。由研究会制黑字白布棋,各校自制蓝布白字校旗,财政由杨邵翼负责。向救护队接洽救护及向南普陀住持商请招待,推杨浚泽接洽。

《江声报》1937年4月22日

本市教育人员团结战时工作

分派干部各组主任　教导组昨开谈话会

本市教育人员战时工作团,经教育科签请市府核准设立,并将呈省府及市党部备案。现该团干部人员,经由团长郑永祥分别派定杨昌□、李少白为总务组正副主任,赖风熏、伍远资为教导组正副主任,陈泰、傅晓村为宣传组正副主任,郑洪凯、李禧为学术组正副主任,陈维纯、□朝琨为特务组正副主任,余超、陈玉宗为劝募组正副主任。至副团长席,亦经照章由干部委员互选,以宣传组正主任陈泰兼任。各组工作计划大纲,亦已草就,一俟日内团址布置就绪,即行开始工作。教导组昨先召开谈话会,拟编语文、社会、自然三科,补充教材。其纲要推赖风熏、李锦福、王秋田、卢新仁、陈永嘉等五人负责起草。

又,市教育科昨函市立各教育机关、社教机关、义教机关,谓奉省令,催缴经临各费之结余金,及剔除部分之结余金。原文及附表从略。

《江声报》1937年11月28日

禾教育会　市府派员改组

禾山讯　禾山区教育会自沦陷之后,该会原有职员,或因避难内地,或因出洋,以至星散。市府以该会应予依法改组,特派禾光校长吕火伴、孙自当、黄其昌、潘鸿文、林恢绪、陈甲及董如纯等7人为改组负责人,并指定吕火伴为召集人,吴廷玉为指导员。昨该会奉到市府训令,经订本月29日上午10时,假禾山区公所召开第一次筹备会,讨论改组事宜云。

《星光日报》1946年10月28日

厦各区教育会积极改组筹备

本市讯 本市各区教育会近正积极改组筹备,以便正式成立市教育会,前(9)日上午9时,市中心区教育会改组筹备会假市党部开会。出席者有改组委员吕仲驹、叶淑仁、李文立、陈樊材、杨清江、林泉声、陈宗贤等,列席者有市府代表施振华、主席吕仲驹,当经决议各项如下:(一)会员登记中学方面推李文立负责,小学方面推叶淑仁负责登记民立小学、雅化小学、思明小学、复华小学等四校,杨清江负责登记全民小学、通俗社小学、民强小学、毓英小学、侨师附小等五校,陈宗贤、林泉声负责登记厦南区各小学,陈懋材负责登记厦西区各小学。(二)会员登记截止日期限至11月16日。(三)筹备会地址暂设市党部。(四)草拟章程推吕仲驹、陈懋材负责,并定11月17日召开第二次筹备会。

《中央日报》1946年11月12日

教育会改组会派定审查人选

市中心教育会改组筹备会,筹备工作已告完竣,定今天下午2时,假市党部大礼堂举行成立大会,同时选举理监事。该会章程及会员名册,已呈市府请核备案,市府特委定督学李如竹、甘朝驹、王连完、崔钟英、吕火伴、杨清江、张庆和等为该会会员资格审查委员。昨下午3时,经假座社会科召开审委会云。

《星光日报》1946年11月23日

中心教育会昨正式成立

本市讯 本市中心区教育会,于昨下午1时假市党部开成立大会并选举出席市教育会代表及理监事。出席会员计王连元等203名,列席市政府监选员郭金河、指导员施振华、市党部代表吴廷玉、商会代表庄金章,主席吕仲驹,记录谢锦添。行礼如仪后,首由主席报告开会意义后,继监选人及指导员相继训话。旋通过章程,最后选举代表及理监事,结果吕仲驹、王连元当选为出席市教育会代表,谢锦添、林泉声、李福锦、吕仲驹、陈懋材、陈永嘉、陈宗贤、叶淑仁、杨清江当选为理事,李禧、孙森、布淑恬当选为监事,彭垂裳、吴松坡、李文立当选为候补理事,王连元当选为候补监事。

《中央日报》1946年11月24日

市教育会开理监会

市教育会于昨13日下午3时,在该会办公厅开第二次理监事联席会,出席李禧、王连元等9人。前教育会长余少文亦莅会参加,主席吕仲驹,纪录甘朝驹。兹探录议案如下:一、呈请市府执行市参议会议决案,将三院财产划充教育基金案,议决通过。二、关于本会失业会员,应如何调查?俾便介绍职业案。议决电知各区常务理事调查列表呈报。三、关于各区教育会呈请本会代向行总厦处请求发给军餐及剩余物资如何办理案?议决公推吕仲驹、陈懋材、谢锦添为代表,径向行总厦处洽商。四、关于本市公私立中小学校教职员一览,函请教育科检具一份,送会备查案。议决通过。五、关于各区教育会会员费迄未汇交,应如何办理案?议决转知各区教育会限期汇缴。六、关于救济失学青年,函请各中学举办暑期补习案。议决通过。七、关于现社会日趋奢靡,函请各级学校提倡节约美德,以转移不良风气案。议决通过。八、关于函请厦禾汽车公司优待禾山区各校乘车案。议决,函请该公司发给禾山区公私立各校优待券每校一张。九、关于前本市教育会长余少文对本市教育事业殊多建树,此次返厦,本会应如何表示案?议决由本会理监事定期公宴,时间订下星期三下午7时。十、关于本会会址前面旷地应如何利用案?议决插标招租。至6时15分闭会云。

《江声报》1947年6月14日

私小联谊会昨四次座谈

本市私立小学联谊会,昨下午开第四次座谈会,讨论事项:(一)规定联谊会对各单位递送公文或通知等之顺序;(二)各校教职员名表规定于本月底以前送交雅化小学,以便汇造名册呈报;(三)增推施秋鸣联络禾山各校;(四)本会拟出版儿童刊物,公推张友德负责设计,推筹备员王秋涛、林泉声、叶思忠三人协助推行;(五)下会订 10 月 8 日下午 4 时假桃源小学举行。

《江声报》1947 年 10 月 26 日

英语教师研究会将在厦举行

请各中学英语教师参加　厦大两教授作专题演讲

英国文化委员会和中华基督教教育协会联合主办的各地中学英语教师研究会,已先后在杭州、广州举行。11 月 24 日至 26 日将在厦门借鼓浪屿的英华中学开会,继厦门而举行的是在福州(12 月 4 日至 6 日)。

该会以联络英语教师感情,交换英语教学经验与解决英语教学问题为目的,因此在会上的程序中,将包括报告演讲讨论等项目,其范围可分为"英语教材与课本""新教学法""语音学"等。英国文化委员会英语专家 Dr. Drake 是该会主要的讲员,该会此次来厦已约国立厦门大学外国语文学系教授周辨明、李庆云等作专题的演讲。

现在该会厦门筹委员已函请本市基督教中学,每校至少推派英语教师 1 人出席,非基督教中学之英语教师,亦尽量邀请来参加。

本市英语教师或者会趁此开会的方便,组织一个英语教师联谊会,借以推行本次研究会的建议。

《中央日报》1947 年 11 月 19 日

中学英语教师研究会定 24 日起举行

会期三天研究改进教学方案

中华基督教教育协会,受教育部委托,近在全国各地分区召开中学英语教师研究会,研究改进英语教学方案,提供教育部参考施行,本年度拟分在北平、上海、杭州、广州、厦门、福州六区举行。北平、上海、杭州、广州四区已于日前举行完毕,厦门区于月前函请本市英华中学校长许扬三负责筹备,会期订为本月 24 日至 26 日三天。已函请派员参加者计有泉漳两地暨本市各公私立中学约廿单位,地点在鼓浪屿英华中学。中华基督教教育协会总干事楳仁梅博士,暨该会特聘讲员英语教学专家英国文化委员会教育专家杜克莱博士及其夫人(电影教育专家),已联袂自粤抵厦,主持是项会议,并已聘定厦门大学文学院院长周辨明,西文系主任李庆云,及教育系主任李培囿莅会讲演,欢迎外界人士前往旁听。

《江声报》1947 年 11 月 22 日

中学教职员成立联谊会

本市中等学校教职员,近组织中学学校教职员联谊会,藉资联络感情,研究教学及增进会员之福利。经于昨(8)日下午 4 时假小走马路基督教青年会举行第一次会员大会。出席会员计有侨师、省中、市中、英华、毓德、怀仁、怀德、中华、大同、双十等校教职员 188 人,通过章程及决议组织合作社,组织参观团,举办学校行政及各科教学座谈会等提案。情绪至为热烈。

《江声报》1948 年 5 月 10 日

厦市各中学教职员昨开联谊会

中央社 15 日电 本市各中学教职员联谊会,今日午后开首次理事会。经互推私立双十、英华,及省立厦门中学三校担任常务理事,并推市中怀德负责总务股,侨师、英华负责研究股,双十、中华负责康乐股,省立怀仁负责联络股,大同、毓德负责福利股。第二次理事会下周末在双十中学举行。

《星光日报》1948 年 5 月 16 日

中学教员联谊会理事业经选定

本市讯 厦市中等学校教职员联谊会全部理事,业经选定,兹将各校名单探志如次:双十:黄卫世、萨兆琛、张堆金;省中:李世山、冯文质、陈洵阳;英华:何其光、李芳远、陈庄之、曾世弼、丘继善;怀德:胡青阳;毓德:王福民、龚鼎铭、蔡上达、怀仁；戴剑泉；侨师：李克柔、杨家桦、许锋、林礼用；大同：张根基、庄汉水、林永年、黄梅生；市中：丘晋芳、张曼吾。中华尚未送会。

又厦市中等学校教职员联谊会，昨日午后3时假私立双十中学举行第二次理事会，决定要案如次：（一）组织台湾参观团，暑假中出发，其经费请由各校及政府拨款补助，不足演戏筹募。（二）组织合作社，以各校及学生家庭为消费对象。（三）出刊厦门中等教育通讯，介绍厦市教育概况及各校情形。（四）举行校际篮排球赛及演讲比赛。（五）函请市府按月拨售教职员平价米。（六）向各公营事业机关（如汽车、轮渡、电灯、电话、自来水等公司及影戏院）交涉，以半价或免费优待本会会员以正社会人士，重视教育之风气，藉慰清苦无比之教育人员。（中央社）

《中央日报》1948年5月23日

市中等学校讨论合办暑假补习班　组织大规模合作社

中央社讯　本市各中等学校教职员联谊会，今午后假怀仁女中开第四次理事会，讨论开办暑假各校补习班，便利各校科别不及格学生补习升学及组织大规模之合作社，为全市教育人员学生及其家庭服务。关于洽商水电、轮渡、电影优待教育人员事，亦经交涉，获得各业同情。仅食米一项，市府尚未作具体答覆，拟再派员交涉。

《中央日报》1948年6月13日

国教人员消费合作推定负责人

本市小教人员组织之国民教育人员消费合作社，于10月30日成立。昨日该社理监事假大同小学召开第一次社务会议，互推各部负责人，以便进行业务。推选结果：张友德、庄嵩岳、王秋涛、林泉声、庄云斌等五人任常务理事，互推庄嵩岳为理事长，李福锦为常务监事。经理正张友德，副王秋涛，文书徐址安。司库正王志明，副甘朝驹。会计王炯煊，采购正陈维明，副庄云斌。销配正林泉声，副萧春荣。股本第一期暂订每股10元，本月15日以前收清。社址暂设大同小学，下会定本月16日仍假大同小

学召开。（厚）

《江声报》1948年11月3日

中教联谊会改选理事

本报讯 厦门中等学校教职员联谊会昨开第二次理事会议，参加者本市全体13个中学，改选新理事股长及常务理事，新选理事计张家政、连家瑶、陈眉山、郭碧海、黄卫世、冯文质、许锋、戴剑泉、陈洪之、江萍、卓杰华、陈彩云、张本座、丘继善、曾世弼、刘德枢、蔡汉勋、黄水引、黄子良。

常务理事选定省立厦门中学、双十中学、英华中学三校负责，各股选定怀德、市立二中负责总务股，侨师省高工负责研究股，毓德、中华负责康乐股，粤侨、怀仁负责联络，大同、市立一中负责福利股，并讨论本期工作中心，由各股负责起草各股工作计划。下周在省中开会讨论决定，并拟向政府争取实物配给。

《星光日报》1948年11月7日

中教联会议决三事

市讯 本市中教联谊会昨（4日）开第四次理事会。出席本市侨师、双十、省中、大同、市中……等十三校。主席黄卫世，讨论决借本市报所版地出《教联》两周刊，并决定即时开始征稿。席上主席并宣读桃源小学致该会请求声援该校教员李文瑞被学生叶晨钟家长殴辱事，席间决议三项：第一，惟黄卫世、郭碧海、曾世弼、卓杰华四理事，代表中教联谊会至桃源小学慰问。第二，四代表趋教育科申述该会对此事件之意见。第三，复函桃源小学表示同情。又席间决议组织中教联谊会学术研究讲座，由研究股计划，即行举办。

《江声报》1948年12月5日

中等学校教职员联谊会选举常务理事

本报讯 厦门中等学校教职员联谊会昨（19）日假双十中学召开第三

届第一次理事会,主席黄卫世报告毕,即进行选举本届常务理事。结果:省立厦中、英华中学、双十中学等三校得票最多,当选常务理事,并推定怀德、省立高工负责总务,大同、侨师负责"研究",毓德、市立二中负责"康乐",粤侨、怀仁负责"联络",市立一中、中华负责"福利",省立厦中协力研究股,双十协助福利股,英华协助总务联络股。旋讨论议决:(一)组织艺术研究组,由教联发函本市各中学劳美教师参加研究,并筹美术展览会。(二)组织《教联》半月刊编委会、推定萨兆琛、赵家鼎、潘茂元、童权通、潘瑜琦等九人负责编辑。(三)向中学校长联谊会建议筹开厦市各中学联合运动会。(四)筹开全市本会会员大会,并印发关于加强本会组织与研究之意见调查表,请各会员提供具体意见,以作为会员大会讨论中心。(五)组织数学研究组,由欧阳琦、连家瑶、张堆金负责筹备召集。此外各股负责学校应各自拟具本期工作计划,以便提付第二次理事会讨论实施。(骥)

《星光日报》1949 年 3 月 20 日

中教联谊会筹劳美展览

本报讯 本市中等学校教师联谊会,于 29 日假中华中学召开第二次理事会,主席许虹报告四点:(一)美术研究组已开会筹备,订 6 月 14 起至 16 日三天,举行全市各中学劳美联合展览会,嗣后并经常集会作劳美研究之讨论。(二)《教联》编委会已成立,并请理事会讨论《教联》编辑工作态度及内容。(三)数学研究组由欧阳奇[琦]赶筹,开会展开研究工作中。(四)各会员意见调查表,多未缴回,故对会员大会召开与否,未能决定。旋即进行议决:1.关于全市教师领到全学期米条,拟集合运用,推张曼吾等四理事负责接洽,并与米店订立妥善合同,通知会员"整存零付"。2.关于筹办春假会员集体郊游聚餐,由康乐股负责筹划,通知会员。3.关于发动会员研究教育问题,推定黄水引、郭碧海、黄卫世三人负责拟定讨论纲要,通知会员参加参加讨论。(初)

《星光日报》1949 年 3 月 31 日

二、学生社团组织

厦市学联会章程　组织分三部十三股　章程凡七章三十条

厦门市学联会定元旦成立,已志昨报。兹查该会组织系统,执委会下分设三部,总务部下转文书、会计、庶务三股,社会部下辖纠察、交际、工农教育、组织、宣传五股,学术部下辖出版、调查、研究、体育、游艺五股。该会章程亦经通过,计分七章三十条。兹录如下。

第一章　总纲

第一条,本会定名为厦门市学生联合会。

第二条,本会以联络感情,研究学术,养成团体生活,集中青年学生力量,参加人民革命工作,实现人民权利宣言及促进新文化建设为宗旨。

第三条,本会依照人民革命政府文化委员会所颁布之学生组织纲领,联络中等以上学校组织之。

第四条,本会会址设在——。

第二章　会员

第五条,凡厦市中等以上之学生会,或其他学生团体赞同本会之宗旨,皆得为本会会员。

第六条,本会会员应尽之义务。一、服从本会之议决案。二、遵守本会章程。三、缴纳会金。

第七条,会员应享之权利。一、有选举罢免创制复决诸权。二、有发言表决之权。三、得享本会所举办各种事业之利益。

第八条,有违反第六条所规定者,得视其情形之轻重别处分之第一章。

第三章　组织

第九条,本会以代表大会为最高机关,代表大会闭幕时为执委会,执委会闭会时为常委会。

第十条,代表会由各学生团体选出代表若干人组织之。

第十一条,执委会15人,监委会5人,均由代表会选出之,并选举候补执委3人,候补监委2人。

第十二条,常委会3人,由执委会选举组织之。

第十三条,执委会之下分设为三部,部之下分为若干股,各部部长由该部选兼任之,各股股长由执委兼任之,各股得视其事务之多少,敦请股员。

第十四条,职员任期以一学期为限,但连选得连任之。

第十五条,执委会如遇特别事件发生时,得组织特种委员会,但须经代表会之通过。

第四章　会议

第十六条,代表会每学期集会两次,于学期期末二星期前后举行之。但遇必要时,经执委会议决,或代表1/3以上之建议,得由执委会召集开会。

第十七条,执委会每二星期举行一次,遇必要得召集临时会议,但须经常委会之通过,由常委召集之。

第十八条,常委会每星期举行一次。

第十九条,监委会每月开会一次。

第二十条,各部部务会议每星期开会一次,由各部长召集。

第五章　职权与任务

第二十一条,代表会应讨论议决每学期各部所应进行之工作计划,并解决执委会所不能解决之问题。

第二十二条,执委会应执行代表会之议决案,并讨论议决各股应进行之工作。

第二十三条,监委会应稽查本会收支账目及各部、各股职员工作之勤惰,并弹劾各职员之不轧[轨]行为。

第二十四条,常委会应执行执委会之议决案,并讨论议决每周之工作计划。

第二十五条,本会应尽之任务。一、定出各部工作计划。二、出版刊物。三、组织各种研究会。四、举行游艺会。五、参加各种社会活动。六、其他。

第六章　经费

第二十六条,本会经费之筹措分为:一、会员会费。二、捐款、特别捐。

三、其他。

第二十七条，本会各种经费由代表会议决筹集之。

第二十八条，本会收支账目每学期公布一次，如有会员 1/10 以上之运署□，得选派代表稽核之。

第七章　附　则

第二十九条，本章程经代表大会通过后施行之。

第三十条，本章程如有未尽善处，得由代表大会修改之。

《江声报》1933 年 12 月 31 日

学联会选常委　组织宣传队　出版半月刊

厦门学联会，昨在厦中开第一次执委会，议决：一、常委 3 人，选举职中、双十、厦中；二、平民学校暂假职中、双十开办，详细计划，由工农教育股起草；三、出版股规定出版半月刊；四、游艺股组织剧社，宣传股组织宣传队，并出大众壁报。会社临时假在职中校内。

《江声报》1934 年 1 月 8 日

不合法学生团体应即解散　依定章程改组

市处昨训令市私立中小学校及幼稚园，谓 22 年度上学期各种学校教育调查表，各校多未送处。现奉厅令，限期填报，特再制就简单表格两种，着于三日内填送到处，以便汇转。又训令私立中小学，略谓，奉教厅令，查学生团体之组织应分别依照学生团体组织原则，学生自治会组织大纲及施行细则，小学校学生团体组织要点办理。前经转行有案，各级学校亦均遵办无异，惟自闽变后，风闻各地学生仍有非法之学生会或学生联合会组织。此项不合法之学生团体，应即解散，另行依法改组，以符定章，而杜流弊。再学生团体之活动应于课外行之，学生不得以办理会务为辞，任意旷课。如有缺席，学校仍应照章处理，以重学业等因。奉此，仰该校长遵办云。

《江声报》1934 年 3 月 9 日

文史学研究会正式成立

本校文学院同学黄泽浦等十余人,因鉴于有志于文史之教职员及同学,有联合共同研究之必要,故于12月3日张贴启事于群贤楼下,发起组织厦门大学文史学研究会,并定于5日下午7时开会员大会。是日到会者除发起人外,另新会员多人(各院皆有)。即席推举黄泽浦为临时主席,曾璧中为纪录,兹探录其开会情形如下。

一、主席宣布开会理由。(略)

二、讨论章程。

三、选举执行委员。

文书曾璧中　会计黄茂龙　庶务陈永枝　交际黄泽浦　陈云官　研究陈淇　任世奇　潘齐平　陈钟莹

四、讨论事项

(一)本会应于何时开第一次研究会案。议决下星期六下午1时半。

(二)开第一次研究会时应否举行茶话及摄影案。议决举行。

(三)本学期应否出版刊物案。议决出版。

五、散会

《厦大周刊》1934,Vol.14,No.12

战前社工人员昨筹组同学会

本市讯　厦市人民团体职员训练班,系民国□年厦市党政主要机关联合创办,各种学术团体、受训学员,均为当时各社团现役干部。此次该校长陈中委莅厦视察,该班同学为表示欢迎,特发起组织同学会,藉资联络。昨(5)日假厦市旅栈公会,召集同学座谈会,到有卢汉兴、洪祥麟、释广义、汤日成、吴廷玉等二十余人。议决数事如下:(一)关于组织同学会筹备员议选案,推汤日成等9人为发起筹备员,呈请市府备案,派员指导。呈文由吴廷玉负责起草。(二)欢迎陈校长案,推吴廷玉晋谒校长请示日期,假南普陀寺举行欢迎会。(三)同学会筹备处暂假鹭江道66号厦市旅栈公会。(四)登记同学即日开始,请各同学自动到处登记。

《中央日报》1946年9月6日

大厦[夏]同学会厦分会在筹组中

市息 本市大厦[夏]大学同学戴锡康、虞愚等十余人于昨(15)日上午9时假海后路福建省银行二楼举行大厦[夏]同学会厦门分会第一次筹备会。议决:(一)继续调查同学,汇交省行丘汉耀同学登记;(二)致函母校报告筹备情形并请寄章程及其他刊物;(三)定于本月21日(本星期六)下午7时半在国际联欢社举行聚餐,由丘汉耀同学负责办理,欢迎同学临时参加;(四)会所设在福建省银行二楼;(五)规定会金五千元,于聚餐时缴交。

《立人日报》1946年9月16日

福建学院筹组校友会　登记在厦同学

市讯 私立福建学院,并前身法政专校,厦门校友施得磬、郑英之、廖宗刚、施大晟等,为联络同学感情,调剂心身,切磋学术起见,将联名发起组织校友会。现该会已向福州校友会函索会章,并定本月29日(星期日)下午2时假中山路施得磬律师事务所开第一次筹备会,讨论进行事宜,并呈请党政机关备案,订期成立。该校在厦同学,届时均盼参加与会。

《星光日报》1946年12月23日

学生膳食管理委员会成立

新生院导训课前为便利到院学生用膳起见,经与负责事务出纳人员暨学生8人组织临时膳食管理委员会,负责新生膳食事宜。迨11月下旬,到院新生数已达350人,已有自动组织之能力,乃由该课于11月28日下午7时召集各寝室代表,假第五教室举行谈话会。会中首由训导课主任陈诗启先生报告开会意义,继即讨论膳委会委员选举问题,当即选出:崔盈达、王克铭、潘武林、赖锡云、周玉佩、郑性波、秦为鳌、孙德全、吴世光等9人为膳委会委员。最后讨论自治机构组织问题,经决定,发起组织 1950 级级会,除由膳委会委员兼为级会筹备委员外,并决商请女生及外宿学生各推代表一人,共同组织 1950 级级会筹备委员会,至 9 时许始行散会。查临时膳委会,业于 12 月 1 日办理移交,是日起学生膳食统由膳委会办理。

《厦大校刊》1946,Vol.1,No.8

学生公社为同学服务

"厦门基督教学生公社"系中华基督教全国协进会暨男女青年会全国协会专为本大学同学而创设,纯系服务之机构,亦为同学活动之中心。丁曾淑慎女士已于暑期来校筹备,各种委员会之组织已正式成立。执行委员会现有 11 位委员,除本校教授周辨明、卢嘉锡、陈景磐、汪西林及新生院训导主任陈诗启外,尚有厦鼓基督教领袖陈秋卿、沈省愚、王宗诚、贺灵伯、福懿慕、丁锡荣成立图书馆阅览室、娱乐室,极受同学欢迎!校本部之社址暂设博学楼 101 号,亦已成立阅览室、娱乐室、牛乳豆浆供应部等。尚在积极筹备者,有日用品零售部以及各种康乐之活动、研究小组之组成等,并举行"大学崇拜",以促进教职员同学中之教友之宗教生活。公社刻正积极筹备建筑社址,余由男女青年协会及中华基督教协进会补助一千万元外,并拟向社会热心人士募捐。本月 29 及 30 日特请名音乐家□英先生在毓德中学演唱名曲,其收入票款,亦将悉数充作建设。

《厦大校刊》1947,Vol.2,No.7

厦大基督公社将行落成典礼

本报讯 厦大基督教学生公社社址,去年假厦大博爱楼左侧山坡着手建筑,业已落成。内部布置就绪,订本月 24 日(星期 1)上午 10 时举行落成典礼。该社已柬邀各界前往参加观礼云。

《星光日报》1947 年 3 月 20 日

学生联合会　省令毋组织

本市各公私立中学校,前有少数学生向市府请求组织市学生联合会,市府将情电省请示。昨(10日)接省电复,略以学生联合学校与规定不合,未便照准。市府奉电后,已饬各校当局转告学生遵照云。

《中央日报》1947年11月11日

厦大基督教学生社每周举办时事演讲

本报讯　国立厦门大学基督教学生公社,为增加同学对时事研究兴趣起见,自本学期起特举办有系统性的时事演讲会,利用每周周末晚间,敬请本市名流主讲国内外时事,其第一次时事演讲会系请本报主笔郭荫棠先生主讲。兹获:其第二次时事演讲会已定于本(10)日下午7:30假该校校本部第一教室,敬请本报总编辑朱侃作专题演讲,题目是《从国大看国内政局》,内容分五小节来分析当前国内大事。一、签署代表之纠纷;二、总统、副总统之竞选;三、未来组阁人选;四、"新第三方面"的活动;五、战争与和平。

又讯　厦大学生自治会学术演讲组及历史学会学术股,以近数十年来国人倡言西化,事实上,已往的西化运动对于中国文化的影响确实有着不可磨灭的痕迹,对于中国过去的西化的成果,我们现在正需要加以正确的评议。因此特于明(11)日下午7时假第一放室,请该校历史系教授欧阳琛先生作专门性的学术演讲,题目是《中国西化运动史的检讨》。

《星光日报》1948年4月10日

厦大青年会举办夏令会

厦大基督教青年会与学生公社,定本19至24日假鼓岛美华中学举办夏令会,特请协大西文学主任史各脱博士前来演讲,主题为"寻求的就寻见"。会员除该校同学外,凡本市各中学均可派代表参加。闻台湾大学亦将派人前来赴会云。(邵)

又,昨载厦大教授郭一岑不幸丧孙新闻一则,据厦大青年会负责人声明,该会并未发动捐款,所得之款多系学生自动捐输者,惟闻郭氏对各人之热情只心领耳。

《江声报》1948年6月14日

本埠新闻

组织教育会

吾厦学校日见发达,而热心教育者每苦于声气隔膜,爰组织一教育会,于本初七日下午2时假座大同学堂。所有布告开会事宜开列于后。(耿)

厦门组织教育会布告

厦地学堂日见萌芽,而深明教育理法之人,殆不数觏。是非互相切磋,互相研究,不足尽劝导之责备,顾问之资,同人等商酌谨遵。

奏定教育会章程,公同组织,爰定四月初七日上午二句钟,假座大同学堂开会,所有事宜开列于后。

一、开会之秩序

(子)准三句钟,临时干事员摇铃开会。

(丑)干事员肃会员入席。

(寅)干事员肃官长入席。

(卯)干事员登台布告开会宗旨。

(辰)干事员依会员坐次分选举票。

(巳)选举正会长。

(午)干事员收选举票投筒。

(未)干事员开票宣布,书记员执笔登记。

(申)选举副会长,收票开票同前式。

(酉)选举干事员,收票开票同前式。

(戌)干事员摇铃散会。

(亥)干事员肃官长会员到招待所叙茗。

二、职员之额数

(甲)会长一员、副会长二员,均由会员公举。

(乙)干事六员,由会员公举。

(丙)书记无定员,会计无定员,均由正副会长酌派。

(丁)名誉会员由会中以后续请。

三、职员之资格

(甲)品学兼优

(乙)声誉素著

(丙)于本地教育有功者

四、选举之规则

(甲)用单记投票法

(乙)得票最多者为合格

(丙)选举票选举者,免书自己姓名 (务)

《厦门日报》1910年5月18日

华侨文化事业研究会成立

本校华侨文化事业研究会,业于月之十八日开筹备会,选举职员胡文传等13人。嗣开第一次职员会,议决请林校长为该会名誉会长,雷通群、区兆荣诸教授为顾问。昨日(26日)晚7时半,该会业已组织就绪,假座群贤楼117号开成立大会,到会50余人。先由主席胡文传君致开会词,次雷通群、张镜予二教授训词,次毕业生同学会、文科同学会、商科同学会、女生同学会诸代表相继演说。后由主席读教育科文科等祝词,至十余时始尽欢散会。

《厦大周刊》1929,No.207

儿童幸福宣传大会参加千人

厦门儿童幸福会,昨假中山公园通俗社开宣传大会,筹备员11人,全体出席,参加者40余团体,人数千余。主席余少文,记录蔡重光。主席宣布开会宗旨,吴雅纯报告该会筹备经过,次由黄其华、江陈施、吴万镇演说。11时散会,在中山公园司命台畔摄影后,依序出发游行,前旗书"厦门儿童幸福会宣传大会",由新华音乐队参加,沿途奏乐。在本市环行一周,分散大会宣言及特刊云。

《江声报》1934年5月28日

儿童幸福会征募大会　王固磐总队长

儿童幸福会筹委会,昨邀全市小学校长开会,到七十余人。余少文主席,决议推王固磐为征募大会总队长,各学校校长为当然队长,并决于七月初开始征募。至征求奖品,业有林国赓赠送银盾一座,并有各名人题词,将印发征募特刊云。

《江声报》1934年6月26日

私立二十余校请解释宽筹会组织　列四项疑问昨呈教局

本市群惠等二十余私立小学,昨联呈教育局,对宽筹会组织有所未明,请解释四点,照录如下。

一、宽筹会组织是否根据法令,抑系斟酌地方情形而规定;

二、宽筹会既冠以思明县名义,当系为全区教育兼筹并顾,不仅为区区县立小学局部计,乃集会讨论时,何以不普遍公开,而只召集县立小学及社教机关少数人而规定;

三、宽筹会委员人数,县立小学二人,县立小学教职员又二人,而私立小学只有二人,何以校数愈多而委员人数逾少;

四、宽筹委员中有地方热心人士四人,究竟以何程度为标准。

以上各点请予解释,并恳详察过去之事实,持平办理,勿涉偏颇,以免纠纷云。

《江声报》1934年8月16日

禾山民众俱乐部征求会员

禾山民教馆设立第一民众俱乐部,聘王根寿、陈学快、陈清辉、许昔所、许畴壹等为筹备员。昨指导员王佐才,召集一次筹备会议,议决:一、推王根寿为常务筹备员;二、征求会员由全体筹备员负责;三、征求会员期间限两星期;四、章程起草,推王佐才、陈清耀负责;五、俱乐部地址,附设于豆仔尾灰窑区壳灰公会内。

《江声报》1936年10月19日

鼓浪屿成立国教研究会

市府以准福建省政府教育厅代电,嘱即筹组国民教育研究会,早经分令各区第一中心国民学校校长负责召集,并限本月20日以前一律筹组成立。查鼓区第二中心国民学校校长甘朝驹奉令后,即开始登记会员,并于前日(19日下午1时)假既校礼堂开成立大会,出席会员陈兆麟等64人。选举结果,陈兆麟、李魁梧、王爱华中选为干事,(甘朝驹为当然主任)并互推陈兆麟为总务组组长,王爱华为研究组长,李魁梧为福利组长。继又选举陈兆麟、李魁梧、杨振声、王爱华为出席上级国民教育研究会代表(甘朝驹为当然代表)。

《江声报》1946年1月21日

厦西区成立国教研究会

本市讯 厦西区国民教育研究会昨下午2时假该区第一中心国校开成立大会,出席林泉声、伍远资、陈萍、吴凤琳等31人、并举行选举。结果:(一)市国民教育研究会代表:伍远资、傅晓村、布淑恬;(二)研究组长陈萍、干事许维斌;(三)总务组长常家祜、干事林世熙;(四)福利组长卢□联、干事卢启民等当选。负责分工合作,推进会务云。

《中央日报》1946年5月13日

中华儿童教育社厦市将设立分社　　首次筹备会昨日举行

本报讯　中华儿童教育社厦门筹组分社,第一次筹备会议于昨日下午假双十中学会客室举行,出席甘朝驹、陈懋材、李福锦、刘琼瑶、黄红文、潘茂元。决议如下:一、如何登记旧社员案,议决:(一)请中央社发播新闻,由潘茂元负责;(二)在厦报发刊新闻,请各社员自动登记,地点分两处,一厦门双十中学刘琼瑶,二鼓浪屿中心学校甘朝驹,整理好汇寄总社;二、如何与总社联络案,议决:除请汪校长直接覆函外,应由旧社员将厦门社友登记情形报告总社,请示组织分社办法,并应促持经常联系;三、应如何吸收新社员案,议决:由各旧社员先行注意吸收各地热心儿童教育者为新社员,一俟总社入社表寄到后,应即尽量介绍其入社;四、关于登记旧社员与联系总社工作应推何人负责案,议决:推刘琼瑶、甘朝驹、李福锦三位负责办理。

《江声报》1947 年 5 月 26 日

儿教分社登记社员

本报讯　中华儿童教育社厦门筹组分社,前情曾载本报。兹探录该社登记新旧社员工作,经负责人刘琼瑶、甘朝驹、李福锦等函请南京总社请示办法,业经先后复函解释,并发寄社员入社登记表,及社费收据等件。该总社来函略称:"本社现正积极推进社务,先就各省市首要之区成立分社,渐次及于各县市。贵地分社事宜,蒙予主持,殊为欣幸,承询各点,略释如次,一、贵地分社可以厦门及附近各县为范围,广为征求社友,以期扩展社务;二、新社友可先行入社,再由总社理事会予以追认;三、旧社友如不来分社,或总社登记者,即不予承认;四、本社即将出版儿童教育通讯等刊物,容当寄奉。"现该社筹组厦门分社正在积极推行,凡研究或从事儿童教育之个人,可由社员二人以上之介绍,经总社理事会审查通过者,得为个人社员;凡研究或从事儿童教育之团体,经总社理事会审查通过,提交全体大会通过者,得为团体社员。个人社员及团体社员,每年应纳社费五千元及五万元,如一次交纳五万元及五十元者,则为永久个人社员及永久团体社员。凡有志参加该社研究者,请即到厦大实小潘茂元,鼓浪屿中心小学甘朝驹,平民小学李福锦,大同小学陈懋材等四处登记。远地参加者,可径函向上列地点登记云。

《江声报》1947 年 7 月 2 日

儿童教育社二次筹备会讨论社员登记问题

中华儿童教育社筹组厦门区分社,昨下午假大同小学开第二次筹备会议,刘琼瑶主席,讨论如下:(一)关于新旧社员应如何登记征求案,议决,设立十五登记处,其地点及负责人如后,厦门大同小学庄嵩岳,厦大附小潘茂元,全民小学李福锦,鼓浪屿中心学校甘朝驹,集美中学谢春安,晋江县府教育科朱秀三,同安县立中学谢雨田,南安国光中学刘琼瑶,惠安简易师范黄中和,安溪青年团林泗水,永春省立中学曾天民,金门古岗小学董白丁,海澄县府教育科朱松茂,龙溪省立中学谢新周,龙岩适中中心学校谢灵慧;(二)登记日期应如何规定案,议决,自即日起至 10 月 10 日止,各该地社员可径向各该登记处办理登记手续;(三)成立会日期及地点应如何规定案,议决,预订 10 月 15 日在厦成立。

《江声报》1947 年 9 月 19 日

中华儿童教育社下月中在厦成立分十五处征求会员

本报讯 中华儿童教育社,筹组厦门区分社,昨(18)日下午 3 时,假大同小学开第二次筹备会议。出席者:刘琼瑶、甘朝驹、李福锦、庄嵩岳等。讨论事项:一、新旧社员登记及征求,决设立十五登记处,其地点及负责人如下:厦门大同小学庄嵩岳,厦大实小潘茂元,全民小学李福锦,鼓浪屿中心学校甘朝驹,集美中学谢春安,同安县中谢雨田,晋江县政府教育科朱秀三,南安国光中学刘琼瑶,惠安简易师范黄中和,安溪青年团林泗水,永春省立中学曾天民,金门古岗小学董白丁,海澄县政府教育朱松茂,龙溪省立中学谢新周,龙岩适中中心学校谢灵慧。二、登记日期自即日起至 10 月 10 日止,各该地社员可径向各该处登记。三、成立会日期,预定 10 月 15 日在厦成立。

《中央日报》1947年9月19日

中华儿童教育社厦分社开筹备会

市息 中华儿童教育社厦门分社,24日下午4时晨[辰]在厦西第第一中心学校召开筹备会。出席潘茂元、甘朝驹、庄嵩岳、徐址安等。

甲、报告

筹备委员潘茂元报告,略谓接到总会通知,于4月4日儿童节发动当地社友及各校儿童响应联合国儿童救济金委员会,劝募儿童救济金。此事既可使我国儿童从此参加世界人类互助活动,且极富教育意味。本会似应努力响应此项号召。

乙、讨论

一、关于响应总社民发动之劝募运动,决议:

(一)通知本社所属各社友献捐一日所得。

(二)呈请市政府通告所属各学校幼稚园学生于本年4月4日儿童节日献捐糖果费及劝募附近社会儿童献捐。函请厦门市私立小学联谊会及鼓浪屿小学校长团契会,发动所属各学校作热烈之响应及广为宣传。

二、关于献捐办法应如何议定案。

(一)每一儿所献捐糖果费以一万元为标准,增多减少亦可。

(二)募集之款,请于4月10日以前径汇寄南京中华儿童教育社总社收,并将款额通知厦第四中心学校转本会登记,或就近缴交下列各筹备委员,拿回临时收据,待汇转后始致送正式收据,鼓浪屿第一中心学校甘朝驹,厦西第一中心学校庄嵩岳,厦南第一中心学校徐址安,私立全民小学李福锦,厦大附属小学潘茂元。

三、劝募结束时,由本筹备会将各校劝募经过及所捐总数刊登本市各报。(放)

《立人日报》1948年3月26日

厦集美校友筹组校友会

集美各级学校历届毕业生,住居本市为数甚夥,遍布本市各机关工作,经常少有联系。近该校校友有鉴及此,日昨特由校友陈厥祥、叶维奏、林承志、陈经罴、黄玉麟、陈守经等30名,发起组织"厦门市集美校友会",并具呈市府请予组织。现市府经准予组织,并派陈泳沂指导云。(厦工社)

《江声报》1948年8月24日

福民小学闽南职中今举行校友会

市讯 鼓浪屿福民小学、闽南职业中学,自创办以来,经历数十载,校友遍布国内外各地。战前有校友会组织,战后尚未恢复。兹该两校校友苏宗文、叶鸿恩、王文水、张廷标、李魁梧等,为加强联系起见,特承叶校长谷虚回国之便,订9月26日下午4时,在该校校友堂,召开校友大会,讨论进行事宜。又该校老校长叶谷虚,此次代表南洋中华基督教会,返国参加即将在苏州举行之全国基督教总会,顺道来厦视察两校。因鉴于职业教育之重要,日内与闽两职中董事长苏谷南,数度商洽,决于迩近筹备复校。查叶谷虚君,民国25年被举为厦门国大候选人,战前历任惠安同乡会理事长,鼓浪屿华人董事会主席。此次返国,公毕仍将专返述职云。

《立人日报》1948年9月26日

闽南职中等校友会推定筹备委员

本报讯 前闽南职中及福民小学校长叶谷虚,日前代表南洋回国参加即将在苏州举行之全国基督教会,已志前报。兹悉该校校友,于昨(26)日下午4时在该校校友堂,召开欢迎大会,及校友座谈会。到校友苏宗文、何建朝、叶鸿恩、张廷标、吴茂林、章茂盛等百余人。氏首对诸校友及服务社会精神表示欣慰,继即叙述渠办理职中及福民小学经过情形。氏回顾前清创校,及至在南洋与诸侨领黄伯权、蔡嘉种、王吉士、许洁成、谢荣西、侯西反、林庆年等协助进行筹募工作时,因战时影响,而使职中停办,殊多感慨。旋即进行讨论事项如下:一、筹组校友会、追思会,推吴茂林、何其先、叶鸿恩、张廷标、叶武赟、王文水、黄惠元、叶健民、许仁和、林承德、苏宗文、何建朝、王醒民、宋文、章茂盛等15人为筹备委员。二、即日起至 10 月 7 日止登记会员。三、订 10 月 9 日下午在校友堂开追思会，及校友会成立大会云。

《立人日报》1948 年 9 月 28 日

集美校友会明开成立会

市讯 查集美学校与本市仅隔一衣带水，校友在厦服务甚多。战前原有校友会之组织，并自购地皮拟建会所，嗣因厦市沦陷，事遂搁置。近该校校友陈厥祥、林涵国、叶书德等，为联络校友情感，特再发起组织厦门市集美校友会。曾经呈奉市政府准予依法组织，并派陈科员咏沂为组织指导员。现该会已筹备完竣，并订于本月 7 日上午 9 时，假东亚四楼开成立大会云。

《立人日报》1948 年 11 月 6 日

厦南星校友成立校友会

南安南星中学创办以来，造就校友数逾半千，其分布于本市各大中学及文教商界者颇多。该校校友为辅助母校发展，增进联系起见，于 7 日假市立中学成立旅厦南星校友会。闻更将联络沪、榕、泉各地校友而成立校友总会。（颜）

《江声报》1948 年 11 月 10 日

校友总会工作检讨与展望

常务理事会

客岁 6 月，母校由汀返厦，虽公路崎岖，江水蜿蜒，而复员工作全面展开，迅告完成。校友总会随母校南归，亦已在演武亭内展开工作矣。根据去年会务方针按进推行，惜乎事难如期，表现殊少。此固因总会之基础尚差，犹孩童之未成长，抑亦因时局之不安定与物价飞腾有以影响。也回顾一年来会务之进度，较诸会友所期望者相去远甚，系本届理事所不能不引咎也。

厦大通讯为校友联系之生命线，从前物价低廉，印刷费全由母校担负。迩来印费每期以数十万计，在母校经费困难、总会财政贫困之下，既不便多向母校要求，亦难于自筹，故不得不减少期数，而从质的方面设法充实。但其至如此，亦犹有困难，所以有募捐印刷费之举（启事见后）。又为应目前之迫切需要，总会已在积极进行校友住址及职业之调查，以便早日编印第二版毕业同学录。此次工作经3月来努力之结果，大体尚完全，但还有少数校友无法调查，同时也已有一部分已再更新的，所以现在仍有继续调查之必要，以期随时补充随时更正。至此种消息报导，胥有赖于各校友与各分会之辅助也。至于通讯录印刷费，拟就厦门筹募，以轻母校之担负。盼此小册，于不久可与诸学长见面也。

母校演武亭校舍，在沦陷期间为敌摧毁，本会为纪念母校创办人陈嘉庚先生之丰功伟绩，与辅助母校之复员大计，决议集资建筑嘉庚纪念堂一座，已组织筹募委员会，并聘请黄天爵、林眉山、贺序、张述、黄谦若、黄启显、卢嘉锡等7人为委员，主理其事。该会并兼筹校友留学基金，以资助有志毕业校友继续深造。现筹募工作已由该会与各分会合作积极进行中，谅不久之将来当可乐观厥成，至校友中学原为本届理事会计划之一，虽经成立筹备委员会着手计划，但房屋经费诸多困难，一时恐不易实现耳。

母校开办迄今日26整年矣，就基础言，为东南最高学府；就复员工作言，效率成绩均为国立大学冠。纵能就此发扬光大，则母校前途又焉能限量。但母校今日虽有如此良好成绩表现，然而经常费迄仍屈居国立大学中倒数第二位，故欲非母校之发扬光大，我校友实责无旁贷。正应藉嘉庚堂之建筑，以纪念陈嘉庚先生毁家兴家创办母校之精神，进而谋校友留学基金、校友讲学基金之设立，以报林、萨两前校长与汪校长暨历届教职员努力办学之意，抑亦以发扬陈先生不朽之精神与母校不朽之事绩云尔。

母校26周年纪念
开来继往百年谋时雨春
风廿六秋无数才人归煦
育在南学府有谁俦
林眉山敬赞

《厦大通讯》母校26周年校庆纪念特刊

厦门大学校友会福安分会成立的经过

提起福安这一县,省内同学恐怕还有许多都是陌生的。大概是因为这里的交通不便,与外界来往得少,所以一向也就鲜给人家注意到。

抗战后,沿海各县多半给敌机敌舰骚扰得很厉害,各方面难免遭受相当的影响,唯有我们这里,像是给遗忘了的一个角落,几乎找不到战争的征象。

因为比较起来总算得是一块稍为可以安居的地方,迁居此间的也就纷纷地增加起来,同学最先到这里来的是在县政府服务的何君士宽与跟着省立三都中学迁此的邱君继仁,次为海关调来的宋君恩祥,厦门迁来的吕君建元,任教于省立福安师范的吴君佩莹,凑上最近直接税局的林君德华、郑君伯锜,共达7人。这么偏僻的一个地方,竟来得这一个数目,的确是不容易的事情!

在校时,我们有的还不相识,即使来往也是很有限的,可是奇怪得很,出了校门,经历了一些世故,再碰到时便截然不同了,任他是什么孤介怪癖的同学,这时候给"碰到"了,总不只是点点头,招招呼而已,热热地握掌后,一定还要和你倾诉别后的经过,追寻在校时事迹。如果是先后同学,时间差得久一点的,还是不同院系没有往来过的,便会提起几个共同认识的朋友来作谈资,非常要好地亲热起来。

我们7个人虽然服务的机关不同,居住的地方不在一起,平时我们总是互通信息,彼此互相关注互相帮忙,益以大家都是旅居此间(7人中竟没有一个福安籍的),客下相逢倍加亲切,校友间应尽的一切,敢相信大部分早给做到。不过,我们总感到有一件应该做的事情——一个正式的组织以及跟母校总会的联络还没有做到,尤其是每次接到厦大通讯的时候,几个人数月来的心境都是一样。本月初旬的某一下午,住在城内的同学,偶然提起这一件事情,就联名函请各校友于3月15号那一天,假县政府会议厅来完成这一个夙愿。分会的成立,就瓜熟蒂落地实现了。

3月24日于福安
《厦大通讯》1941年,Vol.3,No.4

厦大 27 周年校庆告校友书

校友诸君钧鉴：

时光如驶，荏苒经年，五老峰前，又复春光明媚，而 27 周年校庆良辰，倏然来临矣。忆前年曾列举办理本校之四大要旨，以完成东南理想大学与华侨最高学府之使命，去年曾以精神建设与物质建设为努力之目标。所谓精神建设者，保持厦大之良好学风，发扬敦厚朴实刻苦之美德，培养自由进步之精神，以建设民主中国，而适应时代潮流，并以独立自主之思想，讲求科学，探讨理论，追究真理，身体力行，使青年有理想之人生，与学术之情趣，以蕲有所贡献于世界人类。所谓物质建设者，本校沦陷期间，校舍破坏惨重，为谋员生住用之安定舒适，教学场所之充裕发展，积极进行校舍之建筑，以奠立本校物质之基础。一年以来，虽国内时局极端动荡不安，经济困难万分，吾人不以为馁，振作勇气，向此二者预定之目标，努力迈进，并避免时局纷乱不靖之影响，推动学术之自由研究，专力于东南理想大学之工作，务使文化渊海，振起壮阔之波澜，期在世界学术上有独特之贡献。此过去一年中之厦大，撮其可以叙述者约有三事。

一曰安定环境——一切事业之成就与否，以事业环境是否安定为断。教育学术之事业亦然，亦需要安定之环境。环境既安定，则一切事物可按预定计划，循序渐进，所谓种瓜得瓜，种豆得豆，效果可以立见也。一年来时局不安，社会多事，因之国内大学风潮叠起，有如决口溃堤。当此之时，本校大声疾呼，力倡安定之利益，传播于师生之间，当得全体师生之同情，与爱惜本校之热诚。虽偶然亦受暴风狂潮之侵袭，但不旋踵间，即呈现清净明朗之气象，一切危难局面，均能和衷共济，合理解决，平安渡过，使厦大永在恬美幽清之境地。有此安定环境，按时工作，互助骈进，教学研究之效率，自随之增高，是亦全校员生同心一德之表现也。

二曰充实内容——环境既能安定，实行充实内容，虽在经费异常困难之下，由部方拨付有限之经常费与临时费，尽量应用于建筑与设备。前年所修建者不计外，其今年新建筑之校舍，有电机实验室、单身教员宿舍、附属小学、附属医院各一座，尚有正在建筑之图书馆（菲律宾侨胞捐建者）及行将开标之教员眷属住宅，力求住用教学房屋之完备。其设备方面由部拨外汇美金一万二千元外,每次领到扩充改良费,各系皆多少分配购置,与美国联总所赠之工学院机器仪器,及本校向航空机关所洽得器材。是以一年来,理工学院各系仪器用品,均有相当之补充,以维持教学实验之需要。其图书方面,由 36 年 1 月至今年 3 月,新购添置者,中文书籍 6794 册,杂志 9868 册,外文书籍 2164 册,杂志 6531 册,尽量补足参考之材料,以备师生之研讨。其教员方面,一年来多方延揽国内有名学者,计至今年止,增聘教授副教授 25 人,讲师 3 人,助教 21 人,新旧合计全校教员 173 人,师资既见充实,阵容为之大振。其课程方面,计各学系所开学程,今年度增加至 107 学程,共计实开 307 种学程。凡此量与质之充实,均在经济拮据穷困之下,极力挹注支撑,实非易事,为前此未曾有之情况,是厦大在艰苦奋斗中而充实茁壮,实堪以告慰诸君也。

三曰自由发展——本校内容既逐渐充实,于充实之后,应使之发扬光大。前年曾以蔡子民先生之精神,取兼容并包之主义召集专家学者,提高课程水准。依学术自由之原则,无论何种学派,悉听其自然发展,务使全校学子不甘寡陋,力求上进,以自强之精神,养成蓬勃之朝气。凡心有兴趣,学有专长者,悉力予以协助,俾能自由发展,冀于相当时日后,在人文、社会、自然、应用各学科,均有卓越之表现,以应国家社会之需要,使本校师生于学术文化,能尽其时代之任务。且在可能之机会,与国内学术界人士,力谋联系,以收观摩切磋之效,庶几树立东南学术之先驱,以达于充实光辉之美也。

总之,本大学努力之目标,以完成理想中之完备大学,三年以来继续向此目标而努力,所谓物质与精神之建设,亦为实现此目标而工作。今之所述三事者,曰安定环境,曰充实内容,曰自由发展,亦所以实现吾人理想中之目标。值此 27 周年纪念之日,爰将一年来大学工作之趋向,略陈与诸君之前,尚希时赐匡助,以增强母校前进之动力。实所盼幸,祗请公绥!

汪德耀拜启　37 年 4 月 6 日

《厦大通讯》1948,Vol. 8,No. 3

本会工作之回顾与前瞻

常务理事会

日月相继,寒暑相贸,母校迁离长汀,重返海滨旧址转瞬已届二度校庆日。"每逢佳节倍思亲",故今日复为年各一度之毕业校友思亲日,各地校友为报国而奔波,星散各地,想此日当设法聚首,把手言旧,以为母校生日欢庆也。

犹忆校友总会于离汀前之 6 月 1 日发行离汀纪念专号,总会曾以数事自期。值此佳日,正宜检讨过去,藉以策励将来。兹略陈两年来工作于后,以与吾各地校友共□焉。

(一)厦大通讯乃毕业校友声气相通,温馨相接之小刊物,故为全体外地校友所珍视,每谓手携小卷如见母校真容,不胜亲切之感。总会如此,曾尽力之所能,冀能如期出刊。迁厦以来,虽印刷条件一部分较在汀时为优越,然以年来法币贬值,物价飞涨,而总会又系经济力量未裕之机构,致力不从心。迁厦后,除前度校庆日刊出纪念专号外,本年伊始曾商得集友银行及厦门市银行借贷国币 600 万,罄力出刊,计得八卷一期及二期各一小册。兹幸各地校友继续捐助,本会经济情形已逐渐好转,年内当尽力继续出刊。惟目下每期印刷费约达八百万元,且在继续上涨中,故本刊之出版仍有待于诸校友之继续眷顾与惠爱也。

(二)校友录乃校友动态及人事变迁之总报导,在汀期间,总会前身之厦大毕业同学会曾于 28 年 4 月刊行第一版。嗣以校友毕业服务各方者日增,而各地旧校友变迁亦多,本会因于去年校庆日乘各地校友归宁之便,发动校友自动捐募,集资刊行,经数月之筹措,遂于去年 10 月刊出第二版,正篇而外,辅以届系及姓氏索引两种,征信录并列焉。嗣后本会拟每隔数年发刊一次,以补厦大通讯报导之不足,并为各地校友谋声气之畅通。

(三)嘉庚纪念堂之倡建,为吾校友感念母校创办人嘉庚老人兴学之举,亦为吾校友协力之具体表现。本会同人年来辗转未敢或忘,然以国内经济困乏,世局未靖之此时,筹集巨款,事非易易。故拟稍候时日,以作从长之计议。

校友留学基金原拟为襄助母校校友赴洋深造之资本,本会早鉴及此种资助之为必要,诚以世局未靖,筹款非易,故亦只有暂时悬置以待来兹。

(五)校友中学之创办,可嗣接前母校附中之系统,又为有志深造青年求学之所。本会成立之初,热心校友即出而倡议,拟在汀创办,卒以困难重重,未克实现。母校迁厦后,以校舍为敌破坏太多,一时难以观成。旋因鉴及各中等学校投考母校之青年,在校修学程度容有不一,投考失所,致以停学者比比有之。故经本会极力筹备,先行成立厦友补习学校,得母校贤明当局之多方襄助,遂于1月25日假同文路卢嘉锡校友住宅设所办公,招收学生,并于2月25日正式上课。计开办英文三组、代数、物理、化学各两组,国文、平面几何、三角、解析几何各课程,分请富有教学经验之母校教师及校友担任,并按期邀请母校教授作课外演讲以引起学生求知之兴趣。本期学生凡120人,5月底第一学期结束后,又定于6月初招收第二期学生。届时恰各校招考青年纷集厦地,校务定必大有扩展。倘得顺利,以后当可正式发展为正式中学也。

总观两年来,本会工作成绩虽未能尽如预期,然耿耿此心,固未敢或怠也。

母校开创迄今已二十有七载,比之人之一生,此正精壮有为之时,以视母校内部设备及精神,则恰可以精壮二字形容之。复员以来,诸事大备,演武亭畔,每有新建筑矗起。而今破土兴工,不日可乐观其成者尚有大图书馆等。以言校内风气,则博学之教授正不断莅校,同学研习之空气亦日见增浓,外界虽风雨如晦,而吾母校则安定,进步如恒。此因由母校创办人嘉庚老人精神之感召,实亦历届校长及教职员努力建树,有以促成之也。此后母校光辉传统之发扬,母校之扩展以至成为世界有数之学府,则政府及社会之人士之助力或有不逮,而吾母校校友当责无容旁贷,诚宜朝夕奋勉,力事不辍,以发扬嘉庚老人之不朽精神与母校之不朽业绩。幸吾全体校友共勉之!

《厦大通讯》1948,Vol.8,No.3

北大同学庆祝母校并成立校友会

本市一部分国立北京大学校友,以下月17日为北大五十周年纪念,特于日前在中山公园集会,讨论庆祝办法。是日到有厦大教授余謇、罗志甫、安明波、萧贞昌、徐元度、陆季蕃、田培烈等十余人,当场议决 12 月 17 日聚餐庆祝,并致电母校致贺,同时乘机成立厦门北大校友会。闻服务本市之北大校友为数甚多,凡前京师大学堂、同文译学两馆、北京大学、西南联大等校之师生,愿参加该会者,均可通知厦大信箱 125 号接洽云。

《江声报》1948 年 11 月 26 日

第七章

反帝抗日运动

教育局令各校举行雪耻周

高中应注意军事训练　集校学生请扩大反日

思明县教育局长林德曜昨日（26日）调令县私立各学校校长云，日本帝国主义者为欲实施其大陆政策，贯彻其侵略满蒙野心，竟乘我天灾内患未已之时，实行军事行动，于本月19日占我沈阳，20日晚占我吉林，掳我军官，缴我军械，焚烧屠杀，□□□□，倒行逆施，无所不用其极。此而可忍孰不可忍，本局为澈底反日，特规定办法，通令各学校遵照办理如次。

一、各学校举行雪耻周，将日本这次侵略我国之情形，及此次无端挑衅，占我沈阳、吉林种种，公布与学生，以发起其抗日□□□□。

二、将此次日军在东北之暴行及屠杀情状，用文字或画报向各界宣传。

三、全校教职员、学生澈底永远不买日货。

四、各高级中学应特别注意军事训练。

五、各学校暂时不用组织宣传队，以免发生意外。

上列数点，仰该校长切实分别进行为要。（下略）

又，集美中学学生自治会昨函县指委会云：敬启者，查挽近日本又在穷凶极恶，闻听之下甚为发指，料想不能再为沉默，因召集开全体大会，聊以振作。闻思明各学校无甚表示，爱请钧处函令各学校，一致扩大反日组织。谨此以请，希为德便。

《江声报》1931年9月27日

可谓读书不忘救国　全厦学生反日救国联合会

厦门大学6日复召开各中等学校学生代表大会,经议决成立之"全厦学生反日救国联合会",并推举贺秩、马丕显、林建保、廖秀芬、俞德英、张化清为代表,于昨(7)日下午2时许,携函前往县党部请求备案。略云:"大局日形紧张,吾厦民众不可不为相当之准备,特于昨日召开厦门中等学校学生代表会,议决成立厦门学生反日救国联合会。敬请钧会,准予备案,以利进行,并希随时示范,藉匡不及。至以为感,专此敬祝党祺。"县党部由干事赖晖接见,表示如果组织健全,分子纯粹,自当准予备案。至于派员指导一层,乃系党部责任,可无问题。不过希望各同学于拟草章程时,务须慎重呈请党部审核,反日工作更要以极冷静之态度,以为极热烈之运动,且须持之永久毋重蹈五分之讥云云。代表满意而返。又厦大抗日救国会亦于昨(7)日上午派刘省、陈鸿钧、游学诗为代表,赴党部请求备案。党部表示与上述同。

《江声报》1931年10月8日

同安反日　兴文学生到田野宣传

同安讯　同安兴文小学设于南区中心要点,距海不过里许,邻近数十余乡,人口数万,十之八九不识教育,多数整日农忙,民气极沉。经召集全体师生组织抗日会,决自本日起,除低年级一部分小学生不能宣传外,全体师生分三队,每天轮流值日,到田野间唤起农家抗日救亡宣传要点。消极方面:一、农人施用肥料永远不买日货;二、农人土产原料亦不卖日人;三、施行决心与日人经济绝交。积极方面:一、唤醒农家对于爱国观念;二、联络乡邻组织团体预备,一致抗日;三、在最短期间内组织民团,必要时固守海岸。以上各要点,均在努力宣传云。

《江声报》1931年10月18日

厦大闽海学会奋起　成立反日救国会

厦门大学闽海学会以此次日军暴行,异常愤激,于本月25晚8时召集全体大会,讨论反日事宜。当场选出委员15人,组织反日救国委员会,并于昨日(26)日上午9时开第一次反日救国委员会,议决进行步骤。议决:一、组织系统以常委会处理日常事务,并分设会计、文书、庶务、出版、编辑、交际、查禁、演讲等股。二、(甲)通电上海、南京、福州各界誓为反日后盾。(乙)发行定期刊物,唤醒民众,藉以揭破日帝国主义者之狰狞面目。(丙)对于校内方面,拟即日联络各学会共同进行反日工作。(丁)经费由闽海学会全体会员负担。(戊)每逢星期六日下午1时开常会一次后,附厦大闽海学会反日救国会通电:(一)南京中央党部转全国各社团均[钧]鉴,日人蛮横,东省糜烂,同人等愿为政府后盾,民众前驱,誓同生死,共赴国难,厦门大学闽海学会反日救国会叩宥。(二)福州新福建日报转各社团钧鉴,日人蛮横,东省糜烂,同人等愿为政府后盾,民众前驱,誓同生死,共赴国难,厦门大学闽海学会反日救国会叩宥。

《江声报》1931年9月27日

厦大闽海学会扩大抗日救国工作

"抛下书本一致向前奋斗"

厦门大学闽海学会组织反日救国会一节,已志前报。兹悉该会已于28日开临时会议,改反日救国名称为抗日救国会,并发告全校师友书,贴标语,一时沉寂之厦大极见激昂。又,于昨晚(29)日分函召集全校各学会、各学院高中部主要分子并教授朱君毅等,开广大抗日谈话会,讨论召集厦大全体大会,并进行组织厦大抗日救国事宜。大约明日当有一番热烈之表示云。附该告全校师友书如次。

全校的师友们,蛮横的日本蔑视公法,无故进兵我们的东北,甘心破坏世界的和平,意欲使世界第二次大战实现于亚洲,而陷中国于糜烂灭亡的惨境。凡为人类,对日本此种残酷的破坏,全世界和平举动均负有讨伐的责任,而我们中国的人民,当此生死存亡之际,应如何刻骨铭心,预备以血肉争回最后的公理。但振聋发聩为民前驱,端赖吾辈,吾人此时若不牺牲救亡的责任,却让谁来担负。愿全校的师友们抛下书本,一致向前奋斗,免得中国为台湾、朝鲜之续,世界陷崩裂瓦解之境。此告。

《江声报》1931年9月30日

厦大义勇军组成　今日点名宣誓

厦大全校学生暨全体教职员于本14日在该校大礼堂开追悼东北被难同胞大会,并讨论组织救国义勇军,略情经志本报。兹查昨(16)日该校军事训练委员会已决定今(17)日上午9时仍在群贤楼大礼堂召集全校学生、全体教职员举行宣誓典礼,并请学校派员点名。兹录其布告云,本会根据全体大会决议,业将全校同学分别编入义勇军、救护队,定明日(即今日)上午9时在大礼堂举行宣誓典礼,敦请校长莅临训词,教官报告编队情形,全体教职员一致参加。届时由学校派员点名,以昭慎重。事关国难,切盼同学全体出席。此布。

《江声报》1931年10月17日

厦大义勇军加入者七百余　昨日宣誓典礼

厦大昨日上午9时,该校全体学生暨教职员在群贤楼开会宣誓典礼,当由主席报告开会经过。旋校长林文庆登台训词,词多激励学生极力军事训练,以救中国云云。继由雷教官报告编练义勇军队经过,最后即点名宣誓。计该校加入义勇军者有700余名,决由本19日(下星期一)起从事训练云。关于登记义勇军事,昨(17)日县党部发出通告云:一、凡志愿加入民众救国义勇军者,不论已未来会登记,统希于本月23日以前来会填具志愿书;二、如果有经济困难无力购置军服等件者,希于本月20日以内来会登记,以便设法补助;三、定本月23日下午4时起至7时止,在本会大礼堂编队云云。

《江声报》1931年10月18日

全国反日大会　厦大集美被选为出席代表

县党部（31）日函厦门大学反日救国会，谓该部经奉省指委会训练部昭电，谓全国各校反日救国会代表大会，定一日举行。至本省代表三人，该校及集美亦在省被选为代表之一，请即克日赴京出席。

《江声报》1931年11月1日

厦大请愿归来　海宁轮今晨可到　结果"热心失望"

9日上海专电　厦大赴粤请愿生8日晨乘广九车赴港，至深圳九龙间之英国一段，因无票，英人欲予拘留。适孙科同车行，由孙代缴车费始止。即（8）晚乘海宁轮返厦，10日晨可抵厦。据该团在港谈话谓，到粤承中山大学招待，至感。惟请愿所得当局之答复，格虚渺，致敝团远来热心，大失望。

《江声报》1931年12月10日

厦大学生决议全体赴京请愿　推十五委办请愿事

昨（12）日厦门大学开学生全体会议，讨论再行赴京请愿事宜，主席贺秩，记录许绍之、盛配，讨论结果决议如下：一、全体同学赴宁请愿。二、组织特种委员会，办理请愿事宜。三、委员人数定15人。四、当选者列下：张化清、盛配、贺秩、陈鸿翔、刘省、朱国华、许绍之、张克那、游学诗、萧伯鸣、李国忠、李剑、周廷洛、范玉梅、叶遵生，候补者徐□屏、李逢源、林冠华、喻梦诚。五、请愿目标如下：一、请政府对日宣战。二、连络全国各学校一致对日。三、请政府退出国联。四、允许张发奎援黑。五、完成和平统一，共舒国难。六、恢复民众运动。七、惩办张学良。八、援助马占山抗日。九、其他重要目标暂秘。闻该校拟将赴粤请愿，旅费所剩千余元，及由学生每人缴出大洋3元，计有3000余元充为赴京请愿经费云。

《江声报》1931年12月13日

厦大请愿团今日后有轮即行　报名愿往者达 300 余人

厦大请愿团赴粤请愿后,复于 12 日召开学生全体会议,议决再赴京请愿,业载 13 日本报。兹续查该校拟赴京请愿之学生,截止昨止,报名者已达 300 余人,原拟今(15)日搭招商局公平轮首途。后因筹备不及,乃改定星期二(即今日起),有轮即行。据学生委员会委员陈鸣翔告记者,上次领导学生赴粤请愿之丁作韶博士,已于 13 日由粤经汕返厦,大约届时仍由丁领导前往。今(即昨日)日学生方面,经向丁博士征求同意。至经费方面,上次赴粤请愿,尚剩千余元,现拟就签名前往各生,每名先征收 1 元。不敷之数,届时拟由学校方面酌贴凑足云云。

《江声报》1931 年 12 月 15 日

厦大生昨集合编练　今日乘公平轮出发

厦大学生请愿团,从昨(15)日起,如有便轮,即附轮北上,向京府请愿一节,业载昨报。兹续查该团原以公平轮赶搭不及,拟另附他轮行。但昨(15)晨忽又发贴通告,定即日仍乘公平轮行,通告前往各生,需于下午 3 时聚集该校操场,听候出发。距临时忽得招商局电告,谓该轮卸货不及,须今(16)日午 12 时始行。于是请愿团又通告各生,改期今日。昨各生经通告,即日起停课,并发贴该团编练组织办法云。

《江声报》1931 年 12 月 16 日

厦大请愿团昨出发　组五队计二百十人　由教授丁作韶领导

厦大请愿团,定昨(16)午附招商局公平轮赴沪转京,向京府请愿各节,业两志本报。昨午 12 时,该团共 210 人,齐集厦大操场,编作五队出发,事先水上公安分局派卫生科长陈应章下轮照料一切,并由局派三号大电船一艘,及代雇春记四号电船一艘,分载各生及行李,先后下轮。至 4 时许,轮将启锭,陈始返局覆命。此次请愿团赴京,仍由丁件韶博士领导前往,请愿目的:一、请政府对日宣战。二、联络各校一致对日。三、请政府退出国联。四、允许强发奎部援黑。五、完成和平统一。六、恢复民众运动。七、惩办张学良。八、援助马占山。请愿书即根据□数□□言云。

《江声报》1931 年 12 月 17 日

募捐援助马将军　昨有数团体出发

同文中学全体员生组成二十队，出发各街市募捐援助马将军，厦南女学生并师资养成所学生多人亦参加工作。截至晚止，已有 19 队回校报告，计共捐的大小洋 1700 余元。

《江声报》1931 年 12 月 6 日

义勇军独立团昨举行成立宣誓典礼

厦中因制服未备未参加

厦门中等学校军事训练联合办事处军事委员会，本定昨（15）日上午 9 时在中山公园举行义勇军独立团成立宣誓典礼，已志本报。但昨早因天雨之故，义勇军到者仅同文中学、大同中学、英华中学三校而已，其余多因制服尚未齐备以至缺席。来宾到者，计有司令部、公安局、县党部等十七团体代表，暨军事委员会职员林德曜、邓世熙、陈瑞清、黄友情、林绍裘、丁玉树、叶清华、郑超凡、李维修、周凯、成建梧、雷镇锁、林醒民等。延至 11 时乃阅兵式及分列式，11 时 25 分由建筑总工会军乐队奏乐开会，主席为义勇军独立团长林德曜，纪录同文义勇军叶志超，司仪韦廷钧。行礼如仪后，则由主席致开会词。

次省立厦中校长庄奎章声明该校义勇军因制服未备，本拟因陋就简，以童子军制服到会参加。嗣复为童子军教练所阻，并谓政令不能统一，办学者实无从遵循云云。

次由义勇军代表黄锡藩致谢词。最后高呼口号，教育局并赠该团以义勇救国之旗一面。于全体摄影后整队游行，由中山路、大同路、鹭江道、晨光路，至同文中学始散队云。

《江声报》1931 年 12 月 16 日

大同小学抗日设计展览会　十九至二十日举行

　　本市赖厝埕大同小学,利用机会举行抗日救国中心设计,使儿童明了日本情形。其拟定大纲原分数学做三项。现该设计经已结束,定本 19、20 两日举行成果展览会、(陈列教师自编教材、教学报告,学生作品及关于日本方面各种图表)日货展览会(陈列日常用具、海产、布类、文具、杂件等日货)、夜间游艺会(师生合演《国魂》、《沈阳血》、《击楫》等剧)云。

　　又:闻该校拟请杜博士及督学予以批评,以为施教改进之标准。

《江声报》1931 年 12 月 17 日

义勇军独立团派员赴省请械并呈报省府备案

　　福建厦门中等学校学生义勇军独立团团长林德曜,昨派该团参谋郑超凡赴省向省政府请领枪械。郑君定日动身,查其呈文如下:呈为呈请备案并发给枪械事。窃厦门中等学校学生义勇军训练以来,已有数月,现已遵命改编为厦门中等学校学生义勇军独立团,并于 12 月 15 号在中山公园举行成立及官兵宣誓典礼。其经过情形及官佐士兵名册,另汇齐呈核外,特派职团参谋郑超凡晋省,面陈一切,请准察核备案,并恳发给枪械,以资训练。实为公便,谨呈福建省政府主席杨(下略)云。又致教育厅呈文大略相同,从略。

《江声报》1931 年 12 月 18 日

学界抗日会各学分配地点负责宣传

　　厦门学界抗日救国会,崇德女中开执行委员会,主席蔡永清,纪录陈仁凯。讨论事项:一、学期已届,本会应把经济收支结算发表,以昭征信案。议决,推举蔡永清、陈景苏二同志负发宣传案。议决,函下列各校负责出发宣传。甲、厦港一带,由紫阳小学陈仁凯、渔民小学蔡受谦负责领导。乙、车加辘、八卦埕一带,由大同小学伍远资负责领导。丙、菜妈街、溪岸一带,由全民小学陈景苏负责领导。丁、石狮王、霞溪仔、傅厝墓一带,由崇德女中蔡永清负责领导。戊、吴厝巷、靖山头一带,由大同中学林瑞鼎负责领导。己、百家村、模范村一带,由吉祥小学陈维纯负责领导。庚、大沟墘福茂宫一带,由毓英小学许哉华负责领导。辛、后厅衙、浮屿一带,由龙山小学何辉章负责领导。壬、户部草仔鞍一带,由中华中学王连元负责领导。二、本会所有登记义勇军应如何编练案?议决,归厦门抗日救国会合并编练。

《江声报》1932年1月10日

教局举行私塾登记及教育论文比赛

捐薪 30% 慰劳 19 路军

教育局于昨(22)日下午3时半,开第四十四次局务会议,列会者全体职员,主席林德曜,纪录庄恭继,开会如仪。其讨论事项如下:一、关于改进本县私塾案。议决:甲、依照教育厅颁发福建省改良私塾规程办理,并发布告周知。乙、登记期间,由布告日起,以两个月为限,在期间内听各塾师到局报告登记。二、关于捐薪慰劳19路军案。议决:甲、就本局及公立厦门图书馆,并玉紫财产管委会,抽出月薪30%,直接寄汇慰劳之(分5个月拨扣)。乙、县立各校教职员,由本局函请各校长,依照前案办理报告。三、关于划分学区案,议决暂依照前拟定八学区施行。四、关于编印视导报告案,议决由蓝、庄二督事负责,汇编付印。五、关于组织各科教学研究以谋教学改进案,议决函请富有教学研究之小学老师组织之,并聘请教育专家为指导员。六、关于举行教育论文比赛,以励小学教师研究教育案。议决:一、参加比赛者,以小学教师为限。二、每期论文题目,请教育专家拟定之。三、文卷由本局密封送请教育专家评定之。四、奖金第一名16元,第二名12元,第三名8元。详细征文办法,推举蓝督学拟定之。

《江声报》1932年3月23日

厦大学生会通电
反对停战协定签字 "城下之盟 国家大耻"

上海停战会议协定准于本(5)日签字,本市厦门大学学生会昨(4日)

下午开第二次执行委员会,对此决议通电全国及十九路军请求共起反对,并即时分别拍送电文二通。兹探志如下:(一)南京中央党部转各党部、各报馆、各民众团体公鉴,报载停战会议约于本日签字,许□日于6个月撤兵。此城下之盟,国家大耻,愿全国同胞共起反对,厦门大学学生会支叩。(二)太仓十九路军蒋军长暨全体将士公鉴,报载停战会议,约于本5日签字,辱国外交莫此为甚。贵军为国干城,城下之监,切勿坐视,仍请努力杀敌,以救危亡。厦门大学学生会支叩。

《江声报》1932年5月5日

教育六八次会议　小学联合毕业式议免举行
航空救国储金俟定拟办法再请县府取缔未立案私小

教育局昨日下午4时,开第68次局务会议,出席者9人。主席林德曜,纪录庄恭继。其讨论事项:一、关于本届小学毕业会考成绩,将已结算完毕,应否定期举行联合毕业式案?议决,21年度第二学期现已开始,联合毕业式可免举行,惟一二三名由局另给奖品以资鼓励。二、关于应行厦门教育界航空救国储金案,议决通过。并推举林德曜拟定办法,提出下会讨论施行。三、关于本年3月1日在县教育会举行自然科学成绩展览会,应如何进行案?议决:甲、函通令各校从速筹备参加展览;乙、函教育会预备成绩陈列场所。四、关于再行呈请县政府严厉取缔未立案私立各校案,议决通过。五、关于立案小学擅设中学班或专修科,应如何处理案?议决派员调查,再行制止之。六、关于县立各校征收学生各费照规定应于学期终结前将收支数目,及用途造具计算书呈局核查。现学期已过,各校犹未遵照办理,应如何处理案?议决通过。□□□□□列表呈局□□□□□□受补助私□□□□文化□关,应缴□预□□书,呈局核查案。议决□于学期将结束前1个月内编造,下学期预算书,并于学期开始后1个月内,编造上学期计算书,呈局核查。八、关于县立蒙泉初级小学校长陈□月,呈请辞职,应否照准案?议决照准,遗缺改委刘熙接充。

《江声报》1933年2月2日

闽南福民两校将开游艺会　　筹款慰劳抗日将士

昨鼓浪屿闽南、福民两校学生自治会,为募捐慰劳抗日救国前敌将士游艺会,呈请党部,请派员指导,并于结束时会同稽核收支账目,以资征信。其呈文云,呈为呈请派员指导稽核事,窃敝两校同学等,对于此次宋哲元将军及所部将士奋勇杀敌,为鼓励士气起见,特即召集两校自治会职员,议决于2月29日、30日下午7时半在福民校友堂(址在鼓浪屿和记崎)开游艺会,发售入场券。其所得券资悉数汇交北平犒劳宋部将士,并即议决分呈县党部、市政筹备处,市公安局,市教育局,派员指导,并稽核一切进支,以资征信而昭大公各等词在案。除分呈外,理合呈请钧会察核,准予届期派员莅场指导,并于结束时会同稽核收支账目,至感云云。

附鼓浪屿闽南、福民两校学生自治会,募捐慰劳抗日救国前敌将士游艺会宣言如下,宣言云:倭奴披猖,国难日亟,东三省数十万方里锦绣河山,沦陷于暴日之手,已近两载。张学良之所谓无抵抗主义,既不足阻兽兵之暴行,中央之所谓诉诸国联,尤不足以戢强敌之野心,沪滨之战血未干,榆塞之烽烟继起,近又挟其暴力□□□□□委土于敌,不战而逃,遂使兽军兵不血刃,且逼长城,浸假有进据平津,席卷华北之势。彼暴日帝国主义之野心,获寸进尺,长蛇对豕,贪得无厌。当此大难当头,千钧一发,倘非上下一心,誓死抵抗,则国将不国矣。幸我忠勇之29军宋哲元,暨所部将士,抱大无畏之精神,誓死抵抗,固守喜峰口,猛遏胡骑,大刀夺斗,肉搏冲锋,仅旬日间,砍毙敌军数将近万,遂使暴日之野心,大受打击。国际观听为之转移。现该军尚在拼命奋斗进击逆敌,以期收复失地,还我河山。惟念救国御侮,匹夫有责,我人虽不能赴前线挥戈杀贼,亦应勉尽义务,输财助饷,以壮士气,而资持久,庶几荡平虏氛,巩固吾圉。敝会为此特于3月29日、31日两日晚7时半,开游艺会发售入场券,筹款犒劳宋部将士,所得票资,概行汇交宋哲元将军。其有慷慨输将购票达5元以上者,另为列名登报志谢,以扬高风。我厦鼓各界风气早开爱国之心,不落人后,务希怀国破家亡之惨,倾卜式助边之财,慨解义囊,踊跃认购,敝会等当代前敌将士泥首叩谢也!此启。

《江声报》1933年3月24日

厦大学生反帝救国会扩充会员至三百余人

厦大学生组织反帝大同盟,经志本报。查当时组织名称犹未确定,现查嗣后已定名为"厦大学生反帝救国会"。据云系依照民府规定大纲组织,现扩充会员已 351 人云。

《江声报》1933 年 12 月 05 日

响应华北救国运动　厦大学生五项要求
九一八失地收复会亦发通电　沈觐康昨向学生训话

厦大学生开会,响应华北学生救国运动,曾志本报。兹探录其通电如下:一、"华北学生联合会公鉴,自华北自治运动发生后,我华北同学本爱国热忱,乃有连日游行示威之运动。消息传来,群情鼎沸,亟望抱大无畏精神,再接再厉。敝校同学,誓为后盾"。二、上海申报馆转各报馆、各学校、各民众团体公鉴。际兹寇焰方炽,华北危急,凡我国人,均应一致奋起,力图报国,故北平学生本爱国热忱,连日有游行示威之运动。乃有丧尽天良之国贼,嗾使军警挠阻,任加逮捕,致酿成流血惨剧。远聆噩耗,愤激万状。本校同学,责无旁贷,特申电北平,誓为后盾,并提出下列五项要求,望我全国同胞,大声疾呼,共抱此旨。五项要求如下:一、反对华北自治政府及一切类似自治之组织。二、请中央实行革命外交,公布华北交涉经过。三、保障人民言论、集会、结社及救国运动之绝对自由。四、请政府释放被捕之北平救国学生,并严办枪伤学生之负责长官。五、望全国同胞一致奋起,为政府后盾,收复东北失地。

又,查本市公安局局长沈觐康,昨晨至厦大礼堂,向全体学生训话,略谓:此来系访舍弟,顺便与各位谈谈。目下国势日趋危境,华北尤为多难,政府对于处置平津事,无时不关切注及。吾人当体我国处境之难,政府办事之艰,静默听从中央策划,勿作越轨行动。为学生者当努力读书,勿虚掷光阴,俾在此国难中,努力于学术上之贡献,以科学之发明,为国宣效云。

又,九一八失地收复会,主席许春草,昨亦电平学生会,勖继续努力,重燃五四救国神圣之烈火，为民前锋。该会誓为后盾云。

《江声报》1935 年 12 月 20 日

厦大教职员电京

请令释北平被捕学生　撤办肇事员警保障爱国运动
不应压抑民众自坠正气

厦大教职员昨联电国府主席、行政院院长、教育部长，文云：慨自殷逆背叛党国，华北险象环生，平市各校学生爱国之热诚，出而游行请愿。此固我民族意识之良好表现，政府当局只宜因势利导，使其行动不越正轨，似不应加以压抑，自坠正气。顷阅报载，铣日平市学生集结请愿时，警察开枪射击，受伤及被捕者颇多。似此爱国获罪，影响所及，殊非国家之福。除分电外，合亟电请迅电平市负责当局释放被捕学生，撤办肇事员警，并保障今后正当爱国运动。临电痛切，不尽欲言云。

《江声报》1935 年 12 月 21 日

厦大学生订昨游行

省令市府劝导制止　福州学生宣言保护国土

福州 24 日电　厦大学生为声援华北学生爱国运动，坚决反对伪自治，誓作政府后盾，定 24 日开会游。拟循兴泉路来省，当局已电厦市府劝导制止，并防护一切。省会中等以上学生组联会，23 日午发宣言，华北永为中国领土，绝不容人播弄及假借民意。执迷不悟者，是自绝于国人云云。

《江声报》1935 年 12 月 25 日

厦大学生决议扩大救国宣传　大学分为三十大队

函中小学一致募捐缓绥　电慰将士　今开大会

厦大学生自治会以绥边抗敌紧张，为慰劳前方将士并作宣传，以唤起民众，昨特召开干事会议，议决每人最少捐资一元，以为首倡，俾电汇前方,慰劳将士,并扩大救国宣传。由大学部同学分为三十大队,每队推一人为队长,除宣传工作外,并负责领导募捐,一方发函本市各中小学校,一致响应援绥。又准定本晨7时半召开学生全体大会,讨论一切进行。

《江声报》1936年11月18日

学界努力劝捐　厦大决派八队　今日分赴泉漳

厦门大学学生总动员募捐,昨分30队出发厦、禾、鼓。自上午至下午5时许返校,至7时半开队长会议,由法商学院院长(会计师)陈德恒核计,詹汝嘉、董家荣、李靖波监算。计一队25元余,二队11元,三队107元余,四队37元,五队101元余,六队17元余,七队38元余,八队88元余,九队26元余,十队20元余,十一队41元余,十二队12元余,十三队44元余,十四队33元余,十五队34元余,十六队87元余,十七队10元余,十八队32元余,十九队94元余,二十队65元余,二十一队54元余,二十二队7元余,二十三队12元余,二十四队28元余,二十五队41元余,二十六队18元余,二十七队、二十八队各23元余,二十九队42元余,三十队38元余,总合为1231.62元。稽核既毕,复讨论本日进行步骤。议决:一、禾山取消,但向厦鼓劝捐。二、21日派八队入漳泉劝捐,泉漳各三队,澄码各一队。今(20)日厦市上午,由五、九、十三、十六、二十四、二十五、二十七、二十九等八队,下午由八、十四、二十一、十九、二、十、二十、十二、二十八、三、七、十一、十八、三十等14队,夜间由一、二十六、十七、二十三、二十二等五队。鼓屿上、下午由十五、六、四等三队分任劝捐。其重要地点为思明、中华两戏院前及各旅社,思明南北路、大同、海后、中山路等。

厦门中学昨(19)日上午10时半,全校高、初中学生亦分18队,由教师领导,出发向商店、住户、机关等募捐,来往行人概不劝募。各生和颜悦貌,各界踊跃输将,至11时半回校,计得三百一十七元三角六分八厘。认捐1元以上者姓名如下:永美通10元,华侨银行、民教馆职员、新华银行、同人俱乐部、陈局长、谦顺行、中兴银行、颜清泉、士裕各捐5元,吴先生、远胜各捐3元,永万春、益生春、李先生、洪朝焕、行长、陈希佐、医师、新南、曾市、周良记等各2元,第一针织厂1元5角,瑞呈、叶文基、陈锐觉、吴仰梯、叶清轩、黄合兴、益发、徐和记、王顺乾、苏金宝、陈礽锦、真□相馆、邱作云、萧善庆、萧□芳、王寅、李王先生、许先生、和裕、金闻汀、赵渭渔、张西城、余先生、陈兴宣、冯士铃、卢先生、吴涛、李承清、林先生、方先生、陈先生、华侨兴业公司、厦大旅社店员、周先生、刘成记、屈臣药房、振华、回春堂、钱尚勤、昌兴、吴仁甫、许源晋、杨兆麟、黄先生、王子番、李怡仙、曾丰、钱毓桢、冯尧初、大元行、何英父、罗叔文、闽南药房、陈绍生、施安如、聚德发、高远春、洋溢、高彬、久华堂、联成、振裕、林先生、江南、林先生、大陆、严笑棠、谢运河、简孟尝、聚宝银楼、吴先生、丁先生、光华、大罗、志昌、同英、永兴、胜兴等各1元。

大同小学儿童自治团体所附属之青年劳动服务团，拟定不妨碍功课条件下进行劝募，即定19至22日为母姐劝捐日，23至25日为亲戚劝捐日，26日至27日为邻友劝捐日，拟定捐额□千元。现学生母亲自动来捐者有丁垂汉母亲、丁乃比母亲、曾耀焜母亲各捐2元，陈宝翰母亲1元，庄贤德母亲捐5角。预料母姐劝捐日可得三四百元。

校长会议　本市中等以上各校校长，昨在市府讨论联合募捐援绥办法，议决：一、自21日起举行三天，专向街上行人及住户劝募。二、通知厦大克日停止单独进行，参加联合，以示一致。三、制备大批募捐证，捐款人各予一枚，以便佩带身上，既可表示爱国热心，复可省却多次劝募之麻烦。四、各校分段进行，教职和学生并须先行认捐，以示提倡。五、所得捐款悉贮竹筒内，3日后一律携至教育会，当众剖开。

市公安局局长沈觐康，昨集各分局队长开临时会议，讨论捐薪援绥。议决：以本局全体员警一日薪饷830余元慰劳前方战士，藉表敬意。查该局前合捐警察号飞机款项计40余元，一日贡献国家，亦合捐830余元，再合此次援绥捐款，总数已达5600余元。各机关皆能如此，亦何患国防之不能充实哉。

鼓华议会　昨日开例会，议决：一、电绥慰劳傅主席暨前敌将士，并函本市各机关、团体、学校克日出发募款；续请各殷户自动认捐，汇绥慰劳。再由本会议员叶谷虚、叶独醒、庄静波、林成年等4人为一队，于每日上午出发劝募；林焕南、李维修、张步云、林曼馥、卢季纯等为第2队，下午劝募。另函厦门中华戏院，将购机寿蒋新闻片，在鼓屿延平戏院放映。将所收券资，悉数汇绥。

节俭救国 有陈明辉者函本报,谓捐资救国必须贯彻,渠决自11月20日起,每10天节俭1元,存交中央银行,决不食言。因渠系无产阶级,故必如是,方能稍尽义务,并望一切平民同样举行。

泉安方面 安海、晋江二区署、二区党部、八十师驻军营部昨(19)日在区署召开安海各界慰劳绥东守土将士募捐大会,同时各学校、民教馆等团体议决举行游艺会,将所售券资汇往绥东慰劳。晋县党部、总工会、教育会等亦电傅作义暨前线将士慰劳,一面筹备募捐。

《江声报》1936年11月20日

厦大及各中学响应统一救国　九校联名发出通电

厦大校长林文庆、厦中校长庄奎章、大同中学校长杨景文、中华中学校长王连元、英华中学校长沈省愚、同文中学兼代校长王启炜、双十中学校长黄其华、毓德女子中学校长邵庆元、慈勤女子中学校长林崇智,暨各校全体教职员,联合发出分电,响应统一救国大同盟。文云:国命阽危,于斯为极。推原祸始,固于外患频仍,而实肇因于国内之分崩离析,远者不必论,近如西安事变,几使我国家整个之元气斫丧无余,我民族一线之生机摧残以尽。幸我中央顾念时艰,宽大容忍,卒能反乖戾为祥和,化干戈为玉帛。同人惩后惩前,深信今日之中国非力求意志上之统一,不足以言安内;非力求政权上之统一,更不足以言攘外。坚决主张以建设求统一,依统一求和平,精诚团结,在中央领导下实现总理和平奋斗救中国之遗训,□□□□□□□□□□破坏统一之叛逆,以竟建设国家复兴民族之伟业。除电响应上海市各界统一救国运动外,谨电布闻,所望全国同胞,一致主张,奋卧薪尝胆之精神,拯一发千钧之国脉,国家前途实利赖之云。

《江声报》1937年3月19日

厦大法学会发通电　一致主张撤废领判权

厦大法学会昨发通电,文云:慨自鸦片战争失败,逊清政府与外邦缔结片面领事裁判权条约以来,迄今垂九十余年。在此九十余年间,吾国主权日见丧失,帝国主义在侵略之野心,日形险狠,驯致民穷财尽,藋苻遍野,国际地位,日益低落。故在今日之中国,收回法权,实为急不容缓之举。此先总理所以特举废除不平等条约,诏示来兹也。庚子义和团之役,及五四、五卅之运动,均为此项桎梏之反响。而结果仍未得成功者,第以步骤之未当耳。国民政府成立以来,虽以废除不平等条约为当务之急,无如狡狯之帝国主义者,多方欺凌,不但难望其自动撤废,甚至满期之条约亦借口吾国司法制度之不良,不肯交还。坐视此病国殃民之锁链,无解脱之日。爱国人士,能不怵然忧之哉。兹者三中全会决议撤废在华领判权,吾朝野人士,亦认为此为急务,诚以任何国家,应有独立自主之全权。此为国际法确定之原则,亦吾民族合理之要求。各国基于法律正义最高点之观念,自应予以同情也。惟兹事体大,非举国民众一德一心,矢诚拥护政府,实难涤除此百年来之奇耻大辱。所愿国人一致主张,促其实现,国家民族,实利赖之云。

《江声报》1937 年 3 月 22 日

集美学校员生征集救国储金
鼓屿征募国防费　厦市明日起劝捐

集美学校全体员生以敌人又占平津,全局岌岌,抗敌急当开展,校董陈村牧于 5 日召集各校长临时会议,决征集救国储金,暑期留校员生限 3 日内征募,回籍员生俟开学后进行,并决电请函府收复失地。电文云:敌陷平津,神州岌岌,恳迅派大军灭此朝食,并指示非常时期工作,俾在领导下,效其涓埃。集美学校全体员生叩。

厦市抗敌后援会昨函各联保主任,关于各保甲区宣传及征募事项,亟待各联保主任协商进行,以求普遍,特定 8 日在市党部开会,请即准时出席。又函各机关、学校、团体、银行、公司,谓本会议决:各机关、团体、学校人员及银行、公司、商店店员,以 1 个月所得薪水捐助二成以上慰劳抗敌将士,希从速办理,并将该项捐款汇交中央银行转汇云云。至征募队劝捐,亦订 9 日上午 8 时齐集市商会出发。

本市瑞芳银行昨自动捐款百元,另店税 80 元,职员 47 元,合为 227 元,即日由中央银行汇京。

鼓屿华议会昨(7日)召集会议,讨论组织鼓屿国防献金征募队。到各界代表多人,由李家麒主席,刘尊光记录。议决:一、就鼓屿十联保区域组织五队,每队以10人为限。第一队征募区域不限,二三两联保为第2队区域,四五两联保为第3队区域,六九两联保为第4队区域,七八为第5队区域。推选忠□为总队长,林曼馥副。第一队长黄天恩,副贺仙舫,队员蔡益谦夫人、张步云、黄启荣、苏子贵、郑洪凯;第二队长黄笃修,副孙家璧,队员许万麟、柳安安、李觉民、施培英、邵友文、李令娴、叶桂福、杨三多;第三队长苏谷南,副林曼馥,队员陈邦英夫人、陈竞明、叶恩汉、方美玉、何其光、苏祖珍、黄则城、柯玛荫、王宗仁夫人;第四队队长李家麒,副庄静波,队员林汉南、李秀忠、林文火、何美玉、黄思藻、刘树棠;第五队长邵庆元夫人,副方懋修,队员黄省堂、林高槐、林崇智、黄国辉。各队订下星期□成立,并开大会讨论进行。队员除推定者函聘外,再依额定人数函聘之。

《江声报》1937年8月8日

教育界救国债本月内汇缴

工作团规定宣传计划　　中心校长今赴省受训

本市中心小学五校长赴省受训,昨已由市府教育科,将十一、十二两月教费,先拨400元借作受训期内费用,并饬须于今(4)日遵陆赴省报到。又教科奉上级命令,昨分饬各教育机关,并将人员应□及经募救国公债,于本月内汇缴经收银行,并列册呈送本科,以严汇报。又本市教育人员工作□宣传股。规定工作计划大纲,分函各教育机关照办。该项计划大纲分为,一、基本认识。二、工作原则。三、工作目标。四、宣传方法。五、工作事项。六、工作实施。中以工作事项之规定为较重要,计有组织抗敌宣传队,设立模范说书场,主办抗敌展览会,组织民众歌咏队、民众剧队等。原件甚长,不能备录。

《江声报》1937年12月4日

市立各校分任搜集抗战艺品

市长向各教职员训话　嘉奖八女校努力缝衣

市府教育科,昨召集市立各校教职员□十余人,请高市长训话。市长略言:在此非常时期,教员负有重大责任,亟应努力前进,以增强抗战力量。战时教费缩减,教界同仁生活清苦,本人自当设法按月清发云云。又市府昨训令私立怀德、怀仁、维正、慈勤、毓德、教孺园等校,谓准□抗敌,函□以该校等学生,努力裁制棉衣,请参照分别传令嘉奖等由,准此。查该校学生不辞劳苦,赶制征衣,寄赠前方将士,增加抗战力量。爱国热忱,至堪嘉许,除□令外,仰该校长知照,并转□知照云。

又:教育科发起抗战艺术品展览会,迭志本报。昨已令各市立小学校负责搜集或制作展览品,并规定分配搜集。计大同中心小学应搜集全国重要港湾图或模型,我国领袖伟人相片,各路战线形势或模型,本省交通图或模型,各种有关抗战画片、抗战漫画。普育应搜集国耻挂图或模型,全国交通图或模型,中日两国事实比较图,各种有关抗战画品、本省物产图、抗战漫画。玉紫应搜集我国历代失地图或模型,全国物产图,我国古今抗战英雄相片,各种有关抗战画品、抗战漫画。竞存小学应搜集东北四省详图或模型,国防设备略图,抗战将军与名人题字,各种有关抗战画片、抗战漫画。吉祥应搜集中日两国军队生活及比较图,古今抗战图片,东北五省详图或模型,抗战漫画,各种有关抗战画品。紫阳应搜集日本全国要塞图或模型,日本全图或模型,各种有关抗战画品、抗战漫画。崇实应搜集全国轻重工业产品调查图,敌国戎首及其重要侵略各人物相片,各种军事活动图片、抗战漫画,各种有关抗战画品。蒙泉应搜集敌机在我国内各地轰炸照片,日本物产图,抗战漫画,各种有关抗战画品。

《江声报》1937年12月21日

厦大教授校友为东北问题宣言

国立厦门大学教授会暨厦门大学校友会,为东北问题发表宣言,文如下:

东北为中国之东北,征自过去之民族历史,证自今日之政治经济,乃绝对无可疑者。九一八事变爆发,以国力未充,忍辱自重,而雪此深作最大可能之让步,乃苏联得寸进尺,背盟失信,驻兵不退,干涉内政,阳称扶助民族自治,实作帝国主义之侵略。此固我国之不幸,实亦世界和平前途之不幸也。

八年来,我国军民不折不挠,再接再厉,故能雪耻辱于旦,创历史之新页。为维持主权完整,拥护世界和平,则必本过去英勇不屈之精神,为继续不断之奋斗,河山一日未复,公理一日未伸,则我民族卧薪尝胆,洗雪耻辱之心,一日不能终止!

中苏国境毗连,东西万里,敦睦邦交则两利,仇怨相辱则两伤。中国为睦善邻邦,已作重大让步,吾人甚望贤明之苏联当局,重视中苏友谊之价值。中国对邻邦无野心,吾人所希望于邻邦者,亦仅对中国不存野心耳。50年历史,证明无一国能安全侵略东北。中东一役,帝俄之一蹶不振;二次大战,日本之濒于覆亡。皆种因于侵略东北一念之差。历史教训犹在,吾人切盼贤明之苏联当局,不重蹈覆辙也。

东北问题过去有国际性,现则成为举世注目之焦点,亦为世界和平前途之所系。日本发动九一八,使威尔逊和平理想遭受打击,吾人不愿见罗斯福之和平理想亦以东北问题而受挫折。帝国主义不问新旧,皆为中国之誓死反对。中国过去既以铁血收复东北,今后亦必以铁血保障东北之完整。苟苏联不改变其对东北之政策,吾人不仅为中苏邦交前途抱无穷忧虑,更为世界和平所系之联合国前途抱无穷之忧虑也。一误可动全局,贤明之苏联当局,其三思之,谨此宣言。

台北2日电 国立台湾大学全体学生,鉴于东北情势严重,昨日在该校大礼堂召开护权大会,并发出通电三则:(一)上〈致〉蒋主席电;(二)致美、英、苏政府电;(三)致苏联政府电。均表示维护国土主权完整之态度。

《江声报》1946年3月4日

厦门大学学生今晨发生冲突 系因壁报被拆而起

海外社讯 厦门大学学生数人,今(二)晨因故发生冲突,由争执而互殴。旋经其他学生调解,暂告息事。按该校一部分学生前为援助北平被美军污辱之女生,组织"抗议美军暴行委员会"。该会一部分学生,近又到处贴标语传单,并主张再要求美军全部撤退,修改对华政策,及反对中美商约。另一部分学生则主张另加提出苏联应改变对华错误政策,苏联应自华撤退,并归还自东北抢走之一切物资,并以为此方适合全国人民之要求。双方意见由此争执。日昨该会接平津学生联合会函,要求就反美运动三点签名寄送莫斯科外长会议。彼等即于1日下午发动个别签名,惟另一部分学生则以为此乃出于阴谋家在后煽动,故又发动签名"揭发阴谋"之布告,贴于膳所墙上。讵今晨发觉已被人拆□弃地。当有学生朱汝安者,指责此系同学陈中桂所为,另一学生蔡文秀责以何所根据,由是争执而发生互殴云。

《星光日报》1947年3月3日

厦大"抗暴会"即日结束

国立厦门大学前因沈崇案组织"抗议美军暴行委员会",响应全国学生抗暴运动。该会之任务仅在抗议美军暴行,顷闻该校有306名同学建议撤销"抗暴会",并将其职权交由学生自治会行使。业经该校第六届第二次各级代表大会议决通过,自即日起该"抗暴会"结束,今后所有学运工作,概由学生自治会办理云。

《江声报》1947年3月16日

厦大学生呈蒋主席

国民政府主席蒋钧鉴:卢沟变起,日寇侵凌,万民愤慨,群起抵抗,八载苦斗,一心救国。今幸日寇乞降,凯歌克奏,主权即得独立,领土复获重光,朝野上下,正期自主自决,跻国家于富强。立己立人,拯民族于衰颓,不意莫斯科四外长会议,拟讨论中国问题,此不特有损主权,抑非尊重国家独立之道,且吾国既未参加,则中国问题自不应列入议程。如有片面决议,自亦不能加以接受。本会谨代表全体会员,恳切沥陈,俯乞亮察。临电惶恐,不胜翘企之至!国立厦门大学学生自治会叩。

《江声报》1947年3月19日

反对"美帝扶植日本" 厦大学生热烈响应

将休课两天并扩大游行宣传

本报讯 反对"美帝扶植日本"的抗议声响彻全国,本市国立厦门大学学生即起而响应。近几日来,厦大的民主墙上首先发现有《反美扶日》的剪报,报导各地反抗美帝扶日的情绪及一般舆论,继而有"壁报联合会"举办的反对《美帝扶日的笔谈和专号》春牛社的漫画,此外还有华北学联寄来的《宣言》。一时民主墙上五光十色,琳琅满目,学生的情绪激动,记者曾听到一个念工科的同学说:"这样的美帝确是非反对不行的。"

昨日上午,该校膳厅发现了一张签名单,提出四项要求:一、扩大宣传,反对美帝扶日政策。二、联合各中学一致行动。三、休课2天,全体同学出动宣传。三、致电美国国务院,反对扶日政策。签名者极踊跃,达464人之多。理事会根据该项签名建议,特于昨晚8:30假校东膳厅召开临时会员大会,讨论对策。经议决:(一)组织厦门学生联合会。(二)休课两天,联合侨师英华两校扩大游行宣传等,以使一般民众也得了解。

又,该校学生自治会主办之"美帝扶日座谈会"原定昨晚举行,嗣以召开临时会员大会,时间冲突乃暂时停止,另择适当时间举行。

《星光日报》1948年5月28日

反对美帝扶植日本 本市昨有大游行

大中学生联合行列高喊口号 冒雨广事宣传情绪激昂热烈

本报讯 国立厦门大学学生自治会为响应反对"美帝扶植日本",特于前晚召开临时会员大会,议决休课2天,并联合本市各中学同学示威游行一节,经志前报。前天晚上,厦大学生即漏夜赶工筹备游行事宜,侨师、英华两校学生代表,亦于会举后,返校报告。厦大同学开会结果,分别准备第二天的大游行。

昨天中午12时许,侨师学生由曾厝垵整队出发,抵达厦大大操场,会同厦大学生,排成壮烈队伍,前面引以"厦门大中学生为反对美国扶植日本大游行"的大横區旗,向市区进发,与原先之定约厦大新生院学生在同文路会齐,转向双十路,双十中学学生亦热烈参加游行。继而大同中学、省立厦中、市立厦中等校同学,络续加入行列,大队由双十路经公园路、中华路到中山路沿途浩浩荡荡,高喊口号,张贴反对美帝扶日之各种漫画,通俗壁报,标语散发宣言口号。组织宣传队在街头转角处用厦语向市民作简短口头宣传,"大家唱"更沿街高唱壮烈反美歌词,情绪鼎沸一时,万民空巷,途为之塞。市民中有的鼓掌欢迎,有的露出衷心的微笑,因为这正表示中国光明的一面,对莘莘学子都给予热切的同情。大队行列到了鹭江道时,因英华中学学生渡海参加来迟,乃暂停前进。当此时也,细雨霏霏,大队秩序仍持镇静,学生精神奕奕,毫不畏缩,俟英华学生大牛入队时,行列则继续前进,转入海后路,及达大同路时,阴雨大作,宣传队临时制出口号,"救国不怕雨打""雨打算什么",学生精神益见奋发,其中尤以各中学初中年幼学生及女学生之英勇坚毅,令人钦佩不置。此时适黄市长包车途经该地,亦被拦住"宣传",大队游行历时2小时,环行市区,至此绕道思明南路,会集于中山医院附近之广场。

游行完毕,学生的身上,虽被雨打得如落汤鸡,但记者看到他们的面容上,都露出胜利的笑庞。在广场上,队伍排成"营横队"形,由主席团丁连征报告,大意说:"我们已完成了这个壮举,但只算是我们胜利的开始,记得去年曾经有过一次游行,可是没有雨,而这次的游行,却有了雨,这个雨正足以证明我们每个人都从暴风雨行中站起来,我们厦门大中学生要团结起来,在这暴风雨中要站得更紧。"又报告了二样最后消息:"一、各校学生代表二人,共商厦门学生联合会组织事宜;二、厦大学生自治会定明晚八时假该校大超场举行营火晚会,欢迎各中学同学踊跃参加,并希望带精彩节目来。"词毕,全场同学高唱起《一家人》、《团结就是力量》响入云霄,各校队伍由领队学生于歌声中迈着雄壮的步伐,离开广场。

又讯 市政府在昨天上午10时,召集各中等学校校长教员20多人,举行商讨劝止学生集体参加游行请愿座谈会,由市长黄天爵亲自主持。议决两点办法:一、请各校教师尽量劝导学生不要参加游行。二、如果一定要参加,希望切勿闹出事情来,否则应由教师负责。

《星光日报》1948年5月29日

第八章

学运学潮

学潮的经过

一、从学潮爆发的成因说到罢课的开幕5日

读者先生！也许你们脑海中的印痕，还未曾消灭吧！当你们重看这好凄凉兴奋的玉屏山下的我们年青的一群和那恶魔魑魅挣扎，被压迫者对压迫者的反抗，弱者受那凶暴者的摧残噬吞剥夺……从春到秋，为时数月的悲剧幕幕的剧情时，也许不会感到讨厌吧？因为我们是这样相信，所以我们终于再把这剧情不嫌麻烦地再来叙述了！说明白点，是再把那恍如昨日的血泪书开展在读者的面前了。

大凡一件事情有其果必有其因，无疑地，这无论谁也不能把这一种定律毁灭、除掉，因此敝校今年从春闹到秋为时数月的学潮，当然也不能越出这个圈套。

学潮虽不是好现象，然也不是坏现象，这条是有人说过。我们相信学潮之起并不是学生对学校当局无端的胡闹，而是学校的执权者无故地对学生的高压与摧残而致爆发的。敝校这一回的学潮，当然也是这个样子，然而还要心酸啊！学校当局在事前施用高压手段，事后也是高压手段，自己看得比皇帝还高，看学生比奴隶还低微。有的，还用什么政治力来处治学生，结果愈闹愈烈，两败俱伤，或者至于学校关门，对于教育前途何堪设想？此种，学生虽免不了要负些责任，然而大部分则属于学校的执权者。敝校这次的学潮，也是这个样子，所以才致于闹到不可收拾。事经数月，

方得解决，虽不至把学校关起门来的地步，然不幸得很，当学生的我们，对学业上、精神上的损失，是到不可以数量计算的地步的。在最初我们也想到这一层，所以经了许久的期间，只是用一种很和平的手段向学校当局要求收回开除成命，但是那凶狠的学阀只是一味以高压为能事，对学生的要求一点也不容纳，到不得已的地步，才罢起课来。当罢课时也不过促其觉悟，可是学阀林荫南不但一点的觉悟也没有，而且变本加厉的对付我们。不幸得很，我们一群年青的莘莘学子，便在学阀的淫威之下，为着要谋全学生们本身的利益，而把眼前的一切牺牲了。我们试细细的想一想，这种罪咎是属于谁啊？

凡一种事情有其果必有其因，这既成为一种不能毁灭除掉的定律，我们要说其果，必要先说其因，这是当然的事啊！容我先讲其因来。

林荫南不过是个体育专科的毕业生，对于学问一点也没有，教育是一个什么东西，他更是莫名其妙，昧然无知，无怪乎刚踏进校门而笑话百出，种种怪剧竟演之于青天白日旗下。

林荫南虽是学问毫无的武夫，然他的野心恐怕比什么还要利害。当前任校长杨先生展伦去职，林荫南踏进校门时，即把前较有学问人格之教职员一律排除，悉数委之以远亲近邻。里边教职员除素工献秋波拍马之郭得耀和其余之数人外，无一非其新从福州带来之同乡——说漂亮点，叫做从福州载来的大小饭桶——如林绍裘、吴其珌、卢金声这些不要脸的混账小丑，因姑姊亲戚的关系，居然得林氏的庇荫做起什么教务、事务、会计等主任的要职来，即至厨房校丁也多是林氏带来的亲戚。这时名为省立的厦门中学，其实变为林荫南的私有物、家产了！

林氏来到厦中，建设毫无，教职员又类皆饭桶、衣架、草包，又惯会排起假面具、臭架子，于是同学的怨声沸腾，大有风雨欲来之势。林氏为坚固其铁饭碗，占厦中地盘为己有，以冀久远盘据，以垂子孙计，便大用其心机千番思索，终于想出唯一的方法，这便是解散学生会，打破学生的集团，使学生失却了团结的力量，任他支配……于是这幕悲剧，便在刚开学还未三星期的3月22日开幕了！——轩然大波的学潮随缘因而起！

上头所述，不过是学潮的爆发最大的原因，其他的非我们所尽能胪列，并且我们不是科学家，不能把他的心所蓄藏着的重重刮开细验，他还有的野心当然非我们所能尽知，我们只能把他很显明的暴露，叙述出来。

林荫南的野心为这回发生学潮的原因,既如上述,乃 3 月 22 日,当本会开全体大会的时候,林氏便带了其爪牙一群,跑进会场中,自己公然登上主席台,大嚷根本不承认学生会的存在等屁语,并命其爪牙林绍裘、吴其玭大分发其自己规定压迫学生,摧残学生,锁链学生到不能超脱的什么"自治会条例",且当场强迫学生立刻承认种种野蛮的手段。同事郑天鈗等君以事关学运前途极大,提议请林氏暂时退席,以便讨论。大众不约而同的赞成,林氏便敲椅打桌,摩拳顿足大喊侮辱师尊、鼓励学潮等语。声震屋瓦,闻及远近,致使会场秩序大乱,会无结果而散。

　　次日,便将反对取消学生会的执委郑天鈗及向他交涉开会时间的监察委员会正副主席郑鸿儒、林光焕开除,同时还召集什么他妈的训话于大礼堂。林氏威风凛凛不可一世的登上讲台,如猪猡之狂吼似的,划天指地的嚷着:"现在全国已经统一,军阀俱已打倒,国民革命已经成功,学生用不着再做爱国事业,学生会应当取消……郑鸿儒、林光焕竟敢擅自召集……郑天鈗竟敢当场驱逐教职员退席……意图鼓励学潮……捣乱大局……如此不法学生……业已开除……"等屁话。

　　我们试想想这种摧残学生的玩意儿,我们非朽木顽石,难道不会愤激吗?同学黄元龙、许其伟等君相继发言,对林氏以此种开除同学有所非议,对于取消学学会有所抨击,林氏站在讲台上便狗熊似的乱跳狂嘶。至同学陈玉阶君,提议乘此期间继续开会时,更大肆咆哮,大喊"一人在此开会,开除一人;全数在此开会,全数开除"等语,便下主席台,如临大敌似的。先则把年龄较幼的学生驱出礼堂,继则把女同学赶出。不愿退场者,便用那土匪式的手段用拉用推,种种武夫的气慨,狰狞的面孔,暴露无遗。

　　是时风声鹤唳,群情愤激,只因处此环境之下,欲召集大会无能,不得不暂时隐忍,以待策划方法对付。谁知林氏于此尤未为足,乃用学阀的故智,召集什么教职员会议——不如名为亲族会议,较名符其实也。因到会的七八人皆其从福州带来之同乡。——大讨论而特讨论摧残学生的方法,终于真不愧为老学阀的贤子孙,把比较活动的学生,如黄元龙、许其伟、陈玉阶、黄蔚崇、潘达辅、黄晴宗等一批九人给以开除,以绝后患,以固饭桶。殊不知此种消息传出后,同学们不特不畏惧其马威,而且更鼓起热烈的情绪,大有一触即发之势。林荫南探知学生方面对于他的空气更加紧张,乃不得不变通他妈的办法,改第二批九人的中间,在礼堂发言的如元龙等以记大过或扣分了事,余者以相安无事告一段落。在这受了他的亏的同学亦只有暂时忍痛吞声,在其余的同学则大抱不平,然在这情景底下,亦无如之何也。

本来这学潮的开幕的两三四天中的情形,多已详载在本会历次宣言,这里不必再详细的说去。不过我们觉得这一段是很重要的,终于不嫌麻烦的复述出来。——执笔者附志

上面所述,乃学潮开幕的三四天中的情形,在"从学潮爆发的成因谈到罢课"的本章里,除了上述之外,姑再分为三个小时期而述之。

第一期——从学潮起后到特委会成立的时候。

郑天钰等以无辜被受开除后,于 25 日即呈民训会请求援助,同学们亦以郑君等之无端被受开除,咸认为有援助的必要(只惜乎开全体大会不能而已),乃由各级派代表向学校当局请求收回开除成命。然而狡猾的林荫南只是以一种滑稽有趣的答复,对于收回开除成命则全无诚意,且用一种卑鄙的手段,去宴请记者,冀以酒肉麻醉记者(笑话,记者能以酒肉麻醉的吗?),锁住我们呐喊的喉颈。我们因看各级代表与他交涉,皆不得要领,于是只有再进一步的策划了!

第二期——从特委会成立到林荫南反复无常的时候。

我们鉴于由各级派代表对学校当局交涉无效后,即策划进一步的工作,乃于 4 月 3 日开执行委员会,同时监委亦全体列席。当场选出黄元龙、许宗耀、潘达辅、陈玉阶、黄蔚崇、白明新、许其伟……等 13 人为委员,成立特别委员会。次日便分配工作,群策群力,奋斗下去。一方面派代表向学校当局交涉收回开除成命,然终又是不得要领,不得已便再另从对外方面进行。(A)呈民训会请求援助。(B)请校友援助。(C)发表宣言,使社会各界明了此次学潮真相。时各报皆予我们以同情,援助之声,时见报端。民训会亦训令林氏不得把学生会解散,对无端开除学生亦深表不满。校友亦积极声援。在这风起云涌的当儿,林氏乃大出其辛辣手段,一方面乱造事实给各家长,谓许其伟等 13 人,擅行组织特委会等事,以冀蒙蔽,同时并请警阻止校友开会;一方面复强迫各级组织自治会,以冀破坏学生团结力,得以统辖一切。种种阴谋,难以缕述。然我们不因此而停止进行,而且是更加鼓舞起来。(在此我们最痛心的就是所谓寰宇社发表其荒谬绝伦、狗屁不通之新闻,捏造事实,对本会大肆谩骂。当时我们以该刊

毫无价值,只置之不答,然而以辅导社会之刊物,而做林氏工具,其人格可想见矣!)盖压迫力愈强,反抗力愈大,这是必然的。我们的第一次宣言——援助被开除同学告社会人士书——及呈省党部呈文亦相继发出,社会上更热烈的援助。4月17日,林荫南乃对民训会主席林君山说愿收回开除成命。我们方欢欣的过了半天,不料翌日他又反复无常的起来,借口说什么教员郭得耀等之反对,不能收回成命。因此,这一幕的学潮愈闹愈烈矣!

第三期——从林荫南的反复无常到罢课的开幕。

自从林氏反复无常后,其狡猾狰狞的面目更大露于我们面前。从4月18日起,全校空气益大趋紧张,当时即召集紧急会议,策谋方法对付。而林氏亦即大展威风,密清[请]警注意郑天銶等之行动,一面复命训育课不许学生告假,对于特委之防范尤严。然而我们并不因受此压迫而停止进行,我们是更加努力下去。林荫南知计不得逞,乃异想天开,以为学潮的形成是全由高年级的学生,乘开全省运动会之时,除运动员外,复命旧制四年与新制三年两毕业班往省。然被学生会选为特委者,皆以为受同学付托,责任所在,且情形严重,断不能抽身,以无钱为辞。说来林荫南倒也慷慨,凡特委说无钱的,不论多少,都可借给。可是诸特委只一笑置之,卒往省者仅非特委之少数人而已。间虽有一部毕业生往漳者,然特委又多无去,且为期仅3天罢了!林氏知狡计无法施行,便乘往省之学生动身后,便与其一等爪牙郭得耀急赴轮往省(去时也无出通告告假,也无请人代理,真是令人莫名其妙),其葫芦里卖什么东西,虽我们不能尽知,而其所用的辛辣的手段狡计,也可想见的。是时我们看他行为如此卑鄙,更大愤激,特委会亦以校长如此不负责行为,次日召集会议,议决(一)再发宣言;(二)质问学校当局;(三)征求学生意见。于是对校长之不满,更加沸腾,罢课示威之空气布满全校,特委会乃于26日召集全体大会,时各同学对于林氏之不满,已到极度,当场便议决:(一)请学校当局收回开除成命。(二)不得任意摧残学生。(三)不得无理干涉学生会。并议决限72小时内完满答复,否则于30日起宣布罢课。同时因鉴委员不够,当场加选黄静宗、叶启存、林国藩、潘达生等12人,合前特委13人共25人为学潮特别委员,并选潘达生、黄其欲、王鹊台、黄静宗等12人为纠察等事。我们敢十二分地相信,我们对学校这小小的三件要求,并没有什么过分,同时我们的为反对取消学生会,而被受开除的同学,在外飘摇,也急待解决。我们所受的压迫,也急待解放。在这洪涛巨波翻掀的空气下,这是我们应行的事啊!

大会闭幕的次日,虽然我们还是照常上课,但那些魑魅似的教职员——这里所指的,当然是林荫南的爪牙辈——对于我们,只像敌人似的,而且对我们大施恐吓压迫,几乎是要把我们吞噬下去似的,因此空气便更紧张起来。我们鉴于学校当局一点觉悟也没有,而且是变本加厉,于是下午我们便开学潮特委会,分配工作,切实进行,以冀达到最后目的。当时的分配如下:

主席——许其伟(正)、黄元龙(副)。

交际部——许其伟(部长)、黄元龙(副)、许宗耀、黄振源。

秘书部——林庆生(部长)、梁清钧(副)、黄蔚宗、陈清波。

宣传部——潘达辅(部长)、白明新(副)、黄静宗、叶启存、陈玉阶、苏天良。

会计部——洪坚(部长)、林国藩(副)。

调查部——郭光灿(部长)、潘达生(副)、虞德亨、郭崇高、王颂平、〇〇〇、〇〇〇、〇〇〇、〇〇〇、〇〇〇。(注一)

纠察队——潘达生(队长)、王鹄台(副)、黄静宗、黄其欲、郑振声、郭光灿、苏天良、虞德亨、〇〇〇、〇〇〇、〇〇〇、〇〇〇。(注二)

> 注一、二,上面用〇以代姓名的,不消说是那些丧心病狂的死青年。——执笔者附志

工作分配以后,我们便各部开始工作下去。时日易过,4月29日到了,72小时的期限到了,我们所希望学校当局所答复的,结果是零之又零。他答复的只是一种滑稽文字,用一张破纸无盖印无负责的叫人拿给我们。被受学阀的压迫摧残侮辱于前,而再接再厉的被受压迫摧残侮辱的我们,到这地步,还能够把我们反抗的热度冰冷下去吗?就这样的退缩任他的压迫摧残吗?不、不,我们相信,我们是青年,我们是热血的青年,我们绝不能够这样。并且我们认定这些问题,不单关于我们的局部问题,是关于全青年学生的问题,我们不能不起来,对学阀下攻击令,对学阀严重的警惕。我们不能把自由无罪的身心任学阀的摧残压迫,我们更不能把我们的学生会任学阀要什么取消解散,我们……我们愿牺牲眼前的一

切,努力善后的成功……因之我们在 4 月 29 日下午开全体大会,严重的议决:(一)自 30 日起宣布罢课。(二)再函学校当局于 24 小时把前三条完满答复,否则宣布林荫南罪状,并驱逐出校等。唉!从此的我们便成失了牧者的羔羊似的,在那茫无人烟的山崖悲鸣,向着那血泪途中长征!不消说这轩然大波的罢课便在 4 月 30 日开幕了!

二、从罢课的开幕说到自修会的成立

虽然细雨是点滴不断地从天空下来,可是我们的心火是更加热烈的燃烧起来。——啊!好值得纪念的 4 月 30 日啊!

当 4 月 29 日因不得学校当局完满的答复,我们开全体大会便坚决实行前天的议案,于 4 月 30 日开始罢课了!——啊!好辛酸的事情啊!

阴险凶狞,诡诈多端,冥顽不灵的学阀林荫南及其爪牙,终于使我们跑上这震人的途上。虽然前途是茫茫,我们却坚决的确信有曙光的来临。——啊!好可爱的光明啊!

罢课终于开幕了!这时的我们只觉得是处身在最前线枪林雨下疆场中了!一切的一切,只觉得和昨天不同了!昨天的莘莘学子的殿堂,今天变成寂寂无闻的古刹了!昨天的懦弱书生,今天都是前线的将兵似的了!……

是日我们都切实努力工作,起草宣言哪,通电哪,做公函呈文哪,冒着淋雨分发罢课宣言哪,请各家长谈话哪……真是可谓冷热的愉快与热闹。然而我们还很希望再限 24 小时的期限,学校当局也许会答复我们。可是期限一到,听嗅一点学校当局的微声也没有,终于使我们失望,终于使我们再做进一步的工作——驱逐林荫南了!

我们坚决地履行议案,于 5 月 1 日出贴驱林标语,次日便再发快邮代电请各界声援及驱逐林荫南,同时并宣布其十四条大罪状。时社会上都很同情我们,对于我们同情援助的文字时见于报章,这是我们深引为慰的。到 5 月 4 日,我们便请各校学生会代表开谈话会,很得各校代表同情,当场便组织筹备会,订最短期间内成立正式会切实援助我们。我们同时并派代表赴各界五四纪念会,当场叙述被压迫经过及罢课情形,也很得在座各位同情。

到了此时,已是风声鹤唳,社会上对林荫南也已有深刻的认识,对我们学生不消说是深表同情。然而学校当局还只是进一己之雄,不顾其他,而且对我们更加以种种恐吓——我们却丝毫也不管的继续下去。

但我们感觉到学校当局如此蛮不讲理罢课已经数日,复课之日尚遥遥无期,似此光阴虚掷,乃于5日召集会议,讨论组织自修会,及请社会上热心教育者,作我们指导事,以冀补救罢课中的损失。

5月6日,比恶魔还凶狠,不要脸的林荫南从福州来了!来校时便威风凛凛的,大发雷霆,大肆恐吓,一面大出其狗屁不通之报告,迫令学生上课;一面命其在福州及沿途所笼络之腐化青年所谓毕业生也者沈志忠、彭田华、施英杰等数人出而破坏学生会,捣乱我们的战垒;一面复请警住校,如临大敌似的,简直把学校变成军营,而林荫南也可谓武装校长矣!哼!

5月7日,复在县指委会礼堂,开厦集各校代表大会,讨论成立正式会事。到会有20余校,当场成立厦集学生总会,对本会均予以切实援助,同时并派代表责问林荫南。

同日下午,那些丧心病狂的腐化青年沈志忠、彭田华、施英杰、王水来,甘受林荫南的酒肉与文凭的麻醉,自告奋勇,出为林荫南效力,发出什么"揭破煽动学潮的真相,告社会人士书"的假冒本校学生名义的不负责的破坏本会,谩骂被开除同学,替林荫南申辩的他妈的宣言,卒被郑天銶发觉送警究办。于是我们更由与学阀奋斗而再与这些腐化青年奋斗矣!

林荫南因看其爪牙林绍裘、吴其玼、郭得耀等,走狗沈志忠、彭田华、施英杰、王水来等,都还愿为其效劳,更加横行无忌。我们也于5月8日召集全体同学开会于县党部礼堂,谋方法对付,对走狗沈志忠等除警告外,且停止其职权,于是一场风潮便再接再厉了!

丧尽良心,不要脸子的彭田华、沈志忠、施英杰,虽有的被党部停止党权及请警究办,还不能改恶从善,且更加纵横无忌起来。当五九我们将整队参加纪念会时,更敢撕破队旗,阻止我们的爱国运动,并拿木棍,如临大敌似的强拉年龄较幼的同学去上课。如此蛮横,可谓至矣。乃学校当局虽命走狗拉人上课,然而除其大小走狗所谓毕业生也者十余人外(毕业班共二班40余人),尚少有人上课,乃复亲自出马,或命校役,拿出席表往各同学家中(因本校同学通学者很多)点名,不管人在与否,点与不点,除些努力之学潮委员外,均以出席或告假论,可谓别出心裁矣!笑话!

林荫南到此时,看看虽有爪牙走狗为其效劳,然上课者终又少数而特少数,且社会对彼之抨击日多一日。在这种情形底下,只好再想一种极有趣而滑稽的办法,命其走狗沈志忠等出而提议于学生会,说愿由沈等出而调停,校长亦愿收回成命。不过郑天銥等不能再回校读书,惟得给与修业证书——那曾演过经我们批驳的滑稽把戏,并由沈志忠等强拉同学入礼堂开会,经我们一番公理的批评,结果只弄得林荫南的狡计,又不得逞,走狗又无法跳跃。

林荫南此时又异想天开,意想此次罢课风潮无法解决,乃因各校学生及社会各界之援助,而不想要解决学潮,是由他个人滚蛋!乃不要脸地致函各校校长,请其制止该校学生会对本会之援助。殊不知一发即给厦门大学学生会,予以针针见血的批驳(参看厦大学生会批驳林荫南之原文),于此林荫南能毋汗颜吗?

办学的人,不能以德服人,而以种种诡计、狡猾手段……对付学生,其结果我们敢相信其只有没落,其成绩也可想而知。林荫南在事前对学生施以高压,事后仍是高压,其结果一场学潮,终没有解决的希望。我们能因此而退缩吗?不、不!决不能!我们能因此而把我们的光阴虚掷,而不设法补救吗?我们因想处此学阀纵横底下,学潮的解决,虽得各界援助,然尚遥不可期,我们因此便积极地组织自修会,间虽因中途与学阀及其爪牙走狗肉搏斗争,未免把做筹备自修会的工作的工夫受分些去。然而努力的结果,竟得于5月13日成立于思明县党部楼下,并得许多热心教育者的指导。从此我们罢课期间中虚掷的光阴得着些许补救了!——参阅本会所发自修会成立与结束的宣言及各报。

在本章应说的话还很多,只因篇幅及时间的限制,不能较详细地说明。然而有的在各报也经登载过,在被压迫者的呼声栏也有说过,请阅者参看便了!至于自修会成立以后的情形,因本章说的只限于从罢课说到自修会的成立,只好留在第三章再说。——执笔者附志

三、从自修会的成立说到学潮的结束

从5月13日自修会的成立到8月中旬学潮的结束,整整的90多天,单从这里算起已是令人头晕了!若是把前数十日加下去,更是令人难算了!啊!——这么辛酸而长久的日子啊!学阀给我们的礼物啊!这么多的!哼!

时间虽是这样地长久,然在血泪场中奔波着的我们,只是觉得很快的。记得那时林荫南才大施淫威,曾几何时滚蛋到他妈的家里去

了！——我们所引为恨的,是林荫南只逞一己之淫威,而不顾到学生的利益,当学生诚意地请他收回成命时,而他只用种种滑稽口吻的答复;当将罢课时以三条很平常的条件叫他答复,而他也是滑稽如故;当罢课下去而对他下驱逐令了,还是用凶狞辛酸的方法来对待学生……闹了5个月的学潮,总见不到,听不到林荫南有一句为学生谋利益的话……所有的只是滑稽有趣,凶狞诡诈辛辣的……啊！我们坚决的罢课,继而下驱逐总攻击令了！他还是野心未死,所谓继续努力,绝不顾到学生的利益而自行滚蛋,结果使教育厅撤职才肯罢休,也可谓硬头皮极了！闲话少谈,且来叙述本章里所要说的。为着方便起见,且把它分为五个小时期分别来说。

第一期——自修会的成立与停顿的情形。

当5月13日在县党部礼堂开自修会成立典礼,得各位先生训诲,并得县党部允借礼堂给我们做课室。我们是很感激的,我们便把礼堂以白布分隔为四部作为上课课室,虽那边只有椅子没有桌子,然我们在找不到相当地点时,也欢喜极了！14日便开始请热心教育者指导,实行自修！当时我们自修的学科只限于英汉算方面,其余科学虽不得完全的念下去,然比诸把光阴虚度和受那林荫南的奴隶教育已远胜百倍了！可是因课室是由礼堂用白布隔开的,于声浪未免会相互传透。于读教方面,总有些阻碍。于此我们便一方面自修,一方面再找适当地址,同时并选举许其伟、潘达辅、黄蔚崇、许宗耀、黄元龙、白明新等6人为办理自修会委员,努力工作下去。然而这时的我们虽努力去搜寻,但至十余天还找不到相当地址,间虽曾与青年会接洽过十几次,然该会只以一种欺骗的手段,他曾答应待开董事会答复。可是一天一天的过去了！他还是说再等几天,再等几天这一类的话来欺骗我们。上课了十余日,因声浪关系,难以继续,要再找地址又找不到,结果只有把自修会暂时停顿,以待找到适当地址时再行上课！

第二期——从自修会成立到停顿期中的种种情形。

上段是第一期的自修会的成立与停顿的情形,现在再把自修会的成立起——5月13日——到自修会停顿中间,我们所做的工作,社会的援助情形及被受学阀种种的压迫摧残、走狗的跳跃、临阵退缩的同学……等情形再演述出来。

到此时罢课已经十多天了！损失的时光与精神何只少许,我们也亟望学潮能早日解决。然希望只是希望,事实却是相违反的。我们这一回的学潮很得社会同情与声援,然冥顽的林荫南却是始终执迷不悟,对学生的压迫摧残比诸从前有过无不及。——到了督学李育英来校调停无效后,于是更再接再厉的斗争下去。间有所谓教育局长陈椿者,不知是丧心病狂还是神经,竟在大礼堂公然说什么要解散我们的自修会和替林荫南申辩,实堪痛恨!

是时林荫南益发纵横无忌,除命其爪牙及走狗出而强拉学生上课外,复唆使其走狗沈志忠出而殴打学潮委员,以冀得遂破坏学生会而得永远盘踞厦中之野心。好得我们学潮委员会办事处已老早搬出外面,学潮委员亦多搬出在外住宿,不然学潮委员之生命岌岌可危矣!——乃事不果,便别出心裁,当林绍裘与同学许宗耀、许其伟、黄蔚崇、潘达辅等数人谈话之时,竟密电公安局,谓有学生数十人拿木棍欲赶他出去,害得公安局急派武警二三十人到校,欲行拘捕,结果一无所有,只空劳往返而已!我们此次虽无被捕,然林荫南一面请警长长驻校内,一面复出此手段,实为教育界一大污点也。

在这个时期中,我们的工作,除自修会的一切外,复请县党部与厦集学生总会予以更有力的援助,暨蒙允许,深为感激!——然这时我们引为最痛恨的,便是野蛮的林荫南,种种的压迫我们犹未为足,竟敢把我们存在会计课的钱扣留。当我们的职员许宗耀、许其伟等向他拿钱的时候,更敢命其走狗沈志忠、施英杰、彭田华、颜惠德等对职员大肆詈骂。时郑天鈗君在室内,闻声出而与之理论,反遭毒打,同时许宗耀因逃避不及,被颜惠德殴打重伤,从此便更入于险恶的状态中了!

第三期——自修会停顿以后到第二次自修会成立的期间中的种种情形。

在这一个时期中,可以说是由于光明而入灰暗,由灰暗而再光明的时期,也可以说是由肉搏斗争,而转恐怖状态,再入于奋斗拼命的时期。

这时社会上如县党部、厦集学生总会、各日报都是极力的援助,同时并由厦集学生总会召集各界代表开援助会,当场便成立"厦门各界援助厦中被压迫学生委员会",并通电教育厅请将林氏撤职查办,发表宣言宣布林氏罪状,对罢课学生加以慰勉,对上课生则加以警告,实使我们手舞足蹈,精神上得了不少安慰了!

然而不幸得很,到了这个时候,我们只有血泪涔涔,前途茫茫了!林荫南及其走狗爪牙,更加纵横,这可不待说。就我们的内部也有些恐怖而呈灰黯的色彩来,为的是有些特别委员因操劳过度,因而患了微疾,有些是被林荫南所嗾使的走狗殴伤,有些竟临阵退缩了,所以这时对工作只是感觉到沉寂了!然而有什么法子呢?——总是在这恐怖的状态中,我们的工作虽无甚进展,可是还能维持下去,我们也得自豪了!

我们最引为恨的,便是那旧制四年,新制一组的毕业先生都是卸了公理良心而跑去赴什么毕业考试拿文凭了!这两班毕业生中有些走狗在内可不待说,然而其余的也有他的苦衷的说法,什么家庭的关系啦!升学的关系啦!说的多么漂亮,有的竟说风潮自风潮,毕业考自毕业考,课与他罢,考与他考,文凭尽管向他拿,这种的玩意儿来。间虽也有一二有因家庭的关系,有不得已的苦衷,然而大多数的,我们敢说是拜倒于文凭姑娘的石榴裙下,什么公理良心,恐惊因这文凭而埋没了!——计旧制四年,新制一组两毕业班 44 人中,除了黄元龙、李玉光、潘达辅、黄蔚崇、白明新、叶启存、黄静宗、陈新赞 8 人,不愿也不能违背公理良心,不参与毕业考试外,(注一)其余都去赴考拿文凭了!啊!好麻醉人的文凭啊!

同时还有把良心公理摧毁的:二组的○○○、○○○等,三组的○○○、○○○,四组的○○○、○○○等,(注二)去上课,而屈服学阀林荫南的脚下,置多数同学生死于不顾了!有的竟然也效起沈志忠等走狗,做起林荫南的二等走狗,出而破坏学潮委员会的进行了!唉!公理良心!

> 注一、二、赴考的毕业先生,除公然做走狗的如沈志忠等,加以不客气在本篇抨击外,余者予以自新之路。用○○○代替,亦予以自新,不忍宣布他的姓名。——执笔者附志

我们的自修会无形中停顿了!我们的学潮委员会也因种种关系在此时无甚进展,又有那丧心病狂的什么毕业生和那些一些二三四组的学生去赴毕业考,去上课。社会上虽是极力的援助,然教育厅还终不把林荫南撤职,在林荫南及其走狗爪牙,当然是手舞足蹈的乐气洋洋了!一方面嗾使走狗对学潮委员加以侮辱,一方面命警如有学生掷石或呼喊,即不客气的开枪,简直把学生的生命当玩戏了!一方面又在毕业考考后和那些走狗在举国沉痛的总理奉安内期间中,居然饮酒娱乐,这边"妹妹我爱你",那边"杨贵妃醉酒",闹得丑态百出。一方面又嗾使其一号走狗沈志忠诬

告许宗耀、郑天鈫、黄其欲、许其伟、黄静宗于法院。真可谓无微不备矣！——这悲惨的过程啊！

我们的内部虽是这样的灰黯，然社会上还是不断的援助我们，我们断也不能中途退缩。虽那些不顾公理良心的去投降了！然我们并不觉得我们的力量因此而单薄，因为公理在前啊！且办事特委方面还有不参与毕业考试的如黄元龙、潘达辅、黄蔚崇、黄静宗、白明新等君，二组三组四组五组的如许其伟、许宗耀……虽然有的还在抱病，然我们什么也不管，终于再鼓起精神，拼命奋斗下去。间虽一度受了青年会的欺骗之误，然而努力的结果，终于把第二次的自修会成立。

第四期——第二次自修会期间中的种种情形。

虽然曾一个时期呈灰黯的状态中，可是我们诸学潮委员还能始终不懈地努力下去，又得社会上极力的援助，终于再现出光明的色彩。

我们被青年会所误后，蒙得崇德女学校校长的赞许，该校愿借给我们为自修会的地址，和诸热心教育家肯牺牲他们的光阴精神来指导我们，和同善堂等以物质的赞助我们，终于把第二次自修会成立。同时并选举许其伟、潘达辅、许宗耀、黄蔚崇、白明新、黄元龙、王德仁7人为自修会常务委员负专责办理，从此牺牲了许多光阴的我们，又能得着些许的补救了！

凶狞的林荫南，因为我们始终的努力着，把第二次的自修会成立，校里因毕业先生已是拿着文凭而跑了！里边上课没有一个人，社会还是不断的援助我们，直弄到屎滚尿流，不几天便和其爪牙一大批滚到他妈的福州去了！那些走狗因靠山已失也不敢再跳跃，有的已跑回家乡去了！因之，我们的精神暂得安慰，得以安心自修。到了林荫南撤职，新校长李增扬来厦的8月12日，因离秋季开学之期已近，在困苦血泪途中奔波的我们也得憩息几天，才把自修会结束。

第五期——学潮的结束。

到第二次自修会成立以后，林氏撤职之声不绝于耳。到了8月初旬，才得到可靠的消息！说林氏当开全省省立各校校长会议时，备受各校长之非议，教育厅才把他撤职。——因之凶狞的学阀林荫南终是滚蛋了！

然而在这时也有一段小小的风波，当我们听见林氏撤职，正在欢欣，忽闻教育厅将改委陈椿为本校校长，正是惶恐万分。因陈椿为现任思明教育局局长，对地方建树毫无，且与林荫南朋比为奸，肆意破坏本会，欲改散我们的自修会等事,为本会大敌人之一。若改委陈椿为校长,无异虎去狼来。我们愤懑之余,便通电教育厅,誓死反对,终于改委李增扬先生来长本校。因之,似洪涛巨波狂涌地闹了140多天的学潮,到了这个时候——8月中旬——终于结束了。所有昨日那班张着巨口、利爪,在噬吞我们,摧残我们的魑魅狰狞,终于在这个时候消灭无形了!我们啊!在身当其冲,在血泪困苦途中奔波着的我们啊!从此得告休息和安慰了!在关心、同情和在援助我们的,当然也是这样的。——啊!恶势力是没落了!我们的学潮是结束了!我们是得到最后的胜利了!

我们在《学潮的经过》这一篇里实不欲有多所论列,不过谨将数月所受压迫摧残经过的情形,真实地流露写出,一方面俾关心于我们的人们,得详细的知道这一回的学潮的真相、内蕴;一方面俾使办教育者得深切地认识学生的心理,改善教育的方法,顺应潮趋,对学生用种种压迫摧残的毒手,终归是没落的;一方面俾使同学们知道学潮非是根据理由,团结力量,从艰辛困苦途中去奋斗不行!——我们年青的人们啊!我们所负的社会责任多着呢!我们不能把我们的责任轻卸!我们更不能因多数中之一的胜利而以自骄,把其余的那很多很多的责任放弃!我们的年青人啊!起来!起来!我们起来啊!奋斗!奋斗!

本来我们想要做一篇比较有体系的文章,叙述这回学潮的经过,然而事实上只有失望!一方面固然受着篇幅与时间的限制,究其实还是因我们才疏学浅的关系,并且本篇是我们四个人合作的,不是单出于一人之手。虽然我们这四个小子,都是在那数月与学阀及其爪牙走狗肉搏斗争的期间中,首末身当其冲的人,可是本章里因上述的种种关系,文句的重复与不通,终是难免的了!愿读者先生有以教之。——执笔者:潘达辅、黄蔚崇、许其伟、许宗耀附志

《厦中学生》1929,No.1

本市私立小学驱逐林德曜 计三十九校

本市私立光华、群惠等校呈省府教厅等,反对教育局长林德曜一节,已志昨本报。昨(26)日光华、桃源、雅化、励志、群惠、大中、世德、延陵、集友、厦大实小、民立、渔民、思明、义务、人道、厦门、培英、奎壁、云梯、鼎玉、

益善、务本、宗文、培英幼稚园、闽海、寿山、禾山、候卿、河东、厦南附小、湖桐、乐安、励德、平民、祥坫、培三、吴仓、湖山、崇本、闽南职中附小等三十九间小学，联名组织"思明县私立小学校驱逐林德曜代表团"，发出"为驱逐林德曜向社会人士宣言"，略谓私立学校是占有各学校的多数，历年来林德曜是以教育局长的资格来压迫私立学校，摧残私立学校，蔑视私立学校教育人员"。文长千余言，惟对上述林对私立学校之三点，未举出事与证据云。

《江声报》1933年4月27日

五区高中毕业班反对会考　实行罢课

教厅来电制止　会考办法断难变更

第五考区高中毕业班为表示彻底反对此次毕业会考，定昨（16）日起全体罢课一节，已志昨本报。兹查昨日同文、中华、厦大附中、集美、鼓慈勤女中、英华等高中毕业班全体罢课，昨（16）日并发出"第五考区高中毕业班为反对毕业会考总罢课宣言"，谓教厅的成命一天不收回，一天不复课。又本区高初中毕业班定今（17）日假厦大开联席会议，关于此事，思明教育局会报告县政府，并得省教厅来电着制止，即召集各中学校长讨论办法，结果不成会。教厅致厦电云："县长、教育局长转各中学校长览，查该县高中学生反对会考。经电仰解释取缔，究竟办理情形如何，迄未据覆。顷该县初中学生复电请免行会考，查会考办法，难免变更。近奉部令，凡不参加会考学生，其毕业资格不予承认。仰转告学生，专心准备应考，毋自贻误。其有不合举动，应予制止，并电覆。"

《江声报》1933年5月17日

高初中学生昨实行罢考　市局饬属解散学生开会

私小会考昨亦发生问题

第五区高初中学生反对会考，迭见报载。昨（15）日为会考第一日，考场厦门设在教育会，届时固有一小部学生赴考，然各校学生大多参加反考联合会，先一日已签署不参加，并发罢考宣言。昨晨8时许，厦考场门前有各校学生数十人把守,梭巡去来,结果以赴考者少数,终于不考而散。鼓浪屿方面,考场亦已布置完妥,场前有各校学生 70 余人分布四周,结果亦未会考。嗣思明县政府据教育局呈报,学生联合开会,反对会考,请转市局即行制止解散。市局即令各分局遵照,其训令略云:准思明县政府公开函,案查思明教育局局长林德曜呈称,本县少数学生反对会考,怂恿各区学生组织联合会,藉谋扩大风潮,在同文中学开会,议决案五条,应请派员责成该校查□该联合会负责人及设立地点,并转请市公安局派探警严密侦查,遇有开会,即行制止解散,责成各校当局不得借该会在校开会,规劝该校学生不得参加等情。据此,相应函请贵局长查照办等理由。准此,除分令外,仰该分局长即便饬属遵照,查明制止解放,并转知各校负责人,勿予学生参加为要云。

又,私立小学因反对教育局长林德曜,对小学会考事乃请教育厅及思明县政府出面主持后,教育厅令省督学叶松坡审慎襄理。叶乃于 13 日邀各私小代表团商议结果,由叶以书面答复,该代表团允为襄理一切,并准凡有毕业班之学校,可于 14 日预备会考手续送小走马路青年会交叶督学,以便汇□会考委员会办理。该团乃转知各校遵办,查有毕业班者计十七校,只准厦大实小等十校报□会考手续,其他七校手续驳回。叶督学、代表对此不满,昨上午 10 时乃由该团率七校毕业班学生百余人,赴县府谒许县长,请求设法,许允为设想办法,面谕各校静候解决云。

《江声报》1933 年 6 月 16 日

本市高初中毕业班　见林未遇捣毁教育局

教育局否认呈请取缔学生　市局对学生所为决查办

昨日下午 4 时,有本届高初中学生三四十名至教育局请见局长林德曜,时在局仅课员洪碧清、林文渊及书记郑文钦三人,余均赴考场未返。该学生等乃又往厦门考场(玉紫小学)仍请谒林,适林他出,迄四时半,高初中学乃又陆续集百余人至教育局。当时省督学叶松坡正在该局会议厅召开各初中学校校长谈话会,学生中有持报□指与叶督学观者,谓教局呈县府文,中有少数中学学生反对会考,究系多数抑少数,叶未致答。旋学生中乃有人将教局门前之花盆毁破,并至二楼将该局电话机线截断,又上三楼毁坏该局职员室及玻璃窗、图书橱等,于是始行归去。嗣第一分局局长王宗世、公安局局长林鸿飞闻讯赶至,查询情状,颇为愤懑,谓将查明主动者究办。

又,教育局昨再呈县府略谓,案查本月2日奉钧府训令开,案奉教育厅东日电开,查该县少数中学学生反对会考,怂恿各区学校学生推举代表,组织联合会,藉谋扩大风潮,仰即勒令解散,如有召集开会,应即从严制止。现考期瞬届,如有不良学生越轨行动,妨碍他人与考,届时并仰派警严密防范具复等因。奉此,仰该局长遵照,讯即切实查明详晰具复,以凭核办,此令。本局遵于6月5日将前月29日报载闽南各考区反对会考续讯一段新闻剪下,呈复察核在案。兹阅本日江声、华侨等报载,钧府致市公安局函开,案据思明县教育局长林德曜呈称,本县少数学生反对会考,怂恿各区学生组织联合会,藉谋扩大风潮等语。查所谓本县少数学生,怂恿组织联合会,藉谋扩大风潮,派警严查解散云云,均为钧府奉教育厅东电原文。今报载谓系由本局长呈请者,殊与具文程式不符,理合具文呈请钧长察核云云。

又,查思明县政府本月2日接教厅东电,文云:"思明县政府邱县长览,查该县少数中学生反对会考,怂恿各区学生推举代表,组织联合会,藉谋扩大风潮,仰即劝令解散,如有召集开会,应即从严制止。现考期瞬届,如有不良学生越轨行动,妨碍他生与考,届时并仰派警严密防患〔范〕具复"云云。县府奉此,一面令教育局查明具复,一面函公安局查照,惟日前县府函市局,系"据教育局长林德曜呈称"高初中学生之捣毁教育局,或系以此激成。市局对此,即以有关治安,决主究查惩办,一面又遵照教厅命令,加紧防范,并制止学生集会,以免风潮扩大云。

《江声报》1933年6月17日

教厅第三科长唐守谦到厦协办会考
昨在市处教局两度谈话会

高初中学生有于今晨游行示威说　市局饬属预备劝导解散

教育厅第三科科长唐守谦,奉厅派于昨日乘海阳轮抵厦。此来任务,系协同该厅督学叶松波〔坡〕,办理第五区高初中毕业会考事宜。唐抵厦后,即日午后3时,召集本埠各中学校校长,在市政筹备处开谈话会,结果责成各校长向学生极力解释应行会考。4时许,又召集第五区高被中毕业会考监考员在教育局开会,分配各监考员分赴各校监考,并定各考场,除同安县初中毕业生在厦门中学举行考试外,其余各校均在各校举行会考。

又讯　第五区高初中学生联会,发宣言反对会考,前日并捣毁县教育局。昨市局又探悉该学生等将于今(20)晨集合游行示威。该局为防患未然计,已训令督察处、保安大队等,着于今晨出勤,维持市面秩序,如有集队游行即劝导解散。同时并令第一二三四五各分局,届时亦派特务队长警等,维持管辖内秩序云。

《江声报》1933年6月20日

昨本区初中会考　投考十校学生二百余

英华同安县立初中未应考　厦鼓各考场警探戒备

本区各初中学校毕业会考,前日经教育厅第三科科长唐守谦,邀请各校长在筹备处开会,请各校长极力劝勉学生赴考。昨学生到场会考者,有中华、厦中、双十、侨南、毓德、怀仁、大同、同文、慈勤、集美等各男女中学,惟英华中学及同安县立中学仍未赴考。考场秩序,特分饬各分局酌派警探,到场布置,颇为周密。又是日唐科长偕叶督学,及第三分局长谭培肇,至本埠各校巡视各校考试情形。唐叶旋又渡鼓至鼓浪屿各校巡视,闻今日唐欲到集美,明日返省。叶督学则俟会考完毕后,拟于下星期一始返省覆命。昨各校参加会考学生数如下:同文10名,双十24名,大同26名,侨南4名,毓德34名,慈勤2名,怀仁6名,中华24名,厦中11名,集美男女中百余名。

又讯　教厅规定昨(20)日为本市各中学初中部会考期,鼓浪屿方面,昨教育局派监考员于晨八时到各校监考。除英华外,慈勤女中学生上午亦未到考,至下午始应考。各考场均有巡捕两名在考场外巡逻,因事先应考学校曾请工部局派警保护,以防反考学生有意外行为也。是日工部局得电话,谓内厝澳康太鞍南洲砖瓦公司门口,有高中部反考学生数十名在该处聚集,将往考场制止初中会考。该局立派侦探巡捕前往,尚未抵南洲公司时,反考学生已先知悉,即行星散云。

《江声报》1933 年 6 月 21 日

中小学会考未了事　市筹备处昨召集讨论

小学补考期间日内拟定　林德耀引咎辞职不准

昨午后2时,市政筹备处召集教育局长林德耀暨各中学校长十余人,在市政处讨论关于此次会考所发生之问题,及善后办法,其内容暂不发表。又小学参加会考各校,昨亦讨论及之,所有未赴考各校学生,决予以补考。日期及考场日内拟定,将即函知各校准备赴考。

又讯　15日,五区中学毕业班学生,捣毁思明县教育局,该局长林德耀,曾于17日呈教厅报告,并电请准辞局长职。前日教厅覆电,略云:巧电及呈均悉,学生反对会考,捣毁局所,已电唐科长,厦市筹备处许主任查究。所请引咎辞职,应无庸议云。

《江声报》1933 年 6 月 23 日

厦大风潮昨讯　学生仍罢课再集会议

学校当局镇静　教官招待记者

厦大风潮,昨学生继续罢课,学生会发出通告,谓大会议决:在罢课期间,全体同学对于军事管理之规则,务希格外遵守奉行。一、无论在校内外,须一律穿制服;二、膳食问题,照旧维持;三、宿舍开放时间,照旧遵守;四、在罢课期间,不准同学自由离校,违者交纠察队警告与处罚。

又学生自治会在博学楼开四次干事会议,出席17人,主席杨熙川。议决:一、推常务沈祖馨、杨熙川、苏政辉,文书王永载、高时良、温建三、何士宽、侯仲桓、黄宗翔、吴钟,宣传徐世伍、蒙伟民、杜复和、谢之俊,会计蔡吉生、叶练才,事务吴师孔、邱永和,交际柯孙谋、徐庆祥、雷泽光。四、17日起,全体学生一律穿制服。五、纠察队执行工作步骤(一)劝告;(二)警告;(三)公布名字;(四)戴高帽。学生会宣言原定昨日发出,后决延日发表。

军事教官李靖波昨假大华饭店,招待各报记者。据云,此次风潮乃因

14日中午食膳时，有教育系学生刘维、范家宁、谢绍朴三人，故意打破饭碗，经本人向学校当局报告，处罚赔偿及予以训斥，致学生不满。15晨，本人对学生宣布军事管理，罚三四年级因学业将完关系，予以自由一点，一二年级则须严束管理。学生林趁起而质问，掷破一碗，及扭本人双手。本人复报告于学校当局，林趁遂被处停学，于是引起风潮。若言远因近果，则远因似为教育系学生前之恢复教育学院运动，及一部学生请求将厦大收归国办，与反对学校行政而爆发者。近因则在军事管理严束。此次主动乃系两广同学会，及生物学系同学以及少数行为不端之学生。本人态度完全服从命令，所望上峰另派贤能接任斯职，如是则本人虽受委屈而去职，亦所不怨云。又学生自治会派代表杨熙川、王永载、苏政辉昨往市府谒李市长报告罢课经过，李市长曾予以劝勉。至学校当局，昨甚镇静，未再宣布如何处此云。

《江声报》1936年10月17日

教育厅令厦大前次学潮善后办法

厦大学生因对军事教官有所不满，引起罢课风潮，经省派孙承烈、周得三来厦调查。昨该校接教厅训令，略谓："此次该校学潮，经厅派督学孙承烈会同军事训练委员周得三前往调查。兹据该员调查报告，决定处理学潮善后办法如次：一、肇事学生林趁应受之处分，始暂照该校处分办法办理，记大过一次，以示惩戒，惟应由校严加监察，于学期终了时，将其有无悔过情形，据实呈报候夺。二、该校学生自治会未经指导机关许可设立及监督机关备案，应由校饬即解散，另行依法组织。此次藉学生自治会名义干涉校政，鼓动学潮之学生，应由校查明，从严议处。三、该校对于学生军事训练及管理，应会同军事教官严格施行，所有不合军事管理之事实，应即彻底纠正革除。学生中如有不恪守军事管理原则者，应予严厉惩治，不得放任敷衍，以重军训。上列各点，仰切实遵办，具报"云云。该校已将上项训令布告知照。

《江声报》1936年11月19日

本市市立小教昨一律停课　招待记者报告苦衷

本报讯　本市市立各小学因请求清发积欠薪米及增加待遇,未得要领,乃于昨日起一律停课。昨午后□时,各校代表陈萍等九人假厦西区第一中心招待记者,由鼓第一中心代表苏慈航对记者发表停课原因,及渠等之要求如次:厦市沦敌数载,学龄儿童惨受敌人奴化教育,收复以还,各教员来自远方,本抱服务教育精神,劳苦不计,但以目前厦市生活程度之高昂与教员待遇之低微相差至钜,且屡被积欠,教员连最低之生活,亦无法维持,如2月份薪津加60倍,生活补助费12,000元;3月份起增至70倍,又2万元。但每位教员自开学迄今,只领糙米65斤及薪金3万余元,其间20斤系以6000元之代价购得,余45斤则系暂抵3月份薪津。究竟价格如何,尚未公布,按食米在开学之初,曾规定照年龄购买,而事实则否。至4月份薪,昨日(指20日)教育局虽摧[催]往领,但亦只发一小部分,实不够清还借贷于生活无补,故各校均未往领。为澈底解决教员生活起见,日前曾召开各校教职员联席会议,并议决:一、呈请市府要求发省级待遇,(生活补助费四万五千元,薪津加140倍)或发给其补助费。(如劳师或米货金)二、每月经费须于10日前发清。今早(指21日晨)教育局曾召集各校校长转达市长令,谕各校先行复课而后解决,但教员以数次要求提高待遇,均未见实现,故此次必俟解决后始能复课。此其时,伍远资校长曾推议请各途商家本爱护教育宗旨,慷慨捐输。从3月份起,每员增加1万元,或发动大规模劳师及其他精神上之安慰。此问题正积极讨论中云云。旋记者特走询教育局长叶书德,承发表谈话如次:小学教员生活清苦,尽人皆知,但在市府财政尚未整理就绪之前,教员要求提高待遇,实属心有余而力不足,今后当极力发动劳师,予教员以精神物质安慰。希望各校教员当此复员建国困难期中,再本过去苦干精神以儿童学业为前提,从速复课云云。

《中央日报》1946年5月22日

顾念儿童学业市校今复课　　省督学张荫椿莅厦视察

本报讯　本市各市立学校教员,要求提高待遇,于21日突告停课。日昨市长黄天爵,特再召集各校校长至市府面加慰勉,并其应以儿童学业为重,即日复课。其4月份薪津即全数清发,至今后待遇问题,当局必能尽量设法予以改善。闻各校于昨起已实行复课,其他如厦南第一中心、厦西第一中心等校,亦可于今日继续复课云。

又讯　省府为欲明了本市收复后国民教育及中等教育办理情形,近派厅督学张荫椿南下视察。查张由榕动身,已于昨抵本市,教育局长叶书德当陪往幼稚园、民教馆及厦中旧址视察。今(23)日决续往大同中学、市立中学等处。据张称,厦中原旧址在沦陷中,校舍未见有毫损坏,该校下学期省已决定复校。闻张在厦尚有一周逗留云。

《星光日报》1946年5月23日

本市各校今日全部复课　　四月份薪津已全部发清

省教厅督学张荫椿抵厦

本市讯　本市各市立中心小学日昨因向市府要求发积欠薪米及改善待遇,未获解决,均纷纷停课,详情已志本报。兹悉,23日晨厦西区第一中心、第二中心,及厦南区第二中心等校各教职员均纷向各该校长提出辞职或请假者,大有其人。据黄市长表示:各教员应以政府威为重,立即复课,待遇问题,始得另行解决云云。故昨晨亦有陆续复课者,但学生入学者寥寥无几,终仍陷于停课状态中。昨晨教育局长叶书德,因恐停课风潮步入僵局,而荒废学童学业,特亲身或派员分往各校劝慰教职员请即复课,并面许候财政调整后,待遇一项,定必酌予改善,希安心工作。且四月份薪津,经于昨日全部清发,是亦政府一致同情之表示。闻各校今日或将全部复课云。

又讯　查本市小学教师因生活清苦,要求当局提出高待遇,21日突告停课。当日经市长召集各校校长前往市府予以慰勉,并嘱加紧复课,待遇当尽量设法改善。各校长返校后,即劝告各该校教师,应以儿童学业为重，即日复课。22日起，已陆续复课，明日即可全部复课云。

本市讯 省教育厅督学张荫椿，奉派来厦督学教育，经于昨（22）日抵达本市云。

《中央日报》1946年5月23日

生穷无奈做先生　教师请发欠薪
目的不达全体实行总辞职

本报讯 "命苦不如趁早死，生穷无奈做先生"，此一工整而富隽永意味之对联，殊堪为目下一般从事教育工作人员之写照！自古已然，而于今尤烈，不特以之持赠漠视教育延□经费之各县主管教育当局而皆准，即以之形喻本市情形又可独不然。查本市自光复以来，一般公立学校经费殊难得如期发给，然尚犹少有拖延至2个月以上者。惟本期起，本市各公立小学教员，除2月份得暂先向市府领出每人8万元，稍□苟延残喘外，至一二月份及本3月份省令颁给2级应领待遇，和各校按月经常费，即迄未得结算清发。各中心暨国校当局，无不筹措困难而感焦头烂额，艰于应付。经于前日集□订于本日下午2时推由市立厦南第一、第二，厦西第一、第二，厦港第一、第二，并鼓浪屿等七中心国校校长联同进谒市府当局，请求迅予体念教界生活清苦，当比来米珠薪桂之秋，早日发放1月份以来未清发之各校经费，并薪俸，以维各同仁生活。如请求目的不达，闻将实行总辞职云。

《星光日报》1947年3月17日

教员请发欠薪　经获部分解决

本报志 市立各小校以市府对各校薪俸经费延发，集议推派代表晋谒市府当局，请求迅予发放一节，经志昨日本报。兹悉昨日下午2时，经由市区该七中心校校长准时联同前往市府谒见吴主任秘书春熙。当承接见，示以1月份所加薪津经予发放中，而2月份已领8万元亦可算为对第2月份有所暂先发放，至本3月份则允暂先拨借每员10万元云云。该代表等以目的虽未完满达到，惟经得部分解决，抑亦所以聊胜于无，乃于无可奈何之中，勉强与辞而出。嗣乃转向叶教科长书德面诉，以教员薪俸虽得发放一部，而各校经费并仆役膳食支付困难等情。当承叶科长面允，从速接洽设法解决云。

《星光日报》1947 年 3 月 18 日

学生警士冲突　学以新生　士以执法

昨晚 9 时左右，有厦大新生院学生百余名，集队在思明分局，作半弓式环立该分局门首，附近商户及行人围观颇众。记者闻讯，趋向有关方面调查。据学生方面息，新生院同学陈守璋本日午三时许，行经大同路时，有警察数名站于该地检查路人有无携带枪械，守璋以学生身份告警，延未受检，而警则必欲执行检查。双方发生争执，继即动武，守璋被警用枪打击数下，于是奔告厦大同学，同学不平，乃于本晚齐赴分局质问云云。同时，据思明分局息，该检查之警士为总局保安警察，非分局所辖，惟学生方面则以此事发生于思明分局辖内，故到局理论。由分局电告总局，经刘代局长浑生，偕同彭督察长及厦大训导长、徐生活指导组主任先后到分局商洽解决，学生方面提出四项要求：一、惩治肇事警士；二、赔偿医治费；三、保证嗣后无同样事件发生；四、由警局登报道歉。对此所提，刘代局长虽予接受，惟以惩治肇事警士，应依法而行，俟查明后处理，而警局乃政府机关，代表政府执行命令者，此事件之后，乃个人之□误，可由个人负责道歉。而厦大新生院学生则要求立即惩治肇事警士，相持之下，该校训导长及时赶至，劝令全体请愿学生先回，此事由校方负责保证向警方彻底解决。学生受劝，乃集队而归，时钟已鸣十下矣。

另讯，保安警察奉命检查便衣带枪，昨日计分七组（80 余名）出发，向该生执行检查者系第七组保安警林泉源。此事发生后，被殴学生陈守璋已送院诊治并验明伤状，林泉源则候查明□办。警方并集训各警以后执行职务，应尊重礼貌不得鲁莽从事云。

《江声报》1947 年 3 月 23 日

厦大学生被殴事件正待妥善解决　详细内容今日可能发表

本报讯　市警局警士林泉源殴打厦大学生陈守璋案,日前该校学生自治会向警局提出七项条件。记者特趋访代理局长刘洋生以此叩询,承告是项公函于25日上午9时由本局收发室转达,本局因先正与厦大当局共谋具体办法,汪校长已电告拟具完善解决办法,送本局参考。至于肇事警士林泉源,已依法送法院侦审。王股长目璋于事后未将情报告主管,疏忽之处当呈报层峰核办。本人(刘代局长自称)进退问题,自无所谓,再关于该校学生前于思明南路遭恶少痛殴,本局站于维持地方治安立场,自应破案缉凶,以达保民目的。此案现亦正与厦大当局商讨,期达合理合法之解决云云。记者昨午复于该局司法科晤刘代局长,刘对记者称:厦大当局正式公函已递达到局,本局现正赶办复函,详细内容今日当可发表云。

《星光日报》1947年3月26日

警士殴伤学生案已获完美解决

厦大当局息事宁人　被害人亦不拟提控诉

本报讯　国立厦门大学学生陈守璋,被本市保警队警士林泉元殴伤一案,迭志本报。兹悉该校当局提出五项条件,业经警局完全接受,代局长刘浑生并于日前专函汪校长表示歉意。关于惩凶一节,林泉元已被警局停职,刻在地方法院羁押中。首席检察官余高坚为此致函厦大,征询被害人有无意思告诉。据悉,厦大当局为息事宁人计,特于3月29日上午9时召集陈守璋及学生自治会全体理事训话,而于警士林泉元既被停职处分,被害人陈守璋以宽大为怀,不拟提出告诉。闻已由该校函告警察局及地方法院检察处。该案至此,可谓已告和平解决云。

《星光日报》1947年4月2日

厦门大学学生宣布罢课三天

工友未获救济品　痛恨行总不公平

本报讯　最近全国各大学因学生自治会之竞选及生活要求等问题发生校潮颇多,市国立厦门大学于昨日上午开始由该校学生自治会宣布罢课三天。据悉,罢课理由:一、通货澎涨之后,物价随之日益澎涨,教授生活至为困苦,请求政府提高教授待遇,比照京沪区标准发给,以安生活;二、公费生待遇太差,请求改善;三、战后学校虽已复员,然设备简陋,教学均有未便,故请于政府发出专款充实设备,并增加学校经费,在未调整前,应以十倍发给。为求达到上述三项目的,特由该校学生自治会,宣布罢课三天,以作表示云。

又讯　该校学生自治会,为筹请新闻界同情援助,又恐各界不明罢课真象,拟于日内招待新闻界云。

又讯　本市厦门大学工友百余人,为生活清苦,曾叠请学校当局转函行总厦门办事处分配救济物资,以该处屡次托词拒绝,引起公愤,乃联名呈请校长准其全体前往请愿。经获批准,派职员一人,率领工友代表前往请求。该代表一行经于昨(17)日上午到该处洽商,未得具体答覆。该百余贫苦工人认为厦救处过去分配赈品,有所偏重,忽视贫民,一再借故敷衍。决予力争,并拟准备向联总行总及社会人士呼吁主持公道云。

《江声报》1947 年 5 月 18 日

请求提高公费　厦大学生罢课

自治会定今招待新闻界

本报讯　厦门大学全体学生为请求教部调整同学公费,增拨该校经费及提高教职员待遇,决于昨日起罢课三天,吁请教育部迅予照准。该校学生自治会于前(16)晚召开全体会员大会,汪校长与汪训导长并亲临指导,决定四项办法如次:(一)公费生副食费恢复年前公教人员生活基数 1/4 比例,并按京沪区标准发给;(二)速发本校 5 月份并预发六七月份公费;(三)本校总预算仅列全国大学倒数第二位,不敷实支甚巨,请迅予提高,未调整前一切经常费照原额十倍发给;(四)教职员待遇比照京沪区标准发给,并决于本日起停课三天。

又讯 该校学生自治会为吁请新闻界同情,又恐各界不明罢课真相,特定于今日下午2时招待本市新闻界。

又讯 本市厦门大学工友百余人为生活清苦,曾叠请学校当局转函行总厦门办事处,分配救济物资,以厦救处屡次托词拒绝,引起公愤,乃联名呈请校长,准其全体前往厦救处请愿。经获批准,派职员一人,率领工友代表前往请求。该代表一行,经于17日上午到厦救处洽商,未得具体答覆。该百余贫苦工人,认为厦救处过去分配赈品,有所偏重忽视贫民,一再借故敷衍。决予力争,并拟准备向联总行总及社会人士呼吁主持公道。

《中央日报》1947年5月18日

厦大学潮平息　学生陆续上课

厦门大学厦港校本部昨经已照常上课,惟有少数学生,因罢课期内归家或他往尚未返校,而鼓浪屿该校新生院昨日亦90%到院上课。院长周辨明并召集各生训话,略谓,我们求学时期应以学业为重,凡事头脑要冷静,不受奸党利用,不能自己要自由,而干涉人家自由。个人不上课,尽可自己写条来声明不上课,不能强迫他人不上课。你们所谓团体,当知团体要有法规,在法有法规,在学校有学校的校规,在中华民国内有国家法令。团体不合,国家要干涉,学校要纠正,不能强不讲理,被奸党利用。现在事情已经过去,请你们将头脑镇静一下云云。

又讯 厦门大学学潮昨无异动。据息,汪校长除布告劝谕学生照常上课外,仍力为制止其与法令有抵触之行为。故昨天整日上课之学生,仍属寥寥,宛如陷入停课状态云。

《江声报》1947年6月5日

厦大学治会发表罢课宣言

昨日招待各报记者　郑重表示动机纯正

本报讯　国立厦门大学全体同学为请求教育部增加经费及调整公费生副食费,宣布罢课三天,并于昨下午2时假中山路高亭餐室举办记者招待会。出席各报记者及该校学生自治会代表二十余人,主席彭立德报告此次罢课经过情形,并郑重声明动机纯正,毫无其他作用。现罢课仍抱罢课不忘读书之旨,继续自修,并组织各种学术讲演会及选拔选手,准备参加本届市运会。席间各报记者对该校此次罢课,均热烈发表意见。

罢课宣言

又讯　厦大学生自治会昨发表罢课宣言,原文如下:"全国各大学同学鉴,艰苦抗战胜利以还,国内局势益趋恶化,各地物价上涨不已,本校自改为国立后,院系增设,同学人数激增,教部对于本校经常费预算仍旧列为全国各大学倒数第二位。因之,学校经费支绌,宿舍拥挤不堪,图书仪器不敷应生,同学更无健康福利可言。复员以来,时未□载,而在学罹不治之痨症而死者达四人之多,肺同叶血,时有所闻。死者已矣,生者如何,言之实堪悲痛!全国各大学情形正复相同,至于公费问题,□昔□时副食费,当按照公教人员生活基数 1/4 比例发给。胜利之后,特价高于战时,反减为 1/7。创立公费制度,本为救济贫困而力学敦品青年,于今无理减削,诚使吾人百思莫解。本校情形无属特殊,公费款项一向珊珊来迟,5月份公费迄今尚未发下。再者,厦门物米各价比诸京沪等地过无不及。据此次调整结果,仍列为第二级,教授生活困窘,焉能安心功课?影响同学学业,良非浅鲜。本校同学至此忍无可忍,爰于本月16日晚召开全体会员大会,一致议决,自17日起罢课三天,除将吾人要求急电教育部外,并航快通知全国各大学,向祈惠与同情,□声响应。青年幸甚,国家幸甚。最后吾人要求:(一)迅即增拨各大学经常费。(二)公费生副食费恢复之前公教人员生活基数 1/4 比例,并按照京沪区标准发给。(三)即日预发六七月份公费。(四)大学教职员待遇一律比照京沪区标准发给。"

校长汪德耀　亦有声明

又讯　关于厦大学生罢课响应中央大学学生请求提高公费副食费一

节，详情经志本报。记者今复探访厦大当局对此事态度，兹悉，16[日]晚8时，学生自治会应多数学生建议，召开大会时，汪校长及汪训导长曾亲临劝导，昨报所载指导一词，"指"字乃"劝"字之误。查其劝导之词，乃说明本校经费。本年度核定8500万，虽为数不多，一切开支感觉困难。但教育部经上次本人晋京请求，于最近一周令知，另拨本年度增班费2000万元，又于海洋研究所另加经费5500万元，是教育部已设列为第二级。且教育部于其主办之教育通讯中，发表各地国立专科学校，呈请按京沪区标准发给教职员薪津。经拟订办法，即各地与京沪区之差额，所需补助之款，以教职员特别补助费名义发给。经主席批，是教职员待遇亦暂告解决。学生方面，不必为此请求罢课，关于副食费问题，按本月新调整待遇标准，亦每月提高至4万余元以上，较以前增加一倍多。劝导学生以学业为重，不必为此罢课，不幸劝导无效云云。闻该校汪校长曾于18日下午召开临时校务会议，商讨此事。经决定，请各系主任及教授分别向学生劝导，勿牺牲学业，务早日上课云。

《江声报》1947年5月19日

厦大学生罢课　该校决加劝导　学生自治会昨招待报界

本报讯　关于厦大学生罢课响应中央大学学生请求提高公费副食费一节，据厦大当局表示，16[日]晚8时学生自治会应多数学生建议召开大会时，汪校长及汪训导长曾亲临劝导，说明鼓校经费本年度核定8500万元，虽为数不多，一切开支感觉困难，但教育部经请求后，于最近一周令知另拨本年度增班费2000万元，又于海洋研究所另加经费5500万元，是教育部已设特别增加。又沪报载行政院于上周通过各学校本年度经费各追加二倍半，经费方面目前暂可维持。至教职员待遇，经已自5月份起调整厦门列为第二级，且教育部于其主办之教育通讯中发表各地国立专科学校，呈请按京沪区标准发给教职员薪津。经拟订办法，即各地与京沪区之差额所需补助之款，以教职员特别补助费名义发给。经主席批准，是教职员待遇亦暂告解决。至于副食费问题，按本月新调整待遇标准，亦每月提高至4万余元以上，较以前增加一倍多。晓谕学生务以学业为重，不必为此罢课，不幸劝导无效云。

又悉 该疫[校]汪校长曾特于18日下午召开临时校务会议,商讨此事。经决定,请各系主任及教授分别向学生劝导早日上课云。

本报讯 国立厦门大学学生自治会为请求教育部增加学校经常费,调整公费生副食费及提高职员待遇标准,该校全体学生于17日起罢课三天。该校学生自治会并于昨午2时假座本市商亭加啡室三楼招待新闻界,出席各报记者十余人。由该校学生自治会常务理事彭立德报告,略称:该校经常费列在全国各国立大学倒数第二位,就经常费而言,教部每月仅拨700余万元,而电灯费用即占全部经常费之半数。至于学校教材设备,学期每一课程之讲义仅限定15张,其他设备因陋就简之情形可不言而喻。至教职员待遇及公费生副食费,原定标准均与最低限度之生活水准,距离太远。本校同学置身其境,由407同学之联名请求,经学生自治会之慎重考虑,乃决定罢课三天,决议四项办法,以求教部迅速核准。最后并慎重表示"罢课不忘读书",结果茶叙散会。

《中央日报》1947年5月19日

厦大当局布告劝导学生复课

本报讯 厦大学生为响应中央大学学生请求提高公费副食费及提高教职员待遇与该校经常费,于17日起罢课三天后,该校汪校长于前18日召开临时校务会议,商讨此事。全体出席委员金以罢课行动,牺牲学业,妨碍秩序,殊难原谅。当经议决,除由各系主任及教授分别劝导学生外,并由汪校长布告学生恳切晓谕,务以学业为重,即日上课,并望以后勿再有罢课之举动。

《中央日报》1947年5月20日

厦大学生昨起复课

本报讯 国立厦门大学学生前为响应中央大学等校,要求增加副食费事,自本月18日起罢课3天。该校当局曾剀切劝导,各情迭志本报。兹悉,该校学生已于昨日全部复课,秩序甚为良好云。

《江声报》1947年5月22日

厦大学生全部复课

本报讯 国立厦门大学学生前为响应中央大学等校要求增加副食费事,自本月18日起罢课3天。该校当局曾剀切劝导,各情送志本报。兹悉:该校学生已于昨日全部复课,秩序甚为良好。

《中央日报》1947年5月22日

学潮含有政治性
学生被骗作尾巴　国立厦大学生沉痛指出

海外社讯 国立厦门大学学生于日前为要求提高公费生副食费,宣布罢课3天,至本月21日复课。至22日一部分学生所组之"钟士社"壁报,突发出一项消息,谓据美国洛杉矶电讯,南京中央大学与军警冲突,被杀2名,伤39名,并鼓动学生再行制造新事件。校中另一部分学生在另一名曰"微言社"之壁报上立予指责,谓同学甫告复课,彼等竟散播此种谣言,实应有一煽惑。迨23日,"钟士社"以本市各日报发表新闻,中大学生确无死亡之人,受伤者亦不多,乃予自动更正。而微言社则继续著论予以评击,指出其荒谬所在,各学生始复安心上课。昨(24日)晚该校学生自治会以双方互相评击,渐趋恶化,曾召开紧急会议,对此问题有所讨论,学校当局则表示双方应即求息事,不可扩大事态。惟事未寝息,迄今日该校忽又发现壁报一种,指出最近各地学潮,乃有党派之争,以学生为享祭之牺牲,文中有云:"我们今天被拉向左,明天被拉向右,莫名其妙地做了他们摇旗呐喊的尾巴,去增加他们的声势。所以我们每次总是被骗的时候糊涂,事过之后又懊悔。"末后并谓根据数月来观察,结果特将各派重要人员名单公布,请同学明其立场,勿受别有用心者之愚。所列名单包括国民党、共产党、民盟、青年党、民社党等共46名云。

《星光日报》1947年5月26日

厦大学生罢课校方剀切劝止

本报讯 本市国立厦门大学学生自治会近因有一部分学生建议,为响应京沪各地反内战运动,于28日晚8时又召集全体大会,决定于29日起罢课4日,并游行等事。该校当局闻悉之下,以学生罢课游行,有碍学校与社会秩序,亟应设法劝止。经于29日下午2时召开校务会议,提出讨论,全体出席委员佥以学生呼吁和平,固出爱国心理,但举行罢课,碍难予以原谅。当经议决:(一)由校长发出布告,剀切劝止。(二)由各系教授劝喻学生即日复课。(三)即日通知各科教员照常上课,不论学生出席人数多寡,均予照旧讲授,以期早日恢复常态。

《中央日报》1947年5月29日

为请求未获答覆 厦大学生再罢课

本报讯 国立厦门大学学生前为请求提高公费生生补费及增加教授新津,于18日起罢课3天。经该校校长劝导,于21日全部复课,情志本报。兹查该校厦港校本部(2年以上学生)全体学生,于昨日起复告实行罢课,鼓浪屿新生院学生则仍旧上课,缘该校学生会于前日复课时,曾电教育部请求增加副食费,并要求7天内覆电。至日昨已过一星期,尚未得教部覆电,经学生自治会,于27日召集全体学生开会。出席学生过半数,当即讨论罢课与不罢课问题,结果主张罢课者得多数支持获胜,乃通过自昨日起至6月2日再行罢课,除(6月1日)星期日外,实际罢课4天。厦港校本部即日罢课,鼓浪屿新生院则仍无动静云。

又讯 厦大学生会接到全国学生联合会函,订于6月2日为全国学生总罢课日。此次该校学生会罢课4天,亦即响应是日罢课运动,并订6月2日游行。查此次罢课理由,经学生会会员大会议决如下:(一)教部对我们的要求置之不理,表示抗议;(二)响应京、沪、平、津各地"反内战""反饥饿"运动及北平各大学"六二"反内战日运动,并以全力支持参政会之和平呼吁;(三)声援北平"五一八"、南京"五二〇"血案云云。

《江声报》1947年5月30日

校长布告劝止　　教授照常上课

又讯　厦大学生自治会为响应京沪各地反内战运动，于28日晚8时又召集全体大会，决定于29日起罢课4日，并游行等事。该校当局闻悉之下，以学生罢课游行有碍学校与社会秩序，亟应设法劝止。经于29日下午2时召开校务会议，提出讨论，全体出席委员鉴以学生呼唤和平固出爱国心理，但举行罢课碍难予以原谅。当经议决，(一)由校长发出布告，剀切劝止；(二)由各系教授劝谕学生即日复课；(三)即日通知各科教员照常上课，不论学生出席人数多寡，均予照旧讲授等决议，以期早日恢复常态云云。

《江声报》1947年5月30日

厦大校长发布文告　　劝导复课
昨教授均按时上课　　校务会议劝止游行

本报讯　国立厦门大学校本部学生，自前日再度罢课4天，并拟于6月2日游行，及该校当局极力劝阻，并通知各教授照常上课等情，已志本报。昨为罢课第二日，各教授均按时上课，学生亦有到堂听讲，唯人数寥寥，秩序尚称良好。闻汪校长及教授会为劝导学生复课及停止游行事，均于昨日分别发布文告，内容略谓："查本校校本部一部分学生以响应京沪各地反内战、反饥饿运动，倡议罢课游行。经本校146次校务会议提出讨论，关于罢课一事，决定由本校长于昨日剀切布告，劝导上课外。关于游行一事，全体委员一致认为亟应设法劝止，避免扰乱社会秩序，致干国家法纪。合亟阐明利害，俾我纯洁之青年学生，明事理，知去就而有所决择也。至若争取和平，本为全国人民一致之要求，并有参政会最近之努力，自有成功之日。须知大学为圣洁学府，应如何珍重爱惜，使成为中华文化学术之渊薮，学生于求学之余，应以绝对超然立场，具公正合理之意见，可于任何时间，以合法方式随时提出，何必于6月2日作示威游行与去年延安所定之反内战纪念日相混同，极易引社会人士之疑虑，无形中使人怀疑我等学生运动，投入实际政治之旋涡，将使我纯洁青年，高尚学子，蒙不白之污点。且团体出动,示威游行,扰乱社会正常秩序,为国民政府所颁布之《临时维持社会秩序法令》向不许。如不幸因游行而发生无谓之纠纷,使学校纷乱,社会不安,诚非爱国青年之始意。本校长依据146次校务会议之决议,特此布告劝止游行,如有不听劝导,擅自出发游行,万一发生事故,概由当事人自己负一切责任,本校惟有遵照教育部辰皓高27282号电令办理。本校长爱护青年学生,三年来有目共睹,心所谓危,不能不为预告也。务望体念本校长爱惜青年之苦衷,顾全学校之安全,切实憬悟,停止游行为要。"

又讯 国立厦门大学学生自29日起为响应京沪校潮罢课5日一节,已志本报。查学校在未罢课前,闻校内少数党派甚形活跃,一般学生均厌其烦。27日,突于校中壁报处,发现不负责任,滥列党派名单一种,唤醒各同学注意,勿为少数党派所利用。

《江声报》1947年5月31日

厦大学校当局劝导学生复课
昨仍开课学生亦多到堂听讲

本报讯 国立厦门大学校本部学生,自前日再度罢课4天,并拟于6月二日游行及该校当局极力劝阻,并通知各教授照常上课等情,已志本报。昨为罢课第二日,各教授均按时上课,学生亦多到堂听讲,秩序尚称良好。闻汪校长及教授曾为劝导学生复课及停止游行事,均于昨日分别发布文告,辞情恳挚。兹将汪校长布告探载于后:

"查本校校本部一部分学生以响应京沪各地反内战、反饥饿运动,倡议罢课游行。经本校146次校务会议,提出讨论,关于罢课一事,决定由本校长于昨日剀切布告劝导上课外。关于游行一事,全体委员一致认为亟应设法劝止,俾免扰乱社会秩序,致干国家法纪。合亟阐明利害,俾我纯洁之青年学生,明事理,知去就,而有所决择也。至若争取和平,本为全国人民一致之要求,并有参政会最近之努力,自有成功之日。须知大学为圣洁学府,应如何珍重爱惜,使成为中华文化学术之渊薮,学生于求学之余,应以绝对超然立场,具公正合理之意见,可于任何时间,以合法方式,随时提出,为何必于6月2日,作示威游行,与去年延安所定之反内战纪念日相混同,极易引起社会人士之疑虑,无形中使人怀疑我等学生运动,投入实际政治之旋涡,将使我纯洁青年,高尚学子,蒙不白之污点。且团体出动,示威游行,扰乱社会正常秩序,为国民政府所颁布之《临时维持社会秩序法令》所不许。如不幸因游行而发生无谓之纠纷,使学校纷乱,社会不安,诚非爱国青年之始意。本校长依据146次校务会议之决议,特此布告劝止游行。如有不听劝导,擅自出发游行,万一发生事故,着由当事人自己负一切责任,本校惟有遵照教育部辰皓高27282号电令办理。本校长爱护青年学生,三年来有目共睹,心所谓危,不能不为预告也。务望体念本校长爱惜青年之苦衷,顾全学校之安全,切实憬悟,停止游行为要。此布。"

本市讯 国立厦门大学学生自29日起为响应京沪校潮罢课5日一节,已志前报。该校在未罢课前,校内各党派甚行活跃,一般学生均厌其烦。27日,突于校中壁报处发现各党派名单一种,唤醒各同学注意,勿于不知不觉间为各党派利用云。

《星光日报》1947年5月31日

厦大当局告示学生　切勿擅自游行

该校已发现各党派名单　此次罢课显系奸党主使

本市讯 国立厦门大学校本部学生,自前日两度罢课4天,并拟于6月1日游行,及该校当局极力劝阻,并通知各教授照常上课等情,〈经〉志本报。昨为罢课第二日,各教授多按时上课,学生亦多到堂听讲,秩序尚称良好。闻汪校长及教授会为劝导学生复课及停止游行事,均于昨日分别发布文告。

《中央日报》1947年5月31日

厦大罢课与反罢课双方争执甚烈　鼓新生院意见分歧

本报讯 厦门大学校本部学生罢课,经该校汪校长劝导复课无效。至于鼓浪屿新生院学生仍继续上课,惟上课者寥寥。昨晨该新生院教授先后到校,而学生亦有欲上课者。闻有一部学生组劝导队,劝导学生罢课,其理由为应服从团体行动。但欲上课之学生,则谓罢课与国家法令抵触,国家法令为重。劝导者无法,乃围坐于楼梯口,双方争执颇剧。适该院院长周辨明到院,即力劝学生上课,终归无效。而欲上课之学生,则群趋至教室,劝导者仍欲阻止。因院长告以今天不过是要补课,并不是上课,但又无法上课。结果要上课者即在田尾校舍开会,要罢课者亦在博爱路开会。嗣后集合解决,仍由劝导队劝导罢课,并决定6月1日参加校本部游行云。

《江声报》1947年6月1日

厦大学生反对　学府里打内战

约法三章反对盗用民主　侵犯求学自由决予清算

海外社讯　国立厦门大学日来为罢课,及反罢课引来激烈之纷争,各情经志本报。兹悉:该校校本部昨日又发现"反对学府里打内战"之壁报,略以"现在我们学府里什么壁报、宣言,公说公有理,婆说婆有理,讲好点,是'琳琅满目';说得难听点,是'乌烟瘴气'。是'邪气冲天弄得民主墙上的民主之神,在叹人心不古,世道日衰。君不见每于内忧外患,风雨如晦之时,他就要如丧考妣痛哭流涕'"。又说:我们老百姓做不来什么联络员、指导员、官儿、长儿,我们只知道原来有个好好的天下,可是现在给你们弄得一塌糊涂,民不聊生,共产党的雨后春笋的闹争"暴动",再加上些摇旗呐喊的民社党、青年党和民主同盟,这些家伙,都是我们老百姓最痛恨切齿的大仇人。现在跟你们约法三章,(一)盗用"民主名者应诛之",因为真正民主精神是存在于我们老百姓的团体里,盗用者简直无耻。(二)冒称大众公益者该杀,你们往往恬不知耻,开口全体同学,闭口大众公意。(三)滥用"我们"者当笞,以后不管你们搅什么猴子把戏,罢课也好,游行也好,凡是未经我们同意的,概不受约束。假如你们要掀动威胁我们,或违反三章约法,侵犯了我们求学的自由,那我们只有揭竿而起,向你们清算了。

《中央日报》1947年6月2日

厦大学生订今复课

市当局联合布告规定禁止事项　各社团通电拥护维持社会秩序办法

本报讯　国立厦门大学一部分学生主张于昨日实行"反内战"大游行，经汪校长及政府当局苦口规劝疏导，昨日所谓"反内战运动周年纪念日"始告平静，游行风潮尚在酝酿。记者调查所得，该校学生因政见不同，形成三大派，对此游行观点迥异：一、以罢课游行必须□□，并须于"六二"举行，以示□□；二、以罢课游行饬□学业，坚决主张即日复课，取消游行；三、以罢课原则赞成□因功课逼人，藉获静修机会，游行日期绝对不可以"六二"举行，□厦大一向爱国行为于奸党环套，以遂其"三罢运动"阴谋。闻该校日来是项问题，三方争辩甚烈，本校本部学生多以理论弁辩，结果大多数同学反对罢课游行，认为罢课游行，徒荒废自身学业。决议取消游行罢课举动，自今日起复课，而鼓浪屿新生院虽因厦罢课及罢课争执，本周院长管理得当，事态不至扩大，并服从校本部高级□□大多数议决，决定今日复课，游行风潮可能从此冰消。

本报讯　中共迩来"阴谋"在全国各地煽动罢工、罢市、罢课扰乱社会秩序，市政府及要塞司令部，为预防万一，确保安全起见，昨特联合发出布告。查本市区近有"共匪"潜伏，企图煽动暴乱，骚扰治安。兹为维持社会秩序起见，着自本6月2日起，规定禁止事项于后：（一）禁止集会游行；（二）禁止罢工、罢市；（三）各酒菜馆等娱乐场所，限每日午后11时（夏令时间）前停止营业；（四）每日午后11时至翌晨5时30分，禁止通行；（五）禁放爆竹。以上各项，除分行外，仰各一体知照，勿违为要。此布，司令滕云、市长黄天爵。

又讯　本市各团体昨发出通电：中央社转全国各报社、各业全体公鉴：中共"卖国作乱，拒绝和平谈判，破坏建国，涂炭民生"。近来变本加厉，密令各地潜伏分子煽动罢工罢课罢市，制造恐怖危害社会安宁，政府治安有责，特颁《维持社会秩序办法》。谨此通电，矢诚拥护执行，诸希察照。

厦门市妇女会理事长黄如政　厦门市教育会理事长吕仲驹　厦门市

总工会理事长龚金水　厦门市农会理事长吴延玉　厦门市渔会理事长阮玉田　同叩冬

　　又讯　机器工会昨发出通电,中央社转各报社、各团体、各学校公鉴:自中共"称兵作乱",其地下工作人员近更策动三罢运动,以致各地罢工罢学等风潮,到处掀起,扰□社会治安,妨碍建设,不胜焦痛。欣读国府令颁维持社会秩序办法,诚为严肃纪纲安定社会之剀切中时与有效办法。本会竭诚拥护,务盼军政当局切实执行。谨电奉闻,诸希鉴谅为荷,厦门市机器业工会叩。

《星光日报》1947 年 6 月 3 日

厦大今日复课　犯规学生亦经保释返校
该校提前结束学期考试

　　本报讯　国立厦门大学学生发动响应"六二""反内战""反饥饿"游行,幸经校方暨军政宪警当局严加劝导戒备,故前日"六二"得以安然渡过。昨"六三"虽为禁烟纪念节日,但对于游行问题尚有余波。据悉,该校一部分学生以"六二"游行未果,于前晚乃有人建议在昨晨召开学生自治会全体会员大会,继续讨论是项问题。当局深恐影响社会秩序,昨晨起,厦、鼓、厦港均宜布戒严,大生里一带军警防范森严,厦鼓水上交通,亦暂告断绝。且有水警大队汽艇一艘,由军宪警联合派队往来逡巡海面,以堵意外,同时要塞司令部,曾以电话通知厦大校方,请勿使学生外出,庶免生误会。该校训导处即贴出通告:"顷接厦门要塞司令部电话通知,现在厦门与鼓浪屿实行戒严,嘱本校学生,暂勿外出,以免误会等因。合行布告,希各知照。"

　　又,该校学生自治会,易奉汪校长德耀手谕,不得集合开会,并贴出紧急通告谓:"昨晚同学建议,今晨八时召开会员大会,奉校长谕,不准集会。本会无法执行,同学如有意见,请用书面提出,特此通告。"自校方及学生自治会各贴出通告后,学生已遵奉校方劝告,而学生自治会会员大会,亦未举行,学校秩序安静如恒。政府当局见空气转好,至上午 11 时许,厦港一带之戒严令,遂告解除,而厦鼓轮渡交通,亦照常开放航行云。

　　又讯　厦大学生于前夜欲召开紧急会议,因人数过少,一时未及通知,乃公推代表林坚冰、叶向耀、杨申等三人,到寝室各处通知同学,被校方认为犯法,漏夜用专车载到市区厦大旅社住宿,并声言欲予开除。嗣经该校同学请求校方收回开除成命,并予保释。昨晨经由汪校长亲到厦大旅社,将其带领返校云。

又讯 国立厦门大学学生原拟于昨日游行,业经该校当局及各教授剀切劝导,并经大多数学生予以否决,游行遂告取消。该校已于昨日全部复课,恢复正常状态云。

又讯 该校近经第五十一次行政会议决定:本学期功课提前结束,校本部定于6月16日开始学期考试,新生院则定于6月26日开始考试云。

《星光日报》1947年6月4日

昨晨军警临时戒严　厦鼓交通一度断绝

厦大学生接受劝导恢复上课,俾候翌日商决良策,至此拥聚校长室之学生不欢而散。迨3日晨,厦市当局急派宪警数十名,前往厦大监护学生行动。同时,厦鼓来往交通以及厦港厦大周围临时戒严不准通行,以防意外。学生方面,原定是日上课,因此无形中停止。至于被开除学籍之杨、林、叶等,现由李教授暂为保外,并另向校长商妥办法处理云。

又讯 国立厦门大学学生自治会原订于昨(2)日举行之"反内战""反饥饿"大游行一节,已经事实证明停止。但昨晨谣言仍炽,市面情势顿形严重,宪军警当局乃于清晨宣布特别戒严,并断绝厦港轮渡及海面"双桨""舢板"载客往返,以防意外,并由水警队派电艇一艘,由军警宪联合巡逻海面。时厦鼓码头因交通隔绝,欲渡海者互鹄立于厦鼓码头,尤以鼓浪屿码头渡客尤多。时民众议论纷纷,有谓政府禁止罢工、罢市,何以叫人罢海?盖未稔政府临时处理之苦衷也。另悉,厦港区厦门大学一带,今晨宪警林立,要塞部曾以电话通知厦大当局,请勿使学生外出,免生误会。校方训导课亦通告学生,以顷接厦门要塞司令部电话通知,现在厦门与鼓浪屿实行戒严,嘱本校学生暂勿外出,以免误会。又该校学生自治会,亦奉汪校长严谕,不得集合开会,并贴出紧急通告,谓昨晚同学建议昨晨8时召开会员大会,奉校长严谕不能集合。本会无法执行,同学如有意见,请用书面提出。鼓浪屿厦大新生院训导课,今晨特贴出布告,略以:昨晚奉校长电告,新生院诸生昨(3)日一律须到院上课,如有事故缺席,须以书面向训导课报告请假。又今晨鼓厦大新生院学生上课约80余名。据悉、厦大本校昨日学生已遵奉校方劝告,学生自治会会员大会亦遵令未开。

《江声报》1947年6月4日

当局审慎防范下　厦市学潮可告平息

昨晨一度紧张厦鼓断绝交通　厦大业已复课并决提前结束

本报讯　原定(六二)发动游行之厦大学生,经市政当局及校方之剀切宣导后,大多数学生均翻然觉悟,游行之举,遂被否决,已志昨讯。昨晨本市治安当局据报,该校尚有少数学生继续煽动游行,为防制起见,仍作各项必要之戒备,厦鼓轮渡曾一度断绝交通,校方亦曾下令开除桀顽不驯之学生3人。至上午10时以后,即解除戒备,轮渡交通旋即恢复。所谓"反内乱、反饥饿"游行事件,在当局严密防范及审慎处理之下,至此已告平息。厦大学校亦已渡过多日扰纷不安情形而恢复正常状态。

本报讯　据厦门大学负责方面称,该校业于昨日全部恢复,并决定本学期功课提前结束,校本部定6月16日开始学期考试,新生院则定6月26日开始考试。

《中央日报》1947年6月4日

响应于子三案　厦大学生罢课

定期3天并节食1日　昨举行于子三追悼会
学校当局曾晓谕复课

杭州浙江大学学生自治会主席于子三,因共党嫌疑被捕,于上月29日午后发现喉管被玻璃片割破,死于浙江省警保处狱中。当局以于子三系畏罪自杀,而浙大学生则以于之死不无疑窦,乃罢课要求彻查。此项消息传出后,平、京、沪等地大学生曾罢课抗议响应,本市厦大学生自治会应该校学生388人联名签请对此案应有所表示之要求,乃于12日晚召开临时会员大会。出席五百余人,当经决定,除电浙大自治会慰勉,并节食(午晚餐干饭改为稀饭)一天,以所得之款济助死者家属等议案外,又决定自

13日起罢课3天,表示抗议。昨整日该校学生全体未上课,并于昨下午3时半在该校膳厅为于子三举行追悼会。出席者极为拥挤,场中遍贴挽联,语多愤慨,并有为于子三特制追悼歌,于开会时合唱,开会时秩序良好。

至学校当局对于此次学生罢课曾一再晓谕复课,兹将其布告照录于下:"查浙江大学于生案件,业经政府依法处理,国内各大学早已平息上课,不意本校竟有少数学生提议响应于案,实行罢课,殊与政府最近颁布之戡乱总动员令,维持后方治安意旨相违,且与本校在安定中力求进步之计划不合。又据地方当局电话,亦以为执行戡乱总动员令,维持地方秩序,绝不容许任何不稳之行动。务希诸生谅时局艰难,并保持本校纯良之学风与爱惜自己之学业,从速早日上课,免生意外枝节。合亟劝告,切实遵照为要。"

《江声报》1947年11月13日

声援浙大于子三事件　厦大昨起罢课3天

昨日下午4时举行追悼大会　罢课期间举行各种学术活动

本报讯　浙大学生自治会主席于子三案发生后,引起轩然巨波,南京、北平、上海各大学先后罢课声援响应,本市国立厦门大学学生自治会亦于前晚召开临时会员大会,议决于昨日起罢课3日以示抗议。昨日下午4时,该校学生假大膳厅举行于子三同学追悼大会,到同学(新生院在鼓浪屿亦有同学参加)700人,各团体、私人所送挽联、花圈布满灵堂及四周墙壁。由自治会主席□祭,各级代表及女生同学会代表陪祭,同学发表演说,报告于同学死难经过,情绪极为哀〈愤〉。该校虽告罢课,然仍于此期间举行各种学术活动,定今日举行学术演讲二起,明日则为古物展览。

又讯　厦大学生自治会理事会通过宣言,对于子三案件,坚决要求严惩此案凶犯,请政府保证此后不再有类似事件发生,从速释放各地非法被捕同学,或立即移送法院审理。

全体同学大会并通过电文两件:

一、陈国民政府蒋主席及浙江省政府主席、保安司令沈鸿烈电文称:国立浙江大学学生自治会主席于子三等四同学非法被捕,于同学且惨死狱中。噩耗传来,本校同学深为哀〈愤〉,忍痛罢课3日,特向政府表示严重抗议。请即速惩凶,依法释放被捕三同学,并保证以后不再有类似事件发生。国立厦门大学全体学生叩元。

另致浙大全体同学称:于子三等四同学非法被捕,于同学且惨死狱中。噩耗传来,全校哀愤,决于本月13日起罢课3日,以示抗议。请向当局交涉到底,以保人权,以伸正义,本校同学决为后盾。厦大全体同同学叩元。

本报讯 厦大学生决定罢课后,学校当局以此事在其他各地已成过去,盼以学业为重。政府表示望勿复发生不安现象,学生态度则甚坚决,昨起开始罢课,惟秩序甚佳,并未发生其它事件。

《星光日报》1947年11月14日

于子三被捕自杀 厦大学生表同情 决罢课3日并予追悼

浙大学生自治会主席于子三,因参加"共匪"嫌疑被捕在浙保警处第一囚房自杀。当此案发生之初,各地以讹传讹,平津数专科以上学校同学,因激于情感,曾一度罢课。幸经各地学校当局均谨慎处理,而于明了全案真相后,均已平息,全部复课。本市厦门大学一部学生特向学生自治会理事会提议,要求对于案有所表示,理事会乃于12日晚7时,假该校大膳厅召开全体会员大会,议决响应浙大于案,以同情而不扩大为原则,决定罢课3天,并于昨(13)日下午4时许,在该校大膳厅举行于子三追悼大会。全体同学节食1天,午餐与晚餐两顿干饭都改为稀饭,将节食所得之款汇寄于子三家属。查于案经过,各地报纸均有详细报道外,真相已告大白。该校汪校长,于昨(13)日出示报告,以戡乱动员期间,亟宜于安定中求进步,劝导各学生尽早上课云。

《中央日报》1947年11月14日

厦大学生响应于案 议处两办法 学校当局昨发出布告

厦大学生为响应于案罢课3天,详情业志于本报。兹悉该校当局于13日下午2时召开训育委员会,各委员金以学生往往假借事故签名倡议罢课,既反求学初衷,又碍学校秩序。此种不良行动,且与政府戡乱总动员令违背,对于青年个人及学校教育唯有增加纷扰,引起不良后果,实属极端不智之举动。当经一致决议,先予告示劝诫,并定处理办法如下:

(一)嗣后学生自治会不得受理违法提案(如妨碍秩序之罢谓等事)而召集会员大会。

(二)在会员大会会议中,如有临时违法提案,亦不得予以讨论。如有违反上项规定,对于签名提议者与自治会理事长及大会主席,均予以最严厉之处分。上项议案,业由汪校长布告周知,剀切劝告学生,共体时艰,并维持学校生活之安定,切实遵守云。

《中央日报》1947年11月15日

侨师学潮方兴未艾　校长掩丑欲盖弥彰

女生代表续向校方提出质问　函电凿凿证实该案并非无因

市息　因是否接吻而引起的国立侨师学生风潮,并未平息。女同学昨日再推派代表8人,进谒陈校长,要求明确答覆。该校女生自日前起即行停课,昨日进而罢课抗议。事件中的问题教员林岩琛,为暂避风声,于16日起请假来厦,住于侨师附小。林之历课,暂由另一教员杨家桦代理。

该校女生代表向校长提出的质问为:一、致函王先生的主意是校长的还是林岩琛出的。二、致函所说的事,校长有何根据。三、如果系谣言则造谣的人应该严办。四、谣言来源限期查明不能拖赖。五、保留造谣者的职位重要还是学校的名誉重要。六、学校关于此次事情如有登报启事,应得女同学同意。

又本报关于该校风潮之新闻刊登后,校方即登报声明,否认其事。兹为证实该则新闻之非讹传,或捏造起见,将林、王与校长间之函电,探录于下。

致王斯成电

一、侨师通知王斯成电报:"仓前山积兴里一号忍庐王斯成,勿来。函详,侨师。"二、教务员林岩琛所寄之航空快信:"斯成吾兄赐鉴,闻吾兄下期仍拟来校共事,曷胜欣慰。惟校方意以吾兄前学期及假期在校与学生生活情形,为全校师生所共悉。今后吾兄如不拟变更环境,于公于私,恐有不良后果。弟本至诚,敢请吾兄深加考虑。专此并候起居。弟林岩琛。"(即)上言2月25日。三、王斯成致陈永康校长书：

致陈永康函

永康校长清鉴：近接家中转来2月25日电文内开"仓前山积兴里一号忍庐王斯成，勿来。函详，侨师。"后闻校长面言曾命教务员林岩琛发信一封，该信内云："见前函语多模棱合混，究竟前学期及假期在校与学生生活情形如何？为全校师生所共悉何事？如不拟变更环境于公有何不良后果，于私有何不良后果？此种电报及信之根据何在？请一一指明，详为书面答覆为荷。此候公安（3月15日）。"

陈校长覆函

四、陈永康校长覆书一：

"斯成先生惠鉴：顷奉手示，敬悉一是。关于2月25日本校及林组长岩琛兄函电所言之事，经查明后，并无根据，纯系谣言，幸勿为介。本校倚重正殷，敬希一本初衷，安心共事，不胜感幸之至。专此奉复，并颂教绥。弟陈永康印拜启，37年3月15日。"

再函陈校长

五、王斯成致陈永康校长书："永康校长勋鉴：顷奉2月15日覆书，已悉。兹有疑问七点，开列如下：一、何以利用无根据之谣言阻余来校，复指使与余毫无友谊可言之教务员林岩琛寄航空快信以助强其效力？二、谣言自谁听来？校长对造谣者如何处置？三、校长如不能严办造谣者，将何以自处。四、本人及本校女生因谣言而受名誉上之损失，将何补偿？五、教务员林岩琛前因编排功课，对本人多有不情之处，已毫无友谊可言。校长使渠寄函本人，蓄意何在？六、人无信不足立，信用为起码人格。今校长对教员随时示意他人，以书面阻止原聘教师来校，不顾呈部备案之聘约期限，使教员工作毫无保障，将何以为人，更何以对教育界。七、部方渴望本校能在安定中求进步，今校长无事生波，使全校女生于3月16日起停课，质问校长此种举动与尊师重道之旨，背向而驰。身为师范学校校长者，将何以副上峰之重寄，复何以发扬师范教育之精神？"

《立人日报》1948年3月19日

侨师风潮在调解中

侨师风波渐酝酿成潮,昨(17)日陈永康校长曾邀集该校全体女生到该校附小谈话,欲劝令彼等就范。但女同学方面,仅派代表8人前往,经附小柯咏仙校长出而转圜,均告无效。学生以所提质问,尚未答覆,即告返校,仍未复课。现全校各班功课,陷停顿中。闻该校少数教员拟出面调解,使被诬教员不至走向极端,早谋事件平息。惟如何收场,须视校方态度云。

《江声报》1948年3月21日

国立侨师学潮有扩大势　校长陈永康正力谋调解

本市讯　侨师学潮,日渐扩大,前(17)日陈永康校长,邀集该校全体女生到该拊[附]小谈话,力求转圜使彼等就范。但女同学方面,仅派代表8人前往,经拊[附]小柯咏仙校长出而转圜,均告无效。学生以所提质问,尚未答覆,即告返校,仍未复课。现全校各班功课,均陷停顿中。闻该校少数教员,拟出面调解,使被诬教员不至走向极端,早谋事件平息。

《星光日报》1948年3月21日

侨师风潮未获解决　一再调解虽有议案而无效果
学生方面扬言即将绝食抗议

本市讯　侨师此次发生罢课风潮,迄今犹未解决。昨(21)日上午9时,该校教员十余人,学生自治会代表4人,女生代表3人,在该校会议厅举行调解会议,通过议案三起:一、不使事态扩大;二、劝导学生复课;三、认真澈查造谣者,宽大处理之。唯结果仍无切实调解办法,闻学生方面表示,此事若今日尚无具体解决,非仅无法安心上课,并将绝食抗议。学治会代表亦坚决表示响应援助。当日下午,陈永康校长曾〈在〉其寓中召开教职员小组座谈会,结果未悉。

《星光日报》1948年3月22日

侨师学潮解决

本报讯 国立侨师此次再掀起校潮,连日来经全体教职员的劝导,昨风波已告平息。陈永康校长向全校女生表示歉意,并准林教务组长自动辞职,学生部分已告解决,但该教务员王斯成则坚请校方须提出渠受绯言证据,如取不出证据,将闹到教育部处理。昨早全校女生已照常上课,该校陈校长乃召集学生训话,查其内容如下。

各位同学:此次因本校教员兼教务组长林岩琛先生与英文科教员王斯成先生私人通信,而引起之误会,至为不幸。此信乃余征求林先生同意,透其私人友谊而发者,余亦当负全责。此事乃余到校三年来第一次,其动机纯为爱护学校,爱护师生,但竟引起风波,实出意外。今事已过去,各同学留作教训,勿再提起,而免伤心。林岩琛先生为人爽直,因受刺激过深,数度坚辞,不得已准其返籍修养,各同学应知其委曲求去之苦衷,而深加谅解。事件发生后,余对男同学始终安心上课,使事态不致扩大恶化,至为欣慰;对女同学为表白自己而多方呼吁,亦表同情。对校友会之关心母校协助解释,爱校精神,良深钦佩;对各先生之疏导得法,大为感谢。本人经兹体验,获益殊多,今后更需深自检讨惕励,俾侨师有所进步,以副全体师生之热望,而报教育部之重托也。

《星光日报》1948年3月24日

侨师风潮已告平息

国立侨师因"接吻"事件引起全体女生公愤的风潮,经有关方面奔跑斡旋后,始以问题人物教务组长林岩琛的引退和亲笔致函向全体女生道歉为条件而告平息。据悉:该校女生此次行动获取胜利后,曾于前晚举行聚餐会,以示庆慰。

《江声报》1948年3月25日

国立厦大发生文潮　　学生训导壁上论战

本市讯　日前本市国立厦门大学发生一出"壁上风波",至今犹在推展中。经过详情颇晓[饶]趣味,查得如下:本市国立厦门大学基督教青年会学生公社,向有所谓"工作救济",即穷苦学生可向该社取得工作,每月得酬7万元至14万元。向为学膳费补助,至本学期开课后月余,该公社存款告罄,"工作救济"不得不暂告停顿,乃由该校训导处发布文告,大意谓若是靠"工作救济"以读书的学生,最好是改行。用意本是不错,讵文中竟有"(厦大学生)莫慕虚荣,先求生活之解决""或返乡梓以稼穑,或效班超以从戎"等字句,引起一般学生不满,认为藐视讥穷学生苦学的精神为慕虚荣,有失教育者风度,叫苦学生挖酒[泥]巴(指"或返乡梓以稼穑")"大卖壮丁"(指"效班超以从戎")。于是该校《新生》、《实践》学生主办之壁刊,先后撰文向训导处开火讽刺,训导处文告是"鬼话"、"荒谬绝顶"。这些刺眼字句,使训导处也火光起来,谓该壁刊违背《言论公约》,加以"撤消登记处分",不准再出刊。学生方面以"鬼话"、"荒谬绝顶"等对训导处措词过火的地方,表示愿道歉赔罪,至所有全文大意于《言论公约》毫无违背,校方处分,有失言论自由之旨,于是全校学生皆不服气。昨该处各系级会,纷纷以辣激标语张贴满壁,对校方提出严重抗议。现事情在延展中,演变如何,端视校方今后之态度转变与否。至学生方面,据表示绝不退让。(厦工社)

《星光日报》1948年3月25日

厦大文潮发展中
学生酝酿罢课　　校方如不妥善处理后果难料

本报　国立厦门大学文潮一节,略情曾志前报,然而两日来的发展,情势并未见得有好转迹象。事情的经过是这样的,缘该校自《新生》、《实践》两壁刊先后发表文章批评该校训导处于3月1日所发之《文告》后,学校当局认为该两报违反《言论公约》,应予以相当处分。23日,训导处发出一道布告,文中大概说是,本来奉校长批示,该两壁报社予以撤销登记,并将作者及主编予以应得之处分。现在因为该两壁报社的主编人的书面报告，自知错误，经提交第十次训育委员会议决议，该两壁报社已撤销外，关于作者与主编部分，免予处分。汪校长也说这样的处分，可算是最宽大不过的了。事情闹到这里，学校当局的态度既如上述，而学生方面则认为在一个学府里，像这样一点的言论自由都不能得到保障，群情异常激愤，各级级会、各学会相继的在民主墙上张贴抗议文告。但是，抗议尽管抗议，学校却没有理会。于是前（25）日由二、三、四年级级会召开理事联席会议，讨论关于两壁报被封，及应家骥《评论报》的被"不予登记"事。讨论的结果，是要求学校收回成命，撤销校方颁布的《关于壁报应行注意事项》新增第七条的"凡在壁报上发表文字及作品者，必须用真实姓名，不许用其他绰号"的规定。同时，《言论公约》应由全体同学共同约定，校方不该赴[越]俎代庖，并拟《上汪校长书》。最后决定推派代表向学校交涉，如果27日以前未得校方肯定答覆建议时，将理事会召开全体会员大会，诉诸全体同学。另一方面，在昨天早晨，该校大膳厅已有同学签名要求理事会召开会员大会，讨论有效的抗议手段——罢课。签名的人非常拥挤，3天的"罢课抗议"正在酝酿中。

不过问题虽然相当严重，但尚未有走到尽头，则完全要视校方的态度是否转变，或表示"开明"。昨天晚上，汪校长召集各级会理事谈话，今天早上8时将在群贤楼前大广场举行月会，汪校长可能在这时对全体同学表明校方对于本案处理态度。至此后发展，那便要看今天的演变如何了。

《星光日报》1948年3月27日

厦大言论潮已告解决

厦门大学学生与学校当局间，近因文字上之误会而发生风潮，兹幸告解决。兹志经过于次：缘该校训导处上期曾得学生救济会之接济，与学生分社合设学生自助工作，藉以救济百余名清寒学生。本期起来源断绝，无法续办，遂停止大半数工作生之津贴，并通告全体学生以困难情形，末有谓各同学如实无法维持，可不必慕此虚荣，弃学或从事生产工作，或效班超之投笔从戎等语。学生对此数句多表不满，间有"实践"与"新生"两壁报，先后刊载抨击此布告之文章，语稍过激，训导处于披阅后，即认为非分漫骂攻击，有违学校之言论公约，立即限令两报停刊，并将作者姓名具报。两壁报社初以文中一二语句实有不当，但全文主旨并无违法之处，故除向训导处对文字失检表示歉意外，不允将作者姓名报告。间经学生自治会及各级代表会负责人向校长及训导长力请，始免究作者，但两壁报仍应受停刊处分，同时有学生应景骧创《评论报》刊，学校不予登记，致全体学生群起为此两案而抗议。先有各学会及级会之抗议文告，继有百多人之签名，要求合理解决，几成僵局之际，幸仍由自治会级会联合会、学会联合会、系级代表会等诸学生团体代表与校长间不断折冲，并由法学院院长王亚南从中调解，校长始答允以改订言论公约，重新登记出刊。学生方面亦认为可以接受，原定昨晚召开之全体会员大会乃告中止，而一场风波乃得安然解决云。

《江声报》1948 年 3 月 28 日

厦大文潮昨急转直下　校方态度开明　学生认为满意

本报讯　国立厦门大学发生文潮一节，发展到前天，可说是达于最紧张的阶段，学生们酝酿着要用罢课方式来表示抗议。学校当局站在行政的立场，对于该案的处分，确也煞费苦心。昨天下午，因学校的开明态度使文潮急转直下，已近于尾声。前天下午，自治会、级联会的代表们晋见校长，对"三壁报"事提出交涉，要求得一合理解决。汪校长当对代表们分析各方面外在的困难因素，而学校仍一本爱护同学之初衷，慎重处理。长谈达 5 小时之久，最后校长口头答应了三点：一、《言论公约》本来是在长汀时由同学们自己约定的，现在时地变迁，经训导处建议，准由自治会代表会重新议订，经训育委员会备案，由理事会执行。自新约生效后，一切壁报由自治会重新登记；二、《新生》、《实践》两报要求复刊一节，因处理经过及原因复杂，不予考虑，但同学另办新报，当然可以准予登记；三、应家骧《评论报》因其宗旨是明说要评论的，恐怕这样容易引起被批评者的误会，同时最好多请几个同学合办。

到了昨天早晨 8 时，在群贤楼前大广场举行月会时，汪校长于介绍本期新聘教授毕，嗣报告些此次晋京经过情形，继就提到关于"三壁报"的事情。汪校长首先以一种轻松的口气说明学校一向无意钳制同学的言论自由，并且还有努力培养一种学术自由的风气，由已往的事实，可以证明这一点。不过这次事件的发生，经过及原因都很复杂，学校的处置态度，一方面要顾到行政立场，一方面又要爱护同学，所以才引起了同学们的误会。接着并将案情经过提出报告。会后汪校长邀集三壁报主编人、自治会及联会代表再作一次谈话。谈话的结果，学生所要求的，原则上已得到圆满的解决，剩下只是一些技术的问题而已。

该案发展到这里，理事会需要有一个交代，于是在昨天下午2时，假学生公社邀集各级会、各学会代表会、驻委会、女生同学会的理事们讨论。理事们咸认为交涉既已得到圆满解决，那么临时会员大会就可以不必要举行了。一场不大不小的文潮，就这样的算是收起场了。

《星光日报》1948年3月28日

平价米空雷无雨厦大几闹饭潮　校长闻风制止风波始息

市息　在各地学潮澎湃中，为了"吃饭问题"，本市国立厦门大学鼓浪屿新生院昨亦险生风波。后经该校汪校长到场训话，对学生所要求之食米问题，予以完满答覆，请愿之举始告消息。其详情如下：在物价暴奖之今日，一般学生皆感经济困难，当刘主席临厦之时，该校学生即有向刘主席提出拨售平价米之要求。经该校汪校长与刘主席商谈结果，以本市计口授粮，4月份可能实行，该校员生当尽先配与。后因计口授粮制由4月份无法实行，乃度市府拨售该校自费生每各平价米二斗，半公费生每名一斗，米款亦经各生缴交校方，并于本月2日由校方缴交市府。惟迄今多日，未见市府将米拨发，是以各生甚为不满。适本15日为缴纳膳费期间，各生本拟将所配购之平价米以抵膳费，解决一时之经济困难。今米未拨到，又缺款缴纳，乃于前(13)日晚在学生宿舍聚开会议，一致通过全体学生300余人，定于昨(14)日晨8时半由鼓出发，前赴厦门港本部向汪校长请愿。若不得要领，当即转赴市府向市长交涉。该校汪校长闻息，即于昨晨7时半偕训导长汪西林、新生院长周辨明赶到学生宿舍，召集全体学生训话，准即日将米发清，并保证此后每月如期发下。约经2小时之训话与答覆学生提出之要求，各生认为满意，旋即恢复上课云。

《立人日报》1948年4月15日

华北学潮风袭本市昨厦大学生罢课
学校当局发出布告恺切劝止

市息 国立厦门大学学生为抗议政府解散华北学联，逮捕学生捣毁师大北大校舍及要求改善教职员待遇起见，特自昨日起罢课两天。该校当局于昨日召开训育委员会聚念会议，当即决定劝导制止，即日复课。兹将该项文告录后："查本校为免影响学校安定起见，曾经屡次告诫诸生对于任何事件应力持镇静，俾能在安定而专心致力于学术之研究与建立，不意昨日又有学生以抗议解散华北学联及要求改善教职员工待遇之事。动议罢，殊属非是，当召开本校训育委员会紧急会议，对于上项举动认为有碍本校安定之原则与社会之秩序。经议决：一、根据过去训育委员会之决议，以罢课为目的而召集学生自治会会员大会为不合法；二、不赞成学生以罢课为要求教教员工生活改善之手段，应即严予劝导制止，即日上课，除经面告自治会理事外，合亟公告，务希切实遵照，即日上课为要。此布"云。

新生院学生亦应罢课

又讯 查国立厦门大学新生院一年级学生，曾于16日上午8时前接获该本部学生自治会负责人数度通知，为抗议政府解散华北学联及请求提高教职员生工友待遇，议决即日起罢课2天。9时以前向见镇静，故有一部分仍照常上课。该院以学生在校以求学为目的，上课为学校起码纪律，遂发出紧急布告，恺切劝告，勿行罢课，以重学业。9时以后，学生自治会宣布罢课之正式通告贴出，全体学生均行休课。兹将该院布告内容抄录如下：兹据本院学生报告昨晚深夜有少数学生，擅自召集大会，发动罢课等情。查学生在校系以求学为目的，上课为学校之起码纪律，学生若可随时罢课。学校之起码纪律不能维持，是与国家设教，学生求学之目的显相违背。若云此举系响应其他学校，则响应方式甚多，何必出诸与求学目的相反之罢课。兹除通知全体教员照常到院上课外，可盼全体学生维持起码纪律，以免荒废学业。至该发动罢课学生，由本办公室通知各教职员随时检举，以凭转送训育委员会议处。如有少数学生不顾同学之学业，而必欲逞其私意者，当此时局紧张之际，倘有意外事件发生，由当事学生负责全责。特此告诫,希各本爱校爱己之至诚,接受劝告为要,切切。

《立人日报》1948 年 4 月 17 日

厦大学生罢课抗议解散华北学联　要求提高教职待遇

厦大学生于昨天起罢课两天,他们这一次罢课的原因,可以从学生自治会所贴出的布告看出来。那布告的原文如下:"为抗议政府解散华北学联,要求提高教职员工待遇,经同学 370 人之签署,提请召开临时会员大会,商讨对策。本届理事会,根据自治会会章第十一条事项之规定,于昨(15 日晚)7 时 30 分召开临时会员大会。经决议,除向有关方面交涉外,自 4 月 16 日起,罢课两天,以示坚决,分别记录在案。今再布告如上,希全体同学知照。"

15 日晚上,该校学生在膳厅里召开临时大会,出席的学生有 502 人。校方于得到消息之后,立派训导员前往劝阻,说教职员待遇不够维持生活,这是教职员自身的事,请学生别代挂虑,在这求学时代,应该专心求学,别把宝贵的光阴浪费。可是学生仍旧坚持开会,会中决定抗议政府解散华北学联,誓为华北学联后盾,请政府提高教职员和公费生的待遇,罢课以示抗议这些原则。于是决定罢课两天。

昨天,教授们照常到学校去,职员们也都照常办公,只是学生不上课,学生自治会曾贴布了《为反迫害、反饥饿罢课宣言》、《敬告师长、职员、工友书》、《敬告华北同学书》以及《代电》等几种油印品。那《宣言》里曾有:"八年抗战,同胞受尽千辛万苦,谁知道胜利后仍是遍地烽火,征兵征粮把乡下征得破产,官僚资本把城市工业压倒,钞票拼命的发,物价像潮水的涨。正当商人不能做生意,安分守己的人陷在求生不能,求死不得的绝境里,情形是险恶到了极点……"之句。而在《敬告教职员书》中有:"今天,战场在打,市场在涨,成千成万的民众在饥饿在死亡……就算厦门是一座桃源,各位师长及怎能仿效陶渊明以书籍自娱呢?"之句。

油印品虽到处张贴,但秩序却很好。校长汪德耀曾尽他最大的努力劝告学生从速上课。

又,国立厦门大学学生,为抗议政府解散华北学联逮捕学生,捣毁师大北大校舍及要求改善教职员待遇起见,特自昨日起罢课两天。该校当局于昨日召开训育委员会紧急会议,当即决定劝导制止,即日复课。兹将该项文告录后:"查本校为免影响学校安定起见,曾经屡次告诫诸生,对于任何事件,应力持镇静,俾能在安定中专心致力于学术之研究与建立。不意昨日又有学生以抗议解散华北学联及要求改善教职员工待遇之事,动议罢课,殊属非是。当召开本校训育委员会紧急会议,对于上项举动,认为有碍本校安定之原则与社会之秩序,经议决:一、根据过去训育委员会之决议,以罢课为目的而召集之学生自治会会员大会为不合法。二、不赞成学生以罢课为要求教职员工生活改善之手段,应即严予劝导制止,即日上课,除经面告自治会理事外,合亟公告。务希切实遵照,即日上课为要。此布"云云。

又,国立厦门大学新生院一年级学生,曾于16日上午8时前接获校本部学生自治会负责人数度通知为抗议政府解散华北学联,及请求提高教职员生工友待遇。议决即日起罢课两天。9时以前尚颇镇静,故有一部分仍照常上课。该院以学生在校以求学为目的,上课为学校起码纪律,遂发出紧急布告,恳切劝告,勿行罢课,以重学业。9时以后,学生自治会宣布罢课之正式通告贴出,全体学生均行休课。兹将该院布告内容抄录如下:"兹据本院学生报告,昨晚深夜有少数学生擅自召集大会,发动罢课等情。查学生在校系以求学为目的,上课为学校之起码纪律,学生既可随时罢课,学生之起码纪律不能维持,是与国家设教,学生求学之目的显相违背。若云此举系响应其他学校,则响应方式甚多,何必出诸与求学目的相反之罢课。兹除通知全体教员照常到院上课外,切盼全体学生维持起码纪律,以免荒废学业。至该发动罢课学生,由本办公室通知各教职员随时检举,以凭转送训育委员会议处。如有少数学生不顾同学之学业而必欲逞其私意者,当此时局紧张之际,倘有意外事件发生,由当事学生负其全责。特此告诫,希各本爱校爱己之至诚,接受劝告为要,切切"。

《江声报》1948年4月18日

响应川大血案　厦大酝酿罢课

市息　厦大定今日起开始罢课,响应重庆四川大学血案。该校学生签名发起者,截至昨日已达六百多人,并定昨晚召开全体大会,以决定罢课之期间。闻可能为三日云。

《立人日报》1948 年 4 月 28 日

厦大昨起罢课　抗议成都惨案　并为争取全面公费

厦大学生本 16、17[日]两天曾为抗议政府解散华北学联的事罢课两天,昨天起又罢课三天。这次罢课原因,据该校学生自治会贴出的布告是"为抗议四川省府杀害成都请愿学生,并争取全面公费。经同学 990 人之签署,提请召开临时会员大会,商讨对策。理事会遵章于昨晚(27 日)召开大会,经多数决议,除募捐节食,从事物质慰助外,自 4 月 28 日起罢课三天,以示惨案之沉痛"。学校当局于昨天上午召开训育委员会,因为校长汪德耀因公在京,除了用校长办公室的名义贴出布告,叫学生以学业为重,从速复课之外,并由训导长汪西林当面谕勤[劝]自治会理事长转劝各学生遵守秩序。

《江声报》1948 年 4 月 29 日

厦大召开训育会劝导学生复课　并面谕不得进行通电捐募

本市讯　国立厦大学生为抗议川大学生被捕事件,特联名向学生自治会提出罢课等五项办法,并于前晚召开全体会员大会。该校当局闻讯,当即劝导学生自治会理事审慎处理。然因群情愤激,劝告无效。前晚举行之学生会员大会,决议自昨日起罢课三天。该校当局以事关学校秩序,遂于昨日上午召开训育委员会,当经议决由校长办公室布告学生,以学业为重,即行复课,并请汪校长面谕学生自治会理事长转知各理事,不得执行通电与募捐等事项云。

《立人日报》1948 年 4 月 29 日

厦大当局劝导学生罢课实非理智　盼即安定秩序即日复课

本市讯　国立厦大学生为抗议川大学生被捕事件,自 28 日起罢课一节,经志昨报。查该校除由汪校长发布文告,剀切劝导外,并由校通知全体救员,协助劝导,务希即日上课。兹将布告内容探登如下:"查本月27日本校学生竟有以声援川大学生及争取全面公费为名,动议自28日起罢课三天。当经本校召开训育委员会紧急会议,经出席委员讨论,佥以全面公费,事实绝不可能。而川大事件远在千里之外,真相难明。今本校学生动辄以罢课为事,既违求学之旨又非理智之举。经决议,劝告诸生以学业为重,对于任何事件,应力持镇静,而维本校之安定秩序。务希撤销前议,即日复课为要。此布。"

《立人日报》1948年4月30日

对教师深表同情　南桥报反被责问

本报讯　本市大同中学训导主任庄汉水,前日与市府警卫发生误会事件,该校会派代表赴市府请愿,并提出要求。经黄市长当面接纳,并表歉意,事件已告一段落。本市南桥日报于当日以经过事实报道,昨晨11时许,该庄汉水竟纠集六七十人,涌至镇帮路该报门口,先由学生六七人把守楼下楼上,并不准人员出入。时该报王社长得讯,急速赶回,路上偶遇思明分局长安尚志,乃偕同返。此时警局亦派白所长带率警员多人到场。学生方面认为该报标题有意侮辱,当提出要求,迫该报接受,情势颇为严重,前后将一小时始离去,幸未发生不幸事件。据该报负责人语记者,本报昨(27)日所载新闻,系在请愿时记者当场所采访,纯系公正之报道,不料该校学生认为本报标题"家贫无奈作先生"有侮辱该校教师之意,以暴力胁迫答应更正,与在各报刊登三天道歉启事。本报为避免事态恶化,且感到当时生命已失保障,因是时适有电话来访,本人欲接听筒,中一学生急起阻止,厉言:"条件答应后始准接听。"另一学生凶暴的说:"把电话线毁断。"处此威胁之下,乃盖章答应其所提要求。须知在目前社会情形之下,文化教育工作者同样遭受苦难,我们文化工作者其苦尤甚,而所受之社会轻视亦比教育工作者为大。因此我们对于教育工作者之清苦,为国育才之精神,素表敬仰与同情,所载标题实系针对社会之不重视教育,不尊师重道之讽刺,绝无存有侮辱之心。该校学生竟尔出此暴力,是否系受唆使,抑有其他作用,本报均感不幸和遗憾,除经将经过向有关当局报告真相外,尤望社会人士暨教育先进主持公道,并请同业予以有力援助云。

《中央日报》1948 年 5 月 29 日

厦大四系学生罢课事调解中

本报讯 国立厦门大学化学、土木、机电、航空四系 1949 级小组为争取暑期实习津贴,休课一天一节,经志前报。该四系学生昨已暂先复课,一面仍在交涉,学生所提要求中,校方已允将七八两月公费先行垫发。至赴台湾实习,每人旅费 600 万元一项,校方以数目庞大,且计算不尽合理,未予答应。现正由该四系系主任调解,在数目上可能作适当调整,学生方面情绪一般亦见缓和。

《星光日报》1948 年 6 月 2 日

市教会再开理监会　坚决留吕仲驹

本报讯 厦门市教育会,因市立中学校长吕仲驹他调,对本市教育及学校前途,影响至大,特于昨 8 月 8 日召开理监事联席会议。计出席理监事王连元、叶英、吴龙江、庄云斌、戴光华、李禧(连元代)、孙森等 8 人。兹探悉讨论事项如下:关于市立中学校长吕仲驹他调,应如何请求免调,以利本市教育案。议决:(一)续电省教育厅收回成命。(二)略。(三)推举叶英、吴龙江代表本会向刘主席请求免调,推举王连元、甘朝驹代表本会向市政府请求免调,推举庄云斌、孙森代表本会向市参议会陈述意见,请主持公道。(四)吕校长仲驹,办学成绩优良,□□他调,对市立中学之前途,影响甚大。本会为谋本市教育之发展,主持正义,并慰群情,决力求政府当局免调。

又讯 市中吕校长,闻将他调消息传出后,日来各方纷起挽留,昨(8)日市教育会议曾讨论,坚决表示挽留到底,除电请省政府教育厅准予免调外,并分电市政府市参议会转请上峰免调。又该校教职员联席会,及学生自治会,前(7)日亦相继电请省府教厅及市府准予免调。众信此调任事因非客观所需,将不致成为事实云。

《立人日报》1948 年 8 月 10 日

市中师生推代表谒刘主席请愿　要求免调校长吕仲驹

本市讯　市中校长吕仲驹，自调任消息传出，教育会发表意见后，厦市各界均纷为电请免调。该校全体教职员学生，以吕校长服务教界，忠贞不二，十数年如一日，为维护学校，保障教育人员起见，特推代表十余人，晋谒刘主席，坚决表示请求免调。当蒙刘主席亲接见，而加慰勉外，并云教育人员，本不宜常作调动，才可使其安心服务，不致影响教育前途。至要求免调，允予返省后，查明真相，如果吕校长没有过失，决不轻予调动云。各代表聆悉后，即与辞返校。

《星光日报》1948年8月13日

市中新旧校长　省令赶办移接

市息　本市市立中学校长吕仲驹，奉调海澄县中校长，遗缺调云霄县中校长石益谦接充，经志本报。嗣本市教育会呈请省方挽留吕校长，兹闻市府业奉省府露未□电，以开学在即，该市新旧校长，尚未移接，仰克日派干员切实协同办理，并将移接情形及日期电复为要。又，教二未电，以该市中校长职务，催遵前令，由石益谦接充，仰迅饬旧任吕仲驹，交新任接收具报。该新任校长石益谦，闻已由云霄移交竣事返厦，正向市府请示接收事宜云。

《立人日报》1948年8月29日

省府电厦市中校长应遵令移接

关于市立厦门中学移接问题，迄今悬未解决，省府刘主席顷覆电厦市，仍遵前令移接。原电略以市中人选应遵本府前令，由石益谦接充，仰转饬新旧任校长，即日移接具报为要。市立第二中学，省府亦不准许设立。（中央社）

《江声报》1948年9月19日

市中校长省催移接　另设二中电复不准

中央社厦门 18 日讯　关于市立厦门中学移接问题,迄今悬未解决。省府刘主席,顷覆电厦市,仍遵前令移接。原电略以市中人选,应遵本府前令,由石益谦接充,仰转饬新旧任校长,即日移接具报为要。市立第二中学,省府亦不准许设立。

《立人日报》1948 年 9 月 19 日

生活困苦难维持　厦中教职总请假

本报讯　厦省中全体教职员,因 11 月份薪水迄昨未发,生活无从维持,乃决定自今日起实行总请假外出告贷三日,并发宣言如下:抗战胜利,人人望治,不幸内战扩大,烽烟遍野,经济一再失据。特殊阶级,穷奢极欲,人民饥饿,颠沛流离。本校教师,月入七八十元,虽加倍半,也不足购柴米百斤,而本月份时间将过,政府当局尚未分发分文,对教师起码生活,既无法维持。今复置全体同人陷于饥饿死亡,而不顾教育,油尽灯枯,责任何属,不问人人自白。同人两旬来虽愿枵腹从公,惟各人眷属日来饥号啼哭,身难踏上课堂讲台,心又何安于讲学?迫不得已,同人决定 22 日至 24 日止,总请假三天,以便各人分头借贷,而维苟活。事恐当局及社会暨各家长同学不明,用特宣言如上,敬希察详。

《中央日报》1948 年 11 月 22 日

厦中教员照常上课

本市省立厦门中学 11 月份教职员薪俸,因时逾两旬未奉省府发下,各教职员生活艰苦,请假借贷维持,详情已志昨日本报。兹悉,该校 11 月份薪俸于 22 日上午,已由省行照 10 月份旧待遇标准数目拨到,并由该校另向省行借款垫发一倍半,各教职员生活已可勉强维持。为顾全学业起见,于 23 日起,各级课程照常上课云。

《江声报》1948 年 11 月 23 日

厦中教师今日复课

本市讯 本市省立厦门中学11月份教员薪俸,因时逾两旬,未奉省府发下,各教职员生活艰苦,请假借贷维持,详情已志昨日本报。兹悉:该校11月份薪俸于22日上午已由省行照10月份旧待遇标准数目发到,并由校另向省行借款垫发一倍半,各教职员生活已可勉强维持。为顾全学业起见,于23日起,各校课程照常上课云。

《中央日报》1948年11月23日

双十学治会决罢课三天　声援四一惨案

双十中学学生自治会为声援"四一"惨杀同学事件,决定自昨(10)日起罢课三天,以示抗议。并于昨日下午三时举行死难同学追悼会,以及通电慰问,贴标语,并与厦市各大中学联谊会采取一致示威行动云。

《星光日报》1949年4月11日

市立二中罢课两天

本报讯 市立第二中学全体学生,于前昨两日罢课,以示声援南京"四一"惨案事件。当时该校当局不允,后经该学生自治会开会极力抗辩,校长戴光华恐酿成事件,始许罢课。(禾)

《星光日报》1949年4月13日

一片罢课潮　集美各校九日起罢课四天

本报集美讯 集美高中、高水、高商各校学生,因抗议"四一"血案、龙师血案,和侨师附小的被侵害,以及呼吁停止征兵粮,特签名联呈各校学治会,召开临时会员大会表示态度,并于本(4)月9日上午8时,各校个别举行会员大会。当场议决:自9日起罢课4天,通电总统府,表示抗议。印发宣言,制贴标语。下午,各校联合在集美附近各处游行。10日上午,学联会举行早会,下午八时在高中升旗场举行晚会。初中学生闻讯,亦全体整队前往参加,且自10日起罢课三天,教师前往参加者亦不少。在晚会进行中,学生教师先后登台演说,且备些游艺节目表演,历三小时散会。11日上午早会,下午集团歌咏,12日工作,先是要去厦门或同安去游行,嗣以游行不如深入民间宣传的实效,学联会乃决定至各村落去宣传,及灌输些对国家社会的现势认识给村民,以深入民间。12日,蒙蒙的阴雨,并不能阻止满腔热情的青年分子,四校学生共有一千余人,他们为着唤一民众,以争取真和平,及停止征兵粮,冒雨到集美附近如高崎、灌口、后垵、孙厝、下村等地方去宣传。(美4月10日寄)

《星光日报》1949年4月13日

第九章

其他资料

一、考察交流与领导视察

教育局督学蓝洪瑞视察崇实小学 有应努力改进者

　　教育局前令该局蓝洪瑞督学视察崇实小学情形,经蓝督学将情报告该局。故该局据报后,特于日前将该校应努力改进各点,训令该校校长遵照办理。文云:本局督学于9月24日到该校视察报告,谓该校在二舍庙校舍狭小,不敷分配,光线、空气均不甚宜。现将学校分成二部,计有学生282人,分为六级,初级四,高级二。教职员13人,师范毕业者2人,其余多属中学毕业。校长杨昌国视察时不在校,兹将该校教学设备、训育学生活动各方面分述于下:教学组织各科教学研究会二星期开会一次,教务会议亦同。视察时,初级二年级教员江宗琼授"社会读解"均用厦语,声言似嫌低小,精神亦欠振作,眼力少注意全级学生;5年级教员康超华授作文,为《劝友勿购日货书》。际兹日本侵略东省屠杀同胞,反日潮流高涨之秋,出此题目颇称洽当。学生方面共29人,出席者24,迟到2人。

《江声报》1931年10月21日

教局视察雅化树智后函令改进

教育局前据该局蓝督学洪瑞,赴雅化小学视察情形报局后,该局特于日前训令该校校长,应改进之要点如下:一、该校上课经已三周,教职员履历表及总课程表犹未制就,似欠努力。此后应加紧工作,力求完备。二、图书方面,须切实整理,力求完备,俾儿童得有阅读机会。三、体育场过于狭小,加以有各种障碍物,殊为不合。此后应加整理,并设法扩充,切实指导学生运动。四、课程中之读方、图画、三民、手工、英文等名称,应改为读书、美术、党义、工作。英文一科,改选修科或删去。五、教师康鹤龄,应改用国语教授,并于敲上课钟时,到教室教学。眼力方面,尤须顾到全级,俾各学生均有活动机会云云。

又,训令树智小学校,略谓,该校教学方式纯用讲演,于小学方面似不甚宜。此后应多鼓励学生自动,使之预先预备提出问题讨论。课程方面,应照部颁小学课程暂行标准用分钟支配图书;手工、习字、体操、公民等科,应改美术、工作、写字、体育。公民一科,归入社会科等语。

《江声报》1931年10月23日

简　报

教育局第二次学术讲演会定本月31日(即本星期六)下午二点半钟在教育会举行,讲员为厦大新教授钟鲁斋博士,题目为《新教学法之原则与其特点》。

《江声报》1931年10月29日

王书贤昨视察十二校　日内赴金门

省督学王书贤,昨(9)日视察思明义务、龙山、大同、大同幼稚园、宗文、人道、浔江、清河、民立、培英、同文、厦中等校。据王谓,候厦鼓禾三处视察毕后,即日金门、兴化、泉州、永春、德化一带视察云。

《江声报》1933年3月10日

王书贤发表视察思明教育情形

县立成绩比较可观　私立内容简陋比私塾还不如

前日上午10时,教育局以王督学书贤在本县视察教育多日,特邀请与全局人员开谈话会,首由主席林德曜报告开会宗旨两点。一、表示欢迎。二、请王督学将视察各校情形报告,并指导改进方针。林局长发表意见,对于第一点意见,甲、扩充县立学校。乙、扶助和督促私立学校之改进。第二点,令各校遵照部颁课程办理,本局督学到校视察及审查校务状况时,亦曾再三纠正。因各校积习太深,难于改进,或则仔适应地方需要为辞。第三点,复式制度问题,本县因经费及校舍种种关系,常采用复式制度,甚至把高级亦合班教授。对于此点,本局亦已再三劝告,并令有此种情形者,只办初级小学为妥。第四点,本县县立普通各校,每级每月80元,实小一百,教师待遇较私立为高,聘请有经验的教员自较容易。私立学校经费,多由校董捐及募捐学费而来,但因迩来南洋商况受世界不景气的潮流所影响,侨商失败,各校亦间接受其影响。本局又因经费困难,无法筹补。第五点,经费问题,现本县教育经费,每年6万余元,对于民众义务等教育之设施,均属无法进行云。次林东山发表意见,谓本县教费,年仅7万元,此项数目,多由教育界自行筹得。以前本县教费不能增加有二点原因:一、因那时长教育者,不努力增筹。二、教育界多分派别,从事内争,致所有公共地点被市政拍卖至尽。现在要整理本县教育,必须请教育厅就本市营业税及房屋捐两宗税收项下拨出一部分充本县教育经费,否则本县教育决无发展之希望。最后由王督学发表视察本县教育情形,略谓,此次奉厅令,首先到厦门视察教育,在此按逗留12天。本县学校林立,每日须视察七校异常忙碌,好像走马看花的样子,不能作精确的批评。但现在对于本县的学校,还未视察完竣,不过就就兄弟视察各校所感到的几点意见,稍为报告于下。(一)各校每班学生数太多,照教育厅规定,每班的学生数不能超过60人。现本县县立各校均超过此额,如玉紫每班有百零八人,大同每班有八十余人之多。据各人言,系因学生父兄多欲把子弟送到县立来念书,所以学生这样的多。但昨天兄弟视察私立各校成绩,并不见好,学生数也是非常拥挤。照这样观察,县立各校纵不收容,私立各校亦难容纳。兄弟前几日看这类学校教员教学虽很热心,可是因为个人的精神能力有限,不能顾及全班秩序,希望大家对于此点能够设法解决。(二)私立学校课程多与部颁标准不符。本县私立各校课程,多与课程标准不合,有的设立选修科,有的自由增删学科,名称时间支配多不妥当。(如雅化、思明、义务、浔江、民立等校皆是)以兄弟意见,依地方需要,亦未尝不可增加课程。可是所增加的学科,应在自修时间内教学之。(三)编制问题,复式制度,本来在乡村经费缺乏或校舍不敷之学校,是很可适用的,但本县本许多学校采用此制者,多不明了。复式原理对于课程排列的时间,学科动静之分配,全不适宜,有的把两班同时授同样的学科,而使一班笔答。一班教学自谓一动一静,照这样下去,教学时间无形中损失了一半。所以这点亦应想法子改良,最好令各校高级分班教学。(四)县立学校好的多,私立学校坏的多,在这几日所看的学校比较起来,以县立学校的成绩比较可观,□□其办理,则教育效率,毫无益处。若勒令停办,则本县失学儿童,听他进入何处的学校?照这几点看来,若不赶快想法补救改善,思明教育的事业,不但难望进步,且恐有日渐退化的危险。(五)经费问题,本县经费缺乏,目前最紧要的为增筹经费问题。林局长对于经费之筹划,亦甚努力,可是结果也等于零,未有所得。至增筹经费的办法。兄弟对于地方情形,不甚熟悉,不便轻易谈起,希望诸位作一整个筹划的方法。兄弟所能及者,当尽量帮忙云云。

《江声报》1933年3月12日

省督学王书贤呈报视察经过及请力争教费

思明教育亟须改进与扩充
指拨各税若干成实属必要 前日赴禾山视察

王督学书贤前日赴禾山方面视察,兹将是日视察各校,录之如下:一、乡村实验区简易小学。二、奎璧小学。三、禾山小学。四、蒙泉小学。五、湖山小学。六、殿前小学。七、祥坑小学。八、侯卿小学。九、培三小学。十、云梯小学。十一、培英小学。查是日,由林局长德曜、庄督学恭继及陈彻臣等引导,前往视察。又王氏昨呈教厅厅长郑贞文,呈报视察经过,及请力争拨本县营业各税20％为教费。□录呈文如左[下],呈为呈报事,督学奉令出发，于3月3日到厦，4日开始视察。迄今已近一旬，计有二十余校。查县立各小学学生额数极多，如玉紫小学一班，竟至108人，或八十余人。其他各校平均，每班学生亦在六七十人左右。私立各小学，亦属非常发达，即如办理较差之私立雅化、清河、民立、思明义务等校，每班学生亦见拥挤，甚至因学生过多，教室椅桌充塞，学生无路出入，均由桌上越过。似此情形，教学、管理两受妨碍。今欲筹谋补救，亟须扩充县立小学，增设学级。又查各校设备，县立各校比较完全，其余私立各校内容完备者，尚属无多。再各校校舍多甚狭小，不适于用，且鲜自建。兹欲增开学级、扩充学校，大非筹建校舍不可，就上视察情形，思明教育，亟须改进扩充，而改进事项，认为急需者，莫如扩充学校，增开学级，充实设备，筹建校舍。惟此数项，非款莫办。按思明教育经费，年仅6万余元，用此区区之款，办理全县教育，维持现状，已属难事，何能期其发展与进步。若长此以往，不设法补救，不但无进展之希望，且恐有日就退化之危机。查该县增筹经费，经过情形，据林局长报告，前曾几度筹划，均临失败，如民国19年之筹设洋灰铁根，及戏票附加教育捐等，20年之请拨营业税，21年之请设电灯附加捐等，虽努力筹划，多方奔走，然时机不遇。结果，尽等于零。现厦门商况日趋日下，景气非常不佳，且捐税加□□收，民众负担又重，故欲筹划新税，或附加捐款，皆属难能之事。然教育为立国根本，百年大计，非政府指定专款办理地方教育之需，终难济事。兹以不扰民不病商为原则，增加思明教育经费，应由地方岁收额下拨出百分之若干为教育经费。查思明营业税开征已久，此次业营税局奉令加成□收，年可达50万元左右，房铺税省厅已设局办理，每年抽收租金1个月，全额可达百万元。又丁粮地租亦将独立设局整理，年约8万余元。似此地方税收大见增加，指拨若干成数为地方教育经费，实属必要之举。复查民国20年3月间，□前教育厅长向省政府提议，请将各县营业税划拨一部，以充地方教育经费一案。业经省政府审查各县征收之营业税，应划出若干，以充地方教育经费，其成数由财教两厅斟酌办理，并于4月3日第89次省府会议议决，照审查报告办理。同年5月间，第二届全省教育局长会议，公决，请由营业税收入项下拨出20%为地方教育经费。又经省政府委员会第97次议决，照审查报告办理。按审查原文，查举办营业税拨充地方教育经费，经议决有案，所请各节，统应俟将来实行时，再行呈候核办。又第二届全省教育局长会议,在厅中提决方案,对于地方教育经费之增筹,亦已规定,乡村县份增设田赋附加,城市县份抽收房屋税,并经大会公决,呈请省政府准有案。现思明营业税开征已有数年,房铺税□将成立,理合具文呈请钧长察核,恳迅援据成案,提出省府委员会,竭力争拨该县营业税房铺税20%,为该县教育经费,并恳令饬思明政府照视定之丁粮地租附加教育费成数,按月拨交该县教育经费管理处,不得移挪或短欠,以维教育,而资扩充。实为公便。

《江声报》1933年3月15日

教局昨召集各中小学教职员开谈话会

王书贤训话注重力争教费　余超提改进教育会三办法

思明教育局昨召集各中小学教职员假教育会礼堂开谈话会,计到七十九校,教职员200余人。下午4时20分开会,首由教育局长林德曜声明云,本日因教育会大扫除,未悬党国旗及总理遗像,众起立,由林主席背诵遗嘱。继由省督学王书贤训话,总括其要点:一、希望各教职员要以教育为终身职业。办教育事业,是一桩非常辛苦的工作,尤其是办小学教育的,厦门的生活程度比全省各县高,而教员待遇并未提高。兄弟对诸位中小教职员的苦处表示十三万分的同情,但我们要在苦中寻出快乐,一个无知的儿童,受了我们的教育后,能在社会上有所作为或做出轰轰烈烈的伟大事业,此种的功勋全在我们的教员身上。我们在物质上虽辛苦些,但在精神上得到的快乐匪可言喻。二、希望办学人员要以身作则,我们教育儿童,与其口说,不如以身作则来得有效力,先给学生对教员有可信仰,然后教育方有效果。三、职教员对于校务要共同负责,希望各学校多聘专任教员,以专责成。在小学方面,除自然一科须聘专任教员外,其余教员要各科有相联络。学生之成绩,至如何程度,全校教员要共同负责任。四、学校财政要绝对公开,最好校长能将全校财政状况,召集教员讨论应用之法,如何物为急需先购置,较次后购置;如此财政公开,全校教员与学生不致对校长误会。五、希望各校合力创设公共科学馆。此次视察结果,各项仪器设备或有完全,或不完全。倘能合力倡办科学馆,则各校学生皆有仪器实验之用,不致或缺。六、希望各小学五六年级若采用复式制度,其功课表应切实依照复式制度一动一静之排列方法。七、要充实或创设各校儿童图书阅览室。因儿童图书阅览室可以养成儿童好读书报之习惯。八、各校课程表须依照教育部颁布之课程排列。最近部属小学课程表,登在教育厅出版之教育周刊第139期,诸位可以参阅。九、希望各校力求实际,勿徒务虚名,各视经费力量可办中学即办,勿以仅是办小学之经费而欲扩办中学,结果不得教育效果。十、各校职教员须与教育行政人员步骤一致。据报告,前思明县长擅准鸡鸭捐局免缴税3个月。查该捐局教育费项下每月700元,合计2100元,影响教育事业至大,我们教育界要站在同一战线上,力争教育经费。教育为立国大计,我们应该一致力争增加教育经费,努力奋斗云云。次林德曜报告前县长擅免鸡鸭捐2个月税款,与交涉情形谓当极力与前县长清算云。

又次,教费管理处长、县教育会常务余超报告力争增加教费经过,并提出改进教育会办法如左[下],一、组织思明市教育会筹备会,查思明股市。经奉明令□布,思明市政筹备处,亦已成立。市政实现,为期不远,本会原为思明县教育会,本年夏季,已届改选之期,应乘此时机。提前组织思明市教育会筹备会,促进思明市各区教育会,提前组织,俾思明市政府成立。思明市教育会,亦得同时产生,以期进行本市教育研究事宜。二、公禁本会会所永远不得借任何团体或机关假此办公。查本会会所,楼上只有会议厅一、办公室一、图书室一、游艺室一,楼下讲演厅一、勤务室一,余为通巷及庭。欲发展会务,尚为不足,如一借其他团体或机关,假此办公,则管理设备诸多窒碍,应公禁本会会所,永远不得借其他团体或机关假此公办,并勒石为记,以杜流弊。三、筹募本会经费以期振刷会务。查本会,毫无基金,每日只有经常费50元,会务何能进展?此次重新修葺会所,土木丹垩等工料费,除向各学校募捐数十元外,已垫借数百元。以后逐月经费,及进展计划,如经费入不敷出,则巧妇亦难作无米之炊。为今之计,应积极筹募本会基金,及临时经费,庶会务得以蒸蒸日上。以上提案,因时间已晚,未及表决,即告散会。

《江声报》1933年3月16日

市府三督学视察各校之报告

历时三月视察八十八校
学费征收超过部定　经费分配多无标准

市府教科督学黄式厚、蓝洪瑞、吴昆仑,此次视察厦市各校观感,略谓,厦门教育事业,近几年来虽略有进步,惟因社会经济种种阻滞,未能尽量发展,以应实际需求,良可概也。式厚等9月中旬开始视察迄今,计视察私立中学十一校,幼稚师范一校,美术学校一校,私立小学五十九校,幼稚园五校,市立小学九校,幼稚园二校,共计八十八校。为时间精力所限,姑用分区视察办法,将本市中小学校分为三视察区,归由督学三人分别负责,并将视察要项分为(一)经费,(二)校舍,(三)设备,(四)行政,(五)课程,(六)编制,(七)训导,(八)教学八项。各项之下又析为数小目,以为视察时记载之标准。对于各校应改善各点,除视察时以诚恳态度,向各校当局指明外,仍将视导意见,酌量需要,分别缓急。呈请行政长官,令知各校,俾资参照。惟时间短促,视察未能专精,疏略挂漏在所难免。兹者视察工作告一段落,特将实况观感,略举概要如下。

经费,略分来源、分配及管理三端。(一)来源:本市学校除少数私立及市立学校外,多无确定基金。故学校经费,不得不仰赖于学费之收入。学生纳费,亦因而超过部定标准,初级小学每人每学期学费有达16元者,高级小学有达25元者。此外杂费(如注册、印刷、手工、图书等费),亦多在二三元以上。似此征费过巨,殊失办学本旨。(二)分配:市立及私立学校经费,用途之分配,亦多不遵部定标准,教职员薪金占百分之八十至九十以上,致各种设备异常简陋。(三)管理:一部分学校,(私立尤甚)对于经费之收支,多未能切实公开,致校中同事,啧有烦言。

《江声报》1933年12月24日

校舍布置皆宜改良　编制教读亟当纠正

校舍方面,分环境及内部述之。一、环境,各校地址以教会学校及历史悠久之私立学校为佳,学校环境类皆优雅清净,宜于修学。至于一般经费不足，杂处街衢，建筑简陋之学校，则市声嚣杂，空气恶浊，对于学生身心影响至大。二、内部，校内分布置利用两点：（甲）校舍使用除一部分学校及新近建筑之校舍，对于教室使用比较适宜外，其他市立私立学校之教室，不特采光通气诸多不合，面积亦太狭小，以致学生拥挤，空气欠佳，对于教师管教儿童学习，影响尤巨。至礼堂、办公及阅书报室等，或付阙如，或甚狭陋，尤属缺憾。（乙）布置，少数学校对于校内布置，颇有足道。例如利用隙地种植花木及饲养动物，以引起儿童研究自然之兴趣，并供给实际劳作之机会，良堪嘉许。其他对于此点仍不注意，旷他任其荒芜，布置一无所有。此类学校，当局多以经济困难为词，实则利用隙地使环境美化，何尝处处需费金钱，其放弃责任不肯创造适宜环境，自属无可为谅。

设备，分下列数端：一、仪器标本挂图及其他教便物。中学方面，自然科学仪器之设备，以历史悠久或经费充裕及学校当局，或自然科教员能特别注意者为最充实。如同文中学，理化生物均颇完备，大同中学生物方面亦有可观，此外亟谋充实自行采制者，固有若干学校，然未能尽其财力注意补充者亦殊不少。小学方面，能注意经营自行采制者，以市立吉祥、私立群惠及厦大实验小学等校为著，惟尚有不少学校除略置挂图借资点缀外，其他全付阙如，于教学上尤多阻碍。二、图书方面，自"量"言之，以私立慈勤女中为最多。该校中西文书籍达万册，此外六七千册者亦有数校。小学方面为数无多，能根据儿童需要，按各阶段罗致者旧有数校，然间有寥寥几册，甚或一无所有者。一般小学之未能切实注意儿童课外阅读，于此可见一斑。三、运动游戏器物。中学方面运动器物之设备，视学校场所而异，大抵男校较女校为略备。然求其能供应全校学生需求者，以教会所办之学校为可观。小学方面，除三四校尚能为相当之设备外。大抵因缺乏相当场所，或限于经济，异常简陋。球类及游戏器物能兼筹并顾者尤属仅见，至杂处街衢学校，甚或付阙如。是殆□市学校之共通缺憾欤。四、卫生设备。整洁与体格之检验，以及简单救急药品，间有数校设备颇见完全，然仍有多校未曾注意及此，或以校医药局近在门外，毋须设备。是盖未能注意健康教育之实施矣。

行政方面：一、组织系统。本市各校对于组织系统虽不乏密而适当者，然多数学校均有下列两缺点，（甲）不切实，间有数校之行政用领袖制，事无大少，皆集中二人之身，而其组织系统表上，亦眉目纷繁，不顾实际，徒事铺张,于学校行政殊鲜裨益。(乙)不完密,间有数校其规模宏大,亟应有周密之办事系统,而反不加意及此。依小学法之规定,小学教职员5人以上者,应组织教育研究会,许多学校之系统上既无此项组织,而事实上对于办事方面尤乏整个计划,是又失之太简矣。二、行政周历。中小学有行政周历之拟定者甚少,多数学校对于重要事项,常有颠倒稽延疏忽种种弊病,程序既欠确定,效率自难提高。三、教导计划。各校组织上,采用教导合一制者固不少,而实施计划则未尽然,希望此类学接[校]以后能切实注意。四、各种会议之规定。于各校行政组织系统表上,颇称完备,然多有不能按期举行者,实验小学及一部分注意改进之小学,较中学为能实行。此外能依照小学法之规定按期开会,着实研究者寥寥无几。考其原因,或以学校当局不愿集会,多予同事建议或批评之机会,或以同事多未能切实负责,开会时兴味索然,前者不特易引起同事之误会,抑且自杜集思广益之路,因噎废食,殊属失策;后者则因同事缺乏合作之精神,与当局向无切实之计划使然耳。五、学校经济之公开,与学校行政及教学之关系綦切。各校中尚多举全校经费收支分配及稽核之属,由校长及各该管职员包办者,以致同事未由过问,坐使校内精神渐失团结。六、主管机关委办事项。各学校对于主管机关委办事项,虽奉行甚力,按期办妥者甚多,间有少数学校,视若等闲,任意稽延,以阻滞行政者。亟望各校当局于此应尽义务,加意奉行,以为学生倡。

课程,课程方面略分下列数点:一、课程之标准。多数学校于课程规定,大体尚属不悖标准,惟间有数校,对于"公民训练"未能遵照实施,甚至完全疏略。"珠算"一项,亦多有疏忽者。此外如沿用旧习,增设不合时之目科,如"论说"及宗教式之"谈话"等,尤属不合。二、日课表之编排。间有一部分学校未能适应儿童心理,教学时间仍有沿用点钟制者,亟应改善。三、教科书之选择及补充读物。本市各校教科书之选择,大体尚属适宜,惟间仍有采用旧课本者,与部颁课程标准未能适合,亟应改换补充读物,以幼稚园读物及音乐、美术劳作社会等科为多。间有搜集本地歌谣,编为有系统之补充教材者,如群惠小学,因儿童特别需要,编日用常识补充教材者。如渔民小学之渔□常识等,尤有价值。学级制、学级之编制,类皆根据普通标准,采用科学方法,分编班级者极少。在普通情形之下,尚有下列两点,亟应改正,一、各级人数太多,市立、私立各校中多有□级,人数多至七十名以至百名者,教室异常拥挤,影响于教学效率儿童身心至大。二、高级复式教学,私立规模较小之学校,常因人数太少,或限于教室,采用复式教学者,间有数校初级四年与高级一年之学生合为一级者,尤属不合。亟应分开或裁缩□级,不应以学生父兄之请求为词,置教学效率于不顾。

训导。训导方面,约分制度及实施办法。一、制度。中学训导制度问题大多仍保留训育主任,各级设有级任,间亦仅有训育主任而略设训育员一二人,襄理日常事务,举训育全部责任集中于主任一身者。或至无切实负责之主任,委全部责任于校长者。校风不良,此为主因。小学则除保留设立主任(训导或教导)外,多数设有级任,分别负责各该级训导工作,间有二三校实施训导团制,设有生活指导团,颇著成效。二、实施办法。中学方面于处理消极日常事件外,能拟具积极指导学生各方生活之办法者为数既少,而能切实施行著有成效者尤属仅见。一般教师类皆以依钟点教学尽其能事,既设有级任者,亦多以未便开罪学生,委责于校长,或训育主任,甚或有校长绝少到校,而训育主任又系兼课之党义教师,未能完全负责者,则多互相推诿。今后为整饬校风计,此点实急应注意。小学校中学有切实计划,间有数校尚能以公民训练为中心,拟具实施训练办法,为各级订有公约等,举行中心训练周,亟谋与教学及家庭联络。然多数小学则仍缺乏具体计划,至注意训教合一,考察成效及联络家庭者尤少。

教学方面,分教学方法及学生反应两点。一、教学方法。中学方面类皆用演述式,实行问题教学,用讨论方式进行者殊属罕观。小学方面,大体较中学为能注意新方法,为设计教学、问题教学、自学辅导等,皆有数校采用,然尚多沿用注入式,偏重强记课本,甚或照字讲读,自始至终全由教师一人活动,而儿童索然静坐,形若木鸡者。或教师毫无准备,兼以临时拙予应付,迨上课时始翻阅教学指导书者。此种情形,多系学校经济困难,所聘教员师资较差,上课教学多用方言,然亦间有二、三校自低年级第二年即开始试用国音教学,其余多于中年以后始行采用,即高年级教学尚用方言之学校,亦仍不少。亟应改良,以利国音之推行。二、学生反映。中学因多用演讲式,学生殊少反应机会。材料充实,演讲灵动者,学生尚能注意,否则抛弃课业翻阅小说者比比皆是。小学方面,教师能注意教学法者,大都学生勇于反应,上课之时,神情活跃,兴味盎然。真正学习精神,可以概见。然专事注入之教师,除循声朗诵及和读外,皆索然乏味,少有自动之反应。

总括此次视察所得,知本市学校今后应行注意改进之要项如次:一、经费方面:(甲)学校经费来源,应亟谋开阔。学费之征收,应尽量减少,并设定减免费名额,应在全校学生 1/5 以上。(乙)经费用途之分配,各方面应力求平均,薪俸至多不应超过 80%。(丙)经费管理应力求公开,此点系改进意见,自应根据观察各点提出非重复也。

校舍方面:(甲)各校地址太不适宜者,应设法迁移;周围环境可以改造者,应尽量改造。(乙)教室面积不足多容学生者,收生名额应有相当限制;采光通气不适合者,应筹补救办法。(丙)注意环境布置,利用劳作及课外时间为实用生产活动之训练。

设备方面:(甲)仪器、标本、挂图及其他教用物,应以实用为原则,自行采制,或择要购置。(乙)图书应有详确之登记,以供应各阶级学生需要为原则,酌量购置。(丙)运动游戏器物,应以足供全校学生之需求为标准,力筹补足。(丁)卫生器物应注意置备,以利健康教育之实施,卫生常识之训练。

行政方面:(甲)行政组织,应以切实为原则,酌定分工计划。(乙)各校应及早拟定全学期行政发展计划,订定行政历。(丙)注意教导合一之原则及其实施计划。(丁)规定各项会议之时间,切实举行。注意研究会之实际工作。(戊)置备应用表簿,及时调制各种图表。(己)实行经济公开,拟具切实办法。(庚)注意主管机关委办事项,按期办妥。(辛)校长及教职员应常川驻校,按时办公,以不兼校外职务为原则。

课程方面:(甲)力求与课程标准适合。(乙)日课表之编排,应注意适合学习心理。小学上课,应一律采用分钟别。(丙)教科书应一律采用适合新课程标准,经教育部最近审定者。注意有价值补充读物之选择。

学级编制:(甲)尽量采用科学分编班级法。(乙)限制各级人数,最多不得超过 60 名。(丙)高级不应采用复式教学,原有复式学级,应实行分班,人数太少者应裁撤。

训导方面:(甲)应注意校风之整饬。(乙)拟具考察训导成绩办法。(丙)训导制度以不集中于一二职员为原则,全校教职员均须切实负直接训导学生之责,尤贵能以身作则。(丁)拟具积极指导学生生活办法,注意学生休闲活动之指导。(戊)实行训教合一,注意与教学及家庭社会之联络,以提高训导效率。(己)小学生不得施行体罚。(庚)调查学生个性,注意个别训导,施行训导团制。

教学方面:甲、各种新教学法应尽量采用,以求教学效率之提高。乙、应有实用而有价值之教学实施录之设备。丙、中年级以上,应切实励行国语教学。丁、注意学生学习兴趣之培养,多予以自动反应之机会。戊、注意学生课外阅读之指导。己、注意默读训练,小学至中年级以上,亟应减少朗读。至于循声朗诵及和阅和读等不适合心理之学习,尤宜纠正。

上述各端系第一次视察之实况,率尔操觚,不无疏漏,能否收效,端赖从事教育者之积极改进,努力趋赴。至于学理之研究,或实际问题之探讨,尤望各校结健全之团体,集多方之思考,由各学区教育研究会进而组织全市教育研究会,从事于有系统之研究,庶思明教育前途,有竿头日上之望,而无外强中干之憾。

《江声报》1933 年 12 月 25 日

青海王公到厦考察　连日受各方应酬将参观厦大集美

青海王公雅清斋,奉青海二十九旗盟长公署之命,考察国内各省教育、实业、技术进展状况,以作改良青海教育实业之借鉴。雅氏奉命首途,历经甘肃、河北、山西、山东、江苏、浙江、广东、广西等省,前日偕同第七区保安司令李□茂,上海华侨联合会总干事黄建中到厦,寓天仙旅社,将考察厦大、集美两校之设施。日昨雅氏曾到通俗社参观,由蔡长春招待。两日来,一分局谢绍曾、华春栈等设宴为之洗尘。今日新民书社白嘉祥及蔡长春邀集多人,在大夏旅社开欢迎会。据雅氏谈,对于中国目前之愿望,为早日统一,政治上轨道,使国家迅速富强,而国防之设施必须设法巩固云云。又雅王公定明日访商会洪鸿儒、厦大林文庆等,后日将赴厦大及集美学校参观。

《江声报》1934 年 9 月 3 日

中等学校训育调查　一行十四人到各校参观者

本埠中等学校训育主任公民教员、军事教员、童子军教练等14人于昨日下午1时,由厦泉区党务办事处出发,参观职业中学、厦门中学、大同中学、侨南女中等校训育概况,搜集各校训育材料,并带有关于训育状况调查表多种,分发各校填写,借资参考。闻下星期五(21)日下午1时,参观同文中学、中华中学、双十中学及厦门大学高中等校云。

《江声报》1934年11月18日

郑贞文昨参观集校　今日赴禾山视学

教育厅长郑贞文于昨(12)晨9时,偕同教育部高等教育司长黄建中,赴集美参观各校。下午5时,返厦大旅社略为休息,郑、黄二氏即相偕渡海。闻系应绥靖主任蒋鼎文之宴。又郑订今(13)上午赴禾视学,同行者为第五区督察专员等。昨禾山特种区长王儒林据息,已预备派员引导云。

《江声报》1935年9月13日

李时霖郑永祥昨视察各校

市长李时霖,昨偕第二课长郑永祥视察厦中、双十、大同各中学及玉紫小学。适各校现放春假,学生多已离校,故仅视察校中建筑及设备等,认为清洁方面成绩尚佳。

《江声报》1936年4月9日

厦门教育参观团分配团务　规定日程

本市教育参观团,昨假市府开谈话会,到陈志伦、李禧、杨昌国、陈维纯、李福锦、傅晓村、郑洪凯、郑永祥,主席郑永祥。议决:一、名称厦门市教育参观团。二、团长一人,推郑科长担任;事务一人,推陈志伦担任;交际一人,推郑洪凯担任。学校行政组推陈景苏、陈玉琮、陈维纯三人担任,并推陈景苏为组长。公民训练组推郑洪凯、李禧、陈志伦三人担任,并推郑洪凯为组长。各科教学组推茅乐楠、傅晓村、杨昌国、李福锦四人担任,并推茅乐楠为组长。三、参观对象:甲、师范教育。乙、初等教育。丙、社会教育。四、参观日程,15日参观教育行政机关及师范学校,16日至18日参观初等教育,19日参观社会教育,预计21日可以返厦。五、各团员准于本月14[日]晨齐到厦禾路总车站集中出发。

《江声报》1936年12月13日

师范简师及高中　实行统制招生

全省教育开始总视察　下期教界将大更动

教厅义教临时视察员马卓英,昨由省到厦,订今晨往金门视察。查此次视察,系为全省,本区十县计分三组,统由王启炜督学主持。除视察义教,即中等教育以及教育行政,短小师资训练,均在视察之列。本市及禾山等处,亦由王督学视察。故王氏拟于4月2日召开同文校董会后,即出发指定区域视察。据王氏谈,总视察指派专员负责办理,将备为改进之参考。现教厅定下学期起,对各县教育行政人员,将行大批更动。全省师范及简易师范,及公私立高中,决实行统制招生云云。又查得统制招生暂行办法,系由教厅组织招生委员会办理,初试由专员公署或县市府办理,复试由招生委员会会同本校办理。入学试验,招生之初试应取名额,由招生委员会根据本年度应招高中师范之人数比照。各专员区所属各县之人口数,高级小学校数,及本年度初中毕业名数,并参酌各该县现在不合法小学教员数额,规定各该区应取之名额。又查四区统制招生者,为莆田中学、私立哲理中学、咸益中学。五区为晋江私立培元中学、培英女中,六区为省立厦门中学、私立集美、同文、中华、英华、毓德女中、慈勤女中,七区为省立龙溪中学、私立寻源、进德女中等校云。

《江声报》1937年3月31日

福建学院学生抵厦参观司法

福建学院法律学会,为明了战后厦门司法现状,作为今后研究之资料,特利用寒假时间,组织厦门司法参观团,参观厦门法院审判及监狱设备管理,并调查胜利后法院接收民刑案件情况。查该团于日前启程,一行十余人,由陈实、李霄然率领,已于日昨来厦。现经该团领队商洽地方法院院长,决订本月 13 日前往参观云。

《江声报》1946 年 2 月 11 日

教部督学陈宗英到厦

教部督学陈宗英于 7 日由榕到厦,连日视察国立侨师,明晨赴集美。两日后仍来厦,将视察厦门大学。留厦期间约半月,然后转往台湾。查其任务,为视导两省高等及中学教育云。

《江声报》1946 年 4 月 11 日

教部督学视察集美

集美讯 教部督学陈宗英,于前(12)日晨偕同集校董事黄村生,由高崎到集美,视察初中、高中、高商、水产。对于各校种种设施,倍加赞许。农校距集美十余里,因时间关系,未及前往视察,乃垂询该校校长平福增。关于校务及学生生活情形,甚为周详。陈氏目睹被敌炮毁,现虽修理完竣,痕迹犹存之各种建筑物,深为痛惜。至 4 时离集美返厦云。

《江声报》1946 年 4 月 18 日

省联合视导团订期飞厦视导

本报讯 省府联合视导团订本 17 日飞厦视导,范围以厦门、金门、龙溪、同安、南安等县。查该团系由省府各□处□员合组,教厅□学丁乃重,社会处视导陈震□□。该团到达时,拟借省立民教馆住宿云。

《中央日报》1946 年 9 月 12 日

省联合视导团昨赴区所视导

本报讯 省联合视导团来厦视察一节,情志本报。该团经于前日乘中航机抵厦,昨市府吴主任秘书春熙陪同该团视察,陈震、丁重扬等前往各区公所视导云。

《中央日报》1946年9月20日

龙师学生来厦参观

省立龙溪师范学校,普通师范科三年上期乙组学生计三十余人,将于明年夏季毕业。该校为增进该组学生教学之实际经验起见,由该校导师吴芳元率领,于昨日来厦,住宿大同中学。拟于今日开始参观本市国民教育及名胜云。

《星光日报》1946年10月28日

龙溪师范生昨来厦参观

本报讯 省立龙溪师范学校普通师范科三年上期乙组学生,计三十余人,将于明年夏季毕业。该校为增进该组学生教学之实际经验起见,由该校导师吴芳元率领来厦参观,住宿大同中学。拟于今日开始参观本市国民教育云。

《中央日报》1946年10月28日

永定简师参观团来厦考察教育　旅厦同乡会茶会欢迎

市讯 永定县立简易师范学生参观团,由该校训导主任赖风董[薰]及军事教官陈文海等率领,前由漳抵厦,宿双十中学。厦门市永定同乡会,以该团远道来厦参观教育,特于昨日下午2时在公园西路该会会所召开茶会欢迎,由该会理事江茂夫代表致欢迎词。嗣由各同乡询问家乡情况与永定教育现状甚详。至4时半,宾主始尽欢而散。又该团在厦参观两日,将于 6 日取道漳州南靖返籍云。

《星光日报》1946 年 11 月 4 日

厦教育科长叶书德赴台

本报讯 市府教育科长叶书德,为考察台湾国民教育,于前日乘"乐怡"轮赴台。查叶氏此行为期一月,拟采纳台省各地教育优点,作为本市办理教育借镜云。

《中央日报》1946 年 12 月 10 日

培元创办人安礼逊氏昨由星抵厦

本报讯 晋江培元中学创办人兼第一任校长安礼逊氏,昨由安徽轮抵厦,该校现任校长王庆及在厦校友数十人均趋码头迎迓,情绪热烈。办培元中学,成绩卓著,且为人和蔼可亲。本市该校校友百余人,订本日下午 6 时,在鼓龙头街 77 号 2 楼,设筵欢宴。安氏订明偕王校长赴泉,往校视察云。

《中央日报》1947 年 3 月 29 日

龙师教育参观团昨日抵厦

本报讯 省立龙溪师范普五组甲参观教育团,由该校导师郑科,该团组织有正副团长黄家昇、甘荣等率带团员三十余人,于 4 月 2 日由漳州出发,经澄码各地参观,昨(4 日)抵厦。此行目的为参观本市各中小学设备及活动状况,逗留期间约十天云。

《星光日报》1947 年 4 月 5 日

龙师参观团昨日抵厦

本报讯 福建省立龙溪师范学校本科十一组教育参观团,奉命出发厦门、龙溪、晋江一带参观,已于昨日由其导师黄大年率队来厦。闻不日将转往安海、泉州继续参观,借资观摩研讨云。

《星光日报》1947年4月10日

鼓浪屿小学来厦参观

本报讯 市立鼓浪屿中心小学近联合该区各小学校长,组织教育参观团,特注重小学教育行政,于本月22日由鼓出发来厦参观云。

《星光日报》1947年4月23日

教厅督学黄慕周来厦视察

省教育厅督学黄慕周,于5日由榕抵厦。现下榻市参议员叶英住宅。据云,此行任务系视察本市各中小学教务,并任各校审核各中学不合格教员资格,以便核定不合格教员之薪给。黄氏定八日前往龙溪视察,然后返厦,开始是项审核工作云。

《江声报》1947年5月7日

要闻简辑

晋江县国民教育参观团,于前18日抵厦,情志本报。兹悉该团连日来进行参观本市各机关学校,19日到市政府各科室,并与教育科探讨养教设施。20日上午到厦西第一中心国民学校,下午往鼓浪屿怀德幼师及海疆资料馆。21日搭轮往集美各校,22日到厦大附小,23日到国立侨民师范附小,均分组参观各级教学,亦与该附小当局交换意见。不日即可搭轮赴台继续参观云。

《江声报》1947年5月25日

省立师专参观团　在厦参观完毕

本报讯 福建省立师范专科学校本届毕业生,在榕组织教育参观团,分二路出发,一由榕赴台湾,一由榕来本市。查昨(10)日该参观团一行十三人,经已到厦,下榻青年服务社。11日上午参观市政府教育科,下午参观双十、中华。12日上午参观省立厦中、市中,下午渡鼓参观毓德女中、英华中学等。兹已参观完毕,定日内离厦云。

《星光日报》1947年6月14日

闽教育厅长梁龙光昨抵厦

将逗留数日视察教育　再转赴五区督导县政

本市教育厅厅长梁龙光,昨由榕乘机飞抵厦,下榻新路街友人处。梁氏在厦将有数日逗留,先视察本市教育近况,然后转赴漳属督导第五区县政,并召开行政会议。

记者往访,询以若干问题,承告:(一)今后本省教育,当力求均衡发展,目前拟先着手充实师范教育与国民教育。关于国民教育经费之宽筹与独立,刘主席甚为关怀,经由教育厅与财政厅分别计划,订定办法,使各县国民教育基金得独立保管。各县参议会如能及早通过以田赋带征二成充作是项经费,则今后本省国民教育一大问题,当可暂告解决。(二)明年度拟分派督学,常川分驻督区,择一地点适中,规模较大之中等学校为督学办公处,以便切实督导该区之中等教育及地方教育行政,并协助校际教导问题研究与工作人员进修之实施。(三)对私立中等学校之备立案问题,原则上城市当求质的改进,乡村方面则要求量的增加,可能时,对私校之办理成绩优良者,拟予以扶助。最后梁氏表示:渠极愿与本市教育工作者接谈。

《江声报》1947年10月28日

梁龙光今日开始视察本市各中学

对各种教育事项有所指示

省教育厅长兼第五区县政督导专团团长梁龙光,昨由榕飞厦,近日起在厦开始视察各中等学校,俟该团团员全部抵达后,即赴漳州参加五区行政会议,并开始督导五区各县县政。记者今日访晤梁厅长于私邸,叩询本省明年度教育行政设施,梁氏首以谦虚之口气,谓一切尚在学习。嗣谓,本省教育基本方针即须改变，故明年教育行政之中心工作，即为充实国民教育，改良师范教育。盖因国民教育，为一切教育之根本。根本不固，枝叶难生，况教育为国家百年大计，实以国民教育之充实至为当前急务。充实之根本问题。在经费与师资两项，故充实国民教育必须从充实国教基金与改良师资着手。在基金方面，拟由各县市在田赋内带征二成，使经费有固定来源。此项基金，并设专门保管委员会，不得挪为他用。师资方面必须提高素质，改善待遇，其办法即将各示范学校招生方式，改由各县报送，并限制其毕业生在本县服务年限，避免偏僻县份，永远找不到教师，同时希望各县对教育经费预算比例提高，今日有低至0.84%者，极不合理。师范教育方面，各县中简师班拟于废除。盖近日普师学生已感程度不够，简师二年，焉能教人作人师表。普通中学亦须设法充实设备，素质过差或设备简陋之县立中学或将两校合并办理，或鼓励私人办理，俾免有名无实，贻误学生。总之，在今日经济情况下，仅能作质之改良，无法为量之发展，惟偏僻县份，尚需增设中学，俾能普及。但初步尺度则须放宽，并于明年起采取分区督学制。（中央社）

《中央日报》1947年10月29日

梁龙光昨视察省市立两中学

将分期充实各县中学设备

省教育厅长梁龙光，今日在此视察省立厦门中学、市立厦门中学、私立大同中学，明日继续视察双十、中华等中学。据梁厅长表示，本省各省立中学，拟自明年度起，分期充实设备，第一期为福州、厦门两市，第二期为晋江、龙溪、建瓯等县学生较多之学校，然后暂次普及其他各校，以便集中精力改进，并鼓励私立学校之发展，否则必然永无进步，并拟令厦门、晋江、龙溪等县市教育当局，筹设科学馆。梁氏认为各县教育科长素质必须提高，待遇亦将提高为荐任级，渠谓现任教育科长中大学毕业者，所占比例甚少。公教人员在此生活高压之情况下，欲自求进修，殊觉不易，刻除拟由教育厅办教育人员函授进修班，鼓励现任教育人员进修外，对素质过差，能力薄弱之教育科长，将设法予以调整。学识能力富强之人员，亦决予以保障。

《中央日报》1947年10月30日

市闻汇志

省立永安师范教育参观团,于前日晨抵达本市。该团系由该校事务主任陈启镛率领全体人数共35人,由永安出发,途径大田、德化、永春、安溪、同安等县,沿途参观各县教育机关学校。闻该团拟在本市逗留10天之久,参观各名胜及各中大学校,然后候轮返省。该校在厦校友,订于23日上午9时,在厦南第二中心举行茶会招待云。

《中央日报》1947年11月20日

建国商校参观本市

晋江建国商业职业学校高商部毕业班二十余人,由该校总务主任叶在甲,军事教官戴锋率领,于前日抵本市。昨前往鼓屿参观毓德、英华等校,本日将继续参观本市各校暨各机关团体名胜,预定逗留7天。

《江声报》1947年12月6日

校长联谊会　讨论组织教育参观团等事宜

厦门教育会于昨日下午3时,在该会礼堂举行本市各级学校校长联谊会。出席者有市三中学、中华中学、省立厦中、双十中学、英华中学、厦西中心、厦港中心、私立雅化复华等学校二十四单位,厦大教育系教授汪养仁亦到会参加。先由主席吕仲驹报告开会意义,继由各出席校长发表意见及汪教授演说。兹探志讨论事项如下:(一)关于组织教育参观团案,议决:由会呈请市政府核拨参观费,不敷数目由参观人员自备或向外捐募。(二)参观地点:拟定江、浙、台湾。(三)参观时间:候筹备完绪后决定。(四)关于敦请厦门大学教育系教授专题演讲案,议决:一、定本月24日下午2时在本会礼堂举行。二、各校校长率同该校教育同仁出席参加。三、讲题范围拟请厦大教育系林砺儒教授演讲"国民教育"。四、欢迎各界热心教育人士参加。(三)关于函各戏院优待教室观剧,议决:推举叶英、林泉声、王秋涛、张友德4人负责接洽。(四)关于私立世德小学在沦陷期中被卓绵成等非法盗卖本校校产请援助案,交理监事联席会议讨论。(五)关于私立各级学校未购4月份食米应如何请购案?议决:由会呈请市政府按照市立各学校,按月继续供售,以维教师生活。(六)关于各校发动捐募中华儿童社国际难童救济金应如何推[催]缴案?议决:未缴学校尽于本月24日以前办理完竣,并将簿款径交鼓第一中心、私立全民小学、厦南第一中心、厦港第一中心、厦大附小等校汇缴。如各校经径汇南京儿童社者,亦请将捐款数目报由上列各学汇报。

《江声报》1948年4月19日

龙岩师范来厦参观

本市讯 省立龙岩师范学校普通科第六组学生,时将毕业,该校学生为求教育理论与实际之印证起见,特组织教育参观团,参观漳厦国民教育及中等学校。现该团学生38人,已于昨(23)日由该校教师许绩铨率领抵厦。定本日开始参观本埠各中心学校,预定在厦参观一星期后,再返漳参观该县国名教育,以资借镜云。

《立人日报》1948.年4月24日

云霄中学学生来厦参观教育

本市讯 云霄中学师范科学生二十余人,近组织教育参观团,由该校导师傅宗南率领,于昨来厦。在厦将有两星期之逗留,将参观本市厦门大学及各公私立中小学及文化机关,以明了本市文化教育之设施实况。据悉,倘时间许可,该团将再转往集美、海澄、漳州、漳浦等地参观,然后返校。

《星光日报》1948年5月17日

教育会请汪西林专题讲演

厦门市教育会订本月19日(星期六)下午3时(夏令钟),在该会会所举行专题讲演会,敦请厦门大学教授汪西林专题讲演"近代小学教材教学法的趋势"。汪教授籍贯上海,金陵大学文学士,美国期宾费大学硕士,哥伦比亚大学师范学院研究员,历任湖北教育学院、国立师范学院等校教授兼训导长,现任国立厦门大学训导长兼育学系教授。其著作有《中国训育之途》、《训育原理与实施》、《训育之趋势》等书。

又:厦门市教育会专题讲演会,经举行二次,对教育学术增进颇多。此次为本学期最后一次,听讲者当必踊跃。(宋)

《江声报》1948年6月16日

海疆毕业生组织台湾教育参观团 一行五十人昨由泉抵厦

本报讯 国立海疆学校,为我国培植海外人才之最高学府。该校设于华侨之故乡泉州,创办以来,深得华侨及外人之爱戴及重视。兹悉,该校应届毕业同学,为观摩海疆教育起见,特组织台湾教育参观团,在各界及华侨热心资助之下,在短期内组织就绪。闻该团于15日由泉出发,泉州民众及该校同学夹道欢送,在鞭炮与欢歌声中离泉。昨16日抵本市,一行五十人,由螳校长亲自率领,在厦寄寓于鹭江道闽通公司内。在厦逗留一二日,参观本市名胜及与各友校作篮球赛,然后乘专轮赴台参观教育云。

《中央日报》1948年6月17日

参观台湾教育 海疆学校参观团抵厦转台
厦市中学教员定下月出发

国立海疆学校为我国培植海外人才之专科学校,设于华侨之故乡泉州。创办以来,深得侨胞及地方之爱戴与重视。近该校应届毕业同学,为观摩海疆教育起见,特组织台湾教育参观团,经当地各界及华侨之热心资助,于15日由校出发,泉州民众及该校同学曾夹道热烈欢迎,在鞭炮与欢歌声中离泉。昨(16)日抵本市,一行五十人,由校长蚁硕亲自率领,寄寓鹭江道闽通公司内。在厦拟逗留一二日,参观本市名胜及与各友校作篮球赛,然后乘专轮赴台,参观教育云。(衣)

又息 厦市中等学校教职员联谊会组织台湾教育参观团,拟于7月中旬出发。业经地方当局允予协助津贴该团旅费,以资鼓励。该团于行前为筹募经费,决定于本月十八九两日假座通俗教育社游艺会进行筹募,游艺节目分为三种:一、平剧;二、话剧;三、音乐会。平剧系由市校票友担任,话剧为双十中学剧社演出《茶宴》独幕剧,音乐会以毓德女中为主干,暨由各校音乐教师奏演。此外尚有音乐名家王政声独奏提琴,张家政独奏洋箫,各项节目甚为精彩云。

又息 晋江县大同乡国民教育研究会,为谋提高教育效率起见,特组织教育参观团,一行三十余人前来本市集美等地观摩,由该乡长兼团长杨火卡率领,于前(13)日抵达本市。此次行程预订6天,日来参观各学校机关工厂等,游览古迹名胜,定18日回晋。又该团以此次来厦备受同乡柯慈南、蔡大霖、王孝池、柯贤省、蔡金品等之招待,深表感激云。

《江声报》1948年6月17日

市教联谊会 明举行游艺会

本报讯 厦市中等学校教职员联谊会组织台湾教育参观团,拟于7月中旬出发。业经地方当局允予协助津贴该团旅费,以资鼓励。该团于行前为筹募经费,决定于本月十八九两日假座通俗教育社举行游艺会,筹募经费。游艺会节目分为三种:一、平剧。二、话剧。三、音乐会。平剧系由市校票友担任,话剧为双十中学剧社演出《茶宴》独幕剧,音乐会以毓德女中为主干,暨由各校音乐教师奏演。此外尚特洽请音乐名家王政声先生独奏提琴,张家政独奏洋箫,节目甚多云。

《中央日报》1948年6月17日

视察闽南教育 梁厅长昨莅厦

本报讯 省教育厅长梁龙光氏,昨由榕飞厦公干,下榻新后街南光公司三楼。梁厅长在厦逗留一二日,即将转赴漳泉各地一行,顺道视察教育。据其语记者云:"此次洪水蹂躏福州,省立高工、体专等校损失最为惨重,校舍全部倒塌,短期内恐难修复完整。省方在抢救灾民之余,对于此笔巨大修复费之拨付,亦至感困难。幸现适为暑假期中,否则修复之时间问题将更严重矣。"

《中央日报》1948年7月5日

海疆参观团由台返厦

将出版《台湾教育》

国立海疆学校第五届师范专科毕业生,为"观察海疆教育"、"慰问台湾同胞"及"宣扬祖国文化",特组织台湾教育参观团,于上月15日由泉州原校出发,来厦候轮,上月23日乘商局"海穗"轮赴台。抵台后,政府首长各机关学校及旅台校友曾热烈欢迎。该团在1月中曾到达基隆、台北、新竹、台中、嘉义、台南、高雄等地参观各项教育,现参观已告结束。该团除一部分留台服务外,其余已于昨(17)日乘中国航空公司飞机,由台南起飞抵达本市,今(18)日将转途回原籍云。

又:该团此次赴台参观,对台湾教育有深刻之认识。闻将出版《台湾教育》专书,内容有介绍台省高等、中等、国民、职业、女子、幼稚、特殊及社会等项之教育,与评论各项教育之优劣。除呈教育部作为改进台省教育之参考外,将在国内各大书局发售云。

《江声报》1948年7月18日

海疆赴台参观学生获有丰富资料

拟出版《台湾教育》专书

本报讯 国立海疆学校第三届师飞[范]专科毕业生所组织之台湾教育参观团,曾于月前由泉州原校出发来厦候轮,上月23日乘招商局"海穗"巨轮赴台,24日抵基隆。在台曾赴台北、新竹、吴[台]中、嘉义、台南、高雄等地参观各种教育,时当约一月之久。现参观已告结束,除一部分同学留台服务外,其他于昨(17)日乘中国航空公司XT123专机抵厦。今(18)日转途回原校。

又讯 该团此次赴台参观,收获丰富,闻将出版《台湾教育》专书,内容有各大学、学院、中学之介绍及教育制度、教学法、设备之改进方案。该书除呈部外,将在全国各大书局出售。

《星光日报》1948 年 7 月 18 日

本市旅同学生深入农村工作

本报讯 厦门旅同安学生救济会,为利用暑期推行社会教育工作,特组成十个工作队,深入乡村实际工作。其经费的来源取之于中国学生救济会,是一个基督教会的附属组织。该县集美乡板桥社,由于张圣才先生的接洽下,得了一个工作队前来服务。该队名称为"厦门学生救济会厦门大学暑期板桥工作队",由方炳荣(同安人)领队。其他队员计有连玉成、江成贵、李华莆、汤经华、叶崐、林森杰、林耀丰、张德昌等八名,皆厦大学生,也都是基督教徒,大有耶稣救世的精神。在进偏僻的乡村,勤劳不倦在办理成人教育,举行家庭访问,并作各种宣传,且利用时间替农民割稻子,成绩良好,收效甚大云。

《立人日报》1948 年 7 月 26 日

晋阳溪小学参观团抵厦

晋江私立阳溪小学为增广儿童见闻,特组毕业儿童参观团,来厦参观。该团一行二十余人,由该校校长李毅及教员吴身河率领,于昨(12)日搭侨光轮抵厦,寓石狮旅栈。今日起开始参观本市各机关学校及游览各名胜等,该团预计在厦逗留观光约四日后返校云。

《中央日报》1948 年 10 月 13 日

瑞鹊小学来厦参观

晋江石狮上郭村私立瑞鹊小学,为增广学生见闻,特组织参观团前赴厦鼓参观各学校,以资观摩。该团一行二十余人于 19 日由校长伍泽国率领来厦,寄寓大中路兴南岷栈。约有数日之逗留云。(泽)

《江声报》1948 年 10 月 21 日

永宁镇各小学参观厦门教育

晋江永宁镇各小学联合组织之教育参观团,一行二十余人,由李德尚、黄昏率领,于昨(25)日搭侨光轮抵厦。今日开始参观本市教育设施,然后即赴集美参观。在厦约勾留一星期云。

《江声报》1948 年 10 月 26 日

教育部长朱家骅明由穗飞厦视察

梁龙光昨来厦候晤

教育部长朱家骅氏,日前沪飞粤视察华南教育,连日在穗视察及演讲极为忙碌。原定 25 日返厦,视察厦门大学,惟昨日上午与厦大汪校长互通长途电话时,知朱部长已决定于 27 日由穗飞厦。在此间停留一日,除视察厦大及本市教育机关外,并将出席厦大全体教职员之欢迎茶会,于 28 日即搭机飞沪。

教育部长朱家骅氏,日前过厦飞穗,定明(27)日来厦视察,闽教育厅长梁龙光氏,特于昨日自榕飞厦候迎。闻有若干改进本省教育问题,须向朱氏请示。(厚)

《江声报》1948 年 10 月 26 日

林苏弼等将莅厦讲习西洋语文学

教育部为改善我国各地大中学校英语教学起见,曾于去年洽请英国文化委员会,派员前来我国各地组织西洋语文教学协会(Western Language Association),并定期邀集各校英语教员,举行短期讲习会。去年 11 月间,该会曾派林苏弼(Dr. E. Sowerby Caake)来厦,进行该项组织及讲习工作。讲习闭幕后,即产生该协会厦区支会筹备委员会,委员为周辨明(召集人)、蔡丕杰、吴厚沂、张福安、王庆元等 5 人。兹悉,本年 11 月 7 日至 16 日,该文化委员会林博士及葛利亚师姑(Misszrier),又将莅台厦两区,继续进行短期讲习。厦区筹备会召集人周辨明博士,已订于

11月12日至15日为讲习日期,地点假厦市小走马办基督教青年会。现并分函本市及漳泉永龙汀各校当局,代邀英语教员,如期来厦参加。其余对于英语教学具有兴趣者,亦欢迎其径函鼓浪屿维新路45号周委员(辨明)处报名与会云。

《江声报》1948年10月26日

朱家骅今过厦　少憩机场原机飞沪

教育部长朱家骅原定本日由穗飞厦,在本市逗留一日,然后飞沪转京,曾托厦大校长汪德耀,代为订购28日飞沪机票。嗣因明日无机飞沪,朱氏乃决定不在本市停留,汪校长等将于本日机抵禾山时,前往晤谈云。(邵)

晋江物价日来高涨,国立海疆学校教职员生活深受威胁。闻朱部长不日来厦,除该校校长蚁硕,已来厦候迎,并面陈要公外,该校教师会特推赵修鼎、叶松坡二教授代表该会来厦,向朱部长陈述种种困难情形,请予提高待遇云。

《江声报》1948年10月27日

朱家骅过厦飞沪　汪德耀等均往机场欢迎
报告困难问题请求解决

本市讯　教育部长朱家骅,今偕秘书方志懋,中午由穗过厦返沪。省教育厅长梁龙光暨此间国立厦门大学校长汪德耀,该校教务长陈朝璧、训导长汪西林、政治系主任陈烈甫、国立海疆学校校长蚁硕、教授赵修鼎,国立侨民师范学校校长林鹤龄,中大同学代表唐世凤、林浩、王敏,市府主任秘书吴春熙等,均至机场欢迎。朱氏下机后,在机场停留30分钟,厦大校长汪德耀,海疆校长蚁硕,侨师校长林鹤龄分别报告各该校目前困难问题,请求部长解决。据悉:各校目前要求教部解决之问题,厦大有:(一)教职员待遇太苦;(二)公费生伙食不够维持;(三)建筑科学馆与教职员宿舍经费不足。海疆有:(一)晋江生活程度高冠全省,待遇较厦门尚差一级,转请政院改善。(二)校舍建筑与设备费须补充。侨师有:(一)校舍不敷教学之用；(二)毕业生出路成问题；(三)部欠经费万余元未发。(四)学生膳食公价米无处购买，黑市米无人证明。朱氏均允回部设法解决。氏行前与欢迎人员合影。登机后，由驾驶员驾机环绕厦市一周，俯瞰鹭岛风光。

又讯 教育部长朱家骅，今午由穗过厦返京，记者至机场趋访。朱氏答覆记者询问要点如次：(一)渠此行任务纯为视察复员以来华南教育，在穗9日均为视察各级教育机构及召集教育界人士开座谈会，其他传闻均不确。(二)"匪区"流亡学生只约8万余人，经分别在平津、京沪、武汉设临时中学收容，大学内迁者有东北、长春、济南三所及沈阳医学院、长北师范学院，亦均迁移竣事。(三)战后三年来，除匪区外，其余各省多已复员就绪，沿海一带教育较为发展，惟因限于经费，设备尚欠充实。(四)国立学校经费问题，因国库支绌颇为困难，惟必要之设施，政府乃须设法筹措。关于各地传讯职业学生及接近战区学校是否准备南迁之问题，氏未发表意见。今日前往欢迎朱部长之厦大、海疆两校教授，对目前公教人员待遇菲薄，因而一方面不能集中精力研究学术，一方面受生活之威胁而发出不满现实表现，政府未能注意及此，实重大损失。氏亦表同感。据朱氏告称：渠可能于短期内来闽省巡视。

《中央日报》1948年10月28日

龙溪省中学生抵厦参观

本报讯 省立龙溪中学校高中三年上期学生38人，订本月10日至15日由训导主任林元箎先生率领，前来厦鼓集一带参观各机关学校社团，借以增长见识。

本报讯 本市集美校友会成立大会，经于7日举行。到会计百余人，推举叶采真为大会主席，市府派郭金河监选，集美学校董事长陈村牧莅临参加。通过每年集美学校纪念日，为校友赞助母校运动月，及协助本市集友小学，当场票选叶维奏、林承志、林涵国、叶采真、联宗文、庄文潮、曾文墨、王兆畿、陈维罴等九人为理事，汪养仁、叶国强、吕仲驹、庄宝珍等四人为候补理事，陈敬昭、陈厥祥、叶道渊等三人为监理，甘朝驹为候补监事。

《星光日报》1948年11月8日

港大诚中学学生抵厦参观

本报讯 香港私立大诚中学高中部上学期学生计 20 人，由级任导师黄慕恩领队莅厦参观教育，并于昨日午后 1 时到本社参观，由本社郭秘书引导至铸字、印刷、电版及字户、机房、电讯室等各部门参观。

《星光日报》1948 年 11 月 20 日

长泰简师班来厦参观

长泰县立中学简师科 4 年级上期学生，为明了教学与行政之实际情形起见，特组织教育参观团，由该校教师率领来厦参观。一行三十五人，已于 19 日到厦，借寓大同中学。越日（20 日）开始参观本市各中心国民学校及文化机关。（川）

《江声报》1948 年 11 月 22 日

联勤属校员生昨日抵厦

本报讯 联勤总部特动学校长明玕东，经理学校教育长吴文权，财务学校教育长魏文海，率带该校教授、学生全部二千余人，连同各种应用器材二千多吨，由沪搭海宿轮昨日抵厦，暂借住码头一带。已商请市府水警局派船，分别运往龙溪、海澄觅定之校址，以便继续上课。又副官学校校长刘视舜，不日亦将抵厦。

《星光日报》1949 年 1 月 11 日

南师学生来厦参观

本报讯 南安县立中学简师部四年上学生，一行四十余人，本日由该校训育主任陈维雄，简师部主任陈锡凤，导师陈强华等率领来厦参观。查该校教育参观团，预定在厦将作一星期之逗留。闻参观日程亦经拟定。

《星光日报》1949 年 4 月 29 日

晋凌霄中学参观团抵厦

市息 晋江私立凌霄初级中学第二组学生,为增广见闻,获取实际智识,特组织参观团。一行二十人,由教师何达坤、卜继业率领,于1日抵厦。昨日起,将参观本市各机关学校及名胜云。

《江声报》1949年5月3日

二、儿童节

廿一年度小学校校历应将儿童节列入

教育局昨奉教育厅训令云:查本厅前颁20年度中小学学校历,在本年度尚可适用,实无再行引发必要。惟前奉教育部第2813解训令,饬自21年度起,应将4月4日之儿童节列入小学学校历等因。前经本厅于本年5月间以第587号训令通饬知照,本年度小学学校历自应将此项纪念节列入,以符部令。此节务望注意,除分令外,合行令,仰知照并转饬所属各校知照。此令。

《江声报》1932年8月13日

教育局令各校举行儿童节

关于"四四"儿童节事,昨思明县教育局训令各小学校长云,案奉福建教育厅第139号训令开:"案查4月4日为儿童节,前奉教育部会发儿童节纪念办法,业经通令遵照,自应切实奉行。现值国难方殷,尤其利用此项节日,在校举行纪念,借以鼓舞儿童兴趣,启发儿童爱群爱国,并注意唤起而用对于民族之思想。用特由厅订定国难期间本省各小学、幼稚园纪念儿童节实施办法,通令实行,除分令外,合行印发前项实施办法,并附发教师作业参考材料及儿童节应用标语,令仰遵照,转令所属小学、幼稚园遵照。此令"等因。奉此,合行印发附件,令仰该校长遵照。此令。附抄发国难期间本省各小学、幼稚园纪念儿童节实施办法一份,本省各小学、幼稚园儿童纪念节教师作业参考材料一份,儿童应用标语一份云云。

《江声报》1933年4月2日

今日扩大庆祝儿童节　本市两项比赛省垣分区举行

福州3日电　4日儿童节,省会扩大庆祝,分12区举行庆祝会。各机关长官分赴各区演讲,各区儿童分别举行游艺会。

漳州讯　今(4)日儿童节,漳州扩大庆祝,上午10时至12时,全市戏院免费招待儿童。下午1时,儿童武术社、儿童舞狮社在公园表演。6时起,各校学生在公园游艺。

厦市庆祝大会秩序,昨已预定:一、开会;二、全体肃立;三、奏乐;四、唱党歌;五、向国党旗及总理遗像行三鞠躬礼;六、主席恭读总理遗嘱;七、静默;八、主席报告开会意义;九、训话;十、演说;十一、奏乐;十二、摄影;十三、散会。

又,各小学推定儿童代表晋谒市长,计为郭注南、吴素堆、张祖才、林声云、徐璧华、廖慈祥、陈秀华、徐敬行、张瑟音、张秀玉、吴玉琨、陈彩云、陈丽英、尤源基、周连欣、荣钦煌、何贤秉、周隐健、林清玉、李连登、林天河、朱炳生、陈玉美、林渊泉、许梅红、黄碧温、郑小九、王秀美、陈毓凯等29人。昨午3时,曾先行演习。其谒见秩序:一、奏乐;二、全体代表向市长行一鞠躬礼;三、总代表向市长报告晋谒宗旨;四、市长训词;五、市长分赠纪念品;六、总代表向市长致谢;七、市长与全体代表行握手礼;八、奏乐;九、摄影。

又,各界赠送儿童健赛奖品,计同时新绸庄镜屏一面,会审公堂立体建筑模型一盒,一分局长邱铮镜屏一套,中国通商银行银盾一座,水警第二大队长陈颂文玩具一套,绸布业公会银盾一座,图书馆银盾一座,财政局长周敬瑜镜屏一面,高分院长李襄宇、首席检察官张慎徽礼券二元,电报局铅笔二打、袖珍日记簿二本,新的书店旗一面。

儿童演讲比赛,亦另有奖品十二件,高年级组报名参加者林清玉、高来法、陈淑珍、黄福来、叶恩涵、许乃强、庄冠三、洪偕铮、赵金龙、林雪娇、陈荣华、柯振爵、叶连福、陈文章、陈振宗、吴彩英、叶淑敏、马南通、程维民、柳振琼、叶佩珍、李妙辛、李荣森、孙海华、叶映辉、吕宝治、张祖才、洪银燕、郑冰云、庄庆祥、马建通、张根梦、杨贻尧、陈宗英、张彩玉、马丽华、戴世贤、林锦耀、黄弈书、黄丽娇、虞欢生、周三旺、白耀鑫、郑华卿、颜宝能、庄敬森、罗定民、张瑞菊、刘三奇等49名。中年组报名者,林声云、黄丽金、欧添涛、陈炳煌、柯盛大、庄沧河、吴永强、陈景荣、魏铛铛、罗俊勋、黄冰清、陈文明、李水、萧瑞发、洪瑞玉、石慧珍、陈阿红、陈士贵、叶淑算、白昭婉、罗巧英、江应瑞、陈川泽、萧文庆、叶泽流、谢维勤、吕钦、林文忠、王永寿、张坤范、蔡一波、陈幼泽、黄素芹、杜再发、谢启武、王立志、邓阿妹、叶淑懿、龚楚楚、张曼珍、黄市哲,计42名。

《江声报》1936年4月4日

今日民教馆展览儿童玩具

热烈庆祝儿童节　泉漳厦各开大会

本市今日庆祝儿童节,由各校小学生于晨9时在公园开庆祝大会,如遇大雨,则改每校改派代表十人,在通俗社举行。会后10时谒见市长,由市长训词,并赠纪念品。市长与全体代表行握手礼,于是礼毕各自娱乐。面粉公会所设之全民小学,今日开儿童玩具读物展览会,下午招待附近失学儿童,由会备糖果、饼干分赠,并以音乐□歌唱助兴。市民教馆举行婴儿健赛及儿童玩具展览会,各界赠给奖品甚多,参加展览者有鸿麓幼稚园、玉紫、大同、竞存、崇实、明德、惠济堂、南泰成、商务书馆、中华书局、开明书局、世界书局、义泉号等儿童教育玩具2000余件,其中学校自制者甚多。个人手工制造参加者,有曾厝垵陈瑞腾之飞机与美国式帆船,皆颇精巧。

《江声报》1937年4月4日

集美儿童节庆祝情形　张光道接充童军团长

同安讯　集美童军九二团长顾拯来去职,省令由该团教练员张光道充任,张已宣布视事。又集美小学4日儿童节,到校董师来宾及各家长,主席团林莆添致开会词,校董林德耀、校长王登诉等训词毕,即举行游艺,节目十三项,并将各校同学所赠糖果分送各儿童。下午举行婴孩健康比赛,由校长王登诉致开会词,参加比赛婴孩86名,优胜者甲组,一名叶平东,二名杨励生,三名李冰皑;乙组一名陈玉霜,二名吴亚狮,三名林烈生;丙组一名陈希文,二名陈兴化,三名陈淑琴。赛毕,给奖散会。是日该校裁缝部为小朋友义务补破袜破衣服,而集美医院亦自是日起至6日止,免费为儿童种痘。

《江声报》1937年4月6日

今日儿童节二百位小朋友今晚广播唱歌

广播电台为庆祝儿童节,特请厦门市区各市立小学及国立侨师附小,私立益同人民立等九校儿童200余人,举行庆祝儿童节广播大会。内容除儿童演讲外,有歌剧《黄花曲》、《蝴蝶鞋》,歌咏《吕梁山大合唱》、《歌我凯旋》,农歌及钢琴独奏等。闻该台将放映幻灯,并准备礼物,招待参加广播儿童云。

《江声报》1946年4月4日

从儿童节谈到今后厦门国教设施

人类的事功和世界的文明,都赖儿童来继续与发扬光大。因此,文明国家无不重视儿童,无不急急为儿童谋福利,我们国定的儿童节,也就是重视儿童的意义。

厦门收复之后,所有学校,不足收容现有儿童,街头巷尾还有儿童过流浪生活,即使得入校,也并不是过优美生活环境,像厦港第二中心,以高的椅子充课桌,以低的椅子充课椅,益同仁小学用砖头叠成课桌椅。其他学校的桌椅,也是高低不合度,并且是破坏不堪,还有一条课椅坐上三四人的。至图书仪器,体育娱乐的设备,那更空虚了。事实陈列在吾人眼前,厦门的国教情况,真是贫乏破碎。为着儿童福利,吾人今后国教设施,自应注意到后列几点。

一、扩增校数:战前公立学校,校舍遭折毁者重建之,破坏者重修之,一面更扶植原有私立学校,并鼓励职业团体设学,使及龄儿童,求学得所。

二、充实设备：依照部颁设备标准，分期实施，于科学、体育、卫生尤拟特别注重，以适合培养建国儿童的需要。

三、普设幼稚园：都市住家，大都狭小，笼居其间，市声嘈杂，黄尘万丈，日光、空气也是不足，殊不适儿童生活，或者以儿童教育责任，委之憧仆，种种不良事情渲染，实是学龄前儿童生活的大问题。我们补救儿童境遇的缺点，除拟中心国民学校必设幼稚班外，各区依着需要，也拟分年单独设立幼稚园。

四、普设儿童教育馆：儿童教育馆的设立，除规定的职能而外，我们拟于各区设立一所，注重于科学、图书、娱乐诸设备，供一区儿童生活活动，以补各校设备之不足，也是扩大物质设备之效益。同时，又拟于中山公园设立一儿童教育馆，侧重体育、艺术等设施，成为小天使的新天地，以供例假日或课余时间调剂生活，涵养德性。一面也使公园宏其效益。

上述种种，实是儿童福利事业最重要的，不过在在需款，空谈无益，我人为到达目的，决定按步做法，使厦市儿童得到真实的福利。于此，吾人就决定下列推行的原则：一、要具体切实的计划；二、经费要统筹；三、设备要统办；四、管理要严密。

此外，吾人除祝全市儿童健康快乐而外，还盼望地方人士多多帮助儿童福利事业。

《江声报》1946年4月4日

今日儿童节各界晨假中山公园庆祝

本报讯 今日为"四四"儿童节，本市各界定本早上午9时假中山公园举行庆祝36年度儿童节大会，同时举行各种游艺节目。下午4时，本市各戏院免费招待儿童观剧，各书店、文具店优待儿童八折购买书籍及文具，各机关并备有礼物赠送。

《中央日报》1947年4月4日

儿童节举行儿童健康赛　儿教社发动儿童捐献

每年4月4日儿童节，全国各地都有儿童健康比赛，本年本市也照常举行。经规定,凡2岁以上12岁以下儿童,不论是在学与否,都可以报名参加。分五组比赛(2至4岁,5至6岁,7至8岁,9至10岁,11至12岁),每组取10名。检查地点,厦门本岛在省立医院,鼓岛在卫生所。报名地点是市府卫生科,报名日期限至明天为止,但是到了昨天只有厦大附小把名单送到卫生科而已。

海军巡防处奉令举办所属官兵所有儿童健康比赛,经通知炮艇队、造船所等单位官兵1个月至15岁以内儿童参加,报名日期自本29日至31日止。

又:中华儿童教育社总社厦门分社筹备会,于前天下午在厦西一小举行,出席潘茂元、甘朝驹、徐址安、庄嵩岳等。决定响应联合国儿童救委会,发动本市儿童于儿童节捐献糖果费,以1万元为标准,各公私小学、幼儿园可把所收的钱直接寄往南京中华儿教总社,还是托由鼓岛一小甘朝驹,厦西一小庄嵩岳,厦南一福徐址安,私立全民李小锦,厦大附属潘茂元等转交也行。这样举动的目的,在使我国儿童参加世界人类互助,富有教育意味。

《江声报》1948年3月27日

厦鼓各小学校今庆祝儿童节

今晨中山公园有纪念大会　儿童节赠品昨续收到多种

本报讯　本市鼓浪屿第一中心学校,定于今日在该校礼堂举行庆祝儿童节游艺会,并出版儿童节专刊,招待社会儿童参观,同时举行捐献联合国苦难儿童救济金,并分赠糖果及学用品与贫苦儿童。查该校本日庆祝会活动目,兹探志于下:一、升旗后师生行反省会;二、庆祝游艺会(招待社会儿童);三、分发赠品;四、各级集团签名纪念;五、模范儿童摄影留恋。

又讯　4月4日儿童节,本市厦西一小(即大同小学)的小友们,决在这一天,热烈的迎接着这欢欣的节日。他们在4月3日下午周会活动,就先举行了一个游艺会,表演着唱歌、舞蹈、魔术、滑稽短剧等三十多个精彩的小节目。儿童节这一天,他们除了推选15个代表,参加全市纪念大会,还在校里开了一个庆祝会,同时举行玩具展览会和图案画的展览。玩具展览,他们在二星期前就有了准备,好几百件灵巧精美的玩具,都是由小友们家里带来的,在儿童节看看谁的思物顶多顶好,是很有教育意义的。

这一天,他们还做了许多种学术活动,除了在《立人日报》出一个儿童特刊外,在校内高年级的小友编了《新儿童》,中年级小友编了《小朋友》,低年级的小友编了《好孩子》,内容和形势都很切实和美观。关于中华教育社所发起的救助世界上所有苦难儿童和万元捐献运动,他们也在热烈的推展着。

春天给他们带来了欢乐的节日,春天也在他们的面颊上开了朵朵灿烂的红花。

又讯 本市通俗教育社为庆祝儿童节,特定是日下午3时起在该社公演平剧招待儿童,凡本市儿童可前往观剧。

又讯 查本市各界庆祝儿童节惠赠奖品及礼物,日来颇见踊跃,经志本报。兹查益同人公会昨续接各界惠赠礼品列下:月明厂手帕二盒二十四条,建成绸布商行毛巾一打,义兴商场玩具十二袋,绵泰百货商场玩具十袋,中华饼干厂饼干一十镑。市参议糖果一盒,饼干一盒。新练书社墨水半打,铅笔一打,橡皮半打。经由该会于昨日将经收奖品、礼物送往市府教育科汇集备发。又前志本报,亚洲药房惠赠药肥皂一打,实为五洲药房惠赠,顺此更正。又道南书社六面图五件,游戏图一件,有线电话一件。

《星光日报》1948年4月4日

昨千余儿童代表集会庆祝儿童节

厦南一小学生叶文博任总主席　健康比赛孙大芳等五名得首奖

市息 本市四十余家小学校学生代表一千余人,昨日上午10时在通俗教育社开会,庆祝"四四"儿童节。厦南一小学生叶文博任大会主席团总主席致开会词,提出四点希望:(一)救济受难儿;(二)社会和国家应爱护儿童;(三)保障儿童身体不受摧残;(四)设置有关儿童福利事业。

教育科长叶书德演说:比较光复以来,儿童健康与教养称:健康方面,体格已比年前进步;教养方面,就学儿童显著增加,由六千余人进至一万八千余人,但失学者仍玆在学数量较多。(下缺失)

第三名王亚明(厦南二中心),第四名林心燕(主光小学),第五名王承志(厦西一中心);第二组9岁至10岁:第一名蔡孝新(主光小学),第二名丁恶□(厦大附小),第三名张孝荣(民立小学),第四名林振英(鳌岗小学),第五名林百龄(厦港二中心);第三小组7岁至8岁:第一名许梦醒(厦西二中心),第二名郭博达(主光小学),第三名林金良(鳌岗小学),第四名曾士达(雅化小学),第五名钱尚志(鼎玉小学);第四组5岁至6岁:第一名傅似斐(厦西一中心),第二名颜式馨(厦西一中心),第三名许嘉达(新街幼稚园),第四名吴勇智(主光小学),第五名叶伊利(厦西二中心);第五组2岁至4岁:第一名蔡安东(市立第一幼稚园),第二名叶远人(社团),第三名林中和(民立小学),第四名林玉诚(市立第一幼稚园),第五名黄国火(社团)。鼓浪屿第一组洪□治(鼓浪屿第一中心),第二组蔡望怀(英华校友),第三组陈勤宁(福民小学),第四组吴赞华(怀德幼稚园),第五组沈桢毓(毓德小学)。

《立人日报》1948年4月5日

儿童节榕厦热烈庆祝

尤济华提醒父母和老师　　保护儿童纯洁天真思想

本报讯　昨(4日)为儿童节,本市各公私立小学学生二千多名,于上午9时在中山公园举行庆祝大会,由大同小学学生蔡师智任总主席。行礼如仪后,主席报告开会意义,继由李怡星市长、陈烈甫议长、戴世龙局长分别起立演说,均强调20世纪是儿童世纪,儿童要天天求进步。词毕,李市长亲自主持儿童作文比赛给奖礼。受奖者计:团体优胜第一名毓德小学,第二名鳌岗小学,第三名怀仁小学。个人优胜第一名管秀琴(怀仁),第二名陈衣青(毓德),第三名刘维杰(鳌岗),第四名吴凝碧(毓德),第五名周青(维正)。嗣呼口号,大会至10时20分礼成。下午2时起由各校长率领学生到各戏院观剧,并赴市府及教育局,晋谒李怡星市长、戴世龙局长,均备糖果招待儿童。(行)

《星光日报》1949年4月5日

三、童子军

初中学校童子军为必修科着切实奉行

教育局昨奉厅令,□□兹定 23 年度起,公私立初级中学,应以童子军为必修科。修业期间定为三年,每年度每星期实施三小时,课内一小时,课外两小时。所有童子军□□费,应由各校列入预算内,作为经常费。童子军在初中实施后,童子军制服即为该校制服,不必另作制服。至于小学儿童年龄较幼,小学办理童子军,仍应列为课外作业,无庸在课内一律实施云。

《江声报》1934 年 6 月 26 日

检阅官机关聘请孙世赏担任指导　下月首举行童军大会操

教育局昨召集各中小学校长及童子军教练开谈话会,讨论童军会操事宜。到者林鹭英、杨耀明、柯韵必、韦廷钧、游志辉、吴清溪、连志雄、赵邦彦、杨景文、王连元、孙世赏、庄奎章、邓世熙、林光焕、周廷洛、沈文炳、张俊如等二十余人,主席郑永祥。讨论一、本县中小学童子军大会操案,议决,大会操日期定于 4 月 1 日举行;二、大会操地点,决定中山公园;三、报名日期,即日起至本月 30 日止;四、各单位参加人数,至少为一小队;五、检阅官由党、政、教三机关聘请;六、大会操时指挥,当场票选孙世赏担任;七、大会操秩序,当场修改通过;八、大会操项目,修改通过;九、定本星期六下午 3 时,举行会操预习;十、会场职员:(一)总务部由教育局负责;(二)布置部由韦廷钧、沈文炳负责;(三)设计部由赵邦彦、庄奎章负责;(四)纠察部由林鹭英负责;(五)招待部由林光焕负责。

《江声报》1935 年 3 月 27 日

童军大会操　规定动作程序　会操秩序亦已拟定

本县童子军定4月1日,举行大会操,已志昨报。会操秩序及动作程序,已由教育局规定,重录如下。

会操秩序:一、鸣炮开会、奏乐;二、整队入场;三、升旗;四、唱党歌;五、向党国旗及总理遗像行最敬礼;六、恭读总理遗嘱;七、主席致开会辞;八、会操:甲、报告人数(一)小队长向总队长报告;(二)总队长向指挥报告;(三)指挥向主席报告;乙、巡阅式;丙、基本动作操;丁、进行式;九、表演;十、欢呼;十一、潜伏;十二、绕市一周。

动作程序:一、先由指挥发集合号,各团成四行纵队进场,往指定地点站定。

二、各团进场后,以团旗前导,团长站团旗左方,各中小队长立中小队之左方。

三、行升旗礼时,持棍者行执棍礼,徒手者行徒手礼,团旗向国旗前倾30度,其他参加人员一律向国旗致敬。四、升旗后由指挥发令各团,向后转进至主席前立正,举行开会式。五、会操开始时,由指挥发令,各团各归指定地点立正,报告参加团数及队员数,由指挥司各团报告参加口令。六、报告人数后,由分指挥领导而行,横队排成一直线,由大会主席领导全体参阅官出场巡阅。七、基本动作操由指挥依下列次序发令:(一)立正;(二)向右看齐;(三)向前看;(四)向右转;(五)向左转;(六)向后转;(七)向后转;(八)托棍;(九)棍放下;(十)稍息。八、上列基本动作举行后,指挥依下列次序发令:(一)立正;(二)向右转;(三)托棍;(四)开步走。进行时,由指挥引导各团。经主席台时,各中队长发令向右看,各童军即向右注目,用正步经过,仅中队长一人行礼。每团遇主席台后,中队长发令向前看,仍用常步。九、俟进行式完后,由各分指挥领导成四行,纵队摄影表演。十、表演后还原来队形,由指挥司下列口令"立正"、"托棍"、"开步走",绕市一周。

《江声报》1935年3月28日

本市各校童军会操　决改期举行

本市各校童子军,定4月1日大会操一节,已叠志本报。昨教育局以市府定于是日成立,时间冲突,势难如期实现,故昨特召集各校校长谈话。经议决,改期举行。会后,由教局电话通知各校,所改日期未定,大约在春假之后。同时又议决,推举沈文炳为团体操指挥,张如俊副之云。

《江声报》1935年3月31日

学生号飞机昨日大宣传　王泉笙到场演说

订今日离厦赴港　菲童军参观团到厦

中委王泉笙,昨应延陵联合会、崇实小学、林向今司令等欢宴。午后5时,在同文中学无线电台演讲航空救国,定今午搭绥阳轮赴港,与菲律宾考察团集齐,预定17日由港赴粤。又岷中华青年会童子军,亦组织回国参观团,将赴上海、南京、苏杭等处浏览名胜,并参观实业教育等建设。该团团员9人,由团长施秉竹领导,于8日出发,10日抵港。昨日抵厦,双十校长黄其华等,先得电报,故预先约数友登轮接待,现住青年会宿舍。拟在本市参观3日,定17日赴沪。又学生号飞机昨晨扩大宣传,在公园开会,到中委王泉笙、市长李时霖,及各中小学校学生、教员二千余人。首由王泉笙演说,略谓,诸位同胞,诸位小朋友,中国人是谁都爱国的,然而总苦于无机会,但现在你们有机会可以表现了,这就是募捐飞机救国,诸位小朋友,你们只要积存几个铜板,将来学生号募捐成功,一方面固可以充实国防,一方面也可以表现各位学生爱国的热忱,岂非一举两得云云。水党务代表谢心铭演说。□时许散会,至募捐规定办法,系大学生每人5元,中学生3元,小学生5角云。

《江声报》1936年4月14日

童军募粮去年成绩今年获奖

本市童军去年征募寒粮,得现款一千二百余元,米粮二千三百余磅,衣服一千九百余件，当即赈济贫民，由市党部汇报备核。中国童子军总会，认本市劝募成绩优良，特颁奖品，以资鼓励。该项奖品计英华、双十两校乙等奖状各一纸。厦中、大同小学、吉祥小学等五校，丙等奖状各一纸。计奖状七张，救灾纪念章 13 枚，每校各发一枚，以供纪念。

《江声报》1936 年 9 月 17 日

全市童子军明日分区合操

下月举行大检阅　泉漳厦设教练班

厦市童军理事会筹备会昨开五次常会，出席者 7 人，主席陈联芬，议决：一、推林光焕、赵邦彦，审查本市童军假期服务团组织简章草案，然后提会通过。二、本市童子军分区合操，照原拟计划通过。三、合操时间 4 月 19 号开始。四、推赵邦彦为一区主任，陈炯桢二区主任，沈文炳三区主任，林光焕四区主任。五、本市童军中小队长联合大露营，5 月 20 日举行，办法推陈炯拟就，提会通过。六、建议省理事会创办泉漳厦区暑期童军教练员训练班。建议书及简章办法，由林光焕负责办理。七、全市童军大检阅，订本市运动会开幕日举行。八、大检阅办法，交常务办理。附厦市童子军分区合操办法如下：（一）本市童军就地域相近者分为四区举行会操，计分第一区：厦中第一二四团，大同中学第一三一六团，玉紫小学第一九二七团；第二区：吉祥小学第一八二〇团，全民小学、大同小学、群惠小学；第三区：同文中学第一三七四团，双十总学第一三七五团，中华中学第一〇一四团，中华中学第一〇一四团，崇实小学；第四区：英华中学第一一九二团，闽南职中第一九八二团。（二）每区设主任一人，主持该区会操事宜。（三）每区两星期举行合操一次，临时举行由各该区主任招集之。（四）每次合操应用操法，由各该区于合操前商定之。（五）其余未经配定之各学校，得向理事会请求加入。（六）各区于合操后，3 日内应将合操经过情形填表具报。

《江声报》1937 年 4 月 18 日

童军教练员训练班云梯露营

本市童军理事会,前奉童军总会令,举办暑期童军教练员训练班,经由闽侯等二十三市县保送学院一百八十名入班受训,于 7 月 10 日假厦市双十中学举行开学式。现该班于昨日起,至 14 日止,在禾山云梯举行露营,实习一星期。

《江声报》1937 年 8 月 11 日

厦门童子军各教练集会青年团　决定元旦大露营事宜

本市讯　中国童子军厦门市分会筹备会,为开展本市童子军业务,将于本(16)日下午 2 时,假青年团厦门分团部,邀请各公私立小学童军负责人开座谈会,商讨一切进行事宜。计到会有鼓浪屿毓德中学、英华中学、本市双十中学、大同中学、中华中学、厦南第一中心学校、厦西第一中心学校诸校童军教练十余人,由筹备会常务委员郭薰风主席。议决八项:一、推青年团厦门分团部郭干事长、市党部黄书记长、市教育科叶科长及吴世晃、李增木、赖如玉等 7 人为筹备会委员,并推郭干事长为常务委员会。二、各学校前经登记之童子军团,即□开列番号及登记时间,报由本分会转报备案。三、未经办理登记之童军团,限于 12 月 15 日以前向本分会办理登记。四、童子军登记限即日办理。五、童军服务员,已登记领有登记证者,即来会登记。未领有登记证者,补办登记手续。六、推吴世晃为总干事,吴介文为助理总干事,赖如玉为总训干事,李增木为总务干事,录事由青年团分团部调兼。七、本分会定 36 年元旦举行正式成立,同时并举行大检阅大露营。八、举行童军干部交谊会,时间 12 月 7 日上午 9 时,在双十中学集中出发,地点为南普陀。余□节目由参加各单位准备云。

《星光日报》1946 年 11 月 17 日

元旦童军露营　昨假青年团开筹备会　营业择地再选其一

本报讯　中国童子军厦门分会于昨(3 日)下午 3 时,假青年团厦门分团部会议厅,开会讨论元旦大露营大检阅事宜。到会本市各中学童军负责人等,由兼干事郭薰风主席,行礼如仪后,即开始讨论进行事宜如下:一、关于本月7日童子军干部交谊会,应如何加紧筹备案?议决:由各校分别筹备,并由青年团务会青年铜乐队参加。茶水糖果由青年团事先准备。二、关于30年元旦举行童军大露营大检阅,应如何加紧准备案?议决:(一)就崎山头双十路地择一为营地。(二)参加人数,大检阅各中小学校全体参加,大露营参加人数如下:双十、大同、英华、市中各参加三中队,省中、中华各参加一中队,小学听之。(三)营幕,除各校原有者外,不敷营幕,由会分函邻县各校借用。(四)组织筹备委员会,组织厦门市童子军大检阅大露营筹备会,内分设检阅、露营、学营、总务四组,并推吴世晃、赖如玉、李增木、洪国器、周文渊、黄添梓、郭薰风、黄笃灶、潘约翰等九人为筹备委员,并推郭薰风为主任委员。各组推定如下:检阅,黄笃灶、周文渊;露营,吴世晃、黄添梓;学艺,赖如玉、洪国器;总务,李增木、潘约翰。各组主管工作,由各组分别指定专人负责。(五)经费预定,经费120万元,由郭常务委员负责筹募之。六、各组应办事项,应于16日以前办竣,并召开第二次筹备会议。

《星光日报》1946年12月4日

厦市童子军大露营盛况

本市讯 中国童子军厦门市分会举办之全市童军大露营,于前月31日开始。参加大露营单位,计有双十中学110人,大同中学90人,英华中学92人,市立中学97人,省立厦中53人,中华中学36人,合计男童军405人,女童73人。营地为民国路海军司令部旧址,营门前高搭牌楼,庄严伟大,自31日起至1月2日止为露营时间。元旦上午8时举行童军大检阅,联请黄市长、郭干事长、滕司令、刘司令、黄书记长等为检阅官。参加单位除参检全体童子军外,鼓浪屿毓德、怀仁等女校亦来厦参加,且各校高中学生亦同时参加盛举云。

又:元旦晚在营地举行童军营火会,游艺节目计有:一、苦尽甜来(省中话剧);二、罗浮救奚人(省中话剧);三、沙漠之歌(市中歌剧);四、过绳桥(市中技术表演);五、野人舞(双十);六、弘话剧(双十);七、六弦琴独奏

(大同);八、歌剧(大同);九、爪哇舞(英华);十、歌咏(英华);十一、对舞(中华);十二、穿大球(中华),及其他临时节目。此次大检阅大露营为本市光复首次童子军活动,欣逢开国纪念制宪之日,实为本市增添异彩不少云。

《中央日报》1947年1月5日

养正童军来厦露营

晋江养正初级中学童军 757 团,男女团员 81 人,昨晨由教练吴世光率领来厦露营。营地设于前海军要港司令部旧址之大草埔,共搭营帐 11 个,定今晚 7 时举行野火会,明日即行拆营。此后两天将观光本市名胜。

又:该校 29 组毕业参观团,昨日上午亦由导师庄瑞霖率领抵厦,住在市立中学,下午曾往复华、侨师附小等校参观。今日继续参观本市各级学校,约逗留四日后,即与该校童军团集齐返校。

《江声报》1947年7月2日

安海中学童军来厦露营

本市讯 晋江安海养正中学童子军团,由该团吴教练等率领,于昨乘轮抵厦,假虎头山作露营练习。该团此行男女团员计达百人,帐幕十余座,精神良好。

又讯 该校 29 组(三下)乘本学期毕业期间,组织旅厦参观团一行四十余人,由该组导师庄瑞霖先生率领,同于昨早抵厦。

《星光日报》1947年12月5日

四、青年军

青年军招考

分在厦泉漳三处报名　录取后集中候开台湾

青年军205师福建区失学失业青年招收站,上月初奉命来厦办理招考工作,因□秣议价及招收人数是否可抵征兵名额问题,未即着手进行。现上述问题已告解决,乃于昨日下午2时假华侨服务社招待本市各报社通讯社记者,由上校大队长张凤翼主持,报告有关招生事宜数点如下:一、205师系驻扎台湾,一切配备均为最新式者。为适合当地风土人情,故奉令来闽南招训青年。现分厦门、泉州、漳州等三处招考,厦门方面定今(12)日起假市党部开始报名,考试时间及地点另行通知。二、名额暂定500名,如不足额,仍按所招人数编队训练。三、待遇与第一期青年军同,膳食每人每日发中白米26两,副食配量约为黄豆2两,肉1两,油9钱,蔬菜10两,盐5钱。膳费系由联合勤务总司令部供应分站,按月以当地物价发给,仍以市价向商民购买。四、录取先后先行入队集中,一俟招考工作结束,即启程往台湾高雄,按期施以入伍、一般及军官教育。五、训练时间约为2年,期满后依志愿准其复学、复业、就业或留营深造。六、抗战期中智识青年曾踊跃从军,献身卫国。今日虽已胜利,国家尚面临重大危机,建军建国在在需要青年,希望爱国青年能体会国家之需要,踊跃参加。

又:该站此次招生主要对象为失学失业青年,凡思想纯正,具有初中毕业程度或同等学力,年在23至30岁之失学失业青年,均可报名投考。训练期满后,失学者可入青年中学续学,失业者则入职业训练班,受师资、机械、电讯、交通、政工等之就业训练。关于本市录取后集中地点,该站拟暂借民国复华小学,正与该校当局商洽中。

《江声报》1948年1月12日

青年军公费就学特予宽便

本报讯 教部顷电本省各中等以上学校,略以"国立中等以上学校及省立专科以上学校公费学生,规定在修业期间,其学业或操作成绩有一项不及格者,应停止其公费,唯青年军在营期间,难免学业荒疏,情形特殊。顷经国防部会同本部呈准行政院,凡青年军复员就学青年,其第一学期成绩不及格,因而留级者,第一学期照章停止公费。如第二学期成绩及格,则自第三学期恢复公费特遇。其他学生不得援例"云。

《中央日报》1948年5月28日

五、祭圣活动与教师节

学堂停课祭圣

本二十七日为孔圣神诞,厦门志士出为发起于各学堂停课一天。斋戒沐浴,虔诚祭祀孔子于白鹿洞,以作纪念云。(上)

《厦门日报》1911年10月3日

本市筹备纪念孔诞及教师节廿七日在市党部举行

本市教育界为纪念教师节暨孔子诞辰,于前日在教育局举行,主席叶书德。讨论事项:(甲)大会名称应如何规定案?议决:(一)厦门市纪念孔子圣诞暨教师节大会。(二)时间在本(8)月27日上午9时,地点假市党部,各机关各派代表一人参加。(三)大会之组织及经费应如何规定案?议决:组织分总务、宣传二股,总务股由教育局负责,宣传股并特刊编辑推市中学负责,经费由教育局拨充。(四)特刊稿件应如何征集案?议决:由筹备会函请黄市长、参议会、市党部、青年团、厦门大学、侨民师范、训练所、市立中学、英华中学、双十中学、大同中学、毓德中学、怀仁中学、怀德幼师。

《江声报》1946年8月23日

榕厦今纪念孔子诞辰　各机关放假一天

福州 26 日电　明日为国定孔子诞辰暨教师节纪念日,各机关循例休假一天。省会纪念大会定晨 9 时假圣庙路文庙举行,由教厅长向参加开会教师致慰劳辞。

市息　近日孔子诞辰暨教师节,本市各机关放假一天纪念,并假市党部礼堂举行纪念大会。

《江声报》1946年8月27日

各界筹备纪念孔子诞辰　议定办法六条

昨日九时许,市府会议厅举行纪念孔子诞辰暨教师节筹备会,出席筹备委员 17 人,讨论结果如下:(一)定名为厦门市各界纪念孔子诞辰暨 37 年度教师节大会;(二)举行代表大会地点假通俗教育社,各人民团体应派代表二人出席参加,各中小学校教员全体参加;(三)各戏院应于教师节放映电影一场,招待教师;(四)纪念标语由大会拟定,分发各学校制用;(五)由教育科调查连续在本市服务教育界 15 年以上教员,列表送交大会报奖(各公私立中小学由各校长填报),并函请各界赠送纪念品;(六)出版纪念特刊,由教育科负责集稿,并洽商报社借用版位。

《江声报》1948年8月24日

庆祝孔子诞暨教师节　项目经讨论决定

本报讯　先师孔子寿诞日及教师节,日期瞬届,市府乃于昨晨九时邀集各公私立校长开会,讨论纪念及庆祝事项。当经议决如下:(一)关于 37 年度孔子圣诞暨 37 年度教师节大会,地点假通俗教育社,各人民团体派代表二人参加,各中小学校教员全体参加。二、各戏院应于教师节放映电影一场,招待教师。三、纪念标语由大会制定,分发各学校备用。四、由教科调查连续在本市服务教育界 15 年以上教员,列表送交大会报奖(私立小学、中学教师由各校长填报),并函请各界赠送纪念品。五、出版纪念特刊,由教育科负责集稿,并洽商报社借用版位。

《星光日报》1948 年 8 月 24 日

纪念教师节续开筹备会

本市各界纪念孔子圣诞暨教师节第二次筹备会于昨日下午 4 时在市府会议厅举行,出席有关机关代表 25 人,讨论议决如下:(一)举行纪念办法。一、按照第一次筹备会议决案举行代表大会。二、定名为厦门市各界纪念孔子圣诞暨 37 年度教师节大会。三、时间 8 月 27 日上午 9 时。四、地点假通俗教育社。(二)大会经费措筹办法,按照预算国金 33 元分配数如下:一、市商会分配国金 15 元。二、市总工会分配国金 10 元。三、银行公会分配国金 5 元。四、中央中国航空公司分配 3 元。(三)大会主席团推选本市各机关社团首长负责,并推黄市长为总主席。(四)大会职务。一、会场布置由教育科会同通俗教育社共同负责。二、大会司仪由警察局负责。三、大会记录由教育科负责。(衣)

《江声报》1948 年 8 月 25 日

纪念孔诞暨教师节今晨举行纪念大会

下午各戏院优待教师免费观剧

本报讯 一年一度之先师孔子诞辰暨教师节又莅临了,本市教育界于本晨 9 时在通俗教育社举行庆祝教师节及孔子诞辰纪念大会。下午,全市各戏院招待教师观剧,同时各机关团体依例放假 1 天,以示庆祝。

《星光日报》1948 年 8 月 27 日

纪念孔诞暨教师节前日举行大会

本报讯 8 月 27 日为先圣孔子诞辰,暨教师节,本市各界为尊崇师道,特于是晨 9 时假通俗教育社开纪念大会,由黄天爵市长主席。行礼如仪后,黄市长即席致开会词,阐述孔子学说及勘乱时教师应有认识和责任至详。词毕,由教科长叶书德介绍服务教育界达 20 年以上之黄文澜、王秋涛、王圭玺,叶鸿图、汪洪李、林尔声、李魁梧、蓝冬秀、钟淑谦、陈奇解、萧春荣、庄云斌等 12 名;服务教界达 15 年者之张淑贞、吴菊贞、吴玉篇、黄镇墉、梁冰如等 5 名。叶科长当场推荐该批老教师服务教育精神数年十年如一日,诲人不倦。语毕,由省中及稚小二校学生登台演□,对于教师之谈[淡]于名利,备极推崇。

《星光日报》1948 年 8 月 29 日

市庆祝教师节　介绍叶鸿图等二十老教师
大会电省请免调吕仲驹

本报讯　厦市庆祝孔子圣诞暨教师节纪念大会,于 27 日上午 9 时假公园通俗教育社举行,参加者计市各机关代表及各中小学教师暨各校学生代表五十三单位。由黄市长主席报告开会意义,继由教育科叶科长介绍本市连续服务在 15 年以上之教师,萧春荣服务 20 年以上,王玉玺服务 20 年以上,庄云斌服务 20 年以上,张淑贞服务 15 年以上,吴菊贞服务 15 年以上,王秋涛服务 20 年以上,黄文澜服务 20 年以上,叶鸿图服务 20 年以上,汪红李服务 20 年以上,吴玉篇服务 15 年以上,林泉声服务 20 年以上,李魁梧服务 20 年以上,黄镇墉服务 15 年以上,蓝冬秀服务 20 年以上,钟淑谦服务 20 年以上,陈奇解服务 20 年以上,梁冰如服务 15 年以上,计服务 20 年以上者 14 位,服务 15 年以上者 7 位。次由学生推派雅化小学校学生代表全体学生向全体教师致敬。末临时动议,私小联谊会提:本市市立中学吕校长服务成绩笃著,现省令调动,电请求收回成命。经一致通过,最后呼口号散会。

又讯　8 月 27 日庆祝教师节大会,于该日上午 10 时假通俗教育社热烈举行,全体教师以市中校长吕仲驹办学成绩优良,遽尔他调,对本市教育损失殊大。经临时动议,电请省政府刘主席、教育厅梁厅长收回成命。兹悉电文如下:福州主席刘钧鉴,市中校长吕仲驹办学成绩优良,顷悉奉令他调,不胜惋异。经教师节大会全体教师动议,一致挽留,恳乞俯顺舆情,重视教育成果,准予免调,俾获继续发展本市教育,幸甚!厦门市教师节大会叩。福建省教育厅长梁钧鉴:吕校长仲驹筹创市中三载,成绩卓著。比闻他调,不胜骇异,佥以全功未竟,遽尔更动,教育损失殊大。恳准俯顺舆情,收回成命。以示保障,而宏教育。厦门市教师节大会叩。

《中央日报》1948年8月29日

市府教育局筹备教师节

本报讯 市府教育局为纪念先师孔子暨教师节起见,特订于昨(16)日上午10时在市府会议厅举市会议,由戴世龙局长主持。讨论事项:(一)订8月27日上午9时在思明戏院举行纪念大会,各机关派代表二名参加,各校教师全体出席。(二)服务悠久教师在连续服务满15年以上,由教局给奖状。(三)纪念特刊:(1)登在星光日报者,稿件由双十中学负责。(2)立人日报稿件者,推大同小学集稿,纪念会题词由教局负责汇集。以上限本月25日以前交教局汇送各报登载。(4)纪念标语照旧,标语删去第七条,并将第四条改为"纪念孔子圣诞,要发扬尊师重道精神",第六条改为"纪念孔子圣诞要普及国民教育",由社会科负责油印分发各校缮写。(5)各校学生各推选学生代表一人参加纪念大会,并推厦大学生致词。(6)会场布置,推雅化小学主持联络各校负责。(行)

《星光日报》1949年8月17日

今本市各界纪念教师节

本报讯 今(27)日为孔子诞辰2500周年纪念暨38年度教师节日,市府教育局特于今日上午9时,在思明戏院举行纪念大会,并当场□表全市优良教师芳名,同时给奖。优良教师名单,经教局审查合格者8名,计有示范中心学校长徐址安,示范中心小学教员张清香、严泽卿,示范国校长萧春荣,福民小学校长李魁梧,厦港第一中心学校长庄云斌,复华小学校长王秋涛等。业经分别由教局呈请市府发给奖状,或给予晋薪,以资鼓励。(行)

《星光日报》1949年8月27日

各界庆祝教师节

优良教师受奖戏院亦劳师　海校举行球赛及音乐晚会

本报讯　前(27)日为孔子诞辰2500周年纪念暨38年度教师节,市府教育局特于是日上午10时假思明戏院举行隆重纪念会。到会教师300多人,由教育局长戴世龙主席。戴氏勖勉各教师安业、乐业、敬业,为教育鞠躬尽瘁。词毕,由优良教师徐址安起立演说,继即颁发优良教师奖状,并分发各戏院劳师之戏票,大会遂告结束。上午,各戏院优待教师,凭券免费观剧。

雄风社讯　海军军官学校为庆祝孔子诞辰2500周年纪念暨38年度教师节,于是日在该校篮球场举行篮球友谊赛两场,被邀请之客队,为本届记者杯篮球赛主持"记者队"及本市历届篮球赛盟主"群星队",主队为该校"四一"及"雄风"两队。第一场"四一"对"记者",6时开始。首由"四一"队长汤新徕向客队献旗,旋由该校训导处处长王道开球,银笛一声,战幕揭开。记者队拥有本市篮坛宿将多人,"四一"队面临劲敌,打来小心翼翼,终场以36:23,"四一"队占先。赛毕,该校白锚队利用休息时间,由苏锡芬代表全体队员,以前厦市篮球联赛,乙组冠军纪念杯,向郭校长发鳌呈献。7时10分,第二场开始,雄风队长曾福华向客队献旗毕,由郭校长开球,挑起激战。群星由海内名手蔡文章率领,麾下皆久历沙场,威声夙著之虎将,雄风以齐剑虹为主,助以曹福华、张祖恩、崔熙询、李笑石等选手,堪称势均力敌。全部战程,至为紧张,双方均有惊险之演出,博得不少掌声。终场结果,为47:37,"雄风"占先。

又讯　该校于同日晚间8时半,复在该校体育场举行盛大之庆祝晚会,参加者有该校全体员生,海军驻厦各单位官兵及各界来宾3000余人,中委雷震、方治两氏,亦应邀莅会。由该校军乐队及厦门中华音乐会许慕仁、李元璋、伊诗道等演奏世界名曲十余支,并由杨尚达先生放映珍贵电影。至11时许始尽欢而散。

《星光日报》1949年8月29日

后 记

2011年,厦门市图书馆正式启动对馆藏旧报刊资料进行抢救性的整理工作,拟编纂一套《厦门市图书馆馆藏旧报刊资料丛书》,分专题选编出版,公诸社会。因旧报刊年代久远,字迹模糊,且报道内容为竖排繁体字,还有部分文字稿没有断句、标点,造成录入点校工作量巨大,耗时耗力。如今,历时五载,《厦门教育资料选编(1909—1949)》即将出版,整理旧报工作成果初现。

近代厦门,旧报刊数量庞大,报道涉及各专题的内容繁多。与此同时,近代厦门教育亦相当发达,所以教育相关资料更胜其他专题。本书限于篇幅,在搜集整理资料时不敢求全贪多,面面俱到,只求真实、准确地选择有价值的报道内容,编辑成书。

《厦门教育资料选编(1909—1949)》分上下两册,各章节内容以时间为序。全书主要内容分为教育概况、教育管理、学校教育、社会教育、捐资办学、教育社团组织、反帝抗日运动、学运学潮和其他资料等九个部分,每部分又分若干类。这些资料客观反映当时教育情况,对研究近代厦门教育的发展状况具有参考利用价值,对今天的厦门教育也有重要借鉴意义。

《厦门教育资料选编(1909—1949)》能够顺利出版,得到了中共厦门市委、市政府的关心支持,中共厦门市委宣传部以及厦门市文化广电新闻出版局领导的重视,并多次莅临编辑组予以指导。在前期整理收集旧报刊资料时,得到福建省图书馆、厦门大学图书馆提供查阅核对原报刊之方便。厦门市档案馆吴仰荣、厦门日报社叶胜伟对本书提出宝贵的建议。厦门大学出版社编辑薛鹏志等为本书的出版付出了辛勤的劳动。谨此向以上单位和个人一并致以衷心的感谢!

由于旧报刊年代久远,字迹难以辨认,虽经反复校对,限于编纂水平,疏漏和差错之处在所难免,我们恳请读者给予斧正指导,不胜感激。

编　者

2016年9月